건축계획설계 Revit 실무지침서

BIM

조달청 시설사업 BIM 적용 기본지침서 v2.0기준

지은이 BIMFACTORY

- 조달청 설계단계 BIM 적용 확대에 따른 Revit 실무지침서
- 전환설계가 아닌 기획부터 성과물 제출까지 BIM 활용
- 국내 최초 조달청 BIM 지침서 기준 교육 커리큘럼
- Autodesk Revit 2020 활용

한솔아카데미 HANSOL ACADEMY

추천의 글

우리나라에 BIM이 도입된지 10여년이 흘렀습니다. 그동안 많은 어려움과 시행착오를 겪으면서 BIM이 이제는 우리 주변에 널리 사용되고 있으나 여전히 해결해야 할 숙제가 많은 것도 사실입니다. 이제 BIM기술은 선택이 아닌 필수인 시대가 다가오고 있으며, 특정 기업이나 전문가가 아닌 건설산업 종사자 모두의 기본도구로서 자리잡게 될 것입니다. 이를 위해 우리는 새로운 환경에 적응하기 위한 노력이 필요하며 그 시작점은 교육이 되어야 할 것입니다.

우리나라의 BIM도입은 2010년 조달청 지침을 필두로 2020년 12월 국토교통부의 건축인허가 BIM 도입 로드맵 발표까지 국가정책적으로도 건설산업 경쟁력 강화의 핵심전략으로 다루어지고 있습니다.

특히 조달청의 BIM지침은 2010년 최초로 공표된 이래 여러차례의 개정을 거쳐 2.0 버전까지 발표되었고, 이는 다른 많은 발주자의 BIM지침에 영향을 준 의미있는 기준으로 자리잡고 있습니다.

이번에 조달청 지침을 실무에 보다 쉽고 구체적으로 적용할 수 있는 BIM 교재가 발간되어 매우 반갑게 생각합니다. 이번 교재는 BIM도구에 대한 단순한 기능설명을 넘어서서 조달청 사업의 BIM 적용과정에서 축적된 BIM 경험지식을 바탕으로 설계 전과정에 BIM이 올바르게 적용될 수 있도록 제작되어 우리나라의 BIM 적용확산에 크게 기여할 것으로 확신합니다.

본 교재가 학생으로부터 설계사무소 실무자에 이르기까지 BIM을 배우고 실무에 적용하고자 하는 모든 분들에게 매우 유용하게 활용될 것으로 기대하며, 이러한 교재를 만들어 주신 비아이엠팩토리에게 감사의 마음과 발전을 위한 격려를 전합니다.

(사)빌딩스마트협회 기술연구소장 조 찬 원

머리말

BIM 건축계획설계 실무지침서를 만들면서

2020년 12월 정부는 국내 건설산업에 BIM을 전면적으로 도입하기 위한 본격적인 시동을 걸었습니다. 이를 위해 국토교통부는 건설산업의 BIM 적용 기본원칙, 적용절차, 협업체계, 공통표준 등을 제시하는 '건설산업 BIM 기본지침'과 '2030 건축 BIM 활성화 로드맵'을 발표하였습니다.

건설산업에서의 BIM 도입은 새로운 언어를 배워가는 과정이라고 생각합니다. 불과 십여 년 전만 하더라도 BIM이라는 것은 관련 업무를 수행하는 전문가들에게 필요한 언어였지만 앞으로는 모든 의사소통의 기본언어로써 BIM이 사용될 것입니다.

특히 조달청은 맞춤형서비스로 집행하는 공사에 BIM설계를 적용 및 발주하고 있습니다. 하지만 실무적 차원에서의 BIM 활용은 준비된 특정기업에 한정되어 있고 대다수의 기업은 이제 시작단계라는 한계가 분명히 존재합니다.

본 교재는 조달청의 맞춤형서비스로 집행되는 BIM 설계 프로젝트를 다수 수행한 경험을 기반으로 만들어진 책으로 단순히 인터페이스 소개 및 샘플모델링 차원이 아닌 실제로 조달청 BIM 설계업무 프로세스를 적용한 실무 위주의 교육 콘텐츠 입니다. 또한 2D 기반의 전환 BIM 설계가 아니라 처음부터 끝까지 BIM 데이터를 기반으로 프로젝트를 수행한다는 차별성을 가지고 있습니다.

이를 통해 조달청 시설사업 BIM 적용 기본지침서에서 요구하고 있는 BIM 모델을 구축하는 방법과 이를 기반으로 한 도면작성, 물량산출 및 용역결과보고서 등 일관성 있는 실무적 차원의 업무 프로세스를 학습할 수 있습니다.

단순히 BIM 프로그램에 대한 학습이 아니라 실질적으로 현업에서 도움을 줄 수 있는 가이드가 되었으면 하는 바람입니다. 새로운 언어를 배우기 위한 한걸음을 응원합니다.

비아이엠팩토리 대표 서 희 창

예제파일 다운로드 방법

한솔아카데미 홈페이지(www.inup.co.kr) 자료실에서 제공되는 예제파일을 활용하세요.

❶ 한솔아카데미 홈페이지에 접속하여 상단의 [인터넷서점 베스트북]을 클릭합니다.
❷ [베스트북] 홈페이지 접속 후 상단의 [자료실]에 마우스 포인터를 올립니다.
❸ 아래에 표시되는 메뉴 중 [도서자료]를 클릭합니다.

❹ 검색란에 'BIM 건축계획설계 실무지침서'를 입력하고 [검색] 버튼을 클릭합니다.

❺ 해당되는 글을 클릭합니다.

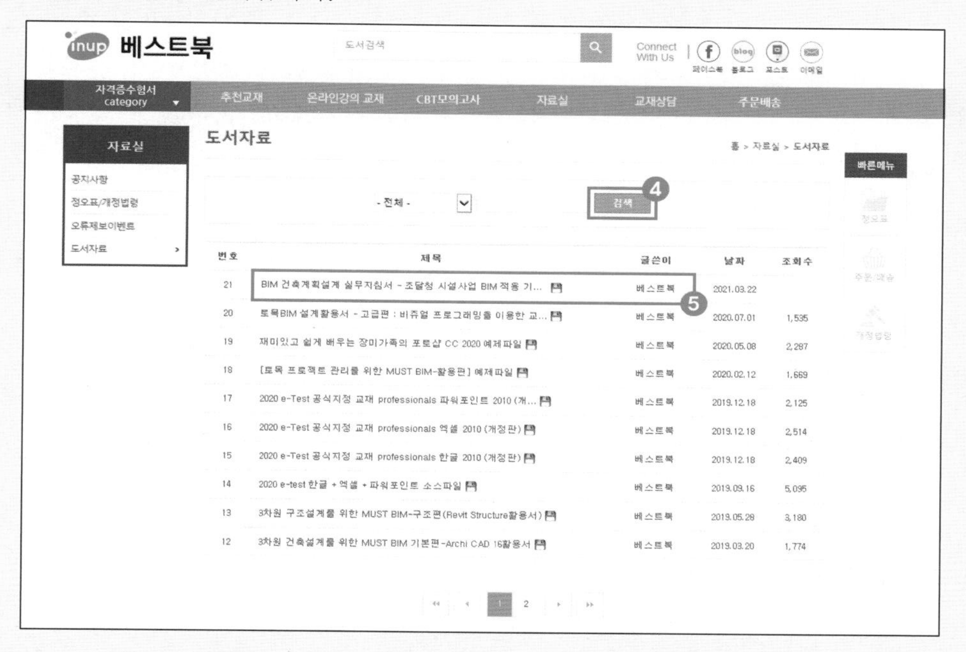

❻ 하단의 [예제파일.zip]을 클릭해 다운로드하여 'BIM 건축계획설계 실무지침서'에 활용하세요.

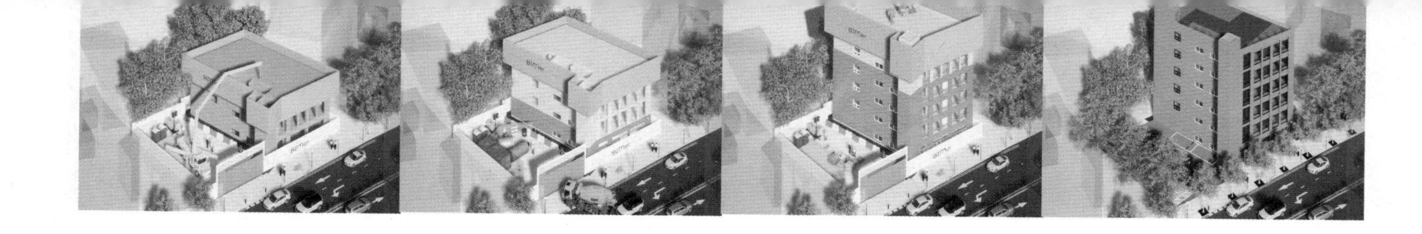

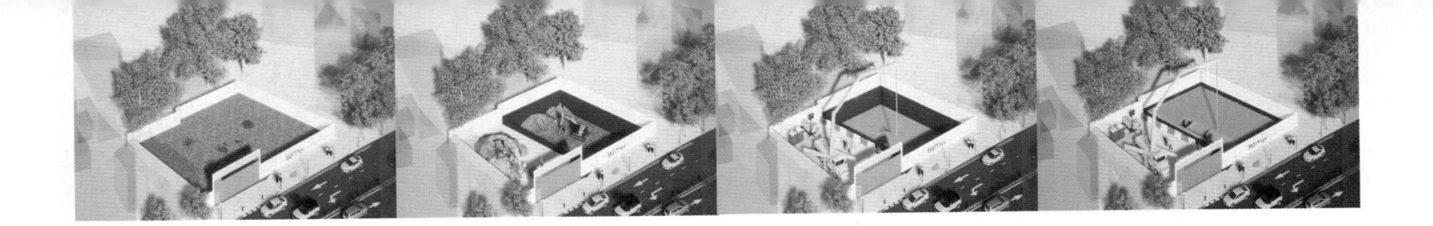

BIMFACTORY
COMPANY

제 1 편

BIM 교육

교육 소개

Section

01

BIM 교육

교육 소개

1강에서는 교육에 대한 전반적인 소개를 하도록 하겠습니다.
기존의 교육이 프로그램 위주의 기능적 접근을 하였다면 본 교육에서는
국내 최초로 조달청 시설사업 BIM 적용 기본지침서 v2.0버전을 기준으로
계획설계 단계에서 처음부터 성과물 제출까지의 BIM 활용이 가능하도록 하였습니다.

시설사업 BIM 적용
기본지침서 v2.0

2019. 12.

조 달 청

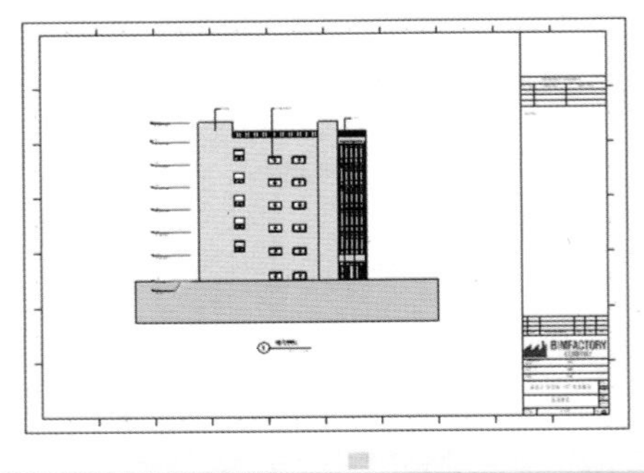

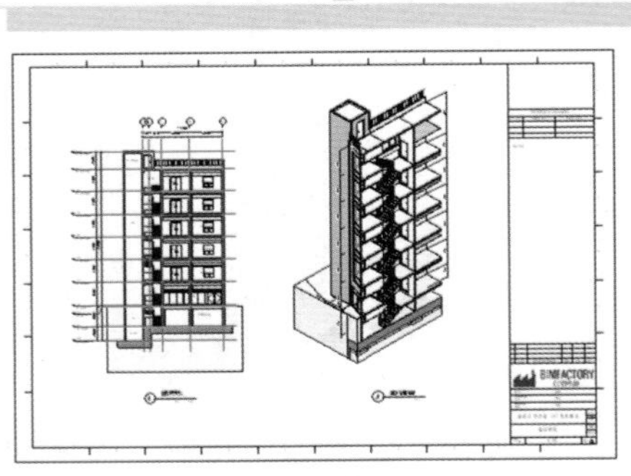

BIM 결과보고서 목차

1. BIM 사업개요
1.1 사업개요

2. BIM 적용기준
2.1 BIM 품질관리기준
2.2 BIM 활용기준

3. BIM 업무수행 결과 분석
3.1 BIM 업무수행 소요시간 분석
3.2 BIM 업무수행 효과 분석

4. BIM 업무수행 환경
4.1 BIM 업무수행 조직
4.2 BIM 관리자 및 기술사 현황
4.3 BIM 업무수행 인력투입 결과
4.4 BIM 업무수행 하드웨어 환경
4.5 BIM 업무수행 소프트웨어 환경

5. BIM 데이터 작성 결과
5.1 BIM 적용 대상 및 분야
5.2 BIM 데이터 상세수준
5.3 공간객체 작성 결과
5.4 부위객체 작성 결과

6. BIM 품질관리 결과
6.1 품질관리 대상
6.2 품질관리 수행내용 및 조치결과
6.3 IFC 변환 시 문제발생의 처리
6.4 계획품질 확보
6.5 정보품질 확보
6.6 물리품질 확보

7. BIM 활용 결과
7.1 디자인 검토
7.2 BIM 설계도면 산출
7.3 수량 기초데이터 산출
7.4 환경 시뮬레이션

8. BIM 데이터 활용방안

9. BIM 성과품
9.1 BIM 성과품 목록
9.2 바이러스 체크

10. 책임과 권리
10.1 설계도서와 BIM 데이터의 내용 일치
10.2 설계도서와 BIM 데이터의 책임
10.3 BIM 데이터 품질관리의 책임
10.4 IFC 파일 변환의 책임
10.5 조달청 및 수요기관의 BIM 데이터 사용권리

[붙임] BIM 데이터 작성 체크리스트

POINT!!

- 교육의 목표 소개
- 교육의 구성 및 특징 소개
- 교육 추천 대상 소개

chapter 01 교육 목표

1 교육 목표 설정

❶ 실무프로젝트와의 연계성

현재 “BIM”, “REVIT” 또는 “ARCHICAD”를 키워드로 발간된 책 리스트를 살펴보면 대부분이 입문자, 초급자를 위한 교재인 것을 알 수 있습니다. 하지만 2010년 이후 본격적으로 BIM이 도입된 이후에는 실무적 관점에서 즉시 활용할 수 있는 교육이 필요한 시기가 아닐까 생각합니다. 따라서 본 교육에서는 조달청 시설사업 BIM 적용 기본지침서를 적용해야 하는 설계사무소 실무자들이 교육 이후 즉각적으로 실무 프로젝트에서 활용이 가능하도록 커리큘럼을 구성하였습니다. 여기서 이야기 하는 실무 프로젝트에서의 활용이란 조달청 BIM 지침서에 작성되어 있는 모델링 방법뿐만 아니라 BIM 설계도면 산출, 수량 기초데이터 산출, 공간 BIM 데이터 작성 및 BIM 결과보고서 작성 방법 등과 같이 세부적인 내용을 포함하고 있습니다.

Tip

조달청 BIM 지침서 기준

조달청 시설사업 BIM 적용 기본지침서는 2010년 최초 제정 이후 현재는(2020년 기준) 6차 개정을 통해 v2.0을 적용하고 있다.

❷ BIM 적용을 위한 가이드라인 이해

BIM기반 프로젝트 수행이 처음인 설계사무소의 경우 현실적으로 선택할 수 있는 방법은 크게 두 가지로 분류할 수 있습니다. 하나는 BIM 전문업체에 용역을 의뢰하여 작성된 CAD파일을 토대로 전환 BIM 모델 및 성과물을 작성하여 제출하는 방법입니다. 이러한 방법은 간편할 수 있지만 중복비용 발생 및 BIM관련 노하우의 축척이 불가능 하다는 단점을 가지고 있습니다. 나머지 하나는 BIM 교육 및 업무환경을 구축하고 직접 BIM 프로젝트를 수행하는 방법일 것입니다. 하지만 사무소 내에 BIM 인력을 양성하고 시스템을 구축하는 비용과 시간이 필요하다는 최소한의 조건들이 필요합니다. 본 교육은 설계사무소가 BIM 프로젝트를 수행함에 있어 최소한의 가이드라인을 제공할 수 있습니다. 특히 조달청 BIM 지침서를 기준으로 가이드라인을 제공하고 있기 때문에 추후에도 본 교재의 활용이 가능합니다.

❸ 계획설계 단계에서의 BIM 업무수행

조달청 BIM 지침서에는 계획설계, 중간설계, 실시설계 및 시공단계에서의 BIM 적용지침에 대하여 자세히 작성되어 있습니다. 각각의 단계별 BIM 적용지침을 한번에 교육할 수 없기 때문에 본 교육에서는 계획설계 단계에서의 BIM 적용지침을 토대로 한 업무수행 방법에 대하여 설명하고 있습니다. 또한 계획설계 단계에서의 BIM 업무수행이 가능하다면 중간 및 실시설계 단계에서의 BIM 업무수행이 가능할 것으로 판단하였으며, 향후 이에 대한 요구사항이 증가할 경우 각 단계별 BIM 업무수행에 대한 교육을 추가적으로 진행할 계획입니다.

chapter 02 교육의 구성 및 특징

Tip

BIM 적용의 대상

조달청 시설공사 맞춤형서비스 대상 사업에 적용함을 원칙으로 한다.

1 교육의 특징

❶ 학습목표 및 Point 요약

본 교육은 강의별 학습목표 설명을 통해 실습의 목표를 명확하게 설정하고, 쉽게 정리된 Point를 제공하여 학습효과를 향상시킬 수 있습니다.

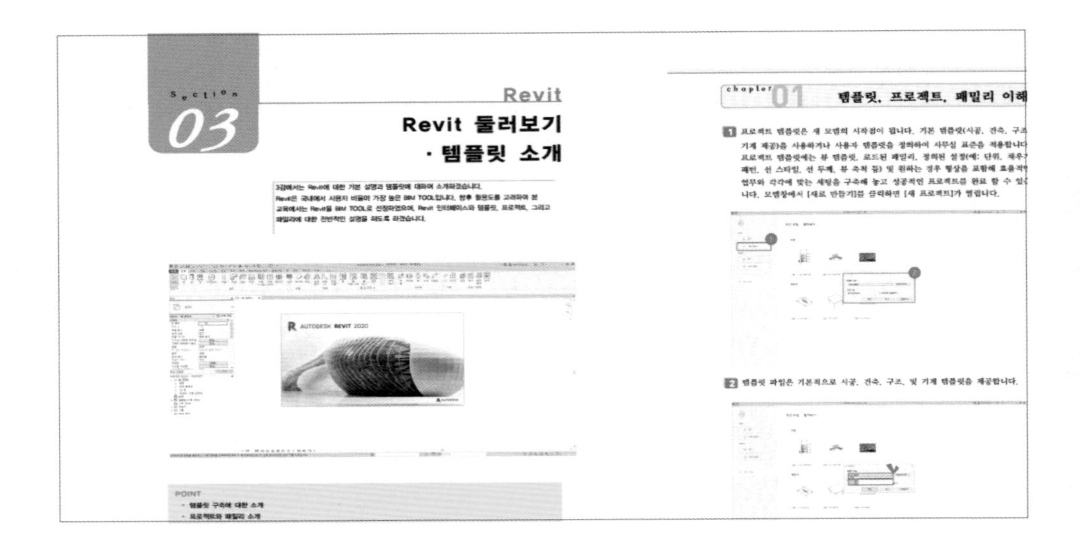

❷ 조달청 시설사업 BIM 적용 기본지침서 v2.0 페이지 연계

강의별 학습내용 중 조달청 BIM 지침서에 해당하는 내용은 우측 상단에 별도의 표기를 하여 이해도를 향상시킬 수 있습니다.

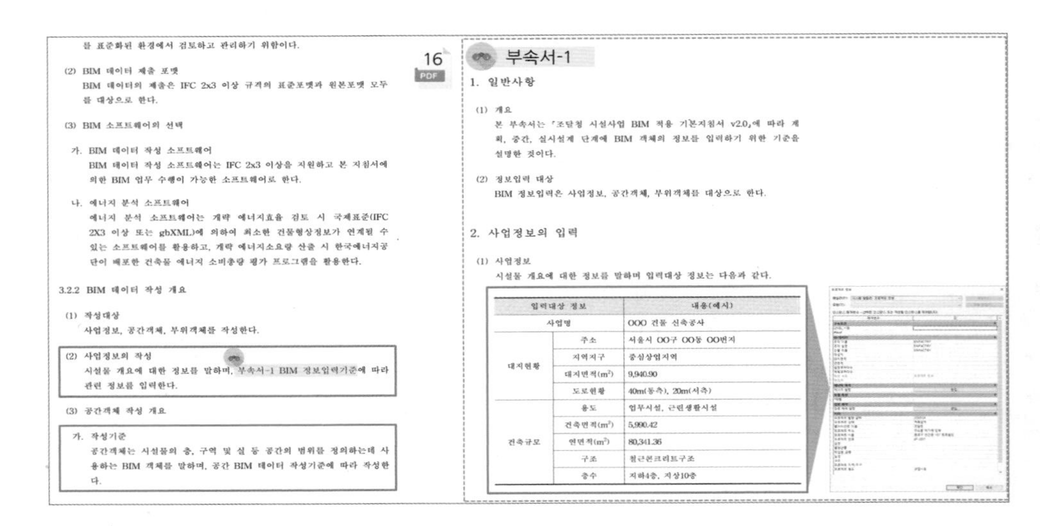

를 표준화된 환경에서 검토하고 관리하기 위함이다.

(2) BIM 데이터 제출 포맷

BIM 데이터의 제출은 IFC 2x3 이상 규격의 표준포맷과 원본포맷 모두를 대상으로 한다.

(3) BIM 소프트웨어의 선택

가. BIM 데이터 작성 소프트웨어

BIM 데이터 작성 소프트웨어는 IFC 2x3 이상을 지원하고 본 지침서에 의한 BIM 업무 수행이 가능한 소프트웨어로 한다.

나. 에너지 분석 소프트웨어

에너지 분석 소프트웨어는 개략 에너지효율 검토 시 국제표준(IFC 2X3 이상 또는 gbXML)에 의하여 최소한 건물형상정보가 연계될 수 있는 소프트웨어를 활용하고, 개략 에너지소요량 산출 시 한국에너지공단이 배포한 건축물 에너지 소비총량 평가 프로그램을 활용한다.

3.2.2 BIM 데이터 작성 개요

(1) 작성대상

사업정보, 공간객체, 부위객체를 작성한다.

(2) 사업정보의 작성

시설물 개요에 대한 정보를 말하며, 부속서-1 BIM 정보입력기준에 따라 관련 정보를 입력한다.

(3) 공간객체 작성 개요

가. 작성기준

공간객체는 시설물의 층, 구역 및 실 등 공간의 범위를 정의하는데 사용하는 BIM 객체를 말하며, 공간 BIM 데이터 작성기준에 따라 작성한다.

16 PDF

부속서-1

1. 일반사항

(1) 개요

본 부속서는 「조달청 시설사업 BIM 적용 기본지침서 v2.0」에 따라 계획, 중간, 실시설계 단계에 BIM 객체의 정보를 입력하기 위한 기준을 설명한 것이다.

(2) 정보입력 대상

BIM 정보입력은 사업정보, 공간객체, 부위객체를 대상으로 한다.

2. 사업정보의 입력

(1) 사업정보

시설물 개요에 대한 정보를 말하며 입력대상 정보는 다음과 같다.

입력대상 정보		내용(예시)
사업명		OOO 건물 신축공사
대지현황	주소	서울시 OO구 OO동 OO번지
	지역지구	중심상업지역
	대지면적(m^2)	9,940.90
	도로현황	40m(동측), 20m(서측)
건축규모	용도	업무시설, 근린생활시설
	건축면적(m^2)	5,990.42
	연면적(m^2)	80,341.36
	구조	철근콘크리트구조
	층수	지하4층, 지상10층

❸ 프로그램 입문자를 위한 따라하기 제공

Revit을 처음 접하는 입문자 분들도 어려움 없이 충분히 따라할 수 있도록 숫자를 표기하여 교육을 진행하였습니다.

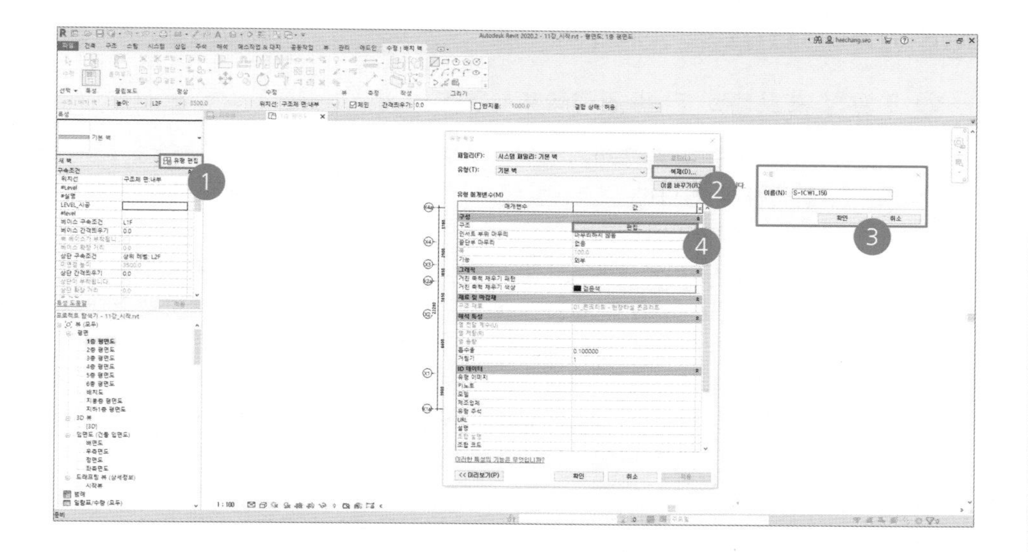

❹ BIM Tip 제공

교재의 후반부에 작성된 BIM Tip 부분에는 BIM 프로젝트를 수행하는데 유용한 패밀리 만들기, 엑셀기반 유형작성 및 패밀리 변경 등이 자세히 수록되어 있습니다. 주요 강좌 외에도 필수적으로 알아야 할 BIM 기능들에 대하여 학습할 수 있습니다.

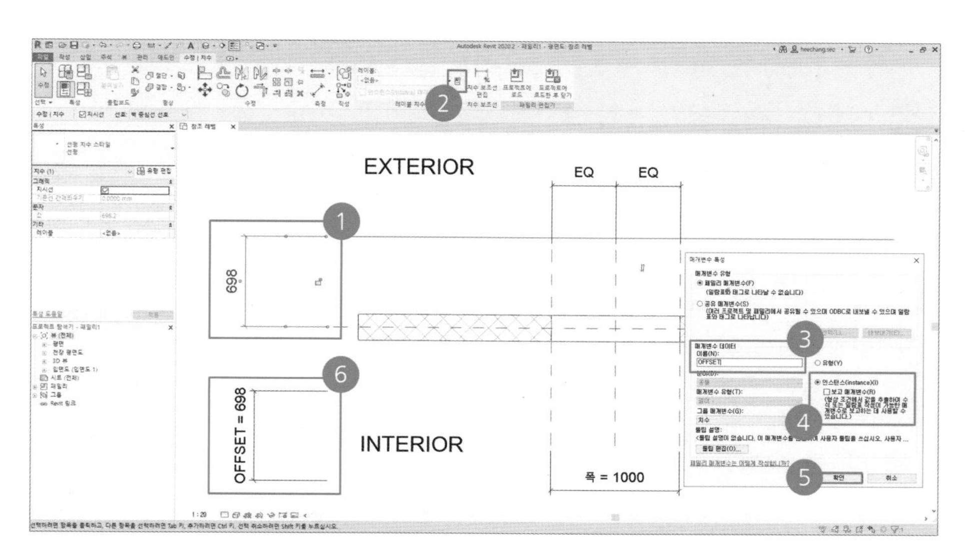

chapter 03 교육 추천 대상

Tip
중간설계 단계
중간설계는 건축법 제8조 제3항에 의한 기본설계도서를 포함한다.

1 건축설계사무소

❶ 조달청 프로젝트 관련 건축설계사무소

조달청 BIM 발주를 수주하기 위한 설계사무소는 일반적으로 크게 두 가지 방법을 선택하게 됩니다. 하나는 BIM 전문업체를 파트너사로 등록하여 설계사무소에서 수행해야하는 BIM관련 업무의 일체 또는 부분을 용역업무로 수행하는 것이며, 나머지 하나는 자체적으로 BIM 수행능력을 향상시켜 주도적으로 BIM관련 업무를 수행하는 것입니다. 본 교육은 건축설계사무소가 직접 BIM관련 업무를 수행할 수 있도록 계획설계 단계에서부터 BIM의 활용방법 및 성과물 작성 등과 같은 전반적인 내용을 학습하게 될 것입니다. 또한 조달청은 총사업비 규모에 따른 BIM 적용을 확대하고 있기 때문에 장기적인 측면에서 중소형 설계사무소의 활용이 높아질 것입니다.

❷ BIM 도입을 계획 중인 건축설계사무소

조달청 BIM 발주와 관련 없이 민간 프로젝트를 수행하는 건축설계사무소의 경우 필수적으로 BIM을 도입 및 활용할 필요는 없지만, 건축설계의 생산성을 향상시키기 위한 방안으로 BIM을 활용할 수 있습니다. 또한 민간 프로젝트의 BIM 발주가 증가하고 있으며, 입찰안내서에 작성된 지침의 대부분이 조달청 BIM 지침서를 따르고 있습니다. 따라서 본 교육이 공공뿐만 아니라 민간에서의 BIM 활용에도 도움이 될 것입니다.

2 대학교(원) 설계스튜디오

❶ 건축과 전공 학생

기존의 BIM관련 수업 또는 프로그램 교육들은 BIM 프로그램의 기능위주로 설명되어 있습니다. BIM 도입 초기단계에서는 그 활용도가 높았으나, 현 시점에서는 단순 모델링 방법이 아닌 조달청 BIM 지침서 적용기준에 맞춘 모델링, 성과품 그리고 BIM 결과보고서 작성 등과 같은 졸업 후 실무에서의 즉각적인 활용법이 필요합니다.

❷ 타 전공 학생

국내의 경우 건축분야는 구조, MEP, 토목, 철도 분야 보다 다양한 프로젝트 사례를 보유하고 있습니다. 조달청 BIM 지침서에 대한 이해와 BIM 모델링 방법 등을 학습한다면 본인 분야에서의 BIM 활용도를 높일 수 있습니다.

3 건축 BIM 입문자

❶ BIM TOOL(REVIT/ARCHICAD 등) 미경험자

REVIT, NAVISWORKS, ARCHICAD 등과 같은 BIM TOOL 활용은 건축 전공과는 별개로 부담감으로 작용할 수 있습니다. 따라서 BIM TOOL의 기능만을 우선적으로 배우고 향후에 실무에 적용하려는 노력이 있지만, 실제로는 교육이 실무에 연계되기에는 한계가 있습니다. 이에 본 교육에서는 단순히 기능위주의 커리큘럼이 아닌 실무에서의 활용성에 초점을 맞춰 진행하였습니다.

❷ BIM TOOL(REVIT/ARCHICAD 등) 경험자

BIM TOOL 교육 경험자들이 공통적으로 하는 이야기가 있습니다. 기능적인 부분은 충분히 배웠고 성과물 작성방법도 이해를 하였는데, 실무에서 BIM을 적용하기에는 무리가 있다고 합니다. 이러한 이유는 기존의 BIM 교육이 프로그램 기능 위주의 커리큘럼을 구성하였기 때문입니다. 본 교육에서는 프로그램의 기능뿐만 아니라 조달청 BIM 지침서에서 요구하는 적용기준을 토대로 계획설계 단계의 처음부터 성과물 제작까지 모든 과정을 배울 수 있습니다.

- 한솔아카데미 자료실 www.bestbook.co.kr
- BIMer 온라인커뮤니티 https://blog.naver.com/bimfactory

Tip

BIM TOOL

국내의 경우 각 분야에 따라 활용하는 BIM TOOL이 다르지만, 건축분야에서는 REVIT과 ARCHICAD가 주로 활용된다.

BIMFACTORY
COMPANY

제 2 편

BIM 적용 기본지침서 v2.0

조달청 지침서 이해

01_ 지침서 내려 받기
02_ 지침서 개요
03_ 용역자 BIM 업무수행지침
04_ 계획설계 BIM 적용 지침

Section 02

BIM 적용 기본지침서 v2.0
조달청 지침서 이해

2강에서는 BIM 적용 기본지침서 v2.0에 대하여 전반적으로 소개하도록 하겠습니다.
기존의 BIM 교육이 실무에 적용되지 못했던 이유는 모델과 성과물에 대한 기준을 제시하지 못했기 때문입니다. 본 교육은 BIM 적용 기본지침서에 작성된 조달청 기준으로 업무를 수행하는 방법을 학습하도록 하겠습니다.

시설사업 BIM 적용
기본지침서 v2.0

2019. 12.

조 달 청

차 례

POINT!!

- 지침서 업무 기준과 유형 및 코드 소개
- 부속서 이해와 BIM 정보입력기준 소개
- 계획설계 BIM 적용지침 소개

chapter 01 지침서 내려 받기

1 조달청 홈페이지 http://www.pps.go.kr에 접속합니다.

Tip

구글검색

구글 검색창에 "BIM 적용 기본 지침서 v2.0"을 검색 하면 조달청 홈페이지에 첨부된 PDF 파일을 바로 받을 수 있습니다.

2 좌측 "조달청뉴스" – "공지사항" – "공지사항"을 클릭합니다.

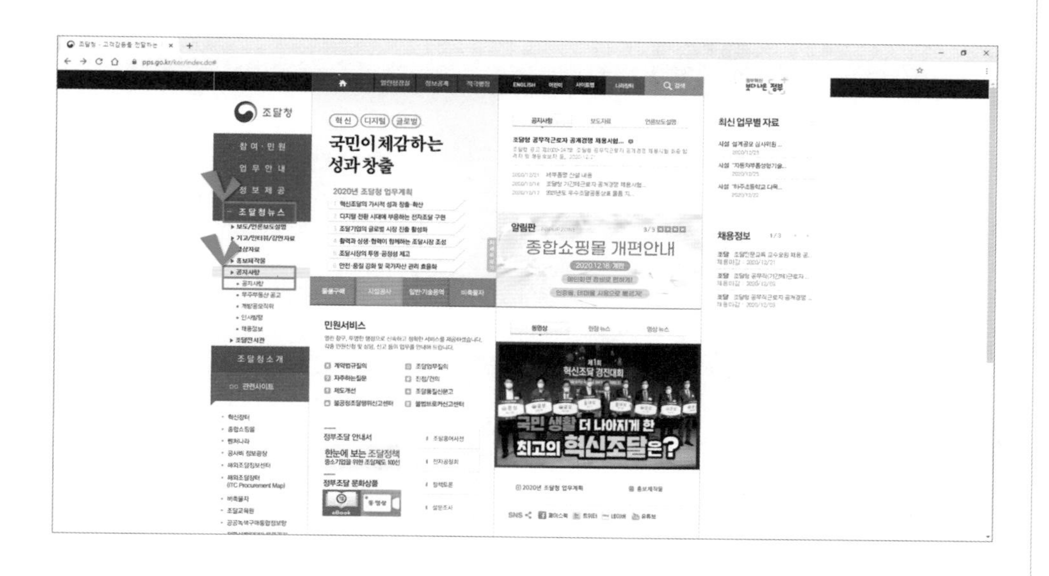

3 "조달청 시설사업 BIM 적용 기본지침서 v2.0"을 검색 후 클릭하여 열람합니다.

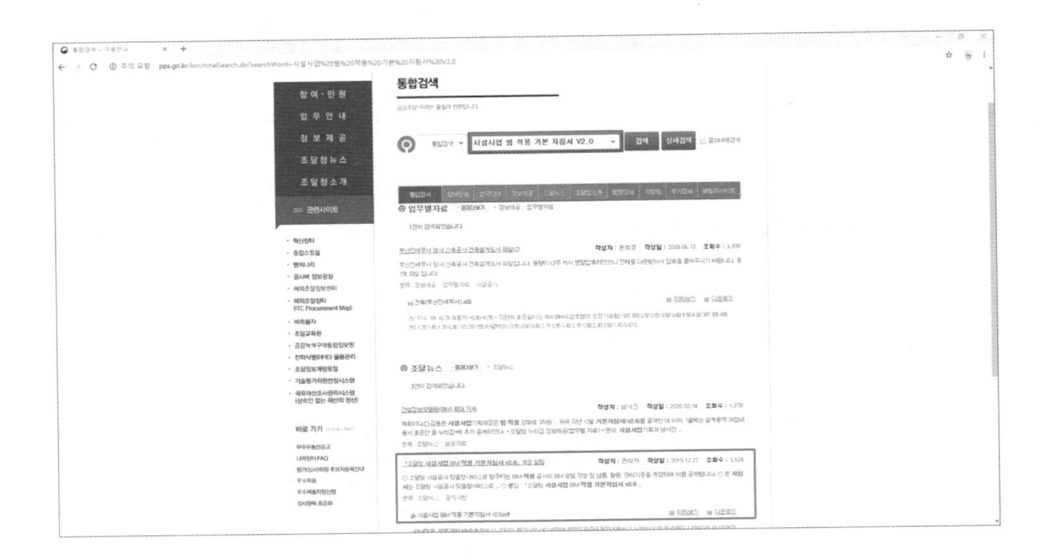

4 첨부 되어 있는 시설사업 BIM 적용 기본지침서 v2.0을 다운로드 합니다.

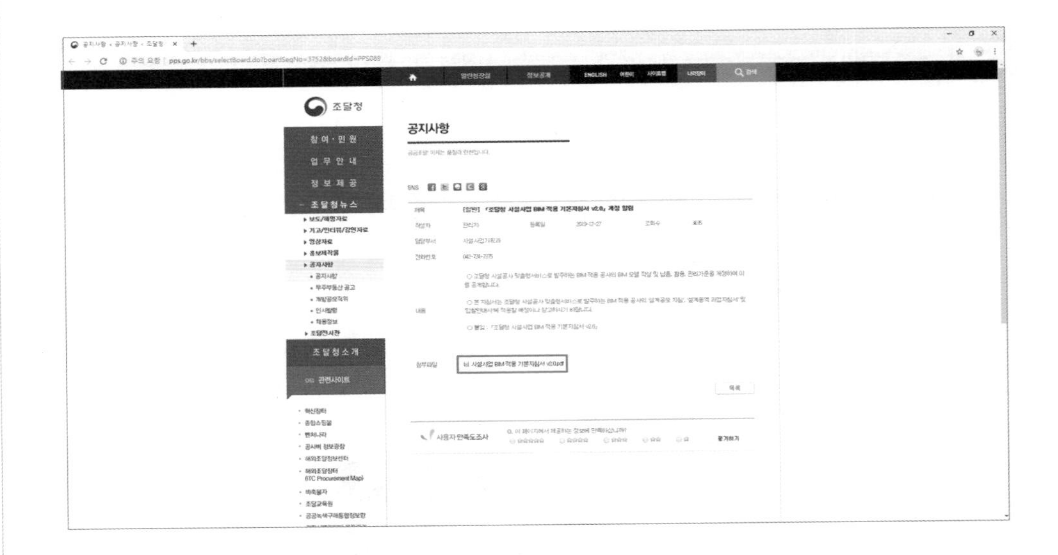

5 내려받기한 파일을 열어 보면 시설사업 BIM 적용 기본지침서 v2.0의 대한 내용을 확인 할 수 있습니다.

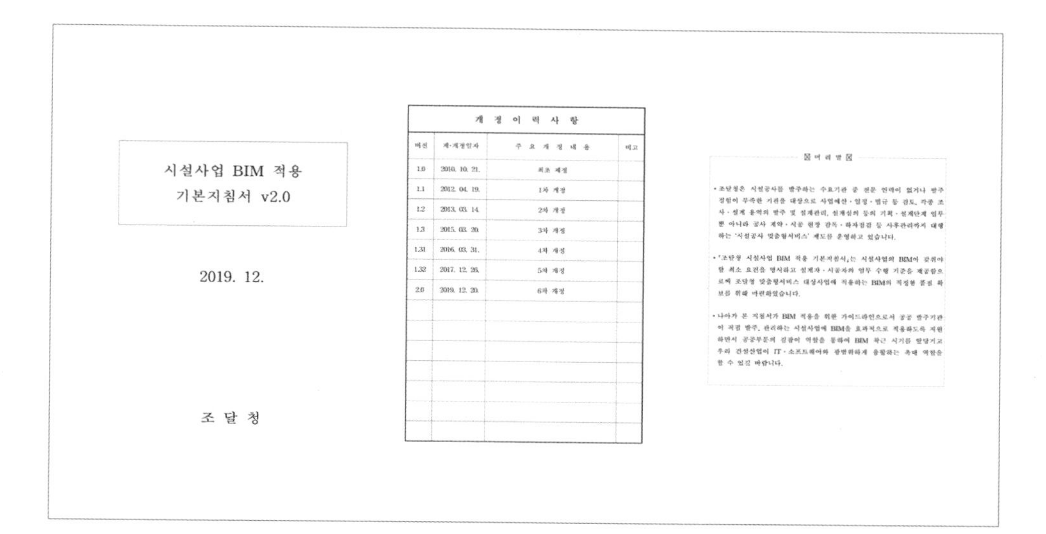

시설사업 BIM 적용
기본지침서 v2.0

2019. 12.

조 달 청

개 정 이 력 사 항			
버전	제·개정일자	주 요 개 정 내 용	비고
1.0	2010. 10. 21.	최초 제정	
1.1	2012. 04. 19.	1차 개정	
1.2	2013. 03. 14.	2차 개정	
1.3	2015. 03. 20.	3차 개정	
1.31	2016. 03. 31.	4차 개정	
1.32	2017. 12. 26.	5차 개정	
2.0	2019. 12. 20.	6차 개정	

머 리 말

- 조달청은 시설공사를 발주하는 수요기관 중 전문 인력이 없거나 발주 경험이 부족한 기관을 대상으로 사업예산 · 일정 · 법규 등 검토, 각종 조사 · 설계 용역의 발주 및 설계관리, 설계심의 등의 기획 · 설계단계 업무뿐 아니라 공사 계약 · 시공 현장 감독 · 하자점검 등 사후관리까지 대행하는 '시설공사 맞춤형서비스' 제도를 운영하고 있습니다.
- 「조달청 시설사업 BIM 적용 기본지침서」는 시설사업의 BIM이 갖춰야 할 최소 요건을 명시하고 설계자 · 시공자의 업무 수행 기준을 제공함으로써 조달청 맞춤형서비스 대상사업에 적용하는 BIM의 적정한 품질 확보를 위해 마련하였습니다.
- 나아가 본 지침서가 BIM 적용을 위한 가이드라인으로서 공공 발주기관이 직접 발주, 관리하는 시설사업에 BIM을 효과적으로 적용하도록 지원하면서 공공부문의 견인 역할을 통하여 BIM 확산 시기를 앞당기고 우리 건설산업이 IT · 소프트웨어와 광범위하게 융합하는 촉매 역할을 할 수 있길 바랍니다.

Tip

개정이력사항

시설사업 BIM 적용 기본 지침서는 2010년 최초 재정된 이후 현재는 6차 개정이 완료된 상태입니다.

chapter 02 지침서 개요

Tip

PDF 페이지 참고

BIM 적용 지침서 v2.0 동일한 페이지입니다.

1 조달청 지침서의 개요입니다. BIM 업무 범위와 지침의 구성에 대해 제공하고 있으며, 용어 및 약어에 대한 정의가 설명되어 있습니다. 또한 본 강에서는 계획설계 BIM 적용 지침을 기준으로 자세히 설명하였습니다.

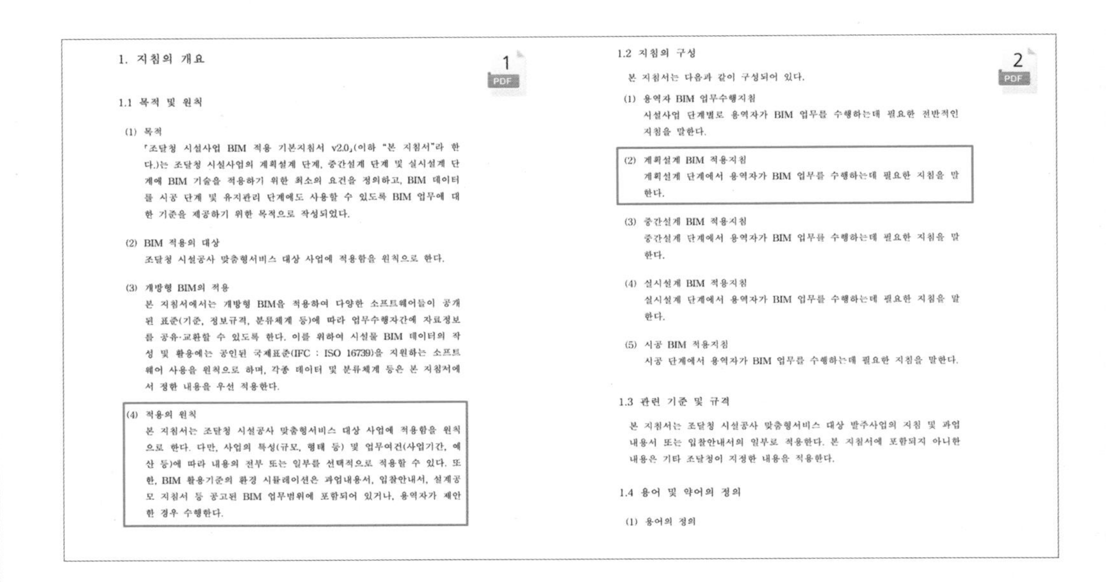

1

PDF

1. 지침의 개요

1.1 목적 및 원칙

(1) 목적

「조달청 시설사업 BIM 적용 기본지침서 v2.0」(이하 "본 지침서"라 한다.)는 조달청 시설사업의 계획설계 단계, 중간설계 단계 및 실시설계 단계에 BIM 기술을 적용하기 위한 최소의 요건을 정의하고, BIM 데이터를 시공 단계 및 유지관리 단계에도 사용할 수 있도록 BIM 업무에 대한 기준을 제공하기 위한 목적으로 작성되었다.

(2) BIM 적용의 대상

조달청 시설공사 맞춤형서비스 대상 사업에 적용함을 원칙으로 한다.

(3) 개방형 BIM의 적용

본 지침서에서는 개방형 BIM을 적용하여 다양한 소프트웨어들이 공개된 표준(기준, 정보규격, 분류체계 등)에 따라 업무수행자간에 자료정보를 공유·교환할 수 있도록 한다. 이를 위하여 시설물 BIM 데이터의 작성 및 활용에는 공인된 국제표준(IFC : ISO 16739)을 지원하는 소프트웨어 사용을 원칙으로 하며, 각종 데이터 및 분류체계 등은 본 지침서에서 정한 내용을 우선 적용한다.

(4) 적용의 원칙

본 지침서는 조달청 시설공사 맞춤형서비스 대상 사업에 적용함을 원칙으로 한다. 다만, 사업의 특성(규모, 형태 등) 및 업무여건(사업기간, 예산 등)에 따라 내용의 전부 또는 일부를 선택적으로 적용할 수 있다. 또한, BIM 활용기준의 환경 시뮬레이션은 과업내용서, 입찰안내서, 설계공모 지침서 등 공고된 BIM 업무범위에 포함되어 있거나, 용역자가 제안한 경우 수행한다.

2

PDF

1.2 지침의 구성

본 지침서는 다음과 같이 구성되어 있다.

(1) 용역자 BIM 업무수행지침

시설사업 단계별로 용역자가 BIM 업무를 수행하는데 필요한 전반적인 지침을 말한다.

(2) 계획설계 BIM 적용지침

계획설계 단계에서 용역자가 BIM 업무를 수행하는데 필요한 지침을 말한다.

(3) 중간설계 BIM 적용지침

중간설계 단계에서 용역자가 BIM 업무를 수행하는데 필요한 지침을 말한다.

(4) 실시설계 BIM 적용지침

실시설계 단계에서 용역자가 BIM 업무를 수행하는데 필요한 지침을 말한다.

(5) 시공 BIM 적용지침

시공 단계에서 용역자가 BIM 업무를 수행하는데 필요한 지침을 말한다.

1.3 관련 기준 및 규격

본 지침서는 조달청 시설공사 맞춤형서비스 대상 발주사업의 지침 및 과업내용서 또는 입찰안내서의 일부로 적용한다. 본 지침서에 포함되지 아니한 내용은 기타 조달청이 지정한 내용을 적용한다.

1.4 용어 및 약어의 정의

(1) 용어의 정의

2 지침서에서 사용하는 용어에 대한 기준을 정리하였습니다. BIM 업무를 수행하면서 공통적으로 활용하는 용어이기 때문에 반드시 확인하시기 바랍니다.

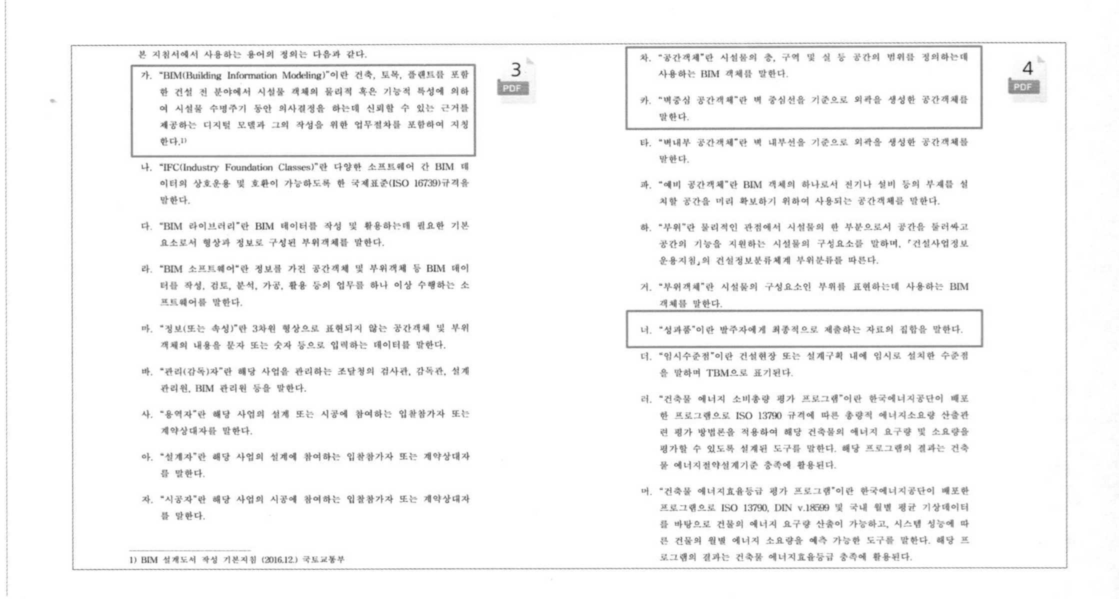

3

PDF

본 지침서에서 사용하는 용어의 정의는 다음과 같다.

가. "BIM(Building Information Modeling)"이란 건축, 토목, 플랜트를 포함한 건설 전 분야에서 시설물 객체의 물리적 혹은 기능적 특성에 의하여 시설물 수명주기 동안 의사결정을 하는데 신뢰할 수 있는 근거를 제공하는 디지털 모델과 그의 작성을 위한 업무절차를 포함하여 지칭한다.[1)]

나. "IFC(Industry Foundation Classes)"란 다양한 소프트웨어 간 BIM 데이터의 상호운용 및 호환이 가능하도록 한 국제표준(ISO 16739)규격을 말한다.

다. "BIM 라이브러리"란 BIM 데이터를 작성 및 활용하는데 필요한 기본요소로서 형상과 정보로 구성된 부위객체를 말한다.

라. "BIM 소프트웨어"란 정보를 가진 공간객체 및 부위객체 등 BIM 데이터를 작성, 검토, 분석, 가공, 활용 등의 업무를 하나 이상 수행하는 소프트웨어를 말한다.

마. "정보(또는 속성)"란 3차원 형상으로 표현되지 않는 공간객체 및 부위객체의 내용을 문자 또는 숫자 등으로 입력하는 데이터를 말한다.

바. "관리(감독)자"란 해당 사업을 관리하는 조달청의 검사관, 감독관, 설계관리원, BIM 관리원 등을 말한다.

사. "용역자"란 해당 사업의 설계 또는 시공에 참여하는 입찰참가자 또는 계약상대자를 말한다.

아. "설계자"란 해당 사업의 설계에 참여하는 입찰참가자 또는 계약상대자를 말한다.

자. "시공자"란 해당 사업의 시공에 참여하는 입찰참가자 또는 계약상대자를 말한다.

1) BIM 설계도서 작성 기본지침 (2016.12.) 국토교통부

4

PDF

차. "공간객체"란 시설물의 층, 구역 및 실 등 공간의 범위를 정의하는데 사용하는 BIM 객체를 말한다.

카. "벽중심 공간객체"란 벽 중심선을 기준으로 외곽을 생성한 공간객체를 말한다.

타. "벽내부 공간객체"란 벽 내부선을 기준으로 외곽을 생성한 공간객체를 말한다.

파. "예비 공간객체"란 BIM 객체의 하나로서 전기나 설비 등의 부재를 설치할 공간을 미리 확보하기 위하여 사용되는 공간객체를 말한다.

하. "부위"란 물리적인 관점에서 시설물의 한 부분으로서 공간을 둘러싸고 공간의 기능을 지원하는 시설물의 구성요소를 말하며, 「건설사업정보운용지침」의 건설정보분류체계 부위분류를 따른다.

거. "부위객체"란 시설물의 구성요소인 부위를 표현하는데 사용하는 BIM 객체를 말한다.

너. "성과품"이란 발주자에게 최종적으로 제출하는 자료의 집합을 말한다.

더. "임시수준점"이란 건설현장 또는 설계구획 내에 임시로 설치한 수준점을 말하며 TBM으로 표기된다.

러. "건축물 에너지 소비총량 평가 프로그램"이란 한국에너지공단이 배포한 프로그램으로 ISO 13790 규격에 따른 총량적 에너지소요량 산출관련 평가 방법론을 적용하여 해당 건축물의 에너지 요구량 및 소요량을 평가할 수 있도록 설계된 도구를 말한다. 해당 프로그램의 결과는 건축물 에너지절약설계기준 충족에 활용된다.

머. "건축물 에너지효율등급 평가 프로그램"이란 한국에너지공단이 배포한 프로그램으로 ISO 13790, DIN v.18599 및 국내 월별 평균 기상데이터를 바탕으로 건물의 에너지 요구량 산출이 가능하고, 시스템 성능에 따른 건물의 월별 에너지 소요량을 예측 가능한 도구를 말한다. 해당 프로그램의 결과는 건축물 에너지효율등급 충족에 활용된다.

chapter 03 용역자 BIM 업무수행지침

1 용역자 BIM 업무수행지침에서는 착수 단계에서 과업내용서, 입찰안내서, 설계공모 지침서 등의 BIM 관련 제안 사항을 모아 BIM 업무수행계획서 작성 방법에 대하여 설명하고 있습니다.

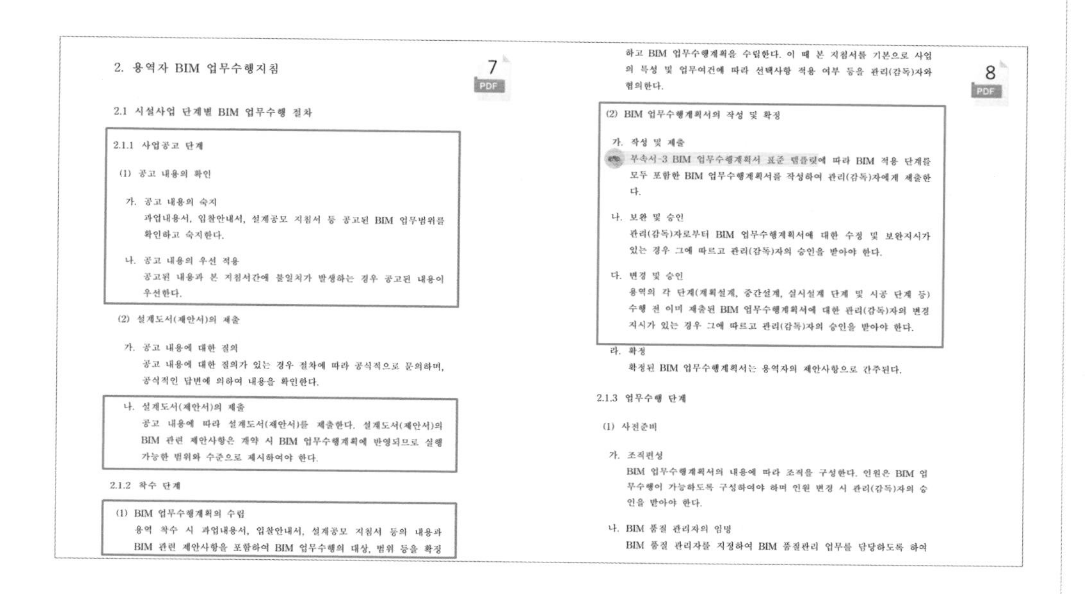

2. 용역자 BIM 업무수행지침

2.1 시설사업 단계별 BIM 업무수행 절차

2.1.1 사업공고 단계

(1) 공고 내용의 확인

가. 공고 내용의 숙지
과업내용서, 입찰안내서, 설계공모 지침서 등 공고된 BIM 업무범위를 확인하고 숙지한다.

나. 공고 내용의 우선 적용
공고된 내용과 본 지침서간에 불일치가 발생하는 경우 공고된 내용이 우선한다.

(2) 설계도서(제안서)의 제출

가. 공고 내용에 대한 질의
공고 내용에 대한 질의가 있는 경우 절차에 따라 공식적으로 문의하며, 공식적인 답변에 의하여 내용을 확인한다.

나. 설계도서(제안서)의 제출
공고 내용에 따라 설계도서(제안서)를 제출한다. 설계도서(제안서)의 BIM 관련 제안사항은 계약 시 BIM 업무수행계획에 반영되므로 실행 가능한 범위와 수준으로 제시하여야 한다.

2.1.2 착수 단계

(1) BIM 업무수행계획의 수립
용역 착수 시 과업내용서, 입찰안내서, 설계공모 지침서 등의 내용과 BIM 관련 제안사항을 포함하여 BIM 업무수행의 대상, 범위 등을 확정하고 BIM 업무수행계획을 수립한다. 이 때 본 지침서를 기본으로 사업의 특성 및 업무여건에 따라 선택사항 적용 여부 등을 관리(감독)자와 협의한다.

(2) BIM 업무수행계획서의 작성 및 확정

가. 작성 및 제출
부속서-3 BIM 업무수행계획서 표준 템플릿에 따라 BIM 적용 단계를 모두 포함한 BIM 업무수행계획서를 작성하여 관리(감독)자에게 제출한다.

나. 보완 및 승인
관리(감독)자로부터 BIM 업무수행계획서에 대한 수정 및 보완지시가 있는 경우 그에 따르고 관리(감독)자의 승인을 받아야 한다.

다. 변경 및 승인
용역의 각 단계(계획설계, 중간설계, 실시설계 단계 및 시공 단계 등) 수행 전 이미 제출된 BIM 업무수행계획서에 대한 관리(감독)자의 변경 지시가 있는 경우 그에 따르고 관리(감독)자의 승인을 받아야 한다.

라. 확정
확정된 BIM 업무수행계획서는 용역자의 제안사항으로 간주된다.

2.1.3 업무수행 단계

(1) 사전준비

가. 조직편성
BIM 업무수행계획서의 내용에 따라 조직을 구성한다. 인원은 BIM 업무수행이 가능하도록 구성하여야 하며 인원 변경 시 관리(감독)자의 승인을 받아야 한다.

나. BIM 품질 관리자의 임명
BIM 품질 관리자를 지정하여 BIM 품질관리 업무를 담당하도록 하여

Tip
부속서 가이드

지침서 내용 중 부속서 내용에 대한 가이드 아이콘입니다.

2 BIM 업무수행계획서는 부속서-3 BIM 업무수행계획서 표준 템플릿에 제공된 내용을 기준으로 작성해야 합니다.

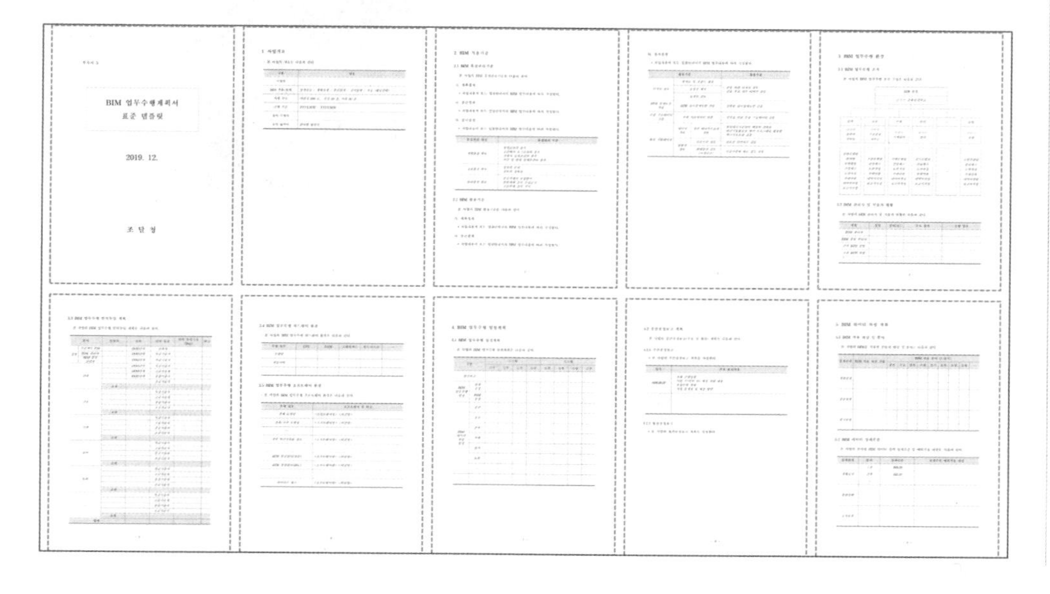

Tip

BIM 업무수행계획서

BIM 업무수행계획서는 BIM 데이터의 작성, 품질체크, 성과품 제출 및 결과보고서에 대한 근거가 되기 때문에 협의를 통해 구체적으로 작성해야 합니다.

3 업무 수행과 관련하여 기본원칙은 BIM 데이터를 먼저 작성 후 도면을 추출해야하며 BIM 업무 수행계획서의 BIM 내용에 따라 업무를 수행하게 됩니다.

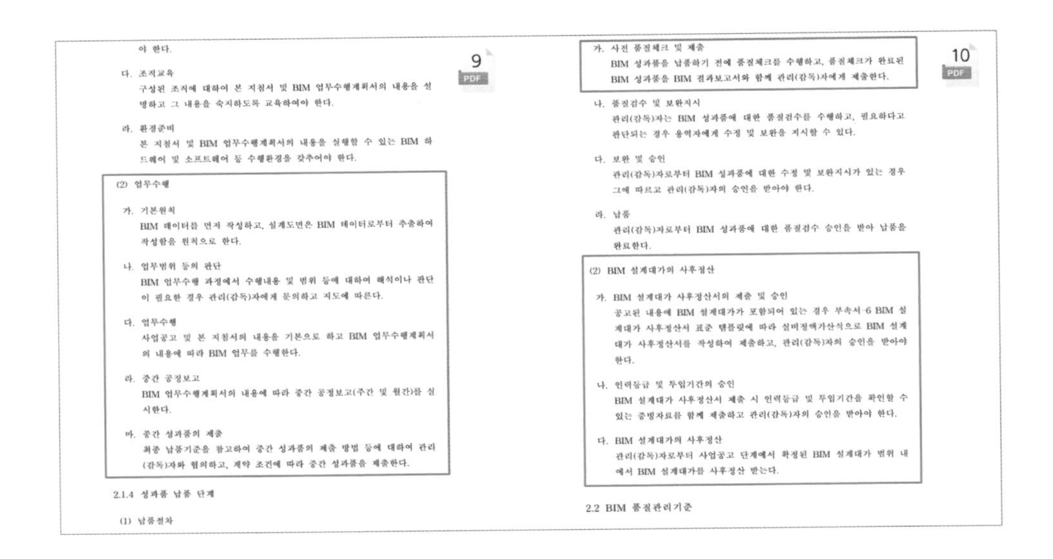

야 한다.

9 PDF

다. 조직교육
구성된 조직에 대하여 본 지침서 및 BIM 업무수행계획서의 내용을 설명하고 그 내용을 숙지하도록 교육하여야 한다.

라. 환경준비
본 지침서 및 BIM 업무수행계획서의 내용을 실행할 수 있는 BIM 하드웨어 및 소프트웨어 등 수행환경을 갖추어야 한다.

(2) 업무수행

가. 기본원칙
BIM 데이터를 먼저 작성하고, 설계도면은 BIM 데이터로부터 추출하여 작성함을 원칙으로 한다.

나. 업무범위 등의 판단
BIM 업무수행 과정에서 수행내용 및 범위 등에 대하여 해석이나 판단이 필요한 경우 관리(감독)자에게 문의하고 지도에 따른다.

다. 업무수행
사업공고 및 본 지침서의 내용을 기본으로 하고 BIM 업무수행계획서의 내용에 따라 BIM 업무를 수행한다.

라. 중간 공정보고
BIM 업무수행계획서의 내용에 따라 중간 공정보고(주간 및 월간)를 실시한다.

마. 중간 성과품의 제출
최종 납품기준을 참고하여 중간 성과품의 제출 방법 등에 대하여 관리(감독)자와 협의하고, 계약 조건에 따라 중간 성과품을 제출한다.

2.1.4 성과품 납품 단계

(1) 납품절차

10 PDF

가. 사전 품질체크 및 제출
BIM 성과품을 납품하기 전에 품질체크를 수행하고, 품질체크가 완료된 BIM 성과품을 BIM 결과보고서와 함께 관리(감독)자에게 제출한다.

나. 품질검수 및 보완지시
관리(감독)자는 BIM 성과품에 대한 품질검수를 수행하고, 필요하다고 판단되는 경우 용역자에게 수정 및 보완을 지시할 수 있다.

다. 보완 및 승인
관리(감독)자로부터 BIM 성과품에 대한 수정 및 보완지시가 있는 경우 그에 따르고 관리(감독)자의 승인을 받아야 한다.

라. 납품
관리(감독)자로부터 BIM 성과품에 대한 품질검수 승인을 받아 납품을 완료한다.

(2) BIM 설계대가의 사후정산

가. BIM 설계대가 사후정산서의 제출 및 승인
공고된 내용에 BIM 설계대가가 포함되어 있는 경우 부속서-6 BIM 설계대가 사후정산서 표준 템플릿에 따라 실비정액가산식으로 BIM 설계대가 사후정산서를 작성하여 제출하고, 관리(감독)자의 승인을 받아야 한다.

나. 인력등급 및 투입기간의 승인
BIM 설계대가 사후정산서 제출 시 인력등급 및 투입기간을 확인할 수 있는 증빙자료를 함께 제출하고 관리(감독)자의 승인을 받아야 한다.

다. BIM 설계대가의 사후정산
관리(감독)자로부터 사업공고 단계에서 확정된 BIM 설계대가 범위 내에서 BIM 설계대가를 사후정산 받는다.

2.2 BIM 품질관리기준

4 BIM 품질 관리는 계획, 정보, 물리품질 확보 및 수동적, 자동적 방법으로 설계 품질을 높입니다.

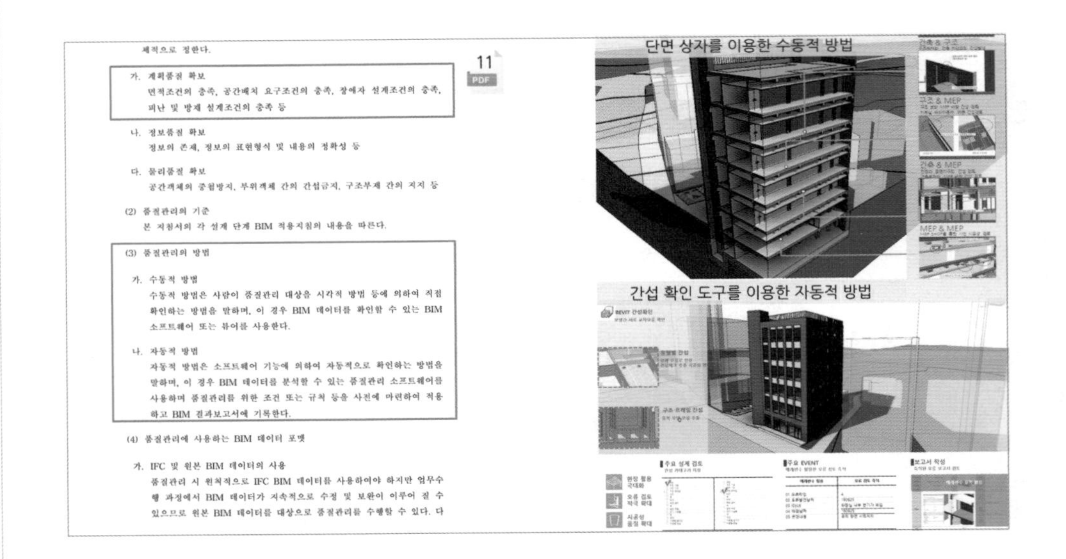

체적으로 정한다.

11 PDF

가. 계획품질 확보
면적조건의 충족, 공간배치 요구조건의 충족, 장애자 설계조건의 충족, 피난 및 방재 설계조건의 충족 등

나. 정보품질 확보
정보의 존재, 정보의 표현형식 및 내용의 정확성 등

다. 물리품질 확보
공간객체의 중첩방지, 부위객체 간의 간섭금지, 구조부재 간의 지지 등

(2) 품질관리의 기준
본 지침서의 각 설계 단계 BIM 적용지침의 내용을 따른다.

(3) 품질관리의 방법

가. 수동적 방법
수동적 방법은 사람이 품질관리 대상을 시각적 방법 등에 의하여 직접 확인하는 방법을 말하며, 이 경우 BIM 데이터를 확인할 수 있는 BIM 소프트웨어 또는 뷰어를 사용한다.

나. 자동적 방법
자동적 방법은 소프트웨어 기능에 의하여 자동적으로 확인하는 방법을 말하며, 이 경우 BIM 데이터를 분석할 수 있는 품질관리 소프트웨어를 사용하며 품질관리를 위한 조건 또는 규칙 등을 사전에 마련하여 적용하고 BIM 결과보고서에 기록한다.

(4) 품질관리에 사용하는 BIM 데이터 포맷

가. IFC 및 원본 BIM 데이터의 사용
품질관리 시 원칙적으로 IFC BIM 데이터를 사용하여야 하지만 업무수행 과정에서 BIM 데이터가 지속적으로 수정 및 보완이 이루어 질 수 있으므로 원본 BIM 데이터를 대상으로 품질관리를 수행할 수 있다. 다

chapter 04 계획설계 BIM 적용 지침

1 계획설계 BIM 적용 대상은 구조, 건축, 토목(대지) 분야를 최소 대상으로 합니다. 또한 품질 관리 기준에 맞추어 디자인 검토, BIM 설계도면산출, 수량 기초데이터 산출 활용해야 하며 환경 시뮬레이션은 선택사항으로 협의에 의해 진행됩니다.

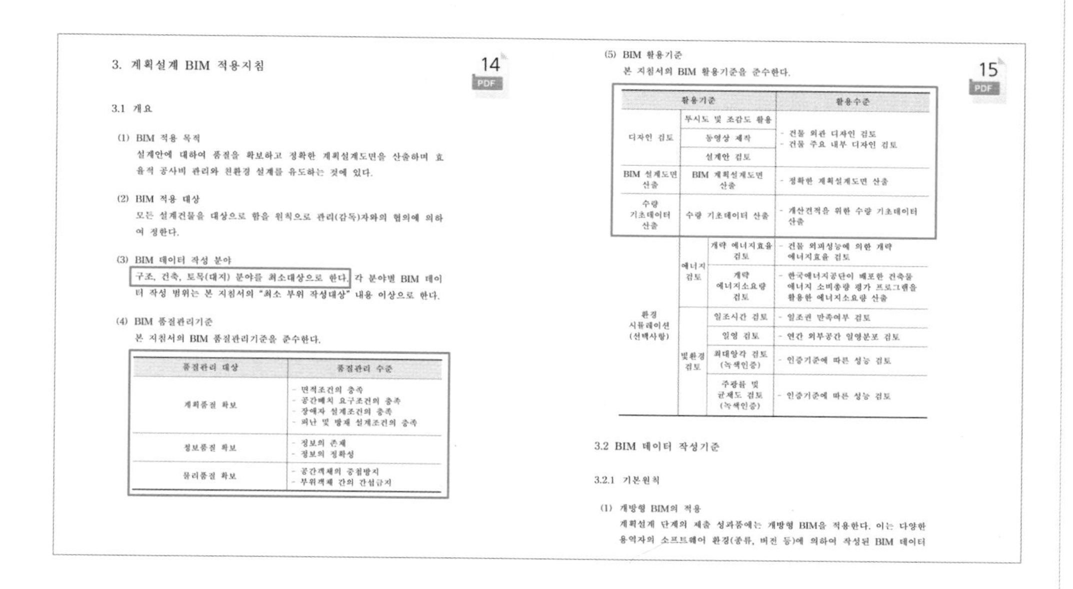

3. 계획설계 BIM 적용지침

14 PDF

3.1 개요

(1) BIM 적용 목적
설계안에 대하여 품질을 확보하고 정확한 계획설계도면을 산출하며 효율적 공사비 관리와 친환경 설계를 유도하는 것에 있다.

(2) BIM 적용 대상
모든 설계건물을 대상으로 함을 원칙으로 관리(감독)자와의 협의에 의하여 정한다.

(3) BIM 데이터 작성 분야
구조, 건축, 토목(대지) 분야를 최소대상으로 한다. 각 분야별 BIM 데이터 작성 범위는 본 지침서의 "최소 부위 작성대상" 내용 이상으로 한다.

(4) BIM 품질관리기준
본 지침서의 BIM 품질관리기준을 준수한다.

품질관리 대상	품질관리 수준
계획품질 확보	- 면적조건의 충족 - 공간배치 요구조건의 충족 - 장애자 설계조건의 충족 - 피난 및 방재 설계조건의 충족
정보품질 확보	- 정보의 존재 - 정보의 정확성
물리품질 확보	- 공간객체의 중첩방지 - 부위객체 간의 간섭금지

(5) BIM 활용기준
본 지침서의 BIM 활용기준을 준수한다.

15 PDF

활용기준			활용수준
디자인 검토	투시도 및 조감도 활용		- 건물 외관 디자인 검토 - 건물 주요 내부 디자인 검토
	동영상 제작		
	설계안 검토		
BIM 설계도면 산출	BIM 계획설계도면 산출		- 정확한 계획설계도면 산출
수량 기초데이터 산출	수량 기초데이터 산출		- 개산견적을 위한 수량 기초데이터 산출
환경 시뮬레이션 (선택사항)	에너지 검토	개략 에너지효율 검토	- 건물 외피성능에 의한 개략 에너지효율 검토
		개략 에너지소요량 검토	- 한국에너지공단이 배포한 건축물 에너지 소비총량 평가 프로그램을 활용한 에너지소요량 산출
	빛환경 검토	일조시간 검토	- 일조권 만족여부 검토
		일영 검토	- 연간 외부공간 일영분포 검토
		최대양각 검토 (녹색인증)	- 인증기준에 따른 성능 검토
		주광률 및 균제도 검토 (녹색인증)	- 인증기준에 따른 성능 검토

3.2 BIM 데이터 작성기준

3.2.1 기본원칙

(1) 개방형 BIM의 적용
계획설계 단계의 제출 성과품에는 개방형 BIM을 적용한다. 이는 다양한 용역자의 소프트웨어 환경(종류, 버전 등)에 의하여 작성된 BIM 데이터

2 BIM데이터 작성은 부속서-1 BIM 정보입력기준을 따르며 사업정보는 프로젝트 정보에 동일하게 입력해야 합니다.

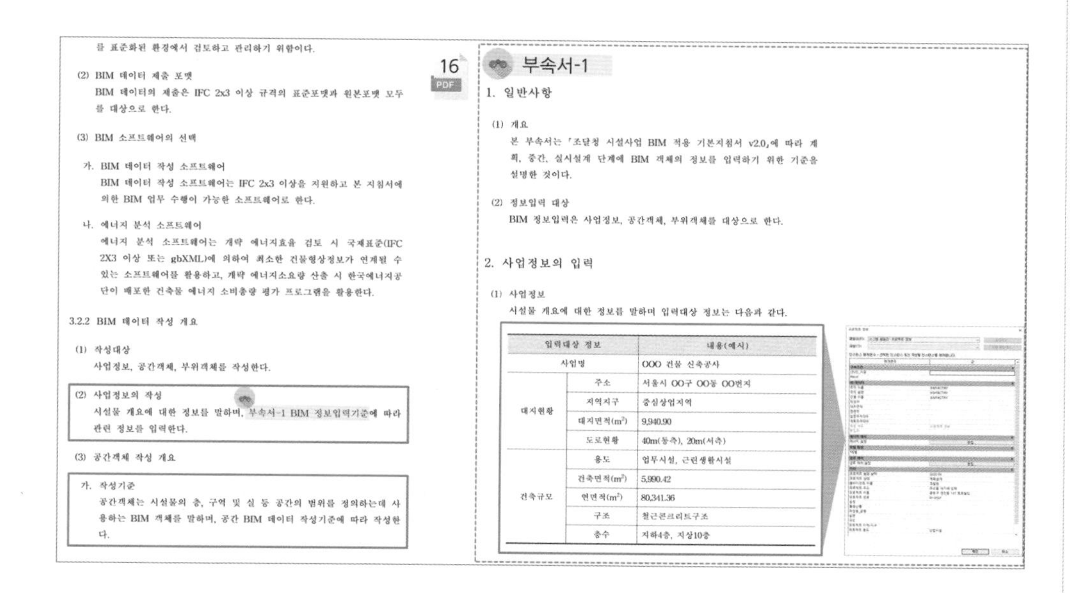

를 표준화된 환경에서 검토하고 관리하기 위함이다.

16 PDF

(2) BIM 데이터 제출 포맷
BIM 데이터의 제출은 IFC 2x3 이상 규격의 표준포맷과 원본포맷 모두를 대상으로 한다.

(3) BIM 소프트웨어의 선택

가. BIM 데이터 작성 소프트웨어
BIM 데이터 작성 소프트웨어는 IFC 2x3 이상을 지원하고 본 지침서에 의한 BIM 업무 수행이 가능한 소프트웨어로 한다.

나. 에너지 분석 소프트웨어
에너지 분석 소프트웨어는 개략 에너지효율 검토 시 국제표준(IFC 2X3 이상 또는 gbXML)에 의하여 최소한 건물형상정보가 연계될 수 있는 소프트웨어를 활용하고, 개략 에너지소요량 산출 시 한국에너지공단이 배포한 건축물 에너지 소비총량 평가 프로그램을 활용한다.

3.2.2 BIM 데이터 작성 개요

(1) 작성대상
사업정보, 공간객체, 부위객체를 작성한다.

(2) 사업정보의 작성
시설물 개요에 대한 정보를 말하며, 부속서-1 BIM 정보입력기준에 따라 관련 정보를 입력한다.

(3) 공간객체 작성 개요

가. 작성기준
공간객체는 시설물의 층, 구역 및 실 등 공간의 범위를 정의하는데 사용하는 BIM 객체를 말하며, 공간 BIM 데이터 작성기준에 따라 작성한다.

부속서-1

1. 일반사항

(1) 개요
본 부속서는 「조달청 시설사업 BIM 적용 기본지침서 v2.0」에 따라 계획, 중간, 실시설계 단계에 BIM 객체의 정보를 입력하기 위한 기준을 설명한 것이다.

(2) 정보입력 대상
BIM 정보입력은 사업정보, 공간객체, 부위객체를 대상으로 한다.

2. 사업정보의 입력

(1) 사업정보
시설물 개요에 대한 정보를 말하며 입력대상 정보는 다음과 같다.

입력대상 정보		내용(예시)
사업명		OOO 건물 신축공사
대지현황	주소	서울시 OO구 OO동 OO번지
	지역지구	중심상업지역
	대지면적(m^2)	9,940.90
	도로현황	40m(동측), 20m(서측)
건축규모	용도	업무시설, 근린생활시설
	건축면적(m^2)	5,990.42
	연면적(m^2)	80,341.36
	구조	철근콘크리트구조
	층수	지하4층, 지상10층

Tip

환경 시뮬레이션(선택사항)

태양 설정을 통해 일조분석을 할 수 있다.

3 부속서-1 BIM 정보입력기준에 대해 계속 알아보도록 하겠습니다, 공간객체의 정보 입력과 관련하여 입력 대상 정보는 실명, 실ID, 공간분류코드입니다. 현재는 지침서를 이해하는 차원으로 검토 하시고 향후 21강에서 실제 모델을 작성하면서 상세히 학습을 하시기 바랍니다.

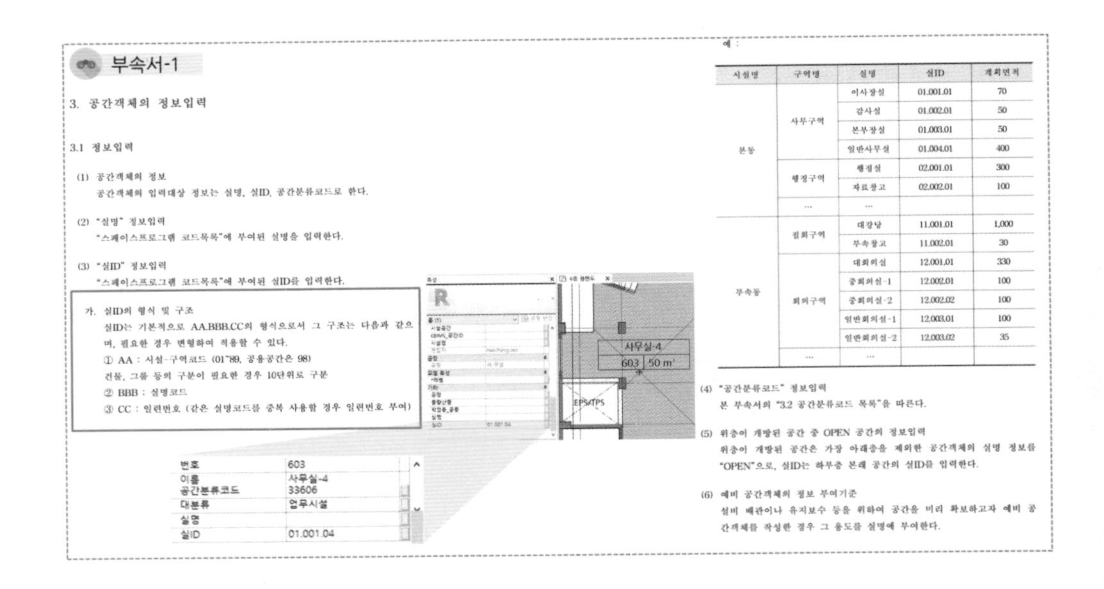

부속서-1

3. 공간객체의 정보입력

3.1 정보입력

(1) 공간객체의 정보
공간객체의 입력대상 정보는 실명, 실ID, 공간분류코드로 한다.

(2) "실명" 정보입력
"스페이스프로그램 코드목록"에 부여된 실명을 입력한다.

(3) "실ID" 정보입력
"스페이스프로그램 코드목록"에 부여된 실ID를 입력한다.

가. 실ID의 형식 및 구조
실ID는 기본적으로 AA.BBB.CC의 형식으로서 그 구조는 다음과 같으며, 필요한 경우 변형하여 적용할 수 있다.
① AA : 시설-구역코드 (01~89, 공용공간은 98)
건물, 그룹 등의 구분이 필요한 경우 10단위로 구분
② BBB : 실명코드
③ CC : 일련번호 (같은 실명코드를 중복 사용할 경우 일련번호 부여)

예 :

시설명	구역명	실명	실ID	계획면적
본동	사무구역	이사장실	01.001.01	70
		감사실	01.002.01	50
		본부장실	01.003.01	50
		일반사무실	01.004.01	400
	행정구역	행정실	02.001.01	300
		자료창고	02.002.01	100
	...	...		
부속동	집회구역	대강당	11.001.01	1,000
		부속창고	11.002.01	30
	회의구역	대회의실	12.001.01	330
		중회의실-1	12.002.01	100
		중회의실-2	12.002.02	100
		일반회의실-1	12.003.01	100
		일반회의실-2	12.003.02	35
	...	...		

(4) "공간분류코드" 정보입력
본 부속서의 "3.2 공간분류코드 목록"을 따른다.

(5) 위층이 개방된 공간 중 OPEN 공간의 정보입력
위층이 개방된 공간은 가장 아래층을 제외한 공간객체의 실명 정보를 "OPEN"으로, 실ID는 하부층 본래 공간의 실ID를 입력한다.

(6) 예비 공간객체의 정보 부여기준
설비 배관이나 유지보수 등을 위하여 공간을 미리 확보하고자 예비 공간객체를 작성한 경우 그 용도를 실명에 부여한다.

4 부속서-1 BIM 정보입력기준 부위객체별 구조 라이브러리의 형식은 "분야-부재명_규격" 이나 별도에 제안의 경우에는 해당 내용을 따로 작성해야 합니다.

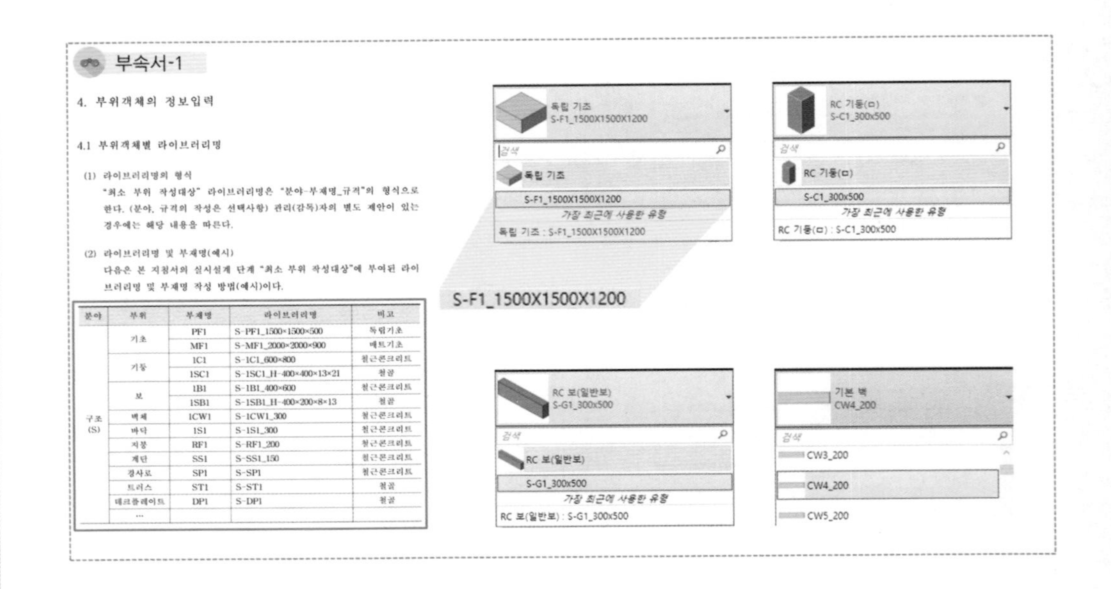

부속서-1

4. 부위객체의 정보입력

4.1 부위객체별 라이브러리명

(1) 라이브러리명의 형식
"최소 부위 작성대상" 라이브러리명은 "분야-부재명_규격"의 형식으로 한다. (분야, 규격의 작성은 선택사항) 관리(감독)자의 별도 제안이 있는 경우에는 해당 내용을 따른다.

(2) 라이브러리명 및 부재명(예시)
다음은 본 지침서의 실시설계 단계 "최소 부위 작성대상"에 부여된 라이브러리명 및 부재명 작성 방법(예시)이다.

분야	부위	부재명	라이브러리명	비고
구조 (S)	기초	PF1	S-PF1_1500×1500×500	독립기초
		MF1	S-MF1_2000×2000×900	매트기초
	기둥	1C1	S-1C1_600×800	철근콘크리트
		1SC1	S-1SC1_H-400×400×13×21	철골
	보	1B1	S-1B1_400×600	철근콘크리트
		1SB1	S-1SB1_H-400×200×8×13	철골
	벽체	1CW1	S-1CW1_300	철근콘크리트
	바닥	1S1	S-1S1_300	철근콘크리트
	지붕	RF1	S-RF1_200	철근콘크리트
	계단	SS1	S-SS1_150	철근콘크리트
	경사로	SP1	S-SP1	철근콘크리트
	트러스	ST1	S-ST1	철골
	데크플레이트	DP1	S-DP1	철골
	...			

5 부속서-1 BIM 정보입력기준 구조 및 건축 분야 부재명 입력은 필수이며, 이외 분야의 부재명 입력은 용역자 자율에 맡기고 있습니다. 또한 라이브러리 입력은 모든 부위객체를 대상으로 합니다.

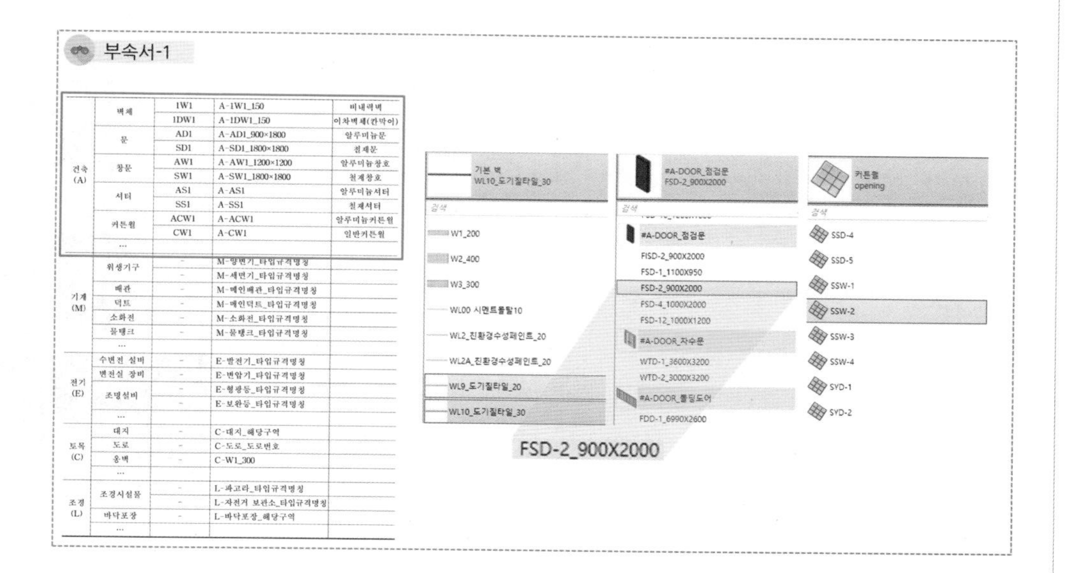

부속서-1

건축 (A)	벽체	1W1	A-1W1_150	비내력벽
		1DW1	A-1DW1_150	이차벽체(칸막이)
	문	AD1	A-AD1_900×1800	알루미늄문
		SD1	A-SD1_1800×1800	철재문
	창문	AW1	A-AW1_1200×1200	알루미늄창호
		SW1	A-SW1_1800×1800	철재창호
	셔터	AS1	A-AS1	알루미늄셔터
		SS1	A-SS1	철재셔터
	커튼월	ACW1	A-ACW1	알루미늄커튼월
		CW1	A-CW1	일반커튼월
	…			
기계 (M)	위생기구	-	M-양변기_타입규격명칭	
		-	M-세면기_타입규격명칭	
	배관	-	M-메인배관_타입규격명칭	
	덕트	-	M-메인덕트_타입규격명칭	
	소화전	-	M-소화전_타입규격명칭	
	물탱크	-	M-물탱크_타입규격명칭	
	…			
전기 (E)	수변전 설비	-	E-발전기_타입규격명칭	
	변전실 장비	-	E-변압기_타입규격명칭	
	조명설비	-	E-형광등_타입규격명칭	
		-	E-보완등_타입규격명칭	
	…			
토목 (C)	대지	-	C-대지_해당구역	
	도로	-	C-도로_도로번호	
	옹벽	-	C-W1_300	
	…			
조경 (L)	조경시설물	-	L-파고라_타입규격명칭	
		-	L-자전거 보관소_타입규격명칭	
	바닥포장	-	L-바닥포장_해당구역	
	…			

6 부속서-1 BIM 정보입력기준 부재명 정보입력은 조달청 표준공사코드 목록을 따라 작성되어야 합니다.

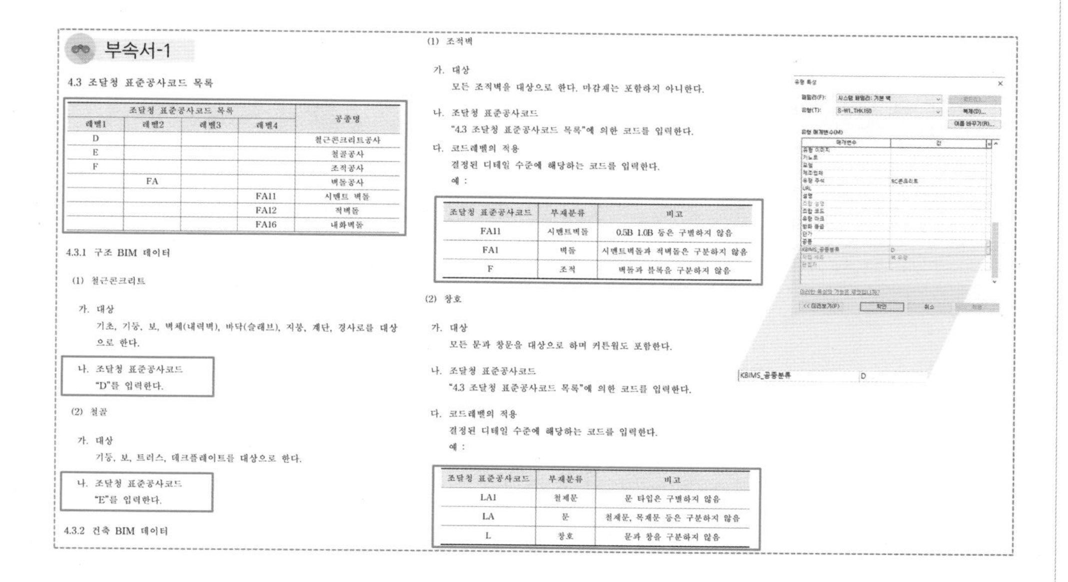

부속서-1

4.3 조달청 표준공사코드 목록

조달청 표준공사코드 목록				공종명
레벨1	레벨2	레벨3	레벨4	
D				철근콘크리트공사
E				철골공사
F				조적공사
	FA			벽돌공사
			FA11	시멘트 벽돌
			FA12	적벽돌
			FA16	내화벽돌

4.3.1 구조 BIM 데이터

(1) 철근콘크리트

가. 대상
기초, 기둥, 보, 벽체(내력벽), 바닥(슬래브), 지붕, 계단, 경사로를 대상으로 한다.

나. 조달청 표준공사코드
"D"를 입력한다.

(2) 철골

가. 대상
기둥, 보, 트러스, 데크플레이트를 대상으로 한다.

나. 조달청 표준공사코드
"E"를 입력한다.

4.3.2 건축 BIM 데이터

(1) 조적벽

가. 대상
모든 조적벽을 대상으로 한다. 마감재는 포함하지 아니한다.

나. 조달청 표준공사코드
"4.3 조달청 표준공사코드 목록"에 의한 코드를 입력한다.

다. 코드레벨의 적용
결정된 디테일 수준에 해당하는 코드를 입력한다.
예 :

조달청 표준공사코드	부재분류	비고
FA11	시멘트벽돌	0.5B 1.0B 등은 구별하지 않음
FA1	벽돌	시멘트벽돌과 적벽돌은 구분하지 않음
F	조적	벽돌과 블록을 구분하지 않음

(2) 창호

가. 대상
모든 문과 창문을 대상으로 하며 커튼월도 포함한다.

나. 조달청 표준공사코드
"4.3 조달청 표준공사코드 목록"에 의한 코드를 입력한다.

다. 코드레벨의 적용
결정된 디테일 수준에 해당하는 코드를 입력한다.
예 :

조달청 표준공사코드	부재분류	비고
LA1	철재문	문 타입은 구별하지 않음
LA	문	철재문, 목재문 등은 구분하지 않음
L	창호	문과 창을 구분하지 않음

Tip

조달청 표준공사코드 정리

1. 구조
 -철근콘크리트 : D
 -철골 : E
2. 건축
 -조적 : F
 -철제문 : LA1
 -문 : LA
 -창호 : L
 -커튼월 : LC1

7 다시 계획설계 BIM 적용지침으로 돌아오도록 하겠습니다. 계획단계의 구조, 건축, 토목(대지) 분야의 최소 부위작성 대상을 확인 할 수 있습니다.

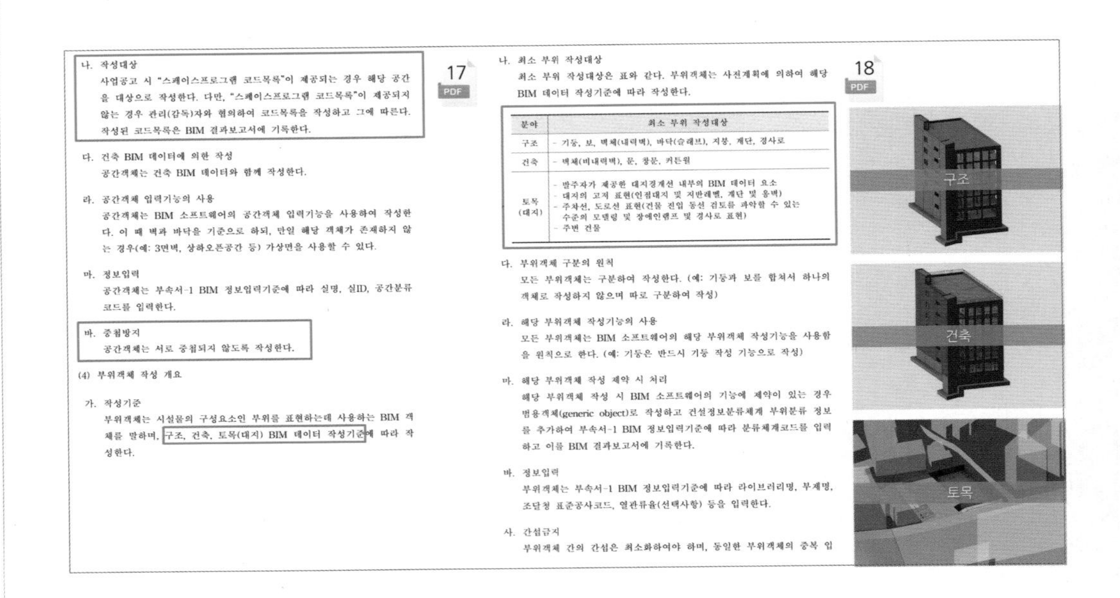

17 PDF

나. 작성대상
사업공고 시 "스페이스프로그램 코드목록"이 제공되는 경우 해당 공간을 대상으로 작성한다. 다만, "스페이스프로그램 코드목록"이 제공되지 않는 경우 관리(감독)자와 협의하여 코드목록을 작성하고 그에 따른다. 작성된 코드목록은 BIM 결과보고서에 기록한다.

다. 건축 BIM 데이터에 의한 작성
공간객체는 건축 BIM 데이터와 함께 작성한다.

라. 공간객체 입력기능의 사용
공간객체는 BIM 소프트웨어의 공간객체 입력기능을 사용하여 작성한다. 이 때 벽과 바닥을 기준으로 하되, 만일 해당 객체가 존재하지 않는 경우(예: 3면벽, 상하오픈공간 등) 가상면을 사용할 수 있다.

마. 정보입력
공간객체는 부속서-1 BIM 정보입력기준에 따라 실명, 실ID, 공간분류코드를 입력한다.

바. 중첩방지
공간객체는 서로 중첩되지 않도록 작성한다.

(4) 부위객체 작성 개요

가. 작성기준
부위객체는 시설물의 구성요소인 부위를 표현하는데 사용하는 BIM 객체를 말하며, 구조, 건축, 토목(대지) BIM 데이터 작성기준에 따라 작성한다.

18 PDF

나. 최소 부위 작성대상
최소 부위 작성대상은 표와 같다. 부위객체는 사전계획에 의하여 해당 BIM 데이터 작성기준에 따라 작성한다.

분야	최소 부위 작성대상
구조	- 기둥, 보, 벽체(내력벽), 바닥(슬래브), 지붕, 계단, 경사로
건축	- 벽체(비내력벽), 문, 창문, 커튼월
토목(대지)	- 발주자가 제공한 대지경계선 내부의 BIM 데이터 요소 - 대지의 고저 표현(인접대지 및 지반레벨, 계단 및 옹벽) - 주차선, 도로선 표현(건물 진입 동선 검토를 파악할 수 있는 수준의 모델링 및 장애인램프 및 경사로 표현) - 주변 건물

다. 부위객체 구분의 원칙
모든 부위객체는 구분하여 작성한다. (예: 기둥과 보를 합쳐서 하나의 객체로 작성하지 않으며 따로 구분하여 작성)

라. 해당 부위객체 작성기능의 사용
모든 부위객체는 BIM 소프트웨어의 해당 부위객체 작성기능을 사용함을 원칙으로 한다. (예: 기둥은 반드시 기둥 작성 기능으로 작성)

마. 해당 부위객체 작성 제약 시 처리
해당 부위객체 작성 시 BIM 소프트웨어의 기능에 제약이 있는 경우 범용객체(generic object)로 작성하고 건설정보분류체계 부위분류 정보를 추가하여 부속서-1 BIM 정보입력기준에 따라 분류체계코드를 입력하고 이를 BIM 결과보고서에 기록한다.

바. 정보입력
부위객체는 부속서-1 BIM 정보입력기준에 따라 라이브러리명, 부재명, 조달청 표준공사코드, 열관류율(선택사항) 등을 입력한다.

사. 간섭금지
부위객체 간의 간섭은 최소화하여야 하며, 동일한 부위객체의 중복 입

Tip
층의 구성

각 층의 범위는 해당 층의 바닥구조체 윗면부터 위층의 바닥구조체 윗면까지 포함하는 것을 원칙으로 합니다.

8 계획설계 BIM 상세수준은 부속서-2 정보표현수준의 BIL20을 기본으로 하며 관리자와 협의에 의해 결정해야 합니다. 또한 모든 객체는 특정 층에 소속되어 있으며 층 범위는 위층 바닥 구조체 윗면 까지 포함합니다.

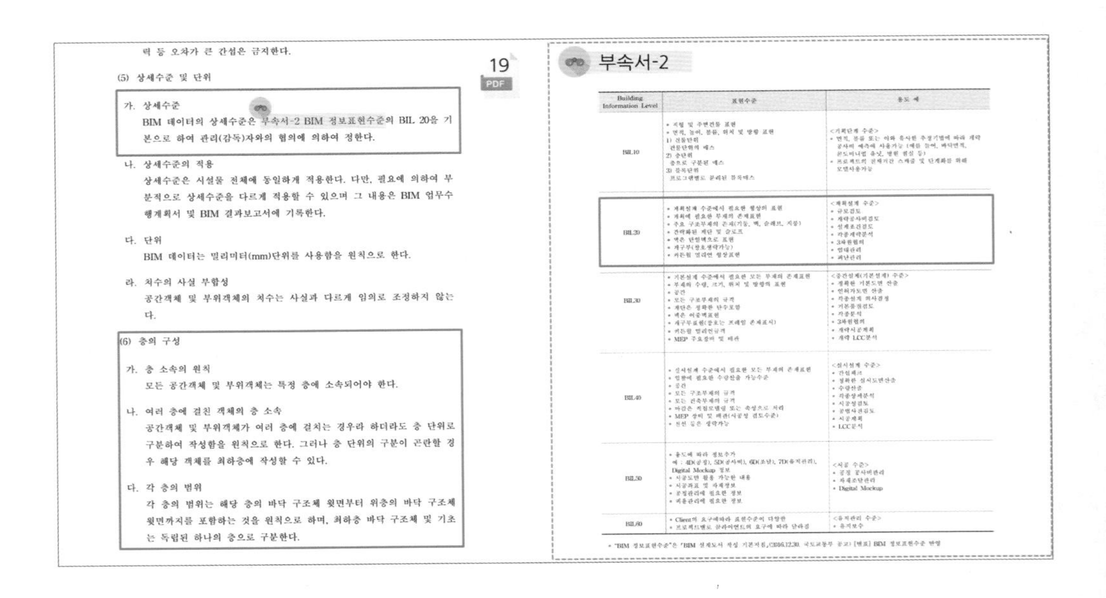

력 등 오차가 큰 간섭은 금지한다.

19 PDF

(5) 상세수준 및 단위

가. 상세수준
BIM 데이터의 상세수준은 부속서-2 BIM 정보표현수준의 BIL 20을 기본으로 하여 관리(감독)자와의 협의에 의하여 정한다.

나. 상세수준의 적용
상세수준은 시설물 전체에 동일하게 적용한다. 다만, 필요에 의하여 부분적으로 상세수준을 다르게 적용할 수 있으며 그 내용은 BIM 업무수행계획서 및 BIM 결과보고서에 기록한다.

다. 단위
BIM 데이터는 밀리미터(mm)단위를 사용함을 원칙으로 한다.

라. 치수의 사실 부합성
공간객체 및 부위객체의 치수는 사실과 다르게 임의로 조정하지 않는다.

(6) 층의 구성

가. 층 소속의 원칙
모든 공간객체 및 부위객체는 특정 층에 소속되어야 한다.

나. 여러 층에 걸친 객체의 층 소속
공간객체 및 부위객체가 여러 층에 걸치는 경우라 하더라도 층 단위로 구분하여 작성함을 원칙으로 한다. 그러나 층 단위의 구분이 곤란할 경우 해당 객체를 최하층에 작성할 수 있다.

다. 각 층의 범위
각 층의 범위는 해당 층의 바닥 구조체 윗면부터 위층의 바닥 구조체 윗면까지를 포함하는 것을 원칙으로 하며, 최하층 바닥 구조체 및 기초는 독립된 하나의 층으로 구분한다.

부속서-2

Building Information Level	표현수준	용도 예
BIL10	• 지형 및 주변건물 표현 • 면적, 높이, 볼륨, 위치 및 방향 표현 1) 건물단위 건물단위의 매스 2) 층단위 층으로 구분된 매스 3) 블록단위 프로그램별로 분리된 블록매스	<기획단계 수준> • 면적, 볼륨 또는 이와 유사한 추정기법에 따라 개략 공사비 예측에 사용가능 (예를 들어, 바닥면적, 콘도미니엄 유닛, 병원 침상 등) • 프로젝트의 전체기간 스케줄 및 단계화를 위해 모델사용가능
BIL20	• 계획설계 수준에서 필요한 형상의 표현 • 계획에 필요한 부재의 존재표현 • 주요 구조부재의 존재(기둥, 벽, 슬래브, 지붕) • 간략화된 계단 및 슬로프 • 벽은 단일벽으로 표현 • 개구부(창호생략가능) • 커튼월 멀리언 형상표현	<계획설계 수준> • 규모검토 • 개략공사비검토 • 설계조건검토 • 각종개략분석 • 3차원협의 • 임대관리 • 피난관리
BIL30	• 기본설계 수준에서 필요한 모든 부재의 존재표현 • 부재의 수량, 크기, 위치 및 방향의 표현 • 공간 • 모든 구조부재의 규격 • 계단은 정확한 단수포함 • 벽은 이중벽표현 • 개구부표현(창호는 프레임 존재표시) • 커튼월 멀리언규격 • MEP 주요장비 및 배관	<중간설계(기본설계) 수준> • 정확한 기본도면 산출 • 인허가도면 산출 • 각종설계 의사결정 • 기본물량검토 • 각종분석 • 3차원협의 • 개략시공계획 • 개략 LCC분석
BIL40	• 실시설계 수준에서 필요한 모든 부재의 존재표현 • 입찰에 필요한 수량산출 가능수준 • 공간 • 모든 구조부재의 규격 • 모든 건축부재의 규격 • 마감은 직접모델링 또는 속성으로 처리 • MEP 장비 및 배관(시공성 검토수준) • 천장 등은 생략가능	<실시설계 수준> • 간섭체크 • 정확한 실시도면산출 • 수량산출 • 각종상세분석 • 시공성검토 • 공법사전검토 • 시공계획 • LCC분석
BIL50	• 용도에 따라 정보추가 예 : 4D(공정), 5D(공사비), 6D(조달), 7D(유지관리), Digital Mockup 정보 • 시공도면 활용 가능한 내용 • 시공과표 및 자재정보 • 공정관리에 필요한 정보 • 기성관리에 필요한 정보	<시공 수준> • 공정 공사비관리 • 자재조달관리 • Digital Mockup
BIL60	• Client의 요구에따라 표현수준이 다양한 • 프로젝트별로 클라이언트의 요구에 따라 달라짐	<유지관리 수준> • 유지보수

* "BIM 정보표현수준"은 「BIM 설계도서 작성 기본지침」(2016.12.30. 국토교통부 공고) [별표] BIM 정보표현수준 반영

9 계획설계 BIM 상세수준은 부속서-2 정보표현수준의 BIL20을 따릅니다.

* 계획에 필요한 부재의 존재표현
* 주요 구조부재의 존재(기둥, 벽, 슬래브, 지붕)
* 간략화된 계단 및 슬로프
* 벽은 단일벽으로 표현
* 개구부(창호생략가능)
* 커튼월 멀리언 형상표현

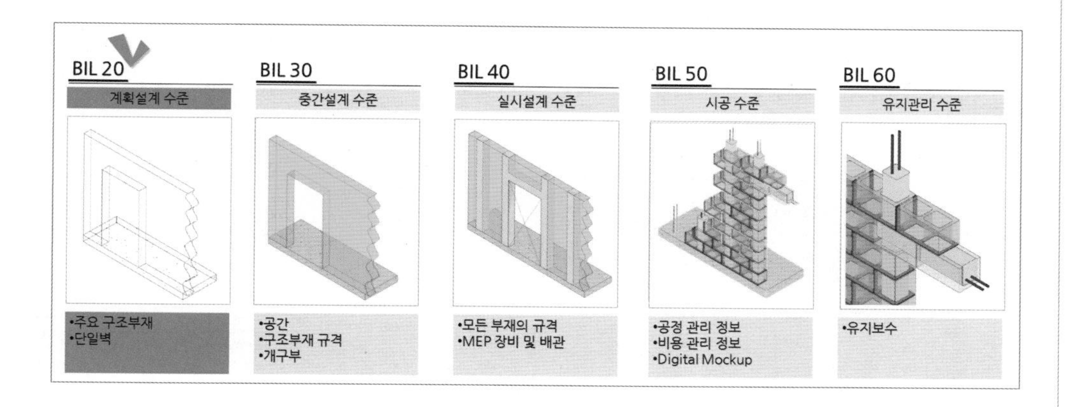

10 층 명칭의 부여는 임의로 부여하되 지하층의 명칭은 "B" 또는 "지하"로 시작 하도록 해야 합니다. 또한 파일의 구성은 BIM 데이터 파일 구조, 건축, 토목(대지)등 지침서에 명시된 분야별로 작성하고 공간데이터는 시설-구역 코드별로 색상을 사용하여 구분이 가능하도록 합니다.

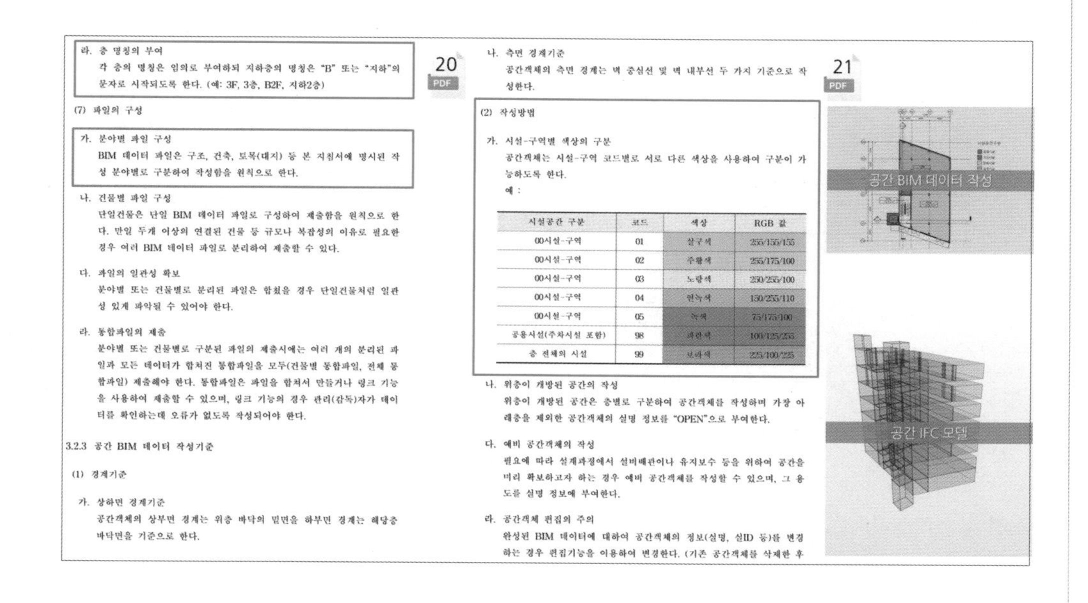

라. 층 명칭의 부여
각 층의 명칭은 임의로 부여하되 지하층의 명칭은 "B" 또는 "지하"의 문자로 시작되도록 한다. (예: 3F, 3층, B2F, 지하2층)

(7) 파일의 구성

가. 분야별 파일 구성
BIM 데이터 파일은 구조, 건축, 토목(대지) 등 본 지침서에 명시된 작성 분야별로 구분하여 작성함을 원칙으로 한다.

나. 건물별 파일 구성
단일건물은 단일 BIM 데이터 파일로 구성하여 제출함을 원칙으로 한다. 만일 두개 이상의 연결된 건물 등 규모나 복잡성의 이유로 필요한 경우 여러 BIM 데이터 파일로 분리하여 제출할 수 있다.

다. 파일의 일관성 확보
분야별 또는 건물별로 분리된 파일은 합쳤을 경우 단일건물처럼 일관성 있게 파악될 수 있어야 한다.

라. 통합파일의 제출
분야별 또는 건물별로 구분된 파일의 제출시에는 여러 개의 분리된 파일과 모든 데이터가 합쳐진 통합파일을 모두(건물별 통합파일, 전체 통합파일) 제출해야 한다. 통합파일은 파일을 합쳐서 만들거나 링크 기능을 사용하여 제출할 수 있으며, 링크 기능의 경우 관리(감독)자가 데이터를 확인하는데 오류가 없도록 작성되어야 한다.

3.2.3 공간 BIM 데이터 작성기준

(1) 경계기준

가. 상하면 경계기준
공간객체의 상부면 경계는 위층 바닥의 밑면을 하부면 경계는 해당층 바닥면을 기준으로 한다.

나. 측면 경계기준
공간객체의 측면 경계는 벽 중심선 및 벽 내부선 두 가지 기준으로 작성한다.

(2) 작성방법

가. 시설-구역별 색상의 구분
공간객체는 시설-구역 코드별로 서로 다른 색상을 사용하여 구분이 가능하도록 한다.
예 :

시설공간 구분	코드	색상	RGB 값
00시설-구역	01	살구색	255/155/155
00시설-구역	02	주황색	255/175/100
00시설-구역	03	노랑색	250/255/100
00시설-구역	04	연두색	150/255/110
00시설-구역	05	녹색	75/175/100
공용시설(주차시설 포함)	98	파란색	100/125/255
층 전체의 시설	99	보라색	225/100/225

나. 위층이 개방된 공간의 작성
위층이 개방된 공간은 층별로 구분하여 공간객체를 작성하며 가장 아래층을 제외한 공간객체의 실명 정보를 "OPEN"으로 부여한다.

다. 예비 공간객체의 작성
필요에 따라 설계과정에서 설비배관이나 유지보수 등을 위하여 공간을 미리 확보하고자 하는 경우 예비 공간객체를 작성할 수 있으며, 그 용도를 실명 정보에 부여한다.

라. 공간객체 편집의 주의
완성된 BIM 데이터에 대하여 공간객체의 정보(실명, 실ID 등)를 변경하는 경우 편집기능을 이용하여 변경한다. (기존 공간객체를 삭제한 후

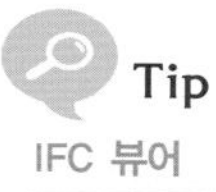
Tip

IFC 뷰어

Solibri Model Viewer로 IFC 파일을 열어 볼 수 있습니다.

Tip

BIM 데이터 작성 기준

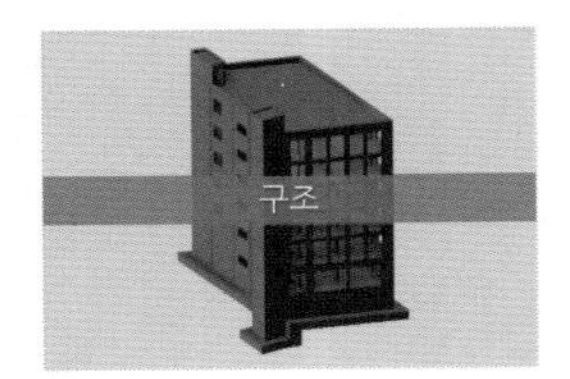

계획단계 구조 : 08강부터 13강까지

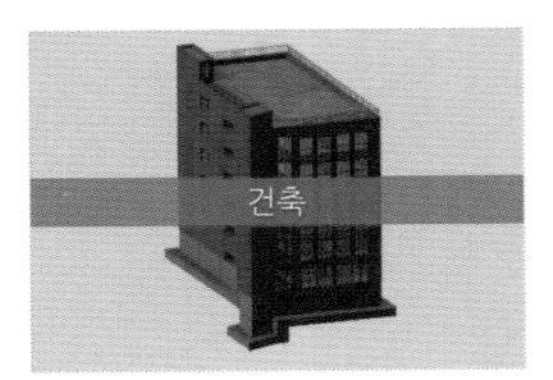

계획단계 건축 : 14강부터 20강까지

계획단계 토목 : 4강

11 계획단계 BIM 데이터 작성 기준과 관련하여 구조, 건축, 토목은 하단의 지침서에 표기된 목록에 의거하여 최소 부위 작성대상의 내용 이상으로 작성해야 합니다.

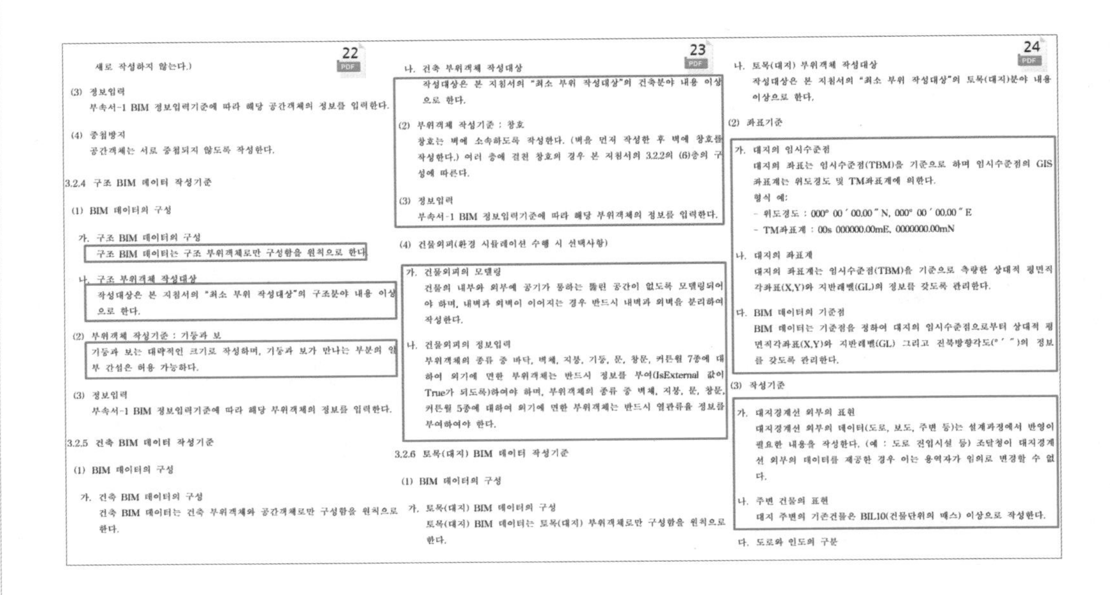

22 PDF

새로 작성하지 않는다.)

(3) 정보입력
부속서-1 BIM 정보입력기준에 따라 해당 공간객체의 정보를 입력한다.

(4) 중첩방지
공간객체는 서로 중첩되지 않도록 작성한다.

3.2.4 구조 BIM 데이터 작성기준

(1) BIM 데이터의 구성

가. 구조 BIM 데이터의 구성
구조 BIM 데이터는 구조 부위객체로만 구성함을 원칙으로 한다.

나. 구조 부위객체 작성대상
작성대상은 본 지침서의 "최소 부위 작성대상"의 구조분야 내용 이상으로 한다.

(2) 부위객체 작성기준 : 기둥과 보
기둥과 보는 대략적인 크기로 작성하며, 기둥과 보가 만나는 부분의 일부 간섭은 허용 가능하다.

(3) 정보입력
부속서-1 BIM 정보입력기준에 따라 해당 부위객체의 정보를 입력한다.

3.2.5 건축 BIM 데이터 작성기준

(1) BIM 데이터의 구성

가. 건축 BIM 데이터의 구성
건축 BIM 데이터는 건축 부위객체와 공간객체로만 구성함을 원칙으로 한다.

23 PDF

나. 건축 부위객체 작성대상
작성대상은 본 지침서의 "최소 부위 작성대상"의 건축분야 내용 이상으로 한다.

(2) 부위객체 작성기준 : 창호
창호는 벽에 소속하도록 작성한다. (벽을 먼저 작성한 후 벽에 창호를 작성한다.) 여러 층에 걸친 창호의 경우 본 지침서의 3.2.2의 (6)층의 구성에 따른다.

(3) 정보입력
부속서-1 BIM 정보입력기준에 따라 해당 부위객체의 정보를 입력한다.

(4) 건물외피(환경 시뮬레이션 수행 시 선택사항)

가. 건물외피의 모델링
건물의 내부와 외부에 공기가 통하는 뚫린 공간이 없도록 모델링되어야 하며, 내벽과 외벽이 이어지는 경우 반드시 내벽과 외벽을 분리하여 작성한다.

나. 건물외피의 정보입력
부위객체의 종류 중 바닥, 벽체, 지붕, 기둥, 문, 창문, 커튼월 7종에 대하여 외기에 면한 부위객체는 반드시 정보를 부여(IsExternal 값이 True가 되도록)하여야 하며, 부위객체의 종류 중 벽체, 지붕, 문, 창문, 커튼월 5종에 대하여 외기에 면한 부위객체는 반드시 열관류율 정보를 부여하여야 한다.

3.2.6 토목(대지) BIM 데이터 작성기준

(1) BIM 데이터의 구성

가. 토목(대지) BIM 데이터의 구성
토목(대지) BIM 데이터는 토목(대지) 부위객체로만 구성함을 원칙으로 한다.

24 PDF

나. 토목(대지) 부위객체 작성대상
작성대상은 본 지침서의 "최소 부위 작성대상"의 토목(대지)분야 내용 이상으로 한다.

(2) 좌표기준

가. 대지의 임시수준점
대지의 좌표는 임시수준점(TBM)을 기준으로 하며 임시수준점의 GIS 좌표계는 위도경도 및 TM좌표계에 의한다.
형식 예:
- 위도경도 : 000° 00 ′ 00.00 ″ N, 000° 00 ′ 00.00 ″ E
- TM좌표계 : 00s 000000.00mE, 0000000.00mN

나. 대지의 좌표계
대지의 좌표계는 임시수준점(TBM)을 기준으로 측량한 상대적 평면직각좌표(X,Y)와 지반레벨(GL)의 정보를 갖도록 관리한다.

다. BIM 데이터의 기준점
BIM 데이터는 기준점을 정하여 대지의 임시수준점으로부터 상대적 평면직각좌표(X,Y)와 지반레벨(GL) 그리고 진북방향각도(° ′ ″)의 정보를 갖도록 관리한다.

(3) 작성기준

가. 대지경계선 외부의 표현
대지경계선 외부의 데이터(도로, 보도, 주변 등)는 설계과정에서 반영이 필요한 내용을 작성한다. (예 : 도로 진입시설 등) 조달청이 대지경계선 외부의 데이터를 제공한 경우 이는 용역자가 임의로 변경할 수 없다.

나. 주변 건물의 표현
대지 주변의 기존건물은 BIL10(건물단위의 매스) 이상으로 작성한다.

다. 도로와 인도의 구분

12 계획단계 BIM 품질관리는 면적조건, 공간배치, 장애자 설계, 피난 및 방재 조건이 있으며, 정보품질과 물리적 품질을 확보해야 합니다.

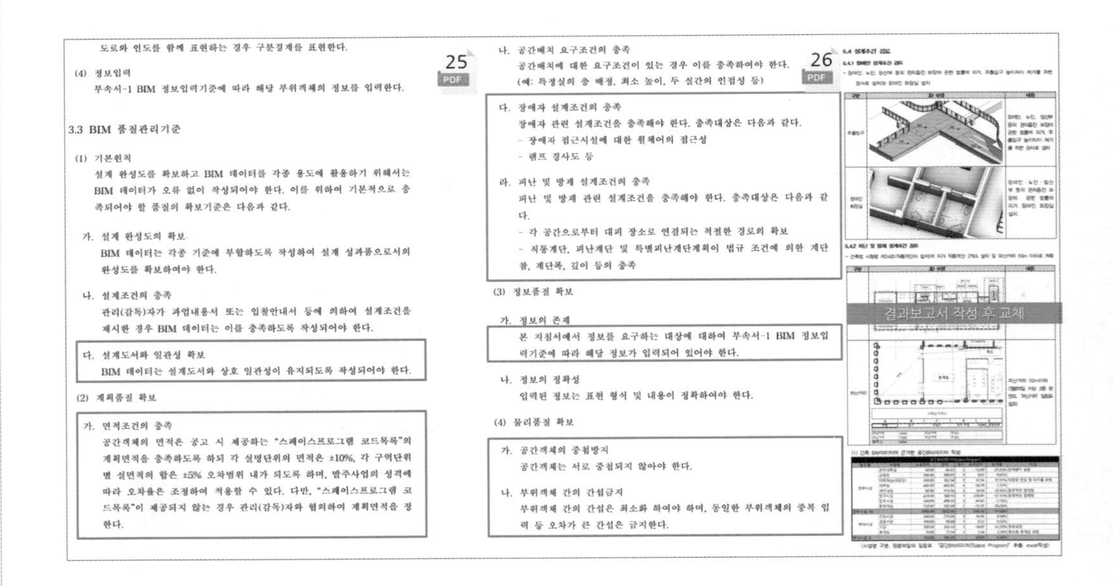

25 PDF

도로와 인도를 함께 표현하는 경우 구분경계를 표현한다.

(4) 정보입력
부속서-1 BIM 정보입력기준에 따라 해당 부위객체의 정보를 입력한다.

3.3 BIM 품질관리기준

(1) 기본원칙
설계 완성도를 확보하고 BIM 데이터를 각종 용도에 활용하기 위해서는 BIM 데이터가 오류 없이 작성되어야 한다. 이를 위하여 기본적으로 충족되어야 할 품질의 확보기준은 다음과 같다.

가. 설계 완성도의 확보
BIM 데이터는 각종 기준에 부합하도록 작성하여 설계 성과품으로서의 완성도를 확보하여야 한다.

나. 설계조건의 충족
관리(감독)자가 과업내용서 또는 입찰안내서 등에 의하여 설계조건을 제시한 경우 BIM 데이터는 이를 충족하도록 작성되어야 한다.

다. 설계도서와 일관성 확보
BIM 데이터는 설계도서와 상호 일관성이 유지되도록 작성되어야 한다.

(2) 계획품질 확보

가. 면적조건의 충족
공간객체의 면적은 공고 시 제공하는 "스페이스프로그램 코드목록"의 계획면적을 충족하도록 하되 각 실명단위의 면적은 ±10%, 각 구역단위별 실면적의 합은 ±5% 오차범위 내가 되도록 하며, 발주사업의 성격에 따라 오차율은 조정하여 적용할 수 있다. 다만, "스페이스프로그램 코드목록"이 제공되지 않는 경우 관리(감독)자와 협의하여 계획면적을 정한다.

나. 공간배치 요구조건의 충족
공간배치에 대한 요구조건이 있는 경우 이를 충족하여야 한다.
(예: 특정실의 층 배정, 최소 높이, 두 실간의 인접성 등)

다. 장애자 설계조건의 충족
장애자 관련 설계조건을 충족해야 한다. 충족대상은 다음과 같다.
- 장애자 접근시설에 대한 휠체어의 접근성
- 램프 경사도 등

라. 피난 및 방재 설계조건의 충족
피난 및 방재 관련 설계조건을 충족해야 한다. 충족대상은 다음과 같다.
- 각 공간으로부터 대피 장소로 연결되는 적절한 경로의 확보
- 직통계단, 피난계단 및 특별피난계단계획이 법규 조건에 의한 계단참, 계단폭, 깊이 등의 충족

(3) 정보품질 확보

가. 정보의 존재
본 지침서에서 정보를 요구하는 대상에 대하여 부속서-1 BIM 정보입력기준에 따라 해당 정보가 입력되어 있어야 한다.

나. 정보의 정확성
입력된 정보는 표현 형식 및 내용이 정확하여야 한다.

(4) 물리품질 확보

가. 공간객체의 중첩방지
공간객체는 서로 중첩되지 않아야 한다.

나. 부위객체 간의 간섭금지
부위객체 간의 간섭은 최소화 하여야 하며, 동일한 부위객체의 중복 입력 등 오차가 큰 간섭은 금지한다.

26 PDF

결과보고서 작성 후 교체

13 디자인 검토에서는 투시도, 조감도 및 동영상 제작을 BIM 데이터에 의해 작성해야 합니다. 또한 설계도면은 BIM 데이터로 작성한 수준 범위 내에서 추출하여 활용해야 합니다.

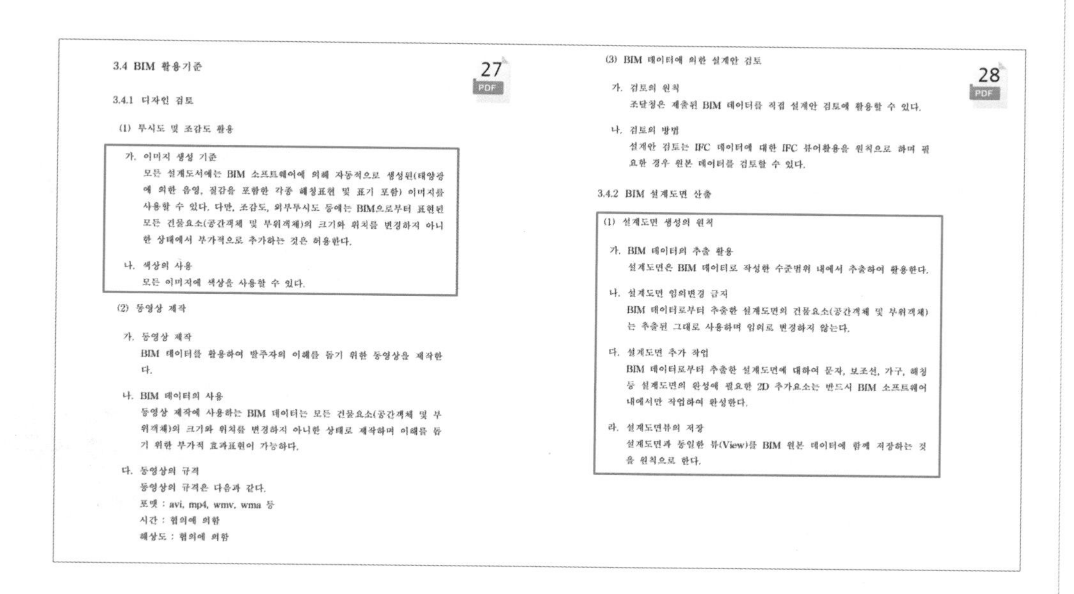

27 PDF

3.4 BIM 활용기준

3.4.1 디자인 검토

(1) 투시도 및 조감도 활용

가. 이미지 생성 기준
모든 설계도서에는 BIM 소프트웨어에 의해 자동적으로 생성된(태양광에 의한 음영, 질감을 포함한 각종 해칭표현 및 표기 포함) 이미지를 사용할 수 있다. 다만, 조감도, 외부투시도 등에는 BIM으로부터 표현된 모든 건물요소(공간객체 및 부위객체)의 크기와 위치를 변경하지 아니한 상태에서 부가적으로 추가하는 것은 허용한다.

나. 색상의 사용
모든 이미지에 색상을 사용할 수 있다.

(2) 동영상 제작

가. 동영상 제작
BIM 데이터를 활용하여 발주자의 이해를 돕기 위한 동영상을 제작한다.

나. BIM 데이터의 사용
동영상 제작에 사용하는 BIM 데이터는 모든 건물요소(공간객체 및 부위객체)의 크기와 위치를 변경하지 아니한 상태로 제작하며 이해를 돕기 위한 부가적 효과표현이 가능하다.

다. 동영상의 규격
동영상의 규격은 다음과 같다.
포맷 : avi, mp4, wmv, wma 등
시간 : 협의에 의함
해상도 : 협의에 의함

28 PDF

(3) BIM 데이터에 의한 설계안 검토

가. 검토의 원칙
조달청은 제출된 BIM 데이터를 직접 설계안 검토에 활용할 수 있다.

나. 검토의 방법
설계안 검토는 IFC 데이터에 대한 IFC 뷰어활용을 원칙으로 하며 필요한 경우 원본 데이터를 검토할 수 있다.

3.4.2 BIM 설계도면 산출

(1) 설계도면 생성의 원칙

가. BIM 데이터의 추출 활용
설계도면은 BIM 데이터로 작성한 수준범위 내에서 추출하여 활용한다.

나. 설계도면 임의변경 금지
BIM 데이터로부터 추출한 설계도면의 건물요소(공간객체 및 부위객체)는 추출된 그대로 사용하며 임의로 변경하지 않는다.

다. 설계도면 추가 작업
BIM 데이터로부터 추출한 설계도면에 대하여 문자, 보조선, 가구, 해칭 등 설계도면의 완성에 필요한 2D 추가요소는 반드시 BIM 소프트웨어 내에서만 작업하여 완성한다.

라. 설계도면뷰의 저장
설계도면과 동일한 뷰(View)를 BIM 원본 데이터에 함께 저장하는 것을 원칙으로 한다.

14 계획단계 BIM 설계도면 작성은 다음과 같습니다. 1/50 수준으로 건축 배치도, 평면도, 입면도, 단면도를 작성해야 하며, 별도로 적용되는 설계도면은 협의를 통해 진행합니다.

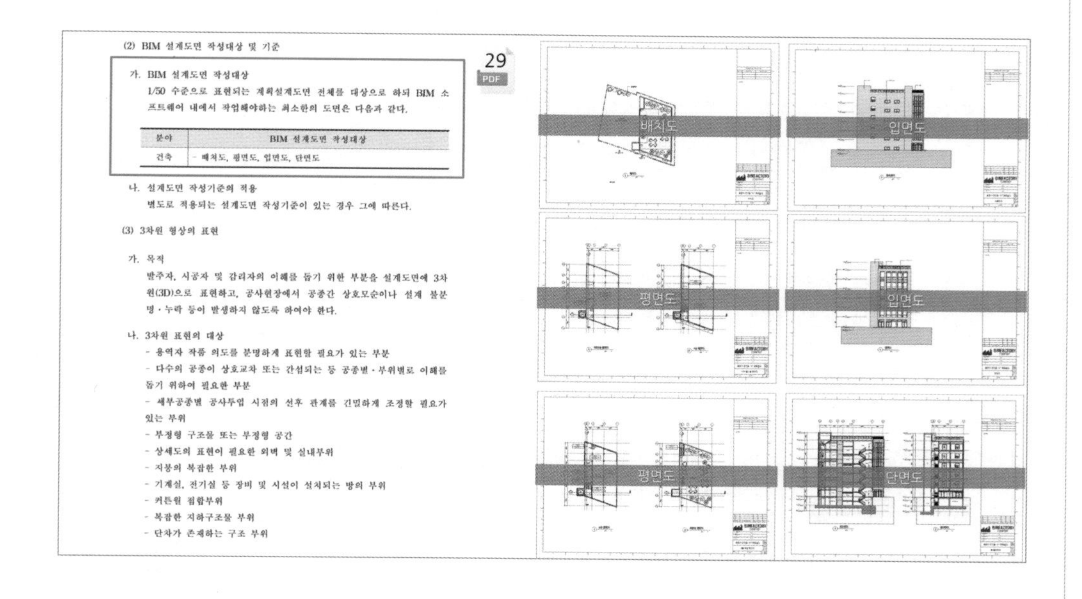

29 PDF

(2) BIM 설계도면 작성대상 및 기준

가. BIM 설계도면 작성대상
1/50 수준으로 표현되는 계획설계도면 전체를 대상으로 하되 BIM 소프트웨어 내에서 작업해야하는 최소한의 도면은 다음과 같다.

분야	BIM 설계도면 작성대상
건축	- 배치도, 평면도, 입면도, 단면도

나. 설계도면 작성기준의 적용
별도로 적용되는 설계도면 작성기준이 있는 경우 그에 따른다.

(3) 3차원 형상의 표현

가. 목적
발주자, 시공자 및 감리자의 이해를 돕기 위한 부분을 설계도면에 3차원(3D)으로 표현하고, 공사현장에서 공종간 상호모순이나 설계 불분명·누락 등이 발생하지 않도록 하여야 한다.

나. 3차원 표현의 대상
- 용역자 작품 의도를 분명하게 표현할 필요가 있는 부분
- 다수의 공종이 상호교차 또는 간섭되는 등 공종별·부위별로 이해를 돕기 위하여 필요한 부분
- 세부공종별 공사투입 시점의 선후 관계를 긴밀하게 조정할 필요가 있는 부위
- 부정형 구조물 또는 부정형 공간
- 상세도의 표현이 필요한 외벽 및 실내부위
- 지붕의 복잡한 부위
- 기계실, 전기실 등 장비 및 시설이 설치되는 방의 부위
- 커튼월 접합부위
- 복잡한 지하구조물 부위
- 단차가 존재하는 구조 부위

Tip

BIM 설계 도면 작성

분야	최소 부위 작성대상
구조	- 기둥, 보, 벽체(내력벽), 바닥(슬래브), 지붕, 계단, 경사로
건축	- 벽체(비내력벽), 문, 창문, 커튼월
토목(대지)	- 발주자가 제공한 대지경계선 내부의 BIM 데이터 요소 - 대지의 고저 표현(인접대지 및 지반레벨, 계단 및 옹벽) - 주차선, 도로선 표현(건물 진입 동선 검토를 파악할 수 있는 수준의 모델링 및 장애인램프 및 경사로 표현) - 주변 건물

지침서 (페이지 18) 최소부위 작성 대상 기준으로 설계 도면을 작성합니다.

Tip

수량 기초 데이터 산출

- 일람표/수량 (모두)
  - 공간BIM데이터
  - 공간BIM데이터(Space Program)
  - 구조 기둥 일람표
  - 구조 벽 일람표
  - 구조 보 일람표
  - 구조 슬래브 일람표
  - 구조 슬래브 일람표1
  - 룸 일람표
  - 룸 일람표(코드입력)
  - 문 일람표
  - 벽 일람표
  - 창 일람표
  - 커튼월 일람표
  - 콘크리트개략물량
  - 패널 일람표
  - 피난거리

BIM 데이터를 활용한 수량 산출은 일람표 템플릿으로 구축되어 있으면 매우 유용하게 활용할 수 있습니다.

15 수량 기초 데이터 산출은 BIM 소프트웨어 내부에서 생성된 산출 목록이며 산출 대상은 공간, 구조, 건축분야입니다. 또한 환경시뮬레이션 선택사항이고 일조 검토를 우선 적용합니다.

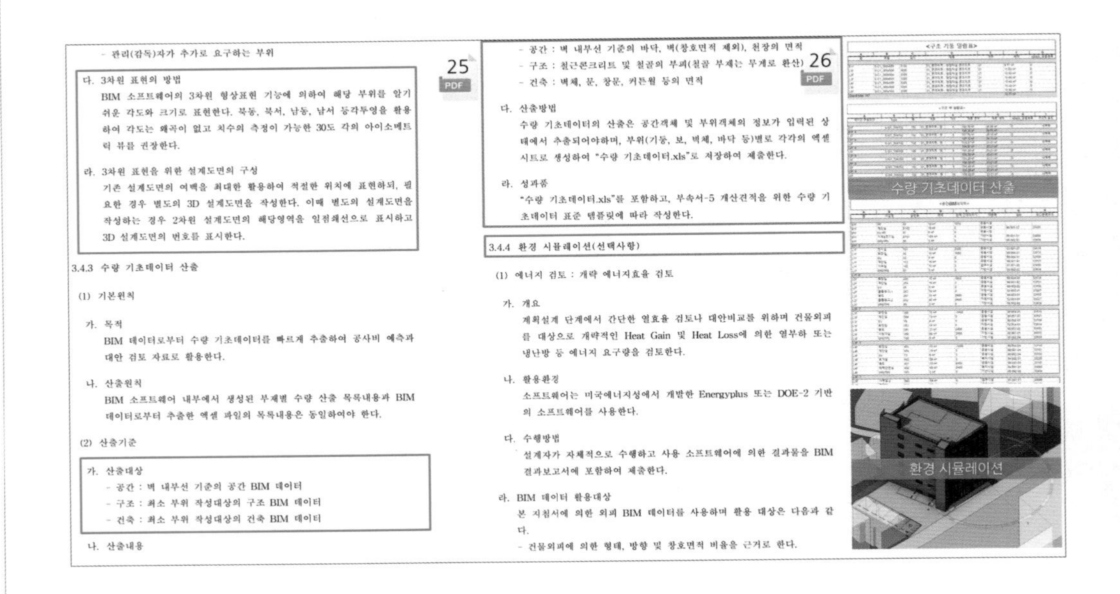

- 관리(감독)자가 추가로 요구하는 부위

다. 3차원 표현의 방법
BIM 소프트웨어의 3차원 형상표현 기능에 의하여 해당 부위를 알기 쉬운 각도와 크기로 표현한다. 북동, 북서, 남동, 남서 등각투영을 활용하여 각도는 왜곡이 없고 치수의 측정이 가능한 30도 각의 아이소메트릭 뷰를 권장한다.

라. 3차원 표현을 위한 설계도면의 구성
기존 설계도면의 여백을 최대한 활용하여 적절한 위치에 표현하되, 필요한 경우 별도의 3D 설계도면을 작성한다. 이때 별도의 설계도면을 작성하는 경우 2차원 설계도면의 해당영역을 일점쇄선으로 표시하고 3D 설계도면의 번호를 표시한다.

3.4.3 수량 기초데이터 산출

(1) 기본원칙

가. 목적
BIM 데이터로부터 수량 기초데이터를 빠르게 추출하여 공사비 예측과 대안 검토 자료로 활용한다.

나. 산출원칙
BIM 소프트웨어 내부에서 생성된 부재별 수량 산출 목록내용과 BIM 데이터로부터 추출한 엑셀 파일의 목록내용은 동일하여야 한다.

(2) 산출기준

가. 산출대상
- 공간 : 벽 내부선 기준의 공간 BIM 데이터
- 구조 : 최소 부위 작성대상의 구조 BIM 데이터
- 건축 : 최소 부위 작성대상의 건축 BIM 데이터

나. 산출내용

25 PDF

- 공간 : 벽 내부선 기준의 바닥, 벽(창호면적 제외), 천장의 면적
- 구조 : 철근콘크리트 및 철골의 부피(철골 부재는 무게로 환산)
- 건축 : 벽체, 문, 창문, 커튼월 등의 면적

26 PDF

다. 산출방법
수량 기초데이터의 산출은 공간객체 및 부위객체의 정보가 입력된 상태에서 추출되어야하며, 부위(기둥, 보, 벽체, 바닥 등)별로 각각의 엑셀 시트로 생성하여 "수량 기초데이터.xls"로 저장하여 제출한다.

라. 성과품
"수량 기초데이터.xls"를 포함하고, 부속서-5 계산견적을 위한 수량 기초데이터 표준 템플릿에 따라 작성한다.

3.4.4 환경 시뮬레이션(선택사항)

(1) 에너지 검토 : 개략 에너지효율 검토

가. 개요
계획설계 단계에서 간단한 열효율 검토나 대안비교를 위하여 건물외피를 대상으로 개략적인 Heat Gain 및 Heat Loss에 의한 열부하 또는 냉난방 등 에너지 요구량을 검토한다.

나. 활용환경
소프트웨어는 미국에너지성에서 개발한 Energyplus 또는 DOE-2 기반의 소프트웨어를 사용한다.

다. 수행방법
설계자가 자체적으로 수행하고 사용 소프트웨어에 의한 결과물을 BIM 결과보고서에 포함하여 제출한다.

라. BIM 데이터 활용대상
본 지침서에 의한 외피 BIM 데이터를 사용하며 활용 대상은 다음과 같다.
- 건물외피에 의한 형태, 방향 및 창호면적 비율을 근거로 한다.

Tip

BIM 업무수행계획서 범위

BIM 업무영역이 계획설계 단계까지면 중간 및 실시설계단계의 BIM 업무수행계획서는 제출 하지 않습니다.

16 계획단계 BIM 결과보고서의 작성은 부속서-4 결과보고서 표준 템플릿에 따라 작성되어야 하며, 하단의 내용이 포함 되어야 합니다. 또한 계획설계 이후 단계의 BIM 업무 수행 시 중간, 실시설계 BIM 업무수행계획서도 작성하여 제출해야 합니다.

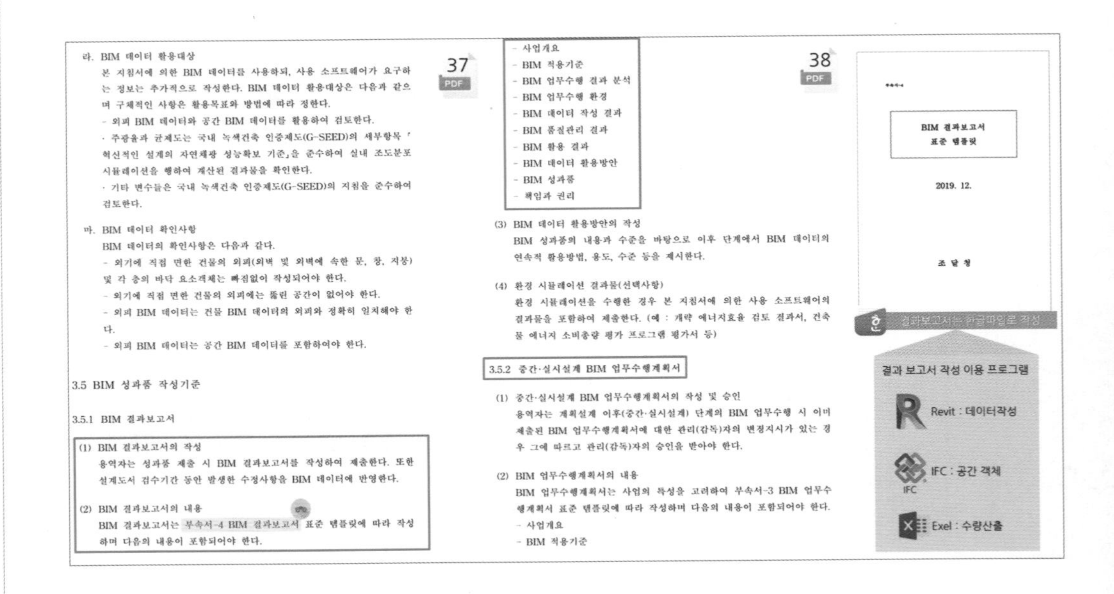

라. BIM 데이터 활용대상
본 지침서에 의한 BIM 데이터를 사용하되, 사용 소프트웨어가 요구하는 정보는 추가적으로 작성한다. BIM 데이터 활용대상은 다음과 같으며 구체적인 사항은 활용목표와 방법에 따라 정한다.
- 외피 BIM 데이터와 공간 BIM 데이터를 활용하여 검토한다.
- 주광율과 글레어도는 국내 녹색건축 인증제도(G-SEED)의 세부항목 '혁신적인 설계의 자연채광 성능확보 기준'을 준수하여 실내 조도분포 시뮬레이션을 행하여 계산된 결과물을 확인한다.
- 기타 변수들은 국내 녹색건축 인증제도(G-SEED)의 지침을 준수하여 검토한다.

마. BIM 데이터 확인사항
BIM 데이터의 확인사항은 다음과 같다.
- 외기에 직접 면한 건물의 외피(외벽 및 외벽에 속한 문, 창, 지붕) 및 각 층의 바닥 요소객체는 빠짐없이 작성되어야 한다.
- 외기에 직접 면한 건물의 외피에는 뚫린 공간이 없어야 한다.
- 외피 BIM 데이터는 건물 BIM 데이터의 외피와 정확히 일치해야 한다.
- 외피 BIM 데이터는 공간 BIM 데이터를 포함하여야 한다.

3.5 BIM 성과품 작성기준

3.5.1 BIM 결과보고서

(1) BIM 결과보고서의 작성
용역자는 성과품 제출 시 BIM 결과보고서를 작성하여 제출한다. 또한 설계도서 검수기간 동안 발생한 수정사항을 BIM 데이터에 반영한다.

(2) BIM 결과보고서의 내용
BIM 결과보고서는 부속서-4 BIM 결과보고서 표준 템플릿에 따라 작성하며 다음의 내용이 포함되어야 한다.

37 PDF

- 사업개요
- BIM 적용기준
- BIM 업무수행 결과 분석
- BIM 업무수행 환경
- BIM 데이터 작성 결과
- BIM 품질관리 결과
- BIM 활용 결과
- BIM 데이터 활용방안
- BIM 성과품
- 책임과 권리

(3) BIM 데이터 활용방안의 작성
BIM 성과품의 내용과 수준을 바탕으로 이후 단계에서 BIM 데이터의 연속적 활용방법, 용도, 수준 등을 제시한다.

(4) 환경 시뮬레이션 결과물(선택사항)
환경 시뮬레이션을 수행한 경우 본 지침서에 의한 사용 소프트웨어의 결과물을 포함하여 제출한다. (예 : 개략 에너지효율 검토 결과서, 건축물 에너지 소비총량 평가 프로그램 평가서 등)

3.5.2 중간·실시설계 BIM 업무수행계획서

(1) 중간·실시설계 BIM 업무수행계획서의 작성 및 승인
용역자는 계획설계 이후(중간·실시설계) 단계의 BIM 업무수행 시 이미 제출된 BIM 업무수행계획서에 대한 관리(감독)자의 변경지시가 있는 경우 그에 따르고 관리(감독)자의 승인을 받아야 한다.

(2) BIM 업무수행계획서의 내용
BIM 업무수행계획서는 사업의 특성을 고려하여 부속서-3 BIM 업무수행계획서 표준 템플릿에 따라 작성하며 다음의 내용이 포함되어야 한다.
- 사업개요
- BIM 적용기준

38 PDF

BIM 결과보고서
표준 템플릿

2019. 12.

조 달 청

17 부속서-4 BIM 결과보고서 표준 템플릿에 제공된 기준으로 작성 합니다.

* 사업개요
* BIM 적용기준
* BIM 업무수행 결과 분석
* BIM 업무수행 환경
* BIM 데이터 작성 결과
* BIM 품질관리 결과
* BIM 활용 결과
* BIM 데이터 활용방안
* BIM 성과품
* 책임과 권리

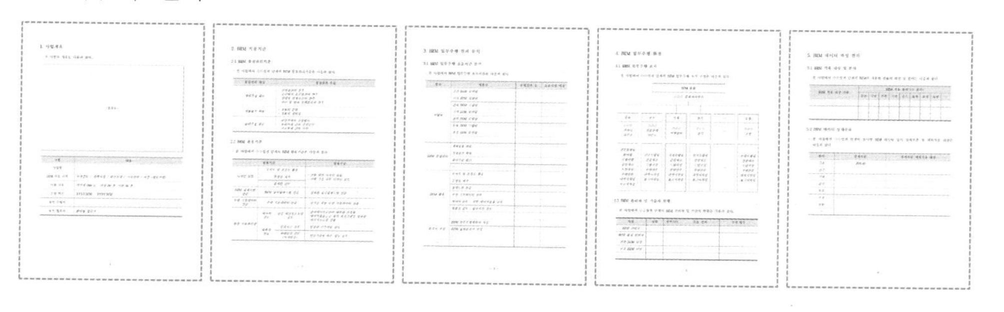

Tip

부속서-4 BIM 결과보고서

BIM 결과보고서와 관련된 세부적인 내용은 26강에서 자세히 설명하도록 하겠습니다.

18 BIM 업무 수행 완료 시 BIM 데이터 파일 제출은 원본 포맷과 IFC 포맷 모두 해당되며 파일 명칭은 건물 번호, 건물명, BIM 데이터 구분, 파일 확장자로 구분하여 작성해야 합니다.

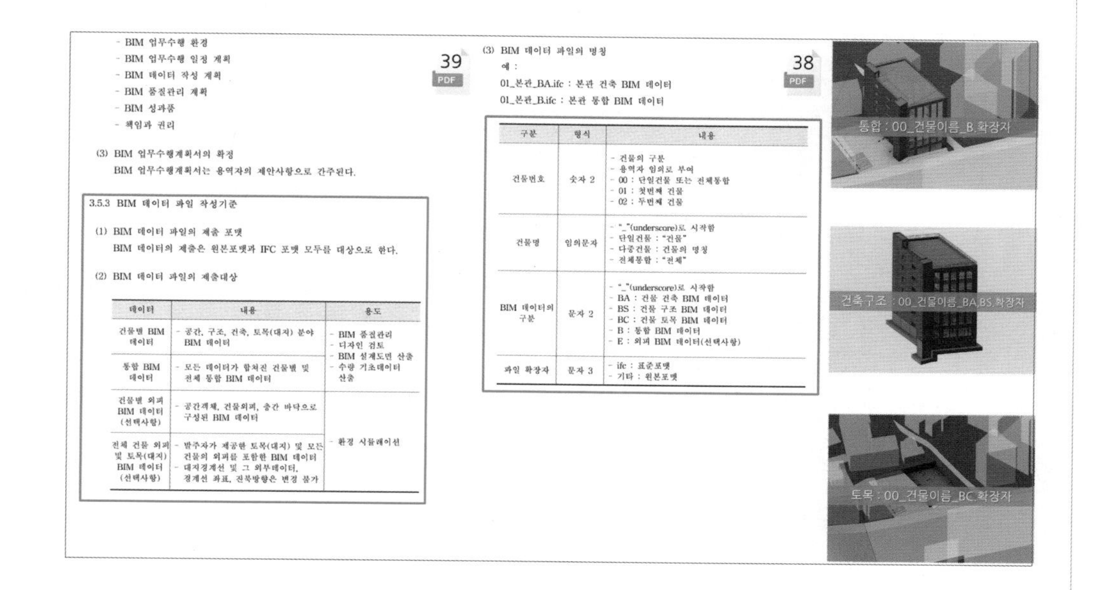

- BIM 업무수행 환경
- BIM 업무수행 일정 계획
- BIM 데이터 작성 계획
- BIM 품질관리 계획
- BIM 성과품
- 책임과 권리

(3) BIM 업무수행계획서의 확정
BIM 업무수행계획서는 용역자의 제안사항으로 간주된다.

3.5.3 BIM 데이터 파일 작성기준

(1) BIM 데이터 파일의 제출 포맷
BIM 데이터의 제출은 원본포맷과 IFC 포맷 모두를 대상으로 한다.

(2) BIM 데이터 파일의 제출대상

데이터	내용	용도
건물별 BIM 데이터	- 공간, 구조, 건축, 토목(대지) 분야 BIM 데이터	- BIM 품질관리 - 디자인 검토 - BIM 설계도면 산출 - 수량 기초데이터 산출
통합 BIM 데이터	- 모든 데이터가 합쳐진 건물별 및 전체 통합 BIM 데이터	
건물별 외피 BIM 데이터 (선택사항)	- 공간객체, 건물외피, 층간 바닥으로 구성된 BIM 데이터	- 환경 시뮬레이션
전체 건물 외피 및 토목(대지) BIM 데이터 (선택사항)	- 발주자가 제공한 토목(대지) 및 모든 건물의 외피를 포함한 BIM 데이터 - 대지경계선 및 그 외부데이터, 경계선 좌표, 진북방향은 변경 불가	

(3) BIM 데이터 파일의 명칭
예 :
01_본관_BA.ifc : 본관 건축 BIM 데이터
01_본관_B.ifc : 본관 통합 BIM 데이터

구분	형식	내용
건물번호	숫자 2	- 건물의 구분 - 용역자 임의로 부여 - 00 : 단일건물 또는 전체통합 - 01 : 첫번째 건물 - 02 : 두번째 건물
건물명	임의문자	- "_"(underscore)로 시작함 - 단일건물 : "건물" - 다중건물 : 건물의 명칭 - 전체통합 : "전체"
BIM 데이터의 구분	문자 2	- "_"(underscore)로 시작함 - BA : 건물 건축 BIM 데이터 - BS : 건물 구조 BIM 데이터 - BC : 건물 토목 BIM 데이터 - B : 통합 BIM 데이터 - E : 외피 BIM 데이터(선택사항)
파일 확장자	문자 3	- ifc : 표준포맷 - 기타 : 원본포맷

Tip

파일 명칭 작성

원본 파일

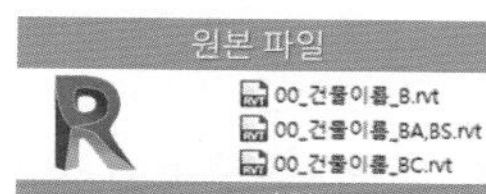

IFC 파일

00_건물이름_B.ifc
00_건물이름_BA,BS.ifc
00_건물이름_BC.ifc

파일 명칭은 동일해야 하며 구조, 건축 (파일명 : 00_건물이름_BA, BS)을 같은 파일로 진행해도 무관합니다.

19 BIM 성과품 제출기준은 건물전체가 하나로 구성되어 있을 경우와 두개 이상으로 구성되어 있을 경우에 따라 지침서를 적용해야 합니다.

Tip
BIM 성과물 제출

- 01_보고서
- 02_IFC
- 03_원본
- 04_도면

BIM 성과물은 폴더별로 구성합니다. 또한 바이러스 검사를 수행하고 불필요한 정보는 삭제 한 후 제출합니다.

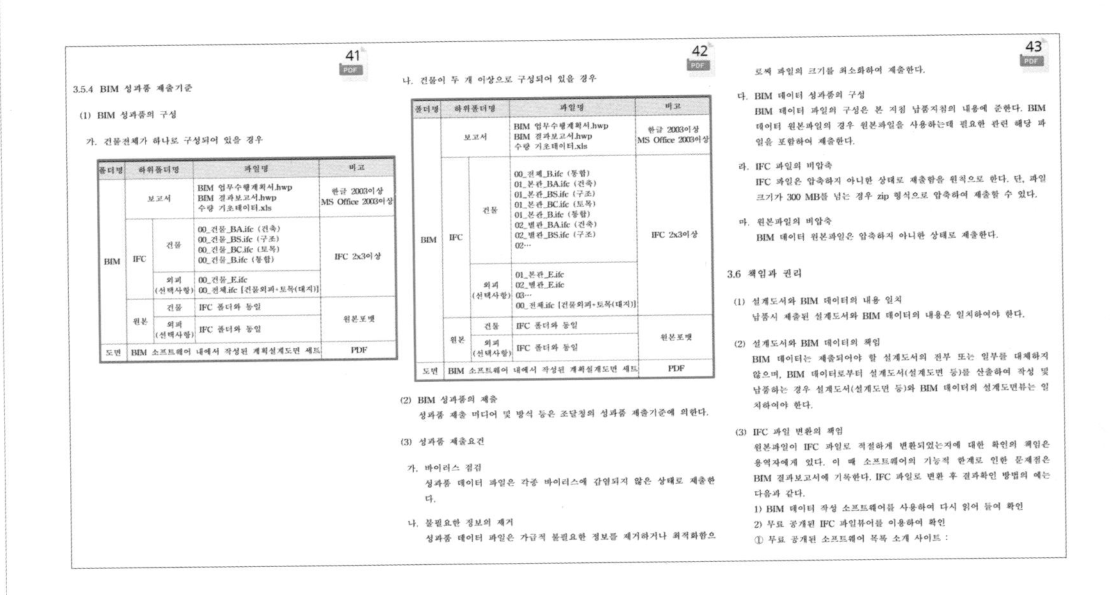

41

3.5.4 BIM 성과품 제출기준

(1) BIM 성과품의 구성

가. 건물전체가 하나로 구성되어 있을 경우

폴더명	하위폴더명		파일명	비고
BIM	보고서		BIM 업무수행계획서.hwp BIM 결과보고서.hwp 수량 기초데이터.xls	한글 2003이상 MS Office 2003이상
	IFC	건물	00_건물_BA.ifc (건축) 00_건물_BS.ifc (구조) 00_건물_BC.ifc (토목) 00_건물_B.ifc (통합)	IFC 2x3이상
		외피 (선택사항)	00_건물_E.ifc 00_전체.ifc [건물외피+토목(대지)]	
	원본	건물	IFC 폴더와 동일	원본포맷
		외피 (선택사항)	IFC 폴더와 동일	
도면	BIM 소프트웨어 내에서 작성된 계획설계도면 세트			PDF

42

나. 건물이 두 개 이상으로 구성되어 있을 경우

폴더명	하위폴더명		파일명	비고
BIM	보고서		BIM 업무수행계획서.hwp BIM 결과보고서.hwp 수량 기초데이터.xls	한글 2003이상 MS Office 2003이상
	IFC	건물	00_전체_B.ifc (통합) 01_본관_BA.ifc (건축) 01_본관_BS.ifc (구조) 01_본관_BC.ifc (토목) 01_본관_B.ifc (통합) 02_별관_BA.ifc (건축) 02_별관_BS.ifc (구조) 02…	IFC 2x3이상
		외피 (선택사항)	01_본관_E.ifc 02_별관_E.ifc 03… 00_전체.ifc [건물외피+토목(대지)]	
	원본	건물	IFC 폴더와 동일	원본포맷
		외피 (선택사항)	IFC 폴더와 동일	
도면	BIM 소프트웨어 내에서 작성된 계획설계도면 세트			PDF

(2) BIM 성과품의 제출
성과품 제출 미디어 및 방식 등은 조달청의 성과품 제출기준에 의한다.

(3) 성과품 제출요건

가. 바이러스 점검
성과품 데이터 파일은 각종 바이러스에 감염되지 않은 상태로 제출한다.

나. 불필요한 정보의 제거
성과품 데이터 파일은 가급적 불필요한 정보를 제거하거나 최적화함으

43

로써 파일의 크기를 최소화하여 제출한다.

다. BIM 데이터 성과품의 구성
BIM 데이터 파일의 구성은 본 지침 납품지침의 내용에 준한다. BIM 데이터 원본파일의 경우 원본파일을 사용하는데 필요한 관련 해당 파일을 포함하여 제출한다.

라. IFC 파일의 비압축
IFC 파일은 압축하지 아니한 상태로 제출함을 원칙으로 한다. 단, 파일 크기가 300 MB를 넘는 경우 zip 형식으로 압축하여 제출할 수 있다.

마. 원본파일의 비압축
BIM 데이터 원본파일은 압축하지 아니한 상태로 제출한다.

3.6 책임과 권리

(1) 설계도서와 BIM 데이터의 내용 일치
납품시 제출된 설계도서와 BIM 데이터의 내용은 일치하여야 한다.

(2) 설계도서와 BIM 데이터의 책임
BIM 데이터는 제출되어야 할 설계도서의 전부 또는 일부를 대체하지 않으며, BIM 데이터로부터 설계도서(설계도면 등)를 산출하여 작성 및 납품하는 경우 설계도서(설계도면 등)와 BIM 데이터의 설계도면뷰는 일치하여야 한다.

(3) IFC 파일 변환의 책임
원본파일이 IFC 파일로 적절하게 변환되었는지에 대한 확인의 책임은 용역자에게 있다. 이 때 소프트웨어의 기능적 한계로 인한 문제점은 BIM 결과보고서에 기록한다. IFC 파일로 변환 후 결과확인 방법의 예는 다음과 같다.
1) BIM 데이터 작성 소프트웨어를 사용하여 다시 읽어 들여 확인
2) 무료 공개된 IFC 파일뷰어를 이용하여 확인
① 무료 공개된 소프트웨어 목록 소개 사이트 :

20 여기까지 계획단계에서의 BIM 적용 기본지침서 v2.0에 대해 알아봤습니다. 본 교육에서 설명하지 않은 중간, 실시, 시공 단계에서의 BIM 활용방법 또한 한번 이상은 정독 하시기를 추천합니다.

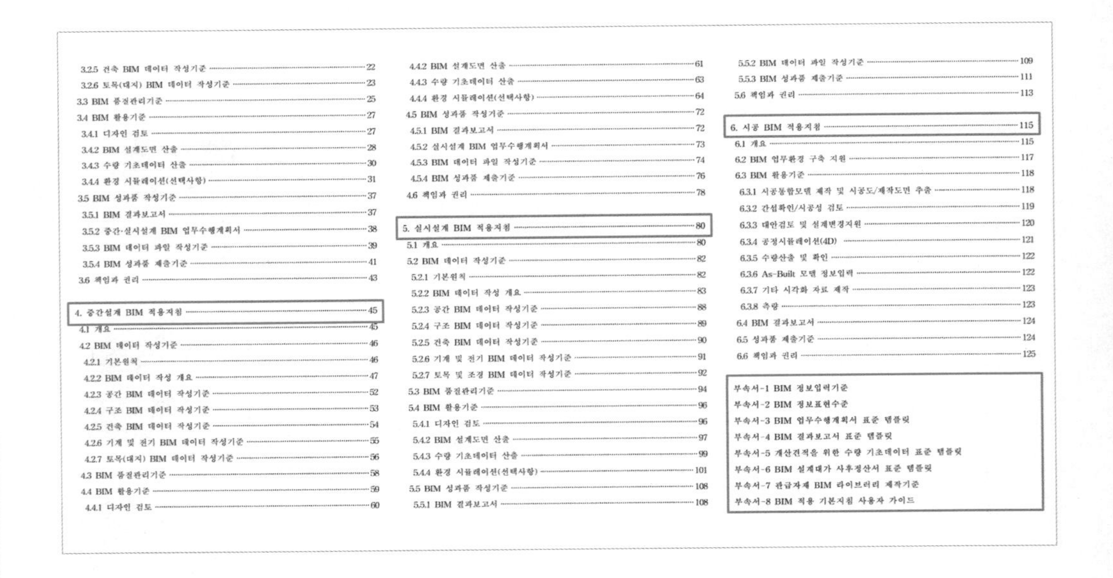

- 한솔아카데미 자료실 www.bestbook.co.kr
- BIMer 온라인커뮤니티 https://blog.naver.com/bimfactory

BIMFACTORY
COMPANY

제 3 편

Revit

Revit 둘러보기 · 템플릿 소개

Section

03

Revit

Revit 둘러보기 · 템플릿 소개

3강에서는 Revit에 대한 기본 설명과 템플릿에 대하여 소개하겠습니다.
Revit은 국내에서 사용자 비율이 가장 높은 BIM TOOL입니다. 향후 활용도를 고려하여 본 교육에서는 Revit을 BIM TOOL로 선정하였으며, Revit 인터페이스와 템플릿, 프로젝트, 그리고 패밀리에 대한 전반적인 설명을 하도록 하겠습니다.

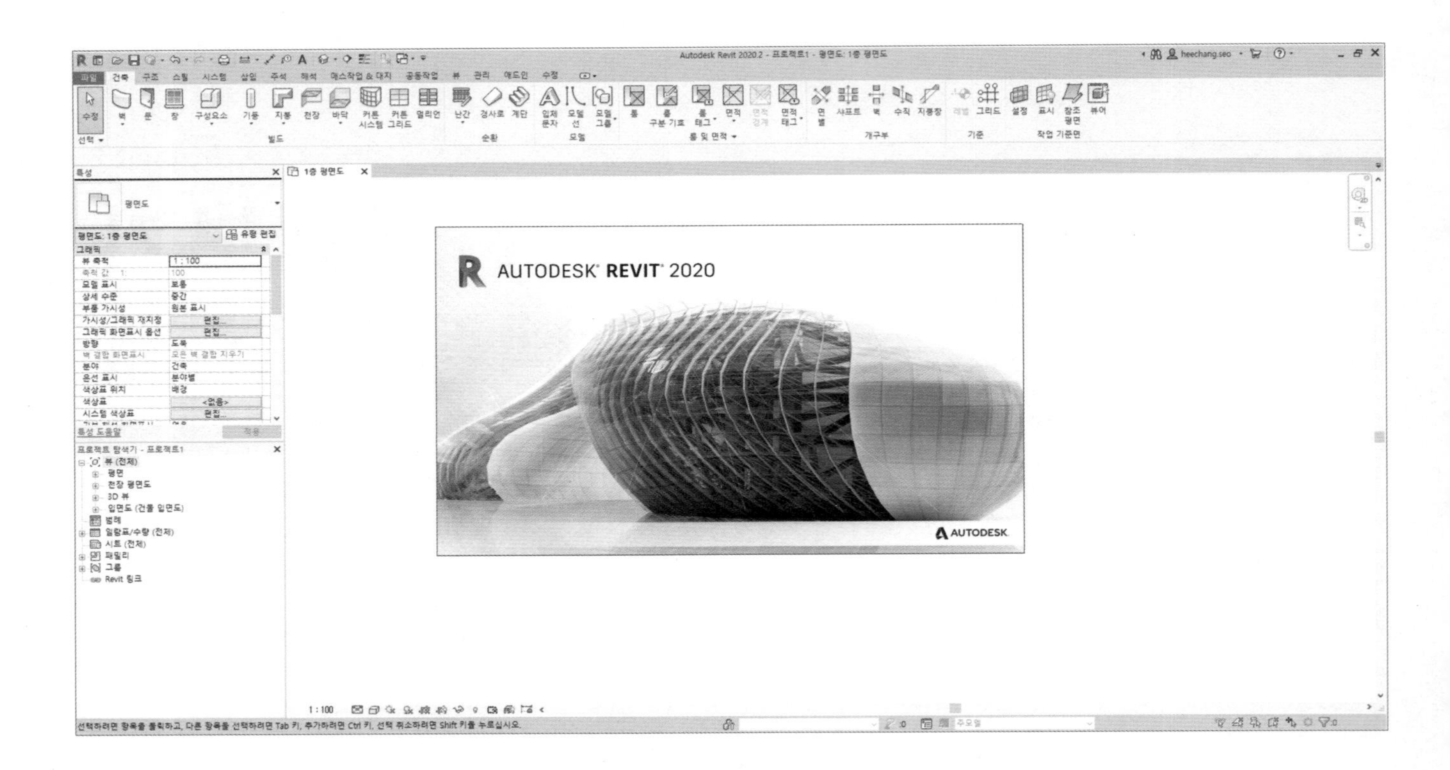

POINT

- 템플릿 구축에 대한 소개
- 프로젝트와 패밀리 소개
- Revit 인터페이스 소개

chapter 01 템플릿, 프로젝트, 패밀리 이해

1 프로젝트 템플릿은 새 모델의 시작점이 됩니다. 기본 템플릿(시공, 건축, 구조, 기계 제공)을 사용하거나 사용자 템플릿을 정의하여 사무실 표준을 적용합니다. 프로젝트 템플릿에는 뷰 템플릿, 로드된 패밀리, 정의된 설정(예: 단위, 채우기 패턴, 선 스타일, 선 두께, 뷰 축척 등) 및 원하는 경우 형상을 포함해 효율적인 업무와 각각에 맞는 세팅을 구축해 놓고 성공적인 프로젝트를 완료 할 수 있습니다. 모델창에서 [새로 만들기]를 클릭하면 [새 프로젝트]가 열립니다.

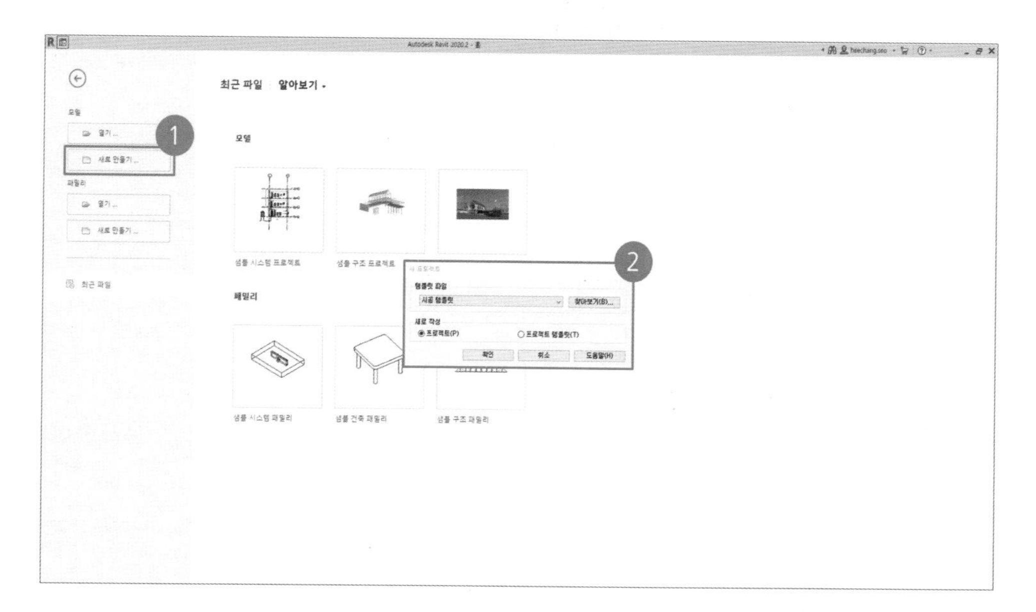

2 템플릿 파일은 기본적으로 시공, 건축, 구조, 및 기계 템플릿을 제공합니다.

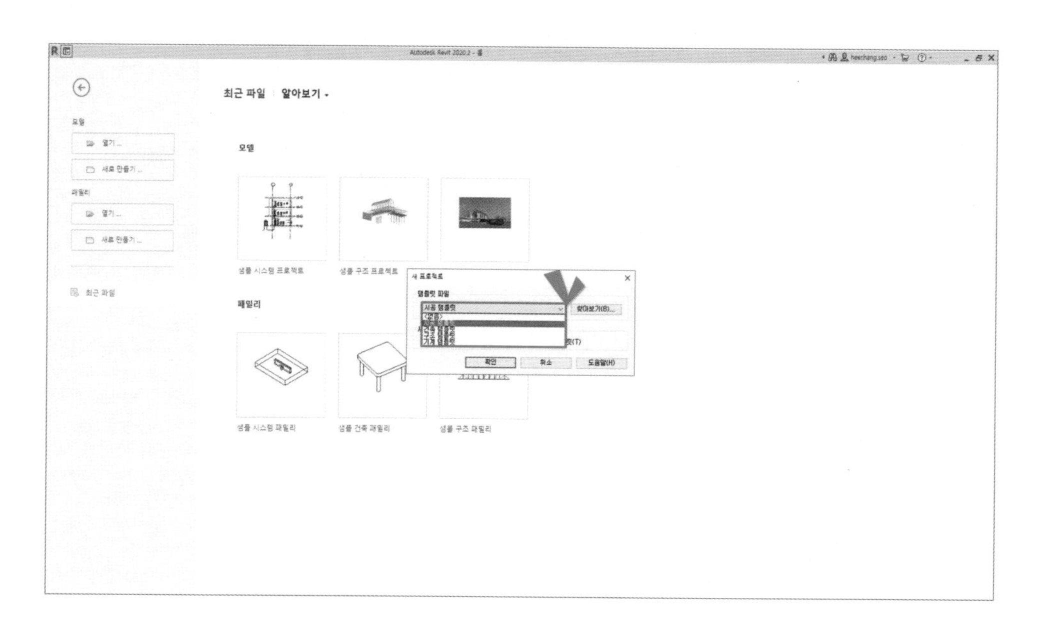

Tip

Revit 설치

https://www.autodesk.co.kr 접속한 후 무료체험을 클릭하여 프로그램을 설치 할 수 있으며 학생 또는 교사 및 교육기관 자격으로 가입 하면 3년 동안 무료로 사용할 수 있습니다.
(자세한 사항은 홈페이지 내용을 참고하시기 바랍니다)

Tip

Revit 확장자

템플릿 : *.rte
패밀리 : *.rfa
프로젝트 : *.rvt

3 [찾아보기]를 클릭 하여 새로운 템플릿을 설정하도록 하겠습니다.

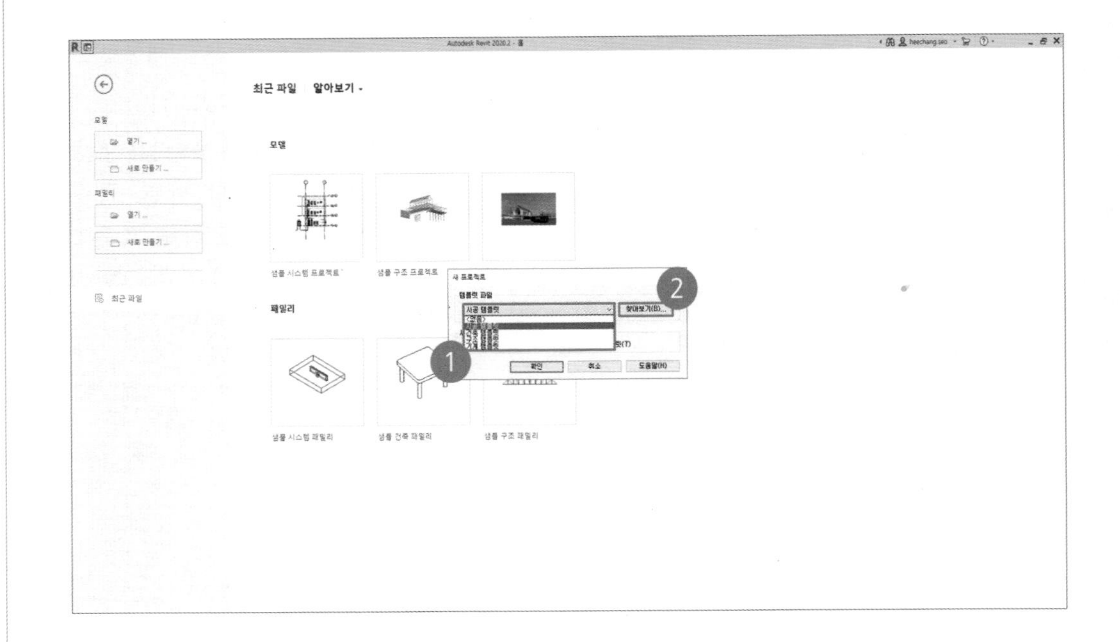

Tip

설계사무실 템플릿

설계사무실마다 최적화된 템플릿을 보유하거나 작성 중에 있으며, 본 교육에서는 계획설계 단계의 BIM 업무 수행을 위해 작성된 템플릿을 활용합니다.

4 첨부되어있는 3강 폴더에서 “3강_템플릿.rte”을 찾아 선택 후 열기를 클릭합니다.

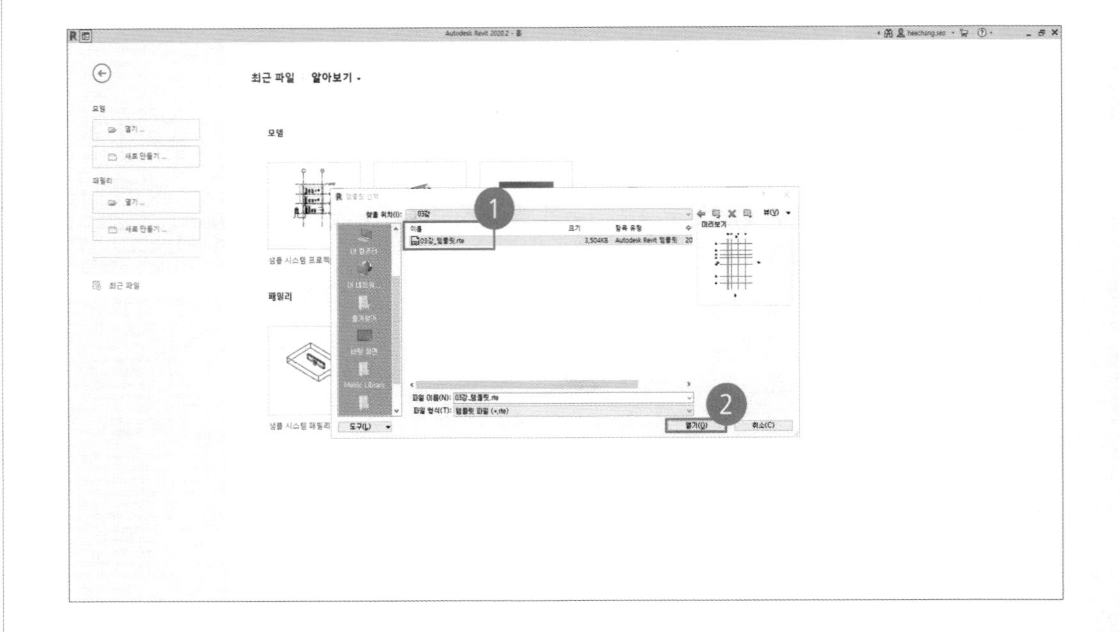

5 새 프로젝트에 "3강_템플릿.rte"가 생성 됩니다. 이후 하단에 있는 새로 작성에서 프로젝트를 선택 후 확인 클릭합니다.

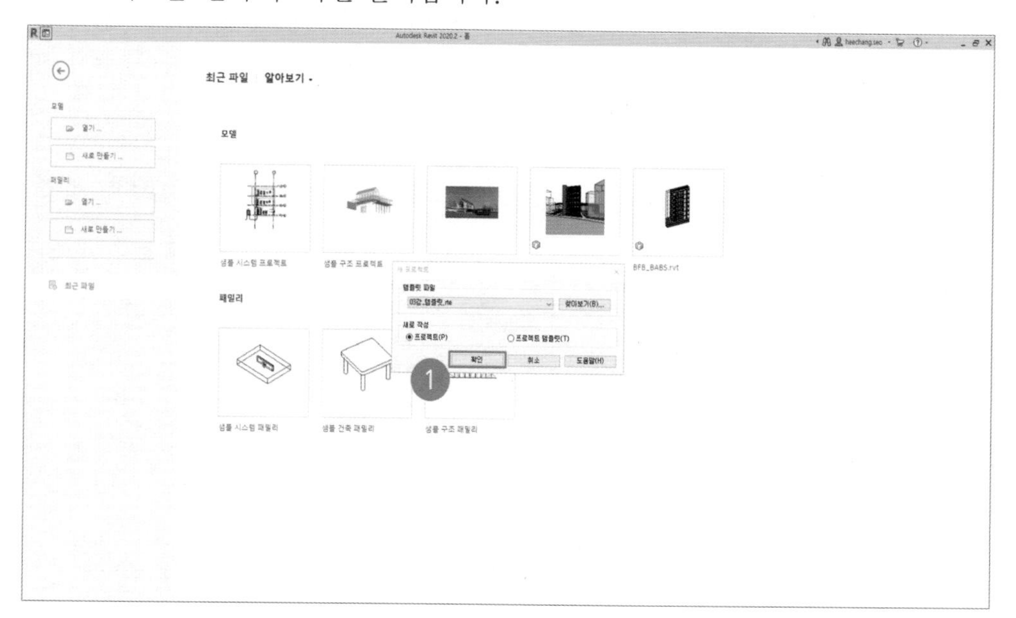

Tip

프로젝트와 프로젝트 템플릿

프로젝트 : 새로운 프로젝트파일 만들기
프로젝트 템플릿 : 템플릿을 수정 및 구축하기

6 "3강_템플릿.rte"파일은 기본적으로 제공되는 템플릿과 달리 조달청 기준으로 작성된 템플릿입니다.

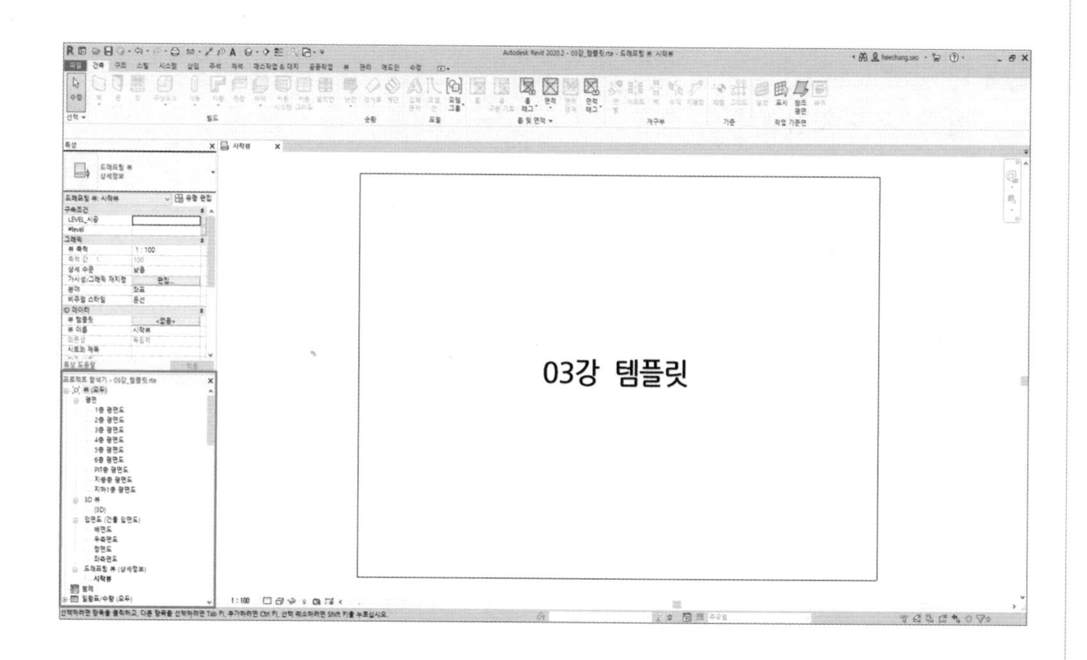

Tip

패밀리

[파일]➡[열기]➡[패밀리]
여러 가지 기본 패밀리를 로드하여 사용할 수 있습니다.

7 템플릿에는 건물 모델을 작성하기 위해 사용하는 구조 부재, 벽, 지붕, 창 및 문뿐만 아니라 문서화하기 위해 사용하는 콜아웃, 설비, 태그 및 상세 구성요소가 모두 패밀리로 포함되어 있습니다. 다만 본 강의에 사용된 템플릿은 교육용 템플릿 이며 실무적용을 위해서는 사용자에 따라 수정 및 보완이 필요합니다.

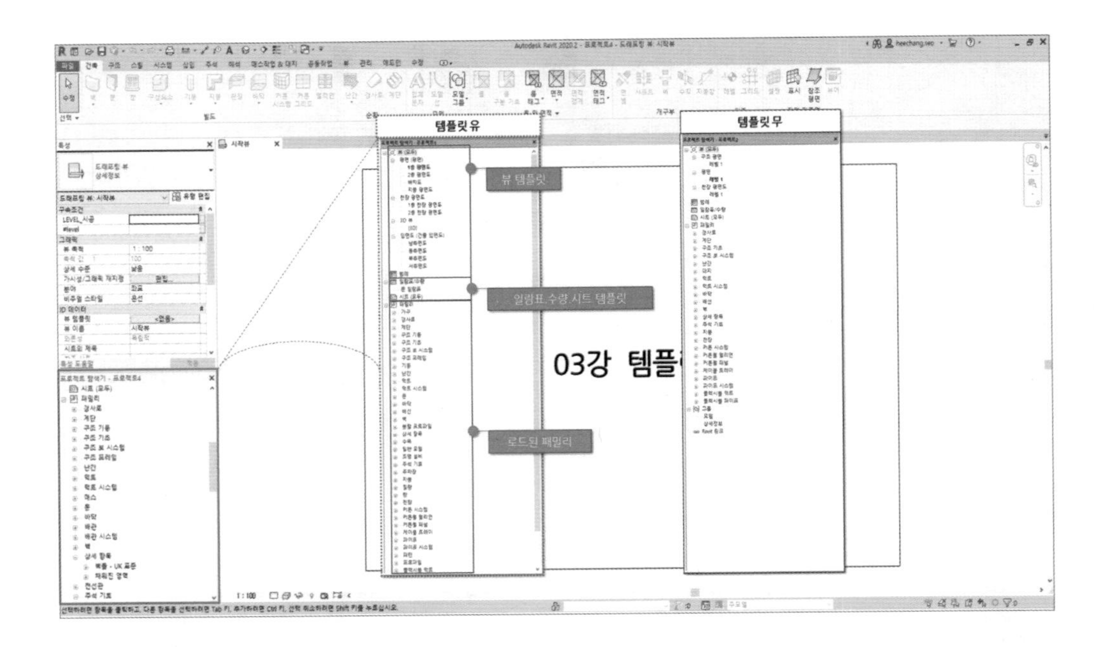

Tip

BIM 데이터 파일의 명칭

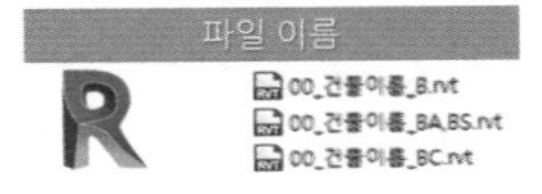

시설사업 BIM 적용 기본지침서 v2.0 40페이지 참고

8 [파일]➡[다른 이름으로 저장]➡[프로젝트]를 클릭하여 조달청 기준 및 프로젝트 이름으로 저장합니다.

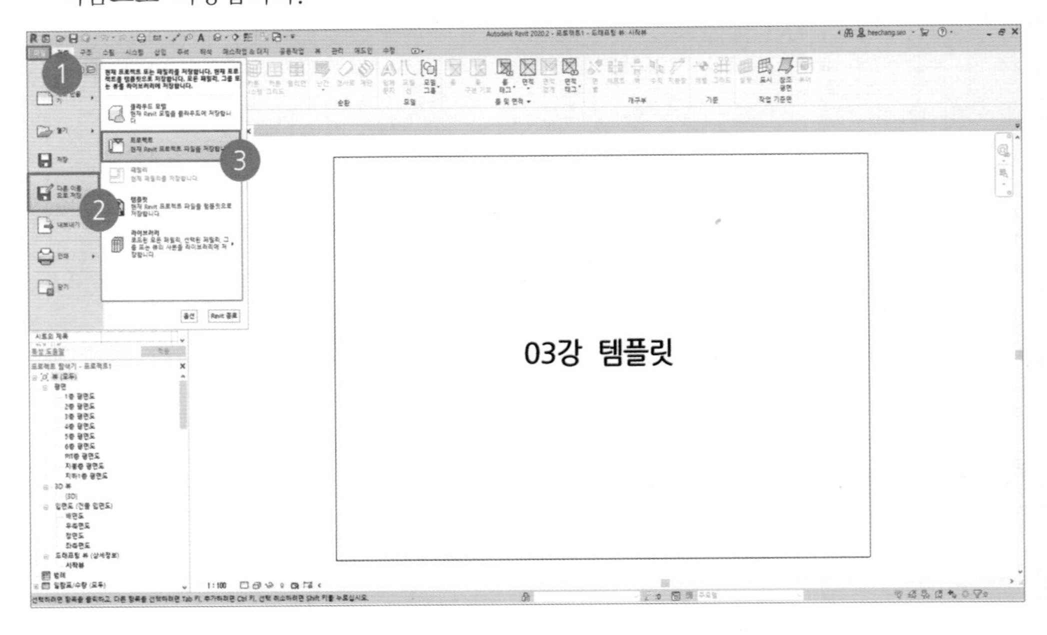

9 하단 그림은 ① 시공 템플릿, ② 건축 템플릿, ③ 구조 템플릿, ④ 기계 템플릿으로 열었을 때 프로젝트 탐색기의 모습입니다. 모두 뷰 구성, 패밀리 등이 다른 것을 알 수 있습니다. 기본적으로 제공하는 템플릿을 사용 할 수 있고, 회사나 개인 설정에 맞는 템플릿을 구축하여 사용할 수 있습니다. 본 교육에서 제공되는 템플릿을 활용하여 구축 하시면 됩니다.

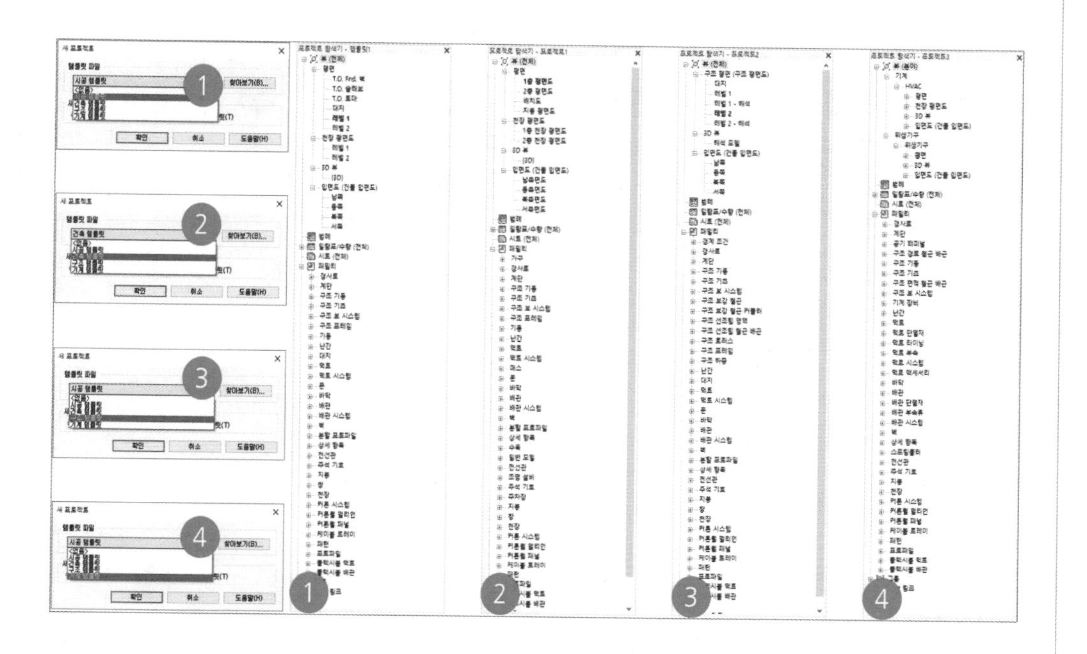

chapter 02 Revit 인터페이스 소개

프로젝트 작업창 색 바꾸기

[파일]➡[옵션]➡[그래픽]을 클릭하시면 하단에 위치한 색상 중 배경에서 원하는 색상을 선택하면 프로젝트 작업 창 배경색을 변경할 수 있습니다.

1 Revit 인터페이스를 소개 하겠습니다. 전체적인 화면 구성만 설명하고 다음 강부터 실습을 통해 필요한 내용을 세부적으로 소개 하도록 하겠습니다.

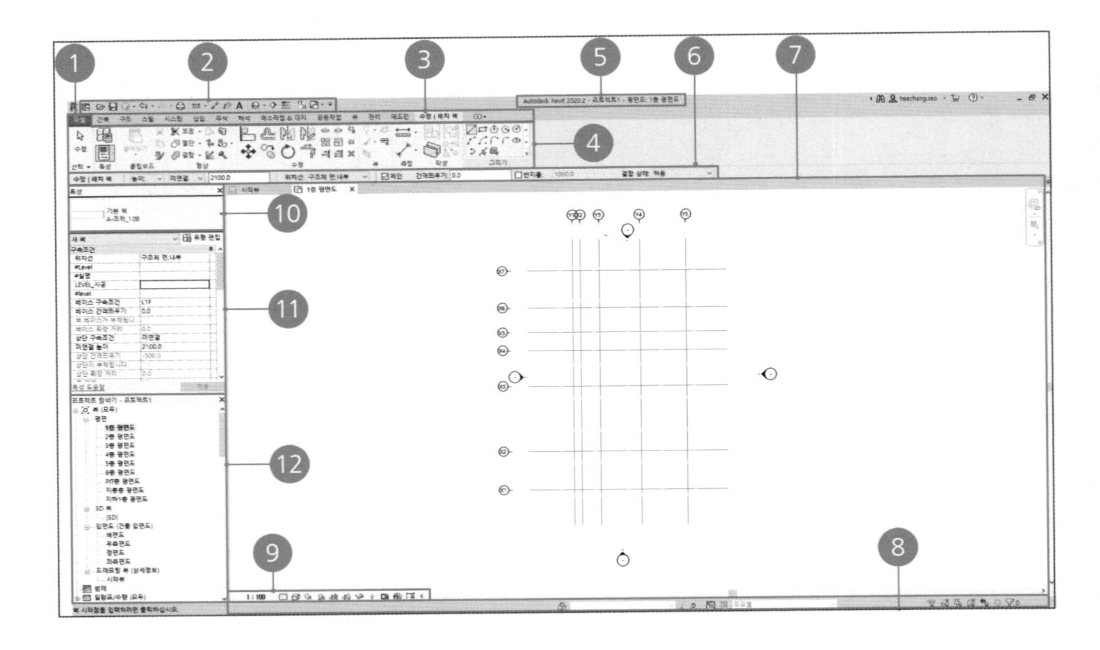

①. 응용프로그램 버튼 : 새로 만들기, 열기, 저장, 다른 이름으로 저장, 내보내기 등 파일 작업 메뉴입니다.

②. 빠른 실행 : 자주 사용하는 작업 메뉴가 모여 있습니다.

③. 탭(Tab) : 파일을 열거나 작성 때 활용됩니다.

④. 도구 : 프로젝트나 패밀리 작성에 필요한 도구를 제공합니다.

⑤. 프로젝트 명칭 및 뷰 이름 : 파일이름이 표기되고 프로젝트 작업창에 작업 시 표시되는 뷰 이름입니다.

⑥. 옵션바 : 패밀리 작성 시 필요한 옵션을 수정 하여 배치하도록 하는 도구입니다.

⑦. 프로젝트 작업창 : 작업자가 모델을 작성하고 수정하는 작업 영역입니다.

⑧. 선택제어 : 작업세트, 잠금, 링크, 고정된 부재들을 설정 할 수 있습니다.

⑨. 뷰 컨트롤 막대 : 현재 뷰의 축척, 상세 수준, 스타일, 태양, 그림자, 렌더링, 뷰자르기 및 숨김 등의 기능입니다.

⑩. 유형 선택기 : 부재 선택 시 원하는 유형을 선택 할 수 있습니다.

⑪. 특성 팔레트 : 요소의 특성을 정의하는 매개변수를 확인 및 수정 할 수 있습니다.

⑫. 프로젝트 탐색기 : 현재의 프로젝트의 모든 뷰, 일람표, 시트, 패밀리, 그룹, 링크된 모델 및 기타부분에 대한 구조입니다.

2 건축 탭

커튼월, 문, 창, 지붕 등과 같은 건축요소를 모델링 할 때 필요한 도구를 모아둔 탭입니다.

3 구조 탭

보, 벽, 기둥 바닥, 기초 등과 같은 구조요소를 모델링 할 때 필요한 도구를 모아둔 탭입니다.

4 시스템 탭

덕트, 기계장비, 파이프, 위생기구, 전기, 등과 같은 설비 요소를 모델링 할 때 필요한 도구를 모아둔 탭입니다.

5 삽입 탭

Revit, Ifc파일, CAD파일, 이미지, 패밀리 등 다른 모델이나 기타 다른 형식의 파일을 링크 및 삽입 할 때 사용하는 기능들을 모아둔 탭입니다.

6 주석 탭

치수입력, 문자, 주석기호, 각종 태그 등을 도면화 및 문서화 할 때 필요한 기능들을 모아둔 탭입니다.

7 매스 탭

전체 건물의 매스를 작성 및 지붕, 바닥, 벽, 전환하는 도구 및 대지 모델의 구성요소 지형, 주차장, 수목 등을 모델링하기 위한 도구들을 모아둔 탭입니다.

Tip

아이콘 설명 및 단축키

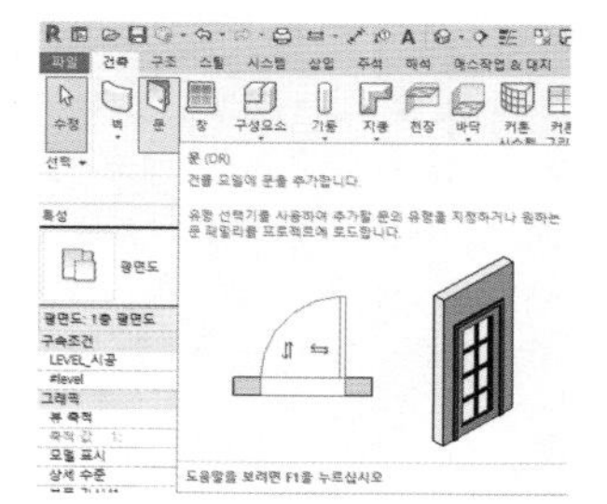

사용 하고자 하는 아이콘에 마우스를 옮겨 놓으면 자세한 설명과 단축키, 이미지 그리고 영상 설명이 나옵니다.

Tip

단축키 변경 및 만들기

[뷰]➡[사용자인터페이스]➡[키보드 단축키] 명령에 대한 새 키 입력 후 지정을 클릭 하면 단축키를 만들 수 있습니다.

8 공동작업 탭

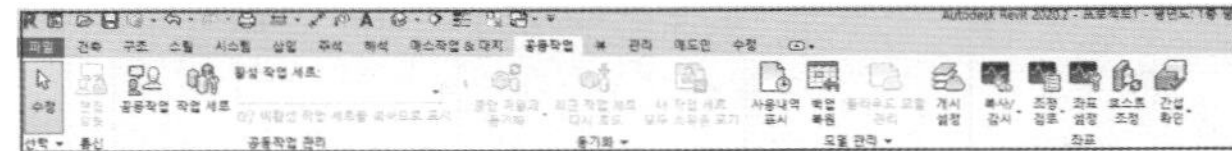

협업가능한 공동작업 기능을 위한 도구들을 모아둔 탭이며 작업세트, 중앙파일의 관리 및 동기화, 간섭체크 등에 필요한 도구들이 모여 있습니다.

9 뷰 탭

뷰에 대한 그래픽 관리와 평면도, 입면도, 단면도, 등과 같은 각종 도면의 생성 관리 도구이며 사용자 인터페이스를 재구성 할 수 있는 도구가 담겨져 있습니다.

10 관리 탭

프로젝트 전반적인 요소들을 관리하며 객체 스타일, 프로젝트 정보, 매개변수, 추가 설정을 통한 각종 스타일 변경 등을 제어 할 수 있는 도구들이 있습니다.

11 수정 탭

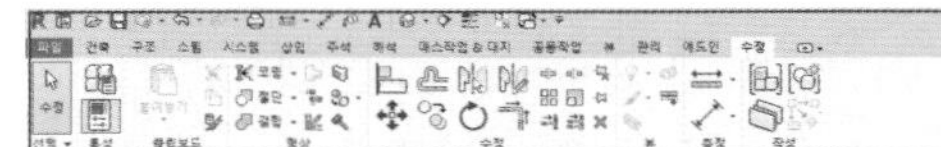

각종 수정 기능 결합, 정렬, 자르기, 연장, 복사, 이동, 그룹 등을 모아둔 탭입니다.

Tip

마우스 컨트롤

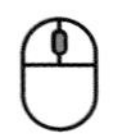

휠: 마우스 확대 축소

휠 드래그: 화면 팬

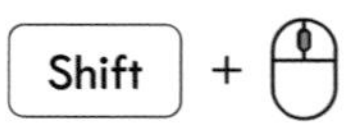

3D 돌려보기

클릭 선택

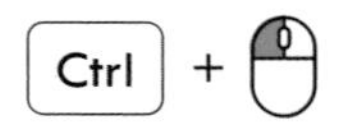

추가 선택

선택 제외

12 좌측 상단의 집 모양을 클릭해서 기본 3D 뷰를 열면 전체적인 3D 형상을 확인 할 수 있습니다. 마우스 조작은 AutoCAD와 거의 흡사 하고 화면 오른쪽 상단에 위치한 뷰 큐브는 현재 보고 있는 위치를 알려줍니다. 또한 마우스를 가져가면 각 뷰 마다 색이 변하고 이동 및 드래그를 하면 회전합니다.

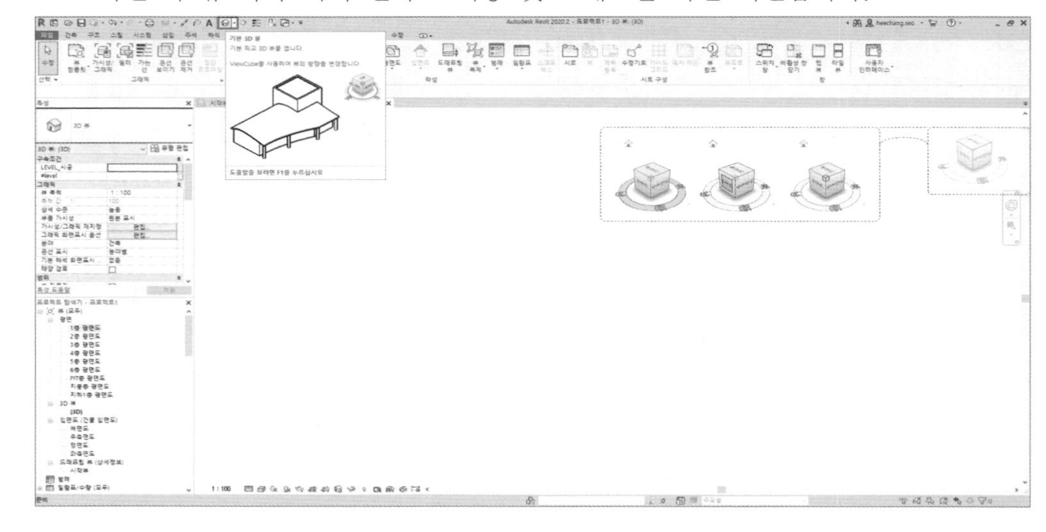

13 탭 뷰 단축키 WT를 활용하면 열려있던 창들이 모두 타일 정렬이 되는 것을 확인 할 수 있으며 TW를 입력하면 하나의 창이 최대화됩니다.

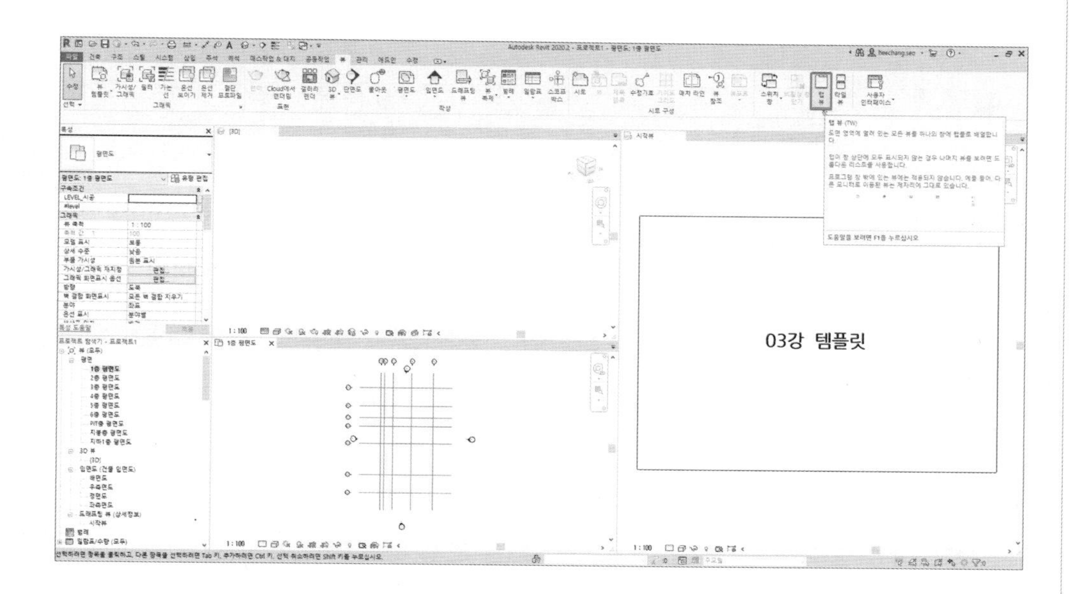

Tip

단축키

키보드 단축키는 "Enter" 키를 누르지 않아도 자동으로 명령이 실행됩니다.

14 "빠른실행-비활성화 뷰 닫기"는 현재 최대화 되어 있는 뷰를 제외한 다른 뷰를 닫으며 클릭 시 현재 뷰 외에 다른 뷰들이 모두 닫히는 것을 확인 할 수 있습니다.

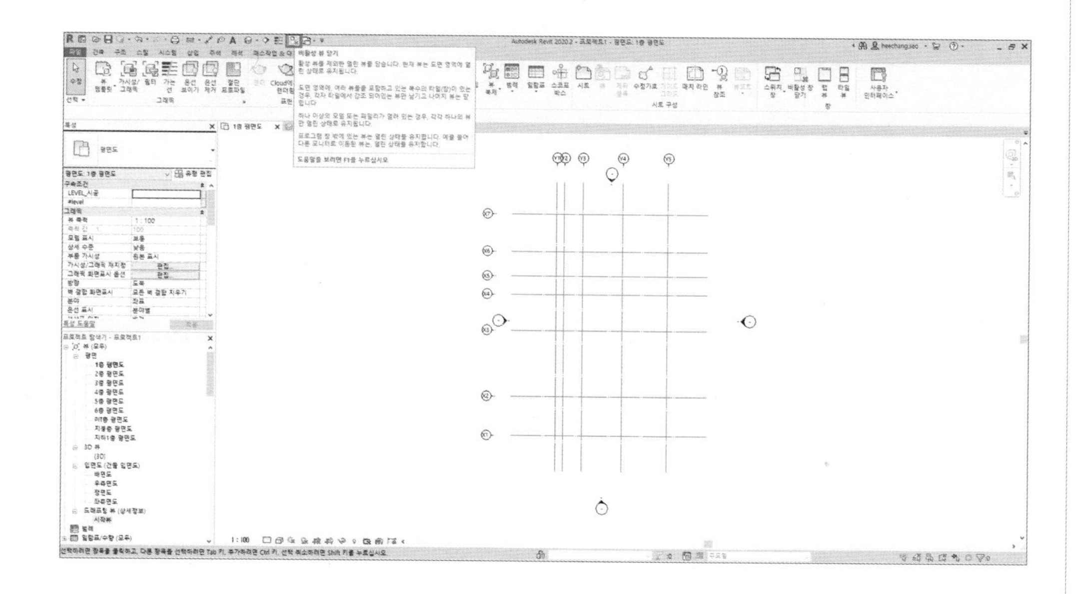

Tip

자동 저장 알람

[파일]➡[옵션]➡[일반] 알림을 변경하여 자동 저장 간격을 조정 할 수 있다.

15 프로젝트는 자주 저장하는 습관을 갖는 게 좋습니다. 단축키 Ctrl+S 또는 저장 버튼을 눌러서 저장합니다. 또한 Revit은 기본적으로 30분 간격으로 저장 알림 창이 생성되며 이를 활용하는 것도 좋은 방법입니다.

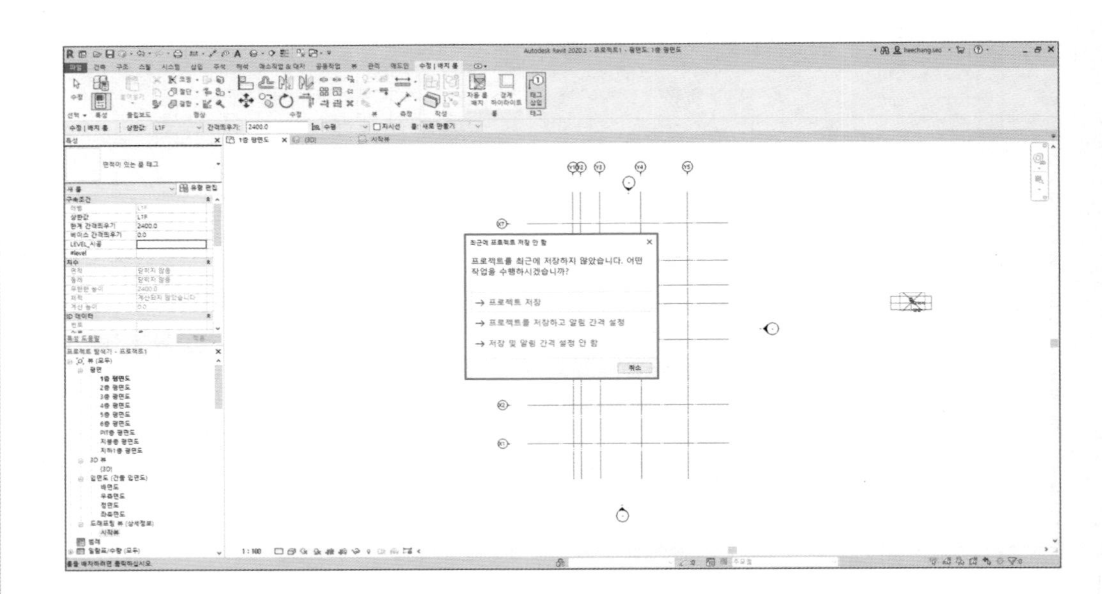

• 한솔아카데미 자료실	www.bestbook.co.kr
• BIMer 온라인커뮤니티	https://blog.naver.com/bimfactory

memo

BIMFACTORY
COMPANY

제 4 편

계획 토목(대지) 설계
지형

Section

04

계획 토목(대지) 설계

지형

4강에서는 국토정보플랫폼을 통해 다운로드 한 수치지적도 파일을 기반으로 BIM 프로젝트의 지형을 작성하고 지형의 표현에 필요한 소구역 및 건물패드 작성 방법을 소개하도록 하겠습니다. 또한 매스 작성 기능을 통해 주변 건물들을 매스로 작성하는 방법에 대하여 학습하도록 하겠습니다.

POINT

- 국토정보플랫폼을 통해 수치지적도 다운로드하기
- Revit에 수치지적도 가져오기 및 지형 생성하기
- 소구역 작성 및 건물패드 작성하기
- 주변 건물 매스 작성하기(BIL 10)

chapter 01 조달청 기준 프로젝트 구축

1 조달청 BIM 지침서에 따르면 최소 부위 작성대상 및 토목(대지) BIM 데이터 작성기준은 아래와 같습니다.

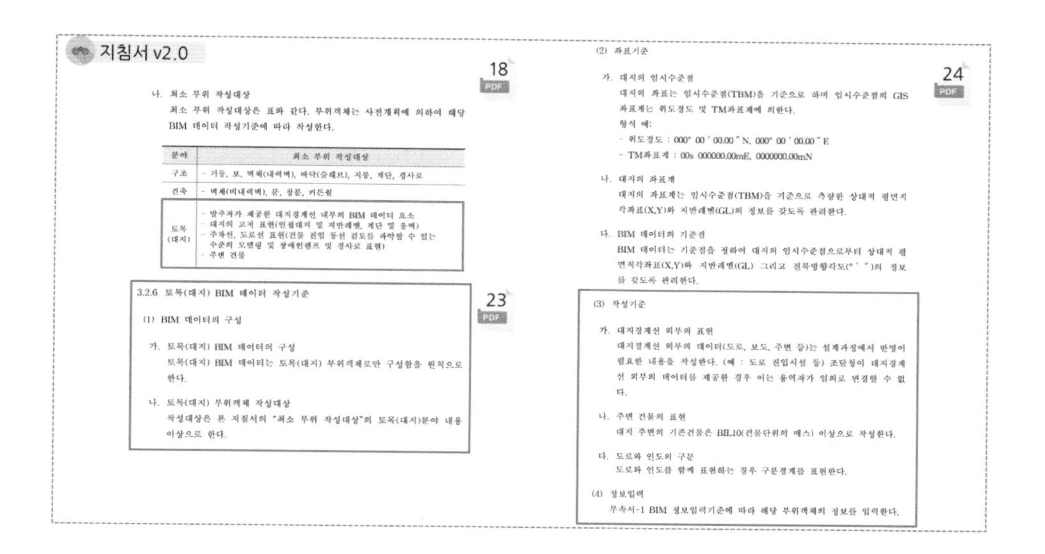

지침서 v2.0

18 PDF

나. 최소 부위 작성대상

최소 부위 작성대상은 표와 같다. 부위객체는 사전계획에 의하여 해당 BIM 데이터 작성기준에 따라 작성한다.

분야	최소 부위 작성대상
구조	- 기둥, 보, 벽체(내력벽), 바닥(슬래브), 지붕, 계단, 경사로
건축	- 벽체(비내력벽), 문, 창문, 커튼월
토목(대지)	- 발주자가 제공한 대지경계선 내부의 BIM 데이터 요소 - 대지의 고저 표현(인접대지 및 지반레벨, 계단 및 옹벽) - 주차선, 도로선 표현(건물 진입 동선 검토를 파악할 수 있는 수준의 모델링 및 장애인램프 및 경사로 표현) - 주변 건물

23 PDF

3.2.6 토목(대지) BIM 데이터 작성기준

(1) BIM 데이터의 구성

가. 토목(대지) BIM 데이터의 구성

토목(대지) BIM 데이터는 토목(대지) 부위객체로만 구성함을 원칙으로 한다.

나. 토목(대지) 부위객체 작성대상

작성대상은 본 지침서의 "최소 부위 작성대상"의 토목(대지)분야 내용 이상으로 한다.

24 PDF

(2) 좌표기준

가. 대지의 임시수준점

대지의 좌표는 임시수준점(TBM)을 기준으로 하며 임시수준점의 GIS 좌표계는 위도경도 및 TM좌표계에 의한다.

형식 예:

- 위도경도 : 000° 00 ′ 00.00 ″ N, 000° 00 ′ 00.00 ″ E
- TM좌표계 : 00s 000000.00mE, 0000000.00mN

나. 대지의 좌표계

대지의 좌표계는 임시수준점(TBM)을 기준으로 측량한 상대적 평면직각좌표(X,Y)와 지반레벨(GL)의 정보를 갖도록 관리한다.

다. BIM 데이터의 기준점

BIM 데이터는 기준점을 정하여 대지의 임시수준점으로부터 상대적 평면직각좌표(X,Y)와 지반레벨(GL) 그리고 진북방향각도(° ′ ″)의 정보를 갖도록 관리한다.

(3) 작성기준

가. 대지경계선 외부의 표현

대지경계선 외부의 데이터(도로, 보도, 주변 등)는 설계과정에서 반영이 필요한 내용을 작성한다. (예 : 도로 진입시설 등) 조달청이 대지경계선 외부의 데이터를 제공한 경우 이는 용역자가 임의로 변경할 수 없다.

나. 주변 건물의 표현

대지 주변의 기존건물은 BIL10(건물단위의 매스) 이상으로 작성한다.

다. 도로와 인도의 구분

도로와 인도를 함께 표현하는 경우 구분경계를 표현한다.

(4) 정보입력

부속서-1 BIM 정보입력기준에 따라 해당 부위객체의 정보를 입력한다.

Tip

조달청 BIM 지침서

토목(대지)관련 자세한 사항은 "시설사업 BIM 적용 기본 지침서 v2.0"의 해당 페이지를 참고 하시기 바랍니다.

2 조달청 BIM 지침서 부속서에 따르면, 부위객체 부재명 및 라이브러리명의 형식은 다음과 같습니다. 본 강에서는 토목 부재명 작성방법을 참고하시기 바랍니다.

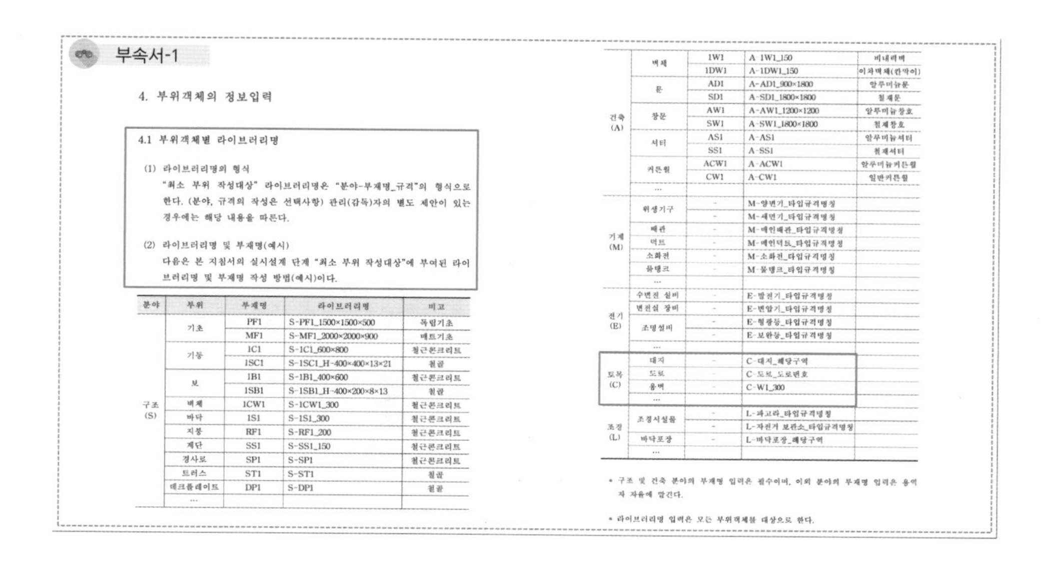

부속서-1

4. 부위객체의 정보입력

4.1 부위객체별 라이브러리명

(1) 라이브러리명의 형식

"최소 부위 작성대상" 라이브러리명은 "분야-부재명_규격"의 형식으로 한다. (분야, 규격의 작성은 선택사항) 관리(감독)자의 별도 제안이 있는 경우에는 해당 내용을 따른다.

(2) 라이브러리명 및 부재명(예시)

다음은 본 지침서의 실시설계 단계 "최소 부위 작성대상"에 부여된 라이브러리명 및 부재명 작성 방법(예시)이다.

분야	부위	부재명	라이브러리명	비고
구조(S)	기초	PF1	S-PF1_1500×1500×500	독립기초
		MF1	S-MF1_2000×2000×900	매트기초
	기둥	1C1	S-1C1_600×800	철근콘크리트
		1SC1	S-1SC1_H-400×400×13×21	철골
	보	1B1	S-1B1_400×600	철근콘크리트
		1SB1	S-1SB1_H-400×200×8×13	철골
	벽체	1CW1	S-1CW1_300	철근콘크리트
	바닥	1S1	S-1S1_300	철근콘크리트
	지붕	RF1	S-RF1_200	철근콘크리트
	계단	SS1	S-SS1_150	철근콘크리트
	경사로	SP1	S-SP1	철근콘크리트
	트러스	ST1	S-ST1	철골
	데크플레이트	DP1	S-DP1	철골
	...			
건축(A)	벽체	1W1	A-1W1_150	비내력벽
		1DW1	A-1DW1_150	이차벽체(칸막이)
	문	AD1	A-AD1_900×1800	알루미늄문
		SD1	A-SD1_1800×1800	철재문
	창문	AW1	A-AW1_1200×1200	알루미늄창호
		SW1	A-SW1_1800×1800	철재창호
	셔터	AS1	A-AS1	알루미늄셔터
		SS1	A-SS1	철재셔터
	커튼월	ACW1	A-ACW1	알루미늄커튼월
		CW1	A-CW1	일반커튼월
	...			
기계(M)	위생기구	-	M-양변기_타입규격명칭	
		-	M-세면기_타입규격명칭	
	배관	-	M-메인배관_타입규격명칭	
	덕트	-	M-메인덕트_타입규격명칭	
	소화전	-	M-소화전_타입규격명칭	
	물탱크	-	M-물탱크_타입규격명칭	
	...			
전기(E)	수변전 설비	-	E-발전기_타입규격명칭	
	변전실 장비	-	E-변압기_타입규격명칭	
	조명설비	-	E-형광등_타입규격명칭	
		-	E-보안등_타입규격명칭	
	...			
토목(C)	대지	-	C-대지_해당구역	
	도로	-	C-도로_도로번호	
	옹벽	-	C-W1_300	
	...			
조경(L)	조경시설물	-	L-파고라_타입규격명칭	
		-	L-자전거 보관소_타입규격명칭	
	바닥포장	-	L-바닥포장_해당구역	
	...			

* 구조 및 건축 분야의 부재명 입력은 필수이며, 이외 분야의 부재명 입력은 용역자 자율에 맡긴다.
* 라이브러리명 입력은 모든 부위객체를 대상으로 한다.

chapter 02 프로젝트 정보 입력

Tip

Revit 버전의 호환

프로젝트 참여자의 Revit버전이 다를 경우 호환성 문제가 발생할 수 있습니다. 이와 관련하여 하위버전에서 작성된 파일은 로딩 시 자동으로 변환 과정을 거치기 때문에 최초 로딩 시 다소 시간이 소요될 수 있습니다. 하지만 상위 버전에서 작성된 파일의 경우 하위 버전에서는 열리지 않습니다.

1 Revit을 실행합니다. 모델 창 [열기]탭 ➡ ₩예제파일₩04강₩04강_시작.rvt를 선택하고 [열기]를 클릭합니다.

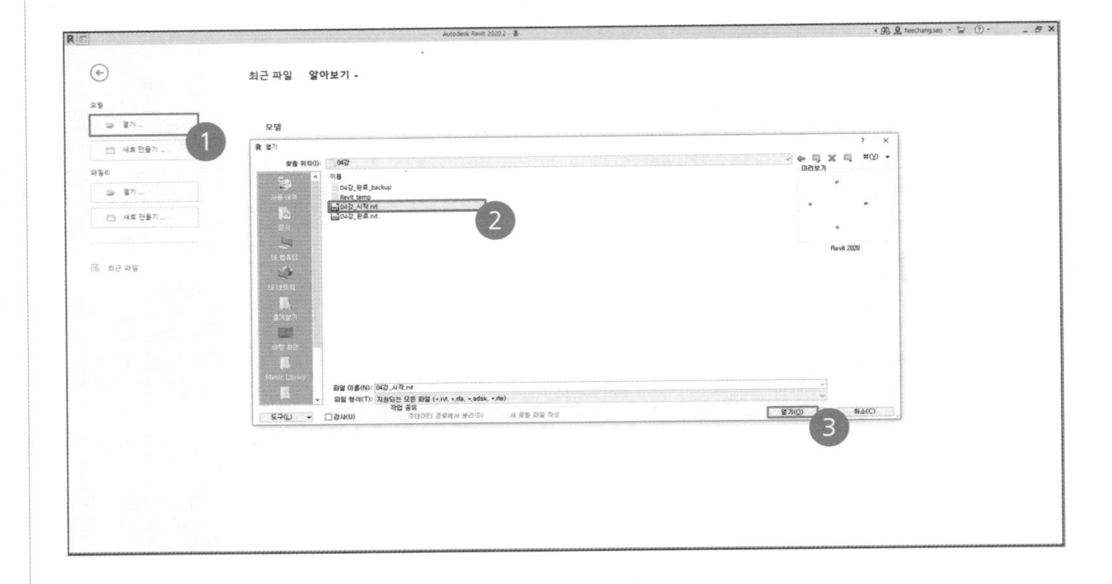

Tip

프로젝트 정보 입력

프로젝트 정보 입력은 진행중인 프로젝트의 개요를 참조하여 입력하며 예제 프로젝트에서는 다음과 같이 입력하여 진행하도록 하겠습니다.

프로젝트 발행 날짜
– 2020.00.00
프로젝트 주소
– 서울시 종로구
프로젝트 이름
– 서울시 종로구 프로젝트
프로젝트 번호
– BF-001

2 다음과 같이 작업 인터페이스가 열립니다. [관리]탭 ➡ [프로젝트 정보]를 클릭하여 열린 창에 프로젝트 이름, 프로젝트 주소 등 프로젝트의 정보를 입력하고 [확인]을 클릭합니다.

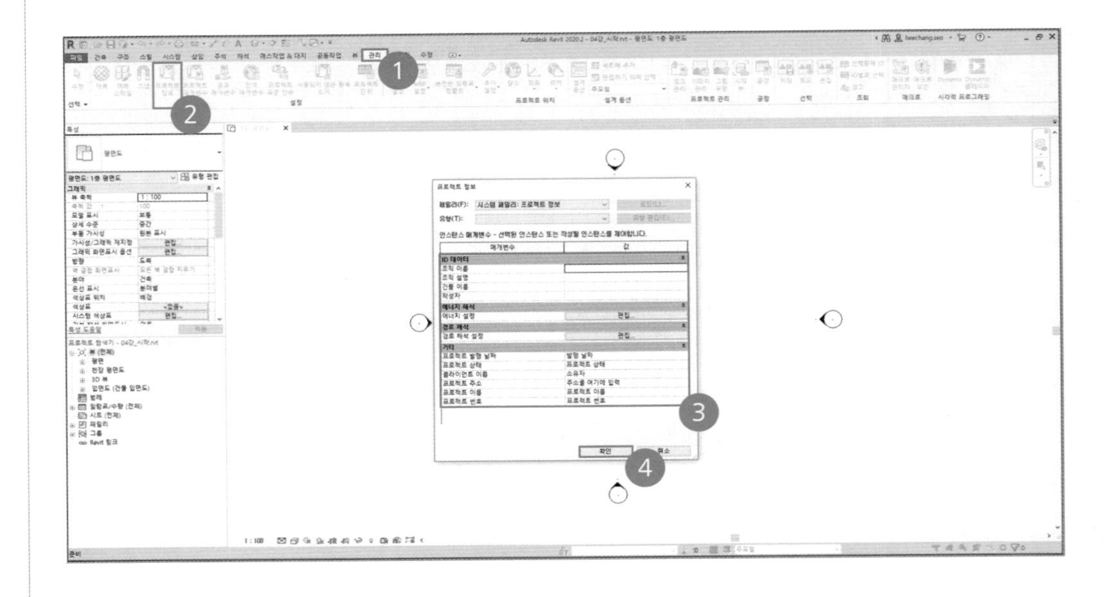

3 [관리]탭 ➡ [장소]를 클릭합니다. '위치 정의 기준'을 '기본 구/군/시 리스트'로 설정합니다. '구/군/시(I)'의 값을 '한국, 서울'로 설정하고 [확인]을 클릭합니다.

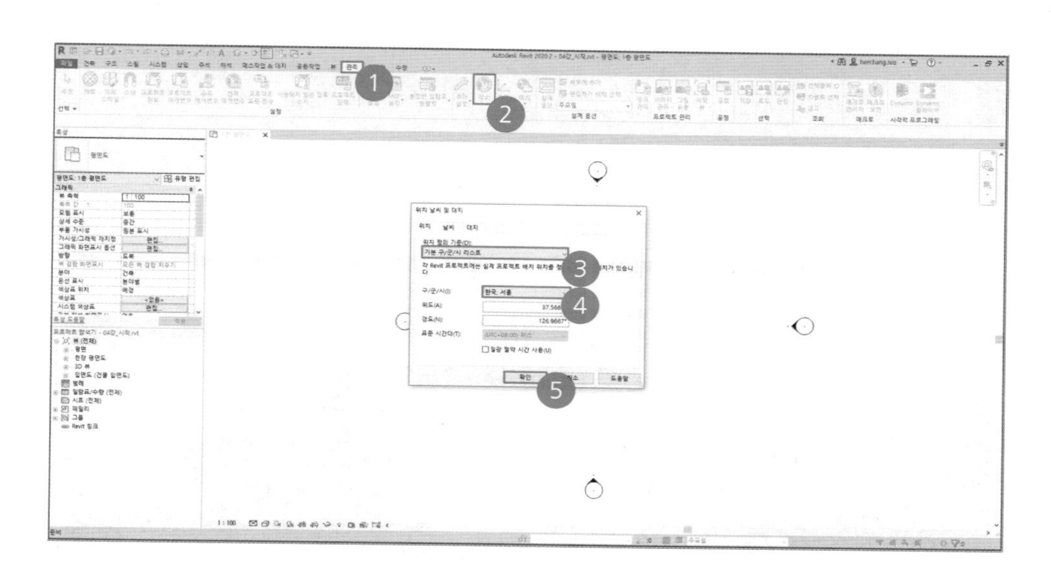

chapter 03 국토정보플랫폼 수치지적도

1 국토정보플랫폼(http://map.ngii.go.kr)에서 수치지적도를 다운로드하는 방법을 설명하겠습니다. 먼저 국토정보플랫폼에 회원가입 후 로그인합니다.

2 [수치지도]를 클릭합니다.

3 지도에서 프로젝트 위치를 검색합니다. [지도선택]에서 지도의 유형을 선택할 수 있습니다.

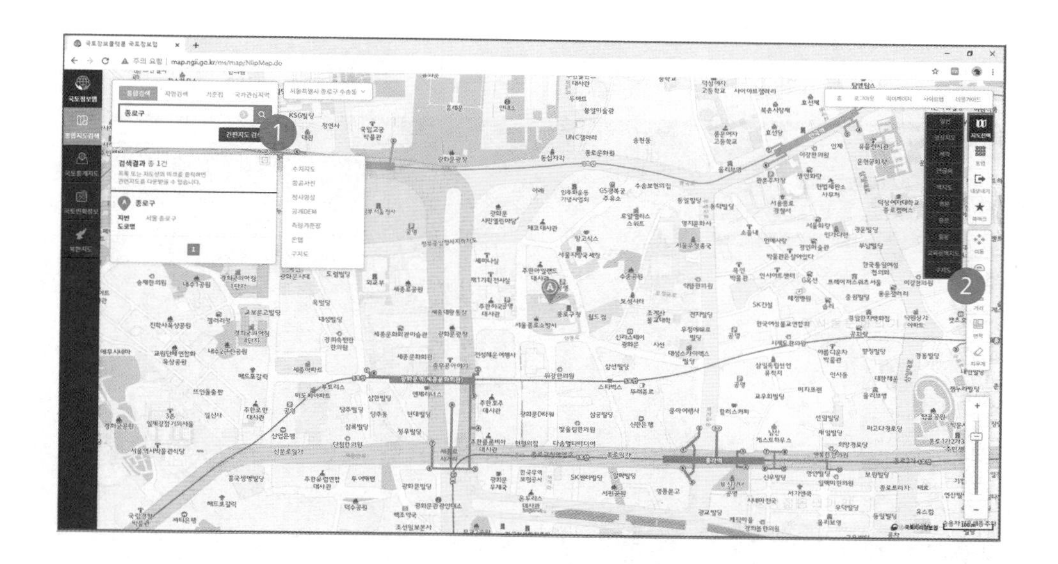

4 [간편지도 검색]을 클릭합니다.

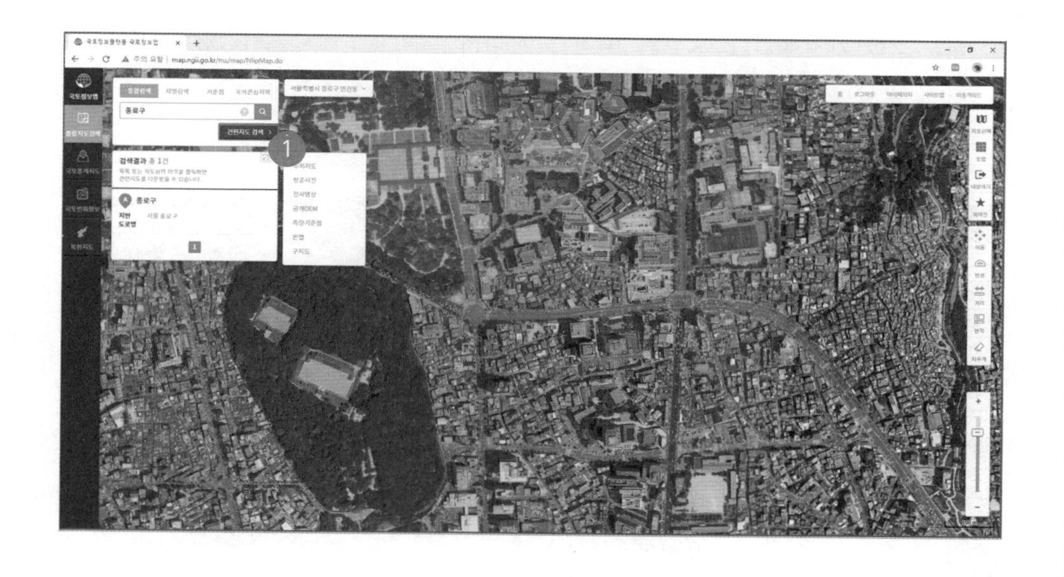

Tip

주소 검색

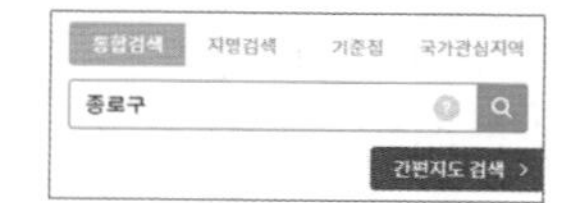

실무에서는 원하는 주소를 상세히 입력하여 다운로드를 진행합니다.

5 [영역] ➡ [사각형]을 클릭하고 지도에 드래그를 해서 수치지적도가 필요한 영역을 지정합니다. [수치지도] ➡ [수치지형도(DXF파일)]을 클릭하면 다운로드 가능한 수치지형도의 목록이 열립니다.

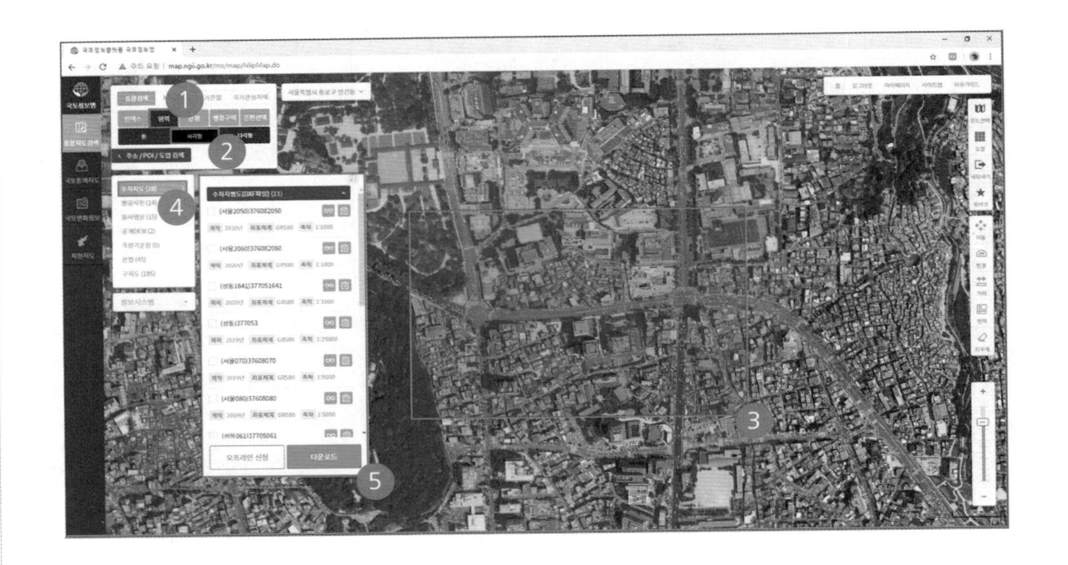

6 목록에서 필요한 수치지형도를 선택한 후 [다운로드]를 클릭합니다. 본 교육에서는 수치지적도를 다운받는 방법을 설명하고 있으며, 정확한 지역정보는 제공하지 않습니다.

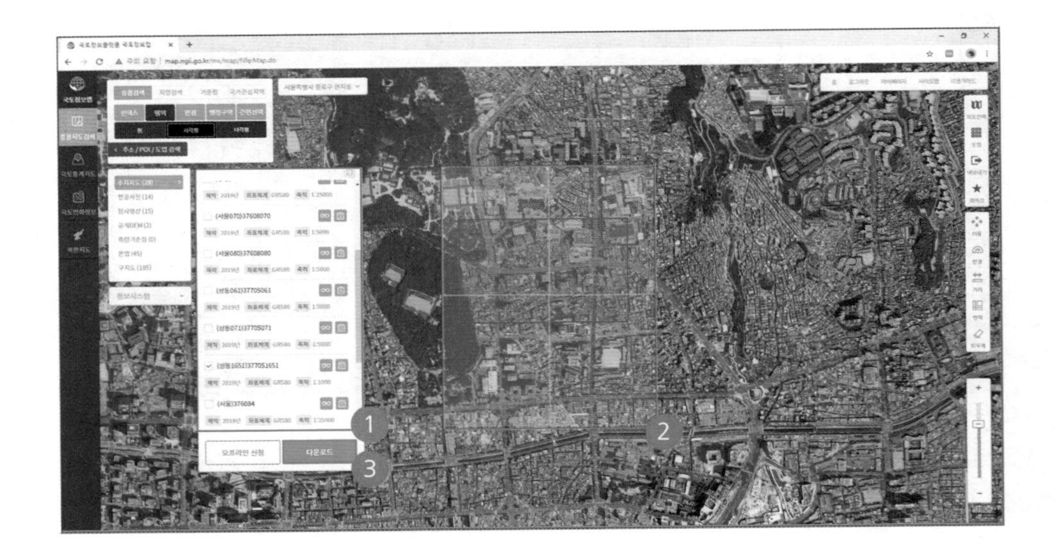

7 이름을 확인하고 '생년월일', '사용목적', '동의합니다'에 체크 후 [다운로드]를 클릭합니다.

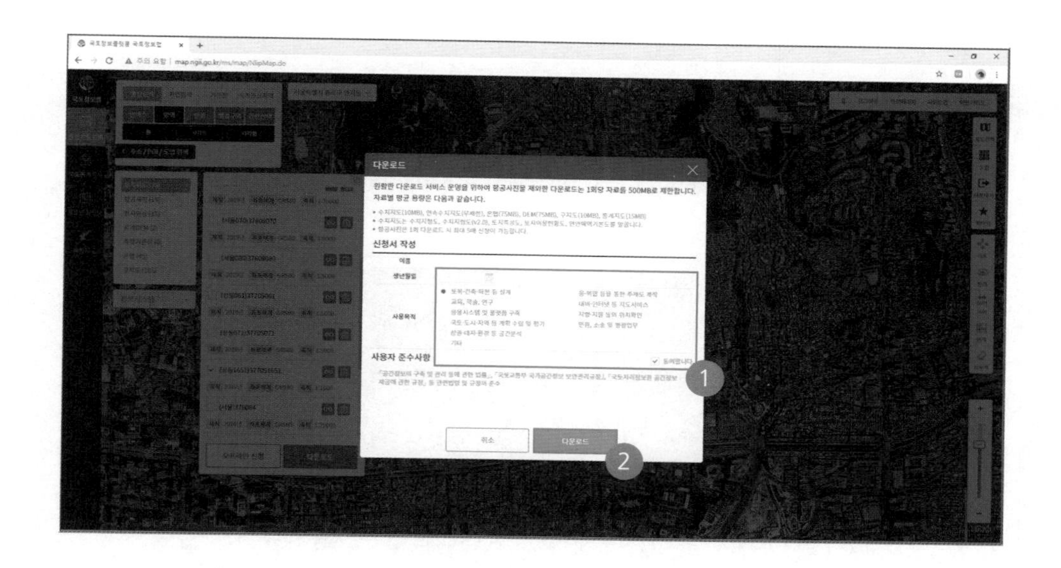

8 [전체 다운로드]를 클릭하면 선택한 수치지형도가 모두 다운로드 됩니다.

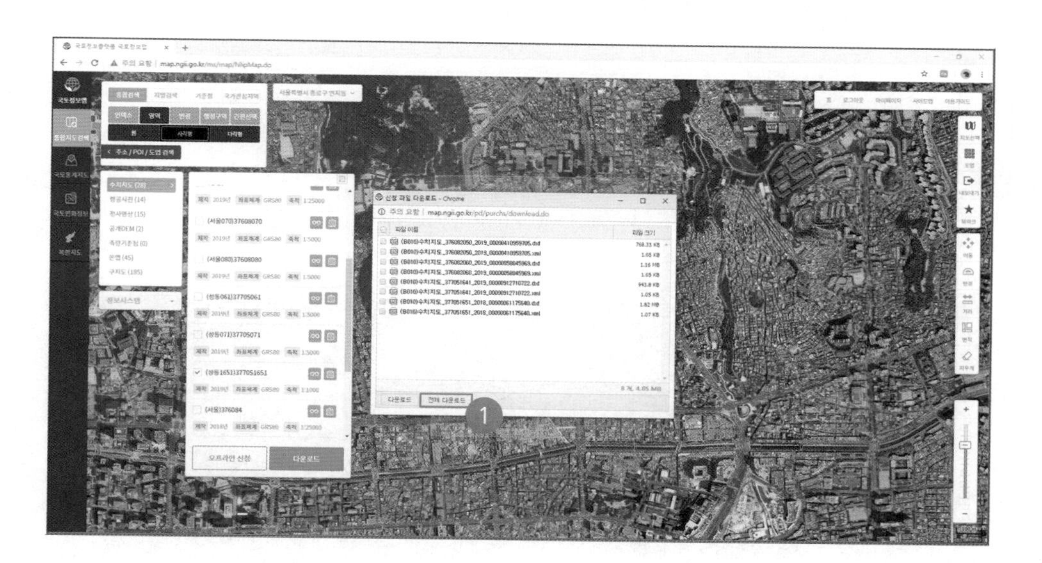

chapter 04 수치지적도 가져오기

1 AutoCAD를 실행 후 국토정보플랫폼에서 다운로드한 수치지적도(파일 확장자 *.dxf) 4개를 열어서 확인 합니다. 본 교육에서는 이와 관련된 별도의 실습 없이 이론으로만 설명하고 완성된 CAD파일을 제공하였습니다. (05번 이후 실습)

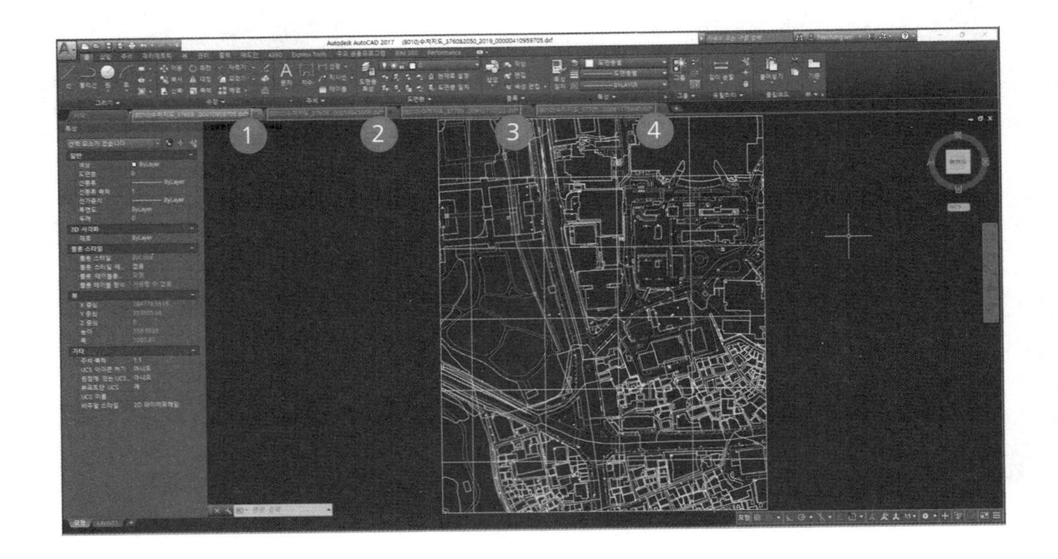

2 Revit으로 삽입하여 지형도를 작성하기 위해 각각의 수치지적도 파일을 하나의 파일로 합쳐줍니다. (별도의 실습 없이 이론으로만 설명 함)

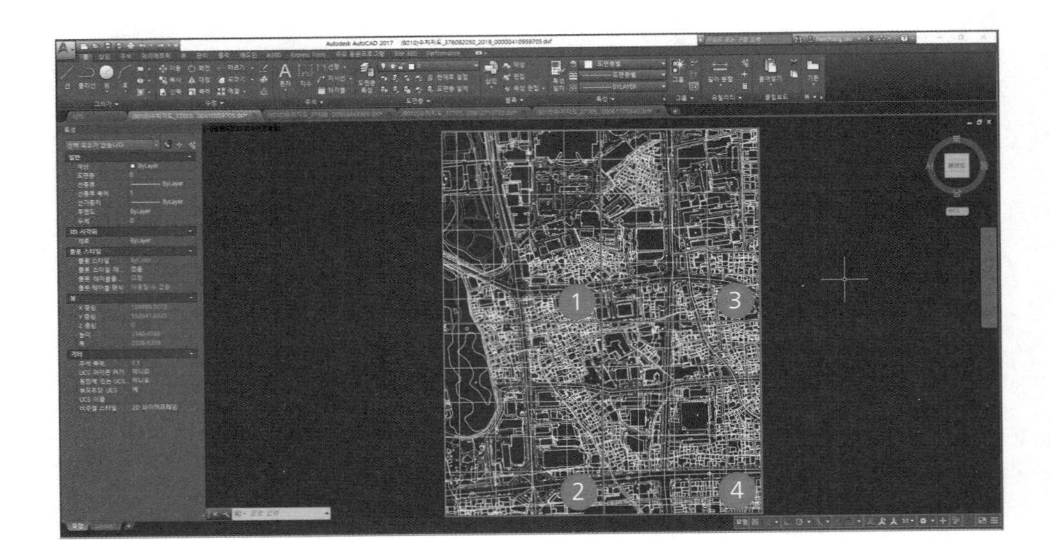

3 하나로 합친 수치지형도를 dwg 파일형식으로 저장합니다. (별도의 실습 없이 이론으로만 설명 함)

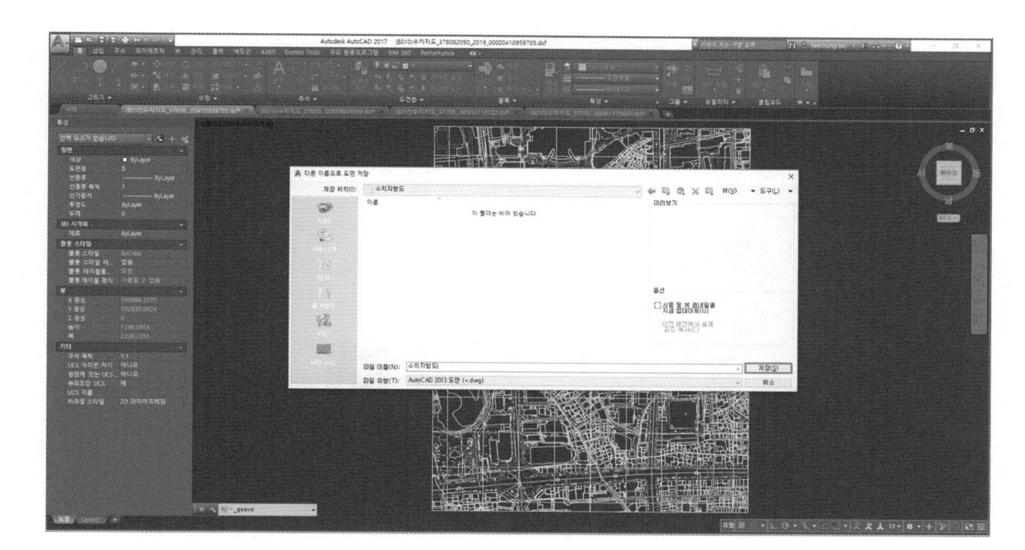

Tip

Revit에서는 지형도 작성을 위해 dwg파일 형식 또는 txt파일 형식을 사용 할 수 있습니다.

4 수치지적도에서 도로 라인, 건물 외곽선, 등고선 등을 제외하고 불필요한 요소가 포함된 레이어를 정리 및 아래 그림 프로젝트 기준점으로 스케일[1000], 기준점 [명령어 : move, 좌표 : 0,0] 맞춰 줍니다. 본 교육 에서는 제공된 파일로 진행하겠습니다. (별도의 실습 없이 이론으로만 설명 함)

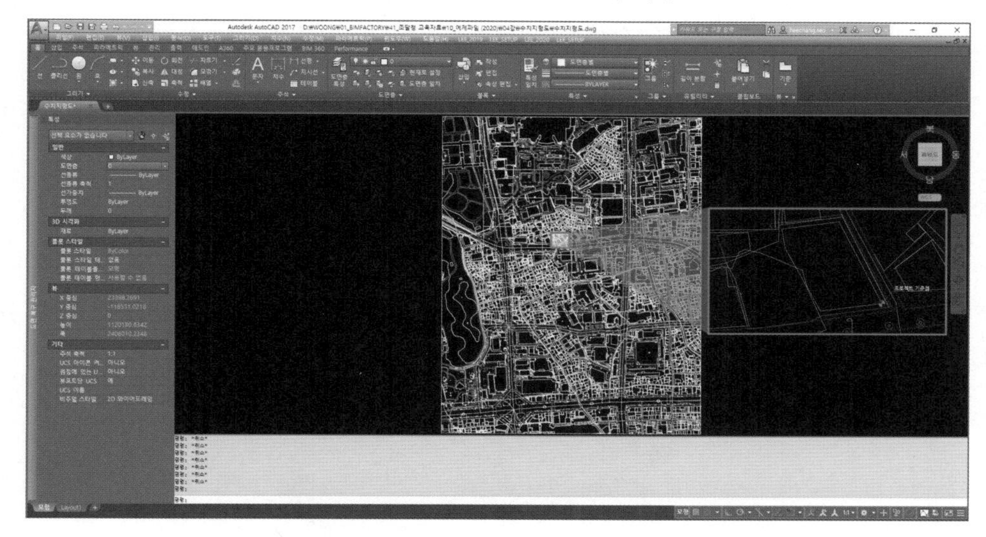

Tip

현재 뷰만 체크

☑현재 뷰만(U)

활성화된 프로젝트 뷰에만 CAD파일이 보이게 됩니다. 단, 드래프팅 뷰에서는 '현재 뷰만' 체크 해제가 안되기 때문에 다른 뷰를 선택한 후 설정해야 합니다.

5 다시 Revit 으로 돌아가 '04강_시작.rvt' 을 열어줍니다. 프로젝트 탐색기의 평면 뷰에서 G.L(Ground Level) 평면뷰를 열도록 하겠습니다. 이후 [삽입]탭 ➡ [CAD가져오기]를 클릭하고 정리해 둔 수치지적도를 선택합니다. '가져오기 단위' 를 '밀리미터' 로 '위치'를 '자동 - 원점 대 내부 원점', '배치위치'. '0.00'으로 설정하고 '열기' 를 클릭합니다. ('현재 뷰만'에 체크하지 않도록 주의합니다.)

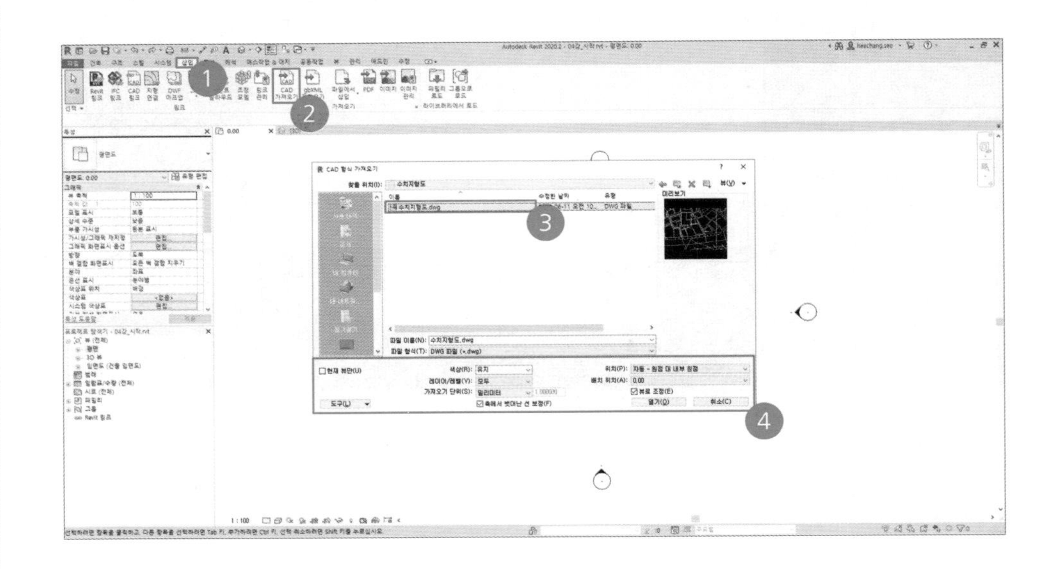

8 수치지적도 가져오기가 완료되면 G.L 평면뷰 및 3D 뷰에서 CAD형식의 수치지적도가 삽입된 것을 확인 할 수 있습니다.

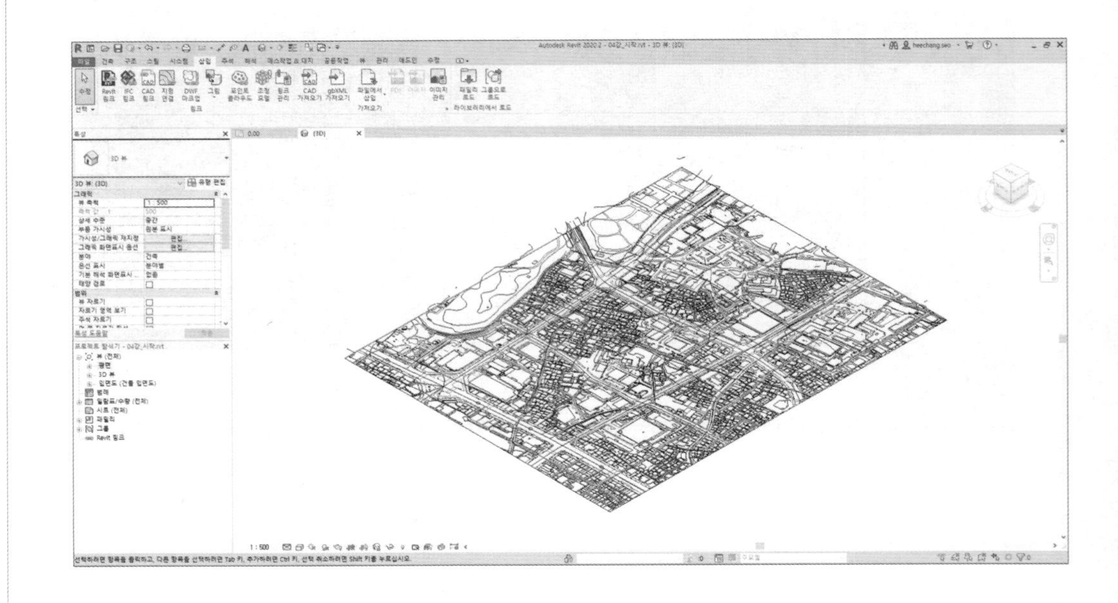

chapter 05 조사점 및 프로젝트 기준점 설정

1 프로젝트 탐색기의 G.L 평면뷰에서 [뷰]탭 ➡ [가시성/그래픽]을 클릭합니다. [모델 카테고리]에서 '대지'의 하위항목인 '조사점'과 '프로젝트 기준점'에 체크를 하고 [확인]을 클릭하면 뷰에 '조사점'과 '프로젝트 기준점'이 나타납니다.

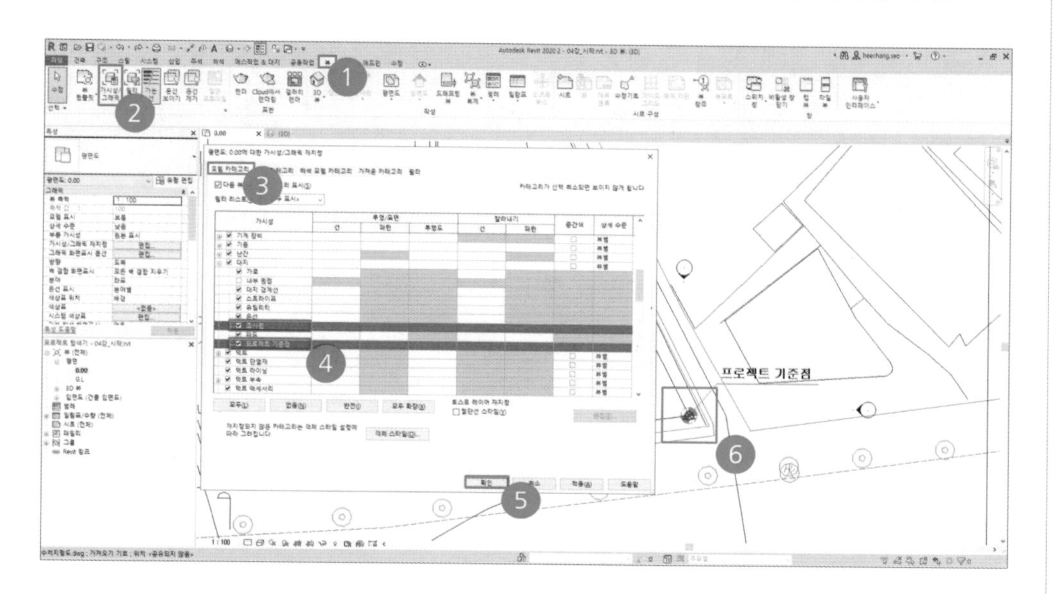

Tip

가시성 그래픽 단축키

Revit을 활용하면서 가장 많이 사용하는 가시성 그래픽의 단축키는 'VV'입니다.

2 '프로젝트 기준점'을 선택하여 클립 아이콘(📎)을 클릭하여 해제합니다. 그다음 아래의 값을 입력합니다.

북/남 : -4768.4　동/서 : -10355.0　입면도 : 30000.0

(화면 좌측의 '특성' 창에서도 입력이 가능합니다.)

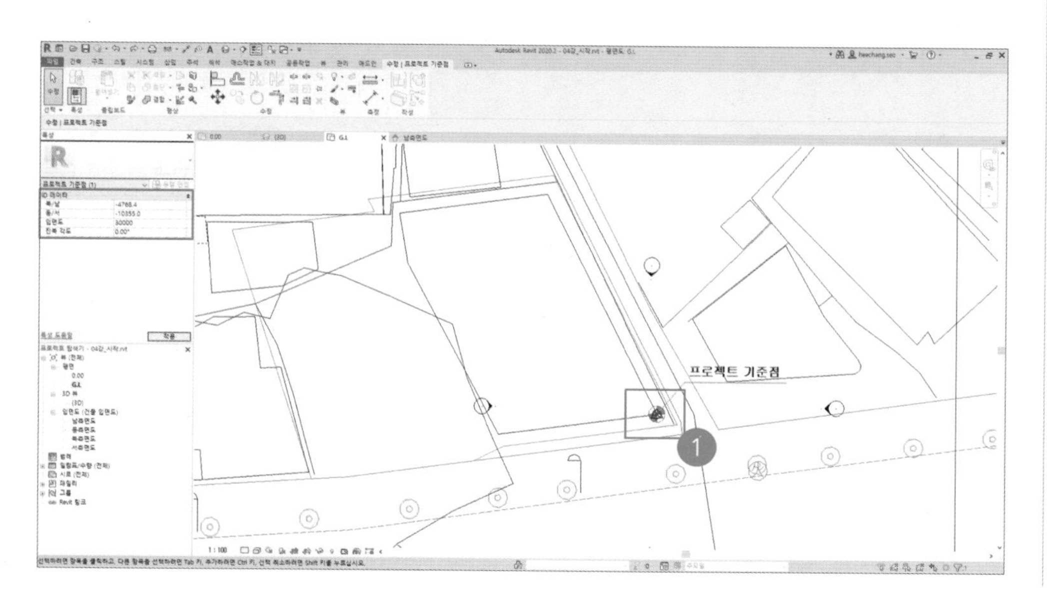

Tip

조사점과 프로젝트 기준점

조사점 :

조사점을 통하여 Revit이 프로젝트의 위치를 식별합니다. 조사점은 측량사(Surveyor)가 측정한 수치입니다.

프로젝트 기준점 :

프로젝트 기준점은 프로젝트의 기준점이 되는 위치인데 그리드 설정을 할 때 이 기준점을 사용하여 설정을 합니다. 연결된 프로젝트들은 이 점을 기준으로 X,Y가 됩니다.

3 프로젝트 기준점 입면도 변경했기 때문에 프로젝트 탐색기 창에서 "남측면도"를 엽니다. [G.L -26000] ➡ [G.L 0] 변경 합니다.

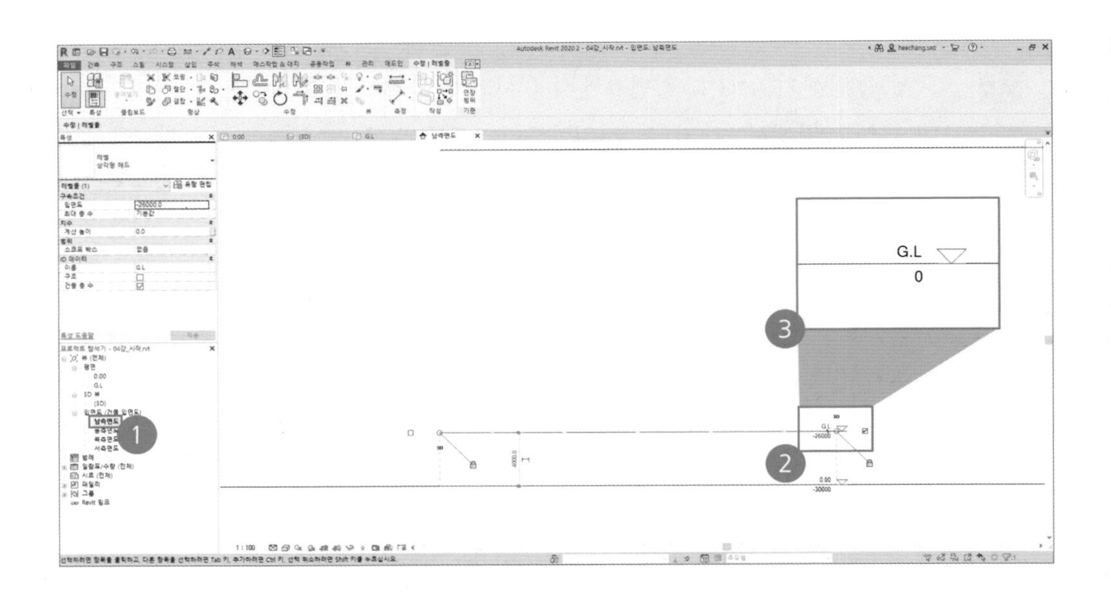

Tip

레벨 위치 변경 방법

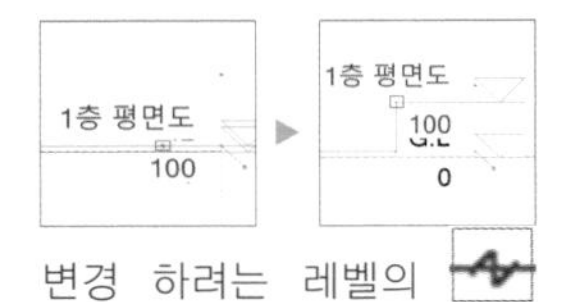

변경 하려는 레벨의 엘보를 클릭하면 끌기 점이 생성되며 끌기를 통해 레벨의 위치를 변경 할 수 있습니다.

4 현재는 1층 평면도 뷰가 없기 때문에 1개의 레벨을 추가하도록 하겠습니다. [G.L 레벨 선택] ➡ [복사] ➡ [G.L 레벨 선택] ➡ [상단으로 100]만큼 복사합니다. 이후 복사된 레벨을 선택하여 이름을 [1층 평면도]로 변경합니다.

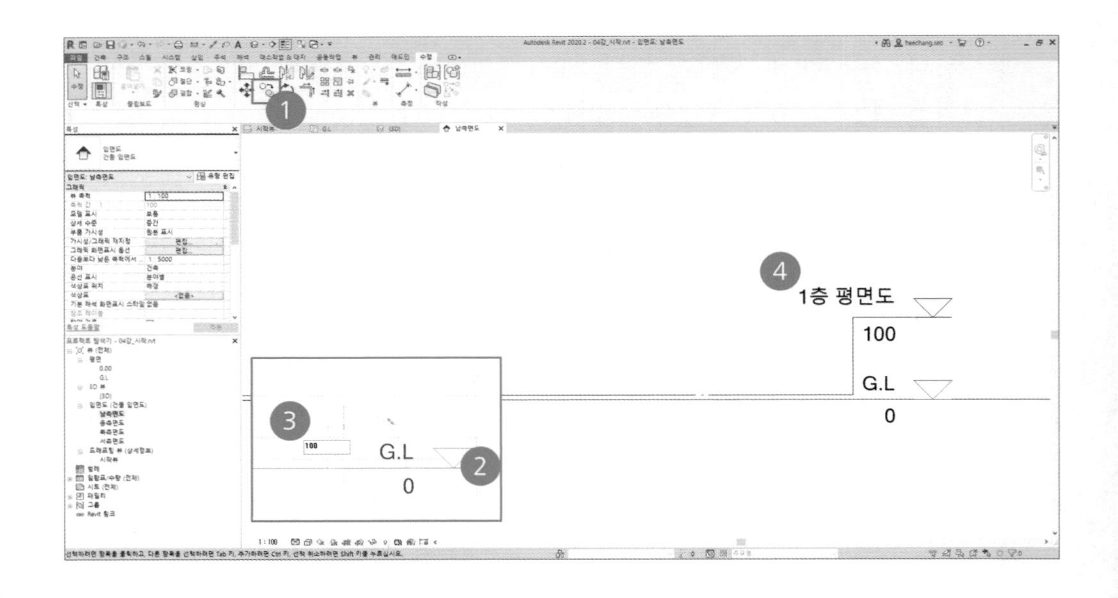

5 1층 평면도를 만들기 위해 [뷰]탭 ➡ [평면도] ➡ [1층 평면도]를 클릭한 후 확인을 선택하여 하여 1층 평면도를 생성 합니다.

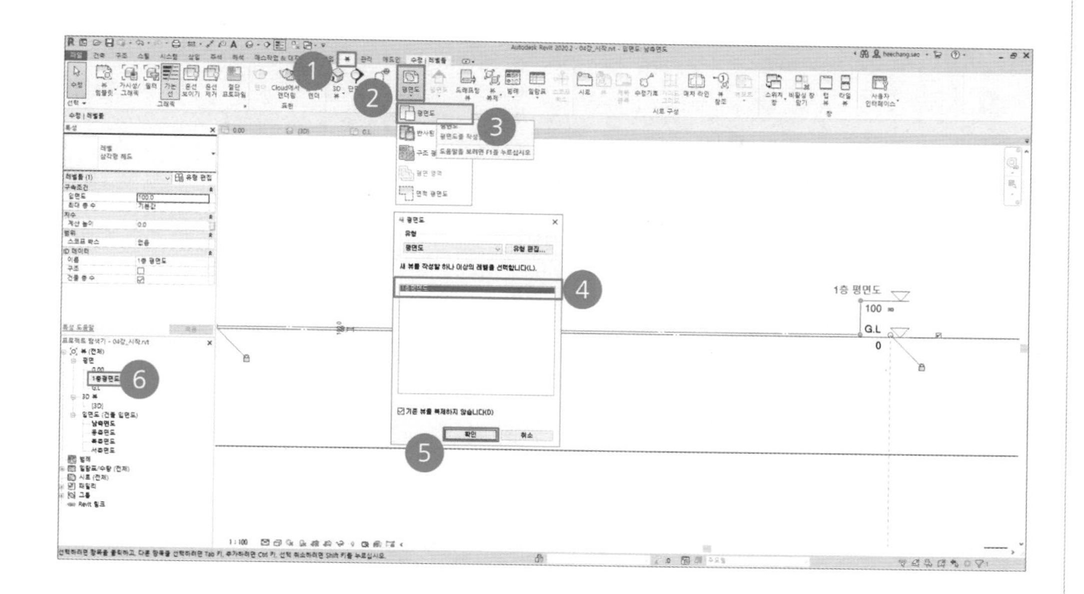

6 도면화를 위해 도북방향을 설정하겠습니다. 우선 Revit에는 진북과 도북이 있습니다. 진북은 대지의 실제 북쪽 방향을 의미하고 도북은 도면화를 위한 임의의 축 방향입니다.

-진북 : 실제로 가리키는 북쪽 방향

-도북 : 도면에 건물을 배치하기 위한 임의의 북쪽 방향

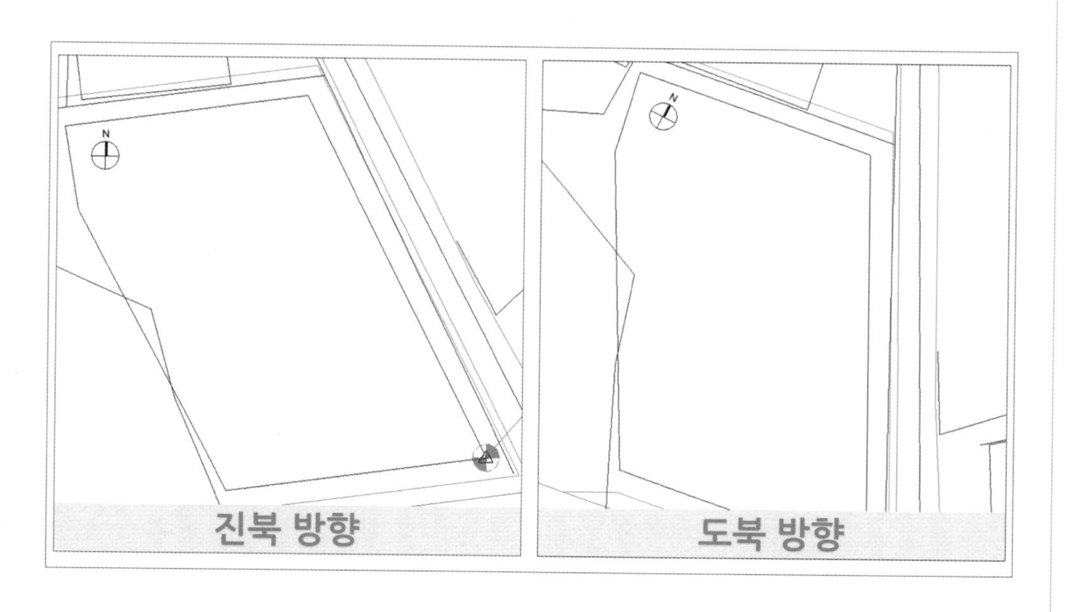

Tip

진북과 도북 활용

프로젝트 중간에 도북 변경을 하기 위해 프로젝트 모든 요소를 직접 회전하면 부재간 충돌이 일어나면서 많은 오류가 발생합니다. 이러한 문제점을 예방하기 위하여 진북과 도북을 적극적으로 활용 합니다.

Tip

도북 회전

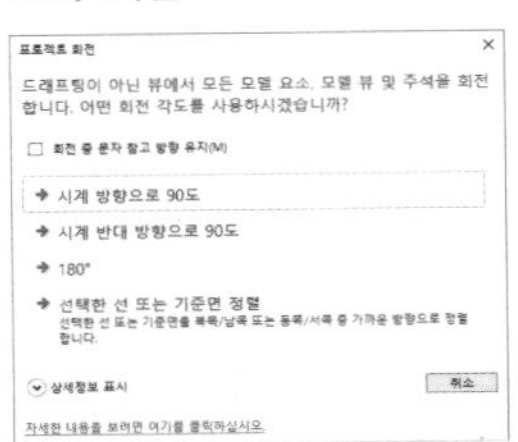

선택한 선 또는 기준면 정렬은 90도 또는 180도 가 아닌 다른 각도에서 회전을 하는 경우 선택합니다.

7 도북을 변경하기 위해서 우선 [특성]창에 있는 [방향]을 도북으로 설정 뒤에 [관리]탭 ➡ [도북 회전] ➡ [선택한 선 또는 기준면 정렬]를 클릭한 후 점선으로 된 선을 선택합니다.

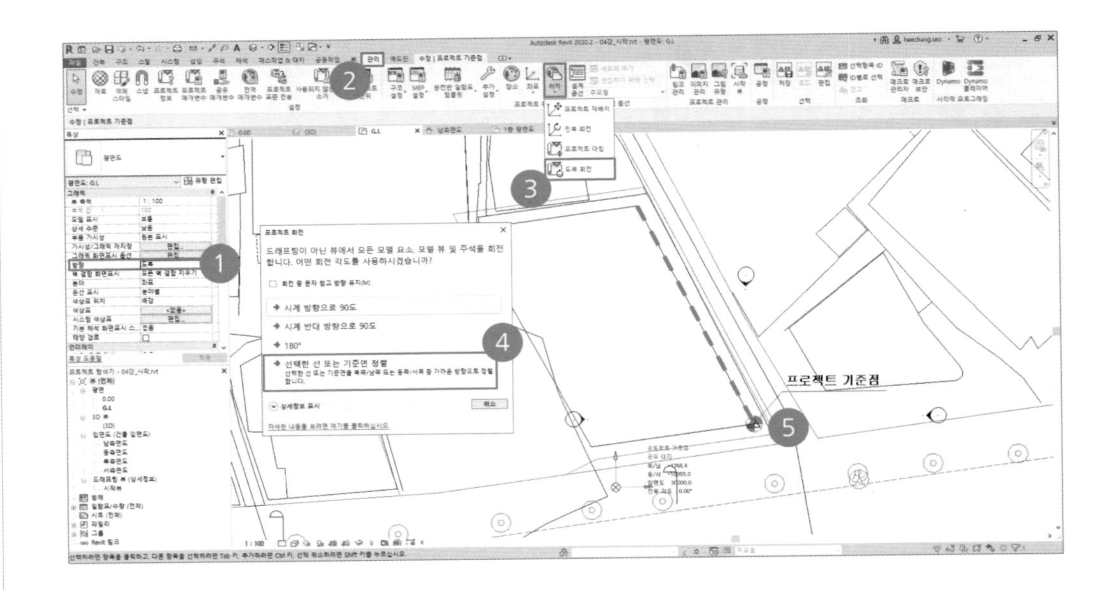

8 아래 그림과 같이 도북 회전 경고 메시지가 나오면 확인을 눌러 줍니다. 조사점을 클릭하고 클립(📎)을 클릭으로 고정하여 마무리합니다.

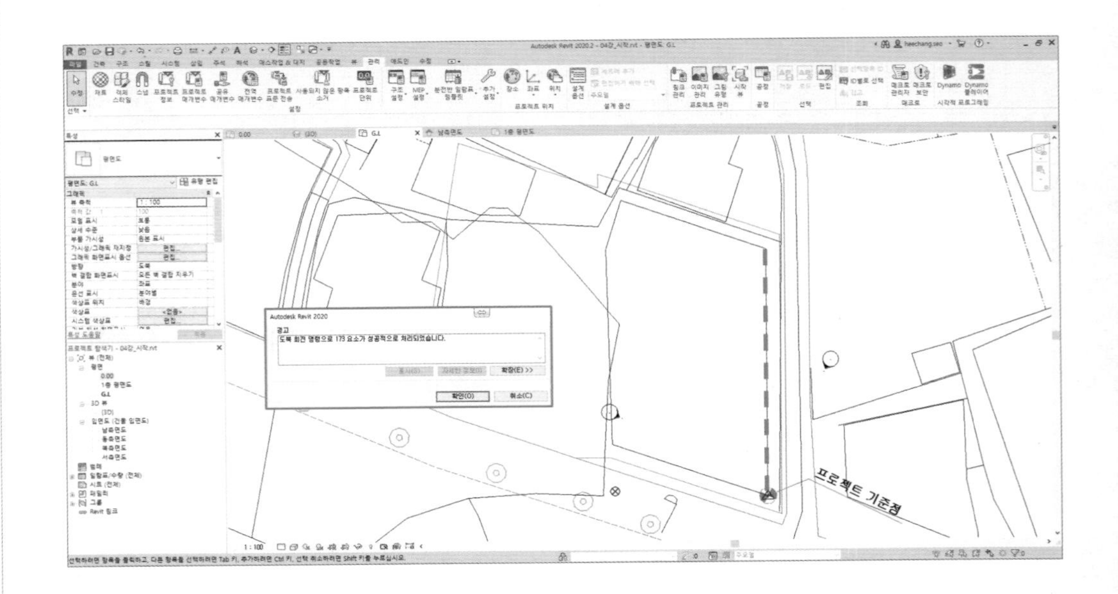

9 조사점, 프로젝트 기준점, 도북 방향의 설정을 마쳤습니다.

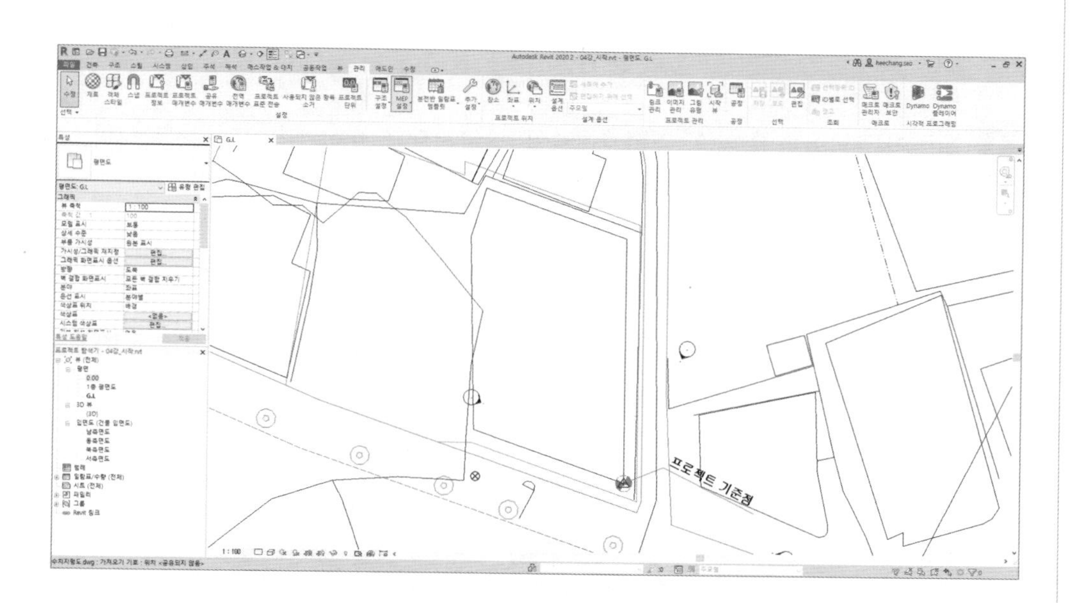

chapter 06 지형 생성

1 '3D 뷰' 를 열고 가져온 수치지적도가 전체적으로 보이게 뷰를 조정합니다. [매스작업 & 대지]탭 ➡ [지형면]을 클릭합니다.

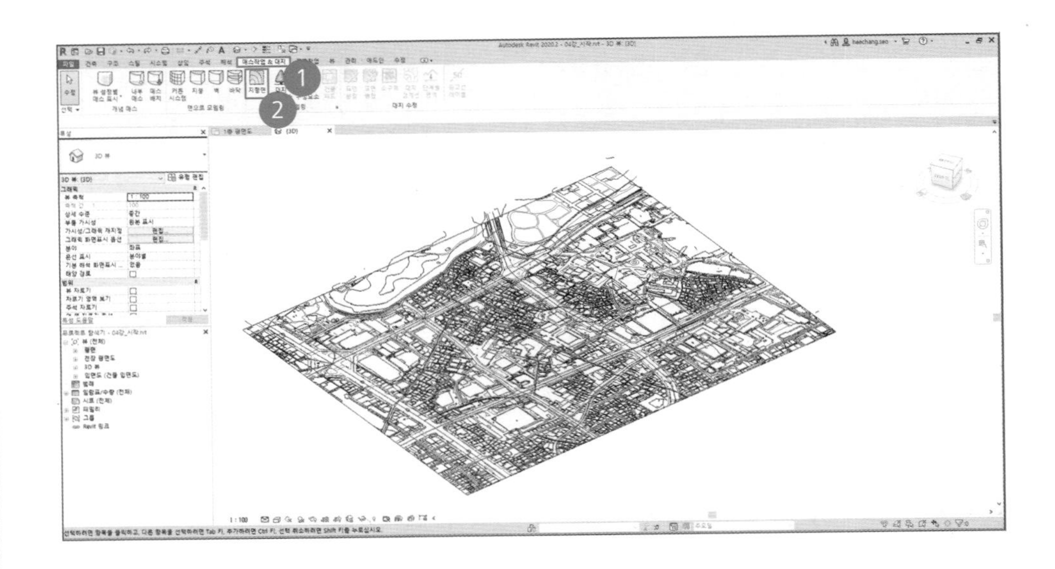

2 [가져오기에서 작성] ➡ [가져오기 인스턴스(Instance) 선택]을 클릭하고, 수치지적도를 클릭합니다.

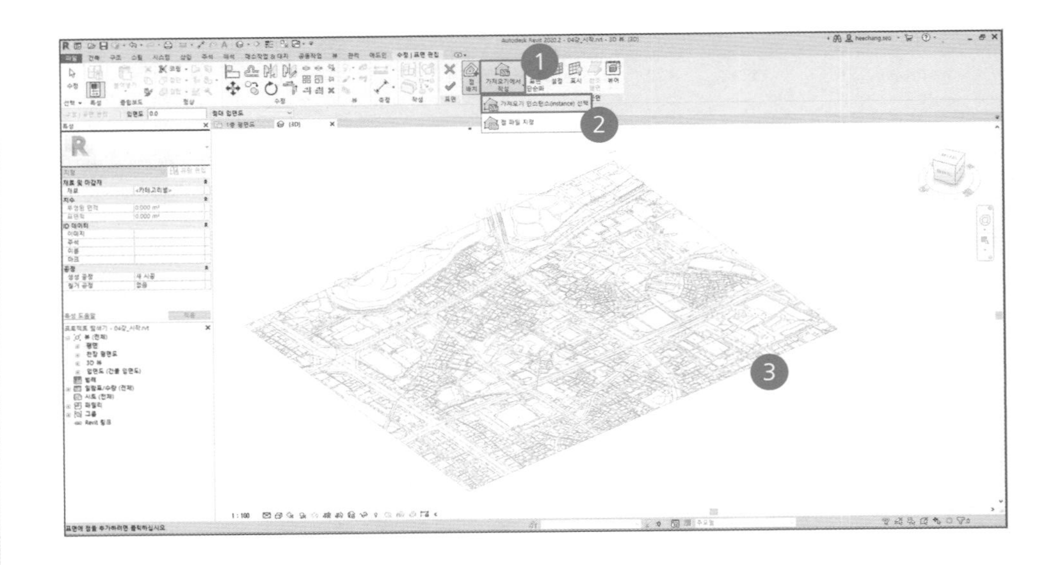

3 [모두 선택 안 함(N)]을 클릭합니다. 지형 생성에 필요한 레이어만 체크하고 [확인]을 클릭합니다. 본 교재의 경우에는 'F0017114', 'H0017334' 만 체크하고 확인을 클릭합니다.

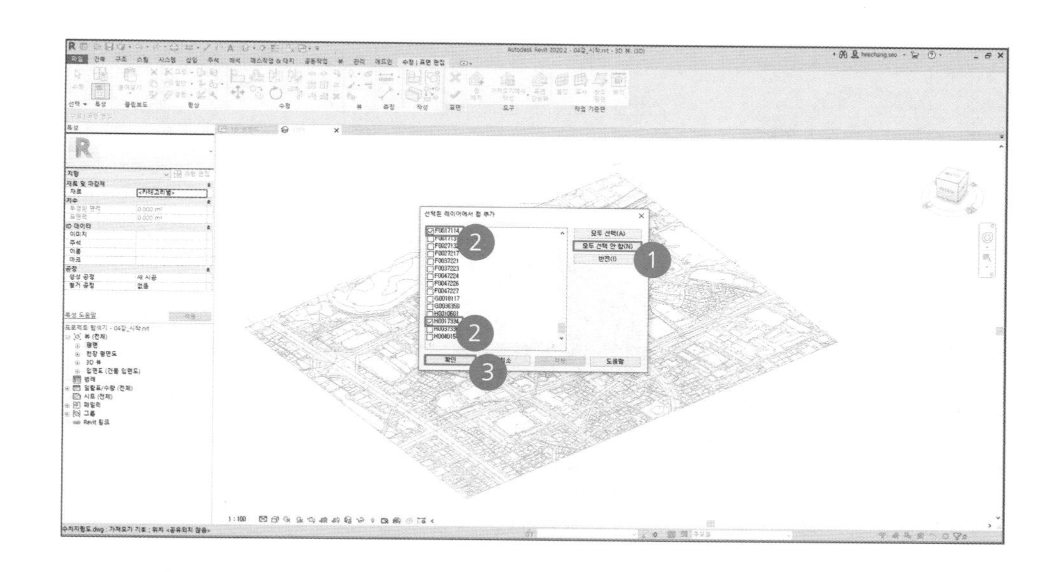

4 하단에 위치한 [뷰 컨트롤 막대] ➡ [비주얼 스타일] ➡ [색상 일치]를 클릭하여 색상이 나타나도록 합니다.

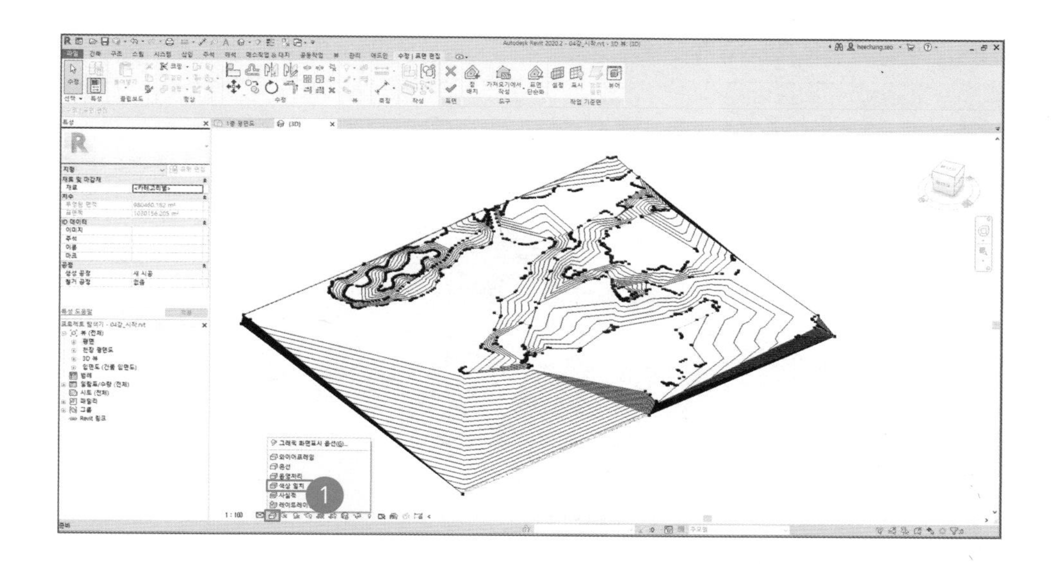

5 지형의 가장자리 부분에 부자연스러운 점이 있습니다. 그 점과 가까운 주변의 점을 클릭하고 '특성' 창의 '입면도' 값을 확인합니다. 부자연스러운 점을 클릭하고 '특성'의 '입면도'에 주변의 점과 아래와 같은 값을 입력합니다. [①,②,③: 25,000, ④: 30,000]

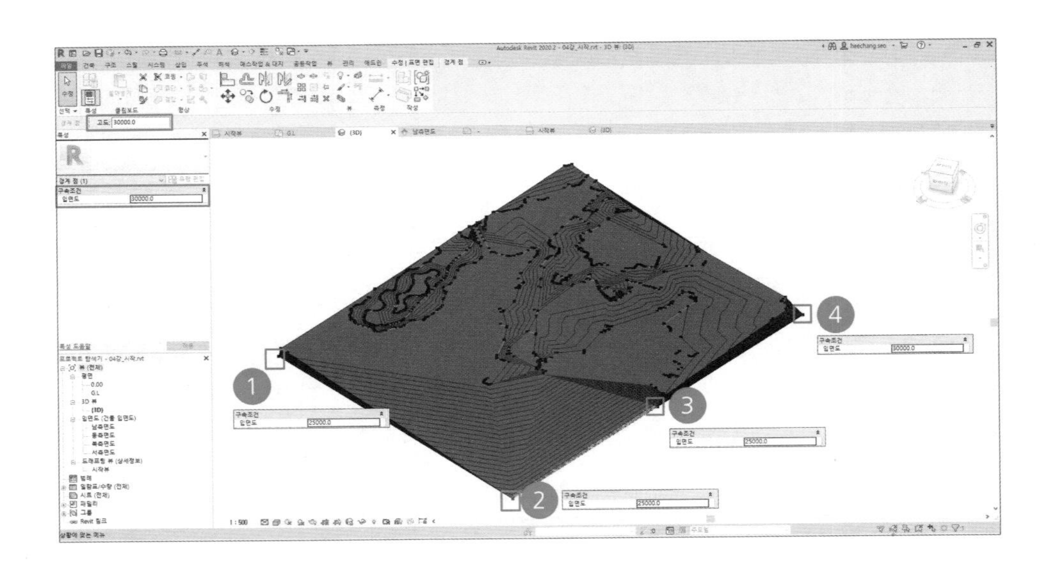

6 가장자리의 부자연스러운 점들을 같은 방법으로 수정하고 [표면 마감]을 클릭하면 지형이 작성됩니다.

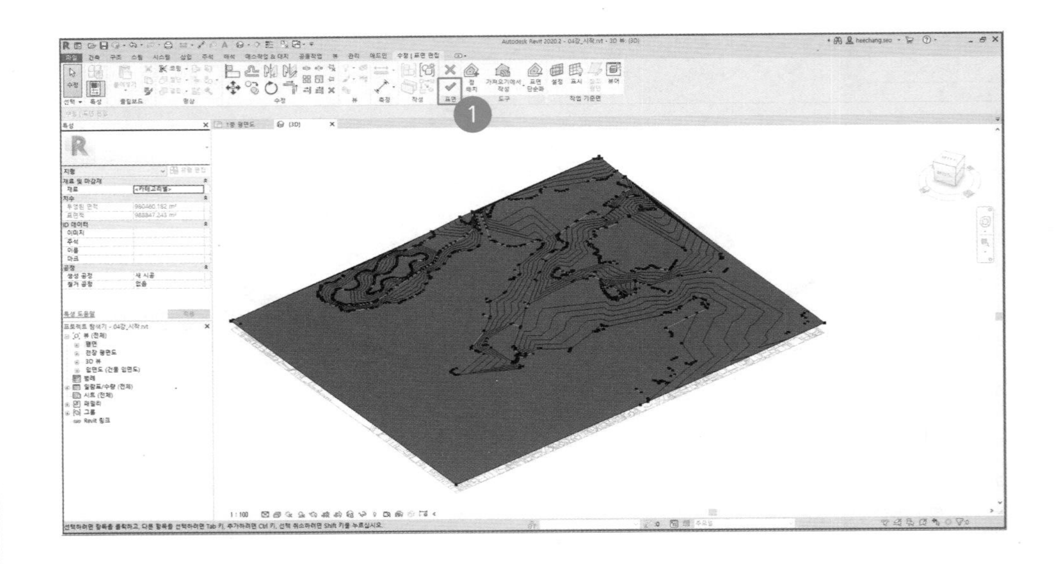

chapter 07 소구역 작성

1 지형에 소구역을 작성하기 위해 '1층 평면도'를 열면 지형은 기본적으로 가시성이 꺼져 있기 때문에 지형이 보이지 않습니다. [뷰]탭 ➡ [가시성/그래픽]을 클릭합니다. '모델 카테고리' 탭의 '지형'에 체크하고 [확인]을 클릭합니다.

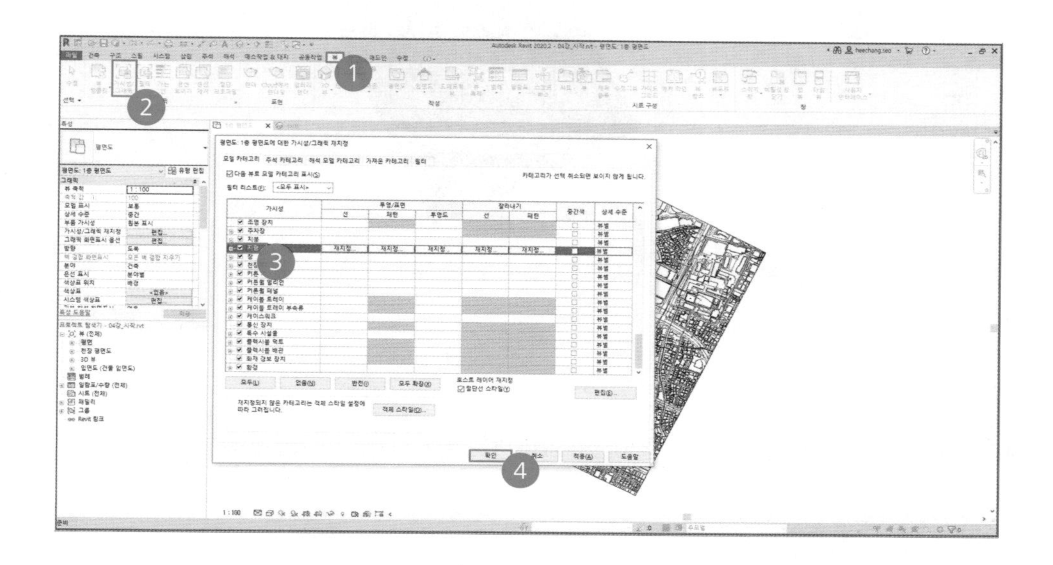

2 뷰에 지형이 나타나면 '비주얼 스타일'을 '색상 일치'로 설정합니다.

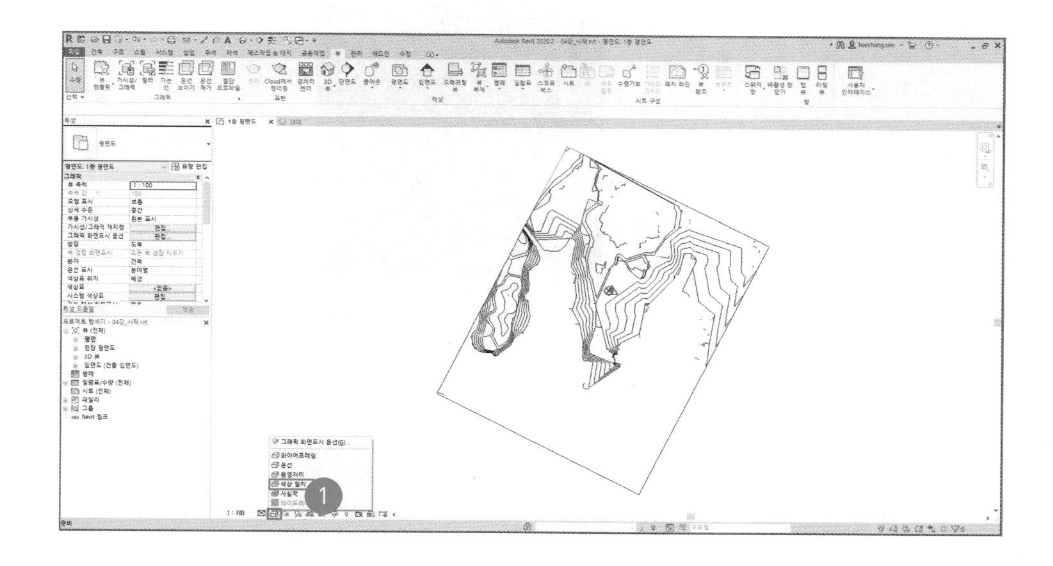

3 편한 작업을 위해서 평면도의 특성에서 '방향'을 '진북'으로 설정합니다.

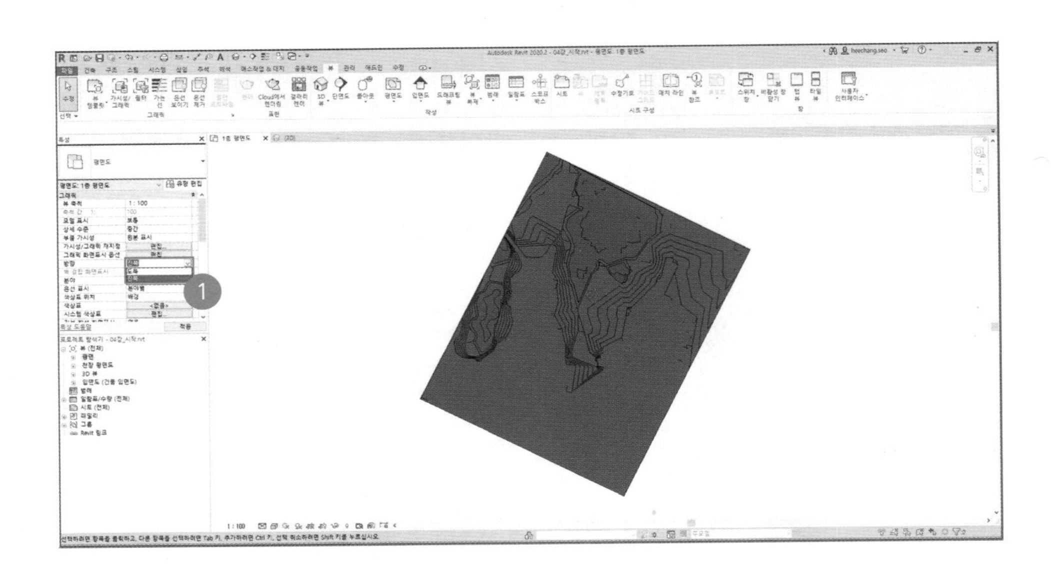

4 소구역 작성을 위해 [매스작업 & 대지]탭 ➡ [소구역]을 클릭합니다.

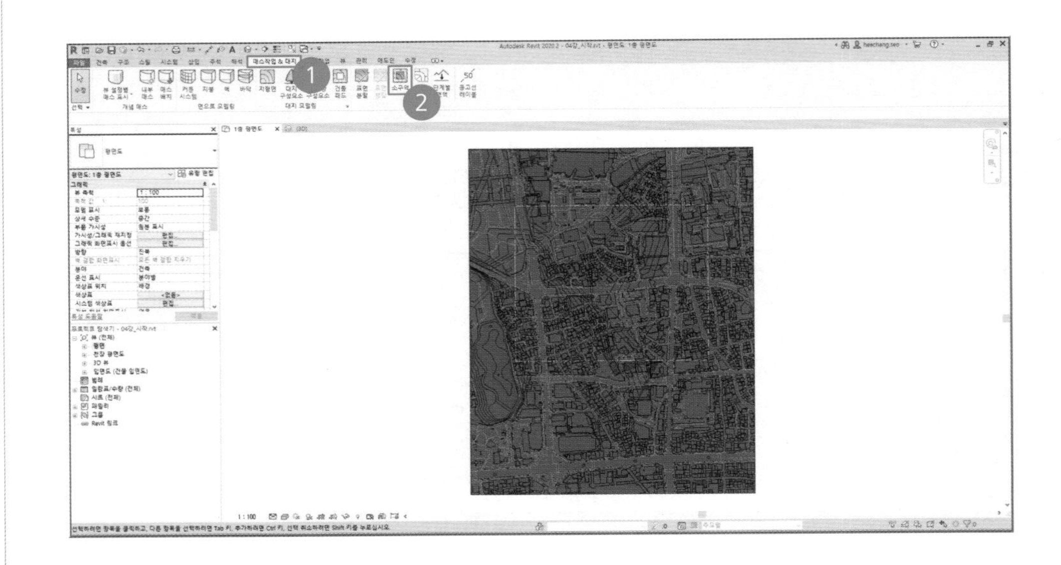

Tip

CAD 레벨 변경

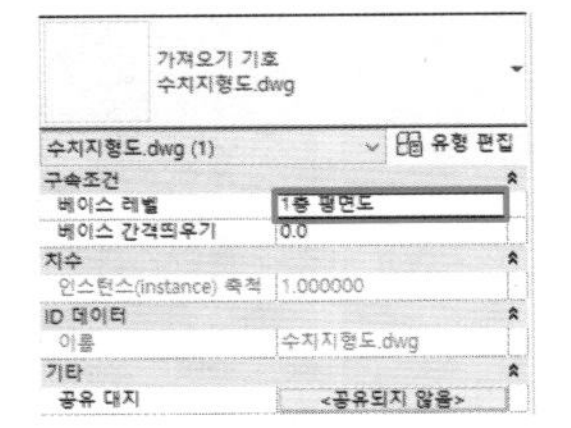

도로 및 주변 건물은 레벨 반영이 안 된 경우가 있습니다 그럴 경우 임의로 레벨을 변경하여 작업합니다. 불러온 CAD 파일은 선택후 레벨을 변경 할 수 있습니다.

5 [그리기]메뉴와 [수정]탭의 기능들을 활용하여 도로 라인을 스케치합니다. '선 선택' 을 사용하면 가져오기 한 CAD 도면의 선을 선택하여 스케치할 수 있습니다. (본 교재에서는 노란색 선으로 표시한 영역의 안쪽만 스케치합니다.)

- '그리기 도구' 중 '선 선택'을 선택 후 마우스 커서를 도로선 위에 올려두고 Tab키를 여러번 누르면 화면 아래와 같이 도로 선 전체를 선택 할 수 있습니다.

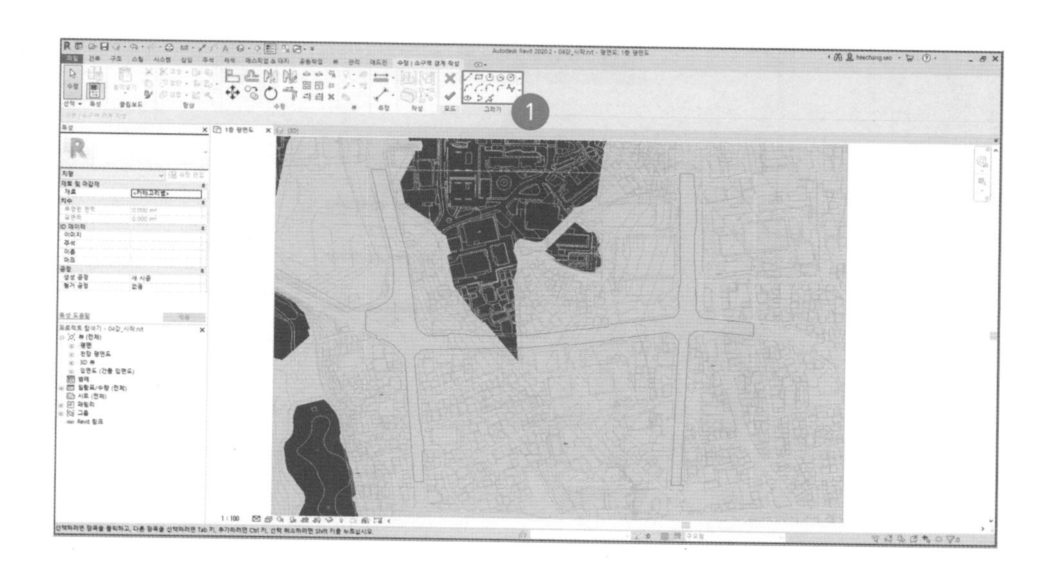

6 스케치를 하고 '특성' 의 '재료' 에 '〈카테고리 별〉' 이 입력되어 있는데 그 칸의 오른쪽 끝부분을 클릭하면 '재료 탐색기' 창이 열립니다.

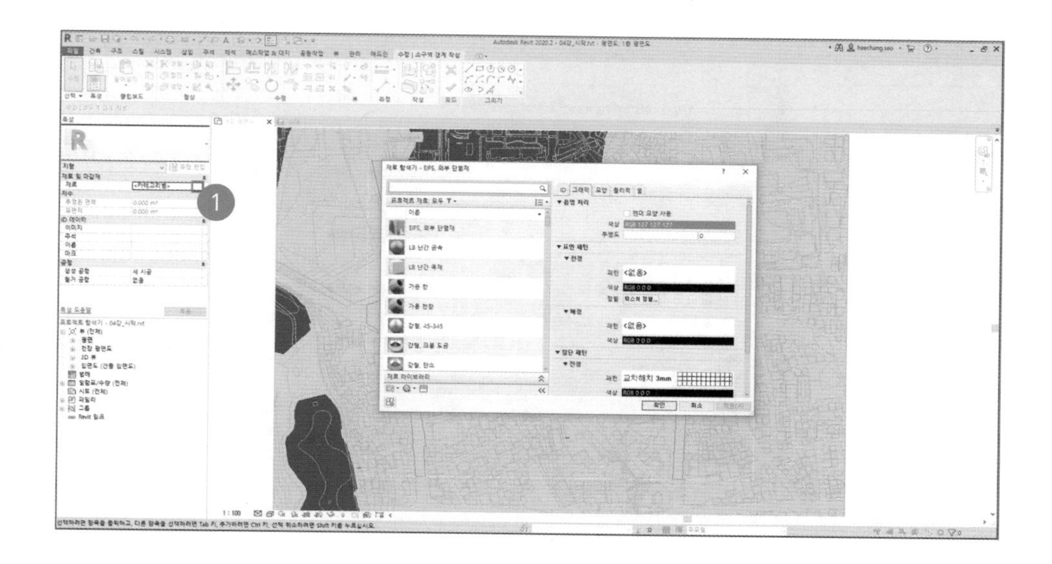

7 '재료 탐색기' 에서는 프로젝트에 있는 재료들을 검색하고, 수정할 수 있습니다. '흙' 을 검색한 뒤에 검색 결과에 나타난 '흙' 을 우클릭하고 복제합니다. 이름을 '도로' 라고 입력합니다.

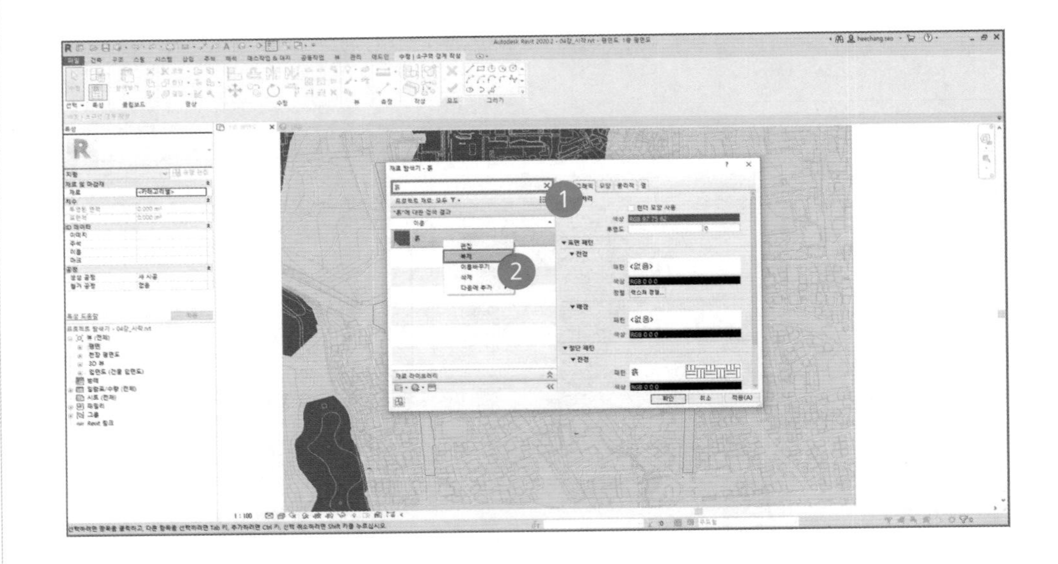

8 '재료 탐색기' 의 오른쪽 '그래픽' 탭에서 '음영 처리' 의 '색상' 을 클릭합니다. 원하는 색상으로 설정한 뒤에 '색상' 창의 [확인]을 클릭하고, '재료 탐색기' 창의 [확인]을 클릭합니다.

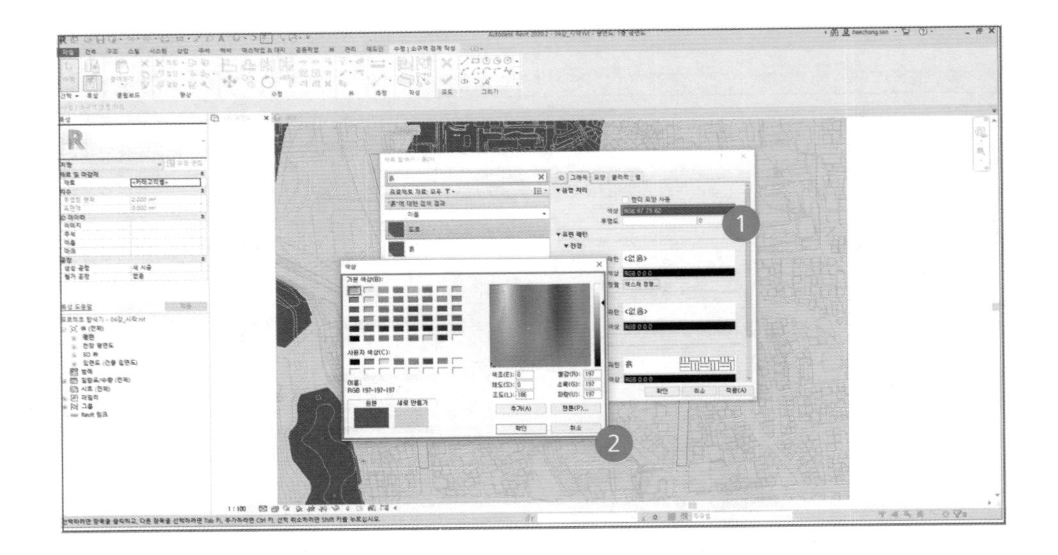

9 [편집 모드 완료]를 클릭하면 소구역이 생성됩니다.

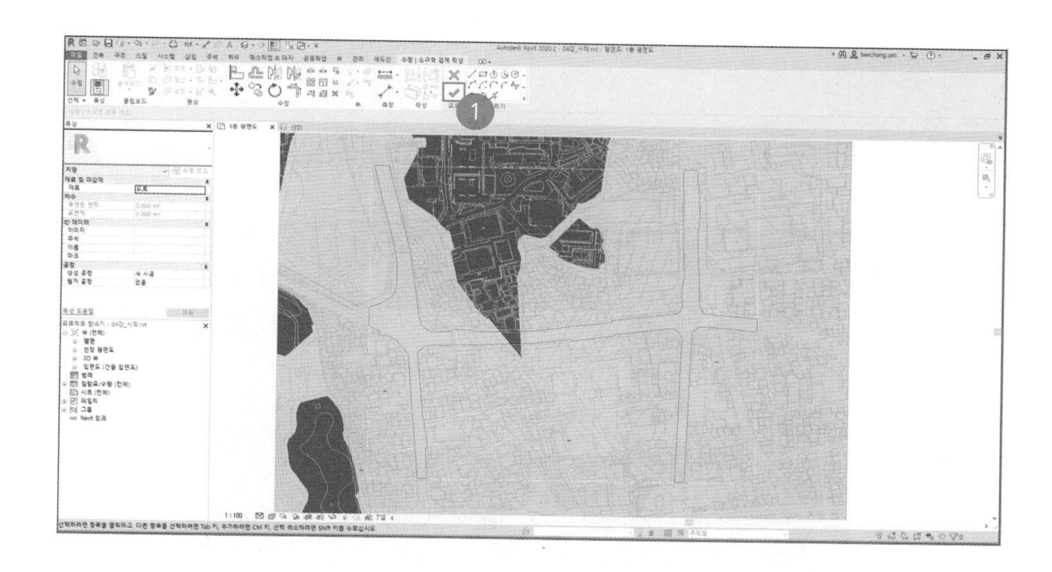

10 도로의 중간에 잘려있는 듯한 부분이 보입니다. '1층 평면도' 뷰의 '뷰 범위'가 충분히 높지 않아서 지형이 잘린 단면이 보이기 때문입니다.

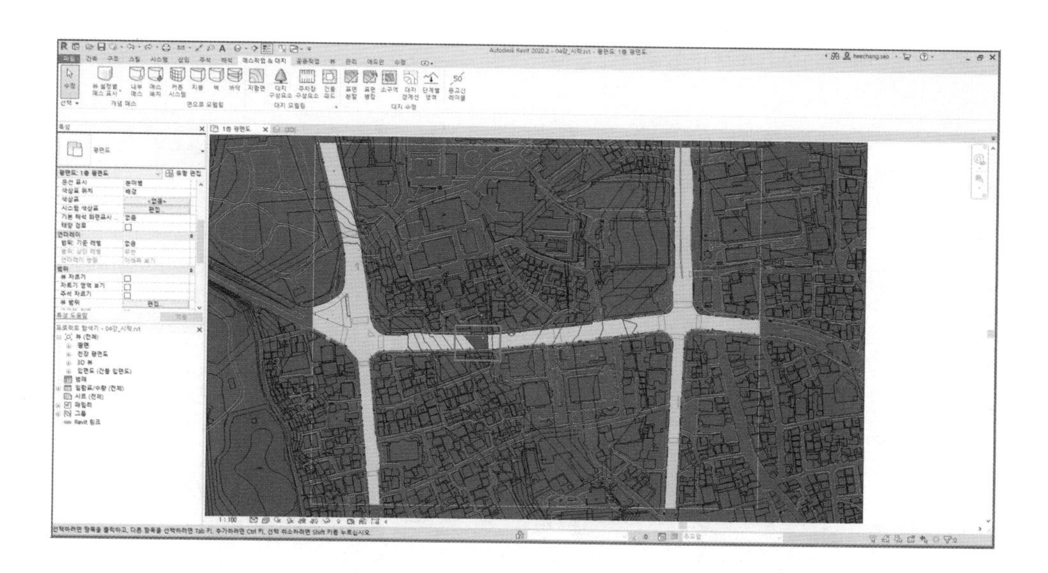

11 '뷰 범위'를 설정하기 위하여 '특성'의 '뷰 범위'를 선택합니다. '1층 평면도' 뷰의 '뷰 범위'를 충분히 높게 설정합니다. (본 교재에서는 '절단 기준면'에 50000을 입력했습니다.)

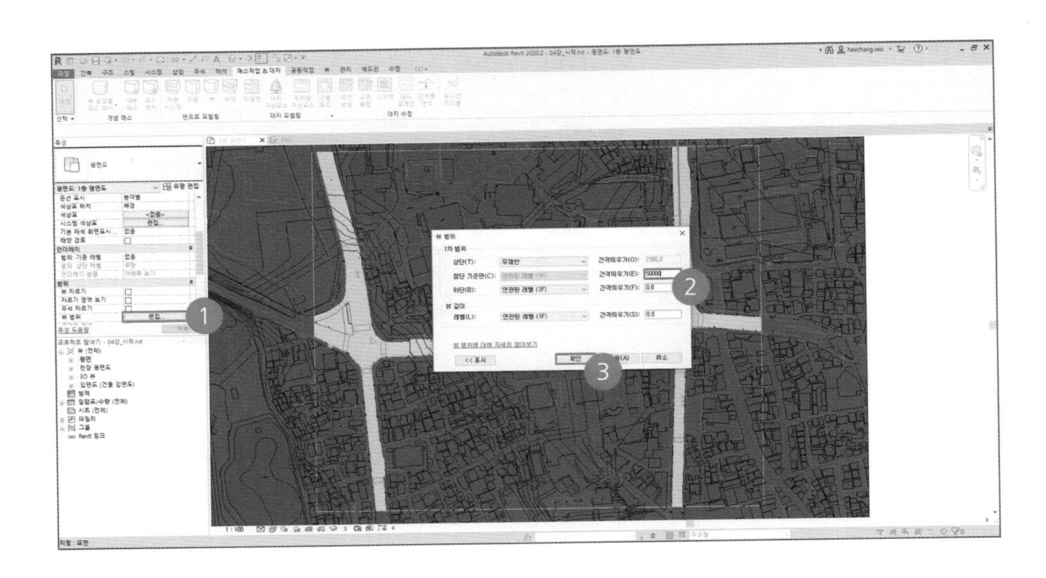

12 도로 소구역이 작성된 것을 확인하고 도로 소구역을 작성한 것과 같은 방법으로 주면의 녹지, 보도블럭 등을 작성합니다.

chapter 08 건물패드 작성

1 '1층 평면도'를 열고 [매스작업 & 대지]탭 ➡ [건물 패드]를 클릭합니다.

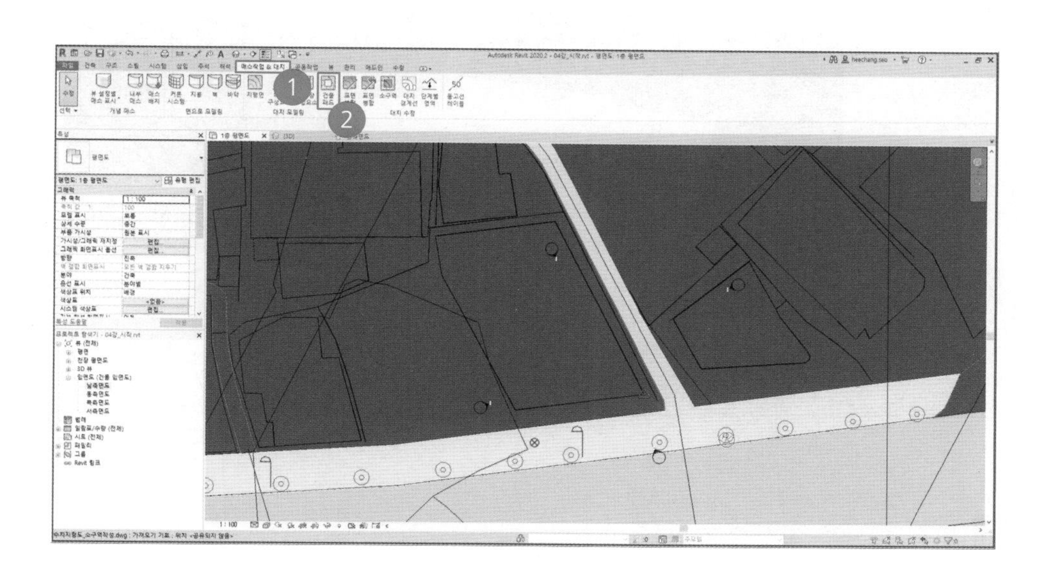

2 레벨로부터 높이 간격띄우기 값에 "-4000"을 입력합니다. 소구역을 작성했던 것과 같이 건물 패드의 스케치를 작성하고 [편집 모드 완료]를 클릭합니다.

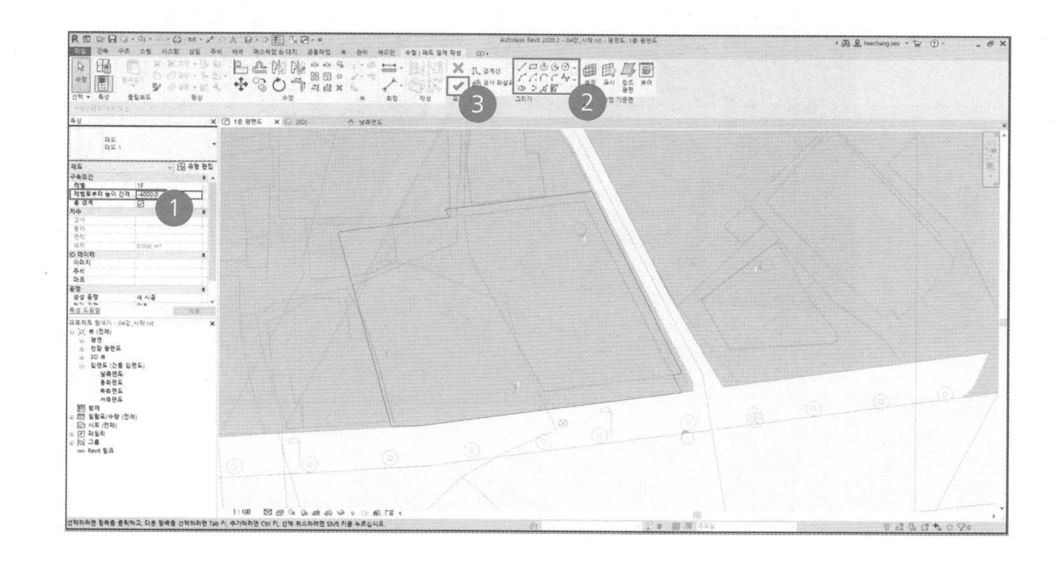

Tip

건물 패드 라인

해당 CAD 파일의 선홍색 라인을 참고 하시면 됩니다.

3 건물 패드는 작성되었지만 '1층 평면도' 의 뷰 범위와 맞지 않아서 보이지 않습니다. '1층 평면도' 의 뷰 범위에서 '뷰 깊이' 를 '무제한' 으로 설정합니다.

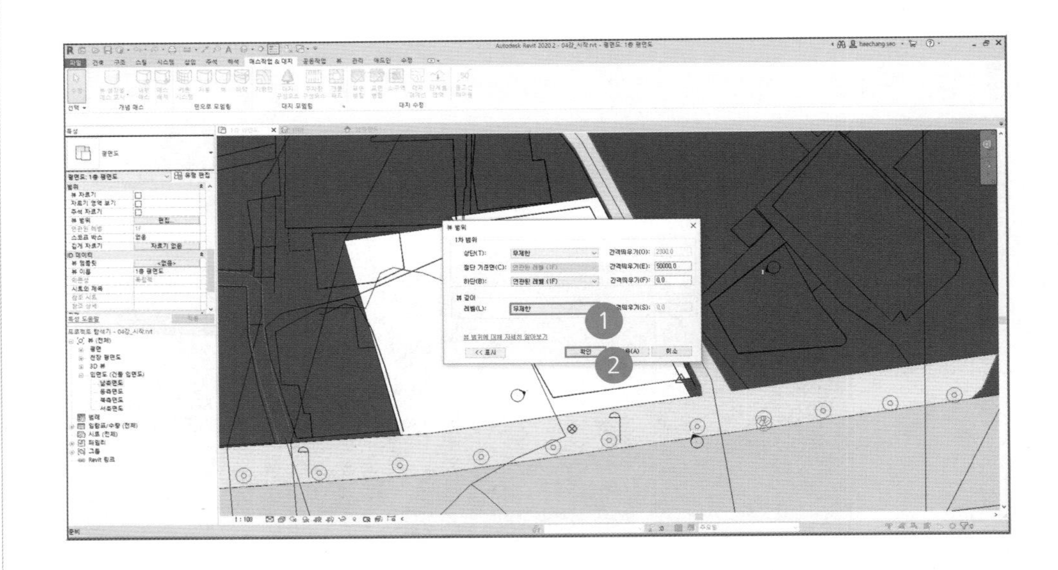

4 건물 패드를 작성했습니다. 이 건물 패드는 1차적으로 만들어둔 것이기 때문에 이후에 기초, 주차장 등의 영역이 확실하게 정해지면 그에 맞춰 수정합니다.

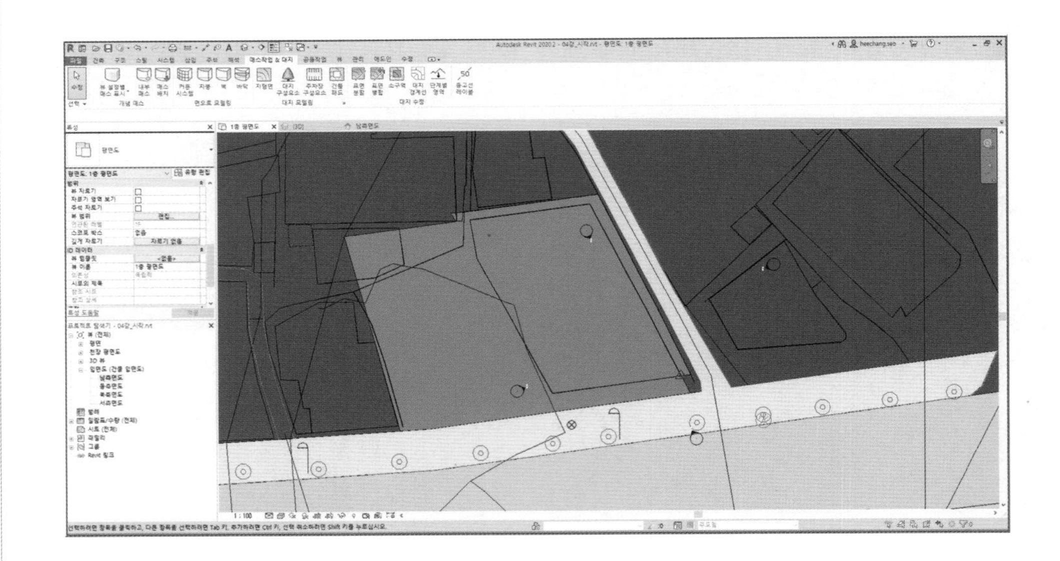

chapter 09 주변 매스 작성(BIL 10)

1 이번 챕터에서는 대지 주변 건물의 매스를 BIL10 수준으로 간략하게 작성합니다. 매스 객체는 기본적으로 가시성이 설정되어 있지 않기 때문에 '1층 평면도' 뷰에서 [뷰]탭 ➡ [가시성/그래픽]을 클릭하고 '모델 카테고리' 에서 '매스' 를 체크하고 [확인]을 클릭합니다.

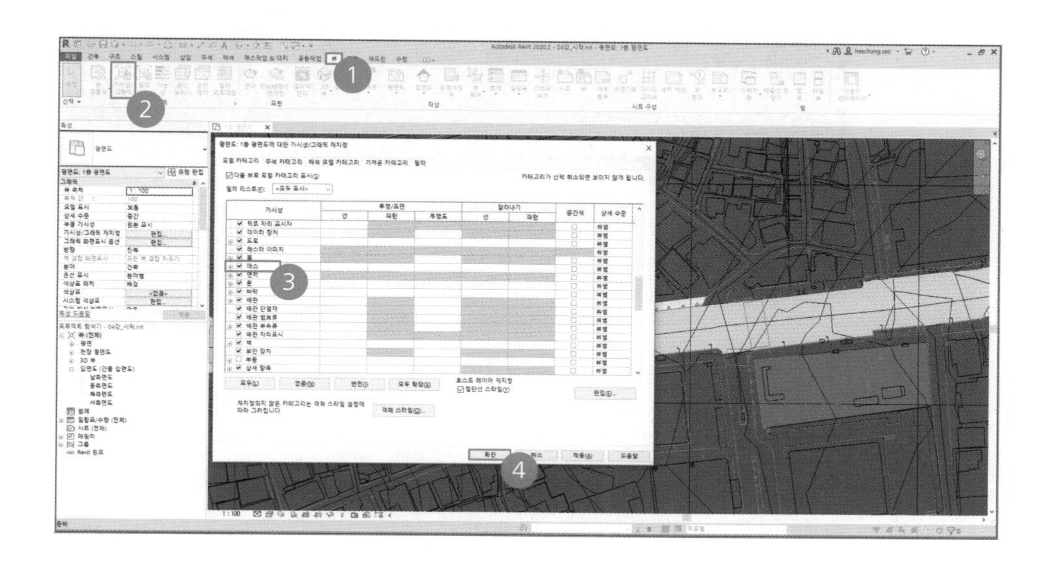

2 [매스작업 & 대지] ➡ [내부 매스]를 클릭합니다. 매스의 이름을 설정하고 [확인]을 클릭합니다. 매스의 이름의 기본값은 '매스 1' 입니다. 이름을 변경할 필요가 없다면 그냥 [확인]을 클릭합니다.

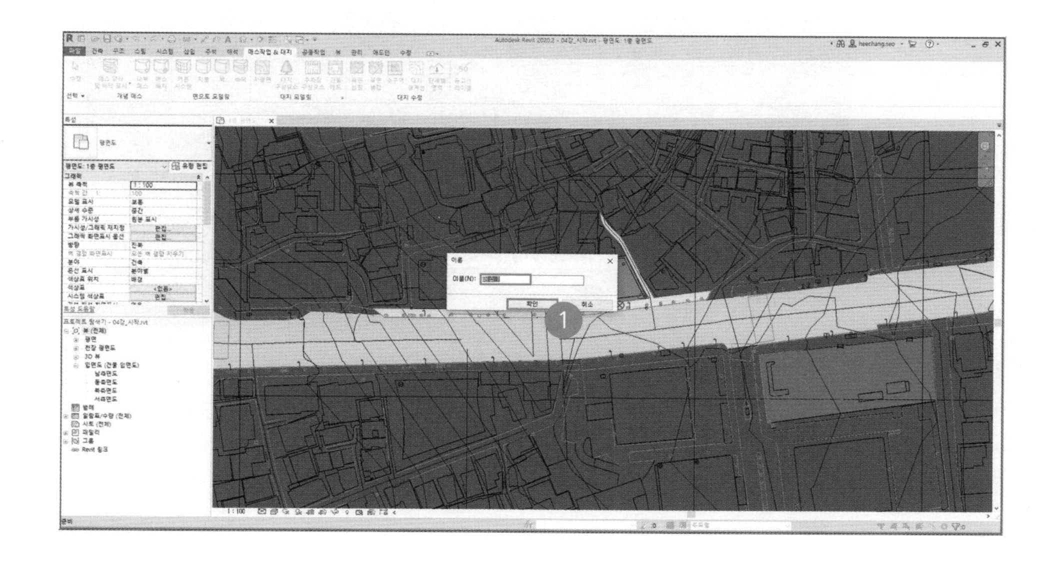

3 [수정 | 선] ➡ [그리기]의 여러 도구를 사용해서 평면 스케치를 그립니다. 선이 겹치지 않도록 주의합니다. 작성한 선을 모두 선택 후 [양식 작성] ➡ [솔리드 양식]을 클릭하면 매스가 3D객체로 생성됩니다.

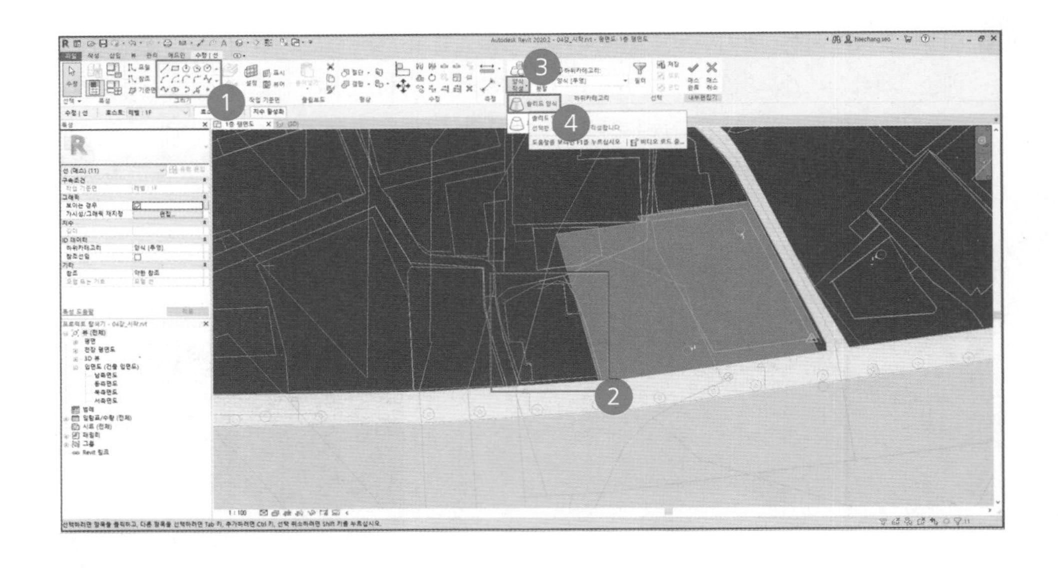

4 생성된 매스를 3D 뷰로 확인합니다. 매스의 윗 면을 선택하면 자동으로 높이를 나타내는 수치가 보이는데, 숫자를 클릭하고 원하는 높이값을 입력하면 높이를 수정할 수 있습니다.

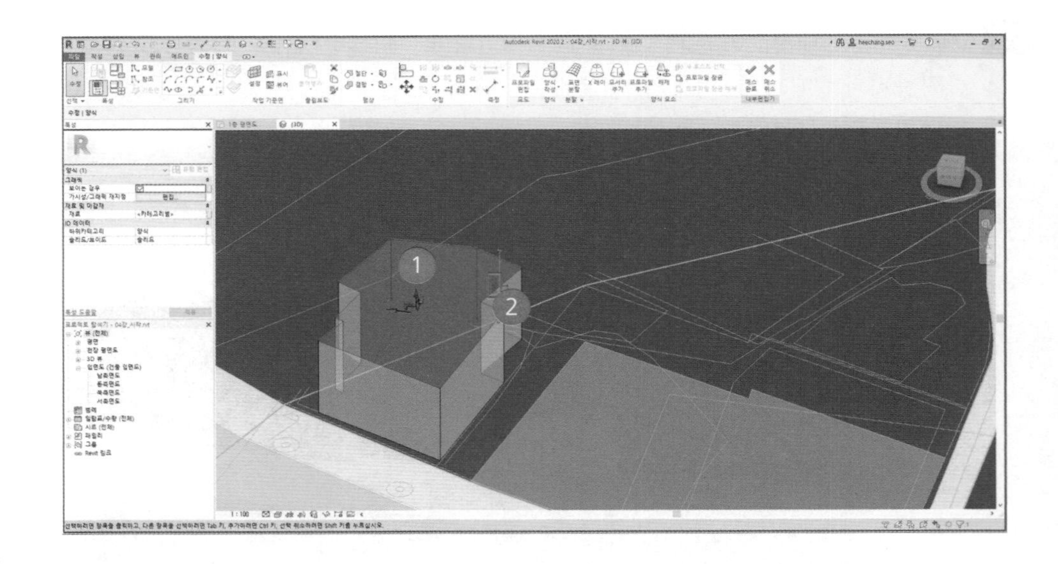

5 같은 방법으로 주변 건물들의 매스를 하나씩 그리고 [매스 완료]를 클릭합니다.

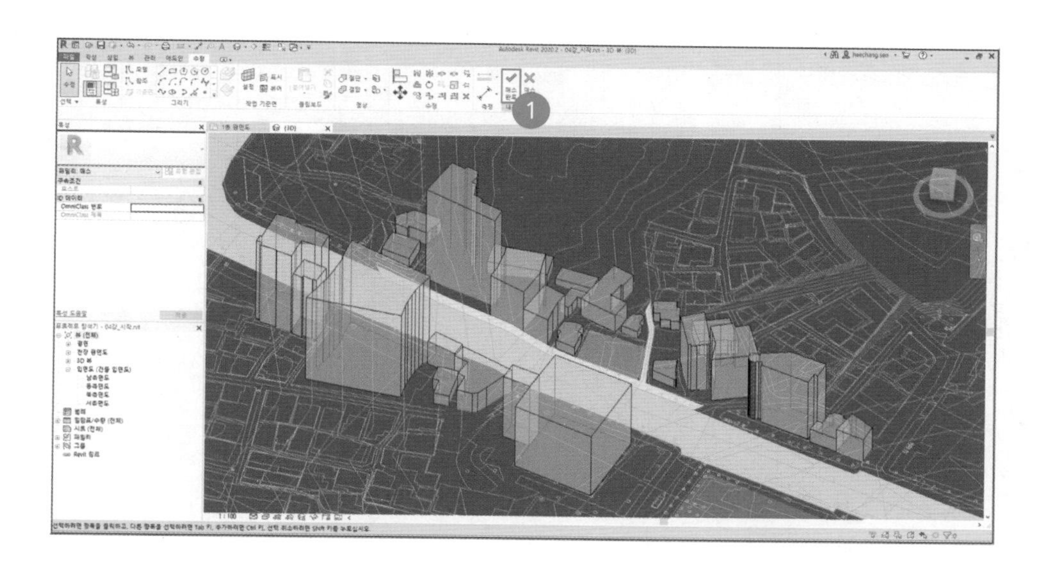

6 주변 건물들을 매스형태로 작성했습니다.

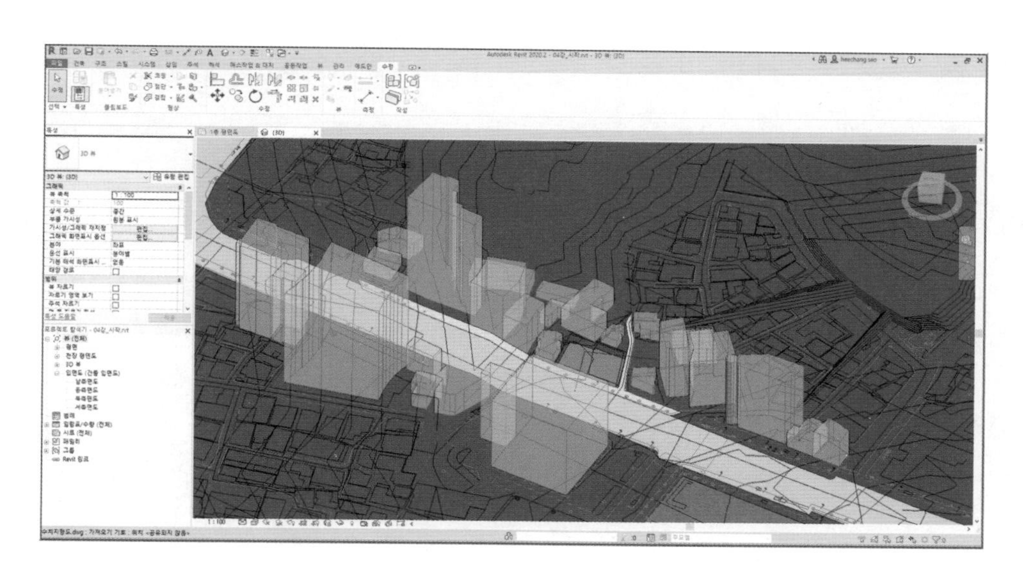

- 한솔아카데미 자료실 www.bestbook.co.kr
- BIMer 온라인커뮤니티 https://blog.naver.com/bimfactory

BIMFACTORY
COMPANY

제 5 편

매스 모델링
매스

Section

05

매스 모델링

매스

5장에서는 대지경계선을 작성하는 방법과 계획 설계를 위한 매스 대안 작성방법에 대하여 학습하도록 하겠습니다. 또한 구획된 대지 내의 주차 및 조경을 생성하는 방법에 대하여 설명하도록 하겠습니다.

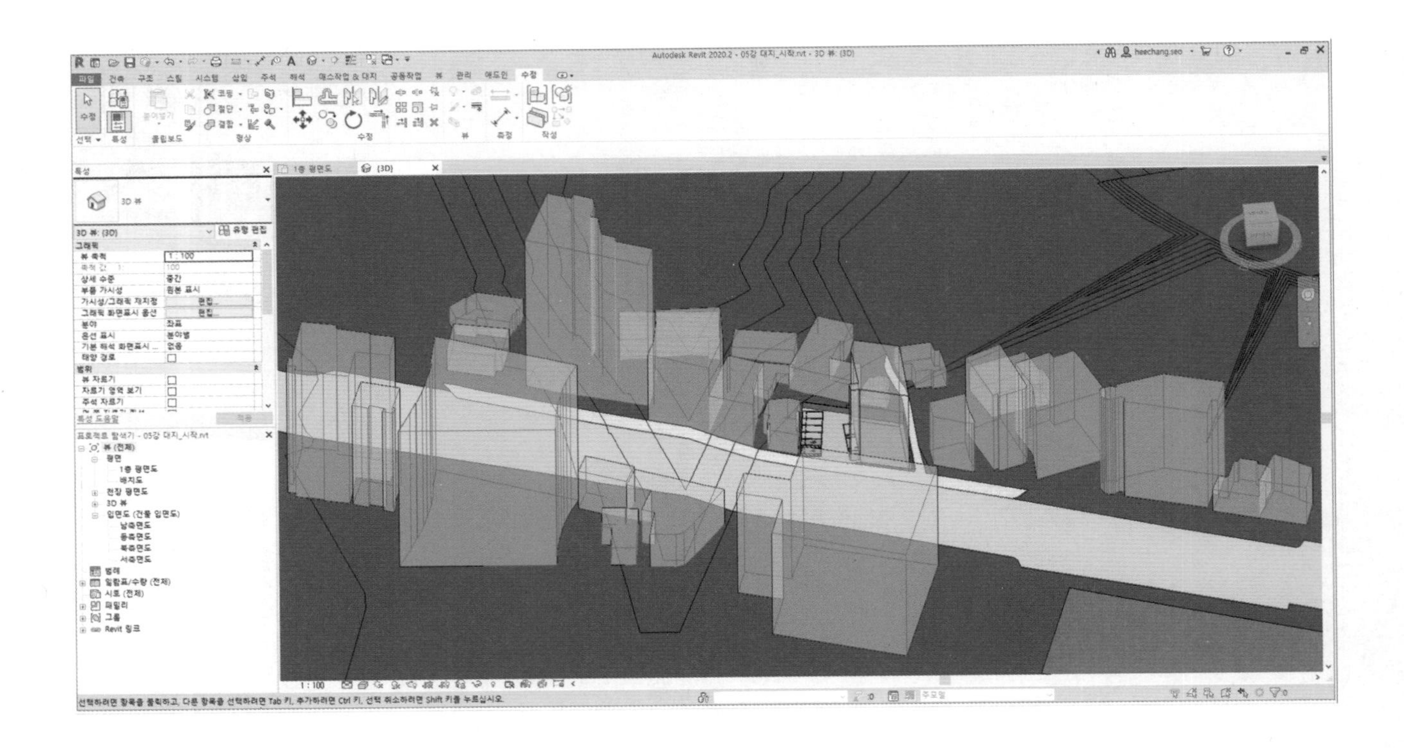

POINT

- 프로젝트 정보 가져오기 및 Revit파일 링크하기
- 대지경계선 작성하기
- 건물 매스 작성 및 수정하기
- 주차장 및 조경 구역 계획하기

chapter 01 구조 건축 파일 작성

1 Revit을 실행합니다.
모델 창 [열기] 클릭 ➡ ₩예제파일₩05강₩05강_시작.rvt를 선택하고 [열기]를 클릭합니다.

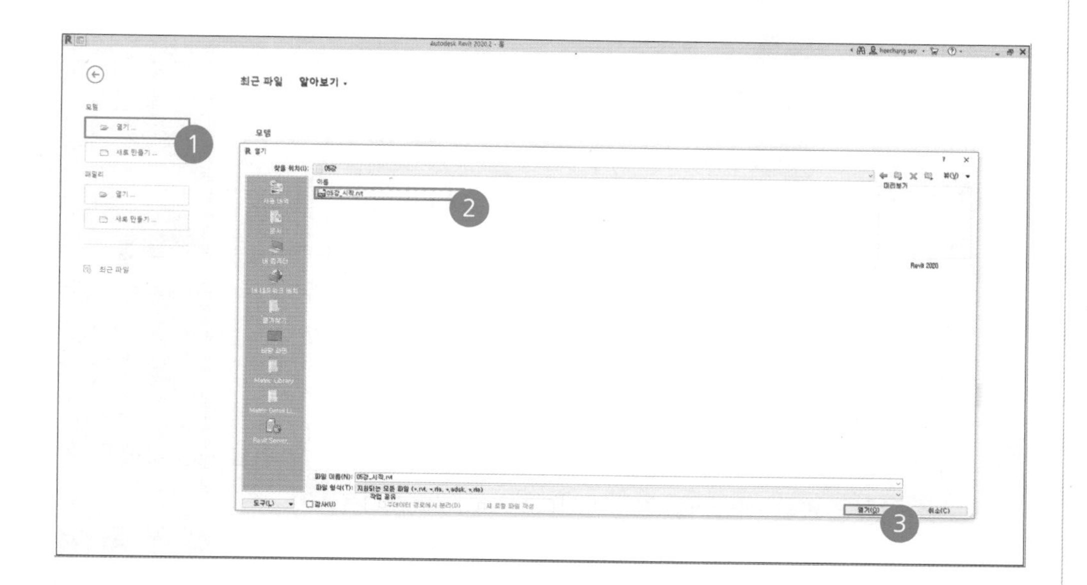

Tip

템플릿 설정

옵션→파일위치에서 기본 템플릿 파일을 변경하면, 사용자가 원하는 설정값이 저장되어 있는 기본 템플릿을 활용하여 프로젝트를 시작할 수 있습니다.

2 "04강 완료.rvt"의 프로젝트 정보를 "05강 시작.rvt"에 가져와 적용하겠습니다.
[파일]탭 ➡ [열기] ➡ [프로젝트]를 클릭합니다.

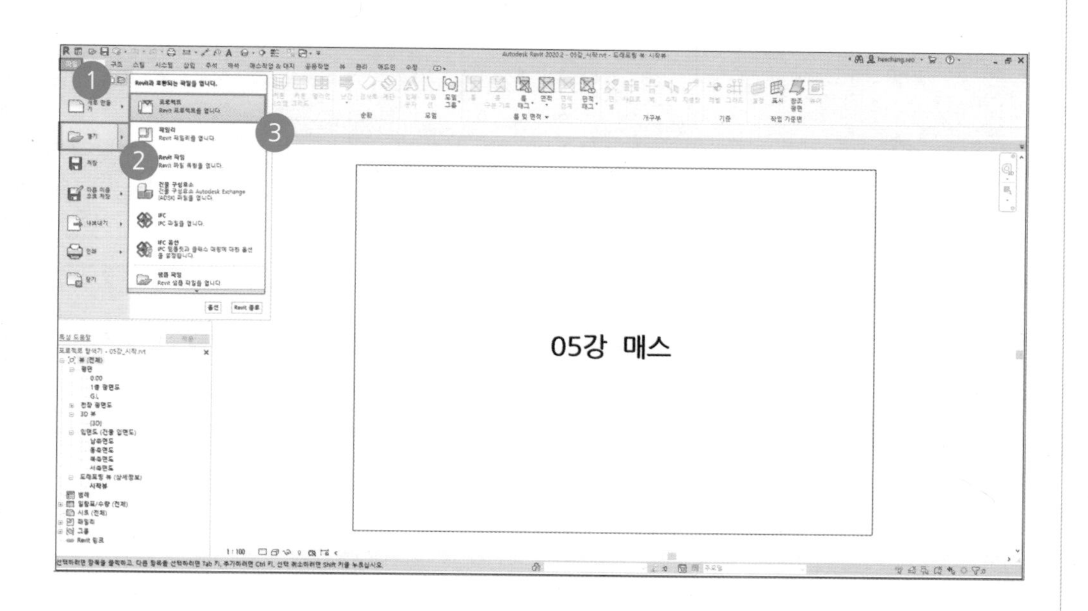

3 ₩예제파일₩05강₩04강 완료.rvt를 선택하고 [열기]를 클릭합니다.

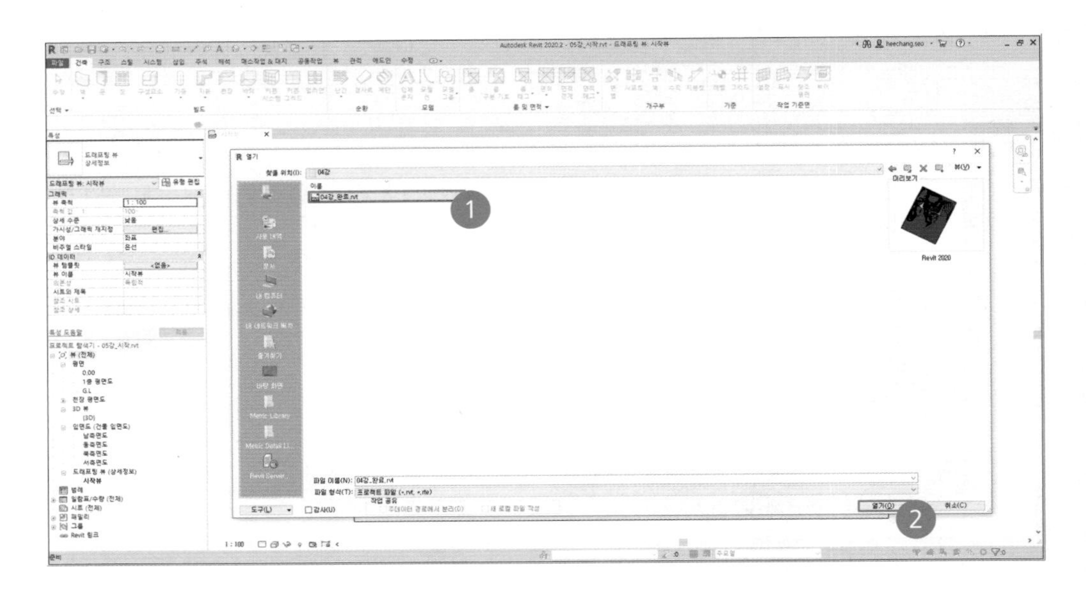

4 4강에서 설정했던 정보들을 그대로 사용하기 위해서 "04강 완료.rvt"파일을 열고 "프로젝트 표준 전송"을 진행합니다.

"04강 완료.rvt"의 "시작뷰"에서 [관리]탭 ➡ [프로젝트 표준 전송] ➡ [복사위치: 05강_시작]➡ [확인]을 클릭합니다. 알림창이 뜨면 덮어쓰기를 선택합니다.

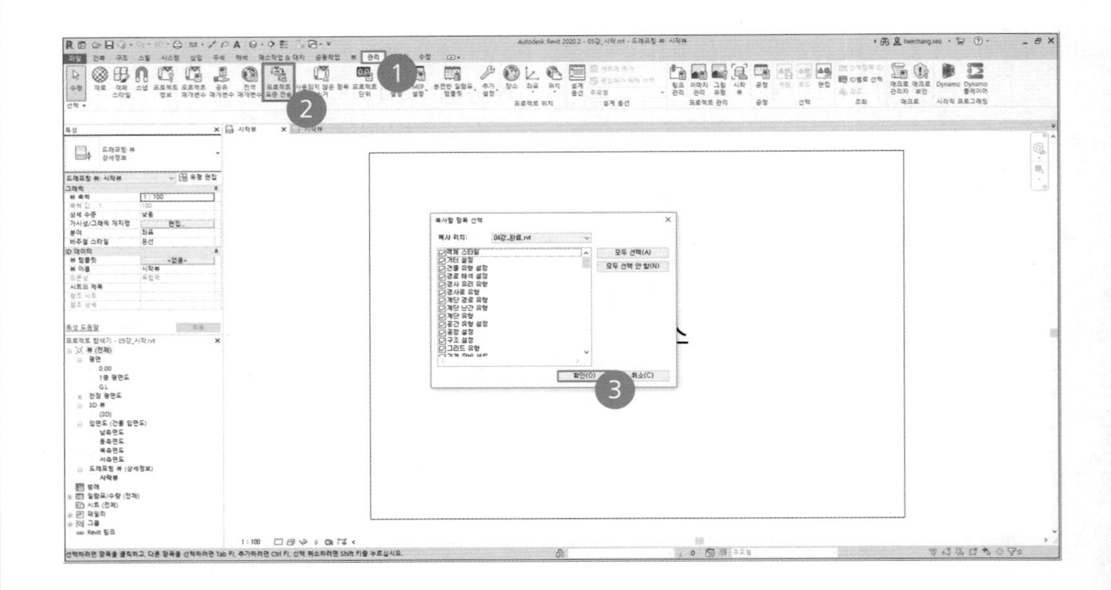

5 "04강 완료.rvt" 파일을 닫아 줍니다. 다시 "05강_시작" 파일로 돌아와 앞에서 완성했던 지형관련 파일을 삽입하도록 하겠습니다. 1층 평면도 뷰를 활성화시킨 후 [삽입]탭 ➡ [Revit 링크] 를 클릭합니다. [04강_완료.rvt]선택 ➡ [위치: 자동 - 프로젝트 기준점을 프로젝트 기준점으로]선택 하고 [열기]를 클릭합니다.

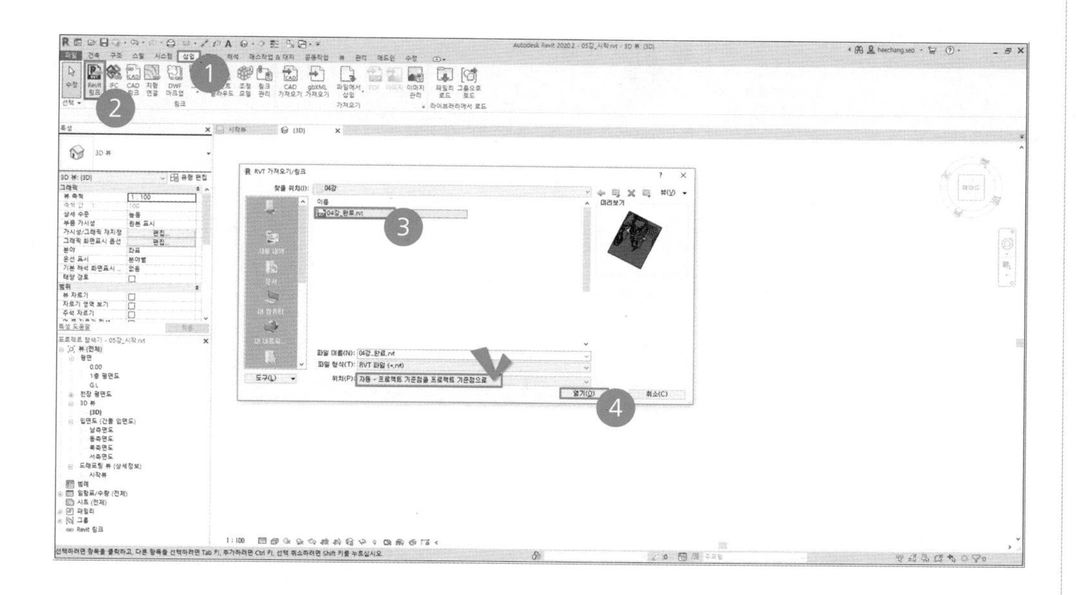

Tip

Revit 파일 링크

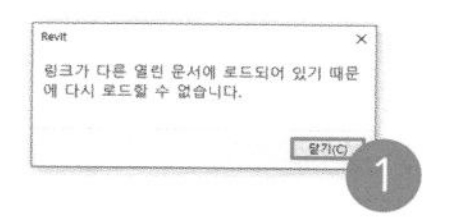

링크파일이 열려있으면 링크가 되지 않기 때문에 링크파일을 닫아 주고 링크를 합니다.

6 프로젝트 탐색기 3D 뷰를 활성화 시키면 "05강_시작.rvt" 파일에 "04강_완료.rvt" 파일이 링크되어 있는 것을 확인할 수 있습니다.

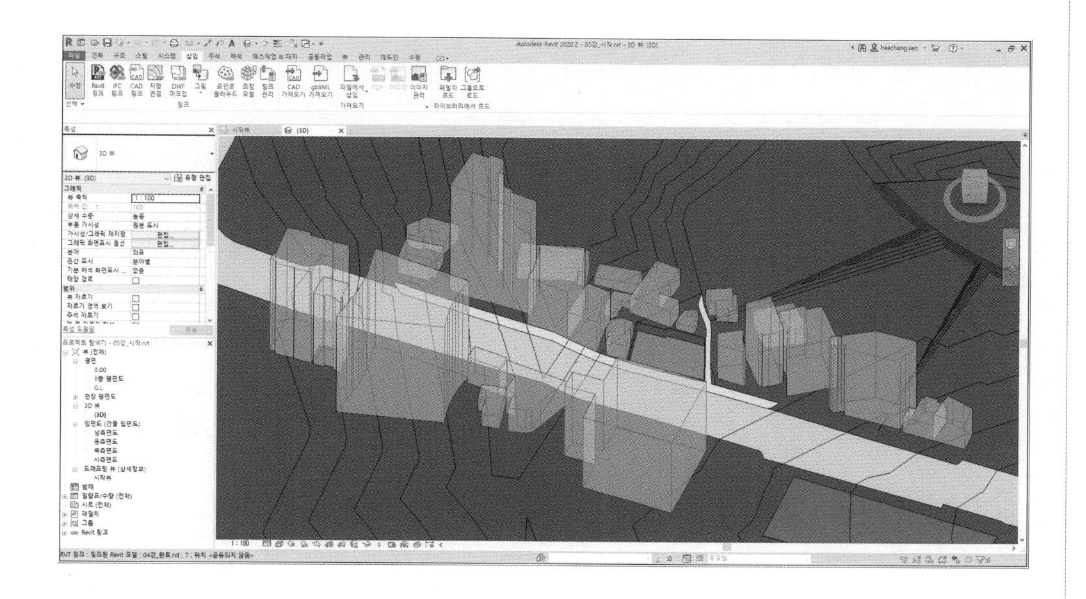

7 "1층 평면도"를 열고 [뷰]탭 ➡ [가시성/그래픽]을 클릭해서 뷰의 가시성/그래픽 재지정합니다. "모델 카테고리"에서 "지형"에 체크를 하고 [확인]을 클릭합니다.

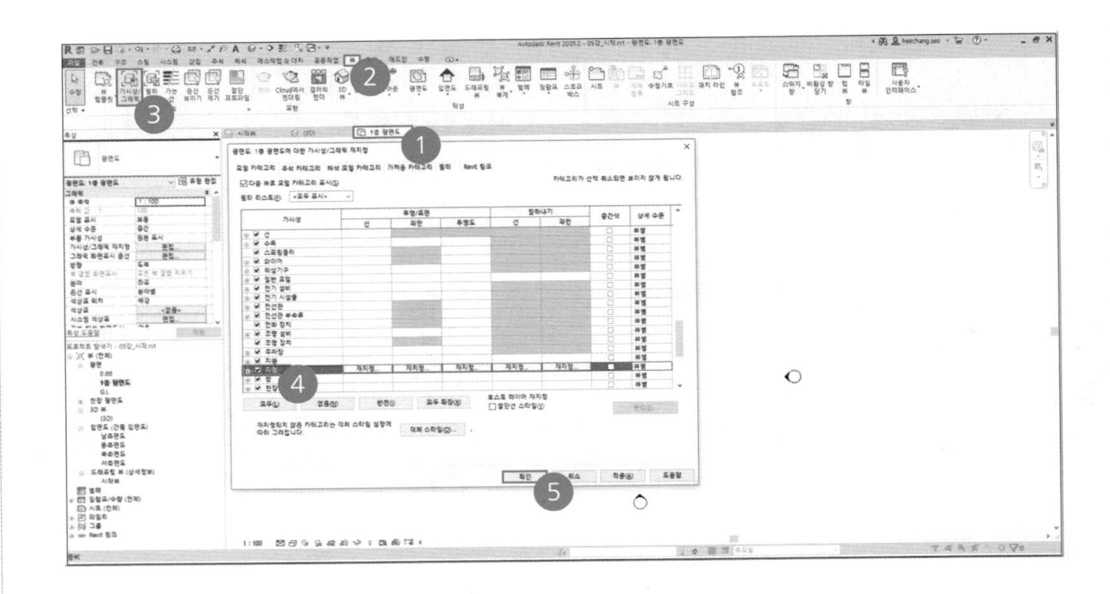

8 작업의 용이함을 위해서 [비주얼 스타일] ➡ [색상일치]를 클릭합니다.

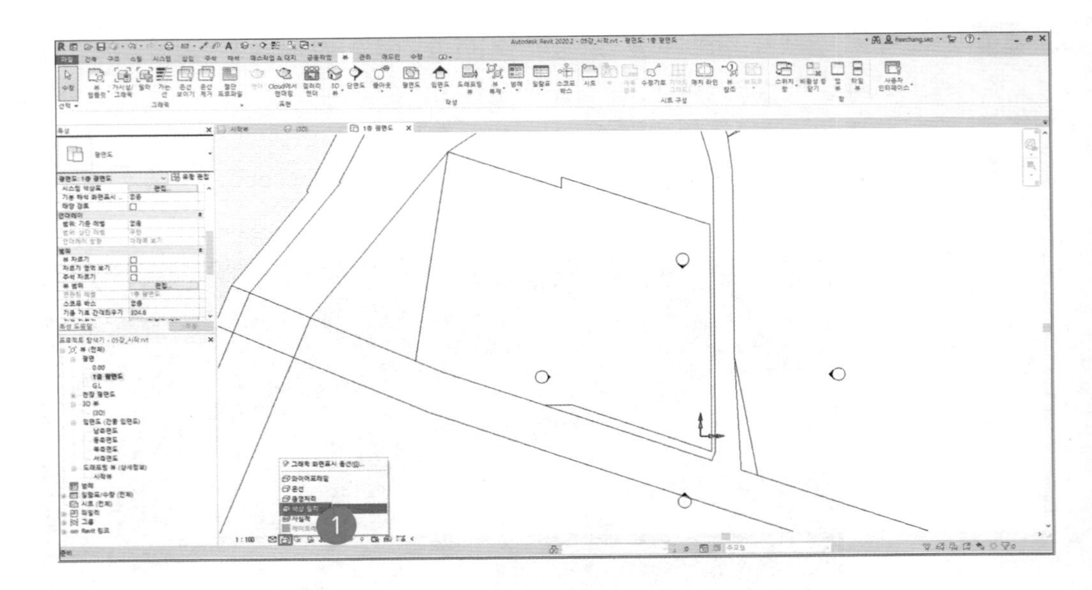

9 "1층 평면도"뷰의 뷰 범위가 충분하지 않아서 지형의 일부분은 단면이 보이고, 건물패드가 보이지 않습니다. 특성창에서 "뷰 범위"의 [편집]을 클릭하고 1차 범위의 "상단"을 "무제한"으로, "절단 기준면"은 35000, 뷰 깊이의 "레벨"을 "무제한"으로 설정하고 [확인]을 클릭합니다.

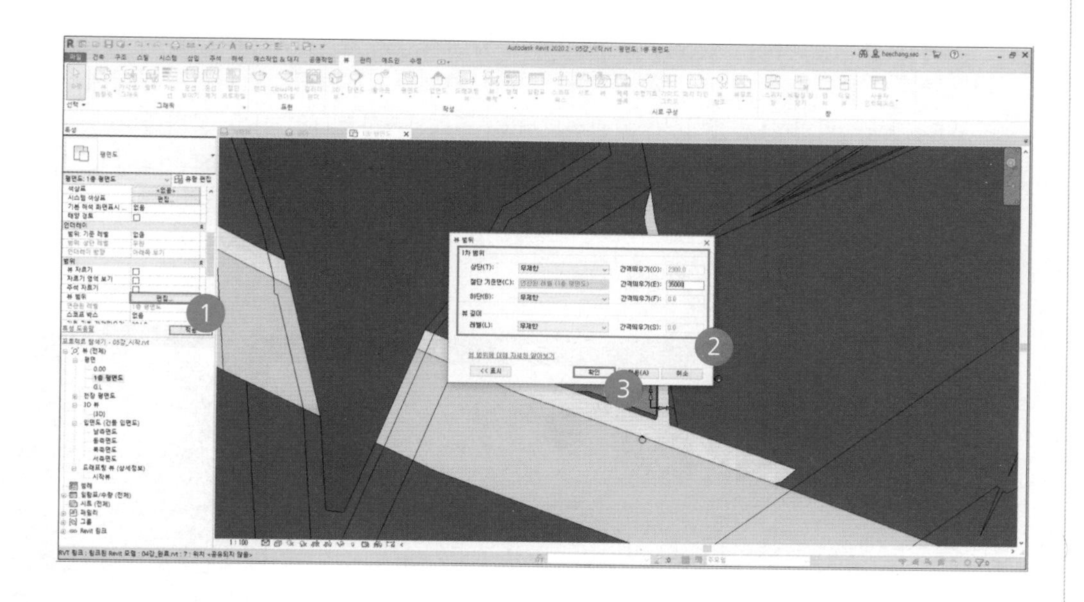

10 "05강_시작.rvt"파일에 "04강_완료.rvt"파일을 링크하고, 프로젝트 표준 전송을 통해 프로젝트 진행에 필요한 정보를 가져왔습니다.

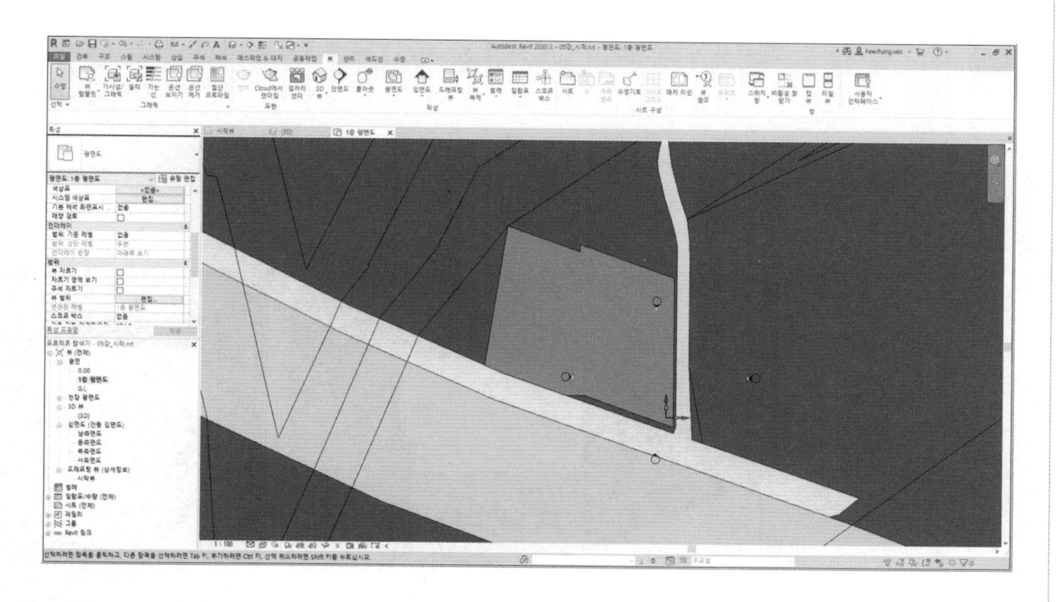

chapter 02 대지 경계선 작성

Tip

고정과 고정해제

고정: 모델 요소를 한 위치에 잠금합니다.

고정해제: 모델 요소를 이동할수 있도록 잠금해제 합니다.

1 이번 챕터에서는 대지 경계선을 작성합니다. 대지 경계선을 정확한 위치에 작성하기 위해서 캐드를 가져오겠습니다. 프로젝트 탐색기 1층 평면도를 활성화 및 특성 창 "방향"진북으로 설정 후 [삽입] ➡ [CAD 가져오기]를 클릭합니다. ₩예제파일₩04강₩수치지형도 폴더 "수치지형도.dwg"를 선택하고 [열기]를 클릭합니다. "수치지형도.dwg"를 [회전], [이동], [정렬] 등을 사용하여 올바른 위치에 맞춰줍니다.

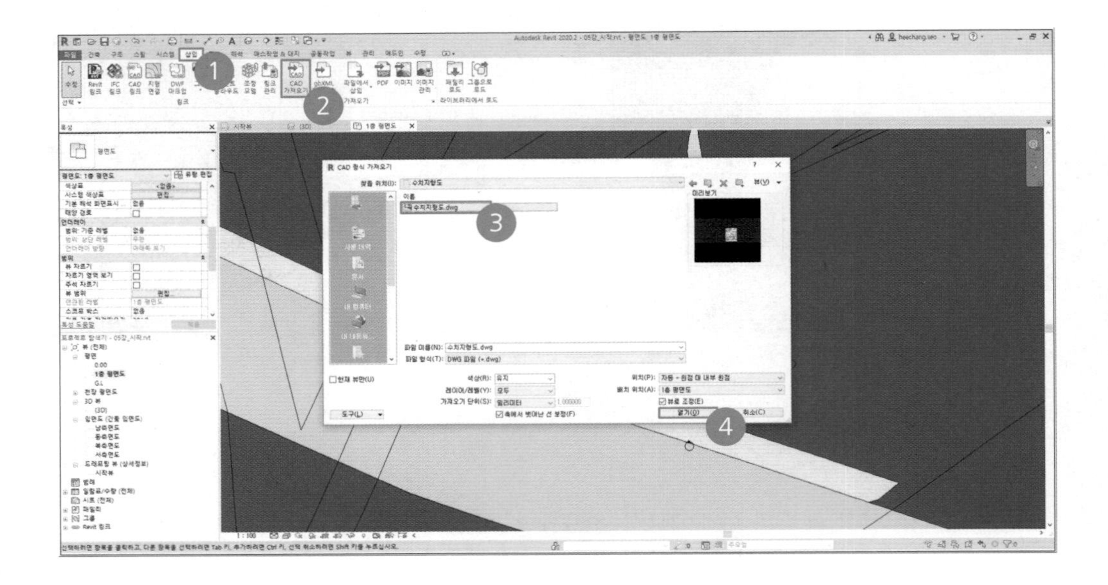

2 대지 경계선을 작성하기 위하여 [매스작업 & 대지] ➡ [대지 경계선]을 클릭합니다. 대지 경계선 작성 방법에 대한 안내창이 뜨면 "스케치하여 작성"을 클릭합니다.

3 그리기 도구 중 "선 선택"으로 가져오기 한 "수치지형도.dwg"에 맞춰 대지 경계선을 스케치합니다. "코너로 자르기/연장" 등을 사용하여 겹치거나 틀어지지 않도록 확인하고 [편집 모드 완료]를 클릭합니다.

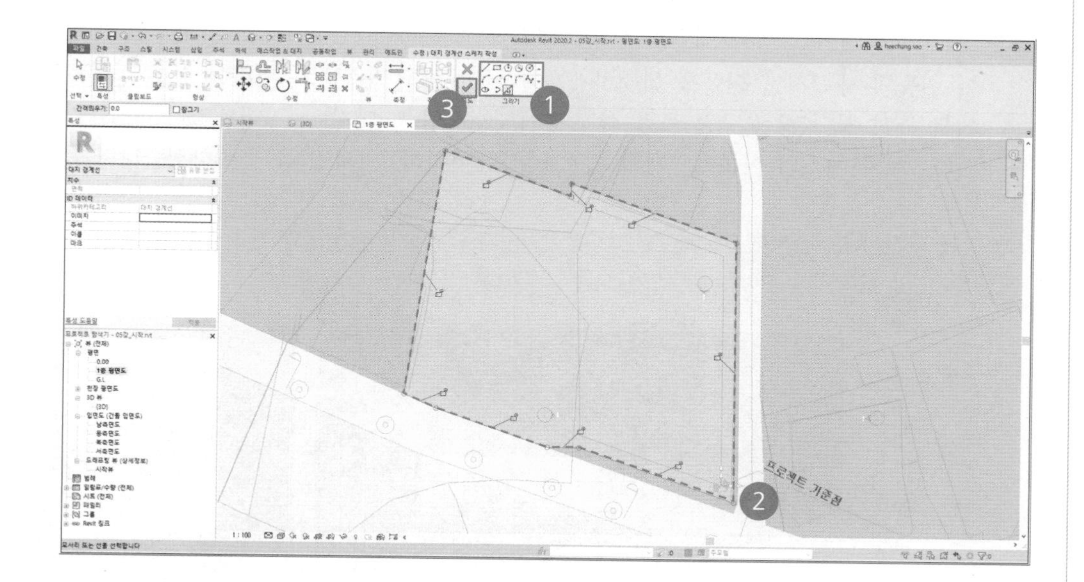

4 대지 경계선이 작성되었습니다.

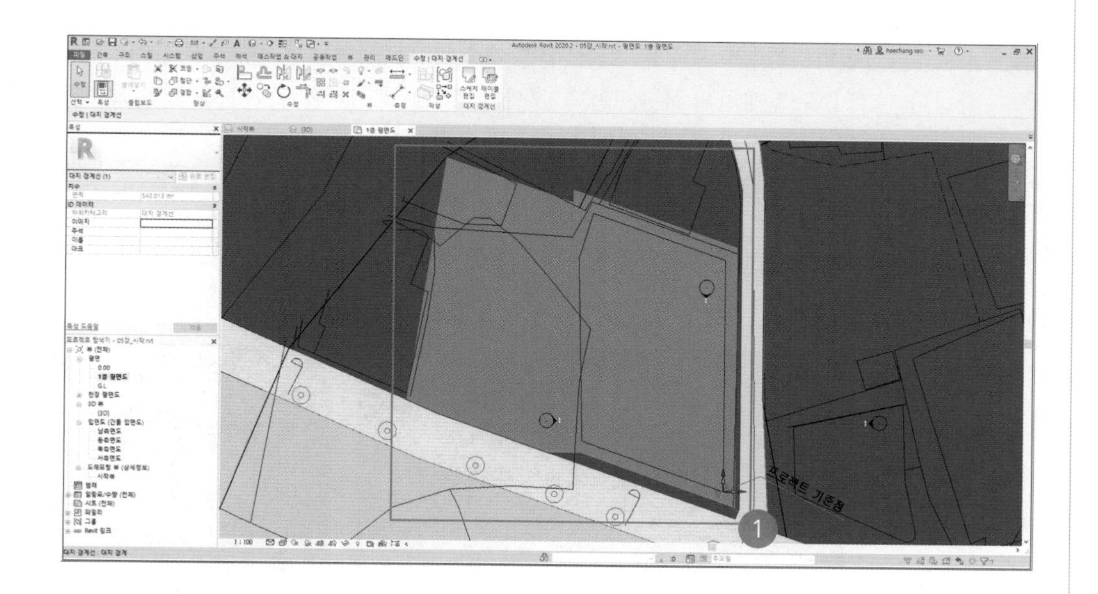

Tip

그리기

그리기 작업 완료를 하기 위해서는 닫힌 루프로 스케치를 작성 해야 합니다.

chapter 03 계획 매스 대안 작성 및 확정

Tip

안내창

매스작업 - 매스 표시 사용

Revit에서는 매스 표시 모드가 사용되도록 설정되어 있으므로 새로 작성된 매스가 표시됩니다.

매스를 임시로 표시하거나 숨기려면 매스작업 & 대지 리본 탭을 선택한 다음 매스작업 패널에서 매스 표시 버튼을 클릭하십시오.

뷰 가시성/그래픽 대화상자에 매스 카테고리가 영구적으로 표시되지 않는 한 매스를 인쇄하거나 내보낼 수 없습니다.

☐ 이 메시지를 다시 표시하지 않음 [닫기(C)]

프로그램 설치 하면 처음 안내 메시지 창이 생성 됩니다 안내창을 보고 충분한 이해가 되었다면 이 메시지를 다시 표시하지 않음 체크 하면 됩니다.

1 이번 챕터에서는 계획 매스의 3가지 대안을 작성하고 그 중 한 가지 매스를 선택하여 건물의 대략적인 외형을 확정하겠습니다. 매스를 작성하기 위하여 "1층 평면도"에서 특성 창 "방향" 도북으로 설정 후 [매스작업 & 대지] ➡ [내부 매스]를 클릭합니다. 계획 매스의 이름은 "계획 매스 01"로 입력하고 [확인]을 클릭하겠습니다.

2 [수정|선]탭의 그리기 도구를 사용하여 매스의 평면 형태를 아래와 같이 스케치합니다. 그리고 스케치된 선을 선택 후에 [양식 작성] ➡ [솔리드 양식]을 클릭합니다. 스케치한 것과 같은 형태의 3D 매스가 작성되었습니다.

- 2800×2800: 남쪽 엘리베이터 계획 평면

3 작성된 3D 매스의 높이를 조절하겠습니다. "3D 뷰"를 열고 작성된 매스의 윗면을 선택합니다. 매스의 윗면을 선택하면 수직으로 높이가 표시되는데, 표시된 부분의 숫자를 클릭하면 높이를 수정할 수 있습니다. 본 교제에서는 "25000"을 입력하였습니다. 3D 매스의 높이가 변경되었다면 [매스 완료]를 클릭하여 매스 작성을 완료합니다.

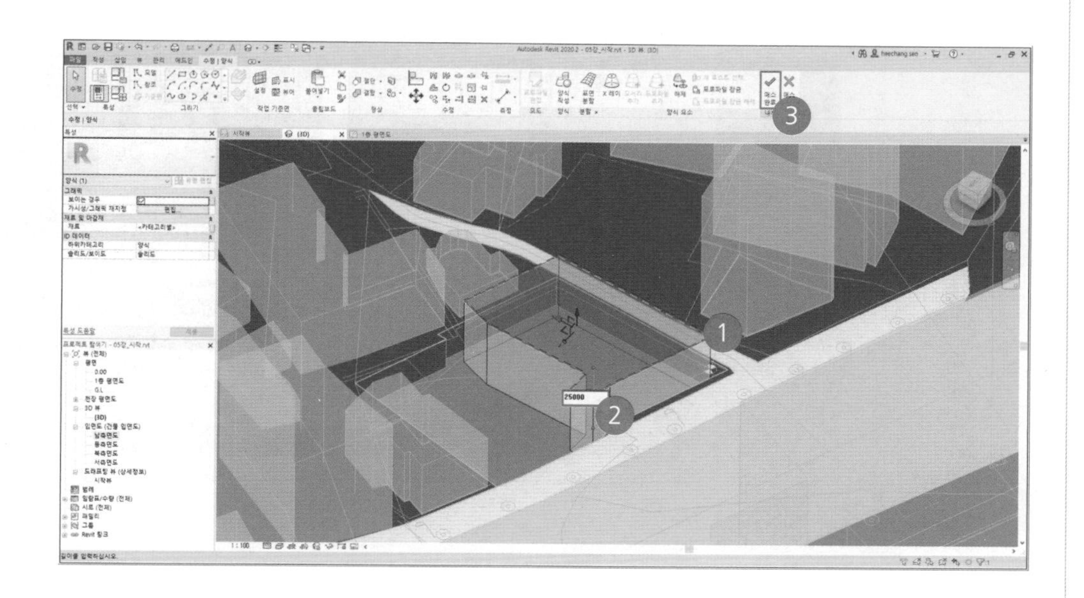

4 작성된 3D 매스를 복사하여 두 번째 대안을 작성하겠습니다. "1층 평면도"에서 매스를 선택하고 [클립보드로 복사] ➡ [붙여넣기] ➡ [동일 위치에 정렬]을 클릭하여 매스를 복사합니다.

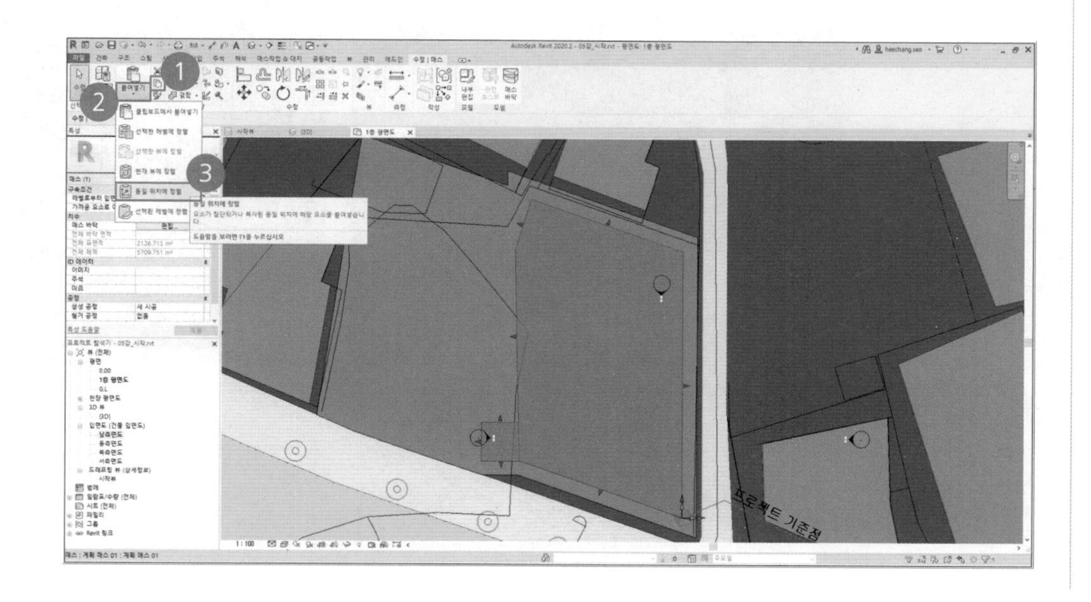

5 두 번째 매스를 작성할 때 헷갈리지 않기 위하여 복사된 매스나 처음에 작성한 매스 중 하나를 뷰에서 숨겨주겠습니다. 숨길 매스를 선택하고 우클릭 합니다. [뷰에서 숨기기] ➡ [요소]를 클릭합니다.

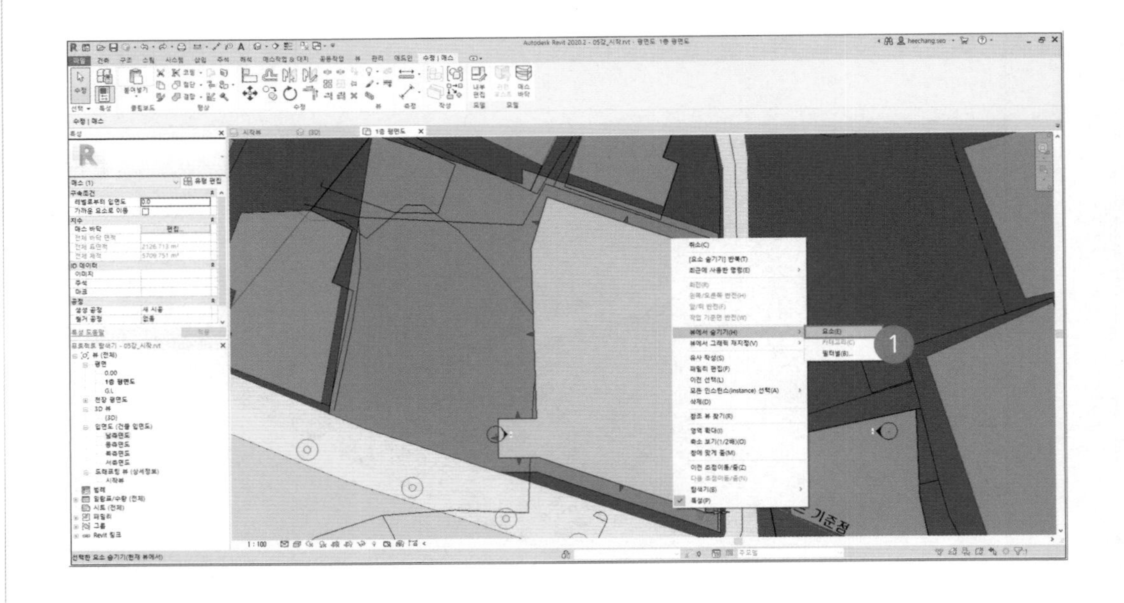

6 편집할 매스를 선택하고 [내부 편집]을 클릭하여 편집 모드로 들어갑니다.

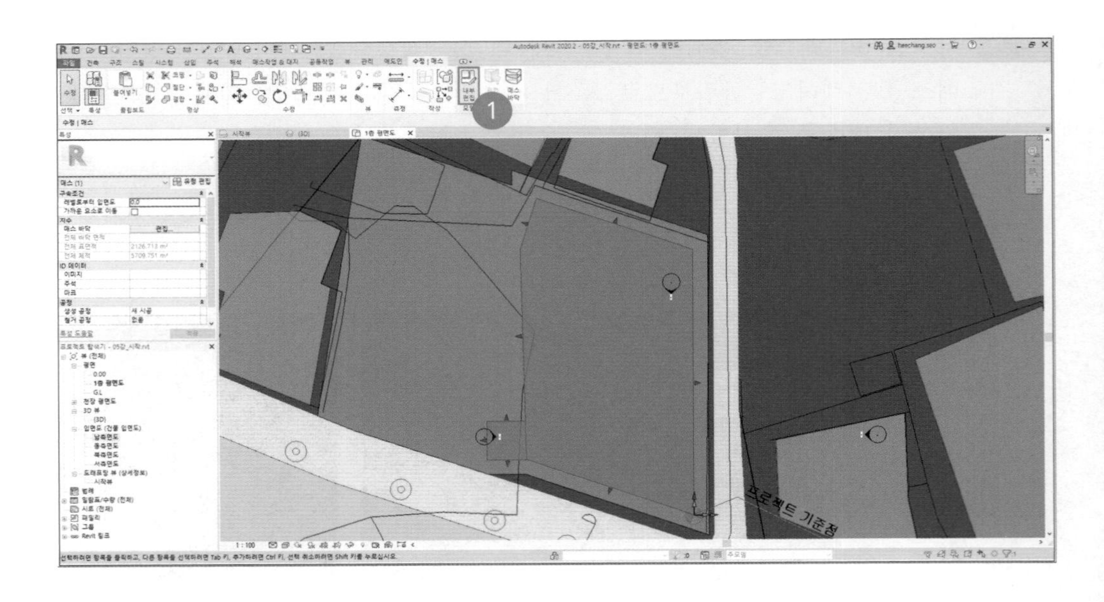

7 매스 편집 모드에서 작성되어 있는 매스를 모두 선택하여 삭제하고, 아래와 같은 형태로 매스를 다시 작성하였습니다. [매스 완료]를 클릭하여 편집 모드에서 나오겠습니다.

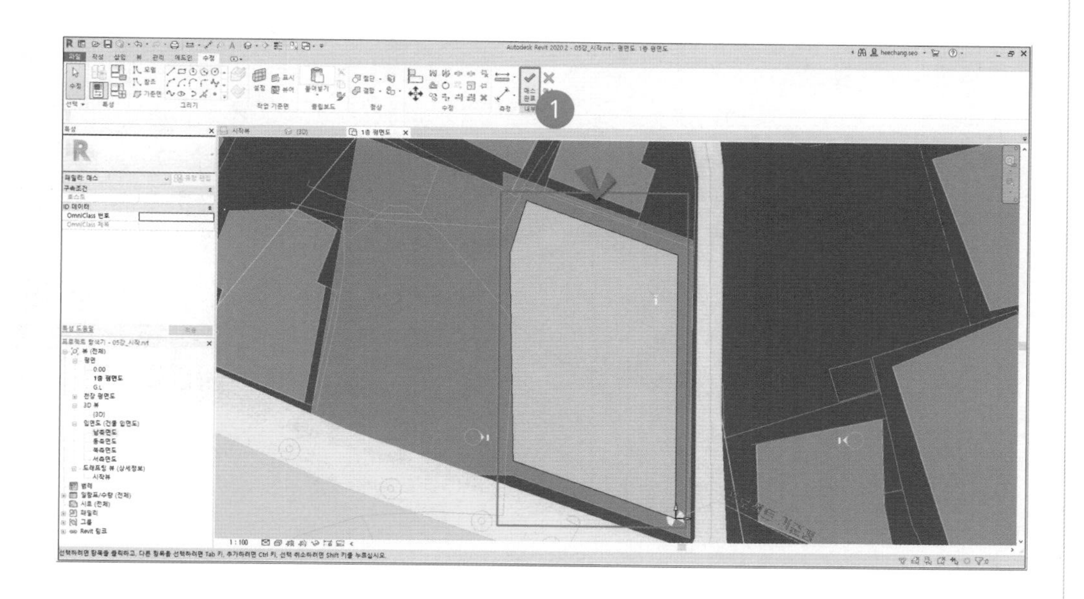

8 두 번째 대안 매스의 높이를 조절하기 위하여 "3D 뷰"로 이동합니다. 첫 번째 대안 매스와 두 번째 대안 매스가 겹쳐 있습니다. 첫 번째 대안 매스를 선택하고 이전에 했던 것과 같이 뷰에서 숨기기를 해줍니다.

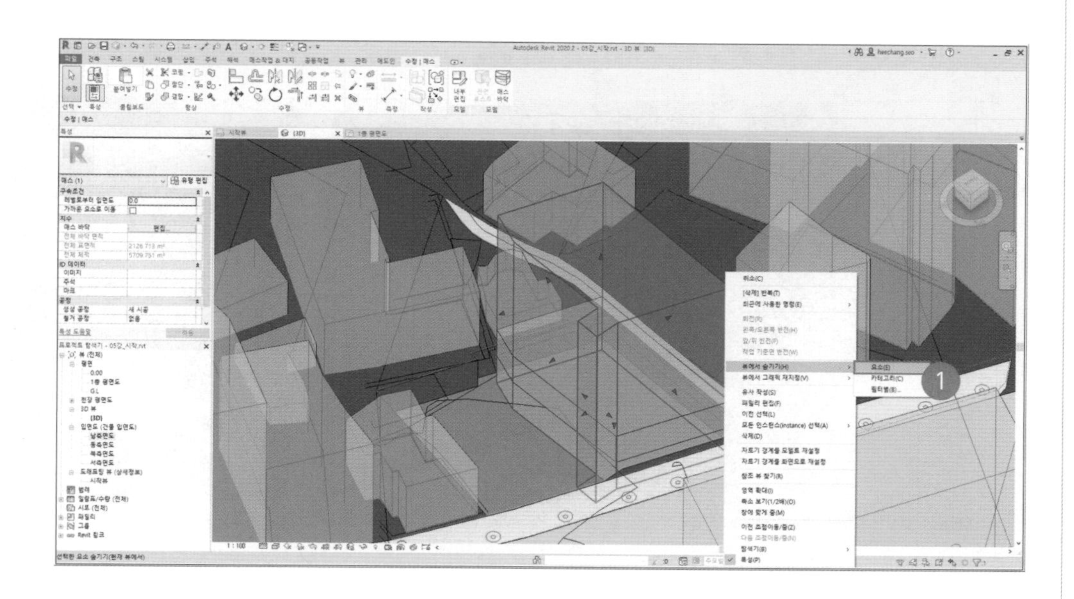

9 두 번째 대안 매스의 높이를 수정하겠습니다. 매스 선택 후 [내부편집] 클릭하여 두 번째 대안 매스의 윗면을 선택하고, 높이를 "25000"으로 수정합니다. [매스 완료]를 클릭하여 두 번째 대안 매스의 작성을 완료합니다.

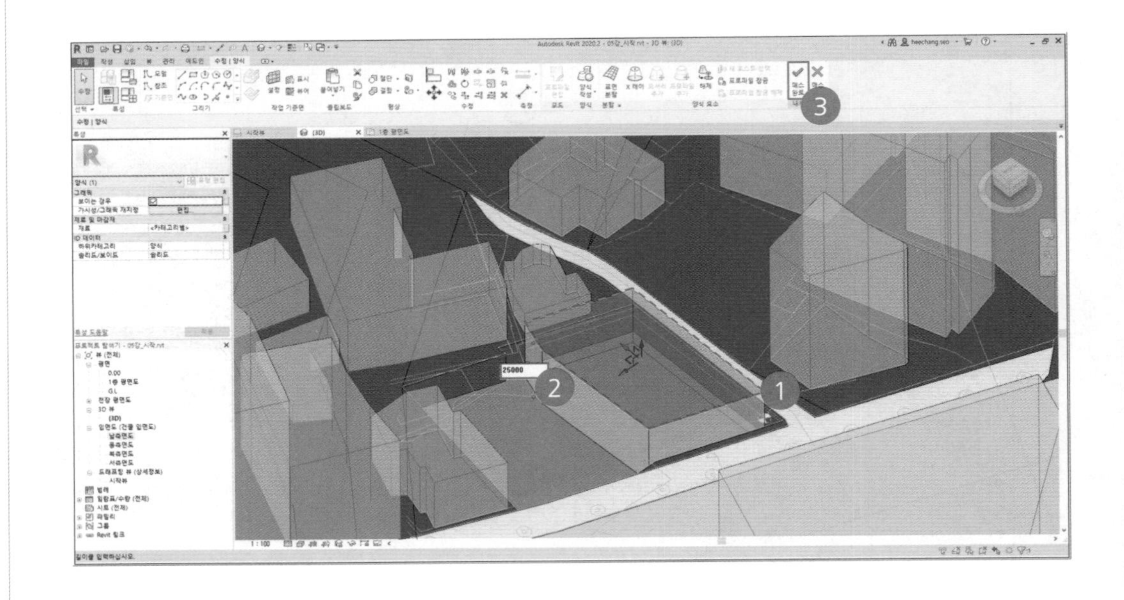

10 두 번째 대안 매스를 작성했던 것과 같은 방법으로 세 번째 대안 매스를 아래와 같은 형태로 작성합니다.

- 2800×2800: 북쪽 엘리베이터 계획 평면

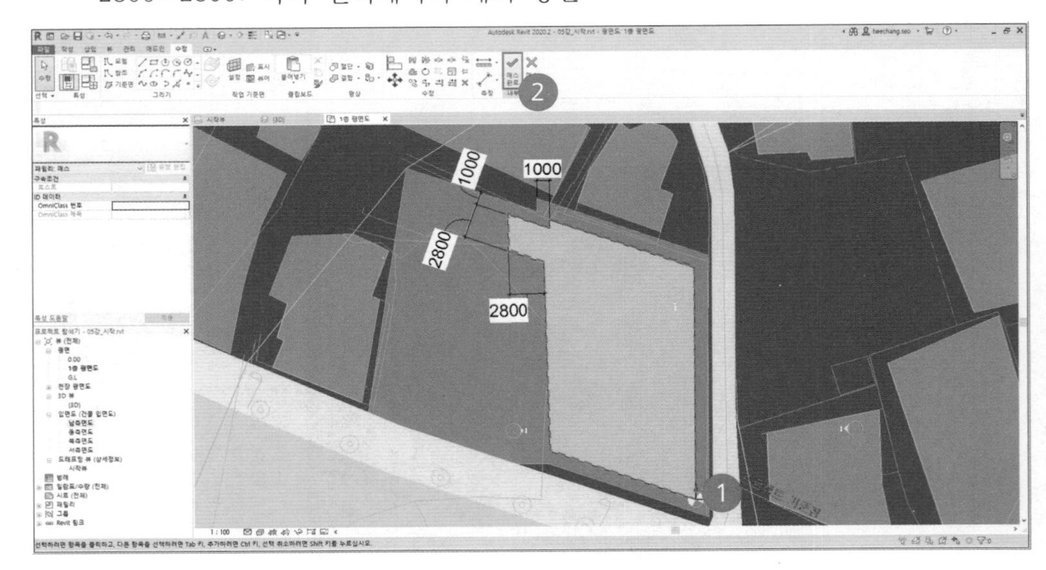

11 작성된 세 번째 대안 매스의 높이를 조절하기 위하여 "3D 뷰"에서 두 번째 대안 매스를 숨기기 해줍니다.

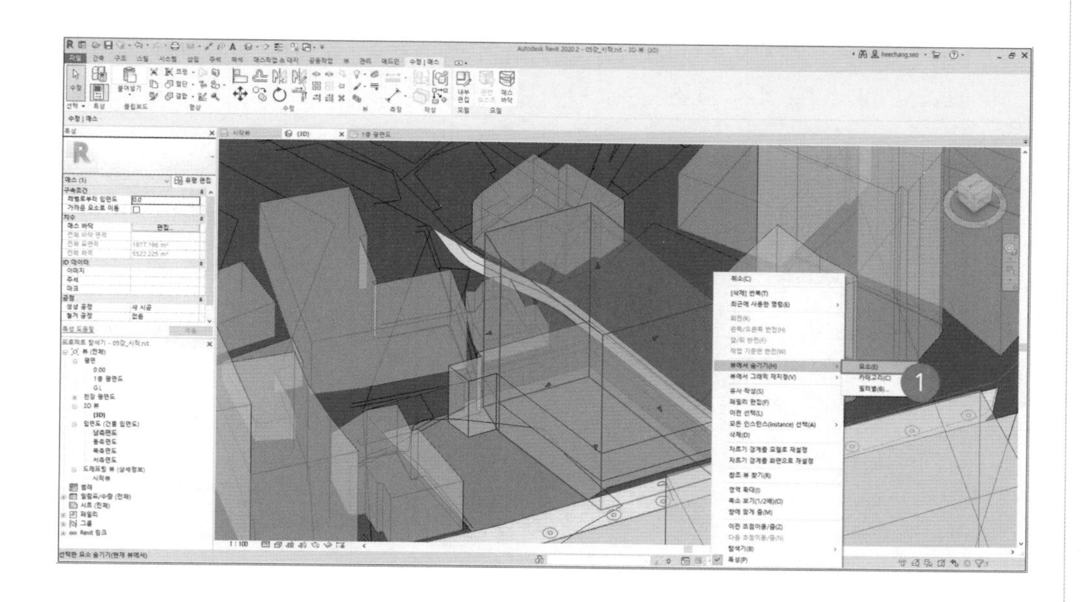

12 세 번째 대안 매스의 높이를 "25000"으로 수정하고 [매스 완료]를 클릭합니다. 이제 세 가지의 매스가 작성되었습니다.

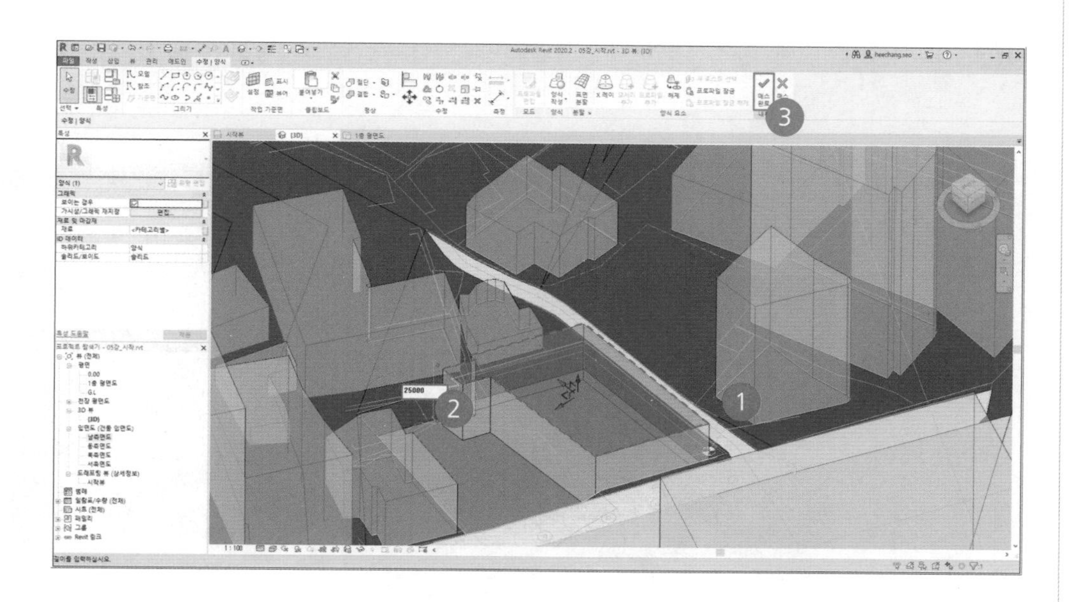

13 작성된 세 가지 매스를 서로 비교하기 위하여 이전에 뷰에서 숨기기 했던 매스들을 숨김 해제 하겠습니다. "3D 뷰"에서 [숨겨진 요소 표시]를 클릭하여 숨겨진 요소들이 표시되도록 합니다. 이전에 숨겼던 매스들을 선택하고 우클릭하고 [뷰에서 숨김 해제] ➡ [요소]를 클릭하여 매스들을 뷰에서 숨김 해제 합니다. 그리고 다시 [숨겨진 요소 표시 닫기]를 클릭합니다.

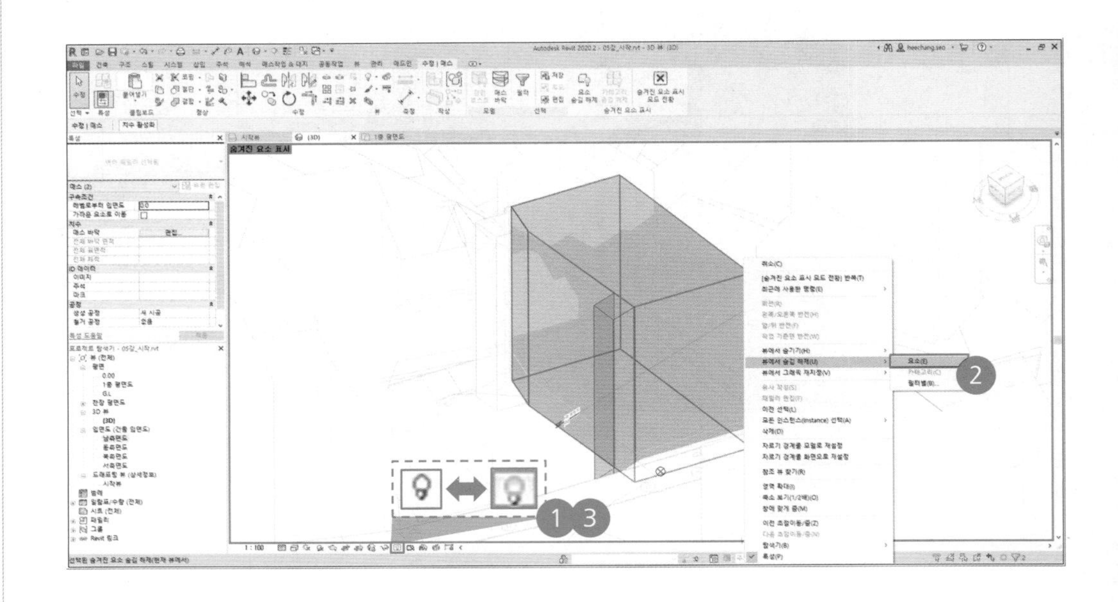

14 "3D 뷰"에서 세 가지 대안 매스들을 비교하여 확인하고 확정안이 될 한 가지 매스 외의 매스들을 선택하여 [삭제]합니다.

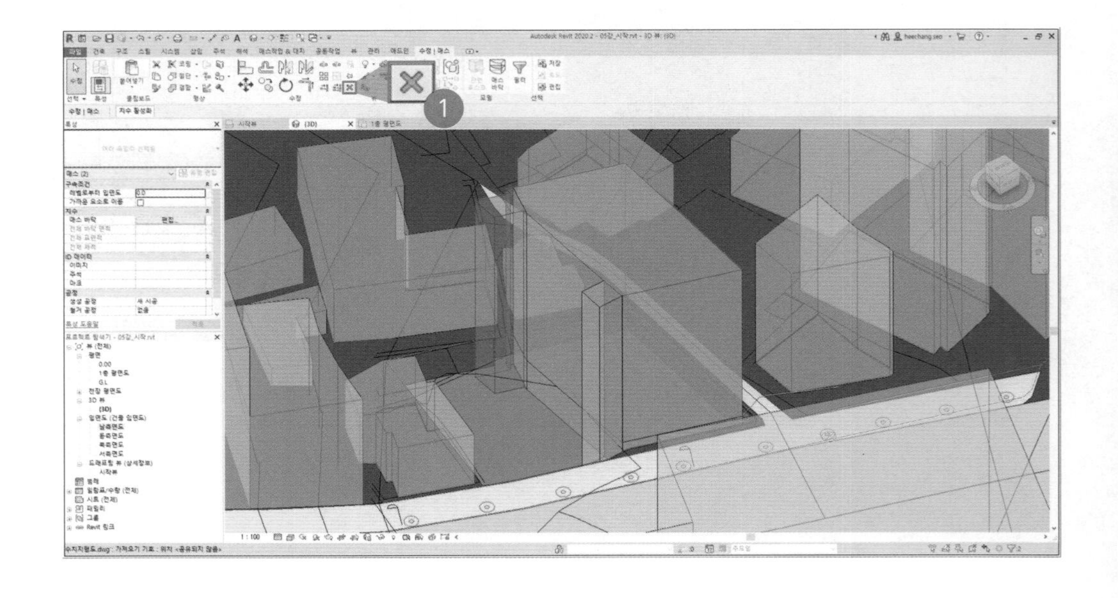

15 본 교제에서는 아래와 같은 형태의 매스를 확정안으로 선택하였습니다. 다음 챕터에서는 "05강_시작.rvt"를 링크하여 작업하기 때문에 "05강_시작.rvt"는 저장하고 닫아줍니다.

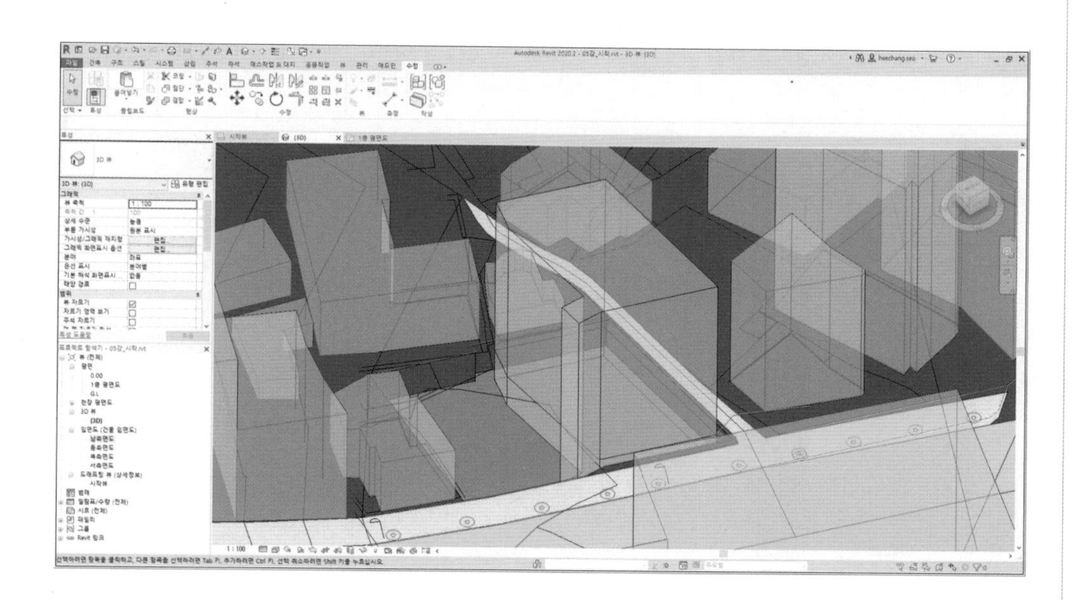

chapter 04 주차 및 조경 계획

1 주차장 및 조경 영역을 계획하기 위해서 “04강_완료.rvt”를 [열기]합니다.

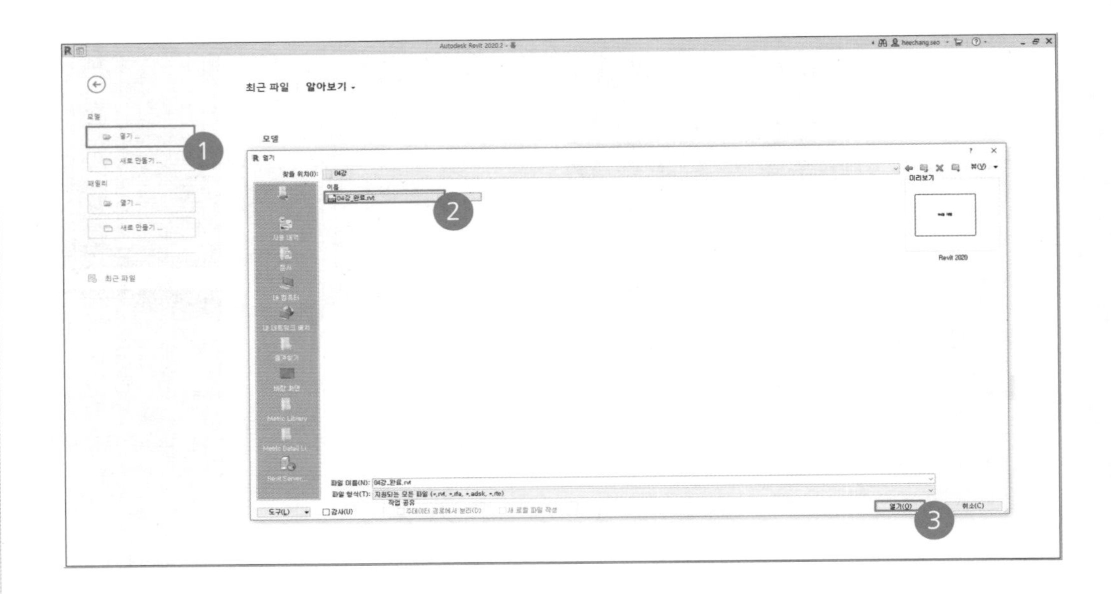

2 “05강_시작.rvt”파일을 링크하기 위해 “1층 평면도”를 열어줍니다. [삽입]탭 ➡ [Revit 링크] 클릭 ➡ 챕터03까지 완료된 “05강_시작.rvt”를 선택하고 [열기]를 클릭합니다.

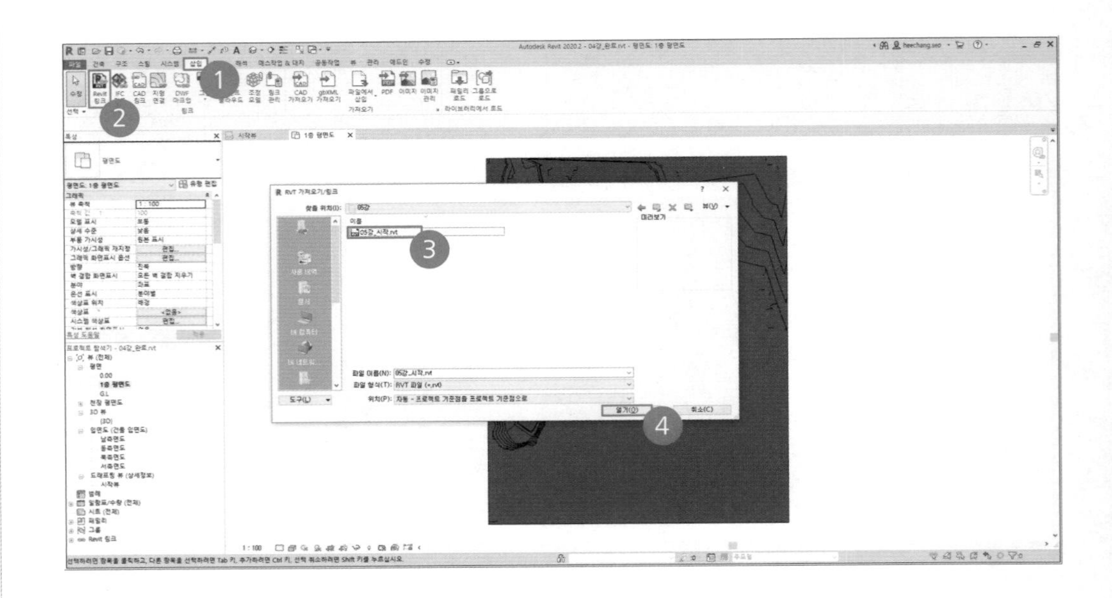

3 "1층 평면도"뷰에서 작업을 용이하게 하기 위해 특성창에서 그래픽탭-방향을 도북으로 변경합니다. 그리고 매스모델이 보이지 않기 때문에 [뷰] ➡ [가시성/그래픽]을 클릭합니다. "모델 카테고리"에서 "매스"를 체크하고 [확인]을 클릭합니다.

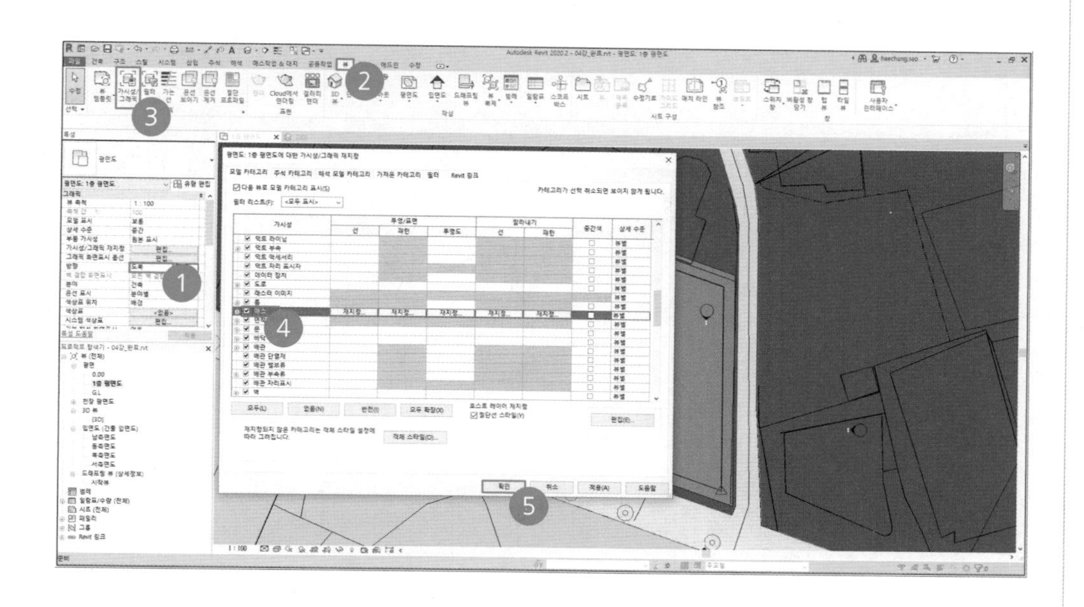

4 주차장, 조경바닥을 작성하기 위해서 "1층 평면도"뷰에서 [건축] ➡ [바닥]을 클릭합니다.

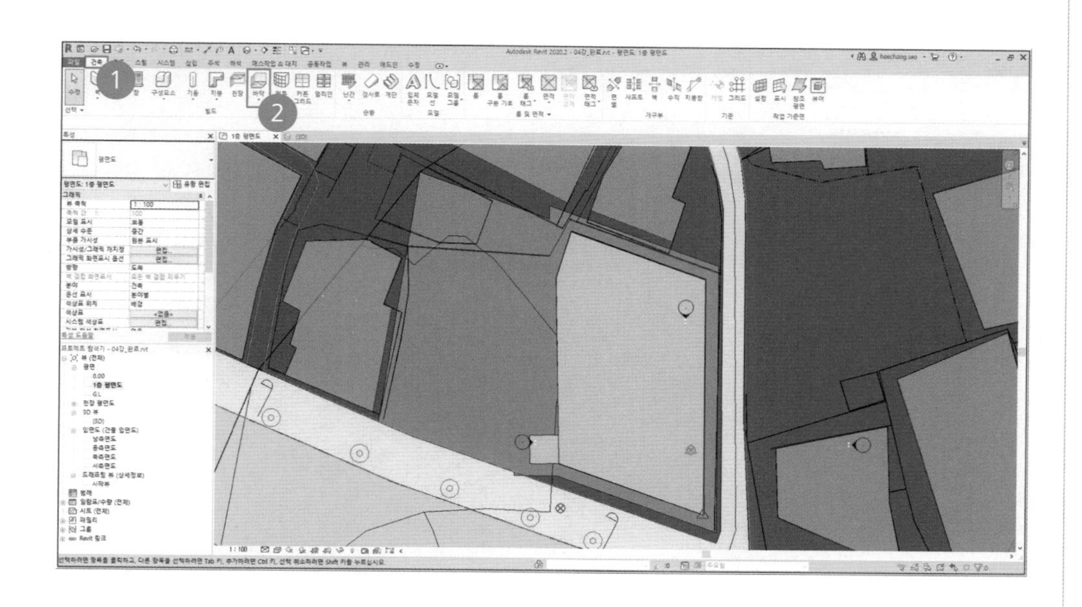

Tip

부위객체별 라이브러리명

토목 (C)	대지	-	C-대지_해당구역
	도로	-	C-도로_도로번호
	옹벽	-	C-W1_300
	...		

"최소 부위 작성대상" 에 부여된 라이브러리명 및 부재명 작성 해야 합니다.

5 [유형 편집]을 클릭해서 "유형 특성"창을 열고 [복제]를 클릭합니다. 복제된 바닥의 이름에 시설사업 지침서 부위객체별 라이브러리명에 의하여 "C-주차장"을 입력하고 [확인]을 클릭합니다. "C-주차장"바닥의 재료, 두께 등을 변경하기 위해서 [편집]을 클릭합니다.

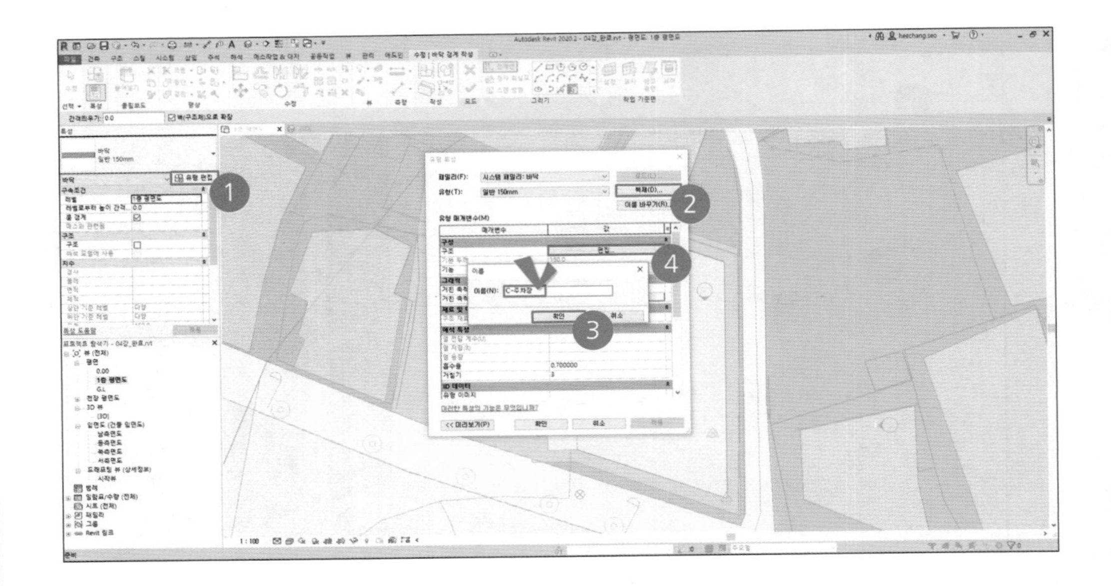

6 "두께"에 200을 입력하고 재료값이 입력되어 있는 칸을 클릭하면 보이는 [...] 아이콘을 클릭합니다.

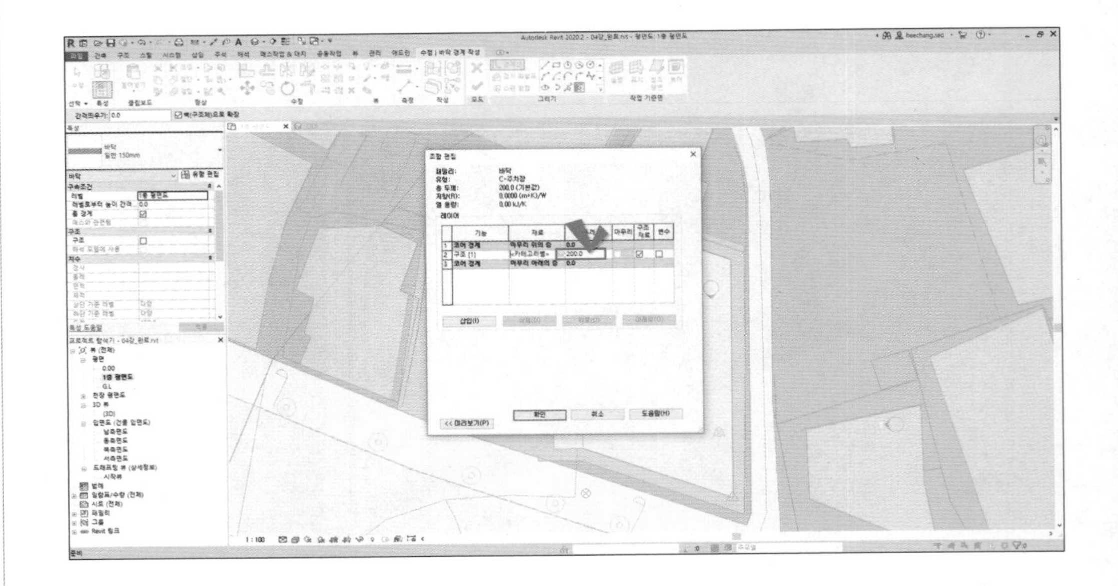

7 적당한 재료를 선택해서 우클릭을 하고 복제합니다. 이름에 “C-주차장”을 입력합니다. (어떤 재료를 선택하는지는 크게 상관이 없지만, “패턴”이 없는 재료를 선택합니다.)

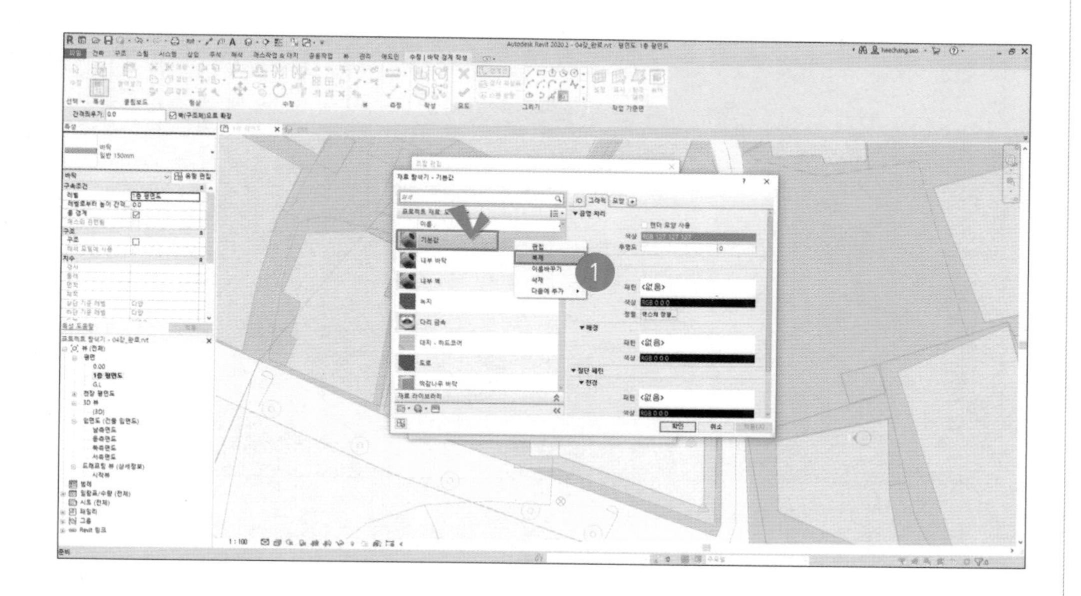

8 복제한 재료의 음영처리 색상을 변경하겠습니다. 우측 그래픽탭에서 ▼음영 처리-색상 창을 클릭합니다. 임의의 색을 하나 선택하고 [확인]을 클릭합니다. 이어서 재료 탐색기창도 [확인]을 클릭해 닫습니다.

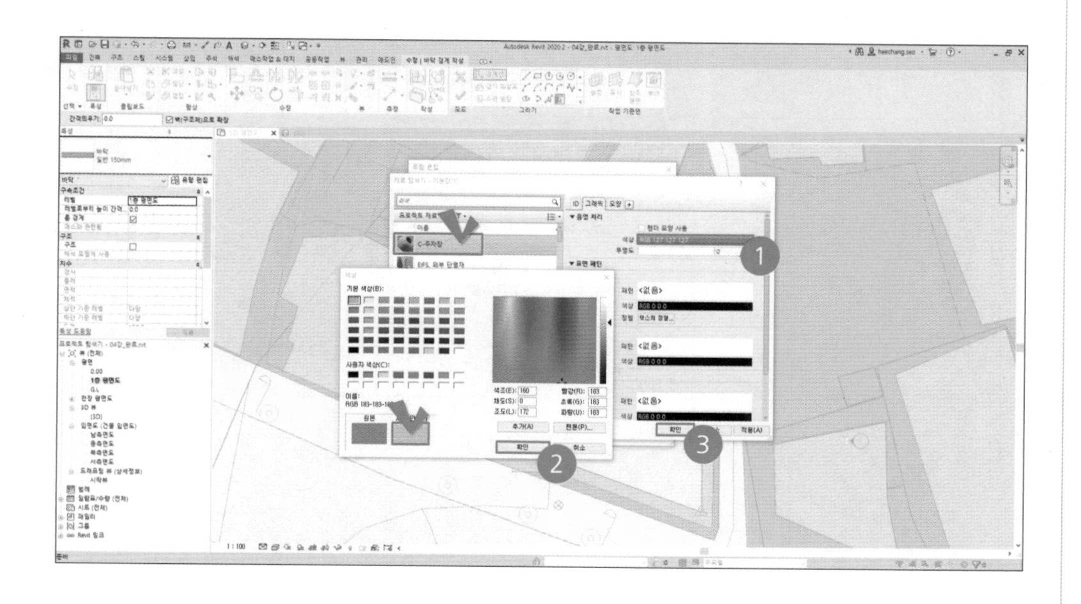

9 "조합 편집" 창의 [확인]을 클릭합니다.

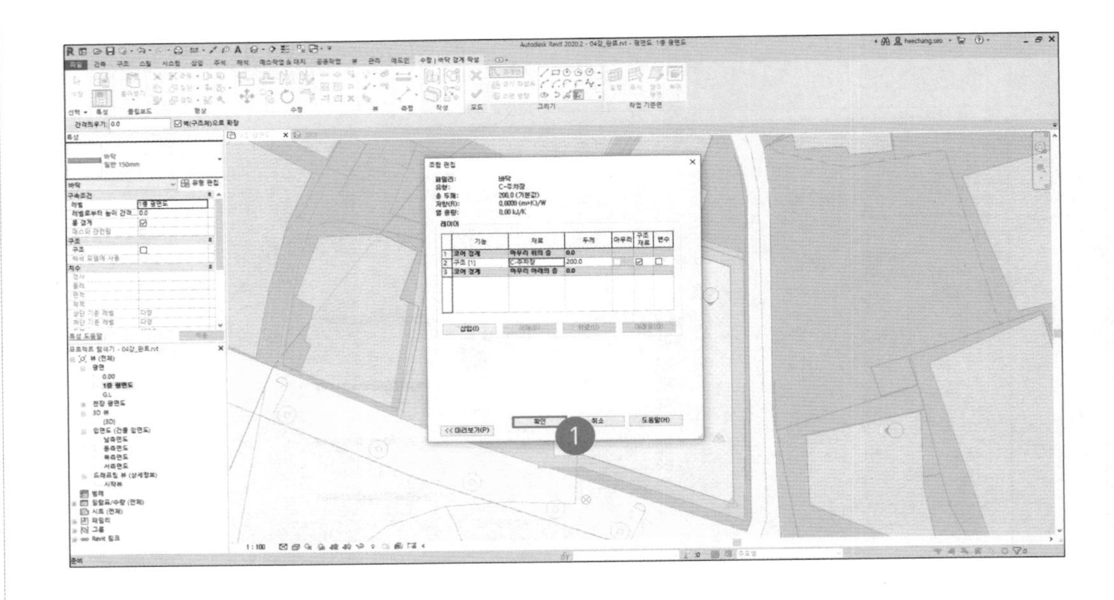

10 "유형 특성" 창의 [확인]을 클릭합니다.

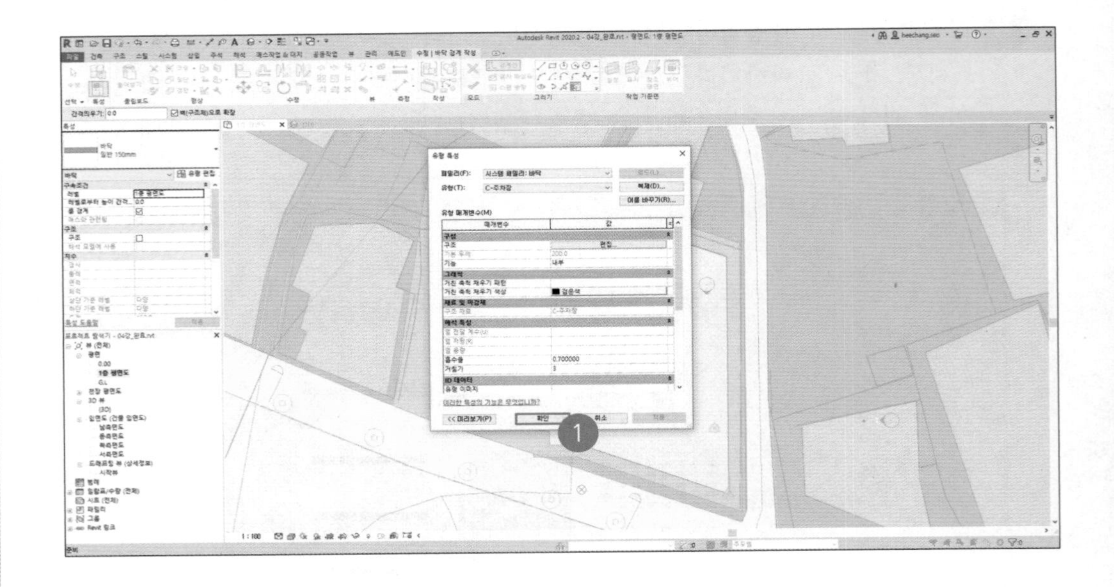

11 특성창-구속 조건탭에서 레벨 "1층 평면도", 레벨로부터 높이 간격띄우기 "-100"으로 되어있는지 확인합니다. 그 다음, 그리기 도구를 사용하여 다음 화면과 같이 스케치를 작성합니다. 작성이 완료되었으면, [편집 모드 완료]를 클릭합니다.

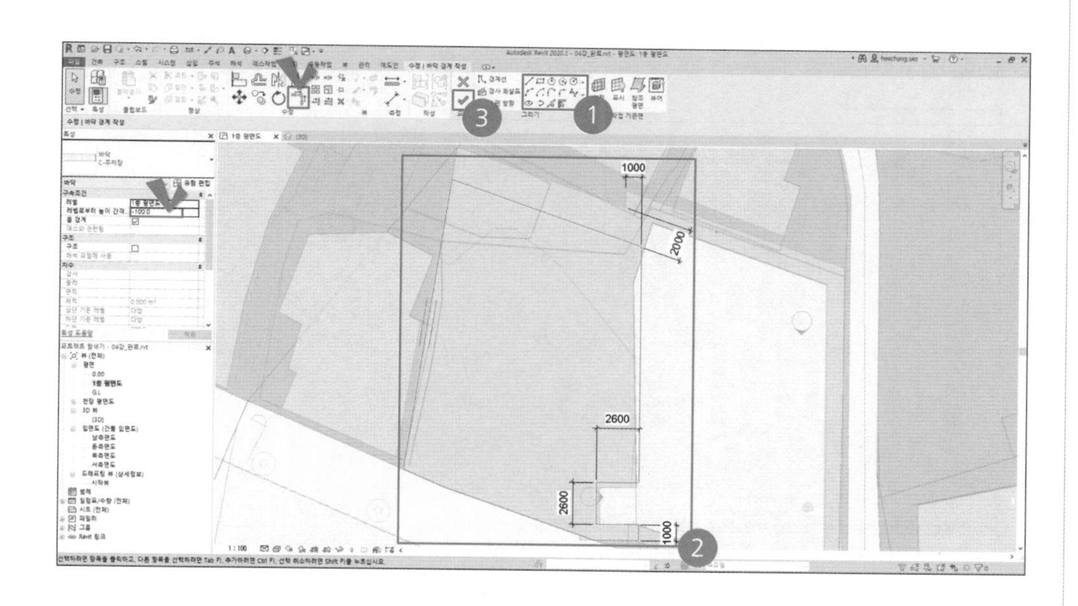

12 이번엔 조경 바닥을 작성하겠습니다. 마찬가지로 [건축]탭 ➡ [바닥]을 클릭합니다.

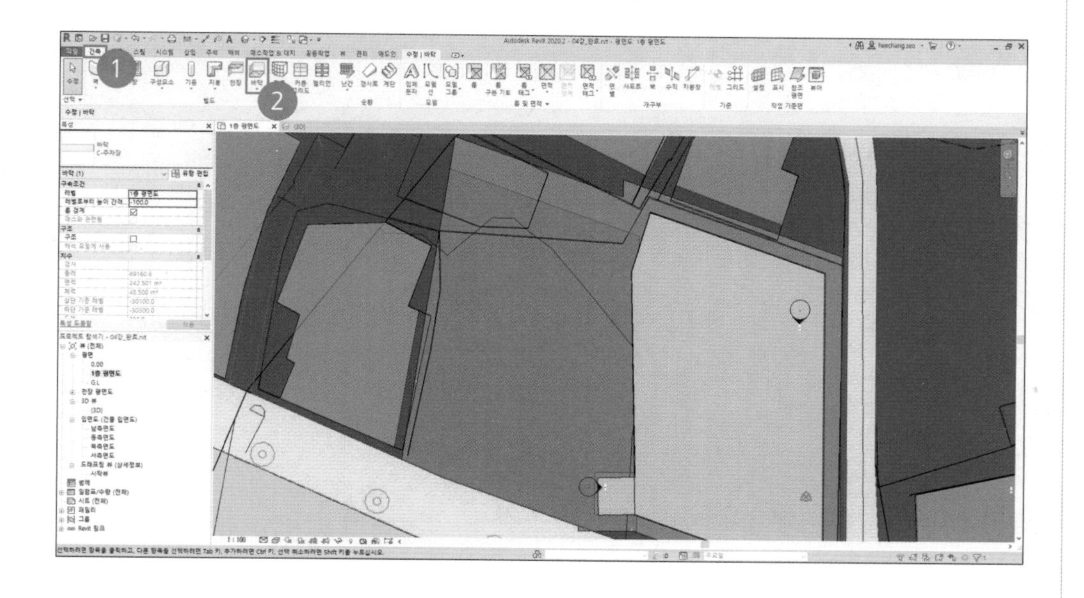

13 특성창-구속 조건탭에서 레벨 "1층 평면도", 레벨로부터 높이 간격띄우기 "-100"으로 설정합니다. 그 다음, 그리기 도구를 사용하여 다음 화면과 같이 스케치를 작성합니다.

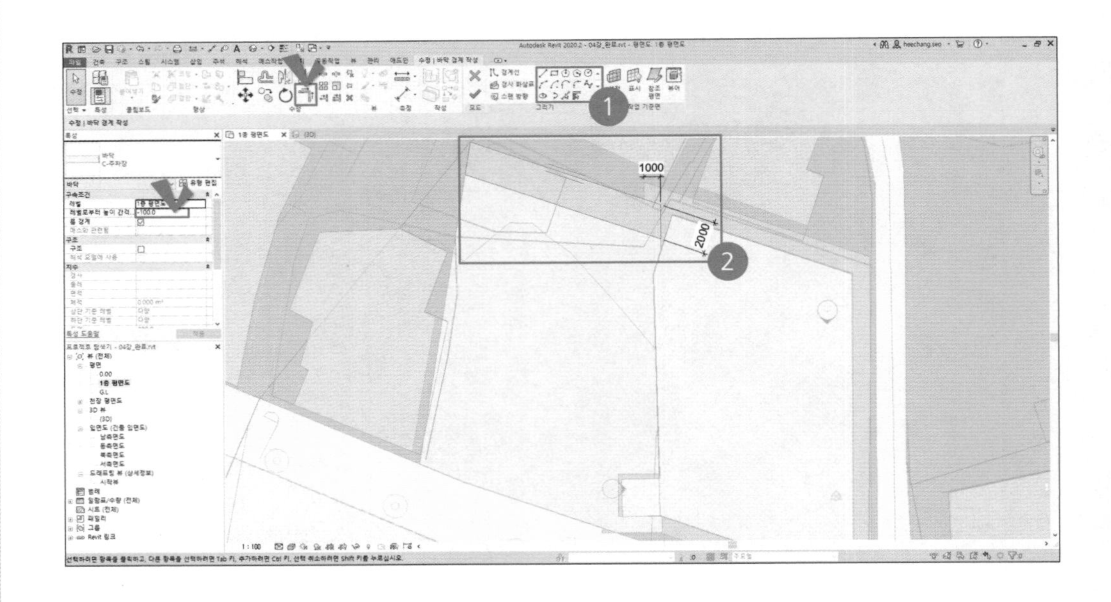

14 [유형 편집] ➡ [복제]를 클릭합니다. 이름에 "C-조경"이라고 입력하고 [확인]을 클릭합니다. 재료 등을 변경하기 위해 [편집]을 클릭합니다.

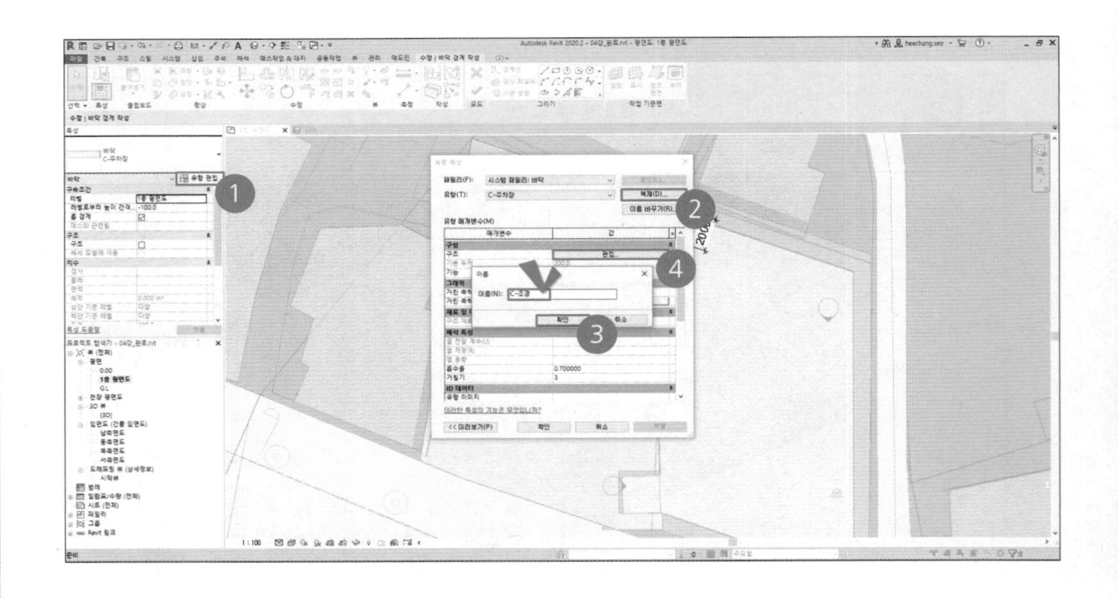

15 "두께"에 200을 입력하고, 재료값이 입력된 칸을 클릭하면 나타나는 [...]아이콘을 클릭합니다.

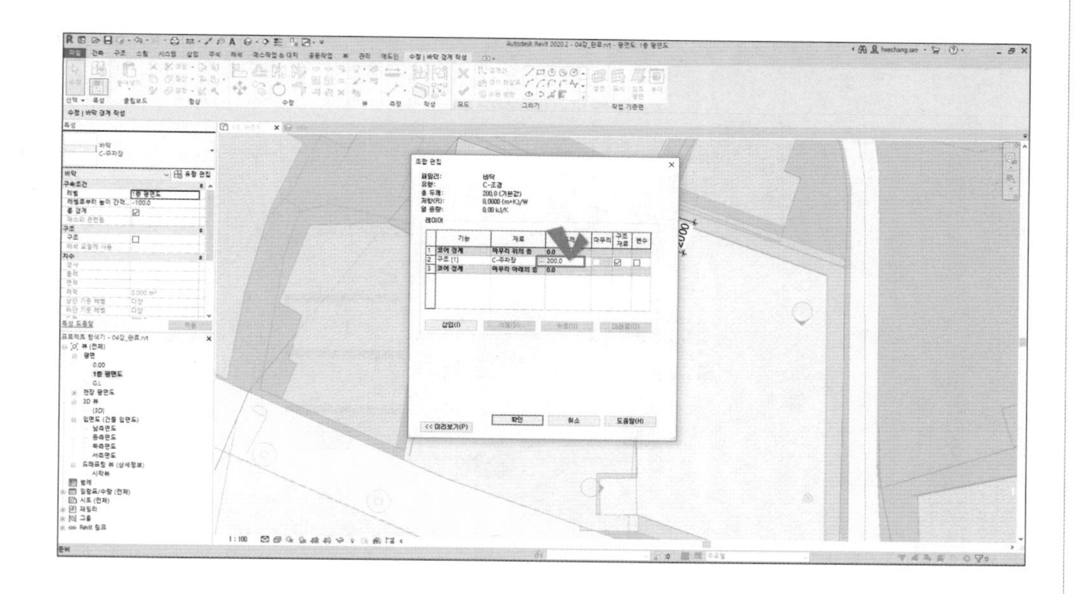

16 "C-주차장" 재료를 우클릭하고 복제하여 이름을 "C-조경"이라고 입력합니다.

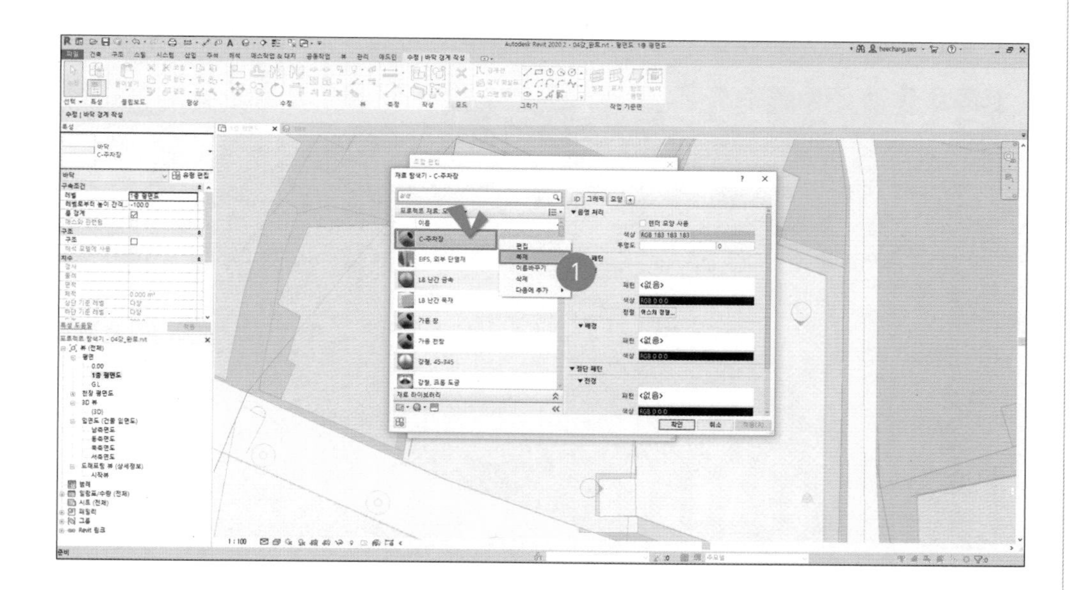

17 음영처리 색상을 변경하기 위해서, 우측 그래픽탭에서 ▼음영 처리-색상 창을 클릭합니다. 임의의 색을 하나 선택하고 [확인]을 클릭합니다.

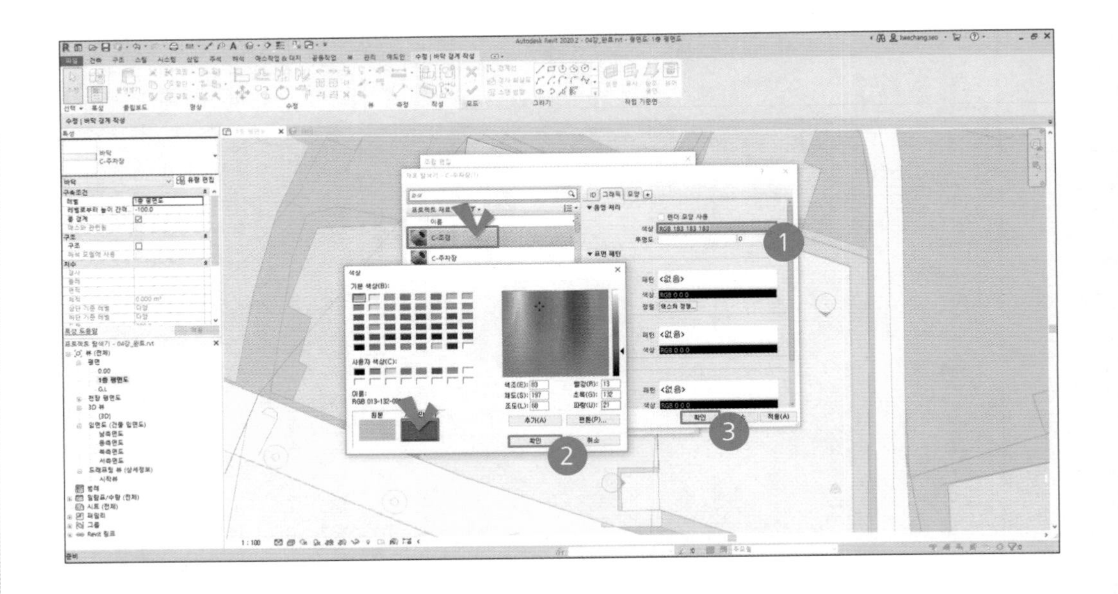

18 모든 설정이 완료되었습니다. [확인]을 연달아 클릭하여 창을 닫고, 상단의 [편집 모드 완료]를 클릭하여 완료합니다.

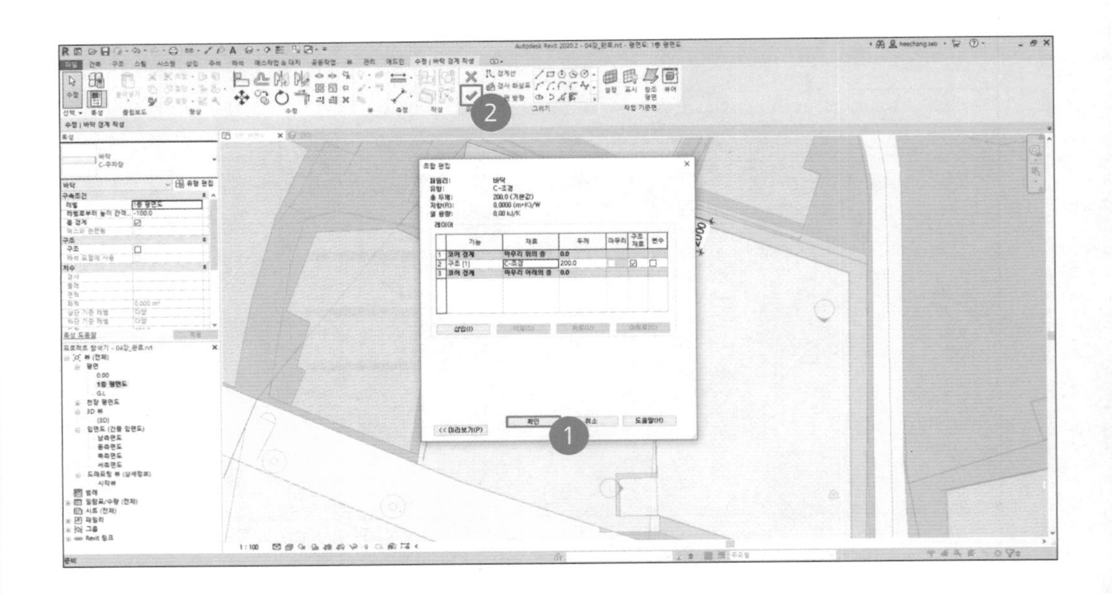

19 이번엔 주차선을 패밀리로 가져와 작성하겠습니다. [건축]탭 ➡ [구성요소]를 클릭합니다.

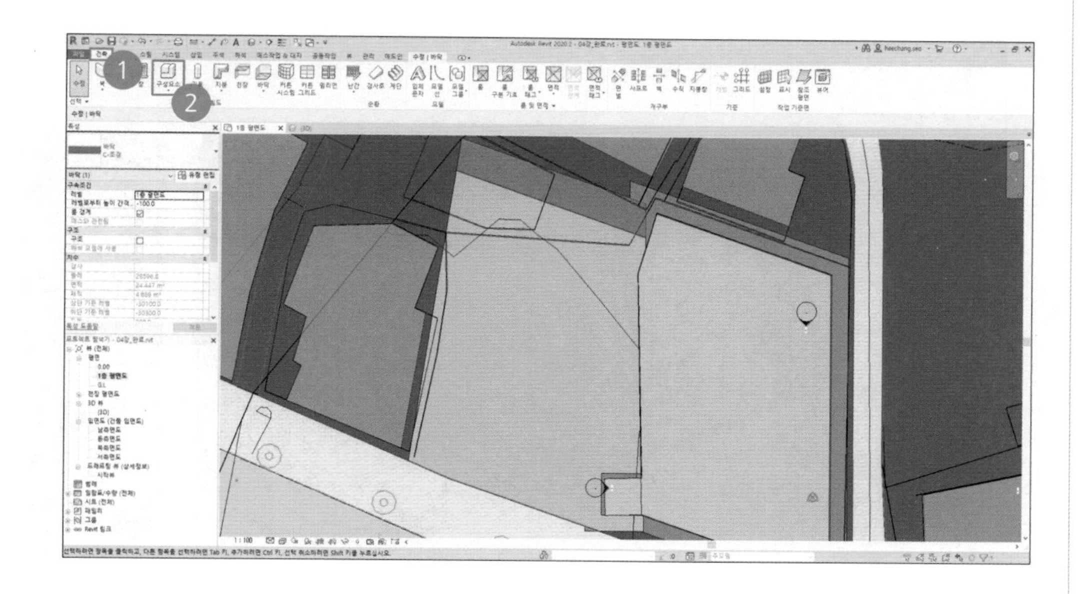

20 [수정|배치 구성요소]탭 ➡ [패밀리로드]를 클릭합니다. ₩예제파일₩05강₩패밀리 “C-주차라인.rvt” 패밀리를 선택 후 [열기]를 클릭합니다.

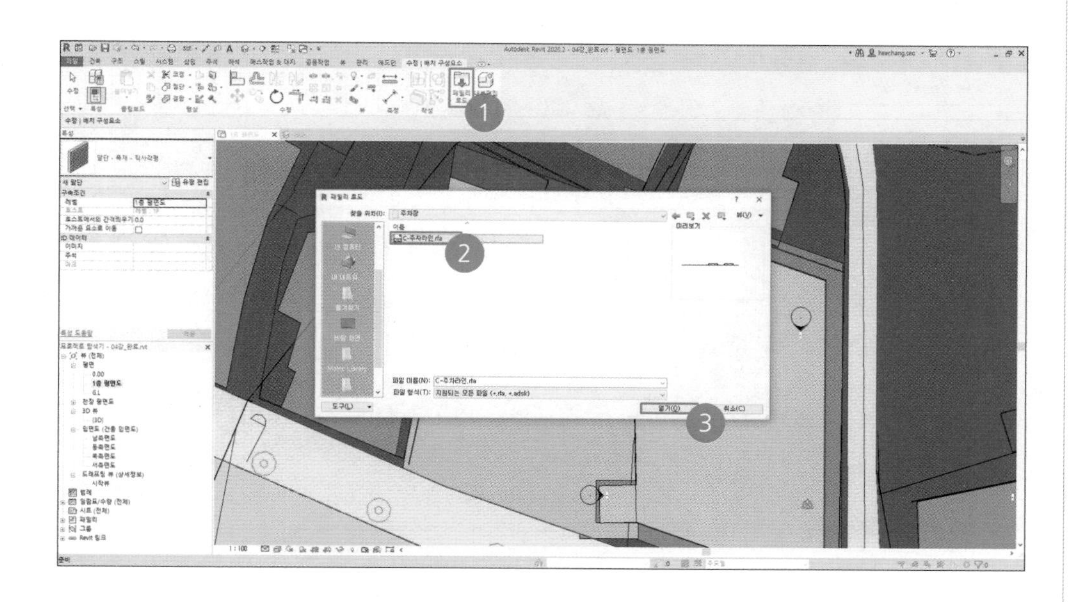

21 "C-주차장" 바닥에 한 번 클릭해서 주차라인 패밀리를 배치하고, ESC를 두 번 누릅니다. (배치 위치는 이후에 조정하기 때문에 중요하지 않습니다.)

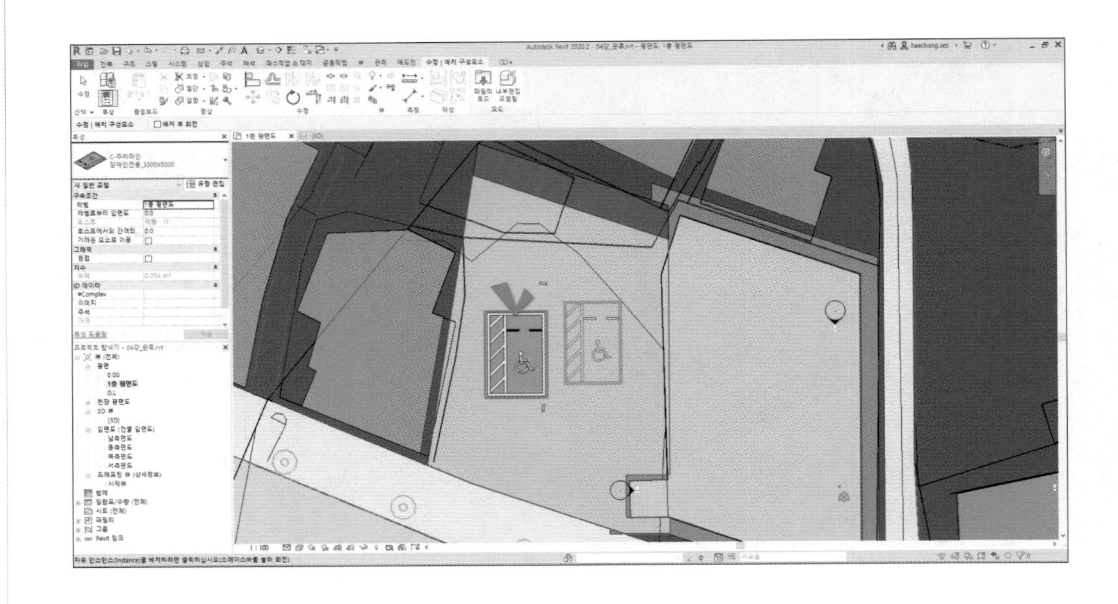

22 "정렬"을 사용해서 주차라인 패밀리를 "C-주차장" 바닥의 끝에 맞춰 정렬합니다.

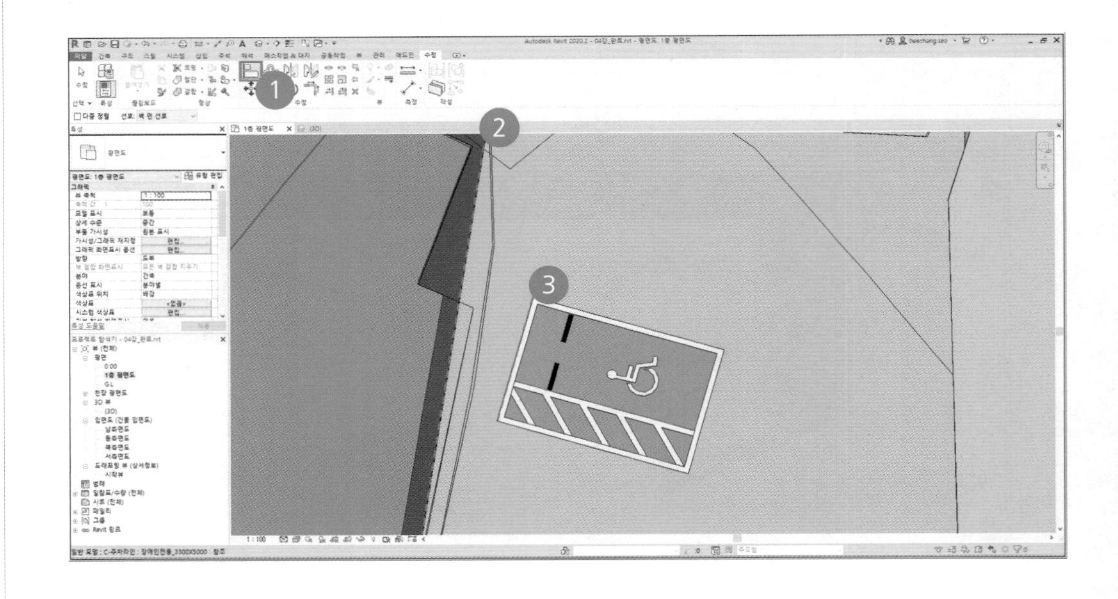

23 "이동"을 사용해서 주차라인 패밀리를 한쪽 끝으로 배치합니다.

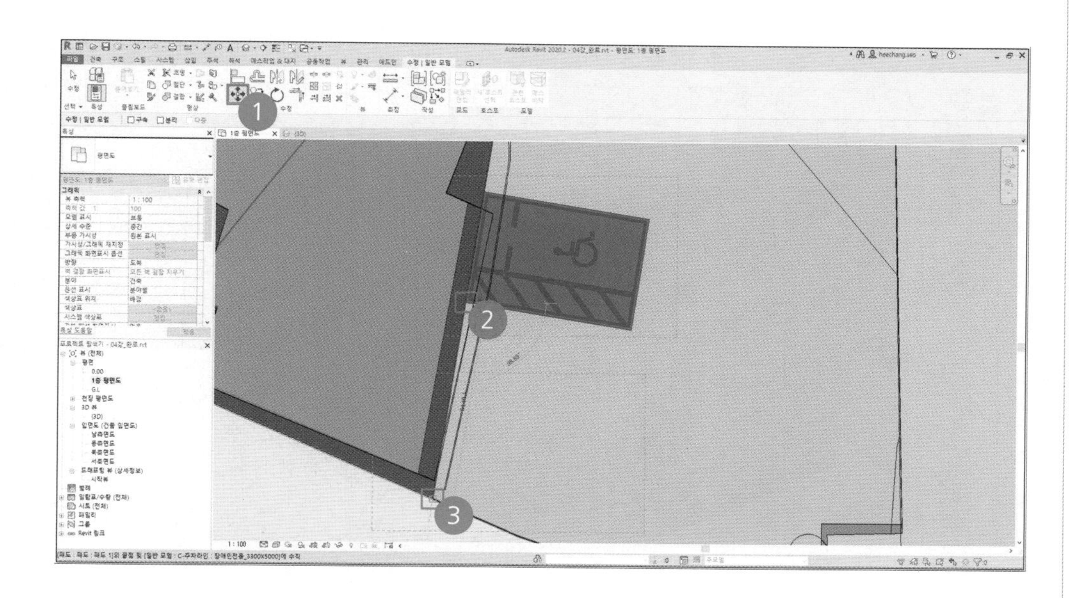

24 "복사"를 사용해서 주차라인 패밀리를 옆에 나란히 복제합니다.

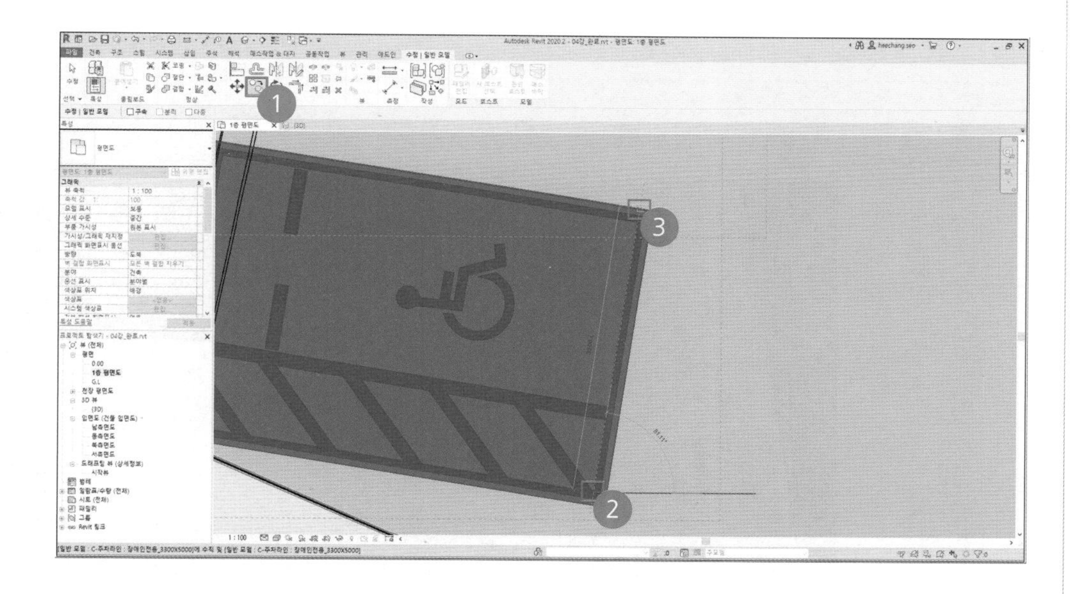

25 주차라인 패밀리를 선택하고, "특성" 창에서 유형을 "주차_기본형_2500×5000"으로 변경합니다.

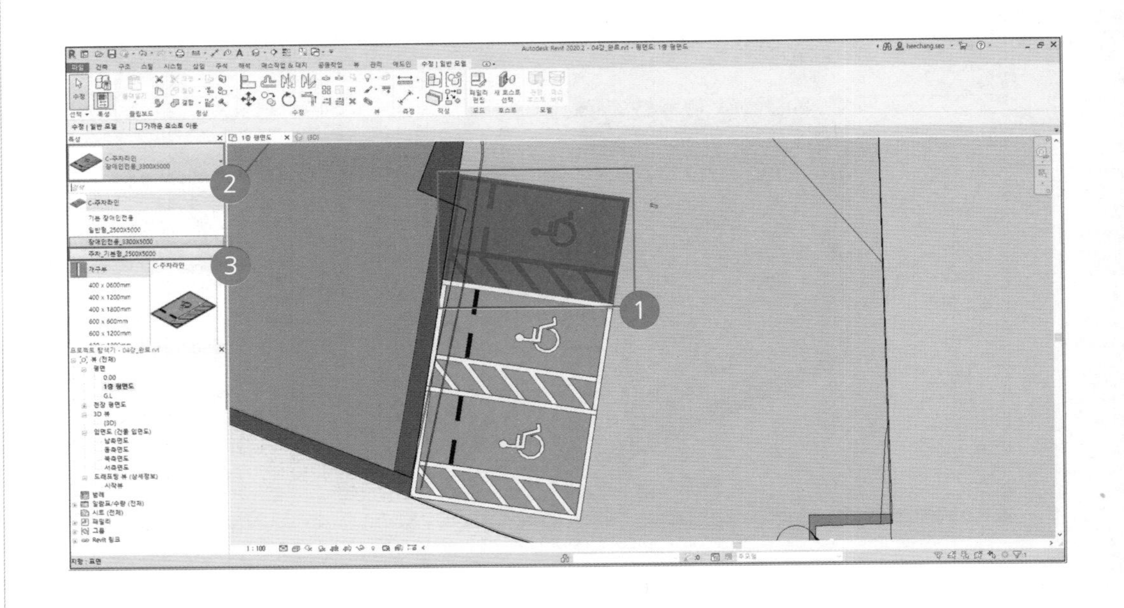

26 변경한 유형의 주차라인을 "이동"을 사용하여 재배치합니다.

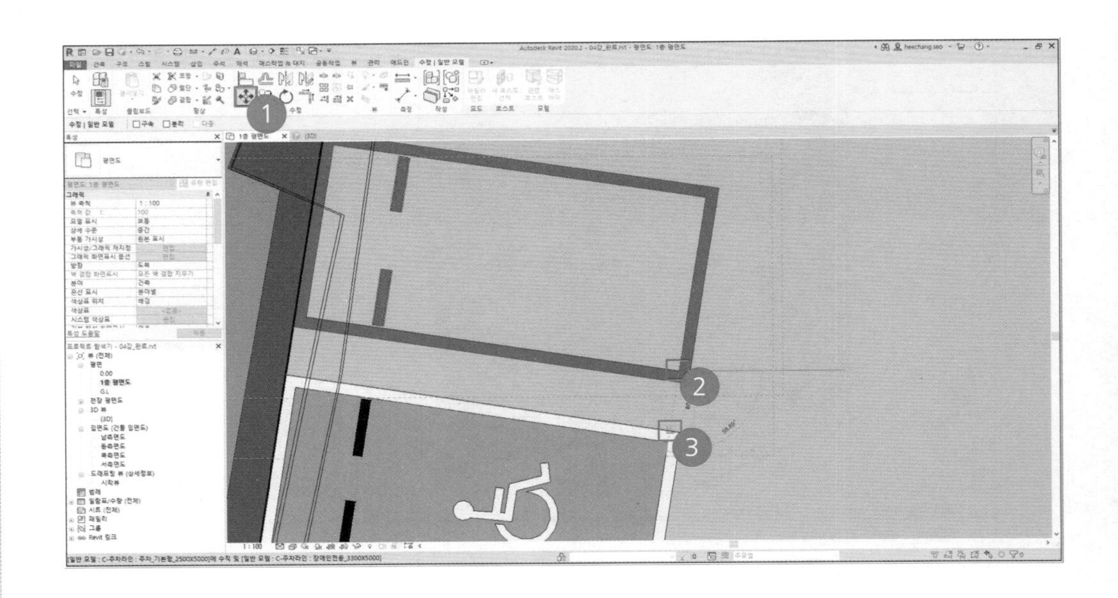

27 주차라인을 복사, 회전, 정렬 등을 사용하여 추가로 배치합니다.

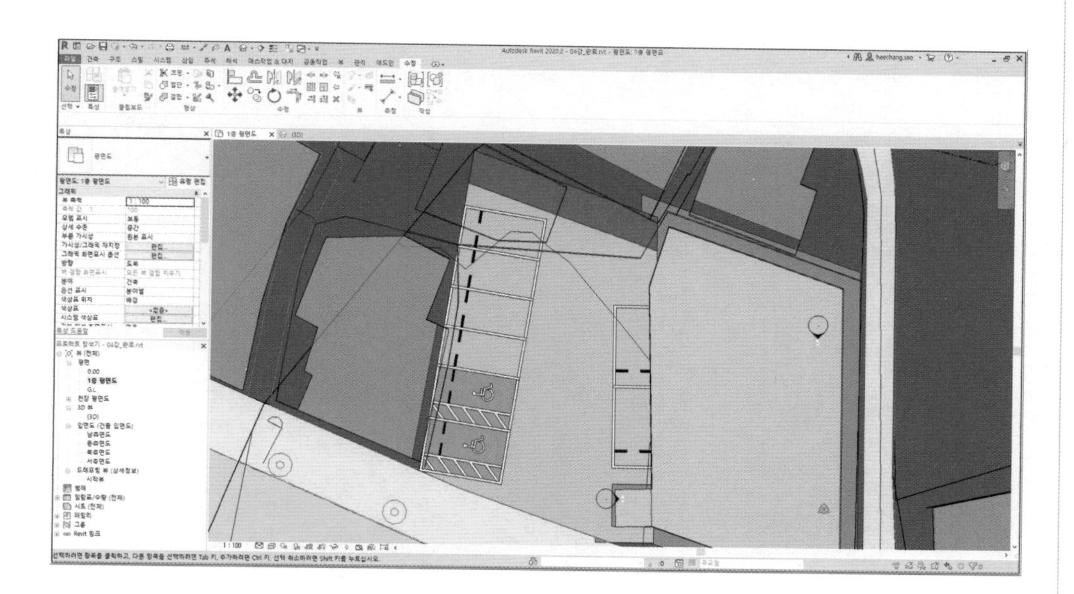

- 한솔아카데미 자료실 www.bestbook.co.kr
- BIMer 온라인커뮤니티 https://blog.naver.com/bimfactory

BIMFACTORY
COMPANY

제 6 편

계획 구조 설계

그리드 · 레벨

Section

06

계획 구조 설계
그리드 · 레벨

6강에서는 설계 프로젝트의 기준이 되는 그리드 및 레벨 작성방법에 대하여 익혀 보겠습니다.
설계의 기준이 되는 작업 중의 하나인 그리드 및 레벨 작성은 BIM 모델링을 시작하기 전 필수적인 작업입니다.
본 강의를 통해 그리드 및 레벨 작성 방법에 대하여 확실히 학습하시기 바랍니다.

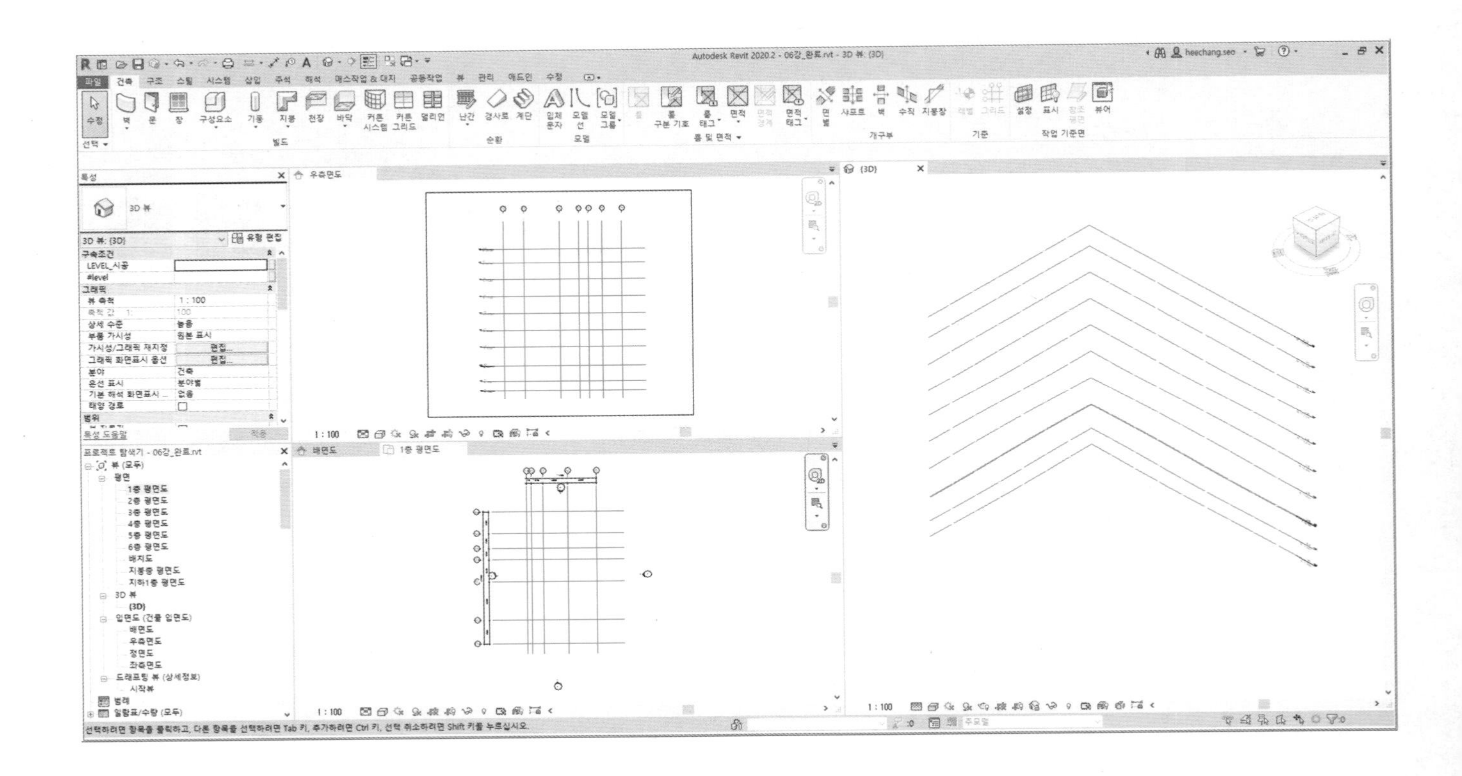

POINT!!

- 그리드 및 레벨 작성하기
- 기준 레벨을 활용한 평면뷰 생성하기

chapter 01 그리드 작성

1 Revit을 실행합니다.
모델 창 [열기] 클릭 ➡ ₩예제파일₩06강₩06강_시작.rvt를 선택하고 [열기]를 클릭합니다.

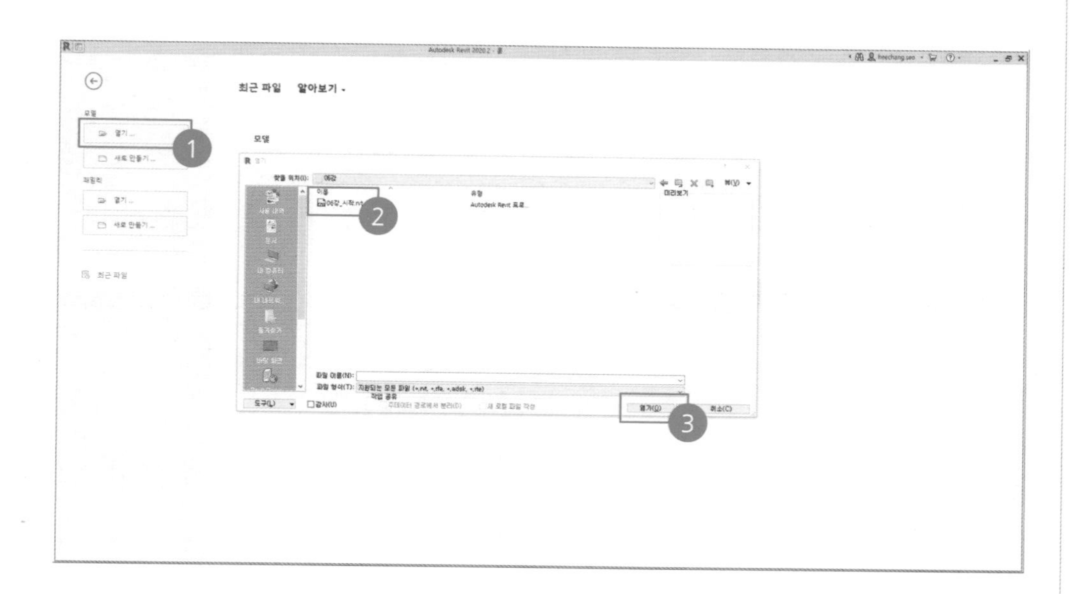

2 그리드 작성은 평면 뷰에서 작성이 가능합니다. 프로젝트 탐색기창의 "1층 평면도"를 엽니다.

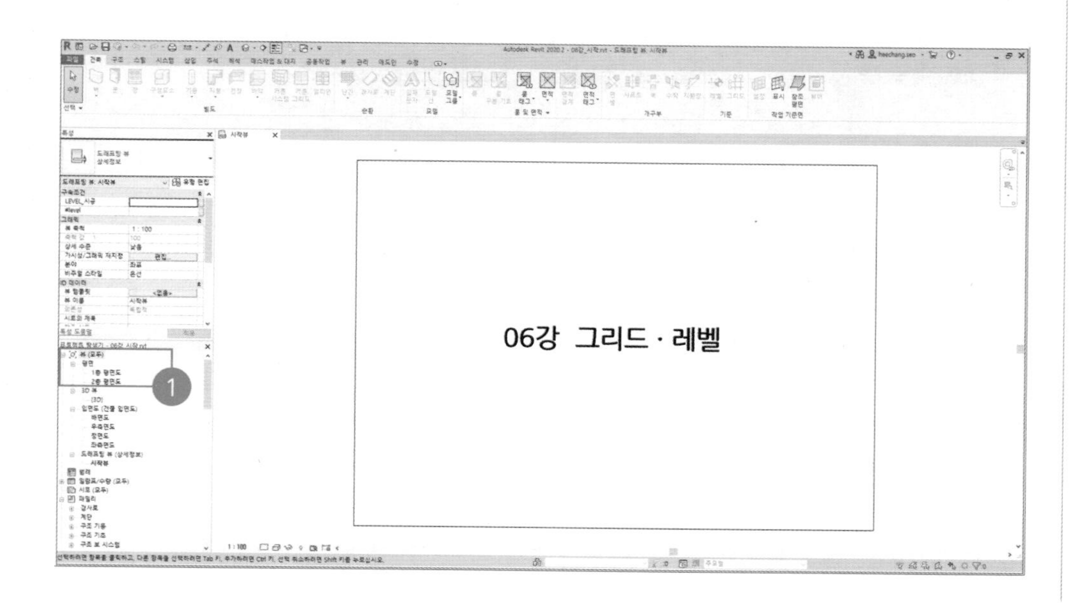

3 1층 평면도가 활성화 되었습니다.

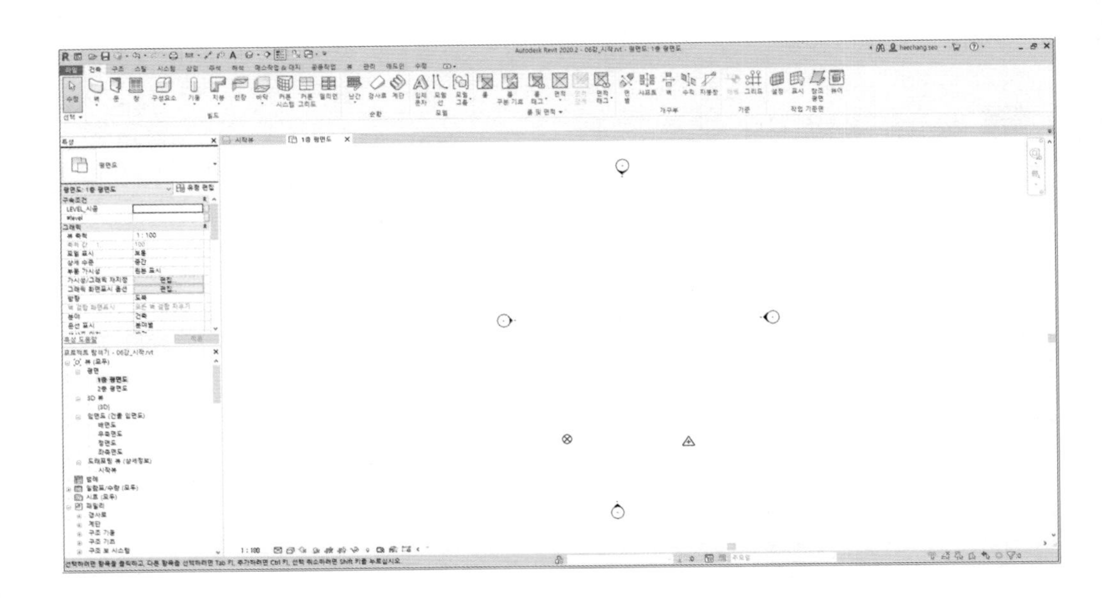

4 특성창의 그래픽탭-가시성/그래픽 재지정[편집]을 클릭합니다. 모델 카테고리 탭에서 매스를 체크하고 [확인]을 클릭합니다.

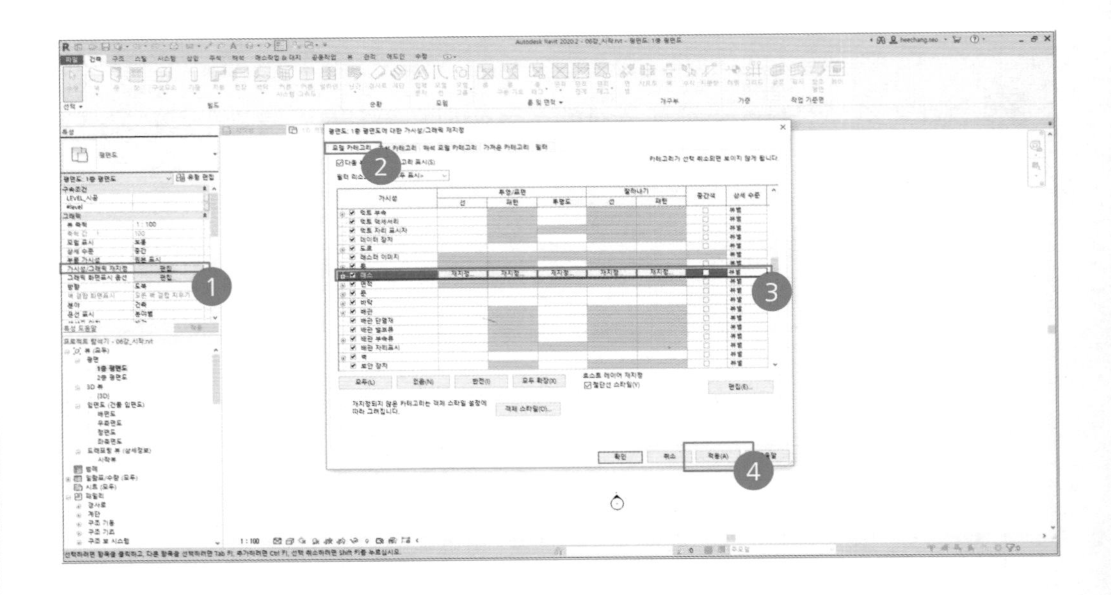

가시성/그래픽 재지정

AutoCad의 레이어 개념으로 화면 내 보이는 각종 설정을 할 수 있습니다.
단축키: VV

5 1층 평면도에서 계획했던 매스를 볼 수 있습니다.
[건축]탭 ➡ [그리드] 도구를 클릭 합니다.

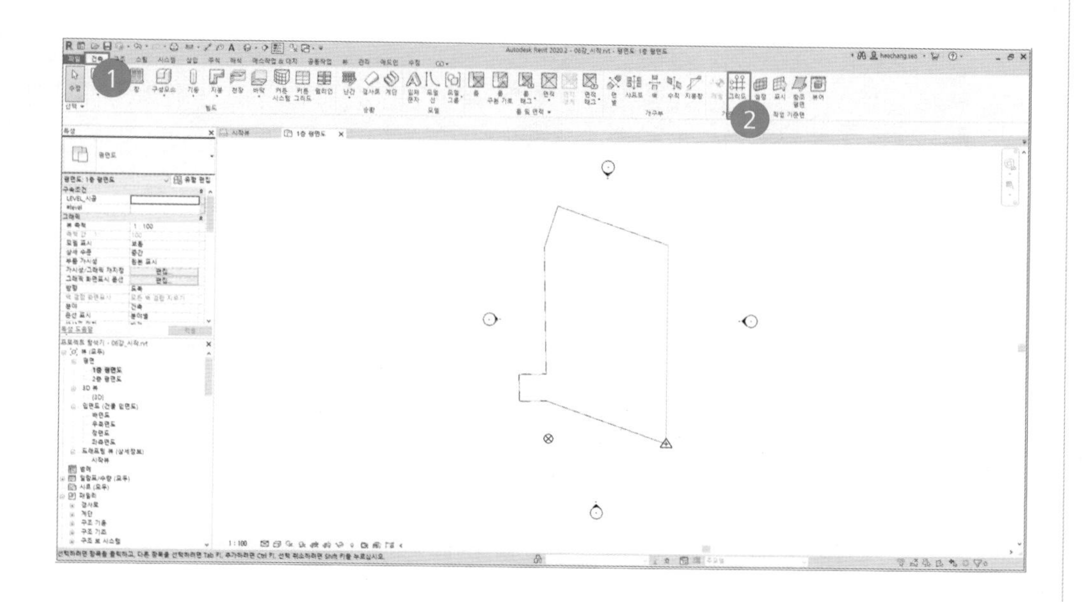

6 프로젝트 기준점을 시작으로 다음과 같이 1번(프로젝트 기준점) ➡ 2번 순서대로 클릭하여 그리드를 그려줍니다.

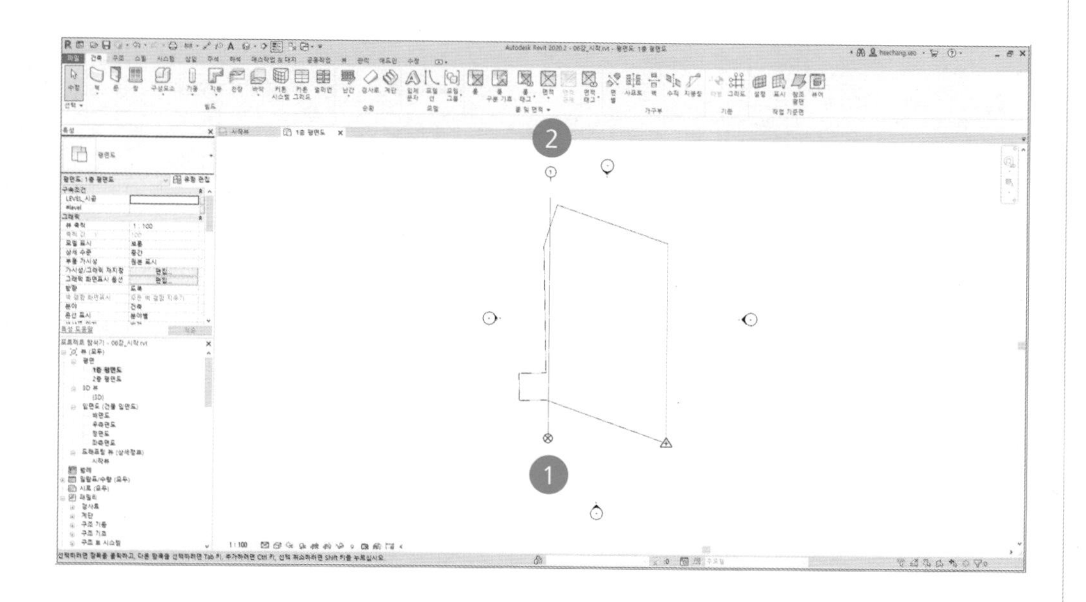

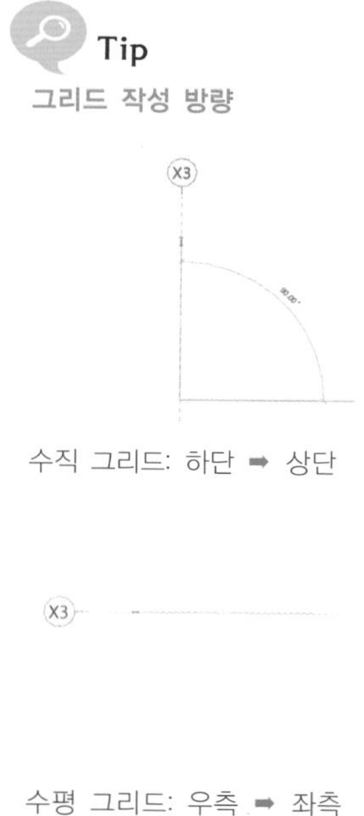

Tip
그리드 작성 방량

수직 그리드: 하단 ➡ 상단

수평 그리드: 우측 ➡ 좌측

7 [건축]탭 ➡ [그리드] 도구 클릭 옵션바의 간격띄우기 값에 "770"을 입력합니다. 그 다음, 그리기도구 중 [선 선택]을 클릭하고 처음 생성한 그리드선에 마우스를 올리면 작성미리보기선이 표시됩니다.

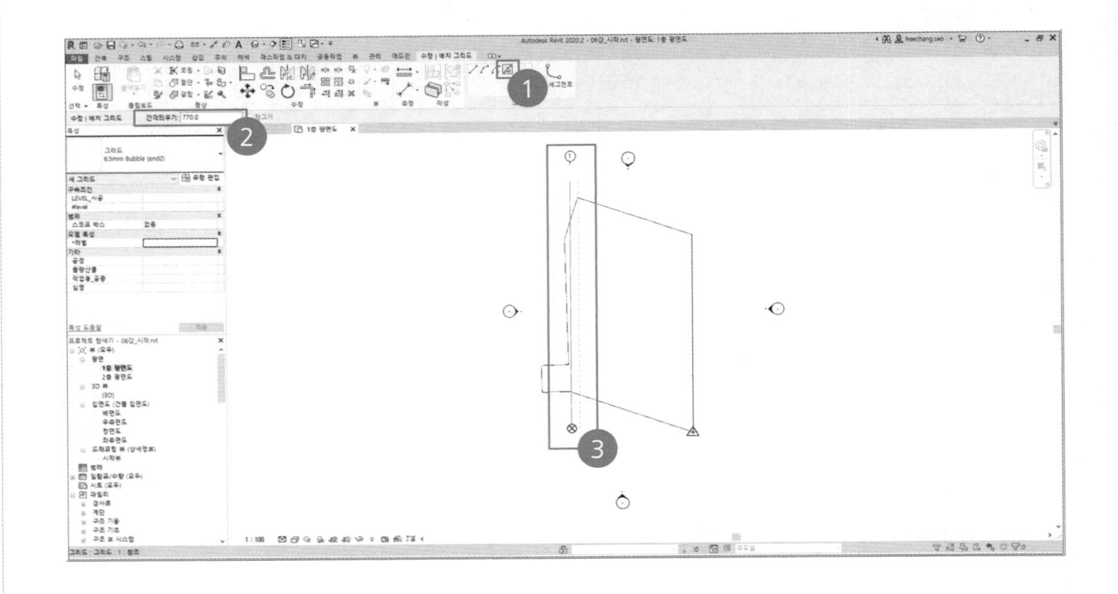

8 미리보기가 우측으로 표시되도록 마우스 방향을 조정하고 선을 클릭합니다. 두 번째 그리드가 생성된 것을 확인할 수 있습니다.

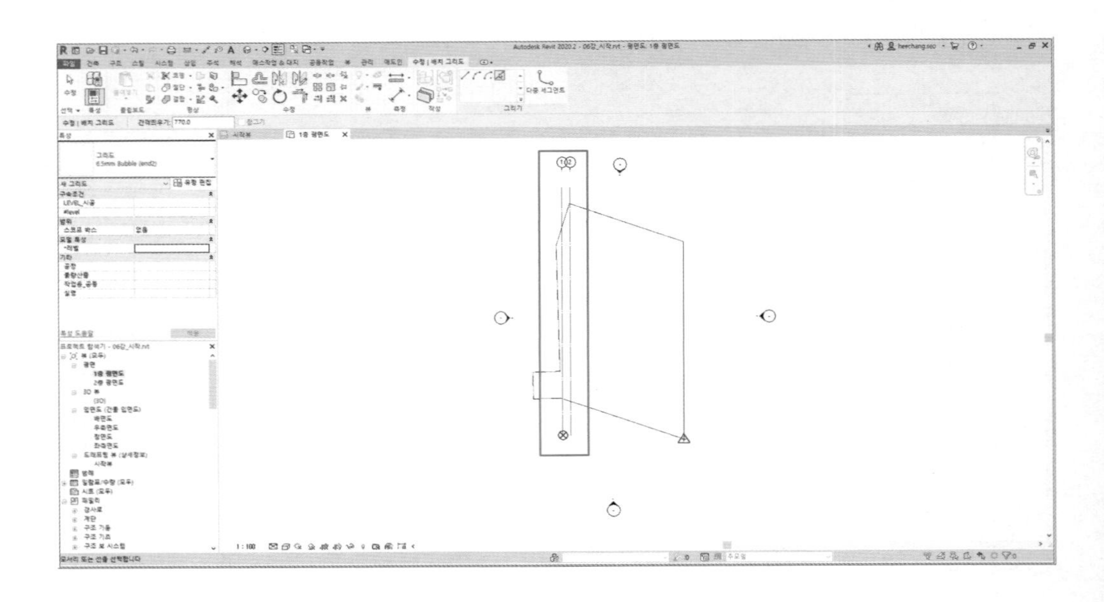

9 앞에서 설명한 그리드 작성 방법을 사용하여 세로 축 그리드를 완성합니다. (프로젝트에서 계획된 그리드 간격은 "770", "1830", "4000", "4600" 입니다.)

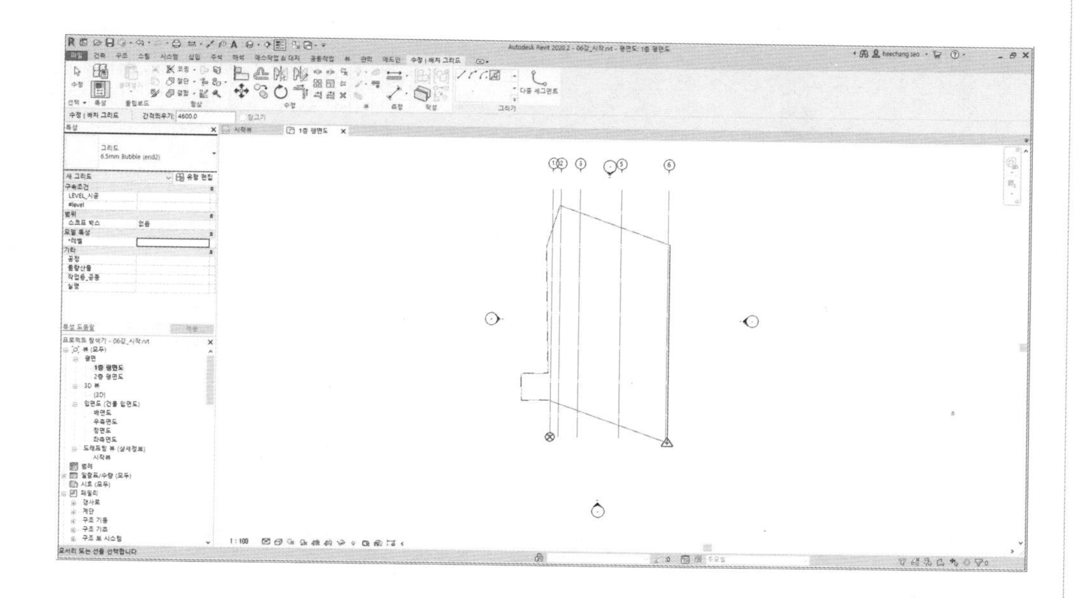

10 이번엔 수평 그리드를 작성하겠습니다. 수평 그리드는 1번 ➡ 2번 순서대로 클릭하여 작성하면 왼쪽에 그리드 헤드가 위치하도록 작성됩니다.

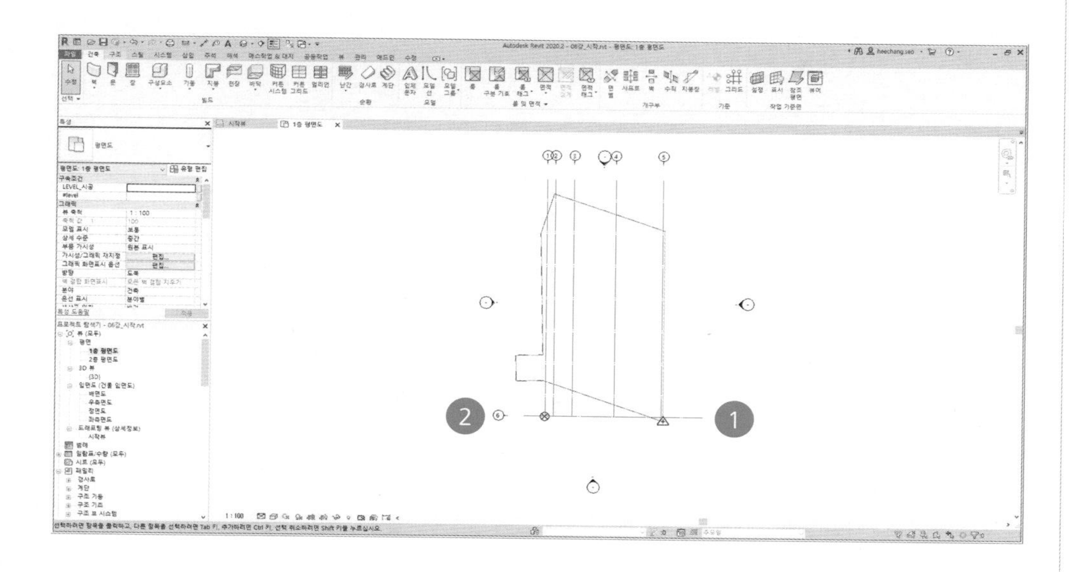

Tip

단축키

복사 – CO

11 가로축 그리드는 [복사] 기능을 이용하여 작성해 보도록 하겠습니다. 새로 작성된 그리드를 선택 후 상단 [복사] 도구를 클릭합니다.

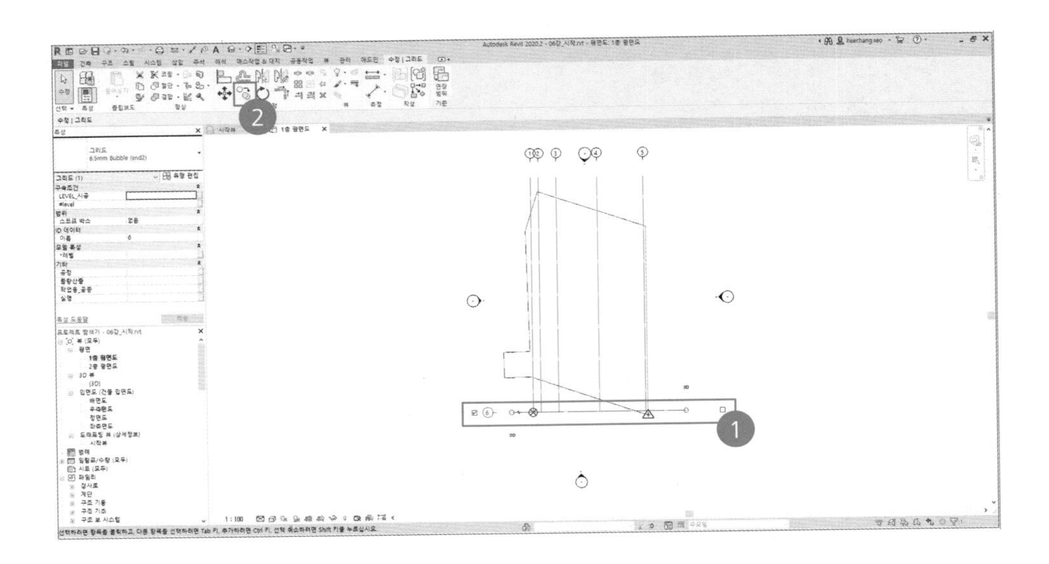

12 작성하고자 하는 방향으로 마우스 커서를 옮기면, 작성미리보기와 간격이 표시됩니다.

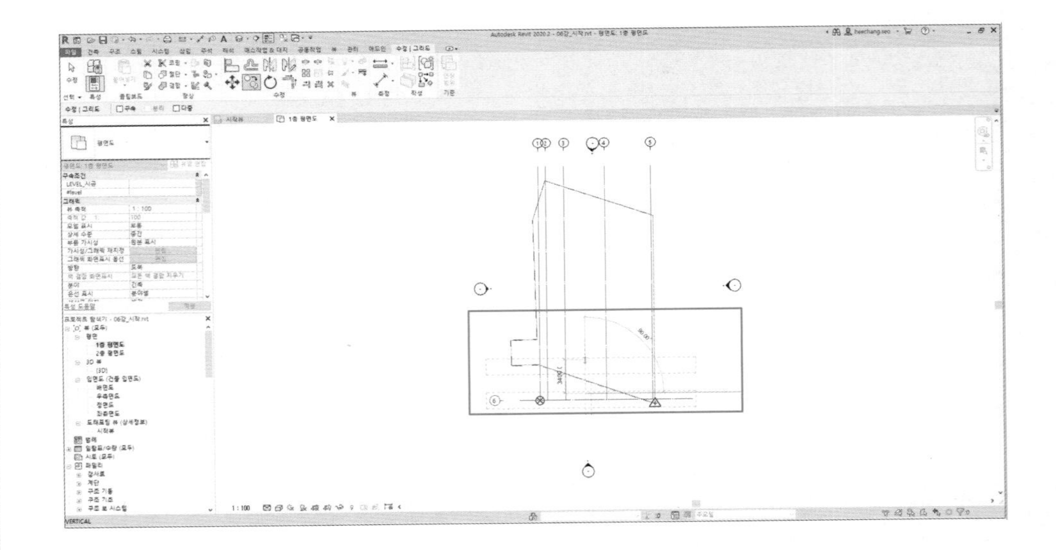

13 첫 번째 계획값인 “3900”을 입력하고 엔터를 눌러줍니다.

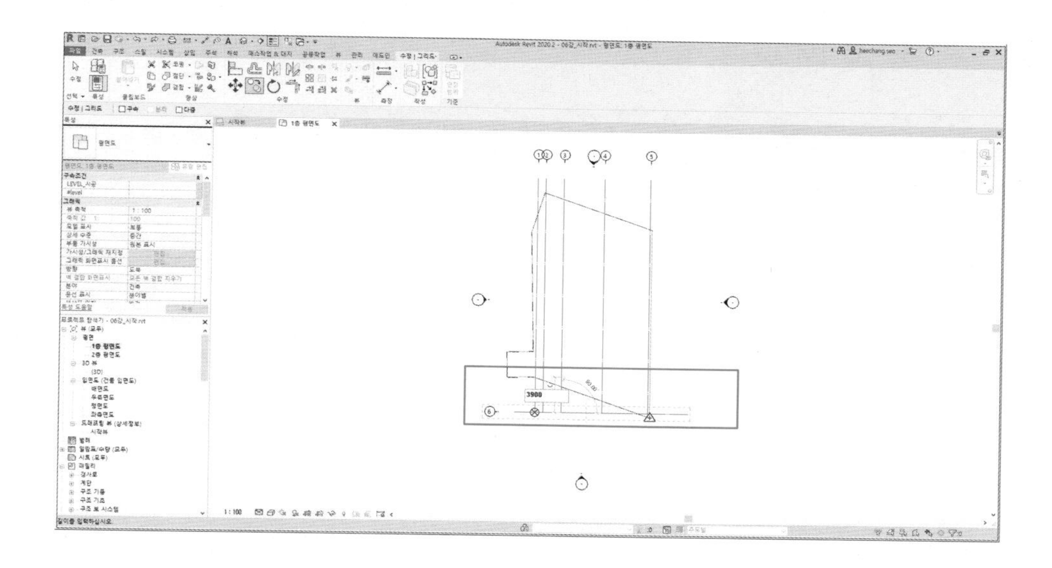

14 두 번째 그리드가 생성 되었습니다.

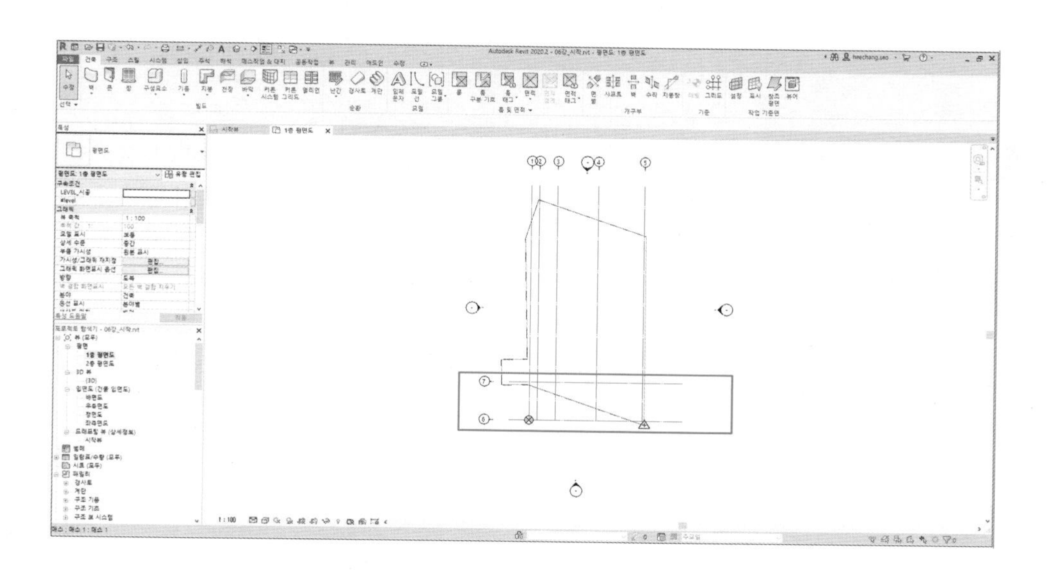

단축키

- 열린 창 배열 : WT
- ZOOM EXTEND : ZE, ZA

15 동일한 방법으로 총 7개의 수평 그리드를 작성합니다.
(프로젝트에서 계획된 그리드 간격은 "3900", "6600", "3650", "1850", "2500" "3780" 입니다.)

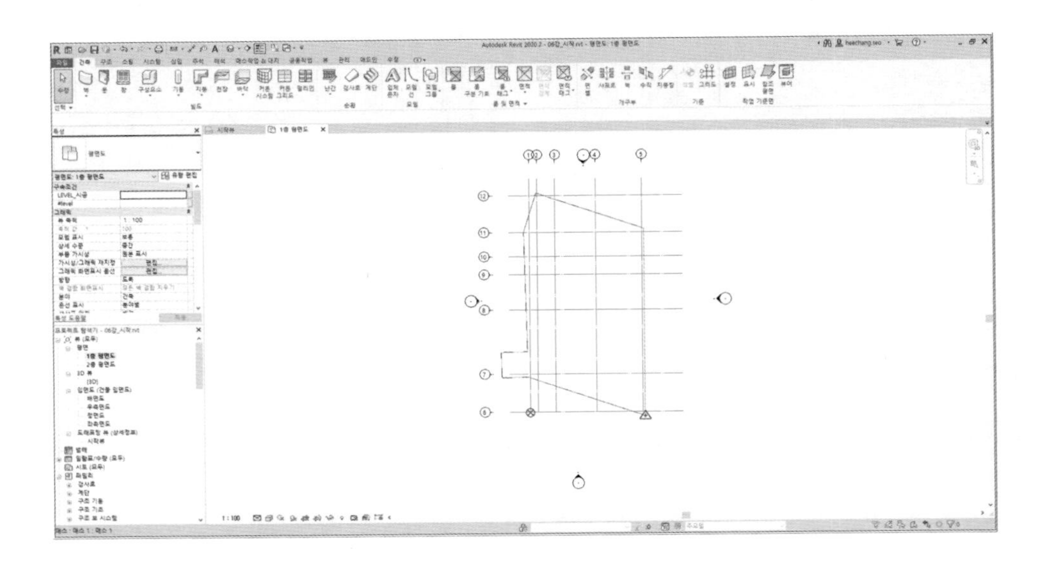

Tip

고정

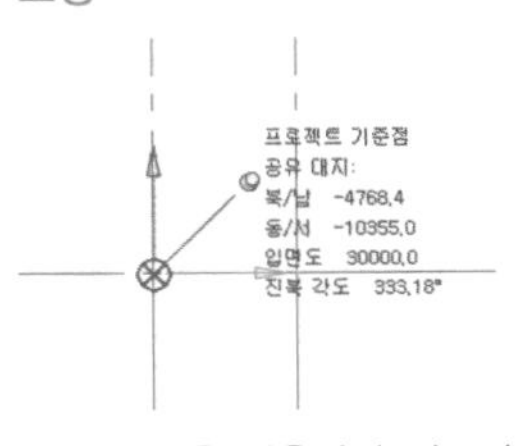

고정 기능을 활용하여 의도치 않은 편집 위험을 방지합니다.
단축키 고정 (PN)
단축키 고정 해제 (UP)

16 프로젝트 기준점과 조사점은 작업 중 의도치 않은 편집의 위험이 있으므로 뷰에서 숨겨주는 것이 좋습니다. 특성창의 그래픽탭–가시성/그래픽재지정[편집]을 클릭합니다. 모델 카테고리탭에서 "대지" 항목의 [+] 버튼을 확장한 뒤, 조사점과 프로젝트 기준점의 체크를 해제합니다.

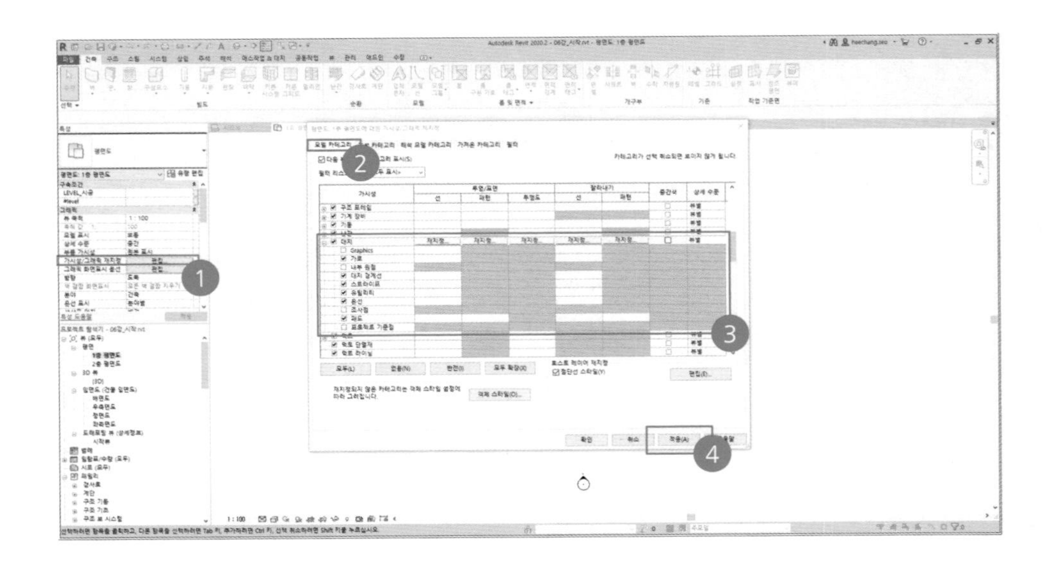

17 그리드를 선택하면, 양 끝점에 원이 표시됩니다. 이 원을 선택하고 드래그하여 그리드의 길이를 조절할 수 있습니다.

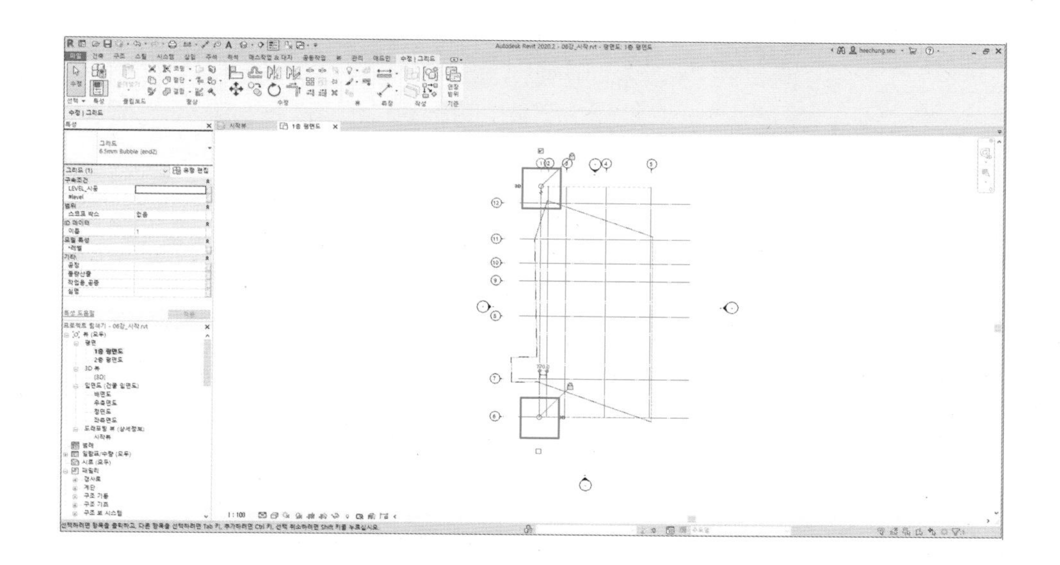

18 이제 그리드의 이름을 변경하겠습니다. 그리드의 헤드부분을 더블클릭하면 문자 수정이 가능해집니다. 수직그리드의 왼쪽 첫번째부터 "Y1"에서 "Y5"로 이름을 변경합니다.

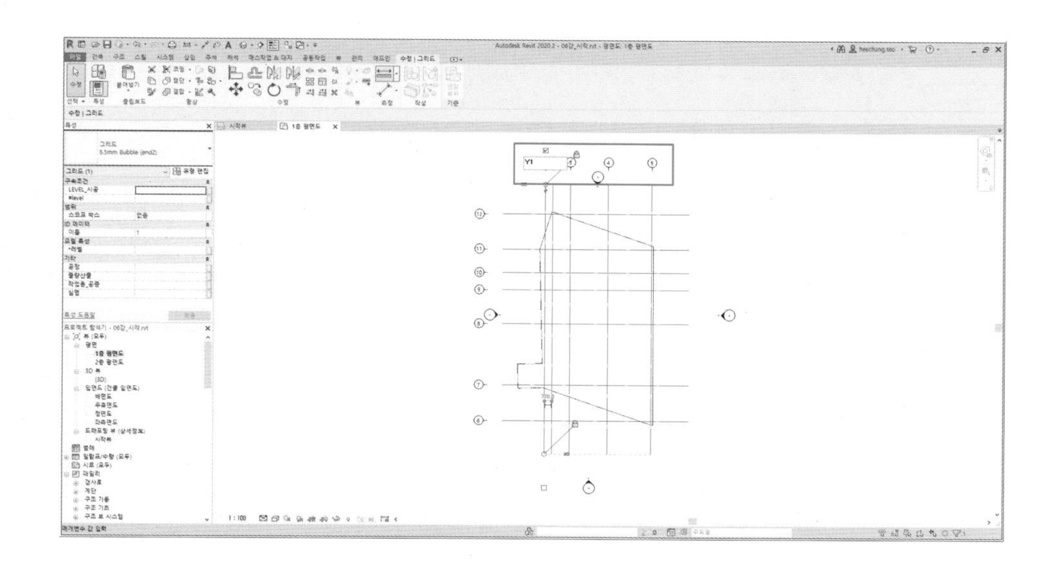

Tip

그리드 번호

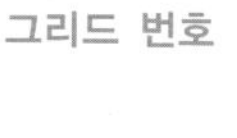

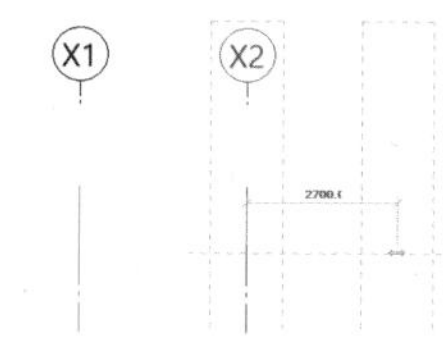

최소 기준이 되는 그리드 번호를 변경하고 복사 또는 그리드 생성을 하게 되면 다음 그리드 번호가 자동 생성됩니다.

19 동일한 방법으로 수평 그리드의 맨 아래부터 "X1"에서 "X7"로 이름 변경합니다.

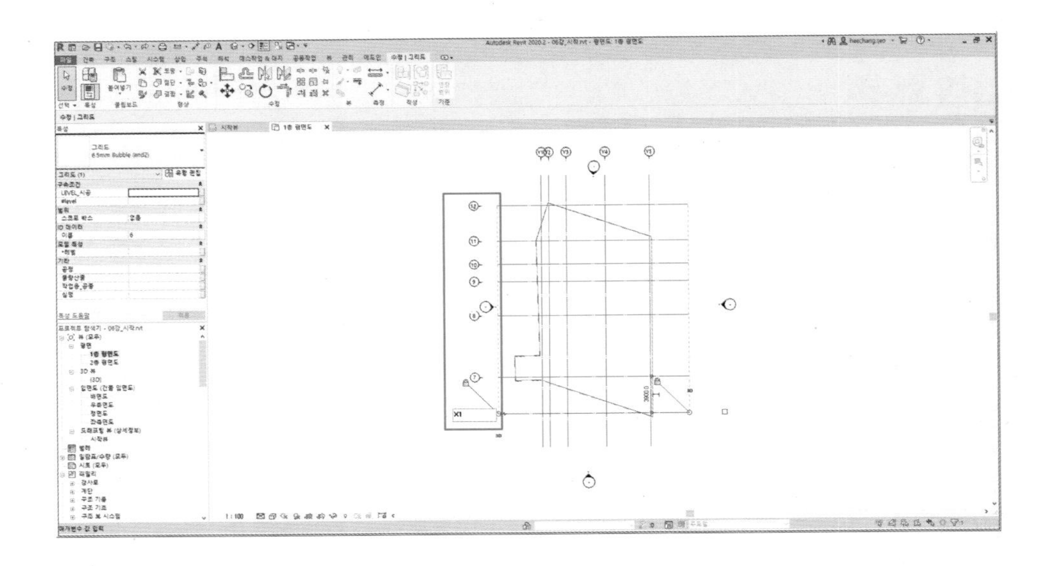

20 설계 프로젝트의 기준이 되는 그리드가 완성 되었습니다.

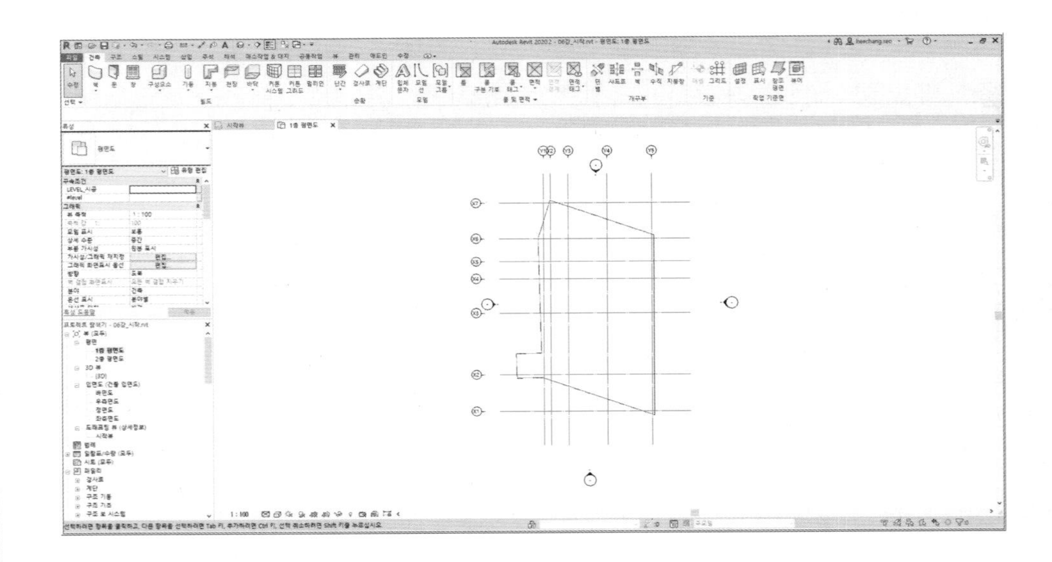

chapter 02 레벨 작성

1 설계 프로젝트의 기준이 되는 레벨을 작성해 보겠습니다.
레벨 작성은 입면뷰에서 작성이 가능합니다. [프로젝트 탐색기] ➡ [입면도] ➡ [정면도]를 클릭하여 입면뷰를 열도록 합니다.

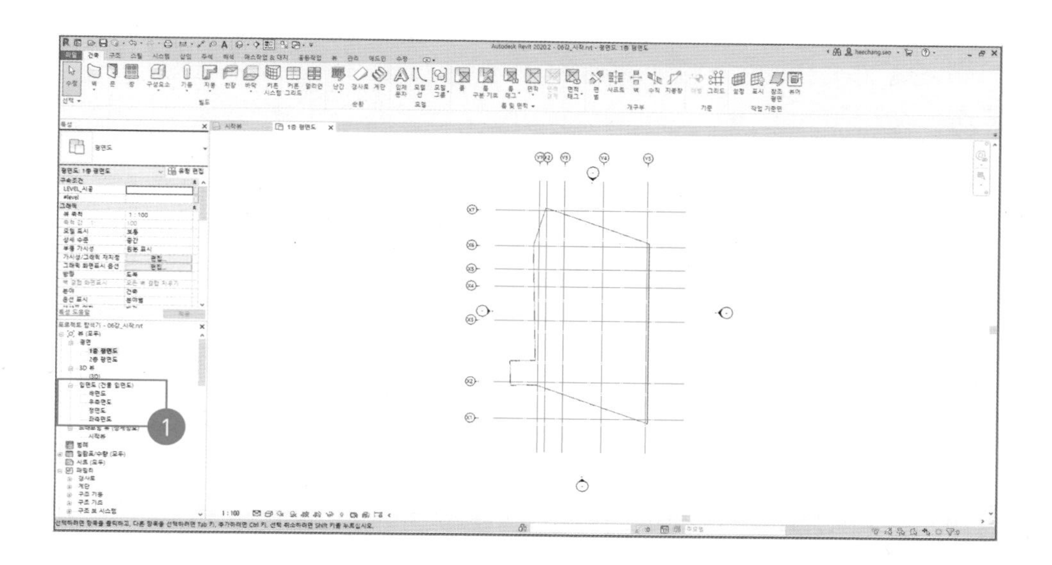

2 정면도가 활성화 되었습니다. [건축]탭 ➡ [레벨] 도구를 클릭 합니다.

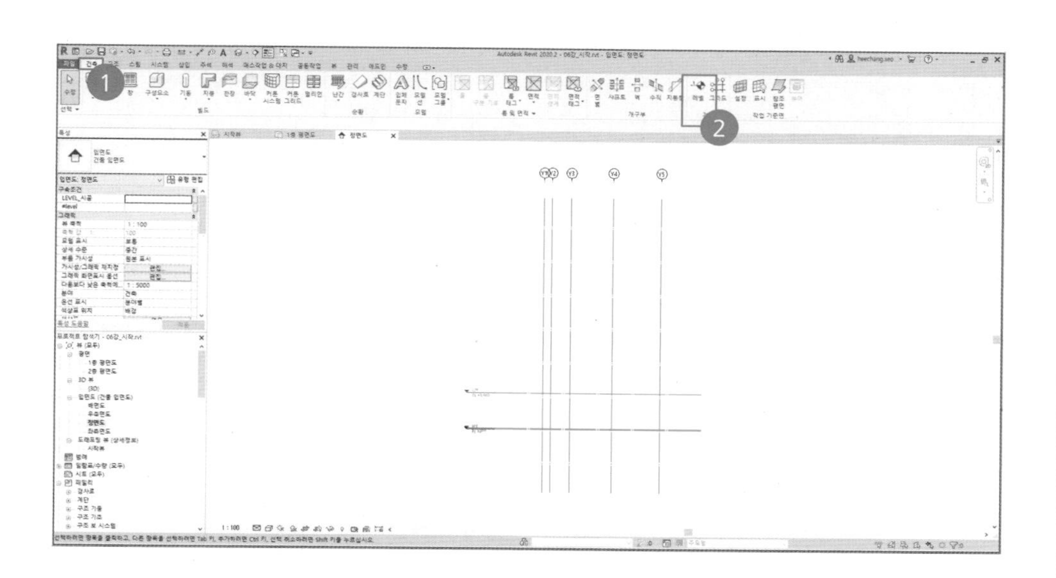

Tip

유형 선택기

요소를 배치하는 도구가 활성화되어 있거나 같은 유형의 요소를 도면 영역에서 선택하면 특성 팔레트 상단에 유형 선택기가 표시됩니다. 유형 선택기는 현재 선택된 패밀리 유형을 식별하고 다른 유형을 선택할 수 있는 드롭다운을 제공합니다.

3 [선 선택] 클릭 후 “간격띄우기”에 계획한 그리드 값을 입력하여 줍니다.
“간격띄우기:3300”값 입력 후 L2F 그리드에 마우스를 올려놓고, 하단 이미지와 같이 가이드라인이 나타나면 클릭합니다.

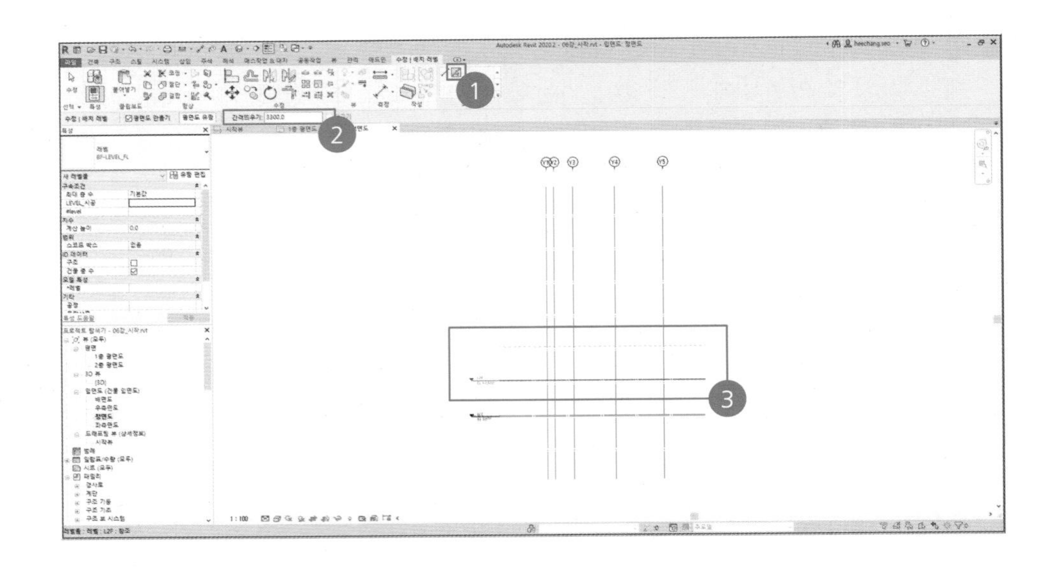

4 새로운 레벨 “L2G(사용자별 상이할 수 있음)”가 생성 된 것을 확인 할 수 있습니다. [프로젝트 탐색기] ➡ [평면]에도 새로운 평면이 생성 됩니다.

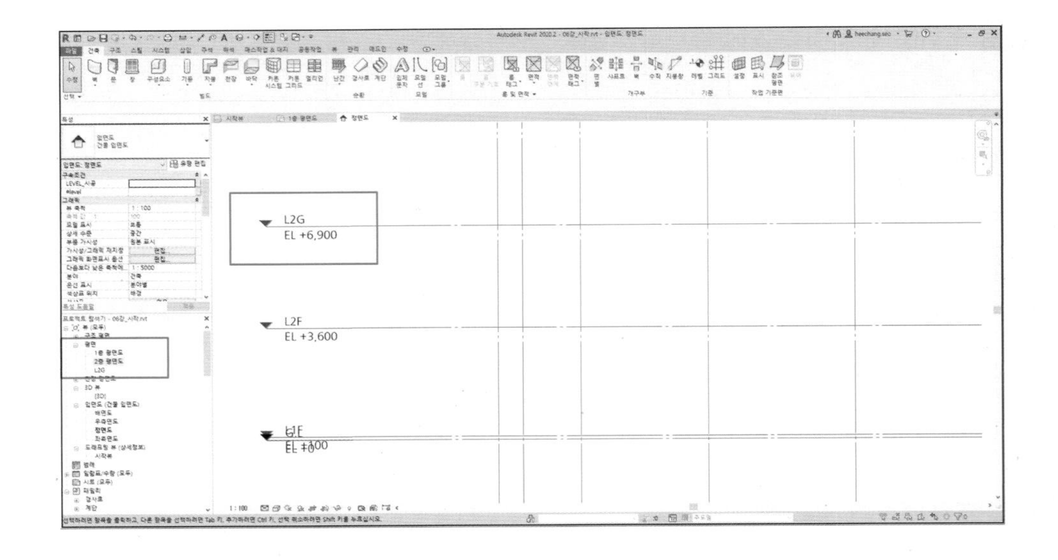

5 레벨의 이름을 변경해 보겠습니다.
새로 생성된 "L2G" 레벨을 확대 후 더블 클릭합니다. 문자를 설계 스타일에 맞게 변경합니다.

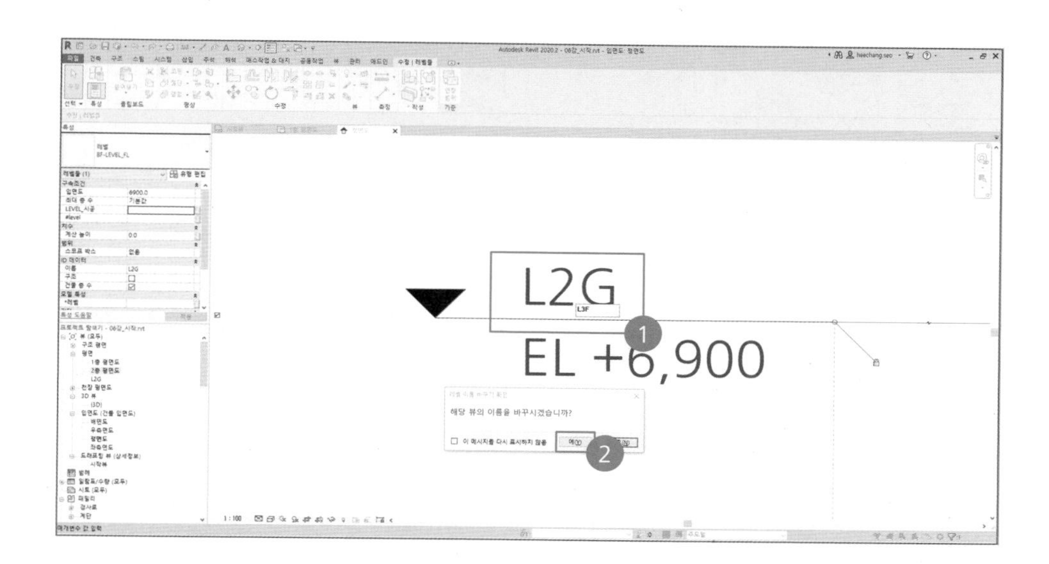

6 레벨 이름이 변경된 것을 확인 할 수 있습니다.

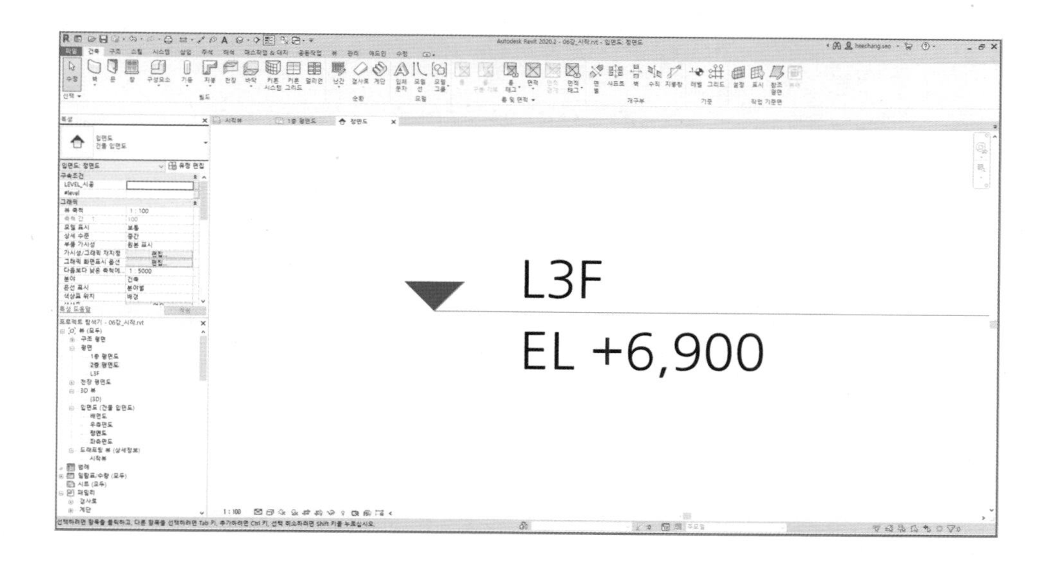

7 앞에서 설명한 레벨 작성 방법을 사용하여 프로젝트 레벨을 작성합니다..
(프로젝트에서 계획된 레벨은 "PIT : -5000", "B1F : -3000", "1F: +100", "2F : +3600", "3F : +6900", "4F : +10200", "5F : +13500" "6F : +16800", "PH : +20100", "Roof : +22700" 입니다.)

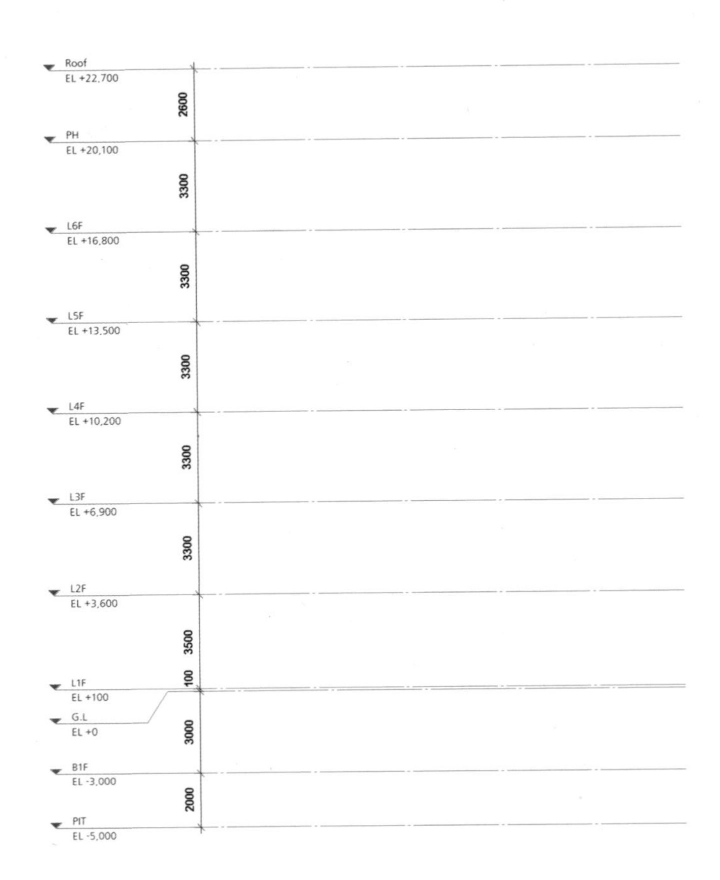

chapter 03 평면도 뷰 생성

1 이제 생성된 레벨에 맞춰 평면뷰를 만들어보겠습니다. 프로젝트 탐색기창의 평면뷰들을 Shift키로 모두 선택 ➡ 키보드의 Delete키 또는 마우스 우클릭하여 삭제합니다.

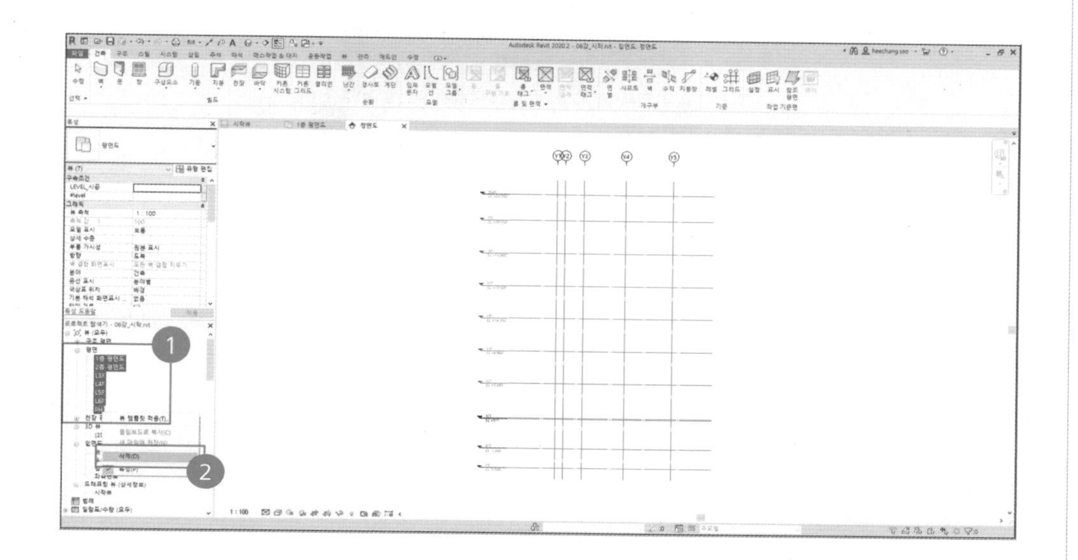

2 [뷰]탭 ➡ [평면도] 확장 화살표 클릭 ➡ [평면도]를 클릭합니다.

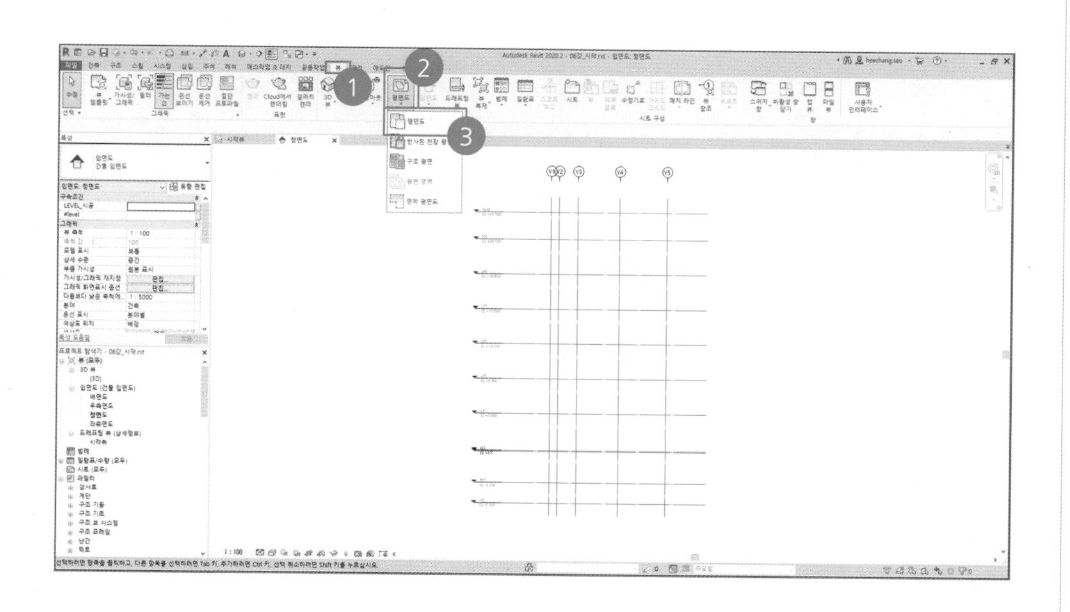

 **Tip**

평면 뷰 작성

레벨 작성 시 [건축]탭 ➡ [레벨]도구 를 사용하여 작성하면 자동으로 평면뷰가 생성 됩니다.
하지만 그리드작성과 같이 [복사]도구를 사용하여 작성하는 경우 각 레벨에 따른 평면뷰를 추가로 생성해야 합니다.

3 [새 평면도] 창이 나타나면 설계 프로젝트에 필요한 뷰를 다중 선택 후 확인 버튼을 눌러 평면뷰를 생성합니다.

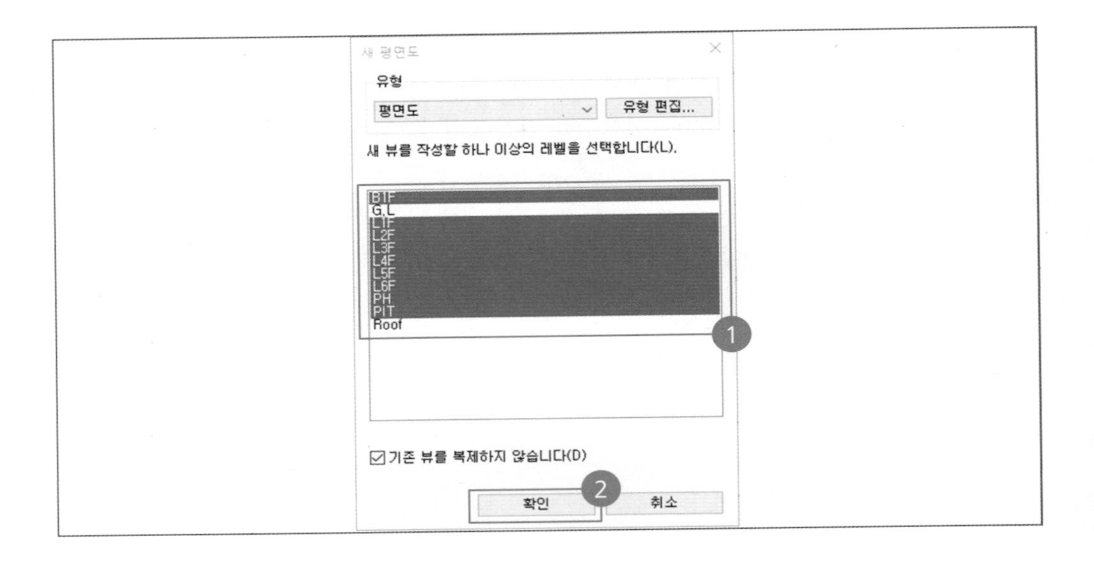

4 프로젝트 탐색기창에 새로 추가된 평면 뷰들을 확인할 수 있습니다.

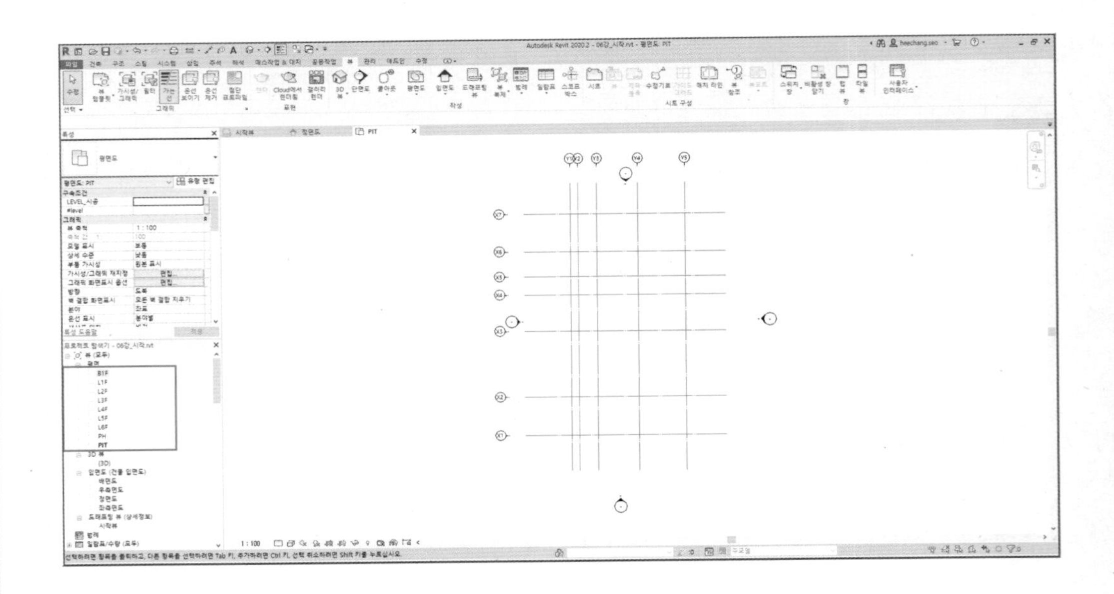

5 평면 뷰의 이름을 변경하겠습니다. 프로젝트 탐색기창에서 “B1F”뷰를 마우스 우클릭 ➡ [이름 바꾸기]를 클릭합니다.

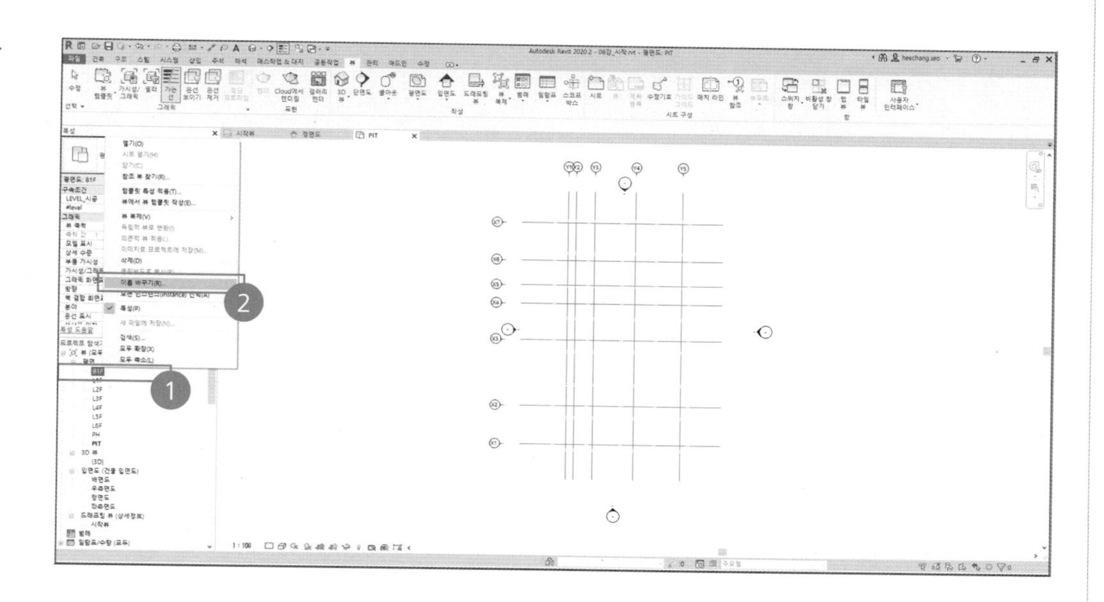

6 “지하1층 평면도”입력 후 엔터를 누르면 안내창〈평면도 이름 바꾸기 확인〉이 나타나는데 평면과 입면의 레벨 이름을 다르게 하기 위하여 [아니요]를 클릭합니다.
- 평면도 도면명 : 지하1층 평면도
- 입면, 단면 레벨 표기 : B1F

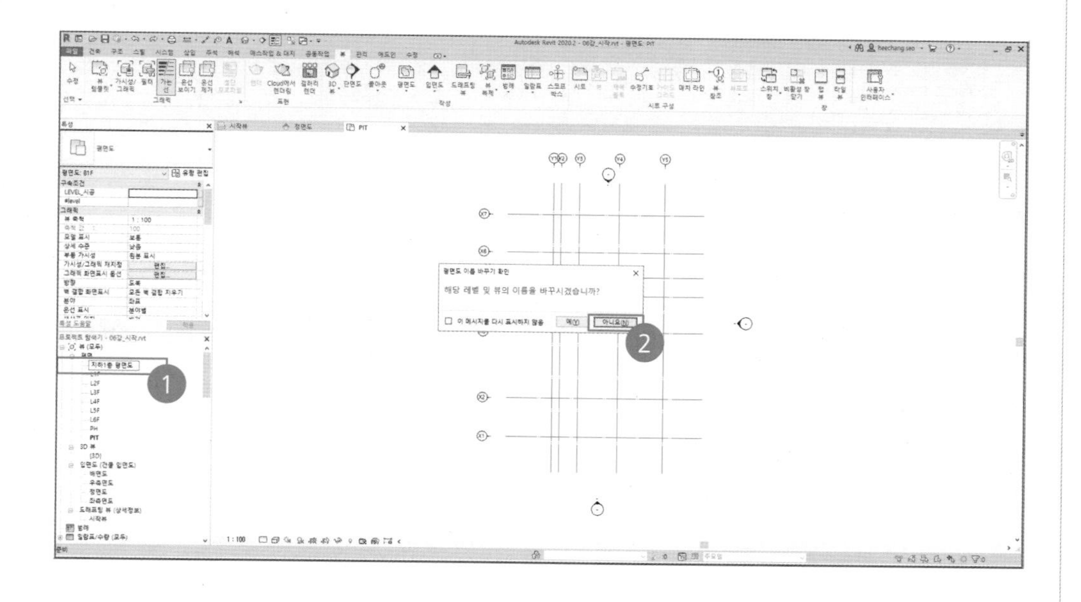

7 "지하1층 평면도"로 뷰 이름이 변경되었습니다.

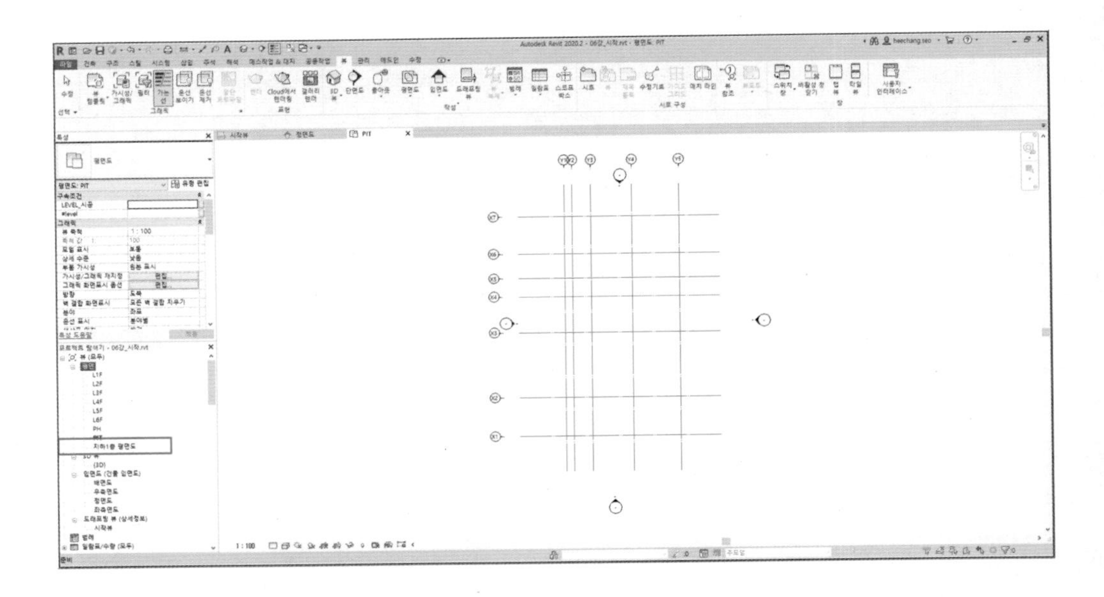

8 앞에서 설명한 평면도 이름 수정 방법을 통해 이미지와 같이 평면도 이름을 완성합니다.

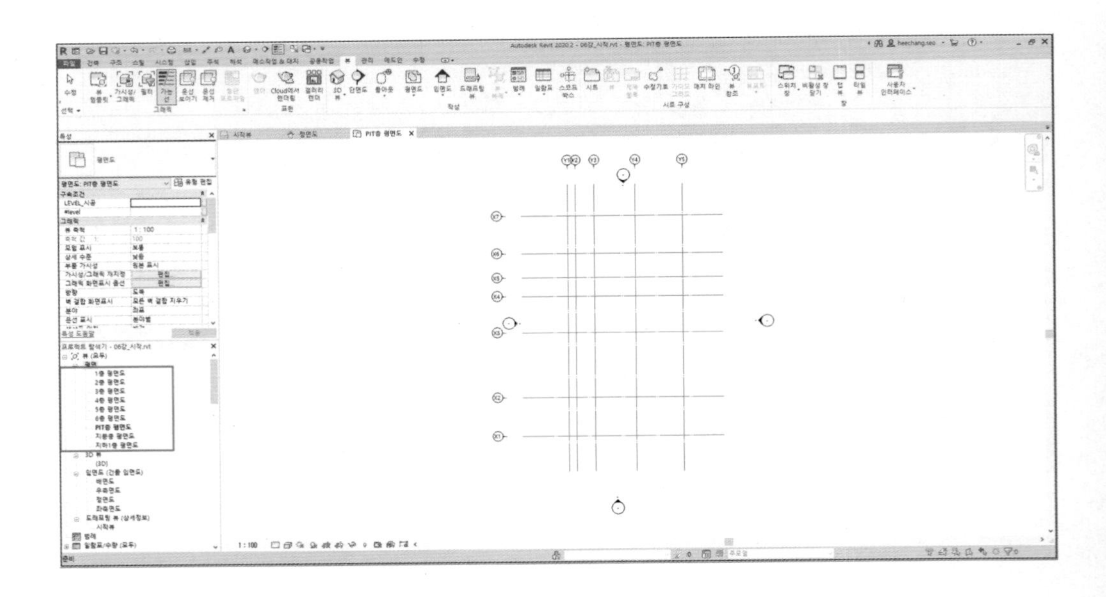

- 한솔아카데미 자료실 www.bestbook.co.kr
- BIMer 온라인커뮤니티 https://blog.naver.com/bimfactory

BIMFACTORY
COMPANY

제 7 편

Revit
공동작업

Section

07

Revit

공동 작업

7강에서는 공동 작업에 대한 소개를 하겠습니다.
공동 작업은 다수의 작업자가 협업이 가능하도록 설정하는 것을 의미하며, 중앙파일로 구축 후 로컬파일 생성 및 작업세트를 나누어 프로젝트를 진행합니다. 공동 작업은 중앙파일에 대한 이론적인 부분을 이해하지 못한다면 작업 중 경고창이 자주 발생할 것입니다. 따라서 공동 작업에 대한 이해와 중앙파일 작성 과정 그리고 작업세트 생성 관리 방법에 대하여 학습하도록 하겠습니다. 다만 본 교육에서는 공동 작업에 대한 이해를 위해 7강만 별도로 교육을 진행하며, 전체적인 내용에는 영향을 미치지 않도록 하였습니다.

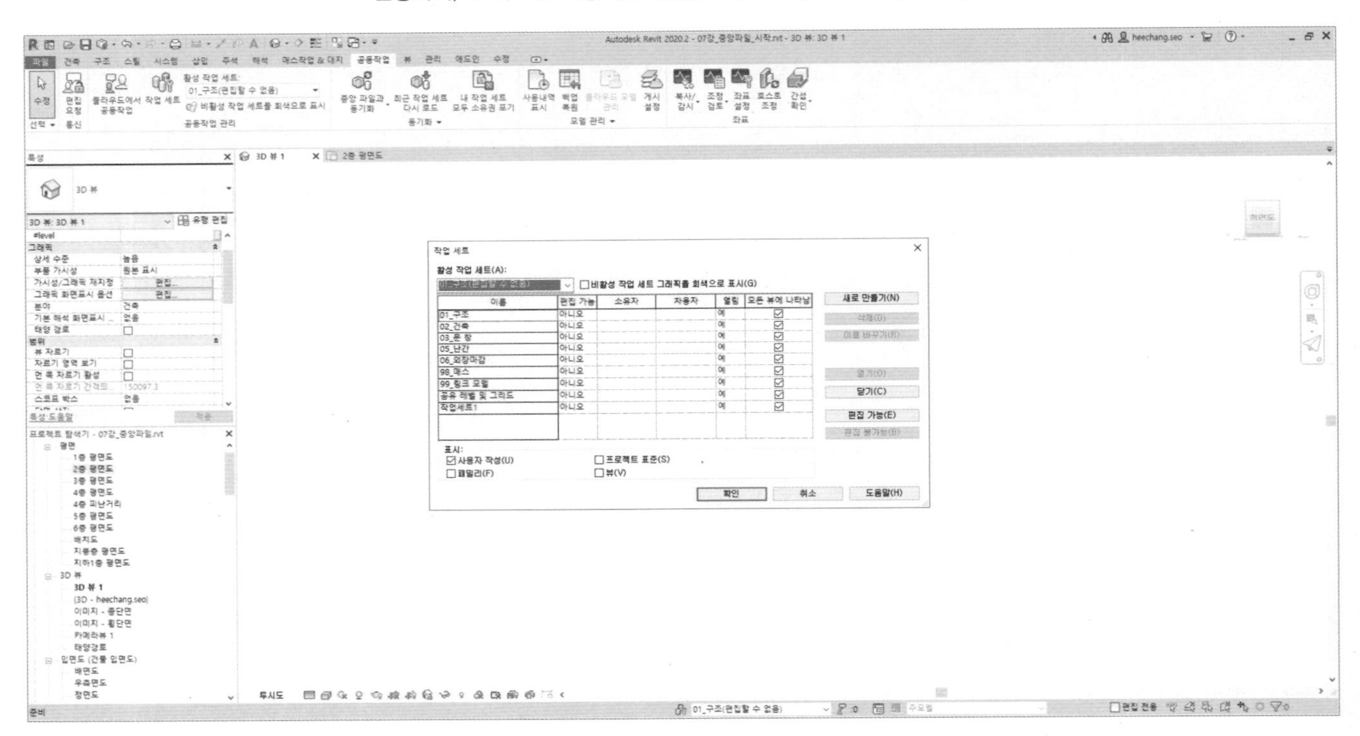

POINT

- 중앙파일의 특징 소개
- 중앙파일의 작성 및 활용방법 소개
- 작업세트를 이용한 프로젝트 활용

chapter 01 공동작업 개요

1 공동 작업이란 중앙파일 구축 후 프로젝트 진행 시 여러 명의 전문가가 동시에 작업을 진행할 수 있도록 지원해주는 것을 의미합니다. Revit에서는 [공동작업] 탭 ➡ [작업세트]기능을 통해 중앙파일을 작성할 수 있습니다.

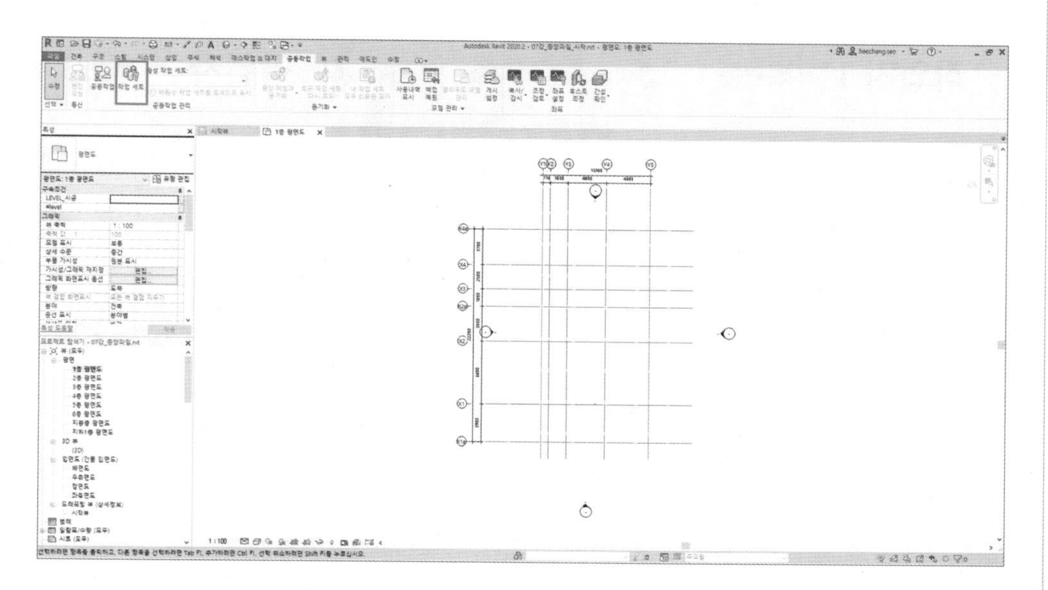

Tip

공동 작업

공동 작업 전에 프로젝트별로 작업구분을 미리 나누어 진행하는 것이 좋습니다.

2 중앙파일을 활용하면 아래의 그림과 같이 개개인의 작업이 서버에 자동으로 저장됩니다.

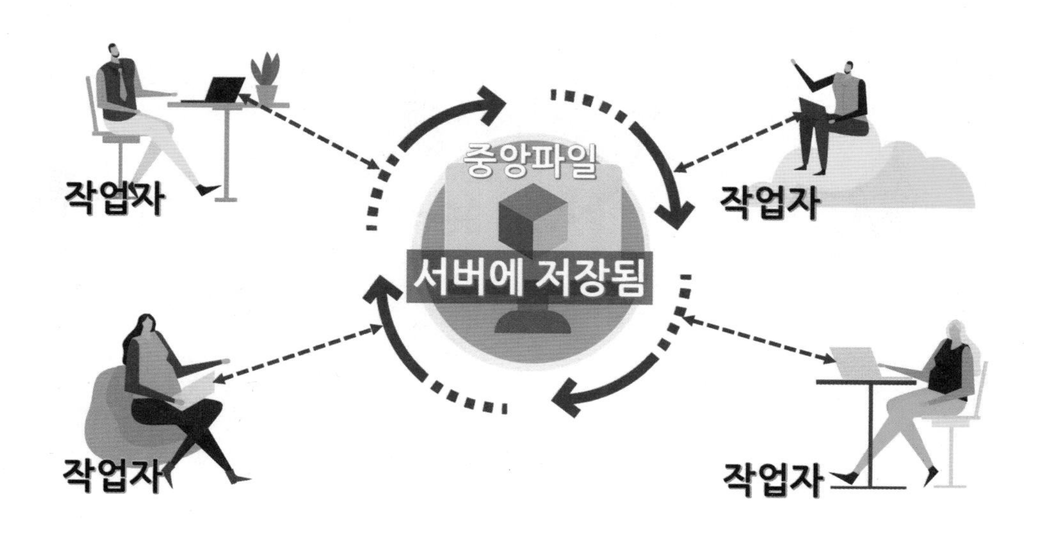

분야 나누기

실무에서는 단일 건물의 경우 층별로 나누어서 사용하는 경우가 많습니다. 예를 들어 지하층구간, 저층구간, 기준층구간, 상부층과 같이 작업분야를 나눌 수 있습니다.

3 임의의 프로젝트를 위해 4명의 작업자가 참여하고 각각의 작업자는 분야별로 담당한다고 가정하겠습니다.(실습이 아니며 공동작업에 대한 이론 설명임)

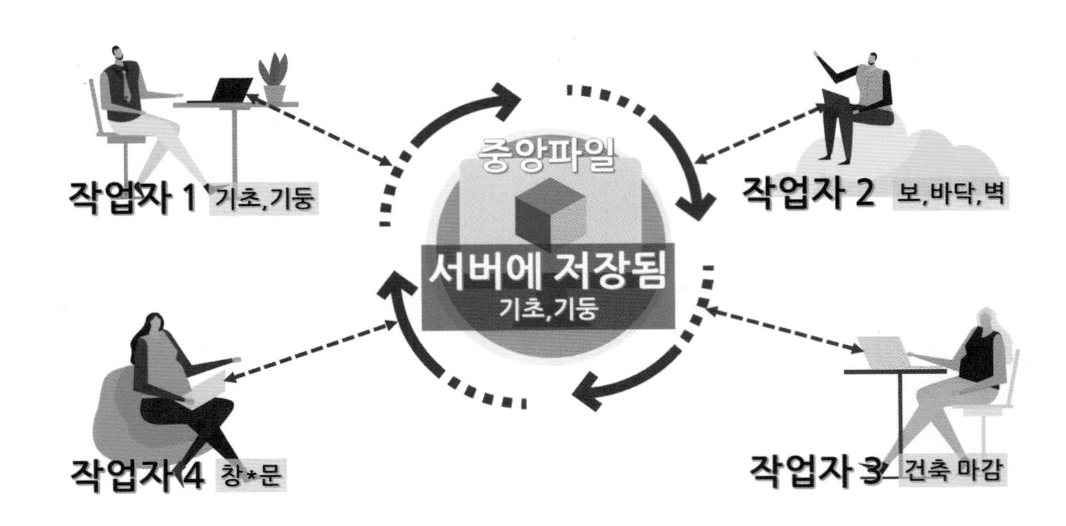

4 작업자1이 기초, 기둥 모델링이 완료된 후 중앙파일 동기화 및 저장하였습니다.

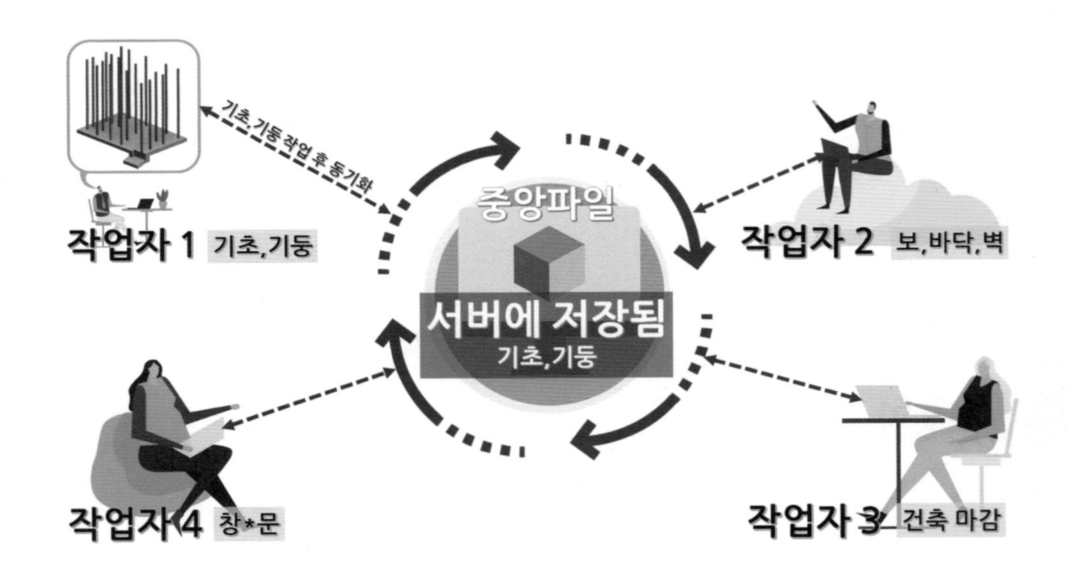

5 작업자1의 중앙파일 저장 및 동기화 후 작업자 2, 3, 4가 동기화를 하면 기초, 기둥 모델링이 완료된 상태로 보입니다.

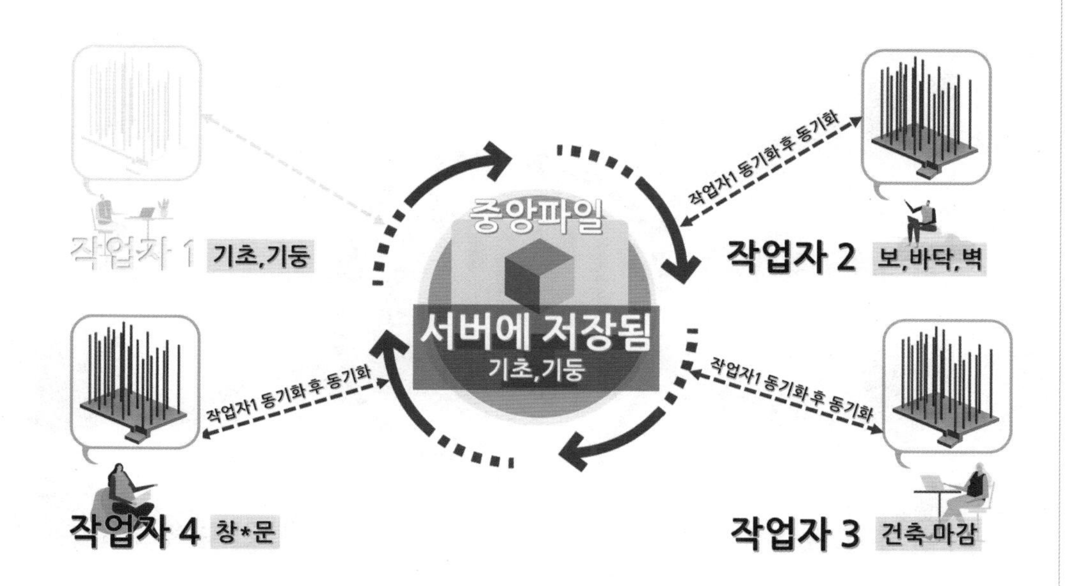

6 작업자2가 보, 바닥, 벽 작업 후 중앙파일 동기화 및 저장하였습니다.

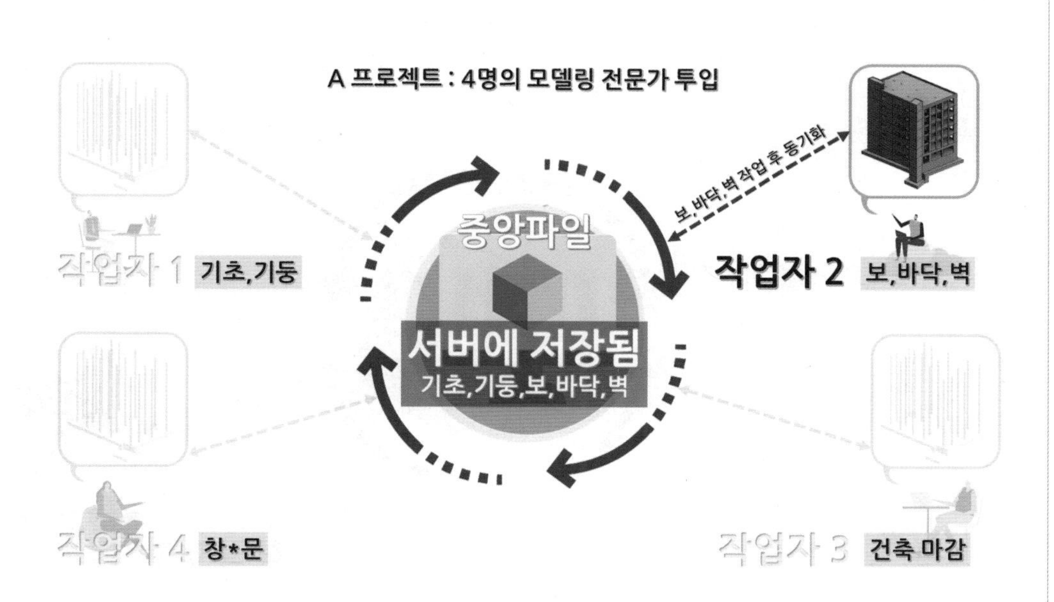

7 작업자2의 중앙파일 저장 및 동기화 후 작업자 1, 3, 4가 동기화를 하면 보, 바닥, 벽 모델링이 완료된 상태로 보입니다.

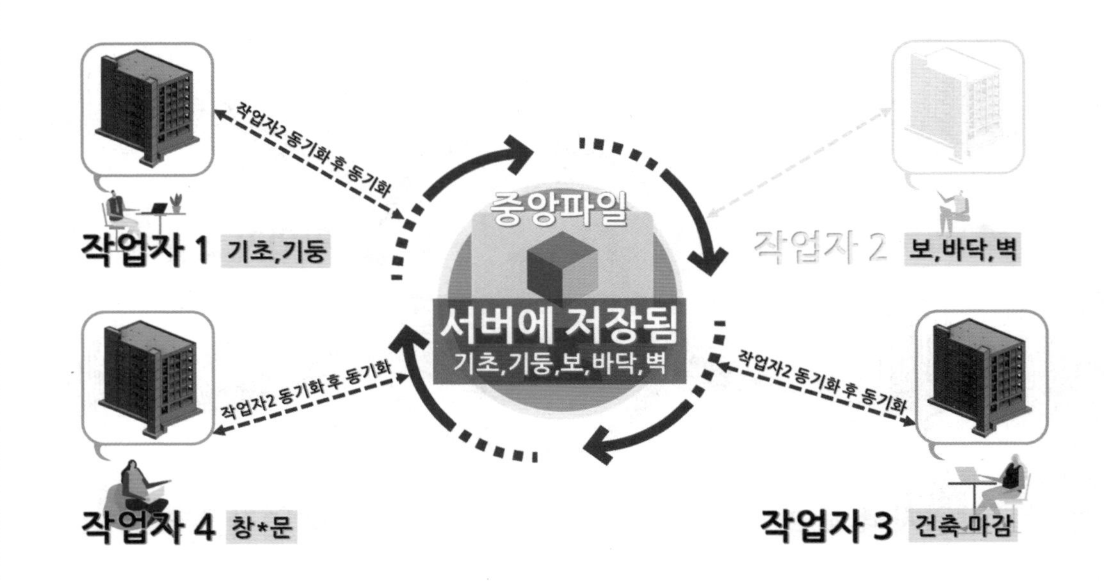

8 작업자3이 건축 마감 작업 후 중앙파일 동기화 및 저장하였습니다.

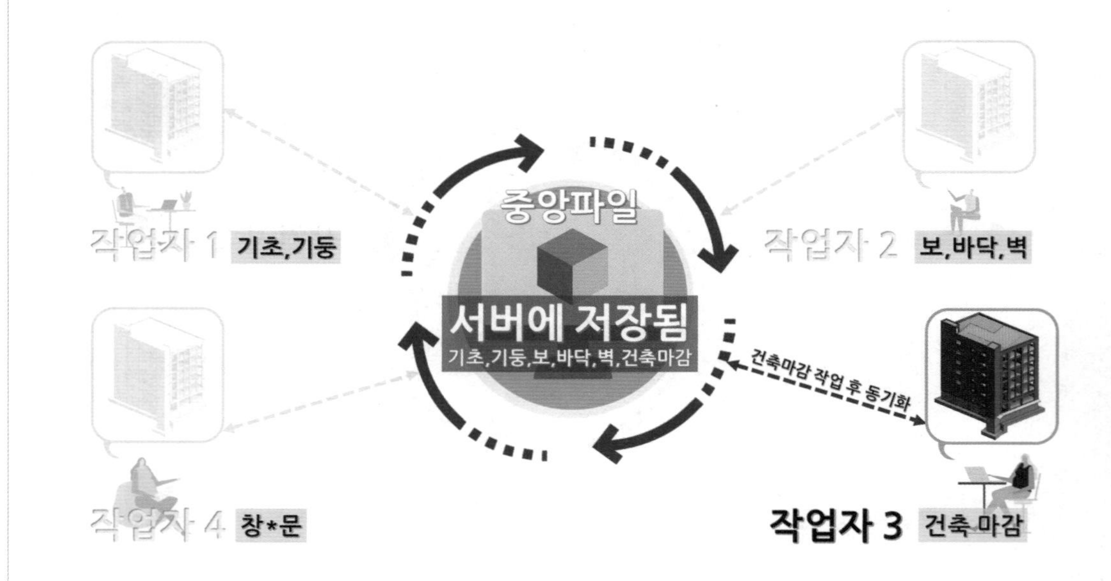

9 작업자3의 중앙파일 저장 및 동기화 후 작업자 2, 3, 4가 동기화를 하면 건축 마감 모델링이 완료된 상태로 보입니다.

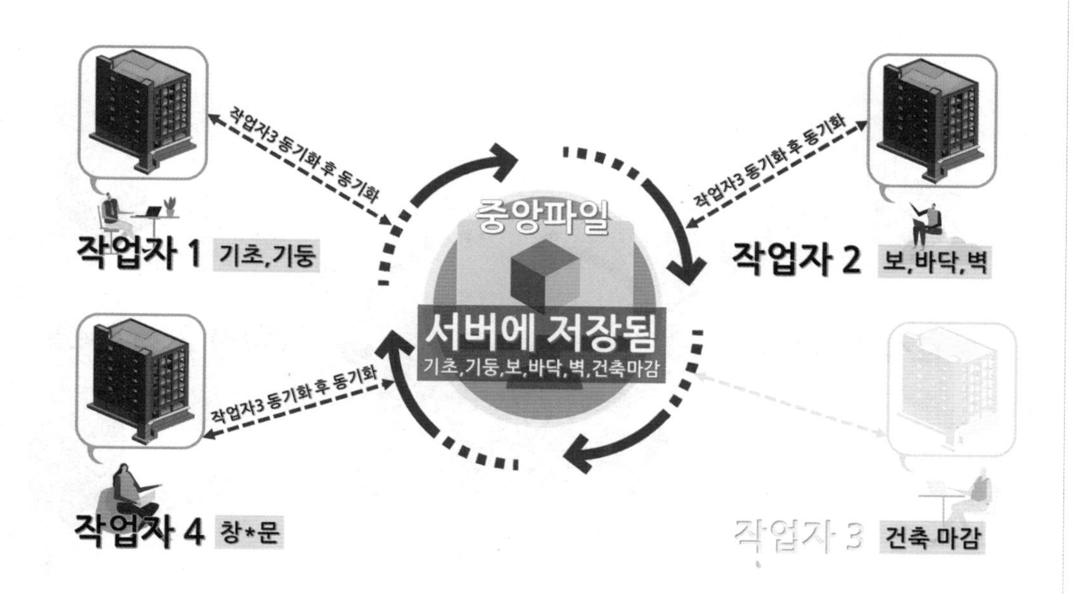

10 작업자4가 창·문 작업 후 중앙파일 동기화 및 저장하였습니다.

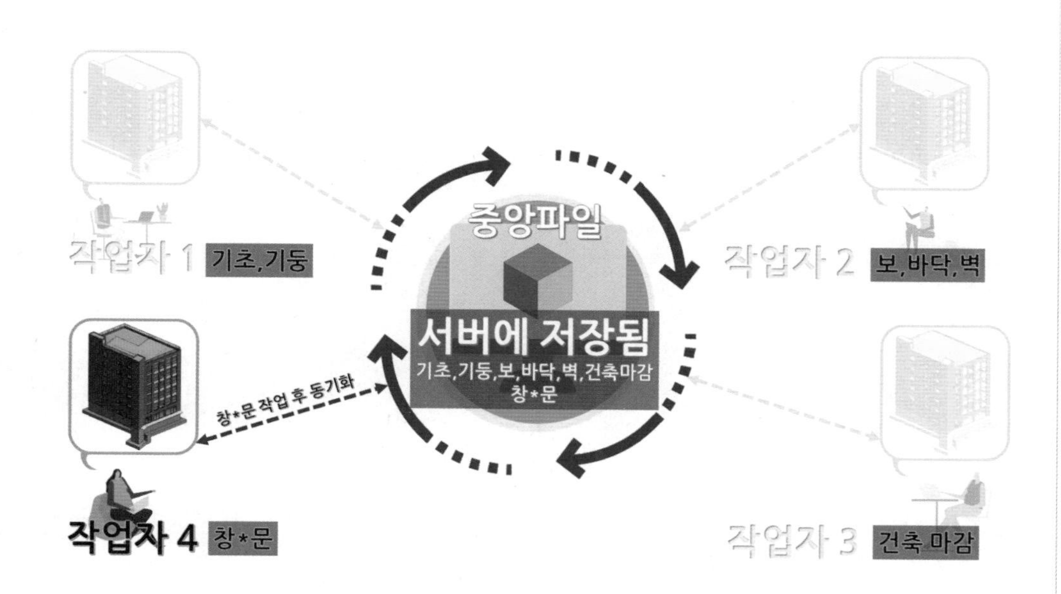

11 작업자4의 중앙파일 저장 및 동기화 후 작업자 1, 2, 3이 동기화를 하면 창·문 모델링이 완료된 상태로 보이며 서버에서는 별도의 작업을 진행하지 않았음에도 작업자들이 모델링한 각각에 부재가 모두 작성됩니다. 이것이 중앙파일의 핵심입니다.

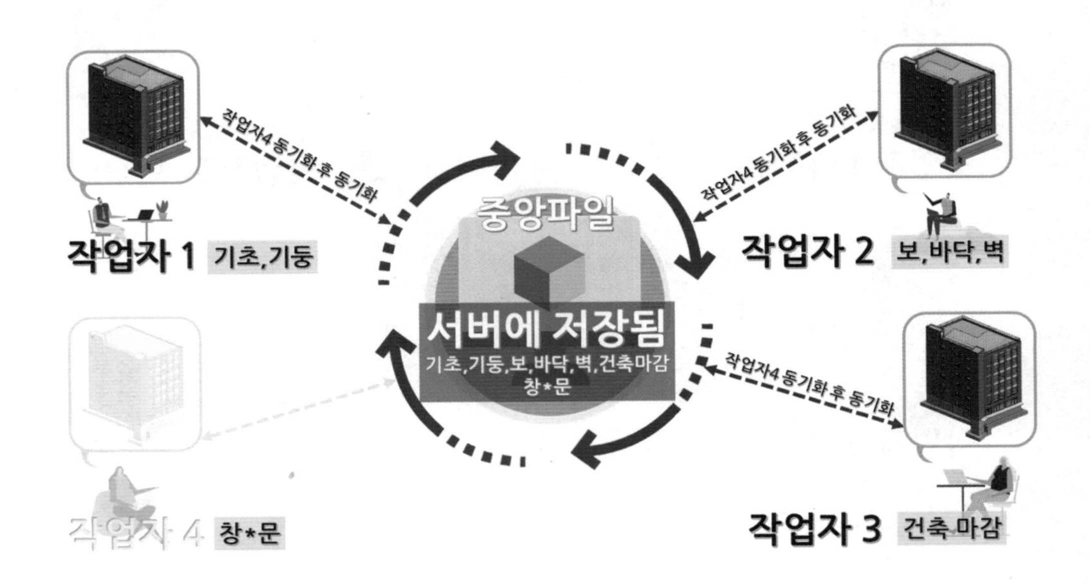

chapter 02 작업세트 및 중앙파일 작성

1 Revit을 실행합니다.
모델 창 [열기]탭 ➡ ₩예제파일₩07강₩07강_중앙파일_시작.rvt를 선택하고 [열기]를 클릭합니다.

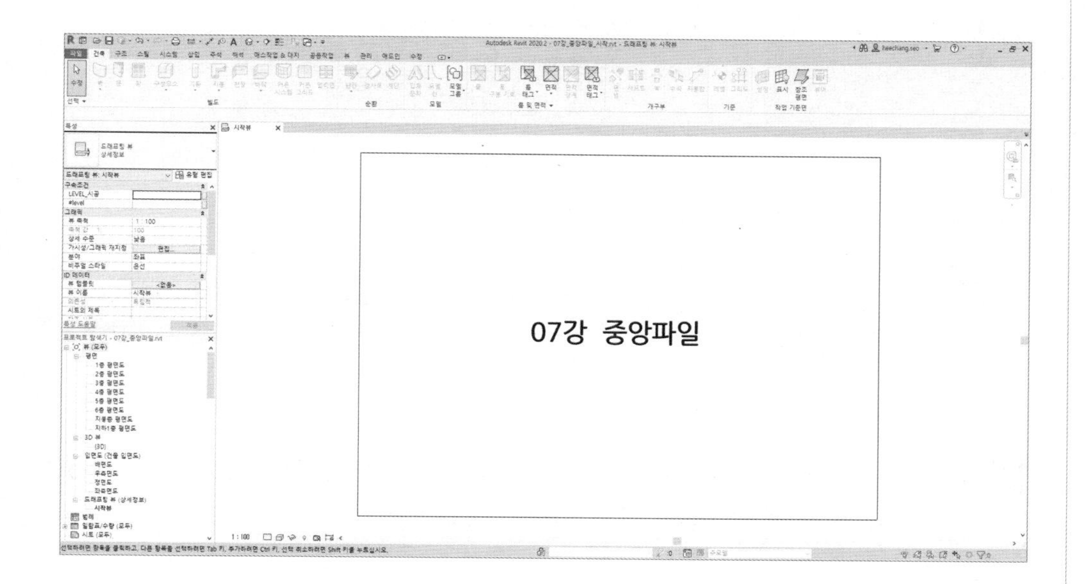

2 중앙파일을 만들기 위해서는 가장 먼저 작업세트를 작성해야 합니다.
[공동작업]탭 ➡ [작업세트]도구를 클릭합니다.
※ 중앙 파일은 프로젝트 마스터 한명이 작성한 후 작업자에게 전달해야 합니다.

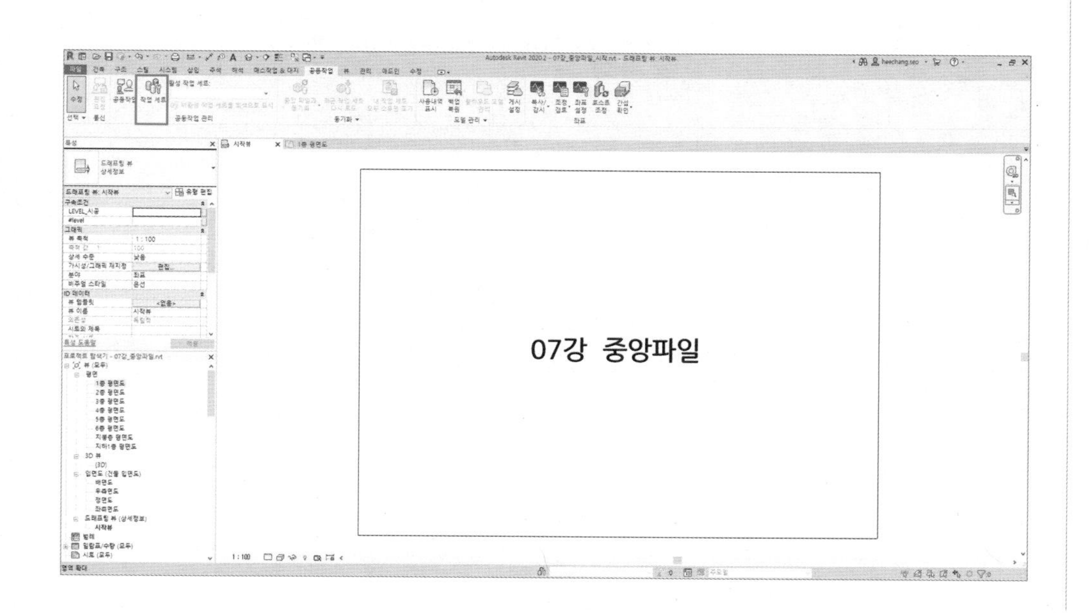

Tip

오류

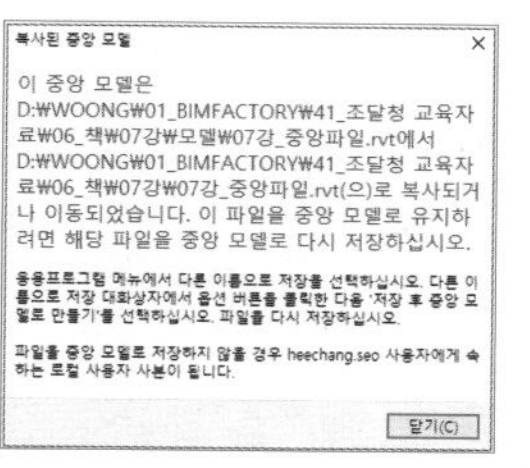

만약 서버에 있는 중앙파일의 위치를 옮겼을 경우 다시 중앙파일로 저장해야 합니다. 그렇지 않을 경우 다음과 같은 오류 메시지가 생성됩니다.

3 [작업 공유]창이 생성되면 확인을 클릭합니다.

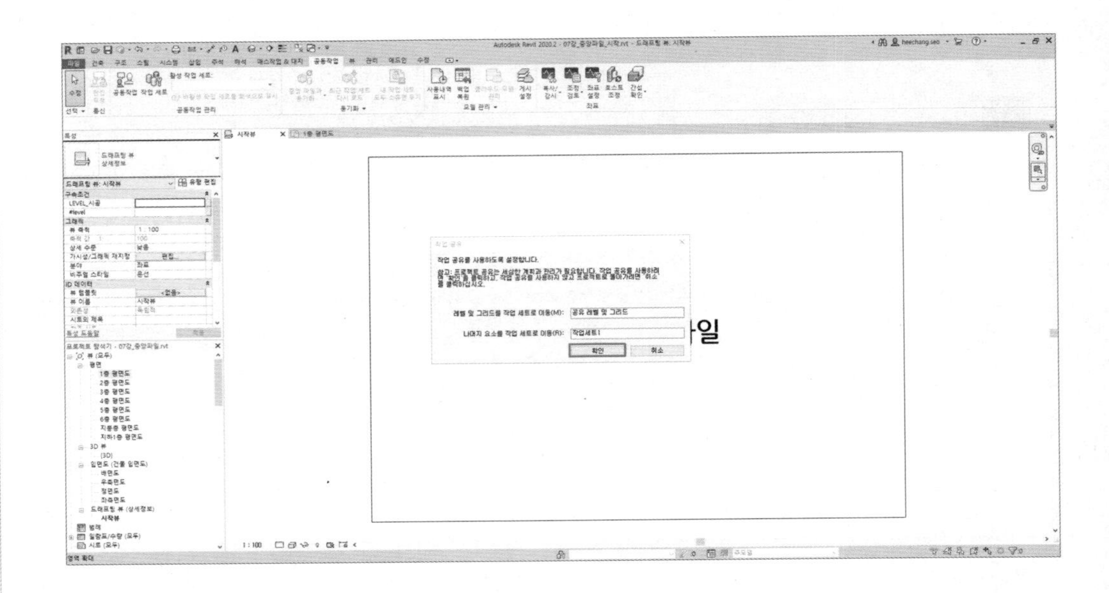

4 [작업 세트]창이 생성되면 [새로 만들기]를 클릭합니다. [새 작업 세트]창이 생성되면 [01_구조기초]을 입력 하고 확인을 클릭합니다.

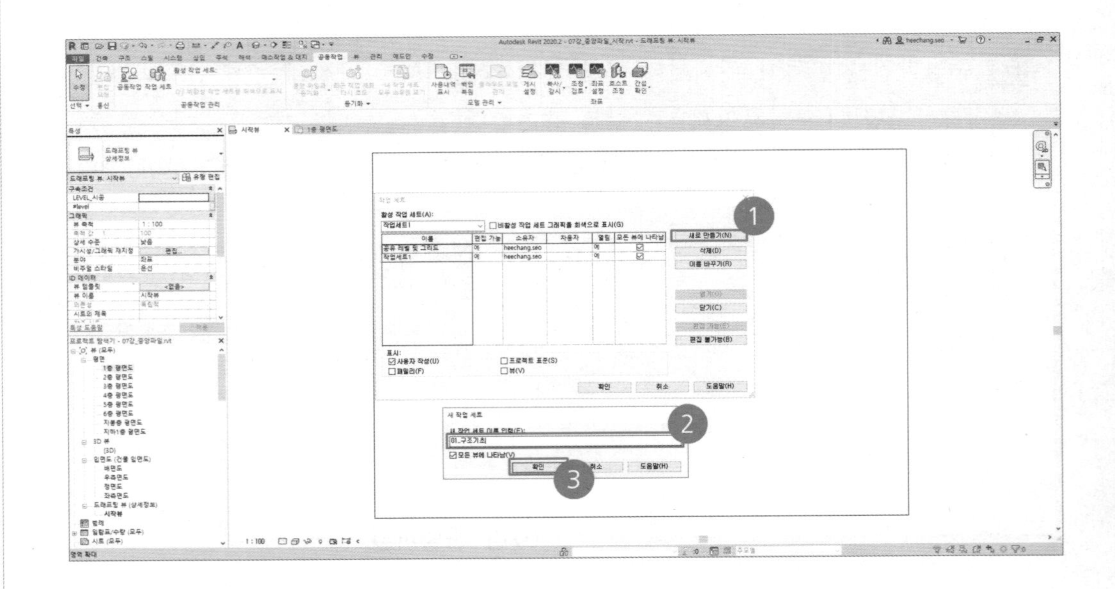

5 위와 같이 [새로 만들기]를 클릭하여 [01_구조보, 01_구조바닥, 02_건축바닥, 02_건축벽] 등의 세부적으로 작업 세트를 작성한 후 [확인]을 클릭합니다.

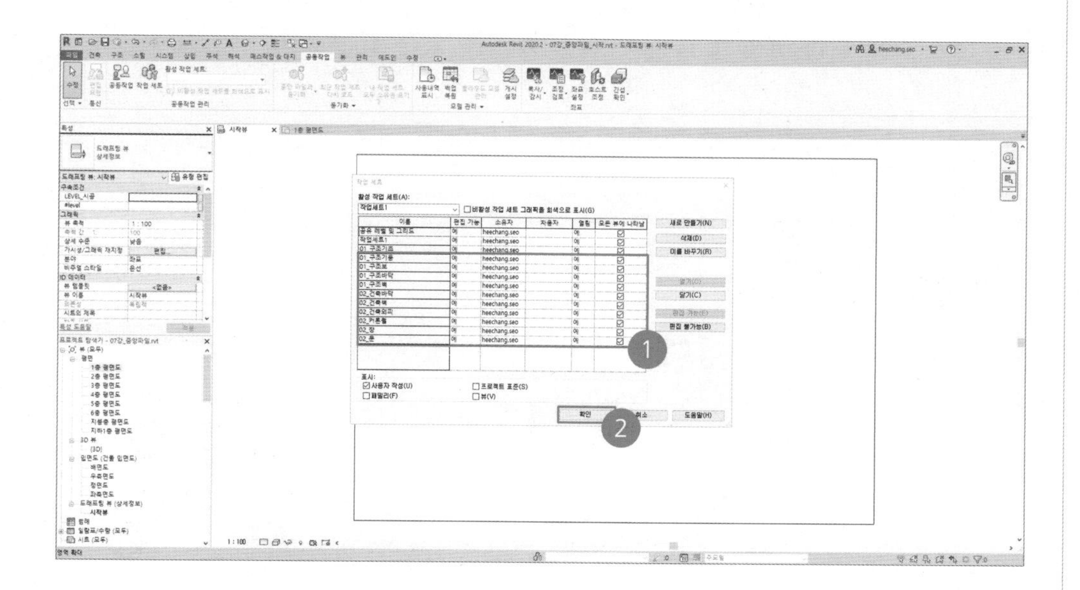

Tip

세부적 작업세트 나누기

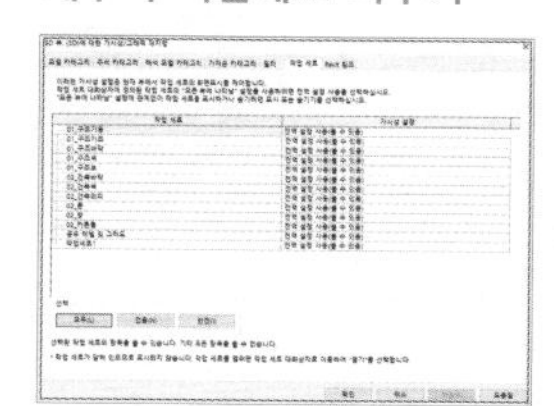

세부적으로 작업세트를 나누게 되면 가시성/그래픽(단축키 : vv)에서 작업세트 관리가 용이 합니다.

6 [공동작업]탭 ➡ [활성 작업 세트]도구를 클릭하여 조금 전 작성한 작업 세트를 확인합니다.

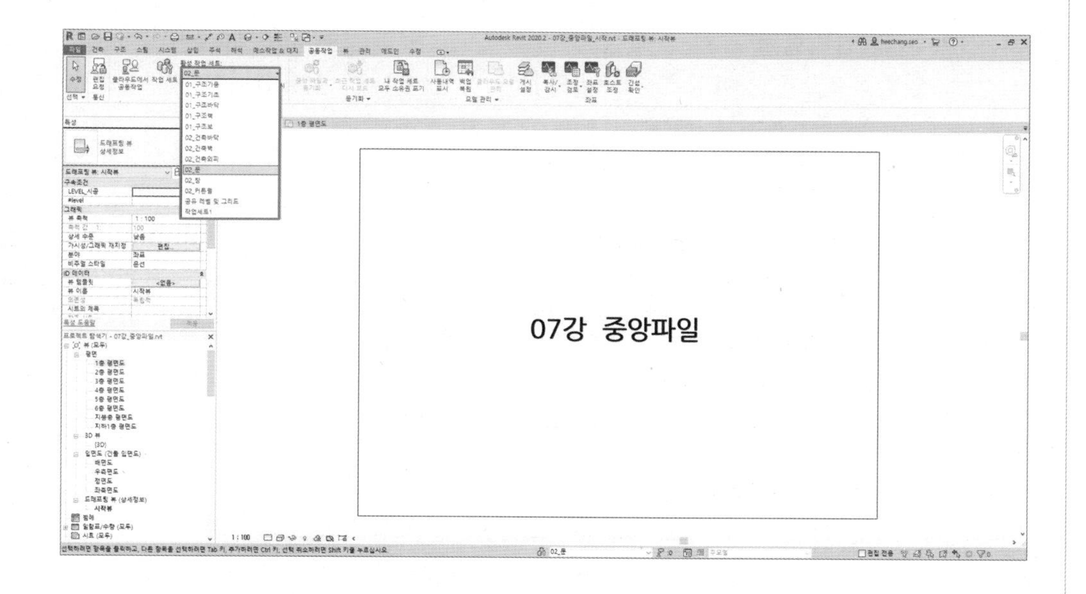

7 중앙파일로 저장하는 방법을 학습합니다. [응용프로그램 버튼] ➡ [다른 이름으로 저장] ➡ [프로젝트]을 클릭합니다. [다른 이름으로 저장]창이 생성되면 사용자가 원하는 폴더를 선택합니다. 폴더 선택이 완료되었으면 우측 하단에 위치한 [옵션]을 클릭합니다.

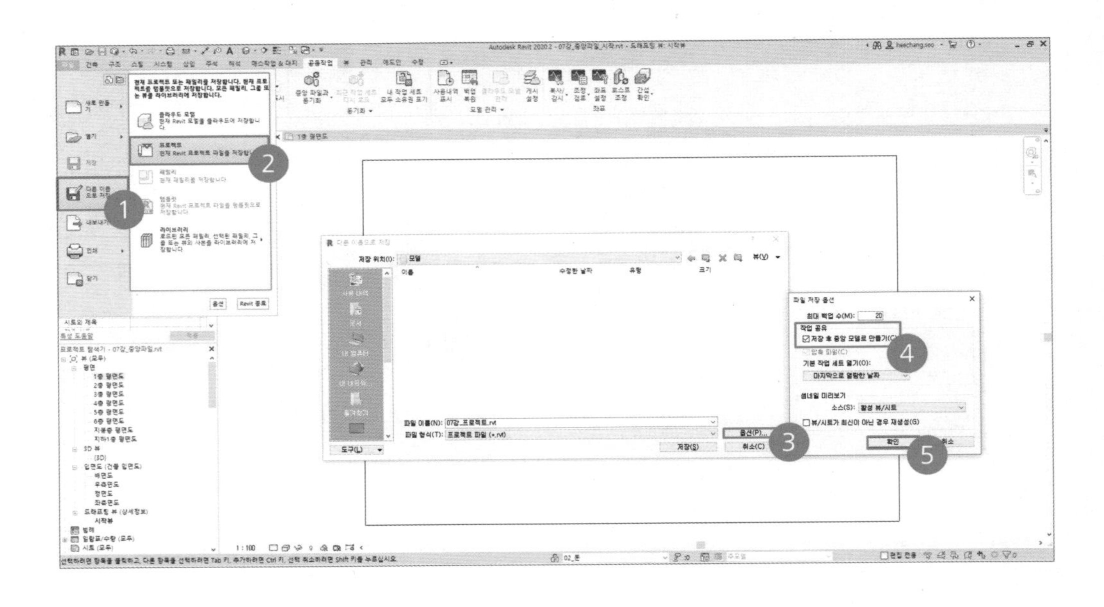

8 [파일 저장 옵션]창을 살펴보면 [저장 후 중앙 모델로 만들기] 선택 합니다. [확인]을 클릭합니다.

※ 일반적으로 중앙파일은 네트워크가 가능한 서버를 이용합니다.

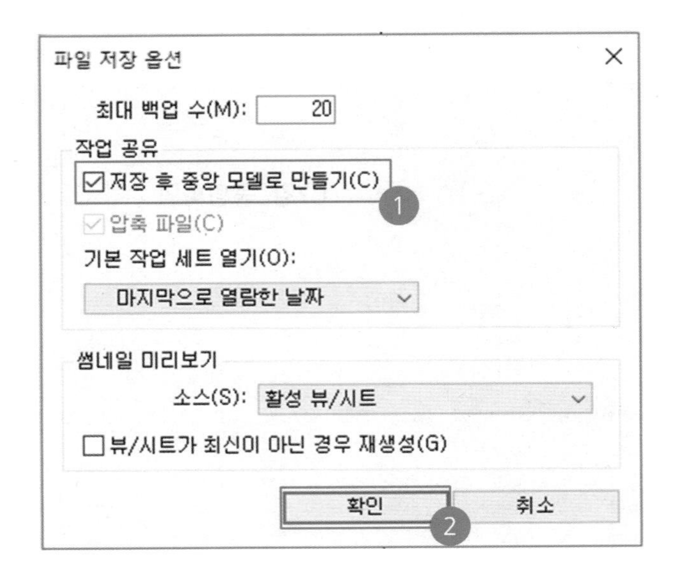

9 [다른 이름으로 저장]창에서 파일 이름을 [07강_프로젝트.rvt] 입력 후 [저장]을 클릭합니다.
저장된 폴더를 확인해보겠습니다. [로컬파일의 경우 *.rvt]파일만 생성되는 것과 다르게 [Revit_temp,07강_프로젝트_backup]파일이 생성되었습니다. 추후 파일의 형태와 다음과 같다면 중앙파일로 작성되었다고 이해하시면 됩니다.

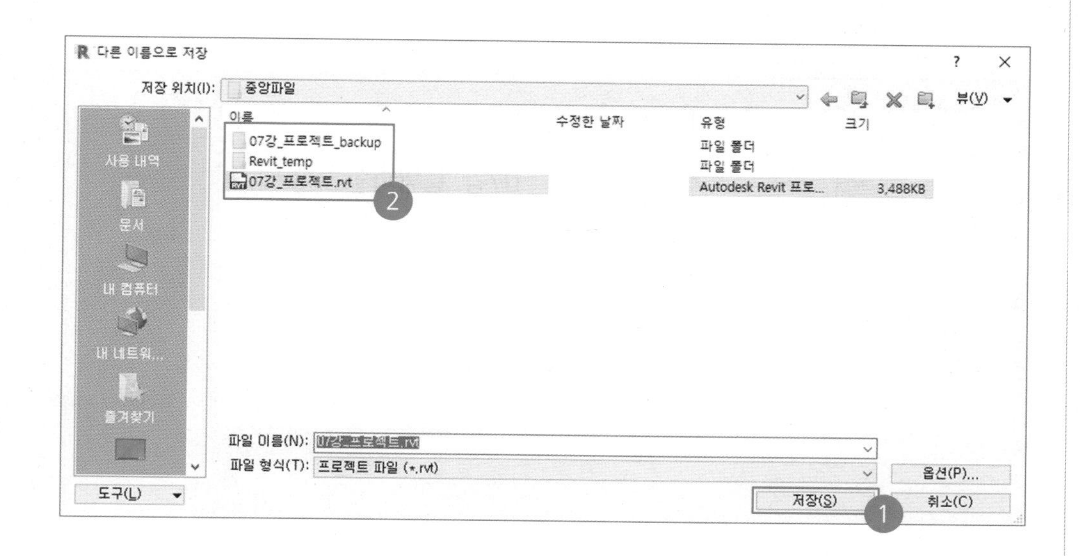

10 이번에는 각 작업 세트의 권한을 변경하는 방법을 학습합니다. [공동작업]탭 ➡ [작업세트]도구를 클릭합니다. ➡ [작업세트]창이 생성되면 [모든 작업 세트]를 클릭한 후 우측에 위치한 [편집 불가능]을 클릭하여 권한을 해제합니다.

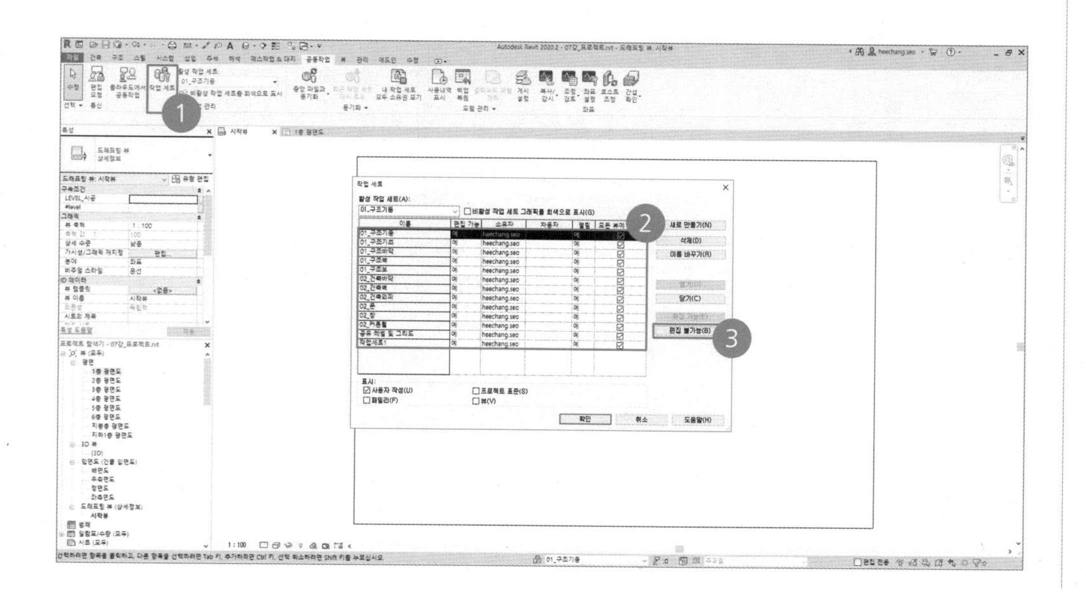

11 설정이 완료되었으면 [확인]을 클릭합니다. [공동작업]탭 ➡ [활성 작업 세트] 도구를 클릭하여 조금 전 작성한 작업 세트를 확인합니다.

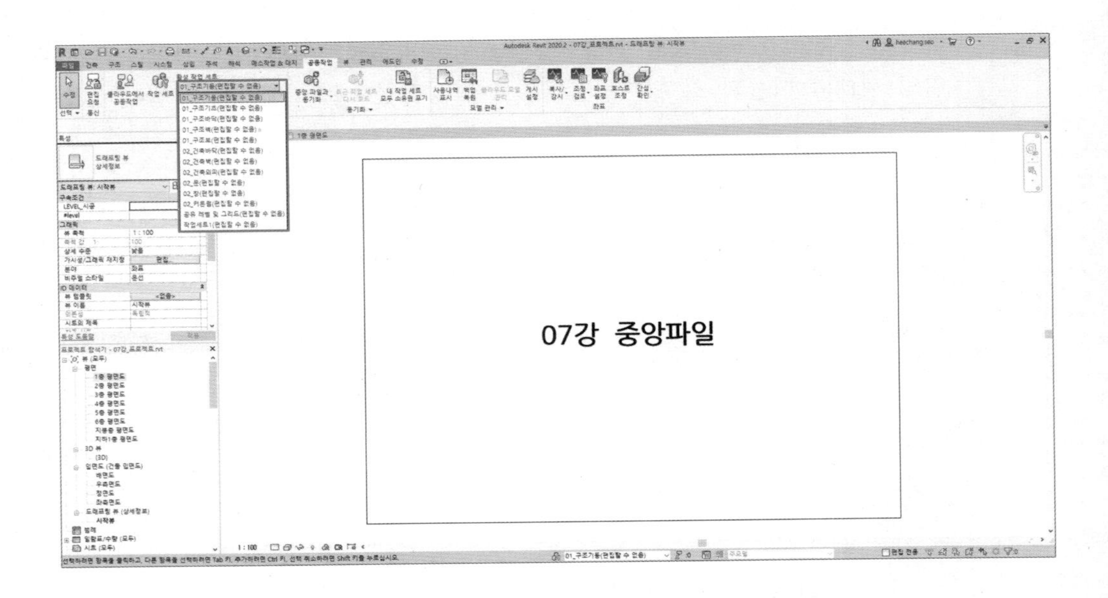

12 작업 세트 작업이 완료되었으면 다시 중앙파일로 저장하겠습니다. [공동작업]탭 ➡ [중앙 파일과 동기화]도구를 클릭하면 [중앙 파일과 동기화]창이 생성되며, 중앙 파일의 위치를 확인할 수 있습니다. 확인이 완료되었으면 [확인]을 클릭하여 저장합니다.

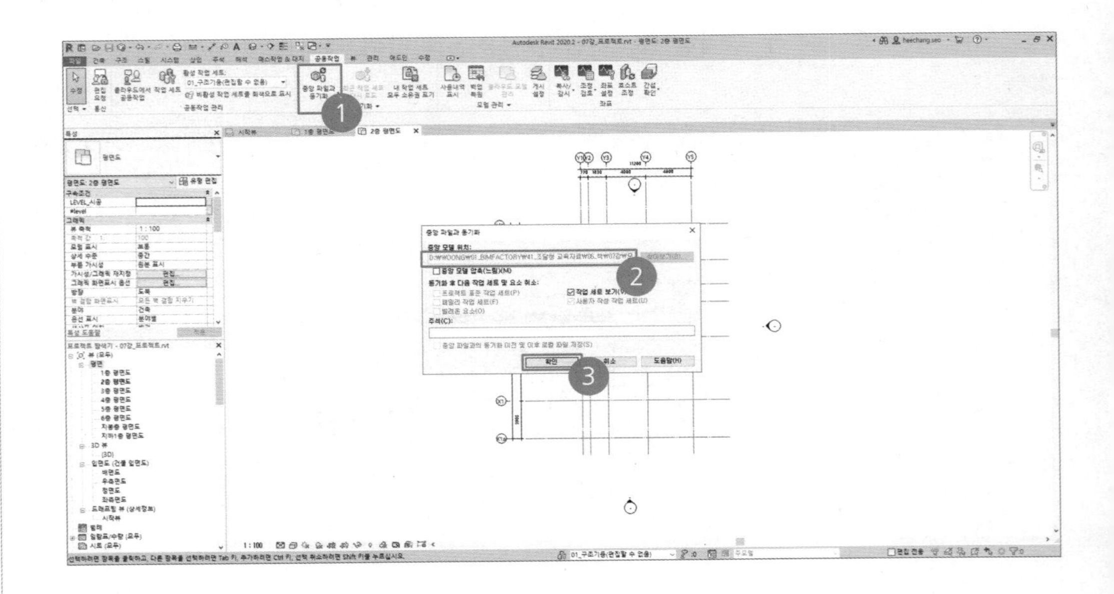

13 중앙 파일 작성이 완료되었습니다. 이제 중앙파일을 이용하여 프로젝트를 진행하는 방법을 학습합니다. 먼저 중앙파일을 끄도록 하겠습니다.

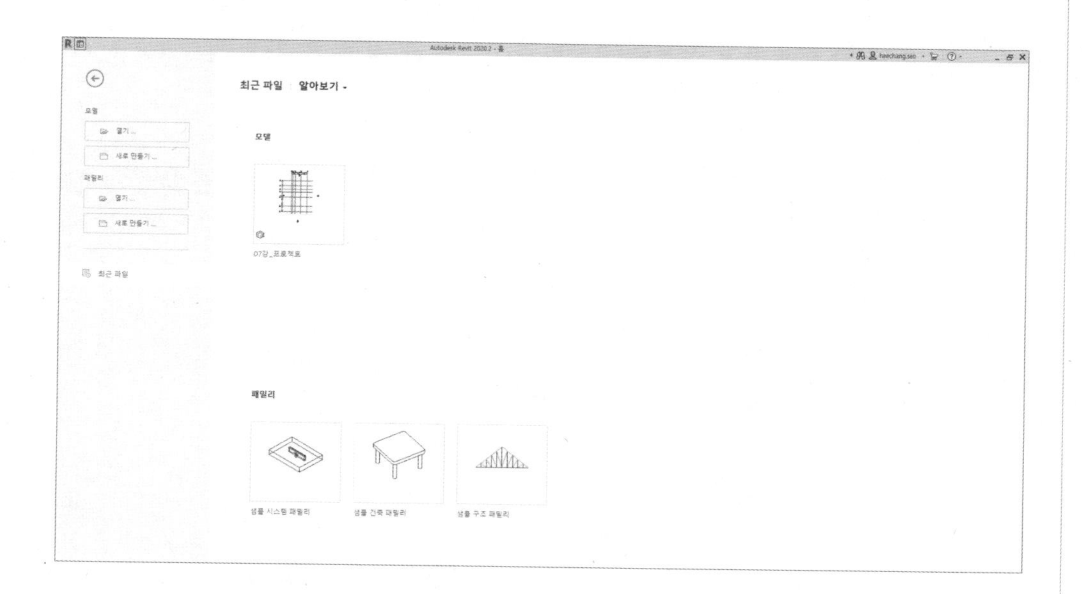

14 지금까지 프로젝트 마스터가 중앙 파일을 만드는 과정을 설명하였습니다. 이제 마스터가 작성한 중앙 파일을 활용하는 방법을 학습합니다. A, B 두 명의 작업자가 있다고 가정하고 교육을 진행하겠습니다. 작업자 A는 구조를 작업자 B는 건축을 작성하겠습니다.

Tip

로컬 파일 저장

기본적으로 새 로컬 파일 작성을 체크하고 로컬 파일을 생성할 경우 [내PC - 문서 폴더]에 생성되며 추후 개인폴더에 저장하기 위해 다른 이름으로 저장 기능을 사용 합니다.

15 (작업자 A의 상황) 가장 먼저 [서버에 작성된 중앙파일]을 열어 [개인 컴퓨터]에 저장해야 합니다. 하지만 중앙파일의 성격은 변함없습니다. [응용프로그램 버튼] ➡ [열기]를 클릭하여 작성된 중앙파일의 경로를 찾은 후 클릭한 후 우측하단에 [새 로컬 파일 작성]이 체크되면 [열기]를 클릭합니다.

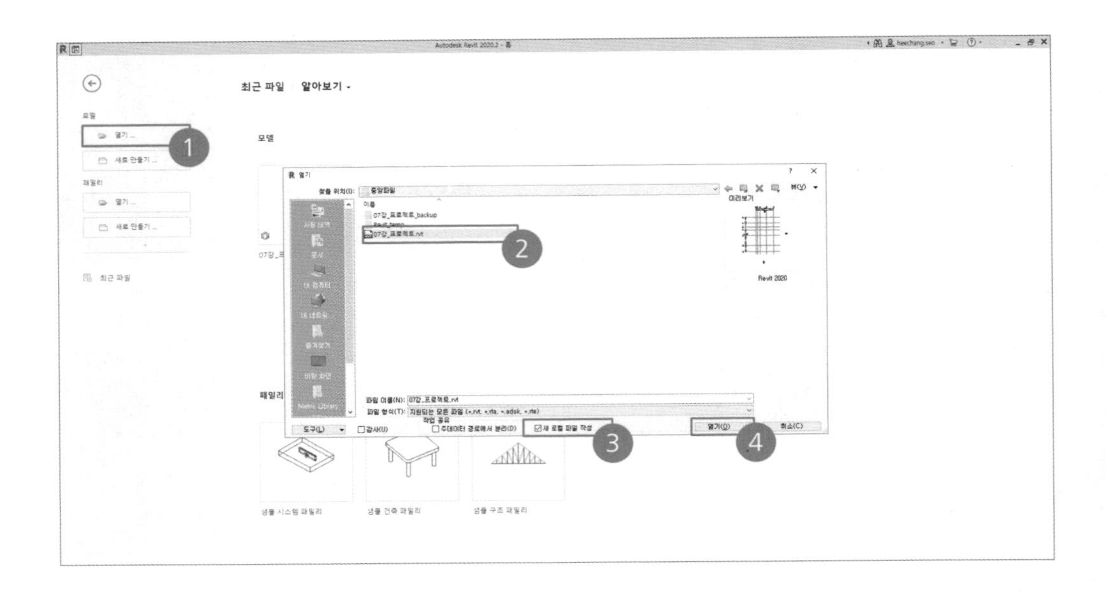

16 중앙파일이 열리면 가장 먼저 해야 할 일이 [다른 이름으로 저장]하기입니다. 현재는 서버에 있는 중앙 파일을 불러온 것이기 때문에 개인이 사용할 파일로 변경해야 합니다.

※ 반드시 모든 컴퓨터는 네트워크로 연결되어 있어야 합니다.

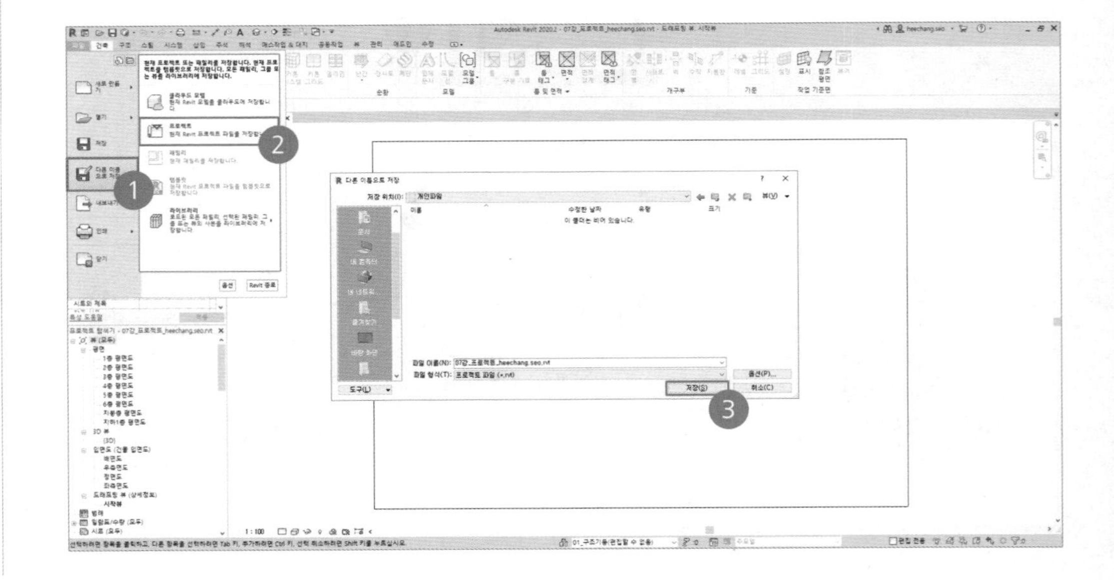

17 개인 폴더에 파일을 저장하도록 하겠습니다. 저장 완료 후 서버와의 연결이 잘 되어 있는지 확인하겠습니다. [공동작업]탭 ➡ [중앙 파일과 동기화]도구를 클릭하면 [중앙 파일과 동기화]창이 생성되며, 중앙 파일 위치를 확인할 수 있습니다.

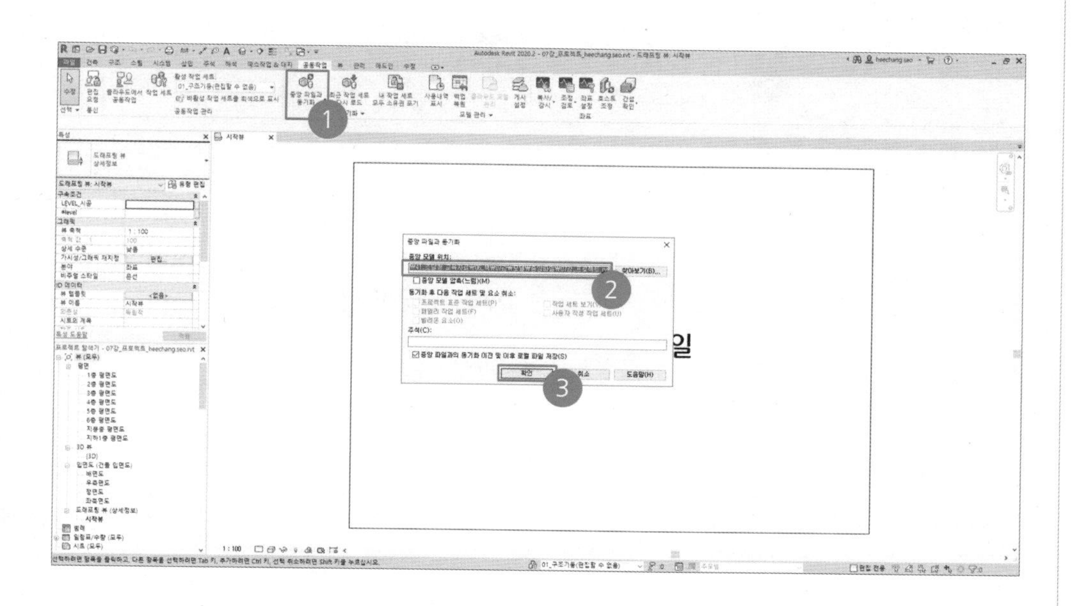

18 이제 작업 세트 권한을 변경하는 방법을 학습합니다. [공동작업]탭 ➡ [작업 세트] 도구를 클릭하면 [작업 세트]창이 생성됩니다. 작업자 A가 구조 모델링 할 [01_구조기초, 기둥, 보, 바닥, 벽]을 선택한 후 우측에 위치한 [편집 가능]을 선택한 후 [확인]을 클릭합니다.

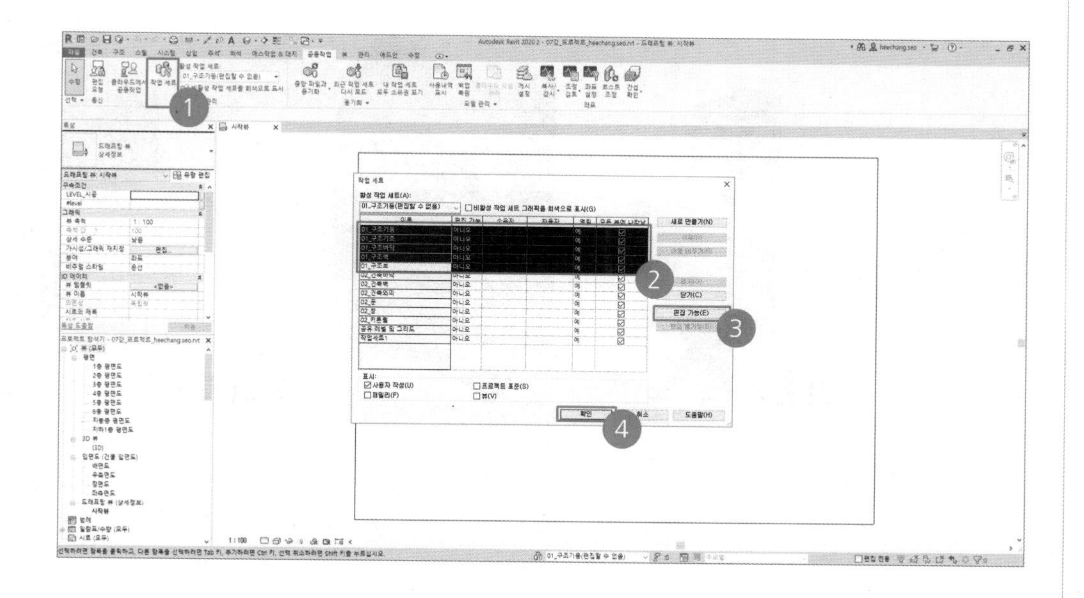

19 작업 세트변경을 통해서 권한을 설정하였으면 활성 작업세트를 확인 후 7강의 실습은 여기까지 마치겠습니다.

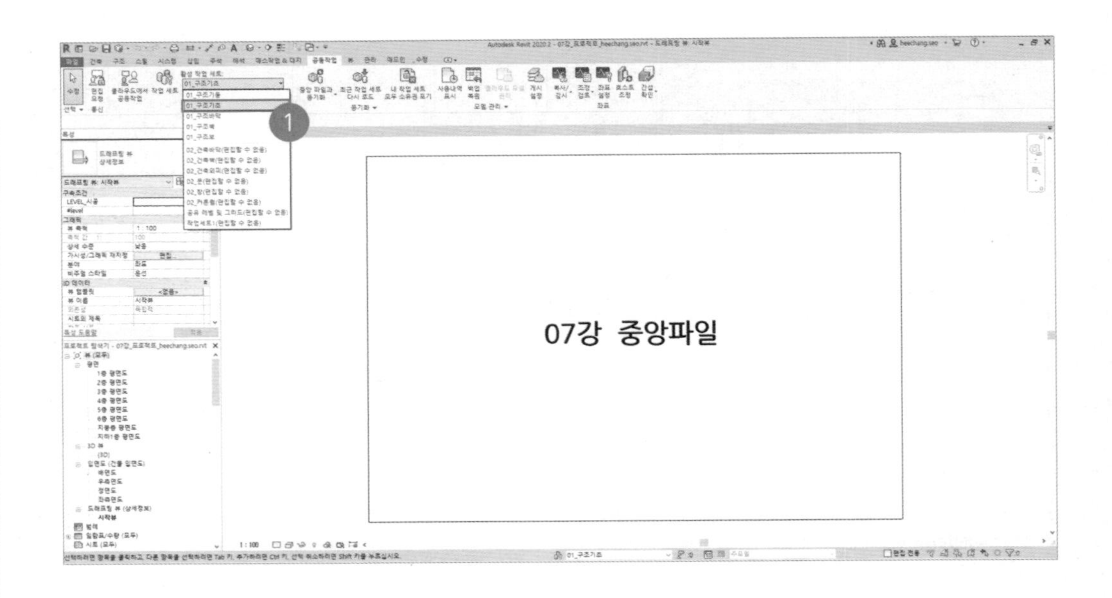

20 위와 같은 방법을 통해 프로젝트 PM은 작업자A, B를 활용하여 모델링을 완료할 수 있습니다. 이것이 바로 중앙 파일의 활용입니다.

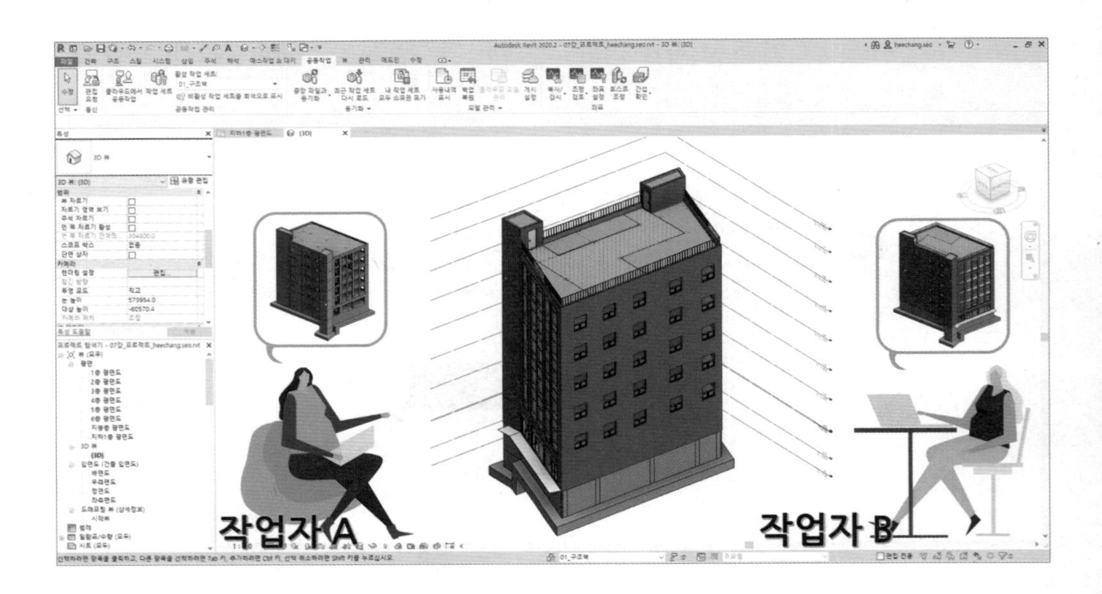

BIM의 핵심적인 이점은 여러 작업 참여자가 동일한 모델에서 동시에 작업할 수 있다는 것입니다. 또한 실시간 공동 작업 환경을 도입하면 모든 작업자가 항상 최신 설계 버전에서 필요한 작업을 수행할 수 있어 직원들의 작업 중단 시간이 감소합니다.

• 한솔아카데미 자료실	www.bestbook.co.kr
• BIMer 온라인커뮤니티	https://blog.naver.com/bimfactory

BIMFACTORY
COMPANY

제 8 편

계획 구조설계
구조 기초

Section

08

계획 구조설계

구조 기초

8강에서는 조달청 기준의 기초 라이브러리 형식을 소개하고
그에 맞게 기초 모델링을 해보도록 하겠습니다.
본 강의에서는 건축물의 기초인 독립 기초와 매트 기초를 작성하고,
해당 유형 형식에 맞게 속성 정보를 입력하여 모델링하는 방법을 학습하도록 하겠습니다.

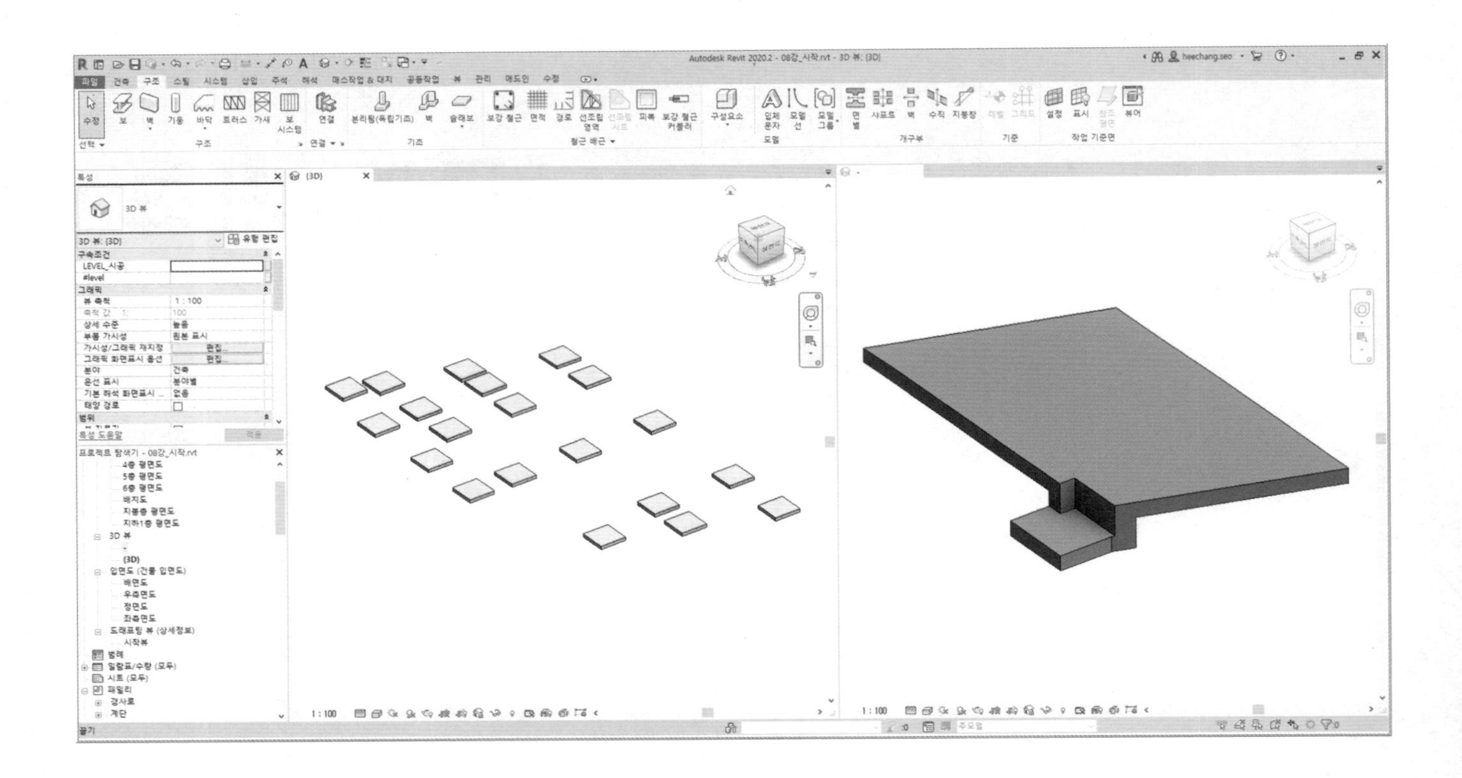

POINT

- 조달청 기준 기초 형식 소개 및 속성 정보 입력
- 독립 기초를 조달청 기준 유형 형식으로 작성
- 매트 기초를 조달청 기준 유형 형식으로 작성
- 구조 기초에 맞춰 대지 수정

chapter 01 조달청 기준 유형 및 코드 소개

1 조달청 BIM 지침서 부속서에 따르면, 부위객체 부재명 및 라이브러리명의 형식은 다음과 같습니다. 본 강에서는 기초 부재명 작성방법을 참고하시기 바랍니다.

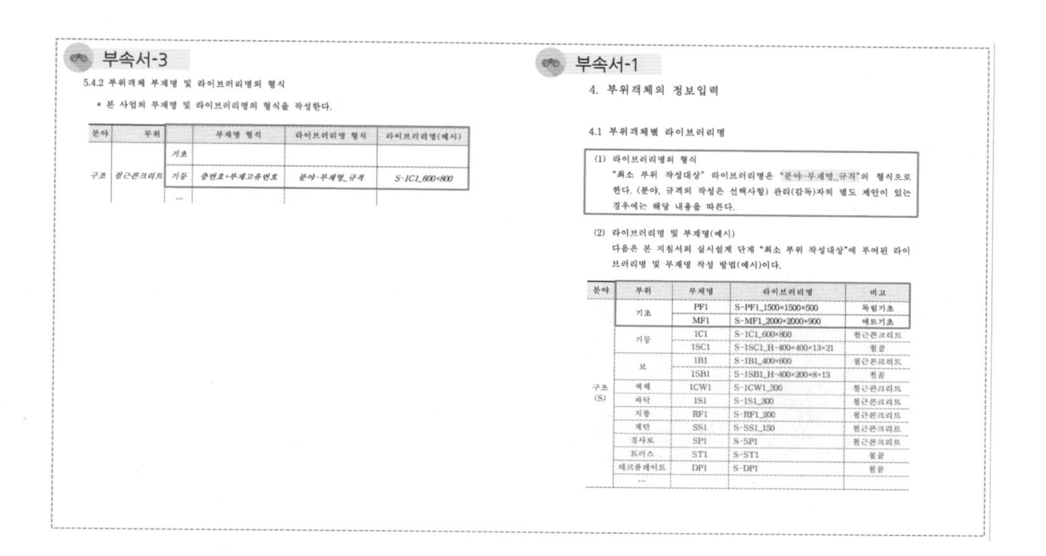

부속서-3

5.4.2 부위객체 부재명 및 라이브러리명의 형식

• 본 사업의 부재명 및 라이브러리명의 형식을 작성한다.

분야	부위		부재명 형식	라이브러리명 형식	라이브러리명(예시)
구조	철근콘크리트	기초			
		기둥	층번호+부재고유번호	분야-부재명_규격	S-1C1_600×800
		…			

부속서-1

4. 부위객체의 정보입력

4.1 부위객체별 라이브러리명

(1) 라이브러리명의 형식
"최소 부위 작성대상" 라이브러리명은 "분야-부재명_규격"의 형식으로 한다. (분야, 규격의 작성은 선택사항) 관리(감독)자의 별도 제안이 있는 경우에는 해당 내용을 따른다.

(2) 라이브러리명 및 부재명(예시)
다음은 본 지침서의 실시설계 단계 "최소 부위 작성대상"에 부여된 라이브러리명 및 부재명 작성 방법(예시)이다.

분야	부위	부재명	라이브러리명	비고
구조(S)	기초	PF1	S-PF1_1500×1500×500	독립기초
		MF1	S-MF1_2000×2000×900	매트기초
	기둥	1C1	S-1C1_600×800	철근콘크리트
		1SC1	S-1SC1_H-400×400×13×21	철골
	보	1B1	S-1B1_400×600	철근콘크리트
		1SB1	S-1SB1_H-400×200×8×13	철골
	벽체	1CW1	S-1CW1_300	철근콘크리트
	바닥	1S1	S-1S1_300	철근콘크리트
	지붕	RF1	S-RF1_200	철근콘크리트
	계단	SS1	S-SS1_150	철근콘크리트
	경사로	SP1	S-SP1	철근콘크리트
	트러스	ST1	S-ST1	철골
	데크플레이트	DP1	S-DP1	철골
	…			

2 조달청 BIM 지침서에 따르면, 속성 정보에는 부재명, 조달청 표준공사코드, 열관류율(선택)을 입력합니다.

- 조달청 표준공사코드: 부위객체의 유형 매개변수-ID데이터에 프로젝트 매개변수를 추가하여 해당 값을 입력합니다.
- 부재명: 부위객체의 유형 매개변수-ID데이터 탭 "유형 주석"에 해당 값을 입력합니다. (기본 매개변수 "유형 주석"값에 입력합니다.)

Tip

부재 속성 값 입력방법

구체적인 속성 값 입력방법은 "시설사업 BIM 적용 기본지침서 사용자 가이드 -1.4.2 BIM 소프트웨어 사용방법 예시"에서 확인하실 수 있습니다.

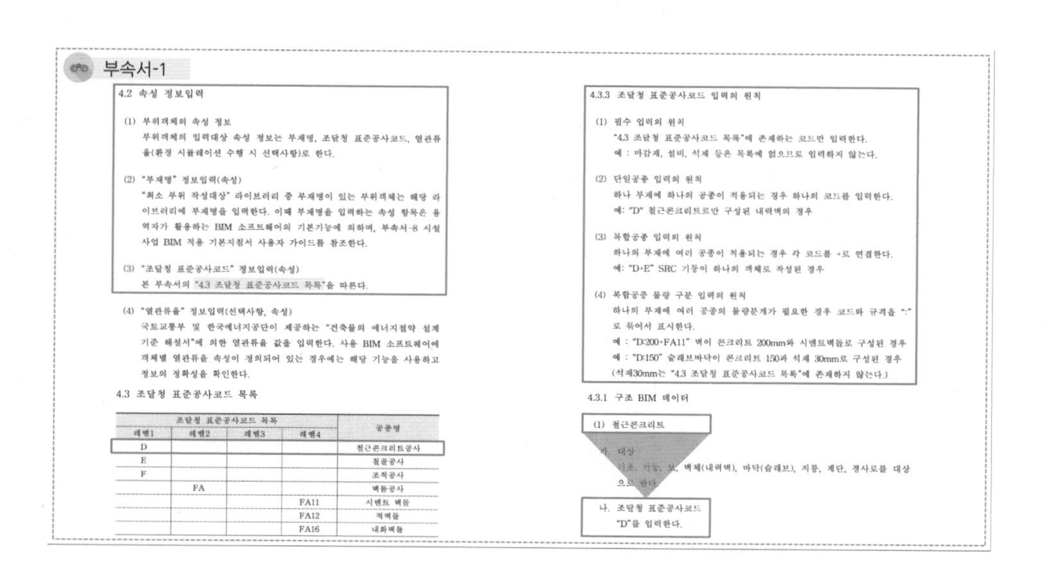

부속서-1

4.2 속성 정보입력

(1) 부위객체의 속성 정보
부위객체의 입력대상 속성 정보는 부재명, 조달청 표준공사코드, 열관류율(환경 시뮬레이션 수행 시 선택사항)로 한다.

(2) "부재명" 정보입력(속성)
"최소 부위 작성대상" 라이브러리 중 부재명이 있는 부위객체는 해당 라이브러리에 부재명을 입력한다. 이때 부재명을 입력하는 속성 항목은 용역자가 활용하는 BIM 소프트웨어의 기본기능에 의하며, 부속서-8 시설사업 BIM 적용 기본지침서 사용자 가이드를 참조한다.

(3) "조달청 표준공사코드" 정보입력(속성)
본 부속서의 "4.3 조달청 표준공사코드 목록"을 따른다.

(4) "열관류율" 정보입력(선택사항, 속성)
국토교통부 및 한국에너지공단이 제공하는 "건축물의 에너지절약 설계기준 해설서"에 의한 열관류율 값을 입력한다. 사용 BIM 소프트웨어에 객체별 열관류율 속성이 정의되어 있는 경우에는 해당 기능을 사용하고 정보의 정확성을 확인한다.

4.3 조달청 표준공사코드 목록

조달청 표준공사코드 목록				공종명
레벨1	레벨2	레벨3	레벨4	
D				철근콘크리트공사
E				철골공사
F				조적공사
	FA			벽돌공사
			FA11	시멘트 벽돌
			FA12	적벽돌
			FA16	내화벽돌

4.3.3 조달청 표준공사코드 입력의 원칙

(1) 필수 입력의 원칙
"4.3 조달청 표준공사코드 목록"에 존재하는 코드만 입력한다.
예 : 마감재, 설비, 석재 등은 목록에 없으므로 입력하지 않는다.

(2) 단일공종 입력의 원칙
하나 부재에 하나의 공종이 적용되는 경우 하나의 코드를 입력한다.
예: "D" 철근콘크리트로만 구성된 내력벽의 경우

(3) 복합공종 입력의 원칙
하나의 부재에 여러 공종이 적용되는 경우 각 코드를 +로 연결한다.
예: "D+E" SRC 기둥이 하나의 객체로 작성된 경우

(4) 복합공종 물량 구분 입력의 원칙
하나의 부재에 여러 공종의 물량분개가 필요한 경우 코드와 규격을 ":"로 묶어서 표시한다.
예 : "D:200+FA11" 벽이 콘크리트 200mm와 시멘트벽돌로 구성된 경우
예 : "D:150" 슬래브바닥이 콘크리트 150과 석재 30mm로 구성된 경우
(석재30mm는 "4.3 조달청 표준공사코드 목록"에 존재하지 않는다.)

4.3.1 구조 BIM 데이터

(1) 철근콘크리트

가. 대상
기초, 기둥, 보, 벽체(내력벽), 바닥(슬래브), 지붕, 계단, 경사로를 대상으로 한다.

나. 조달청 표준공사코드
"D"를 입력한다.

chapter 02 독립 기초 작성

1 Revit을 실행합니다.

모델 창 [열기] 클릭 ➡ ₩예제파일₩08강₩08강_시작.rvt를 선택하고 [열기]를 클릭합니다.

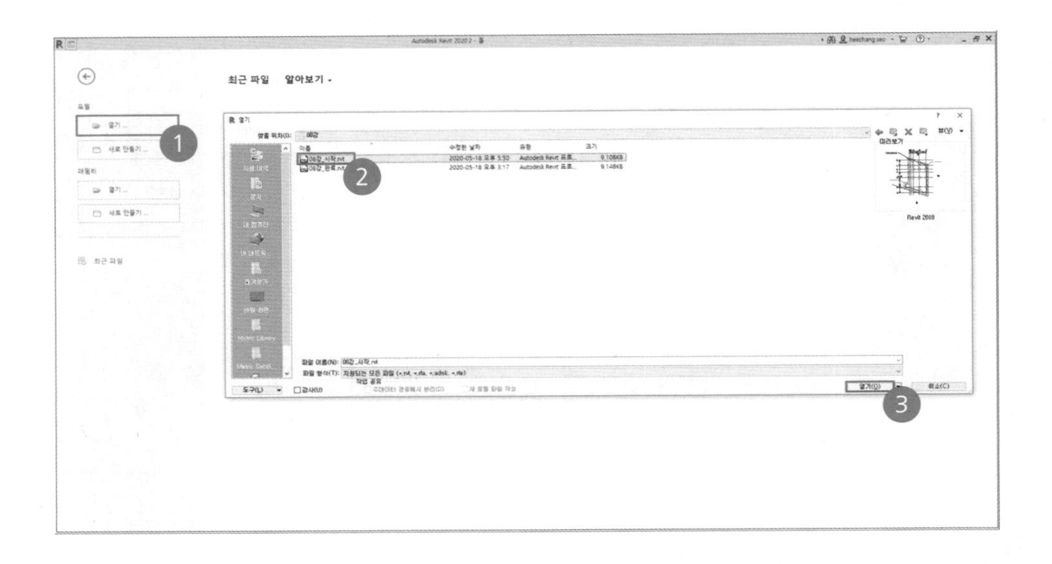

2 프로젝트 탐색기창에서 "지하1층 평면도"를 더블클릭하여 엽니다.

해당 뷰에는 그리드와 기초 모델을 작성하기 위한 가이드라인이 있습니다.

가이드라인에 맞게 모델을 작성하거나 배치할 것입니다.

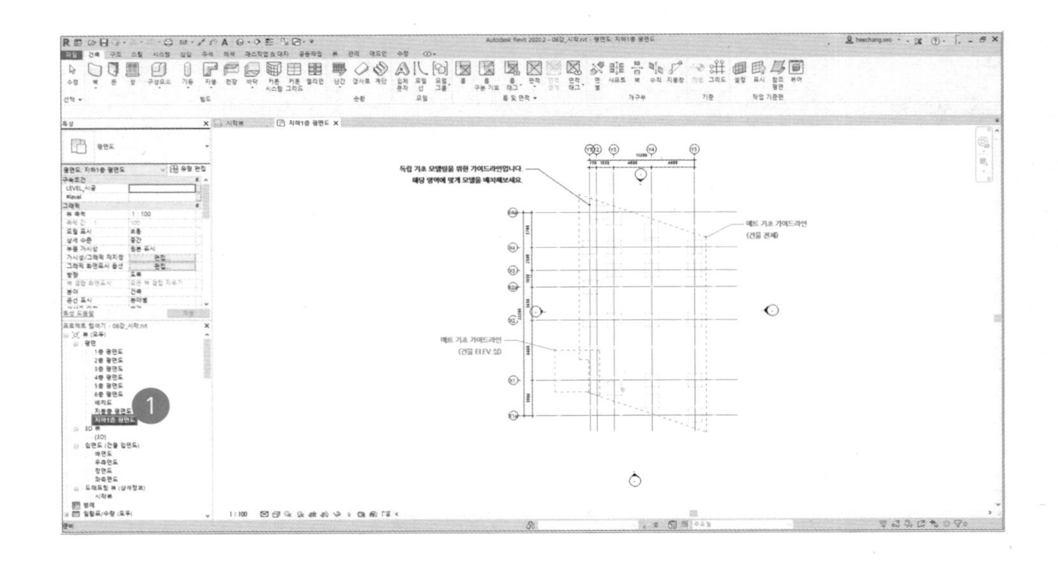

3 먼저, 독립 기초를 작성하겠습니다. [구조]탭 ➡ [분리됨(독립기초)]를 클릭합니다. 패밀리 로드창이 뜨면 [예]를 클릭합니다.
₩구조 기초₩기초-직사각형.rfa 파일을 선택하고 [열기]를 클릭합니다.

Tip

패밀리 선택하여 로드하기

작성하고자하는 형태에 맞는 패밀리를 선택하여 로드하고 유형을 복제하여 사용합니다.

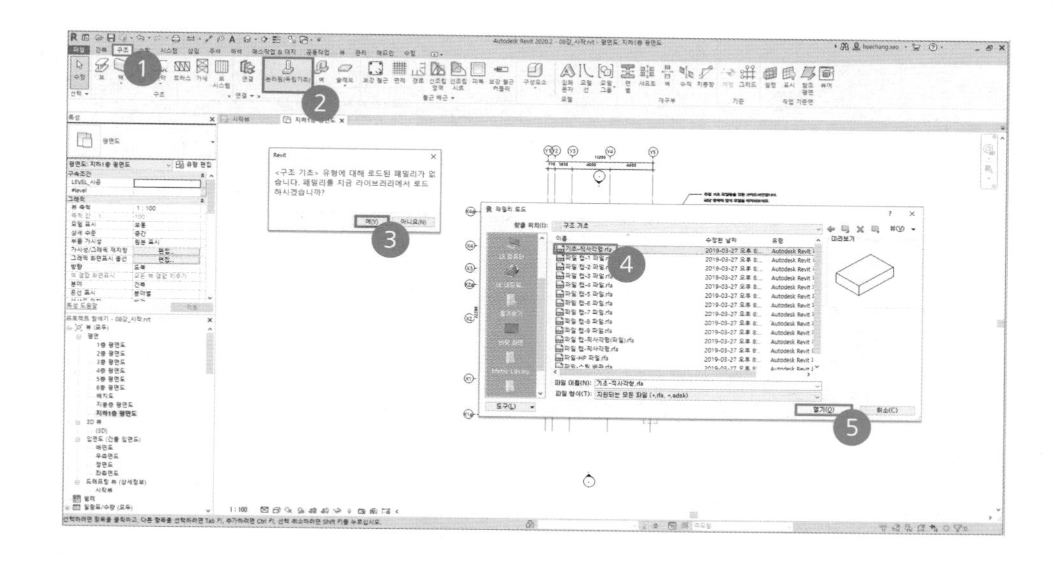

4 유형을 필요한 사이즈에 맞춰 생성해보겠습니다.
특성 창-[유형편집]을 클릭합니다. 유형 [복제] 클릭 ➡ 유형이름을 조달청 형식인 "S-PF1_1500X1500X1200"을 입력합니다.

Tip

라이브러리명(유형 이름) 형식

"분야-부재명_규격" 에 맞춰
지정합니다.

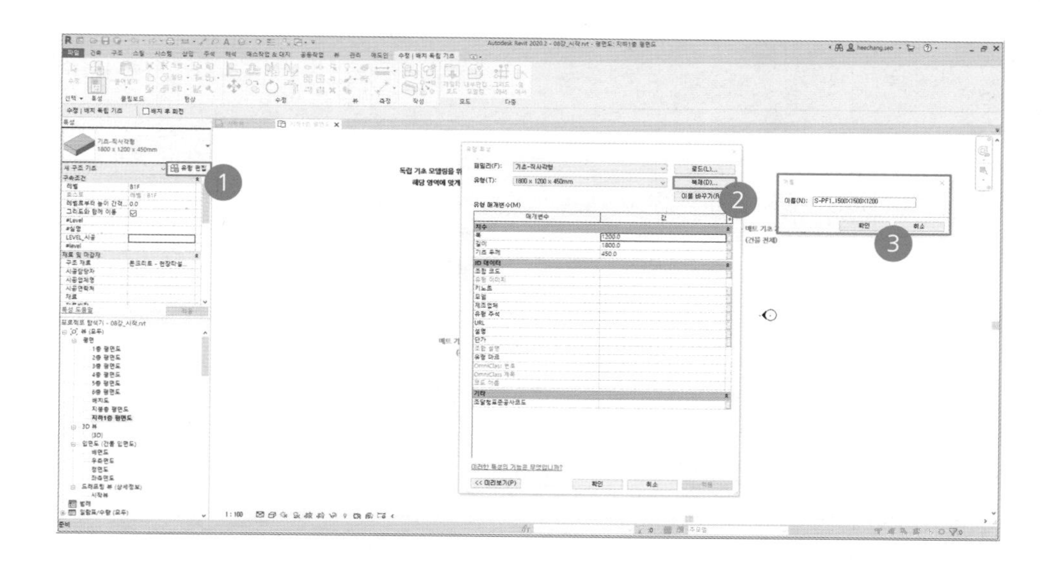

속성 정보 입력하기

부재명을 "유형 주석" 에 입력합니다. 재료가 철근콘트리트이기 때문에 조달청 표준공사코드에 따라, "D"를 입력합니다.

5 유형 매개변수의 치수창에서 폭 "1500", 길이 "1500", 독립기초 두께 "1200"으로 변경합니다. ID 데이터 탭-유형 주석에 "PF1", 기타 탭-조달청표준공사코드 에 "D"를 입력합니다. [확인]을 누르면 방금 편집한 유형으로 모델을 배치 할 수 있는 상태가 됩니다.

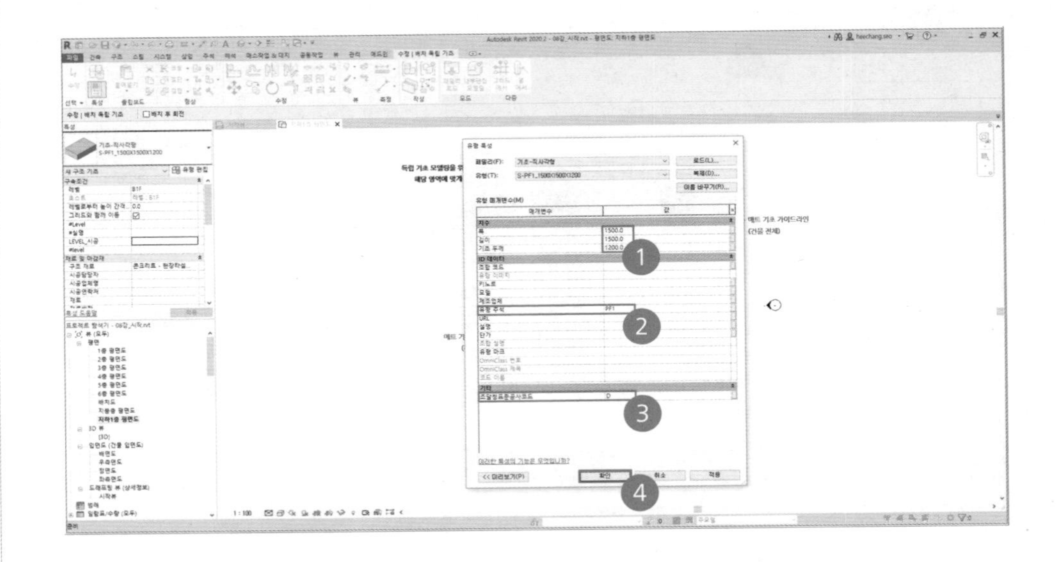

경고창 '작성한 요소가 보이지 않습니다' 해결방법

가시성 재지정(VV)이나 숨겨진 요소 표시(RH) 또는 뷰 범위 설정(VR)을 통해 현재 뷰에 보이도록 알맞게 조정했는지 확인해야합니다.

6 마우스커서를 그리드 교차점에 가까이하면 파란색으로 활성화 상태가 됩니다. 이때 클릭하면 교차점을 센터로 배치할 수 있게 됩니다. 먼저, Y2열 상단 교차점에 클릭하여 배치해보겠습니다. 그러면 다음과 같은 경고창이 뜹니다.

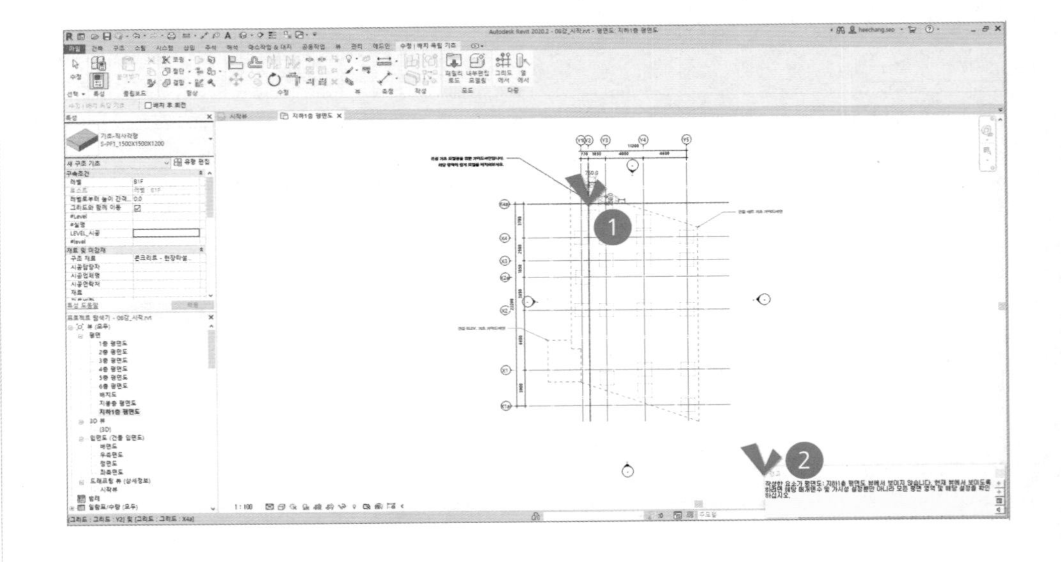

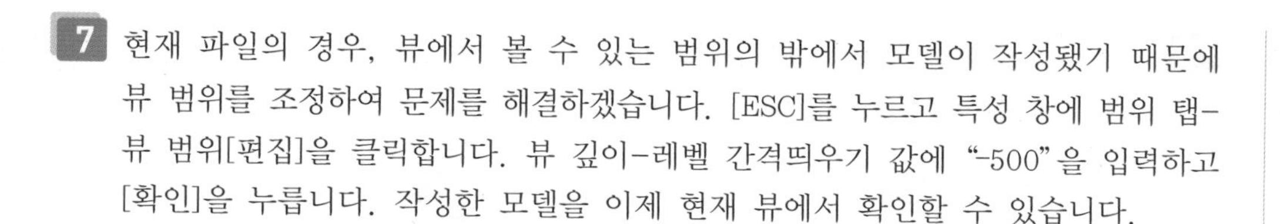

7 현재 파일의 경우, 뷰에서 볼 수 있는 범위의 밖에서 모델이 작성됐기 때문에 뷰 범위를 조정하여 문제를 해결하겠습니다. [ESC]를 누르고 특성 창에 범위 탭-뷰 범위[편집]을 클릭합니다. 뷰 깊이-레벨 간격띄우기 값에 "-500"을 입력하고 [확인]을 누릅니다. 작성한 모델을 이제 현재 뷰에서 확인할 수 있습니다.

Tip

뷰 범위 편집(단축키VR)

뷰 범위 창에서 왼쪽 하단 [<<표시]를 클릭하면 뷰 범위에 관한 내용을 확인할 수 있습니다. 절단 기준면 레벨에서의 간격띄우기 값 밖에 모델이 배치된 경우, 해당 뷰에서 확인할 수 없게됩니다.

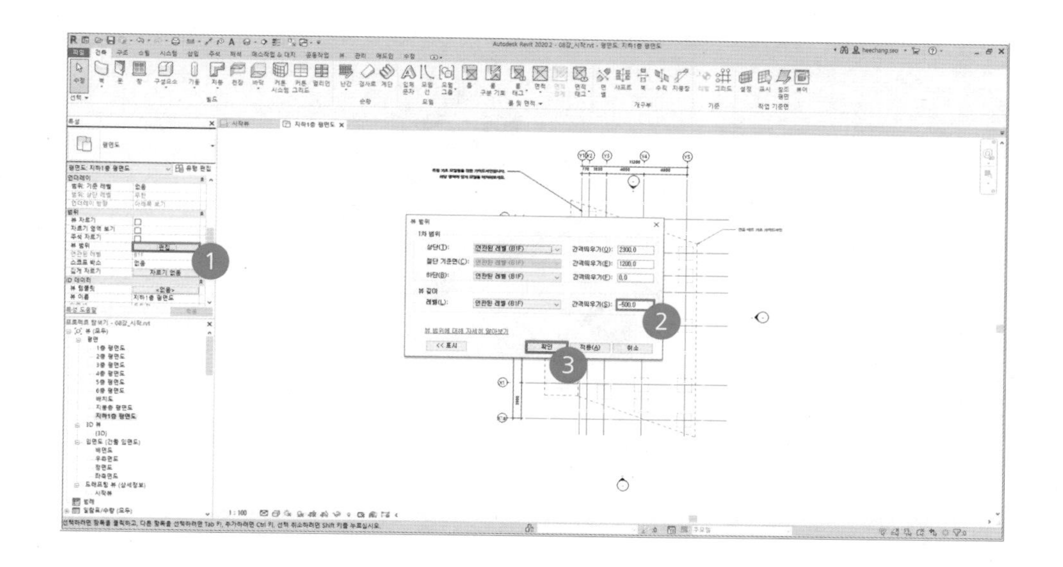

8 이제 가이드라인에 맞춰 기초를 모두 작성해보겠습니다. 배치한 모델을 선택 후 복사(CO)해서 작성할 수도 있고, 간격이 필요하다면 센터에 배치 후 기준점 클릭 ➡ 간격 값 입력, 엔터 해주면 원하는 간격 값으로 배치 할 수 있습니다.

Tip

독립 기초 작성 시 수정탭-[그리드에서]로 작성하기

독립기초 작성 시 [그리드에서]를 클릭하면 해당 그리드 교차점을 센터로 하는 기초를 한꺼번에 작성 할 수 있습니다. 컨트롤키로 해당 그리드를 모두 선택한 다음 [완료]버튼을 누르면 자동 생성됩니다.

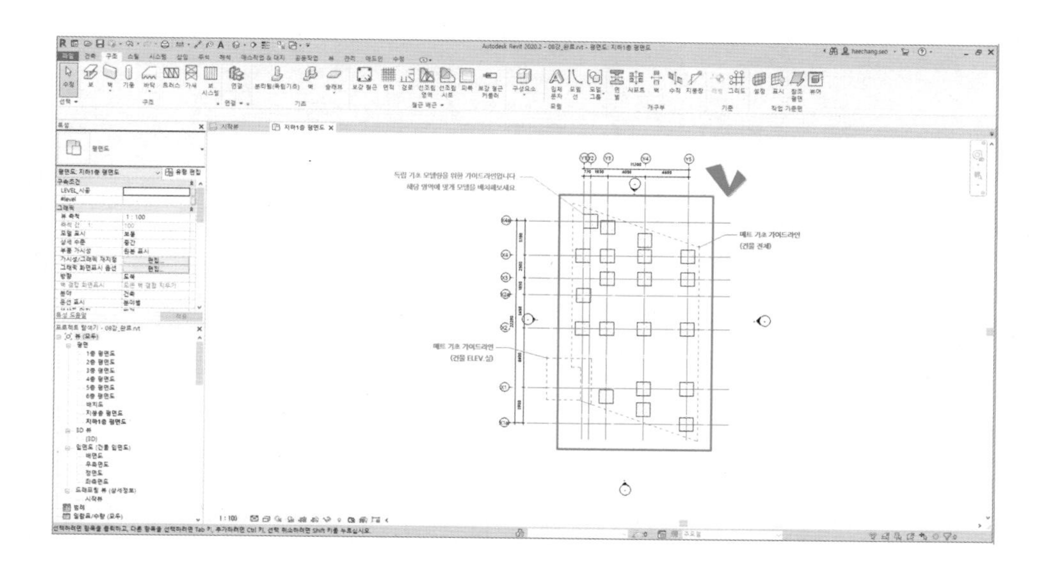

9 작성이 완료됐다면 3D 화면에서도 확인해보시길 바랍니다.
다음은 완성된 3D 화면입니다.

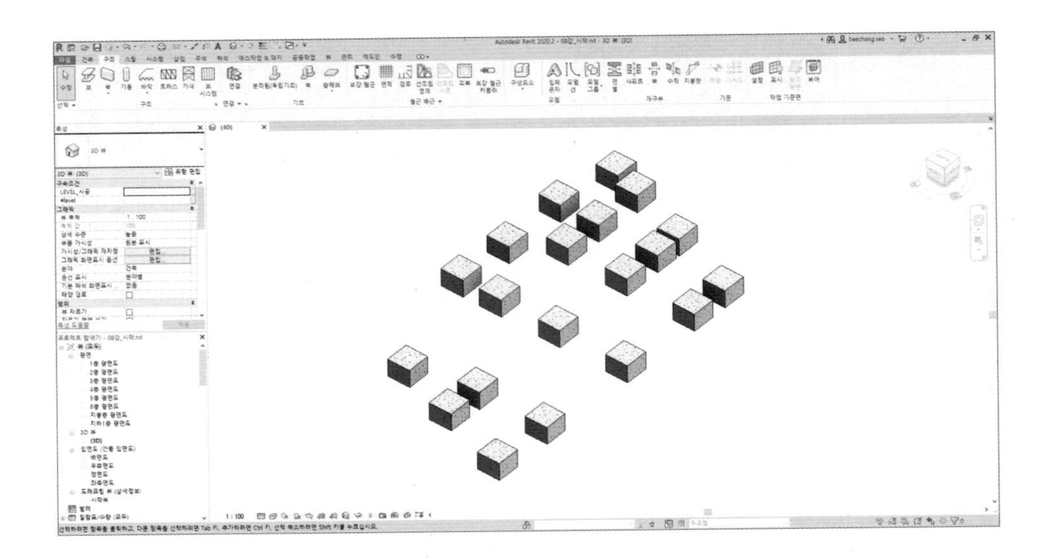

chapter 03 매트 기초 작성

1 지하1층 평면도로 돌아와서 매트 기초를 작성해보도록 하겠습니다.
먼저, 엘리베이터실을 제외한 건물의 기초를 작성하겠습니다.
[구조]탭 ➡ [슬래브] 확장 화살표 클릭 ➡ [구조 기초: 슬래브]를 클릭합니다.

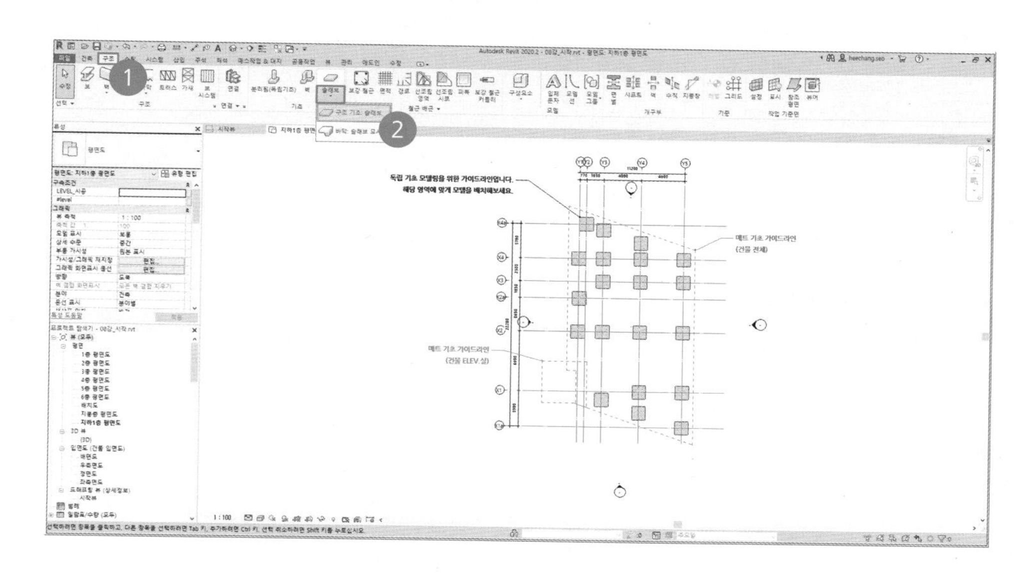

2 특성 창의 [유형편집] 클릭 ➡ [복제] 클릭, "S-MF1_THK1000" 입력 후 [확인]을 누릅니다. 유형 매개변수의 구성 탭-구조[편집]을 클릭합니다.

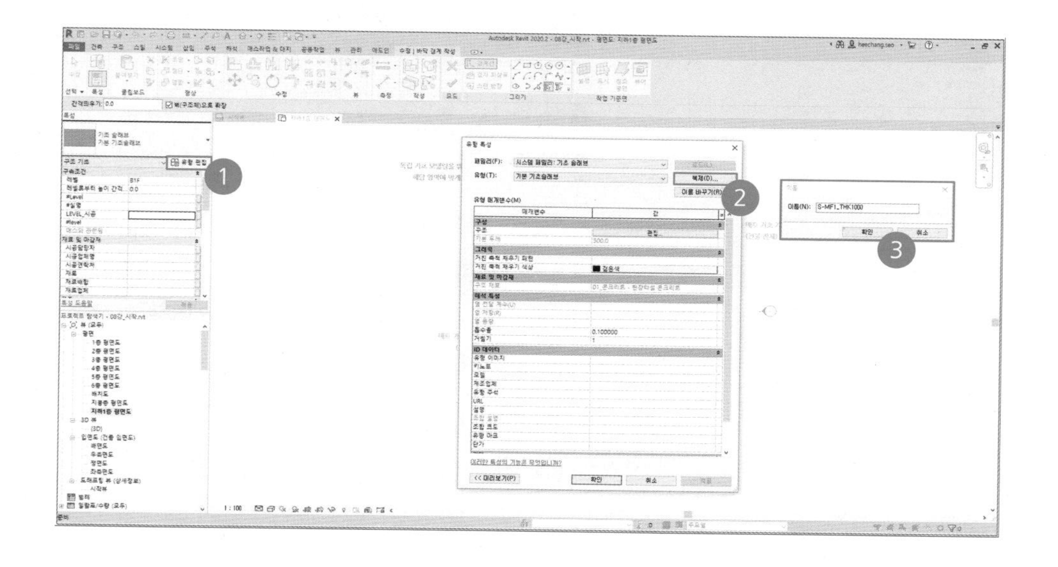

3 구조 두께를 유형이름에 맞게 변경하기 위해 “1000”을 입력 후, [확인]을 클릭합니다.

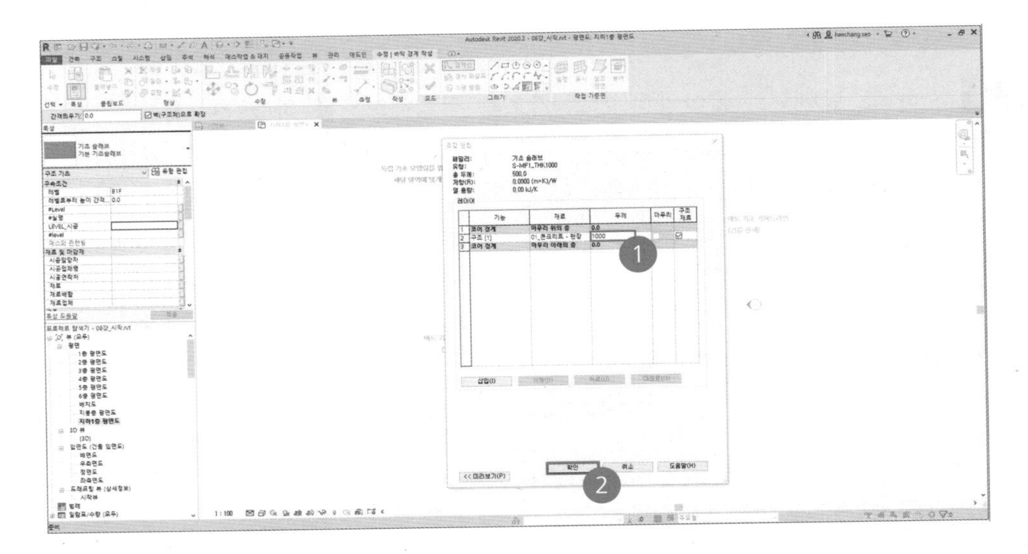

4 ID 데이터 탭의 유형주석에 “MF1”, 조달청표준공사코드에 “D”를 입력 후 [확인]을 클릭합니다. 이제 해당 유형으로 바닥 경계를 작성할 준비가 되었습니다.

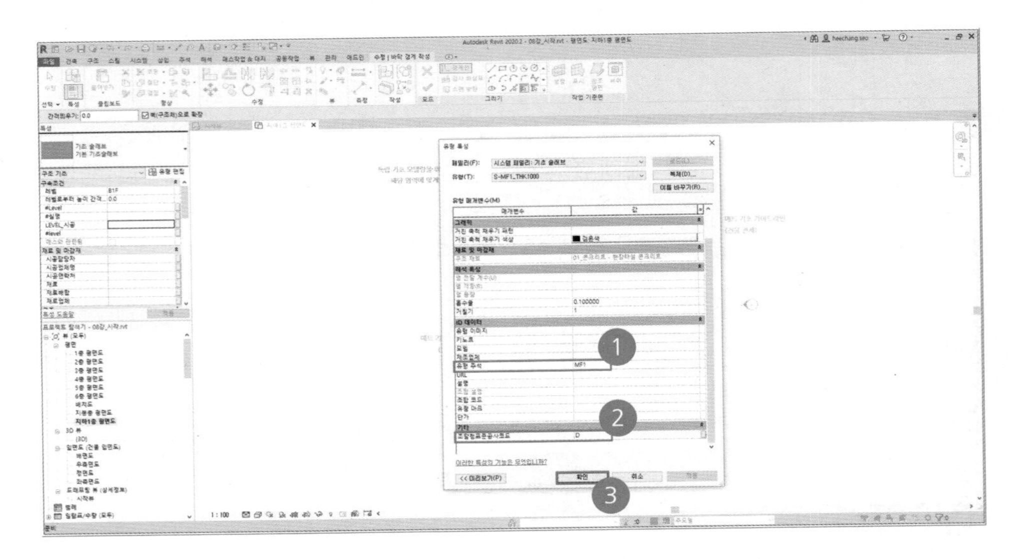

5 건물 매트 기초 가이드라인(파란선)에 맞춰 경계를 그리겠습니다. 수정 탭의 [선]으로 그리거나 [선 선택]으로 경계를 선택하여 그려줍니다. 다음과 같이 완료됐다면, 수정 탭-✔ [편집 모드 완료]를 클릭해줍니다.

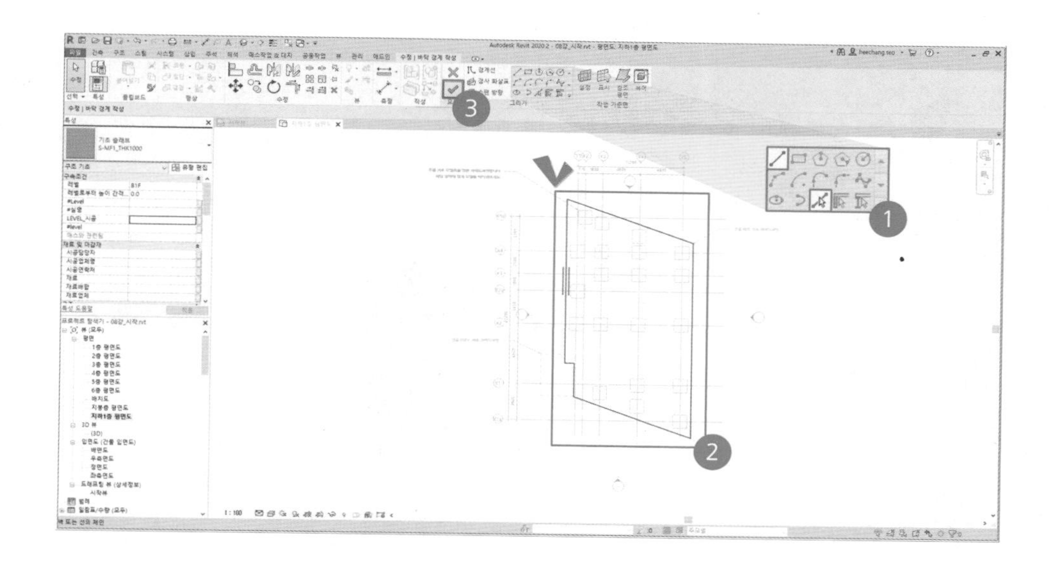

Tip

바닥 경계 작성 시

키보드의 [Tab]을 눌러 원하는 선이 활성화 될 때 클릭해줍니다.

경계선은 겹지거나 끊어지지 않게 그려야합니다.

6 "〈스팬 방향 기호〉유형 패밀리 로드" 경고창이 뜨면 [아니오]를 클릭합니다. 계획 단계에서는 바닥 스팬 방향 기호를 사용할 필요가 없으므로 항상 [아니오]를 클릭해줍니다. 작성한 기초 바닥을 더 직관적으로 보기위해 하단 [비주얼 스타일] 클릭 ➡ [음영처리]를 클릭해줍니다.

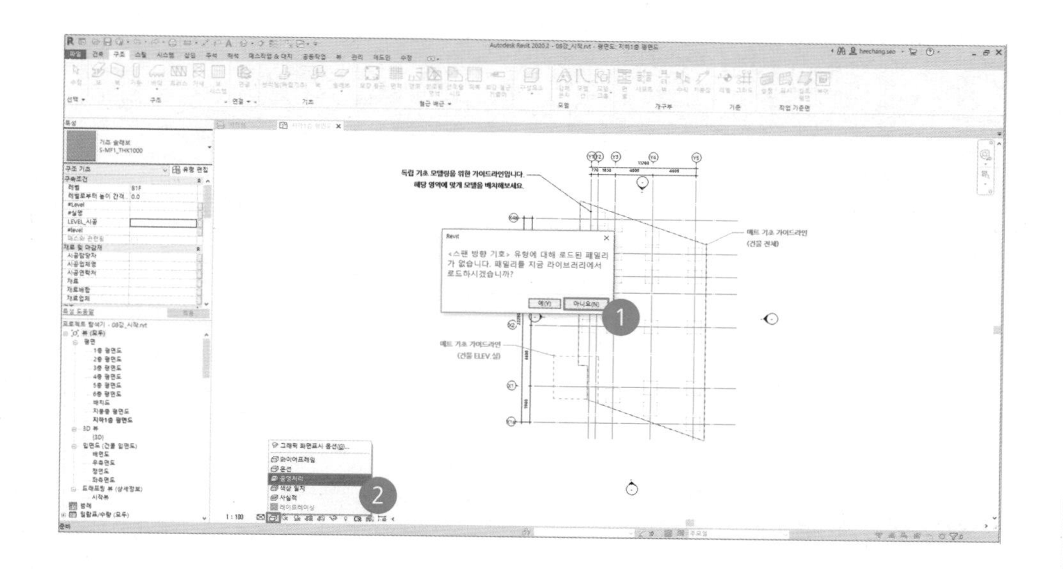

Tip

[비주얼 스타일] 사용하기

뷰에서 [비주얼 스타일]버튼을 적절히 이용하면 모델링 작업이 더욱 편리해집니다. 특히, 와이어프레임, 은선, 음영처리는 도면화 및 모델링에 많이 사용되니 단축키를 사용하여 작업하면 편리합니다.

7 두 번째로 엘리베이터실의 매트 기초를 작성하겠습니다.

엘리베이터실 기초는 동일한 유형으로 작성하되, 건물 매트 기초보다 2,000 높이가 내려간 형태가 될 것입니다. 마찬가지로 [구조]탭 ➡ [슬래브] 확장 화살표 클릭 ➡ [구조 기초: 슬래브]를 클릭합니다.

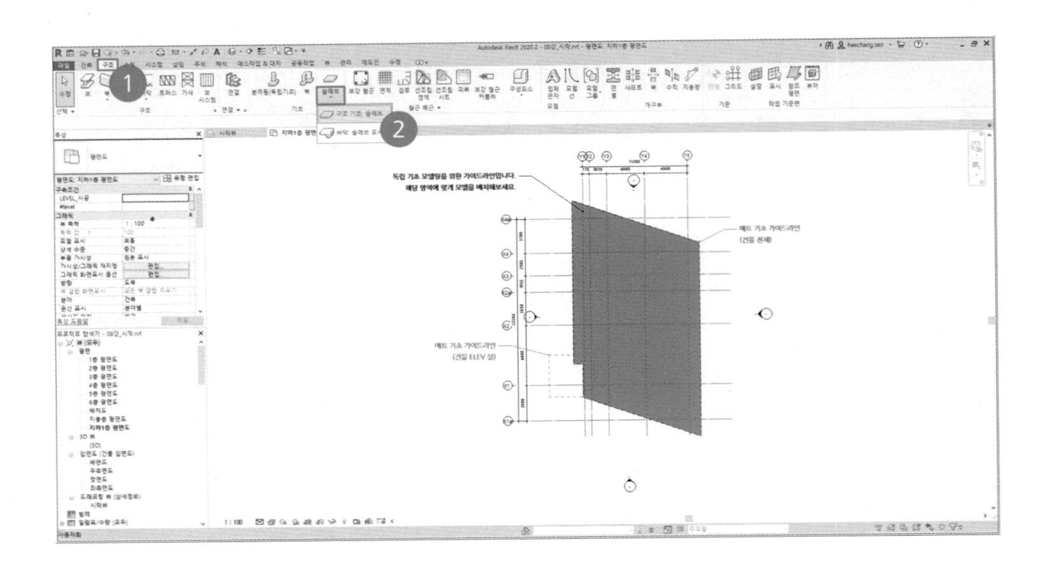

8 특성 창에서 구속조건 탭– "레벨로부터 높이 간격띄우기"값에 "-2000"을 입력해줍니다. 기준 레벨 B1F로부터 2000 아래로 내려간 높이로 기초 레벨을 설정합니다.

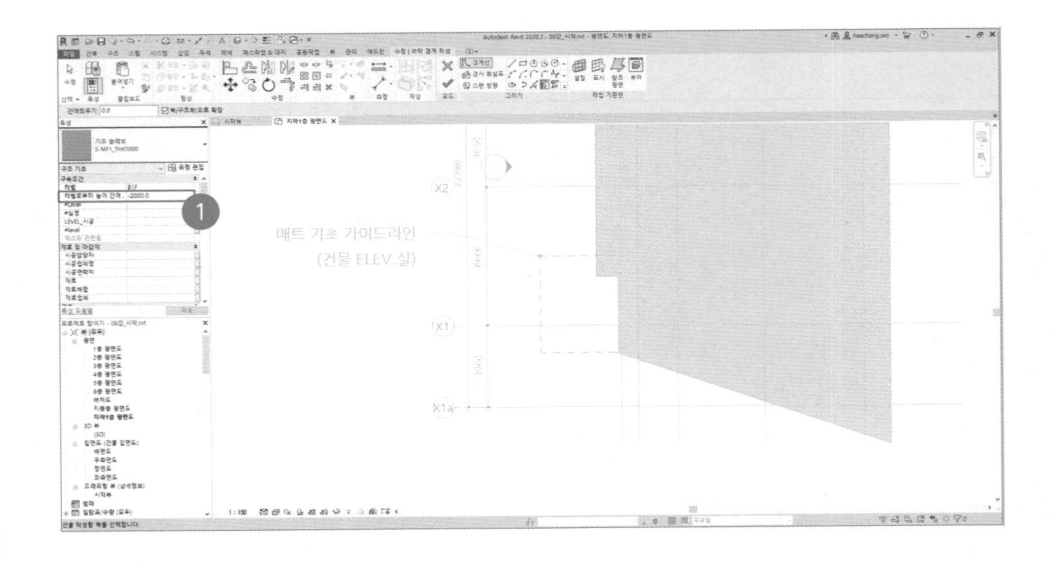

9 이제 수정 탭의 [선]도구를 사용하여 ELEV.실 경계를 작성합니다.
[선 선택]으로 경계 작성 시, [코너로 자르기]를 사용하여 선 정리를 해줍니다.
작성이 완료되면 ✔ [편집 모드 완료]를 클릭해줍니다.

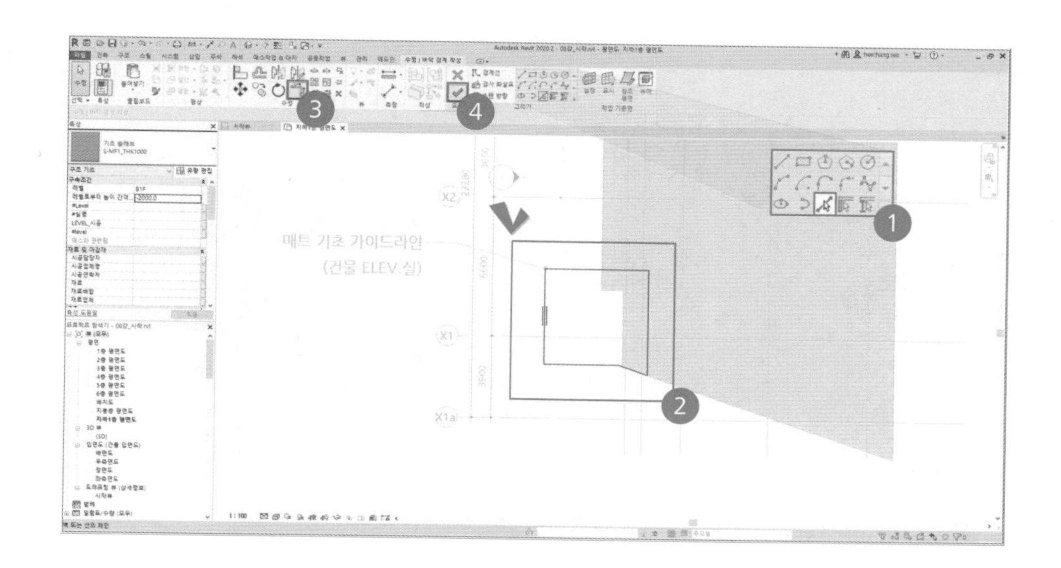

10 "〈스팬 방향 기호〉유형 패밀리 로드"경고창이 뜨면 [아니오]를 클릭합니다.

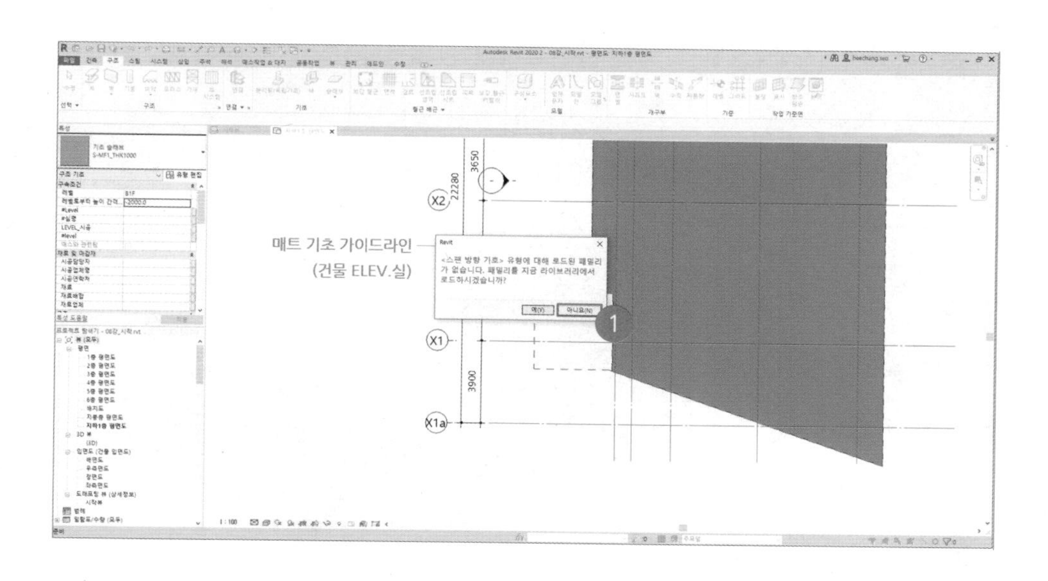

Tip

[뷰 범위] 사용하기

뷰 범위 설정에 따라 작성된 객체가 보이지 않을 수 있습니다. 이러한 경우 뷰 범위 설정값을 변경하여 가시성을 확보할 수 있습니다.

11 독립 기초 작성하기 06번에서 뷰 범위의 깊이를 "-500"까지만 보이게 했기 때문에, 2000값 내려간 ELEV.실 기초는 뷰에서 보이지 않게 됩니다. 뷰에서 보기위해서 다시 뷰 범위를 조정해줍니다. 특성 창-뷰 범위[편집] 클릭 ➡ 뷰 깊이-레벨-간격띄우기에 임의의 값인 "-2500"을 입력하고 [확인]을 클릭합니다.

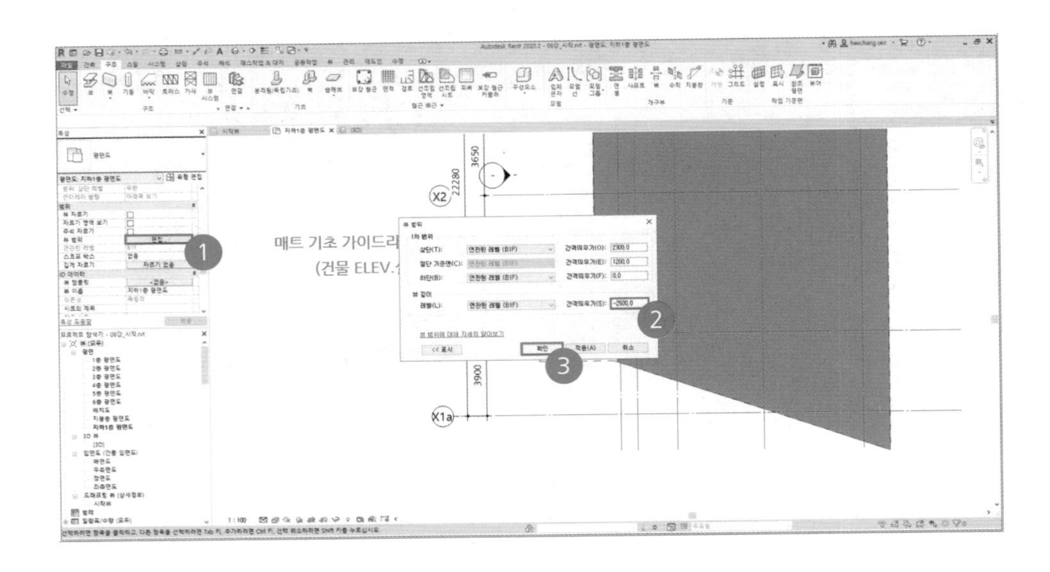

12 이제 뷰에서 ELEV.실 기초도 뷰에서 볼 수 있게 되었습니다.
3D 화면에서도 작성된 기초를 확인하시길 바랍니다.

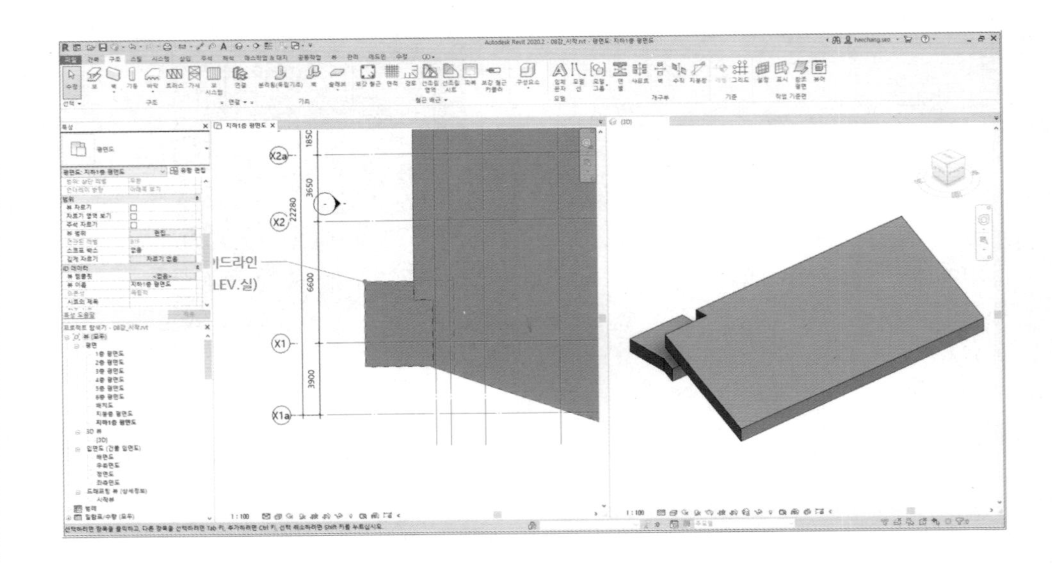

13 3D화면에서 보면, 2개의 매트 기초의 단차구간이 연결되지 않고 끊어진 것을 볼 수 있습니다. 마지막으로, 이 부분을 매트 기초를 사용하여 연결하도록 하겠습니다.

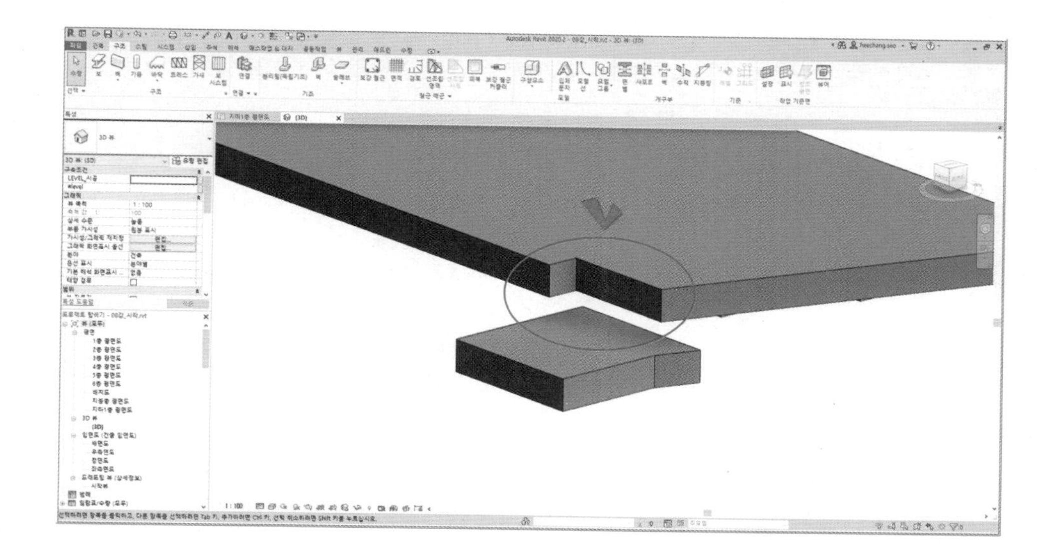

Tip

단차 구간 모델링

- 물량 산출 시 정확한 산출이 가능
- 벽으로도 가능(재료 맞추기)

14 "지하1층 평면도"뷰를 엽니다.
[구조]탭 ➡ [슬래브] 확장 화살표 클릭 ➡ [구조 기초: 슬래브]를 클릭합니다.

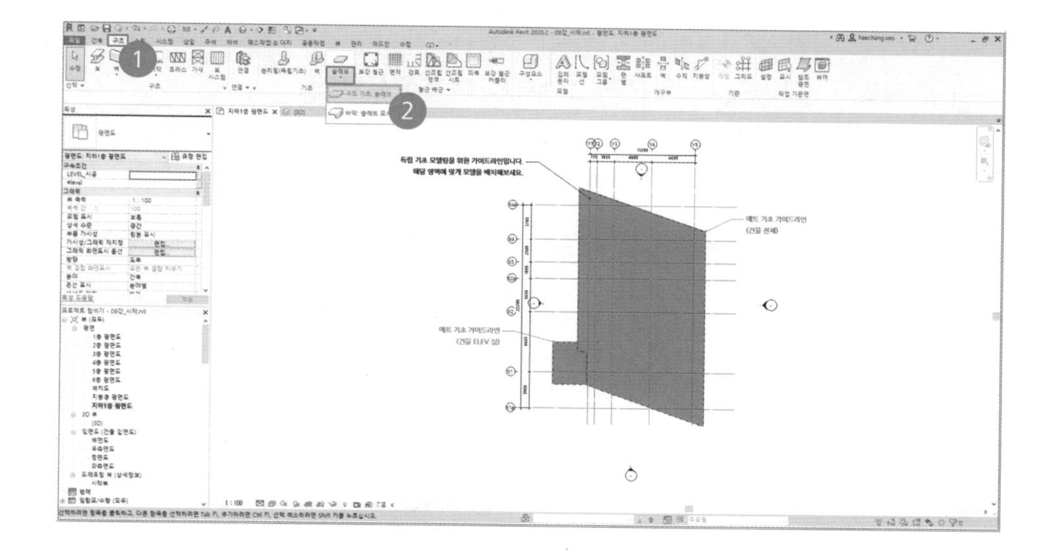

15 특성 창에서 구속조건 탭– "레벨로부터 높이 간격띄우기" 값에 "–1000"을 입력합니다. 건물 전체 매트 기초의 하단부터 채워야하기 때문입니다.

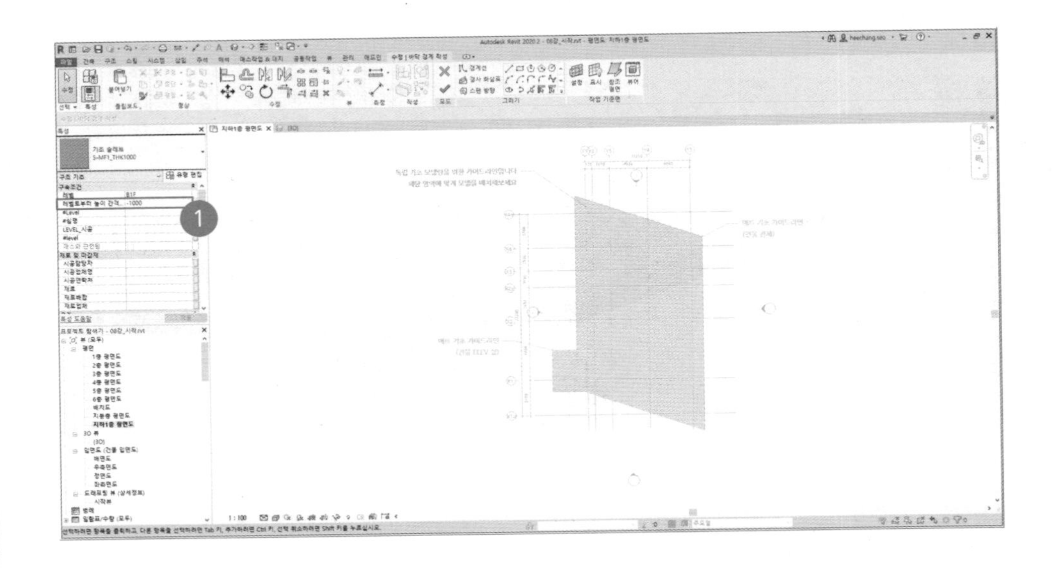

16 다음과 같은 형태로 경계를 작성합니다. 매트 기초가 겹치는 부분입니다. 작성이 완료되면 ✔ [편집 모드 완료] 클릭합니다. 마찬가지로 "<스팬 방향 기호> 유형 패밀리 로드" 경고창이 뜨면 [아니오]를 클릭합니다.

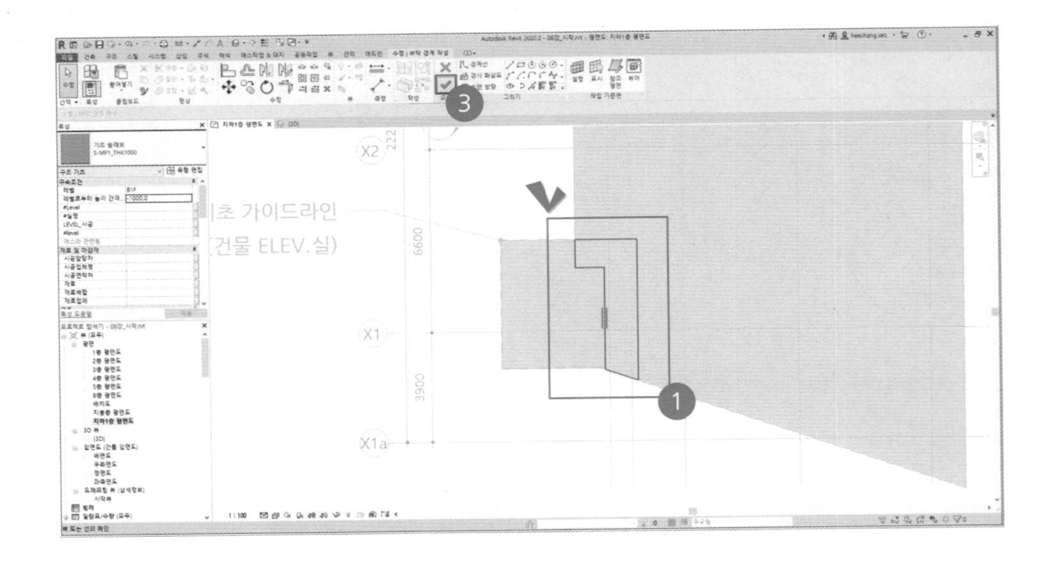

17 이제 기초가 모두 완성되었습니다. 다음은 3D 화면의 완성된 화면입니다. 완료파일을 확인하여 알맞게 작성했는지 확인해보시길 바랍니다.

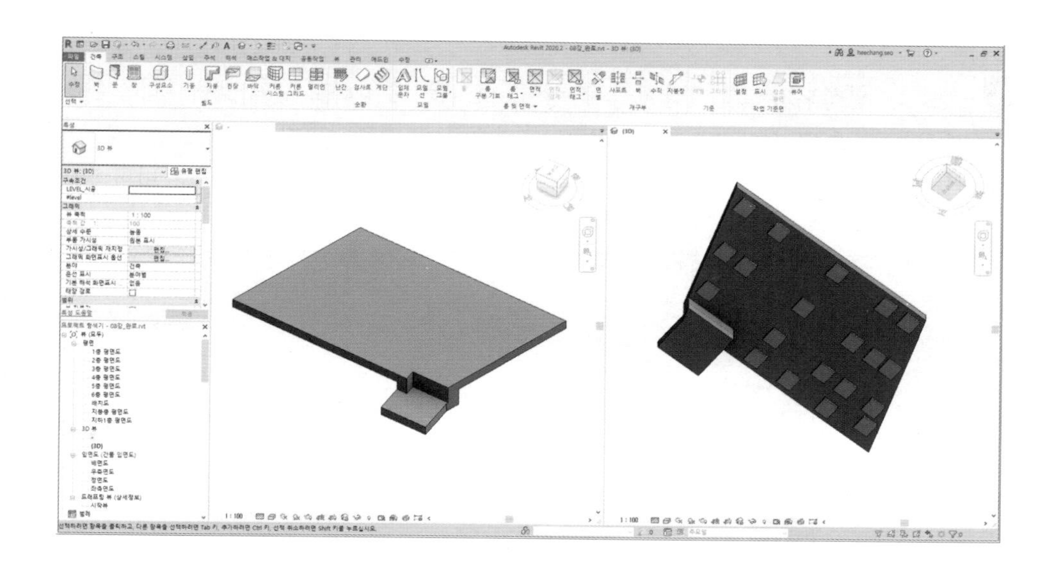

chapter 04 대지 수정

1 기초가 완성되었으면 4강에서 작성한 대지를 수정하도록 하겠습니다. 이러한 이유는 기초 작성에 따른 대지변경이 필요하기 때문입니다.
[열기]를 클릭하고 '08강 대지_시작.rvt'를 선택 후 [열기]를 클릭합니다.

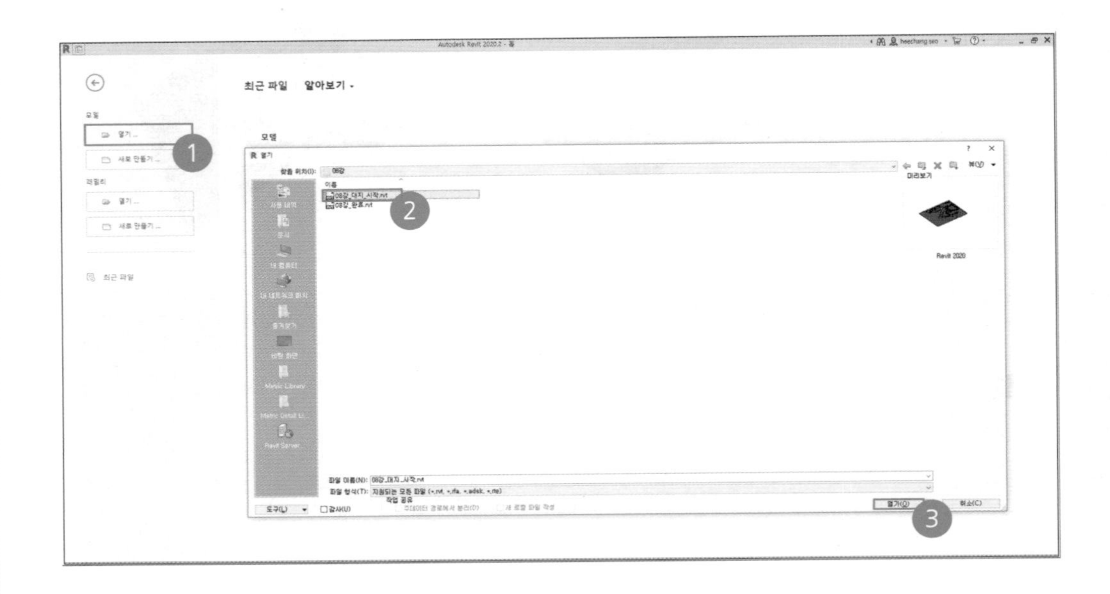

2 대지를 수정하기 위해 기초 모델을 링크를 합니다. 우선 프로젝트 탐색기 [3D] 뷰 열기 ➡ [삽입]탭 ➡ [Revit 링크]를 클릭합니다. "08강_완료.rvt"를 선택하고 위치에 "자동-프로젝트 기준점을 프로젝트 기준점으로" ➡ [열기]를 클릭합니다.

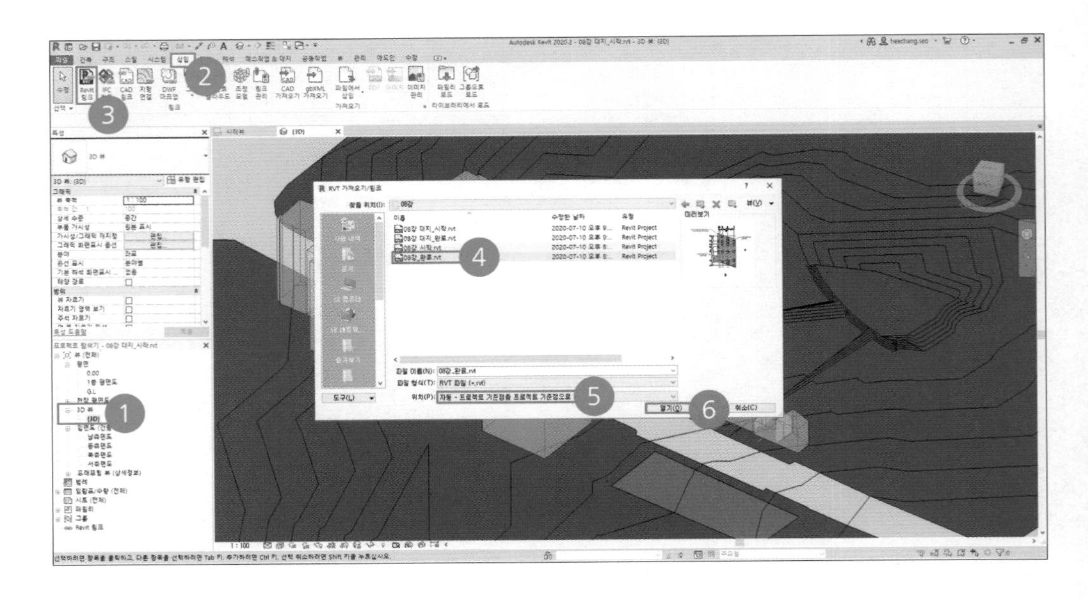

3 대지의 패드를 기초 하부면으로 수정을 위해 '1층 평면도' 에서 [뷰] ➡ [가시성/그래픽]을 클릭합니다. '모델 카테고리' 에서 매스, 바닥, 일반모델의 체크를 해제하고 [확인]을 클릭합니다.

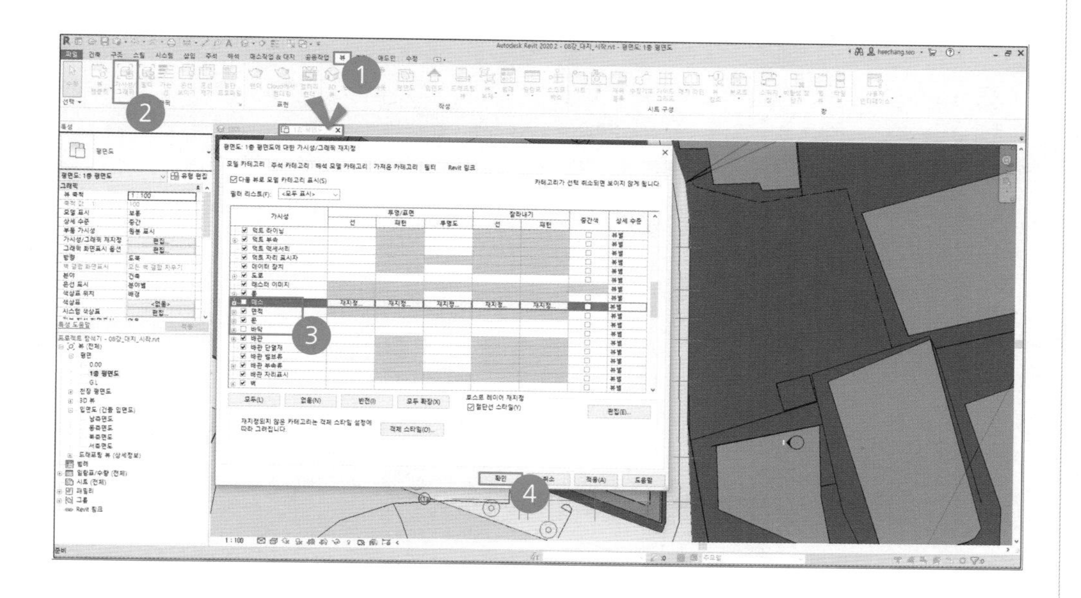

4 오른쪽에 패드 수정 전 후 이미지를 참고하여 패드를 각각 객체에 맞게 수정하겠습니다. 우선 주차장 경계에 맞춰 패드를 수정 하겠습니다. 프로젝트 탐색기 '1층 평면도' 뷰 열기 후 붉은 색 점선에 마우스 커서 위치에 놓은 다음 TAB키를 눌러 건물패드를 선택하고 [경계 편집]을 클릭합니다.

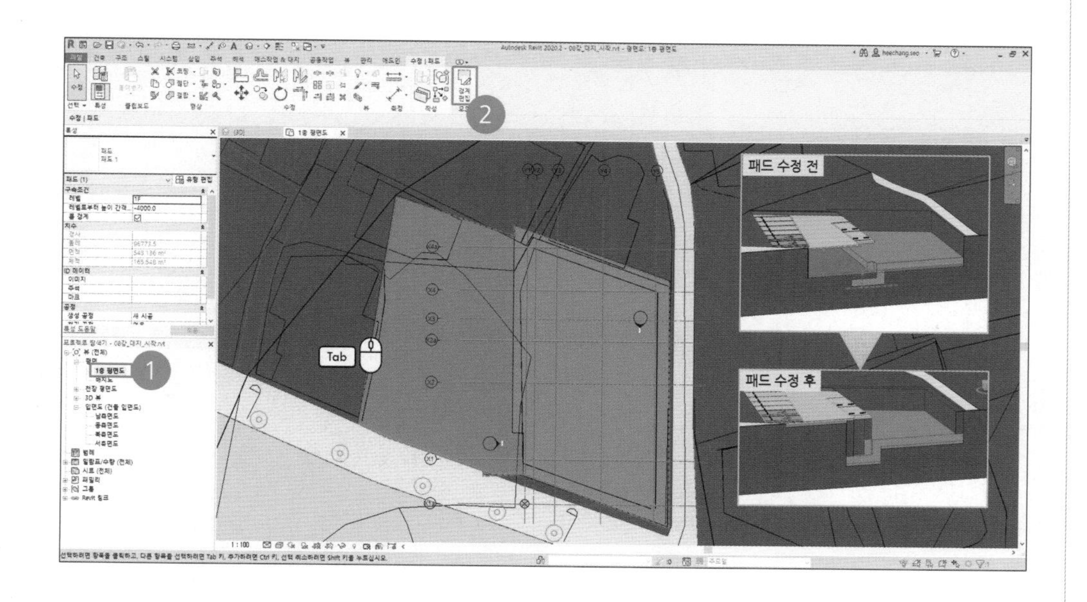

5 영역 수정을 위해 하단의 [비주얼 스타일]을 [와이어프레임]으로 변경합니다. 패드의 스케치를 다음과 같은 영역으로 수정하고 작성이 완료되면 ✔ [편집 모드 완료] 클릭합니다.

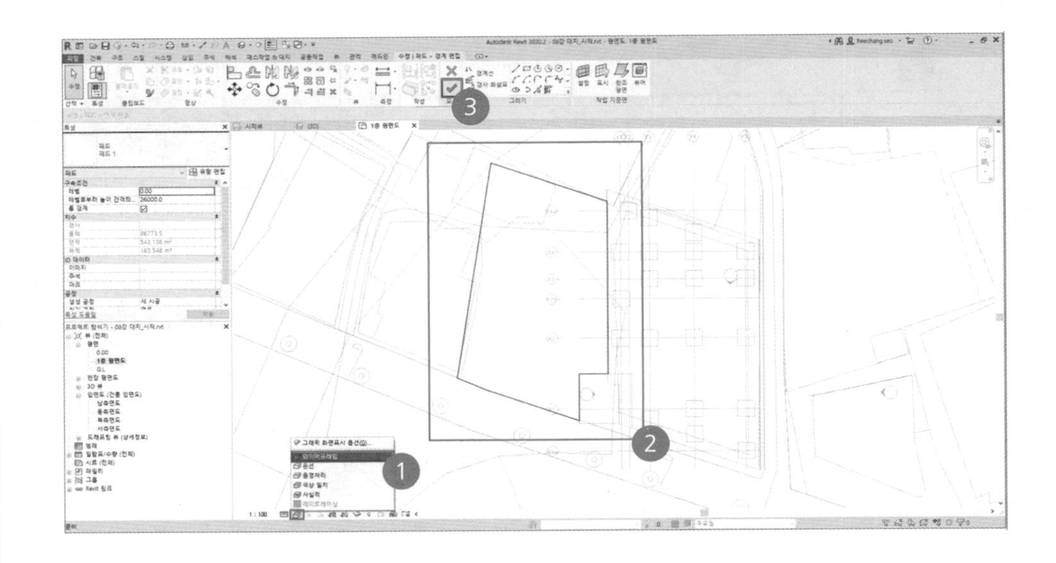

6 주차장 높이에 맞게 패드를 수정하기 위해 상단 [구획]을 클릭하고, 아래의 화면 위치에 2번, 3번을 차례대로 클릭하여 단면을 생성합니다.

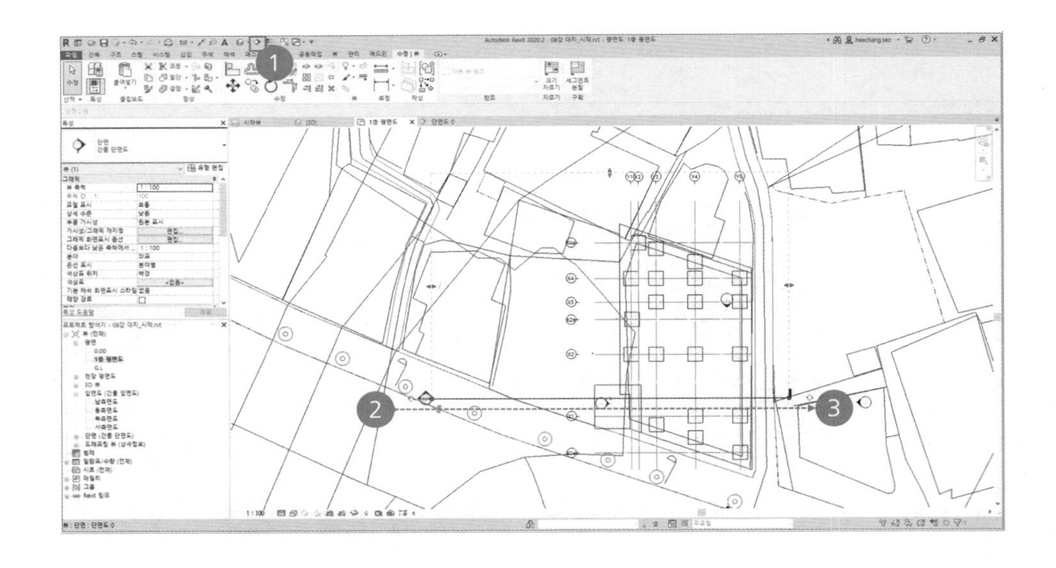

7 생성된 단면도를 엽니다. 하부에 있는 패드를 주차장 바로 하단으로 이동하겠습니다. 패드 선택 후 [수정]탭 ➡ [이동]버튼을 클릭합니다. 패드 상부라인 클릭, C-주차장 바닥면을 차례로 클릭하면 3번과 같은 형상으로 패드가 이동됩니다.

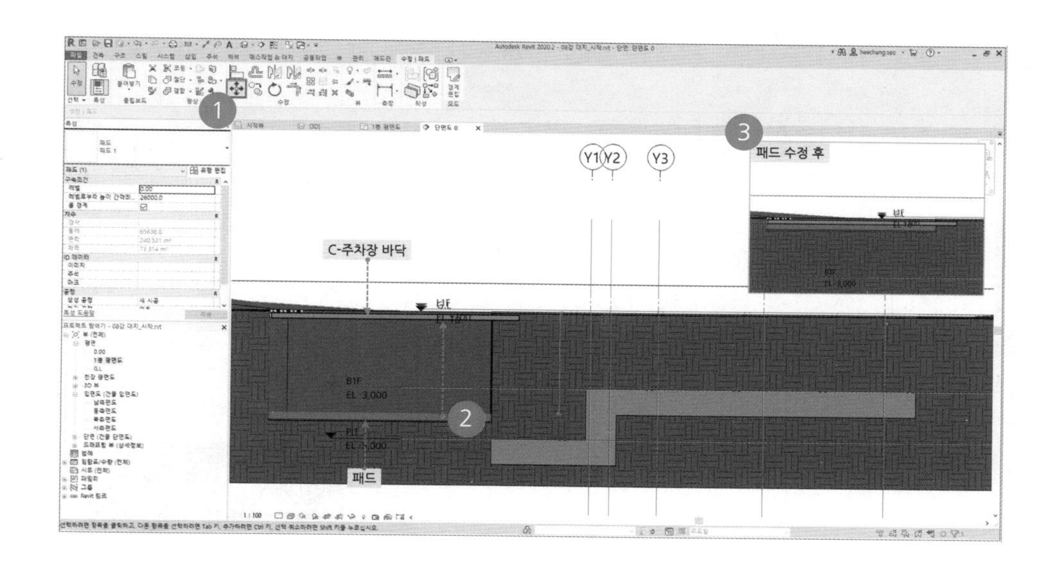

8 다음은 엘레베이터 기초 패드를 작성하겠습니다. "1층 평면도" 뷰를 열고, [매스작업 & 대지]탭 ➡ [건물패드] 클릭 ➡ 특성창 [레벨로부터 높이 간격: -6100] 입력 ➡ 수정 탭의 [선]으로 그리거나 [선 선택]으로 경계를 선택하여 그려줍니다. 작성이 완료되면 ✔ [편집 모드 완료] 클릭하고 단면도에서 다음과 같은 위치에 맞게 배치되었는지 확인합니다.

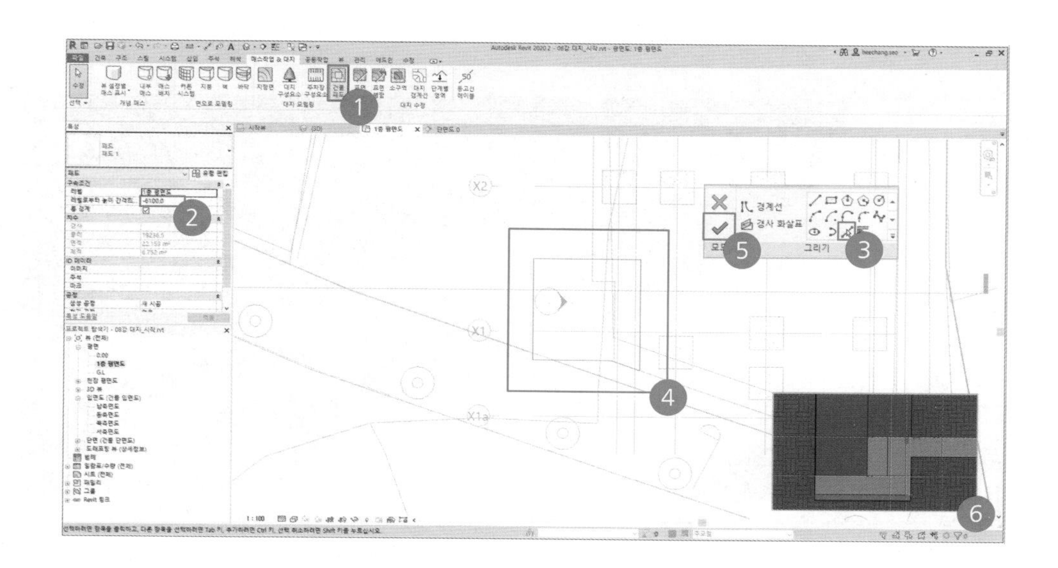

9 "1층 평면도"뷰를 열고, 나머지 기초 패드를 작성하겠습니다. [매스작업 & 대지] 탭 ➡ [건물패드] 클릭 ➡ 특성창 [레벨로부터 높이 간격: -4100] 입력 ➡ 다음과 같이 경계를 그려줍니다. 작성이 완료되면 ✔ [편집 모드 완료] 클릭하고, 단면도에서 다음과 같은 위치에 맞게 배치되었는지 확인합니다.

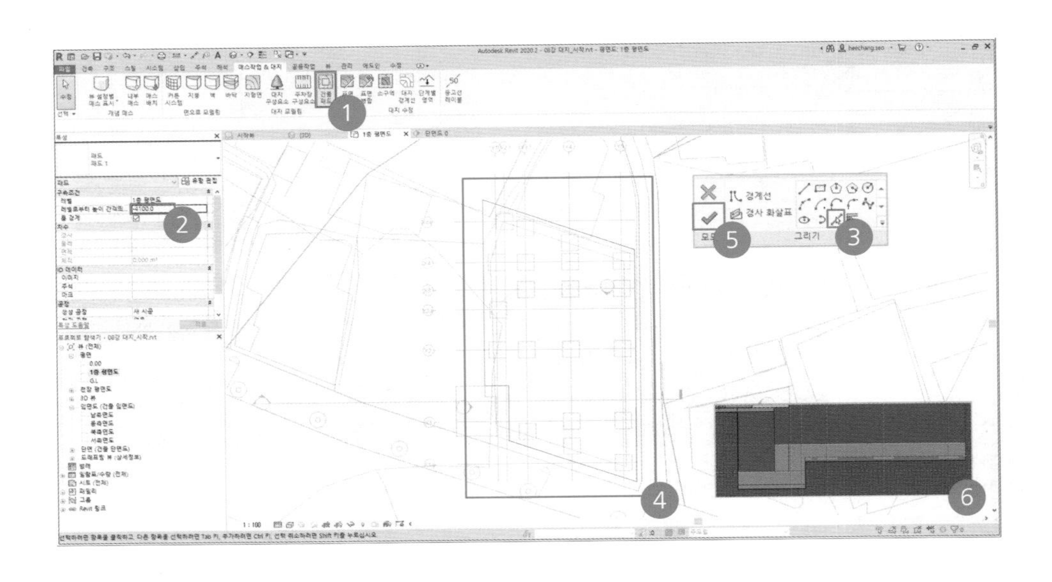

10 '3D' 뷰에서 기초에 맞게 패드가 생성 되었습니다 하지만 기초와 주차장 사이에 비어있는 부분이 있습니다. 바닥을 이용해서 비어있는 부분을 모델링을 하겠습니다.

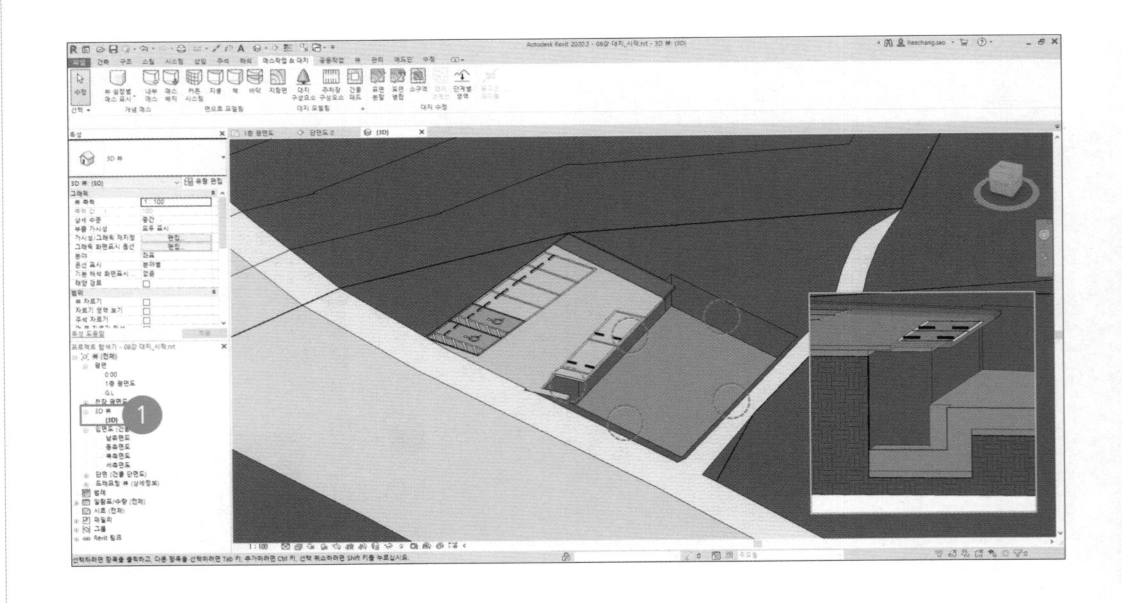

11 프로젝트 탐색기 "1층 평면도" 뷰를 열고 [뷰] ➡ [가시성/그래픽]을 클릭합니다. '모델 카테고리' 에서 바닥 체크를 하고 [확인]을 클릭합니다.

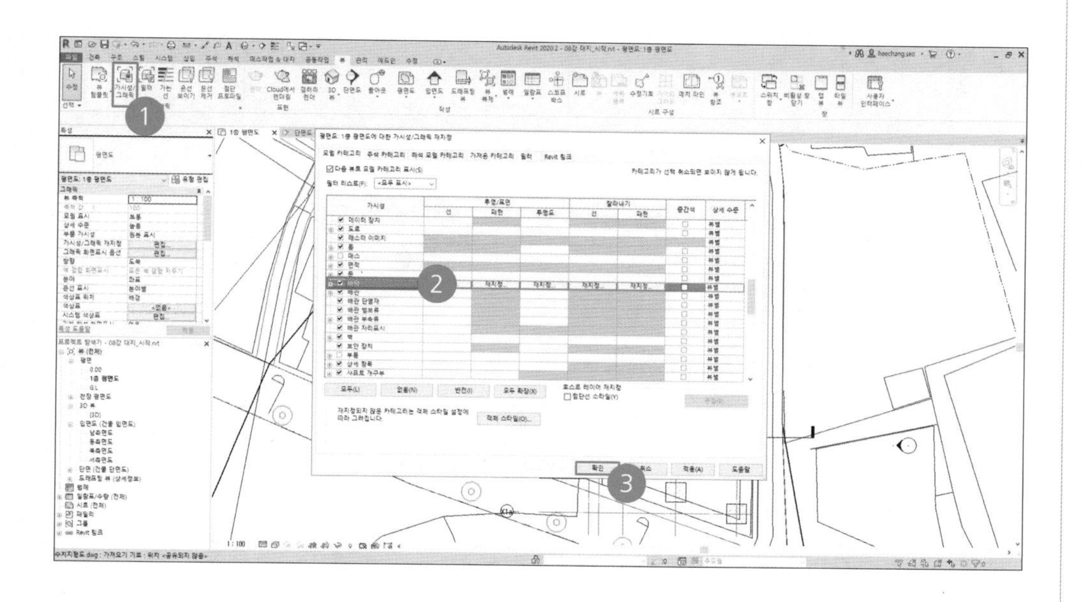

12 엘레베이터 기초 부분과 주차장 바닥 사이에 바닥으로 채워 넣기를 하겠습니다. [건축]탭 ➡ [바닥] 클릭 ➡ 특성창 [유형 편집] ➡ 유형 특성창 [복제]하여 "C-되메우기_THK4700" 입력 후 확인 합니다.

- 두께 4700은 단면뷰에서 엘리베이터 기초상부와 주차장 바닥하부간의 간격을 말합니다.

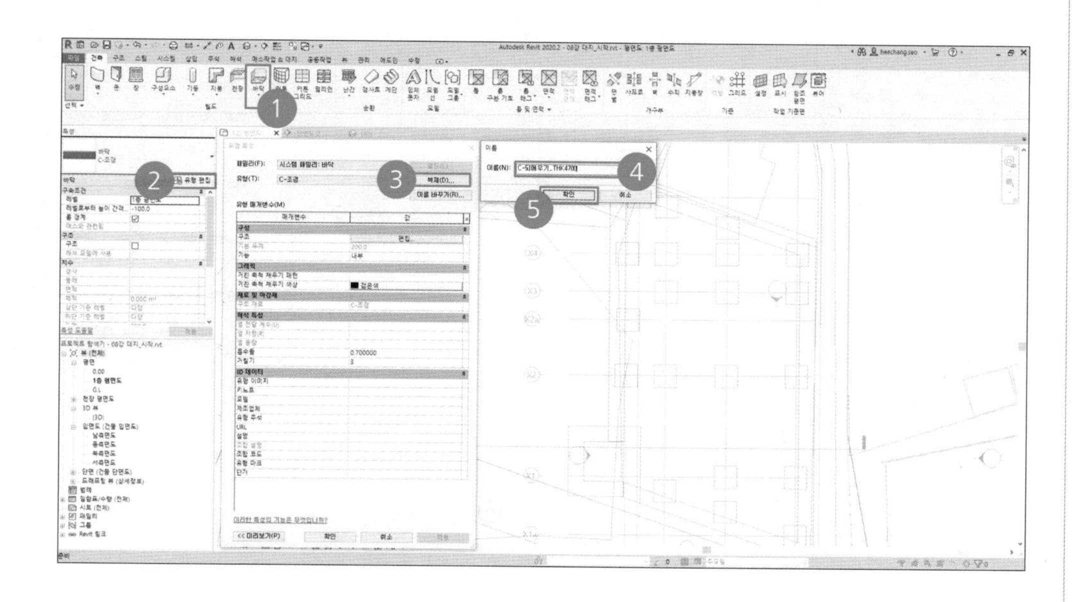

13 "C-되메우기_THK4700" 변경 후 재료 및 두께를 변경 하겠습니다. 유형 특성창 [편집] ➡ 재료 [...] 클릭 합니다.

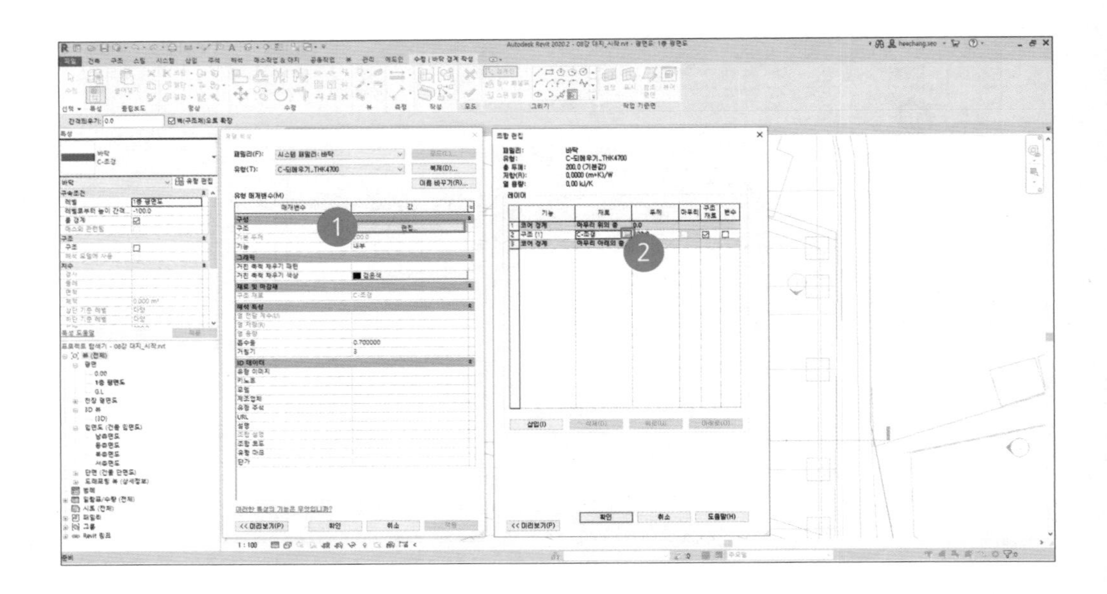

14 우선 재료를 변경하겠습니다. 검색창에 "흙" 입력후 [복제] ➡ "C-되메우기" 이름 변경 하고 확인 클릭 조합 편집 창에서 [두께 : 4700] 입력 후 확인 클릭 합니다.

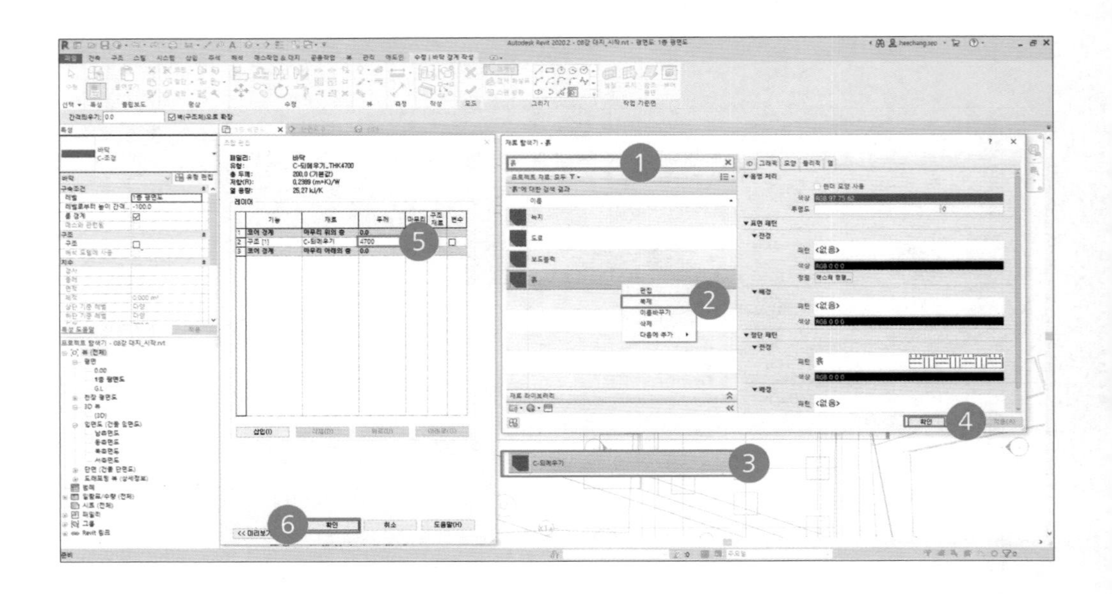

15 바닥 선을 작성 하겠습니다. 특성창 [레벨로부터 높이 간격: -400] ➡ 수정 탭의 [선]으로 그리거나 [선 선택]으로 경계를 선택하여 그려줍니다. 작성이 완료되면 ✔ [편집 모드 완료] 클릭하고 3D 뷰에서 맞게 들어 갔는지 확인 합니다.

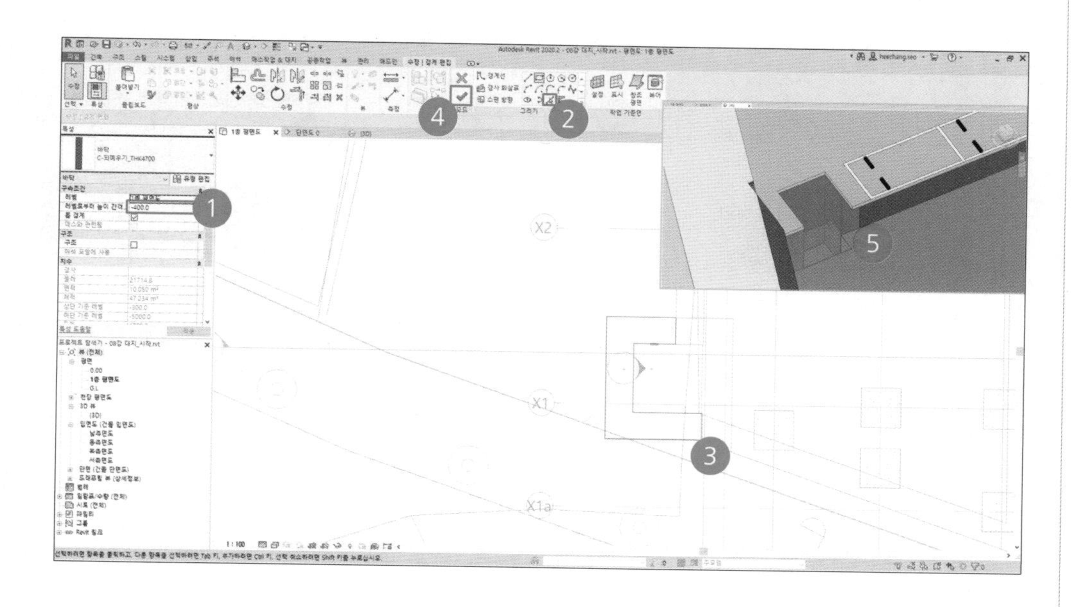

16 프로젝트 탐색기 "1층 평면도"뷰로 돌아와서 기초 부분과 주차장 바닥 사이에 바닥으로 채워 넣기를 하겠습니다.

[건축]탭 ➡ [바닥] 클릭 ➡ 특성창 [유형 편집] ➡ 유형 특성창 [복제]하여 "C-되메우기_THK2700" 입력 후 확인 합니다.

- 두께 2700은 단면뷰에서 기초상부와 주차장 바닥하부간의 간격을 말합니다.

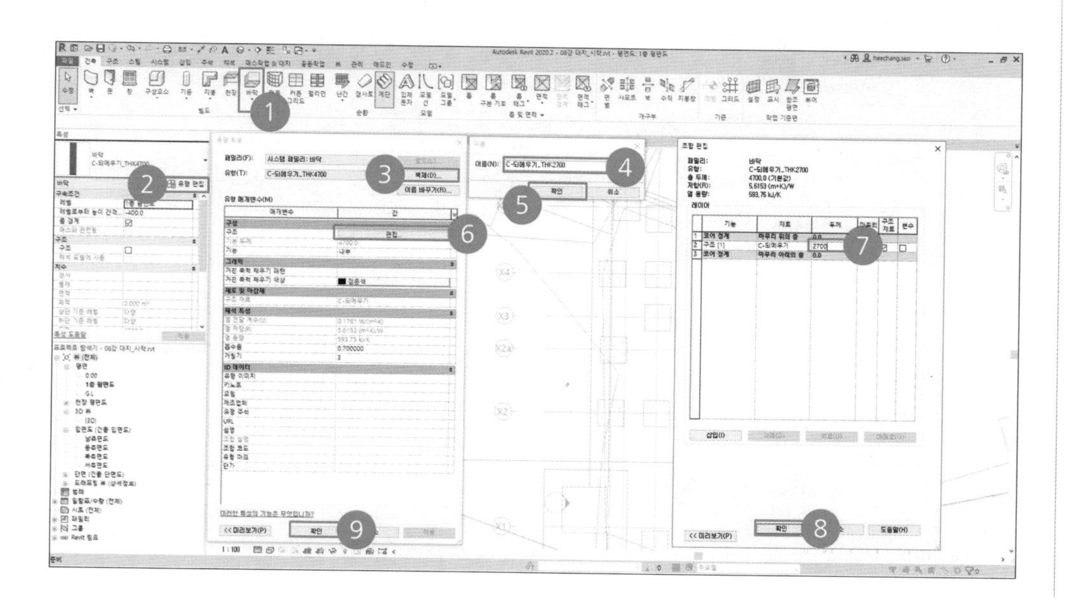

17 바닥 선을 작성 하겠습니다. 특성창 [레벨로부터 높이 간격: -400] ➡ 수정 탭의 [선]으로 그리거나 [선 선택]으로 경계를 선택하여 그려줍니다. 작성이 완료되면 ✔ [편집 모드 완료] 클릭하고 3D 뷰에서 맞게 들어 갔는지 확인 합니다.

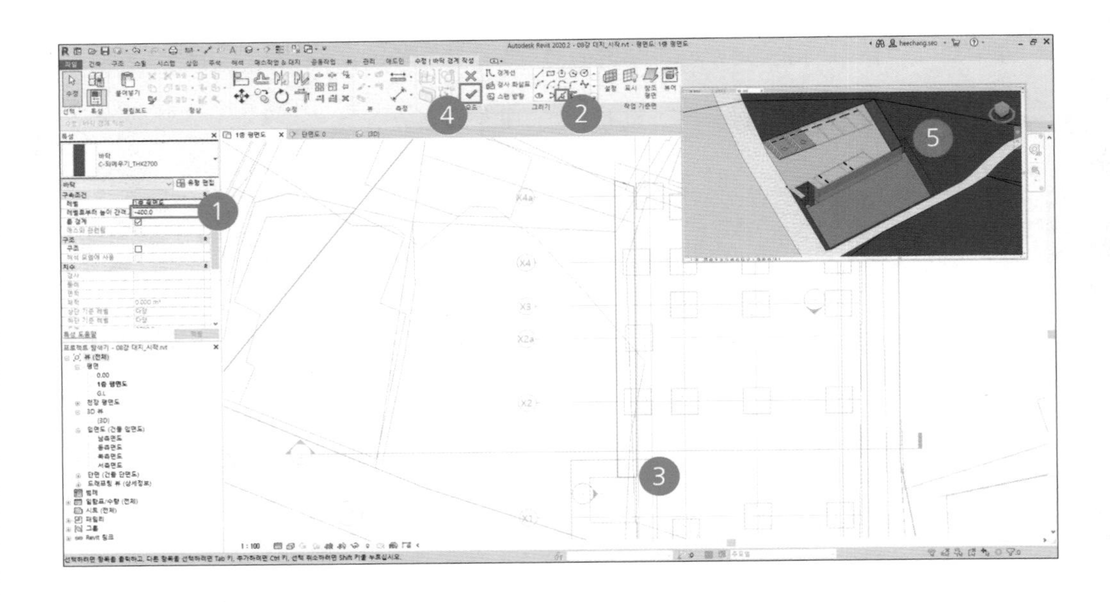

18 프로젝트 탐색기 "1층 평면도" 뷰로 돌아와서 나머지 기초 부분을 작성 하겠습니다. [건축]탭 ➡ [바닥] 클릭 ➡ 특성창 [유형 편집] ➡ 유형 특성창 [복제]하여 "C-되메우기_THK3000" 입력 후 확인 합니다.

- 두께 3000은 단면뷰에서 기초상부와 대지 상부의 간격을 말합니다.

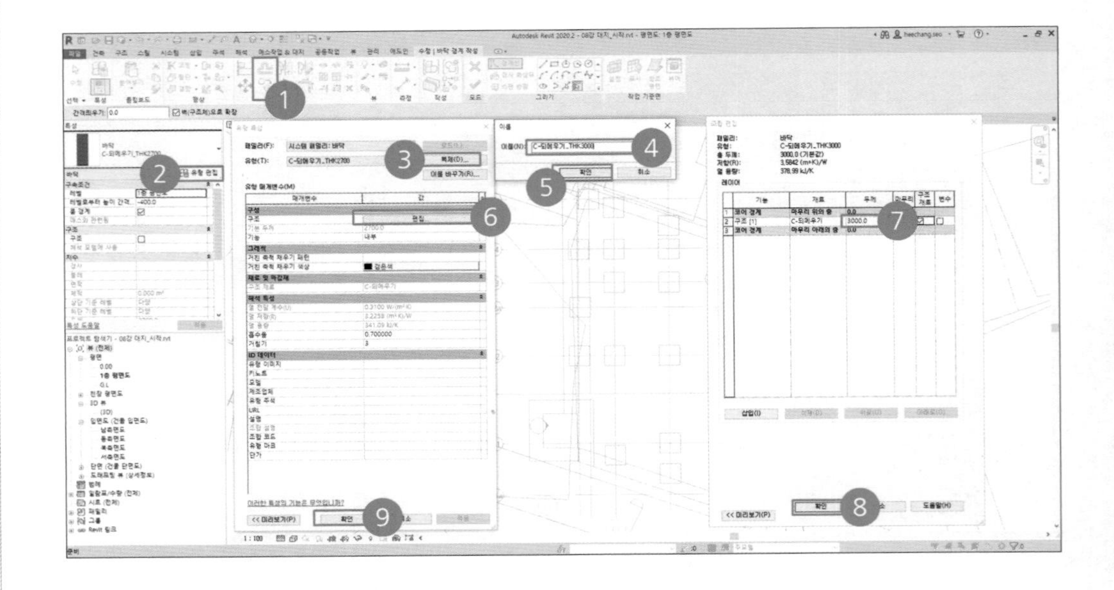

19 바닥 선을 작성 하겠습니다. 특성창 [레벨로부터 높이 간격: -100] ➡ 수정 탭의 [선]으로 그리거나 [선 선택]으로 경계를 선택하여 그려줍니다. 작성이 완료되면 ✔ [편집 모드 완료] 클릭하고 3D 뷰에서 맞게 들어 갔는지 확인 합니다.

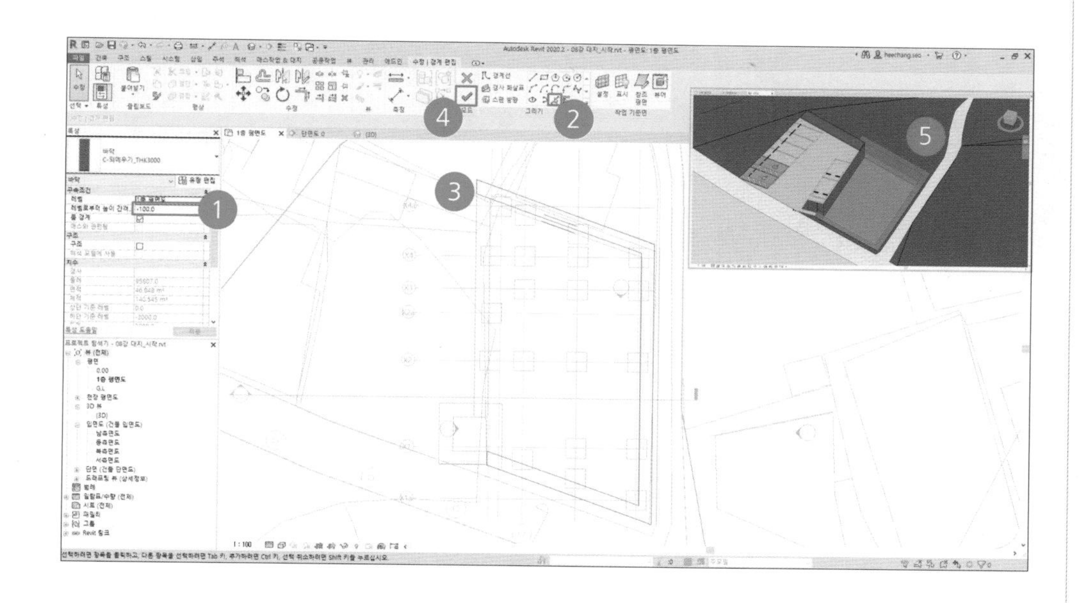

20 구조 기초에 맞춰 대지를 수정했습니다.

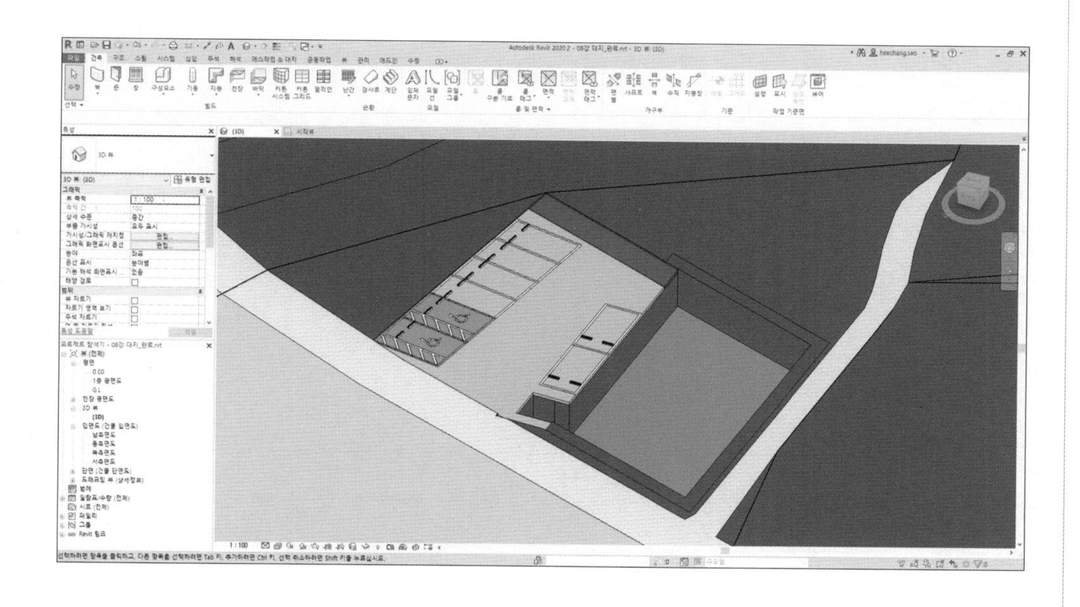

- 한솔아카데미 자료실 www.bestbook.co.kr
- BIMer 온라인커뮤니티 https://blog.naver.com/bimfactory

memo

BIMFACTORY
COMPANY

제 9 편

계획 구조설계

구조 기둥

Section

09

계획 구조설계

구조 기둥

9강에서는 조달청 기준의 기둥 라이브러리 형식을 소개하고
그에 맞게 기둥 모델링을 해보도록 하겠습니다.
이를 통해 기둥을 작성하고 해당 유형 형식에 맞게 속성 정보를 입력하여 모델링하는 방법에 대하여 학습하도록 하겠습니다.

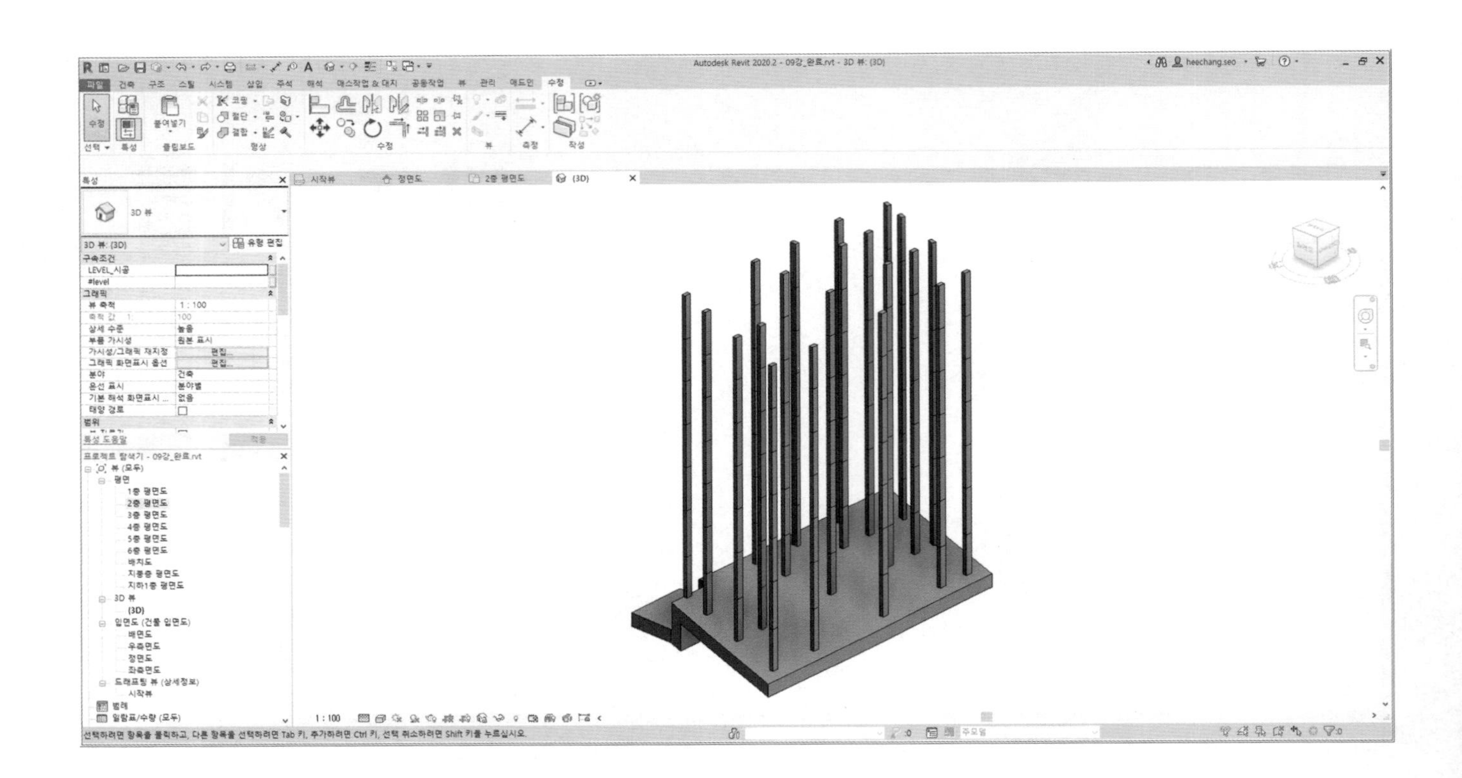

POINT

- 조달청 기준 기둥 형식 소개 및 속성 정보 입력
- 구조 기둥을 조달청 기준 유형 형식으로 작성하기

chapter 01 조달청 기준 유형 및 코드 소개

1 조달청 BIM 지침서 부속서에 따르면, 부위객체 부재명 및 라이브러리명의 형식은 다음과 같습니다. 본 강에서는 기초 부재명 작성방법을 참고하시기 바랍니다.

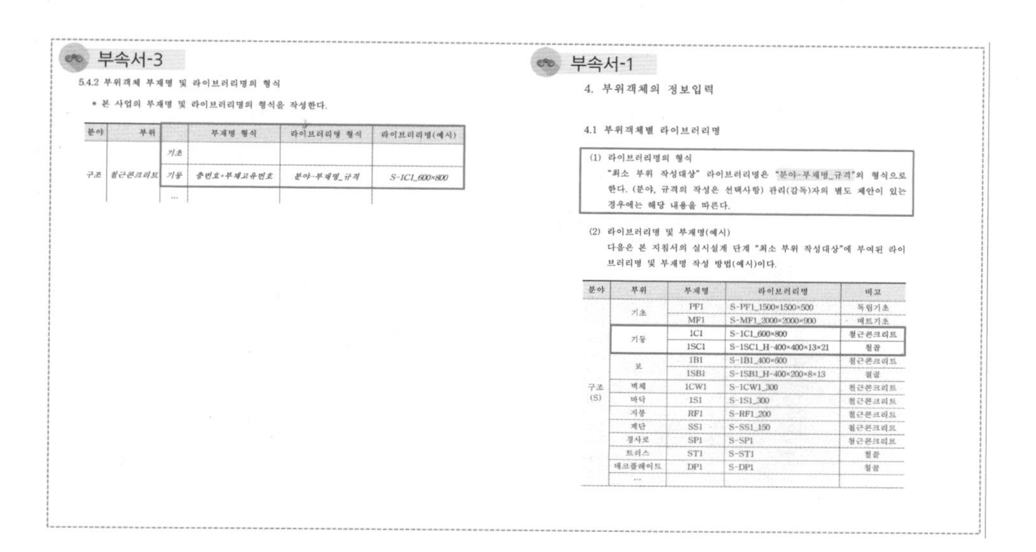

부속서-3

5.4.2 부위객체 부재명 및 라이브러리명의 형식

* 본 사업의 부재명 및 라이브러리명의 형식을 작성한다.

분야	부위		부재명 형식	라이브러리명 형식	라이브러리명(예시)
		기초			
구조	철근콘크리트	기둥	층번호+부재고유번호	분야-부재명_규격	S-1C1_600×800
		…			

부속서-1

4. 부위객체의 정보입력

4.1 부위객체별 라이브러리명

(1) 라이브러리명의 형식
"최소 부위 작성대상" 라이브러리명은 "분야-부재명_규격"의 형식으로 한다. (분야, 규격의 작성은 선택사항) 관리(감독)자의 별도 제안이 있는 경우에는 해당 내용을 따른다.

(2) 라이브러리명 및 부재명(예시)
다음은 본 지침서의 실시설계 단계 "최소 부위 작성대상"에 부여된 라이브러리명 및 부재명 작성 방법(예시)이다.

분야	부위	부재명	라이브러리명	비고
구조 (S)	기초	PF1	S-PF1_1500×1500×500	독립기초
		MF1	S-MF1_2000×2000×900	매트기초
	기둥	1C1	S-1C1_600×800	철근콘크리트
		1SC1	S-1SC1_H-400×400×13×21	철골
	보	1B1	S-1B1_400×600	철근콘크리트
		1SB1	S-1SB1_H-400×200×8×13	철골
	벽체	1CW1	S-1CW1_300	철근콘크리트
	바닥	1S1	S-1S1_300	철근콘크리트
	지붕	RF1	S-RF1_200	철근콘크리트
	계단	SS1	S-SS1_150	철근콘크리트
	경사로	SP1	S-SP1	철근콘크리트
	트러스	ST1	S-ST1	철골
	데크플레이트	DP1	S-DP1	철골
	…			

2 조달청 BIM 지침서에 따르면, 속성 정보에는 부재명, 조달청 표준공사코드, 열관류율(선택)을 입력합니다.

- 조달청 표준공사코드: 부위객체의 유형 매개변수-ID데이터에 프로젝트 매개변수를 추가하여 해당 값을 입력합니다.
- 부재명: 부위객체의 유형 매개변수-ID데이터 탭 "유형 주석"에 해당 값을 입력합니다. (기본 매개변수 "유형 주석"값에 입력합니다.)

Tip

부재 속성 값 입력방법

구체적인 속성 값 입력방법은 "시설사업 BIM 적용 기본 지침서 사용자 가이드-1.4.2 BIM 소프트웨어 사용방법 예시"에서 확인하실 수 있습니다.

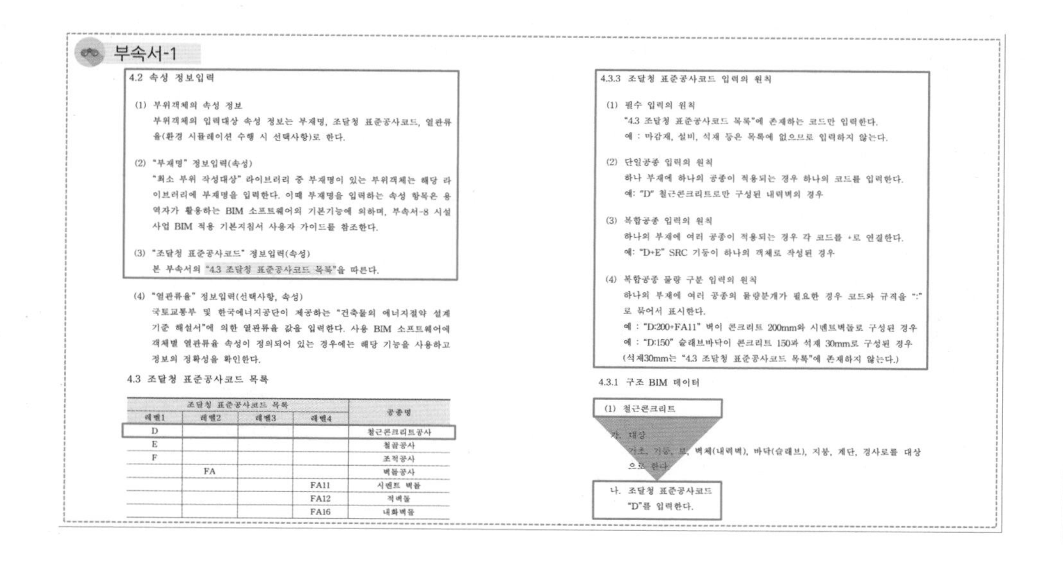

부속서-1

4.2 속성 정보입력

(1) 부위객체의 속성 정보
부위객체의 입력대상 속성 정보는 부재명, 조달청 표준공사코드, 열관류율(환경 시뮬레이션 수행 시 선택사항)로 한다.

(2) "부재명" 정보입력(속성)
"최소 부위 작성대상" 라이브러리 중 부재명이 있는 부위객체는 해당 라이브러리에 부재명을 입력한다. 이때 부재명을 입력하는 속성 항목은 용역자가 활용하는 BIM 소프트웨어의 기본기능에 의하며, 부속서-8 시설사업 BIM 적용 기본지침서 사용자 가이드를 참조한다.

(3) "조달청 표준공사코드" 정보입력(속성)
본 부속서의 "4.3 조달청 표준공사코드 목록"을 따른다.

(4) "열관류율" 정보입력(선택사항, 속성)
국토교통부 및 한국에너지공단이 제공하는 "건축물의 에너지절약 설계기준 해설서"에 의한 열관류율 값을 입력한다. 사용 BIM 소프트웨어에 객체별 열관류율 속성이 정의되어 있는 경우에는 해당 기능을 사용하고 정보의 정확성을 확인한다.

4.3 조달청 표준공사코드 목록

조달청 표준공사코드 목록				공종명
레벨1	레벨2	레벨3	레벨4	
D				철근콘크리트공사
E				철골공사
F				조적공사
	FA			벽돌공사
			FA11	시멘트 벽돌
			FA12	적벽돌
			FA16	내화벽돌

4.3.3 조달청 표준공사코드 입력의 원칙

(1) 필수 입력의 원칙
"4.3 조달청 표준공사코드 목록"에 존재하는 코드만 입력한다.
예 : 마감재, 설비, 석재 등은 목록에 없으므로 입력하지 않는다.

(2) 단일공종 입력의 원칙
하나 부재에 하나의 공종이 적용되는 경우 하나의 코드를 입력한다.
예: "D" 철근콘크리트로만 구성된 내력벽의 경우

(3) 복합공종 입력의 원칙
하나의 부재에 여러 공종이 적용되는 경우 각 코드를 +로 연결한다.
예: "D+E" SRC 기둥이 하나의 객체로 작성된 경우

(4) 복합공종 물량 구분 입력의 원칙
하나의 부재에 여러 공종의 물량분개가 필요한 경우 코드와 규격을 ":"로 묶어서 표시한다.
예 : "D:200+FA11" 벽이 콘크리트 200mm와 시멘트벽돌로 구성된 경우
예 : "D:150" 슬래브바닥이 콘크리트 150과 석재 30mm로 구성된 경우
(석재30mm는 "4.3 조달청 표준공사코드 목록"에 존재하지 않는다.)

4.3.1 구조 BIM 데이터

(1) 철근콘크리트

가. 대상
기초, 기둥, 보, 벽체(내력벽), 바닥(슬래브), 지붕, 계단, 경사로를 대상으로 한다.

나. 조달청 표준공사코드
"D"를 입력한다.

chapter 02 구조 기둥 작성

1 Revit을 실행합니다.
모델 창 [열기] 클릭 ➡ ₩예제파일₩09강₩09강_시작.rvt를 선택하고 [열기]를 클릭합니다.

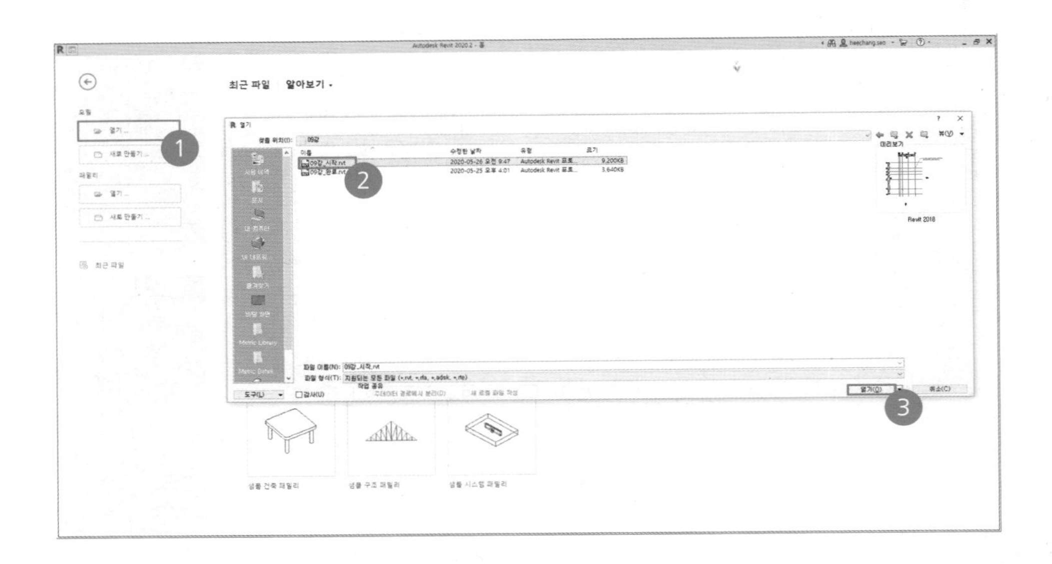

2 [프로젝트 탐색기]에서 "1층 평면도"를 더블클릭하여 엽니다.
해당 뷰에는 그리드와 기둥 모델을 작성하기 위한 가이드라인이 있습니다.
가이드라인에 맞게 모델을 작성할 것입니다.

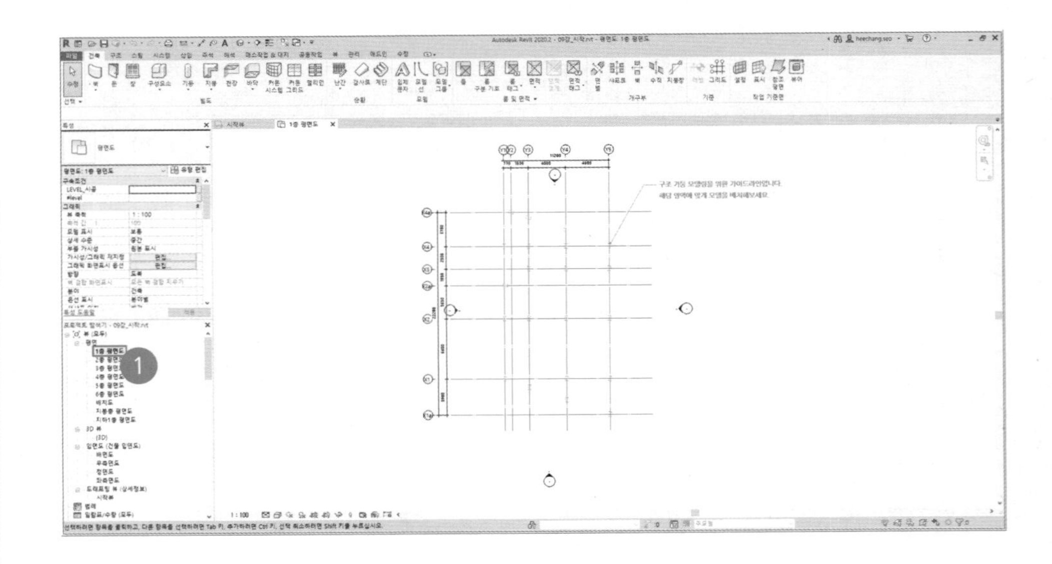

3 기둥을 작성하기 위해 [구조]탭 ➡ [기둥]을 클릭합니다.

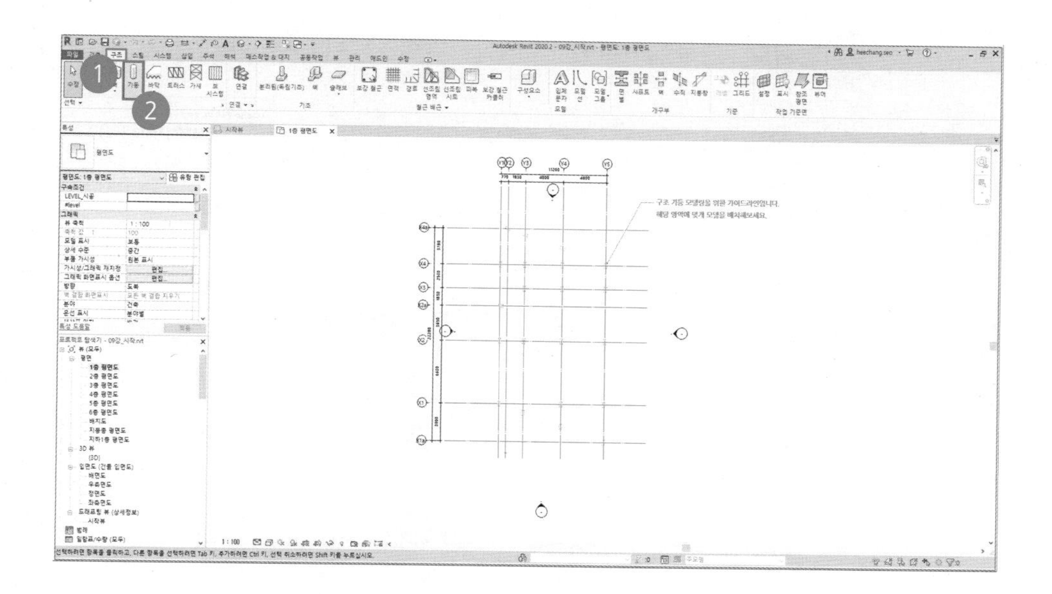

Tip

기둥 작성하기

1. [구조]텝 ➡ [기둥]
2. [건축]탭 ➡ [구조] ➡ [구조 기둥]

2가지 방법 다 가능합니다.

4 특성 창-[유형 편집]을 클릭 ➡ 유형 [복제] 클릭 ➡ 유형이름을 조달청 형식인 “S-1C1_300×500”을 입력합니다.

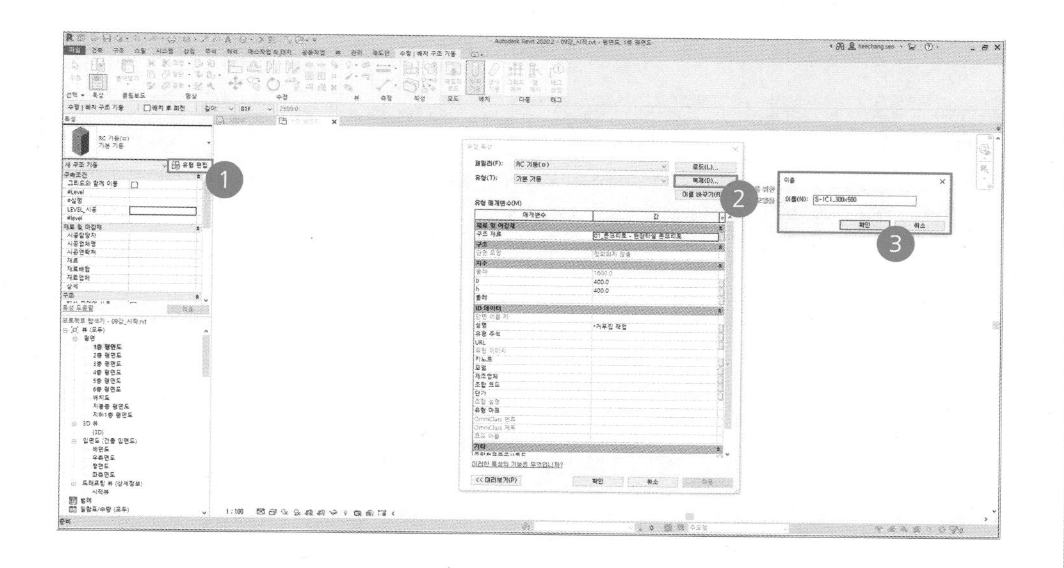

Tip

라이브러리명(유형 이름) 형식

“분야-부재명_규격” 에 맞춰 지정합니다.

속성 정보 입력하기

치수: b는 가로길이, h는 세로길이를 의미합니다.
부재명: 1층에서 작성하므로 "C1"이 "1C1"이 됩니다.
코드: 철근콘크리트는 조달청표준공사코드 "D"가 됩니다.

5 유형 매개변수의 치수 창에서 b에 "300", h에 "500"으로 입력합니다. ID 데이터 탭에서 유형 주석에 "1C1"을, 기타 탭에서 조달청표준공사코드에 "D"를 입력합니다. 완료되었다면 [확인]을 클릭합니다.

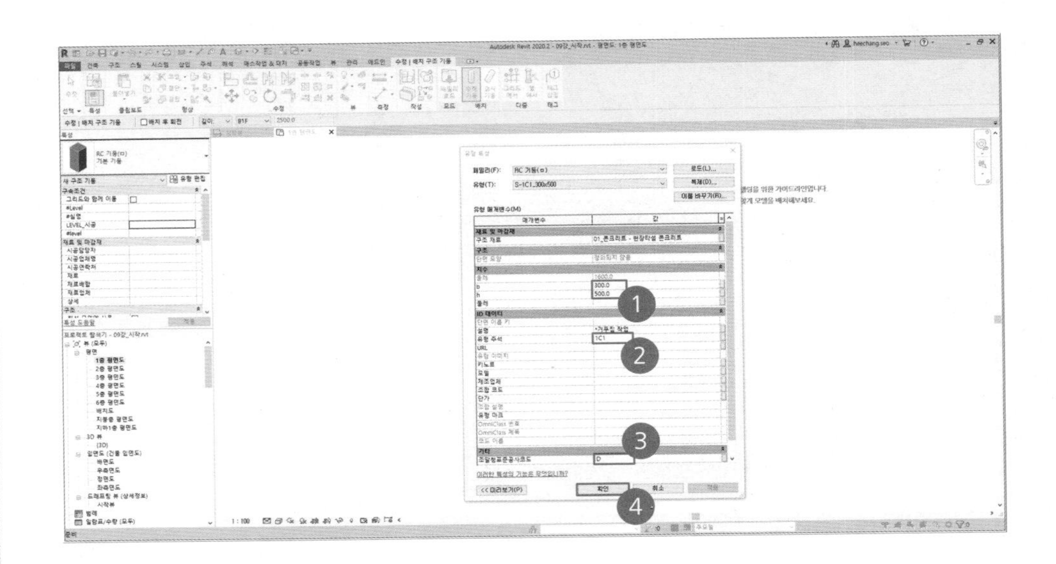

6 옵션바에서 [깊이]에서 [높이]로, 레벨 값 [L2F]로 변경합니다. 상단 레벨이 "L2F"인 기둥을 작성함을 의미합니다.

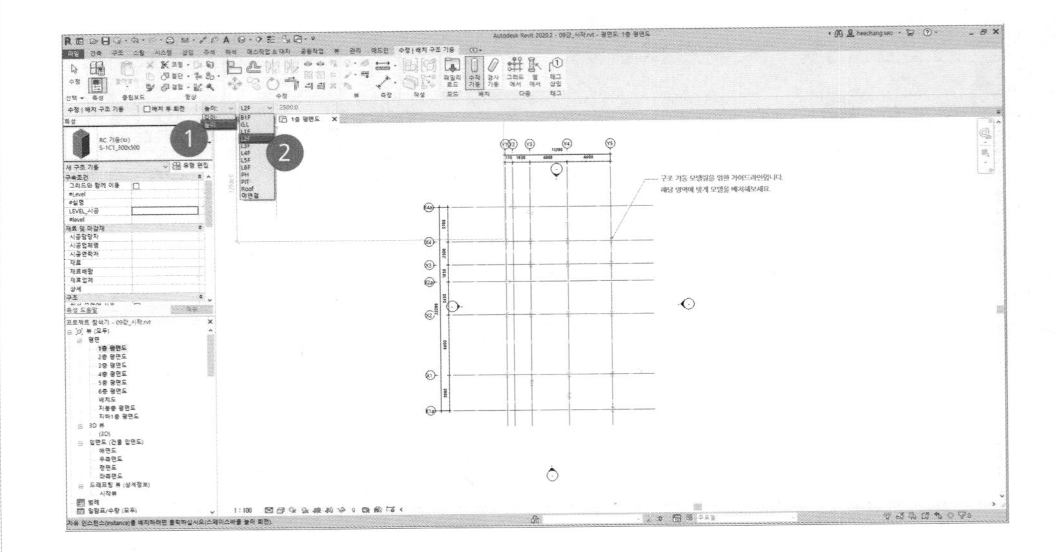

7 이제 기둥을 배치해보겠습니다.

먼저, 그리드 "X4"와 "Y1"의 교차점을 클릭합니다. 현재와 같은 형태의 기둥을 [복사]하거나, [그리드에서]를 사용해서 모두 작성해봅니다.

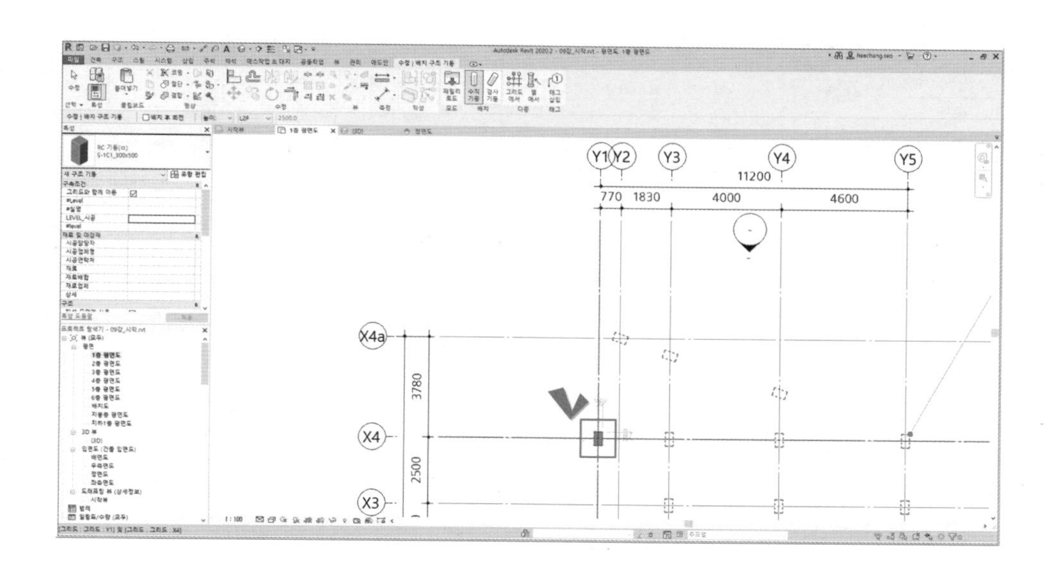

8 다음은 그리드 "X2a"와 "Y1"의 교차점에 기둥을 배치해보겠습니다.

키보드의 [Space Bar]를 눌러 회전시켜준 뒤, 가로 그리드를 센터로 하는 임의의 위치로 배치해줍니다.

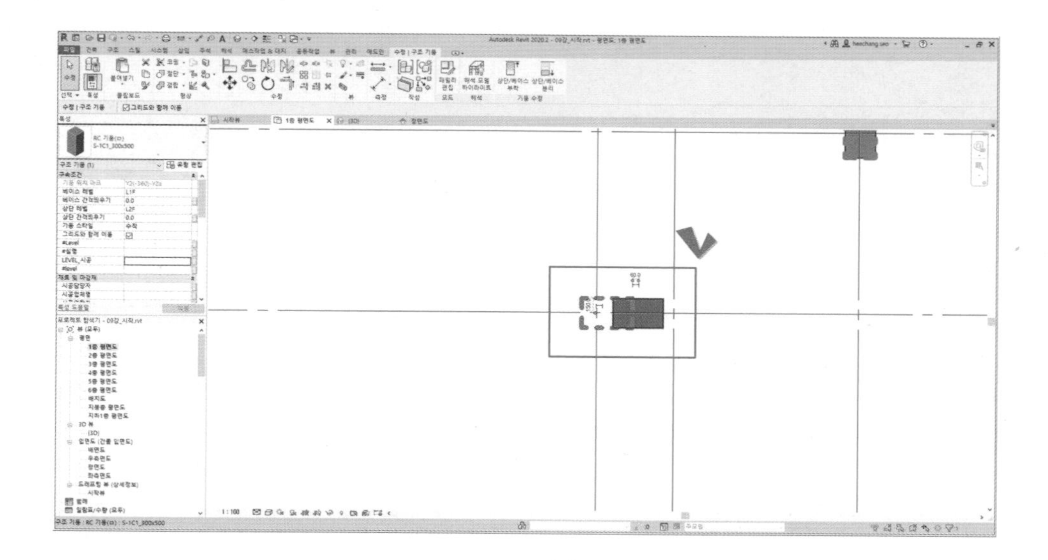

9 수정 탭-[정렬]을 클릭합니다. 2번 ➡ 3번을 순서대로 클릭해줍니다. 또는 [이동]버튼을 이용하셔도 됩니다.

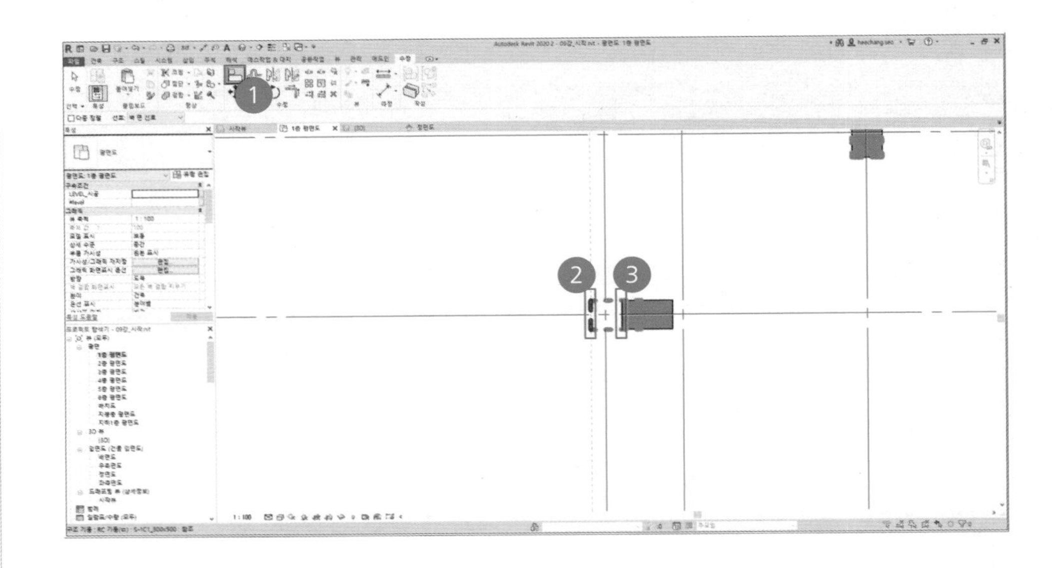

10 다음과 같이 알맞게 배치되었습니다.

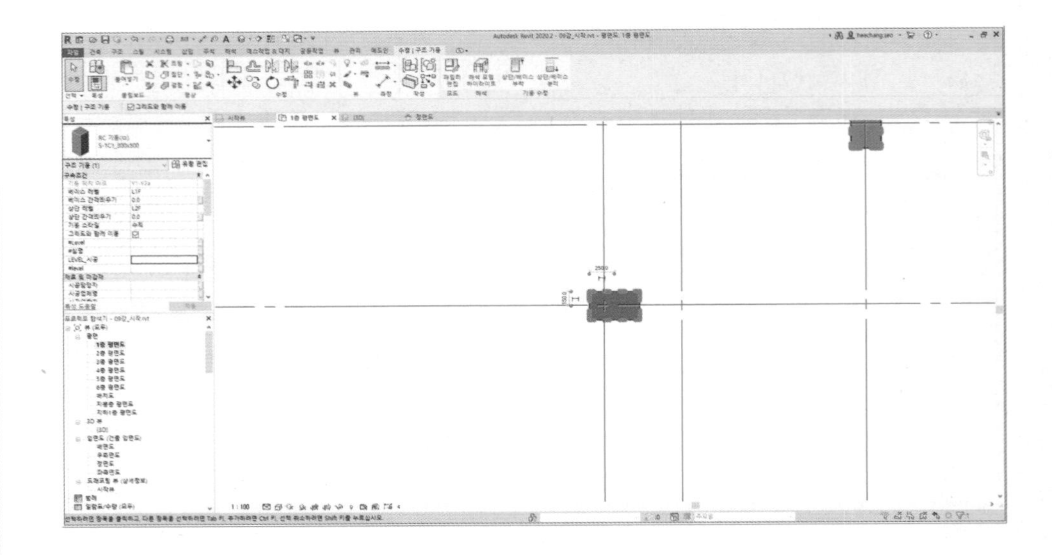

11 다음은 "Y2~Y4"열 상단의 각도가 있는 기둥을 배치해보겠습니다. 기둥을 하나 선택하고 수정 탭-[복사]클릭 ➡ 3번 위치를 클릭하여 복사합니다.

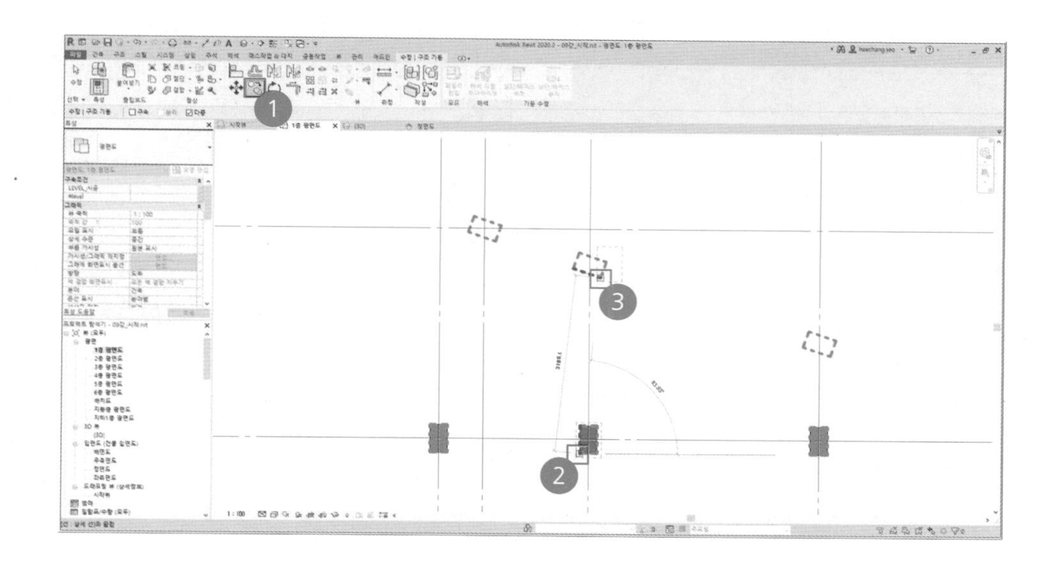

12 회전해서 배치하겠습니다. 수정 탭-[회전] 클릭 ➡ 옵션바에서 회전의 중심: [장소]를 클릭합니다. 기준점을 지정할 수 있습니다.

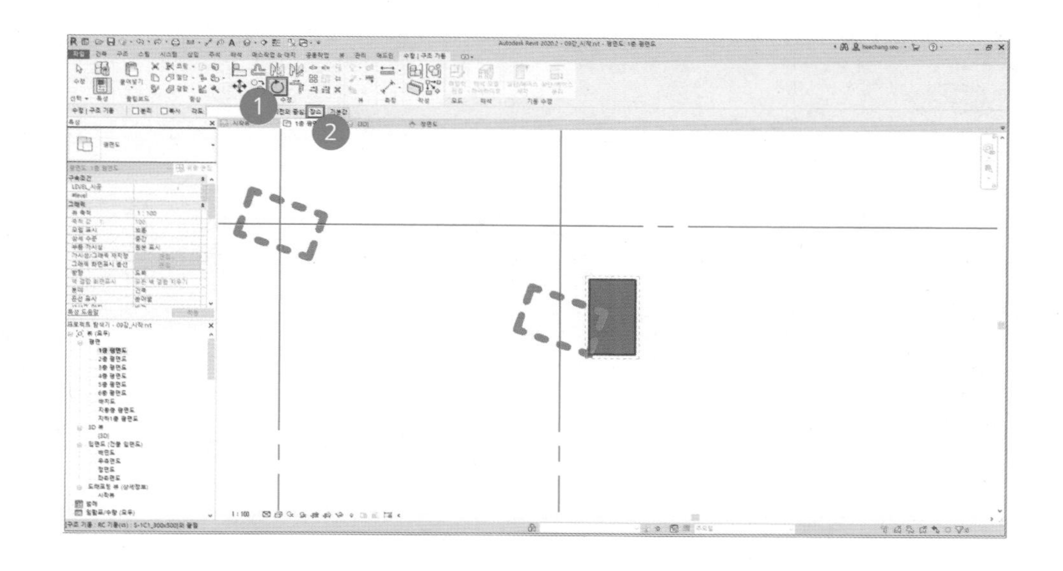

Tip

[정렬]버튼으로도 배치 할 수 있습니다.

13 다음과 같이 1, 2번을 순서대로 클릭해 기준 축을 지정해줍니다.

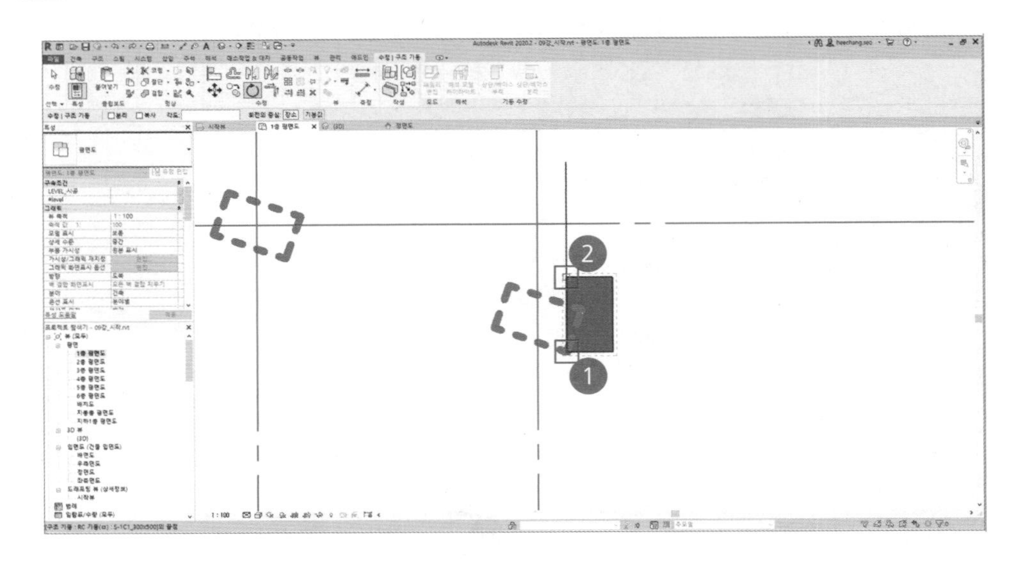

14 3번 지점을 클릭해 해당 위치로 회전하도록 합니다.
회전되는 각도가 표시됩니다.

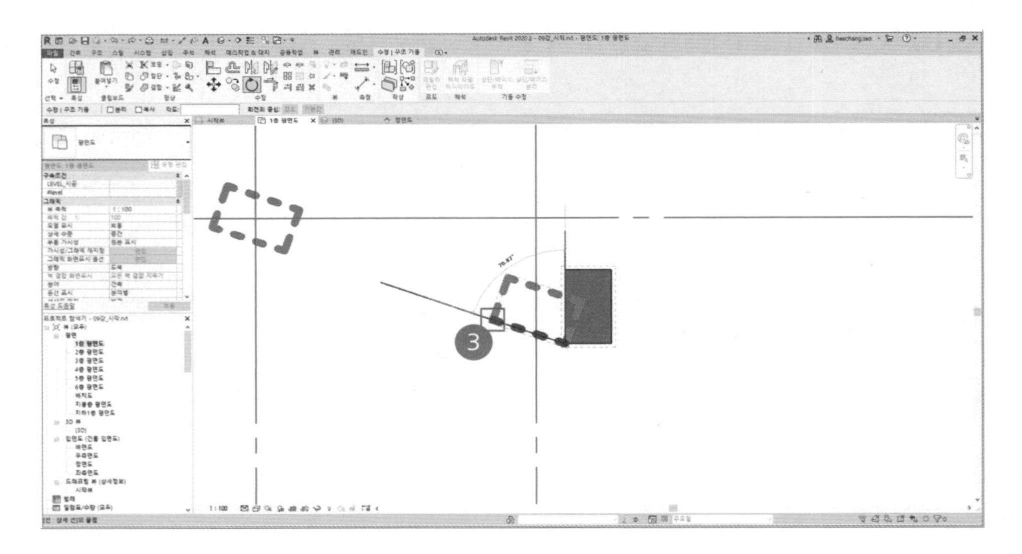

15 회전이 완료되었습니다. 나머지 기둥도 모두 배치합니다.

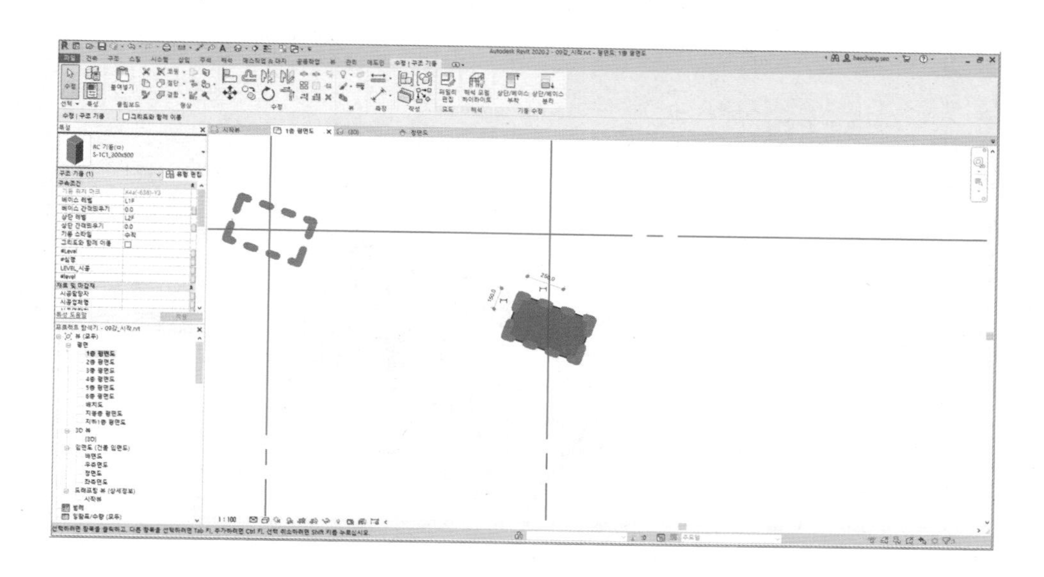

16 기둥 배치가 모두 완료되었습니다.

전체화면에서 드래그로 기둥을 모두 선택하거나, 하나 선택 ➡ 마우스 우클릭 ➡ [모든 인스턴스 선택] ➡ [뷰에 나타남]을 클릭하면 해당 뷰에 있는 선택 유형을 모두 선택할 수 있습니다. 특성 창에서 선택 개수도 확인할 수 있습니다. 총 21개의 기둥이 올바른 위치에 배치됐는지 확인합니다.

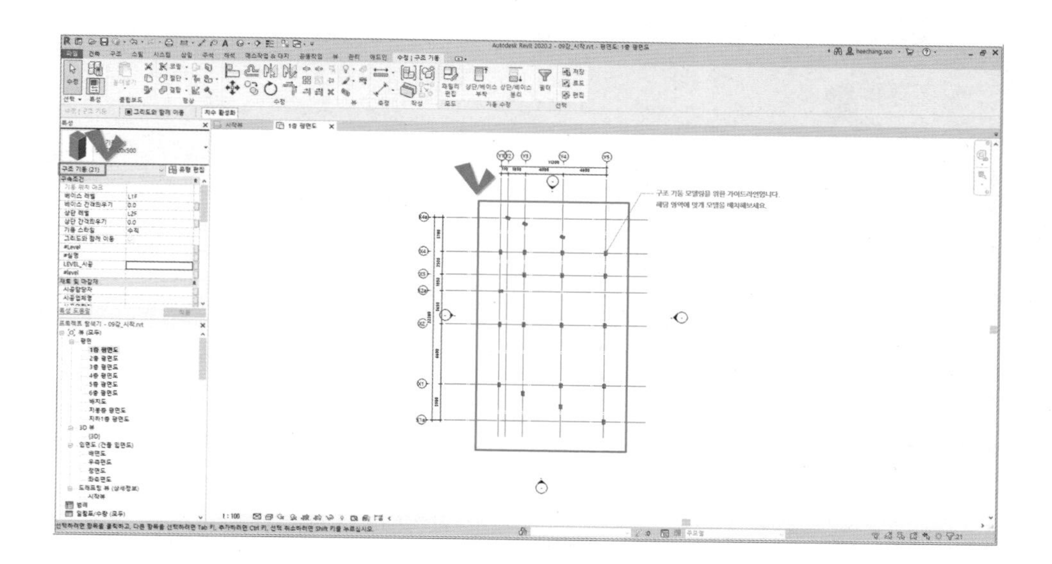

17 다음은 1층 기둥이 완성된 3D 화면입니다. 마찬가지로 B1F부터 6층까지, 각 층의 해당하는 유형의 기둥으로 작성해보겠습니다.

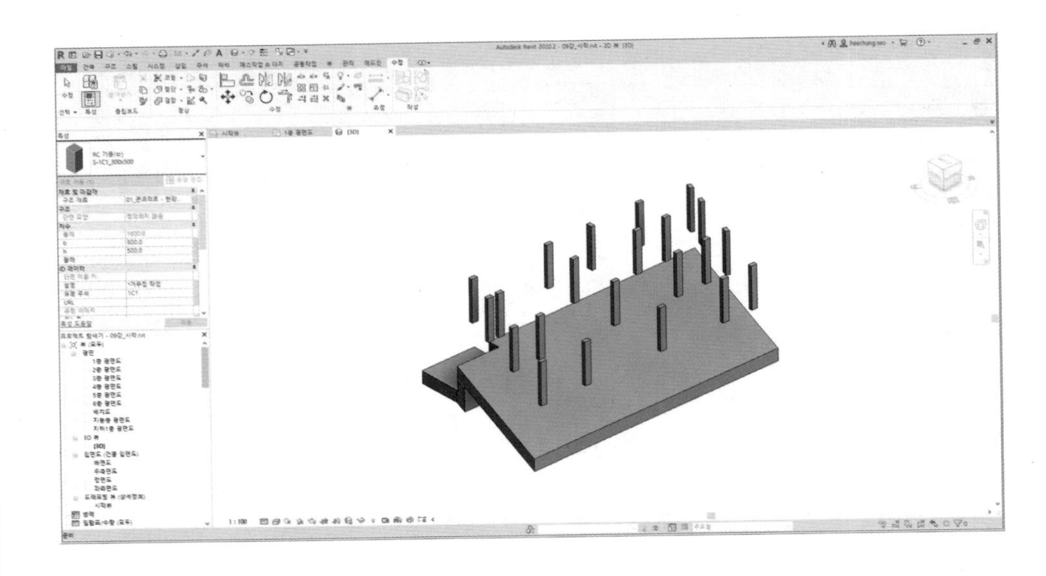

18 먼저, 층 마다 작성할 기둥 유형을 만들어보겠습니다.
[구조]탭 ➡ [기둥] ➡ [유형 편집]을 클릭합니다.

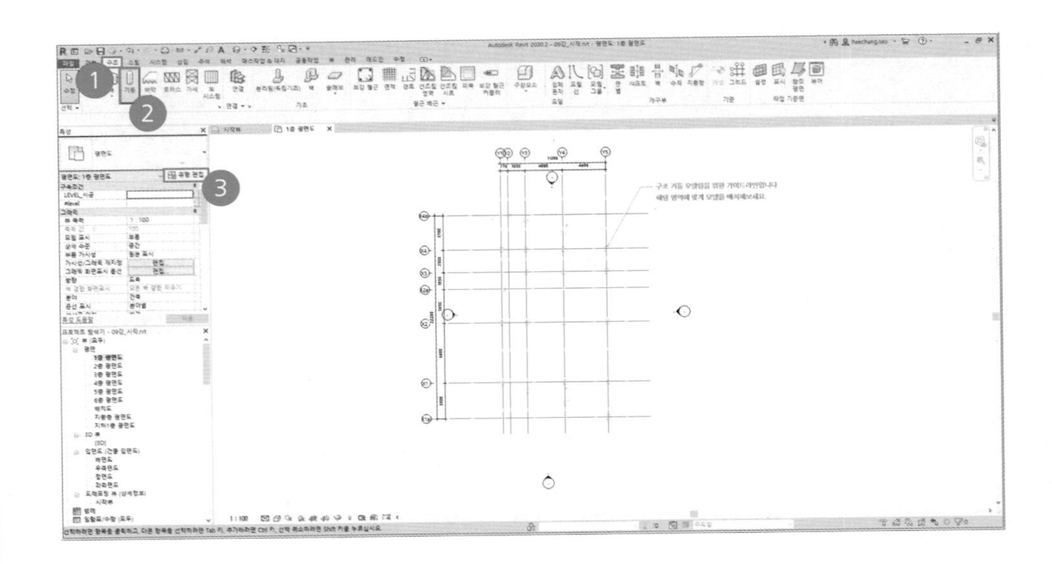

19 유형 “S-1C1_300×500” [복제]를 클릭 ➡ 이름을 “S-2C1_300×500”로 입력 ➡ [확인]을 클릭합니다. ID 데이터 탭-유형 주석에 “2C1”를 입력합니다. 2층에 작성될 기둥 유형입니다. 기둥 사이즈는 모두 같습니다.

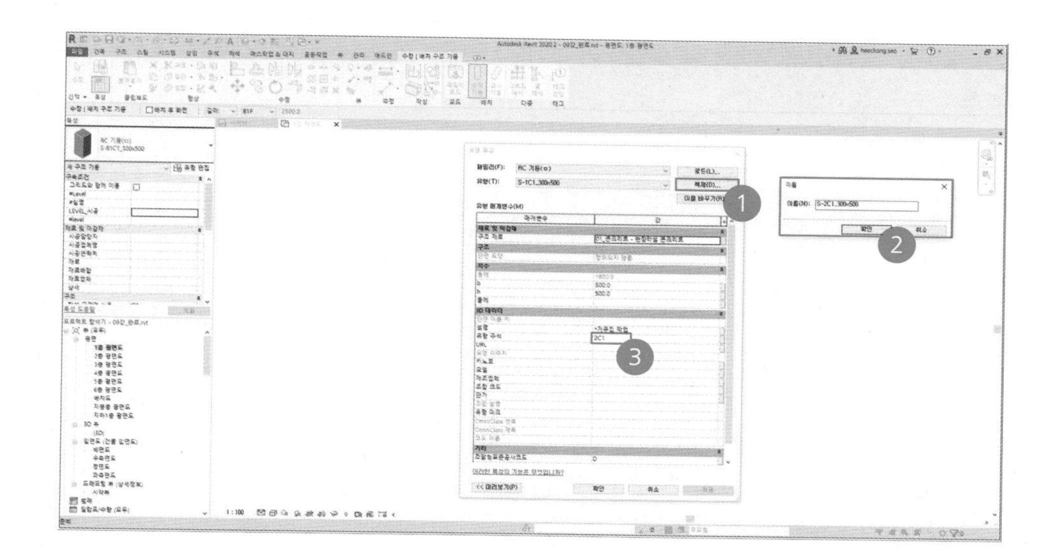

Tip

유형 작성하기-엑셀

구조 부재가 많아질 경우, 유형 [복제]로 유형을 생성하는 것보다 패밀리를 .txt 파일로 내보내기 후 엑셀을 사용하여 생성하는 것이 훨씬 효율적입니다.

자세한 방법은 27강 TIP - 00에서 확인할 수 있습니다.

20 동일한 방법으로, 다음과 같은 유형 목록을 [복제]로 추가 생성합니다. 유형마다 해당하는 부재명을 유형 주석에 입력합니다. 완료되었다면 [확인]을 눌러 닫고, 키보드의 [ESC]를 눌러 빠져나옵니다.

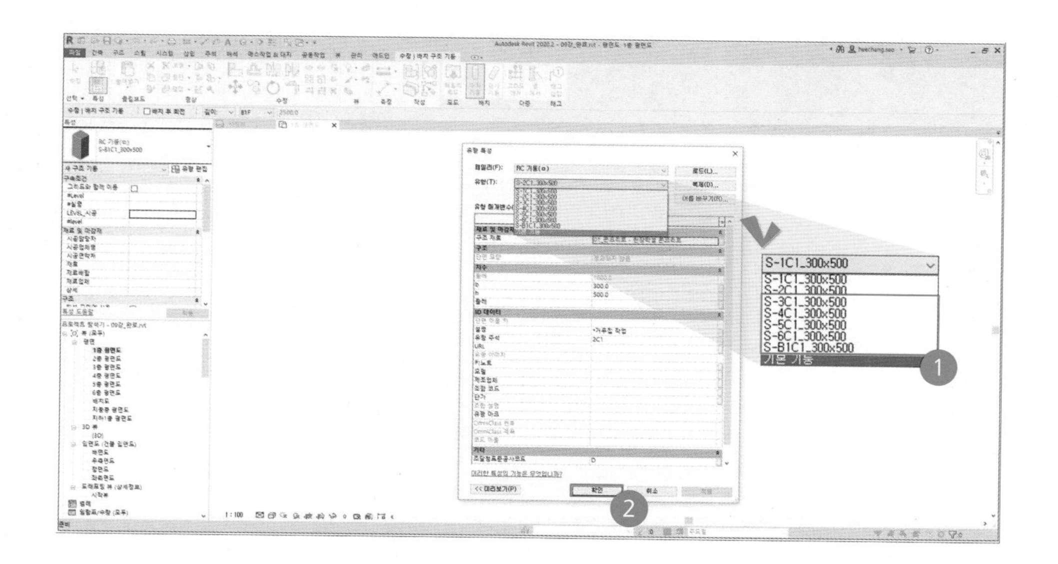

21 이제 B1F부터 6F까지 기둥을 복사해서 배치해보겠습니다.
[프로젝트 탐색기]에서 "정면도"를 엽니다. 1층에만 기둥이 작성된 것을 확인할 수 있습니다.

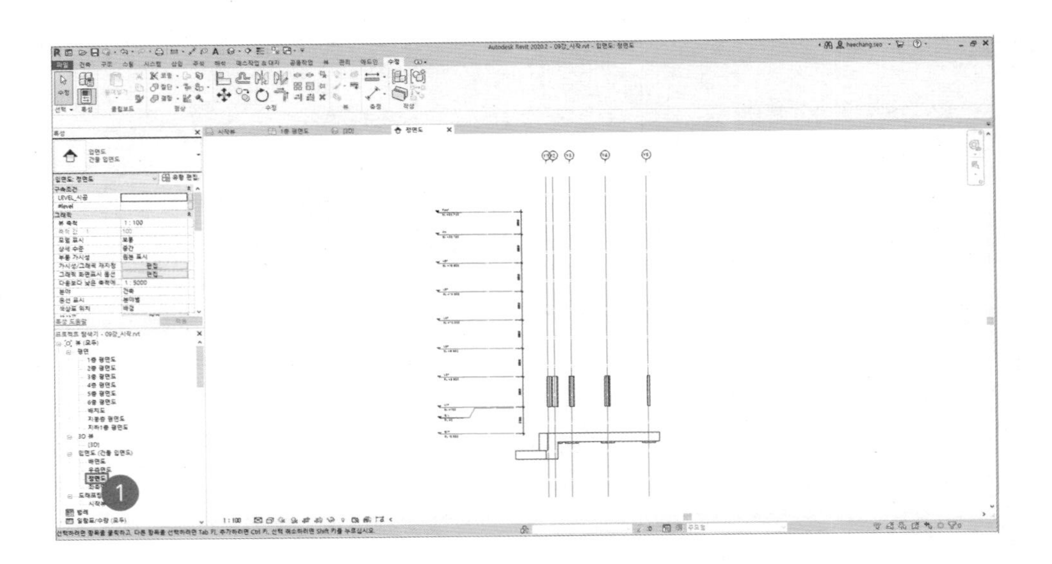

22 1F의 모든 기둥을 선택합니다. 다음과 같이 드래그하거나, 기둥 한 개를 선택하고 단축키 [SA]를 눌러 모두 선택합니다. 그다음 [수정]탭 ➡ [클립보드로 복사] ➡ [붙여넣기] ➡ [선택한 레벨에 정렬]을 클릭합니다.

Tip

단축키 SA

모든 인스턴스 선택: 전체 프로젝트에서

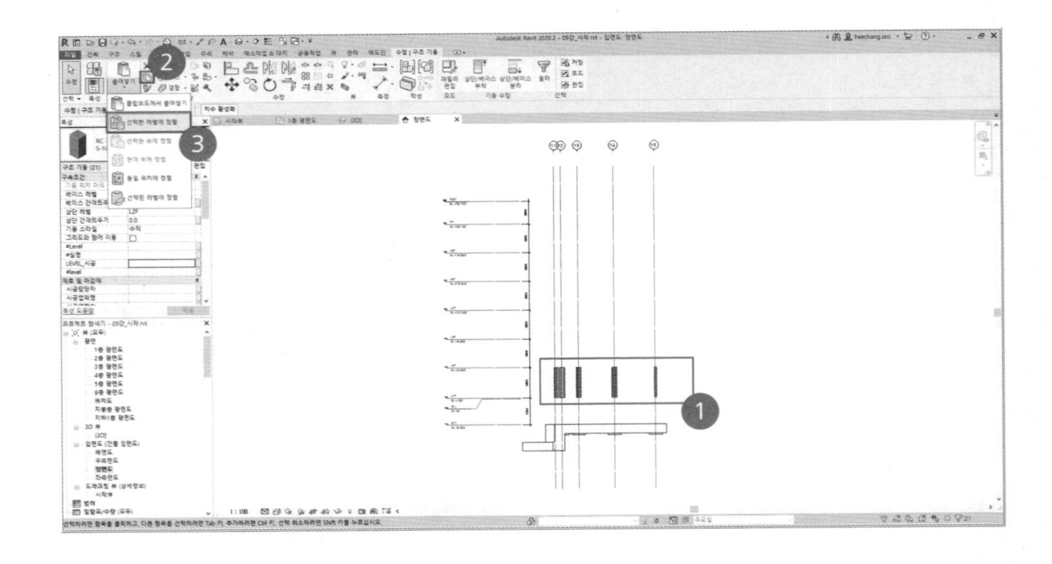

23 레벨선택창이 뜹니다. 이때, 선택한 레벨을 상단으로 하여 아래방향으로 작성됩니다. 따라서 B1F, 2F~6F에 작성하기 위해, 레벨 선택창의 "L1F", "L3F~PH" 층을 선택하고 [확인]을 클릭합니다.

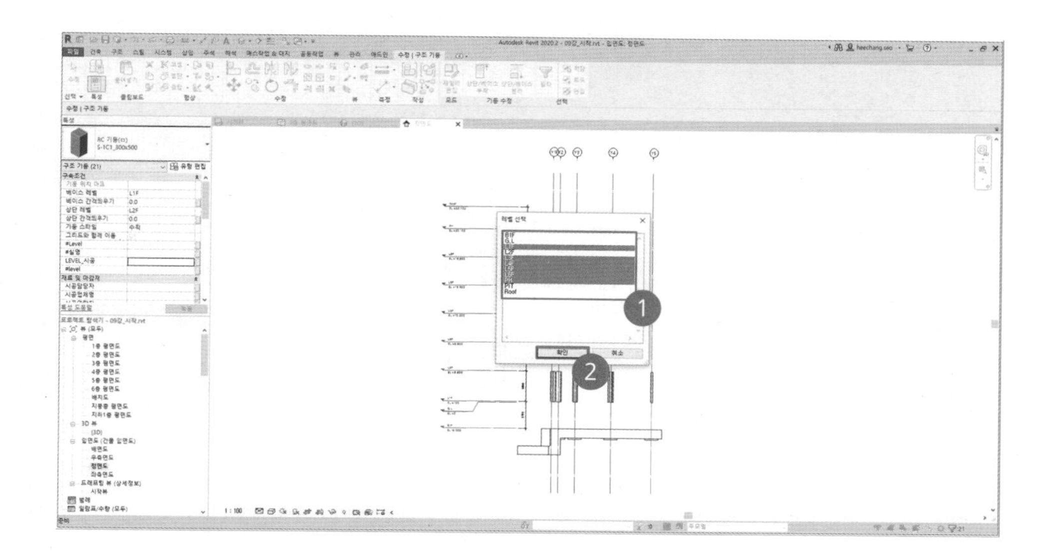

24 경고창이 뜨면 확인하고 무시합니다. 그런데 작성된 기둥을 보면, 베이스와 탑 위치가 해당 레벨에 맞아 떨어지지 않습니다. 1F 높이대로 다른 레벨에 복사했기 때문에, 다른 레벨은 1F 레벨의 차이 값만큼 겹쳐지게 됩니다.

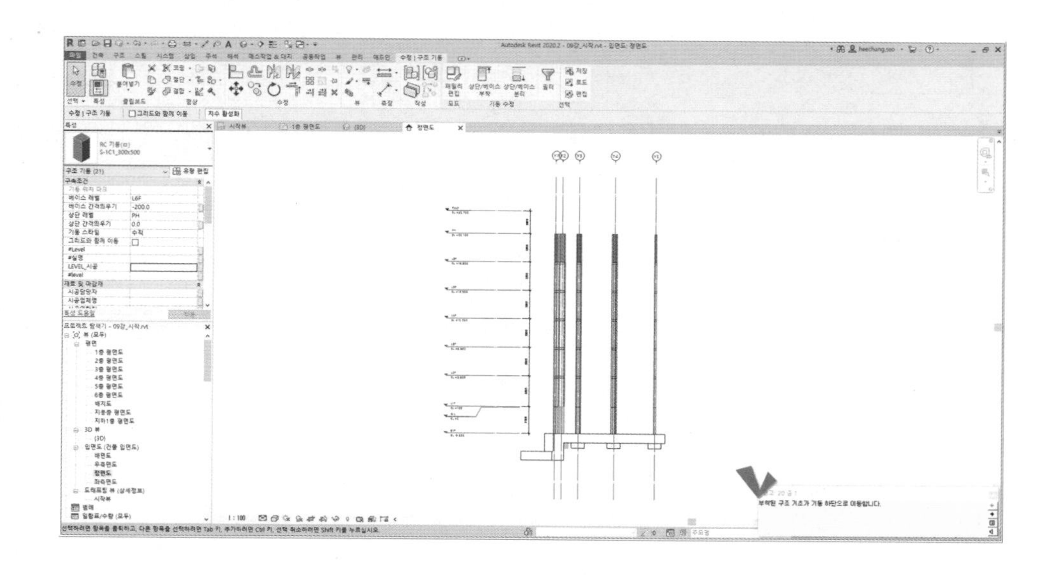

Tip

경고창 "부착한 구조 기초가 기둥 하단으로 이동합니다."

레빗에서는 기초가 항상 기둥 아래에 배치됩니다. 이 경고창이 뜨면 내용을 확인하고 넘어가면 됩니다.

Tip

필터 사용하기

선택하기에 어려움이 있는 경우, 해당 객체를 포함하여 모두 선택 ➡ [구조]탭 ➡ 선택-[필터]클릭 ➡ 해당 카테고리만 체크 ➡ [확인] 하는 방법도 있습니다.

25 레벨 간격띄우기를 통해 문제를 해결할 수 있습니다. 기둥을 모두 선택해줍니다. 드래그하거나 단축키 [SA]를 눌러 선택합니다. 특성창에서 구속조건 탭-베이스 간격띄우기 값에 "0"을 입력해줍니다.

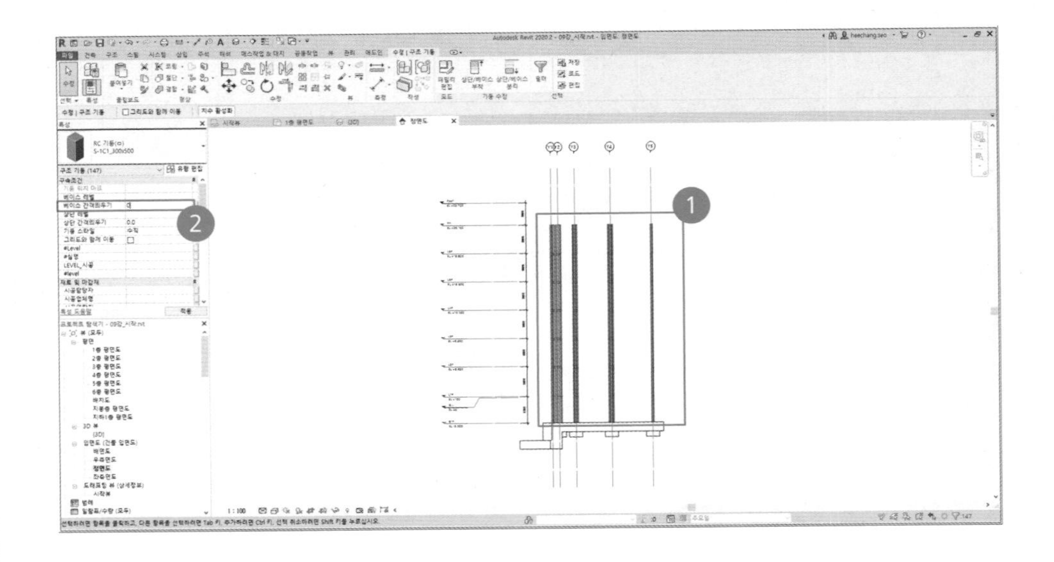

26 경고창 "부착된 구조 기초가 기둥 하단으로 이동합니다."이 나오면 [확인]을 클릭하여 닫습니다.

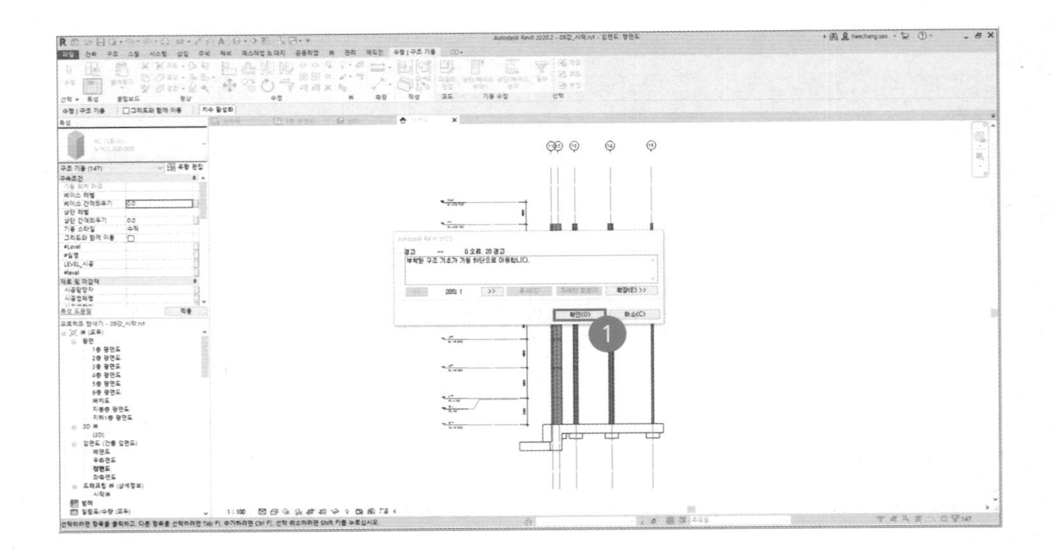

27 다음과 같이 기둥의 높이가 레벨에 맞게 조정된 것을 확인할 수 있습니다.
하지만 한 유형으로만 복사했기 때문에 층마다 맞는 유형으로 바꿔야합니다.

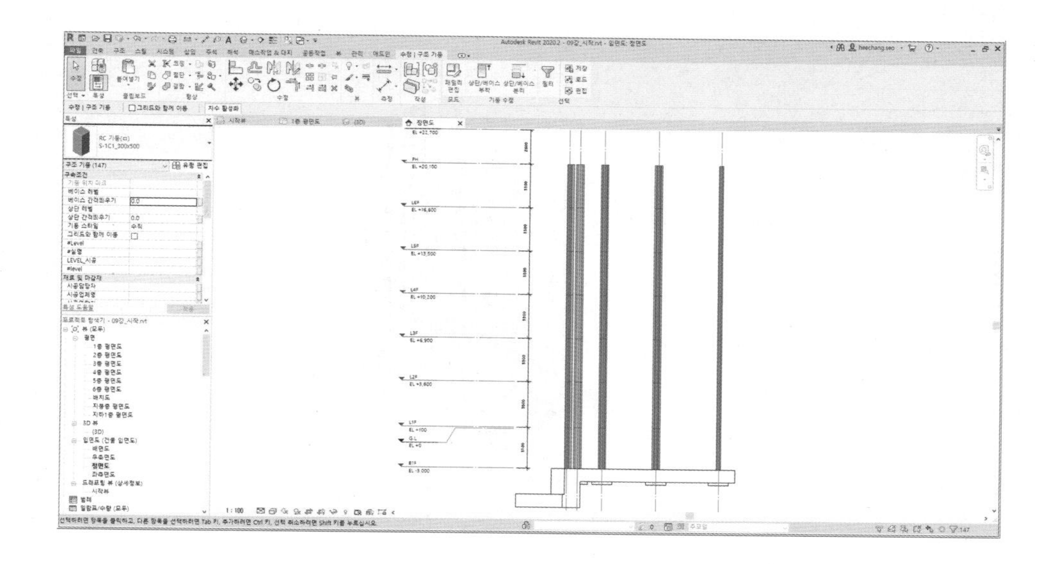

28 2F에 해당하는 기둥을 드래그로 모두 선택합니다.
[유형 선택기]를 클릭 ➡ "S-2C1_300×500"로 변경합니다.
동일한 방법으로 B1F부터 6F까지 각 해당 층에 맞게 유형을 변경합니다.

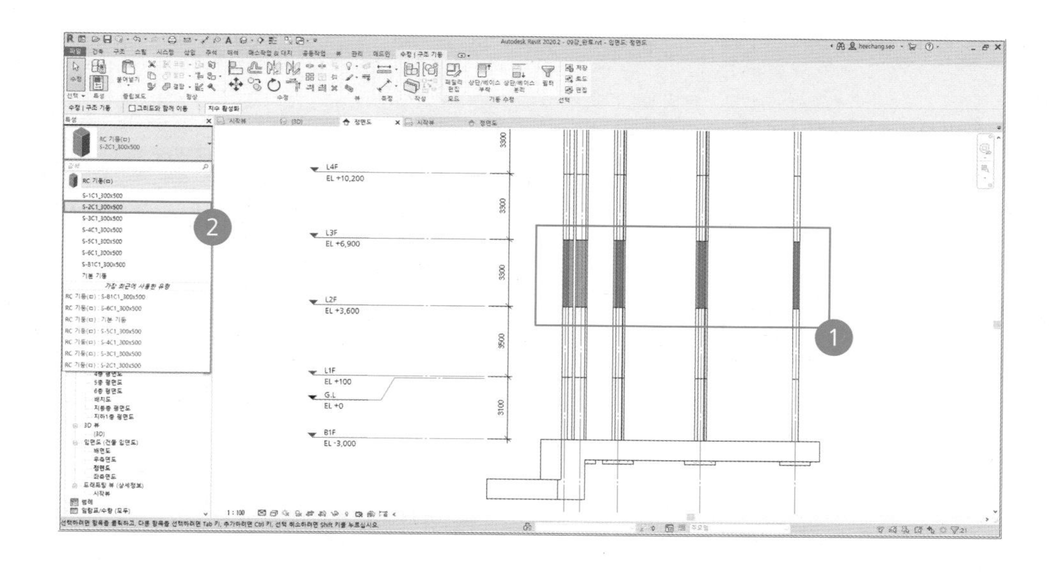

 **Tip**

평면도에서 변경하기

[프로젝트 탐색기]에서 해당 평면을 열고, 해당 객체를 모두 선택해서 변경할 수도 있습니다.

29 기둥이 완료되었습니다. 다음은 완성된 3D 화면입니다.

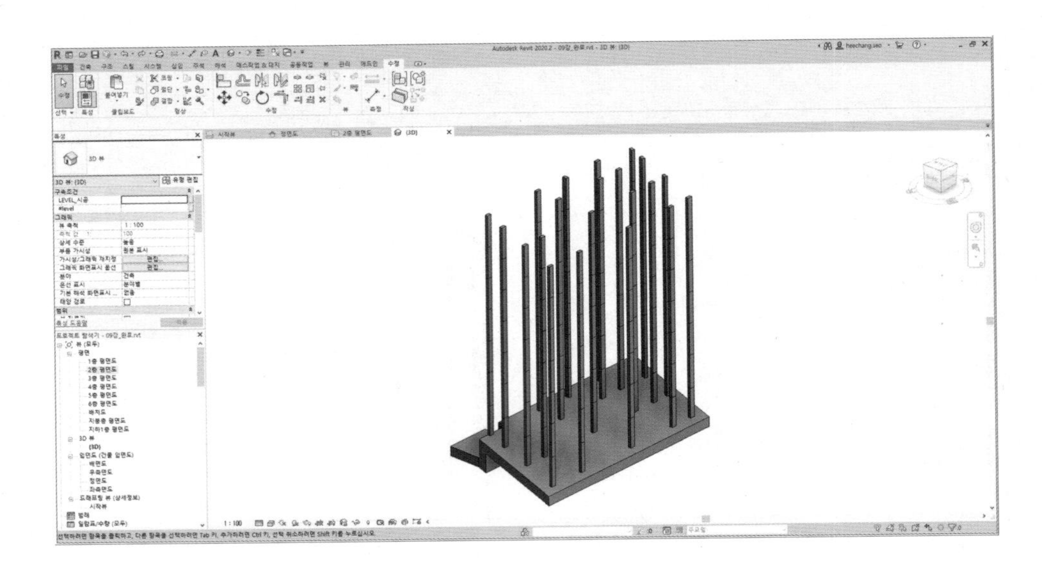

• 한솔아카데미 자료실 www.bestbook.co.kr

• BIMer 온라인커뮤니티 https://blog.naver.com/bimfactory

memo

BIMFACTORY
COMPANY

제 10 편

계획 구조설계

구조 보

Section

10

계획 구조설계

구조 보

10강에서는 조달청 기준의 보 라이브러리 형식을 소개하고
그에 맞게 보 모델링을 해보도록 하겠습니다.
이를 통해 보를 작성하고 해당 유형 형식에 맞게 속성 정보를 입력하여 모델링하는 방법에 대하여 학습하도록 하겠습니다.

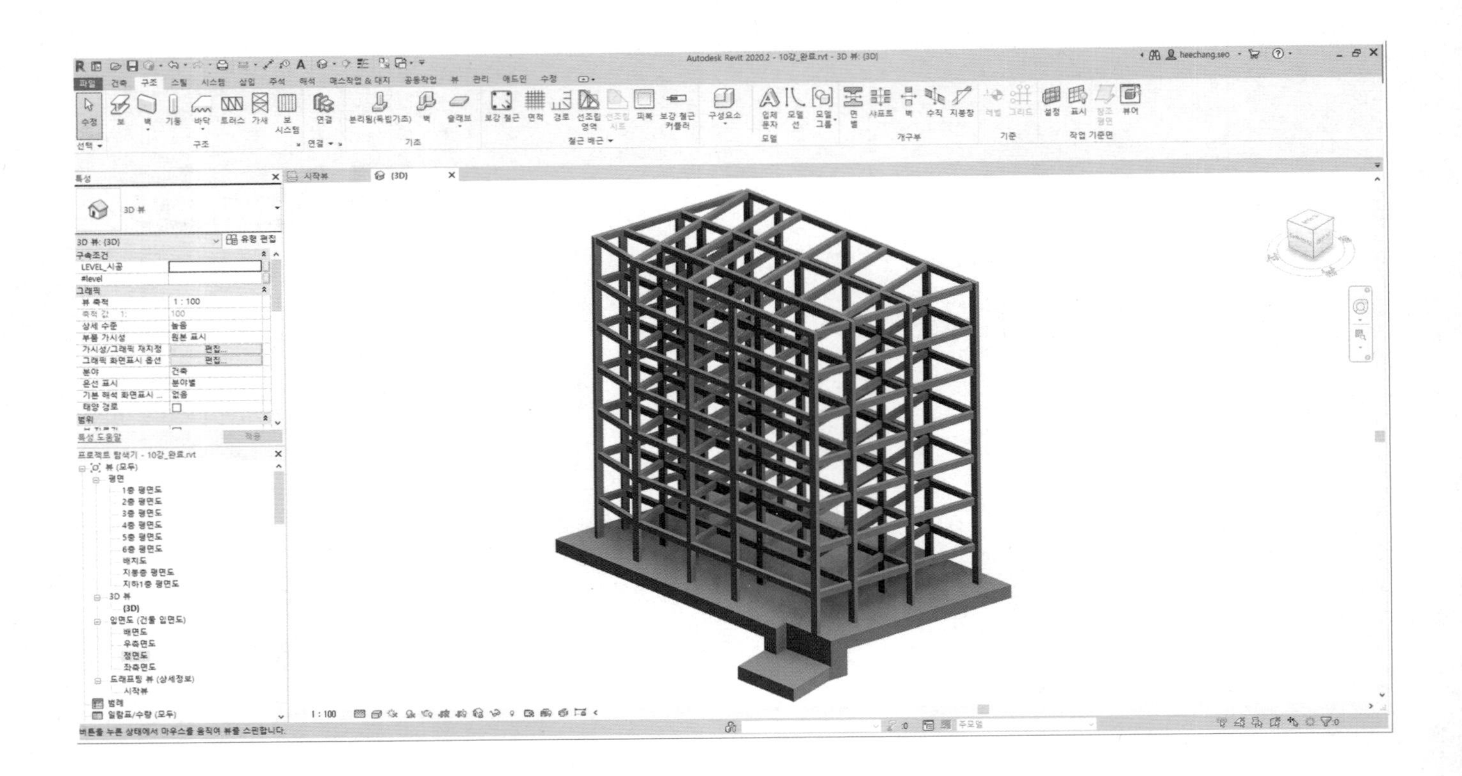

POINT

- 조달청 기준 보 형식 소개 및 속성 정보 입력
- 구조 보를 조달청 기준 유형 형식으로 작성하기

chapter 01 조달청 기준 유형 및 코드 소개

1 조달청 BIM 지침서 부속서에 따르면, 부위객체 부재명 및 라이브러리명의 형식은 다음과 같습니다. 본 강에서는 보의 부재명 작성방법을 참고하시기 바랍니다.

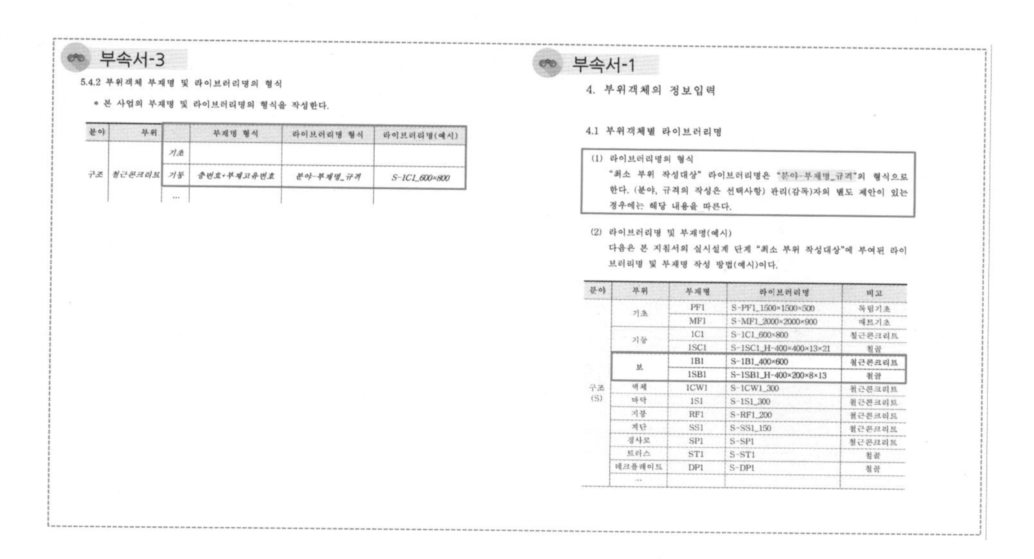

부속서-3

5.4.2 부위객체 부재명 및 라이브러리명의 형식

* 본 사업의 부재명 및 라이브러리명의 형식을 작성한다.

분야	부위		부재명 형식	라이브러리명 형식	라이브러리명(예시)
구조	철근콘크리트	기초			
		기둥	층번호+부재고유번호	분야-부재명_규격	S-1C1_600×800
		...			

부속서-1

4. 부위객체의 정보입력

4.1 부위객체별 라이브러리명

(1) 라이브러리명의 형식
"최소 부위 작성대상" 라이브러리명은 "분야-부재명_규격"의 형식으로 한다. (분야, 규격의 작성은 선택사항) 관리(감독)자의 별도 제안이 있는 경우에는 해당 내용을 따른다.

(2) 라이브러리명 및 부재명(예시)
다음은 본 지침서의 실시설계 단계 "최소 부위 작성대상"에 부여된 라이브러리명 및 부재명 작성 방법(예시)이다.

분야	부위	부재명	라이브러리명	비고
구조(S)	기초	PF1	S-PF1_1500×1500×500	독립기초
		MF1	S-MF1_2000×2000×900	매트기초
	기둥	1C1	S-1C1_600×800	철근콘크리트
		1SC1	S-1SC1_H-400×400×13×21	철골
	보	1B1	S-1B1_400×600	철근콘크리트
		1SB1	S-1SB1_H-400×200×8×13	철골
	벽체	1CW1	S-1CW1_300	철근콘크리트
	바닥	1S1	S-1S1_300	철근콘크리트
	지붕	RF1	S-RF1_200	철근콘크리트
	계단	SS1	S-SS1_150	철근콘크리트
	경사로	SP1	S-SP1	철근콘크리트
	트러스	ST1	S-ST1	철골
	데크플레이트	DP1	S-DP1	철골
	...			

2 조달청 BIM 지침서에 따르면, 속성 정보에는 부재명, 조달청 표준공사코드, 열관류율(선택)을 입력합니다.

- 조달청 표준공사코드: 부위객체의 유형 매개변수-ID데이터에 프로젝트 매개변수를 추가하여 해당 값을 입력합니다.
- 부재명: 부위객체의 유형 매개변수-ID데이터 탭 "유형 주석"에 해당 값을 입력합니다. (기본 매개변수 "유형 주석"값에 입력합니다.)

Tip

부재 속성 값 입력방법

구체적인 속성 값 입력방법은 "시설사업 BIM 적용 기본지침서 사용자 가이드-1.4.2 BIM 소프트웨어 사용방법 예시"에서 확인하실 수 있습니다.

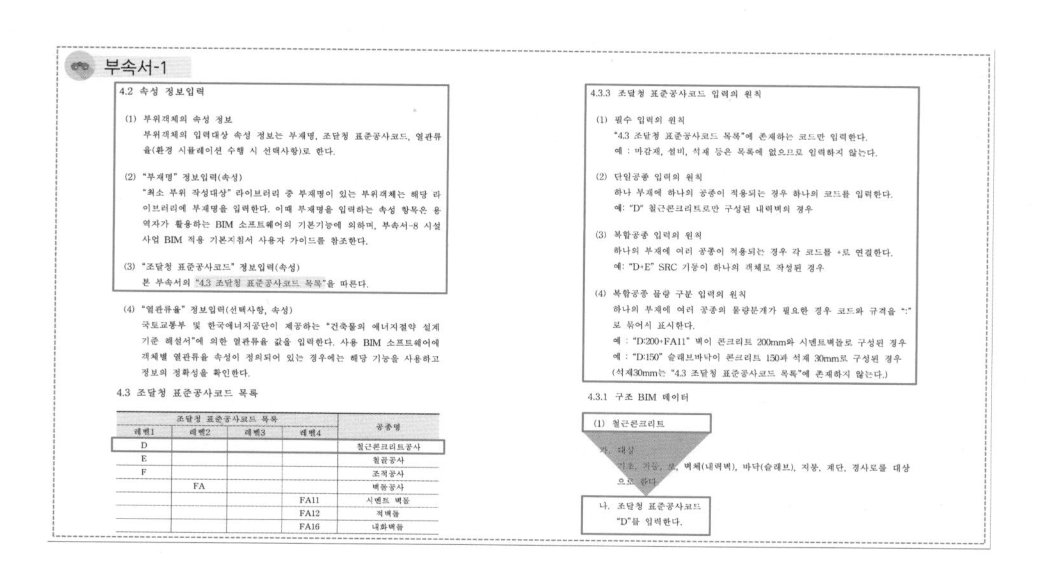

부속서-1

4.2 속성 정보입력

(1) 부위객체의 속성 정보
부위객체의 입력대상 속성 정보는 부재명, 조달청 표준공사코드, 열관류율(환경 시뮬레이션 수행 시 선택사항)로 한다.

(2) "부재명" 정보입력(속성)
"최소 부위 작성대상" 라이브러리 중 부재명이 있는 부위객체는 해당 라이브러리에 부재명을 입력한다. 이때 부재명을 입력하는 속성 항목은 용역자가 활용하는 BIM 소프트웨어의 기본기능에 의하며, 부속서-8 시설사업 BIM 적용 기본지침서 사용자 가이드를 참조한다.

(3) "조달청 표준공사코드" 정보입력(속성)
본 부속서의 "4.3 조달청 표준공사코드 목록"을 따른다.

(4) "열관류율" 정보입력(선택사항, 속성)
국토교통부 및 한국에너지공단이 제공하는 "건축물의 에너지절약 설계기준 해설서"에 의한 열관류율 값을 입력한다. 사용 BIM 소프트웨어에 객체별 열관류율 속성이 정의되어 있는 경우에는 해당 기능을 사용하고 정보의 정확성을 확인한다.

4.3 조달청 표준공사코드 목록

조달청 표준공사코드 목록				공종명
레벨1	레벨2	레벨3	레벨4	
D				철근콘크리트공사
E				철골공사
F				조적공사
	FA			벽돌공사
			FA11	시멘트 벽돌
			FA12	적벽돌
			FA16	내화벽돌

4.3.3 조달청 표준공사코드 입력의 원칙

(1) 필수 입력의 원칙
"4.3 조달청 표준공사코드 목록"에 존재하는 코드만 입력한다.
예 : 마감재, 설비, 석재 등은 목록에 없으므로 입력하지 않는다.

(2) 단일공종 입력의 원칙
하나 부재에 하나의 공종이 적용되는 경우 하나의 코드를 입력한다.
예: "D" 철근콘크리트로만 구성된 내력벽의 경우

(3) 복합공종 입력의 원칙
하나의 부재에 여러 공종이 적용되는 경우 각 코드를 +로 연결한다.
예: "D+E" SRC 기둥이 하나의 객체로 작성된 경우

(4) 복합공종 물량 구분 입력의 원칙
하나의 부재에 여러 공종의 물량분개가 필요한 경우 코드와 규격을 ":"로 묶어서 표시한다.
예 : "D:200+FA11" 벽이 콘크리트 200mm와 시멘트벽돌로 구성된 경우
예 : "D:150" 슬래브바닥이 콘크리트 150과 석재 30mm로 구성된 경우
(석재30mm는 "4.3 조달청 표준공사코드 목록"에 존재하지 않는다.)

4.3.1 구조 BIM 데이터

(1) 철근콘크리트

가. 대상
기초, 기둥, 보, 벽체(내력벽), 바닥(슬래브), 지붕, 계단, 경사로를 대상으로 한다.

나. 조달청 표준공사코드
"D"를 입력한다.

chapter 02 구조 보 작성

1 Revit을 실행합니다.
모델 창 [열기] 클릭 ➡ ₩예제파일₩10강₩10강_시작.rvt를 선택하고 [열기]를 클릭합니다.

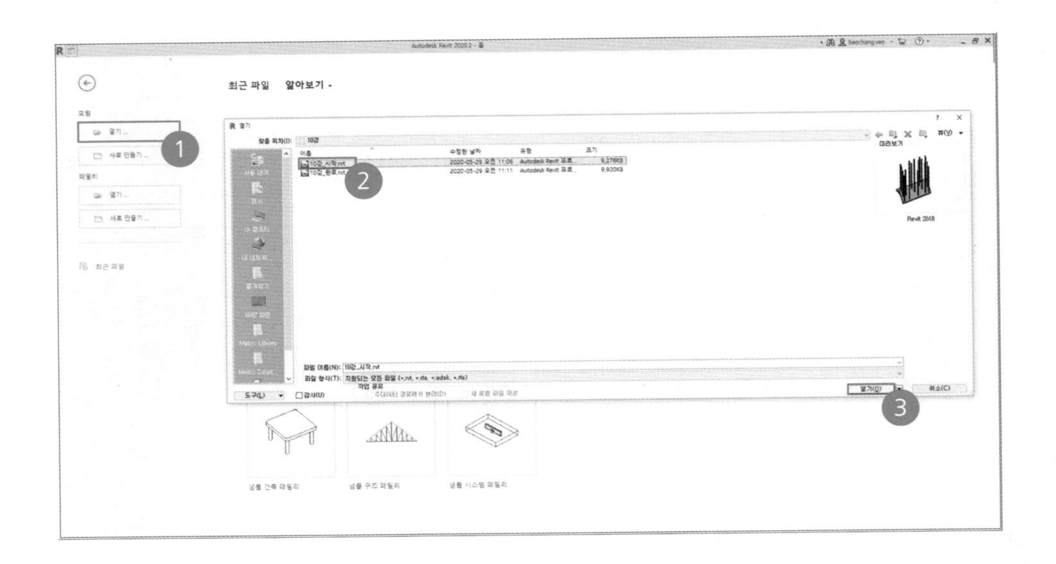

2 [프로젝트 탐색기]에서 "1층 평면도"를 더블클릭하여 엽니다.
해당 뷰에는 이전 챕터에서 작성한 기둥이 있습니다.

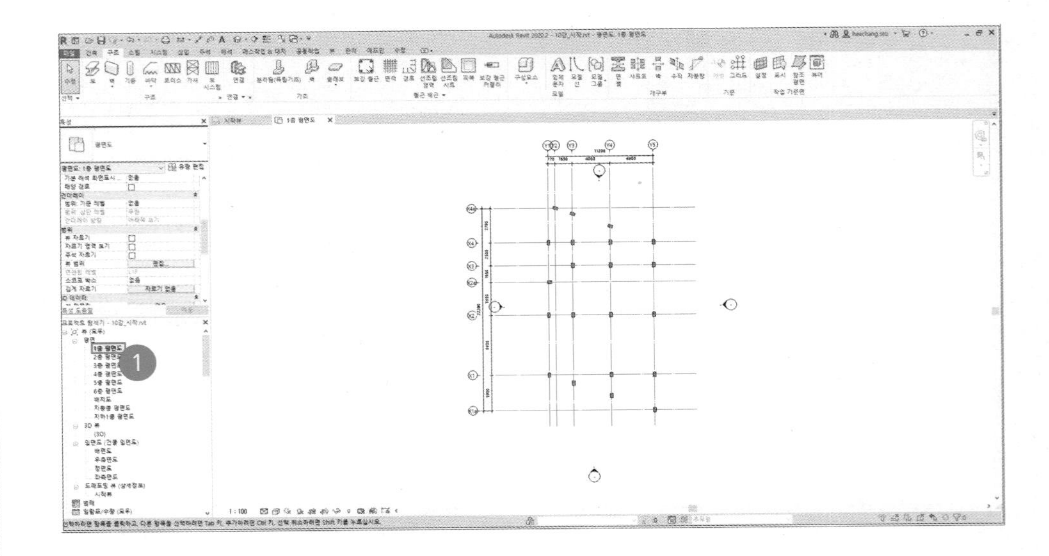

3 보를 작성하기 위해 [구조]탭 ➡ [보]를 클릭합니다.

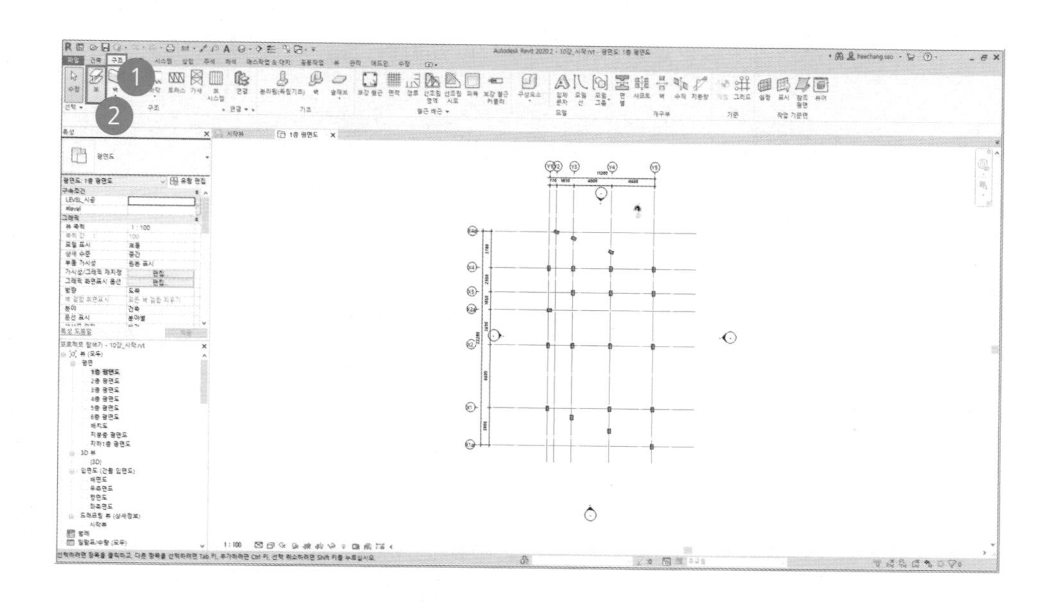

4 특성 창-[유형 편집] 클릭 ➡ 유형 [복제] 클릭 ➡ 유형이름을 조달청 형식인 "S-1G1_300×500"을 입력합니다.

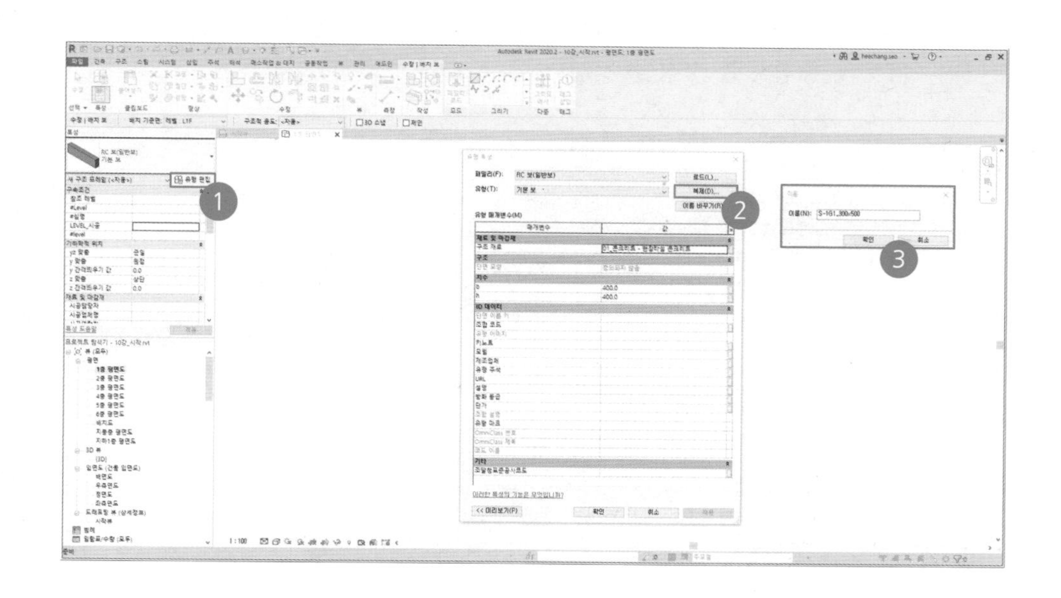

Tip

라이브러리명(유형 이름) 형식

"분야-부재명_규격"에 맞춰 지정합니다.

Tip

속성 정보 입력하기

치수: b는 가로길이, h는 세로길이를 의미합니다.
부재명 : 1층에서 작성하므로 "G1"이 "1G1"이 됩니다.
코드 : 철근콘크리트는 조달청 표준공사코드 "D"가 됩니다.

5 유형 매개변수의 치수 창에서 b에 "300", h에 "500"으로 입력합니다.
ID 데이터 탭에서 유형 주석에 "1G1"을, 기타 탭에서 조달청표준공사코드에 "D"를 입력합니다. 완료되었다면 [확인]을 클릭합니다.

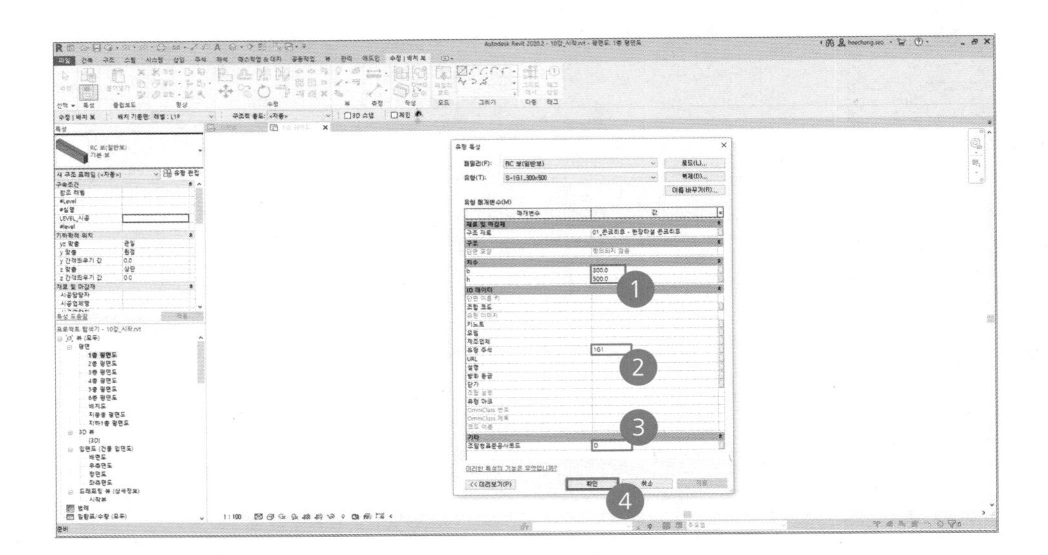

6 먼저, 그리드 "Y2"와 "Y3"상단에 있는 기둥 사이에 보를 작성해보겠습니다. "Y2"열 기둥 중심선 "Y3"열 기둥의 중심선 차례대로 클릭합니다.
보는 기둥의 중심으로 작성될 것입니다.

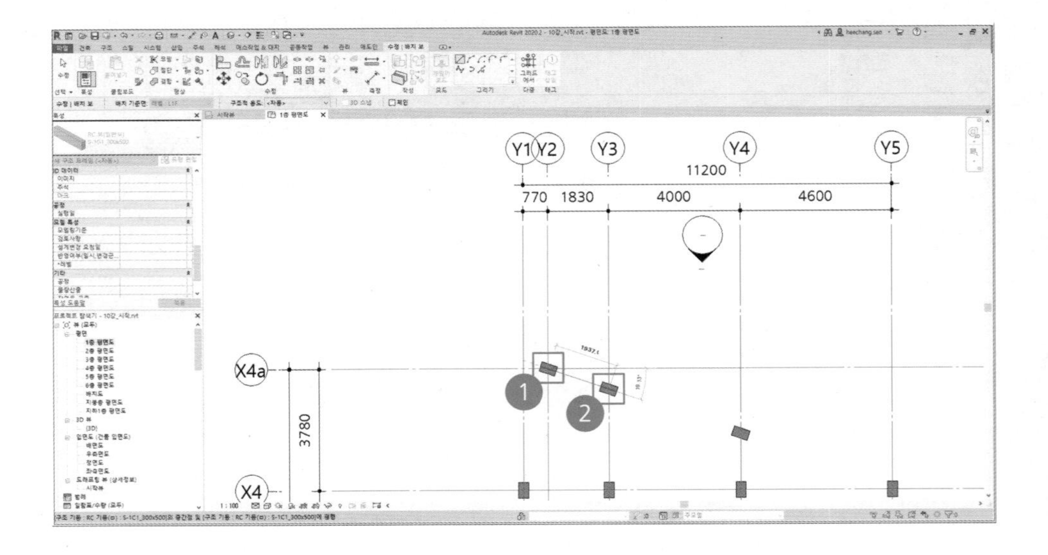

7 하지만 경고창 "1층 평면도에서 보이지 않습니다"가 뜹니다. 현재 뷰 범위를 확인하기 위해서 뷰를 조정해야합니다. [ESC]를 두 번 눌러 작성을 취소합니다.

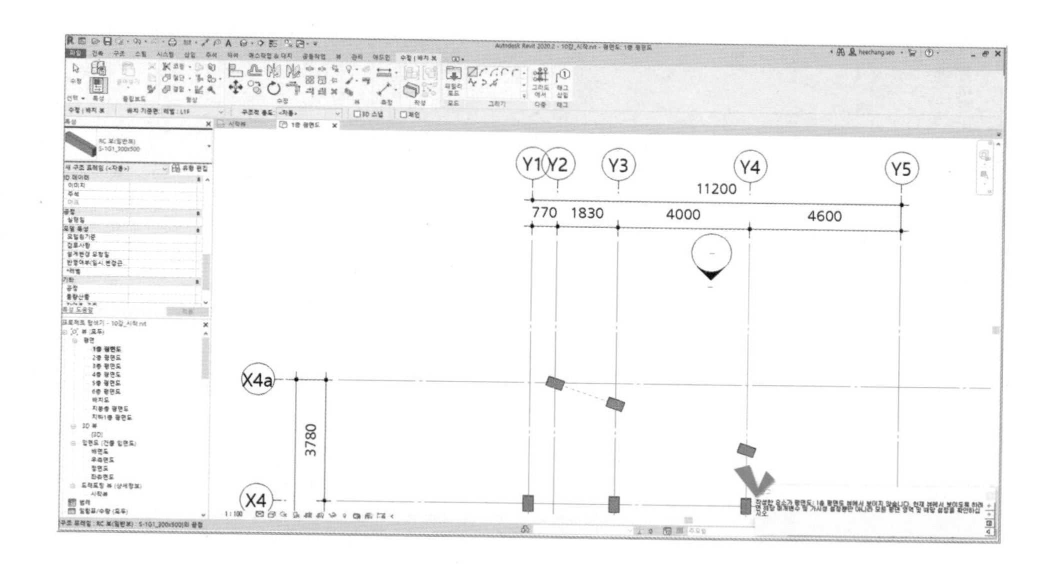

8 특성 창의 범위 탭-뷰 범위[편집]을 클릭합니다. 뷰 깊이 간격띄우기 "0"인 상태에서는 레벨아래에 작성된 보가 보이지 않습니다. 뷰 깊이-레벨-간격띄우기에 임의의 값 "-100"을 입력 ➡ [확인]을 클릭합니다.

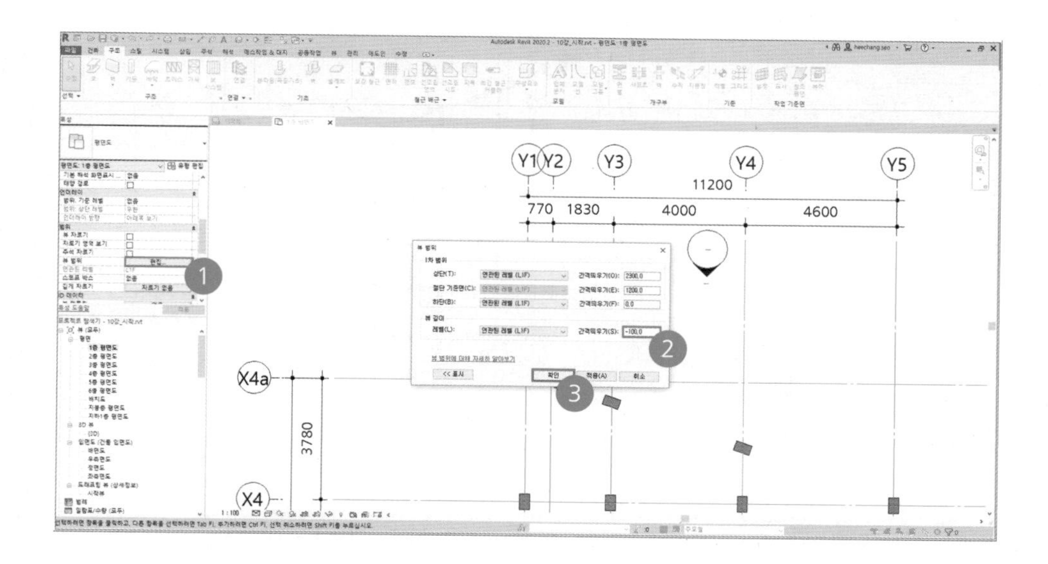

9 이제 뷰에서 작성된 보를 볼 수 있습니다.

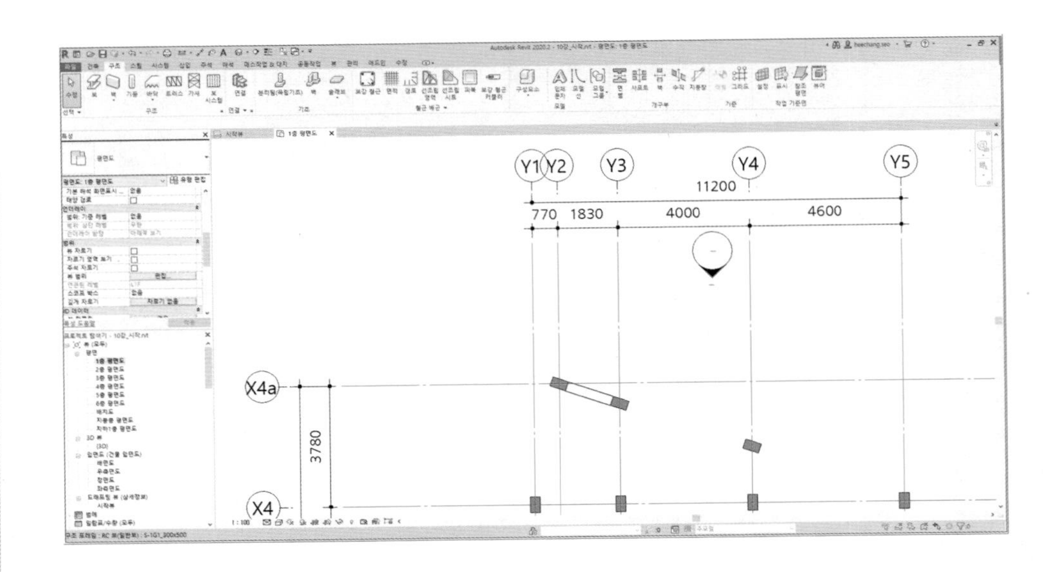

10 다음과 같은 형태로 보를 모두 작성합니다. 보 사이를 지나가는 보는 센터로 작성합니다. 표시된 부분을 제외하고 작성합니다. 작성한 보를 더 직관적으로 보기위해 하단 [비주얼 스타일] 클릭 ➡ [음영처리]를 클릭합니다.

보 작성옵션

☑체인

체인을 이용하면 연속된 형태로 부재를 작성할 수 있습니다.

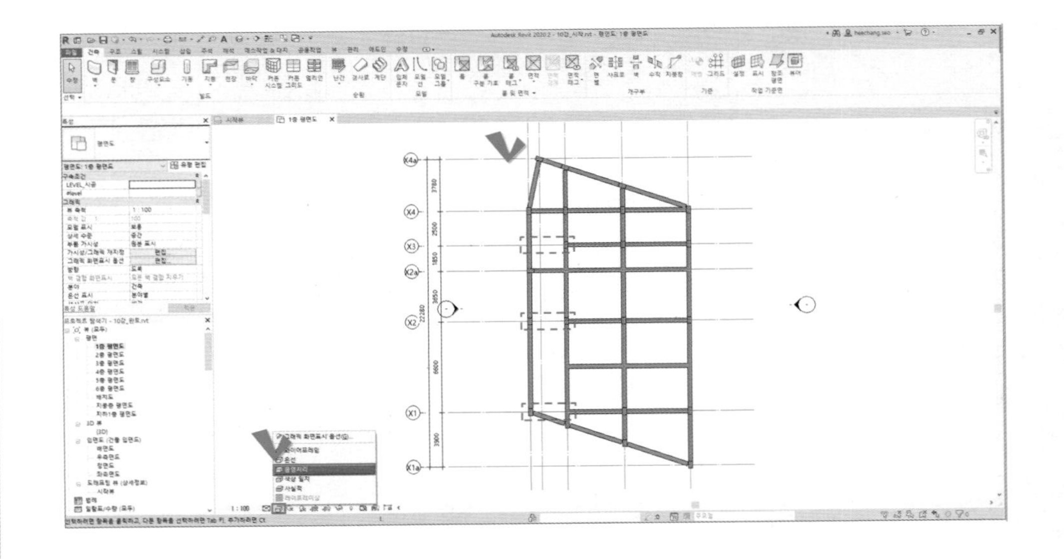

11 보를 한 개 선택하고 단축키 [SA]를 눌러 모두 선택한 후 총 37개가 알맞게 작성됐는지 확인합니다. 선택된 부재의 수는 특성창에서 확인할 수 있습니다. 완료되었다면 [ESC]를 눌러 선택 해제합니다.

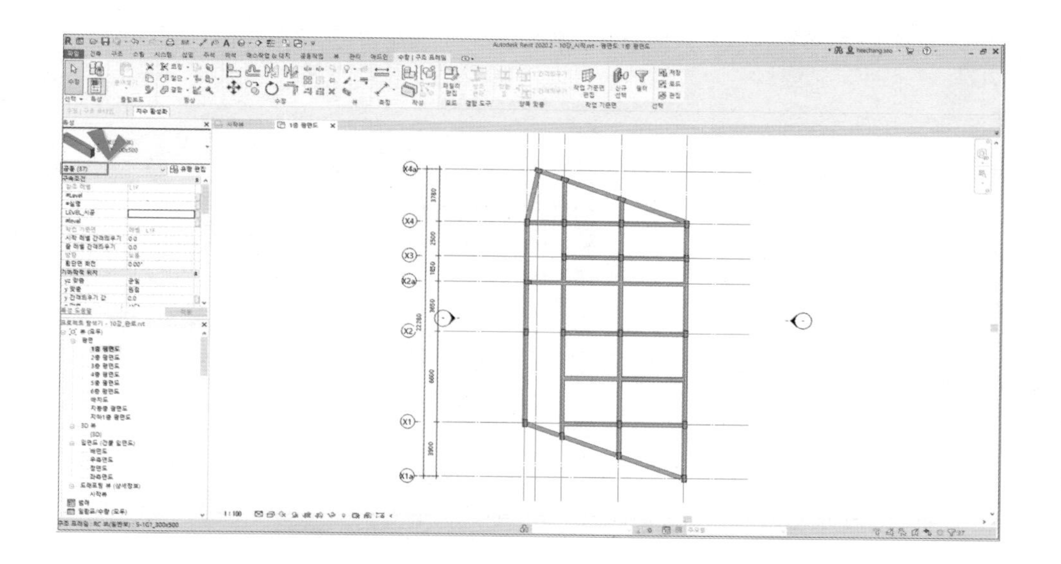

Tip

기둥 작성하기

지침서 2.0에 따르면, 기둥과 보가 만나는 부분의 일부 간섭은 허용 가능합니다.
*3.2.4 구조 BIM 데이터 작성 기준-(3)번 참고

12 이제 B1F부터 6F까지 보 유형을 만들어보겠습니다.
다시 [구조]탭 ➡ [보]를 클릭합니다.

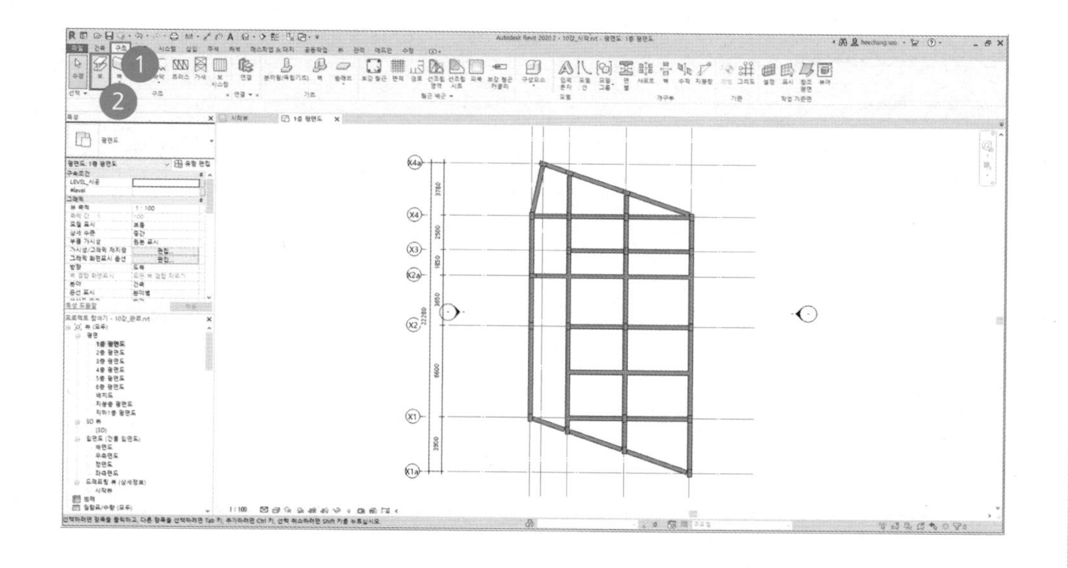

Tip

[정렬]버튼으로도 배치 할 수 있습니다.

Tip

유형 작성하기-엑셀

구조 부재가 많아질 경우, 유형 [복제]로 유형을 생성하는 것보다 패밀리를 .txt 파일로 내보내기 후 엑셀을 사용하여 생성하는 것이 훨씬 효율적입니다.

자세한 방법은 27강 TIP 패밀리 유형 생성 하기에서 확인할 수 있습니다.

13 특성 창-[유형 편집] 클릭 ➡ 유형 [복제] 클릭 ➡ 다음과 같은 유형 목록을 작성합니다. 유형마다 해당하는 부재명을 유형 주석에 입력합니다. 완료되었으면 [확인]을 눌러 닫고, 키보드의 [ESC]를 눌러 빠져나옵니다.

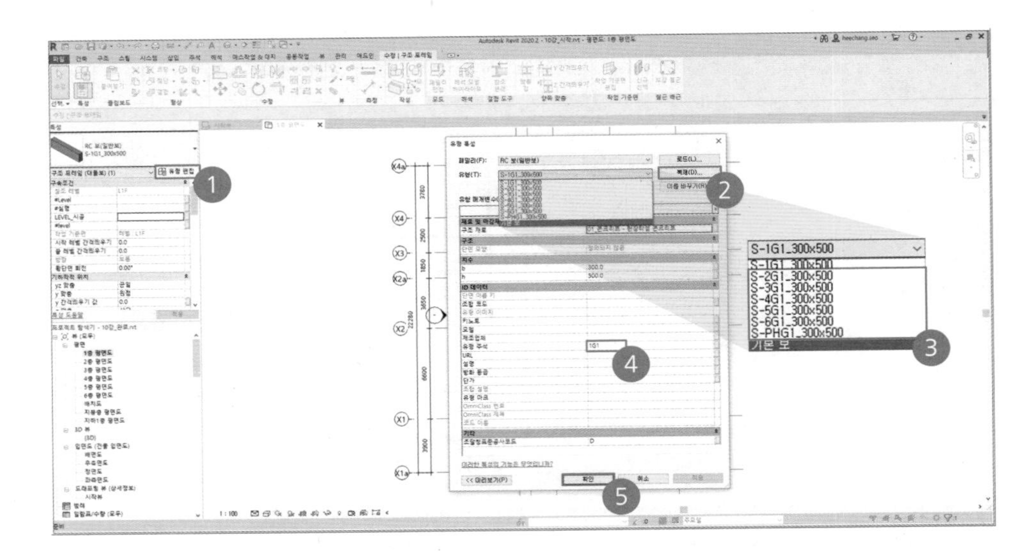

14 나머지 층에도 동일하게 배치하겠습니다.
프로젝트 탐색기창에서 "정면도"를 더블클릭하여 엽니다.

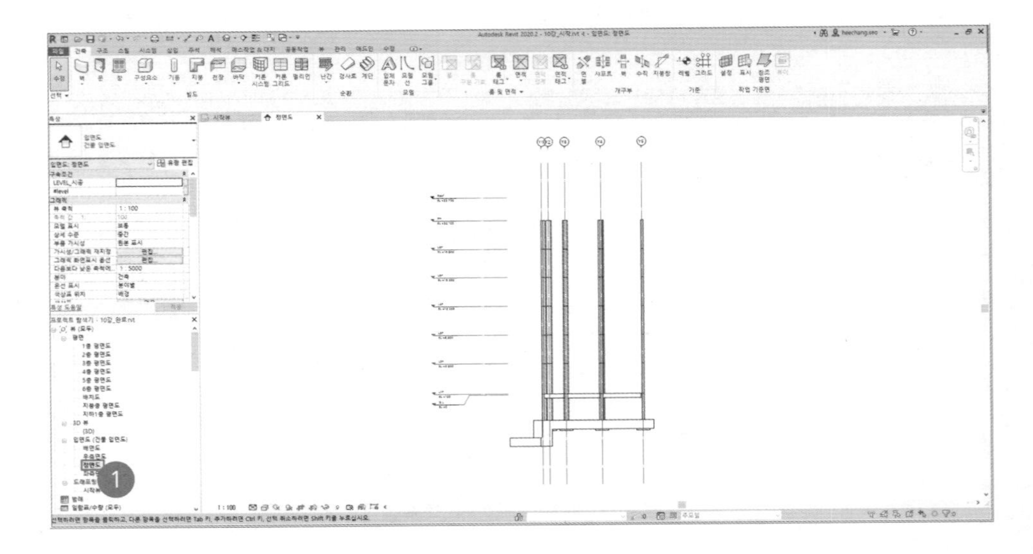

15 1F의 모든 보를 선택합니다. 다음과 같이 드래그하거나, 보 한 개를 선택하고 단축키 [SA]를 눌러 모두 선택합니다. 그다음 [수정]탭 ➡ [클립보드로 복사] ➡ [붙여넣기] ➡ [선택한 레벨에 정렬]을 클릭합니다.

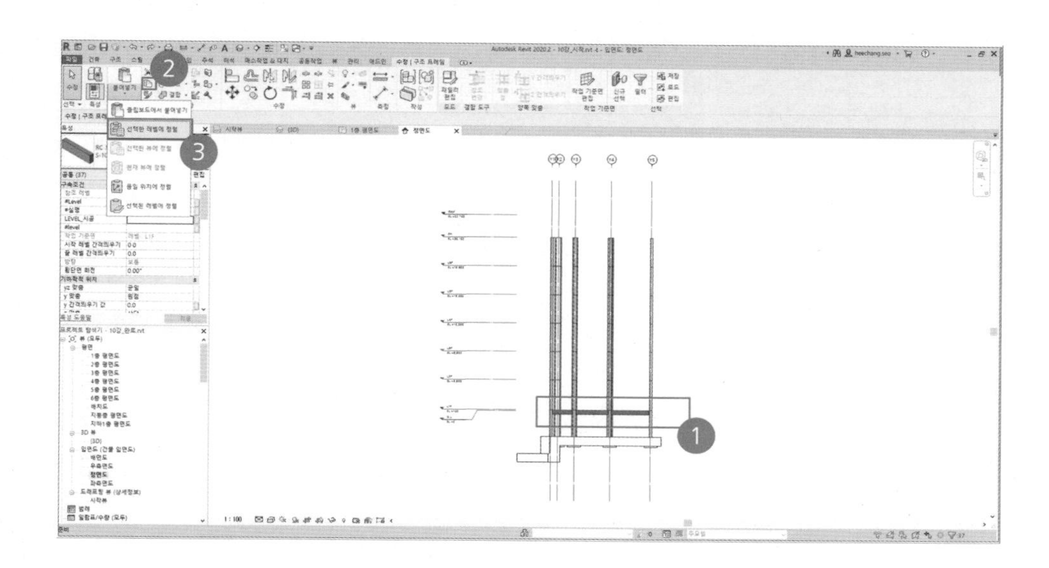

16 레벨 선택창의 "L2F~PH"층을 선택 ➡ [확인]을 클릭합니다.

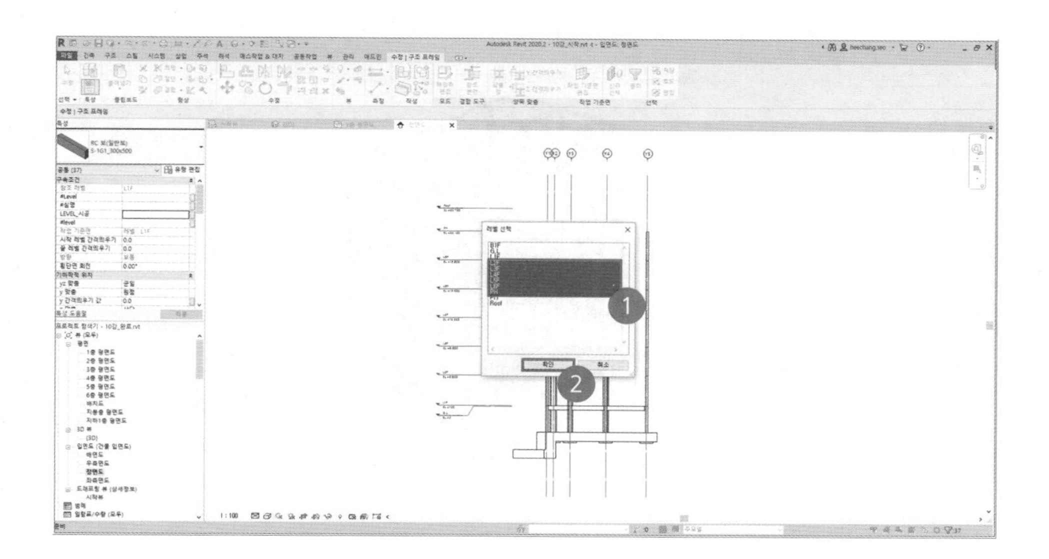

17 보가 층마다 알맞게 복사되었습니다. 층별로 보를 선택하여 층별 유형을 변경하면 보 작성이 완료됩니다.

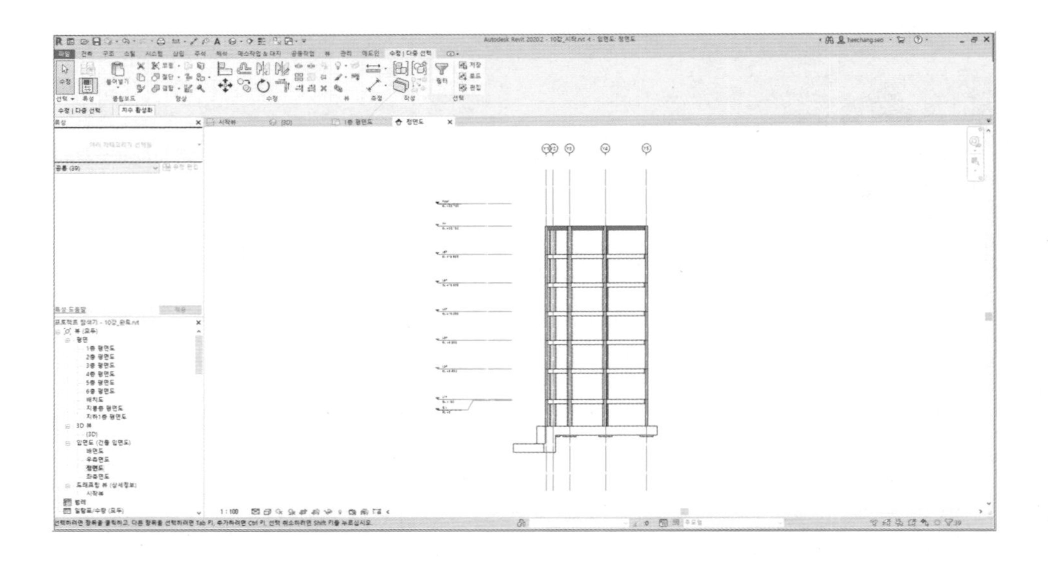

18 다음은 완성된 3D 화면입니다.

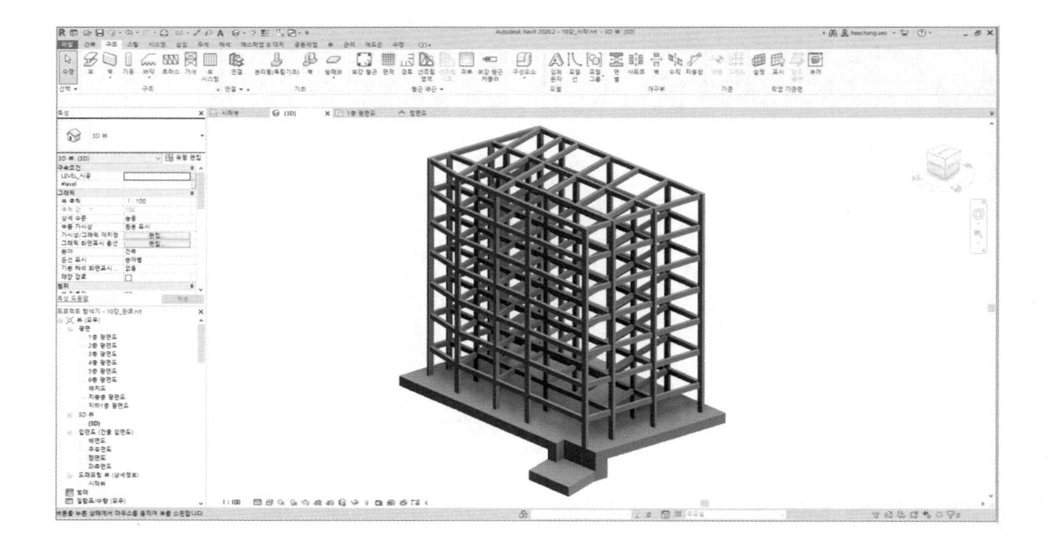

- 한솔아카데미 자료실 www.bestbook.co.kr
- BIMer 온라인커뮤니티 https://blog.naver.com/bimfactory

BIMFACTORY
COMPANY

제 11 편

계획 구조설계

구조 벽

Section 11

계획 구조설계

구조 벽

11강에서는 조달청 기준의 벽 라이브러리 형식을 소개하고
그에 맞게 벽 모델링을 해보도록 하겠습니다.
이를 통해 벽을 다양하게 작성하는 방법을 알아보고,
해당 형식에 맞게 속성 정보를 입력하고 모델링하는 방법을 학습하도록 하겠습니다.

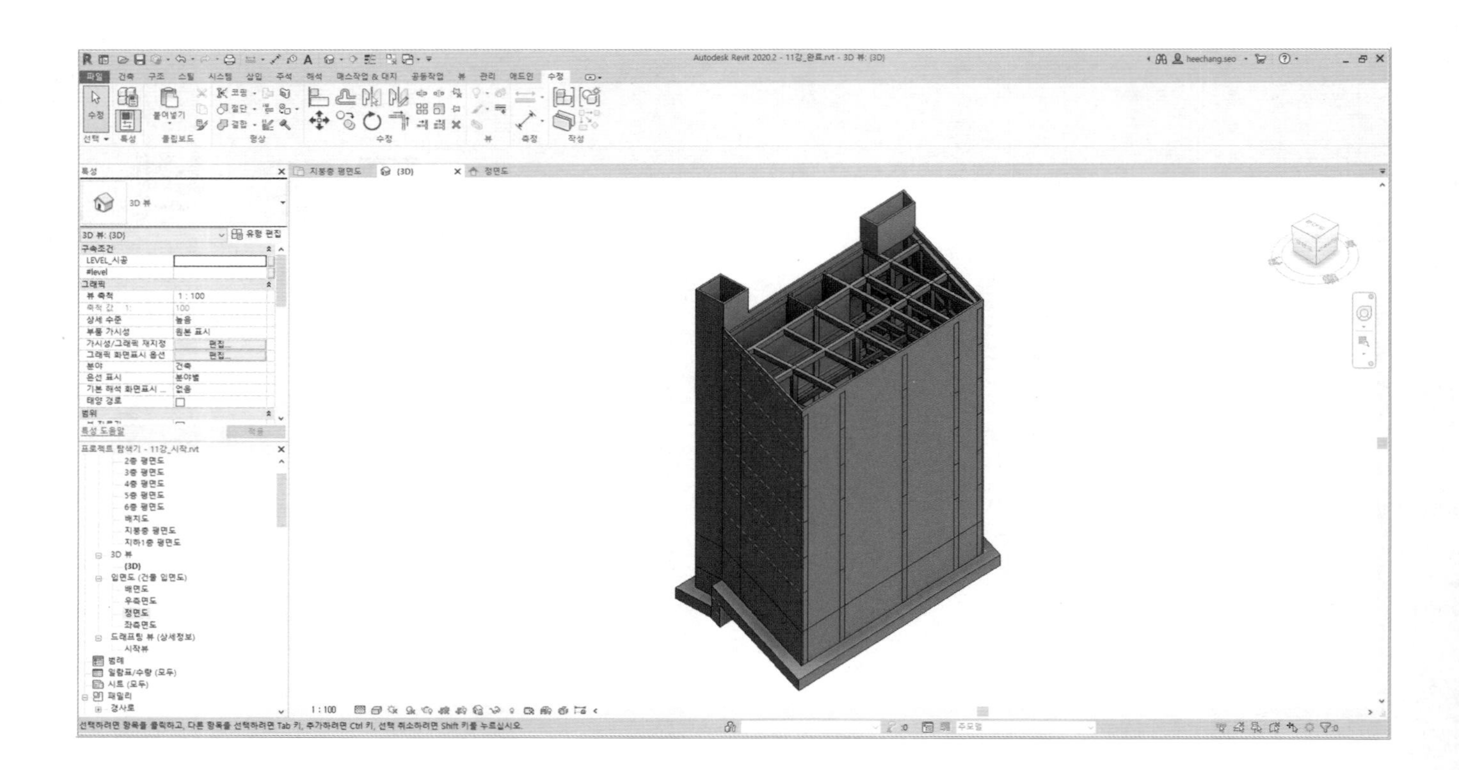

POINT

- 조달청 기준 벽 형식 소개 및 속성 정보 입력
- 구조 벽을 조달청 기준 유형 형식으로 작성하기

chapter 01 조달청 기준 유형 및 코드 소개

1 조달청 BIM 지침서 부속서에 따르면, 부위객체 부재명 및 라이브러리명의 형식은 다음과 같습니다. 본 강에서는 벽의 부재명 작성방법을 참고하시기 바랍니다.

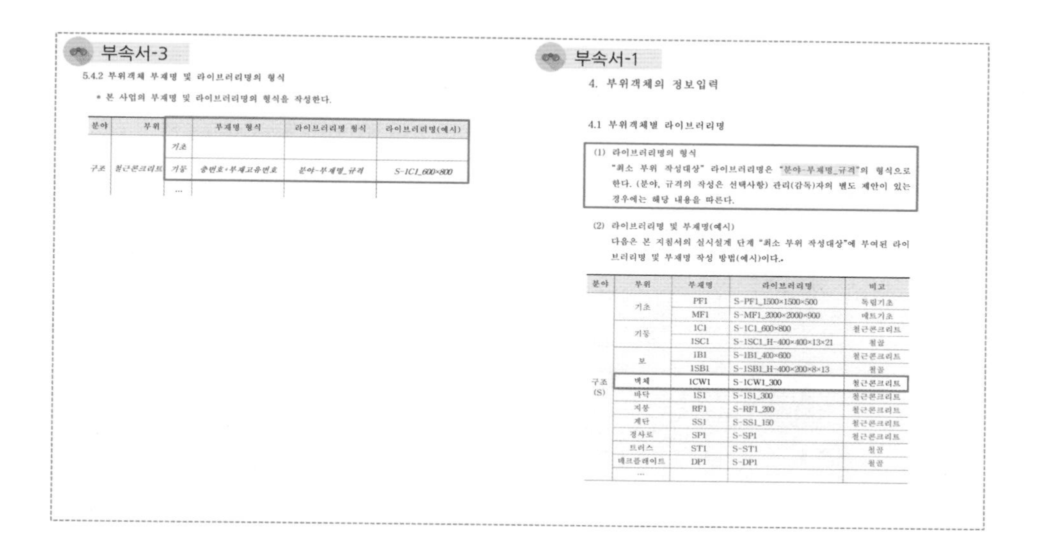

부속서-3

5.4.2 부위객체 부재명 및 라이브러리명의 형식

* 본 사업의 부재명 및 라이브러리명의 형식을 작성한다.

분야	부위		부재명 형식	라이브러리명 형식	라이브러리명(예시)
		기초			
구조	철근콘크리트	기둥	층번호+부재고유번호	분야-부재명_규격	S-1C1_600×800
		…			

부속서-1

4. 부위객체의 정보입력

4.1 부위객체별 라이브러리명

(1) 라이브러리명의 형식
"최소 부위 작성대상" 라이브러리명은 "분야-부재명_규격"의 형식으로 한다. (분야, 규격의 작성은 선택사항) 관리(감독)자의 별도 제안이 있는 경우에는 해당 내용을 따른다.

(2) 라이브러리명 및 부재명(예시)
다음은 본 지침서의 실시설계 단계 "최소 부위 작성대상"에 부여된 라이브러리명 및 부재명 작성 방법(예시)이다.

분야	부위	부재명	라이브러리명	비고
구조(S)	기초	PF1	S-PF1_1500×1500×500	독립기초
		MF1	S-MF1_2000×2000×900	매트기초
	기둥	1C1	S-1C1_600×800	철근콘크리트
		1SC1	S-1SC1_H-400×400×13×21	철골
	보	1B1	S-1B1_400×600	철근콘크리트
		1SB1	S-1SB1_H-400×200×8×13	철골
	벽체	1CW1	S-1CW1_300	철근콘크리트
	바닥	1S1	S-1S1_300	철근콘크리트
	지붕	RF1	S-RF1_200	철근콘크리트
	계단	SS1	S-SS1_150	철근콘크리트
	경사로	SP1	S-SP1	철근콘크리트
	트러스	ST1	S-ST1	철골
	데크플레이트	DP1	S-DP1	철골
	…			

2 조달청 BIM 지침서에 따르면, 속성 정보에는 부재명, 조달청 표준공사코드, 열관류율(선택)을 입력합니다.

- 조달청 표준공사코드: 부위객체의 유형 매개변수-ID데이터에 프로젝트 매개변수를 추가하여 해당 값을 입력합니다.
- 부재명: 부위객체의 유형 매개변수-ID데이터 탭 "유형 주석"에 해당 값을 입력합니다. (기본 매개변수 "유형 주석"값에 입력합니다.)

Tip

부재 속성 값 입력방법

구체적인 속성 값 입력방법은 "시설사업 BIM 적용 기본지침서 사용자 가이드-1.4.2 BIM 소프트웨어 사용방법 예시" 에서 확인하실 수 있습니다.

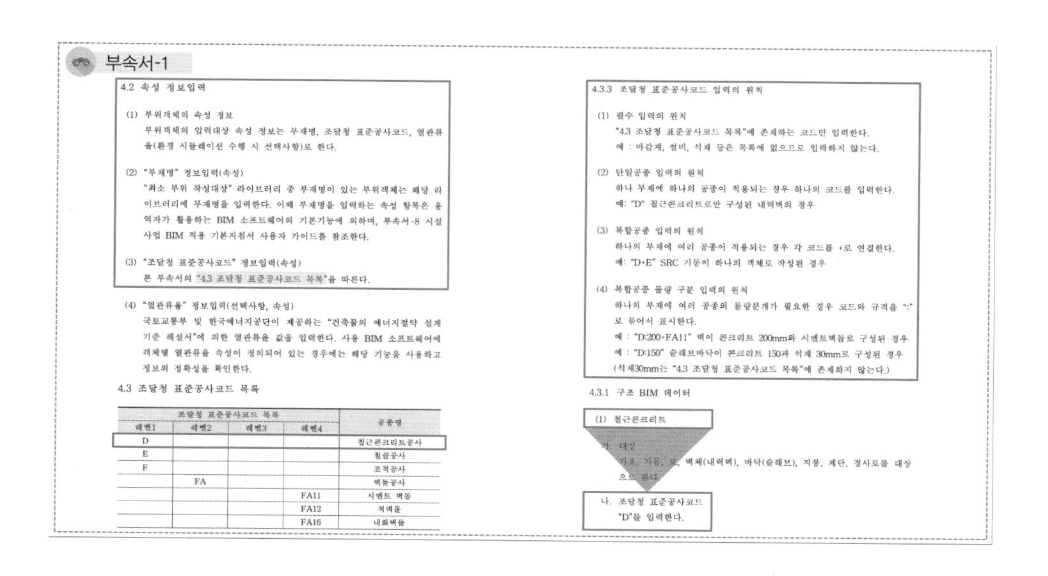

부속서-1

4.2 속성 정보입력

(1) 부위객체의 속성 정보
부위객체의 입력대상 속성 정보는 부재명, 조달청 표준공사코드, 열관류율(환경 시뮬레이션 수행 시 선택사항)로 한다.

(2) "부재명" 정보입력(속성)
"최소 부위 작성대상" 라이브러리 중 부재명이 있는 부위객체는 해당 라이브러리에 부재명을 입력한다. 이때 부재명을 입력하는 속성 항목은 용역자가 활용하는 BIM 소프트웨어의 기본기능에 의하며, 부속서-8 시설사업 BIM 적용 기본지침서 사용자 가이드를 참조한다.

(3) "조달청 표준공사코드" 정보입력(속성)
본 부속서의 "4.3 조달청 표준공사코드 목록"을 따른다.

(4) "열관류율" 정보입력(선택사항, 속성)
국토교통부 및 한국에너지공단이 제공하는 "건축물의 에너지절약 설계기준 해설서"에 의한 열관류율 값을 입력한다. 사용 BIM 소프트웨어에 객체별 열관류율 속성이 정의되어 있는 경우에는 해당 기능을 사용하고 정보의 정확성을 확인한다.

4.3 조달청 표준공사코드 목록

조달청 표준공사코드 목록				공종명
레벨1	레벨2	레벨3	레벨4	
D				철근콘크리트공사
E				철골공사
F				조적공사
	FA			벽돌공사
			FA11	시멘트 벽돌
			FA12	적벽돌
			FA16	내화벽돌

4.3.3 조달청 표준공사코드 입력의 원칙

(1) 필수 입력의 원칙
"4.3 조달청 표준공사코드 목록"에 존재하는 코드만 입력한다.
예 : 마감재, 설비, 석재 등은 목록에 없으므로 입력하지 않는다.

(2) 단일공종 입력의 원칙
하나 부재에 하나의 공종이 적용되는 경우 하나의 코드를 입력한다.
예: "D" 철근콘크리트로만 구성된 내력벽의 경우

(3) 복합공종 입력의 원칙
하나의 부재에 여러 공종이 적용되는 경우 각 코드를 +로 연결한다.
예: "D+E" SRC 기둥이 하나의 객체로 작성된 경우

(4) 복합공종 물량 구분 입력의 원칙
하나의 부재에 여러 공종의 물량분개가 필요한 경우 코드와 규격을 ":"로 묶어서 표시한다.
예 : "D:200+FA11" 벽이 콘크리트 200mm와 시멘트벽돌로 구성된 경우
예 : "D:150" 슬래브바닥이 콘크리트 150과 석재 30mm로 구성된 경우
(석재30mm는 "4.3 조달청 표준공사코드 목록"에 존재하지 않는다.)

4.3.1 구조 BIM 데이터

(1) 철근콘크리트

가. 대상
기초, 기둥, 보, 벽체(내력벽), 바닥(슬래브), 지붕, 계단, 경사로를 대상으로 한다.

나. 조달청 표준공사코드
"D"를 입력한다.

chapter 02 구조 벽 작성

1 Revit을 실행합니다.
모델 창 [열기] 클릭 ➡ ₩예제파일₩11강₩11강_시작.rvt를 선택하고 [열기]를 클릭합니다.

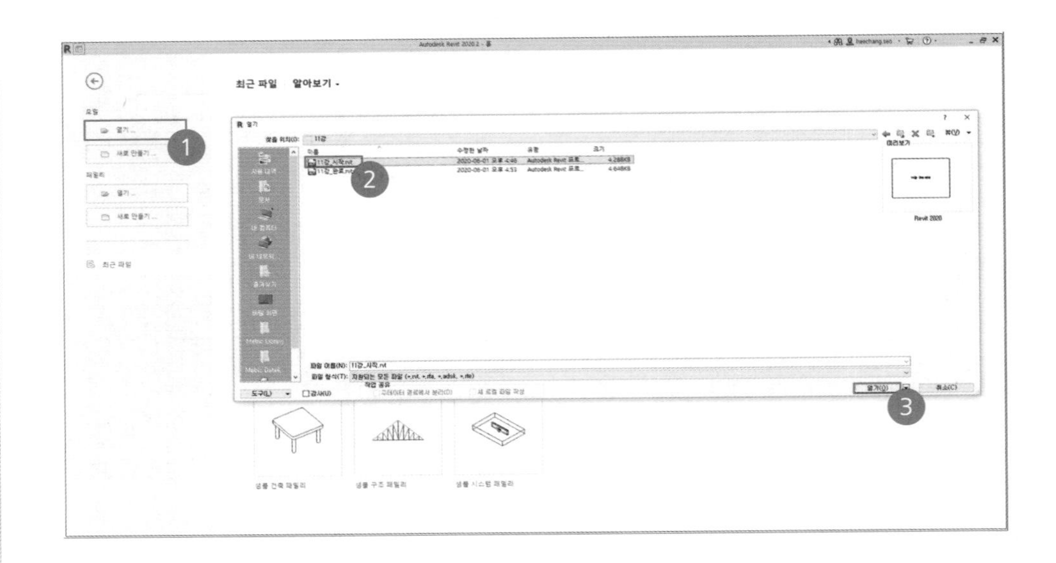

2 프로젝트 탐색기에서 “1층 평면도”를 더블클릭하여 엽니다.
해당 뷰에는 벽 모델을 작성하기 위한 가이드라인이 있습니다.
가이드라인을 벽의 중심선으로 모델링을 할 것입니다.

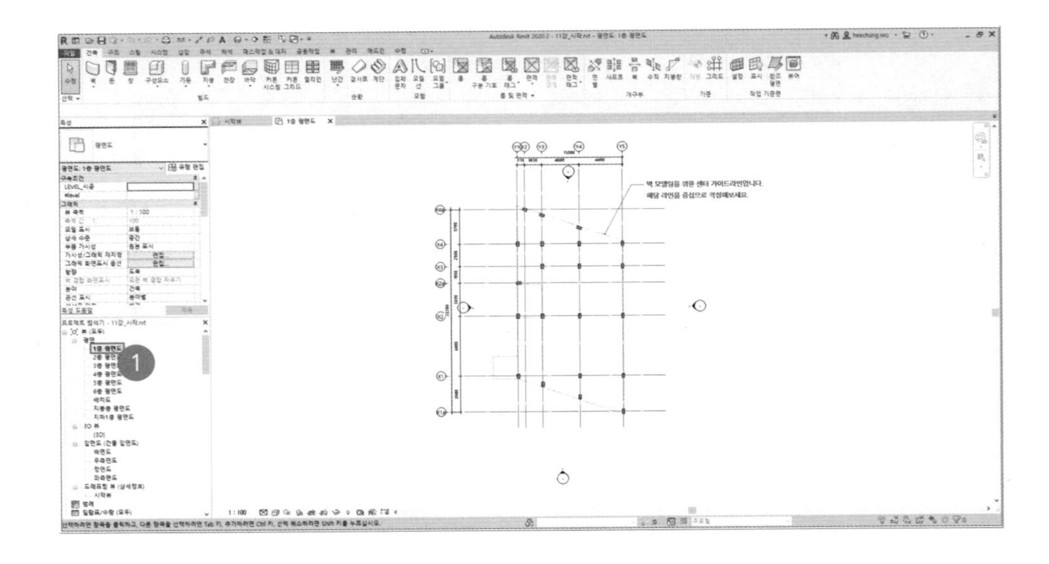

3 벽을 작성하기 위해 [구조]탭 ➡ [벽] 확장 화살표 클릭 ➡ [벽: 구조]를 클릭합니다.

Tip

벽 작성하기

벽 작성하는 방법은 [구조]탭과 [건축]탭 모두 활용이 가능합니다.

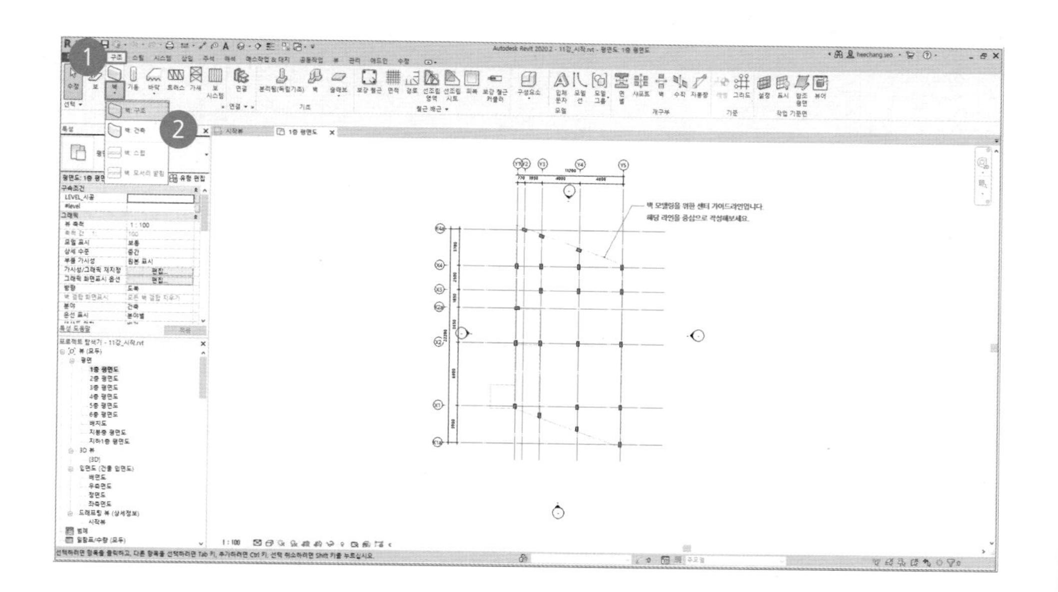

4 특성 창-[유형 편집] 클릭 ➡ 유형 [복제] 클릭 ➡ 유형이름을 조달청 형식인 "S-1CW1_150"을 입력하고 [확인]을 클릭합니다. 그 다음, 두께를 변경하기 위해 유형 매개변수의 구성 탭-구조[편집]을 클릭합니다.

Tip

라이브러리명(유형 이름) 형식

"분야-부재명_규격"에 맞춰 지정합니다.

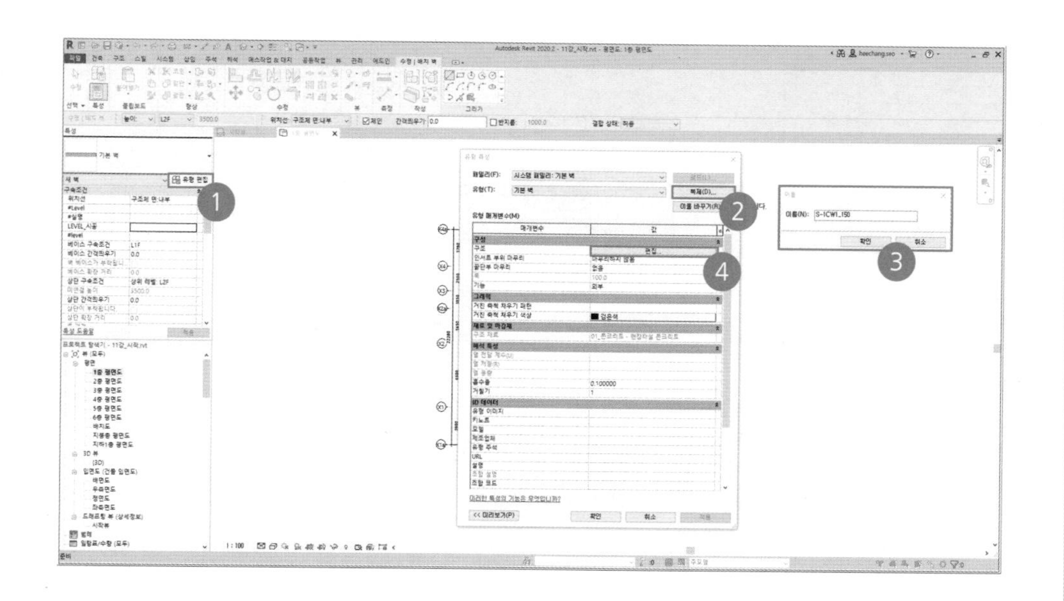

5 벽 두께를 변경하기 위해 "150"을 입력 후, [확인]을 클릭합니다.

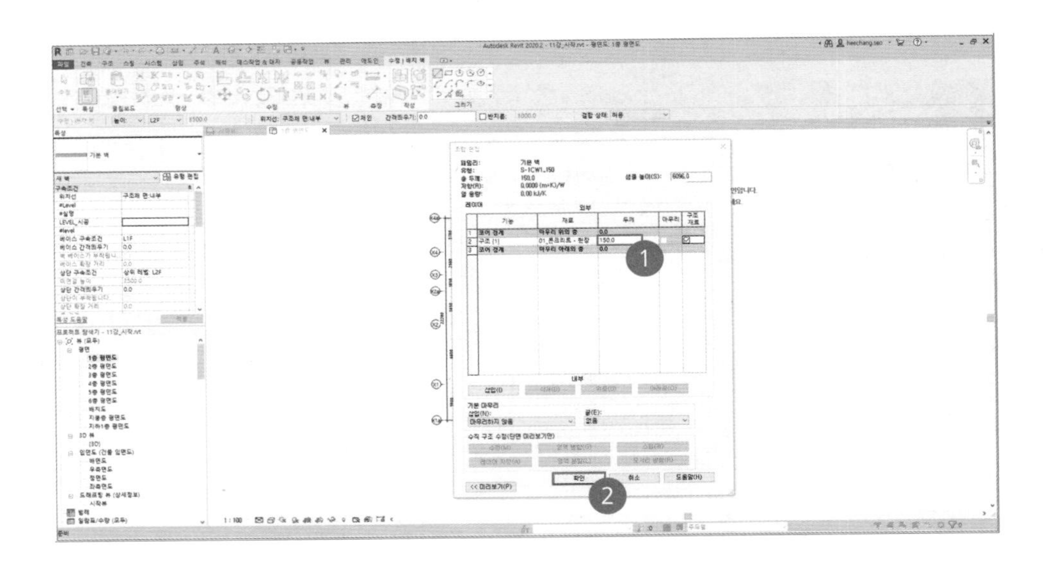

6 ID 데이터 탭의 유형주석에 "1CW1", 조달청표준공사코드에 "D"를 입력 후 [확인]을 클릭합니다. 이제 해당 유형으로 벽을 작성할 준비가 되었습니다.

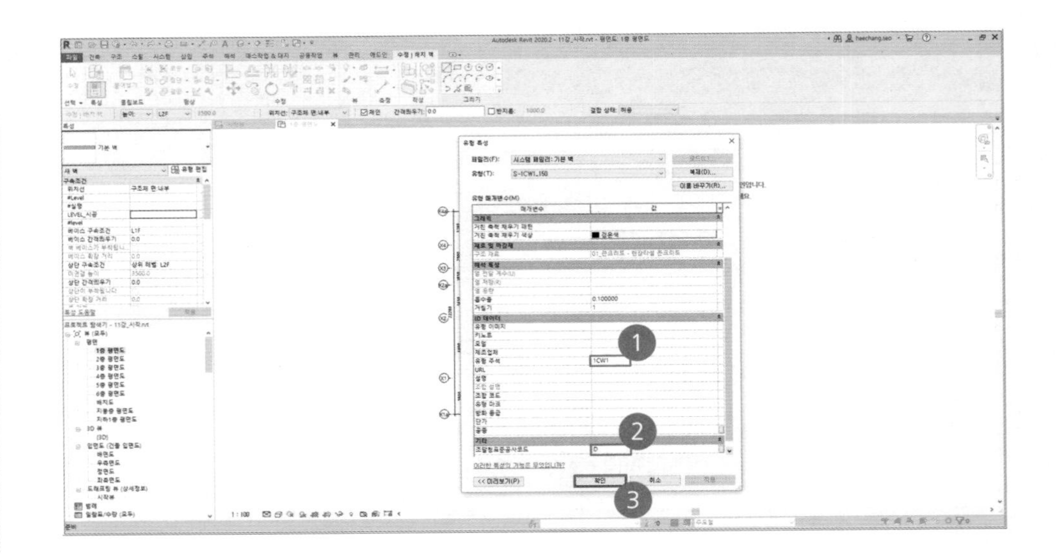

6 옵션바에서 [높이][L2F]로, 위치선:[벽 중심선]으로 변경합니다. 수정탭에서 [선] 또는 [선 선택]으로 가이드라인에 맞춰 작성합니다. 작성이 완료되면 [ESC]를 눌러 종료합니다.

Tip

벽 작성 시 위치선 설정

작업의도에 따라 위치선 옵션을 다르게 설정할 수 있습니다.

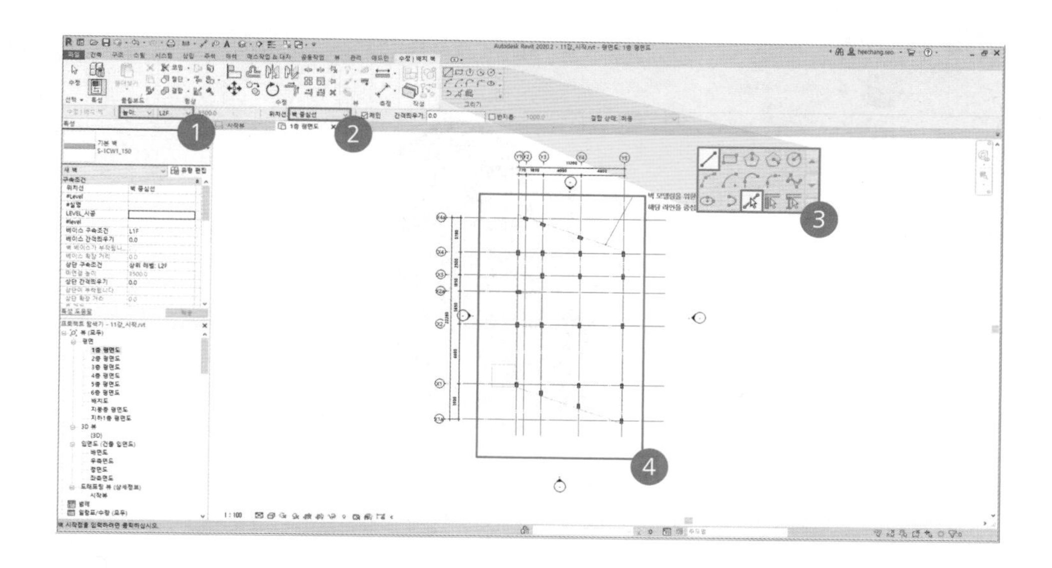

7 다음과 같이 1층 벽 작성이 완료되었습니다.

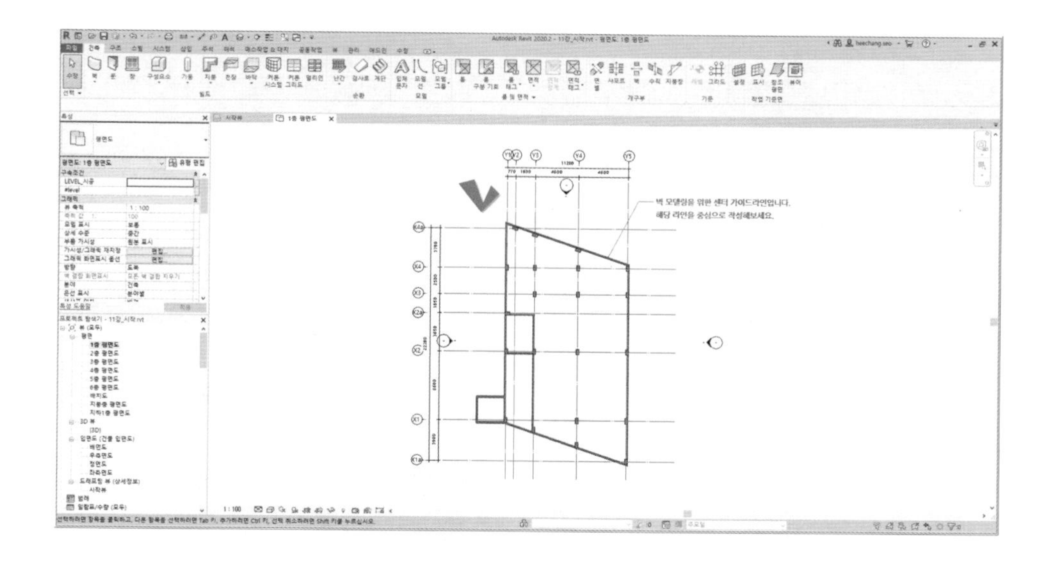

9 다음은 3D화면입니다. 다른 층에도 작성하기 전에, 층별 벽 유형을 모두 만들어 보겠습니다. [구조]탭 ➡ [벽] 확장 화살표 클릭 ➡ [벽: 구조]를 클릭합니다.

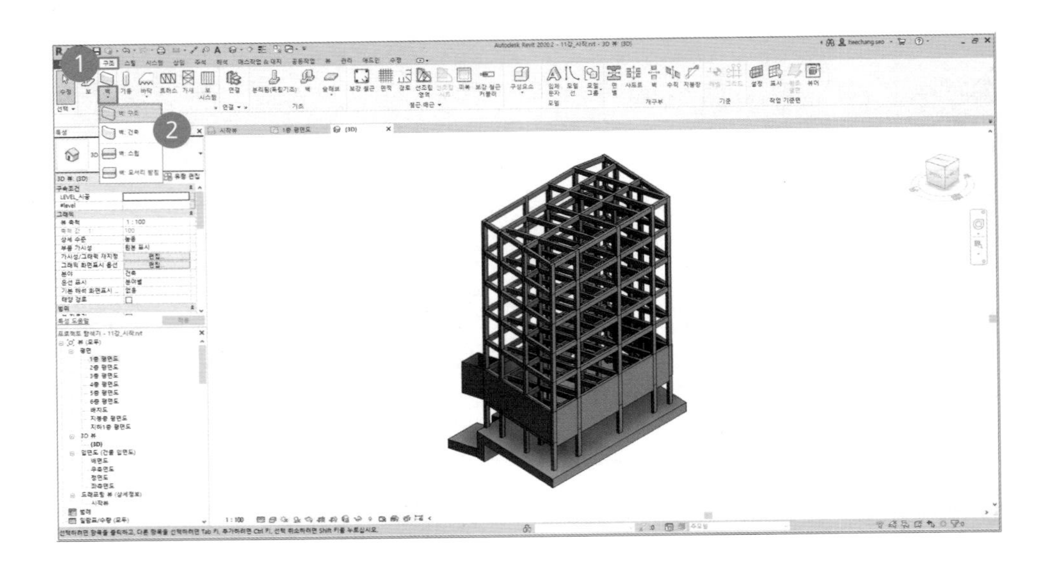

10 특성 창-[유형 편집] 클릭 ➡ 유형 [복제] 클릭 ➡ 다음과 같은 유형 목록을 추가 작성합니다. 유형마다 해당하는 부재명을 유형 주석에 입력합니다. 완료되었으면 [확인]을 눌러 닫고, 키보드의 [ESC]를 눌러 빠져나옵니다.

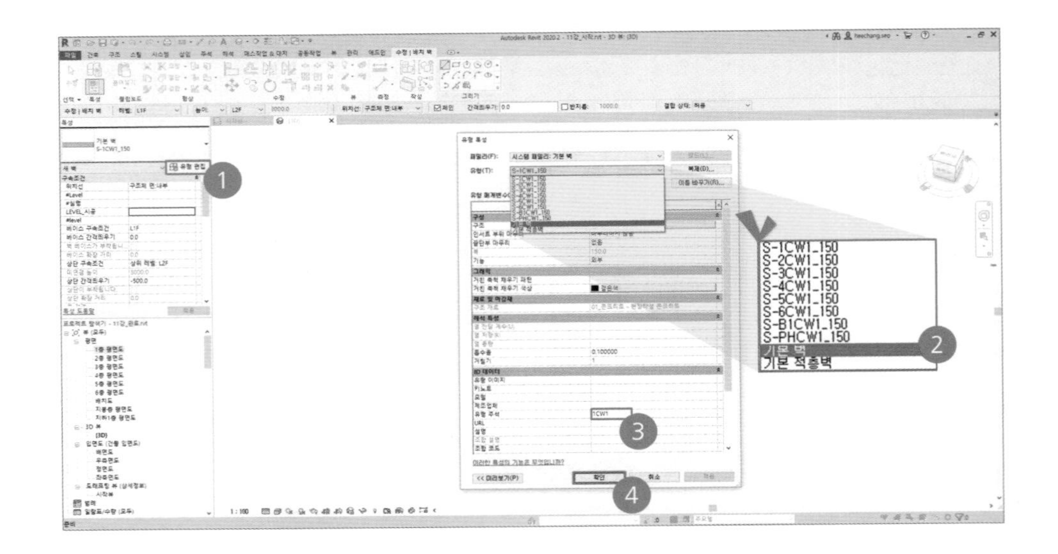

11 상단의 [비활성화 뷰 닫기]를 클릭하여 닫아줍니다. 작업 시 불필요한 창은 닫아두는 것이 좋습니다. 프로젝트 탐색기창에서 "정면도"를 엽니다.

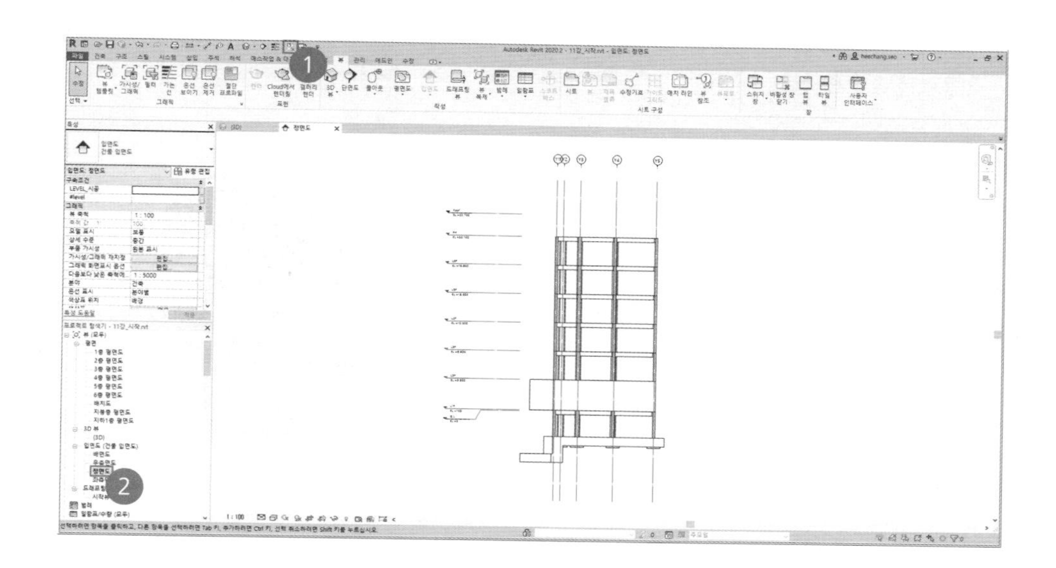

12 3D화면을 확인하며 작업하기 위해, "3D"뷰를 열고 [뷰]탭 ➡ [타일뷰](WT)를 클릭합니다.

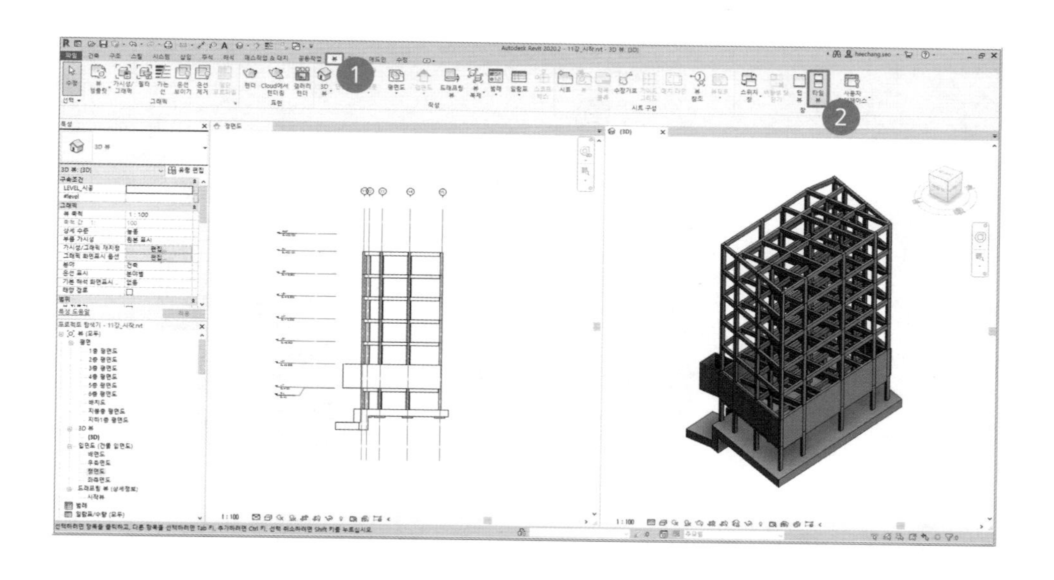

Tip

작업 화면 단축키

ZA : 창에 맞게 전체줌
ZE : 창에 맞게 줌
ZZ : 영역 확대
ZS : 시트 크기 줌
ZO : 축소 보기(1/2배)

Tip

유형 선택하기

SA나 SVV를 이용해도 됩니다.

13 이제 벽을 복사하여 지하 1층~6층 벽을 작성하겠습니다. 벽을 모두 선택하기 위해 "정면도"에서 벽을 포함하여 여유있게 드래그 합니다.

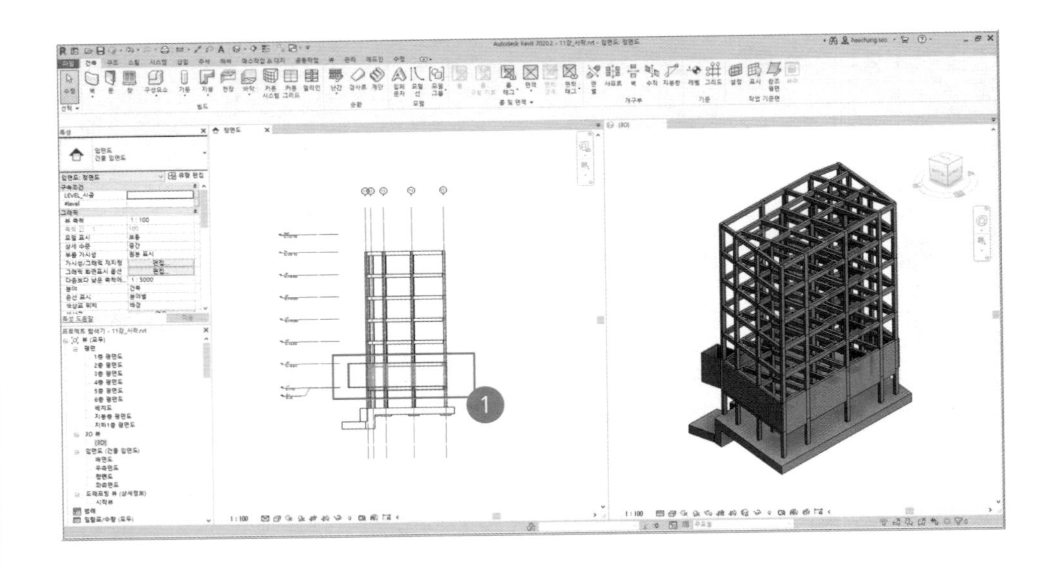

14 [수정]탭 ➡ [필터]를 클릭합니다. 벽만 선택해야하므로 벽 이외의 카테고리는 선택 해제하고 [확인]을 클릭합니다.

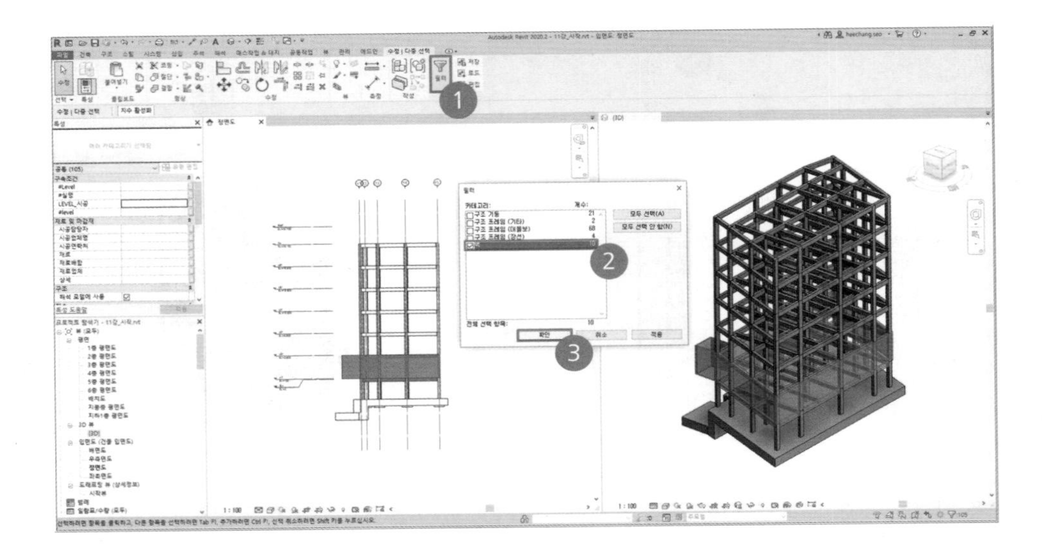

15 이제 [수정]탭 ➡ [복사] 클릭해서 복사합니다. 그 다음, [붙여넣기] ➡ [선택한 레벨에 정렬]을 클릭합니다. 지하 1층과 2~6층에 작성되어야 하므로, 레벨 선택 창에서 "L1F", "L3F~PH" 선택 ➡ [확인]을 클릭합니다.

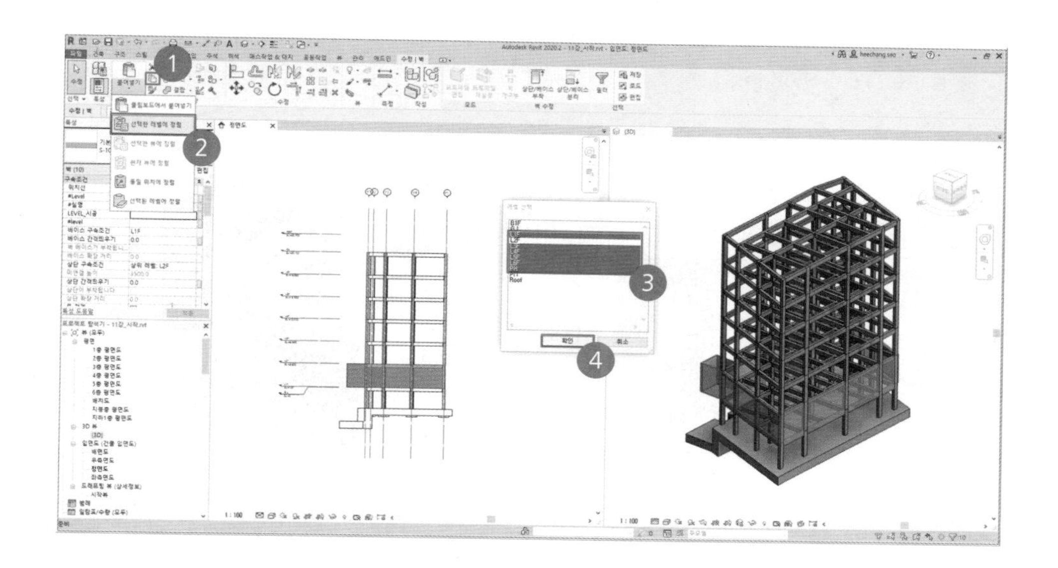

16 다음과 같은 경고창이 뜹니다. 1층 레벨높이가 다른 층과는 다르므로 해당 경고창이 뜨는 것입니다. 벽 높이를 레벨 값에 맞추기 위해 간격띄우기 값을 조정해서 문제를 해결하겠습니다.

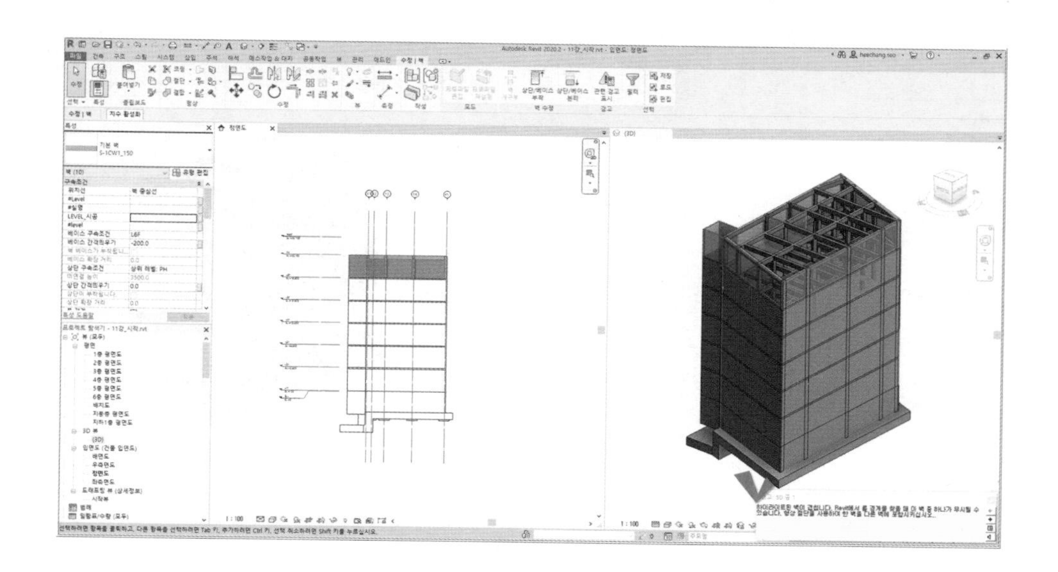

17 벽을 모두 선택합니다. 드래그로 선택 ➡ [필터] 또는 벽 선택 ➡ 단축키 SA (모든 인스턴스 선택)으로 선택합니다. 그 다음, 특성창의 구속조건탭-베이스 간격띄우기 값에 "0"을 입력합니다.

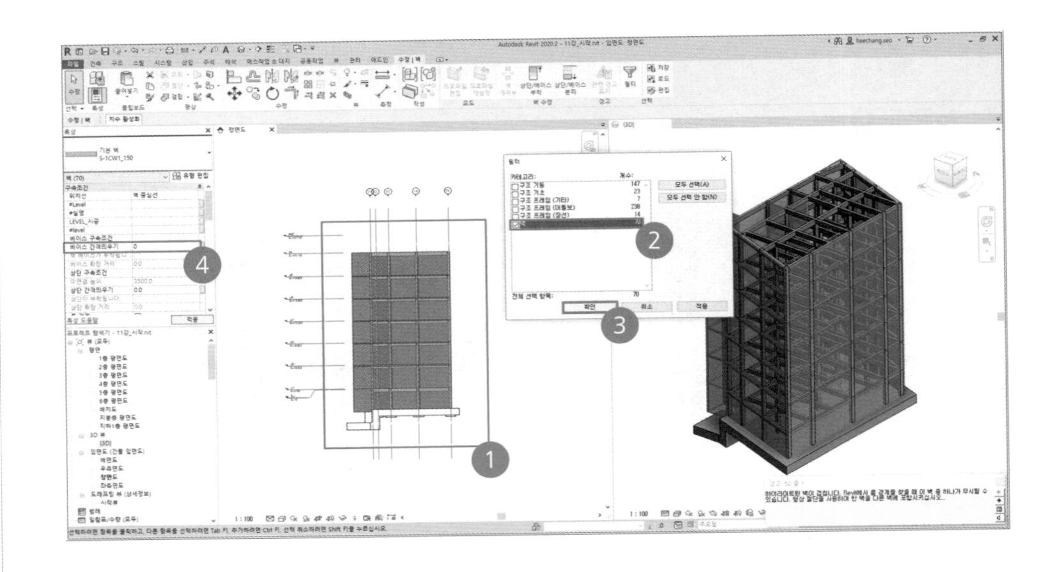

19 벽 높이가 레벨에 맞게 조정되었습니다. 지하 1층에서 6층까지의 벽 작성이 완료 되었습니다.

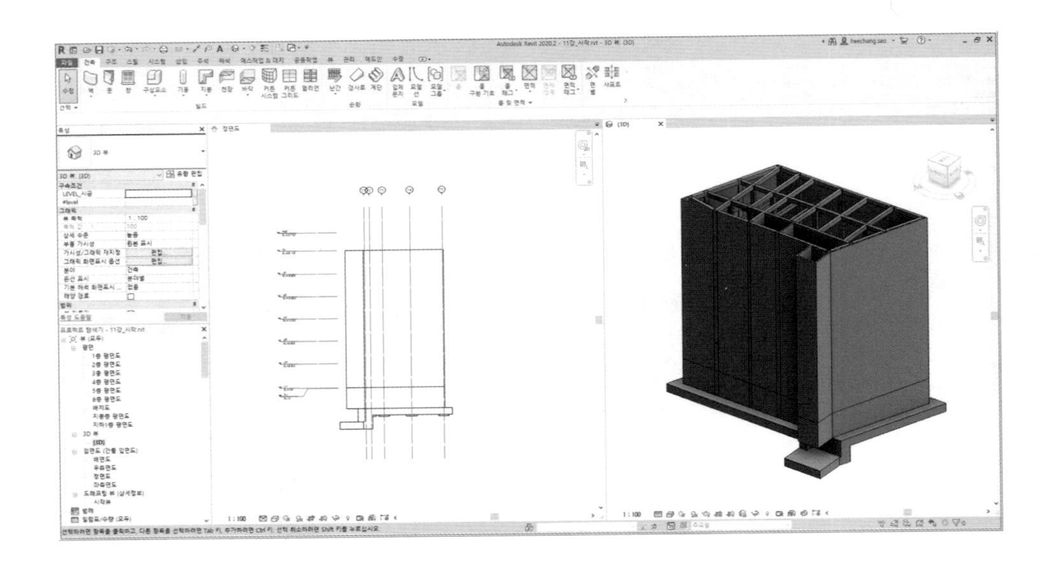

19 이제 PIT층 엘리베이터실 벽을 작성하겠습니다.
하지만 정면도에서 지하 1층 이하의 레벨이 보이지 않습니다.
숨겨진 레벨을 확인하기 위해 하단의 [숨겨진 요소 표시] 버튼을 클릭합니다.

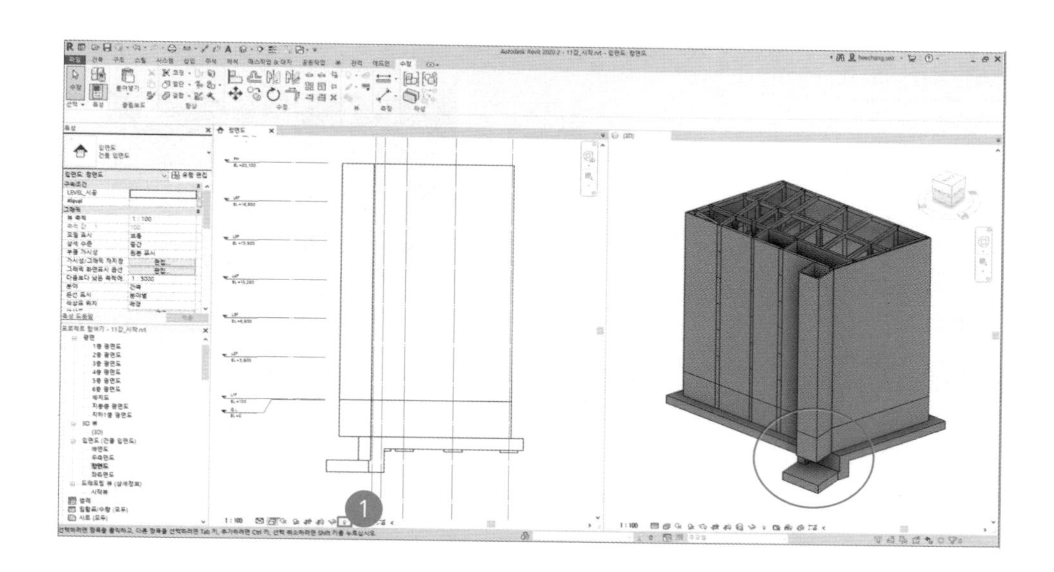

20 PIT층 레벨을 확인할 수 있습니다. 숨겨진 요소는 언제든 [숨겨진 요소 표시]에서 볼 수 있습니다. 모델을 더 직관적으로 보기위해 하단 [비주얼 스타일] 클릭 ➡ [음영처리]를 클릭합니다.

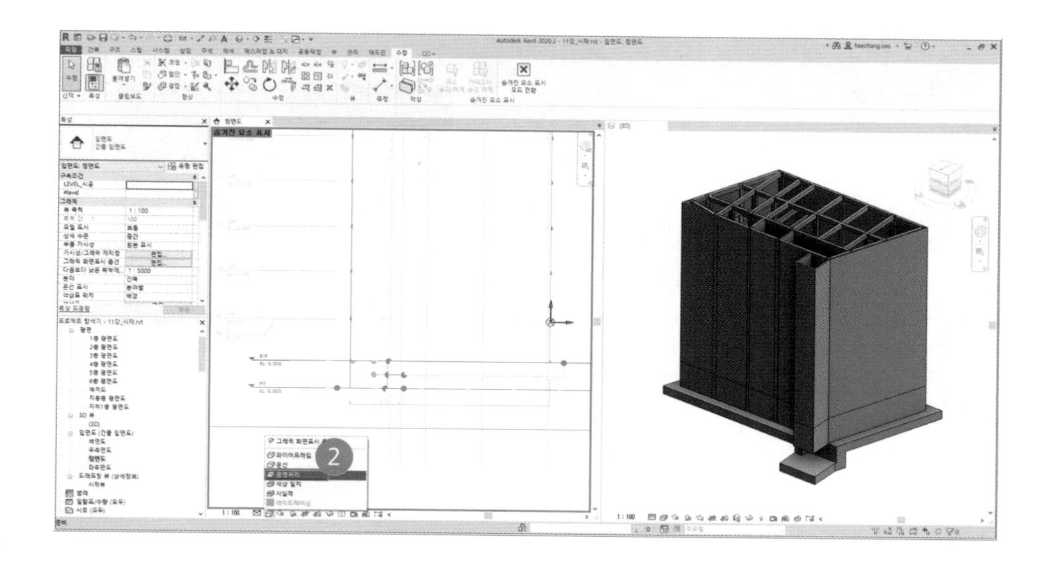

21 오른쪽 3D뷰에서 엘리베이터실 벽을 복사하겠습니다. 해당 벽에 마우스를 가까이 대고 [Tab]를 눌러 3개의 벽을 선택합니다. 평면도에서 선택해도 됩니다.

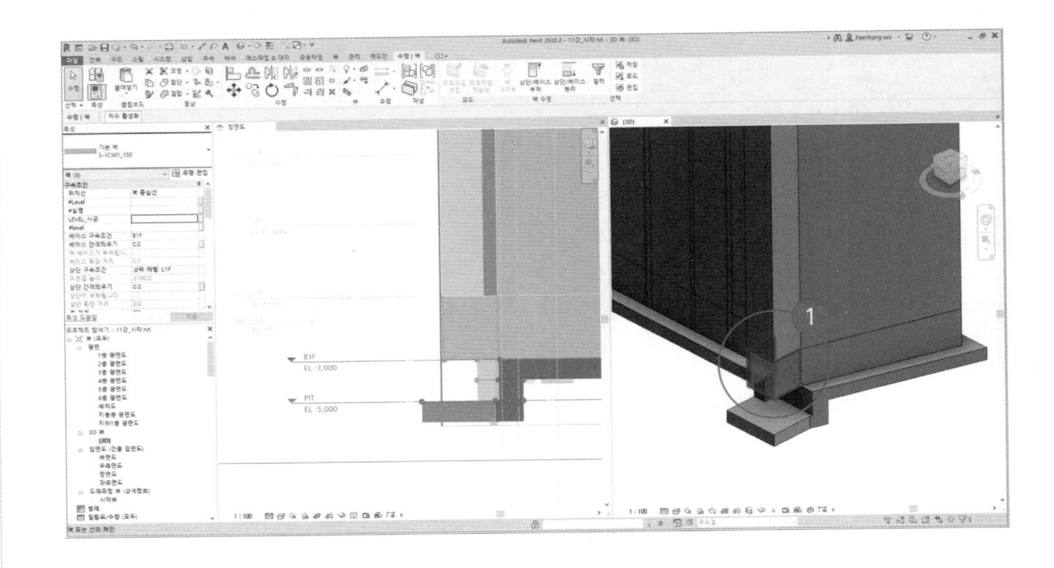

22 [수정]탭 ➡ [복사] 클릭해서 복사합니다.
그 다음, [붙여넣기] ➡ [선택한 레벨에 정렬]을 클릭합니다.
PIT층에 작성하기 위해, 레벨 선택 창에서 "B1F" 선택 ➡ [확인]을 클릭합니다.

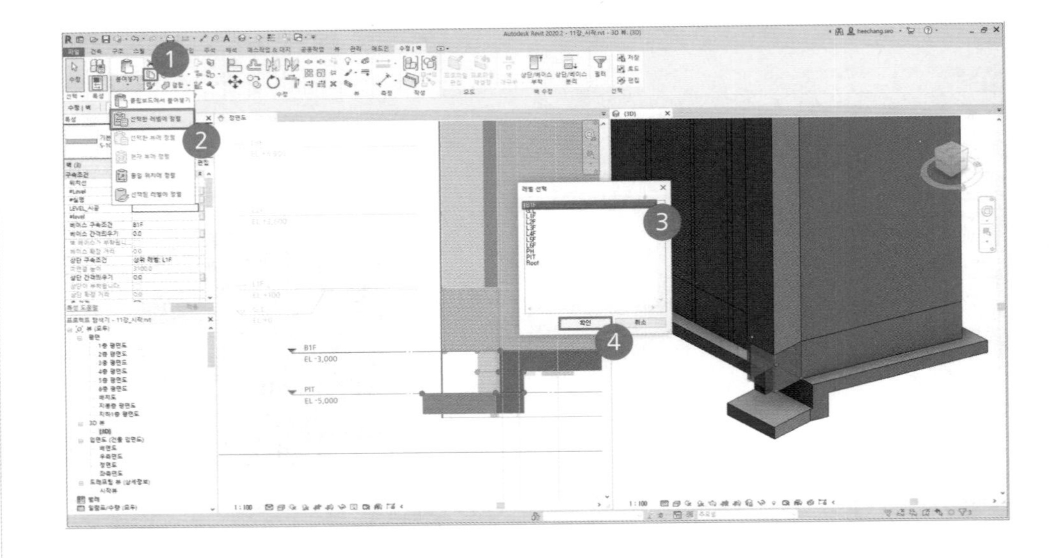

23 마찬가지로 벽 높이를 레벨에 맞추기 위해, 벽이 선택된 상태에서 특성창의 구속 조건탭-베이스 간격띄우기 "0"을 입력합니다.

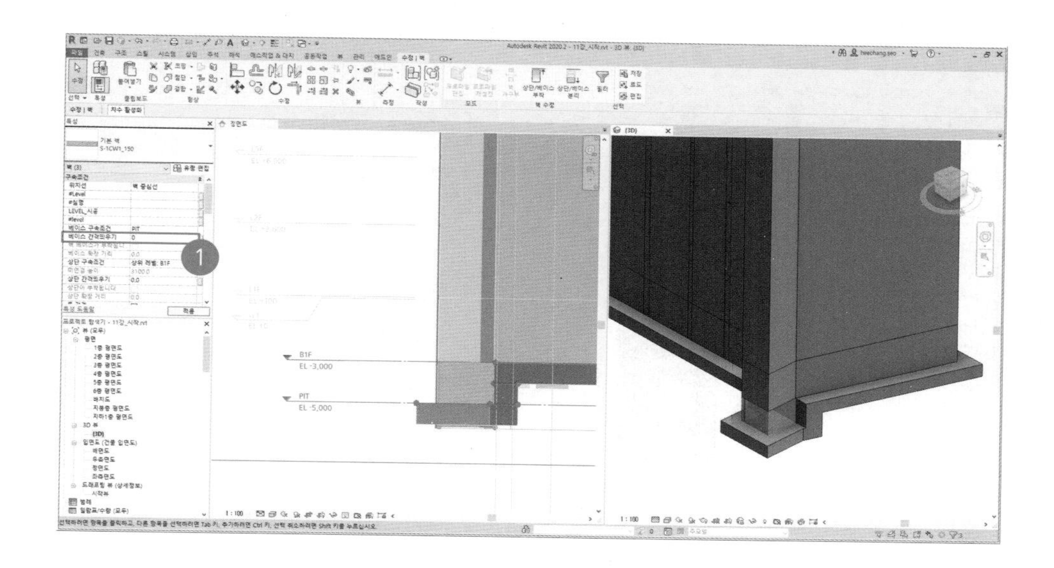

24 벽 높이가 레벨에 맞게 조정되어 PIT층 엘리베이터실 벽이 완료되었습니다. 작업이 완료되면 하단의 [숨겨진 요소 표시] 버튼을 클릭하여 끄도록 합니다.

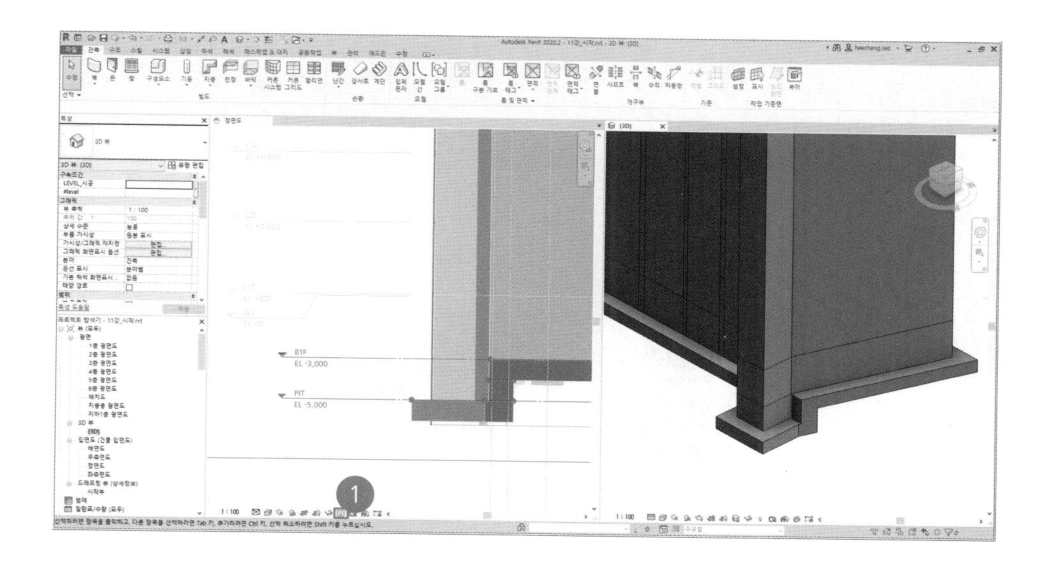

25 이제 지붕층 벽을 작성하겠습니다.

프로젝트 탐색기창에서 "지붕층 평면도"를 엽니다.

하단레벨 뷰를 참고해서 벽을 작성할 것이므로, 뷰 범위 설정을 변경하겠습니다.

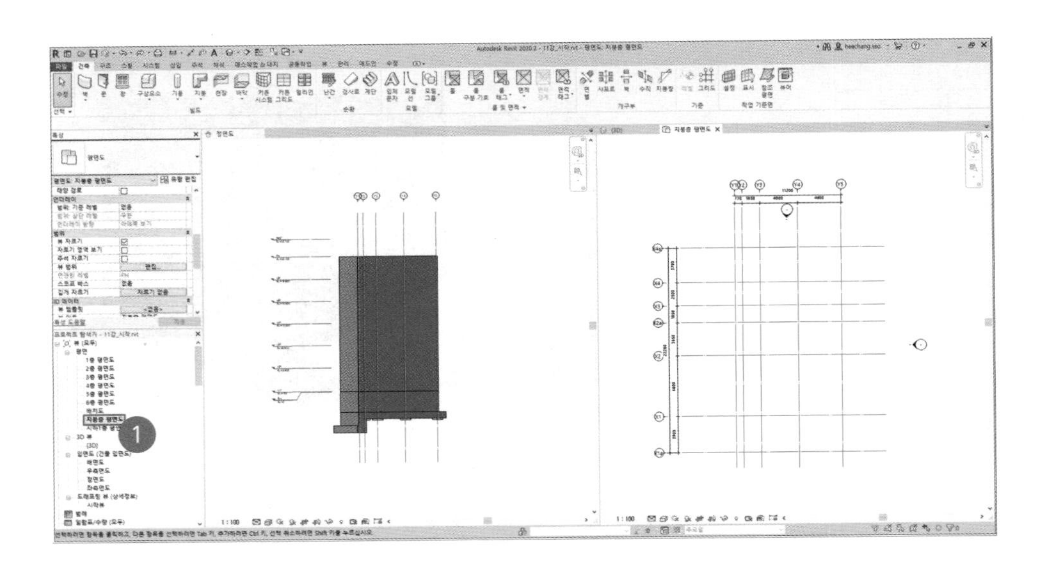

26 특성 창-뷰 범위[편집] 클릭 ➡ 뷰 깊이-레벨-간격띄우기에 임의의 값인 "-100"을 입력하고 [확인]을 클릭합니다.

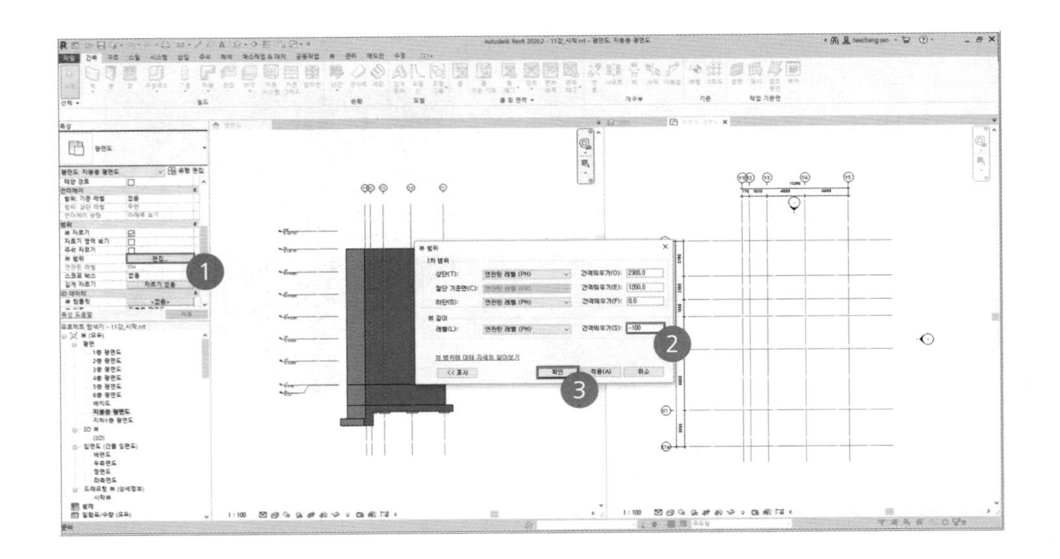

27 다음과 같이 하단 레벨에 작성된 모델이 뷰에서 보이게 됩니다.

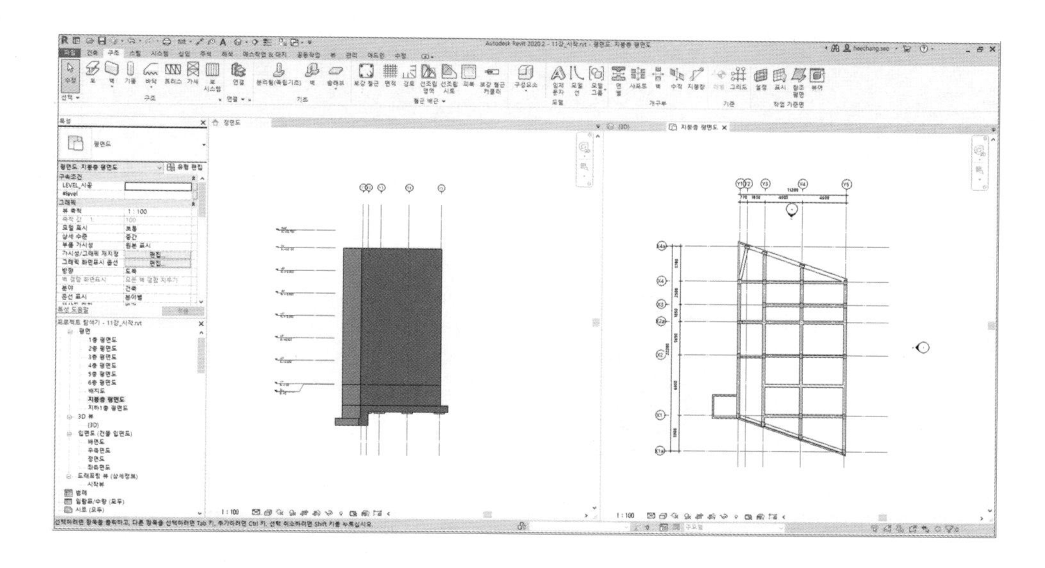

28 여기서 보는 벽을 작성하는데 불필요한 요소이므로 뷰에서 임시로 숨겨주겠습니다. 임의의 보를 선택하고 ➡ 하단의 [임시숨기기/분리] 클릭 ➡ [카테고리 숨기기]를 클릭합니다.

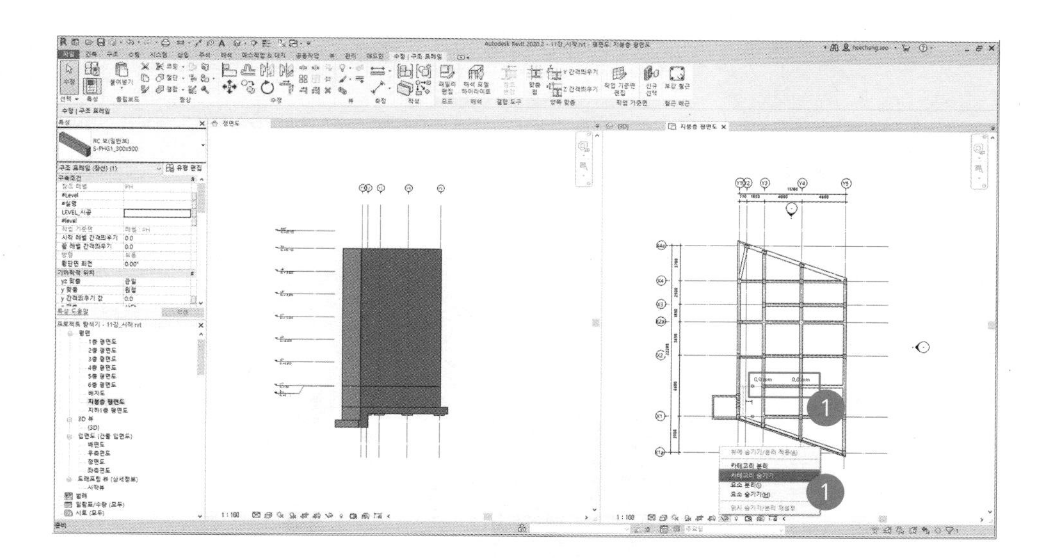

29 하단보가 숨겨지고 벽과 기둥만 남았습니다. 먼저, 엘리베이터실 벽을 작성하겠습니다.

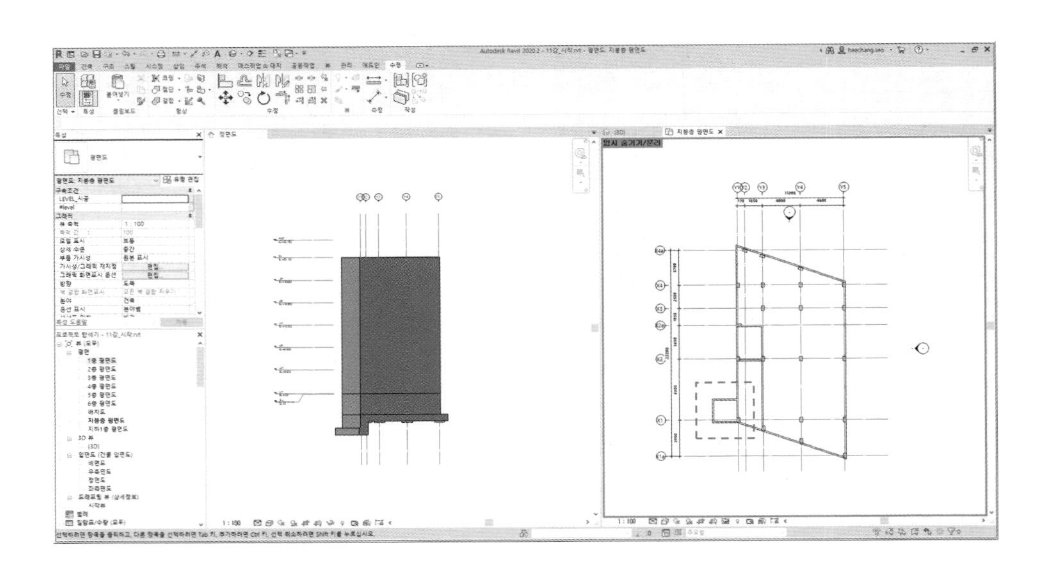

30 다음의 표시된 4개의 벽을 [Ctrl]키로 동시에 선택합니다.

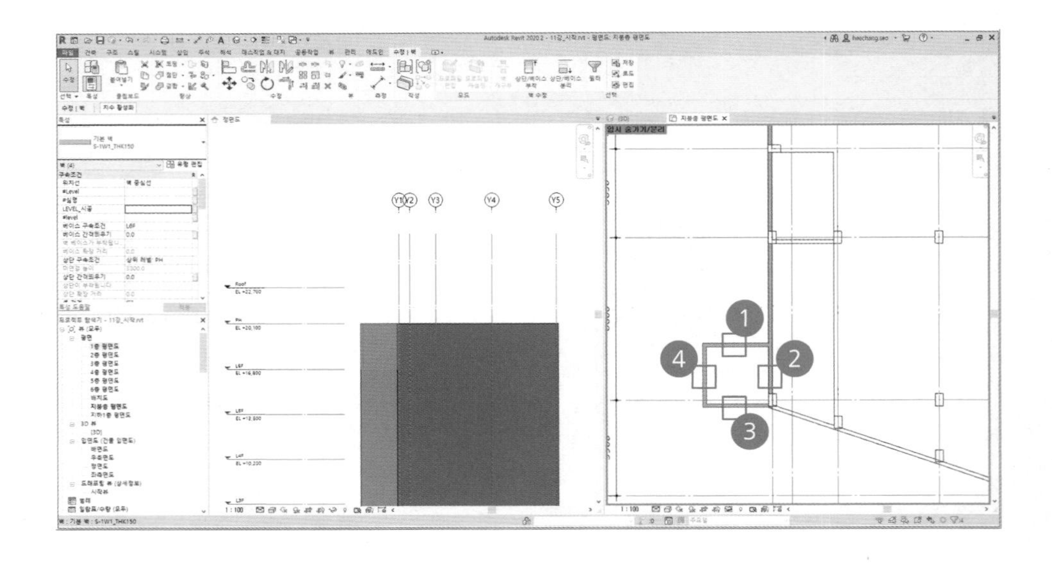

31 [수정]탭 ➡ [복사] 클릭해서 복사합니다. 그 다음, [붙여넣기] ➡ [선택한 레벨에 정렬]을 클릭합니다. PH층에 작성하기 위해, 레벨 선택 창에서 "Roof" 선택 ➡ [확인]을 클릭합니다.

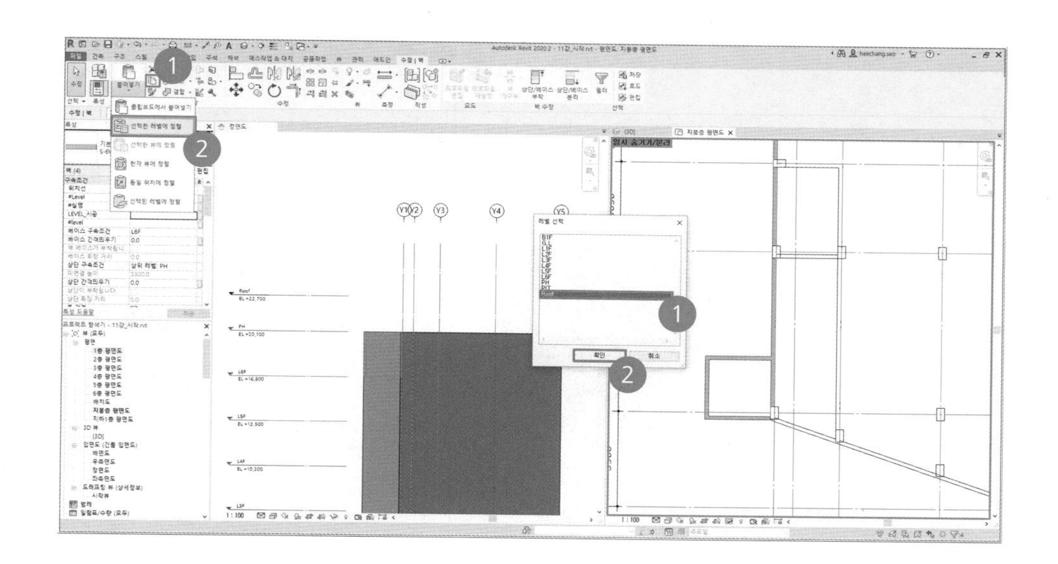

32 경고창 "하이라이트된 벽이 겹칩니다"가 뜹니다. 벽이 선택된 상태에서 특성창의 구속조건탭-베이스 간격띄우기 "0"을 입력합니다. 상단 레벨보다 200 간격 올라간 형태로 작성하기 위해 상단 간격띄우기 값에 "200"을 입력합니다.

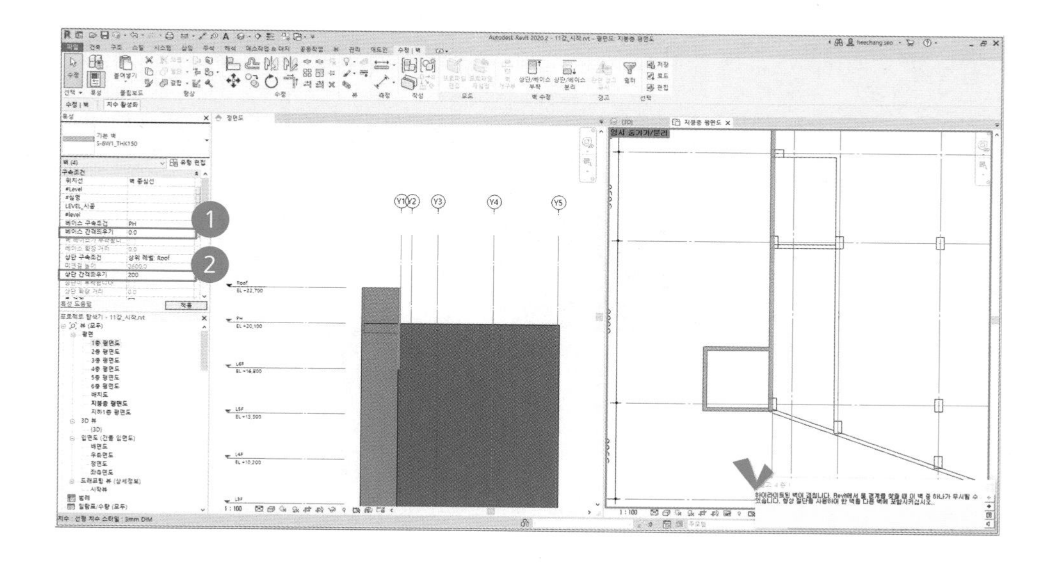

33 하단 벽을 그대로 복사했으므로 다음 표시된 벽의 형상을 정리해야 합니다.

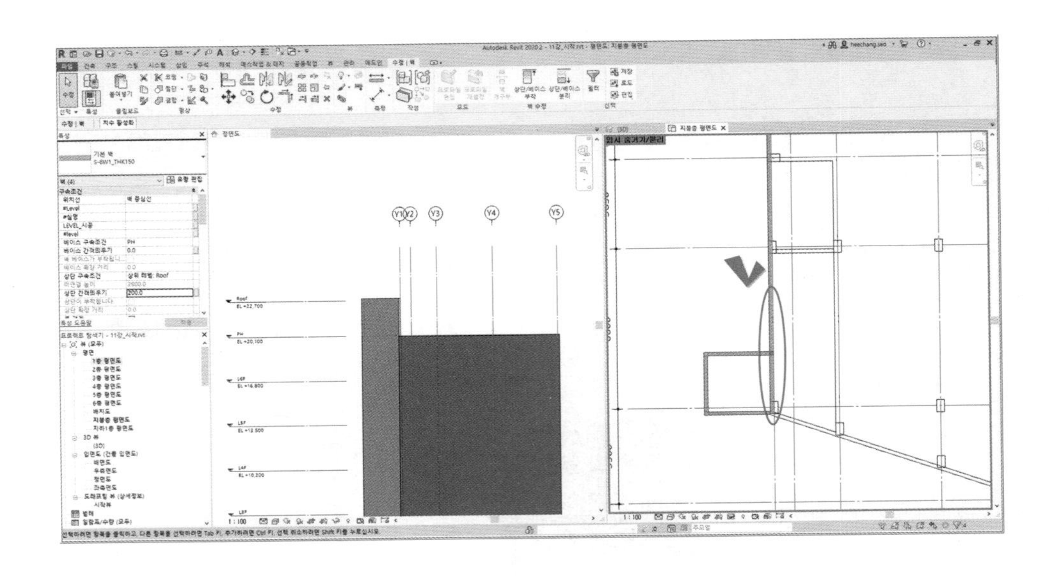

34 수정탭-[코너로 자르기/연장]을 선택하고 2번 ➡ 3번 벽을 차례대로 클릭합니다.

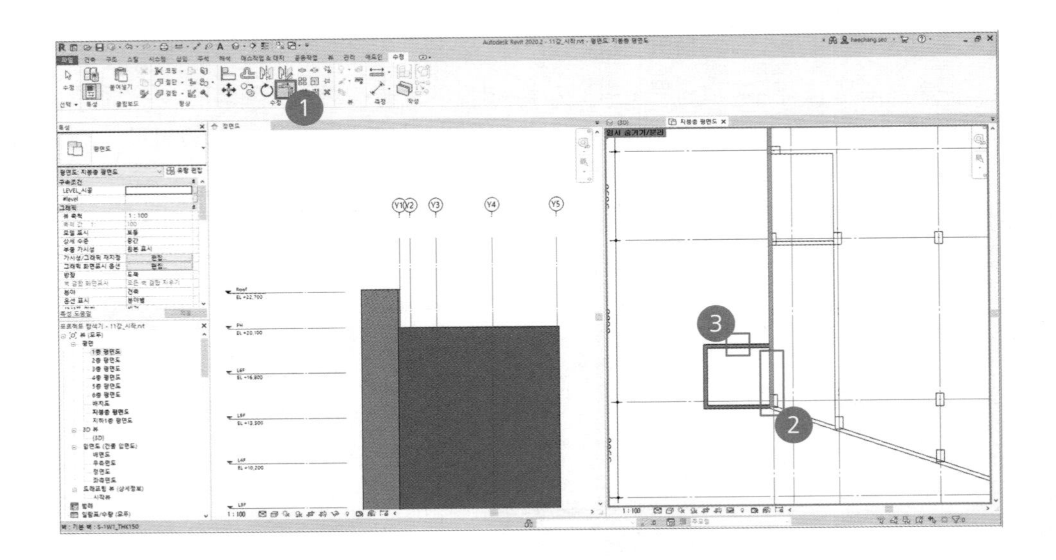

35 다음과 같이 벽이 정리되었습니다.

36 이번엔 다음 위치에 옥상 계단실 벽을 작성하겠습니다. 그리드 "Y2"로부터 605, "X4"로부터 175 간격만큼 떨어져있고, 왼쪽 상단 모서리부분 위치 벽은 하단 레벨의 벽 위치와 같습니다.

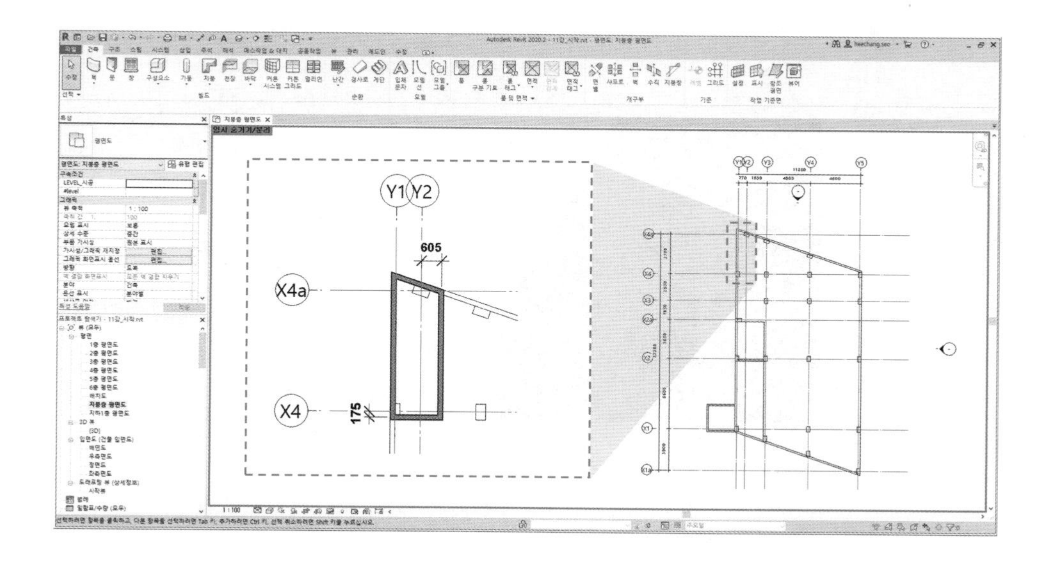

37 불필요한 창을 닫고, 3D화면과 지붕층 평면도를 열어서 작업하겠습니다.

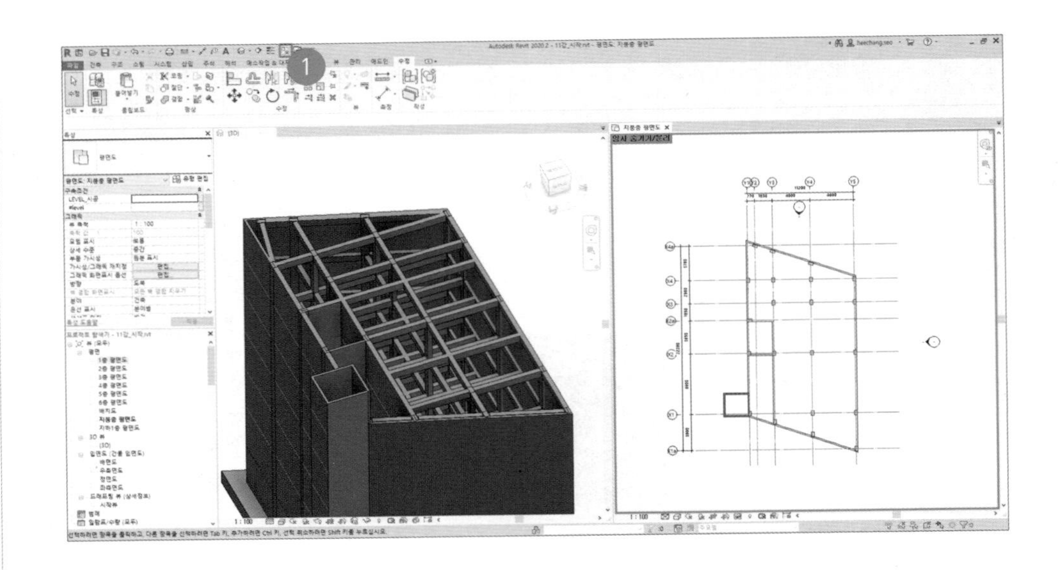

38 [구조]탭 ➡ [벽] 확장 화살표 클릭 ➡ [벽: 구조]를 클릭합니다.

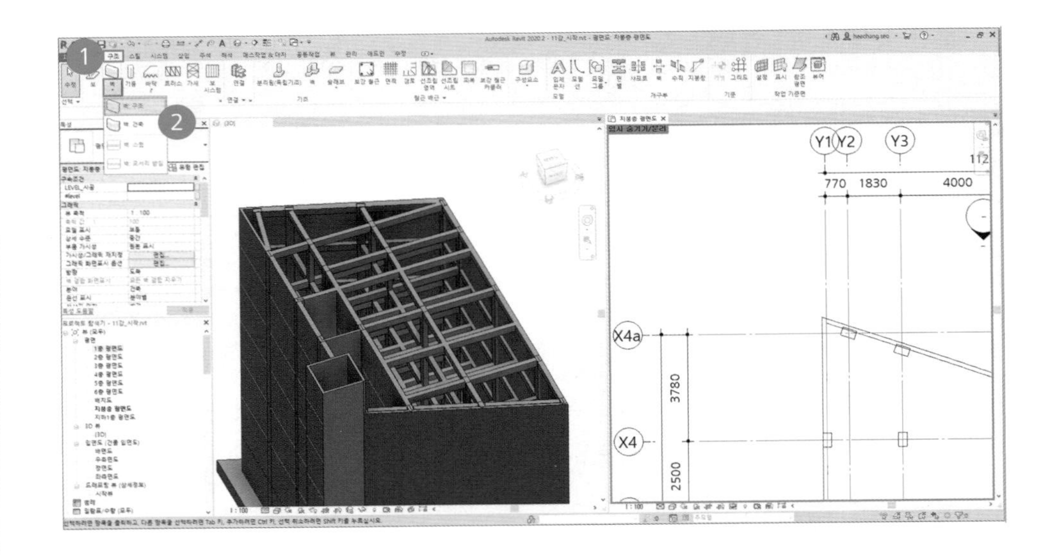

39 옵션바에서 [높이][Roof], 위치선:[벽 중심선]으로 설정합니다. 계단실 벽도 레벨보다 200값 높게 작성하기 위해 상단 간격띄우기 값에 "200"을 입력합니다.

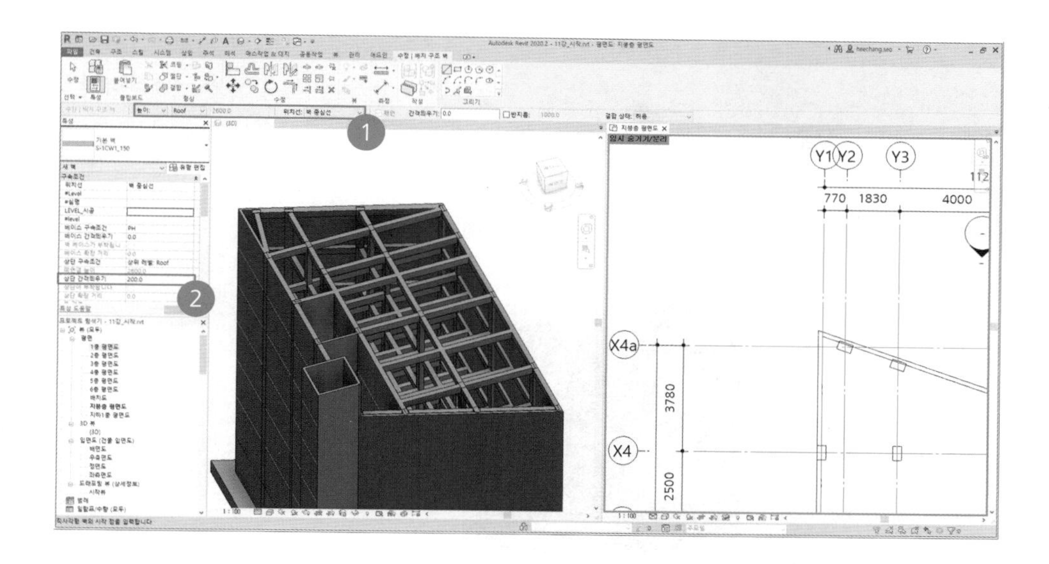

40 그리드의 교차점에 벽을 작성하겠습니다. [수정]탭-[직사각형]을 클릭하고 2번 ➡ 3번 위치를 차례대로 클릭합니다.

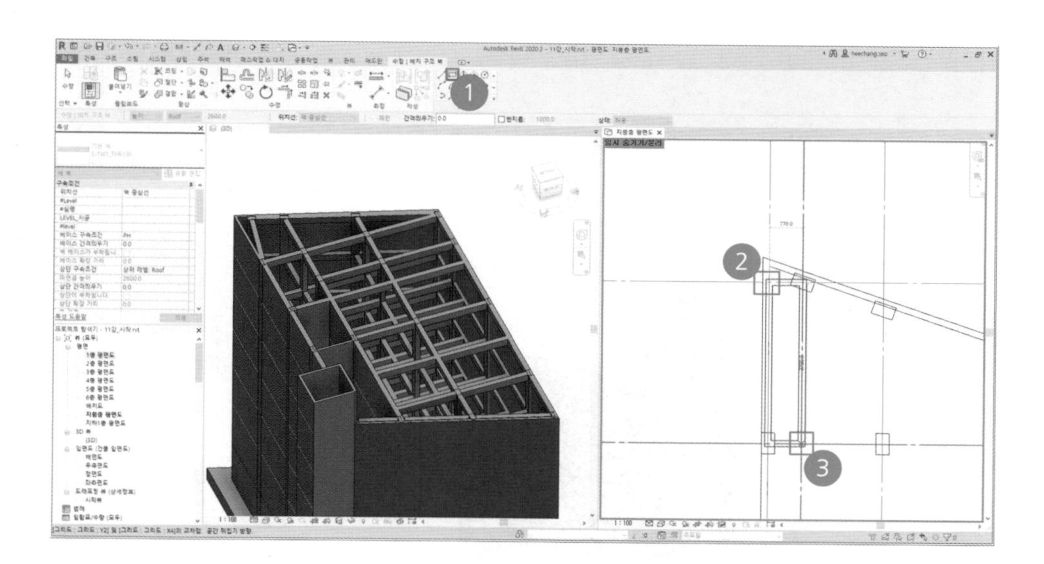

41 이제 벽 위치를 조정하겠습니다. [수정]탭-[정렬]을 클릭합니다. 표시된 벽을 외곽라인에 맞추기 위해서, 하단 벽 외곽라인 선택 ➡ 작성한 벽의 바깥면을 차례대로 선택합니다.

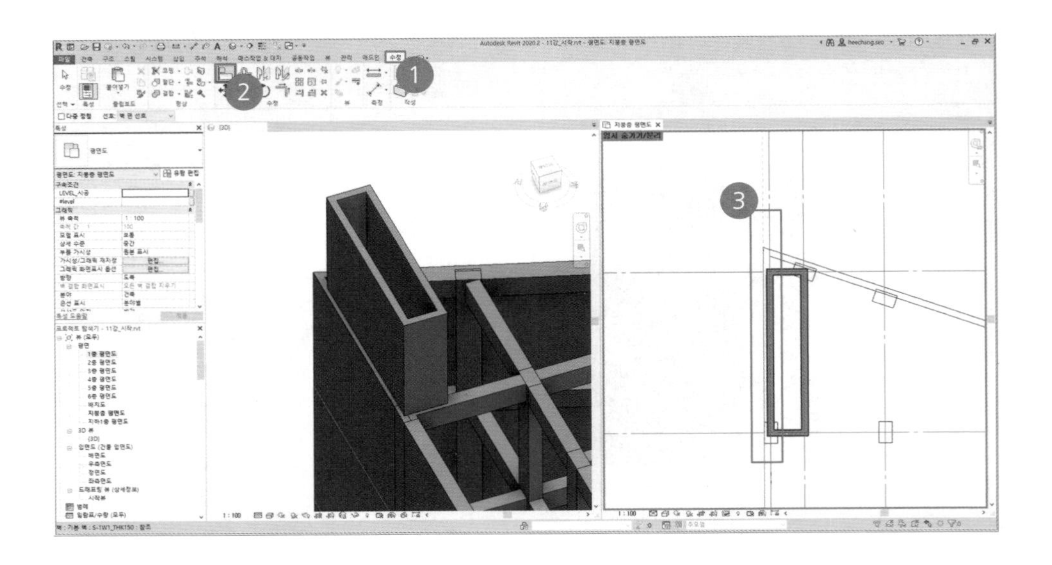

42 동일하게 다음 위치의 벽도 외곽라인에 위치하도록, [수정]탭-[정렬]로 조정합니다.

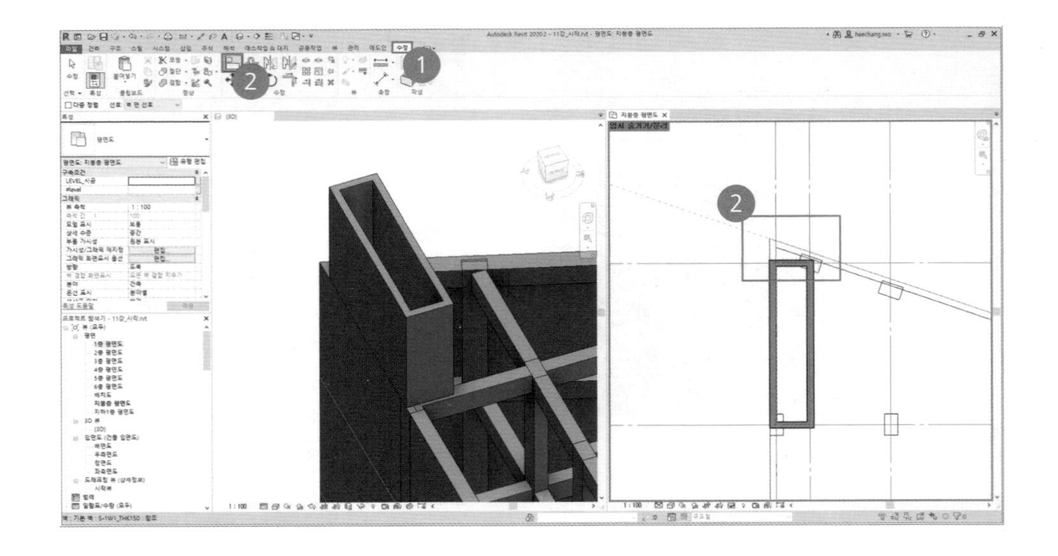

43 이번엔 그리드 "Y2"로부터 605값 떨어진 위치로 옮기기 위해 1번 벽 선택 ➡ [수정]탭-[이동] 클릭 ➡ 오른쪽으로 마우스 커서 옮김(이동방향) ➡ "605" 입력 후 엔터를 눌러줍니다.

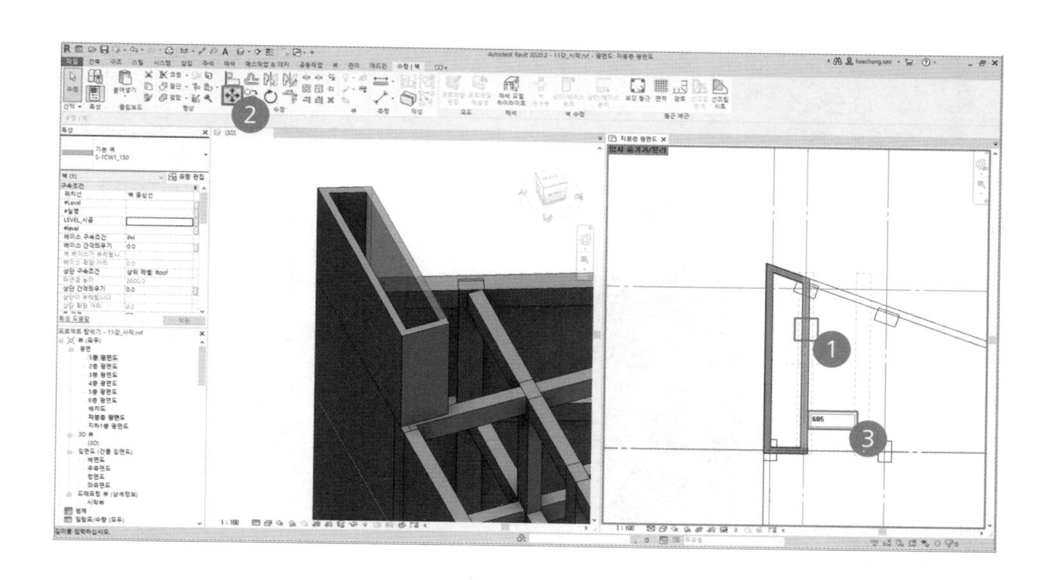

44 다음과 같이 이동되었습니다. 벽을 선택하면 그리드와의 거리가 나타납니다. 이 치수를 클릭하여 위치를 조정할 수도 있습니다.

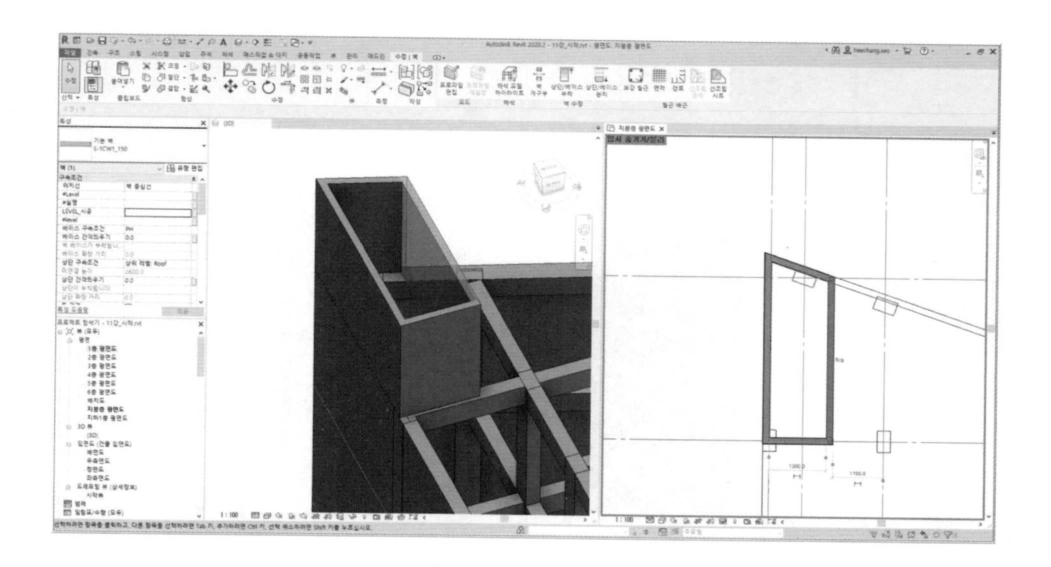

44 마찬가지로 그리드 "X4" 로부터 175값 떨어진 위치로 옮기기 위해, 1번 벽 선택 ➡ [수정]탭-[이동] 클릭 ➡ 하단으로 마우스 커서 옮김 ➡ "175" 입력 후 엔터를 눌러줍니다.

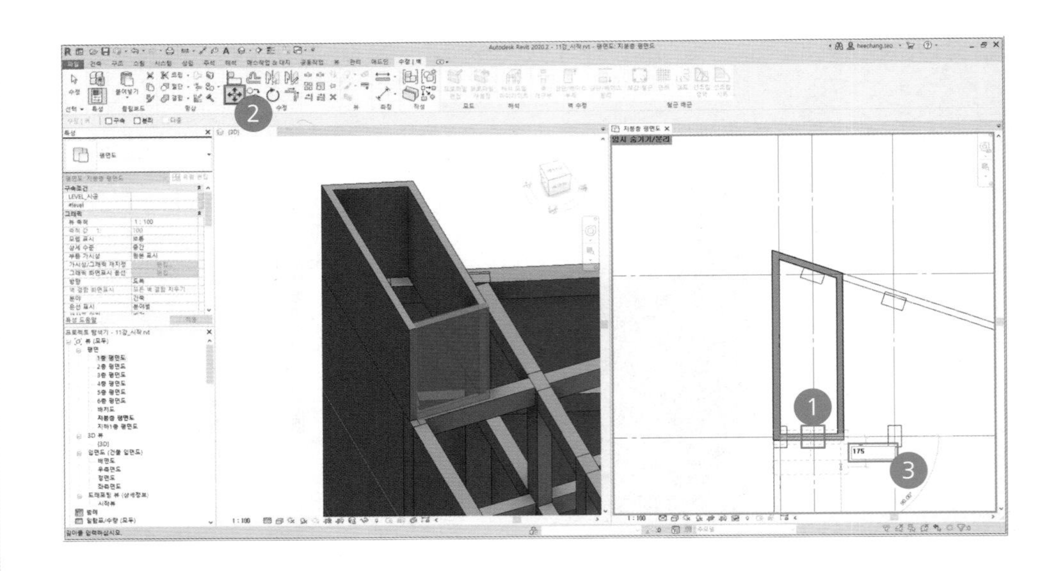

46 계단실 벽이 완료되었습니다.

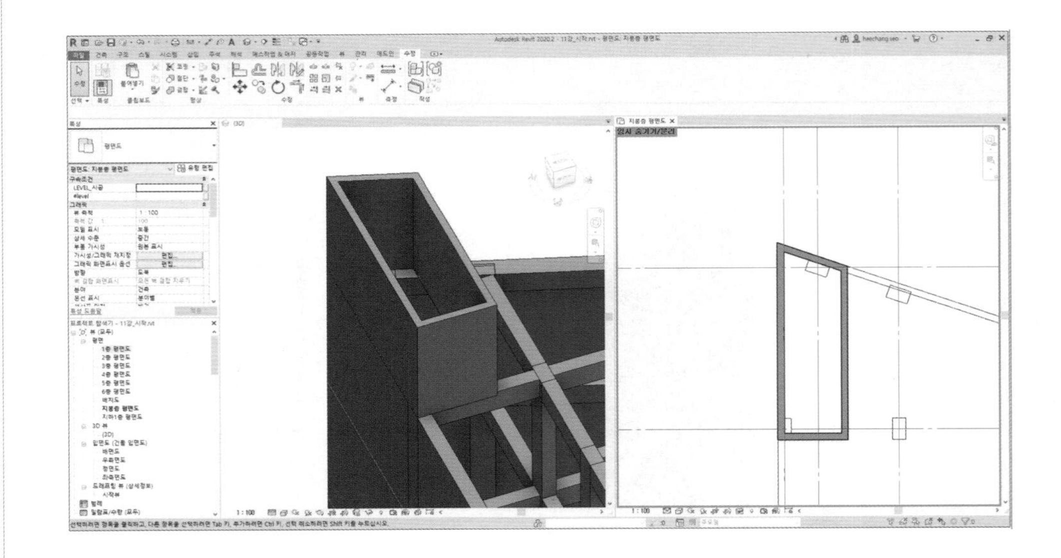

47 이번에는 파라펫을 벽으로 작성하겠습니다. 높이는 600, 기준 레벨은 지붕층입니다.

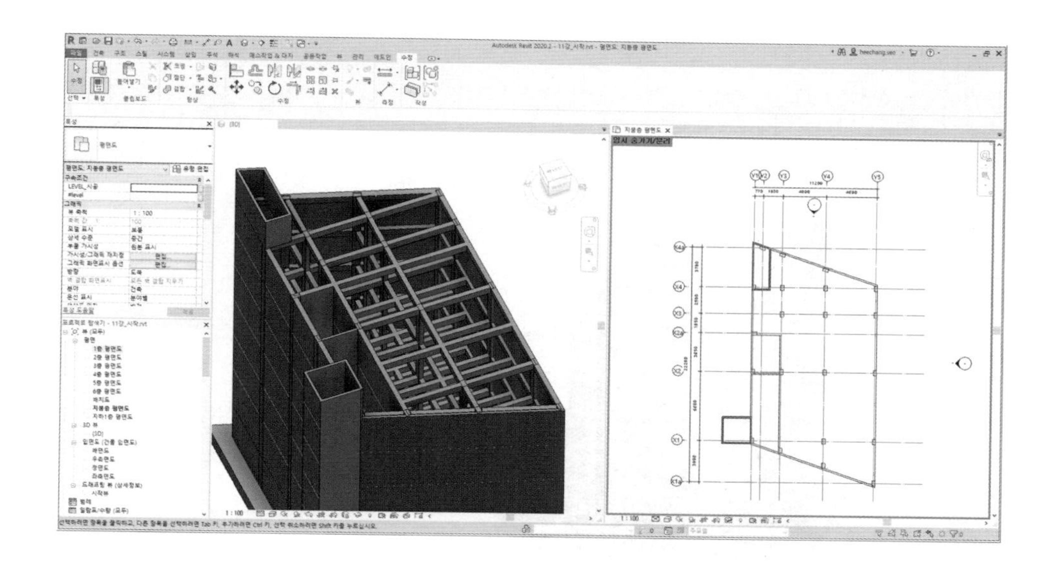

48 다음의 표시된 4개의 벽을 선택합니다.

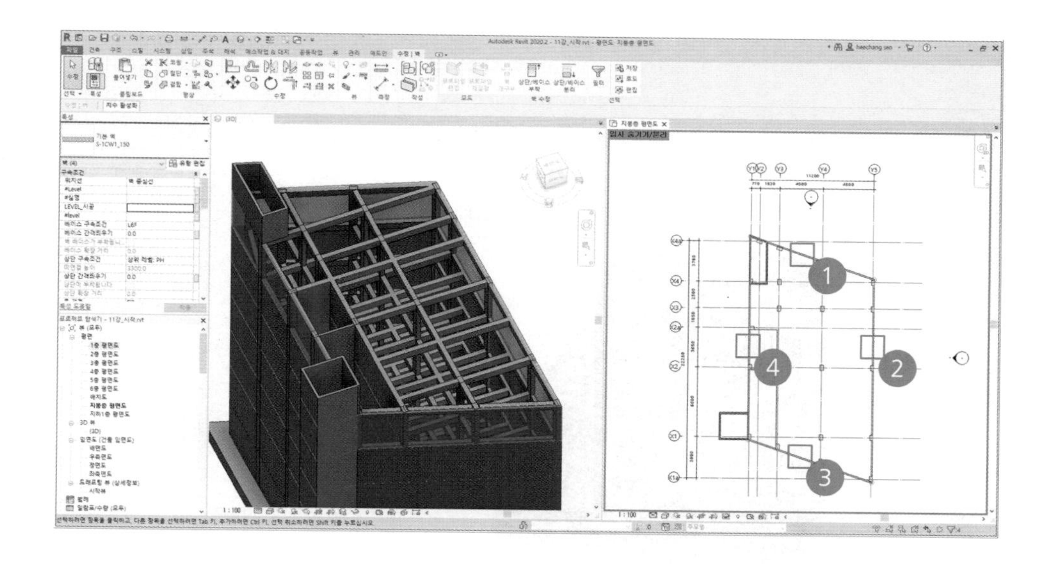

49 [수정]탭-[복사] 클릭해서 복사합니다. 그 다음, [붙여넣기] ➡ [선택한 레벨에 정렬]을 클릭합니다. PH층에 작성하기 위해, 레벨 선택 창에서 "Roof" 선택 ➡ [확인]을 클릭합니다.

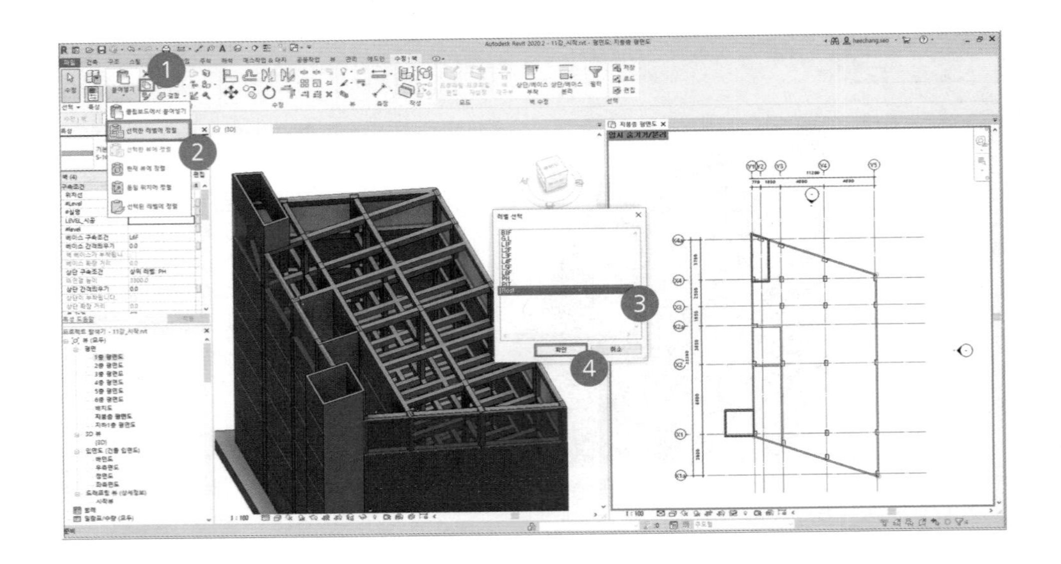

50 경고창 "하이라이트된 벽이 겹칩니다"가 뜹니다. 벽 높이를 조정하겠습니다.

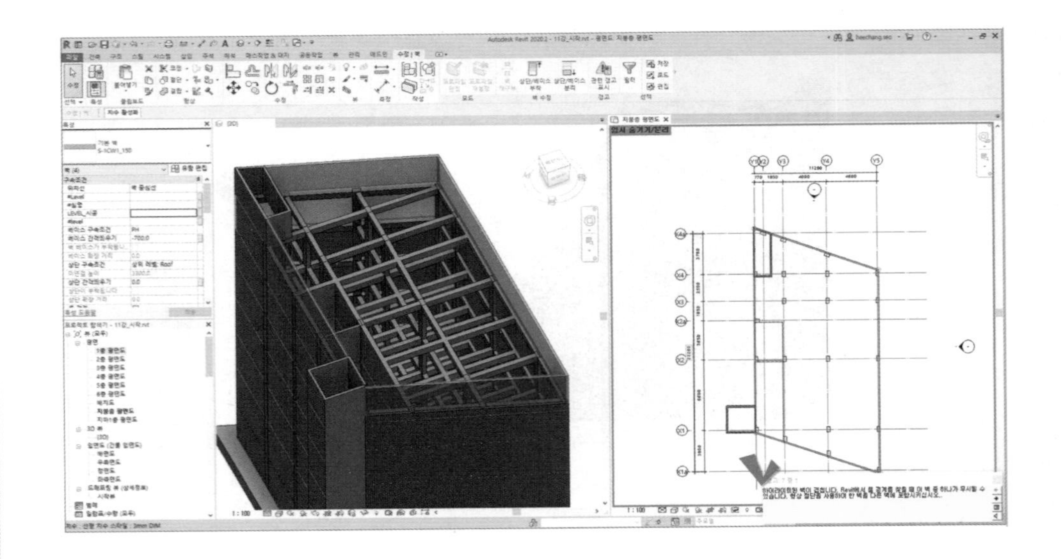

51 벽이 선택된 상태에서 특성창의 구속조건탭-베이스 간격띄우기 "0"을 입력합니다. 상단 구속조건을 "미연결"로 선택하고, 상단 간격띄우기 값에 "600"을 입력합니다.

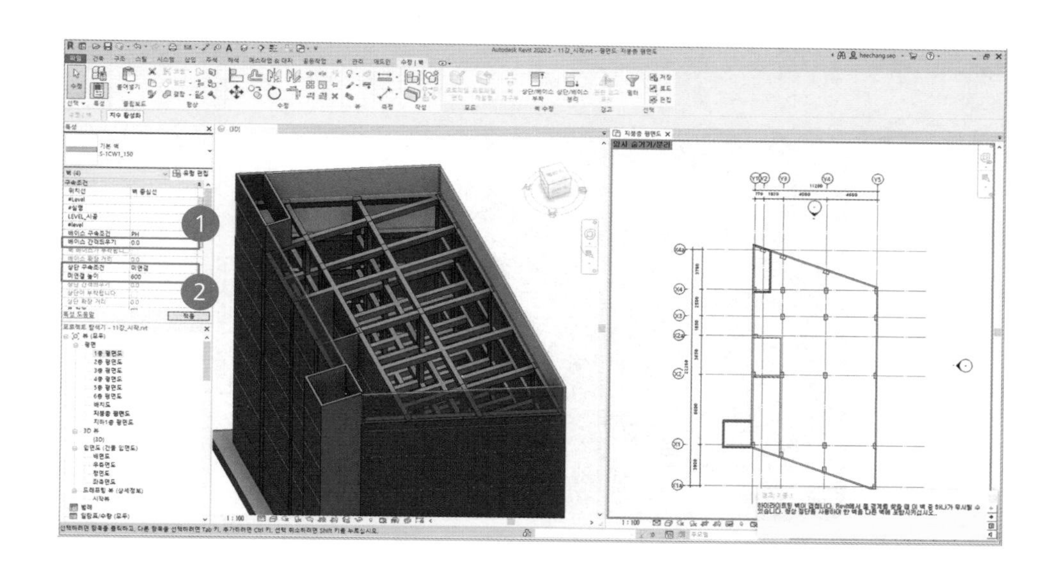

52 파라펫 벽이 작성되었습니다. 하지만 하단 형상 그대로 복사되었기 때문에 형상 정리가 필요합니다.

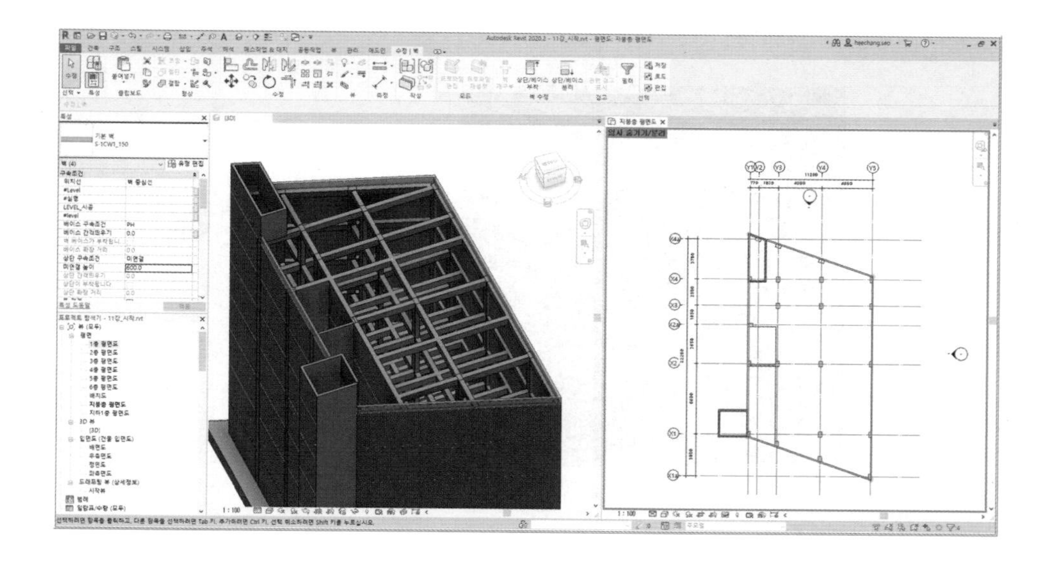

53 먼저, 엘리베이터실 부분을 확대합니다. 1번 벽을 선택해보면 모서리 끝까지 작성되어 있습니다. 다음의 체크된 점을 드래그하여 해당 벽을 엘리베이터실 벽 앞 지점으로 조정하겠습니다.

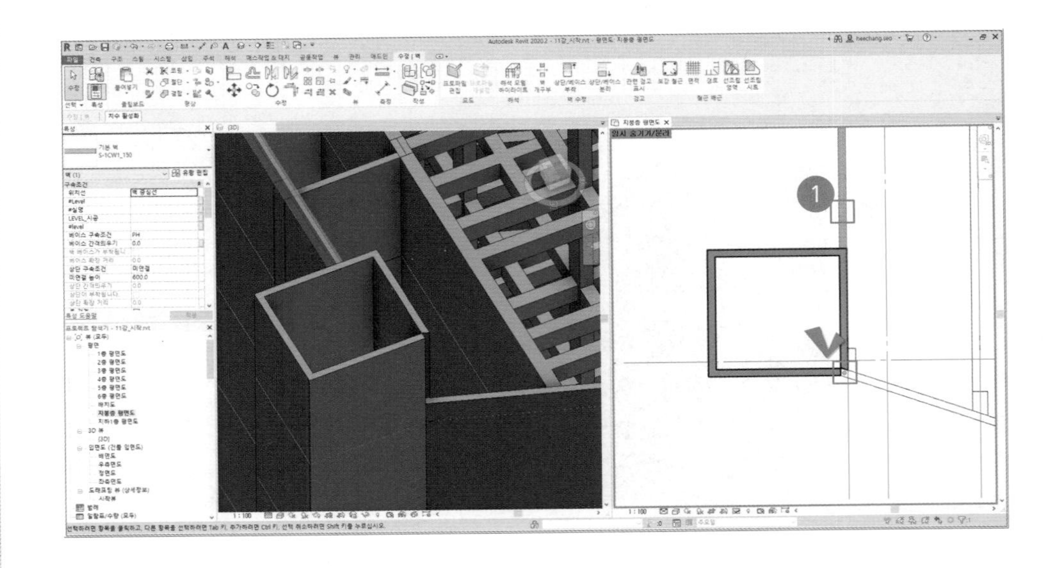

54 1번 지점에서 드래그해서 2번으로 맞춰줍니다.

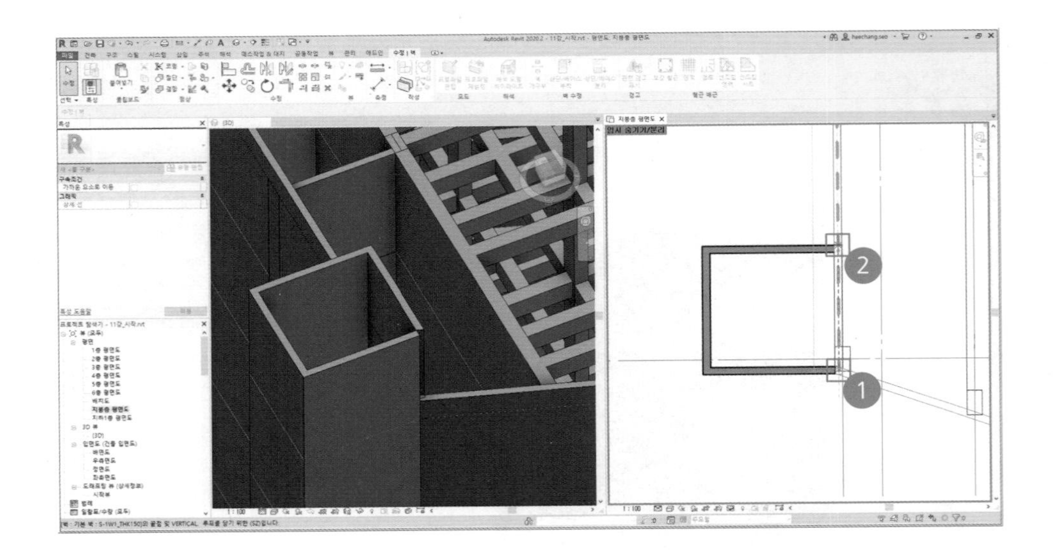

55 이번엔 오른쪽 아래 모서리를 정리하겠습니다.

파라펫 벽을 조정하지 않고, 엘리베이터실 벽을 수정해서 정리할 것입니다.

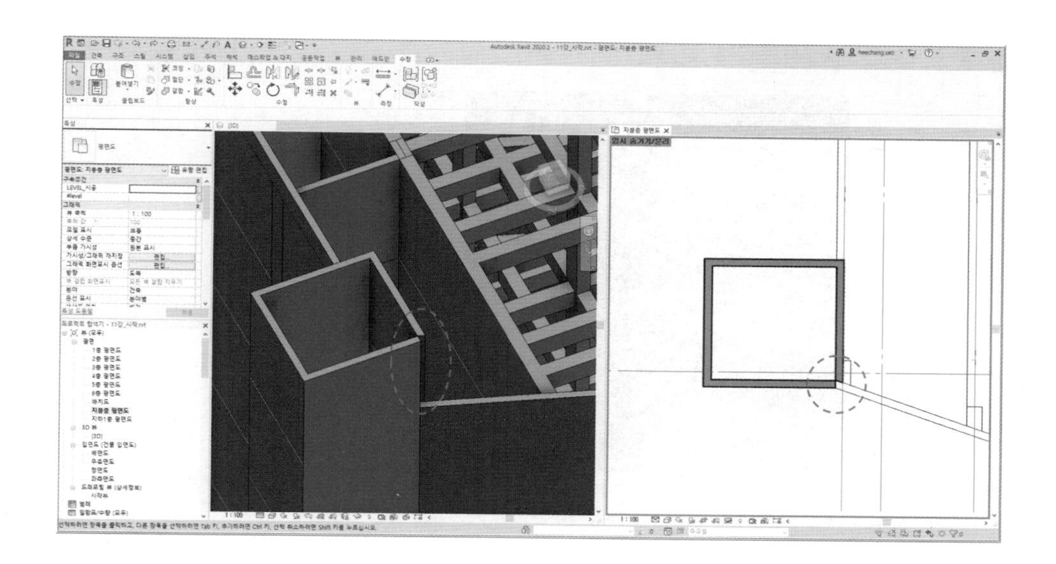

56 [수정]탭-[코너로 자르기/연장]을 클릭합니다.

3번 ➡ 4번 벽을 차례대로 클릭합니다.

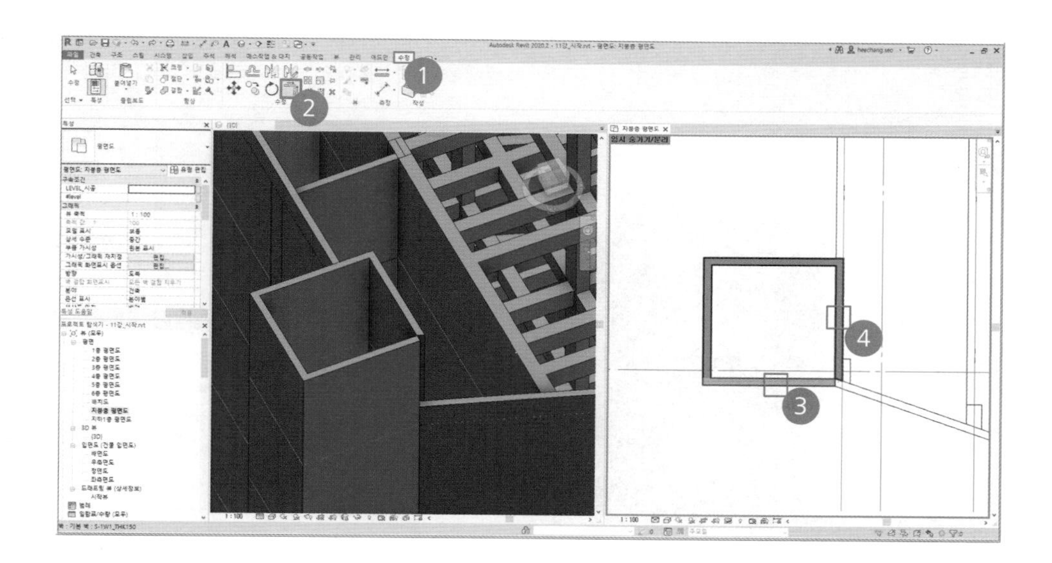

57 다음과 같이 벽이 정리되었습니다.

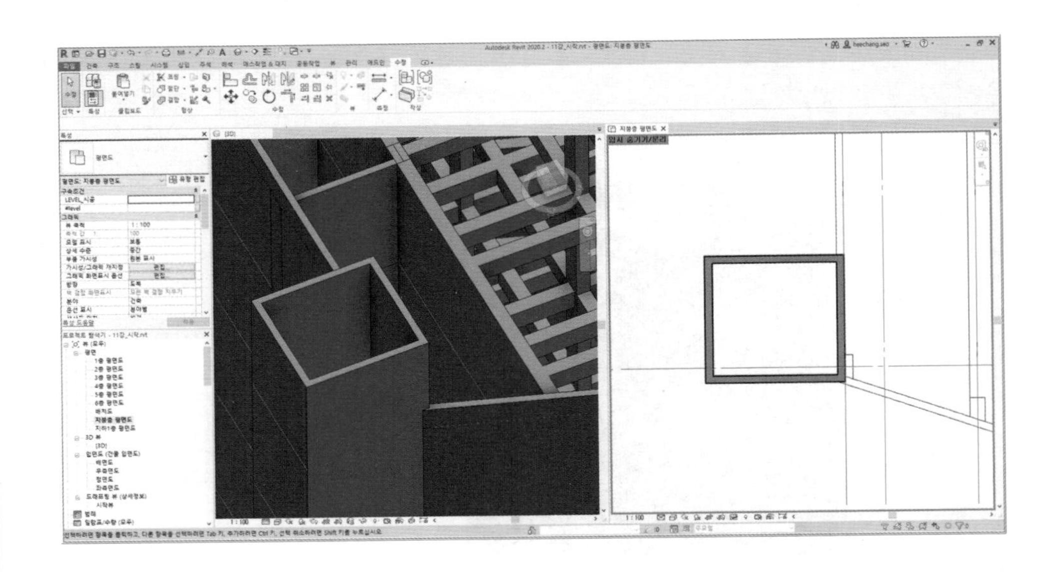

58 이번엔 계단실 벽 부분을 확대합니다.

마찬가지로, 1번 벽을 선택하고 표시된 점을 드래그해서 정리할 것입니다.

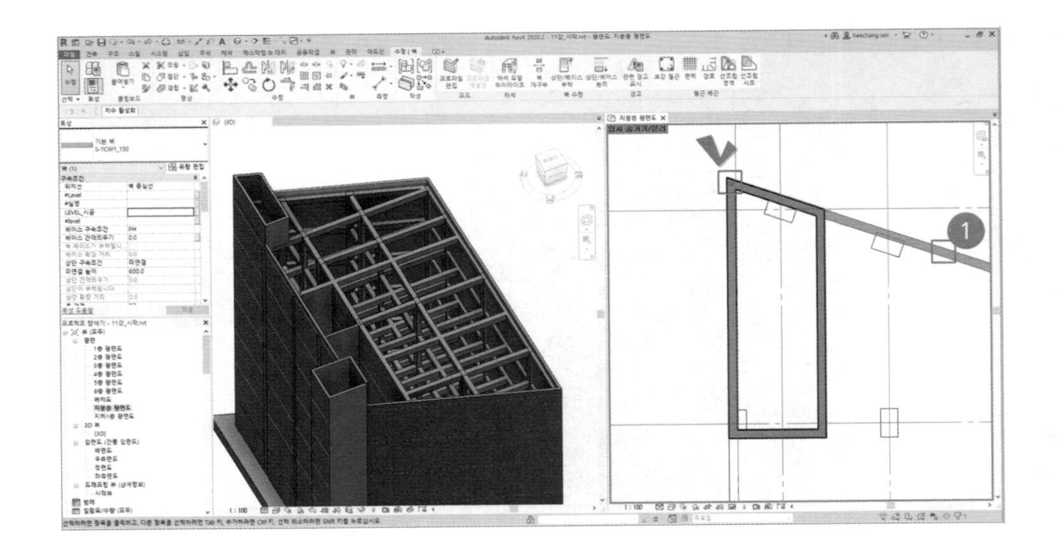

59 1번 ➡ 2번으로 드래그 합니다.

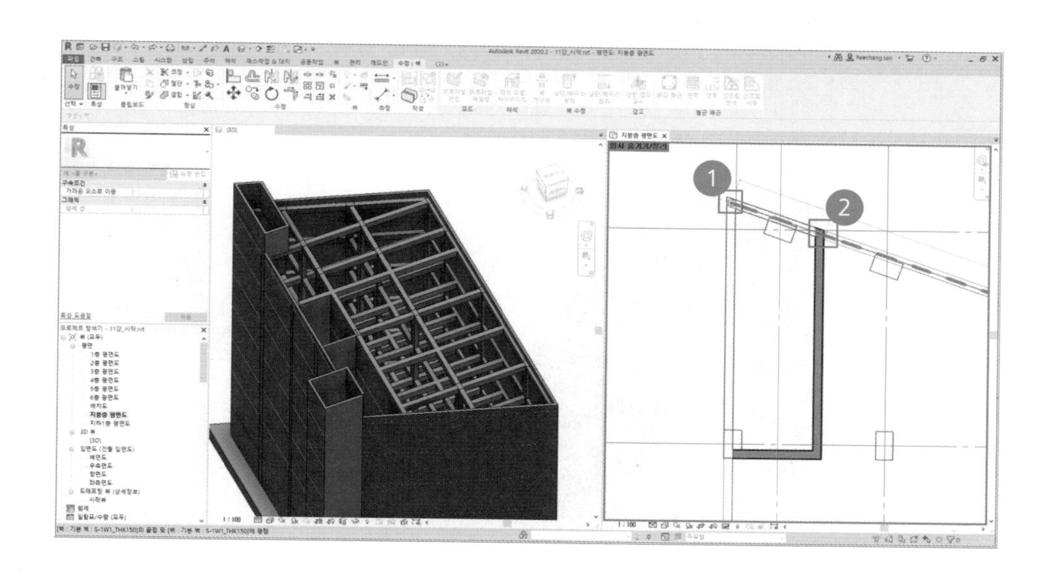

60 다음과 같이 벽이 정리되었습니다.

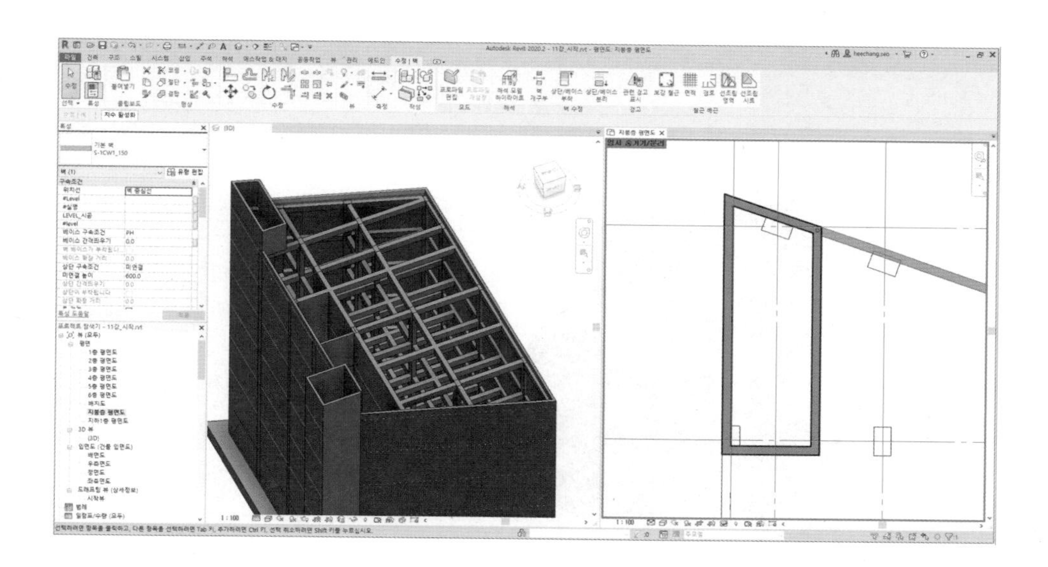

61 동일한 방법으로 반대편 모서리 벽도 정리해줍니다. (1번 ➡ 2번으로 드래그)

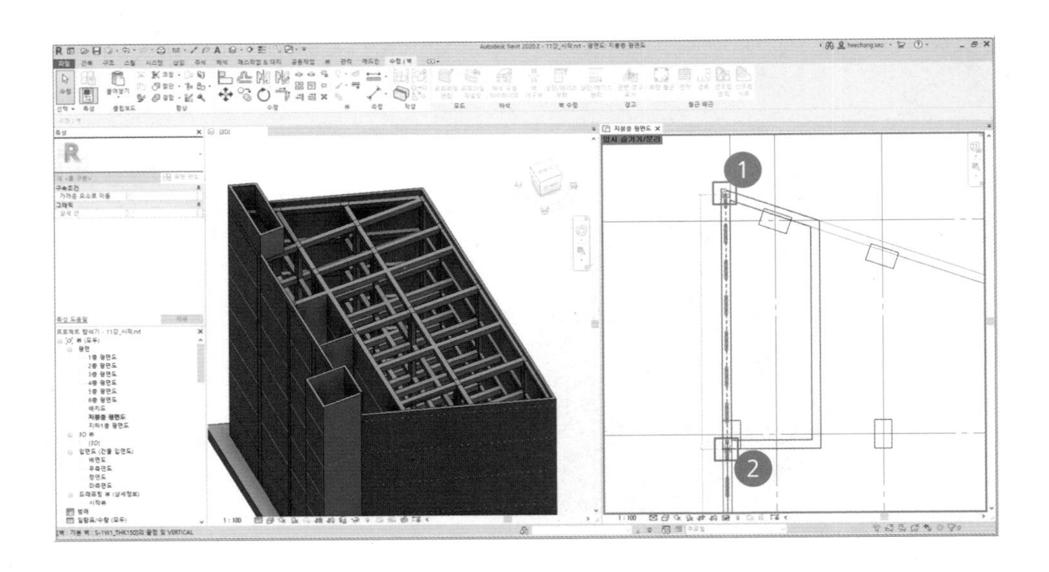

62 다음과 같이 벽이 정리되었습니다.

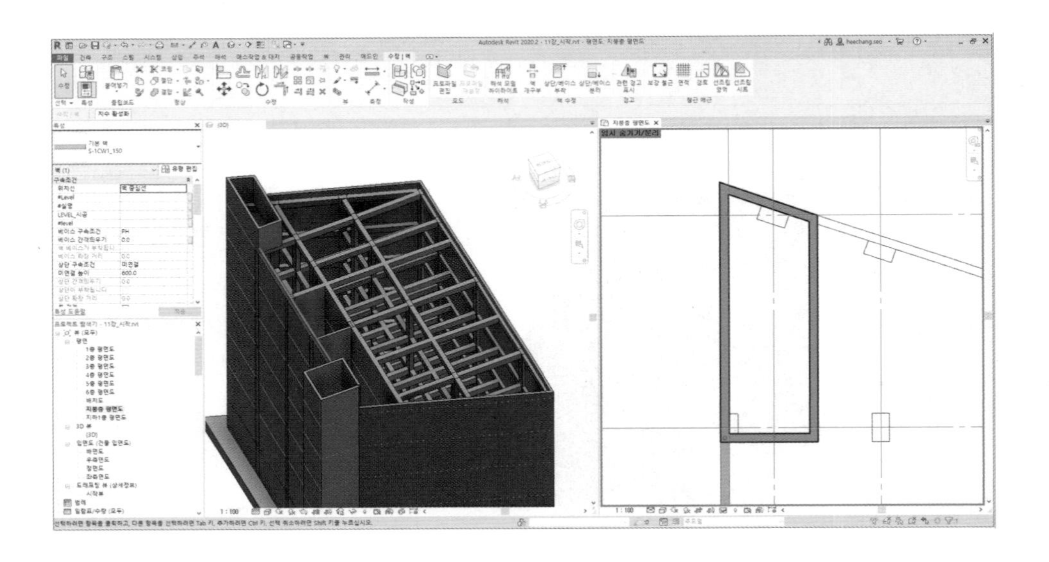

63 지하 1층에서 PH층까지 벽 모델링이 완료되었습니다.
이제 해당 층의 유형에 맞게 벽 유형을 변경해야합니다.

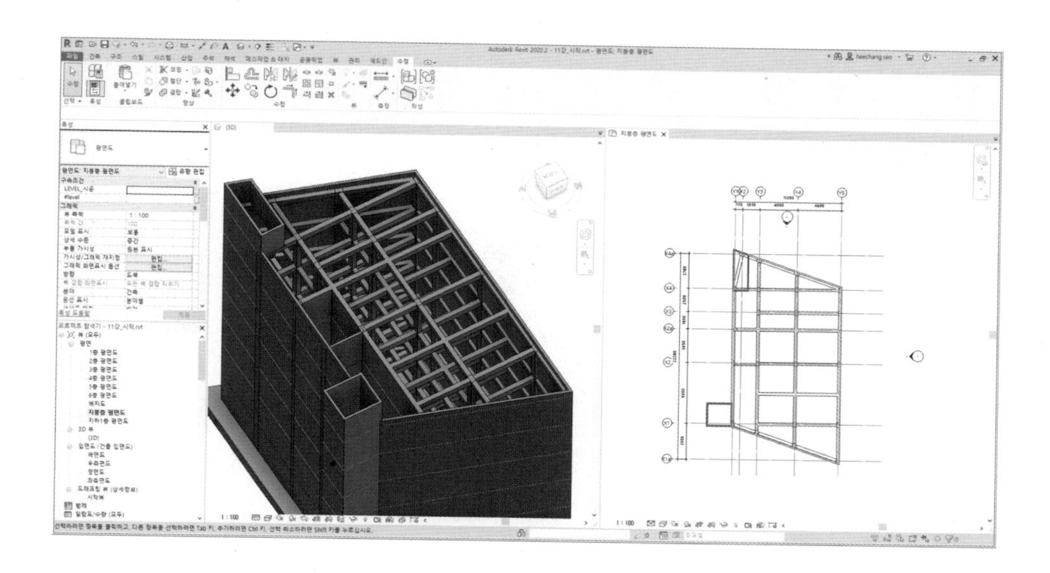

64 프로젝트 탐색기에서 "정면도"를 엽니다.

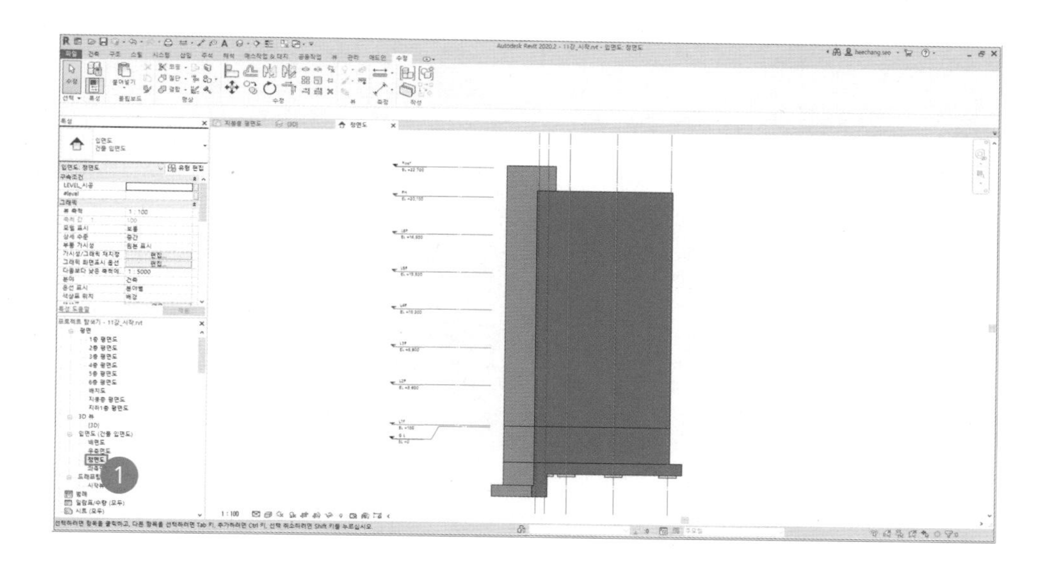

Tip

3D화면에서 레벨 가시성켜기

Revit2020 버전의 경우, 가시성/그래픽 재지정[편집]에서 레벨 가시성을 체크/해제 할 수 있습니다. 정면도가 아니라 3D화면에서도 레벨을 확인하며 모델을 제어할 수 있습니다.

65 레벨과 벽 카테고리만 남기고 나머지는 임시로 숨겨주겠습니다.
임의의 레벨과 벽을 하나씩 선택 ➡ 하단의 [임시 숨기기/분리]클릭 ➡ [카테고리 분리]를 클릭합니다.

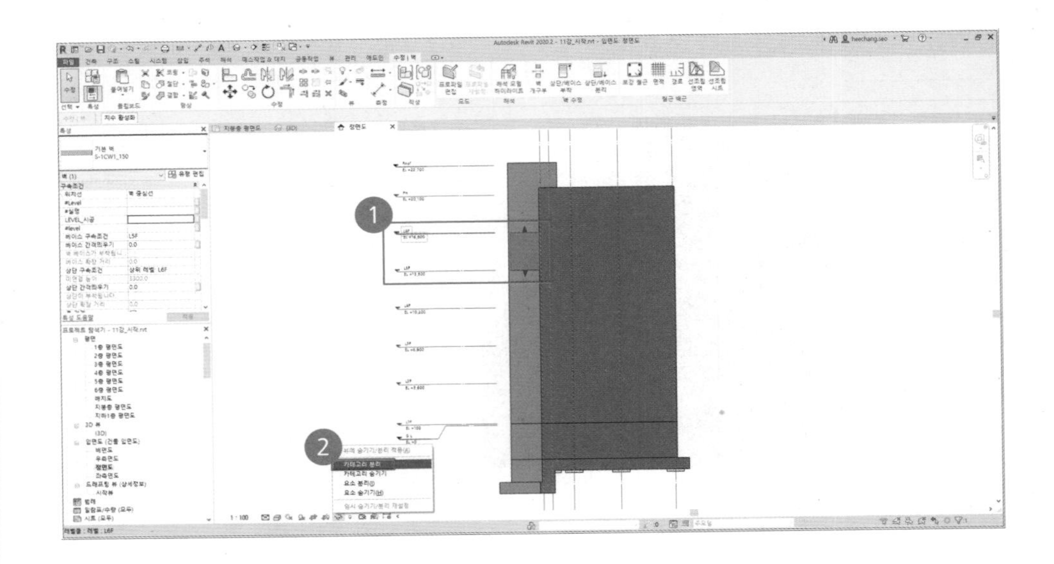

66 다음과 같이 레벨과 벽 유형만 남았습니다.

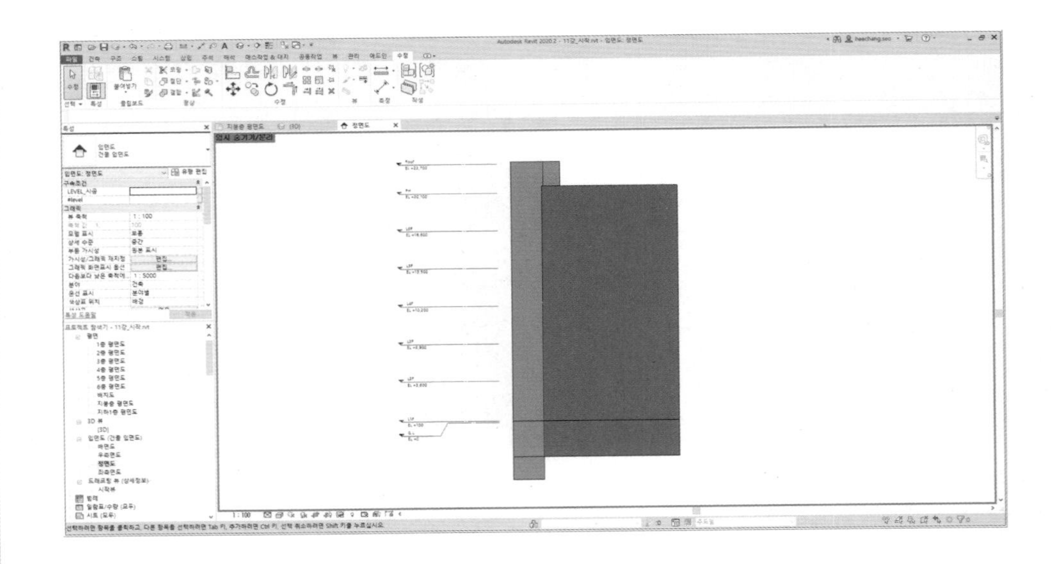

67 이제 해당 레벨 벽을 드래그해서 선택하고, 특성창에서 해당 층 유형으로 변경하겠습니다. 지하층부터 지붕층까지 변경합니다. 완료되었다면 [임시 숨기기/분리]클릭 ➡ [임시 숨기기/분리 재설정]을 클릭합니다.

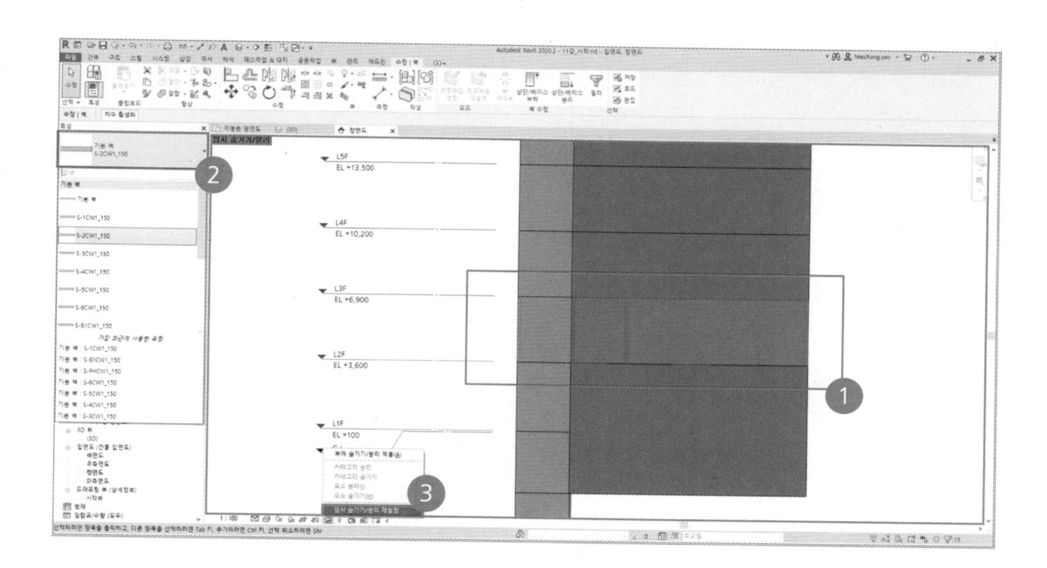

68 벽 작성이 모두 완료되었습니다.

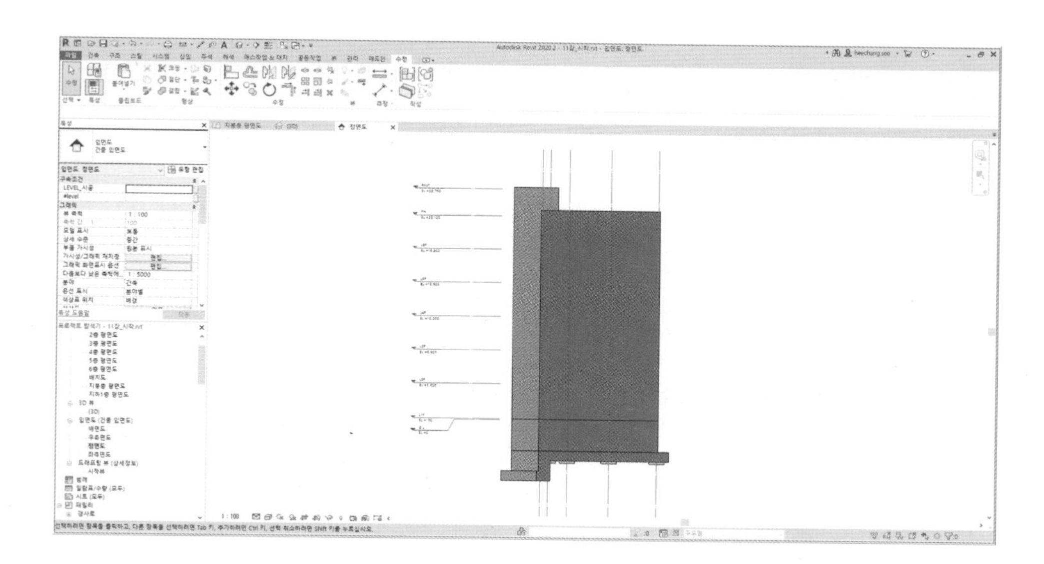

• 한솔아카데미 자료실 www.bestbook.co.kr
• BIMer 온라인커뮤니티 https://blog.naver.com/bimfactory

memo

BIMFACTORY
COMPANY

제 12 편

계획 구조설계

구조 바닥

Section 12

계획 구조설계

구조 바닥

12강에서는 조달청 기준의 구조 바닥과 지붕의 라이브러리 형식을 소개하고
그에 맞게 모델링을 작성해보도록 하겠습니다.
이를 통해 바닥을 다양하게 작성하는 방법을 알아보고,
해당 형식에 맞게 속성 정보를 입력하고 모델링하는 방법에 대하여 학습하도록 하겠습니다.

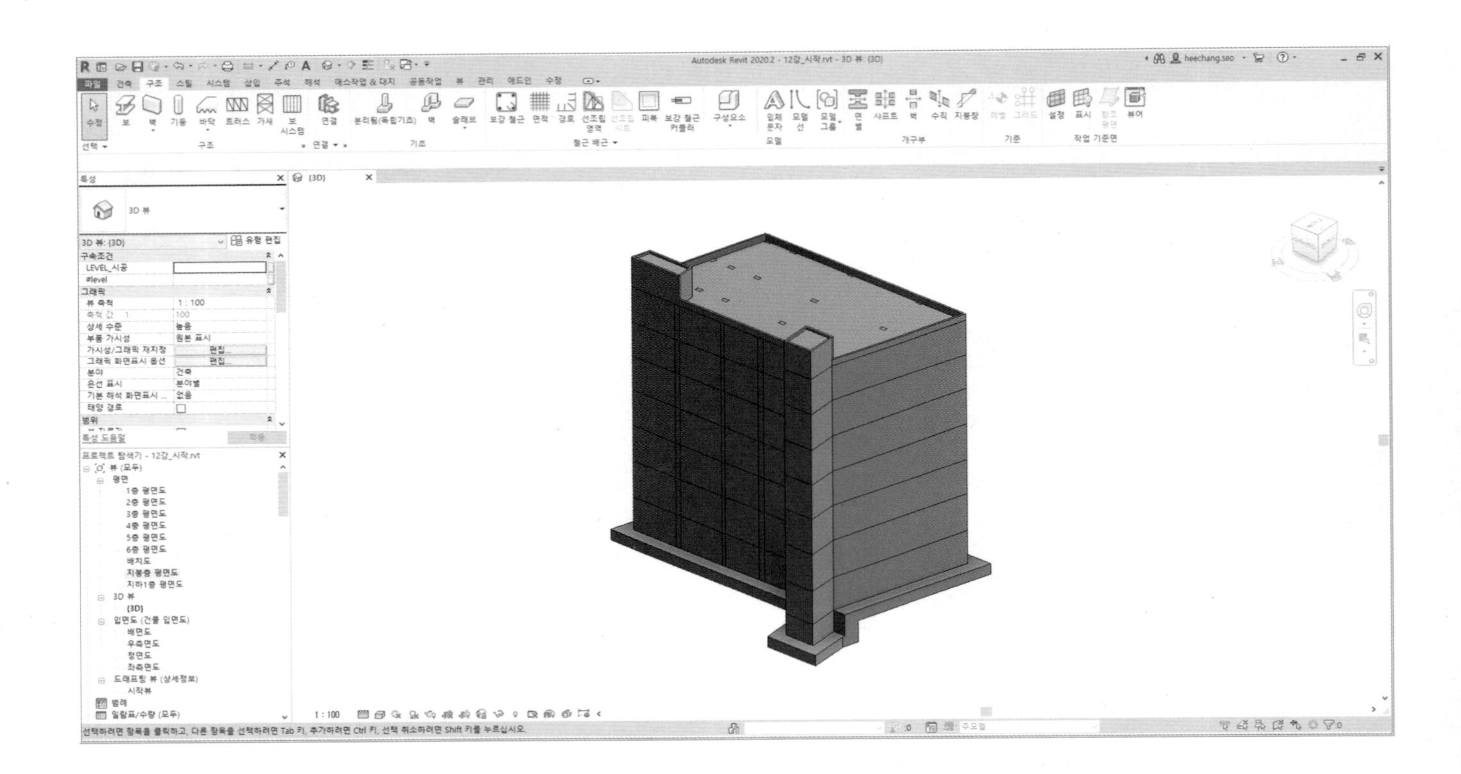

POINT

- 조달청 기준 바닥 형식 소개 및 속성 정보 입력
- 구조 바닥을 조달청 기준 유형 형식으로 작성하기

chapter 01 조달청 기준 유형 및 코드 소개

1 조달청 BIM 지침서 부속서에 따르면, 부위객체 부재명 및 라이브러리명의 형식은 다음과 같습니다. 본 강에서 바닥의 부재명 작성방법을 참고하시기 바랍니다.

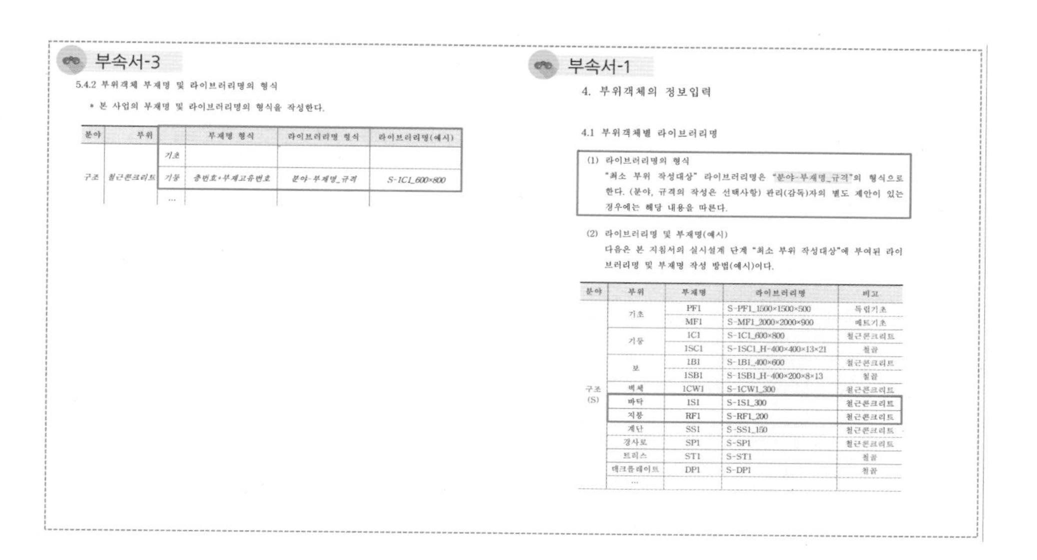

부속서-3

5.4.2 부위객체 부재명 및 라이브러리명의 형식

* 본 사업의 부재명 및 라이브러리명의 형식을 작성한다.

분야	부위		부재명 형식	라이브러리명 형식	라이브러리명(예시)
구조	철근콘크리트	기초			
		기둥	층번호+부재고유번호	분야-부재명_규격	S-1C1_600×800
		…			

부속서-1

4. 부위객체의 정보입력

4.1 부위객체별 라이브러리명

(1) 라이브러리명의 형식
"최소 부위 작성대상" 라이브러리명은 "분야-부재명_규격"의 형식으로 한다. (분야, 규격의 작성은 선택사항) 관리(감독)자의 별도 제안이 있는 경우에는 해당 내용을 따른다.

(2) 라이브러리명 및 부재명(예시)
다음은 본 지침서의 실시설계 단계 "최소 부위 작성대상"에 부여된 라이브러리명 및 부재명 작성 방법(예시)이다.

분야	부위	부재명	라이브러리명	비고
구조 (S)	기초	PF1	S-PF1_1500×1500×500	독립기초
		MF1	S-MF1_2000×2000×900	매트기초
	기둥	1C1	S-1C1_600×800	철근콘크리트
		1SC1	S-1SC1_H-400×400×13×21	철골
	보	1B1	S-1B1_400×600	철근콘크리트
		1SB1	S-1SB1_H-400×200×8×13	철골
	벽체	1CW1	S-1CW1_300	철근콘크리트
	바닥	1S1	S-1S1_300	철근콘크리트
	지붕	RF1	S-RF1_200	철근콘크리트
	계단	SS1	S-SS1_150	철근콘크리트
	경사로	SP1	S-SP1	철근콘크리트
	트러스	ST1	S-ST1	철골
	데크플레이트	DP1	S-DP1	철골
	…			

2 조달청 BIM 지침서에 따르면, 속성 정보에는 부재명, 조달청 표준공사코드, 열관류율(선택)을 입력합니다.

- 조달청 표준공사코드: 부위객체의 유형 매개변수-ID데이터에 프로젝트 매개변수를 추가하여 해당 값을 입력합니다.
- 부재명: 부위객체의 유형 매개변수-ID데이터 탭 "유형 주석"에 해당 값을 입력합니다. (기본 매개변수 "유형 주석"값에 입력합니다.)

Tip

부재 속성 값 입력방법

구체적인 속성 값 입력방법은 "시설사업 BIM 적용 기본지침서 사용자 가이드–1.4.2 BIM 소프트웨어 사용방법 예시"에서 확인하실 수 있습니다.

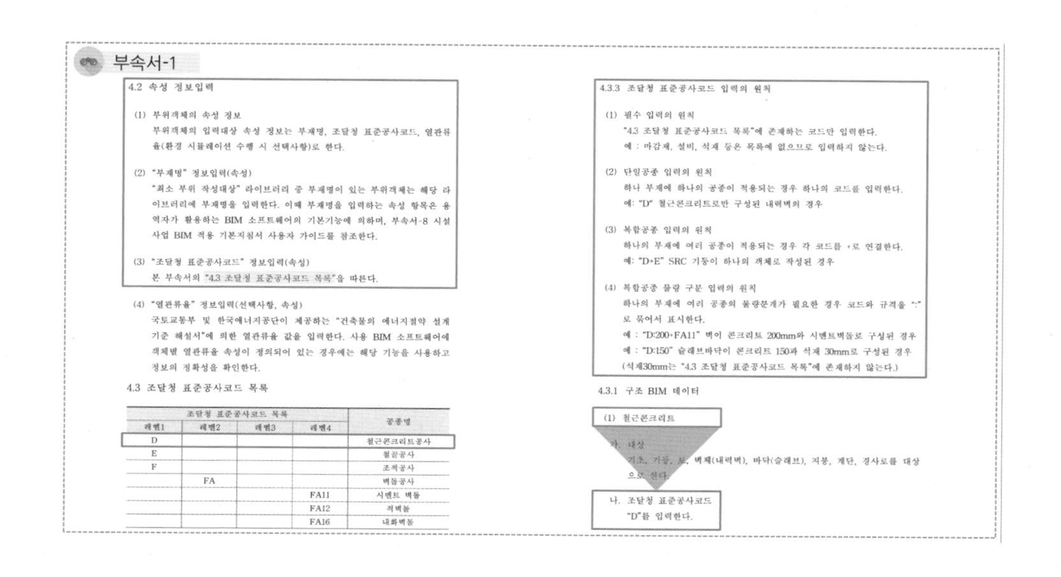

부속서-1

4.2 속성 정보입력

(1) 부위객체의 속성 정보
부위객체의 입력대상 속성 정보는 부재명, 조달청 표준공사코드, 열관류율(환경 시뮬레이션 수행 시 선택사항)로 한다.

(2) "부재명" 정보입력(속성)
"최소 부위 작성대상" 라이브러리 중 부재명이 있는 부위객체는 해당 라이브러리에 부재명을 입력한다. 이때 부재명을 입력하는 속성 항목은 용역자가 활용하는 BIM 소프트웨어의 기본기능에 의하며, 부속서-8 시설사업 BIM 적용 기본지침서 사용자 가이드를 참조한다.

(3) "조달청 표준공사코드" 정보입력(속성)
본 부속서의 "4.3 조달청 표준공사코드 목록"을 따른다.

(4) "열관류율" 정보입력(선택사항, 속성)
국토교통부 및 한국에너지공단이 제공하는 "건축물의 에너지절약 설계기준 해설서"에 의한 열관류율 값을 입력한다. 사용 BIM 소프트웨어에 객체별 열관류율 속성이 정의되어 있는 경우에는 해당 기능을 사용하고 정보의 정확성을 확인한다.

4.3 조달청 표준공사코드 목록

조달청 표준공사코드 목록				공종명
레벨1	레벨2	레벨3	레벨4	
D				철근콘크리트공사
E				철골공사
F				조적공사
	FA			벽돌공사
			FA11	시멘트 벽돌
			FA12	적벽돌
			FA16	내화벽돌

4.3.3 조달청 표준공사코드 입력의 원칙

(1) 필수 입력의 원칙
"4.3 조달청 표준공사코드 목록"에 존재하는 코드만 입력한다.
예 : 마감재, 설비, 석재 등은 목록에 없으므로 입력하지 않는다.

(2) 단일공종 입력의 원칙
하나 부재에 하나의 공종이 적용되는 경우 하나의 코드를 입력한다.
예: "D" 철근콘크리트로만 구성된 내력벽의 경우

(3) 복합공종 입력의 원칙
하나의 부재에 여러 공종이 적용되는 경우 각 코드를 +로 연결한다.
예: "D+E" SRC 기둥이 하나의 객체로 작성된 경우

(4) 복합공종 물량 구분 입력의 원칙
하나의 부재에 여러 공종의 물량분개가 필요한 경우 코드와 규격을 ":"로 묶어서 표시한다.
예 : "D:200+FA11" 벽이 콘크리트 200mm와 시멘트벽돌로 구성된 경우
예 : "D:150" 슬래브바닥이 콘크리트 150과 석재 30mm로 구성된 경우
(석재30mm는 "4.3 조달청 표준공사코드 목록"에 존재하지 않는다.)

4.3.1 구조 BIM 데이터

(1) 철근콘크리트

가. 대상
기초, 기둥, 보, 벽체(내력벽), 바닥(슬래브), 지붕, 계단, 경사로를 대상으로 한다.

나. 조달청 표준공사코드
"D"를 입력한다.

chapter 02 구조 바닥 작성

1 Revit을 실행합니다.
모델 창 [열기] 클릭 ➡ ₩예제파일₩12강₩12강_시작.rvt를 선택하고 [열기]를 클릭합니다.

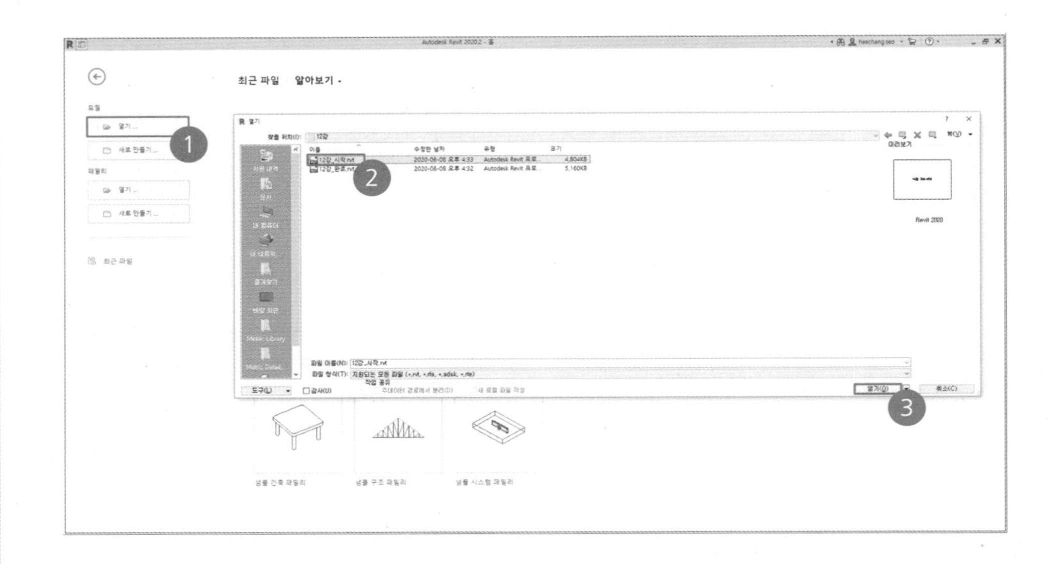

2 프로젝트 탐색기에서 "1층 평면도"를 더블클릭하여 엽니다.
이번 강의에서 작성할 바닥 경계는 벽 안쪽 라인을 따라 작성하게 될 것 입니다. 구조 바닥으로 전체 바닥, 화장실 바닥, 지붕을 작성해보겠습니다.

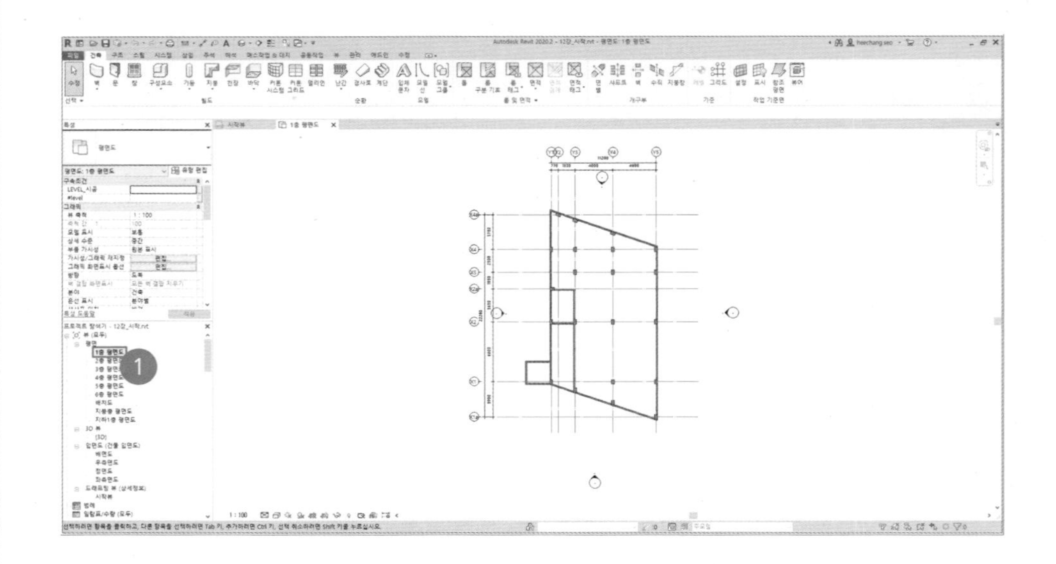

3 바닥을 작성하기 위해 [구조]탭 ➡ [바닥] 확장 화살표 클릭 ➡ [바닥: 구조]를 클릭합니다.

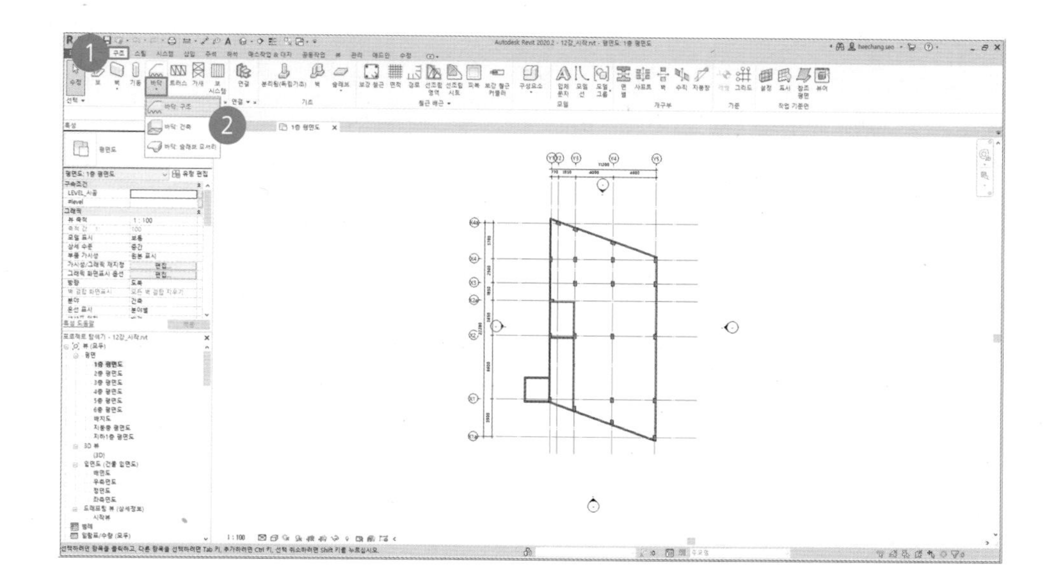

Tip

바닥 작성하기

바닥 작성하는 방법은 [구조]탭과 [건축]탭 모두 있습니다.

4 특성 창-[유형 편집] 클릭 ➡ 유형 [복제] 클릭 ➡ 유형이름을 조달청 형식인 "S-1S1_200"을 입력하고 [확인]을 클릭합니다. 그 다음, 두께를 변경하기 위해 유형 매개변수의 구성 탭-구조[편집]을 클릭합니다.

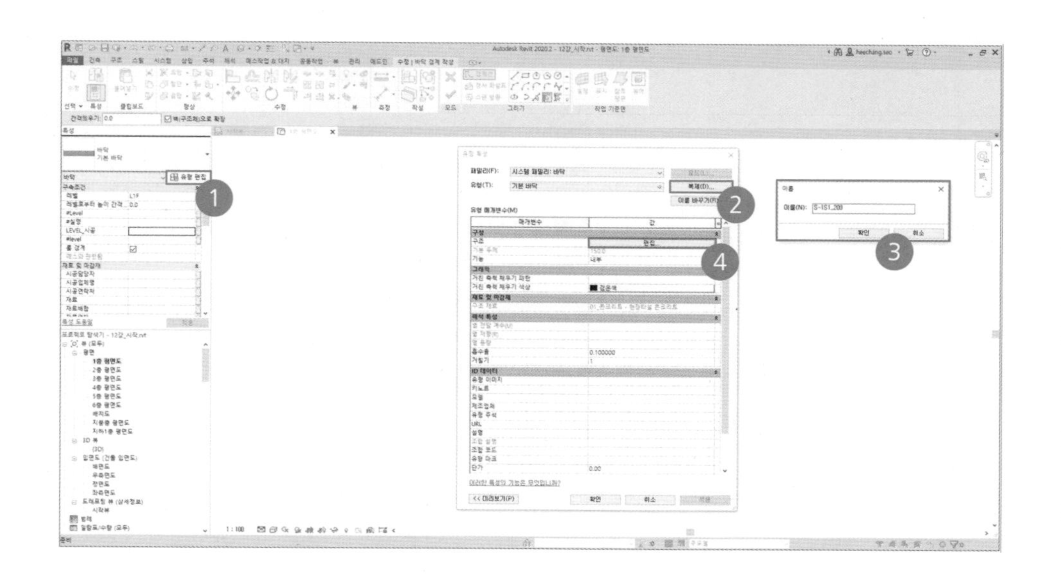

Tip

라이브러리명(유형 이름) 형식

"분야-부재명_규격" 에 맞춰 지정합니다.

5 바닥 두께를 변경하기 위해 “200”을 입력 후, [확인]을 클릭합니다.

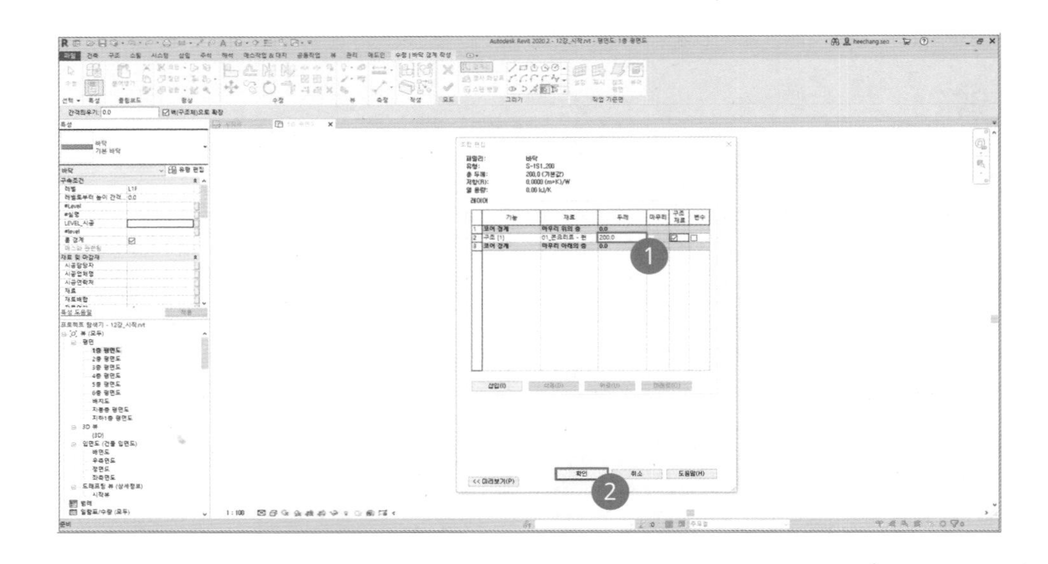

6 ID 데이터 탭의 유형주석에 “1S1”, 조달청표준공사코드에 “D”를 입력 후 [확인]을 클릭합니다. 이제 해당 유형으로 바닥을 작성할 준비가 되었습니다.

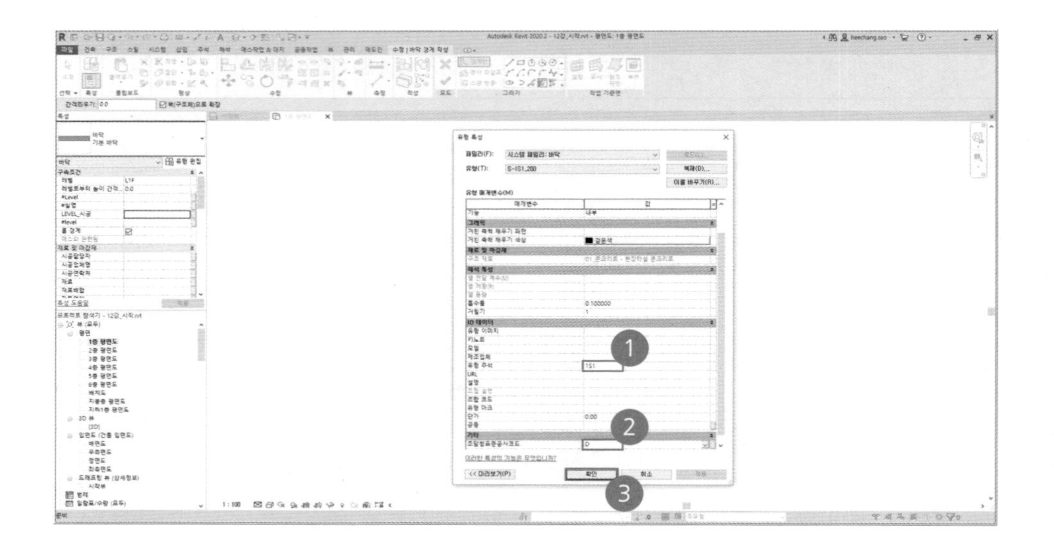

7 [수정]탭-그리기 도구 중 [선] 또는 [선 선택]으로 다음과 같이 벽 안쪽 라인으로 경계선을 그려줍니다.

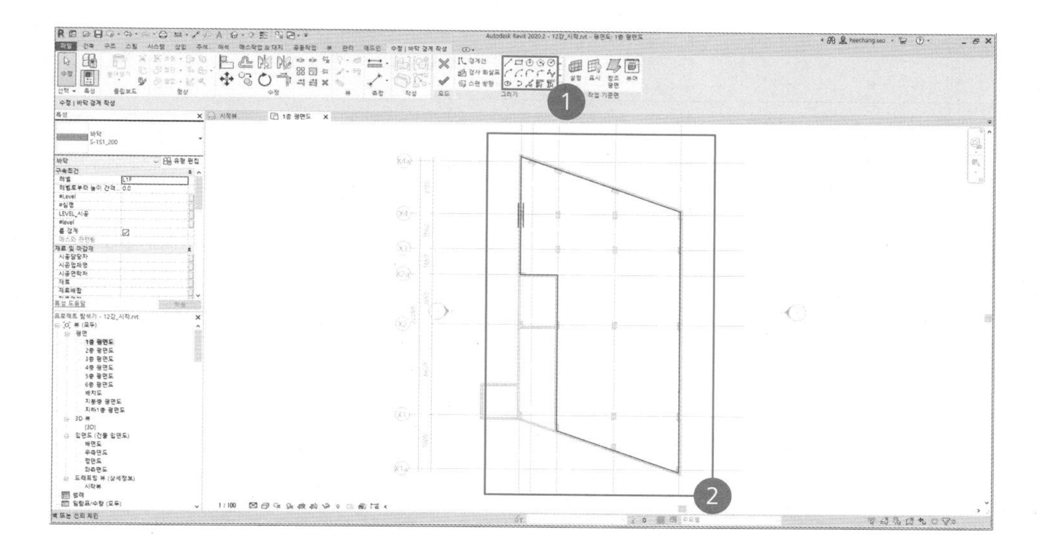

Tip

그리기 도구-벽 선택

8 완료하기 전에, 다음 위치의 경계라인을 수정합니다. EPS실이 배치될 예정이기에 해당 간격만큼 경계를 수정하겠습니다.

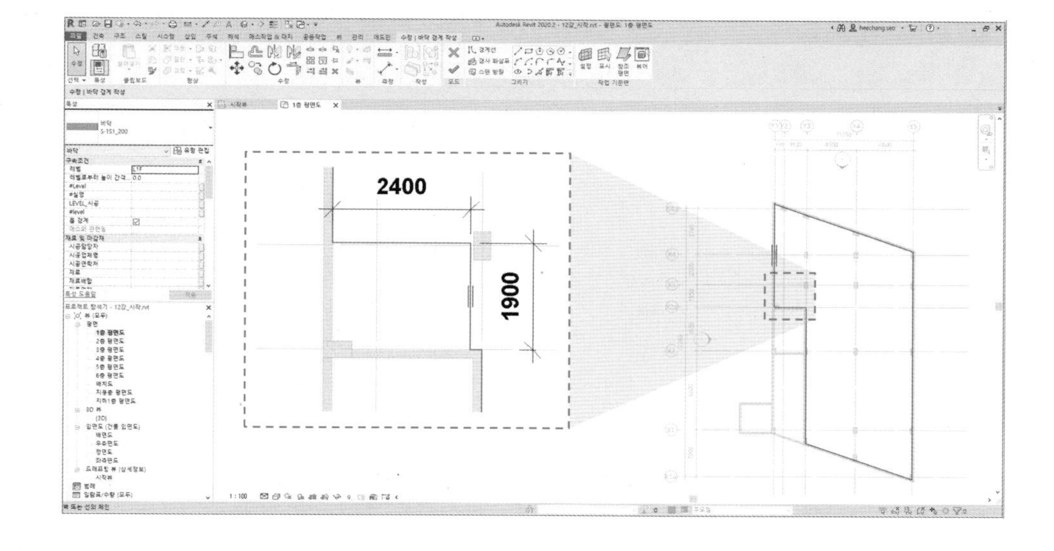

9 다음과 같이 작성되었습니다. 특성창의 레벨로부터 높이 간격 값에 "0"을 입력한 후 [완료] 버튼을 눌러 작성을 종료합니다.

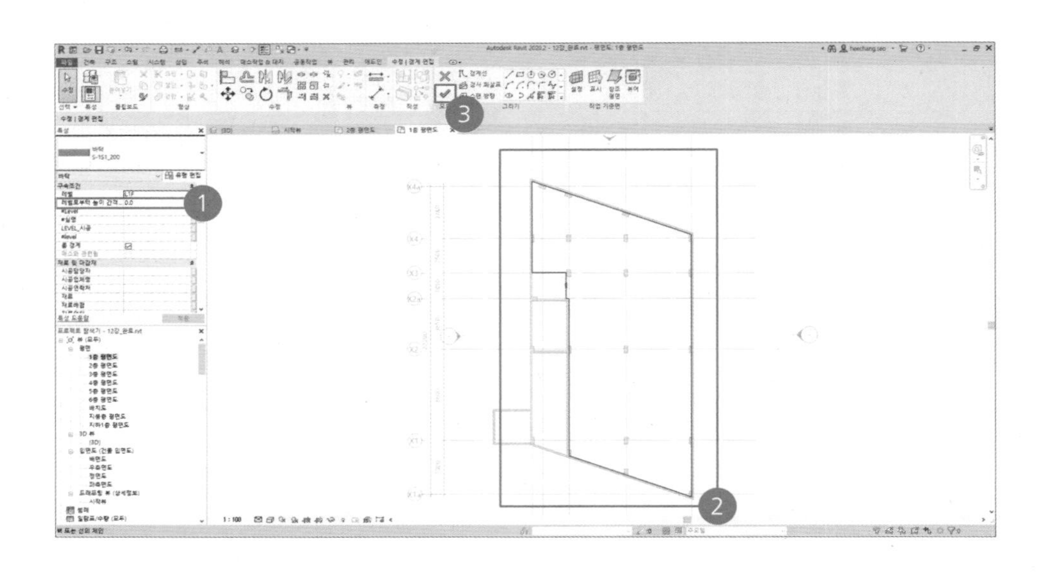

〈스팬 방향 기호〉

데크 스팬 방향을 정의합니다. 이 선은 금속 데크의 플루트 방향을 정의하는 것입니다.

계획 단계에서는 불필요하므로 항상 [아니요]를 클릭합니다.

10 "〈스팬 방향 기호〉" 안내창이 뜨면 [아니요]를 눌러 닫습니다.

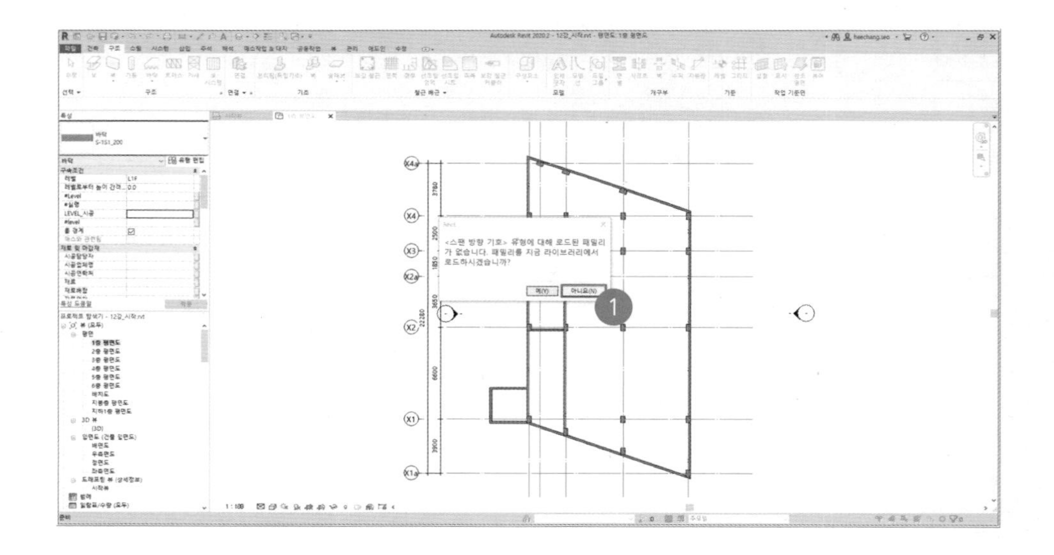

11 "현재 바닥 레벨까지 이동하는 벽을 바닥 하단에 부착하시겠습니까?" 안내창이 나오면 [부착 안 함]을 클릭합니다.

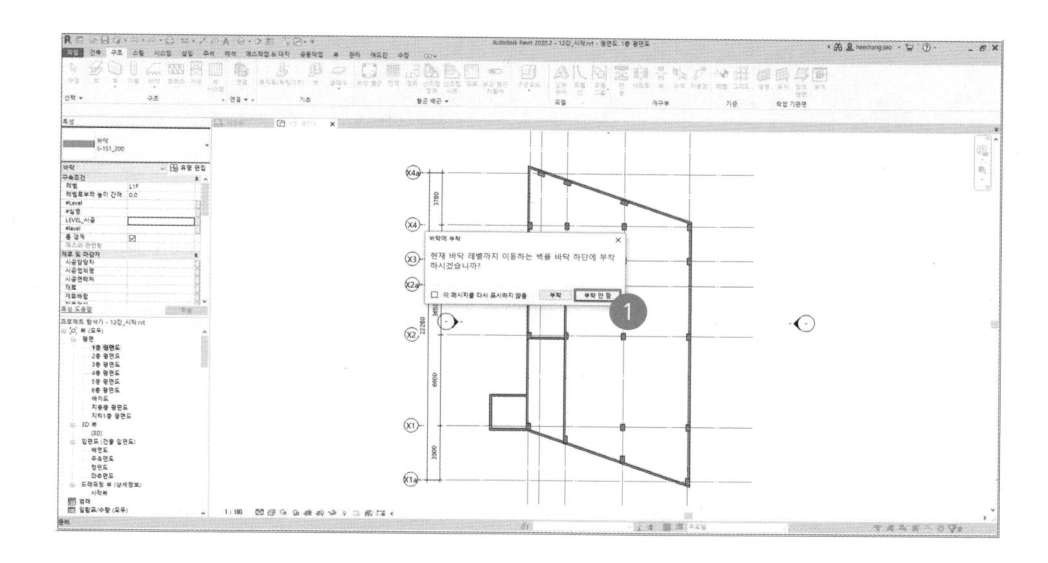

12 다음과 같이 1층 전체 바닥이 작성되었습니다.

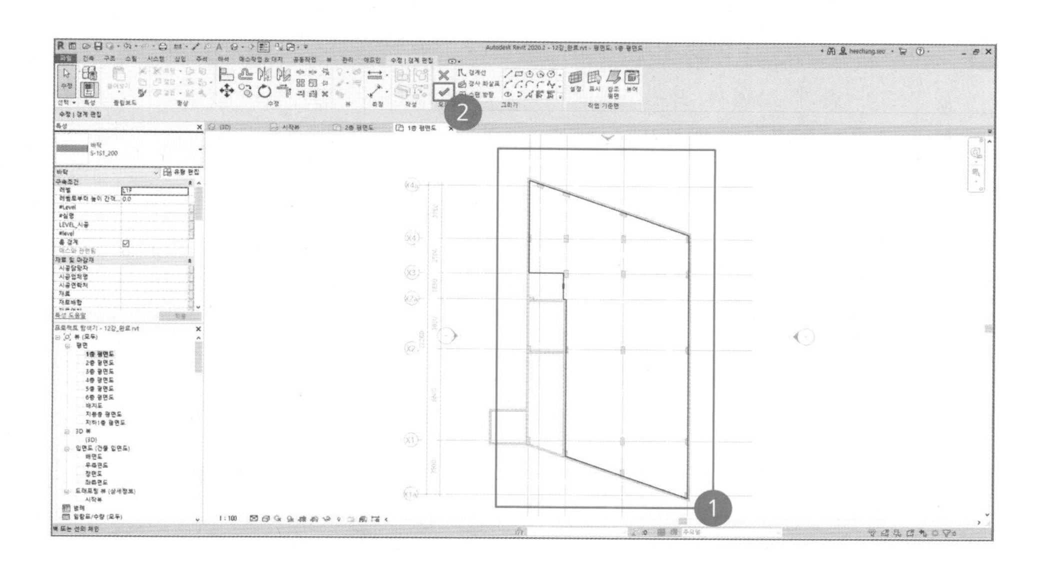

Tip

유형 선택하기

SA나 SVV를 이용해도 됩니다.

13 이제 바닥을 복사하여 2층~6층 바닥을 작성하겠습니다. 바닥이 선택된 상태에서 [수정]탭 ➡ [복사] ➡ [붙여넣기] ➡ [선택한 레벨에 정렬]을 클릭합니다. 레벨 선택 창에서 "L2F~L6F" 선택 ➡ [확인]을 클릭합니다.

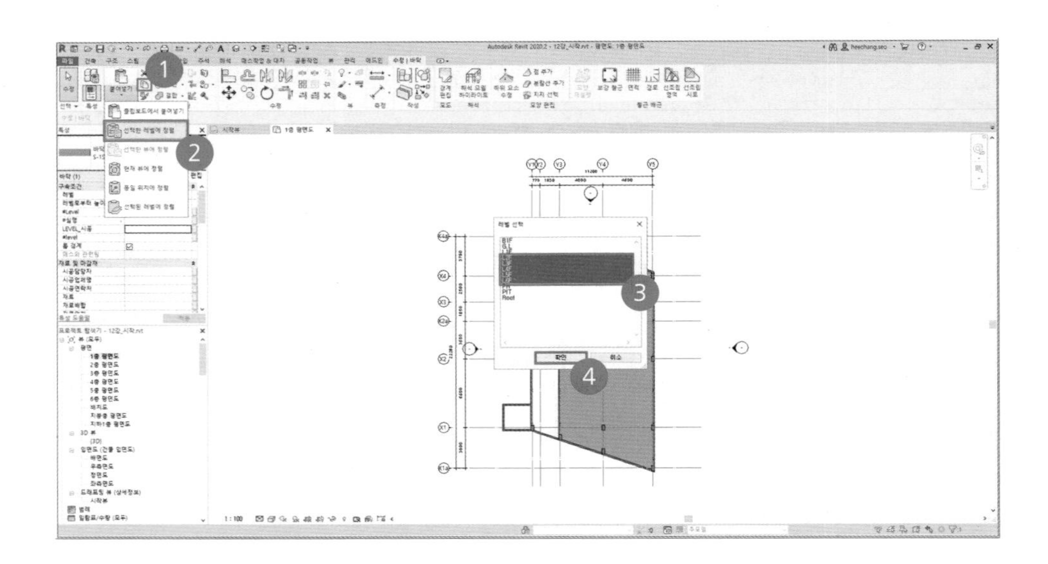

14 복사되었지만 현재 뷰에선 알 수 없습니다. 알맞게 작성되었는지 확인하기 위해 정면도와 함께 보면서 작업하겠습니다. [비활성화 뷰 닫기]를 클릭하여 불필요한 창을 닫고, 프로젝트 탐색기창에서 "정면도"를 엽니다. 다음과 같이 화면을 배치합니다.

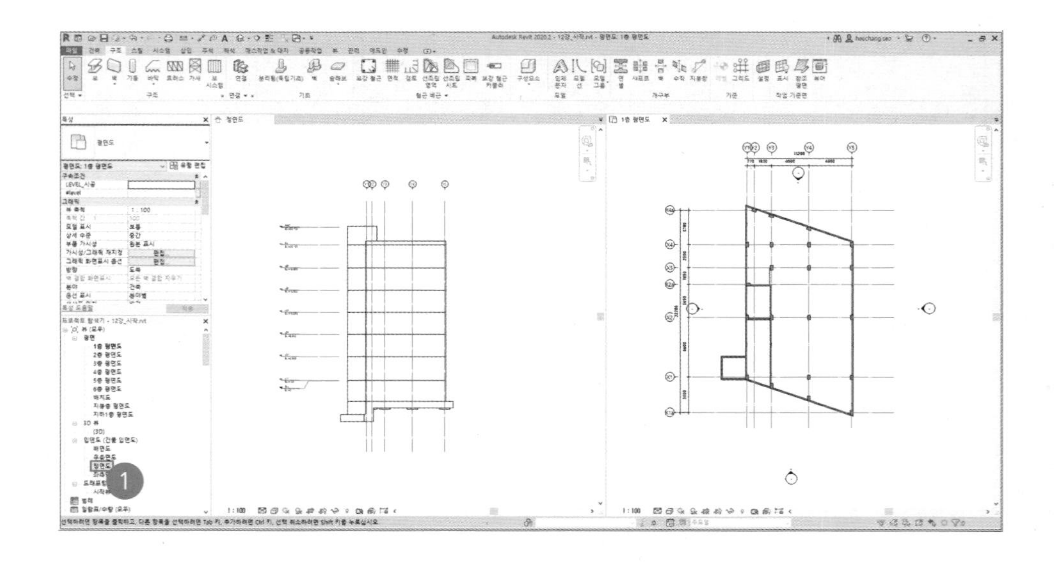

15 "정면도"에서 레벨과 바닥만 보이도록 하겠습니다. 다음과 같이 윈도우 박스로 객체를 선택합니다. [수정]탭 ➡ [필터]를 클릭 ➡ "레벨들", "바닥"만 체크 ➡ [확인]을 클릭합니다.

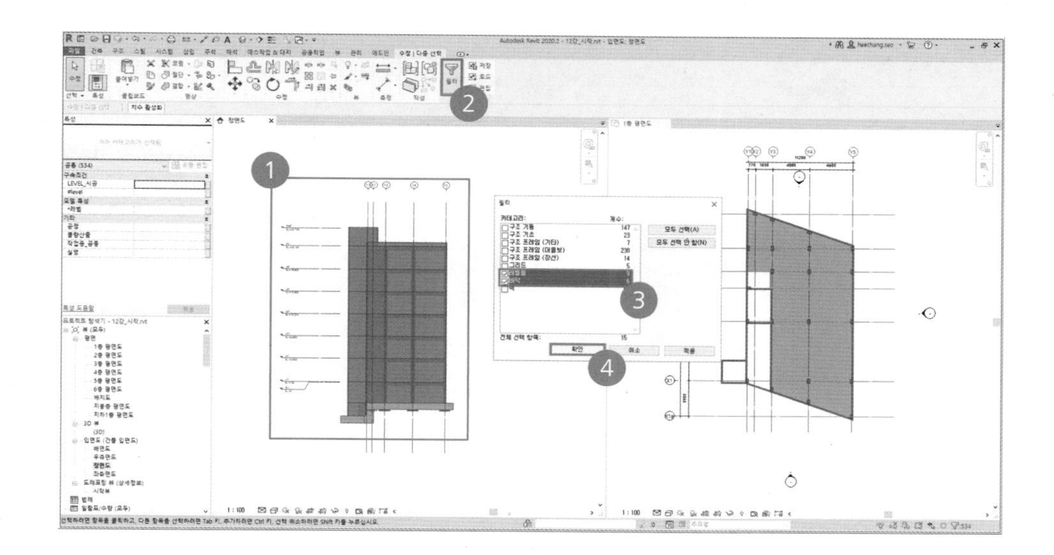

Tip

선택한 레벨에 붙여넣기

선택한 레벨을 상단으로 하여 하단방향으로 작성됩니다.

16 하단의 [임시숨기기/분리] 클릭 ➡ [요소 분리]를 클릭합니다.

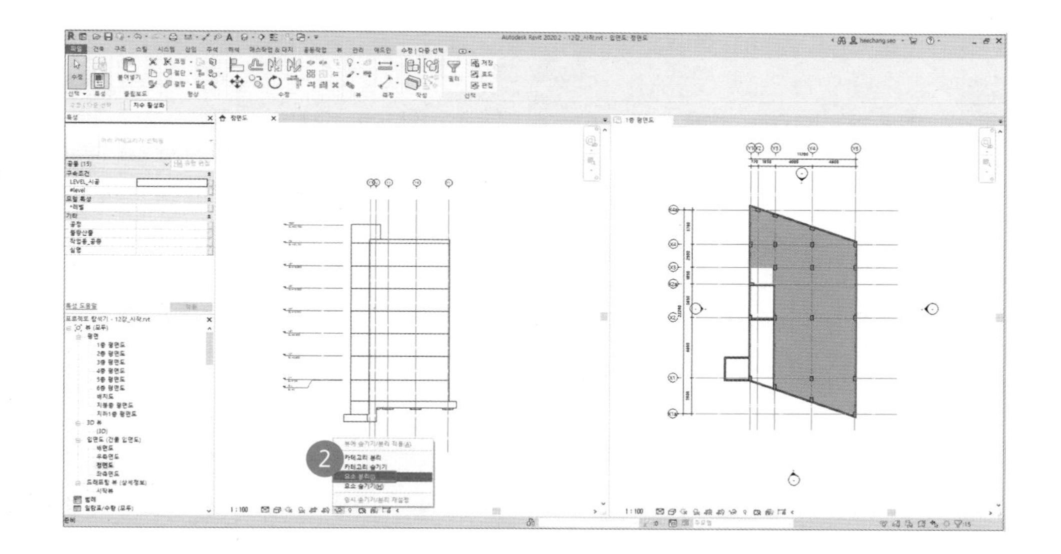

17 다음과 같이 레벨과 바닥만 남았습니다. 바닥이 6층까지 작성돼있는걸 확인할 수 있습니다.

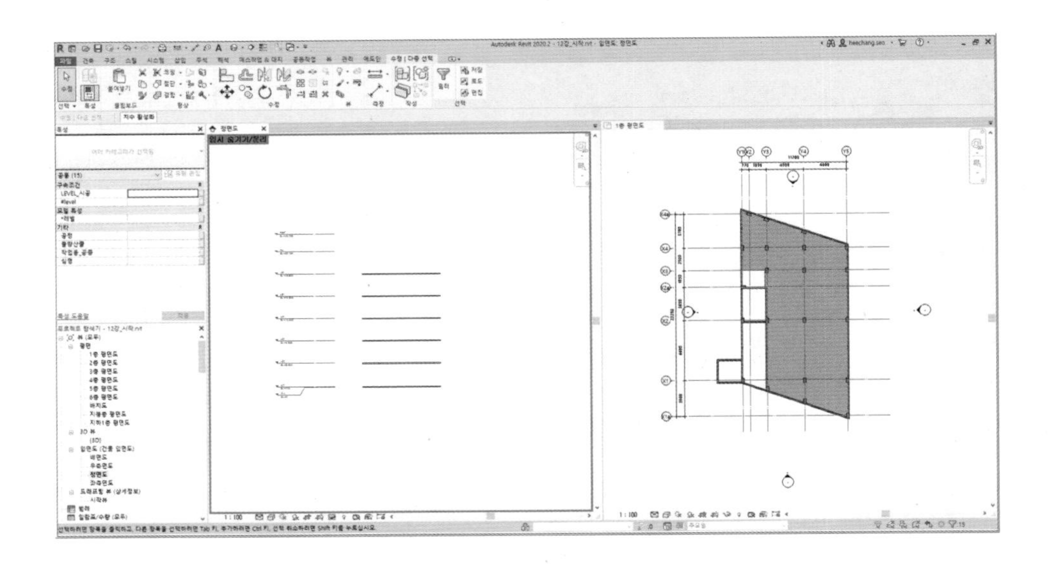

18 이번엔 화장실 바닥을 작성하겠습니다. 다음의 붉은 색으로 표시된 위치에 레벨로부터 1650값 높게 작성될 것입니다. "1층 평면도"에서 [구조]탭 ➡ [바닥] 확장 화살표 클릭 ➡ [바닥: 구조]를 클릭합니다.

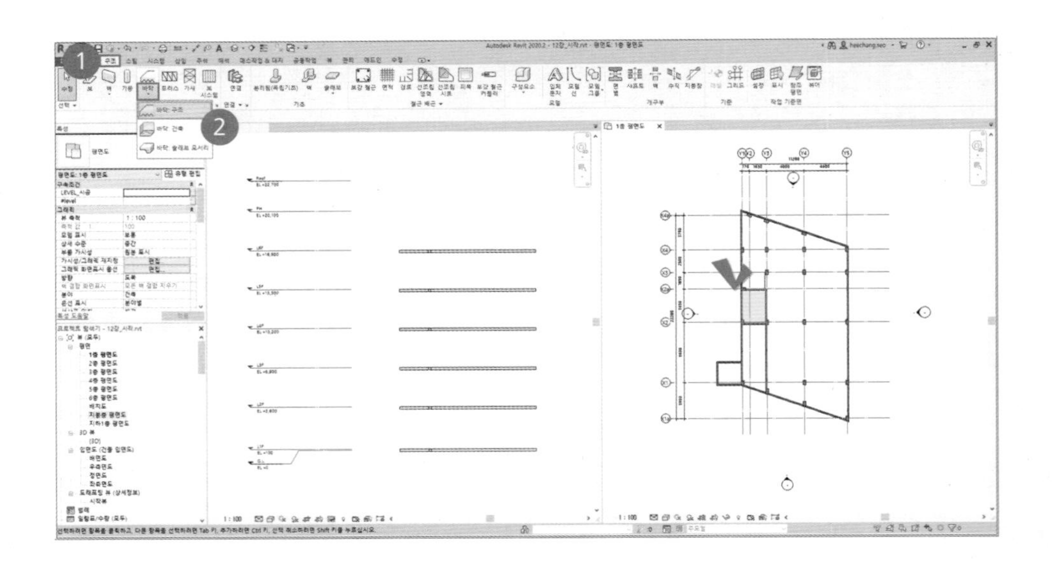

19 [수정]탭-그리기 도구에서 [선] 또는 [선 선택]으로 다음과 같이 벽 안쪽 라인으로 경계선을 그려줍니다. 특성창에서 구속조건의 레벨로부터 높이 간격을 "1650"값 입력합니다. 작성이 완료되면 [완료]를 클릭합니다.

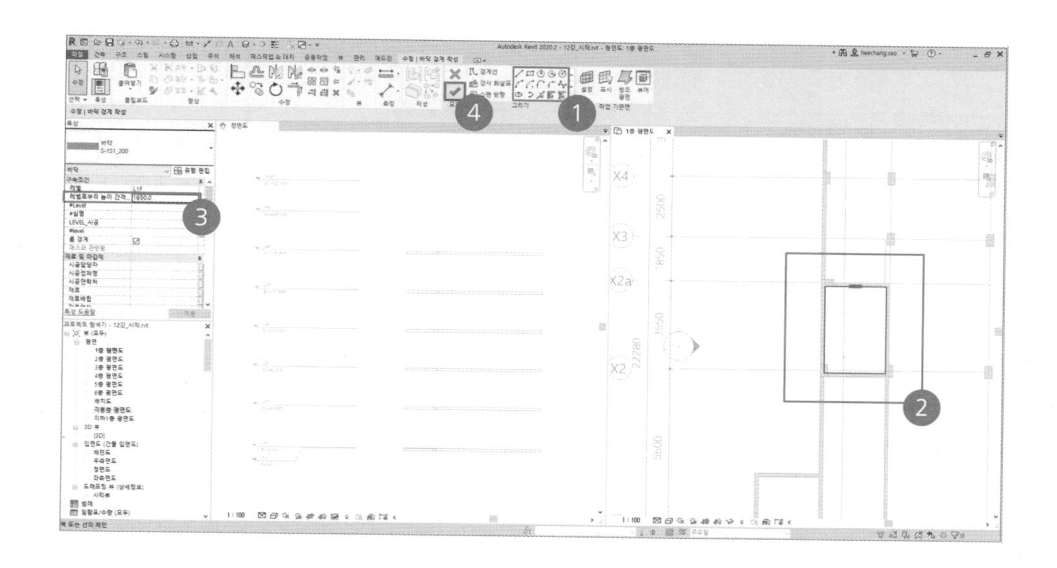

20 방금 작성된 바닥이 선택된 상태에서 [수정]탭 ➡ [복사] ➡ [붙여넣기] ➡ [선택한 레벨에 정렬]을 클릭합니다. 지하 1층, 2~5층에 작성되어야 하므로, 레벨 선택 창에서 "B1F", "L2F~L5F" 선택 ➡ [확인]을 클릭합니다.

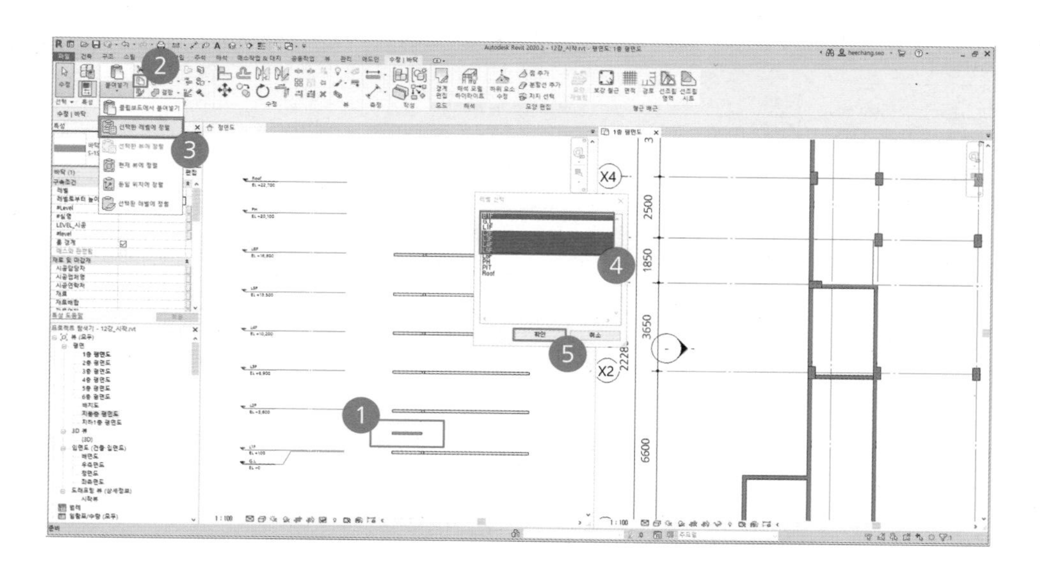

21 다음과 같이, 정면도에서 바닥이 알맞게 작성된 것을 확인할 수 있습니다.

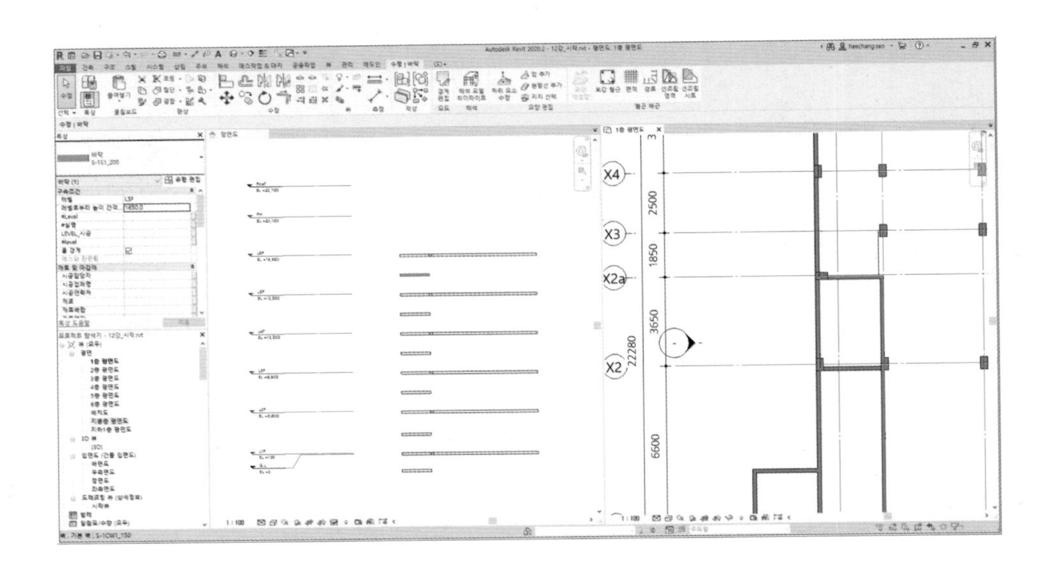

22 이제 지붕을 작성하겠습니다. 지붕은 마찬가지로 바닥으로 작성합니다. 작업순서는 전체 지붕 ➡ 엘리베이터실 지붕 ➡ 옥상계단실 지붕 순으로 작성하겠습니다. 프로젝트 탐색기창에서 "지붕층 평면도"를 엽니다.

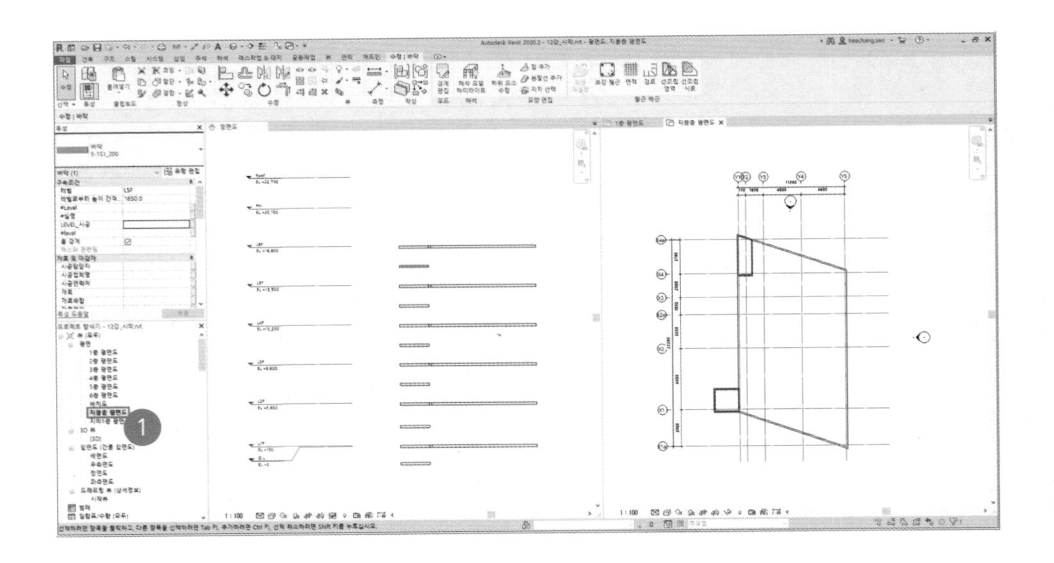

23 [구조]탭 ➡ [바닥] 확장 화살표 클릭 ➡ [바닥: 구조]를 클릭합니다.

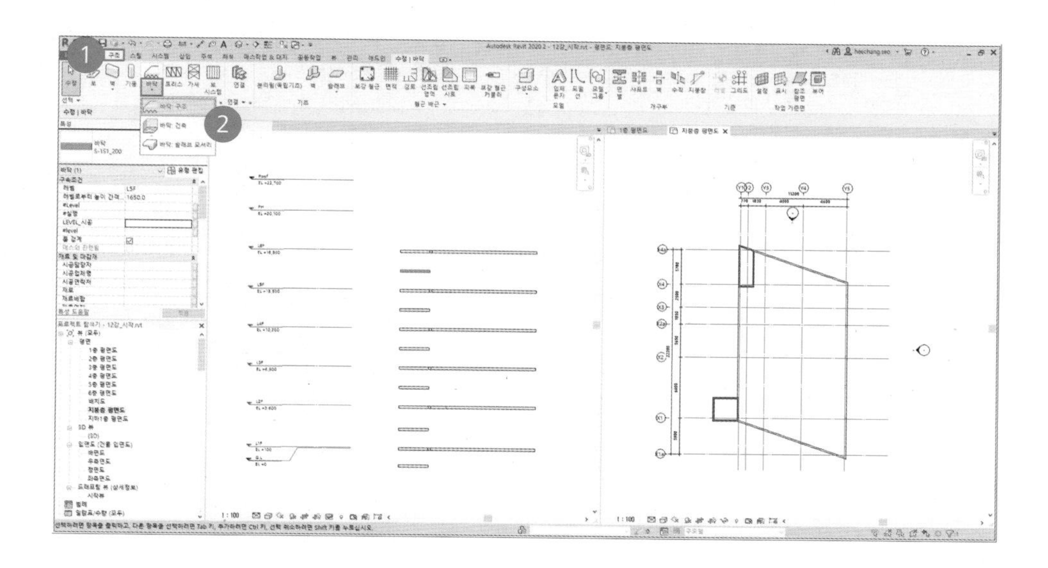

24 [수정]탭-그리기 도구에서 [선] 또는 [선 선택]으로 다음과 같이 벽 안쪽 라인으로 경계선을 그려줍니다. 특성창에서 구속조건의 레벨을 "PH", 레벨로부터 높이 간격을 "0"으로 입력합니다. 작성이 완료되면 [완료]를 클릭합니다.

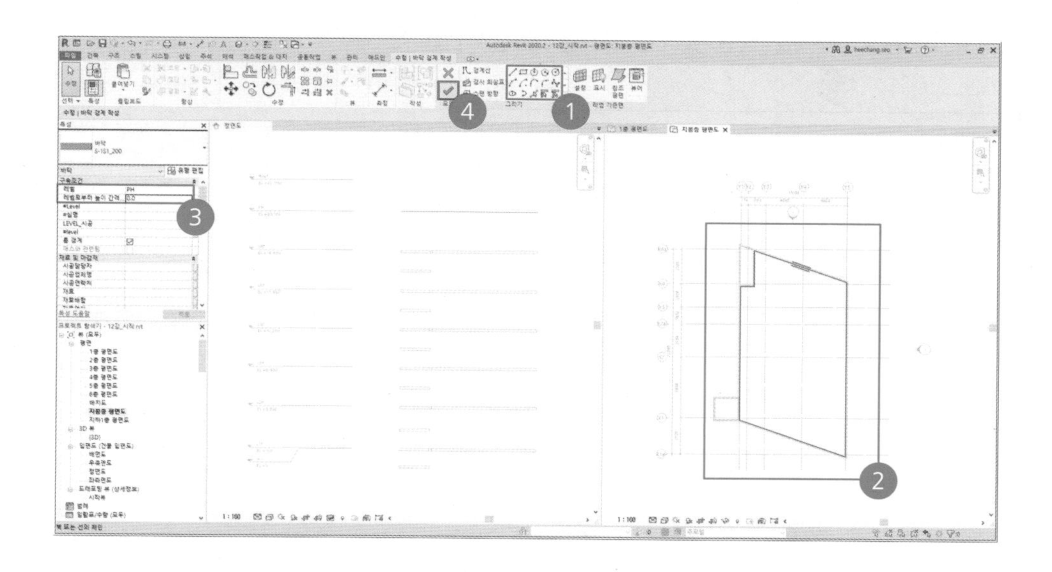

25 전체 지붕이 완료되었습니다.

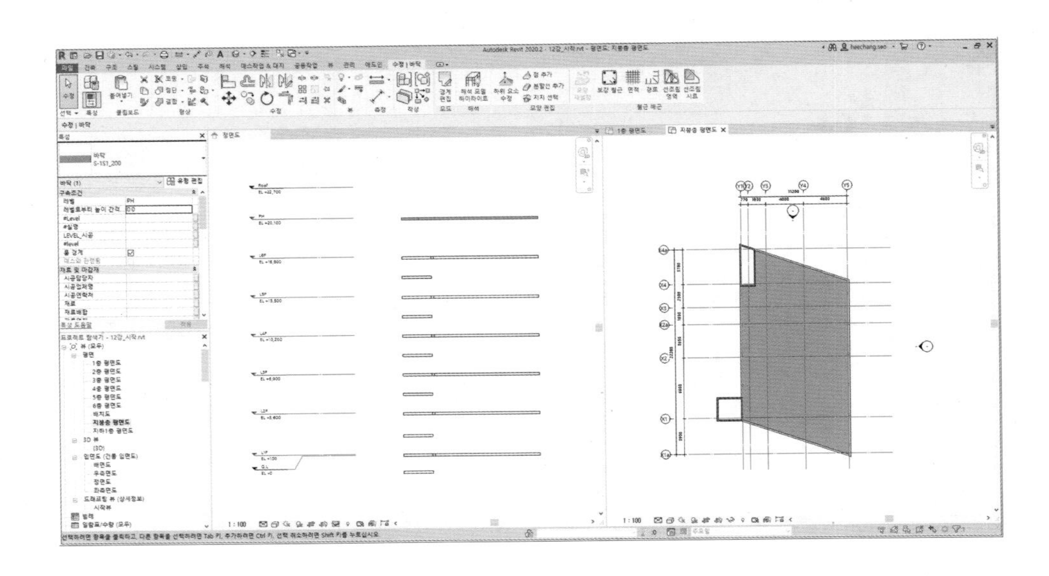

26 이제 엘리베이터실 지붕을 작성하겠습니다. 동일하게 [구조]탭 ➡ [바닥] 확장 화살표 클릭 ➡ [바닥: 구조]를 클릭합니다.

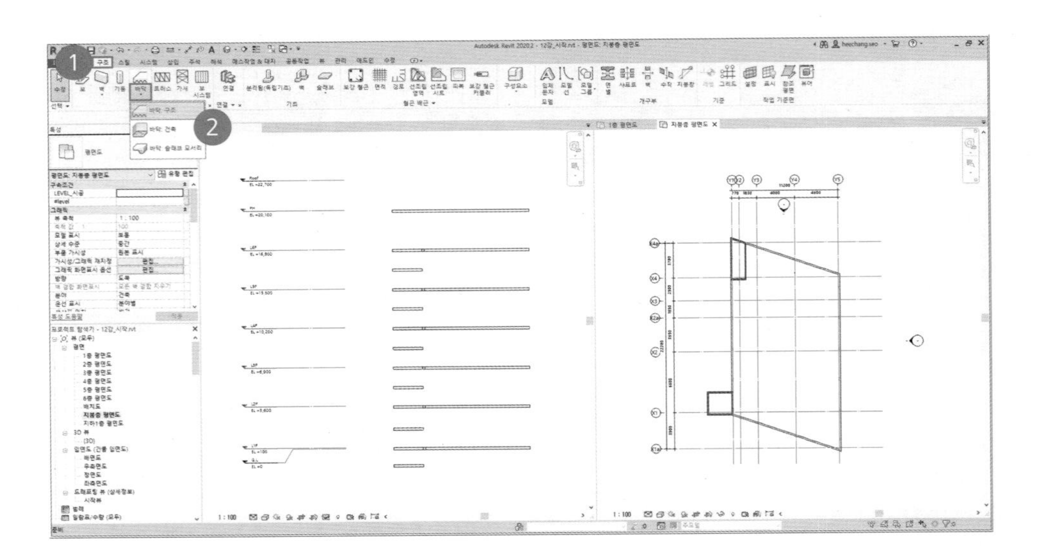

27 [수정]탭-그리기 도구에서 [선] 또는 [선 선택]으로 다음과 같이 벽 안쪽 라인으로 경계선을 그려줍니다. 특성창에서 구속조건의 레벨을 "Roof", 레벨로부터 높이 간격을 "0"으로 입력합니다. 작성이 완료되면 [완료]를 클릭합니다.

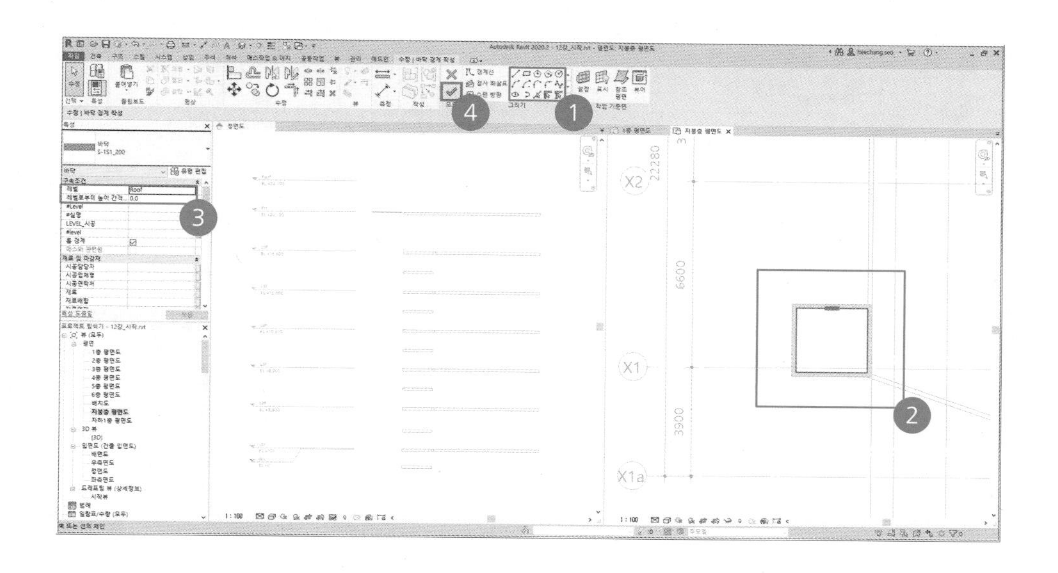

28 동일한 방법으로, "Y1"열 상단의 옥상계단실 바닥도 작성합니다. 특성창에서 구속조건의 레벨을 "Roof", 레벨로부터 높이 간격을 "0"으로 입력합니다. 작성이 완료되면 [완료]를 클릭합니다.

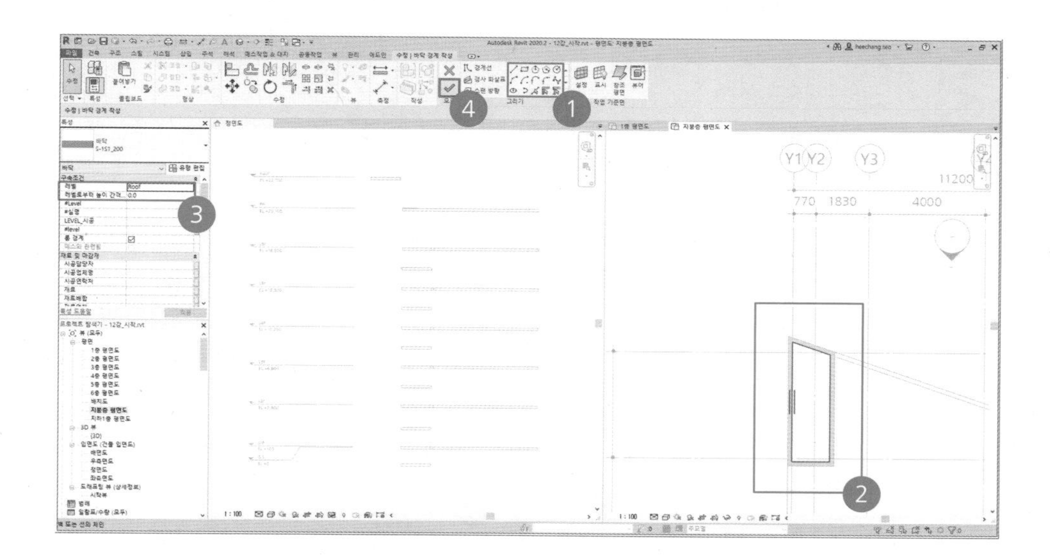

29 모든 층의 바닥이 작성 완료되었습니다. 현재 모델의 바닥은 총 15개이며, 바닥 경계는 언제든 [수정]탭-[경계선택]에서 수정이 가능합니다.

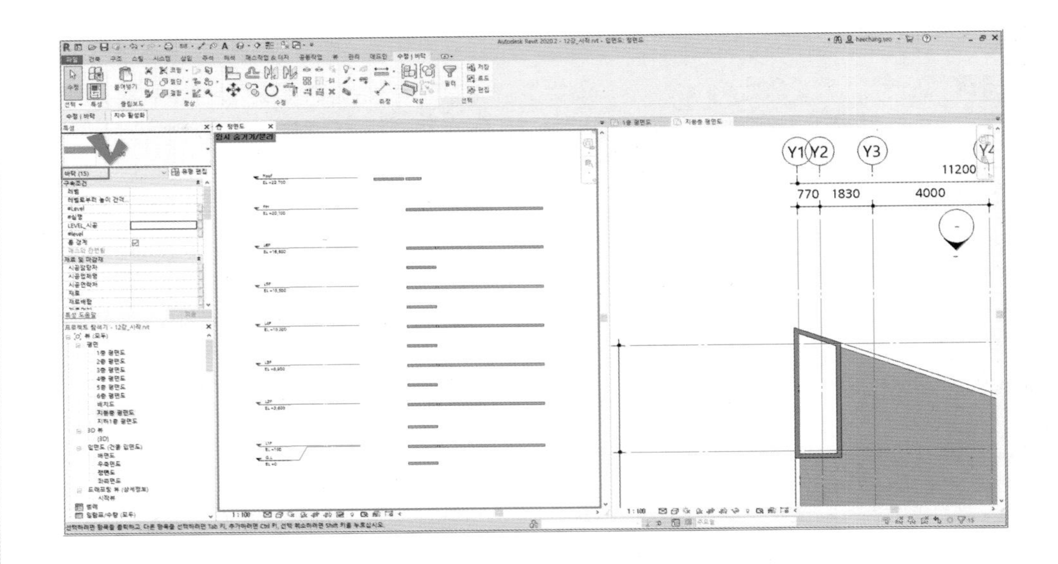

30 이제 층마다 해당하는 유형을 복제로 만들어보겠습니다.
임의의 바닥 선택 ➡ [유형 편집] ➡ [복제] ➡ 다음의 표시된 유형 목록으로 생성 ➡ ID 데이터탭의 유형 주석 값에 해당 "부재명" 입력 ➡ 완료되면 [확인]을 클릭합니다.

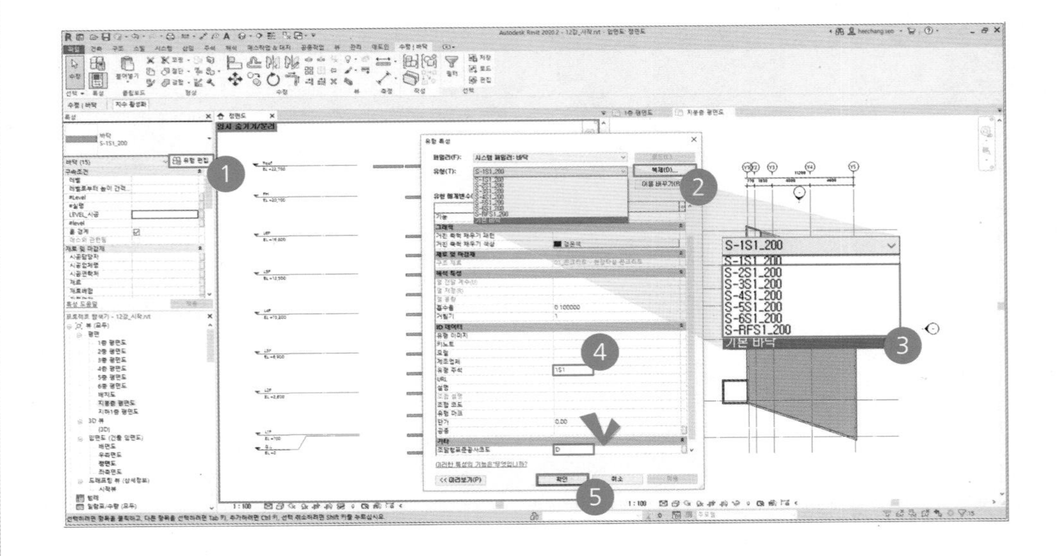

31 이제 해당 유형으로 모델에 적용하겠습니다. "정면도"에서 해당층의 모델을 드래그로 선택 ➡ 특성창의 유형을 변경하여 적용합니다.

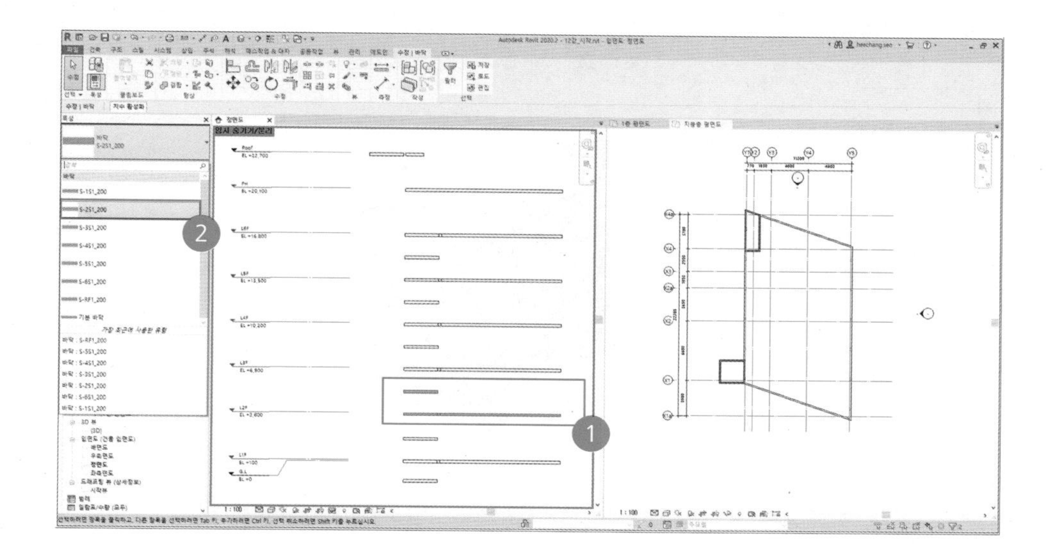

32 전체 지붕을 작성한 PH층, Roof층의 바닥은 "S-RF1_200"으로 적용합니다.

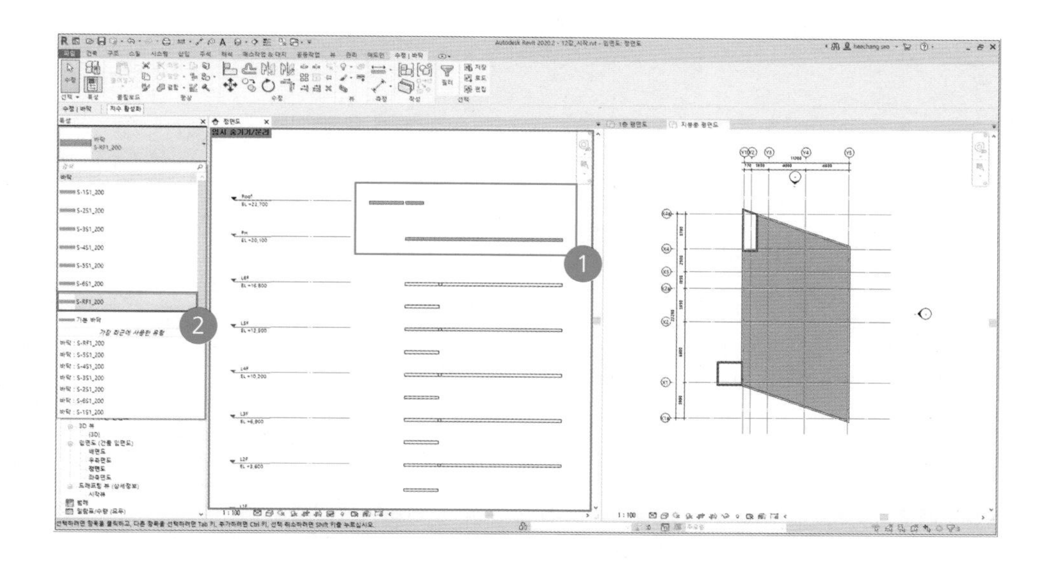

33 바닥이 모두 완성되었습니다. 3D화면에서도 확인해보시길 바랍니다.

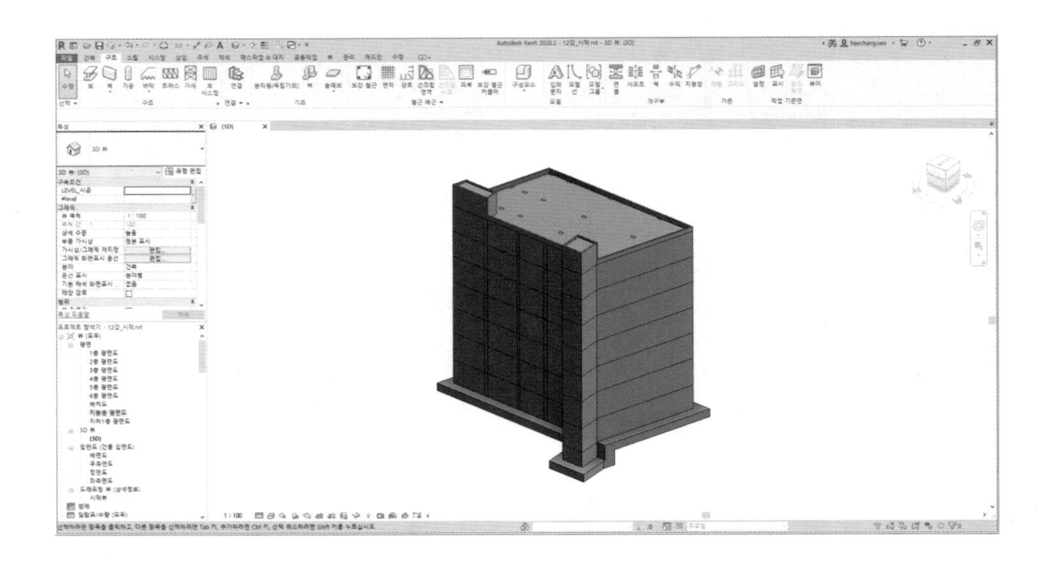

• 한솔아카데미 자료실 www.bestbook.co.kr

• BIMer 온라인커뮤니티 https://blog.naver.com/bimfactory

memo

BIMFACTORY
COMPANY

제 13 편

계획 구조설계

구조 계단

Section

13

계획 구조설계

구조 계단

13강에서는 조달청 기준의 구조 계단의 라이브러리 형식을 소개하고
그에 맞게 모델링을 작성해보도록 하겠습니다.
또한 계단을 원하는 형태로 작성하기 위해 유형 옵션을 조정하고,
각 층에 알맞게 배치 및 수정해보도록 하겠습니다.

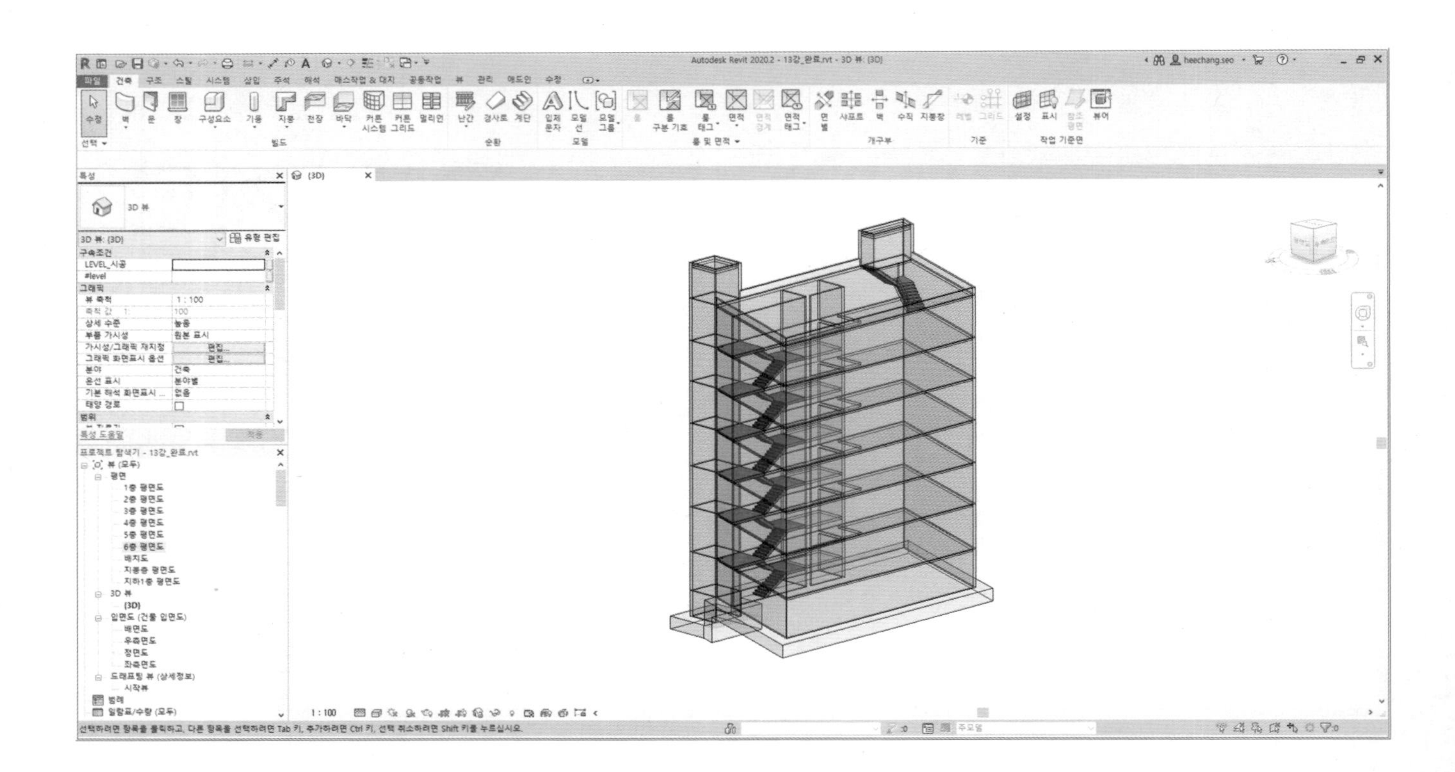

POINT

- 조달청 기준 계단 형식 소개 및 속성 정보 입력
- 구조 계단을 조달청 기준 유형 형식으로 작성하기

chapter 01 조달청 기준 유형 및 코드 소개

1 조달청 BIM 지침서 부속서에 따르면, 부위객체 부재명 및 라이브러리명의 형식은 다음과 같습니다. 본 강에서 계단의 부재명 작성방법을 참고하시기 바랍니다.

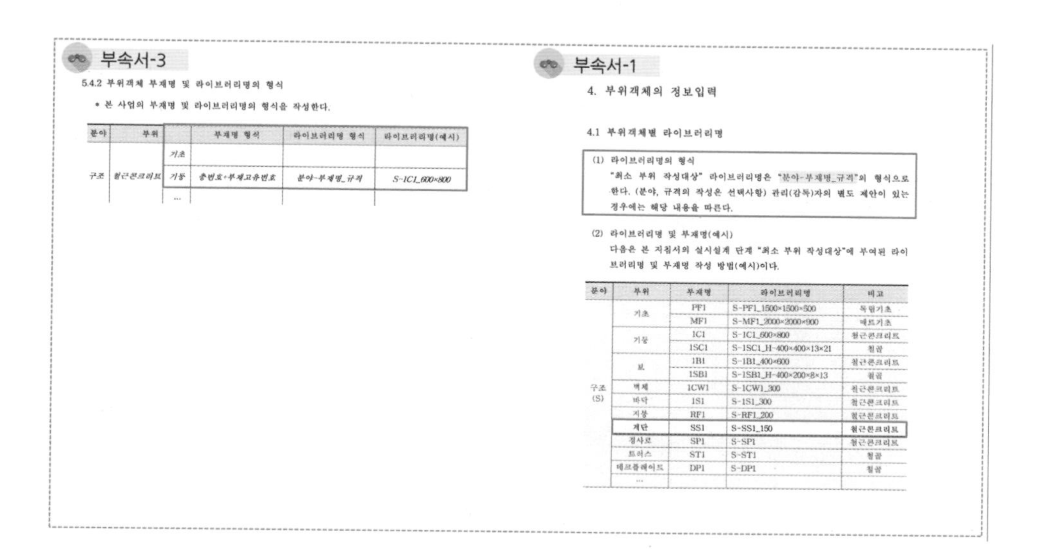

부속서-3

5.4.2 부위객체 부재명 및 라이브러리명의 형식

* 본 사업의 부재명 및 라이브러리명의 형식을 작성한다.

분야	부위		부재명 형식	라이브러리명 형식	라이브러리명(예시)
구조	철근콘크리트	기초			
		기둥	층번호+부재고유번호	분야-부재명_규격	S-1C1_600×800
		…			

부속서-1

4. 부위객체의 정보입력

4.1 부위객체별 라이브러리명

(1) 라이브러리명의 형식
"최소 부위 작성대상" 라이브러리명은 "분야-부재명_규격"의 형식으로 한다. (분야, 규격의 작성은 선택사항) 관리(감독)자의 별도 제안이 있는 경우에는 해당 내용을 따른다.

(2) 라이브러리명 및 부재명(예시)
다음은 본 지침서의 실시설계 단계 "최소 부위 작성대상"에 부여된 라이브러리명 및 부재명 작성 방법(예시)이다.

분야	부위	부재명	라이브러리명	비고
구조 (S)	기초	PF1	S-PF1_1500×1500×500	독립기초
		MF1	S-MF1_2000×2000×900	매트기초
	기둥	1C1	S-1C1_600×800	철근콘크리트
		1SC1	S-1SC1_H-400×400×13×21	철골
	보	1B1	S-1B1_400×600	철근콘크리트
		1SB1	S-1SB1_H-400×200×8×13	철골
	벽체	1CW1	S-1CW1_300	철근콘크리트
	바닥	1S1	S-1S1_300	철근콘크리트
	지붕	RF1	S-RF1_200	철근콘크리트
	계단	SS1	S-SS1_150	철근콘크리트
	경사로	SP1	S-SP1	철근콘크리트
	트러스	ST1	S-ST1	철골
	데크플레이트	DP1	S-DP1	철골
	…			

2 조달청 BIM 지침서에 따르면, 속성 정보에는 부재명, 조달청 표준공사코드, 열관류율(선택)을 입력합니다.

- 조달청 표준공사코드: 부위객체의 유형 매개변수-ID데이터에 프로젝트 매개변수를 추가하여 해당 값을 입력합니다.
- 부재명: 부위객체의 유형 매개변수-ID데이터 탭 "유형 주석"에 해당 값을 입력합니다. (기본 매개변수 "유형 주석"값에 입력합니다.)

Tip

부재 속성 값 입력방법

구체적인 속성 값 입력방법은 "시설사업 BIM 적용 기본 지침서 사용자 가이드-1.4.2 BIM 소프트웨어 사용방법 예시"에서 확인하실 수 있습니다.

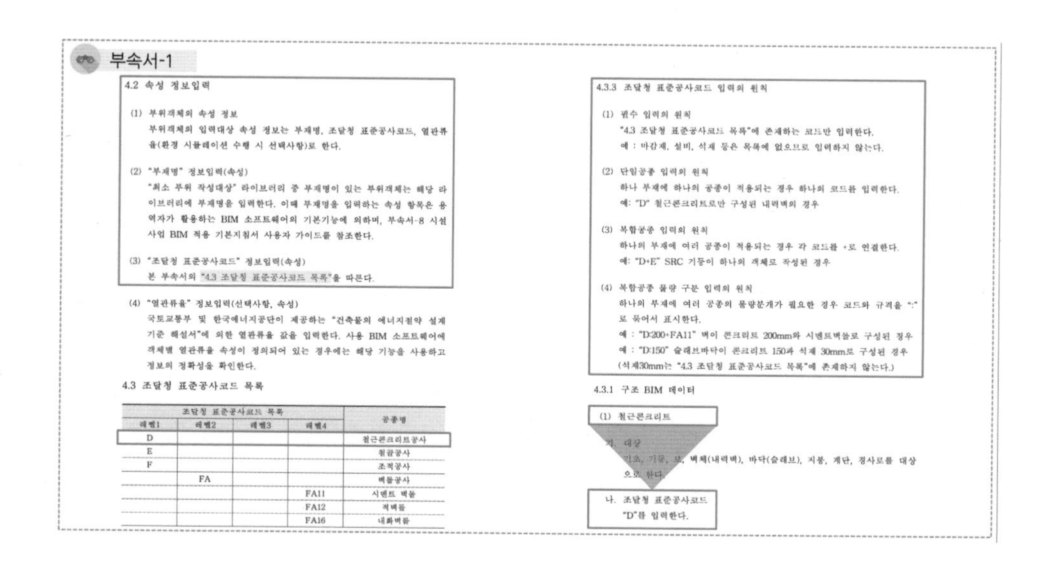

부속서-1

4.2 속성 정보입력

(1) 부위객체의 속성 정보
부위객체의 입력대상 속성 정보는 부재명, 조달청 표준공사코드, 열관류율(환경 시뮬레이션 수행 시 선택사항)로 한다.

(2) "부재명" 정보입력(속성)
"최소 부위 작성대상" 라이브러리 중 부재명이 있는 부위객체는 해당 라이브러리에 부재명을 입력한다. 이때 부재명을 입력하는 속성 항목은 용역자가 활용하는 BIM 소프트웨어의 기본기능에 의하며, 부속서-8 시설사업 BIM 적용 기본지침서 사용자 가이드를 참조한다.

(3) "조달청 표준공사코드" 정보입력(속성)
본 부속서의 "4.3 조달청 표준공사코드 목록"을 따른다.

(4) "열관류율" 정보입력(선택사항, 속성)
국토교통부 및 한국에너지공단이 제공하는 "건축물의 에너지절약 설계기준 해설서"에 의한 열관류율 값을 입력한다. 사용 BIM 소프트웨어에 객체별 열관류율 속성이 정의되어 있는 경우에는 해당 기능을 사용하고 정보의 정확성을 확인한다.

4.3 조달청 표준공사코드 목록

조달청 표준공사코드 목록				공종명
레벨1	레벨2	레벨3	레벨4	
D				철근콘크리트공사
E				철골공사
F				조적공사
	FA			벽돌공사
			FA11	시멘트 벽돌
			FA12	적벽돌
			FA16	내화벽돌

4.3.3 조달청 표준공사코드 입력의 원칙

(1) 필수 입력의 원칙
"4.3 조달청 표준공사코드 목록"에 존재하는 코드만 입력한다.
예 : 마감재, 설비, 석재 등은 목록에 없으므로 입력하지 않는다.

(2) 단일공종 입력의 원칙
하나 부재에 하나의 공종이 적용되는 경우 하나의 코드를 입력한다.
예: "D" 철근콘크리트로만 구성된 내력벽의 경우

(3) 복합공종 입력의 원칙
하나의 부재에 여러 공종이 적용되는 경우 각 코드를 +로 연결한다.
예: "D+E" SRC 기둥이 하나의 객체로 작성된 경우

(4) 복합공종 물량 구분 입력의 원칙
하나의 부재에 여러 공종의 물량분개가 필요한 경우 코드와 규격을 ":"로 묶어서 표시한다.
예 : "D:200+FA11" 벽이 콘크리트 200mm와 시멘트벽돌로 구성된 경우
예 : "D:150" 슬래브바닥이 콘크리트 150과 석재 30mm로 구성된 경우
(석재30mm는 "4.3 조달청 표준공사코드 목록"에 존재하지 않는다.)

4.3.1 구조 BIM 데이터

(1) 철근콘크리트

가. 대상
기초, 기둥, 보, 벽체(내력벽), 바닥(슬래브), 지붕, 계단, 경사로를 대상으로 한다.

나. 조달청 표준공사코드
"D"를 입력한다.

chapter 02 구조 계단 작성

1 Revit을 실행합니다.
모델 창 [열기] 클릭 ➡ ₩예제파일₩13강₩13강_시작.rvt를 선택하고 [열기]를 클릭합니다.

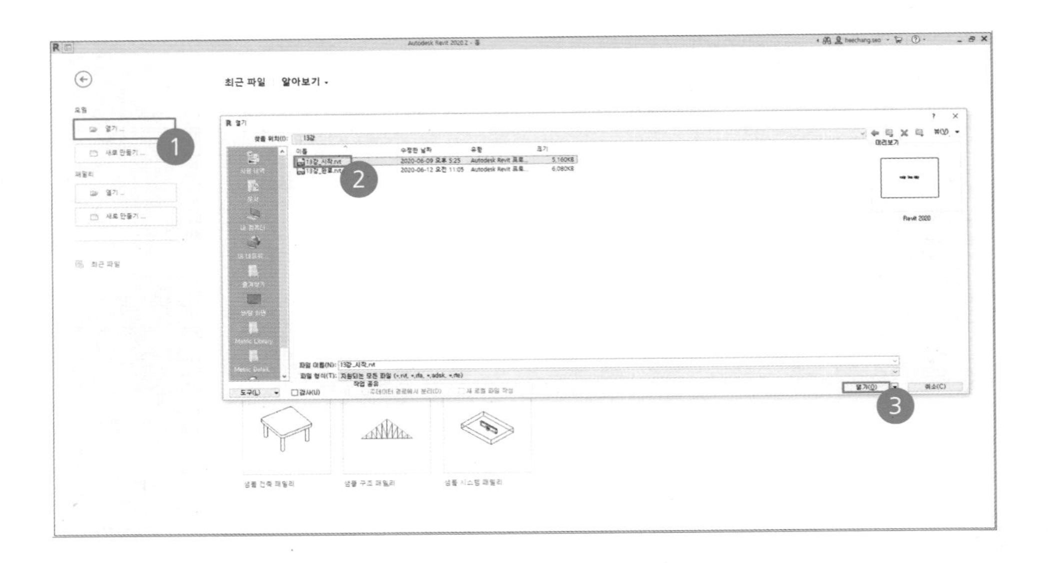

2 프로젝트 탐색기에서 기준층인 "2층 평면도"를 더블클릭하여 엽니다.

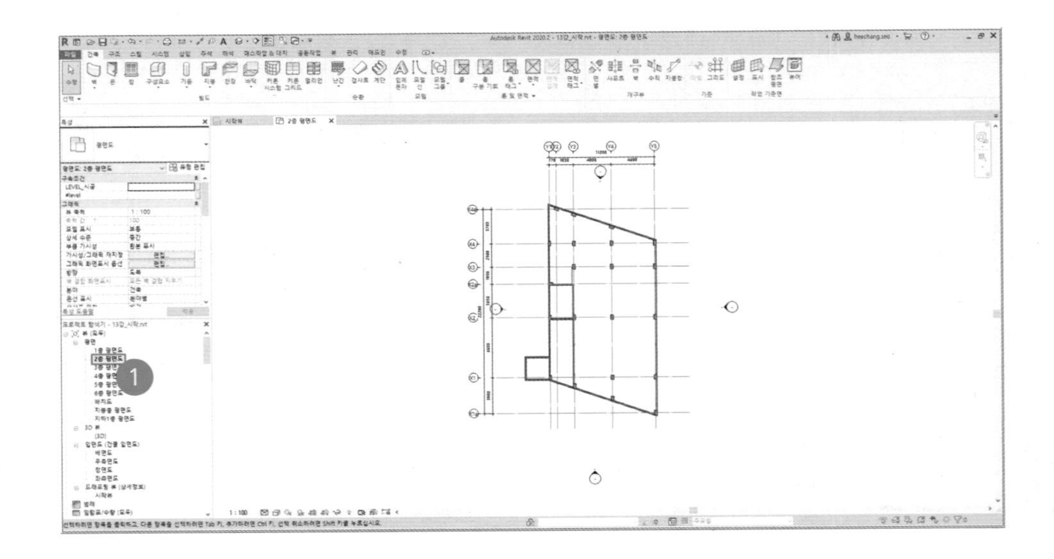

3 계단을 작성하기 위해 [건축]탭 ➡ [계단]을 클릭합니다.

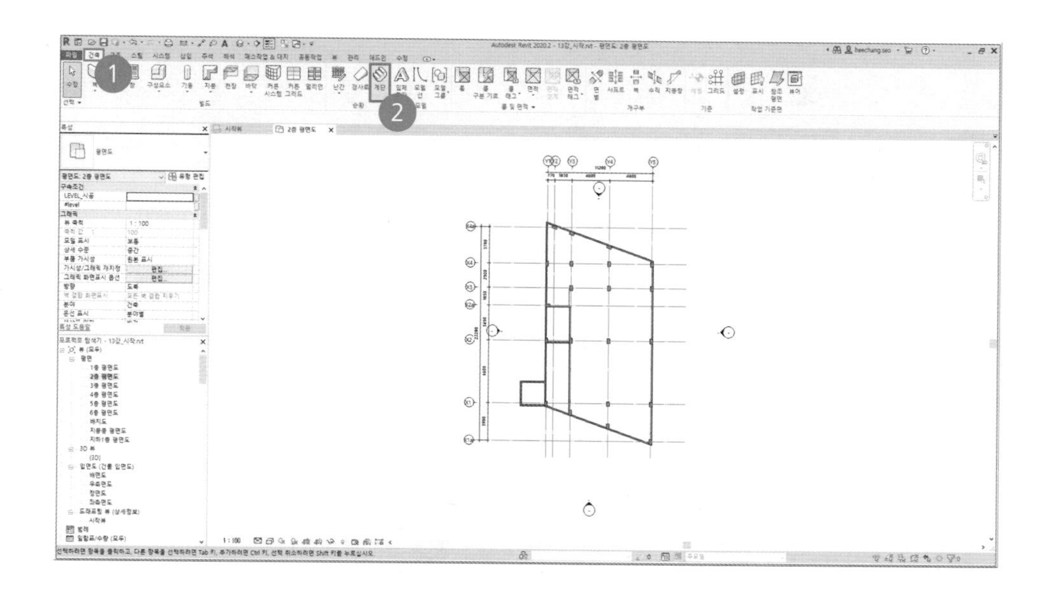

Tip

구조 계단 작성

계단은 [건축]탭에 있습니다.

4 특성 창-[유형 편집] 클릭 ➡ 유형 [복제] 클릭 ➡ 유형이름을 조달청 형식인 "S-SS1_200"을 입력하고 [확인]을 클릭합니다. 그 다음, 두께를 변경하기 위해 유형 매개변수의 구성 탭-계단진행 유형[편집]을 클릭합니다.

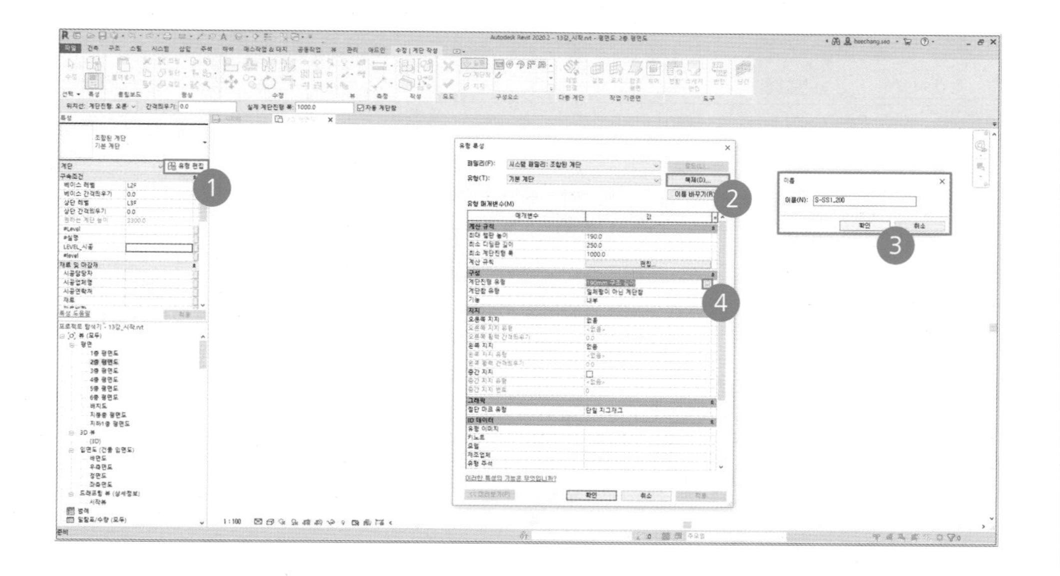

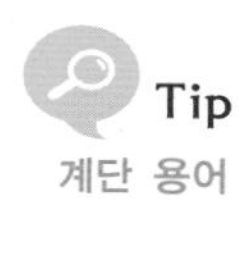

Tip

계단 용어

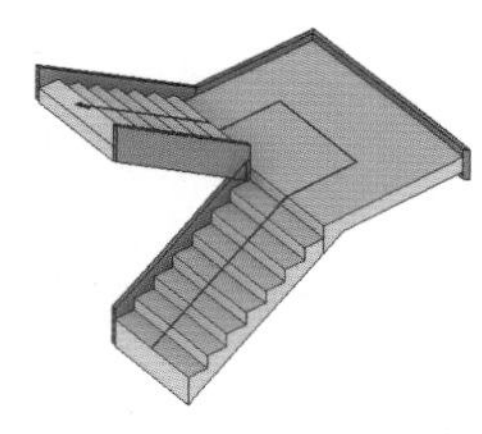

-계단 참
-디딤판
-챌판
-지지(계단옆판)

5 구조 깊이가 170mm인 유형으로 작성하겠습니다.
다음과 같은 순서로 유형을 복제한 후 [확인]을 클릭해 적용합니다.

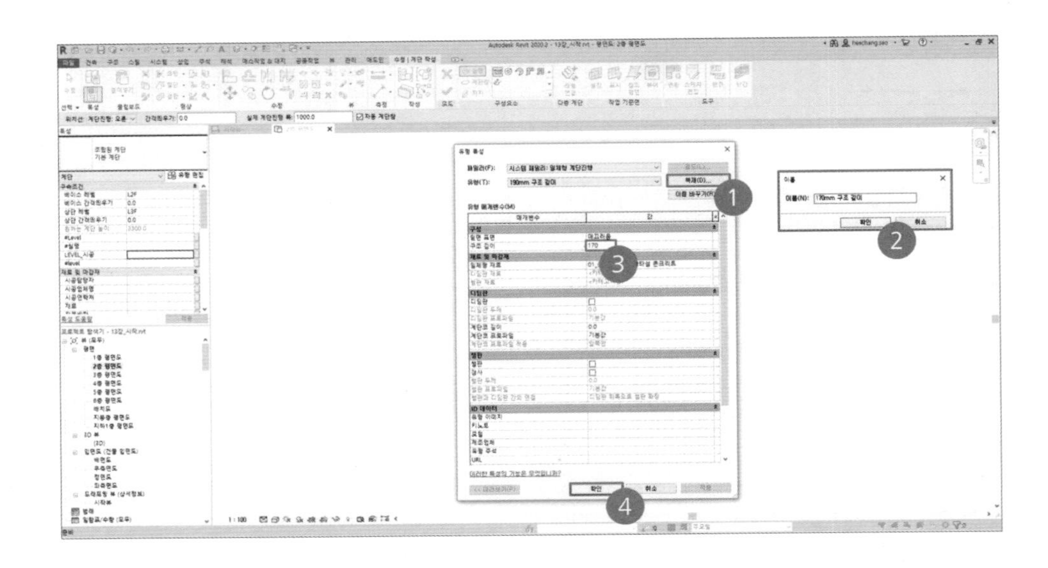

6 그 다음, 계단참 유형을 변경하기 위해 유형 매개변수의 구성 탭–계단참 유형 [편집]을 클릭합니다.

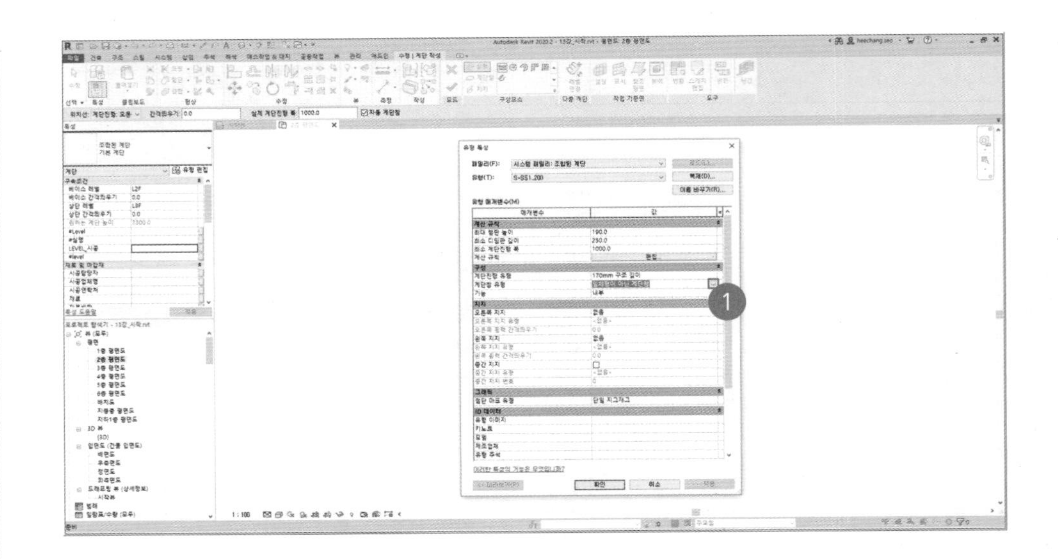

7 상단의 패밀리를 “시스템 패밀리: 일체형 계단참”으로 변경합니다. 유형은 기본 200mm 두께를 그대로 사용하겠습니다. [확인]을 클릭합니다.

Tip

일체형 계단참

유형을 복제하여 두께 및 재료를 설정할 수 있습니다.

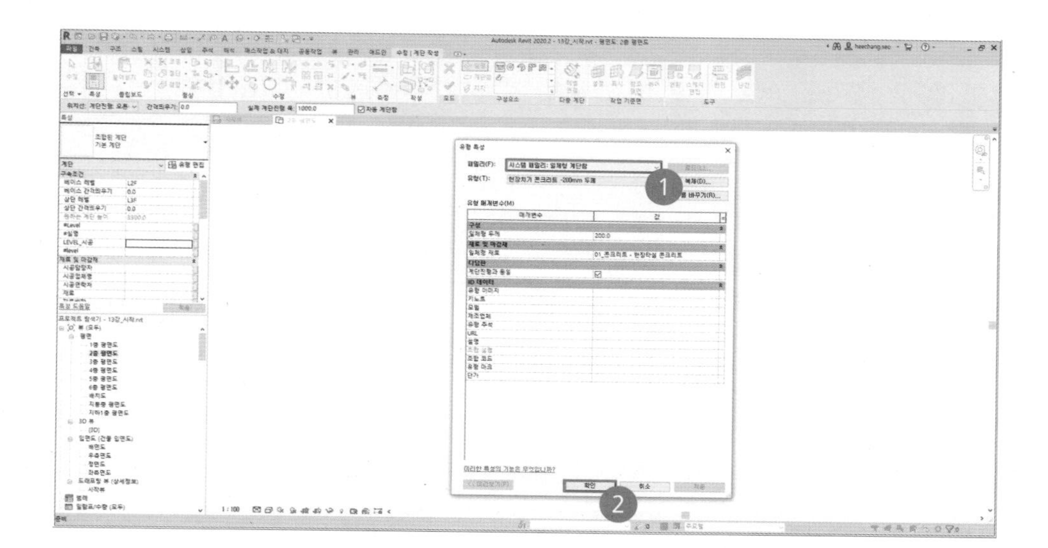

8 이제, ID 데이터 탭의 유형주석에 부재명 “SS1”, 조달청표준공사코드에 “D”를 입력 후 [확인]을 클릭합니다.

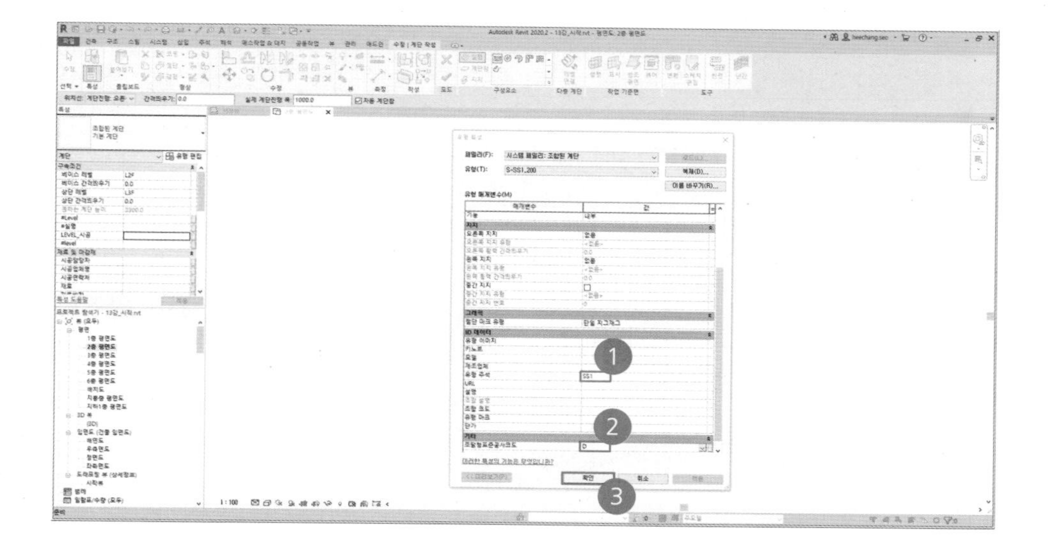

위치선 :

위치선방향을 상황에 맞게 다르게 적용하여 작성 시, 더 효율적으로 작업할 수 있습니다.

9 옵션바에서 위치선 : [계단진행 오른쪽]으로, 실계 계단진행 폭: "1200"을 입력합니다. 특성창의 치수탭에서 원하는 챌판 수에 "20"을 입력합니다. 1200mm 폭인 20개의 계단을 오른쪽 끝에서부터 작성할 준비가 되었습니다.

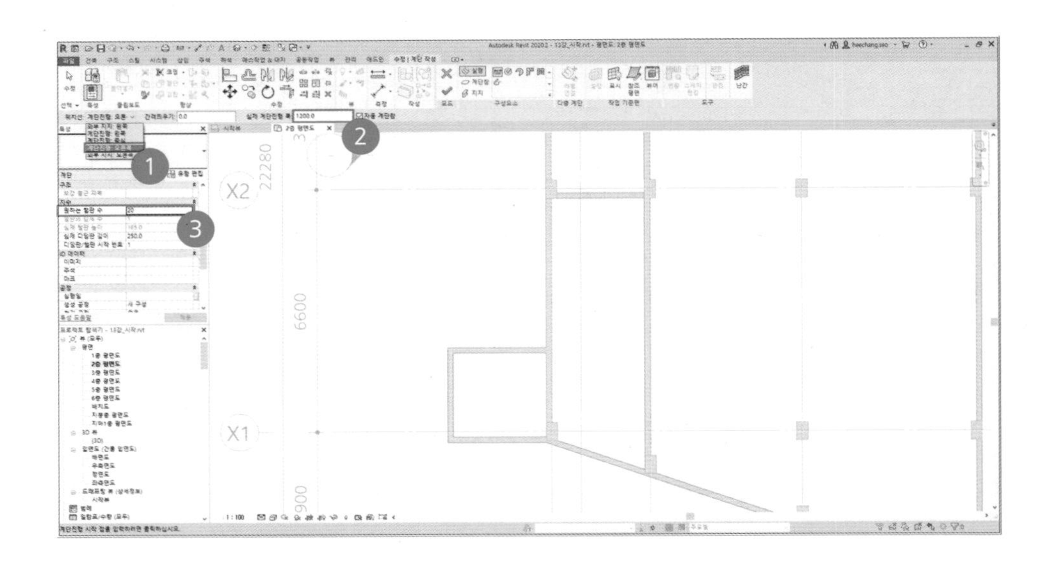

가이드 라인

참조 평면과 라인

10 다음과 같은 치수의 계단을 작성하겠습니다. 다음의 표시된 지점이 계단 시작 부분입니다.

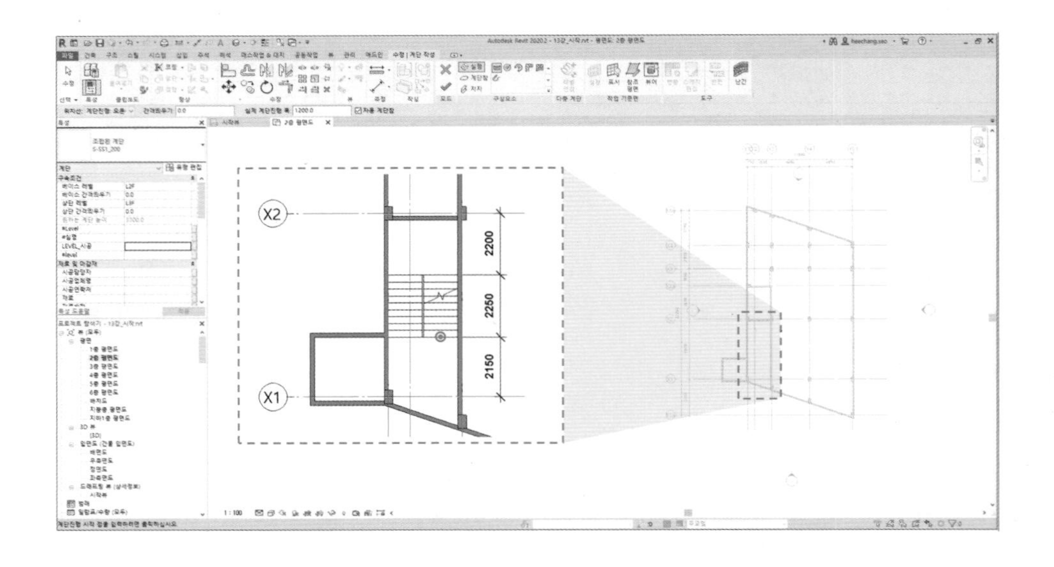

11 다음과 같이 스냅이 걸리는 1번 지점을 클릭 ➡ 마우스커서를 위쪽 방향으로 옮김 ➡ "2250" 입력 후 엔터를 눌러줍니다.

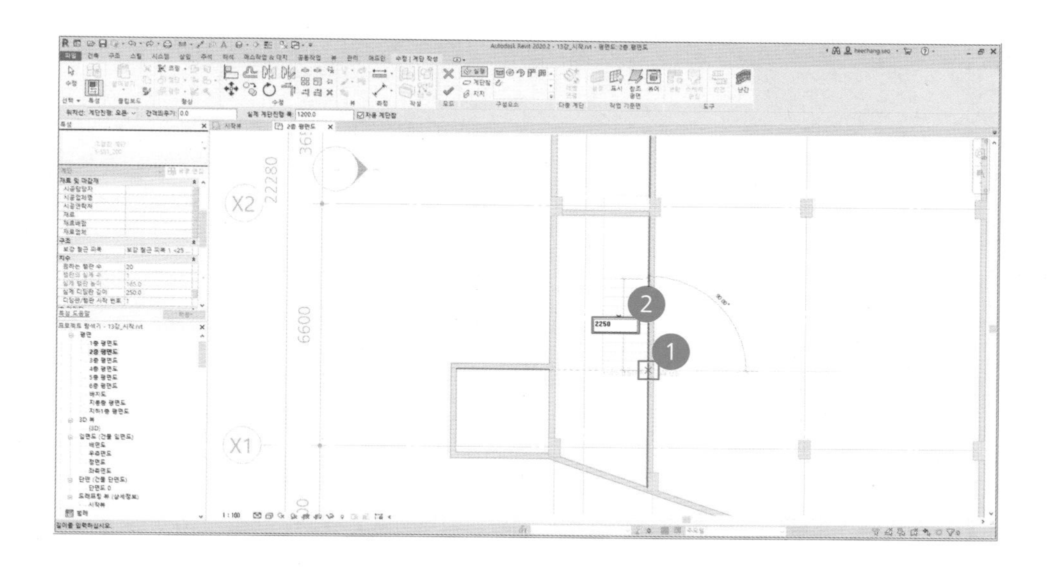

12 다음과 같은 순서대로 스냅에 걸리도록 클릭하여 작성합니다.

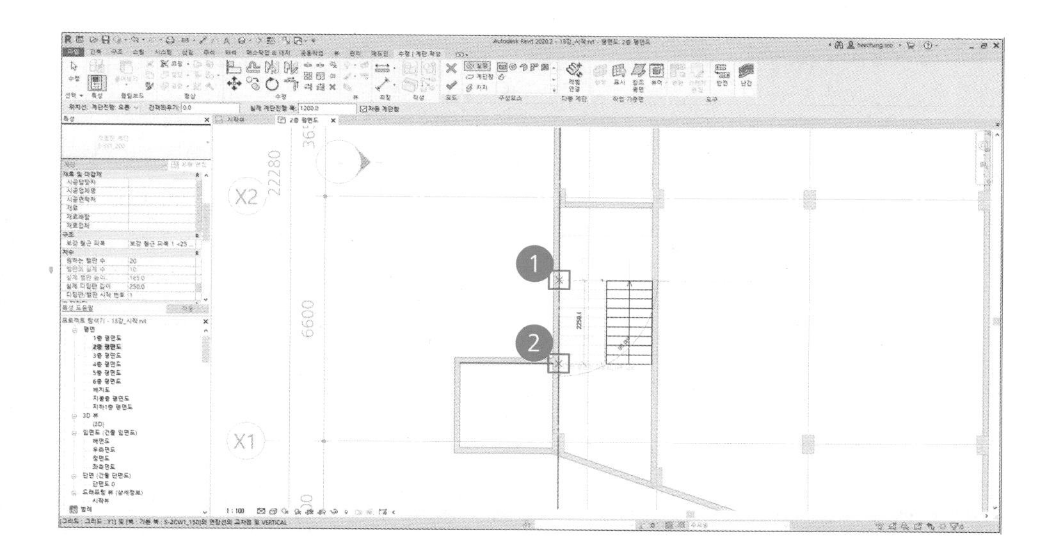

스케치 작성

계단참, 경계, 챌판을 직접 그려서 작성할 수 있습니다. 직접 작성할 시, 경계는 반드시 오픈된 형태로 작성합니다.

13 두 계단 사이에 계단참이 자동으로 생성됩니다.
계단참을 클릭하고 벽 안쪽까지 화살표를 드래그해서 붙여줍니다.

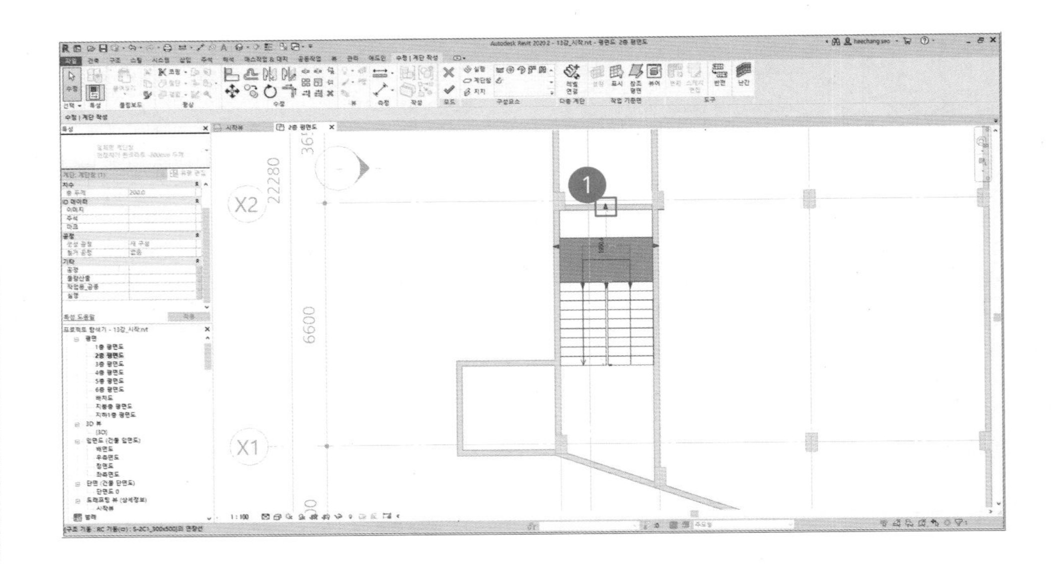

14 다음과 같은 형태가 됩니다.

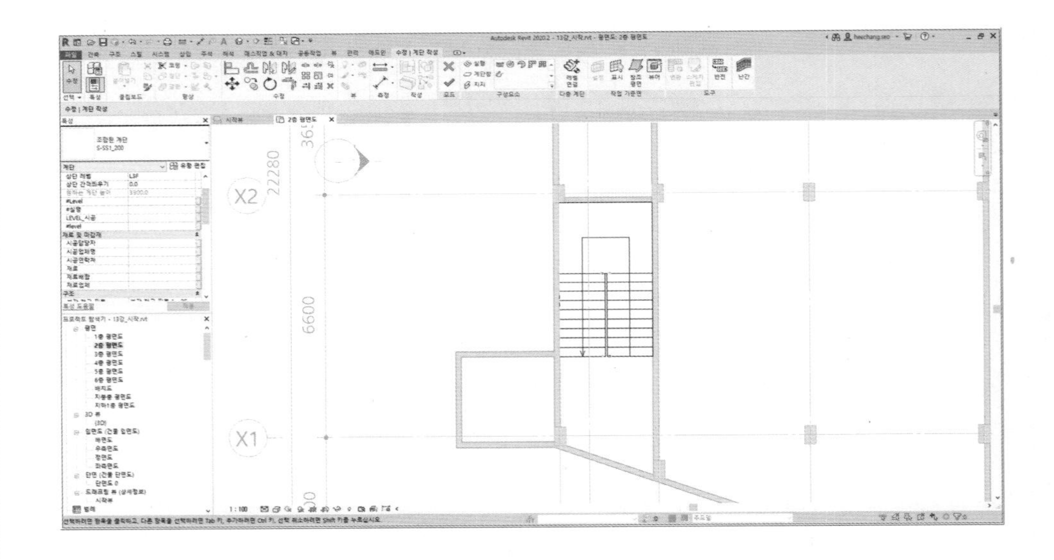

15 그 다음, 연결되는 계단참을 작성하겠습니다.
[수정]탭의 [계단참] 클릭 ➡ [스케치 작성] 아이콘을 클릭합니다.

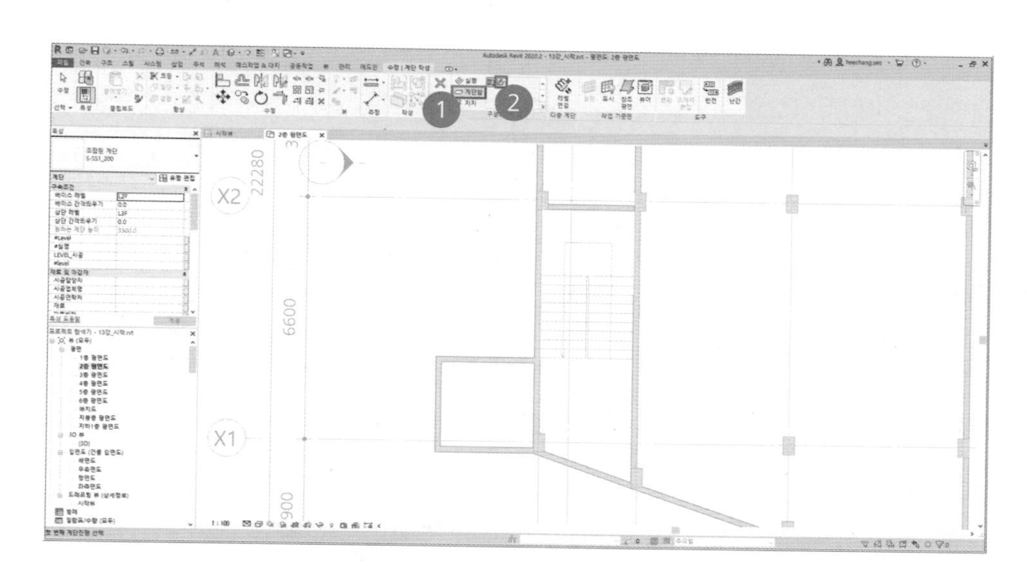

16 다음과 같이 벽 안쪽 경계를 따라 1번 형태로 작성합니다.
완료되었으면 상단의 [완료] 버튼을 클릭합니다.

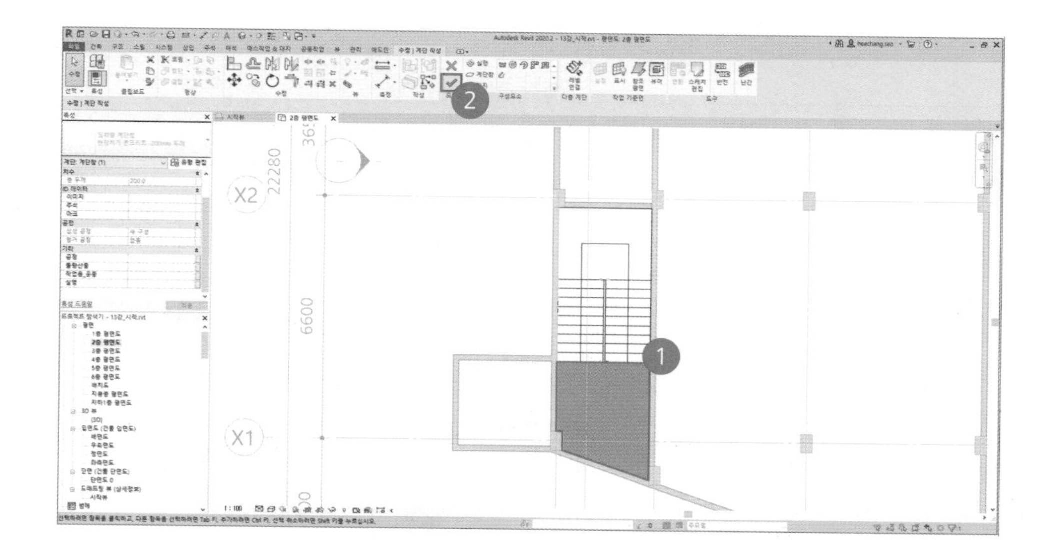

Tip

난간 작성

계단 마감 챕터-페이지(342)에서 작성 방법을 확인할 수 있습니다.

17 경고창 "난간이 연속적이지 않습니다"가 나타납니다. 난간은 모델이 모두 작성된 뒤, 한 번에 그릴 것이므로 현재 자동 생성된 난간은 삭제할 것입니다. 그러므로 경고창은 무시합니다.

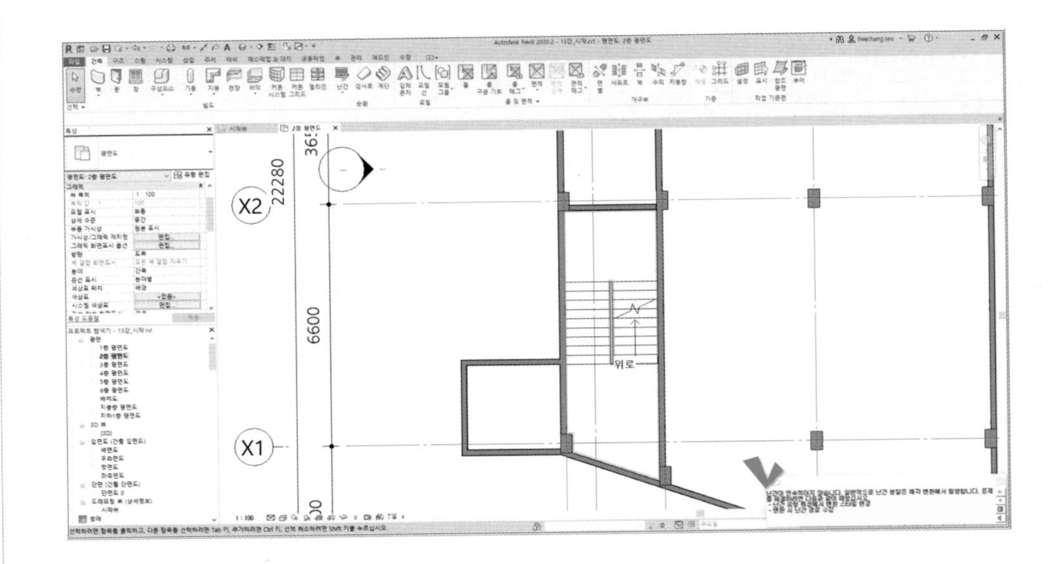

Tip

선택 상자로 확인하기

객체 선택 ➡ 뷰 탭 ➡ 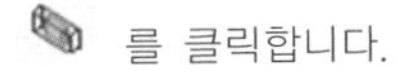 를 클릭합니다. 단면 상자를 제어하여 뷰를 조정합니다.

18 계단 작성 및 확인하기 위해서, 단면도를 끊어서 보는 게 효과적이므로 계단부분의 단면을 끊어보겠습니다. [뷰]탭 ➡ [단면도] 클릭 ➡ 계단부분이 잘 보이도록 3번 ➡ 4번 순서대로 클릭합니다.

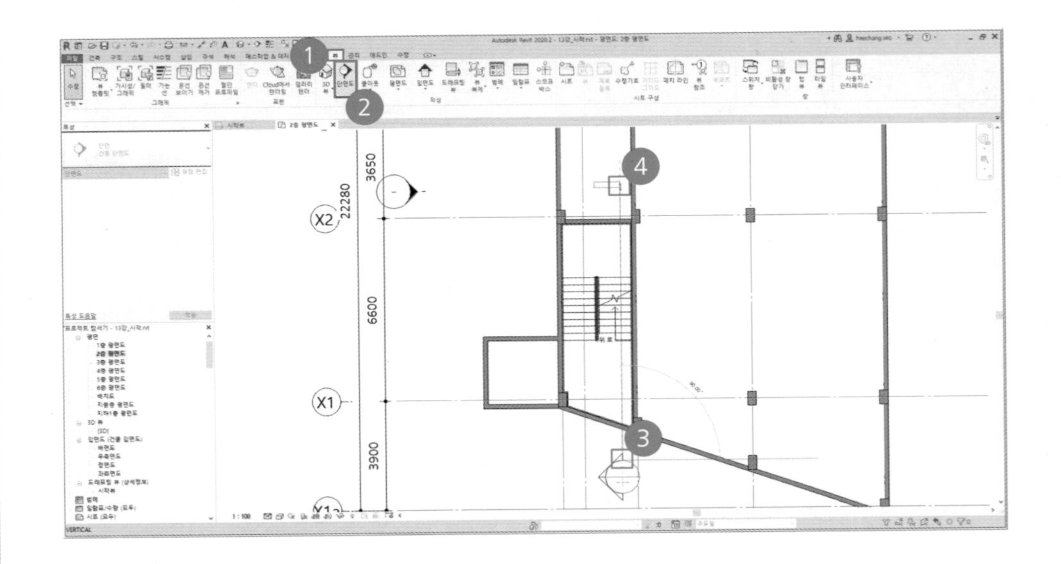

19 단면도로 이동하기 위해, 단면도 선 기호를 우클릭 ➡ [뷰로 이동]을 클릭합니다.
또는 단면도 헤드 화살표를 더블클릭합니다.

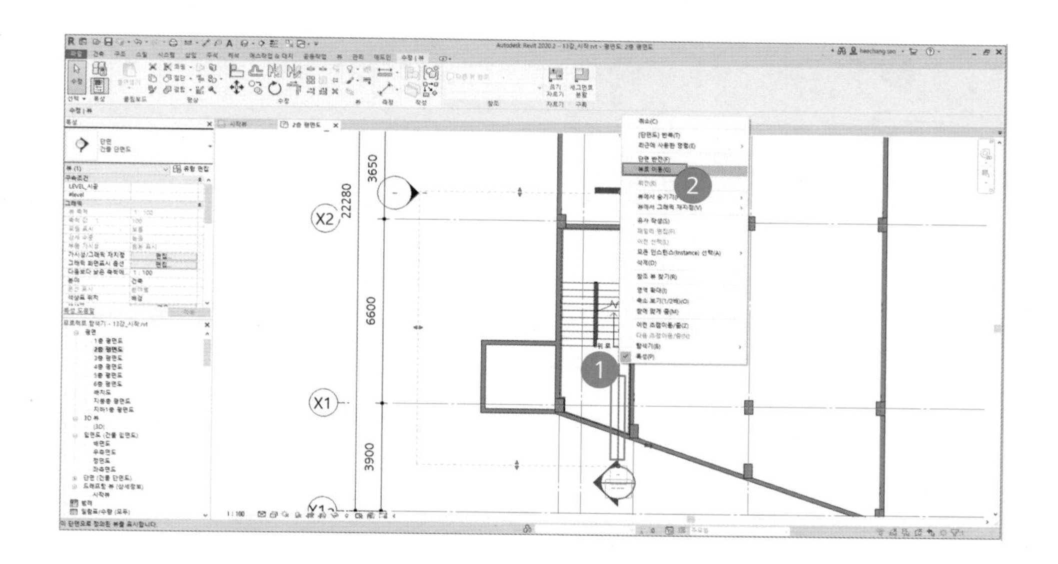

20 단면도에 작성된 계단이 보입니다.
다음과 같이 난간을 선택 ➡ [Delete]키로 삭제합니다.

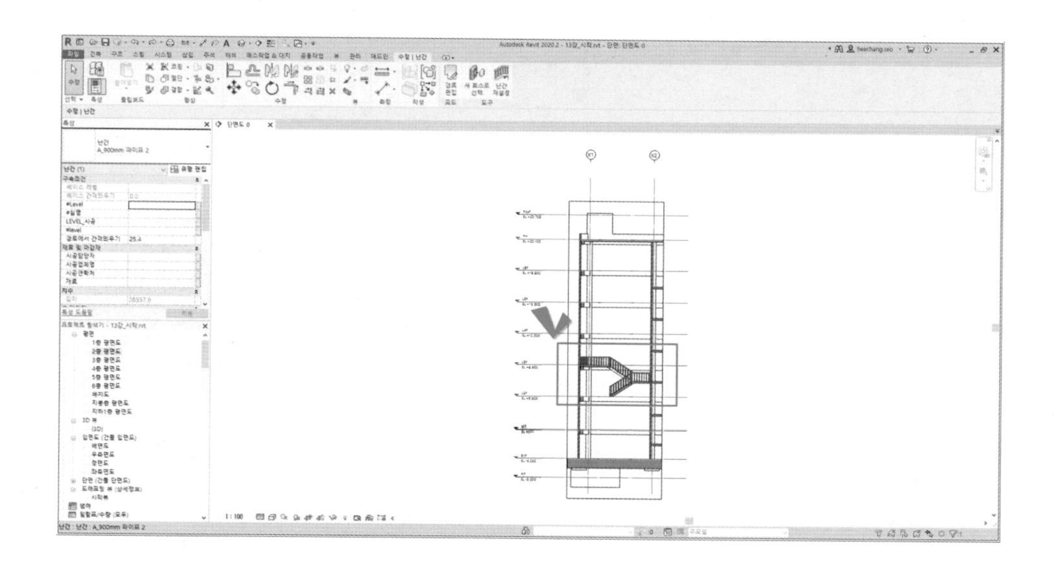

21 계단을 선택한 뒤, 먼저 3층에만 복사하겠습니다.
계단은 선택한 층 상단에 작성되기 때문에 "L3F"를 선택해서 붙여넣기 합니다.

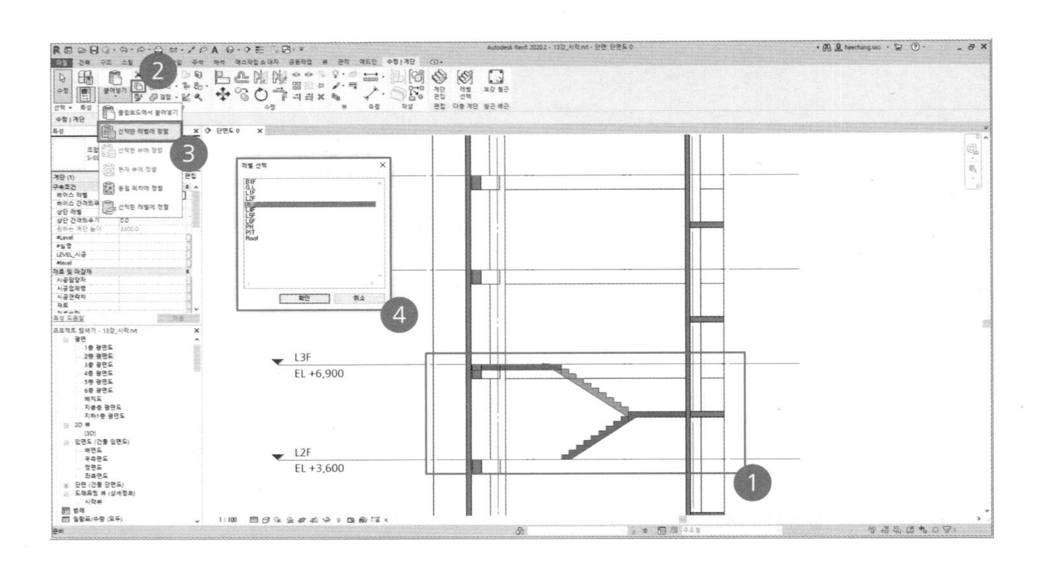

22 다음의 표시된 곳을 보면, 계단이 계단참과 연결되지 않고 끊겨져 있습니다.
나머지 층에 복사하기 전에 이 부분을 먼저 수정하겠습니다.

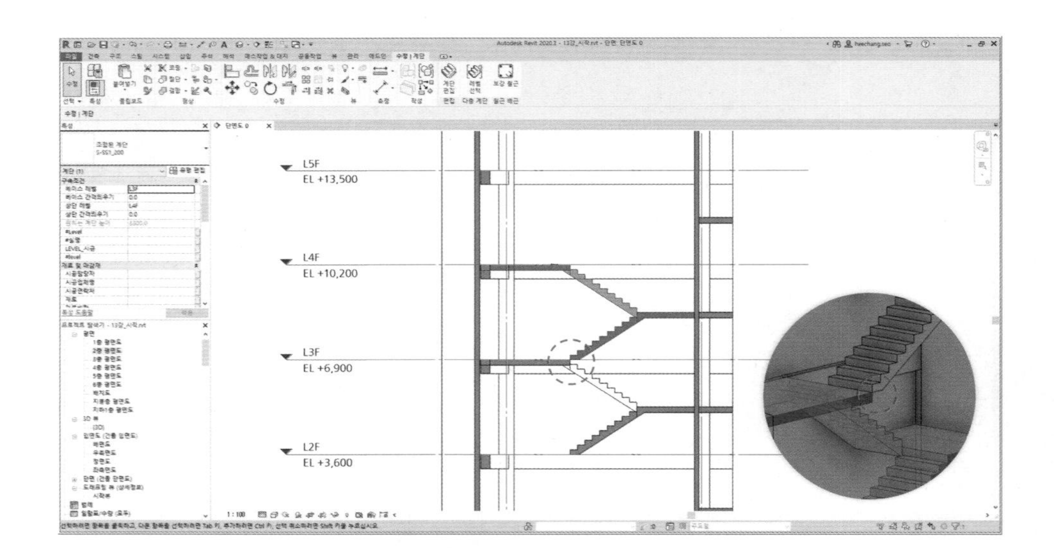

23 3층에 작성된 계단을 선택 ➡ [수정]탭의 [계단편집]을 클릭합니다.

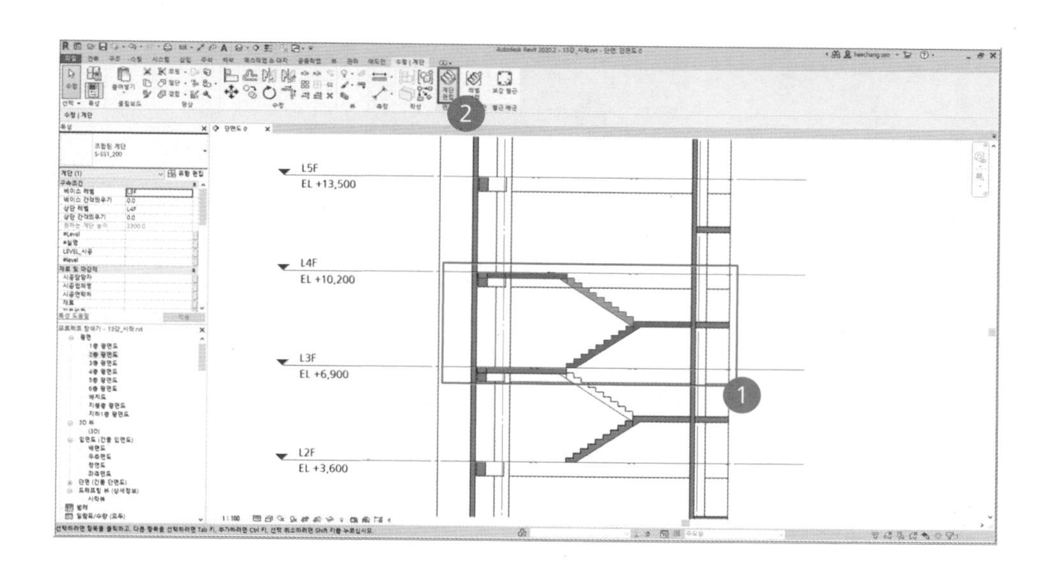

24 1번 계단을 클릭 ➡ 특성창-구성탭의 철판 베이스 아래로 확장에 "-200"을 입력합니다. 계단참이 200 두께이고 하단방향이기 때문에 -200을 입력합니다.

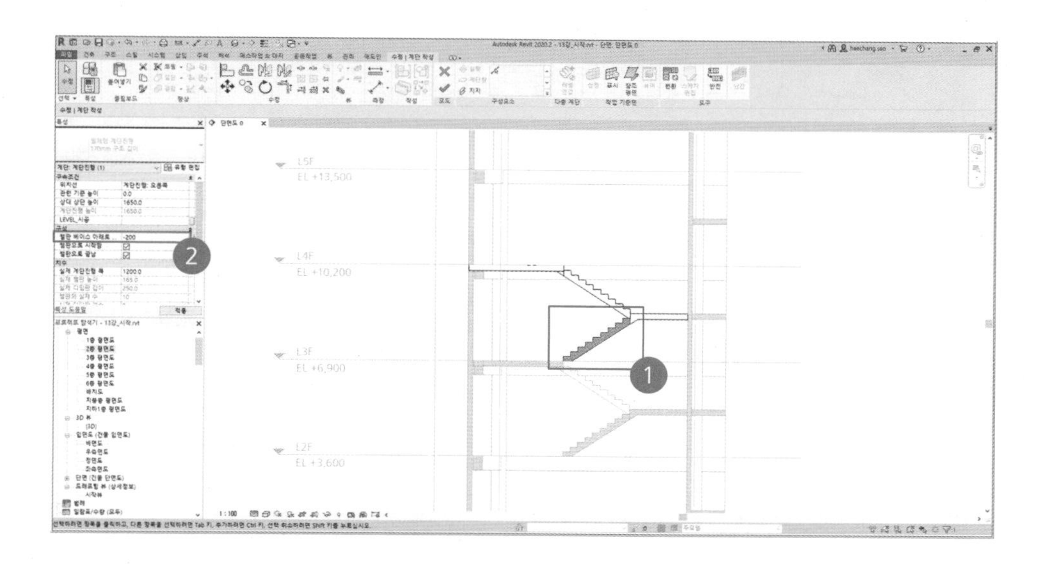

25 다음과 같이 확장되었습니다. [완료]버튼을 클릭합니다.

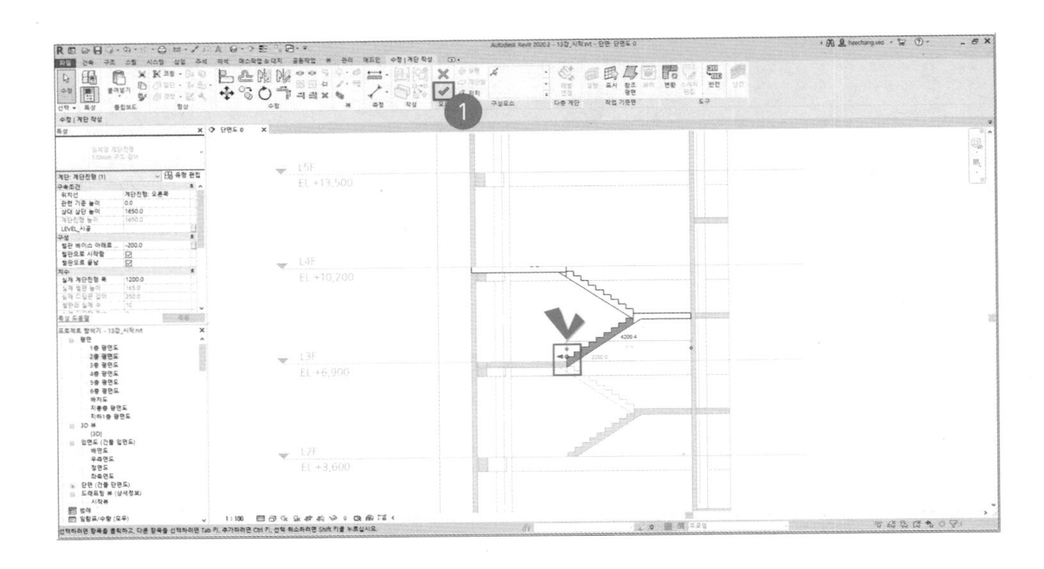

26 2층에 작성된 계단은 삭제하고, 3층 계단을 복사해서 나머지 층에 붙여 넣습니다. 6층은 계단 형태가 다르게 작성할 것이므로 제외합니다.

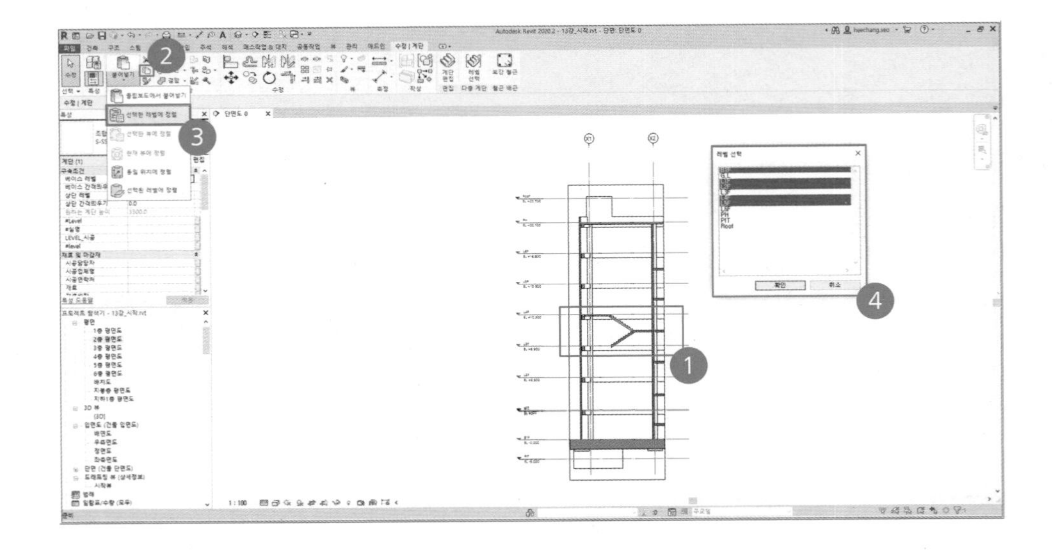

27 작성된 계단을 보면, 지하1층과 1층은 기준층인 2층과 레벨 높이가 다르기 때문에 계단 높이가 맞지 않습니다. 지하1층과 1층 계단을 선택 ➡ 특성창-구속조건탭-상단 간격띄우기 값에 "0"을 입력합니다.

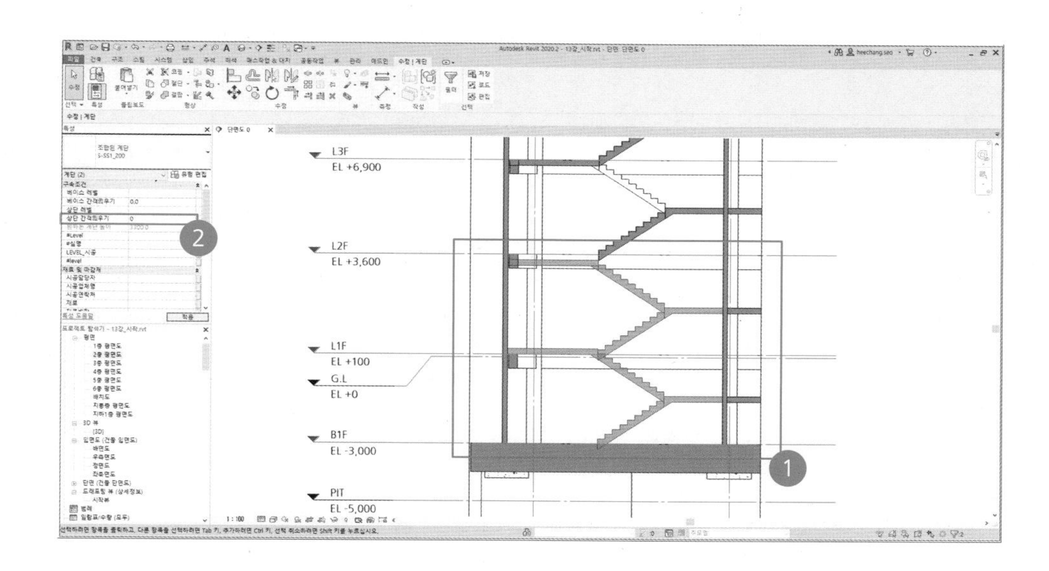

28 그런데 지하 1층에 작성된 계단은 하단에 이어지는 계단이 없으므로 챌판을 확장할 필요가 없습니다. [수정]탭의 [계단 편집]으로 챌판 베이스 아래로 확장 값에 "0"을 입력하여 수정합니다.

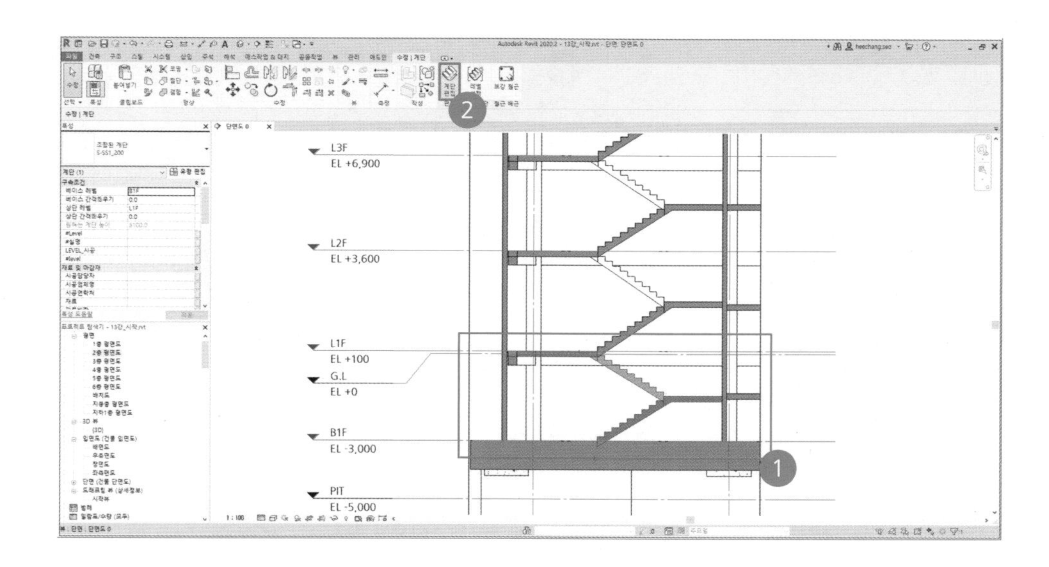

29 다음과 같이 지하 1층~5층까지의 계단이 완성되었습니다.

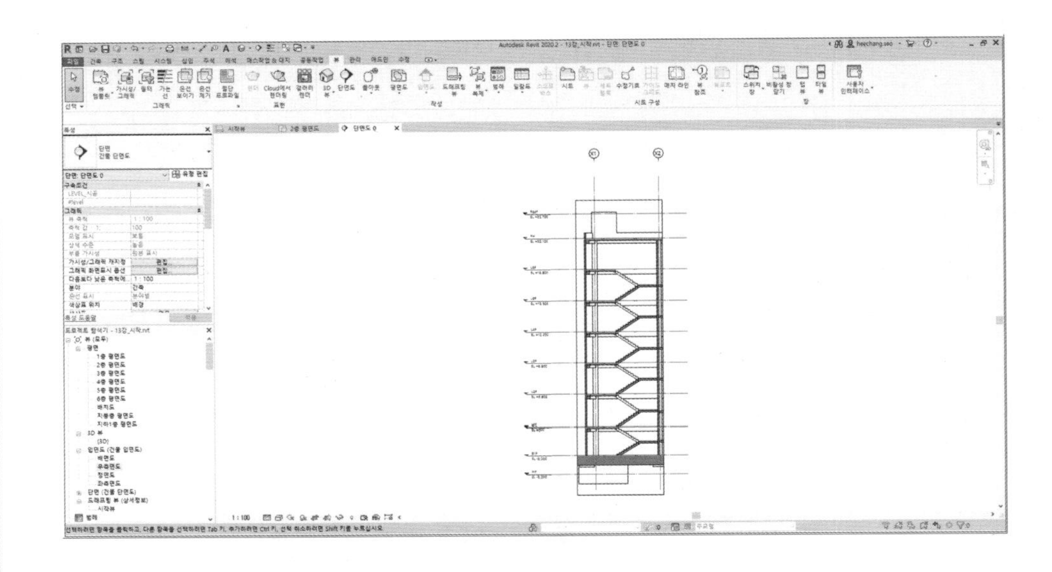

30 이제 6층에서 옥상으로 향하는 계단을 작성하기 위해서, 프로젝트 탐색기창의 "6층 평면도"를 엽니다. 뷰에는 작성될 계단의 가이드라인이 있습니다. 동일한 방법으로 작성해보시길 바랍니다.

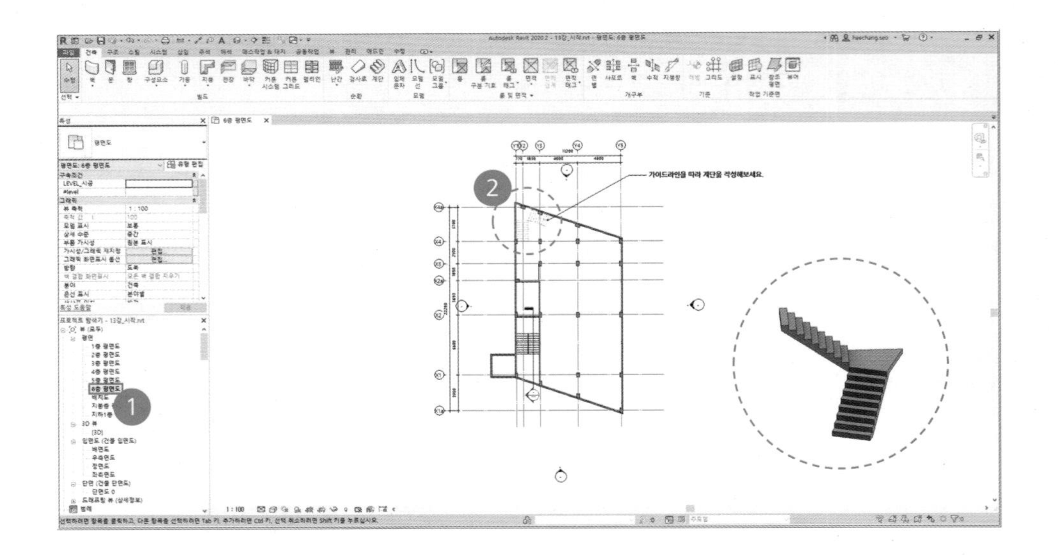

31 계단이 모두 완성되었습니다. 3D화면에서 단면 상자를 활용하여 확인해보시길 바랍니다.

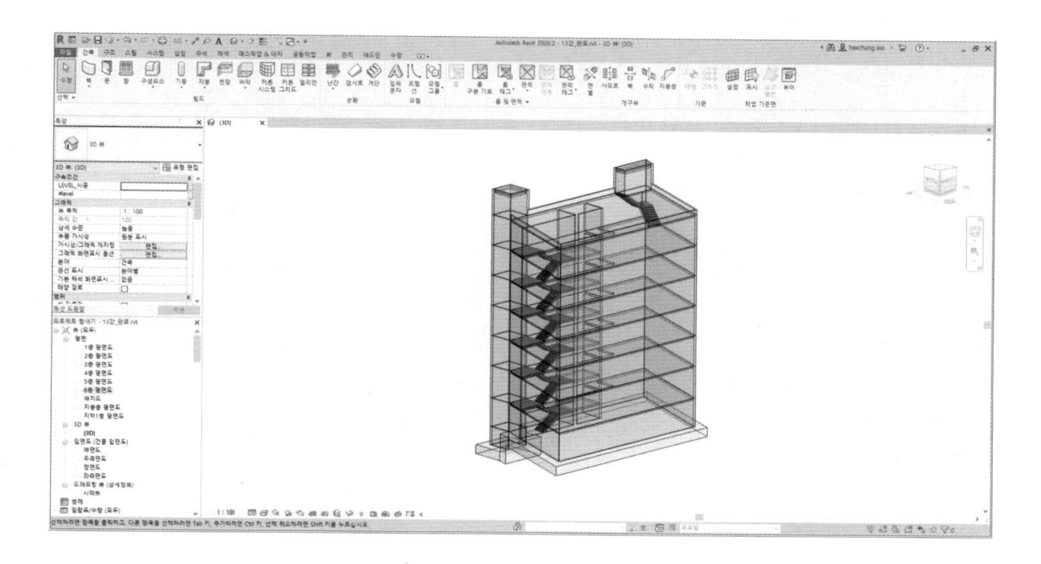

• 한솔아카데미 자료실 www.bestbook.co.kr

• BIMer 온라인커뮤니티 https://blog.naver.com/bimfactory

BIMFACTORY
COMPANY

제 14 편

계획 건축설계

건축 벽체

Section 14

계획 건축설계

건축 벽체

14강에서는 조달청 기준의 건축 벽체의 라이브러리 형식을 소개하고
그에 맞게 모델링을 작성해보도록 하겠습니다.
이를 통해 건축 벽체 중 조적 벽과 마감 벽체를 작성하고
해당 레벨에 맞게 수정하도록 하겠습니다.

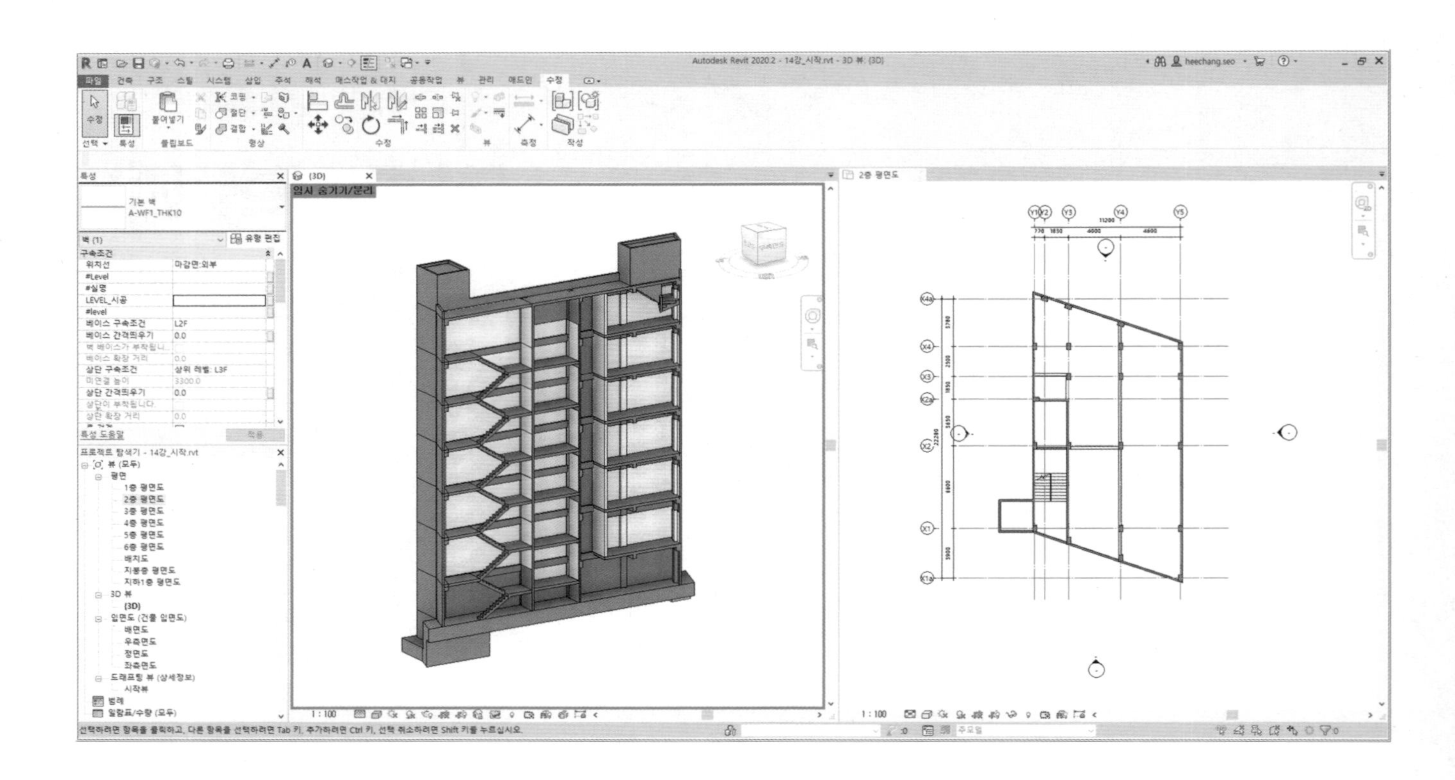

POINT

- 조달청 기준 벽체 형식 소개 및 속성 정보 입력
- 건축 벽체를 조달청 기준 유형 형식으로 작성하기

chapter 01 조달청 기준 유형 및 코드 소개

1 조달청 BIM 지침서 부속서에 따르면, 부위객체 부재명 및 라이브러리명의 형식은 다음과 같습니다. 본 강에서 벽체의 부재명 작성방법을 참고하시기 바랍니다.

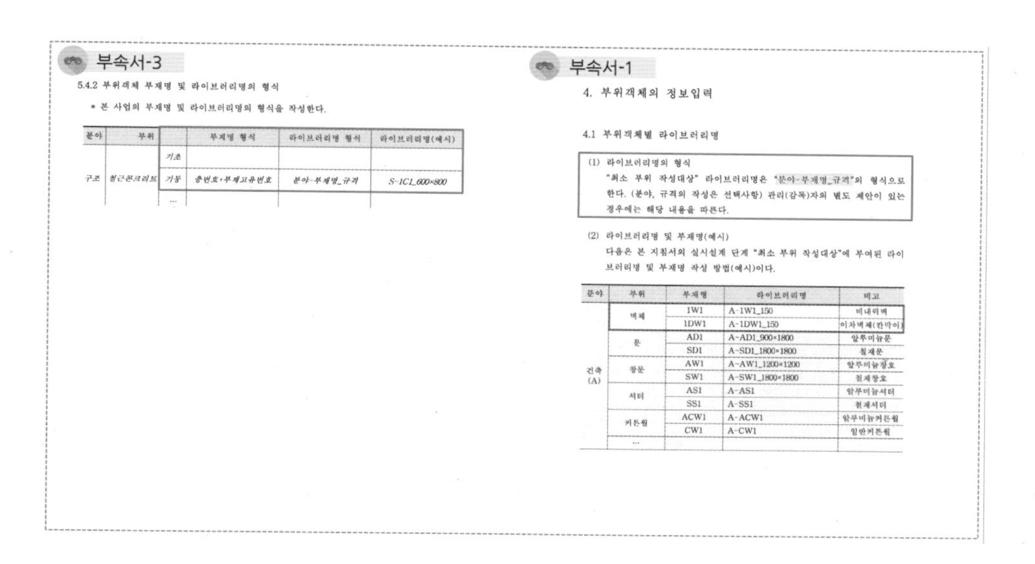

부속서-3

5.4.2 부위객체 부재명 및 라이브러리명의 형식

* 본 사업의 부재명 및 라이브러리명의 형식을 작성한다.

분야	부위		부재명 형식	라이브러리명 형식	라이브러리명(예시)
구조	철근콘크리트	기초			
		기둥	층번호+부재고유번호	분야-부재명_규격	S-1C1_600×800
		…			

부속서-1

4. 부위객체의 정보입력

4.1 부위객체별 라이브러리명

(1) 라이브러리명의 형식
"최소 부위 작성대상" 라이브러리명은 "분야-부재명_규격"의 형식으로 한다. (분야, 규격의 작성은 선택사항) 관리(감독)자의 별도 제안이 있는 경우에는 해당 내용을 따른다.

(2) 라이브러리명 및 부재명(예시)
다음은 본 지침서의 실시설계 단계 "최소 부위 작성대상"에 부여된 라이브러리명 및 부재명 작성 방법(예시)이다.

분야	부위	부재명	라이브러리명	비고
건축 (A)	벽체	1W1	A-1W1_150	비내력벽
		1DW1	A-1DW1_150	이차벽체(칸막이)
	문	AD1	A-AD1_900×1800	알루미늄문
		SD1	A-SD1_1800×1800	철재문
	창문	AW1	A-AW1_1200×1200	알루미늄창호
		SW1	A-SW1_1800×1800	철재창호
	셔터	AS1	A-AS1	알루미늄셔터
		SS1	A-SS1	철재셔터
	커튼월	ACW1	A-ACW1	알루미늄커튼월
		CW1	A-CW1	일반커튼월
	…			

2 조달청 BIM 지침서에 따르면, 속성 정보에는 부재명, 조달청 표준공사코드, 열관류율(선택)을 입력합니다.

- 조달청 표준공사코드: 부위객체의 유형 매개변수-ID데이터에 프로젝트 매개변수를 추가하여 해당 값을 입력합니다.
- 부재명: 부위객체의 유형 매개변수-ID데이터 탭 "유형 주석"에 해당 값을 입력합니다. (기본 매개변수 "유형 주석"값에 입력합니다.)

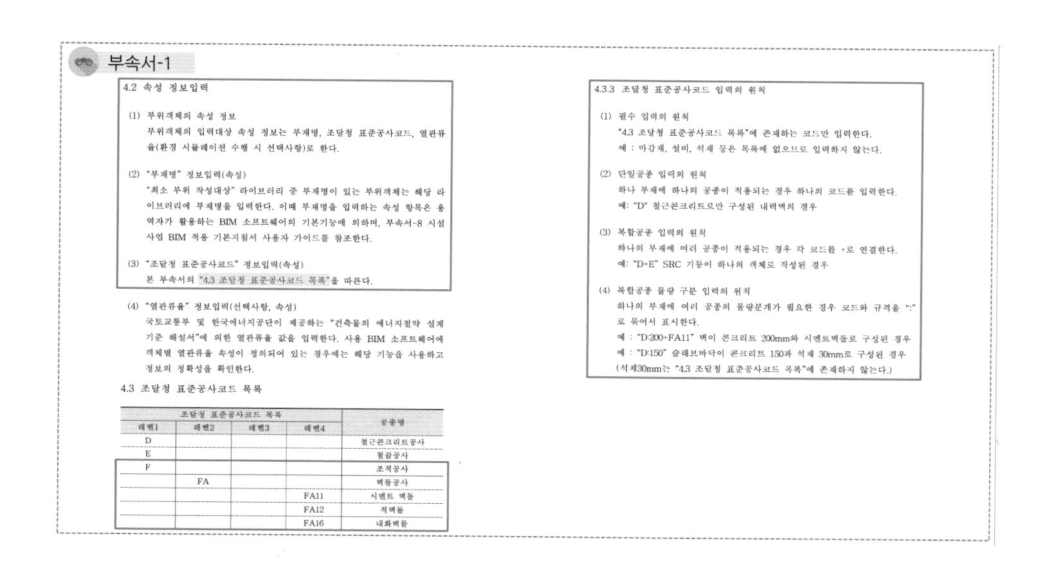

부속서-1

4.2 속성 정보입력

(1) 부위객체의 속성 정보
부위객체의 입력대상 속성 정보는 부재명, 조달청 표준공사코드, 열관류율(환경 시뮬레이션 수행 시 선택사항)로 한다.

(2) "부재명" 정보입력(속성)
"최소 부위 작성대상" 라이브러리 중 부재명이 있는 부위객체는 해당 라이브러리에 부재명을 입력한다. 이때 부재명을 입력하는 속성 항목은 용역자가 활용하는 BIM 소프트웨어의 기본기능에 의하며, 부속서-8 시설사업 BIM 적용 기본지침서 사용자 가이드를 참조한다.

(3) "조달청 표준공사코드" 정보입력(속성)
본 부속서의 "4.3 조달청 표준공사코드 목록"을 따른다.

(4) "열관류율" 정보입력(선택사항, 속성)
국토교통부 및 한국에너지공단이 제공하는 "건축물의 에너지절약 설계기준 해설서"에 의한 열관류율 값을 입력한다. 사용 BIM 소프트웨어에 객체별 열관류율 속성이 정의되어 있는 경우에는 해당 기능을 사용하고 정보의 정확성을 확인한다.

4.3 조달청 표준공사코드 목록

조달청 표준공사코드 목록				공종명
레벨1	레벨2	레벨3	레벨4	
D				철근콘크리트공사
E				철골공사
F				조적공사
	FA			벽돌공사
			FA11	시멘트 벽돌
			FA12	적벽돌
			FA16	내화벽돌

4.3.3 조달청 표준공사코드 입력의 원칙

(1) 필수 입력의 원칙
"4.3 조달청 표준공사코드 목록"에 존재하는 코드만 입력한다.
예 : 마감재, 설비, 석재 등은 목록에 없으므로 입력하지 않는다.

(2) 단일공종 입력의 원칙
하나 부재에 하나의 공종이 적용되는 경우 하나의 코드를 입력한다.
예: "D" 철근콘크리트로만 구성된 내력벽의 경우

(3) 복합공종 입력의 원칙
하나의 부재에 여러 공종이 적용되는 경우 각 코드를 +로 연결한다.
예: "D+E" SRC 기둥이 하나의 객체로 작성된 경우

(4) 복합공종 물량 구분 입력의 원칙
하나의 부재에 여러 공종의 물량분개가 필요한 경우 코드와 규격을 ":"로 묶어서 표시한다.
예 : "D:200+FA11" 벽이 콘크리트 200mm와 시멘트벽돌로 구성된 경우
예 : "D:150" 슬래브바닥이 콘크리트 150과 석재 30mm로 구성된 경우
(석재30mm는 "4.3 조달청 표준공사코드 목록"에 존재하지 않는다.)

Tip

부재 속성 값 입력방법

구체적인 속성 값 입력방법은 "시설사업 BIM 적용 기본 지침서 사용자 가이드-1.4.2 BIM 소프트웨어 사용방법 예시"에서 확인하실 수 있습니다.

chapter 02 건축 벽체 작성

1 Revit을 실행합니다.
모델 창 [열기] 클릭 ➡ ₩예제파일₩14강₩14강_시작.rvt를 선택하고 [열기]를 클릭합니다.

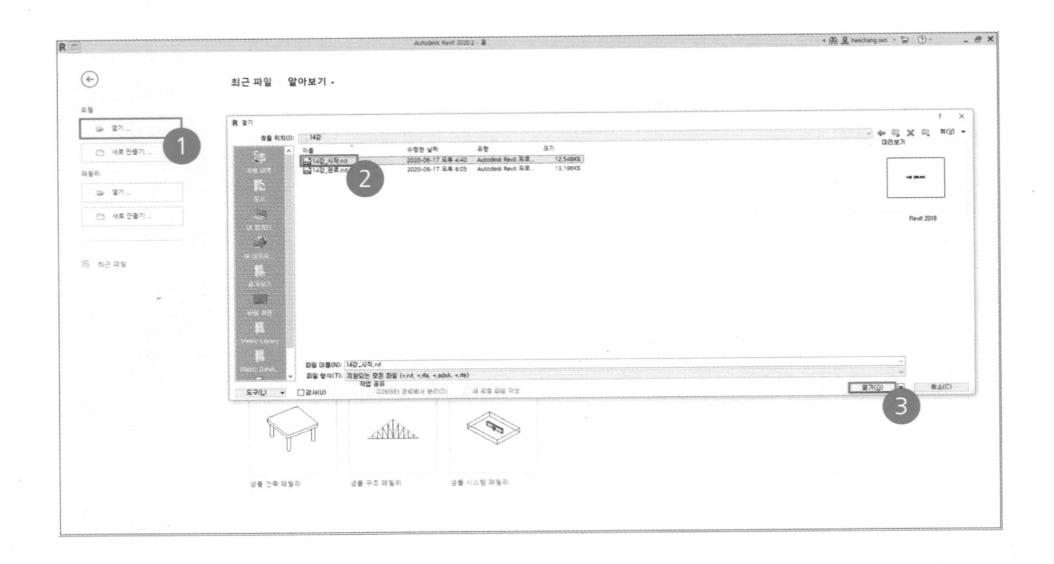

2 프로젝트 탐색기에서 기준층인 "2층 평면도"를 더블클릭하여 엽니다.
해당 뷰에서 건축 벽을 작성하고 나머지 층에 복사한 다음, 마지막으로 일부 모델링을 수정하는 순서로 이번 챕터를 진행하겠습니다.

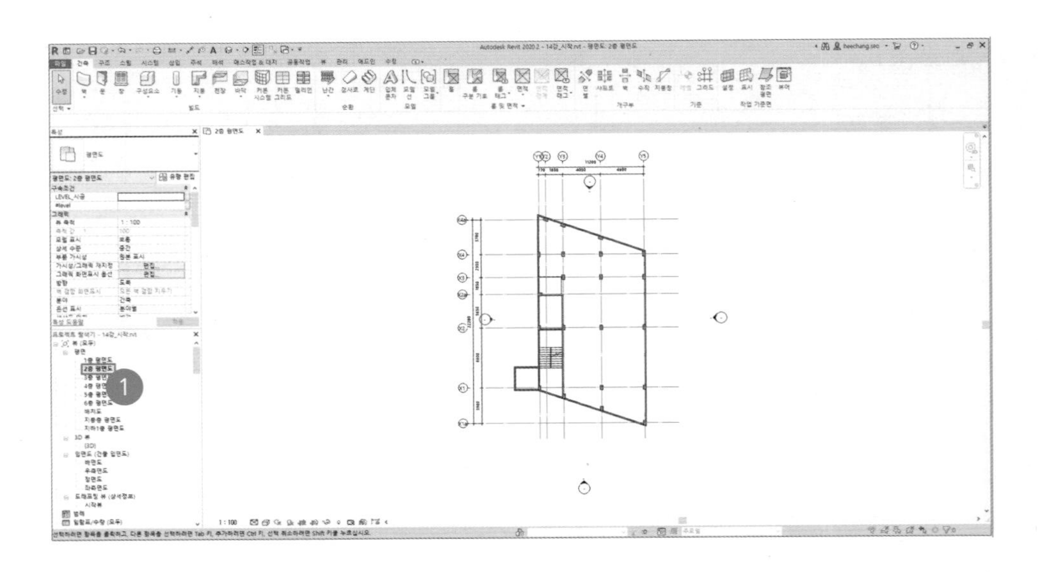

3 벽체를 작성하기 위해, [건축]탭 ➡ [벽] 확장화살표 ➡ [벽: 건축]를 클릭합니다. 그 다음, 특성 창-[유형 편집]을 클릭합니다.

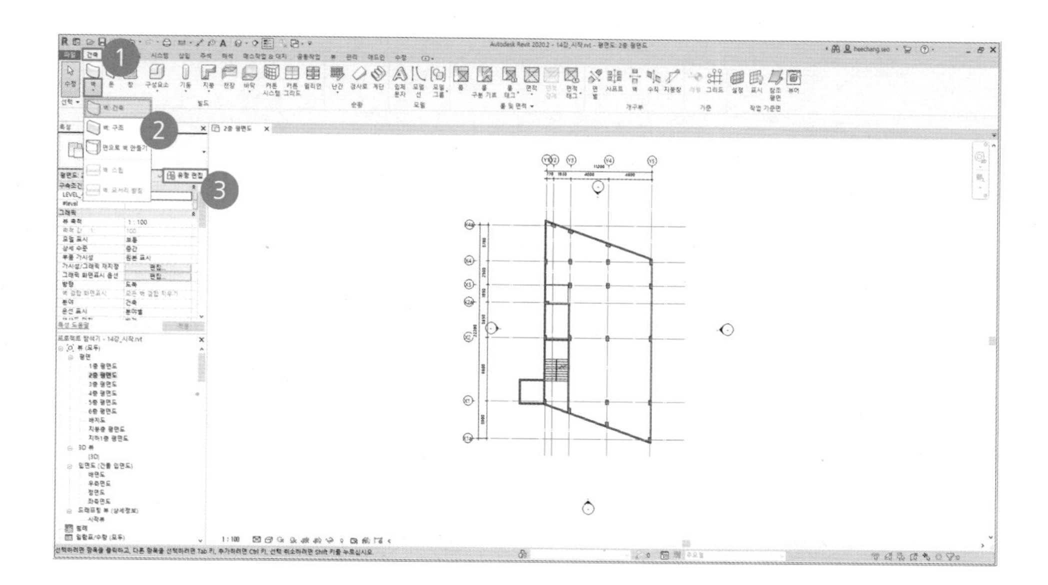

4 유형 [복제] 클릭 ➡ 유형이름에 "A-조적_1.0B"를 입력하고 [확인]을 클릭합니다. (이 책에서는 편의상 부재명을 "조적"으로만 작성했습니다.) 그 다음, 두께를 변경하기 위해 유형 매개변수의 구성 탭-구조[편집]을 클릭합니다.

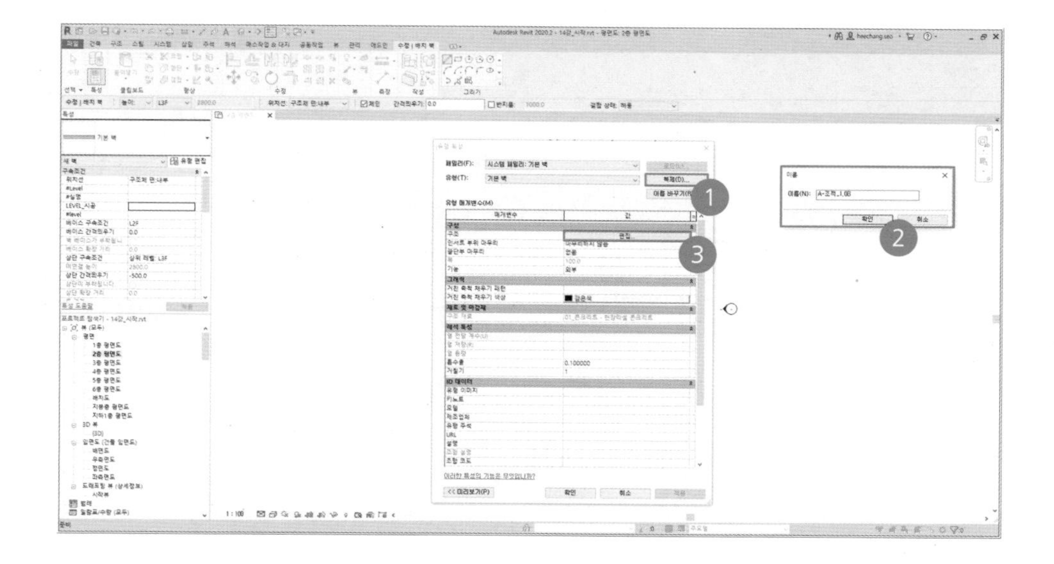

Tip

건축 벽체 작성

벽체는 [건축]탭에 있습니다.

Tip

벽체 – 기능

하지재

마감재

구조

5 기능탭의 다음 항목을 "하지재 (2)"로 변경합니다.
그 다음, 재료를 변경하기 위해 재료탭의 [...] 아이콘을 클릭합니다.

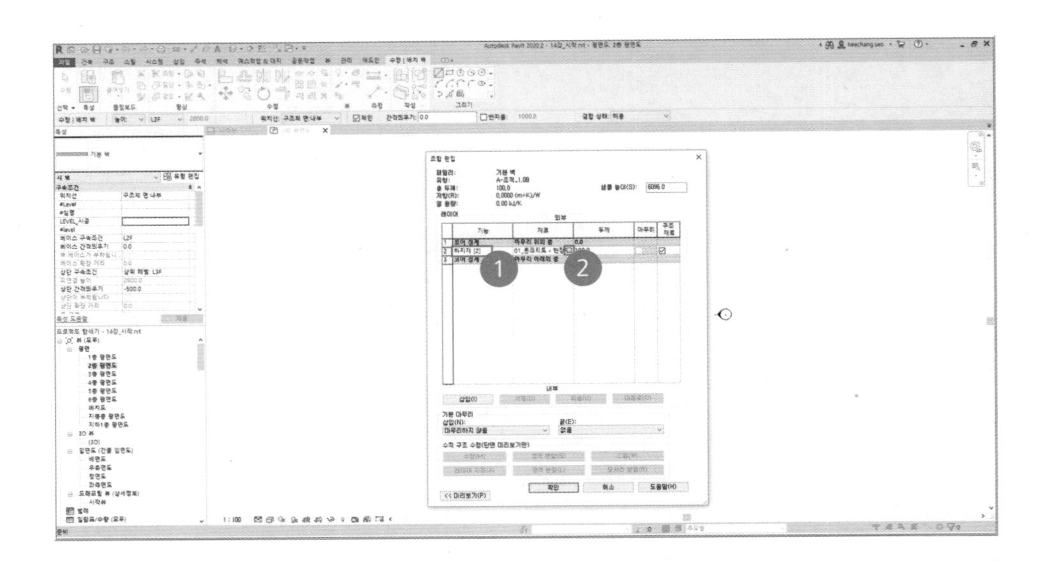

6 만들어져 있는 유형인 "02_시멘트벽돌 1.0B"을 클릭합니다.
상단 재료 검색에서 검색할 수도 있습니다. 선택한 뒤, [확인]을 클릭합니다.

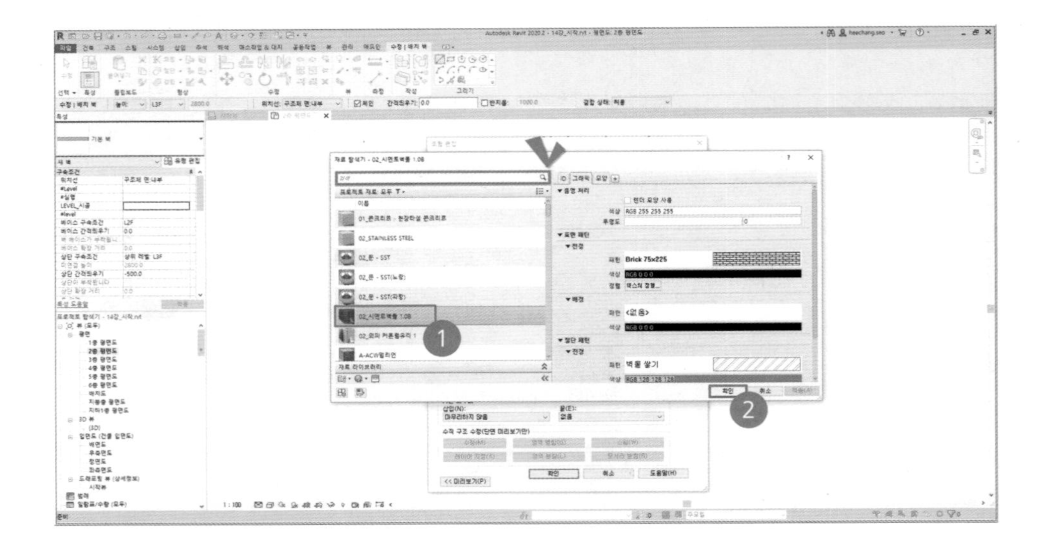

7 두께탭에 “200”을 입력하고, 구조재료탭의 체크를 해제합니다. [확인]을 클릭하여 닫습니다.

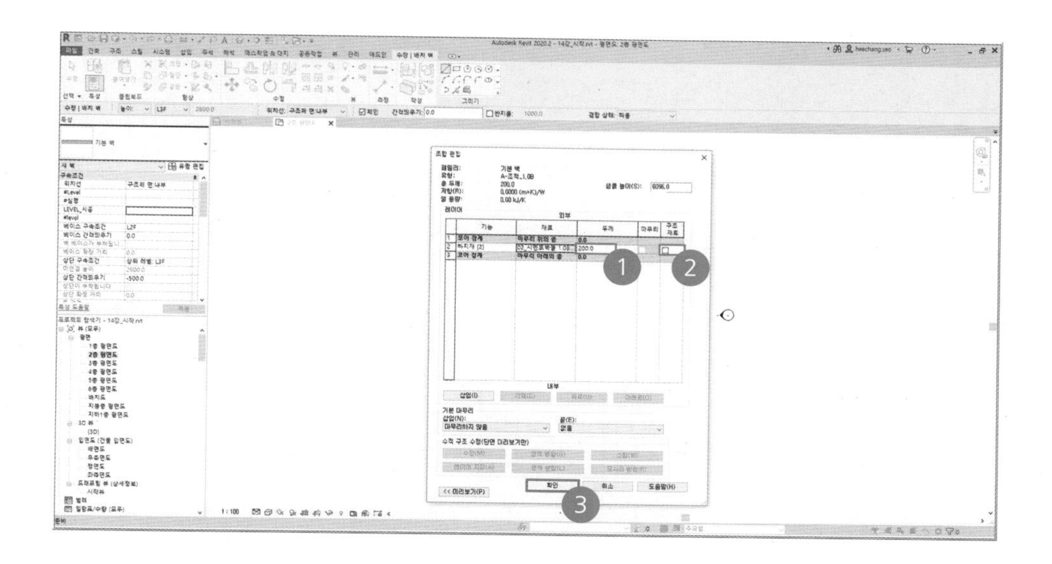

8 그 다음, ID 데이터탭의 유형 주석에 부재명을, 기타탭의 조달청표준공사코드에 “F”을 입력한 후 확인을 클릭합니다.

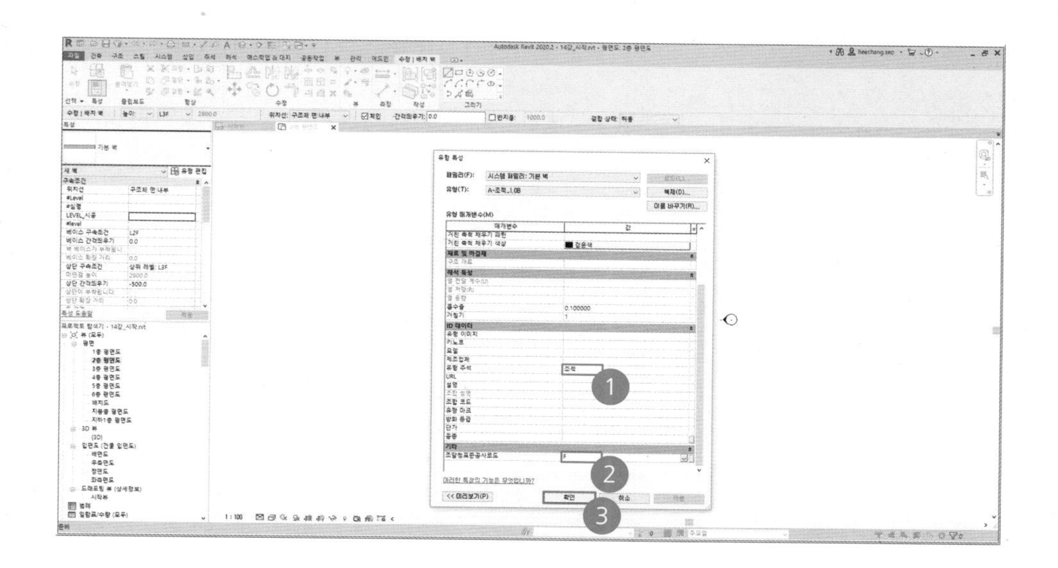

Tip

조달청표준공사코드

부속서–1 “4.3 조달청 표준 공사코드 목록”에 따르면, 조적의 코드는 “F”입니다.

Tip

벽체 위치 변동

벽체 선택 후 SPACE 누르면 좌우 위아래 기준이 변동 됩니다.

9 다음의 파란색으로 표시된 위치에 조적벽을 작성합니다. 상부 [수정 배치] 탭 위치선 "구조체 면:내부", 특성창의 [구속 조건]탭 상단 간격띄우기 값을 "-200"으로 입력하고 아래의 그림에 따라 화살표 순서로 작성 합니다.

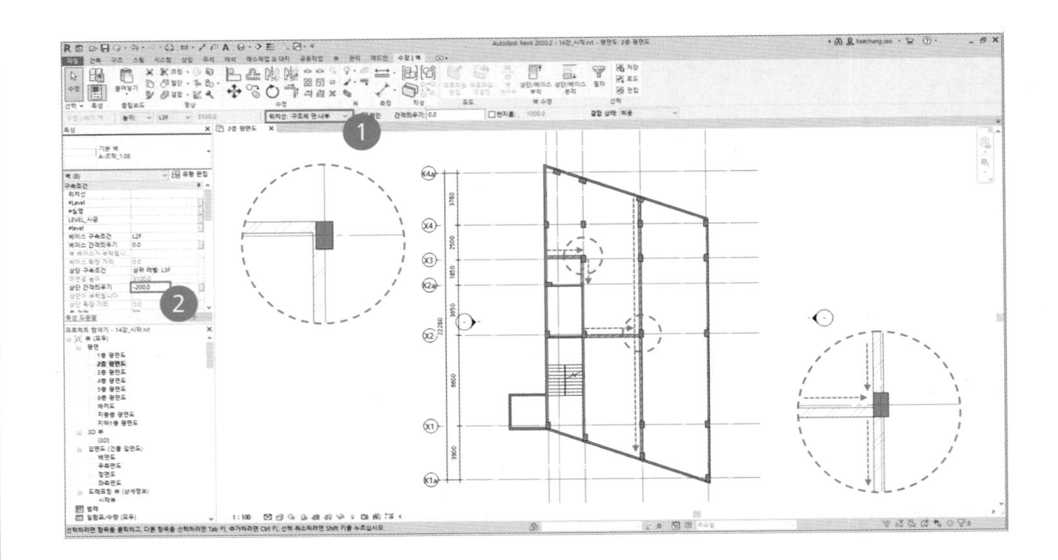

10 이번에는 마감벽을 작성하겠습니다. 다시 [건축]탭 ➡ [벽] 확장화살표 ➡ [벽: 건축]을 클릭합니다. 그 다음, 특성 창-[유형 편집]을 클릭합니다.

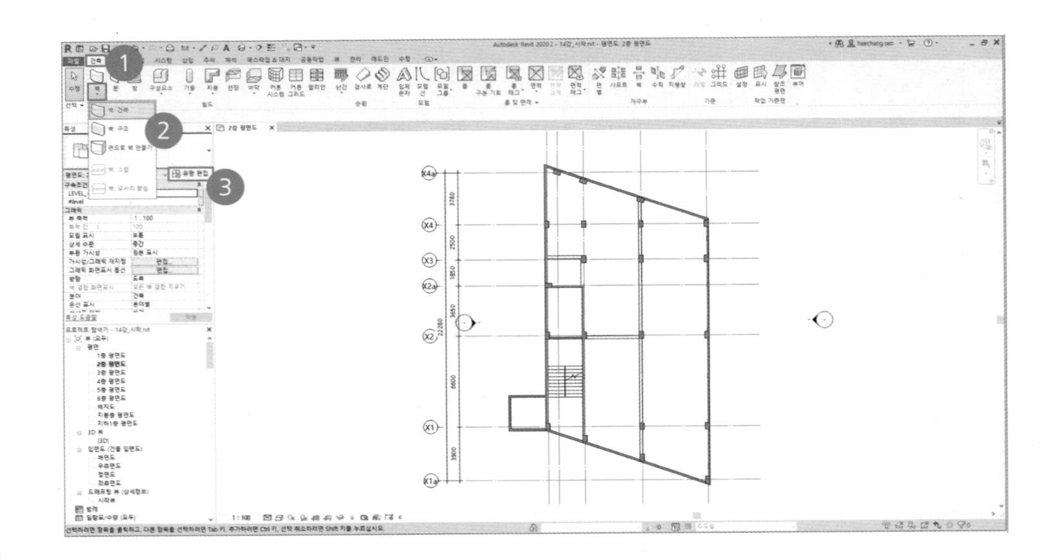

11 조적벽을 [복제]해서 이름을 "A-WF1_THK10"로 변경합니다. 마찬가지로 두께를 변경하기 위해 유형 매개변수의 구성 탭-구조[편집]을 클릭합니다.

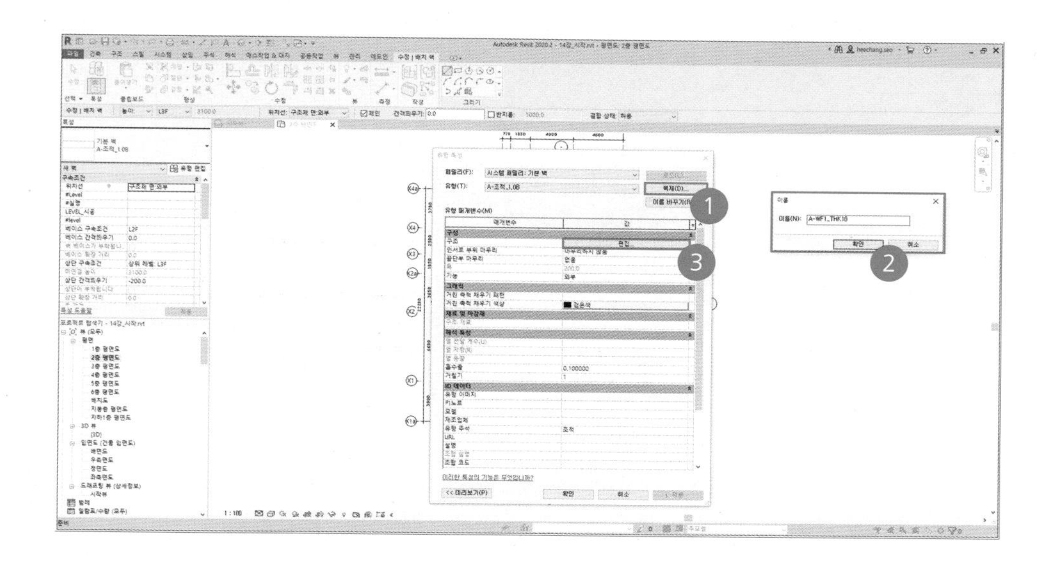

12 기능탭의 다음 항목을 "마감재 1[4]"로 변경합니다.
재료를 변경하기 위해, 재료탭의 [...] 아이콘을 클릭합니다.

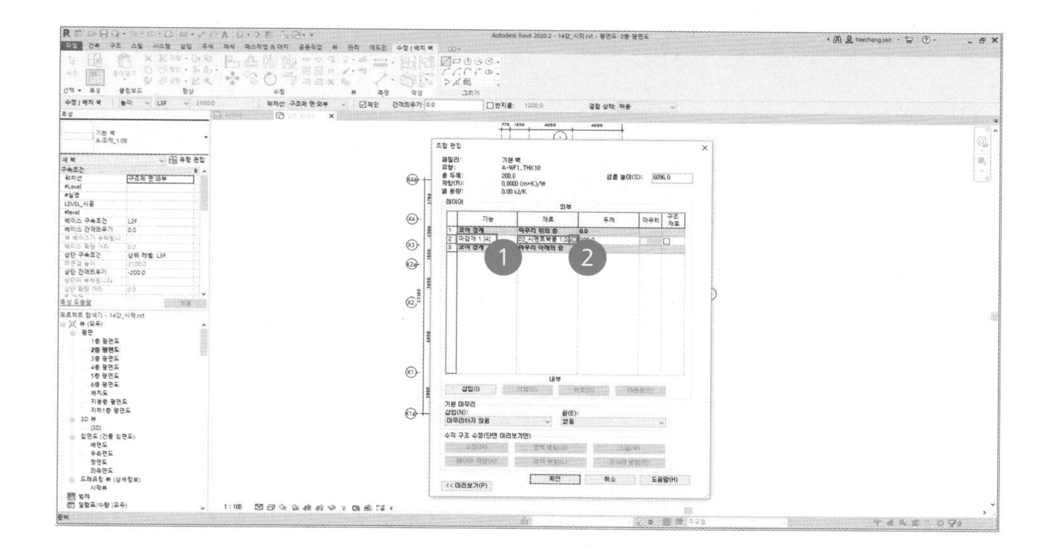

13 재료명을 검색하거나 선택으로 “A-WF1”을 선택 후 [확인]을 클릭합니다.

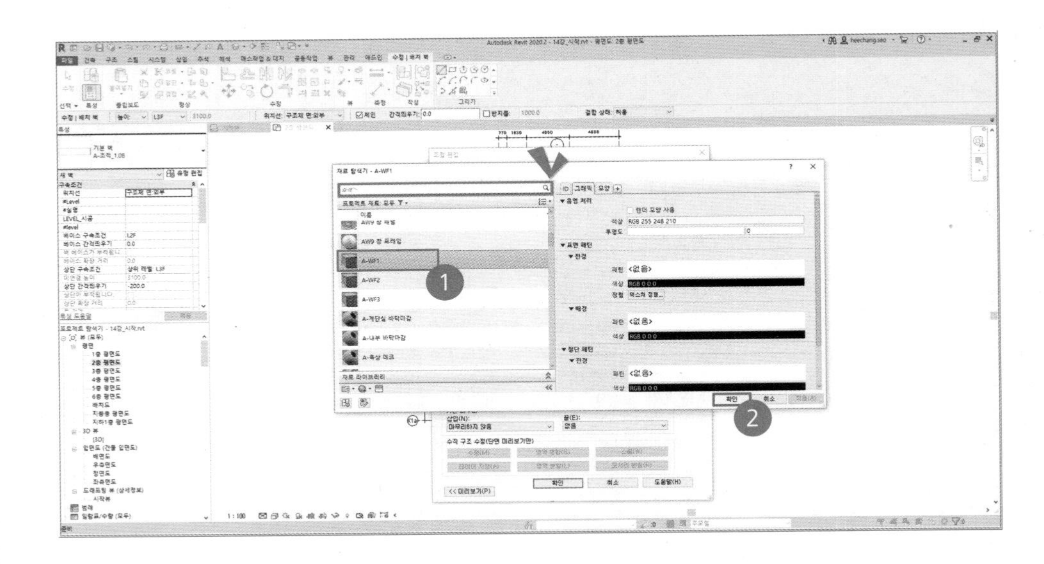

14 두께는 “10”으로, 구조재료에 체크가 해제되어있는지 확인하고 [확인]을 눌러 닫습니다.

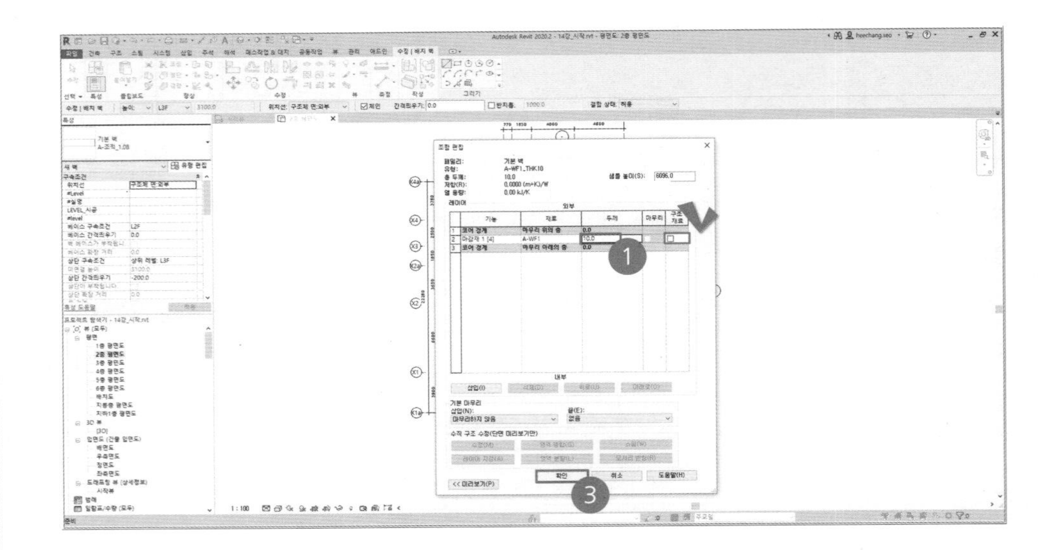

15 마찬가지로 유형 주석에 부재명을, 조달청표준공사코드에는 공백으로 입력하고 [확인]을 눌러 닫습니다.

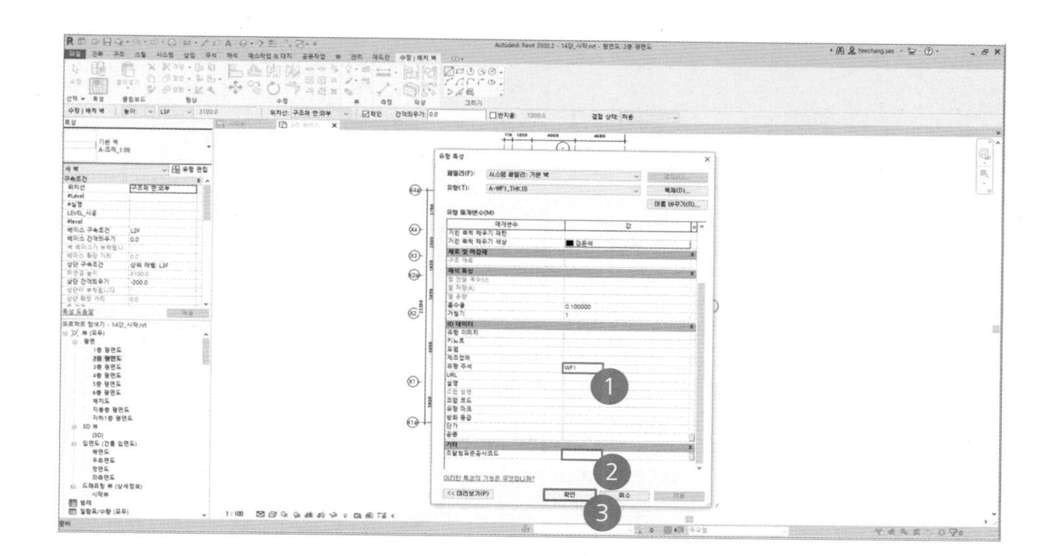

Tip

조달청 표준공사코드

"4.3.3 조달청 표준공사코드 입력의 원칙"에 따르면, 목록에 존재하는 코드만 입력합니다. 마감재는 목록에 없으므로 입력하지 않습니다. 다만 이와 관련된 사항은 담당자와 협의가 필요합니다.

16 마감벽은 상단 레벨로부터 1000값 아래 높이까지만 작성하겠습니다. 상부 수정 배치 탭 위치선 "구조체 면:내부", 특성창의 구속조건탭-상단 간격띄우기 값을 "-1000" 입력합니다.

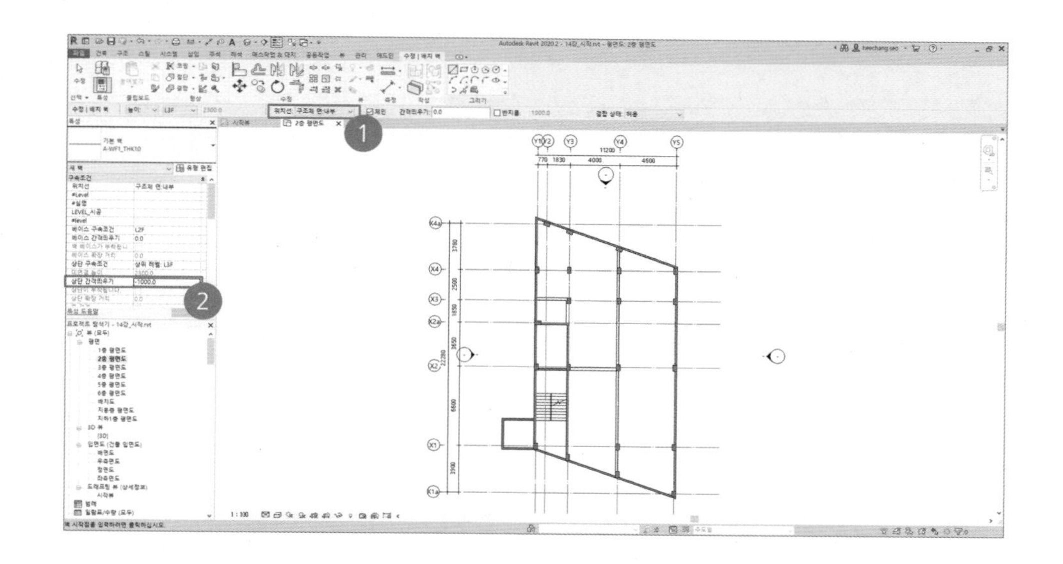

17 다음 화면의 오른쪽 같은 형태로, 벽과 기둥의 안쪽에 마감벽을 작성합니다. 마감벽이 작성될 실은 총 4개입니다. 벽체 작성을 위한 위치선은 [구조체 면: 내부]를 선택하여 작성합니다.

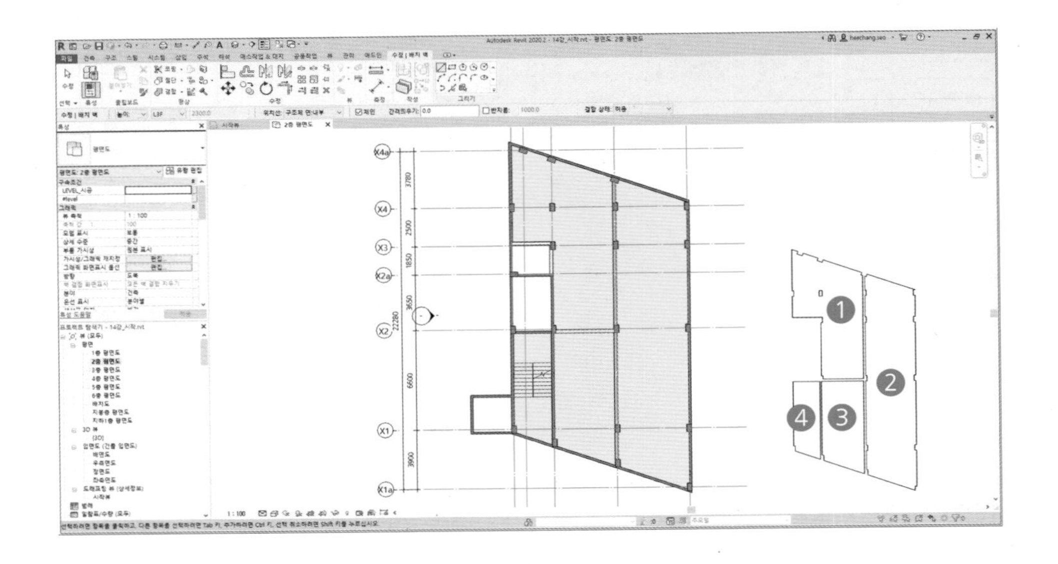

18 다음은 표시된 1번실에 다른 유형으로 마감벽을 작성하겠습니다. 하지만 해당 실은 바닥레벨이 다르기 때문에 단면을 확인할 필요가 있습니다. 1번 형태로 드래그해서 선택한 다음, 수정탭의 선택 상자[ ]를 클릭합니다.

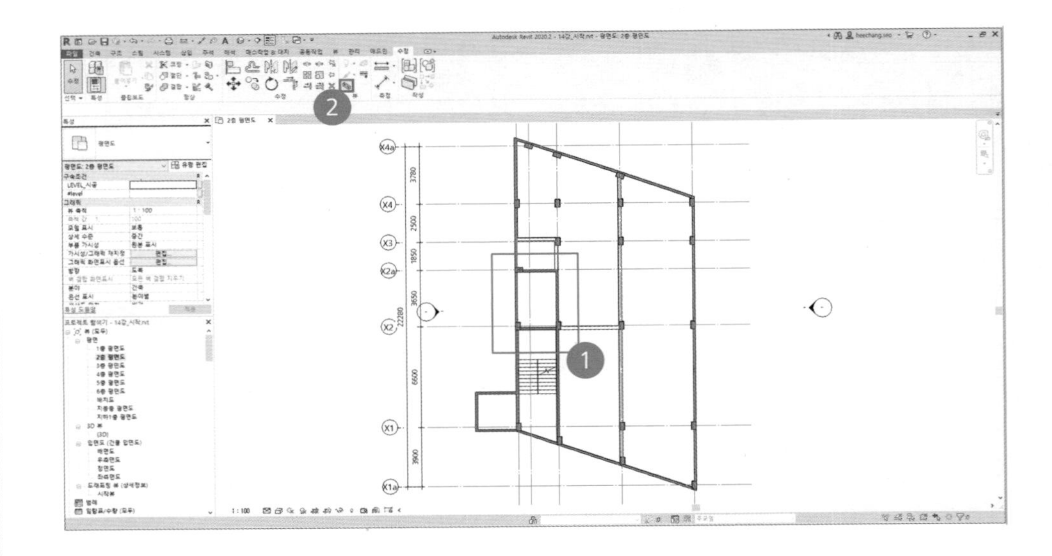

19 해당 위치의 바닥을 선택해보면 레벨로부터 "1650"값 올라가있는 것을 확인할 수 있습니다. 이점을 참고로 평면도에서 마감벽을 작성하겠습니다.

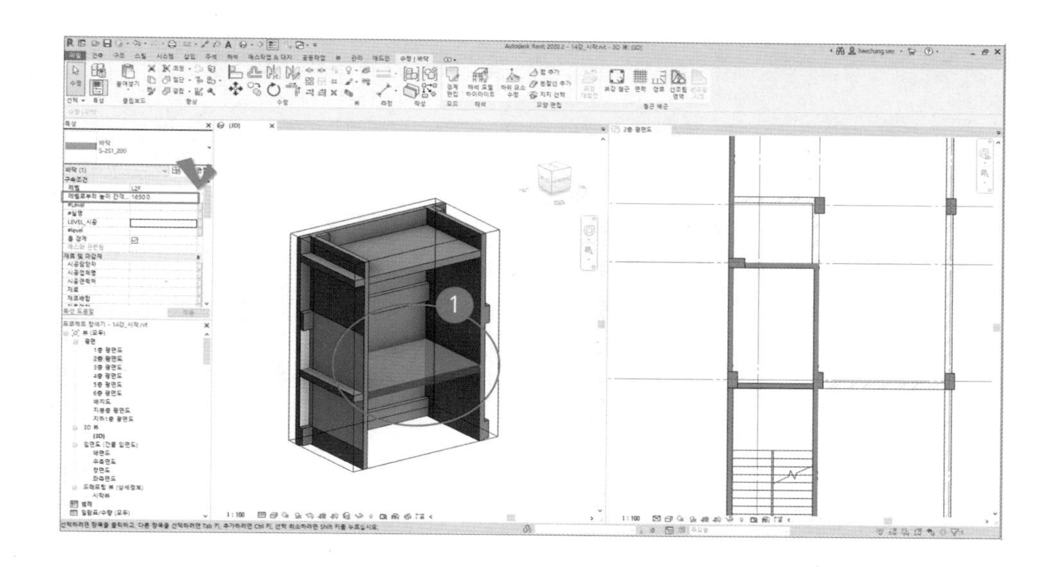

20 그 전에 평면도에서 작성할 벽을 확인하기 위해, 특성 창에 범위 탭-뷰 범위 [편집]을 클릭합니다. 1차 범위-절단 기준면 간격띄우기 값에 "1700"을 입력하고 [확인]을 누릅니다.

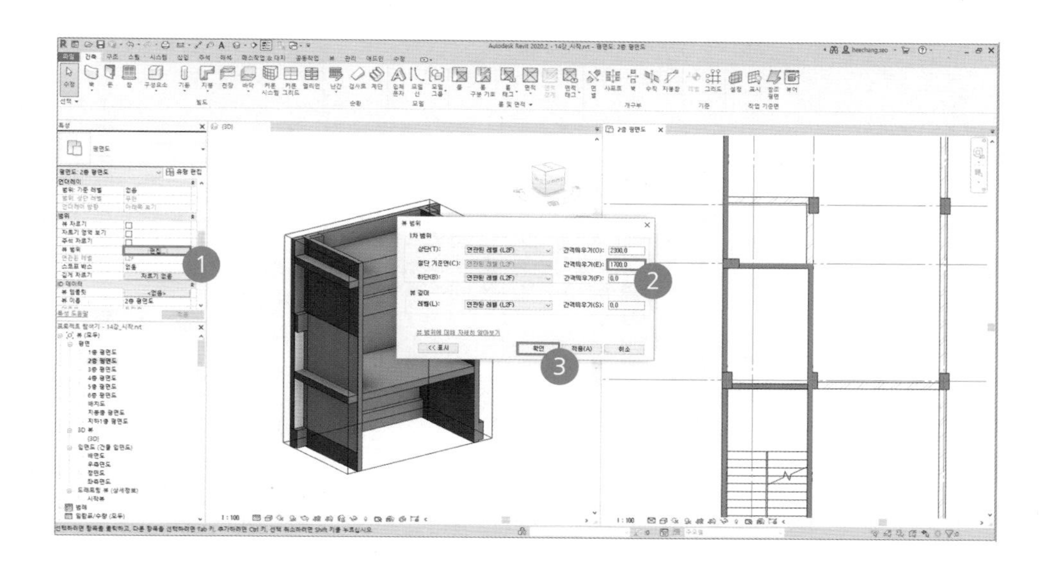

21 [건축]탭 ➡ [벽] 확장화살표 ➡ [벽: 건축]를 클릭합니다.
그 다음, 특성 창-[유형 편집]을 클릭합니다.

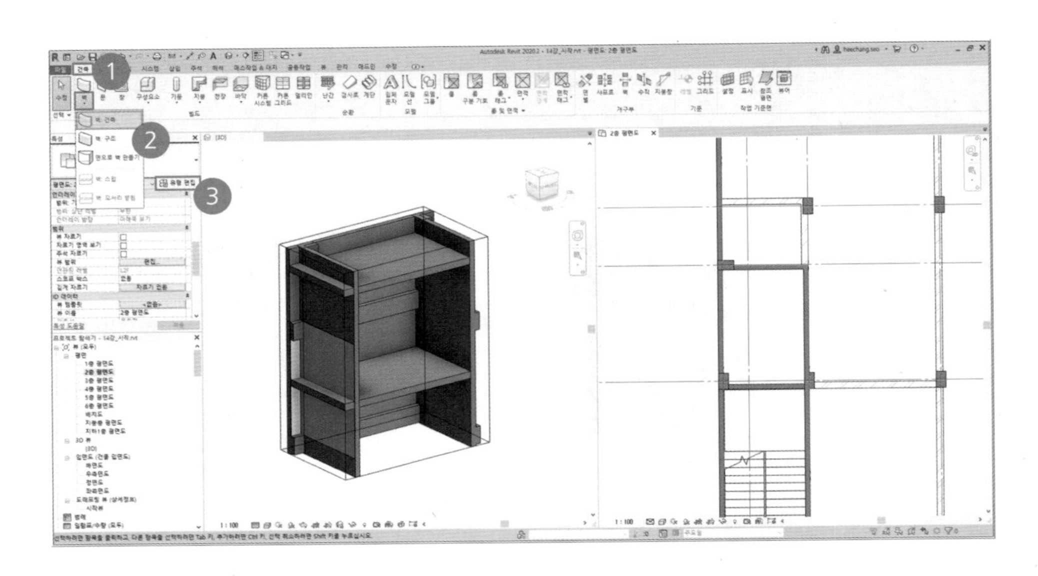

22 유형 복제로 “A-WF2_THK10” 유형을 작성합니다.
속성정보를 입력 후 [확인]을 클릭합니다.

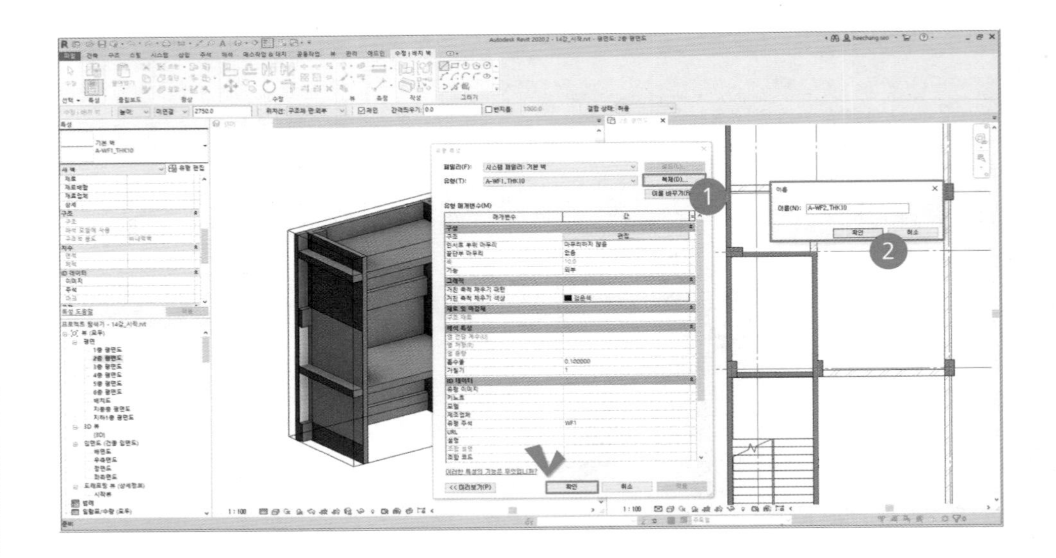

23 특성창의 구속조건 탭-베이스 간격띄우기 "1650", 상단 구속조건을 "미연결", 미연결 높이 "2750"을 입력합니다. 그 다음 2번과 같이 내부에 벽을 작성합니다.

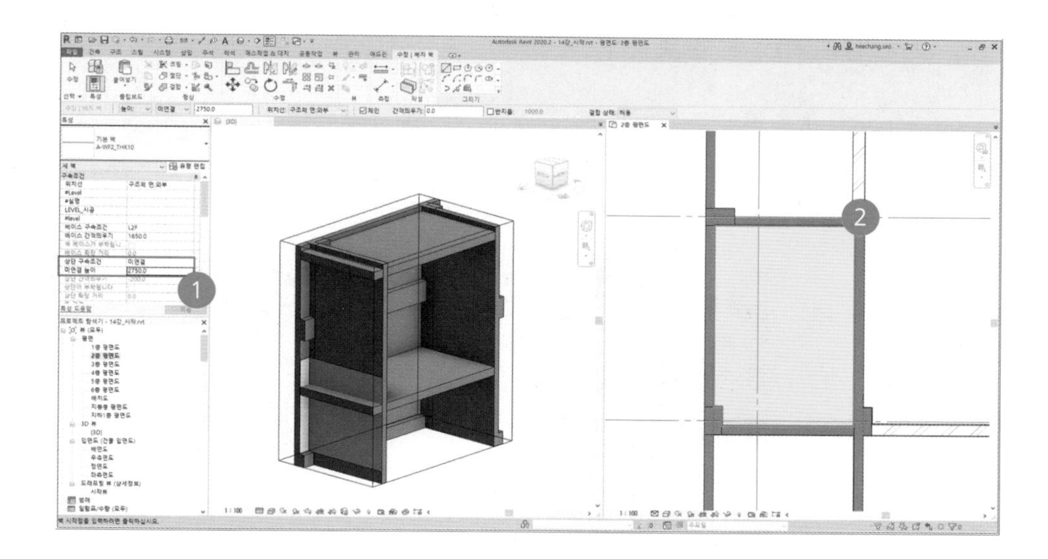

24 해당 실의 마감벽이 작성되었습니다.

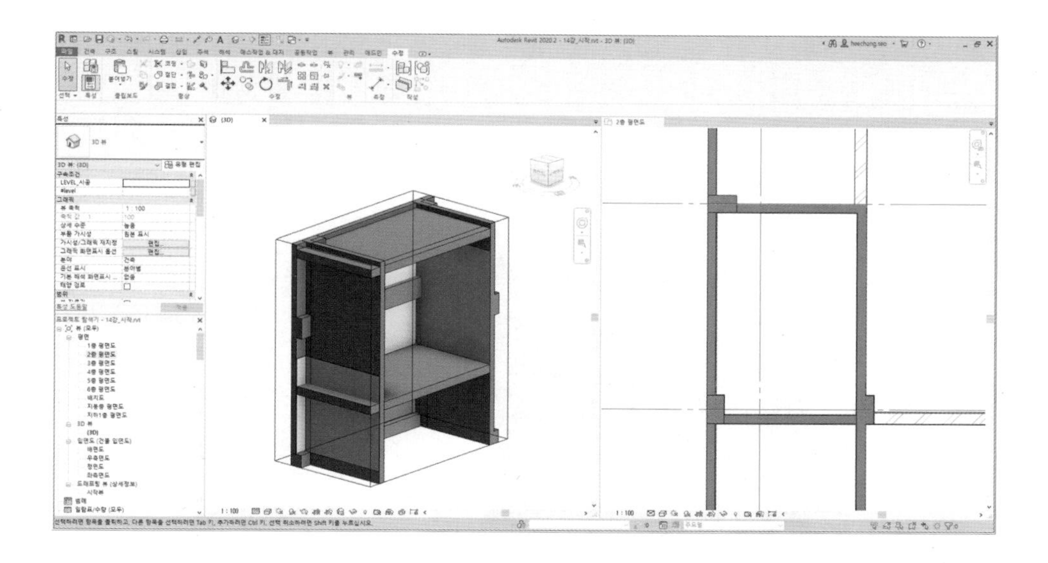

25 해당 층에서 작성된 마감벽을 선택하여 다른 층에도 복사합니다.

(조적벽, WF1: 1층~6층 /WF2: 지하1층~5층)

- 평면에서 복사 하려는 객체를 하나 선택 후 단축키 SA(모든 인스턴스 선택)으로 선택 하여 복사 합니다.

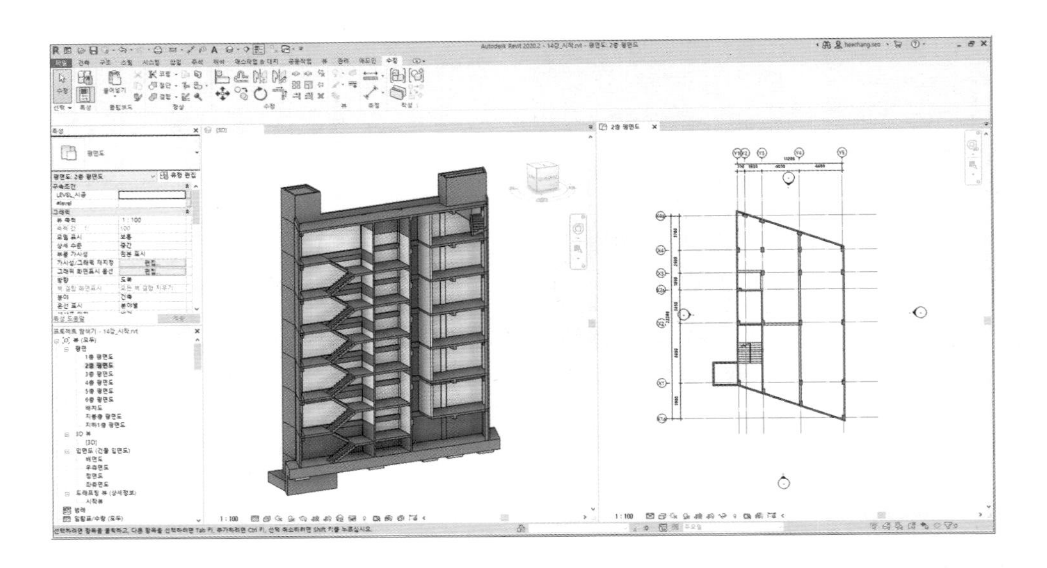

26 모든 층에 벽 작성은 되었지만 약간의 수정이 필요합니다. 먼저, 다음과 같이 바닥과 떨어진 1층 벽을 클릭하여 상단 바닥에 드래그로 수정합니다.

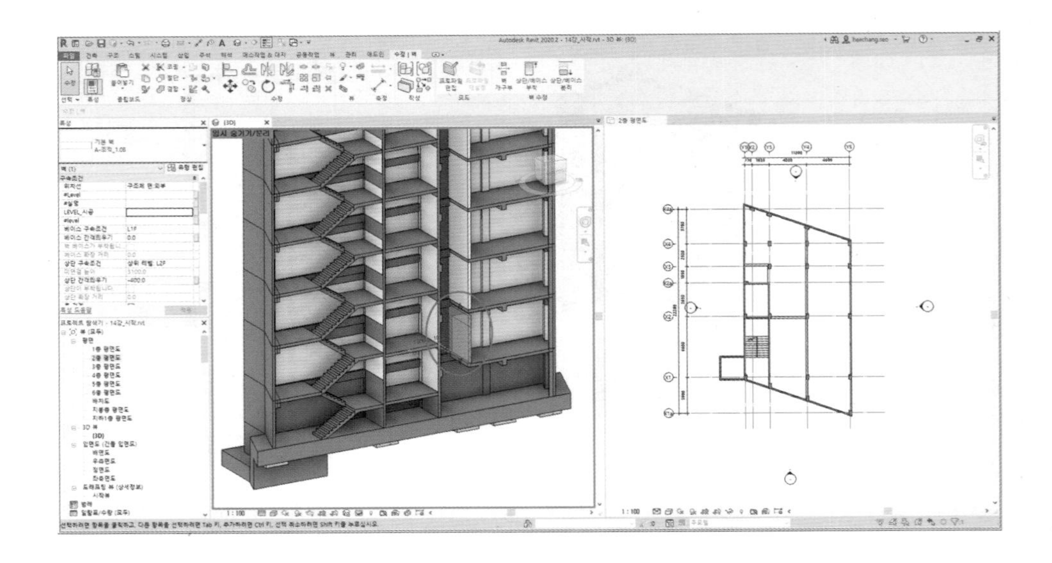

27 두 번째로 계단실 마감벽을 수정하겠습니다. 계단실 마감벽을 모두 선택 후 구속 조건 탭-상단 간격띄우기 값에 “0”을 입력합니다.

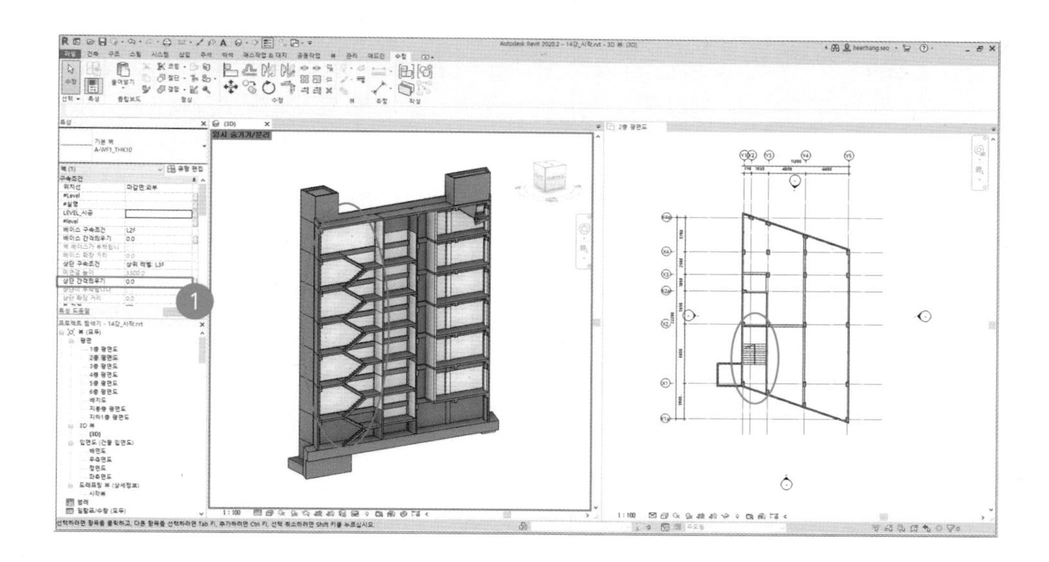

28 건축 벽체가 모두 완료 되었습니다.

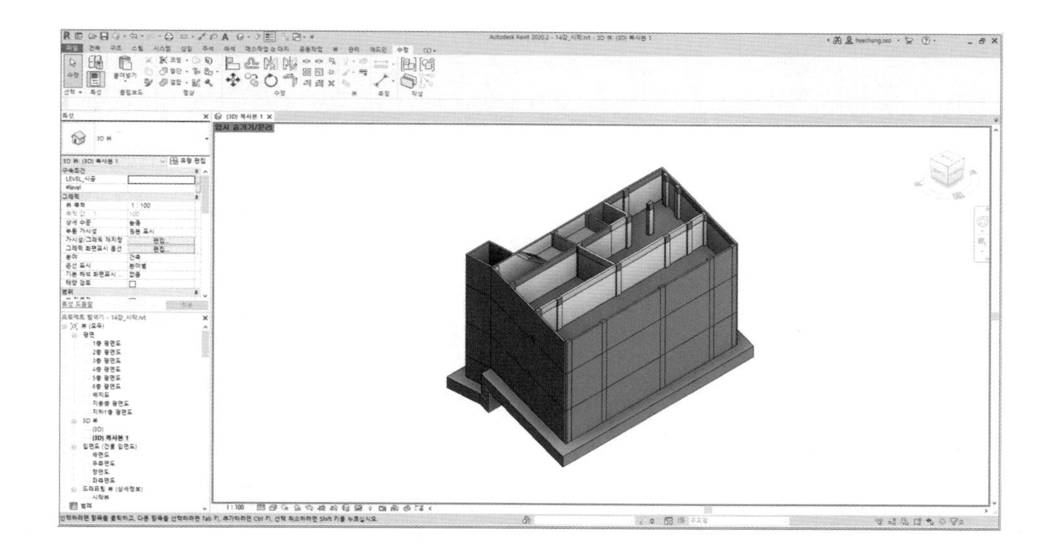

memo

BIMFACTORY
COMPANY

제 15 편

계획 건축설계

건축 바닥

01_ 조달청 기준 유형 및 코드 소개
02_ 건축 바닥 작성

Section
15

계획 건축설계
건축 바닥

15강에서는 조달청 기준의 건축 바닥의 라이브러리 형식을 소개하고
그에 맞게 모델링을 작성해보도록 하겠습니다.
이를 통해 건축 바닥 중 바닥마감을 작성하고
옥상 데크 및 조경까지 작성하는 방법을 학습하도록 하겠습니다.

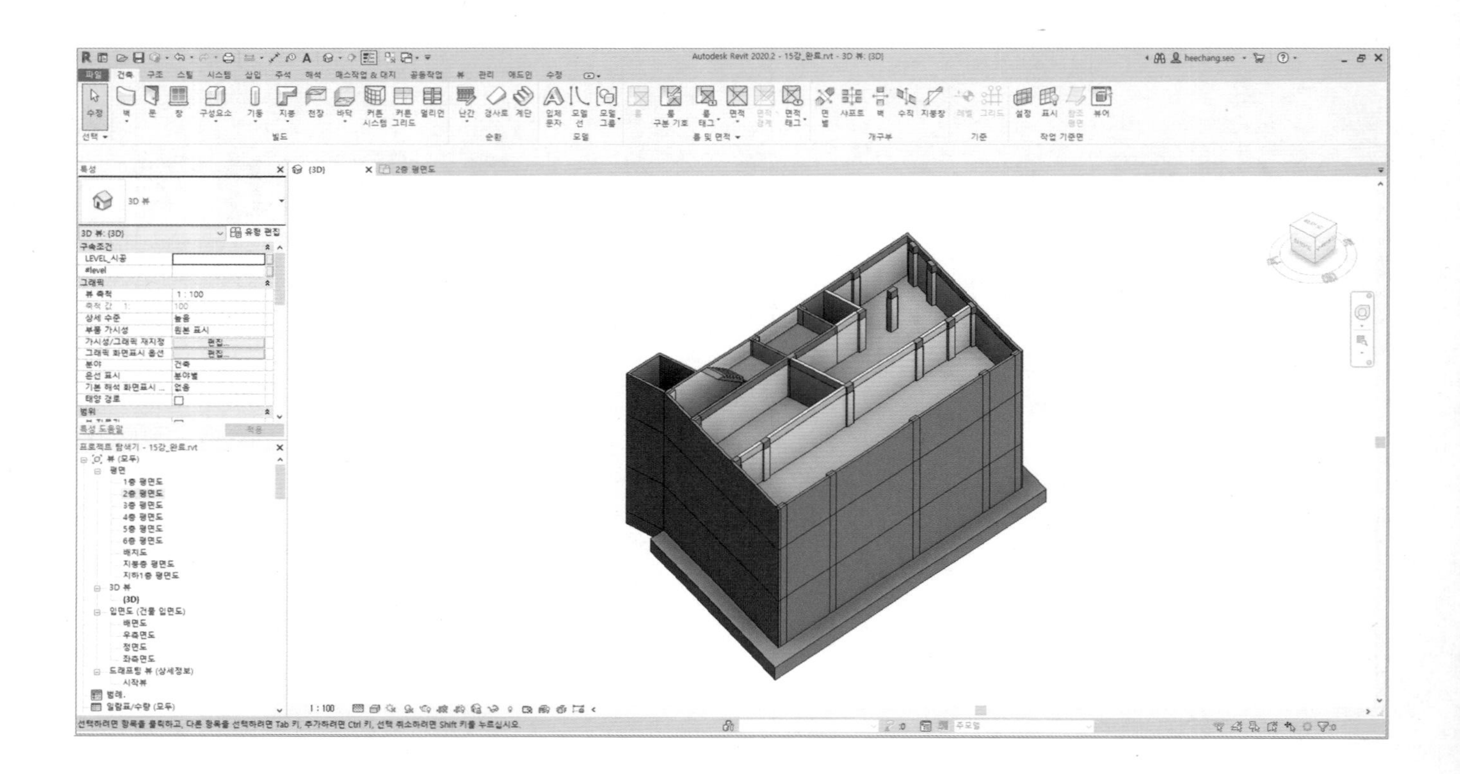

POINT

- 조달청 기준 바닥 형식 소개 및 속성 정보 입력
- 건축 바닥을 조달청 기준 유형 형식으로 작성하기

chapter 01 조달청 기준 유형 및 코드 소개

1 조달청 BIM 지침서 부속서에 따르면, 부위객체 부재명 및 라이브러리명의 형식은 다음과 같습니다. 본 강에서 바닥의 부재명 작성방법을 참고하시기 바랍니다.

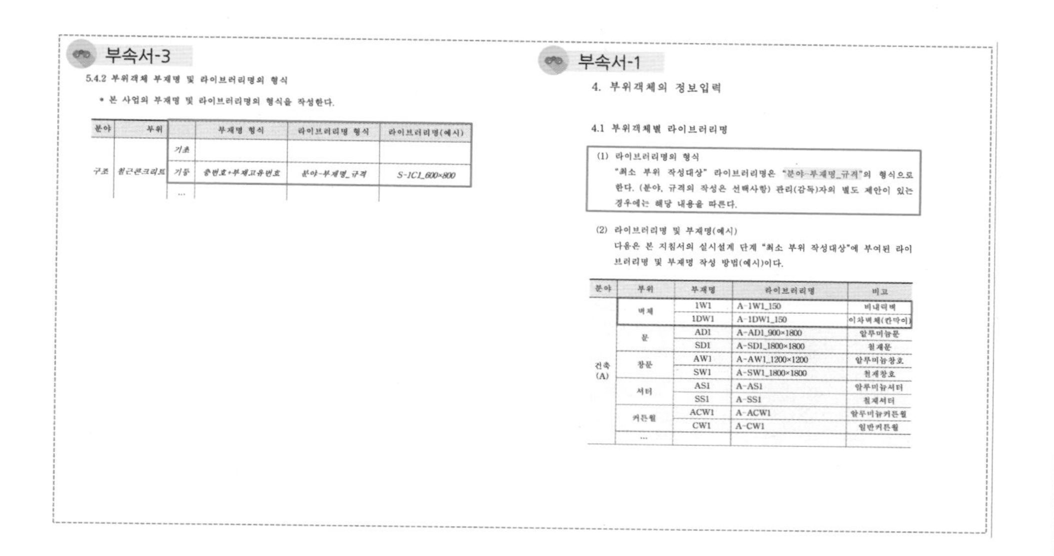

부속서-3

5.4.2 부위객체 부재명 및 라이브러리명의 형식

• 본 사업의 부재명 및 라이브러리명의 형식을 작성한다.

분야	부위		부재명 형식	라이브러리명 형식	라이브러리명(예시)
구조	철근콘크리트	기초			
		기둥	층번호+부재고유번호	분야-부재명_규격	S-1C1_600×800
		…			

부속서-1

4. 부위객체의 정보입력

4.1 부위객체별 라이브러리명

(1) 라이브러리명의 형식
"최소 부위 작성대상" 라이브러리명은 "분야-부재명_규격"의 형식으로 한다. (분야, 규격의 작성은 선택사항) 관리(감독)자의 별도 제안이 있는 경우에는 해당 내용을 따른다.

(2) 라이브러리명 및 부재명(예시)
다음은 본 지침서의 실시설계 단계 "최소 부위 작성대상"에 부여된 라이브러리명 및 부재명 작성 방법(예시)이다.

분야	부위	부재명	라이브러리명	비고
건축 (A)	벽체	1W1	A-1W1_150	비내력벽
		1DW1	A-1DW1_150	이차벽체(칸막이)
	문	AD1	A-AD1_900×1800	알루미늄문
		SD1	A-SD1_1800×1800	철재문
	창문	AW1	A-AW1_1200×1200	알루미늄창호
		SW1	A-SW1_1800×1800	철재창호
	셔터	AS1	A-AS1	알루미늄셔터
		SS1	A-SS1	철재셔터
	커튼월	ACW1	A-ACW1	알루미늄커튼월
		CW1	A-CW1	일반커튼월
	…			

2 조달청 BIM 지침서에 따르면, 속성 정보에는 부재명, 조달청 표준공사코드, 열관류율(선택)을 입력합니다.

- 조달청 표준공사코드: 부위객체의 유형 매개변수-ID데이터에 프로젝트 매개변수를 추가하여 해당 값을 입력합니다.
- 부재명: 부위객체의 유형 매개변수-ID데이터 탭 "유형 주석"에 해당 값을 입력합니다. (기본 매개변수 "유형 주석"값에 입력합니다.)

Tip

부재 속성 값 입력방법

구체적인 속성 값 입력방법은 "시설사업 BIM 적용 기본 지침서 사용자 가이드–1.4.2 BIM 소프트웨어 사용방법 예시"에서 확인하실 수 있습니다.

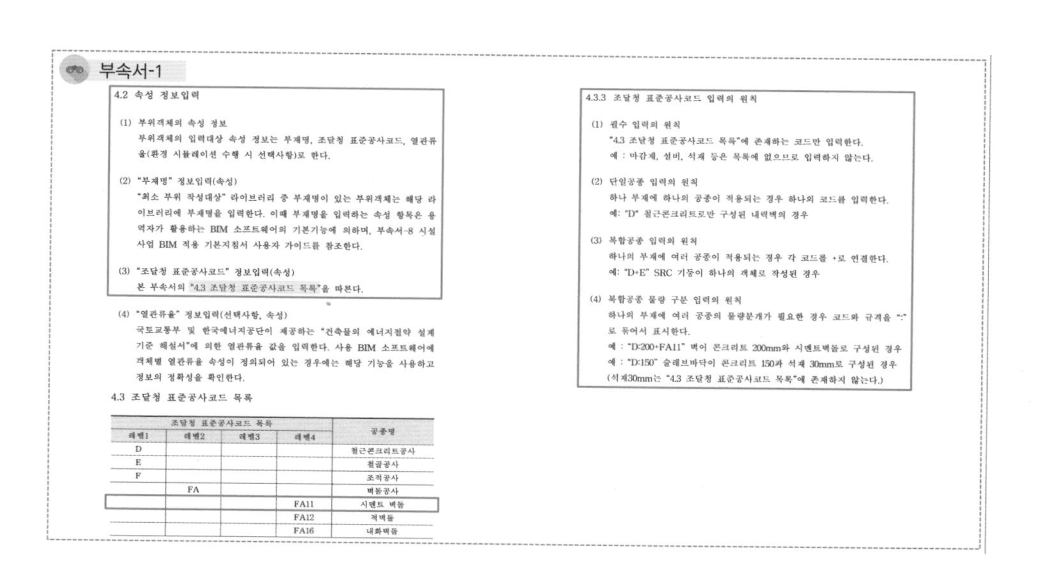

부속서-1

4.2 속성 정보입력

(1) 부위객체의 속성 정보
부위객체의 입력대상 속성 정보는 부재명, 조달청 표준공사코드, 열관류율(환경 시뮬레이션 수행 시 선택사항)로 한다.

(2) "부재명" 정보입력(속성)
"최소 부위 작성대상" 라이브러리 중 부재명이 있는 부위객체는 해당 라이브러리에 부재명을 입력한다. 이때 부재명을 입력하는 속성 항목은 용역자가 활용하는 BIM 소프트웨어의 기본기능에 의하며, 부속서-8 시설사업 BIM 적용 기본지침서 사용자 가이드를 참조한다.

(3) "조달청 표준공사코드" 정보입력(속성)
본 부속서의 "4.3 조달청 표준공사코드 목록"을 따른다.

(4) "열관류율" 정보입력(선택사항, 속성)
국토교통부 및 한국에너지공단이 제공하는 "건축물의 에너지절약 설계기준 해설서"에 의한 열관류율 값을 입력한다. 사용 BIM 소프트웨어에 객체별 열관류율 속성이 정의되어 있는 경우에는 해당 기능을 사용하고 정보의 정확성을 확인한다.

4.3 조달청 표준공사코드 목록

조달청 표준공사코드 목록				공종명
레벨1	레벨2	레벨3	레벨4	
D				철근콘크리트공사
E				철골공사
F				조적공사
	FA			벽돌공사
			FA11	시멘트 벽돌
			FA12	적벽돌
			FA16	내화벽돌

4.3.3 조달청 표준공사코드 입력의 원칙

(1) 필수 입력의 원칙
"4.3 조달청 표준공사코드 목록"에 존재하는 코드만 입력한다.
예 : 마감재, 설비, 석재 등은 목록에 없으므로 입력하지 않는다.

(2) 단일공종 입력의 원칙
하나 부재에 하나의 공종이 적용되는 경우 하나의 코드를 입력한다.
예: "D" 철근콘크리트로만 구성된 내력벽의 경우

(3) 복합공종 입력의 원칙
하나의 부재에 여러 공종이 적용되는 경우 각 코드를 +로 연결한다.
예: "D+E" SRC 기둥이 하나의 객체로 작성된 경우

(4) 복합공종 물량 구분 입력의 원칙
하나의 부재에 여러 공종의 물량분개가 필요한 경우 코드와 규격을 ":"로 묶어서 표시한다.
예 : "D:200+FA11" 벽이 콘크리트 200mm와 시멘트벽돌로 구성된 경우
예 : "D:150" 슬래브바닥이 콘크리트 150과 석재 30mm로 구성된 경우
(석재30mm는 "4.3 조달청 표준공사코드 목록"에 존재하지 않는다.)

chapter 02

건축 바닥 작성

1 Revit을 실행합니다.
모델 창 [열기] 클릭 ➡ ₩예제파일₩15강₩15강_시작.rvt를 선택하고 [열기]를 클릭합니다.

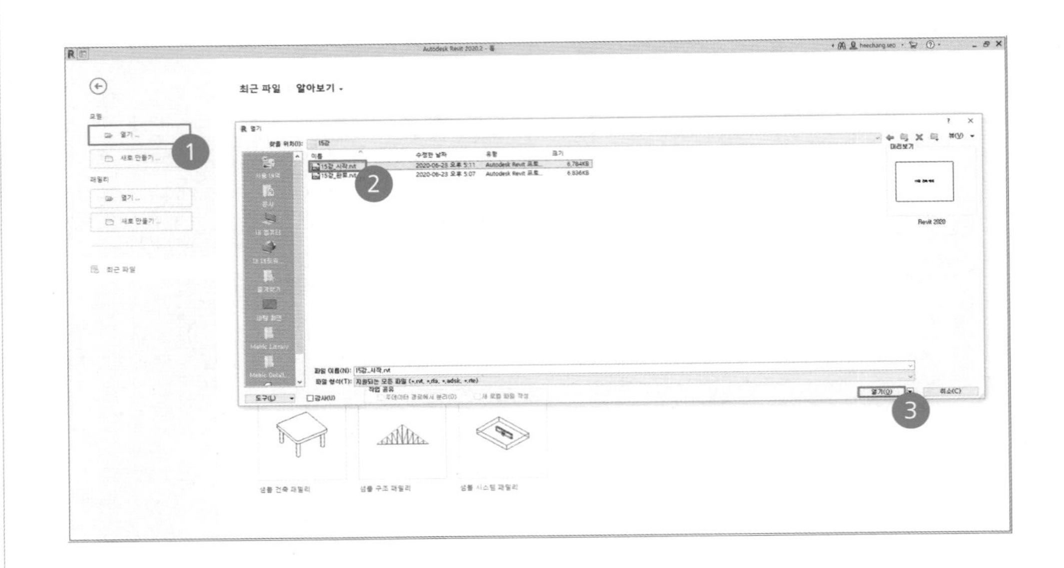

2 프로젝트 탐색기에서 "2층 평면도"를 더블클릭하여 엽니다.
이번 챕터에서는 건물 전체 ➡ 화장실 ➡ 계단실 ➡ 옥상 순으로 건축 바닥마감을 작성하겠습니다. 각 실마다 다른 유형으로 작성될 것입니다.

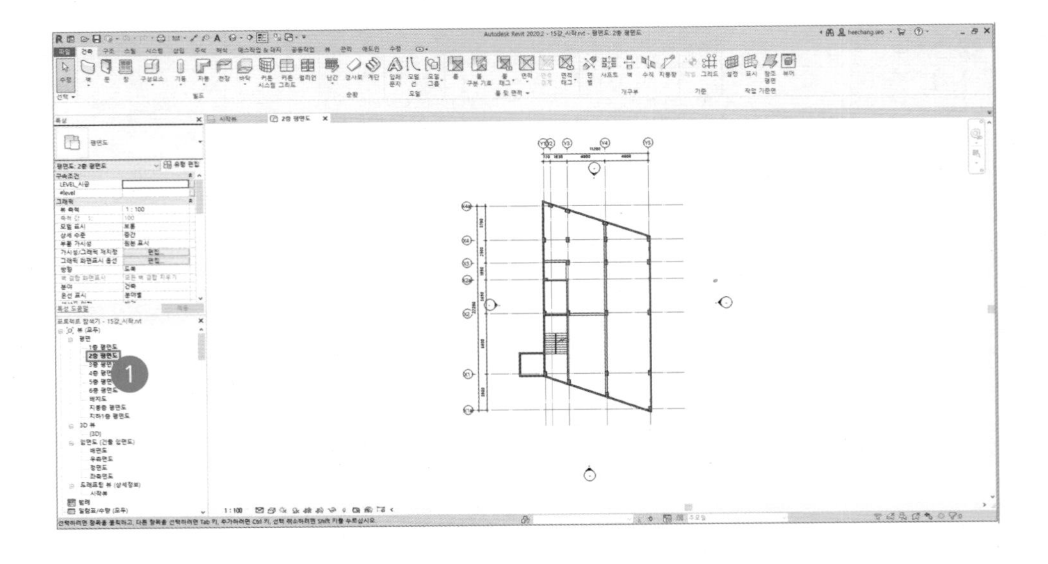

3 먼저 건물 전체 바닥마감을 작성하기 위해, [건축]탭 ➡ [바닥] 확장화살표 ➡ [바닥: 건축]를 클릭합니다. 그 다음, 특성 창-[유형 편집]을 클릭합니다.

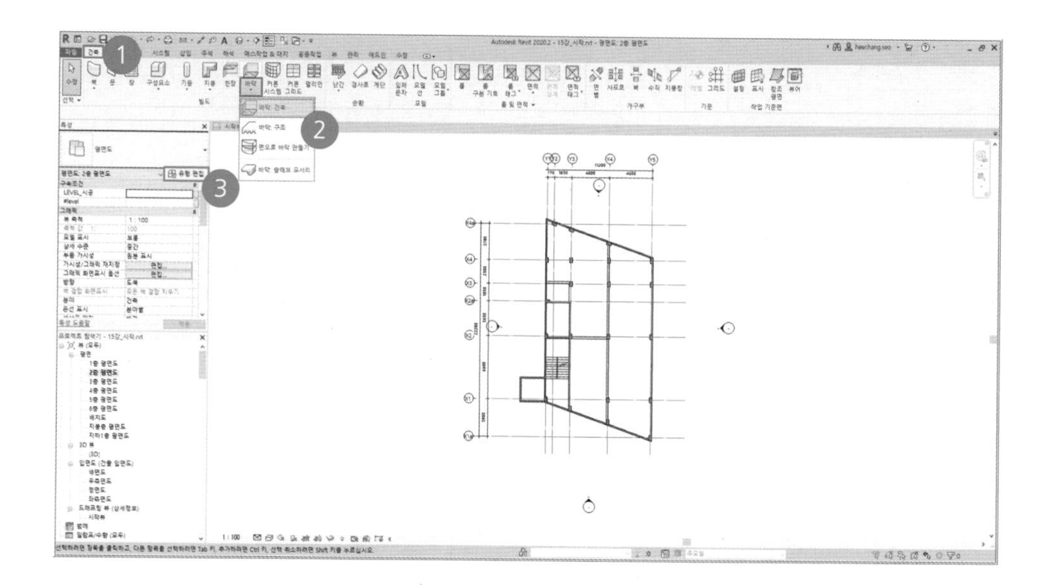

4 유형 [복제] 클릭 ➡ 유형이름에 "A-FF1_THK100"을 입력하고 [확인]을 클릭합니다. 그 다음, 두께를 변경하기 위해 유형 매개변수의 구성 탭-구조[편집]을 클릭합니다.

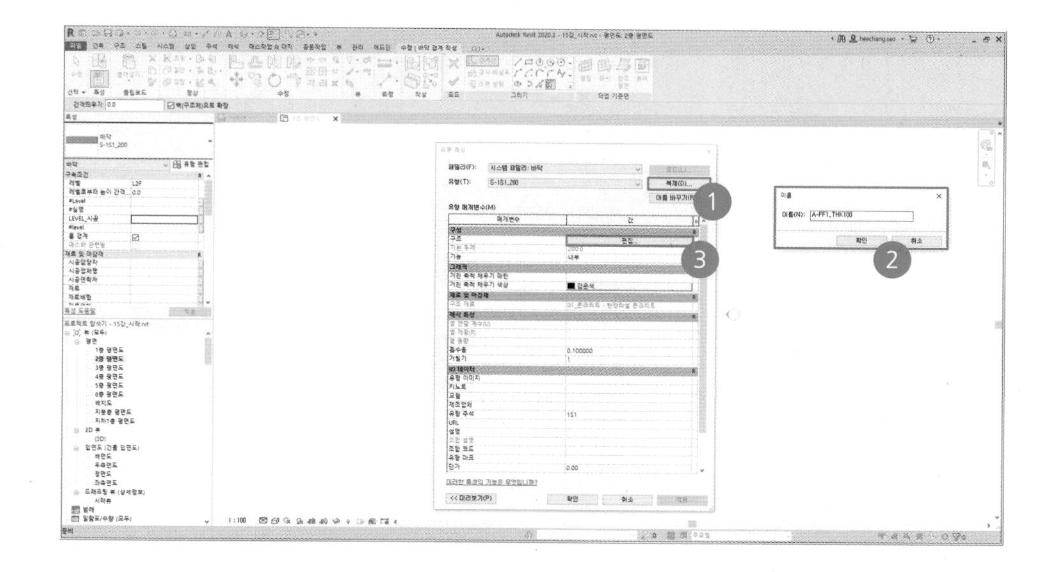

Tip

건축 바닥 작성

바닥은 [건축]탭에 있습니다.

Tip

바닥 – 기능

하지재

마감재

구조

5 다음과 같은 설정으로 변경하고 [확인]을 클릭합니다.

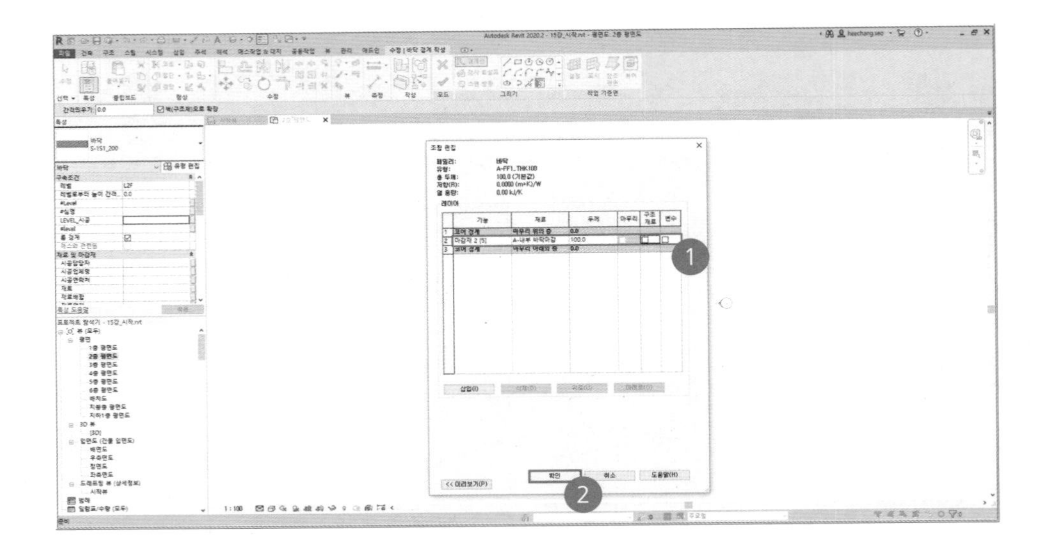

6 유형 주석에 부재명을, 조달청표준공사코드에 공백을 확인한 뒤 [확인]을 클릭합니다.

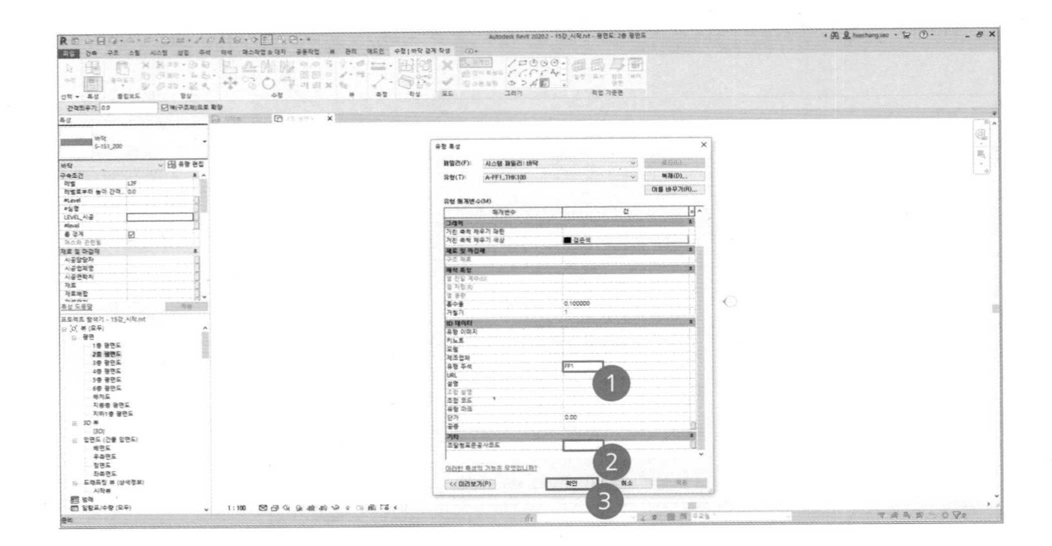

7 다음과 같이 벽과 기둥 안쪽으로 경계를 작성합니다. 특성창의 레벨로부터 높이 간격 값에 "100"을 입력 완료되었다면 상단의 [완료] 버튼을 클릭합니다.

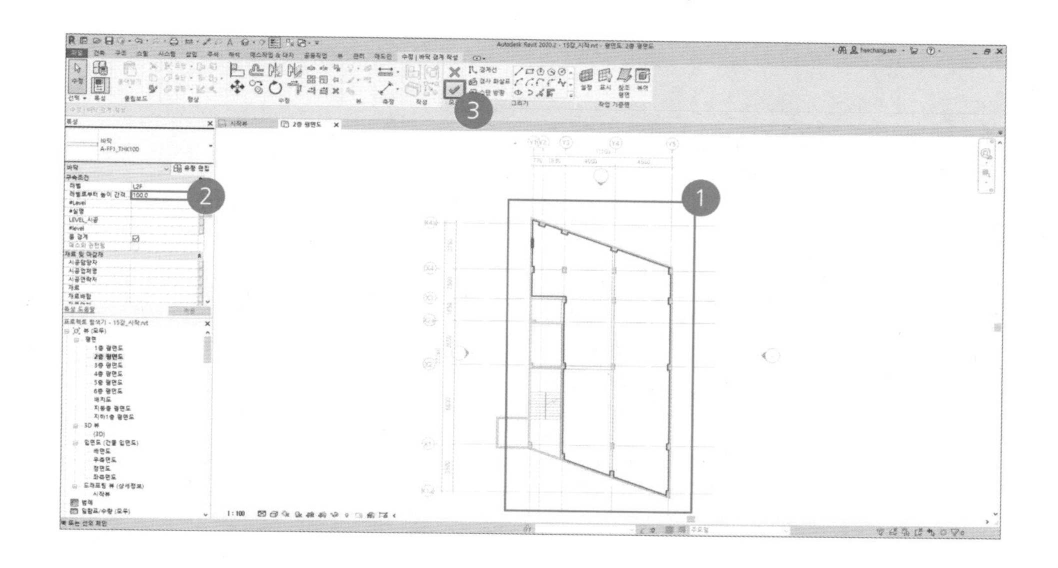

8 건물 바닥마감이 완성되었습니다. 보다 직관적으로 확인하기 위해 비주얼 스타일을 음영처리로 변경합니다. 3D화면을 함께 켜두어도 좋습니다.

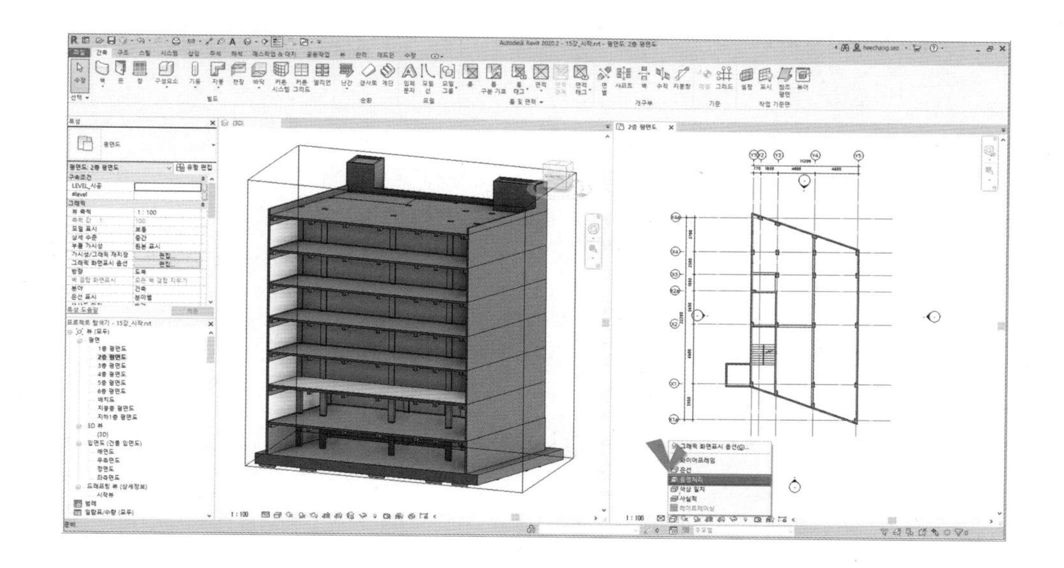

Tip

단면상자 3D 컨트롤

3D 컨트롤 조절로 단면 뷰를 생성 할 수 있습니다.

9 그 다음은 표시된 위치에 화장실 바닥을 작성하겠습니다. [건축]탭 ➡ [바닥] 확장화살표 ➡ [바닥: 건축]를 클릭합니다. 그 다음, 특성 창-[유형 편집]을 클릭합니다.

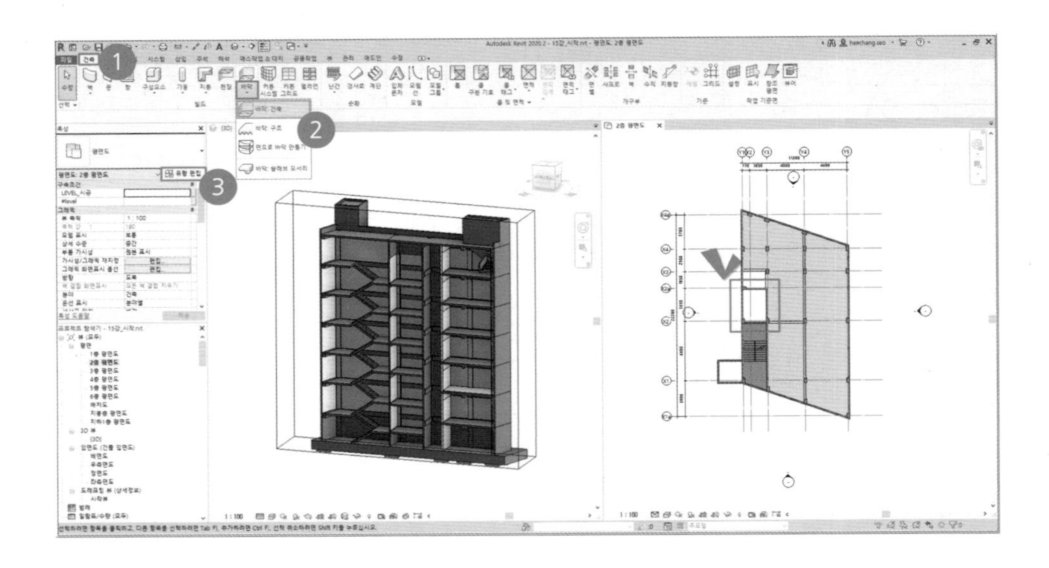

10 유형 복제로 “A-FF2_THK100”를 생성합니다. 재료는 “A-화장실 바닥마감”, 두께는 “100”으로 설정합니다. 다음과 같이 속성정보를 입력 후, 특성창에서 레벨로부터 높이 간격에 “1750”을 입력합니다. 그 다음, 경계 작성이 완료되면 [완료]버튼을 클릭합니다.

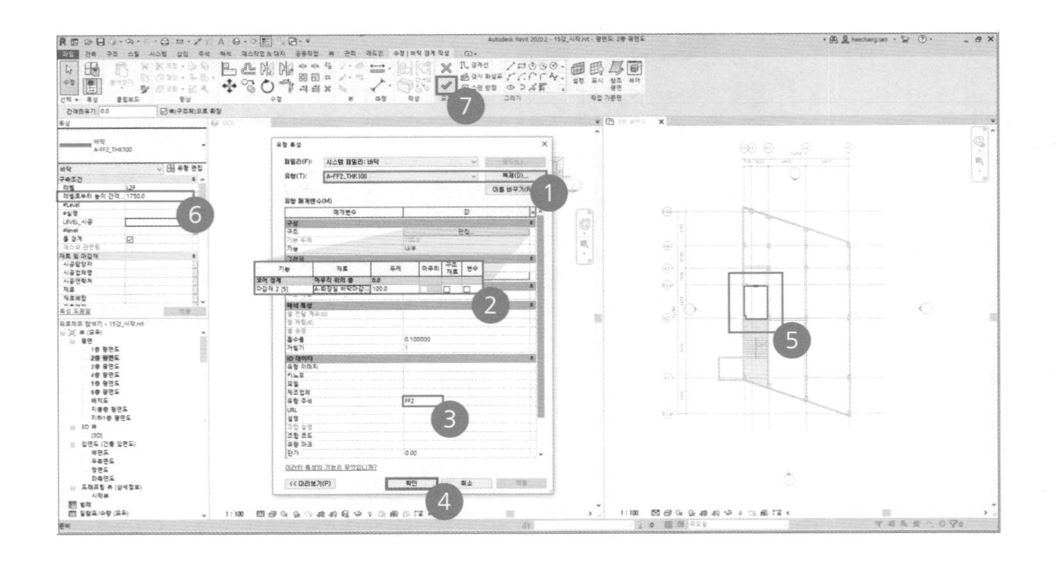

11 작성된 바닥마감을 3D 화면에서 확인할 수 있습니다.

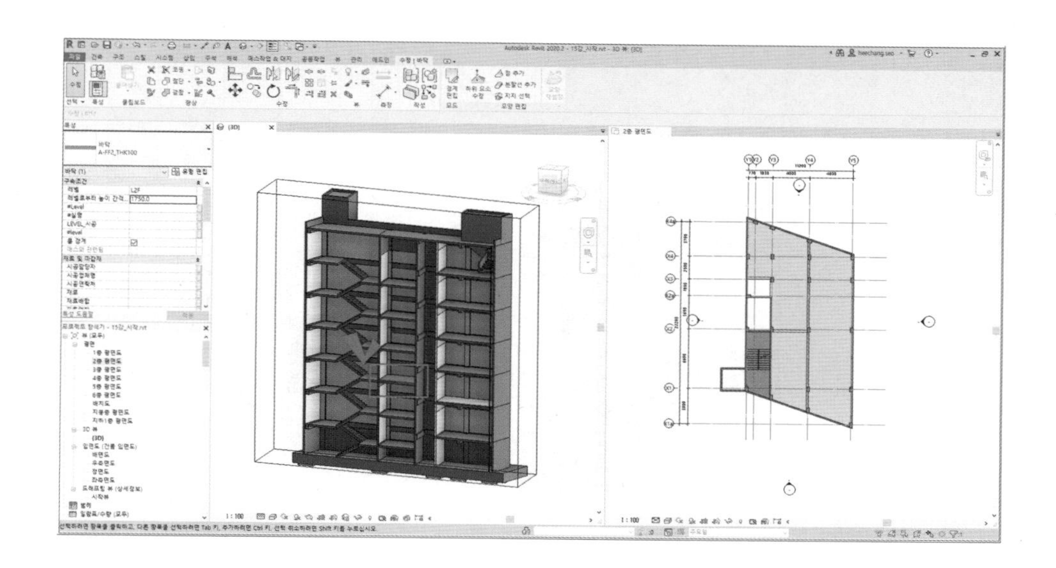

12 이제 작성한 바닥마감을 복사, 붙여넣기로 나머지 층에도 작성합니다. 건물 마감바닥은 1층~6층까지, 화장실 마감바닥은 지하 1층~5층까지 작성합니다.

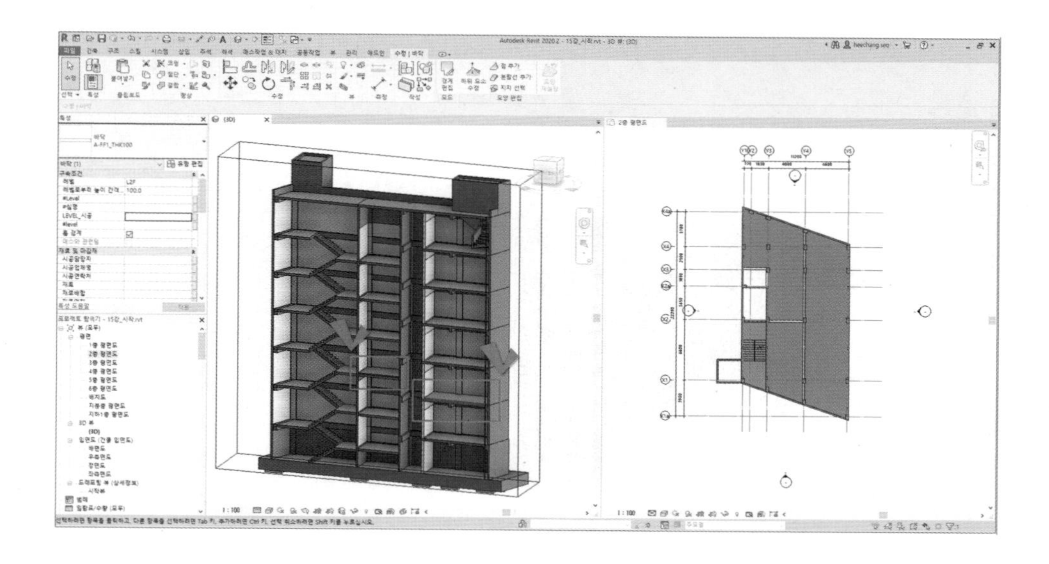

13 다음과 같이 전 층에 바닥마감이 작성되었습니다.

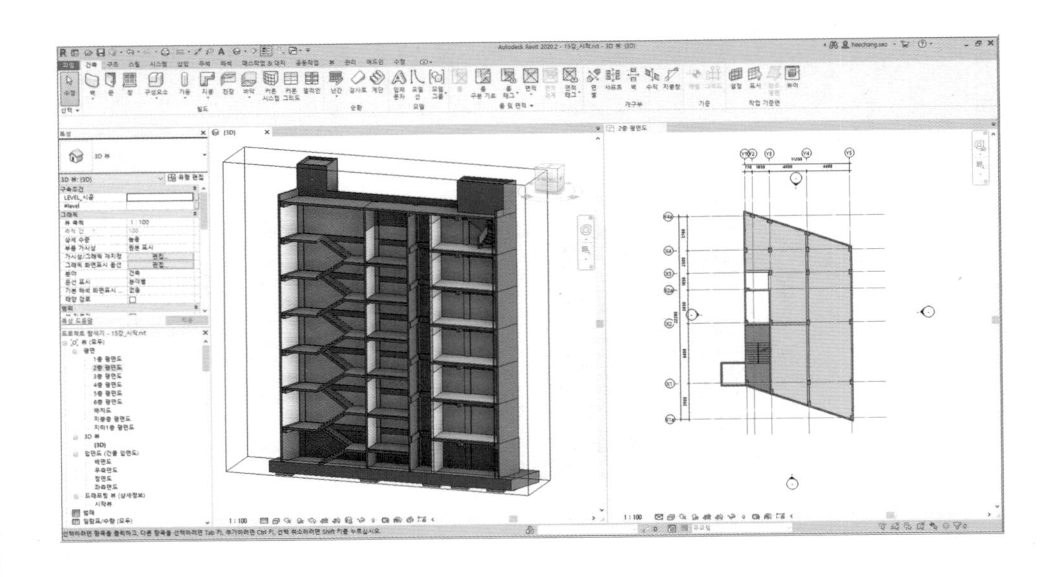

14 다음은 계단실의 지하층 바닥마감을 작성하겠습니다. 이번 챕터에서는 최하층 바닥만 작성하고, 나머지 계단실 마감은 16강 계단마감에서 다루도록 하겠습니다. [건축]탭 ➡ [바닥] 확장화살표 ➡ [바닥: 건축]를 클릭합니다. 그 다음, 계단실 유형을 작성하기 위해, 특성 창-[유형 편집]을 클릭합니다.

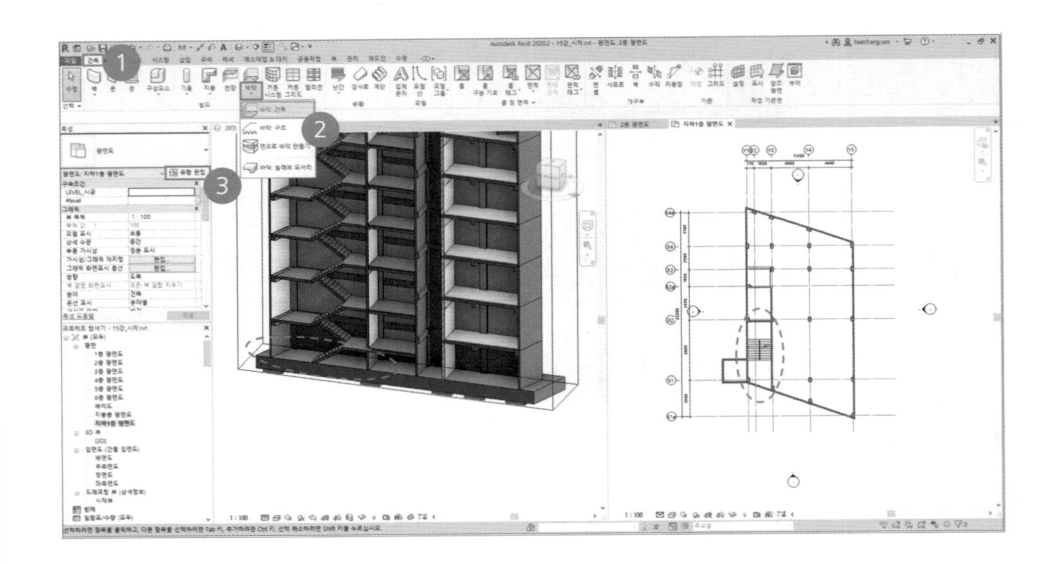

15 유형 복제로 "A-FF3_THK50"를 생성합니다. 재료는 "A-계단실 바닥마감", 두께는 "50"으로 설정합니다. 다음과 같이 속성정보를 입력 후, 특성창에서 레벨로부터 높이 간격에 "50"을 입력합니다. 그 다음, 경계 작성이 완료되면 [완료]버튼을 클릭합니다.

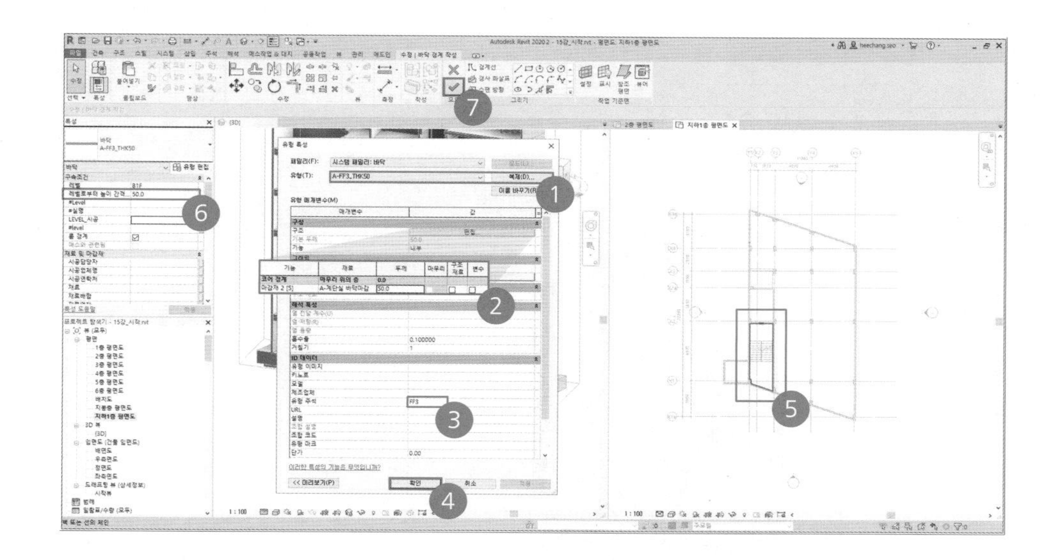

16 다음과 같이 계단실 마감바닥이 작성되었습니다.

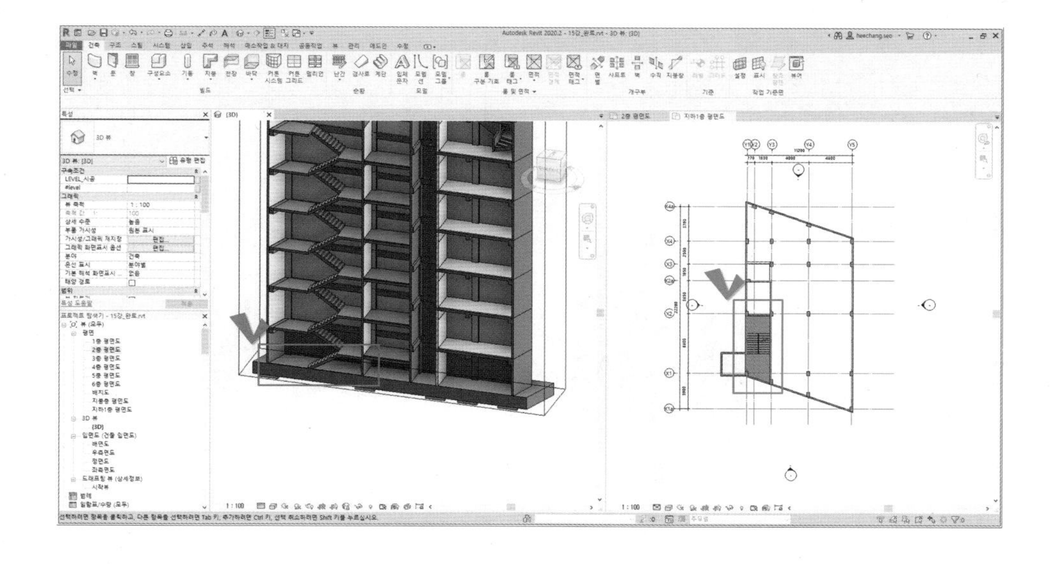

Tip

조달청 표준공사코드

"4.3.3 조달청 표준공사코드 입력의 원칙"에 따르면, 목록에 존재하는 코드만 입력합니다. 마감재는 목록에 없으므로 입력하지 않습니다.

17 마지막으로 옥상 바닥마감을 작성하겠습니다. 프로젝트 탐색기에서 “지붕층 평면도”를 엽니다. 해당 뷰에는 옥상 바닥마감을 작성하기 위한 가이드라인이 있습니다. 해당 라인에 맞게 특성창에서 레벨로부터 높이 간격에 “50”을 입력, 재료 두께는 “50”, 유형이름 A-FF4_THK50(재료:A-옥상 조경), A-FF5_THK50(재료:A-옥상 데크)를 작성하도록 하겠습니다.

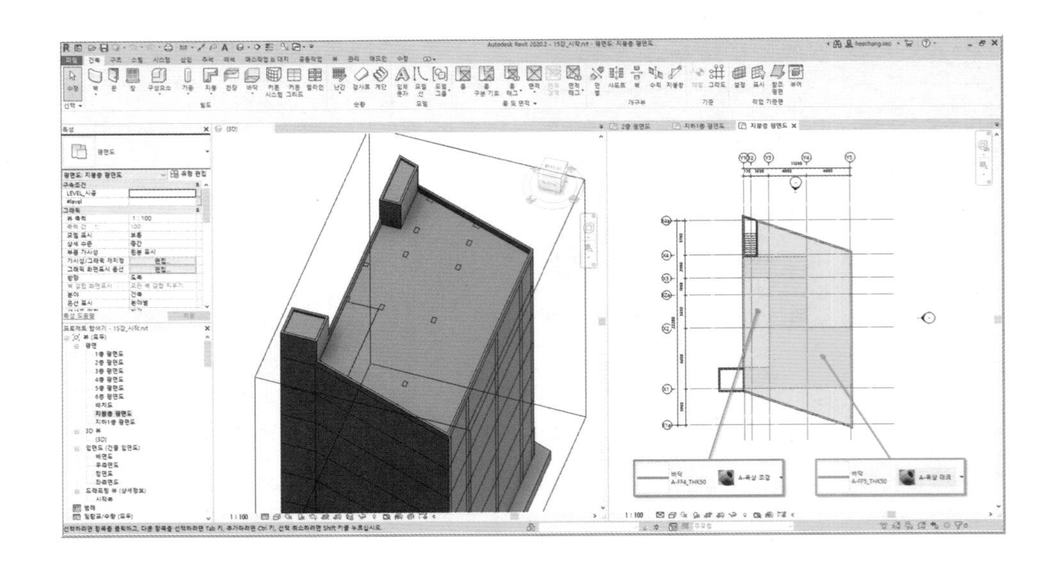

18 다음은 옥상 마감바닥이 완성된 화면입니다.

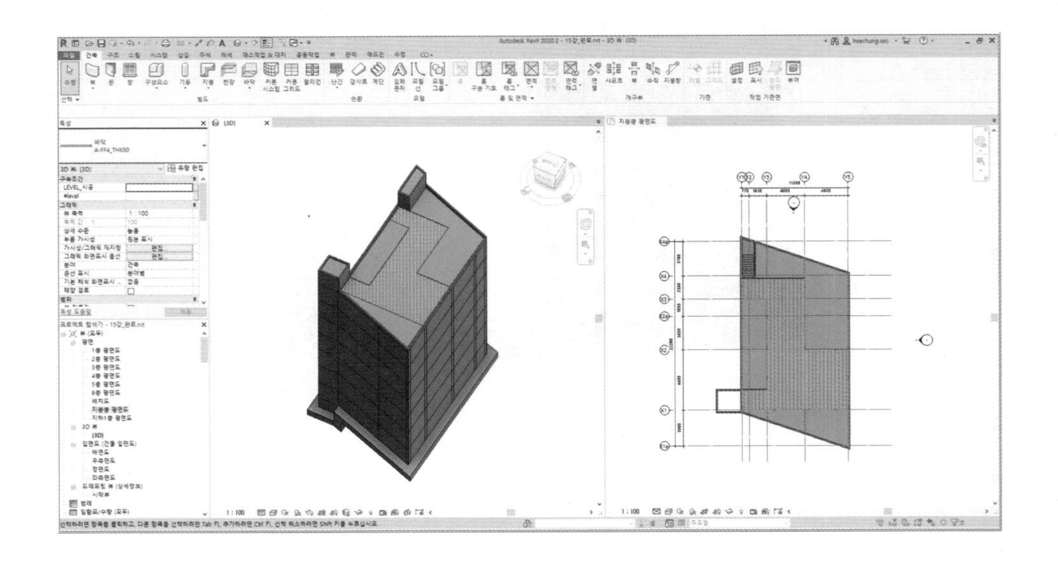

19 모든 건축 바닥이 완성되었습니다.

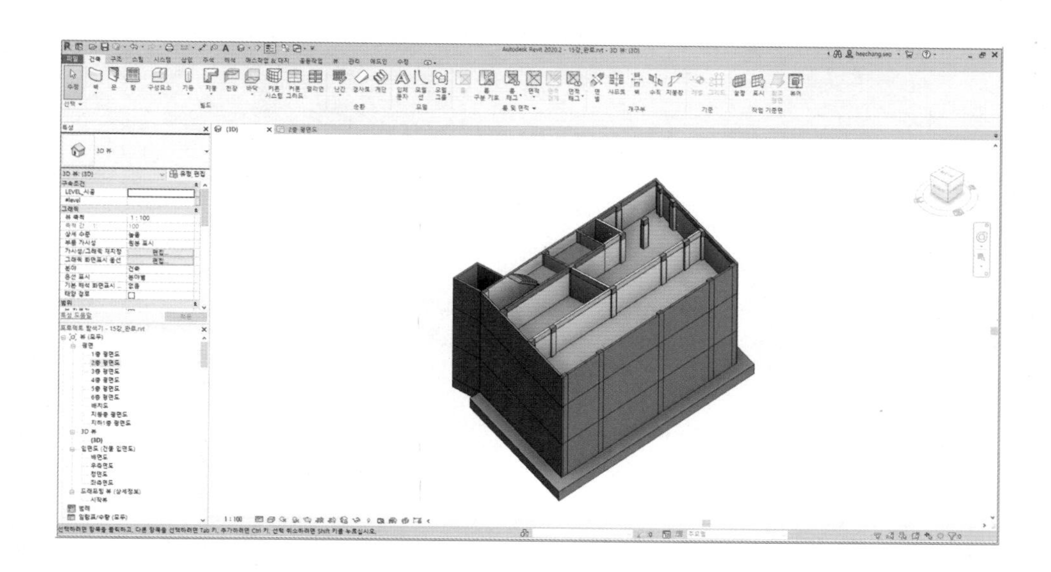

• 한솔아카데미 자료실 www.bestbook.co.kr

• BIMer 온라인커뮤니티 https://blog.naver.com/bimfactory

BIMFACTORY
COMPANY

제 16 편

계획 건축설계

계단 마감

Section

16

계획 건축설계

계단 마감

16강에서는 조달청 기준의 계단 마감의 라이브러리 형식을 소개하고
그에 맞게 모델링을 작성해보도록 하겠습니다.
이를 통해 계단 마감을 작성 및 수정하는 방법을 학습하고
계단 난간까지 모델링 해보도록 하겠습니다.

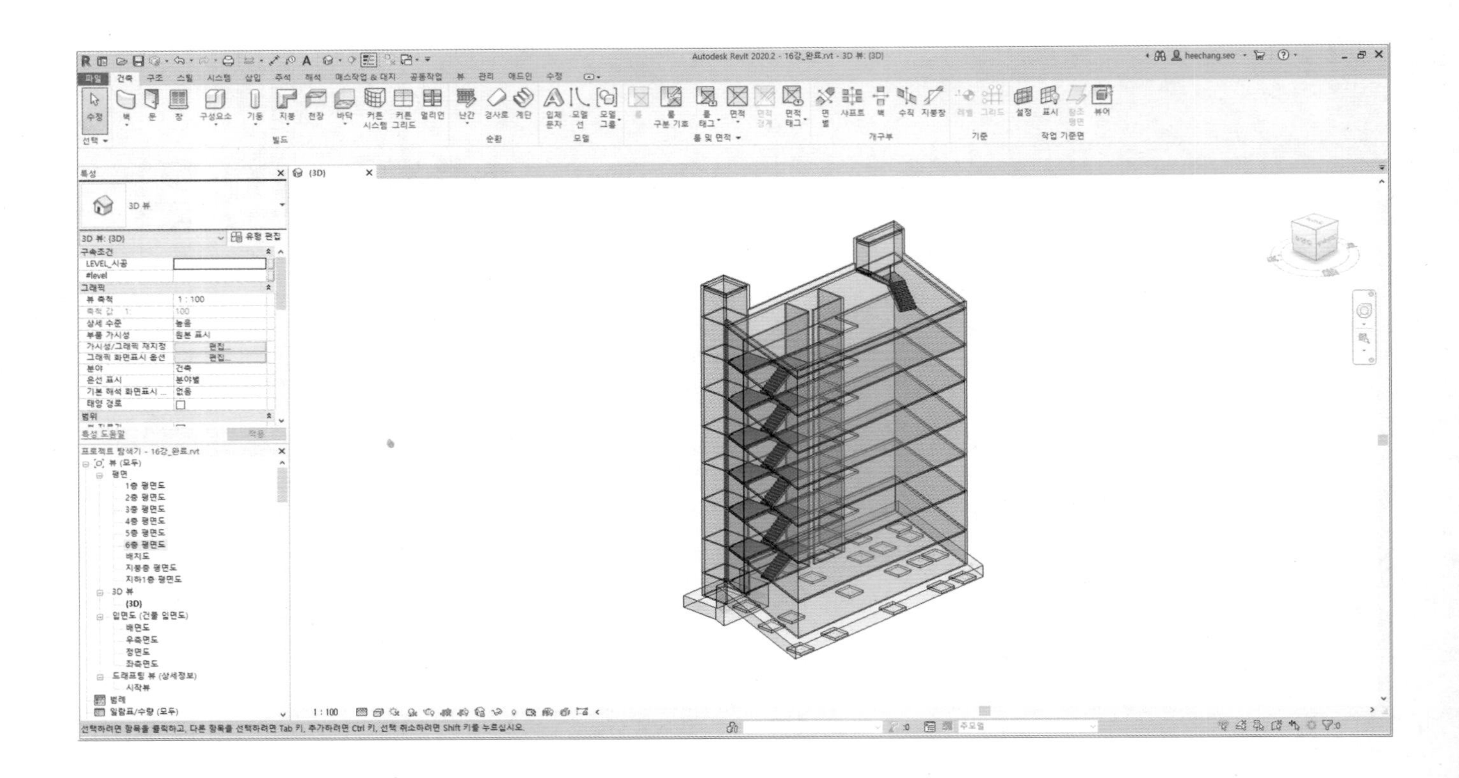

POINT

- 조달청 기준 바닥 형식 소개 및 속성 정보 입력
- 계단마감 작성하기
- 계단난간 작성하기

chapter 01 조달청 기준 유형 및 코드 소개

1 조달청 BIM 지침서 부속서에 따르면, 부위객체 부재명 및 라이브러리명의 형식은 다음과 같습니다. 본 강에서 바닥의 부재명 작성방법을 참고하시기 바랍니다.

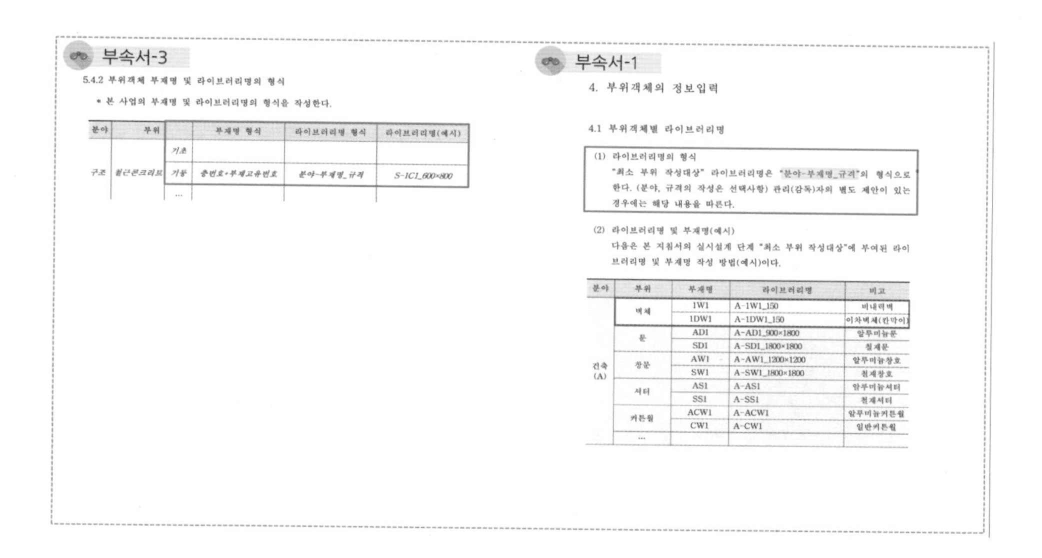

부속서-3

5.4.2 부위객체 부재명 및 라이브러리명의 형식

* 본 사업의 부재명 및 라이브러리명의 형식을 작성한다.

분야	부위		부재명 형식	라이브러리명 형식	라이브러리명(예시)
		기초			
구조	철근콘크리트	기둥	층번호+부재고유번호	분야-부재명_규격	S-1C1_600×800
		…			

부속서-1

4. 부위객체의 정보입력

4.1 부위객체별 라이브러리명

(1) 라이브러리명의 형식
"최소 부위 작성대상" 라이브러리명은 "분야-부재명_규격"의 형식으로 한다. (분야, 규격의 작성은 선택사항) 관리(감독)자의 별도 제안이 있는 경우에는 해당 내용을 따른다.

(2) 라이브러리명 및 부재명(예시)
다음은 본 지침서의 실시설계 단계 "최소 부위 작성대상"에 부여된 라이브러리명 및 부재명 작성 방법(예시)이다.

분야	부위	부재명	라이브러리명	비고
건축 (A)	벽체	1W1	A-1W1_150	비내력벽
		1DW1	A-1DW1_150	이차벽체(칸막이)
	문	AD1	A-AD1_900×1800	알루미늄문
		SD1	A-SD1_1800×1800	철재문
	창문	AW1	A-AW1_1200×1200	알루미늄창호
		SW1	A-SW1_1800×1800	철재창호
	셔터	AS1	A-AS1	알루미늄셔터
		SS1	A-SS1	철재셔터
	커튼월	ACW1	A-ACW1	알루미늄커튼월
		CW1	A-CW1	일반커튼월
	…			

2 조달청 BIM 지침서에 따르면, 속성 정보에는 부재명, 조달청 표준공사코드, 열관류율(선택)을 입력합니다.

- 조달청 표준공사코드: 부위객체의 유형 매개변수-ID데이터에 프로젝트 매개변수를 추가하여 해당 값을 입력합니다.
- 부재명: 부위객체의 유형 매개변수-ID데이터 탭 "유형 주석"에 해당 값을 입력합니다. (기본 매개변수 "유형 주석"값에 입력합니다.)

Tip

부재 속성 값 입력방법

구체적인 속성 값 입력방법은 "시설사업 BIM 적용 기본 지침서 사용자 가이드-1.4.2 BIM 소프트웨어 사용방법 예시"에서 확인하실 수 있습니다.

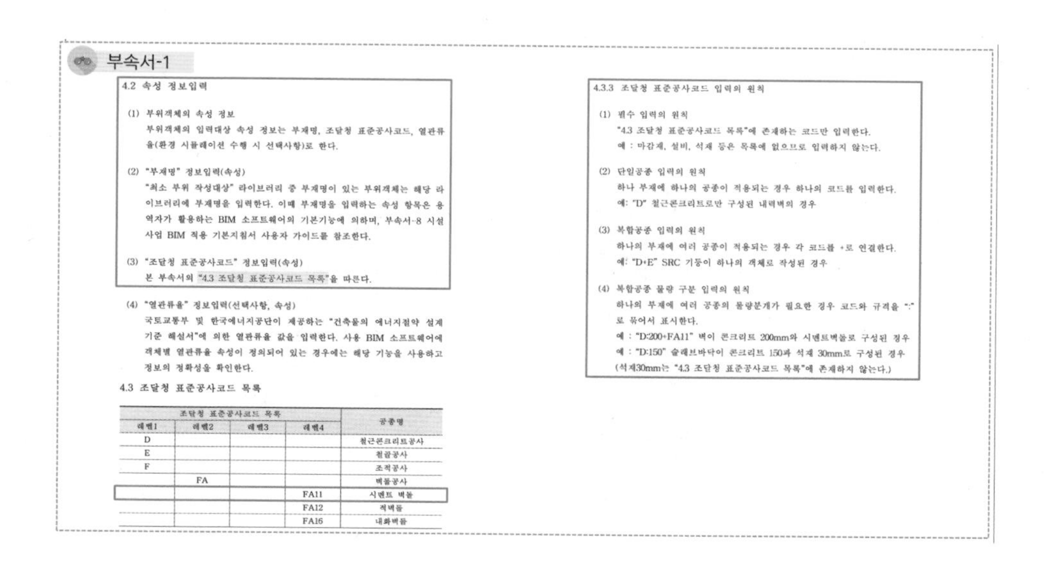

부속서-1

4.2 속성 정보입력

(1) 부위객체의 속성 정보
부위객체의 입력대상 속성 정보는 부재명, 조달청 표준공사코드, 열관류율(환경 시뮬레이션 수행 시 선택사항)로 한다.

(2) "부재명" 정보입력(속성)
"최소 부위 작성대상" 라이브러리 중 부재명이 있는 부위객체는 해당 라이브러리에 부재명을 입력한다. 이때 부재명을 입력하는 속성 항목은 용역자가 활용하는 BIM 소프트웨어의 기본기능에 의하며, 부속서-8 시설사업 BIM 적용 기본지침서 사용자 가이드를 참조한다.

(3) "조달청 표준공사코드" 정보입력(속성)
본 부속서의 "4.3 조달청 표준공사코드 목록"을 따른다.

(4) "열관류율" 정보입력(선택사항, 속성)
국토교통부 및 한국에너지공단이 제공하는 "건축물의 에너지절약 설계기준 해설서"에 의한 열관류율 값을 입력한다. 사용 BIM 소프트웨어에 객체별 열관류율 속성이 정의되어 있는 경우에는 해당 기능을 사용하고 정보의 정확성을 확인한다.

4.3 조달청 표준공사코드 목록

조달청 표준공사코드 목록				공종명
레벨1	레벨2	레벨3	레벨4	
D				철근콘크리트공사
E				철골공사
F				조적공사
	FA			벽돌공사
			FA11	시멘트 벽돌
			FA12	적벽돌
			FA16	내화벽돌

4.3.3 조달청 표준공사코드 입력의 원칙

(1) 필수 입력의 원칙
"4.3 조달청 표준공사코드 목록"에 존재하는 코드만 입력한다.
예 : 마감재, 설비, 석재 등은 목록에 없으므로 입력하지 않는다.

(2) 단일공종 입력의 원칙
하나 부재에 하나의 공종이 적용되는 경우 하나의 코드를 입력한다.
예: "D" 철근콘크리트로만 구성된 내력벽의 경우

(3) 복합공종 입력의 원칙
하나의 부재에 여러 공종이 적용되는 경우 각 코드를 +로 연결한다.
예: "D+E" SRC 기둥이 하나의 객체로 작성된 경우

(4) 복합공종 물량 구분 입력의 원칙
하나의 부재에 여러 공종의 물량분개가 필요한 경우 코드와 규격을 ":"로 묶어서 표시한다.
예 : "D:200+FA11" 벽이 콘크리트 200mm와 시멘트벽돌로 구성된 경우
예 : "D:150" 슬래브바닥이 콘크리트 150과 석재 30mm로 구성된 경우
(석재30mm는 "4.3 조달청 표준공사코드 목록"에 존재하지 않는다.)

chapter 02 계단 마감 작성

1 Revit을 실행합니다.
모델 창 [열기] 클릭 ➡ ₩예제파일₩16강₩16강_시작.rvt를 선택하고 [열기]를 클릭합니다.

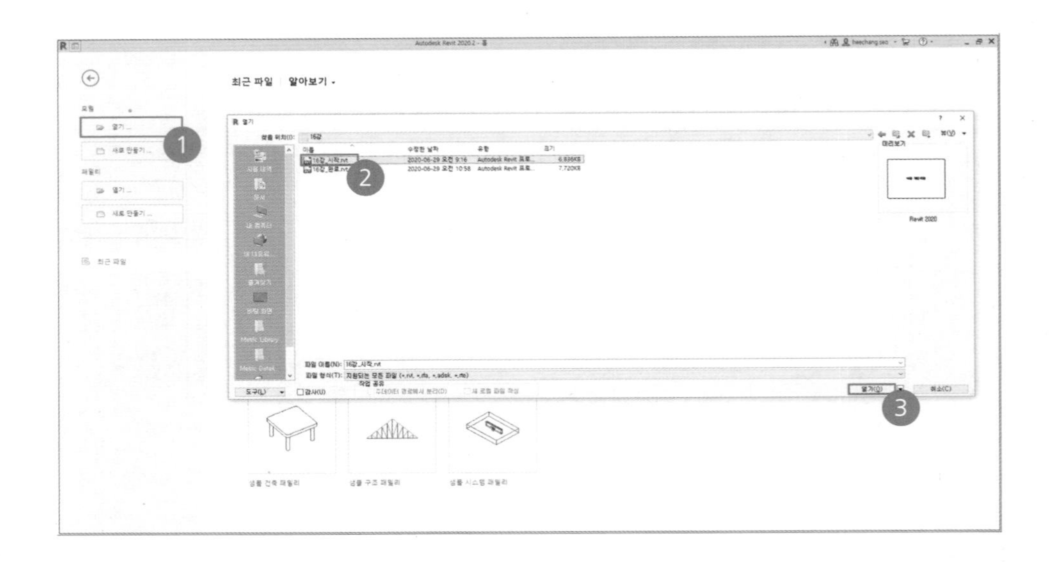

2 프로젝트 탐색기에서 “2층 평면도”를 더블클릭하여 엽니다.
이번 강의에서는 이미 작성된 구조계단을 복사해서 계단 마감을 작성하겠습니다.
다음과 같이 3D 화면을 창 배열로 동시에 열어줍니다.

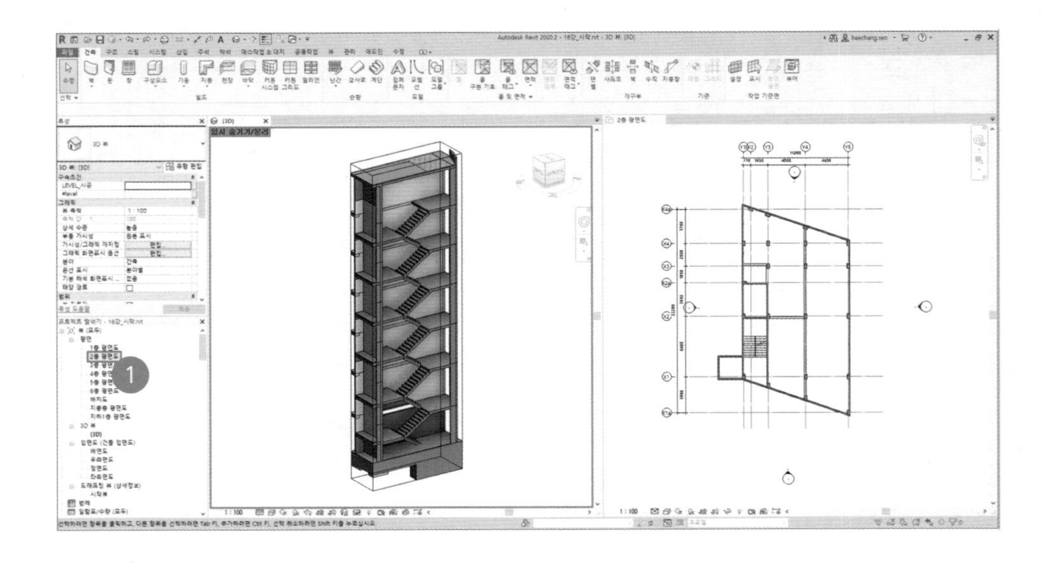

3 2층 평면도에 작성된 계단을 선택합니다. 수정탭-[클립보드로 복사] 클릭 ➡ [붙여넣기] 확장화살표 ➡ [동일 위치에 정렬]을 클릭합니다.

Tip
계단 마감 작성
바닥은 [건축]탭에 있습니다.

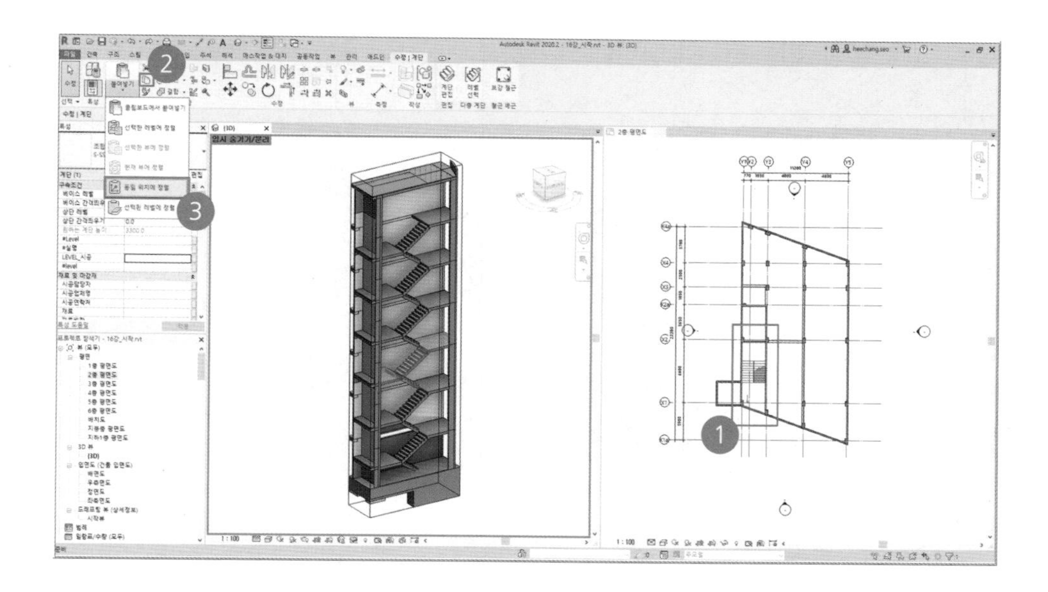

4 동일한 위치에 복사 했기 때문에 화면에 표시되진 않지만, 특성 창을 보면 복사된 계단이 선택된 것을 알 수 있습니다. 선택된 상태로 특성 창-[유형 편집]을 클릭합니다.

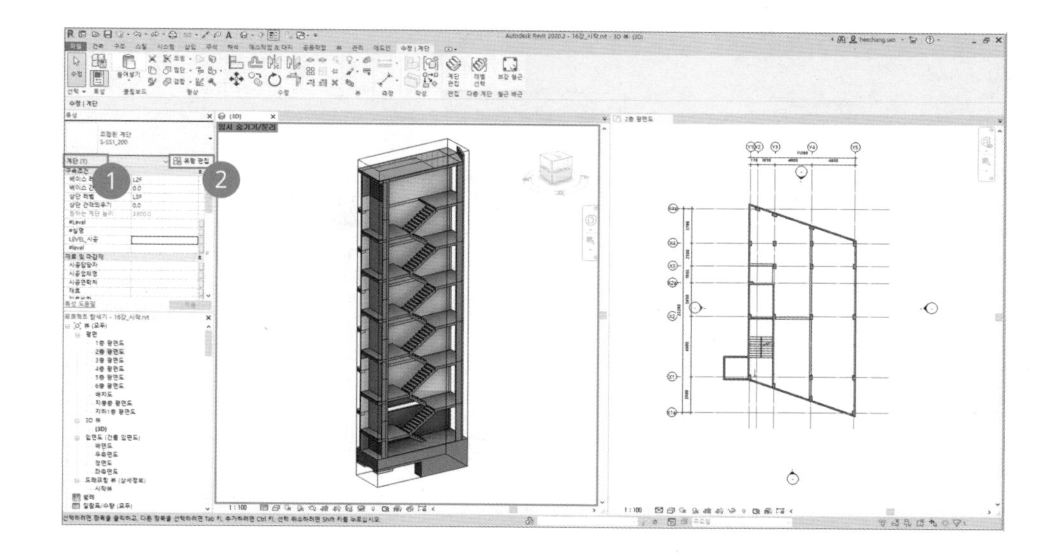

Tip
바닥 - 기능
하지재
마감재
구조

5 유형 [복제] 클릭 ➡ 유형이름에 "계단마감"을 입력하고 [확인]을 클릭합니다. 그 다음, 유형 매개변수의 구성 탭-계단진행 유형 [...]을 클릭합니다.

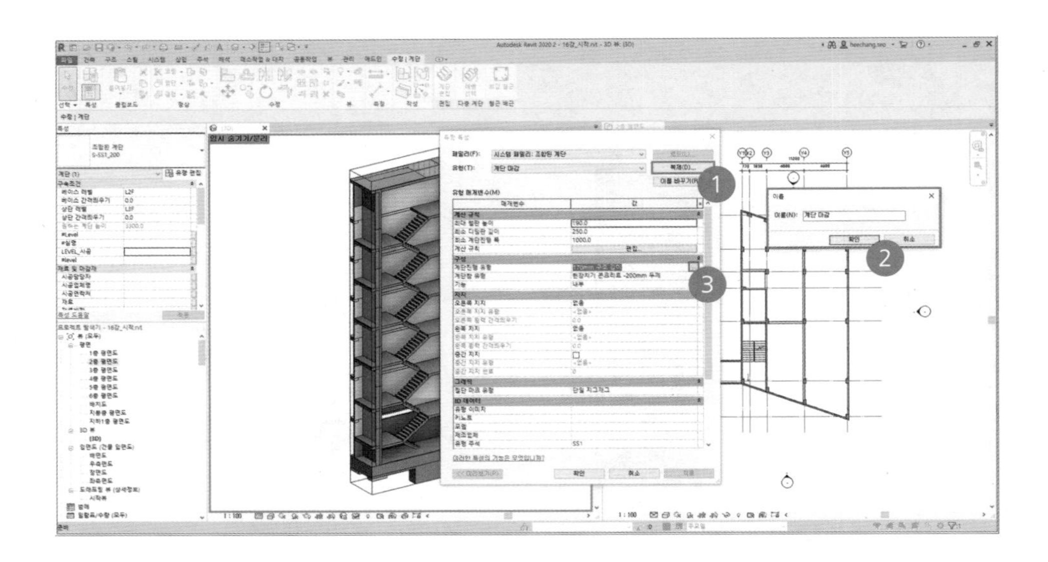

6 패밀리를 "시스템 패밀리: 비일체형 계단진행"으로 변경합니다. 그 다음 재료 및 마감재탭에서 디딤판과 챌판 재료를 모두 "A-계단실 바닥마감"으로 변경합니다. 설정이 완료되면 확인을 클릭합니다.

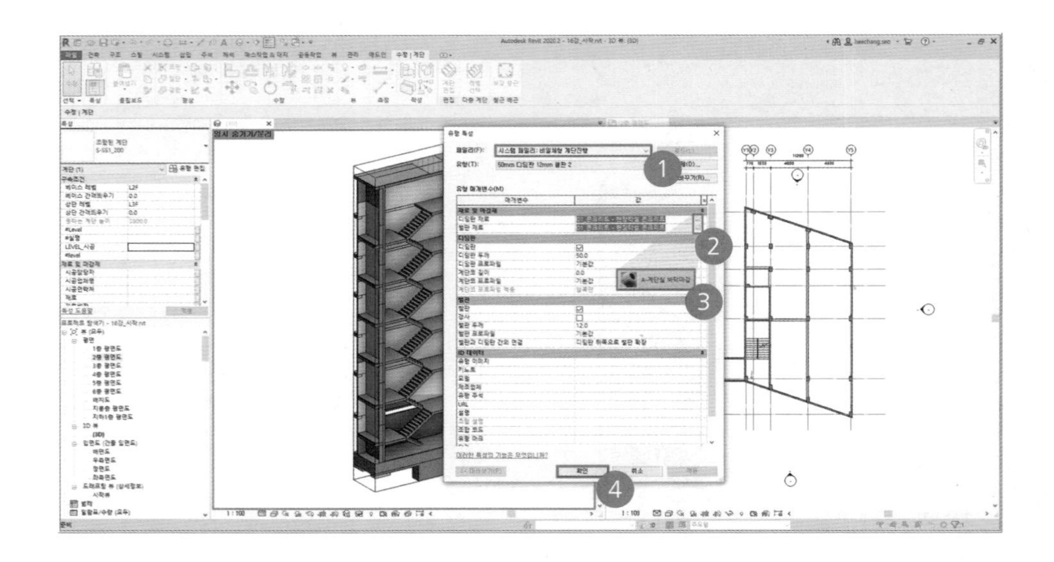

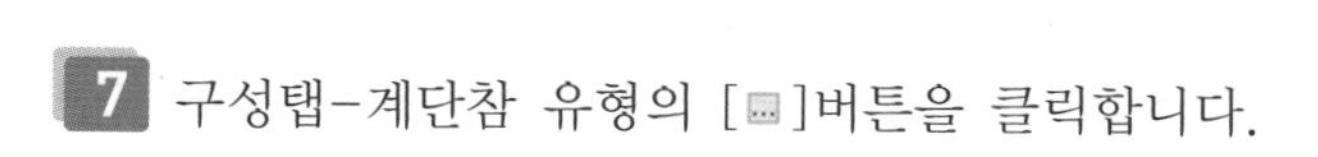

7 구성탭–계단참 유형의 [...]버튼을 클릭합니다.

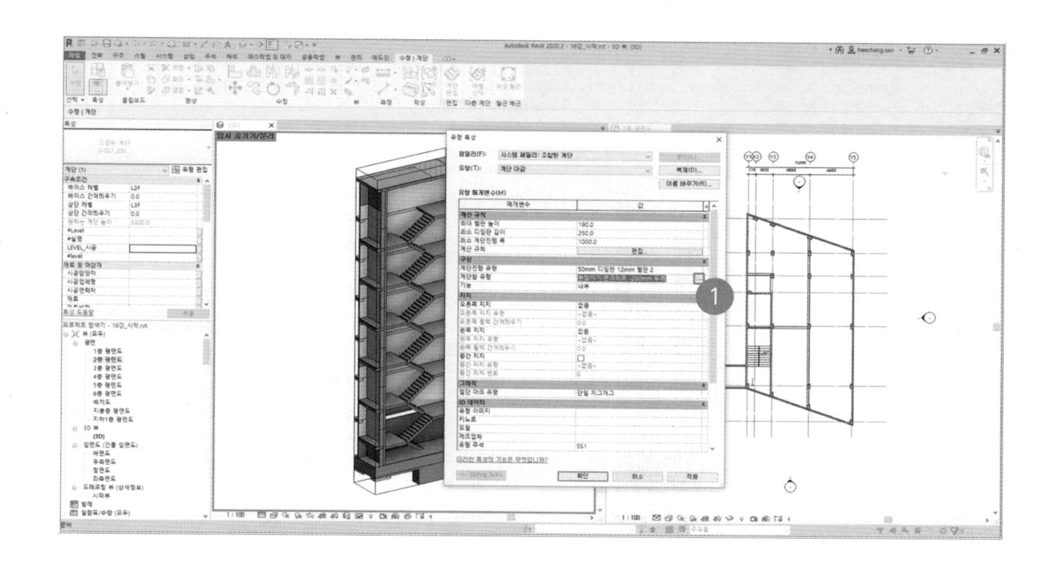

8 패밀리를 "시스템 패밀리: 비일체형 계단참"으로 변경하고 확인을 클릭합니다.

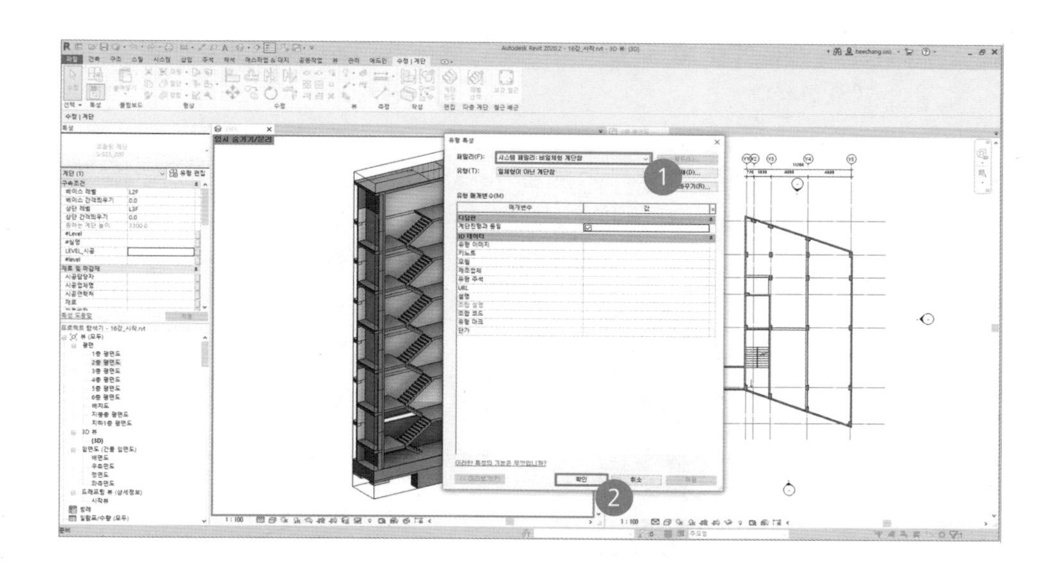

Tip

조달청표준공사코드

부속서–1 "4.3 조달청 표준 공사코드 목록"에 따르면, 시멘트 벽돌의 코드는 "FA11" 입니다.

9 그 다음, ID 데이터탭의 유형 주석엔 부재명을, 기타탭의 조달청 표준 공사코드엔 공백을 작성 후 확인을 클릭합니다.

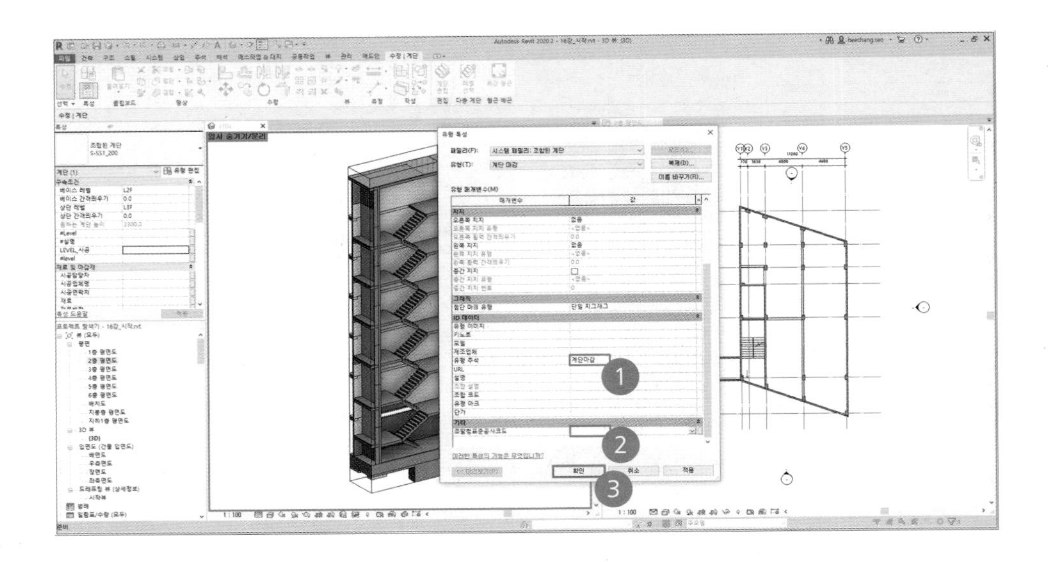

10 다음과 같은 경고창이 뜹니다. 구조 계단 위에 배치를 해야하기 때문에 약간의 수정이 필요합니다.

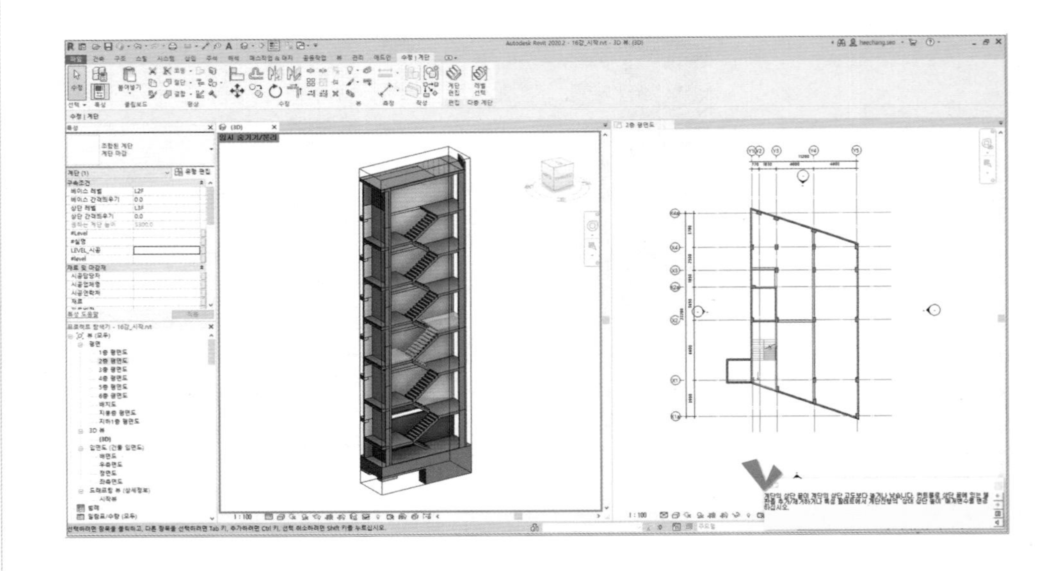

11 구조와 마감 위치에 맞게 작성합니다. 작성된 계단 마감을 선택 후 특성창-베이스 간격띄우기와 상단 간격띄우기에 "50"을 입력합니다. 치수탭의 원하는 챌판 수에 "20"을 입력합니다. 엔터 또는 [적용]을 누르면 디딤판의 위치 및 계단 형태가 맞춰집니다.

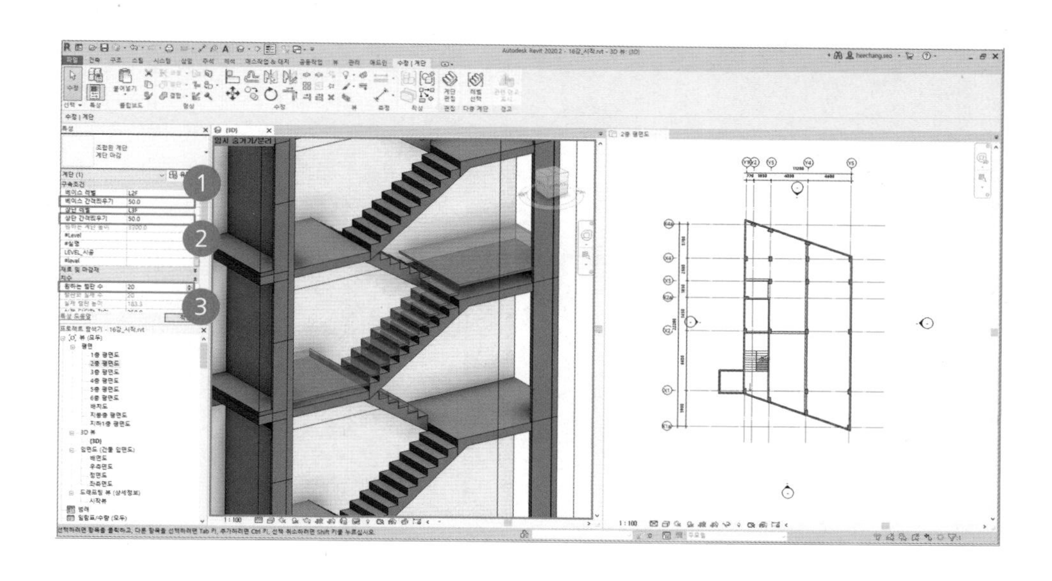

12 이번엔 챌판 및 계단참을 수정하겠습니다. 작성한 계단 마감이 선택된 상태에서 [수정]탭-[계단 편집]을 클릭합니다.

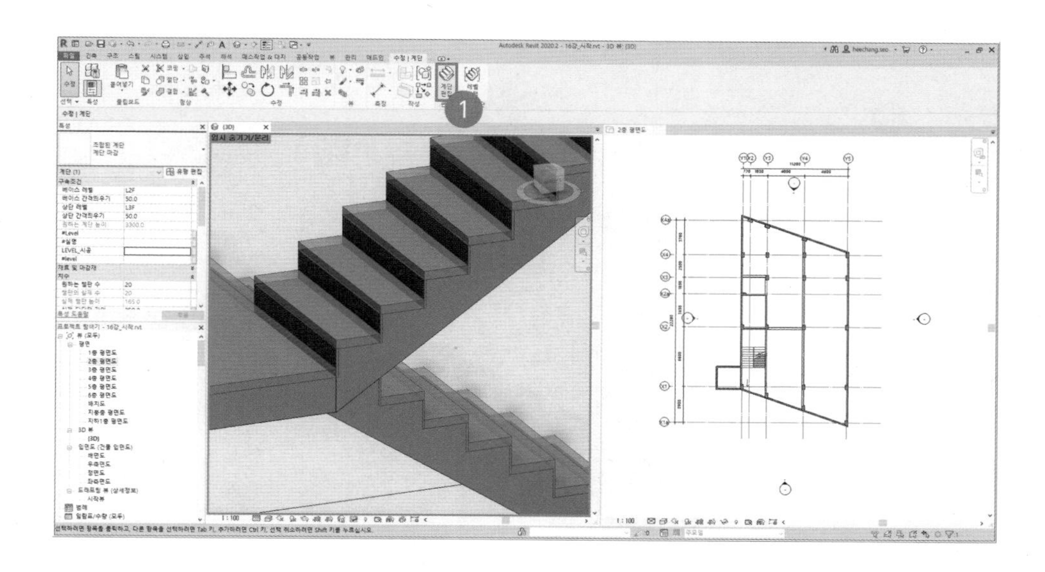

13 챌판 두께(12mm)만큼 챌판 위치를 조정하겠습니다. 1번, 2번 계단 객체를 표시된 방향대로 12값 이동합니다. 3번, 4번 계단참은 평면도에서 더블클릭하여 벽까지 스케치를 수정합니다. 수정이 모두 완료되면 상단의 [완료]버튼을 클릭합니다.

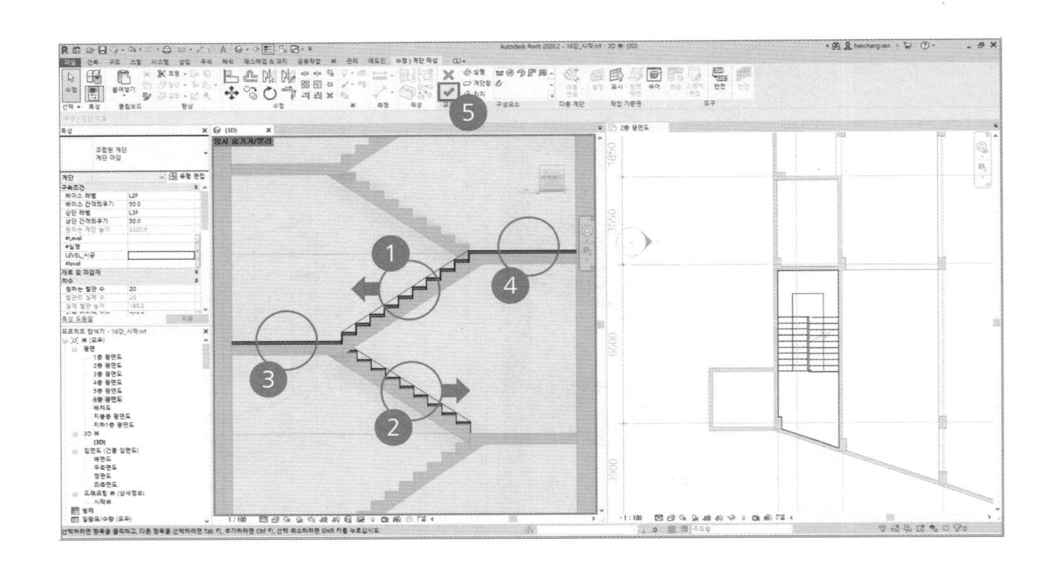

14 2층의 계단 마감 수정이 완료되었습니다. 다른 층에도 복사하기 위해 [클립보드에 복사]-[선택한 레벨에 정렬]을 클릭하고 B1F, 1F, 3F~5F까지 선택 후 [확인]을 클릭합니다.

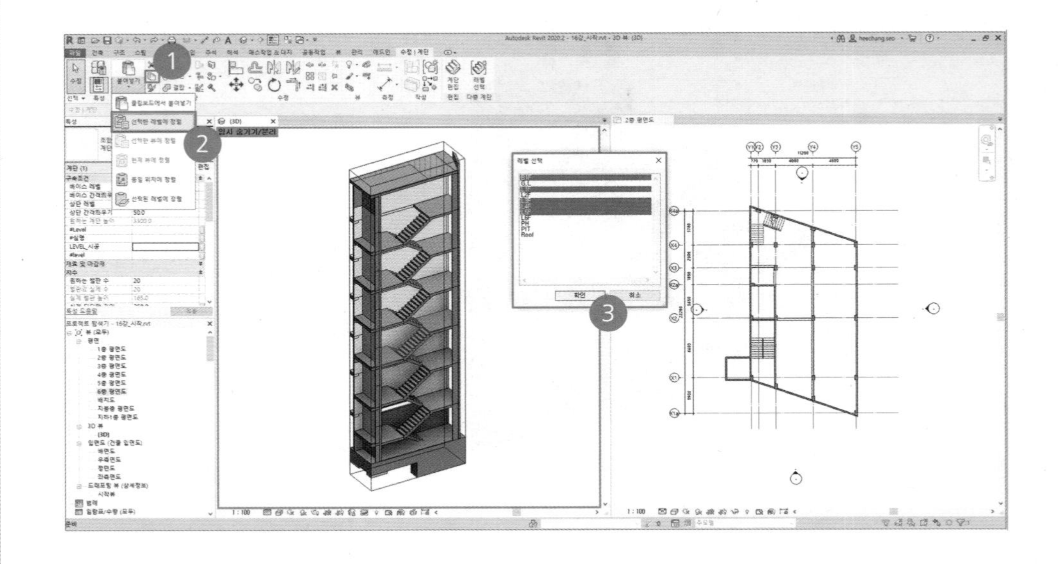

15 2층과 높이가 같은 레벨들은 알맞게 복사되었지만, 높이가 다른 1층과 지하 1층은 수정이 필요합니다. 1층과 지하 1층의 계단 마감을 선택 특성창–구속조건탭의 상단 간격띄우기 값에 "50"을 입력합니다.

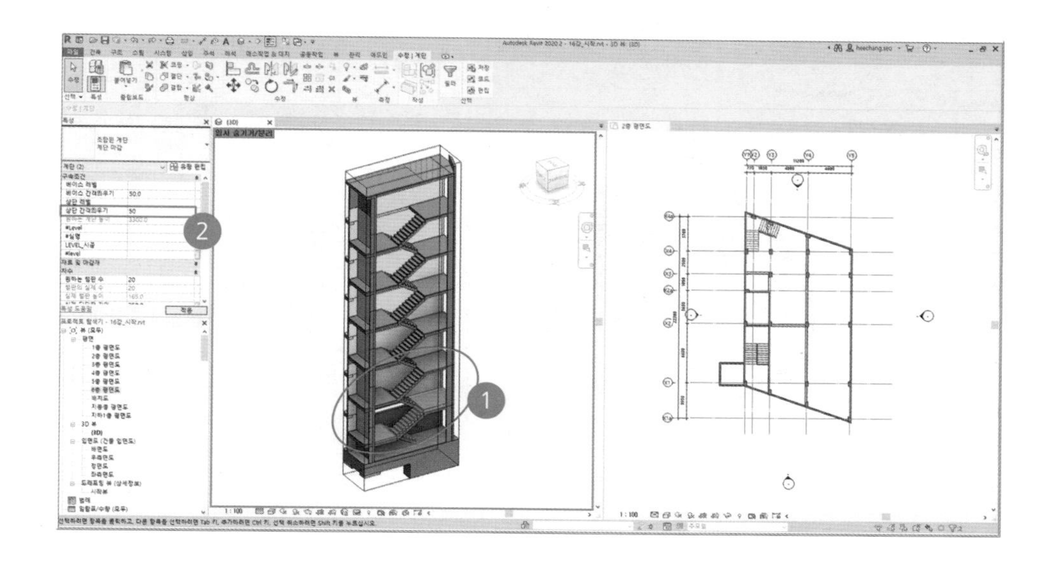

16 다음과 같이 지하 1층~5층까지의 계단 마감이 완료되었습니다. 마지막으로 6층 계단 마감을 작성하겠습니다.

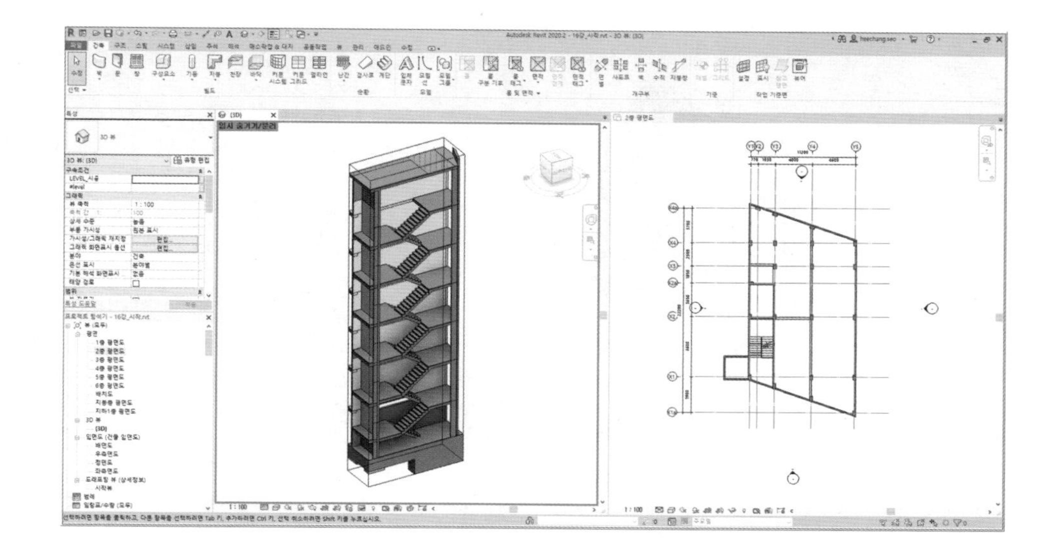

Tip

조달청 표준공사코드

"4.3.3 조달청 표준공사코드 입력의 원칙"에 따르면, 목록에 존재하는 코드만 입력합니다. 마감재는 목록에 없으므로 입력하지 않습니다.

17 "6층 평면도"를 엽니다. 이전과 동일한 방식으로 해당 위치에 계단 마감을 작성해보시길 바랍니다.

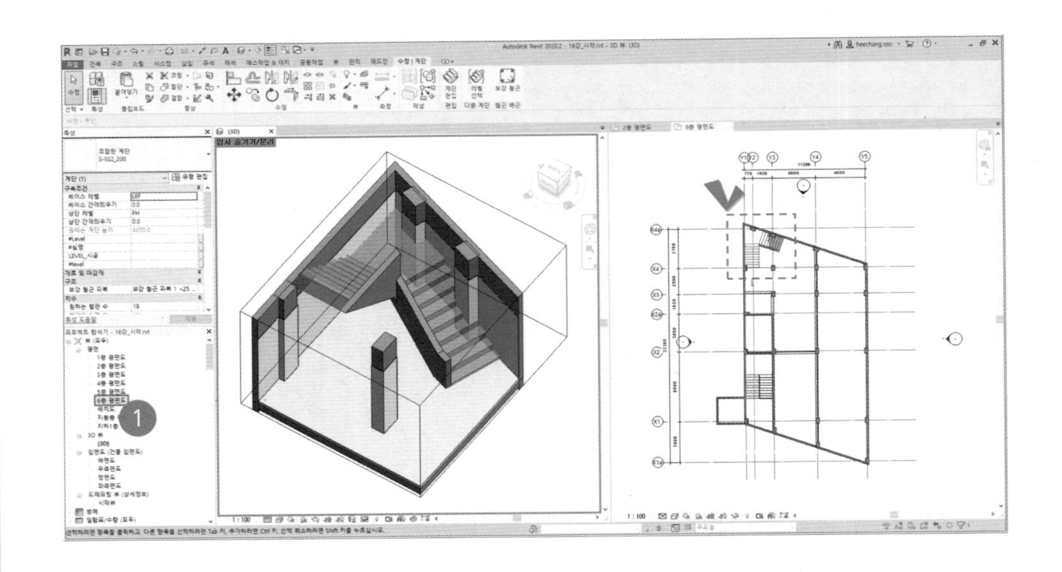

18 다음은 옥상 마감바닥이 완성된 화면입니다.

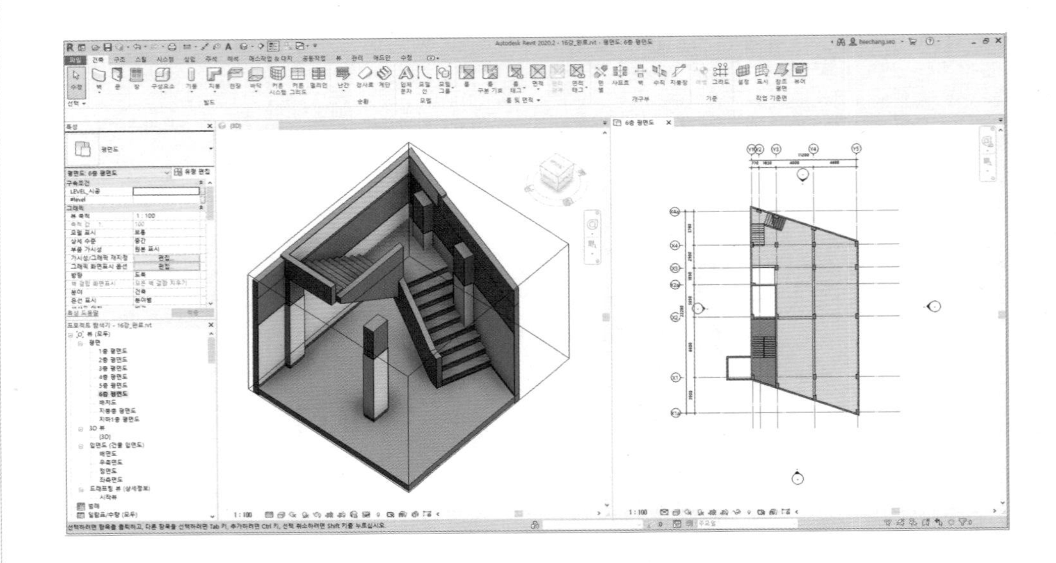

19 모든 계단 마감이 완성되었습니다. 이어서 계단 난간 강의로 진행합니다.

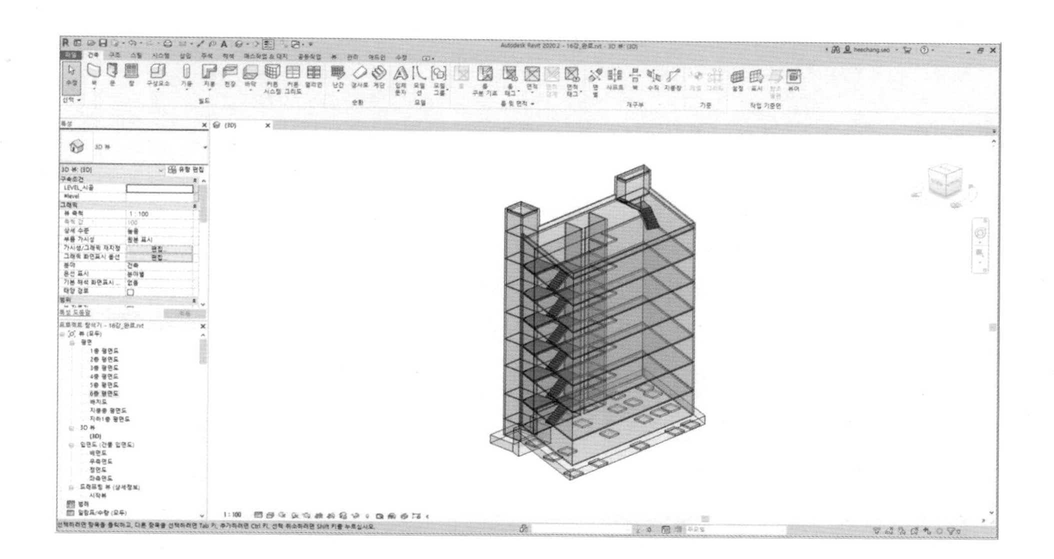

chapter 03 계단 난간 작성

1 이어서 “2층 평면도”를 엽니다.

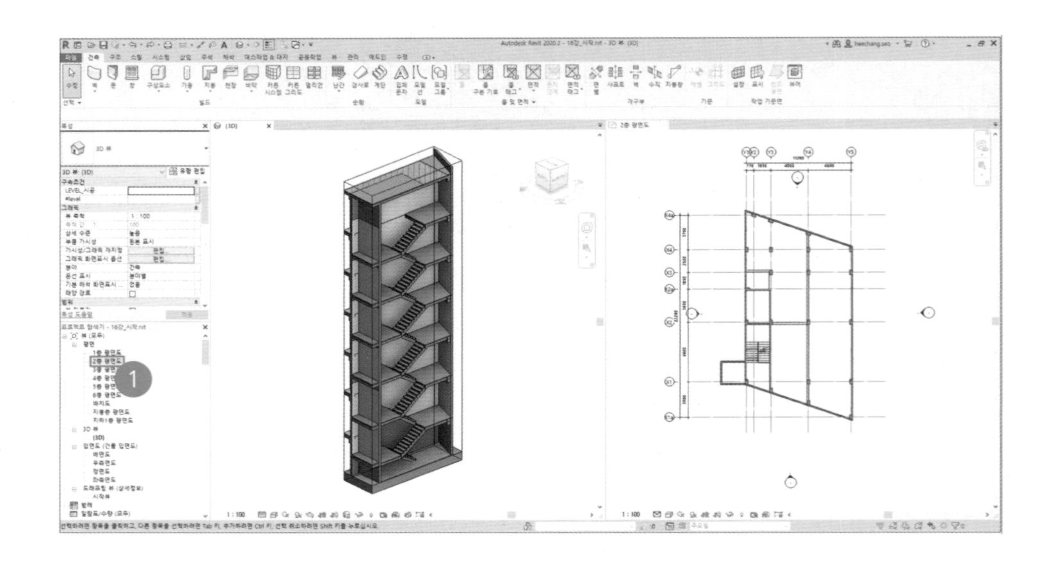

2 [건축]탭 ➡ [난간] 확장화살표 ➡ [경로 스케치]를 클릭합니다.
기준층인 2층에 작성한 난간을 다른 층에 복사한 뒤, 일부 수정작업을 통해 계단 난간을 완성하겠습니다.

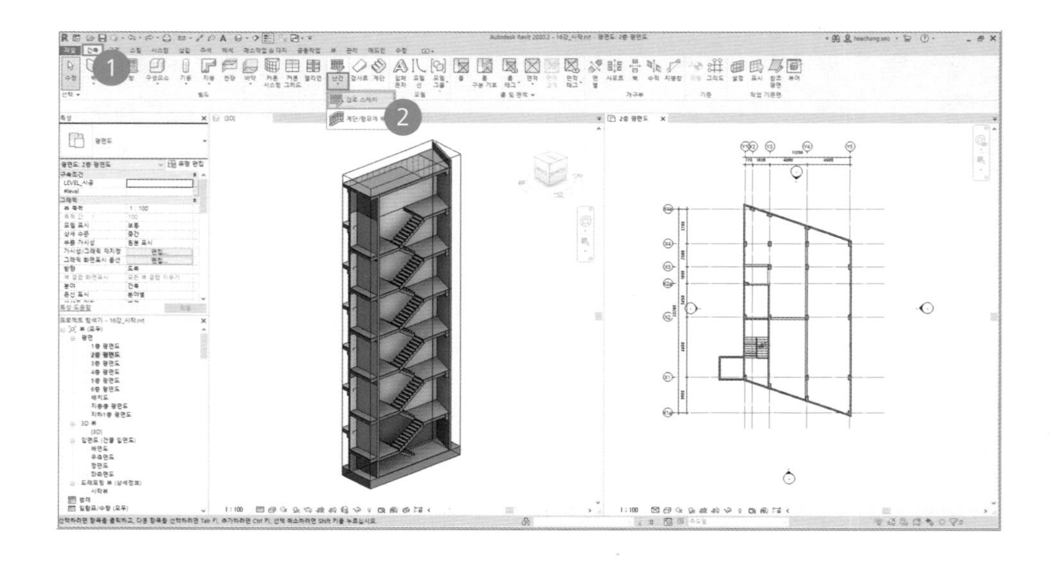

3 특성창의 구속조건탭-경로에서 간격띄우기 값에 "25"를 입력합니다. 프로젝트 시 필요한 간격에 따라 값을 조정해서 스케치를 작성합니다. 그 다음, 아래와 같이 계단 마감 끝선으로부터 300 옵셋한 값으로 난간 스케치를 작성합니다.

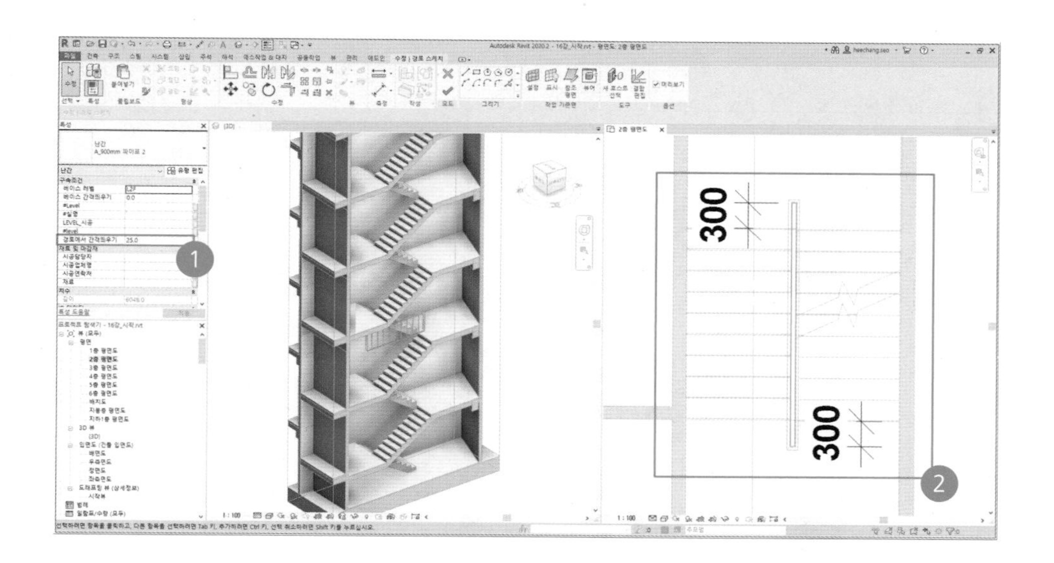

4 수정탭 ➡ [새 호스트 선택]을 클릭 2층에 작성된 계단 마감을 클릭합니다. 선택한 계단 마감을 호스트로 하여 난간이 자동으로 배치됩니다.

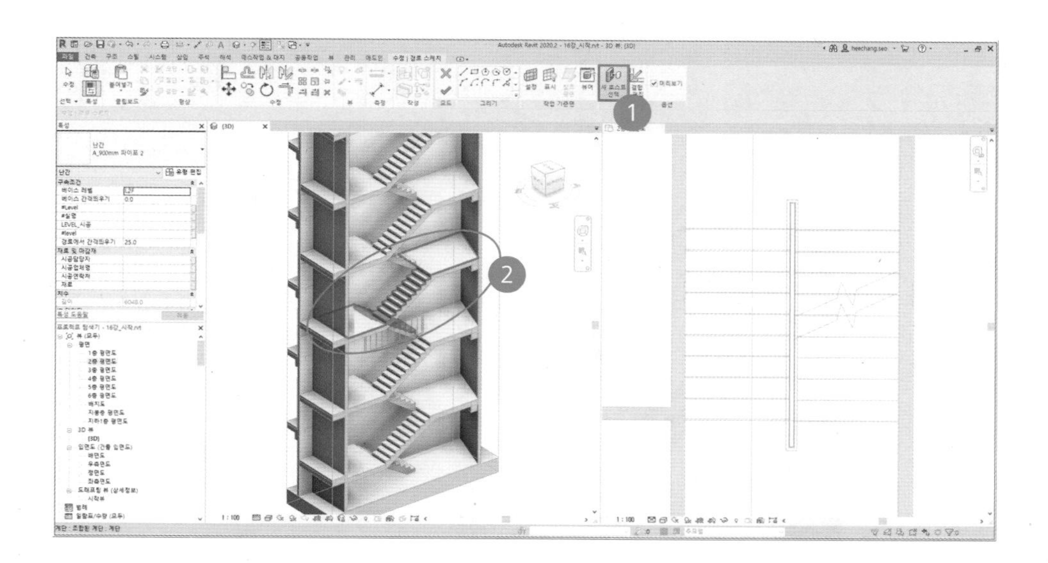

5 다음 화면과 같이 난간 형태가 나오도록 1번 버튼을 여러 번 클릭합니다.
그 다음, 난간을 다른 층에 복사해도 자연스럽게 이어지도록 다음의 표시된 부분의 난간 스케치를 수정하겠습니다.
- 옵션 : 미리보기 체크

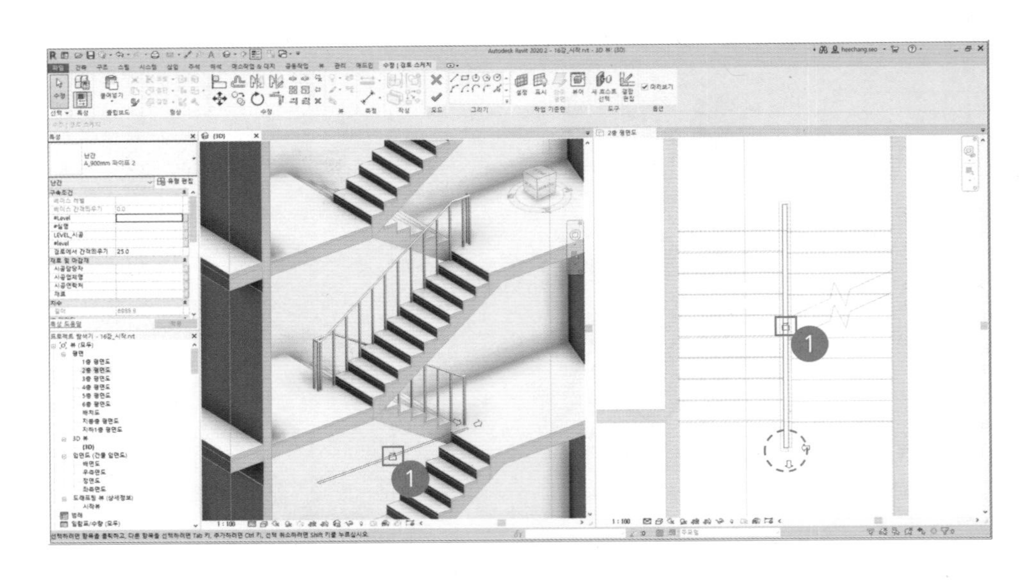

6 다음과 같이 상단으로 올라가는 방향의 가로스케치를 기존의 반까지(25mm) 드래그 합니다. 그 다음, 선 스케치로 빈 부분을 채워 그려줍니다.

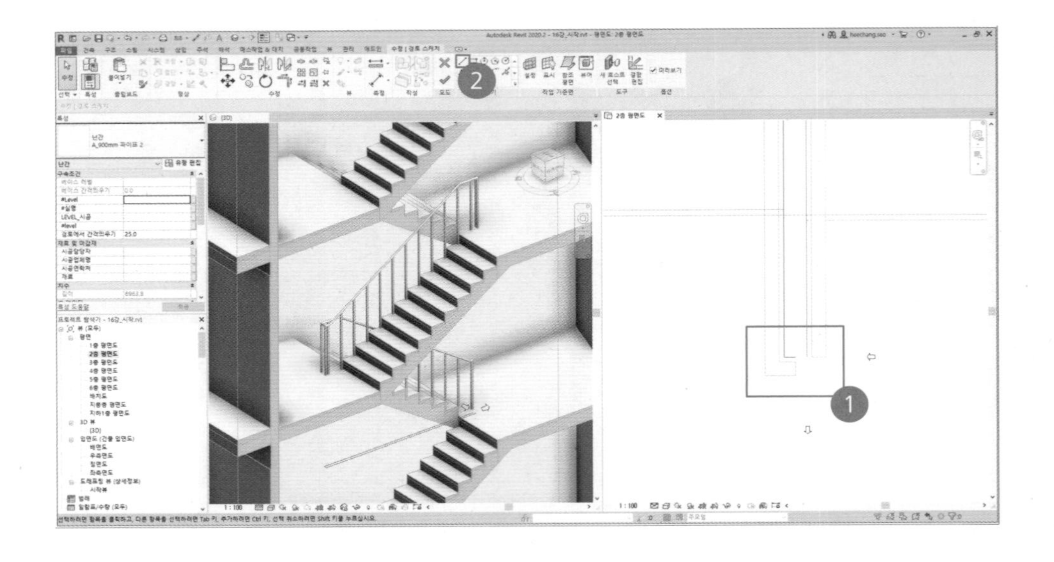

7 다음과 같이 스케치를 완성했다면, 3D화면에서 난간 시작과 끝 부분이 25mm 길이로 꺾인 형태가 됩니다. 완료되었다면 상단의 [완료] 버튼을 클릭합니다.

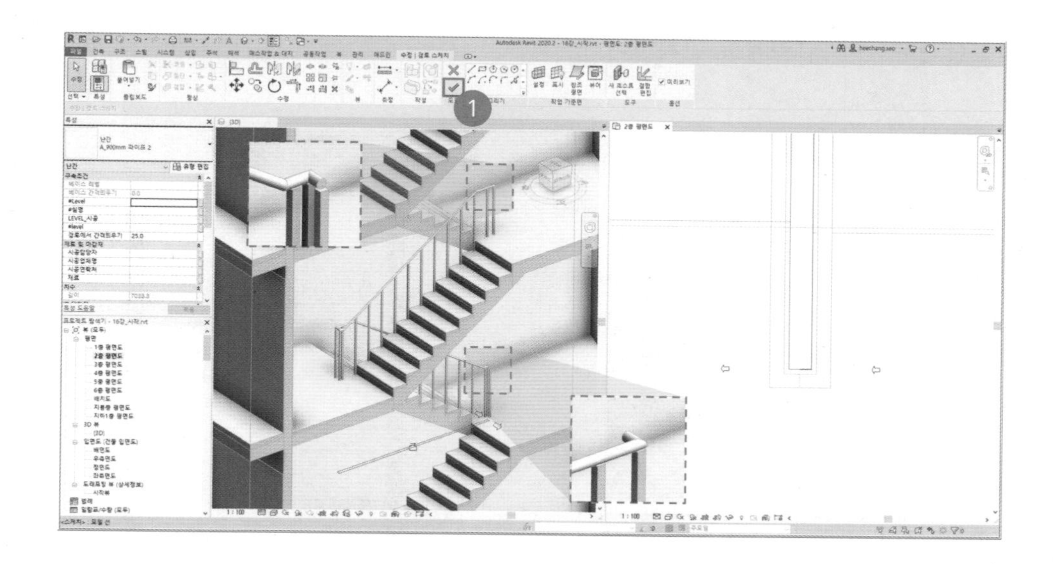

8 작성된 난간을 선택합니다.
[클립보드로 복사]-[붙여넣기]-[선택한 레벨에 정렬]을 클릭하고 B1F, 1F, 3F~5F에 복사합니다.

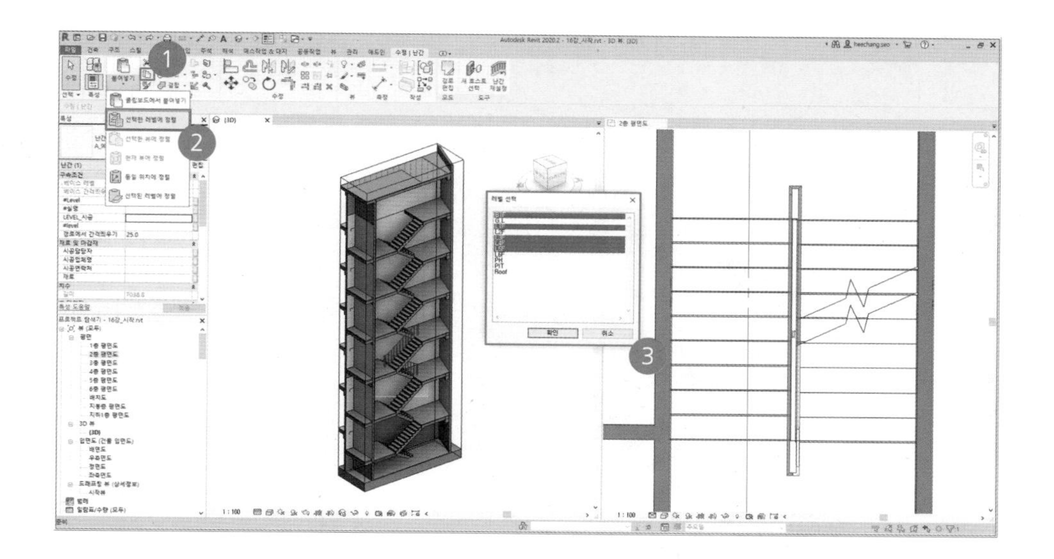

9 복사되었지만 1층과 지하 1층엔 난간이 보이지 않습니다. 레벨 높이가 다른 1층과 지하 1층은 호스트를 바꿔주어야 하기 때문입니다. 복사된 난간은 2층에 겹쳐져 있기 때문에 2층 난간을 하나 선택하고 다음과 같이 새 호스트를 1층으로 클릭합니다. 지하 1층에도 반복합니다.

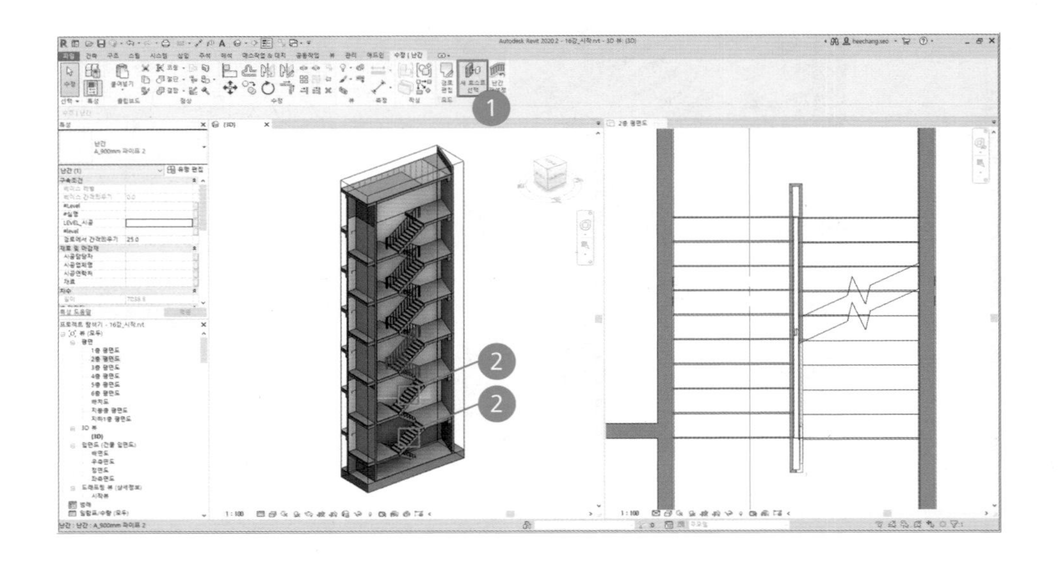

10 이제, 6층까지 복사된 난간 중 형태가 다른 지하 1층과 5층 난간을 수정하겠습니다. 먼저, 지하 1층 난간을 수정합니다. 지하 1층 난간 선택 ➡ 수정탭-[경로 편집] ➡ 다음과 같이 스케치를 수정합니다. 작성이 완료되면 [완료]버튼을 클릭합니다.

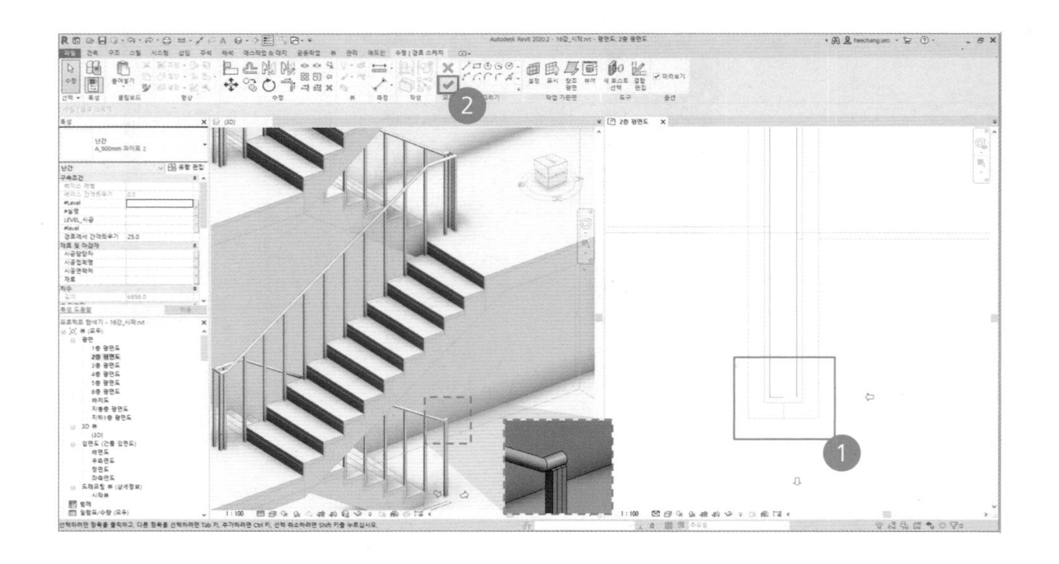

11 이번엔 5층 난간을 선택하고 수정탭-[경로편집] ➡ 다음과 같은 형태로 스케치를 작성합니다. 5층 난간은 형태가 불규칙하기 때문에 끝선으로부터 50값 옵셋한 형태로 작성합니다.

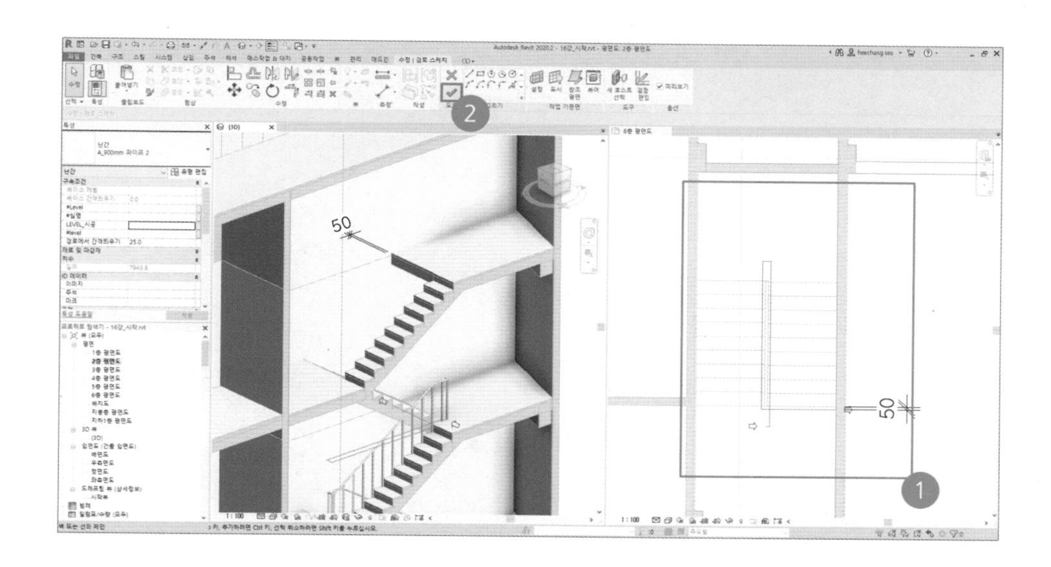

12 계단 난간 작성이 완료되었습니다.

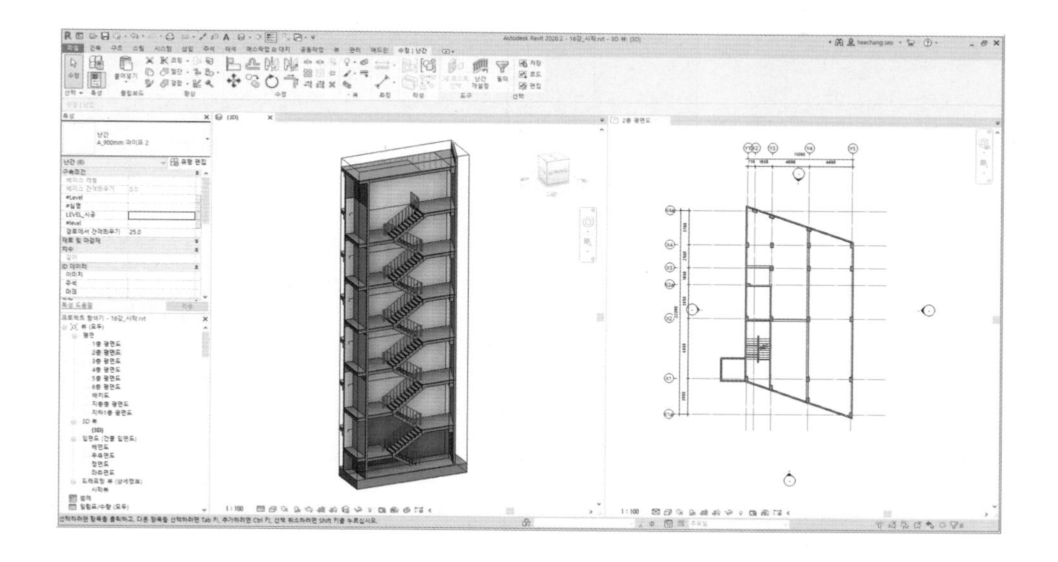

• 한솔아카데미 자료실 www.bestbook.co.kr

• BIMer 온라인커뮤니티 https://blog.naver.com/bimfactory

memo

BIMFACTORY
COMPANY

제 17 편

Revit모델링
건축 천장

Section

17

Revit모델링

건축 천장

17장에서는 건축 천장 마감을 작성하는 방법에 대하여 학습하겠습니다. 이를 위해 천장 스케치 기능을 활용하여 천장을 작성하고 클립보드 복사를 사용하여 붙여넣기를 하도록 하겠습니다. 또한 건물의 층고 높이가 다를 경우 높이를 수정하는 방법에 대하여 학습하도록 하겠습니다.

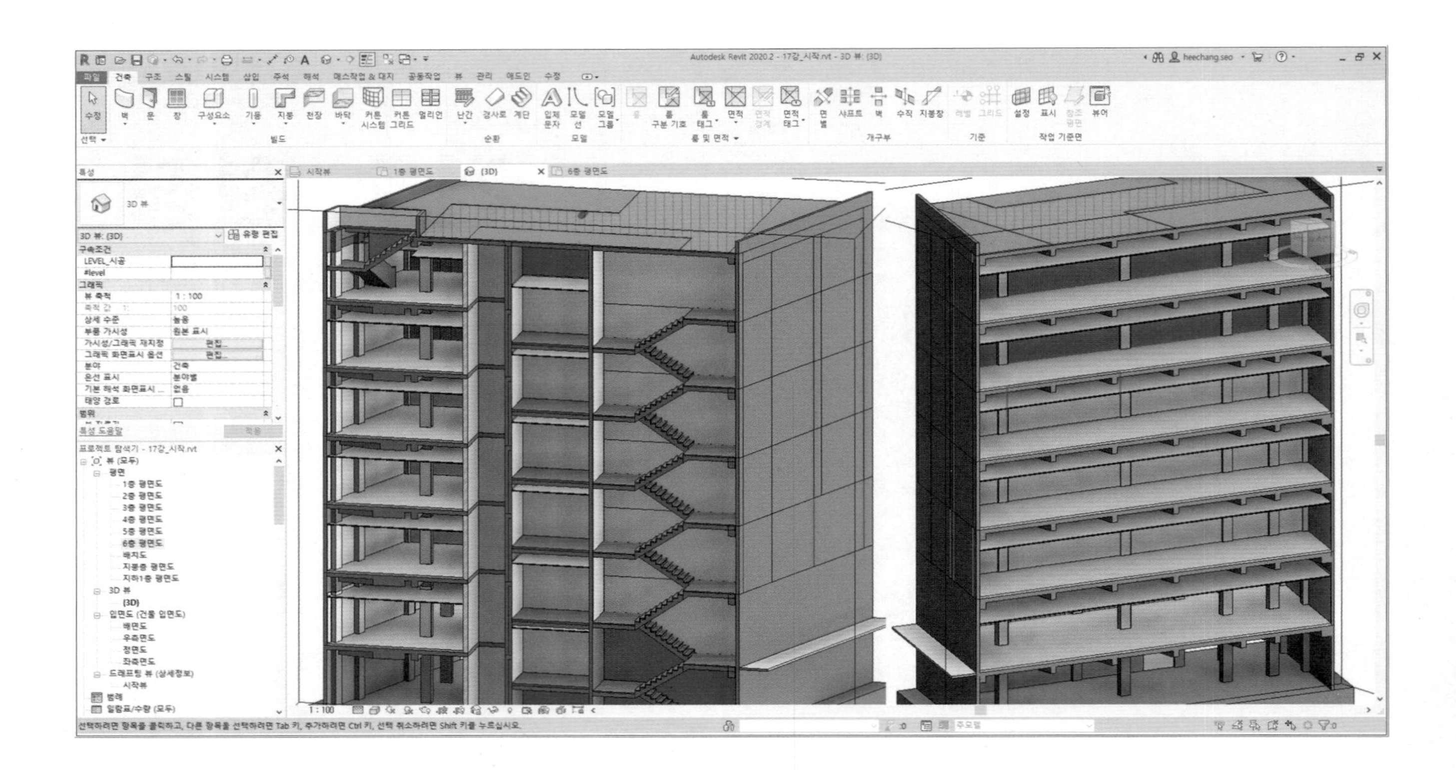

POINT

- 건축 천장 마감 작성하기

chapter 01

천장 마감 작성

1 Revit을 실행합니다.
모델 창 [열기] 클릭 ➡ ₩예제파일₩17강₩17강_시작.rvt를 선택하고 [열기]를 클릭합니다.

Tip

템플릿 설정

옵션 → 파일위치에서 기본 템플릿 파일을 변경하면, 사용자가 원하는 설정값이 저장되어 있는 기본 템플릿을 활용하여 프로젝트를 시작할 수 있습니다.

2 '1층 평면도' 에서 [건축] ➡ [천장]을 클릭합니다.

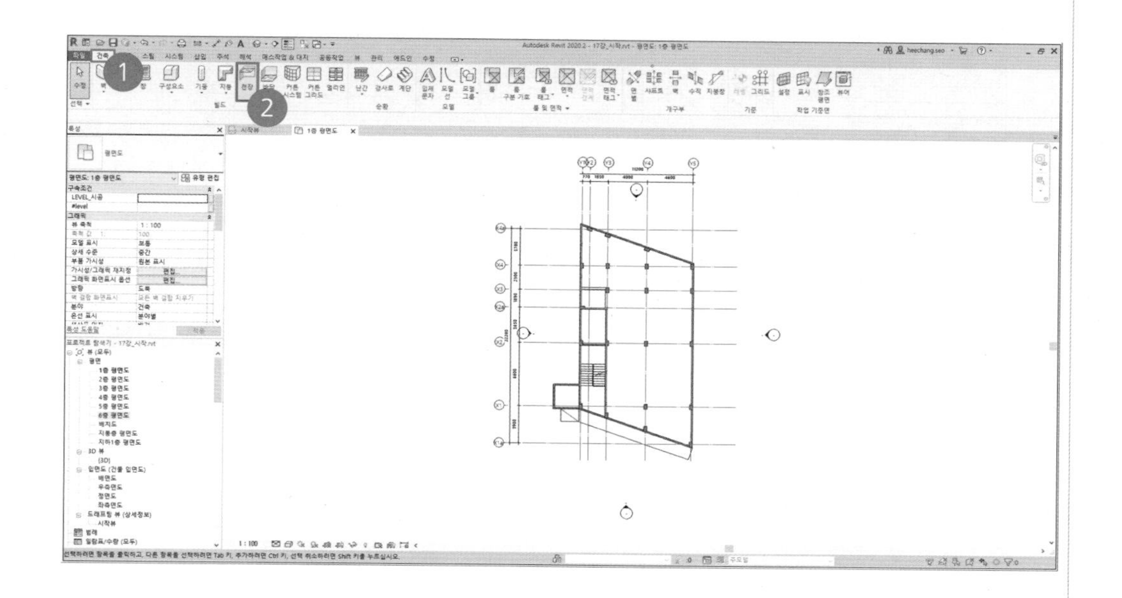

3 특성창에서 '복합 천장 : A-천장재_THK50' 을 선택하고 [천장 스케치]를 클릭합니다.

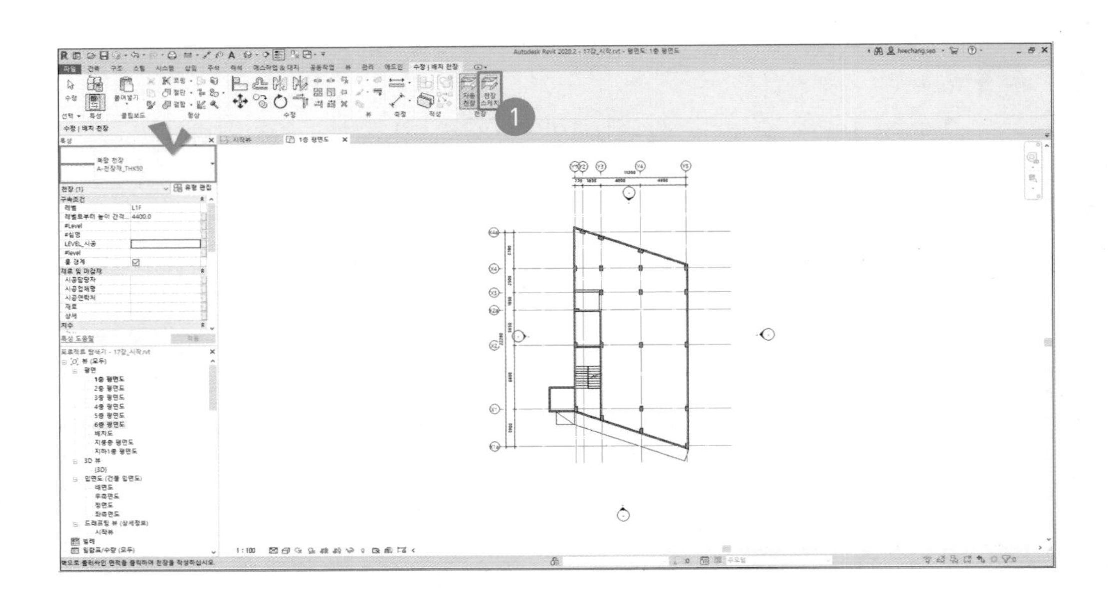

4 '선 선택' 을 사용해서 내벽선 기준으로 아래와 같이 스케치를 작성합니다.
'레벨 : L1F', '레벨로부터 높이 간격 : 2300.0' 을 입력하고
[편집 모드 완료]를 클릭합니다.

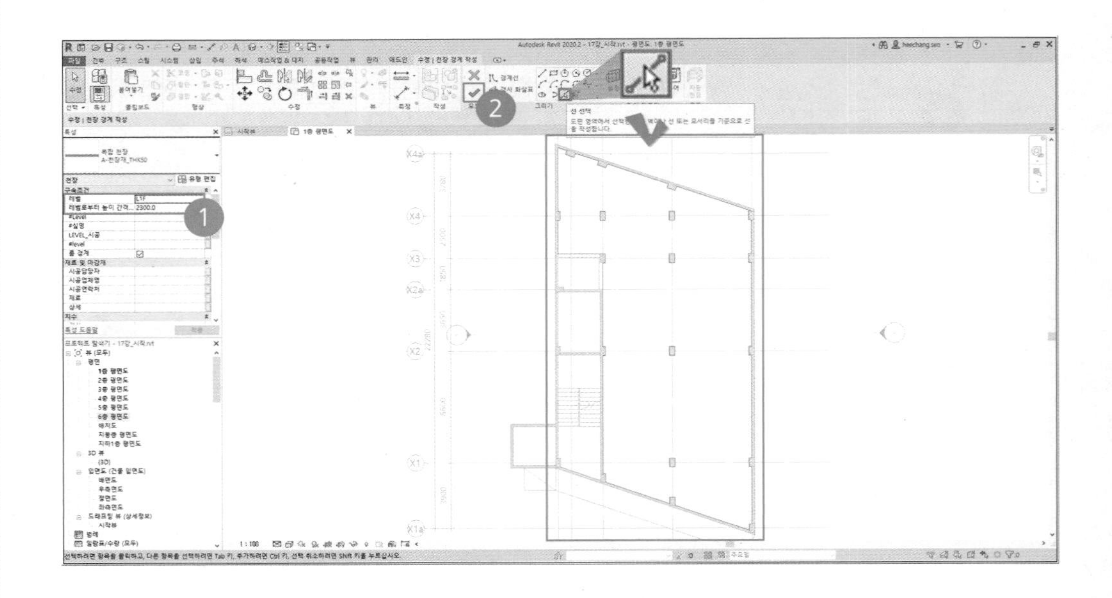

5 '3D 뷰' 에서 생성된 천장을 선택하고
[클립보드로 복사] ➡ [붙여넣기] ➡ [선택한 레벨에 정렬]을 클릭합니다.

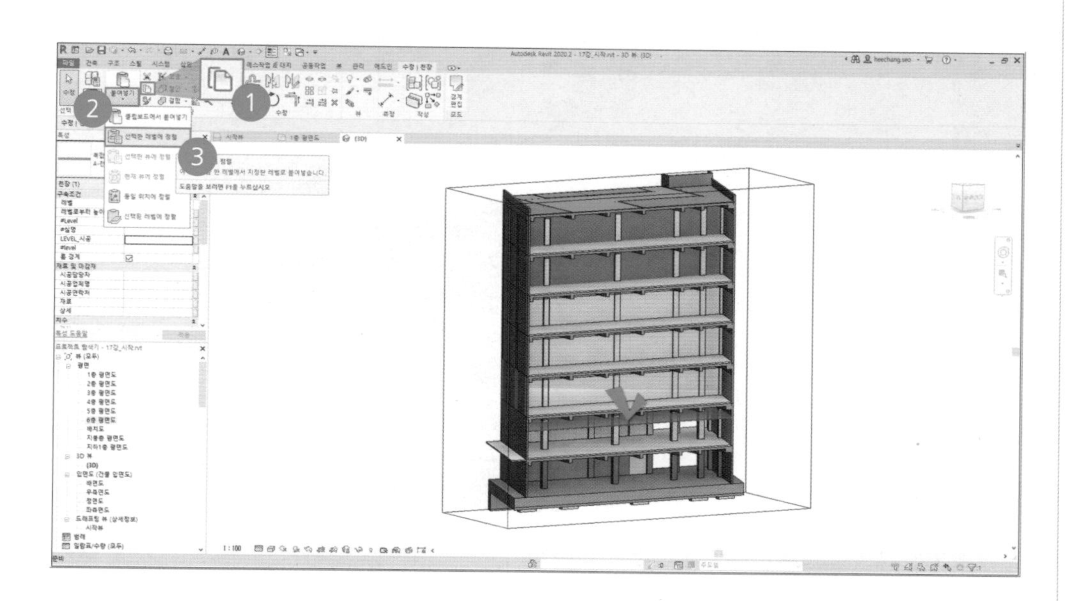

6 'L2F' , 'L3F' , 'L4F' , 'L5F' , 'L6F' 를 선택하고 [확인]을 클릭합니다.

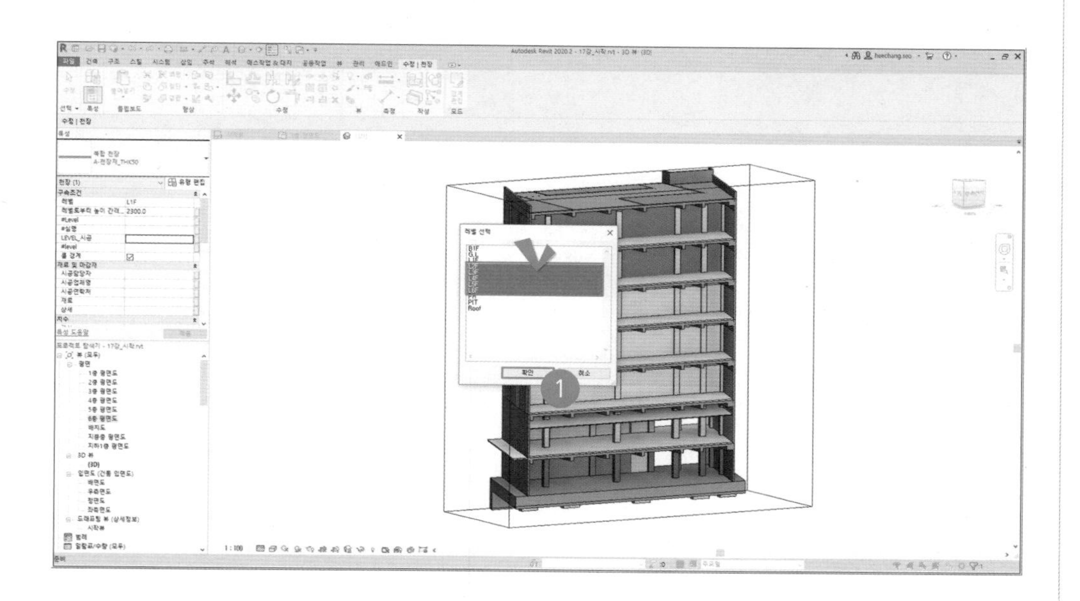

7 6층에서 옥상으로 올라가는 계단과 천장이 겹치지 않도록 6층의 천장을 수정합니다. 6층에 생성된 천장을 선택하고 [경계편집]을 클릭합니다.

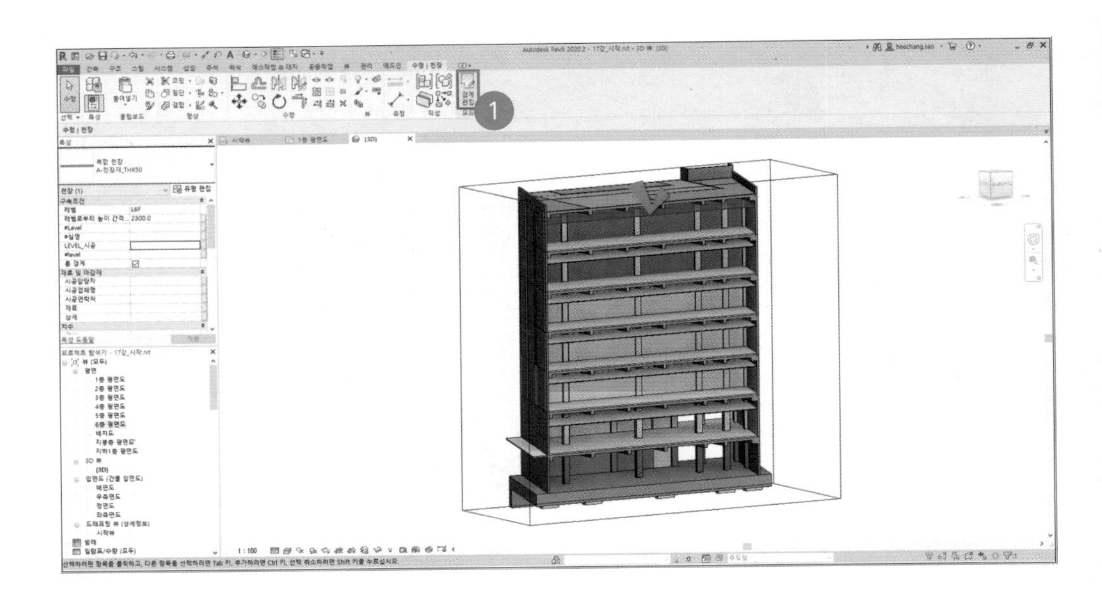

8 '6층 평면도' 에서 아래와 같이 스케치를 수정하고 [편집 모드 완료]를 클릭합니다.

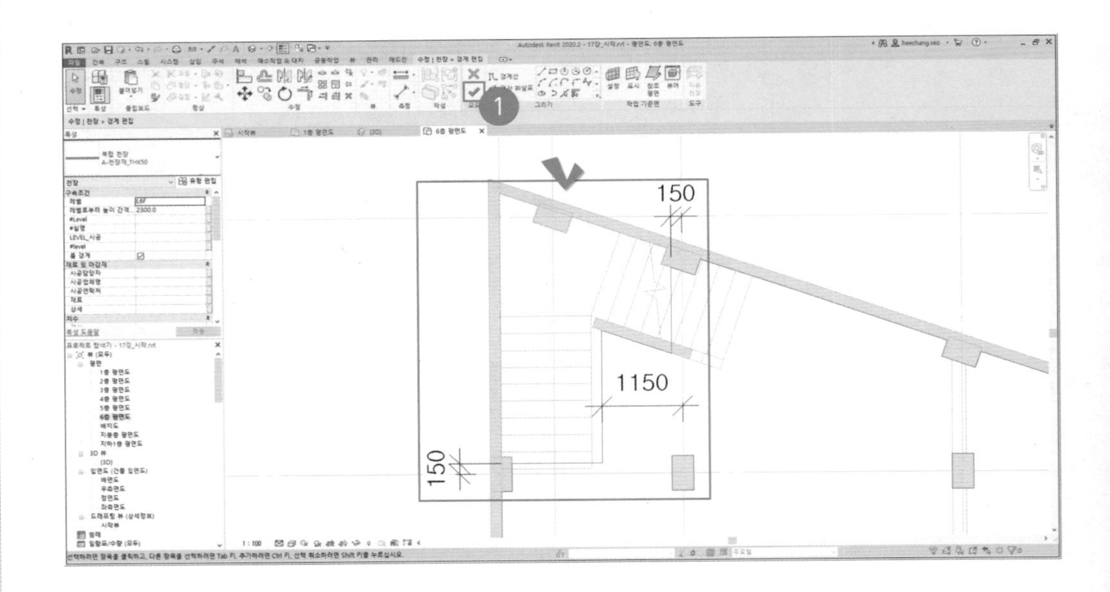

9 화장실의 천장을 작성하기 위해 '1층 평면도' 에서 [건축] ➡ [천장]을 클릭합니다.

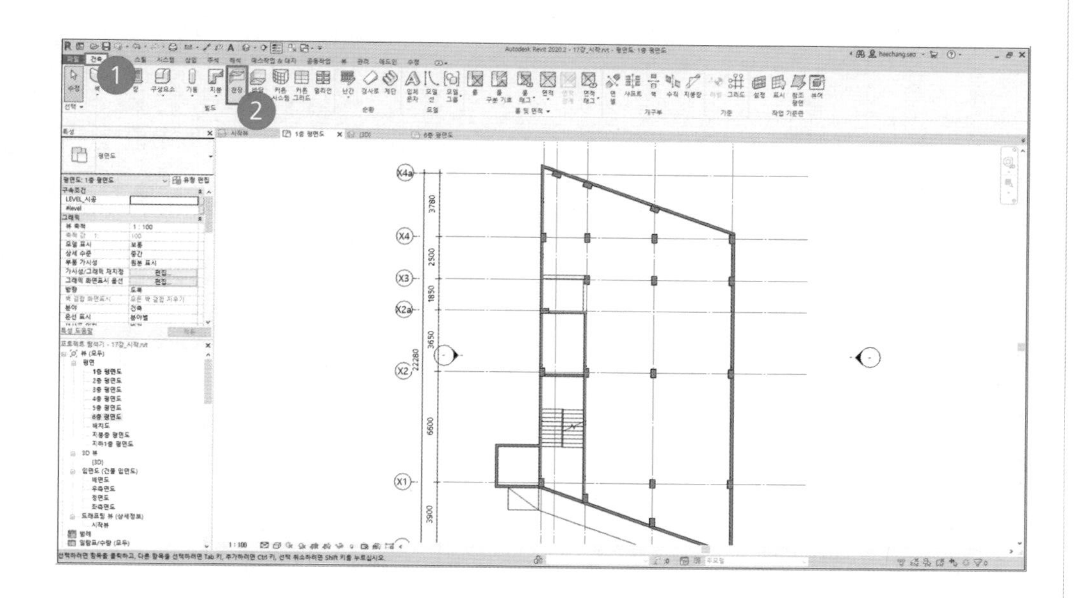

10 특성창에서 '복합 천장 : A-천장재_THK50' 을 선택하고 [천장 스케치]를 클릭합니다.

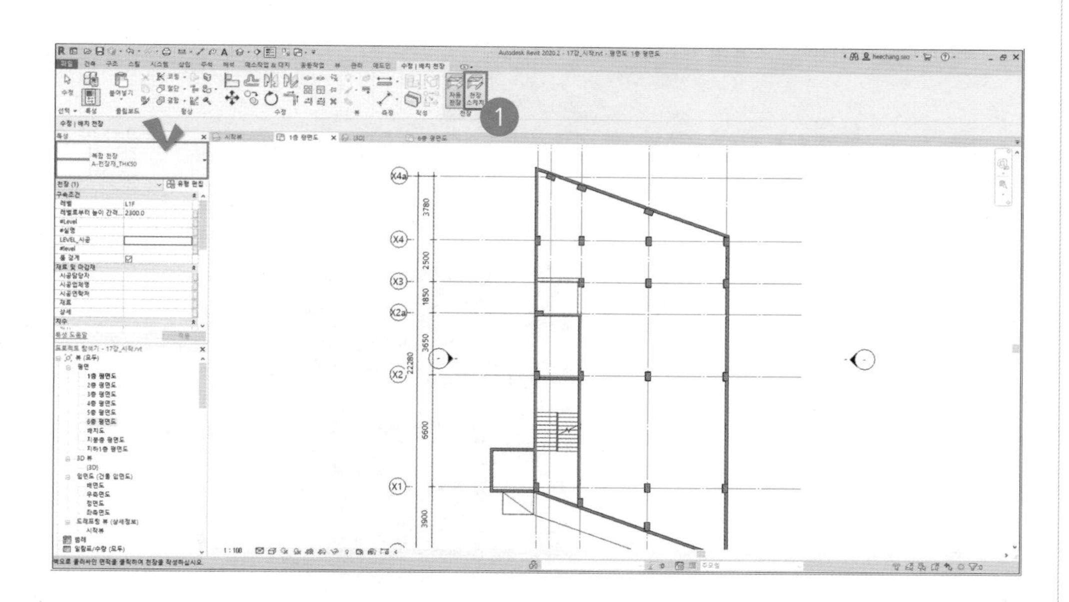

11 '선 선택' 을 사용해서 내벽선 기준으로 아래와 같이 스케치를 작성합니다. '레벨 : B1F', '레벨로부터 높이 간격 : 4400.0' 을 입력하고 [편집 모드 완료]를 클릭합니다.

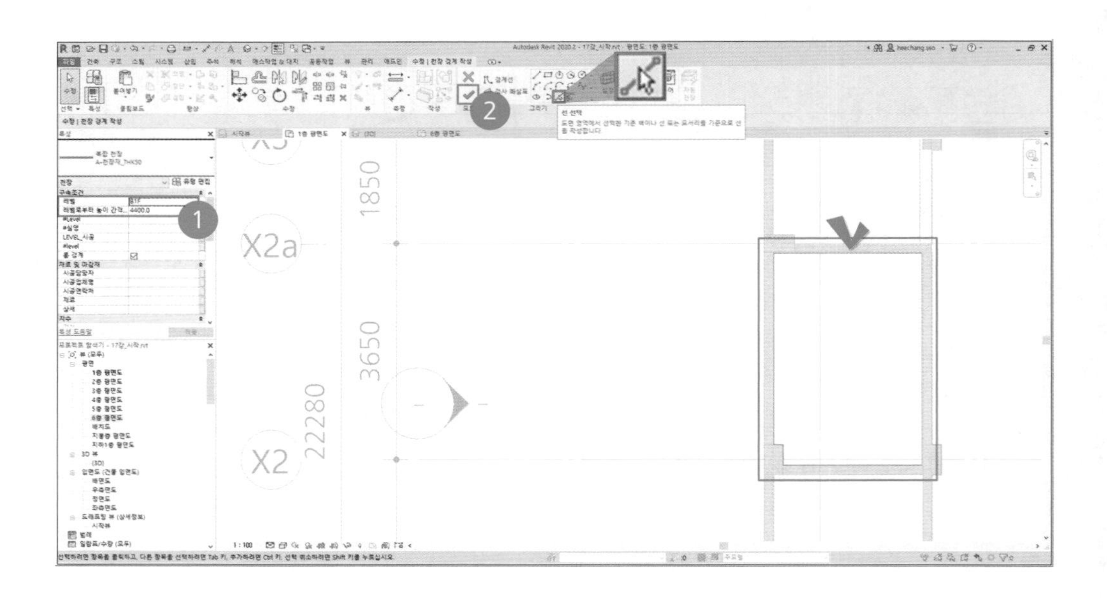

12 '3D 뷰' 에서 생성된 천장을 선택하고 [클립보드로 복사] ➡ [붙여넣기] ➡ [선택한 레벨에 정렬]을 클릭합니다.

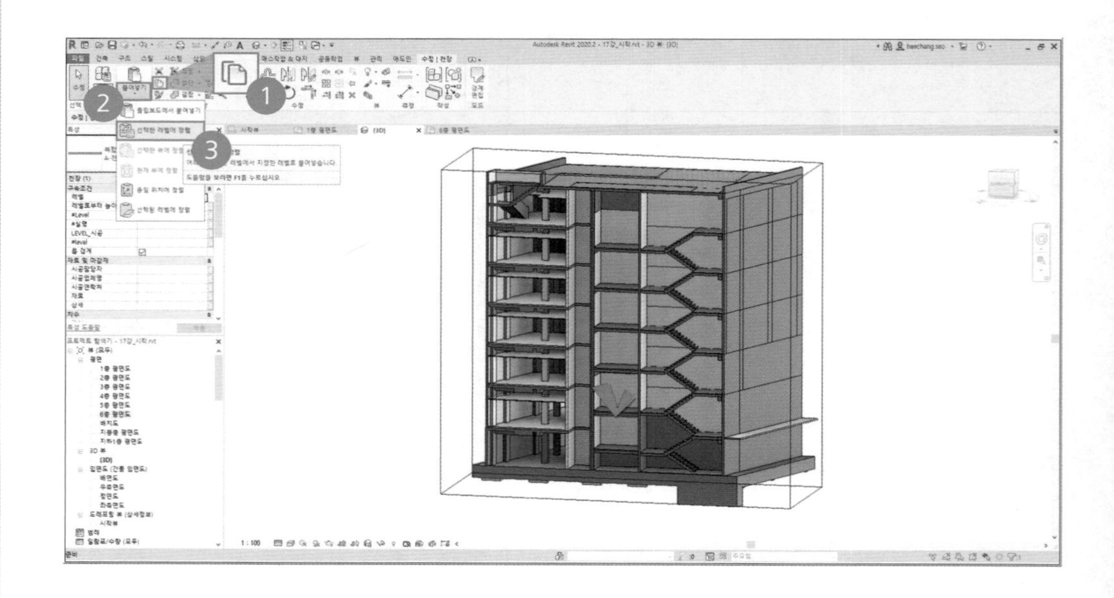

13 'L1F', 'L2F', 'L3F', 'L4F', 'L5F'를 선택하고 [확인]을 클릭합니다.

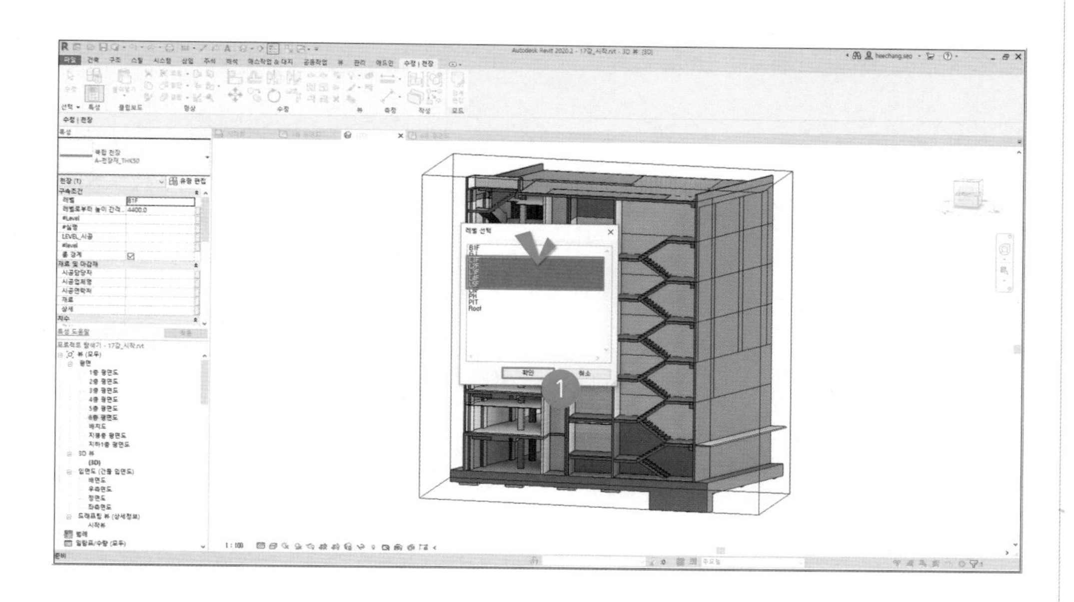

14 '3D 뷰'에서 작성된 건축 천장을 확인할 수 있습니다.

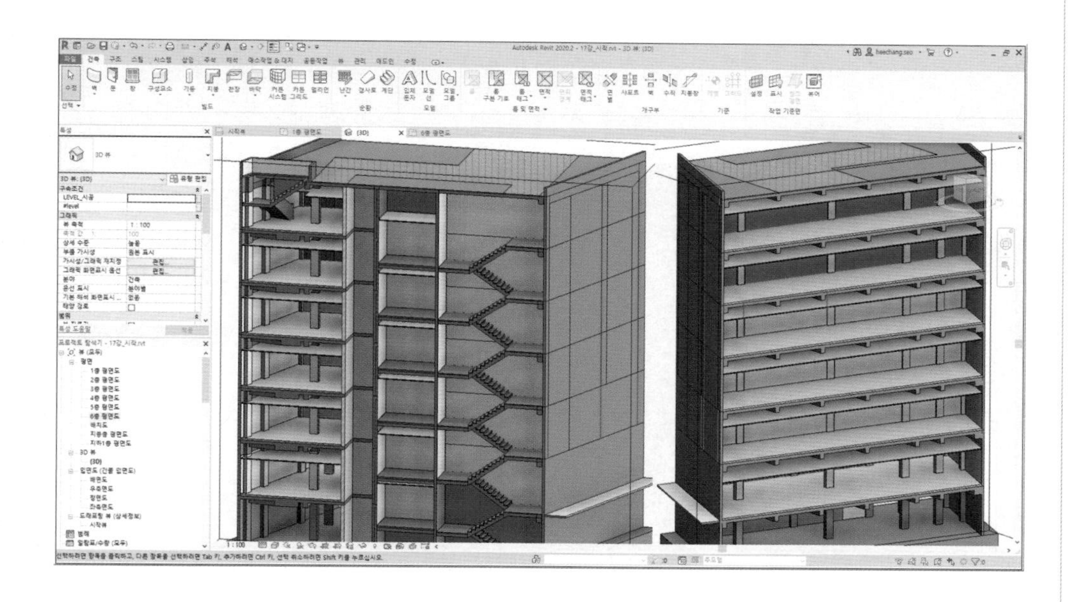

• 한솔아카데미 자료실 www.bestbook.co.kr

• BIMer 온라인커뮤니티 https://blog.naver.com/bimfactory

memo

BIMFACTORY
COMPANY

제 18 편

창문 모델링

창문

Section 18

창문 모델링

창문

18강에서는 문 및 창문, 엘리베이터를 작성하도록 하겠습니다.
이를 위해 문, 창 그리고 엘리베이터 패밀리를 불러오고 이를 해당 위치에 배치하는 방법에 대하여 상세히 학습하도록 하겠습니다.

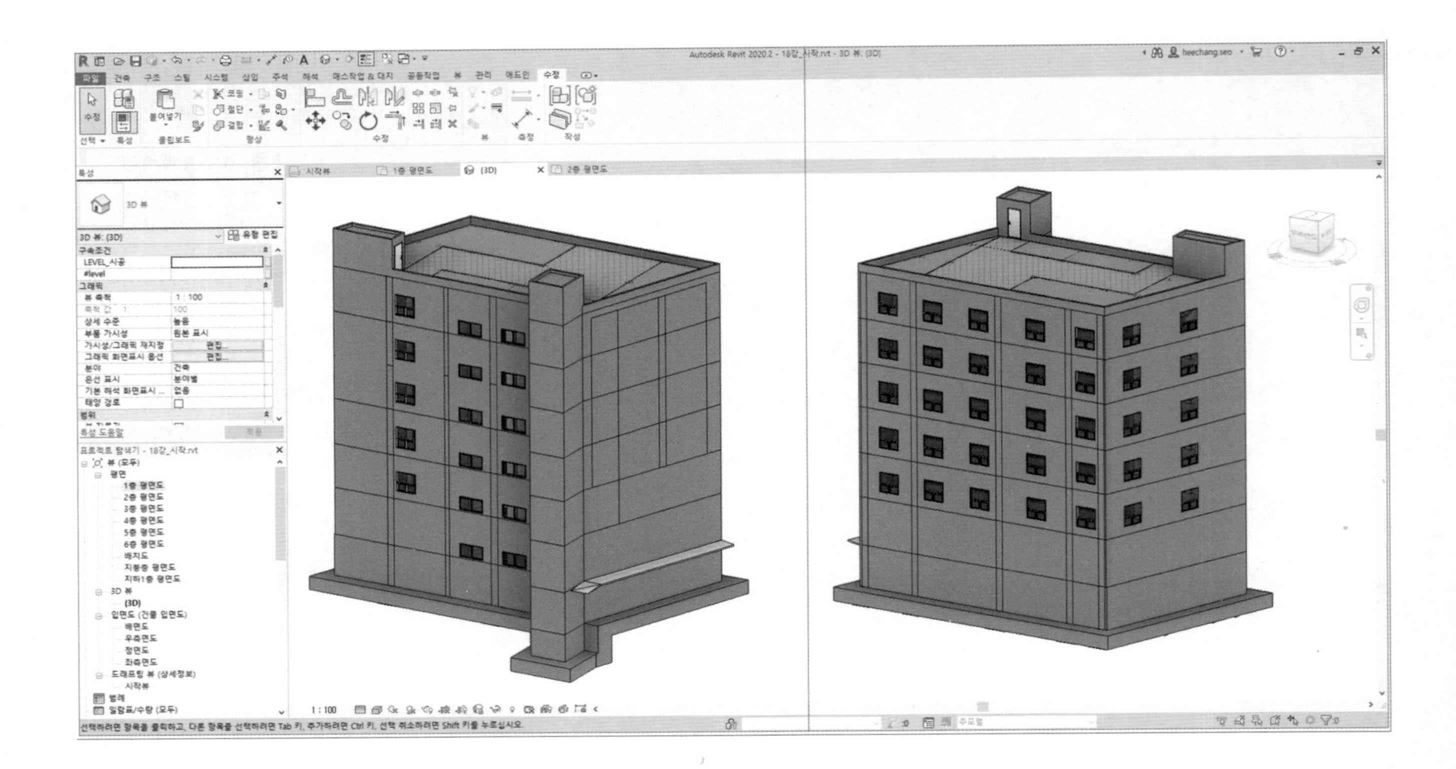

POINT

- 문, 창문 및 엘리베이터 패밀리 가져오기
- 가져오기 한 패밀리를 모델에 배치하기

chapter 01 조달청 기준 유형 및 코드 소개

1 조달청 BIM 지침서 부속서에 따르면, 부위객체 부재명 및 라이브러리명의 형식은 다음과 같습니다. 본 강에서는 문, 창문 부재명 작성방법을 참고하시기 바랍니다.

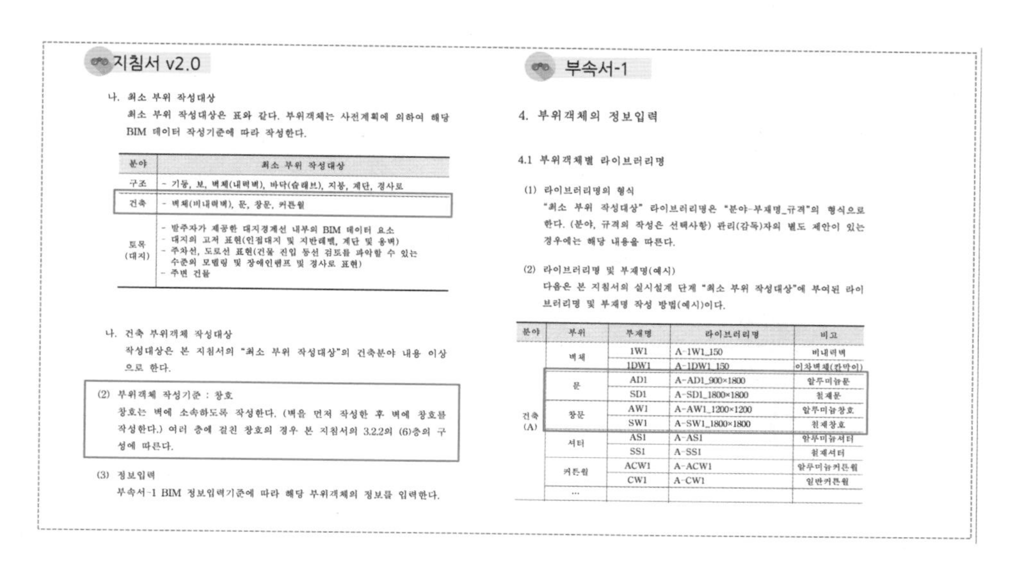

지침서 v2.0

나. 최소 부위 작성대상

최소 부위 작성대상은 표와 같다. 부위객체는 사전계획에 의하여 해당 BIM 데이터 작성기준에 따라 작성한다.

분야	최소 부위 작성대상
구조	- 기둥, 보, 벽체(내력벽), 바닥(슬래브), 지붕, 계단, 경사로
건축	- 벽체(비내력벽), 문, 창문, 커튼월
토목 (대지)	- 발주자가 제공한 대지경계선 내부의 BIM 데이터 요소 - 대지의 고저 표현(인접대지 및 지반레벨, 계단 및 옹벽) - 주차선, 도로선 표현(건물 진입 동선 검토를 파악할 수 있는 수준의 모델링 및 장애인램프 및 경사로 표현) - 주변 건물

나. 건축 부위객체 작성대상

작성대상은 본 지침서의 "최소 부위 작성대상"의 건축분야 내용 이상으로 한다.

(2) 부위객체 작성기준 : 창호

창호는 벽에 소속하도록 작성한다. (벽을 먼저 작성한 후 벽에 창호를 작성한다.) 여러 층에 걸친 창호의 경우 본 지침서의 3.2.2의 (6)층의 구성에 따른다.

(3) 정보입력

부속서-1 BIM 정보입력기준에 따라 해당 부위객체의 정보를 입력한다.

부속서-1

4. 부위객체의 정보입력

4.1 부위객체별 라이브러리명

(1) 라이브러리명의 형식

"최소 부위 작성대상" 라이브러리명은 "분야-부재명_규격"의 형식으로 한다. (분야, 규격의 작성은 선택사항) 관리(감독)자의 별도 제안이 있는 경우에는 해당 내용을 따른다.

(2) 라이브러리명 및 부재명(예시)

다음은 본 지침서의 실시설계 단계 "최소 부위 작성대상"에 부여된 라이브러리명 및 부재명 작성 방법(예시)이다.

분야	부위	부재명	라이브러리명	비고
건축 (A)	벽체	1W1	A-1W1_150	비내력벽
		1DW1	A-1DW1_150	이차벽체(칸막이)
	문	AD1	A-AD1_900×1800	알루미늄문
		SD1	A-SD1_1800×1800	철재문
	창문	AW1	A-AW1_1200×1200	알루미늄창호
		SW1	A-SW1_1800×1800	철재창호
	셔터	AS1	A-AS1	알루미늄셔터
		SS1	A-SS1	철재셔터
	커튼월	ACW1	A-ACW1	알루미늄커튼월
		CW1	A-CW1	일반커튼월
	...			

2 조달청 BIM 지침서에 따르면, 속성 정보에는 부재명, 조달청 표준공사코드, 열관류율(선택)을 입력합니다.

- 조달청 표준공사코드: 부위객체의 유형 매개변수-ID데이터에 프로젝트 매개변수를 추가하여 해당 값을 입력합니다.
- 부재명: 부위객체의 유형 매개변수-ID데이터 탭 "유형 주석"에 해당 값을 입력합니다. (기본 매개변수 "유형 주석"값에 입력합니다.)

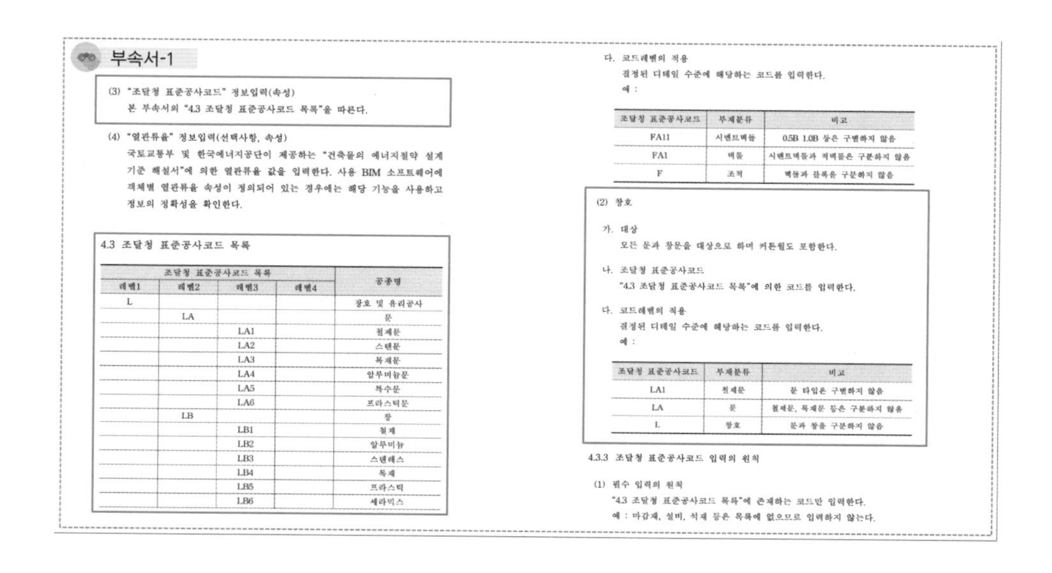

부속서-1

(3) "조달청 표준공사코드" 정보입력(속성)

본 부속서의 "4.3 조달청 표준공사코드 목록"을 따른다.

(4) "열관류율" 정보입력(선택사항, 속성)

국토교통부 및 한국에너지공단이 제공하는 "건축물의 에너지절약 설계기준 해설서"에 의한 열관류율 값을 입력한다. 사용 BIM 소프트웨어에 객체별 열관류율 속성이 정의되어 있는 경우에는 해당 기능을 사용하고 정보의 정확성을 확인한다.

4.3 조달청 표준공사코드 목록

조달청 표준공사코드 목록				공종명
레벨1	레벨2	레벨3	레벨4	
L				창호 및 유리공사
	LA			문
		LA1		철제문
		LA2		스텐문
		LA3		목재문
		LA4		알루미늄문
		LA5		특수문
		LA6		프라스틱문
	LB			창
		LB1		철제
		LB2		알루미늄
		LB3		스텐레스
		LB4		목재
		LB5		프라스틱
		LB6		세라믹스

다. 코드레벨의 적용

결정된 디테일 수준에 해당하는 코드를 입력한다.

예 :

조달청 표준공사코드	부재분류	비고
FA11	시멘트벽돌	0.5B 1.0B 등은 구별하지 않음
FA1	벽돌	시멘트벽돌과 적벽돌은 구분하지 않음
F	조적	벽돌과 블록은 구분하지 않음

(2) 창호

가. 대상

모든 문과 창문을 대상으로 하며 커튼월도 포함한다.

나. 조달청 표준공사코드

"4.3 조달청 표준공사코드 목록"에 의한 코드를 입력한다.

다. 코드레벨의 적용

결정된 디테일 수준에 해당하는 코드를 입력한다.

예 :

조달청 표준공사코드	부재분류	비고
LA1	철제문	문 타입은 구별하지 않음
LA	문	철제문, 목재문 등은 구분하지 않음
L	창호	문과 창을 구분하지 않음

4.3.3 조달청 표준공사코드 입력의 원칙

(1) 필수 입력의 원칙

"4.3 조달청 표준공사코드 목록"에 존재하는 코드만 입력한다.

예 : 마감재, 설비, 석재 등은 목록에 없으므로 입력하지 않는다.

Tip

템플릿 설정

옵션 → 파일위치에서 기본 템플릿 파일을 변경하면, 사용자가 원하는 설정값이 저장되어 있는 기본 템플릿을 활용하여 프로젝트를 시작할 수 있습니다.

chapter 02 문 작성

1 Revit을 실행합니다.
모델 창 [열기] 클릭 ➡ ₩예제파일₩18강₩18강_시작.rvt를 선택하고 [열기]를 클릭합니다.

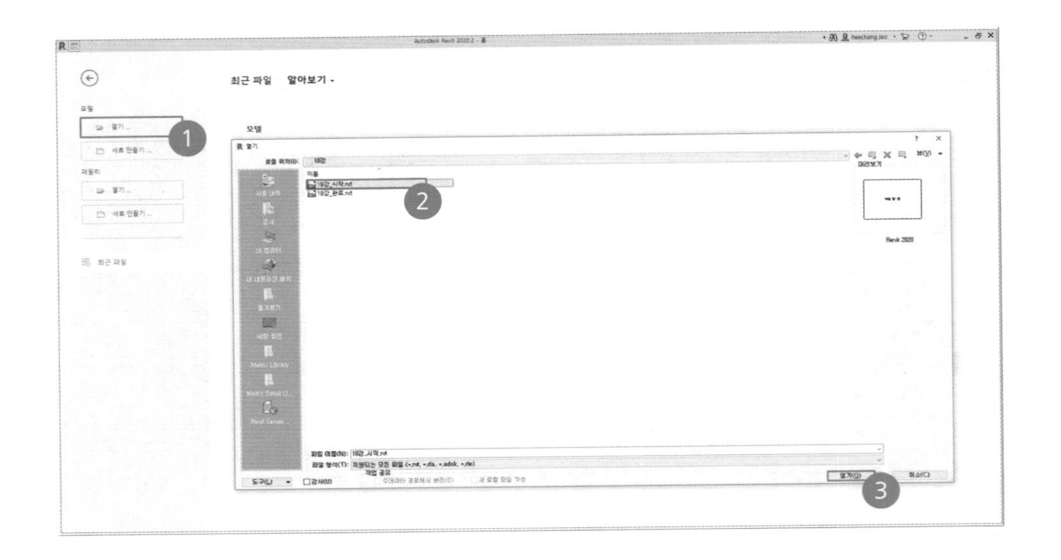

2 [삽입] ➡ [패밀리 로드]를 클릭합니다. [창] ➡ [양여닫이]폴더에서 '양여닫이문.rfa', '외여닫이문.rfa' 를 선택하고 [열기]를 클릭합니다.

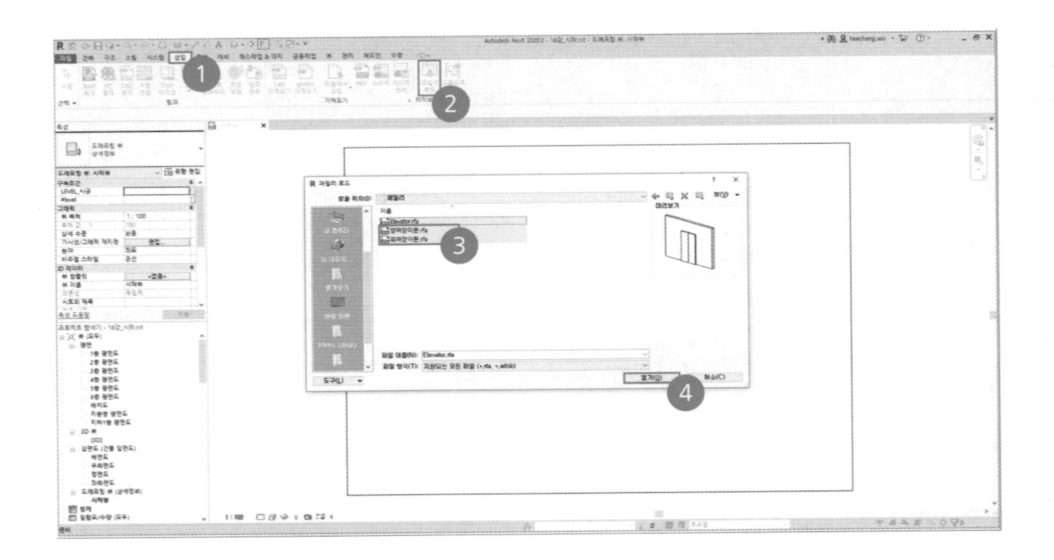

3 '지하1층 평면도'에서 표시된 부분을 확대합니다.

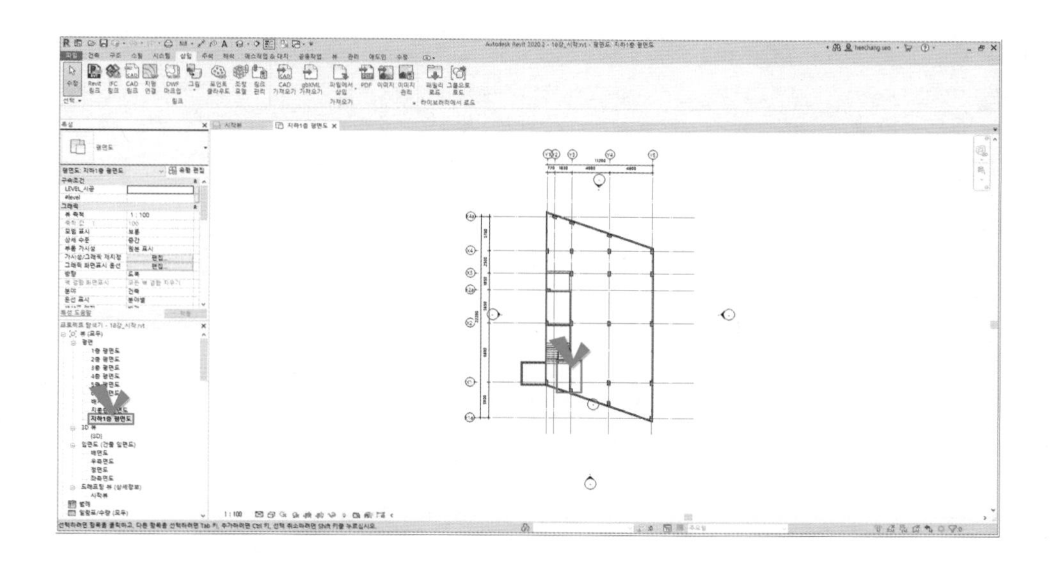

4 [건축] ➡ [문]을 클릭하고 '외여닫이문 : A-SD2_1000X2100'을 선택하고 [유형 편집]을 클릭합니다.

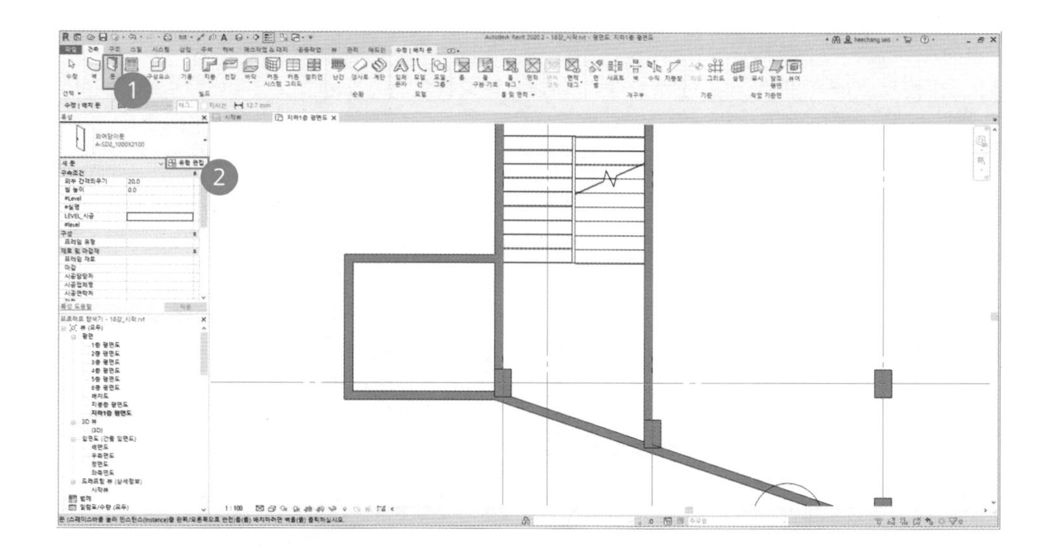

5 '유형 특성' 창에서 '조달청표준공사코드 : LA1'을 입력하고 [확인]을 클릭합니다. (철제문은 모두 'LA1'이 입력되어 있는지 확인합니다.)

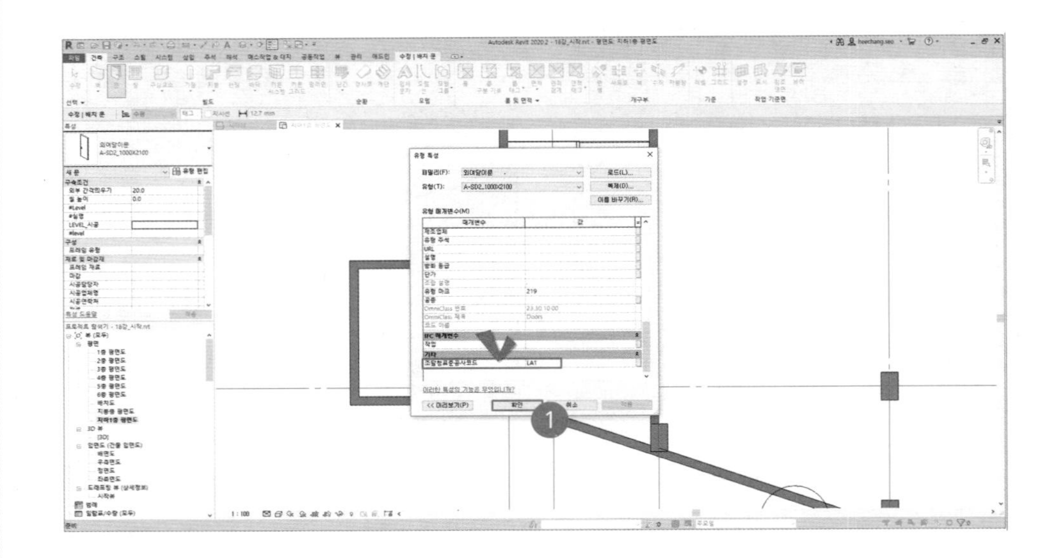

6 '특성' 창의 '씰 높이 : 50'을 입력하고 아래 이미지와 같이 임의의 위치에 문을 작성합니다. 문의 정확한 위치는 작성 후 수정하도록 하겠습니다.

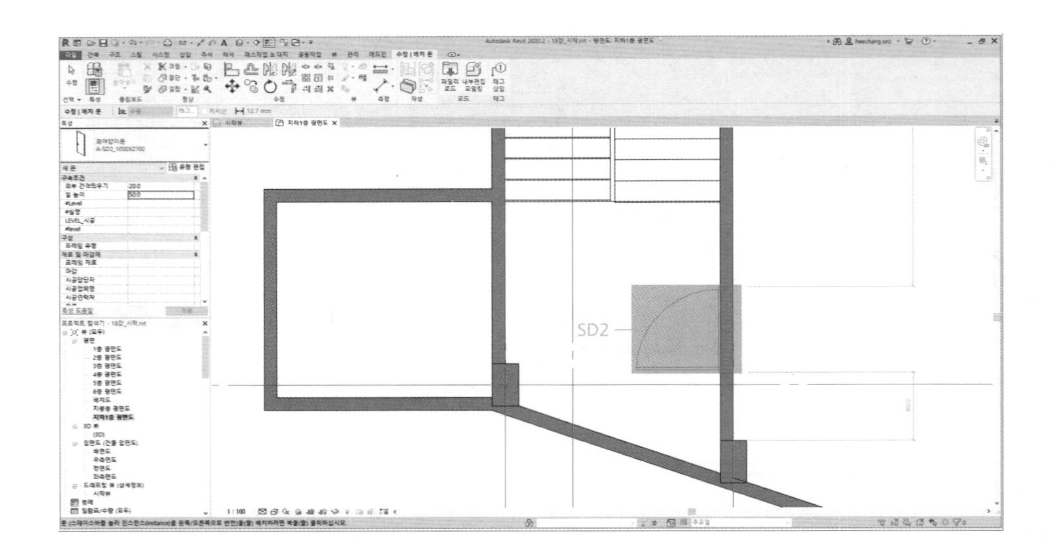

7 작성한 문을 X1 그리드에 정렬합니다.

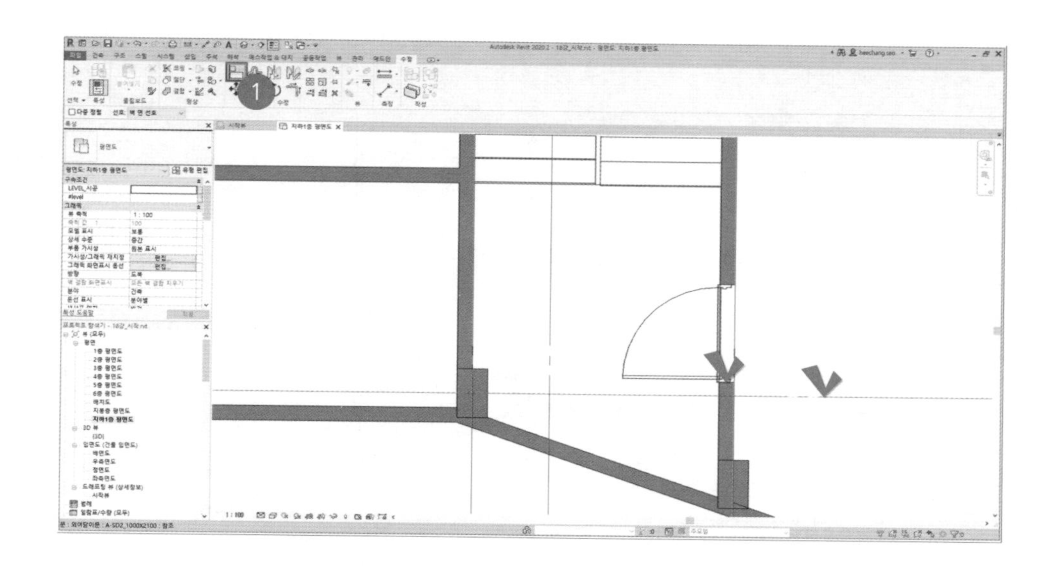

8 문을 선택하고 [클립보드로 복사] ➡ [붙여넣기] ➡ [선택한 레벨에 정렬]을 클릭합니다.

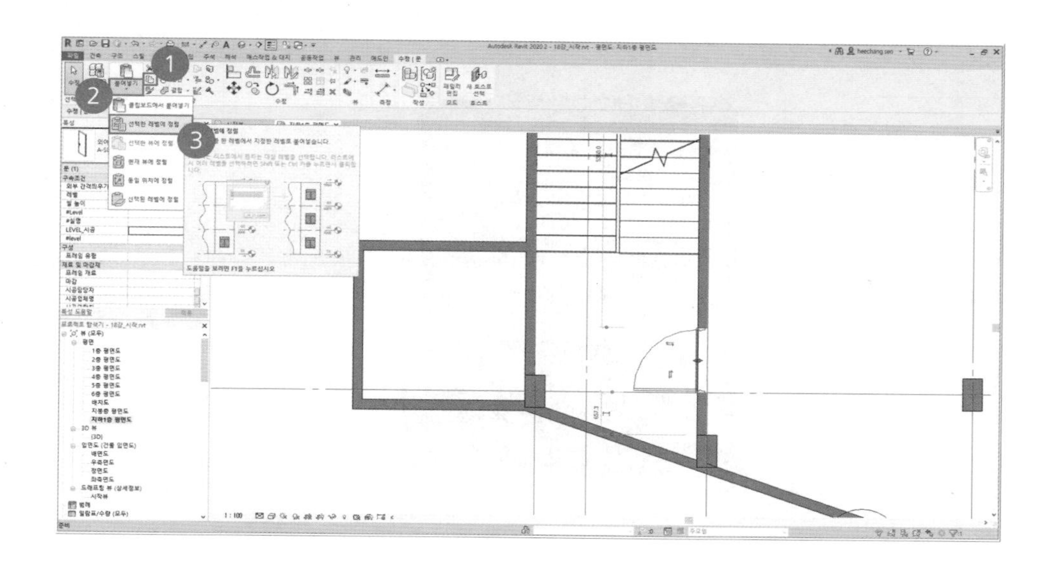

9 'L1F', 'L2F', 'L3F', 'L4F', 'L5F', 'L6F'을 선택하고 [확인]을 클릭합니다.

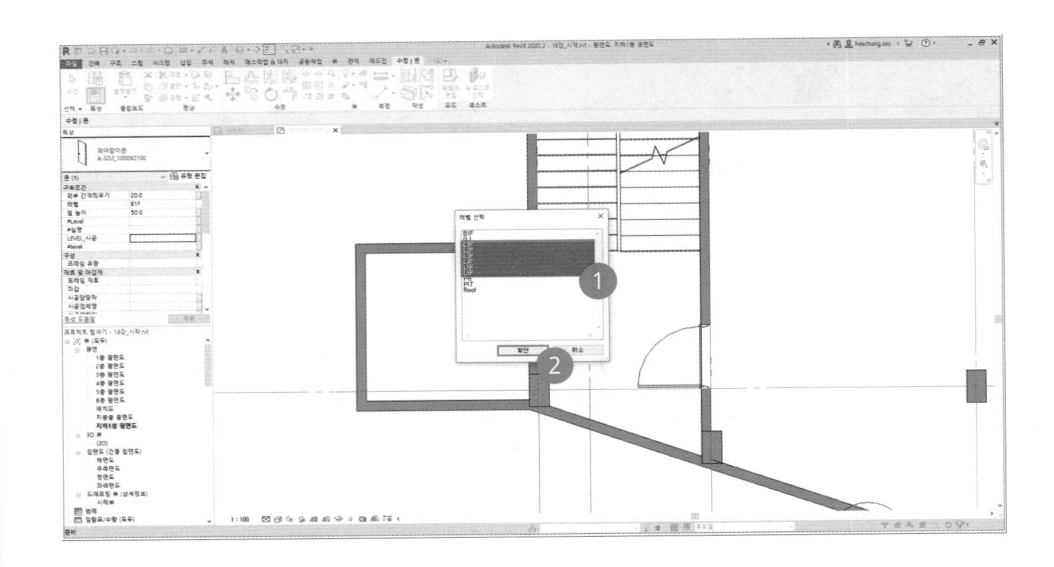

10 지하1층부터 지상6층까지 작성된 문을 '3D 뷰'에서 확인할 수 있습니다.

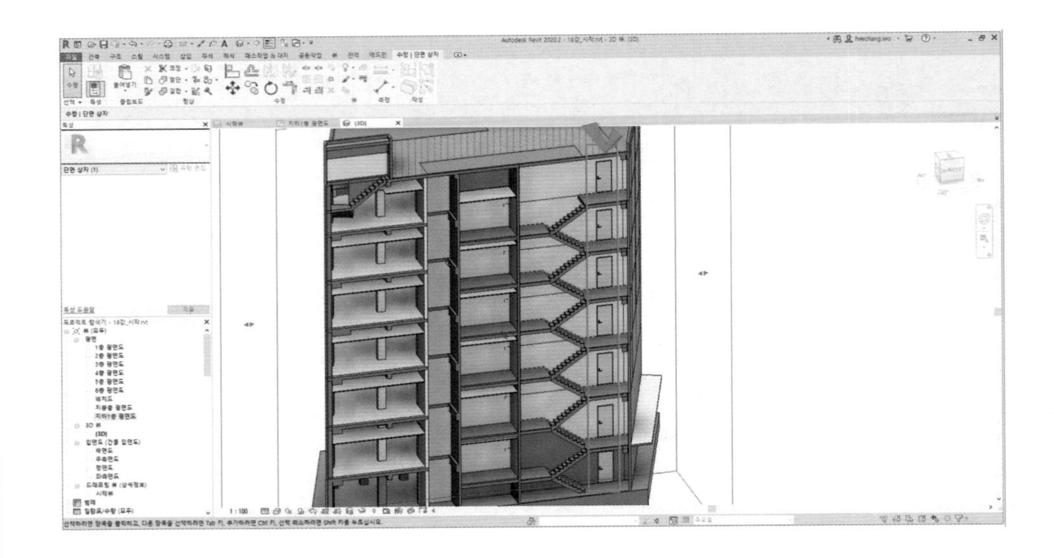

11 '비주얼 스타일'을 '색상일치'로 변경하면 음영이 줄어 색상을 확인하며 작업하기 용이합니다.

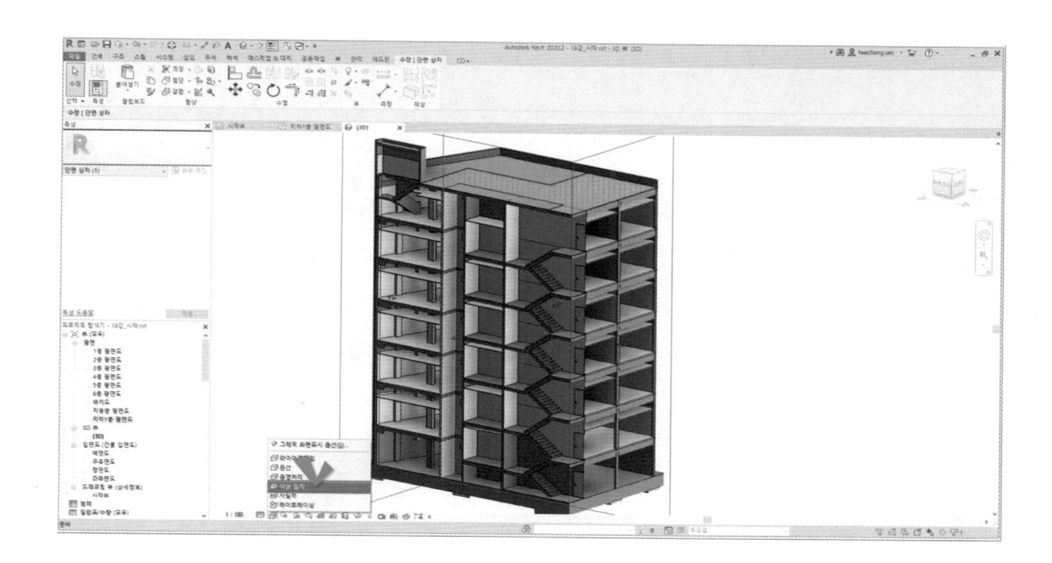

12 '지붕층 평면도'에서 표시된 부분을 확대합니다.

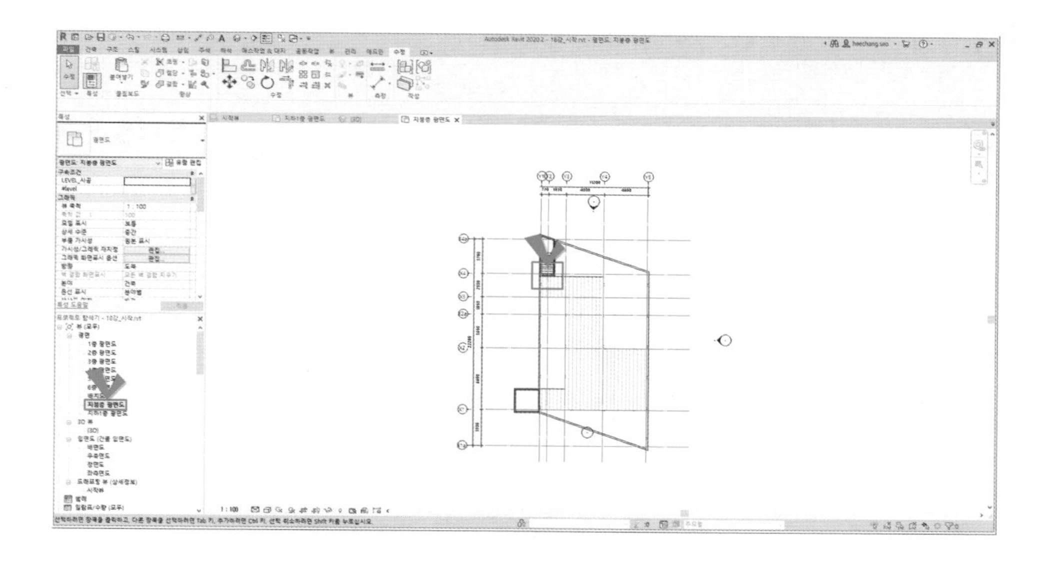

13 '외여닫이문 : A-SD2_1000X2100' 을 해당 위치에 배치하고 '씰 높이 : 100' 을 입력합니다.(클릭하여 배치하기 전에 Space bar를 눌러 문의 방향을 확인할 수 있습니다. 치수선은 패밀리의 위치를 표시하기 위한 것이기 때문에 작성하지 않아도 괜찮습니다.)

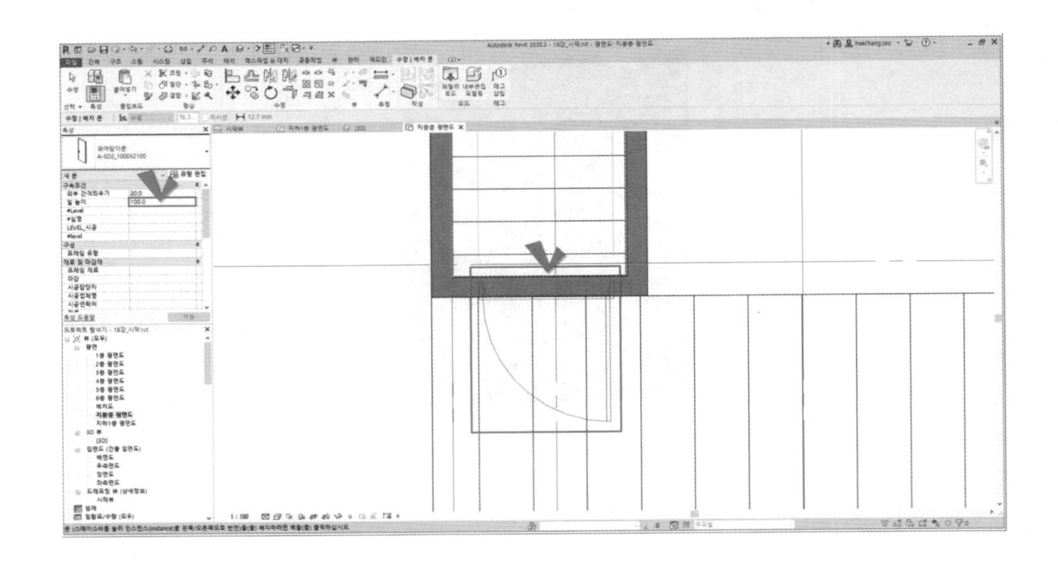

14 배치된 문을 아래와 같은 위치에 배치합니다.

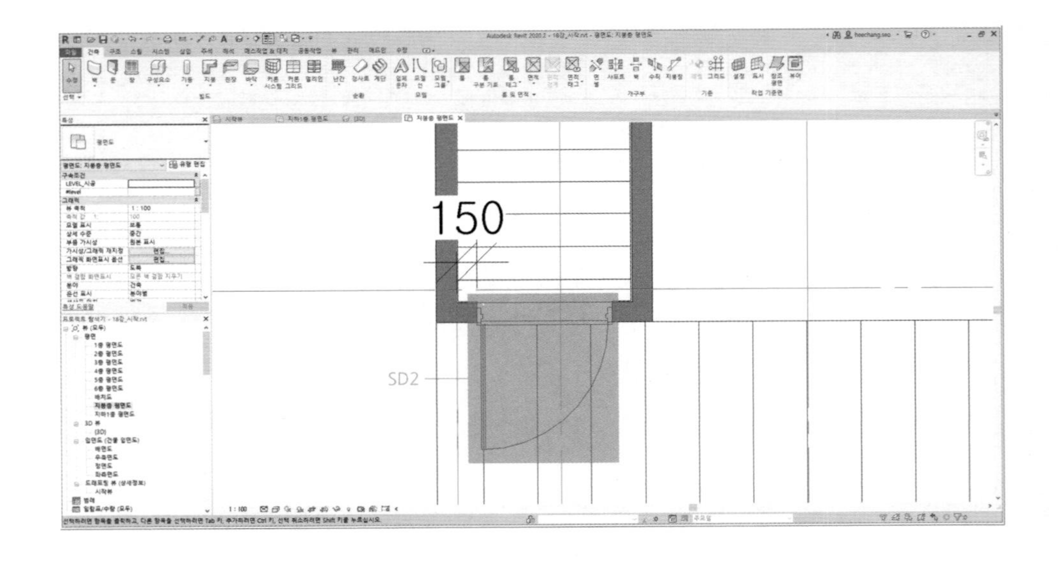

15 '지붕층 평면도' 에서 표시된 부분을 확대합니다.

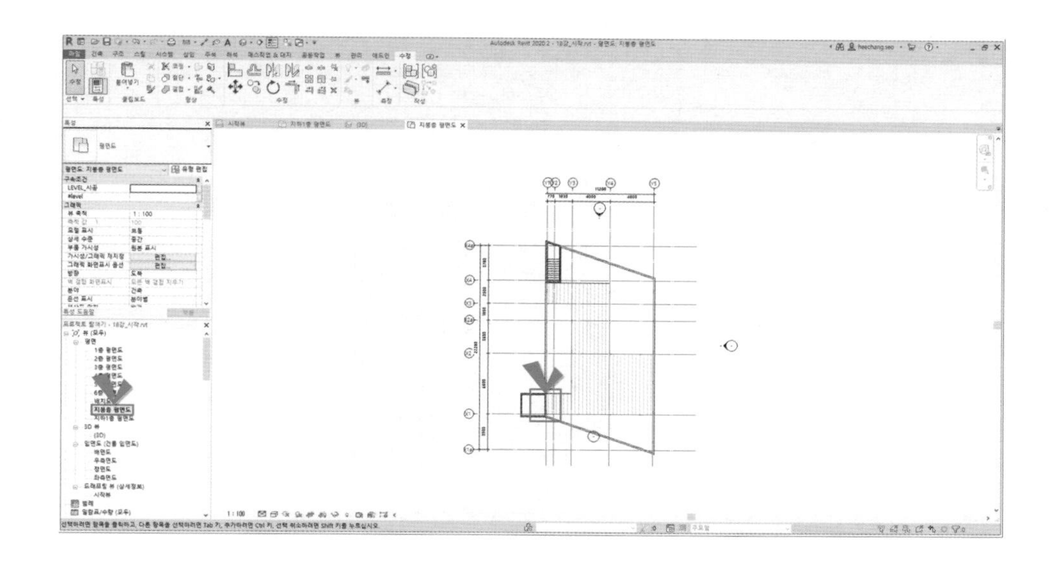

16 '외여닫이문 : A-SD2_1000X2100' 을 '씰 높이 : 100' 으로 설정하여 해당 위치에 배치합니다. (치수선은 패밀리의 위치를 표시하기 위한 것이기 때문에 작성하지 않아도 괜찮습니다.)

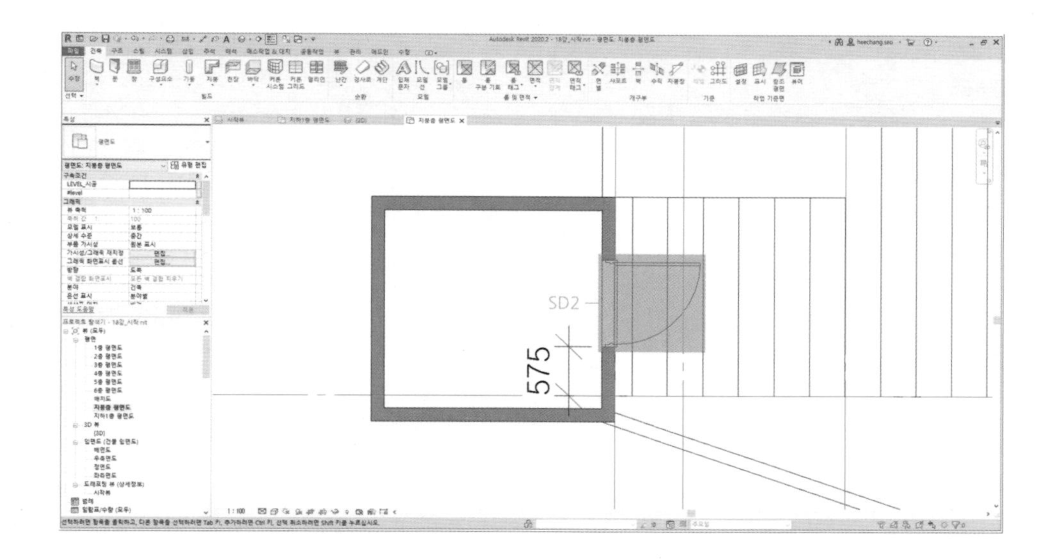

17 작성된 문을 '3D 뷰'에서 확인할 수 있습니다.

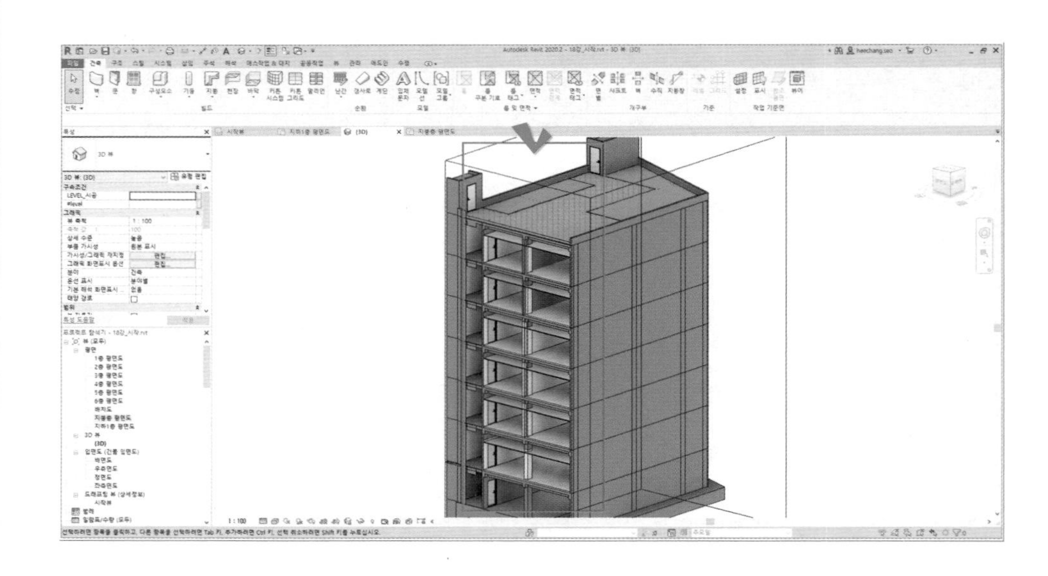

18 '1층 평면도'에서 표시된 부분을 확대합니다.

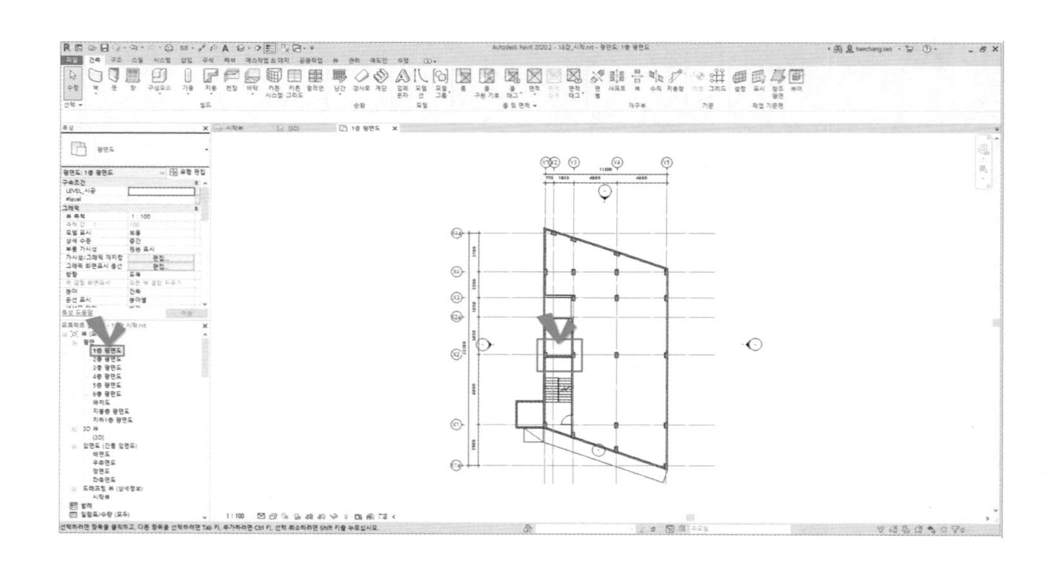

19 해당 위치에 '외여닫이문 : A-SD1_1000×2100'을 배치하고 [선택 상자]를 클릭합니다.

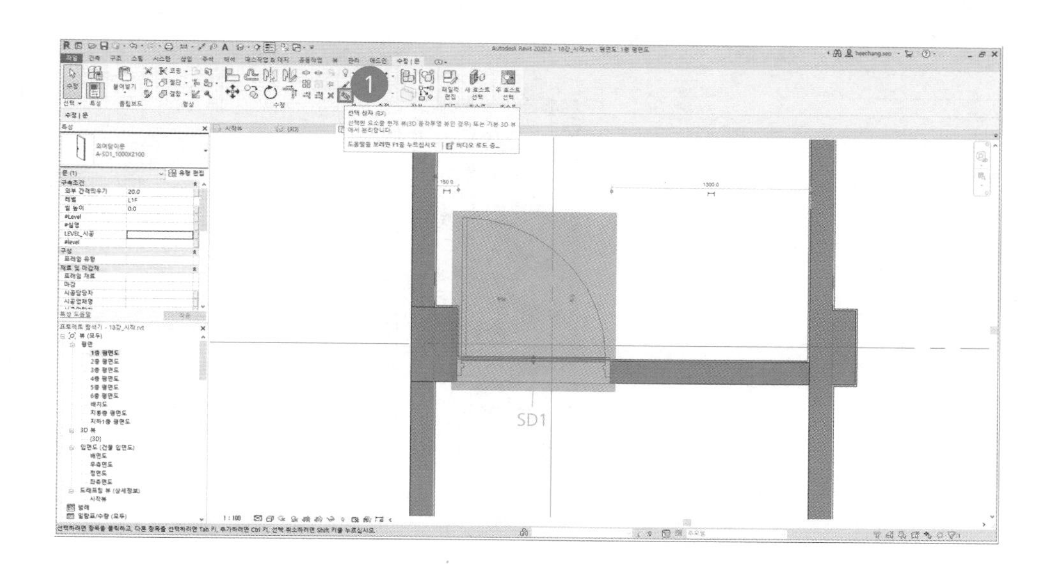

20 단면 상자를 선택하고 모든 층이 보일 만큼 조절합니다.

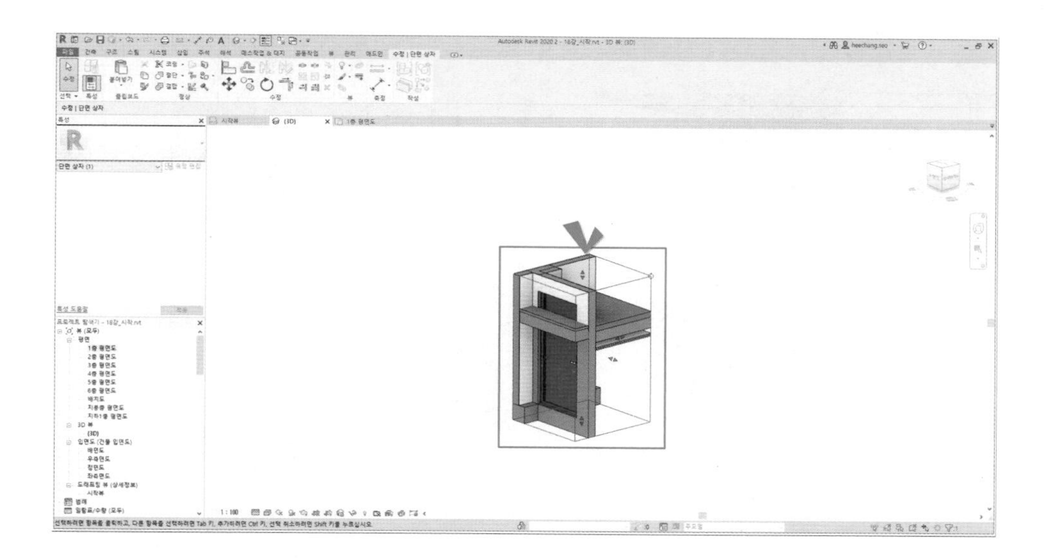

21 아래와 같이 단면 상자를 조절하고, 표시된 부분을 확대합니다.

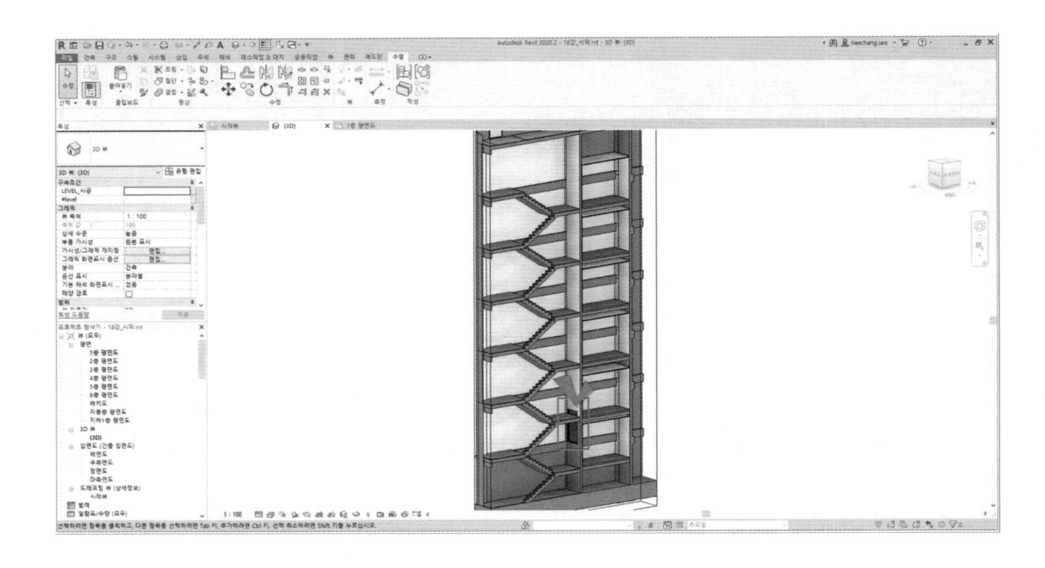

22 배치된 문을 선택하고 '특성' 창에서
'외부 간격띄우기 : 20', '레벨 : B1F', '씰 높이 : 1800' 을 입력합니다.

23 문을 선택하고 [클립보드로 복사] ➡ [붙여넣기] ➡ [선택한 레벨에 정렬]을 클릭합니다.

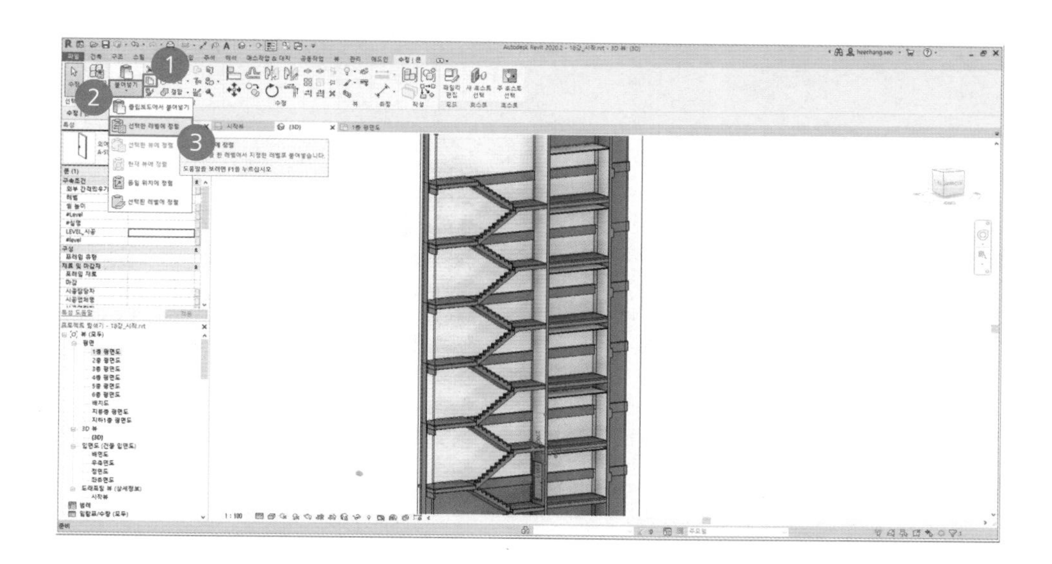

24 'L1F', 'L2F', 'L3F', 'L4F', 'L5F'을 선택하고 [확인]을 클릭합니다.

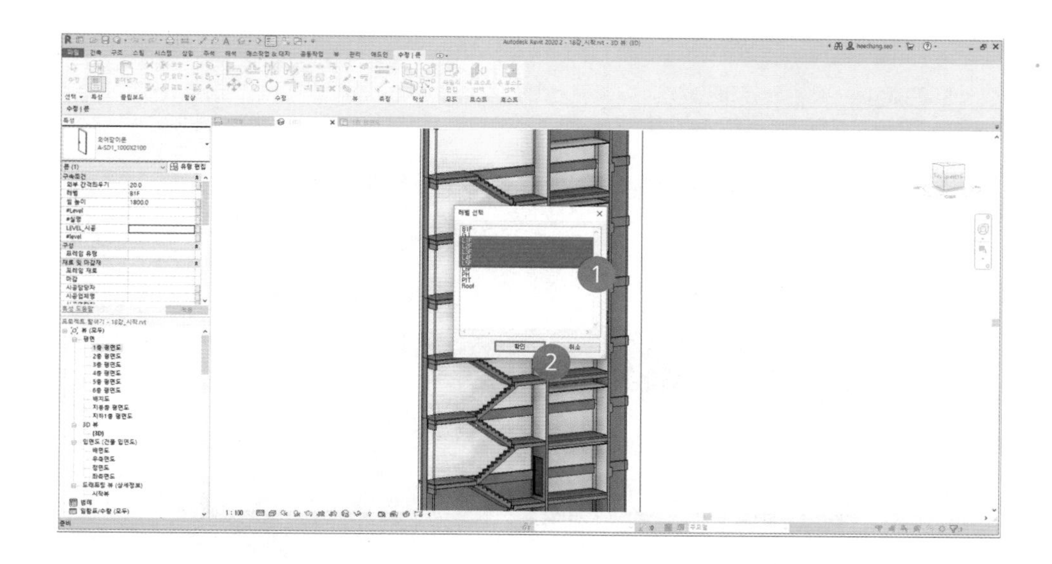

25 건축벽 '기본 벽 : A-WF1_THK10' 이 작성된 문과 겹쳐 있다면 그 부분을 확대합니다.

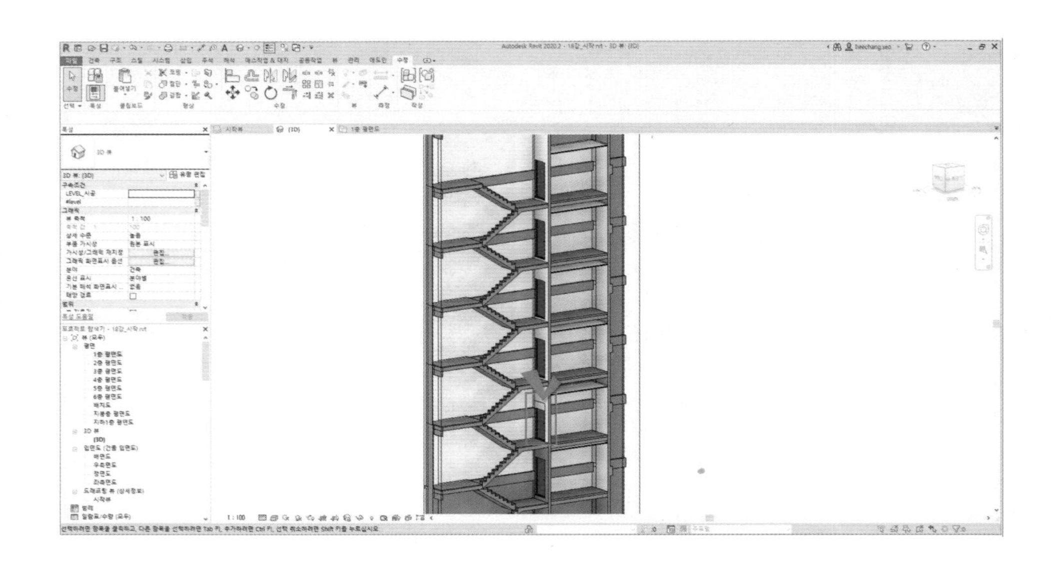

26 [결합]을 클릭하고 건축벽 '기본 벽 : A-WF1_THK10' 과 구조벽 '기본 벽 : S-W1_THK150' 을 결합합니다.

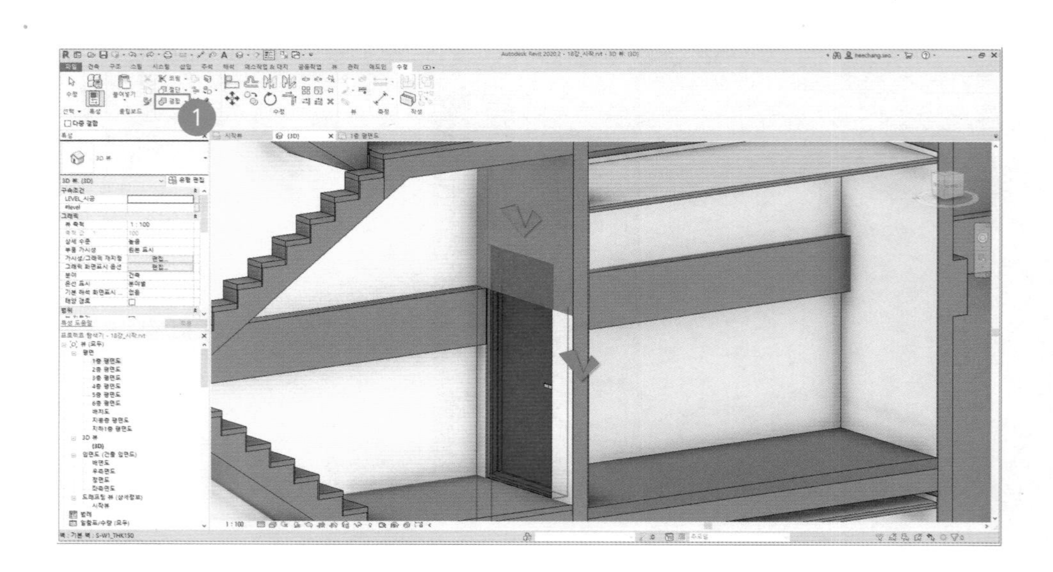

27 작성된 문을 '3D 뷰'에서 확인할 수 있습니다.

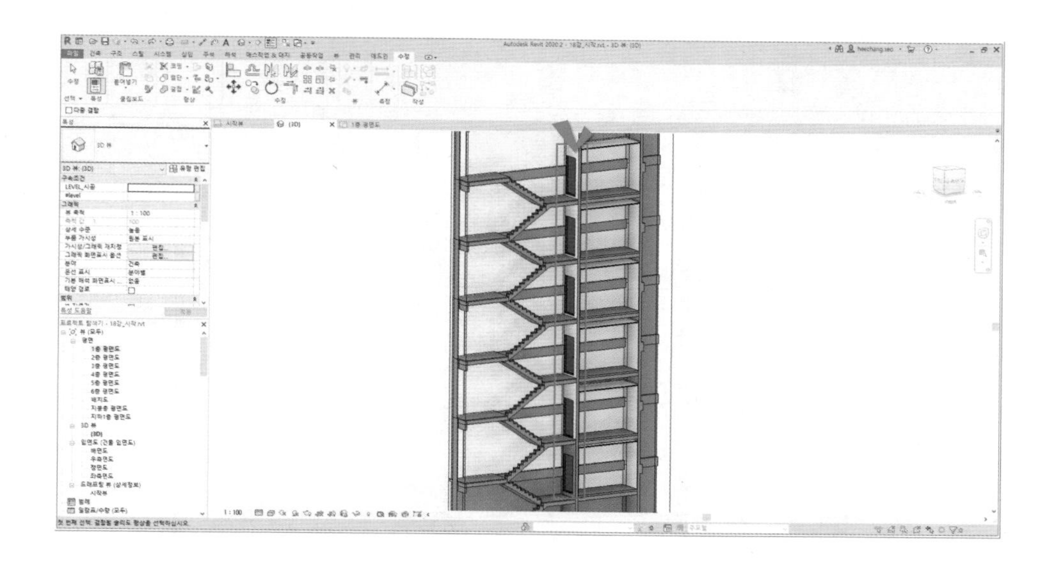

28 '2층 평면도'에서 표시된 부분을 확대합니다.

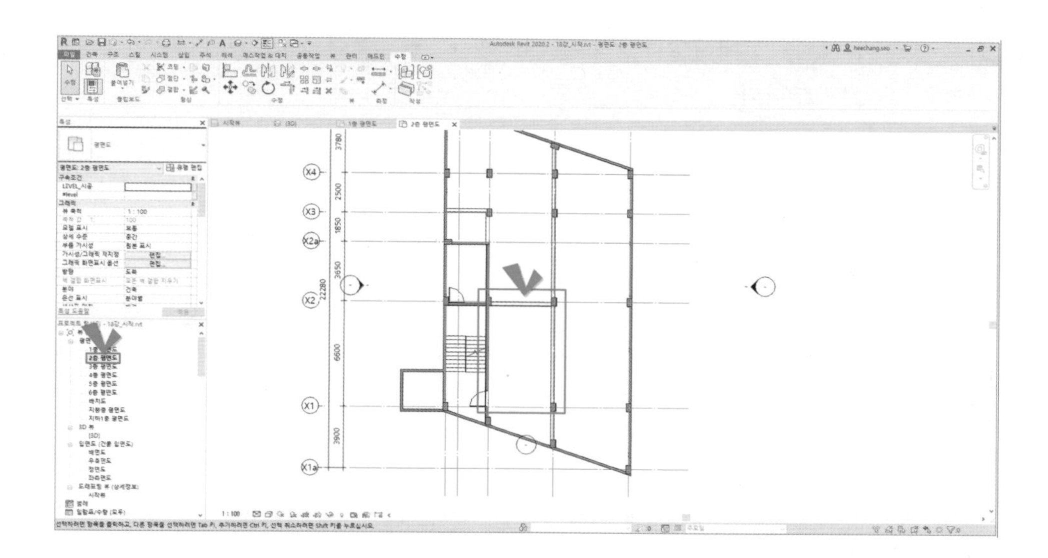

29 '양여닫이문 : A-FSD1_1500×2100'을 '씰 높이 : 0'으로 아래와 같이 배치합니다. (치수선은 패밀리의 위치를 표시하기 위한 것이기 때문에 작성하지 않아도 괜찮습니다.)

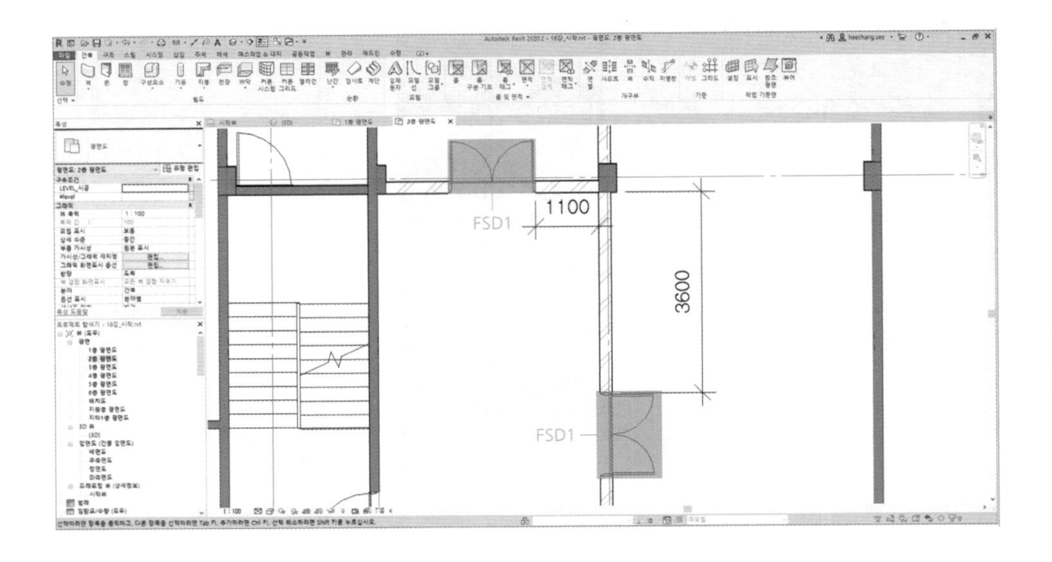

30 작성된 두 문을 선택하고 [클립보드로 복사] ➡ [붙여넣기] ➡ [선택한 레벨에 정렬]을 클릭합니다.

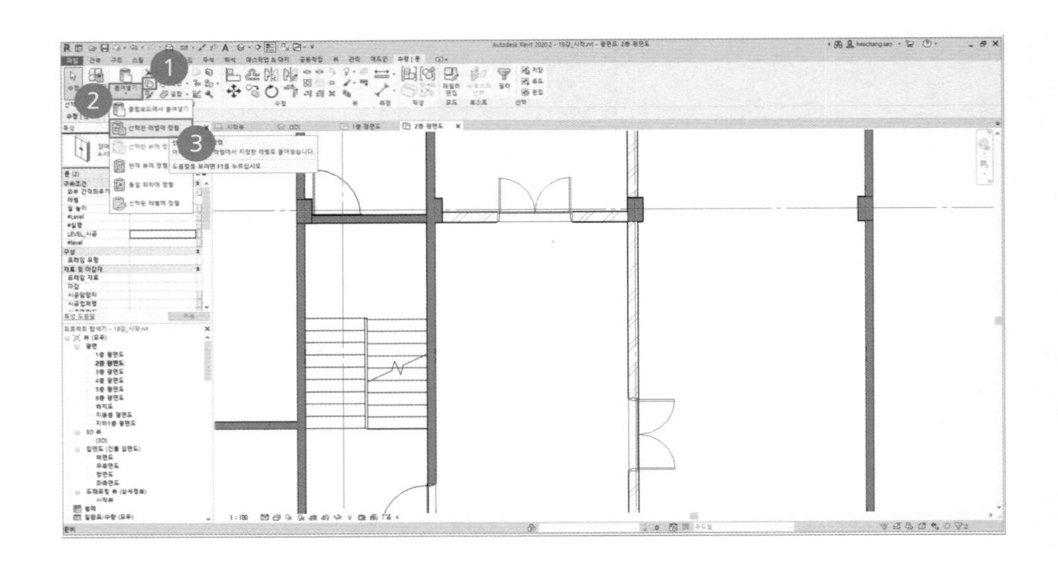

31 'L3F', 'L4F', 'L5F', 'L6F'을 선택하고 [확인]을 클릭합니다

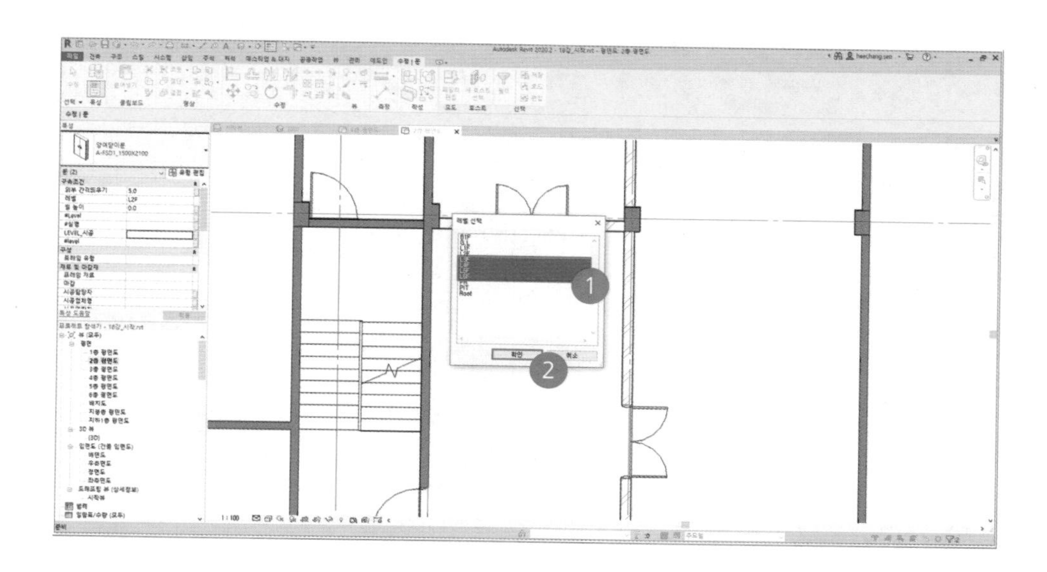

32 문을 선택하고 문에 '우클릭-모든 인스턴스 선택-전체 프로젝트에서'를 하거나 단축키 SA를 눌러 프로젝트 내의 모든 '양여닫이문 : A-FSD1_1500×2100'를 선택합니다. 그리고 [선택 상자]를 클릭합니다.

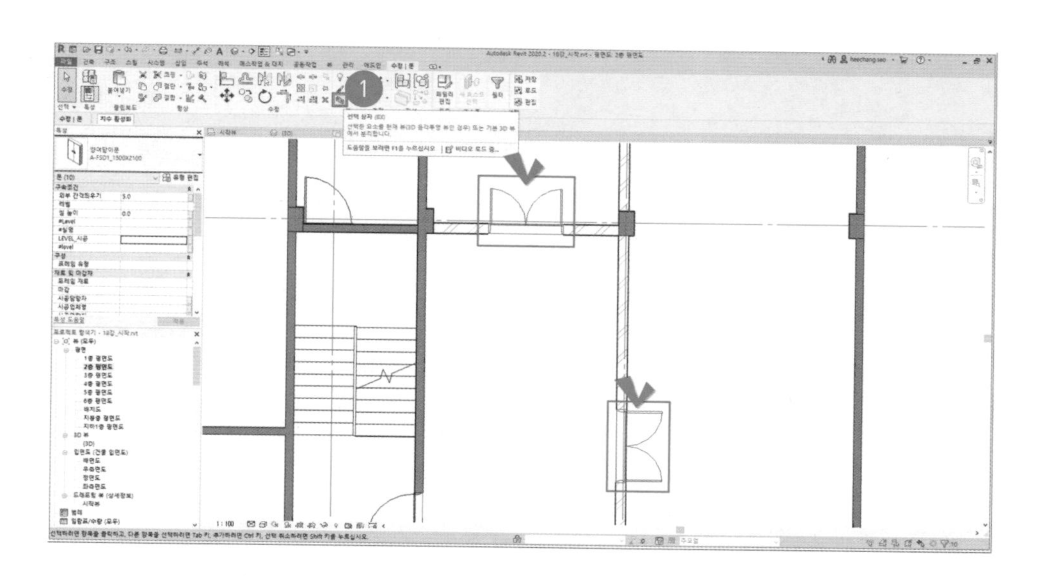

33 '3D 뷰' 에서 작성된 '양여닫이문 : A-FSD1_1500×2100' 를 확인할 수 있습니다.

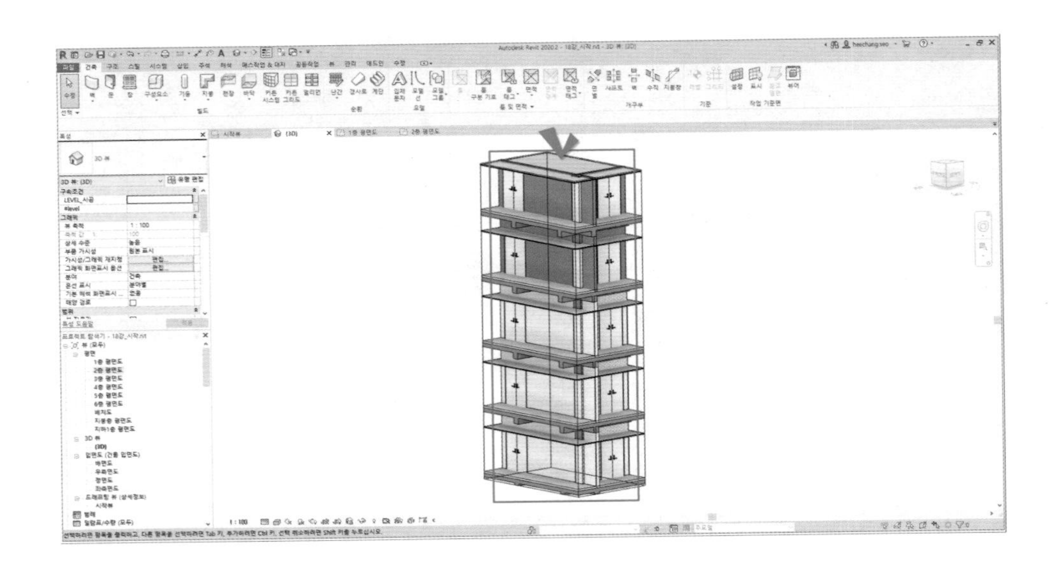

chapter 03 창호 작성

1 [삽입] ➡ [패밀리 로드]를 클릭합니다. 'AW1', 'AW2'를 선택하고 [열기]를 클릭합니다.

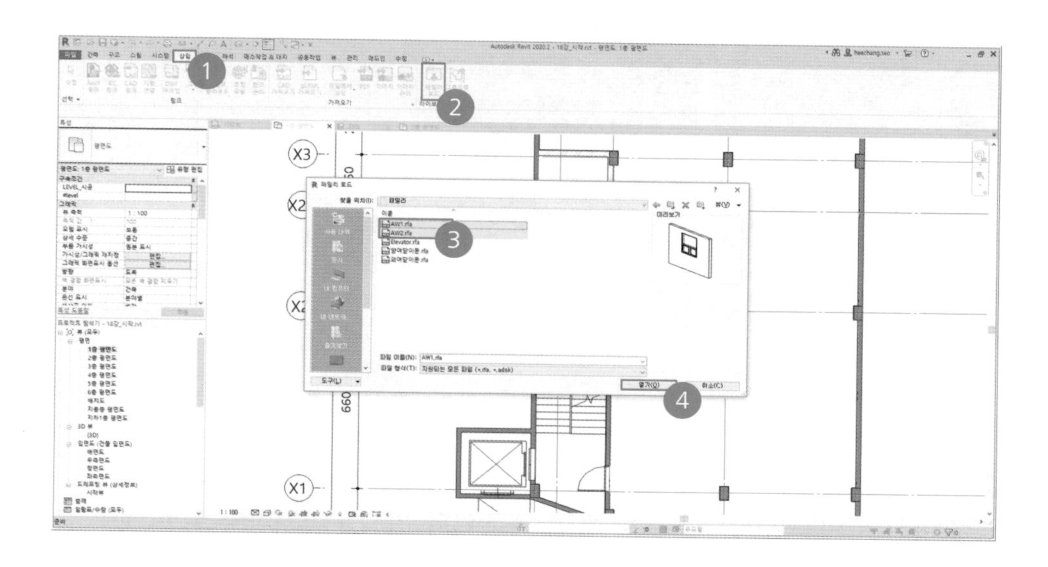

2 '1층 평면도'에서 [건축] ➡ [창]을 클릭합니다.

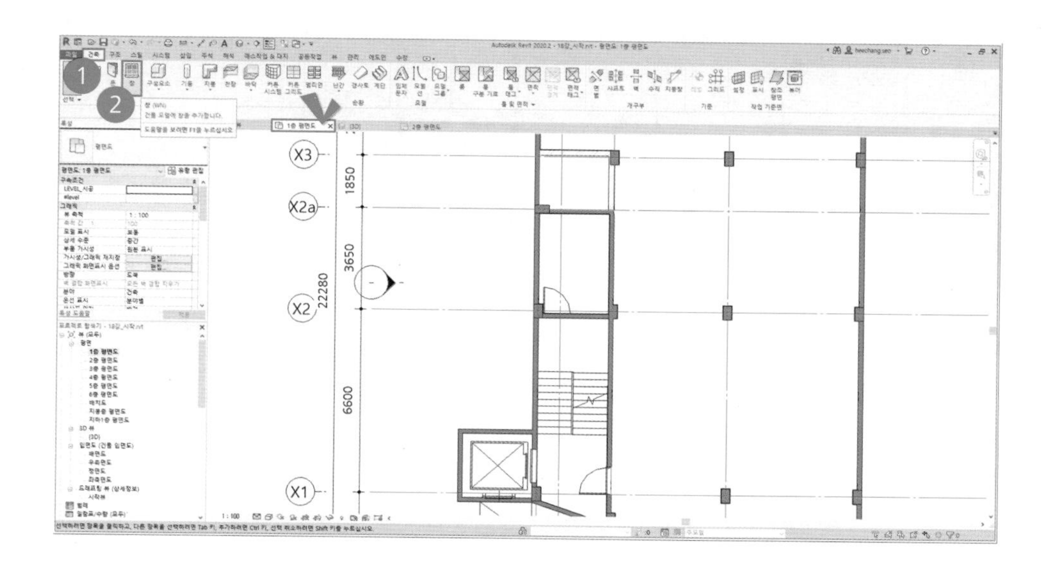

3 'AW2 : A-AW2_1800×1000' 유형을 선택하고 [유형 편집]을 클릭합니다. '조달청표준공사코드 : LB2'를 입력하고 [확인]을 클릭합니다.

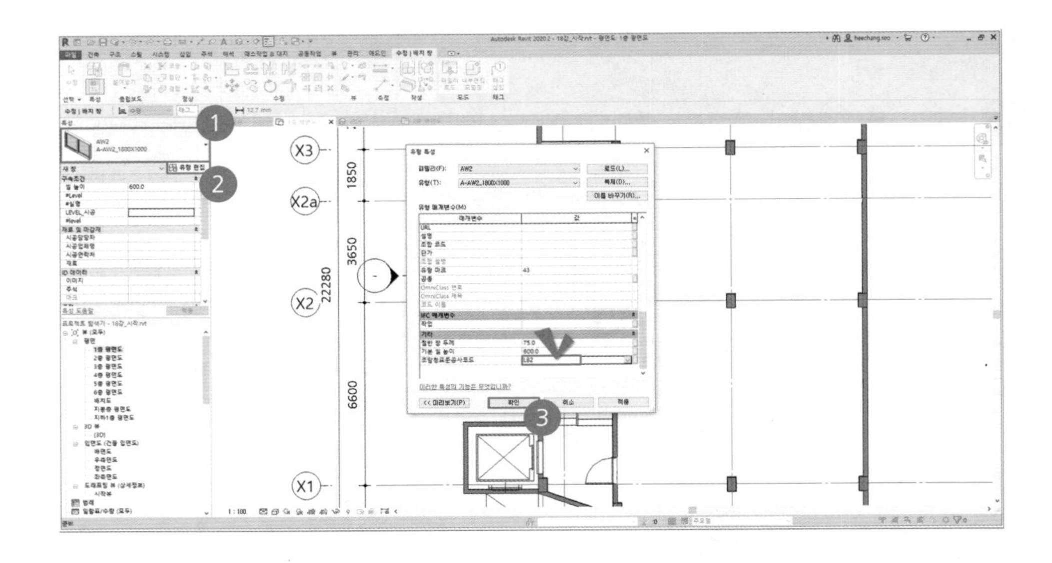

4 특성창에서 '씰 높이 : 100'을 입력하고 'AW2 : A-AW2_1800×1000' 유형을 아래와 같이 배치합니다. (치수선은 패밀리의 위치를 표시하기 위한 것이기 때문에 작성하지 않아도 괜찮습니다.)

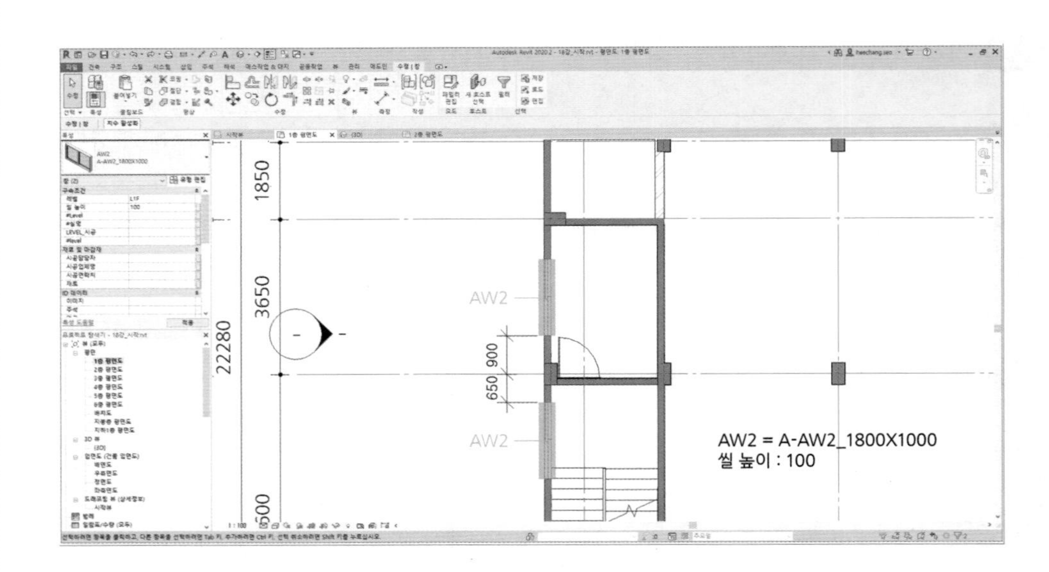

5 ‘씰 높이 : 100’ 으로 ‘AW2 : A-AW2_1800×1000’ 유형을 작성하면 ‘1층 평면도’ 에서 보이지 않기 때문에 특성창에서 뷰 범위 [편집]을 클릭합니다.
‘절단 기준면 : 간격 띄우기 : 1000’ 을 입력하고 [확인]을 클릭합니다.

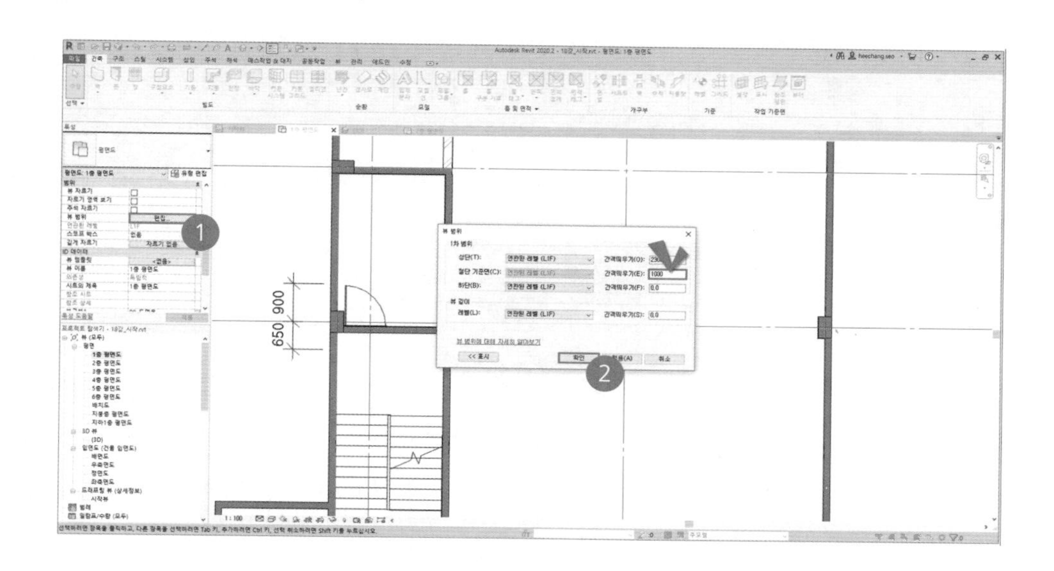

6 ‘2층 평면도’ 에서 [건축] ➡ [창]을 클릭합니다.

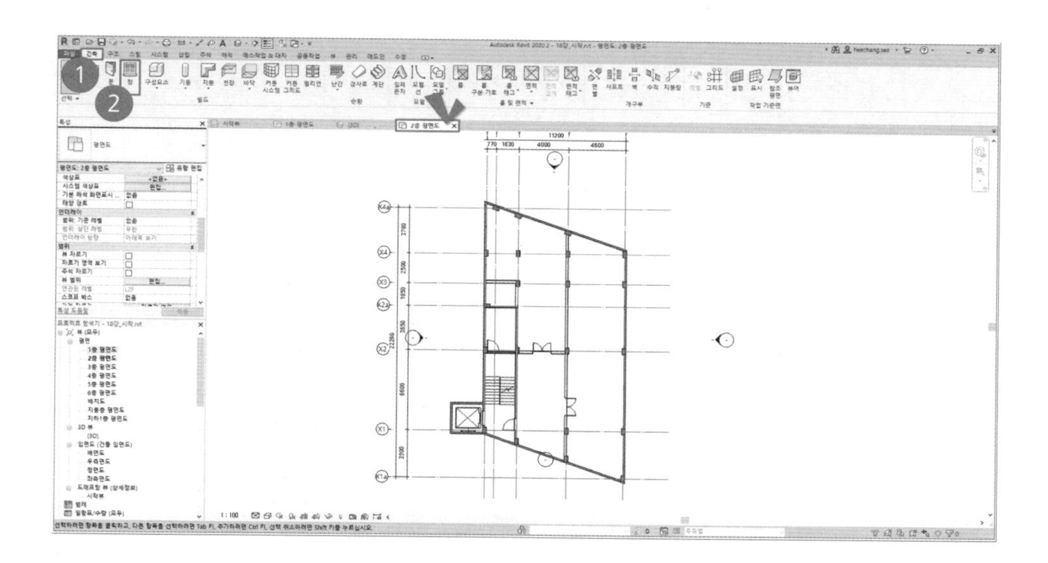

7 'AW1 : A-AW1_1500×1500' 유형을 선택하고 [유형 편집]을 클릭합니다. '조달청표준공사코드 : LB2' 를 입력하고 [확인]을 클릭합니다.

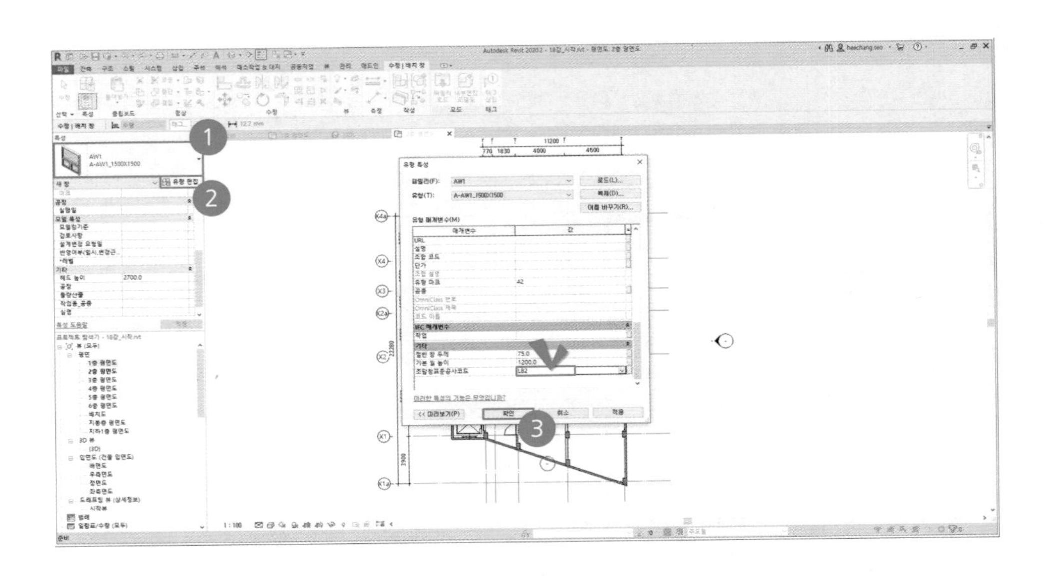

8 AW1, AW2를 아래와 같이 배치하고, 뷰 범위를 '1층 평면도' 와 같이 수정합니다. (치수선은 패밀리의 위치를 표시하기 위한 것이기 때문에 작성하지 않아도 괜찮습니다.)

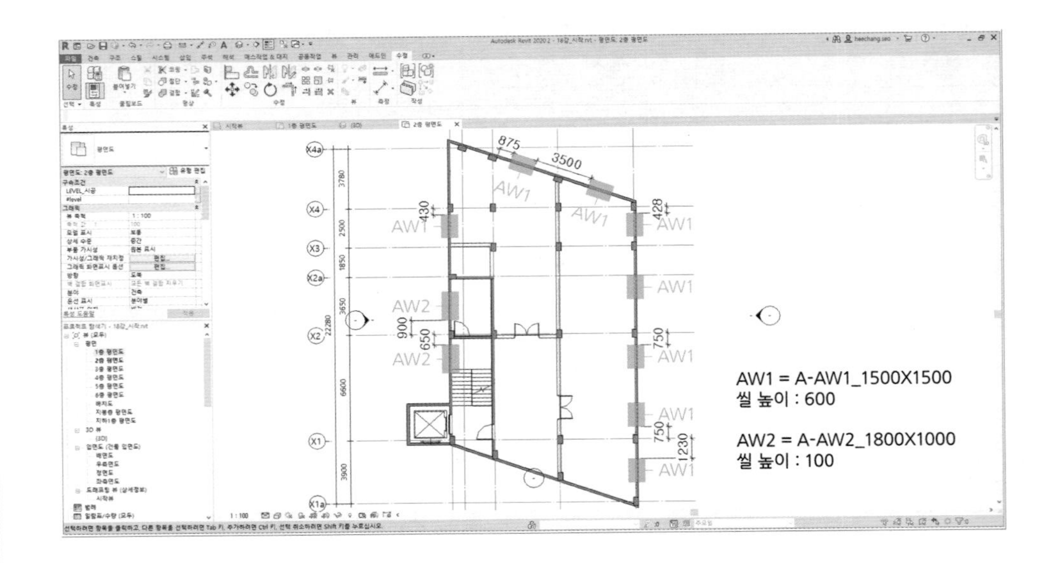

9 '2층 평면도' 에 작성한 10개의 창문들을 선택하고
[클립보드로 복사] ➡ [붙여넣기] ➡ [선택한 레벨에 정렬]을 클릭합니다.

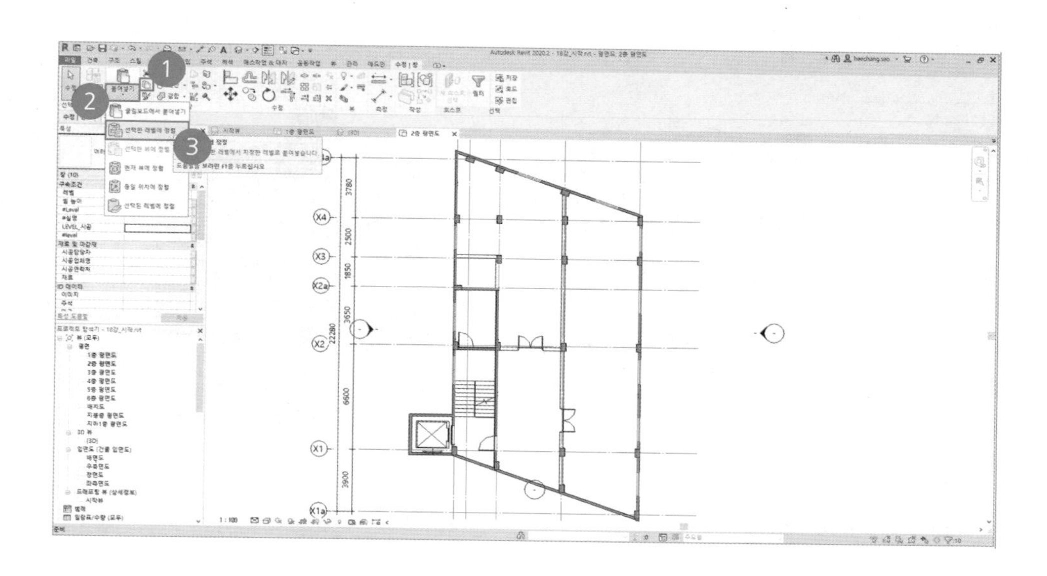

10 'L3F', 'L4F', 'L5F', 'L6F' 을 선택하고 [확인]을 클릭합니다.

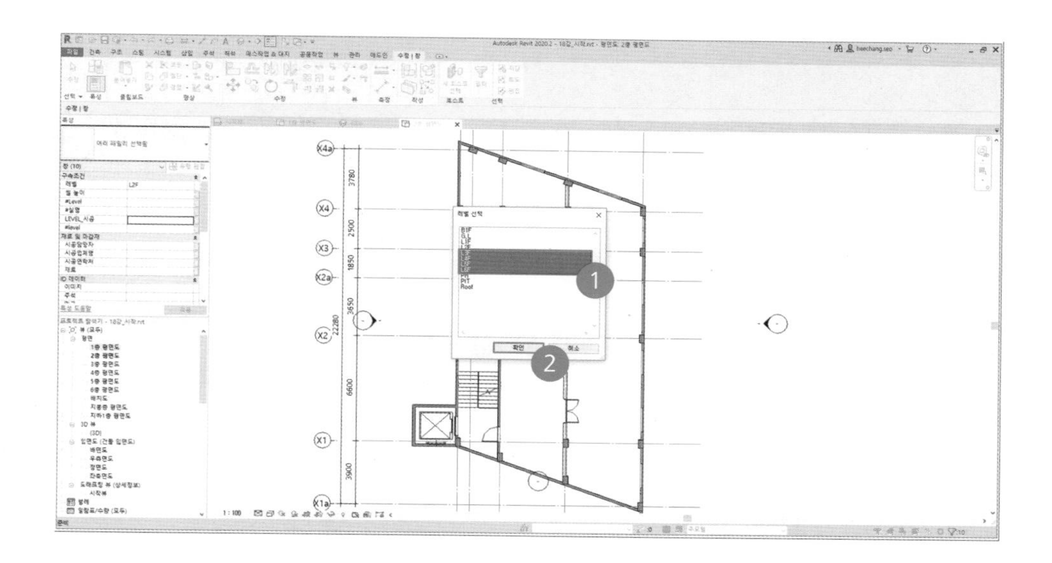

11 '3D 뷰' 에서 작성된 창문을 확인할 수 있습니다.

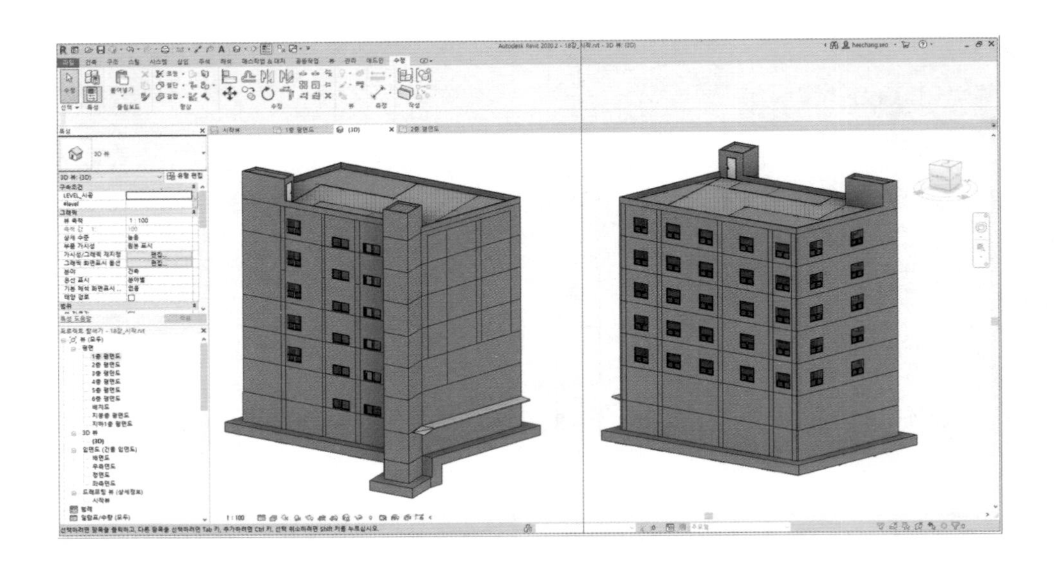

chapter 04 엘리베이터 작성

1 [삽입] ➡ [패밀리 로드]를 클릭하고 'Elevator.rfa'를 선택하고 [열기]를 클릭합니다.

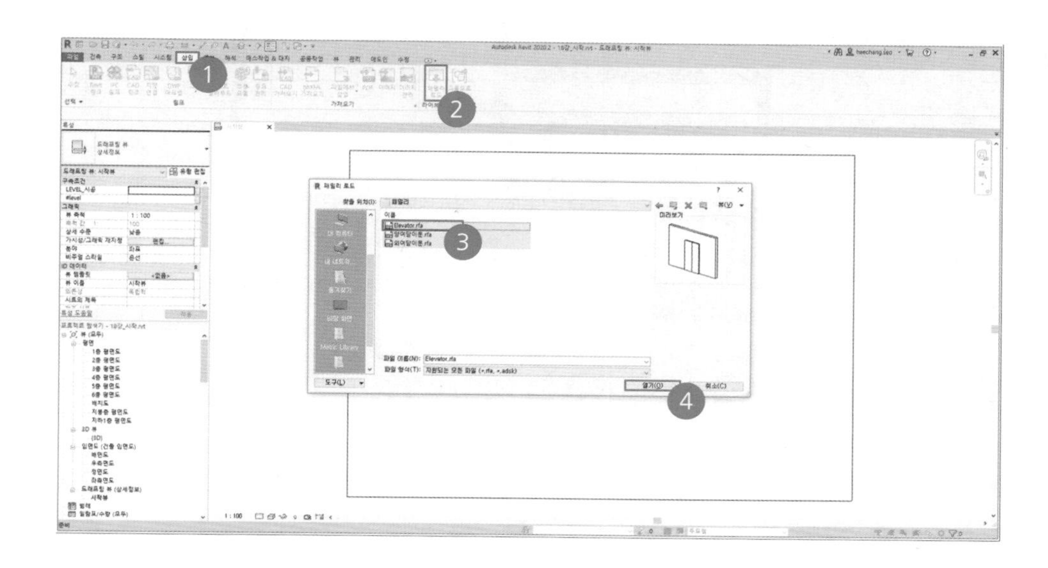

2 '지하1층 평면도'에서 표시된 부분을 확대합니다.

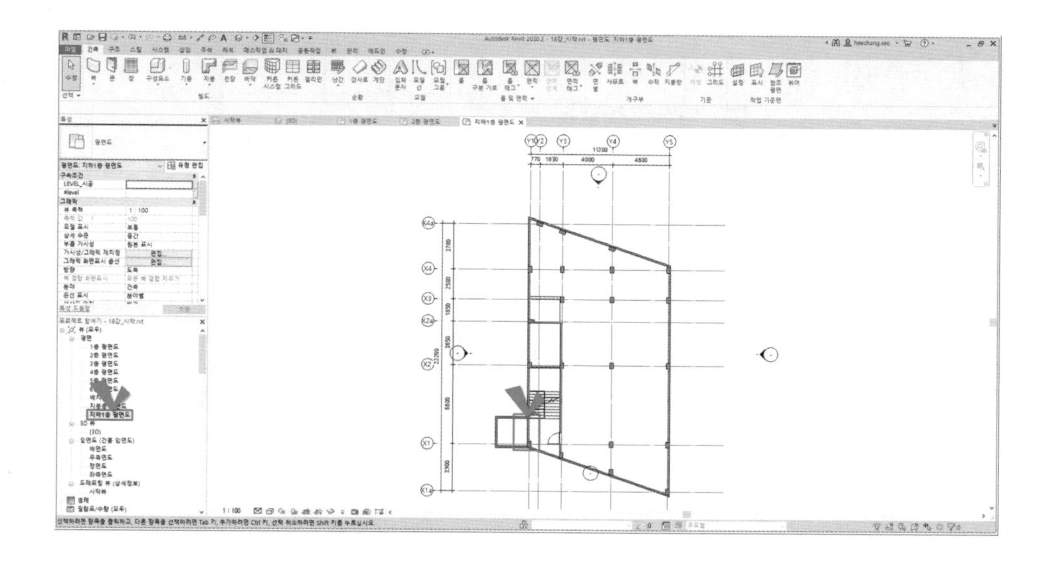

3 [건축] ➡ [문]을 클릭합니다. 'Elevator : ELEV_1200*2100' 을 아래와 같이 배치합니다. (레벨 : B1F, 씰 높이 : 50) (치수선은 패밀리의 위치를 표시하기 위한 것이기 때문에 작성하지 않아도 괜찮습니다.)

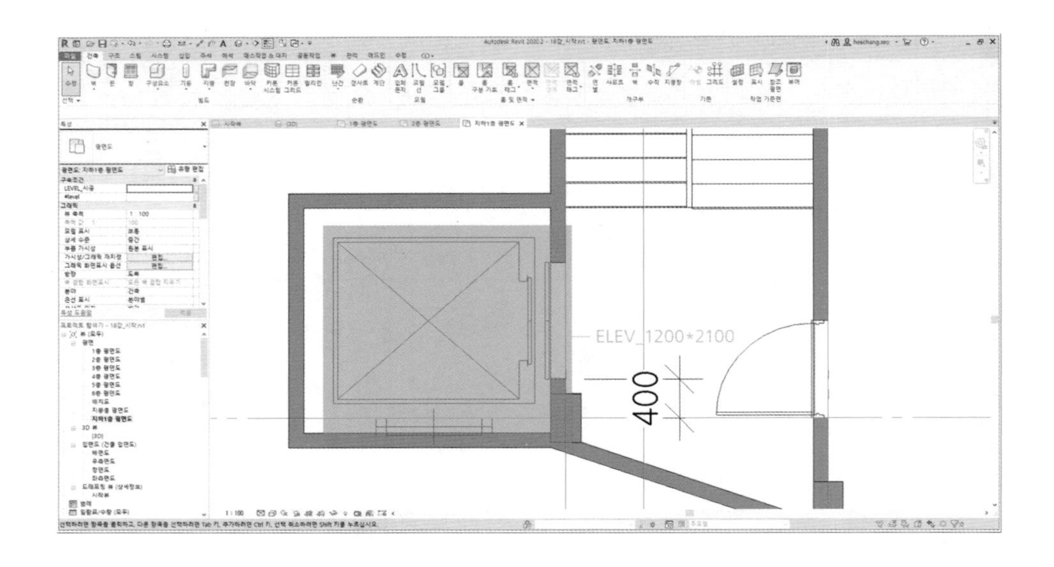

4 배치한 엘리베이터를 선택하고 [선택 상자]를 클릭합니다.

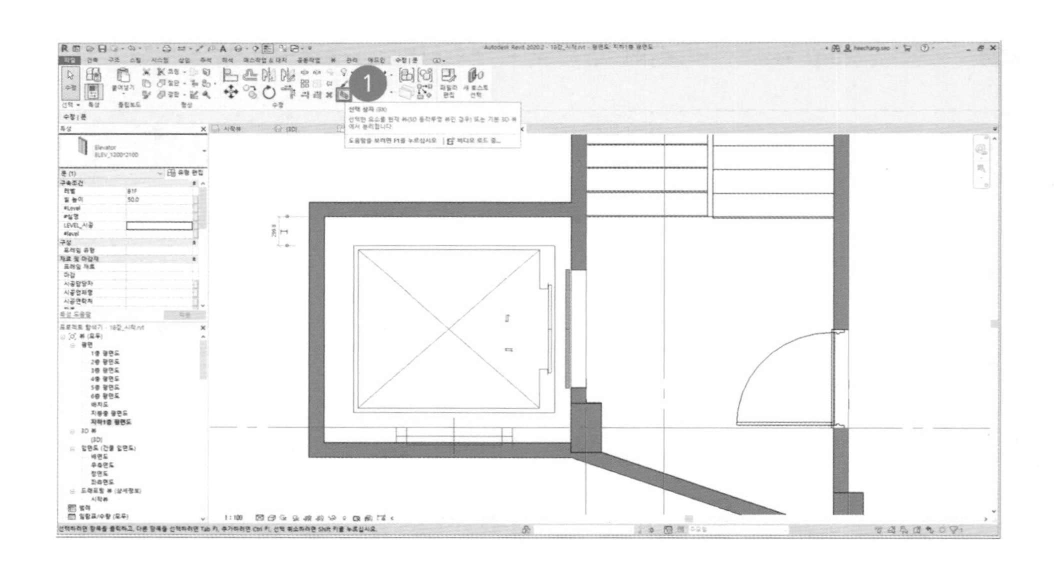

5 모든 층을 확인할 수 있도록 단면 상자를 조절합니다.

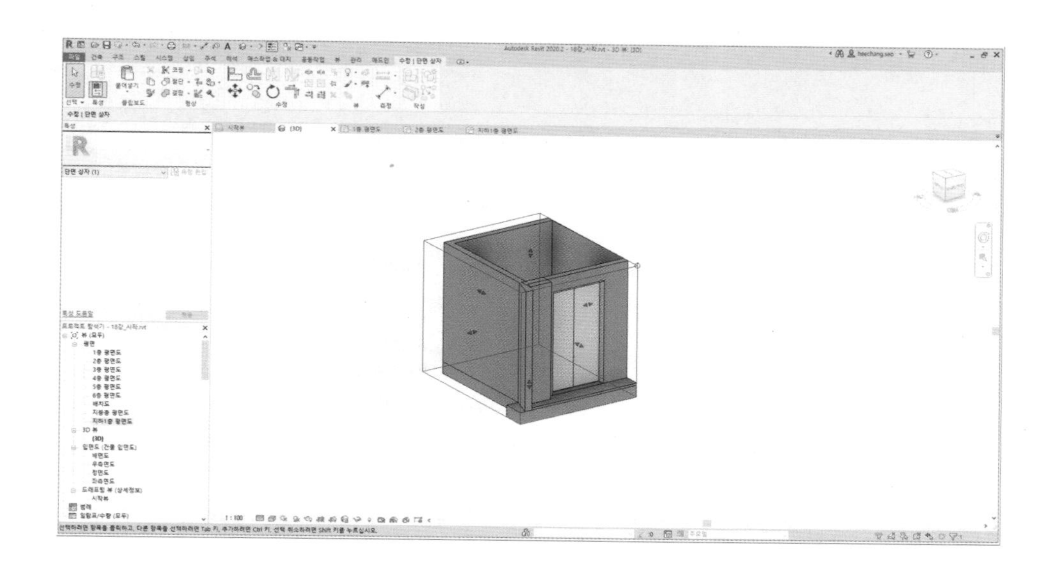

6 작성된 엘리베이터를 선택하고 [클립보드로 복사] ➡ [붙여넣기] ➡ [선택한 레벨에 정렬]을 클릭합니다.

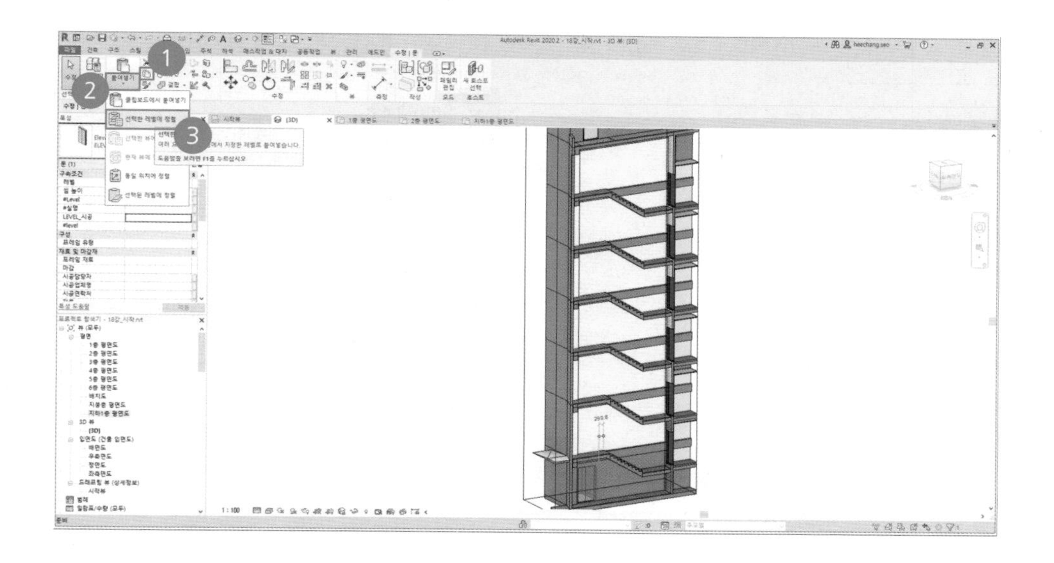

7 'L1F', 'L2F', 'L3F', 'L4F', 'L5F', 'L6F' 을 선택하고 [확인]을 클릭합니다.

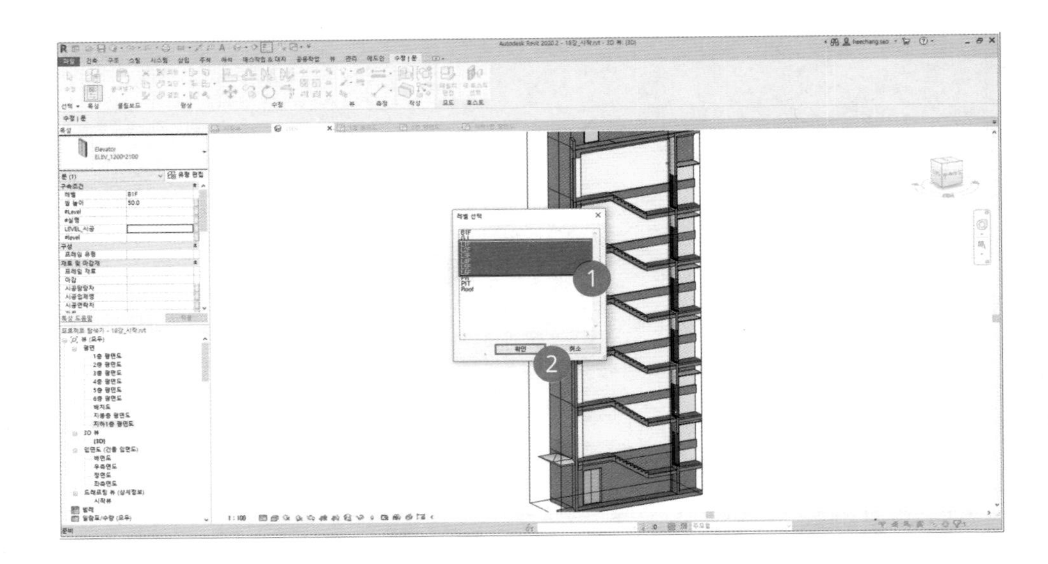

8 '3D 뷰' 에서 작성된 엘리베이터를 확인할 수 있습니다.

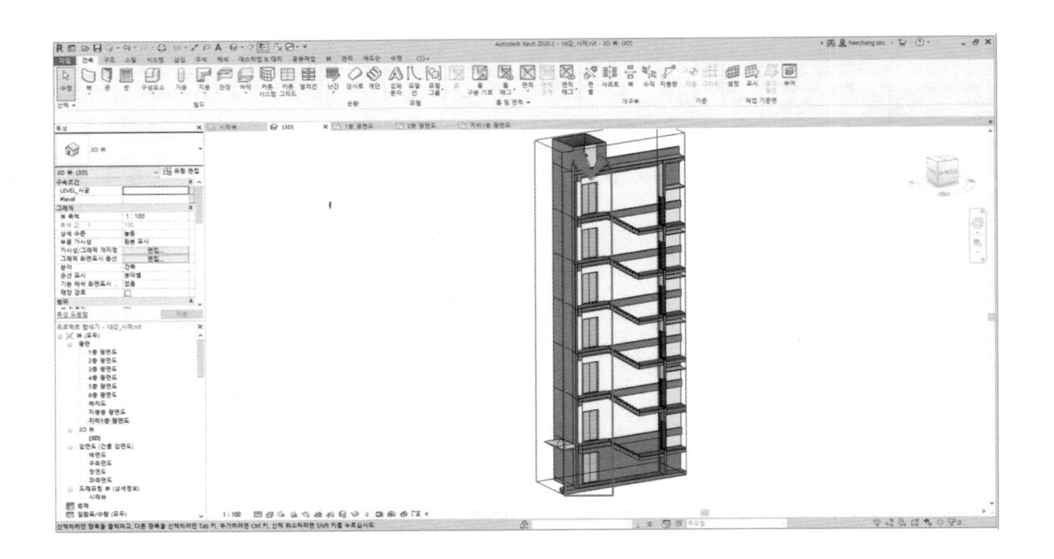

BIMFACTORY
COMPANY

제 19 편

외벽 마감 모델링

외벽 마감

01_ 조달청 기준 유형 및 코드 소개
02_ 커튼월 작성
03_ 외벽 마감 작성

Section 19

외벽 마감 모델링

외벽 마감

19강에서는 커튼월과 외벽 마감을 작성하는 방법에 대하여 학습하도록 하겠습니다.
커튼월의 경우 그리드 및 멀리언을 이용하여 작성되기 때문에 이에 대한 세부 내용을 학습해야 합니다. 또한 외벽의 경우 모델링 작성 후 베이스 및 상단 구속조건에 따라 형태가 다를 수 있기 때문에 이를 유념하면서 학습하시기 바랍니다.

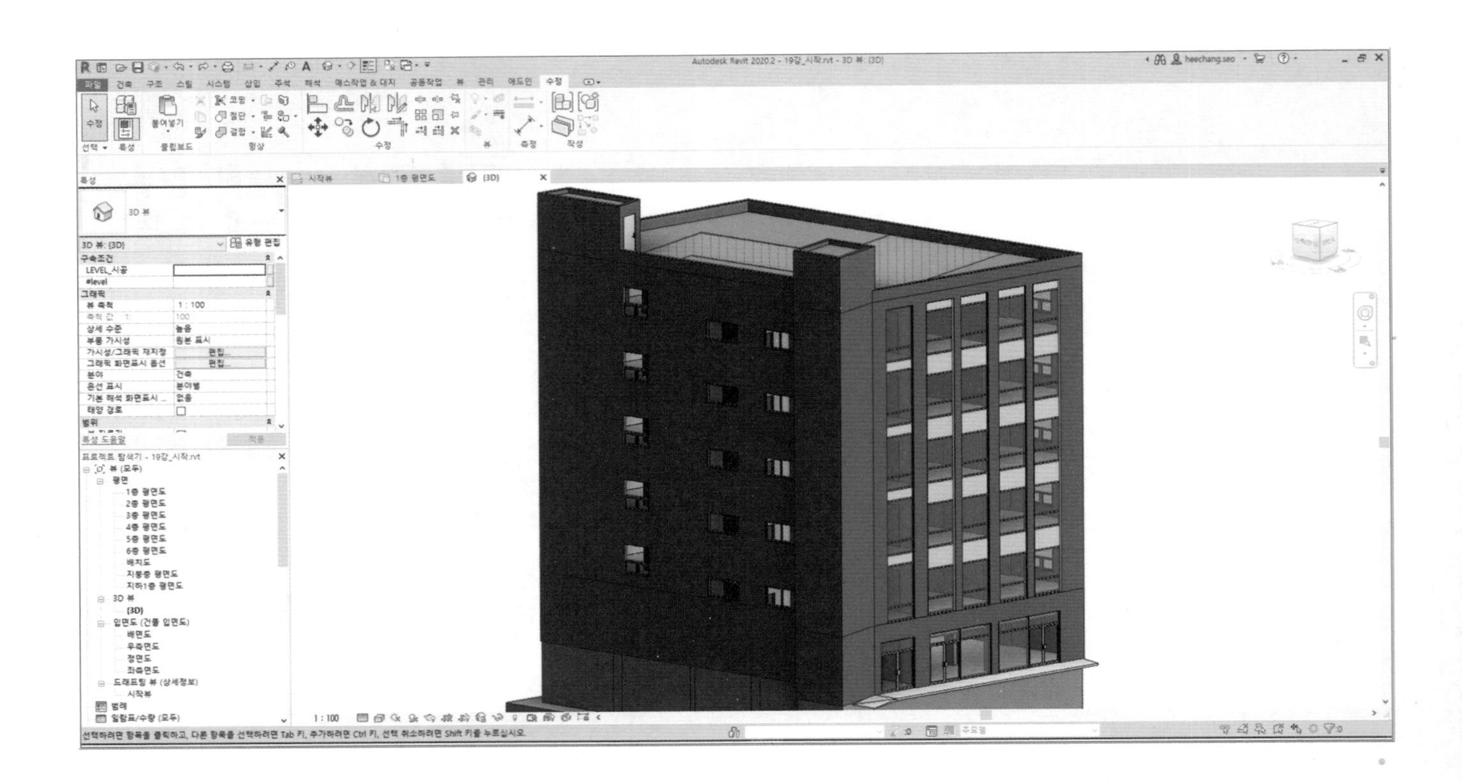

POINT

- 커튼월 작성하기
- 외벽 마감 작성하기

chapter 01 조달청 기준 유형 및 코드 소개

1 조달청 BIM 지침서 부속서에 따르면, 부위객체 부재명 및 라이브러리명의 형식은 다음과 같습니다. 본 강에서는 벽체, 커튼월 부재명 작성방법을 참고하시기 바랍니다.

> **Tip**
>
> **템플릿 설정**
>
> 옵션 → 파일위치에서 기본 템플릿 파일을 변경하면, 사용자가 원하는 설정값이 저장되어 있는 기본 템플릿을 활용하여 프로젝트를 시작할 수 있습니다.

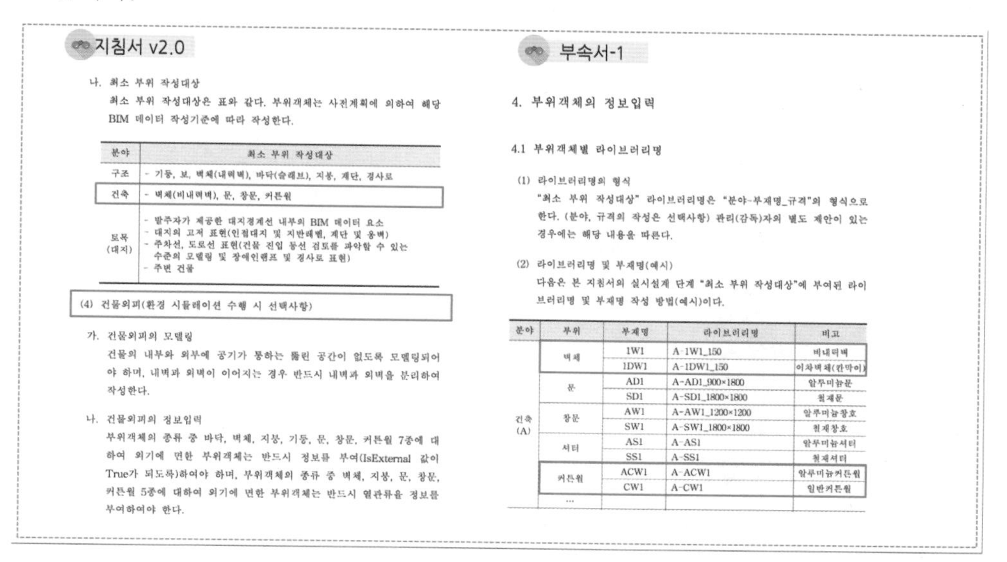

지침서 v2.0

나. 최소 부위 작성대상

최소 부위 작성대상은 표와 같다. 부위객체는 사전계획에 의하여 해당 BIM 데이터 작성기준에 따라 작성한다.

분야	최소 부위 작성대상
구조	- 기둥, 보, 벽체(내력벽), 바닥(슬래브), 지붕, 계단, 경사로
건축	- 벽체(비내력벽), 문, 창문, 커튼월
토목(대지)	- 발주자가 제공한 대지경계선 내부의 BIM 데이터 요소 - 대지의 고저 표현(인접대지 및 지반레벨, 계단 및 옹벽) - 주차선, 도로선 표현(건물 진입 동선 검토를 파악할 수 있는 수준의 모델링 및 장애인램프 및 경사로 표현) - 주변 건물

(4) 건물외피(환경 시뮬레이션 수행 시 선택사항)

가. 건물외피의 모델링

건물의 내부와 외부에 공기가 통하는 뚫린 공간이 없도록 모델링되어야 하며, 내벽과 외벽이 이어지는 경우 반드시 내벽과 외벽을 분리하여 작성한다.

나. 건물외피의 정보입력

부위객체의 종류 중 바닥, 벽체, 지붕, 기둥, 문, 창문, 커튼월 7종에 대하여 외기에 면한 부위객체는 반드시 정보를 부여(IsExternal 값이 True가 되도록)하여야 하며, 부위객체의 종류 중 벽체, 지붕, 문, 창문, 커튼월 5종에 대하여 외기에 면한 부위객체는 반드시 열관류율 정보를 부여하여야 한다.

부속서-1

4. 부위객체의 정보입력

4.1 부위객체별 라이브러리명

(1) 라이브러리명의 형식

"최소 부위 작성대상" 라이브러리명은 "분야-부재명_규격"의 형식으로 한다. (분야, 규격의 작성은 선택사항) 관리(감독)자의 별도 제안이 있는 경우에는 해당 내용을 따른다.

(2) 라이브러리명 및 부재명(예시)

다음은 본 지침서의 실시설계 단계 "최소 부위 작성대상"에 부여된 라이브러리명 및 부재명 작성 방법(예시)이다.

분야	부위	부재명	라이브러리명	비고
건축(A)	벽체	1W1	A-1W1_150	비내력벽
		1DW1	A-1DW1_150	이차벽체(칸막이)
	문	AD1	A-AD1_900×1800	알루미늄문
		SD1	A-SD1_1800×1800	철재문
	창문	AW1	A-AW1_1200×1200	알루미늄창호
		SW1	A-SW1_1800×1800	철재창호
	셔터	AS1	A-AS1	알루미늄셔터
		SS1	A-SS1	철재셔터
	커튼월	ACW1	A-ACW1	알루미늄커튼월
		CW1	A-CW1	일반커튼월
	...			

2 조달청 BIM 지침서에 따르면, 속성 정보에는 부재명, 조달청 표준공사코드, 열관류율(선택)을 입력합니다.

- 조달청 표준공사코드: 부위객체의 유형 매개변수-ID데이터에 프로젝트 매개변수를 추가하여 해당 값을 입력합니다.
- 부재명: 부위객체의 유형 매개변수-ID데이터 탭 "유형 주석"에 해당 값을 입력합니다. (기본 매개변수 "유형 주석"값에 입력합니다.)

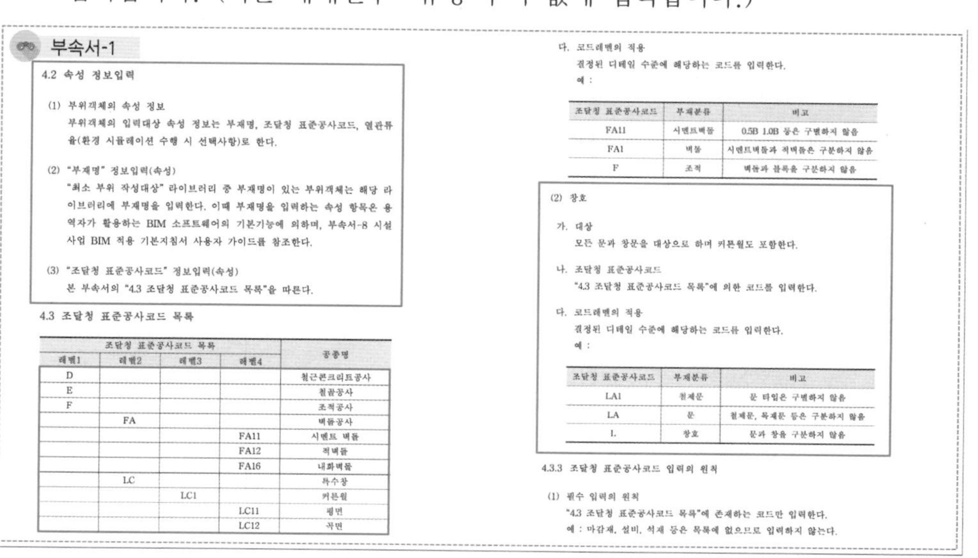

부속서-1

4.2 속성 정보입력

(1) 부위객체의 속성 정보

부위객체의 입력대상 속성 정보는 부재명, 조달청 표준공사코드, 열관류율(환경 시뮬레이션 수행 시 선택사항)로 한다.

(2) "부재명" 정보입력(속성)

"최소 부위 작성대상" 라이브러리 중 부재명이 있는 부위객체는 해당 라이브러리에 부재명을 입력한다. 이때 부재명을 입력하는 속성 항목은 용역자가 활용하는 BIM 소프트웨어의 기본기능에 의하며, 부속서-8 시설사업 BIM 적용 기본지침서 사용자 가이드를 참조한다.

(3) "조달청 표준공사코드" 정보입력(속성)

본 부속서의 "4.3 조달청 표준공사코드 목록"을 따른다.

4.3 조달청 표준공사코드 목록

조달청 표준공사코드 목록				공종명
레벨1	레벨2	레벨3	레벨4	
D				철근콘크리트공사
E				철골공사
F				조적공사
	FA			벽돌공사
			FA11	시멘트 벽돌
			FA12	적벽돌
			FA16	내화벽돌
	LC			목수창
		LC1		커튼월
			LC11	평면
			LC12	곡면

다. 코드레벨의 적용

결정된 디테일 수준에 해당하는 코드를 입력한다.

예 :

조달청 표준공사코드	부재분류	비고
FA11	시멘트벽돌	0.5B 1.0B 등은 구별하지 않음
FA1	벽돌	시멘트벽돌과 적벽돌은 구분하지 않음
F	조적	벽돌과 블록을 구분하지 않음

(2) 창호

가. 대상

모든 문과 창문을 대상으로 하며 커튼월도 포함한다.

나. 조달청 표준공사코드

"4.3 조달청 표준공사코드 목록"에 의한 코드를 입력한다.

다. 코드레벨의 적용

결정된 디테일 수준에 해당하는 코드를 입력한다.

예 :

조달청 표준공사코드	부재분류	비고
LA1	철재문	문 타입은 구별하지 않음
LA	문	철재문, 목재문 등은 구분하지 않음
L	창호	문과 창을 구분하지 않음

4.3.3 조달청 표준공사코드 입력의 원칙

(1) 필수 입력의 원칙

"4.3 조달청 표준공사코드 목록"에 존재하는 코드만 입력한다.

예 : 마감재, 설비, 석재 등은 목록에 없으므로 입력하지 않는다.

chapter 02

커튼월 작성

1 Revit을 실행합니다.
모델 창 [열기] 클릭 ➡ ₩예제파일₩19강₩19강_시작.rvt를 선택하고 [열기]를 클릭합니다.

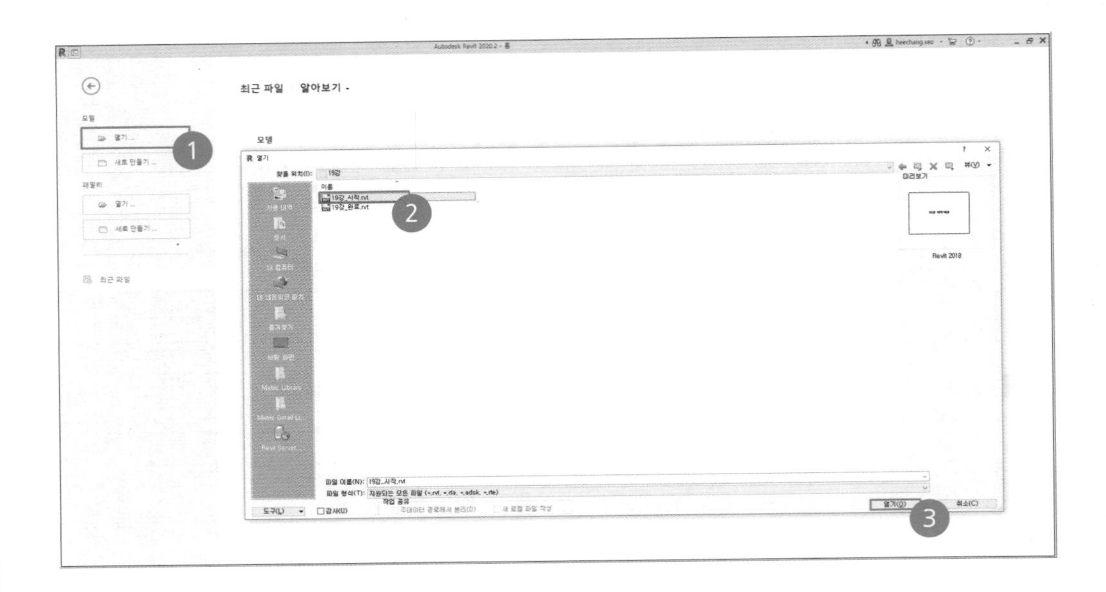

2 '1층 평면도' 에서 [건축] ➡ [벽]을 클릭합니다. '커튼월 : A-ACW1' 유형을 선택하고 [유형 편집]을 클릭합니다. '조달청표준공사코드' 에 'LC11' 을 입력하고 [복제]를 클릭합니다.

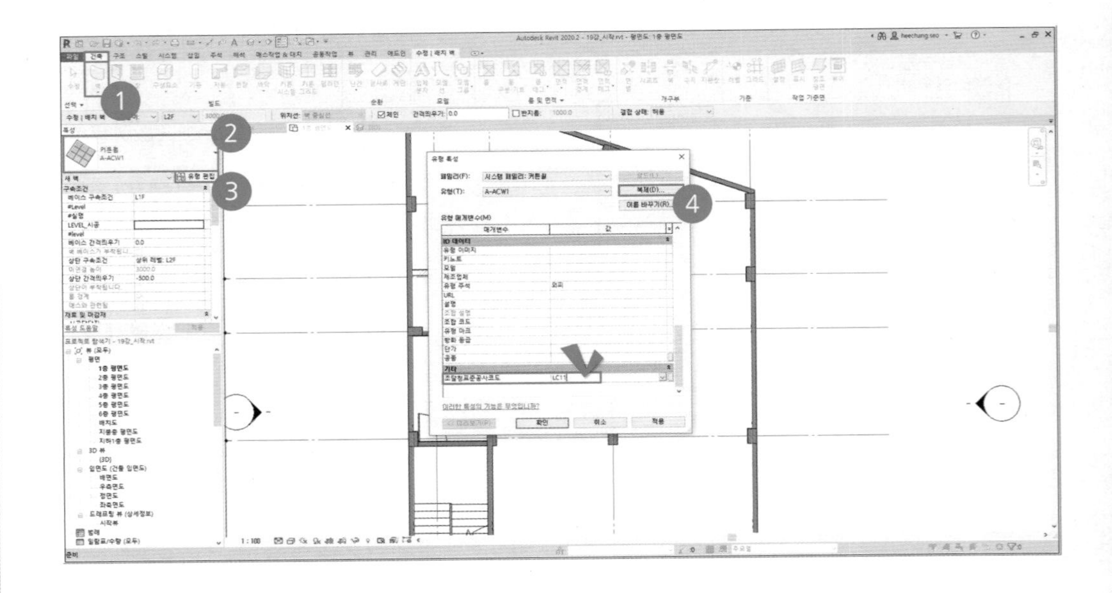

3 '이름 : A-ACW5' 를 입력하고 [확인]을 클릭합니다.

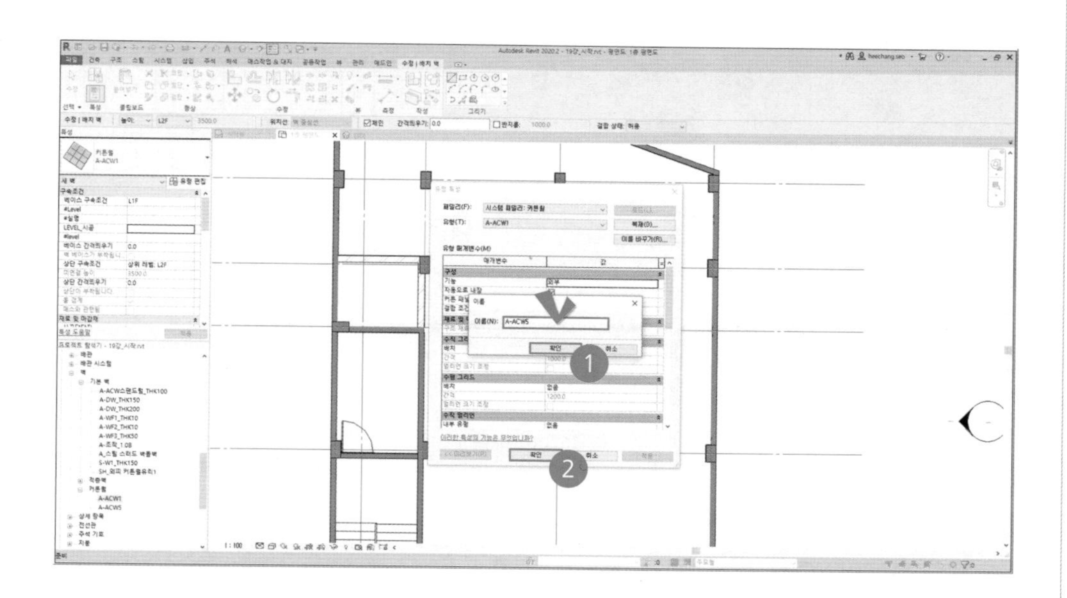

4 커튼월을 '간격띄우기 : 75.0' 으로 아래와 같이 작성합니다.

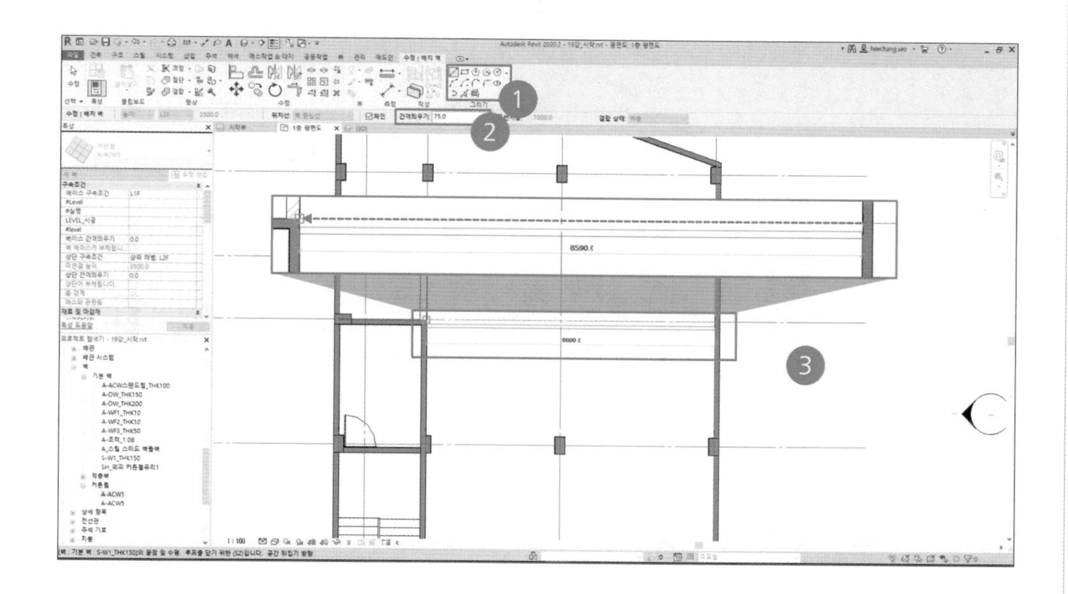

5 [뷰] ➡ [단면도]를 클릭합니다.

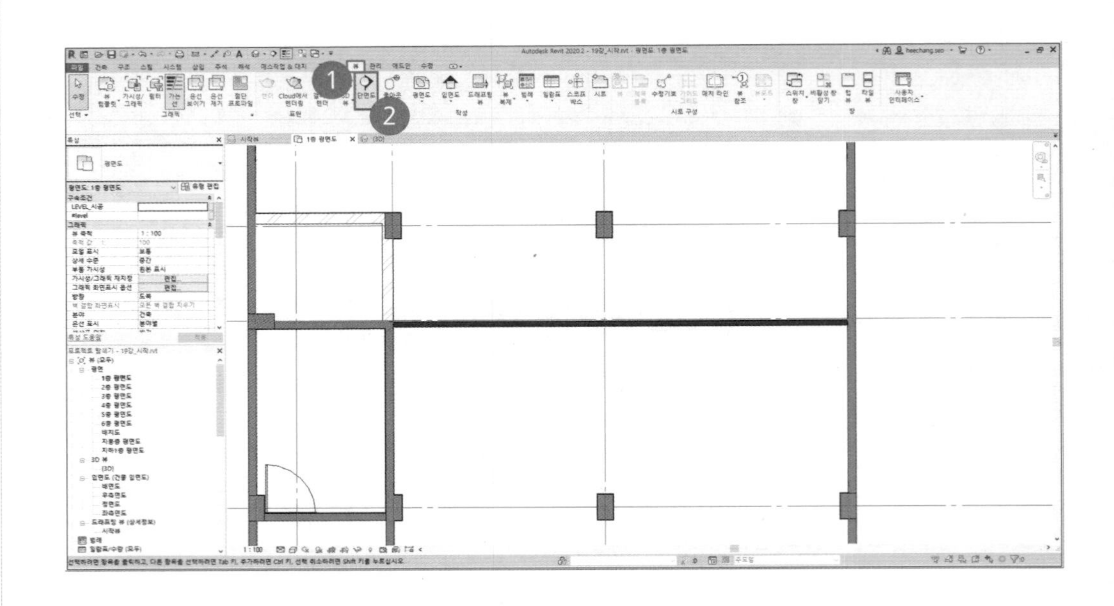

6 아래와 같이 단면도를 생성합니다.

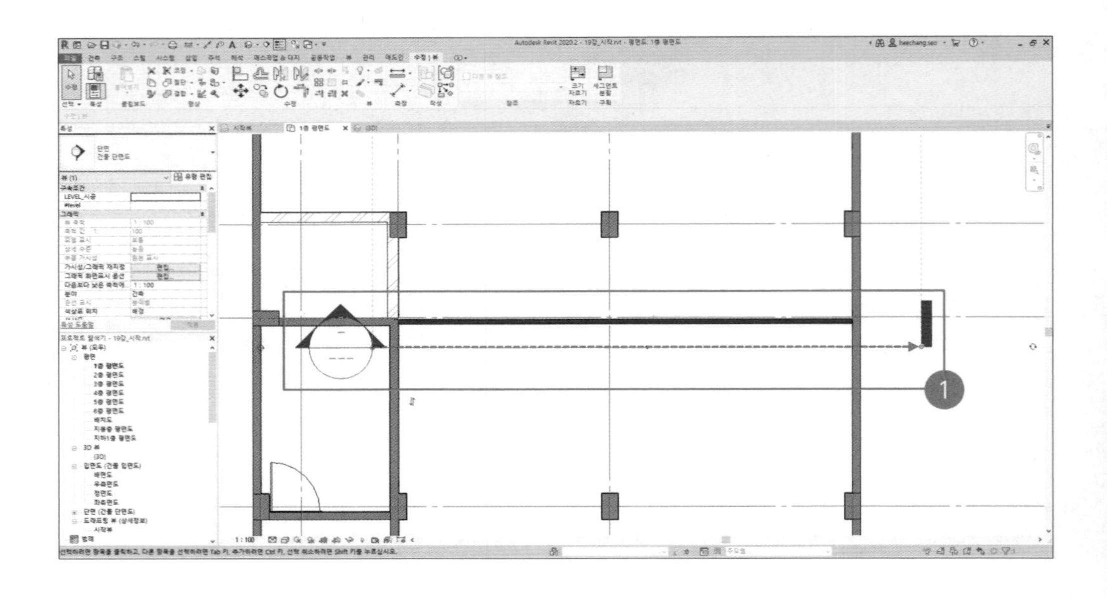

7 생성된 단면도를 우클릭하고 '뷰로 이동'을 클릭합니다.

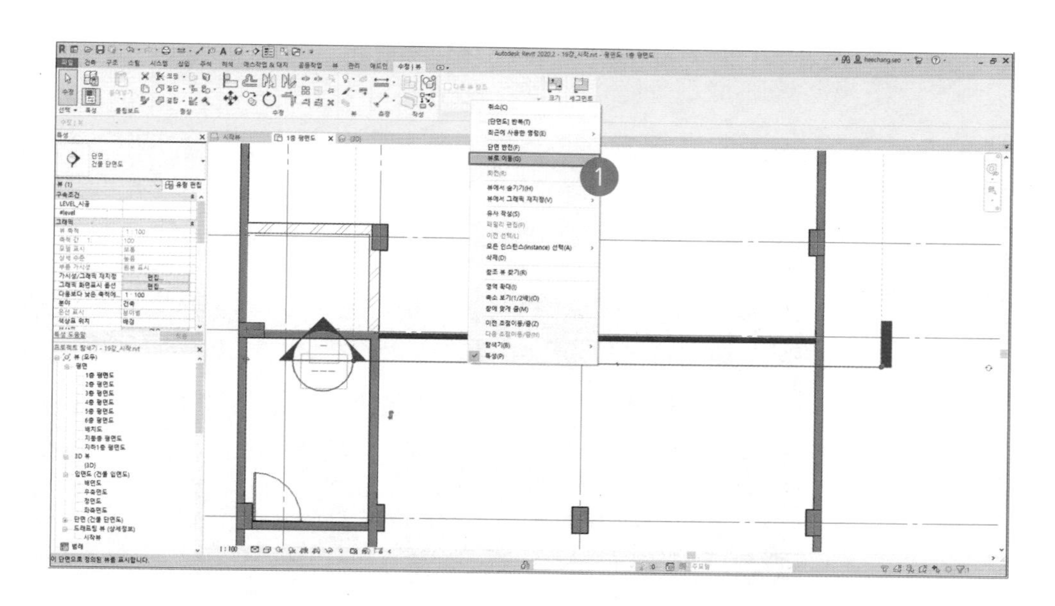

8 '단면도 0' 뷰가 열렸습니다. 용이한 작업을 위해 '비주얼 스타일 : 색상 일치'로 설정합니다.

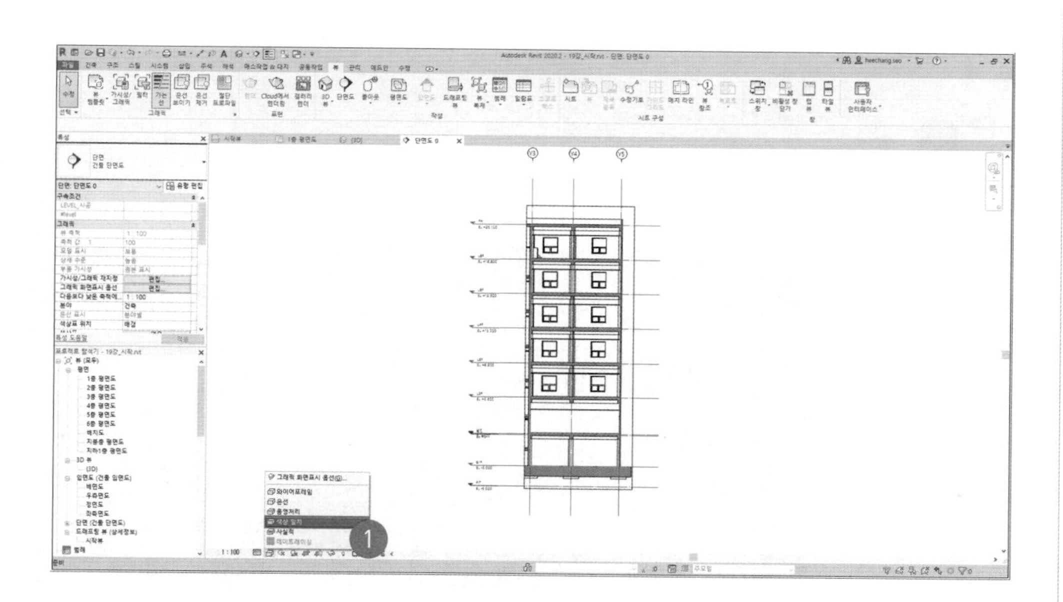

9 생성된 커튼월 선택 하여 레벨을 설정합니다.

베이스 구속조건 : L1F / 베이스 간격띄우기 : 100.0

상단 구속조건 : L2F / 상단 간격띄우기 : -1200.0

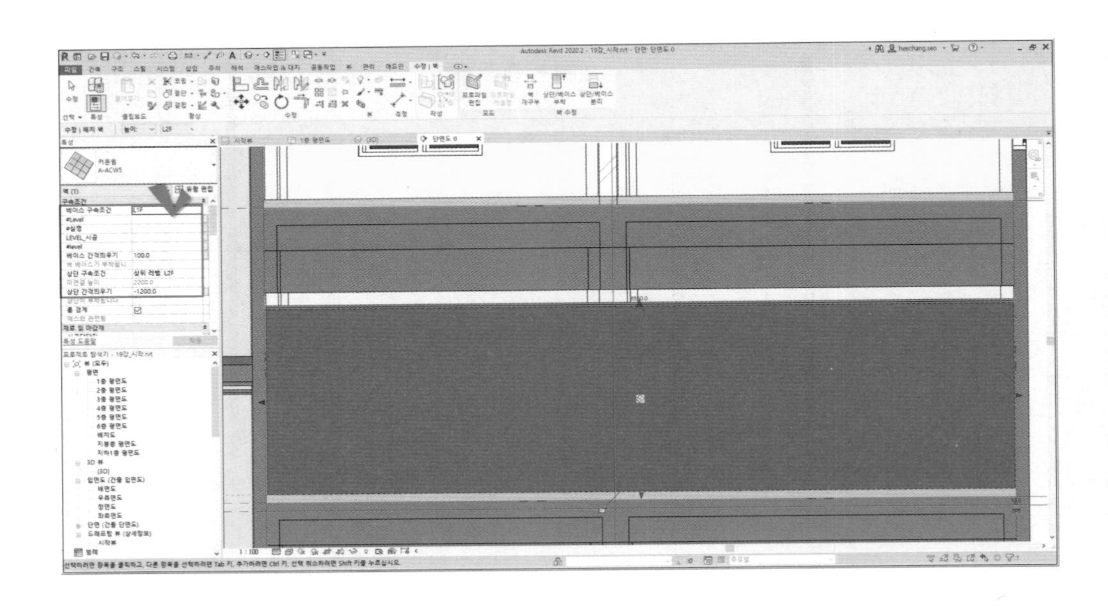

10 [건축] ➡ [커튼 그리드]를 클릭합니다.

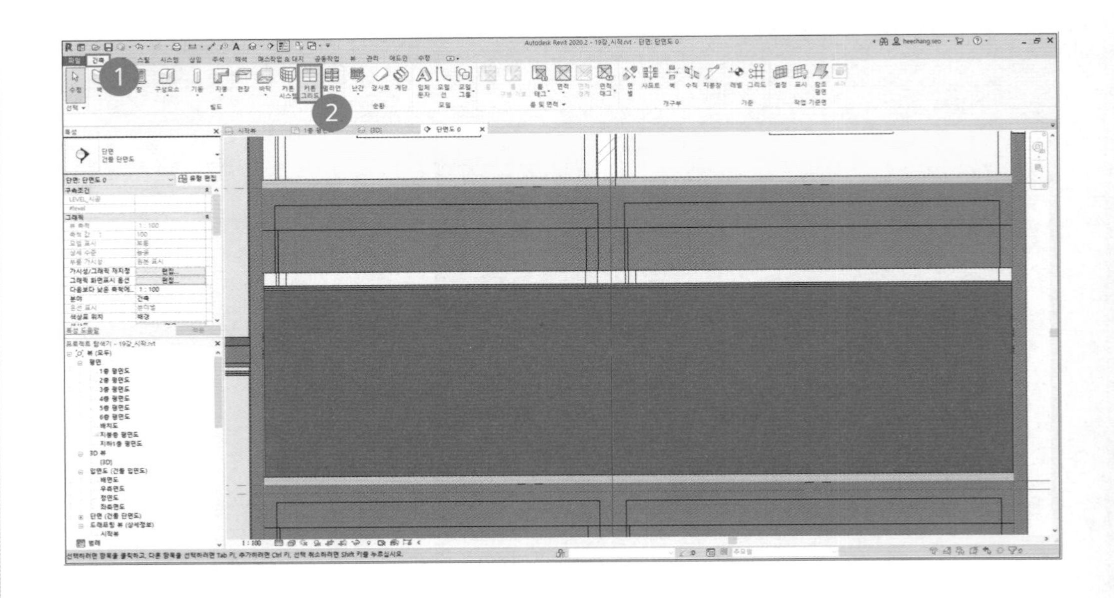

11 아래와 같이 커튼 그리드를 작성합니다.

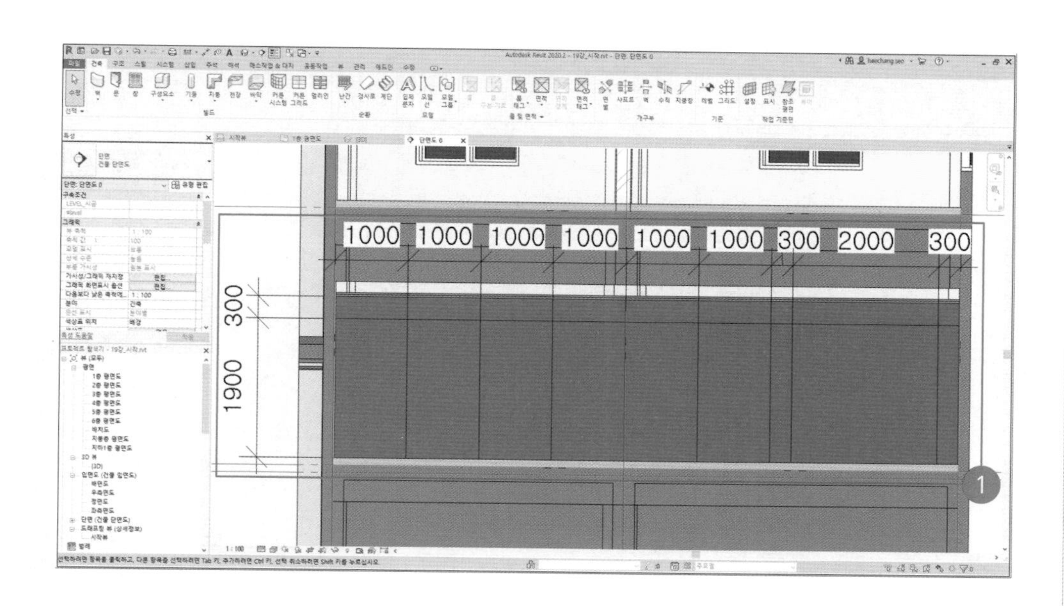

12 [건축] ➡ [멀리언]을 클릭합니다.

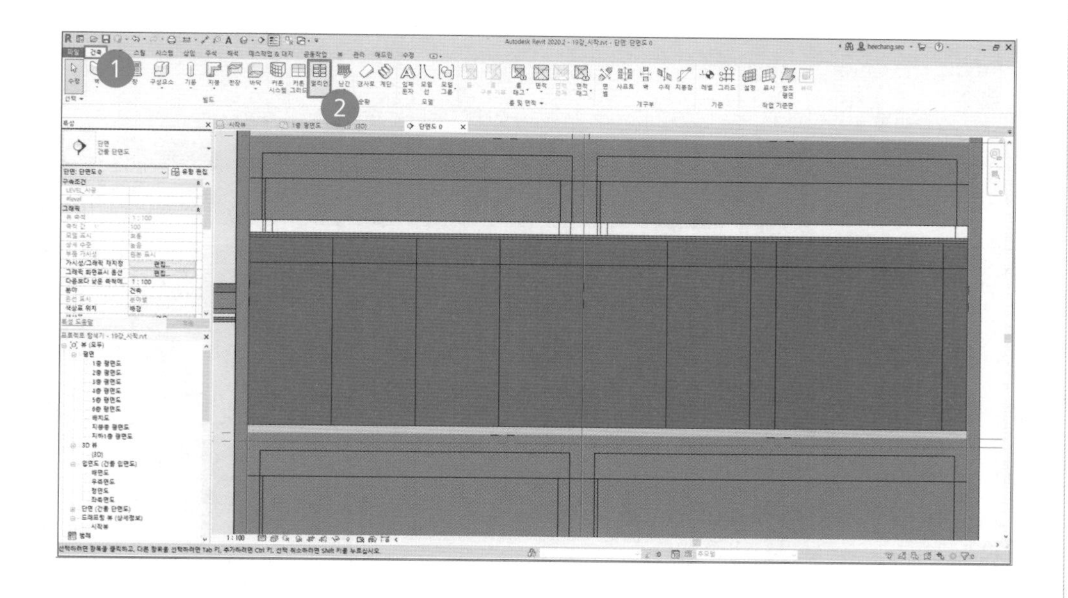

13 [모든 그리드 선]을 선택하고 커튼 그리드를 클릭하여 멀리언을 생성합니다.

14 도어를 작성 하기 위해 표시된 위치의 멀리언을 선택하고 삭제합니다.

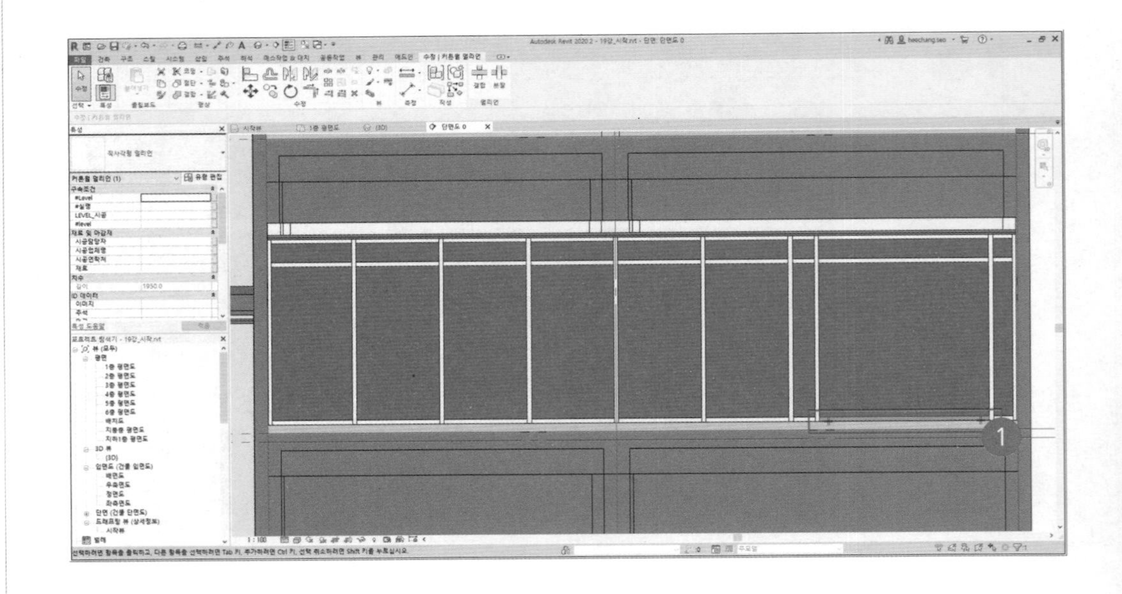

15 [삽입] ➡ [패밀리 로드]를 클릭합니다.
'커튼월-점두-이중.rfa' 를 선택하고 [열기]를 클릭합니다.

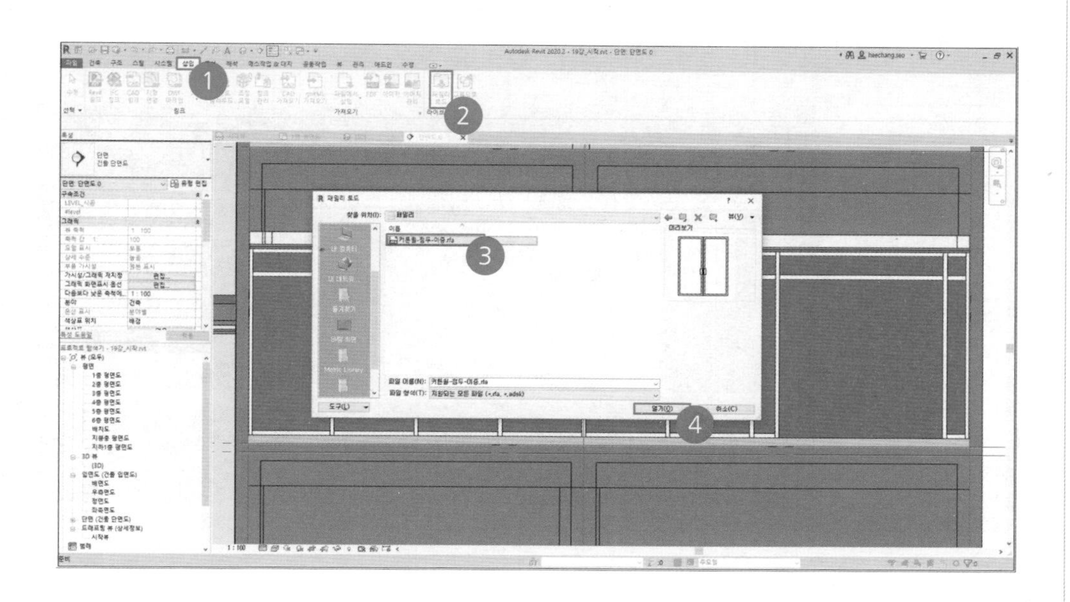

16 표시된 부분의 유리를 선택하고(Tab기능 활용) 고정을 해제합니다. 특성창에서 커튼월 패널의 유형을 '커튼월-점두-이중 : 점두 이중 문' 으로 변경합니다.

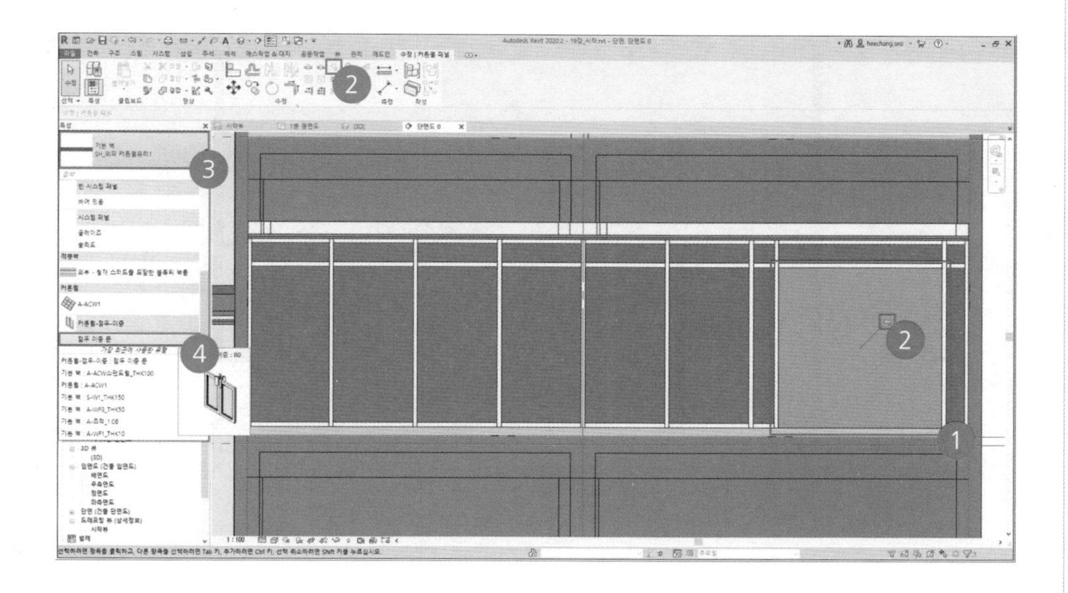

17 아래와 같이 커튼월이 생성되었습니다.

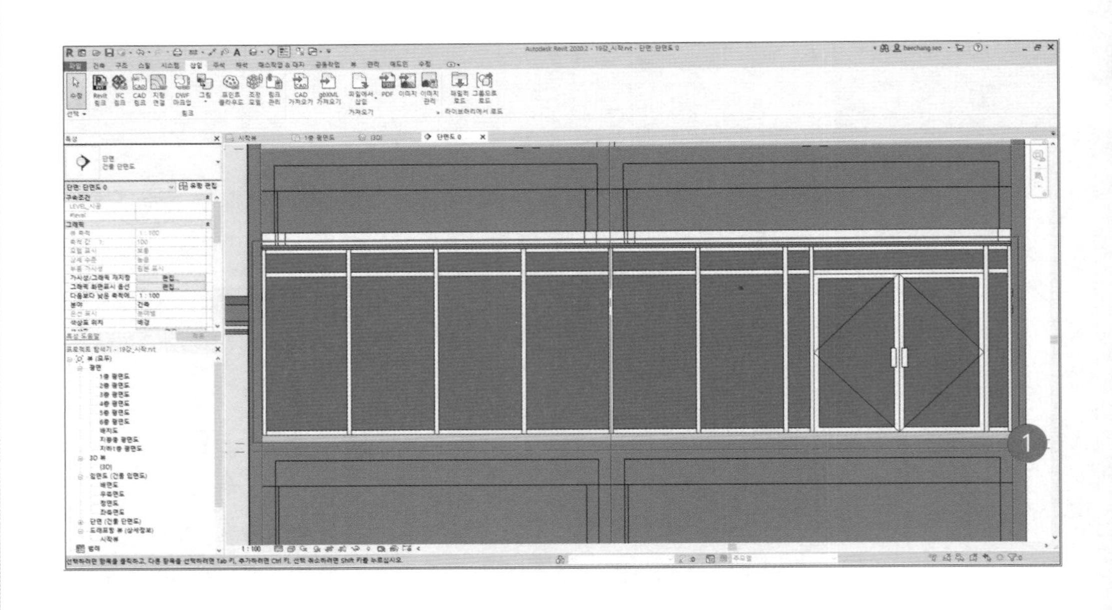

18 불필요한 단면도를 삭제합니다.

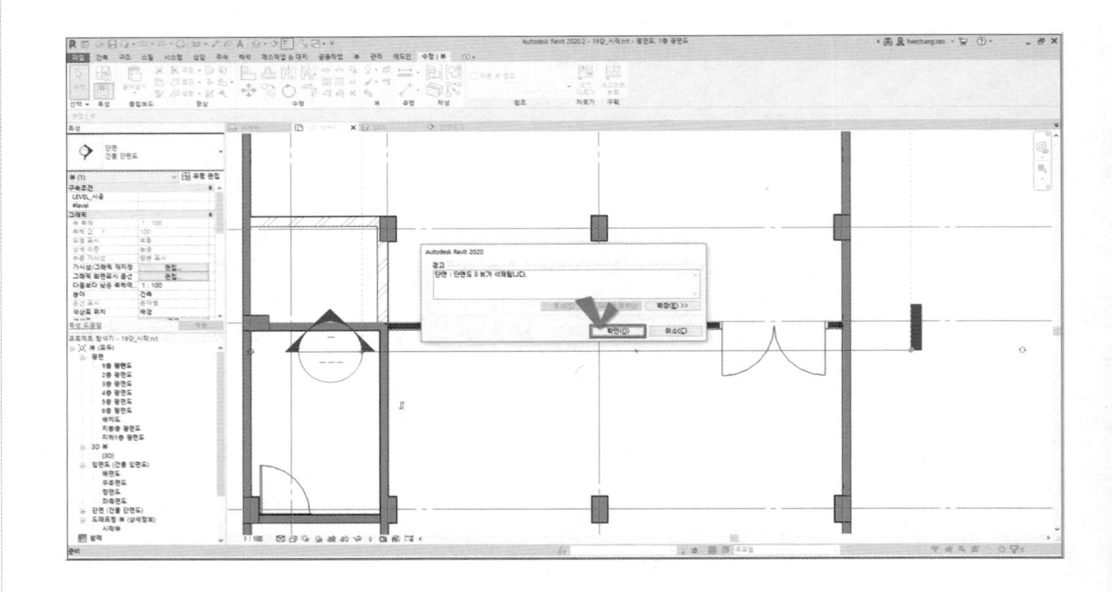

19 커튼월 문의 방향을 수정합니다.

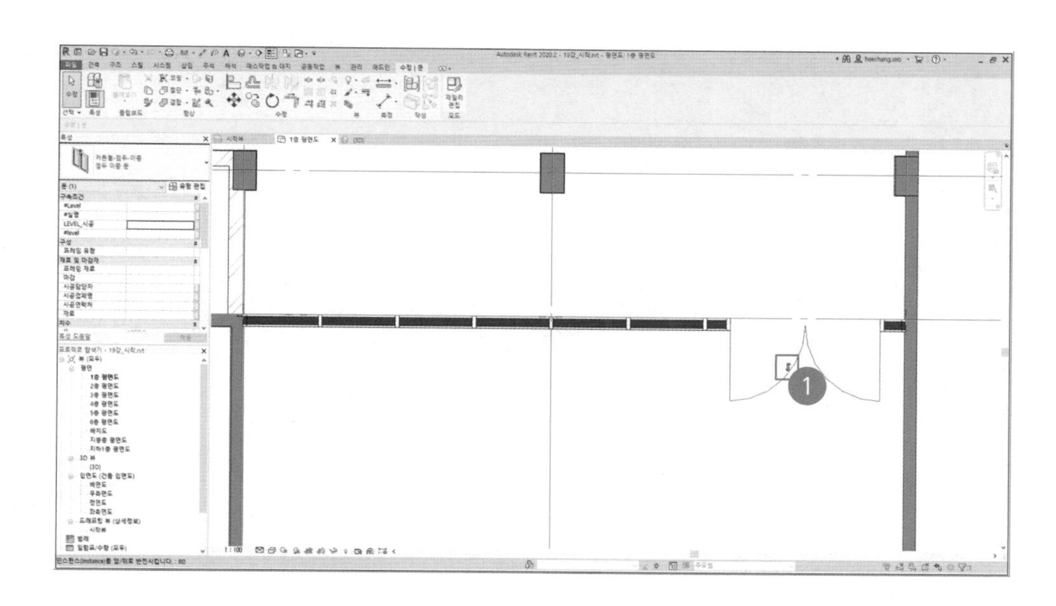

20 아래와 같이 커튼월을 생성했습니다.

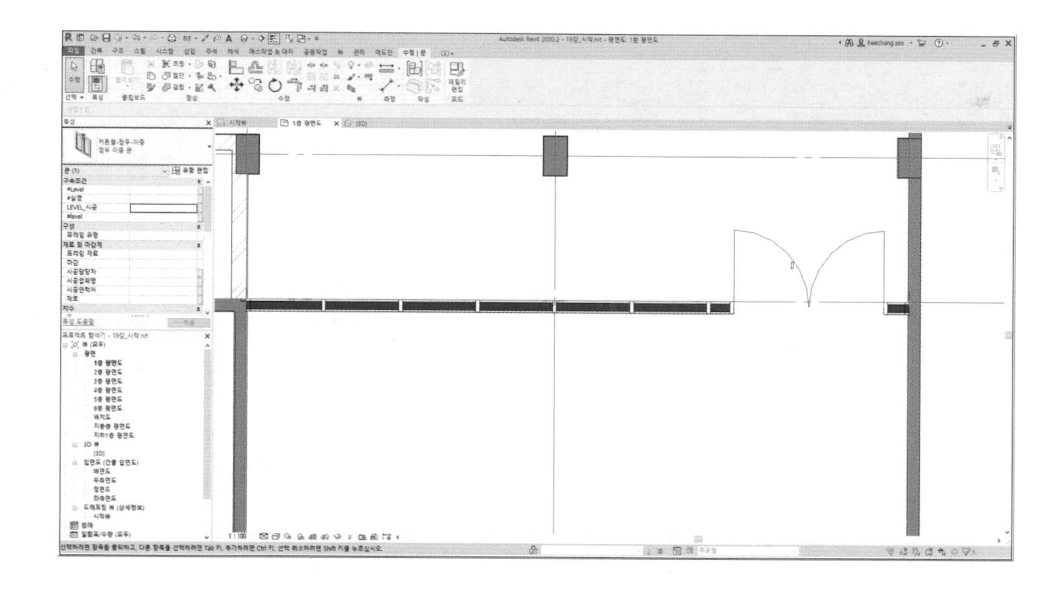

21 '1층 평면도' 에서 [건축] ➡ [벽]을 클릭합니다.

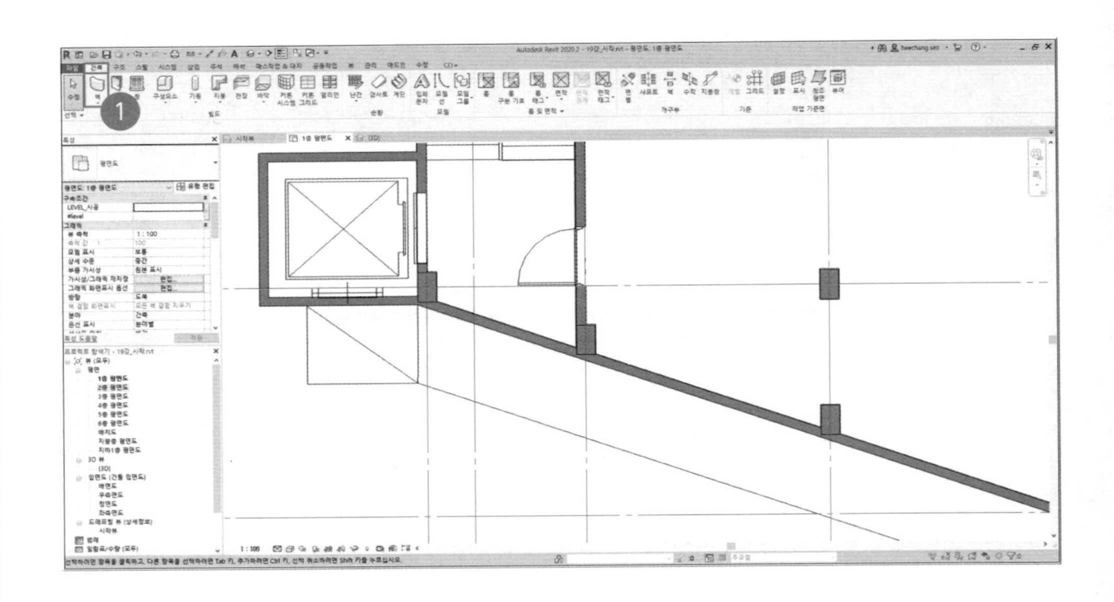

22 [유형편집] ➡ [복제]를 클릭합니다. '이름 : A-ACW2' 를 입력하고 [확인]을 클릭합니다.

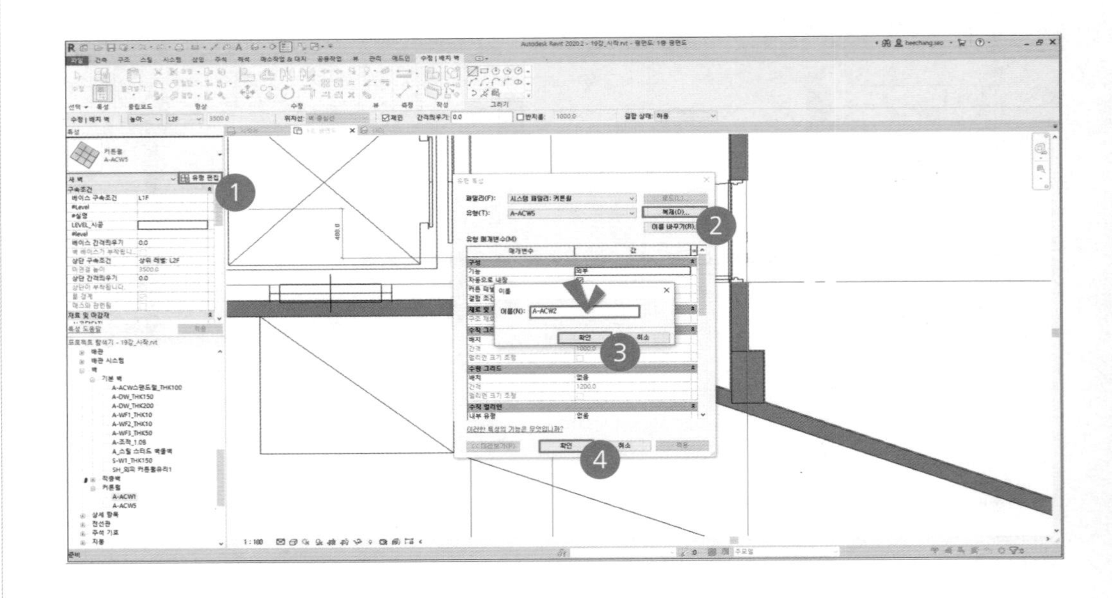

23 아래와 같이 커튼월을 생성합니다.

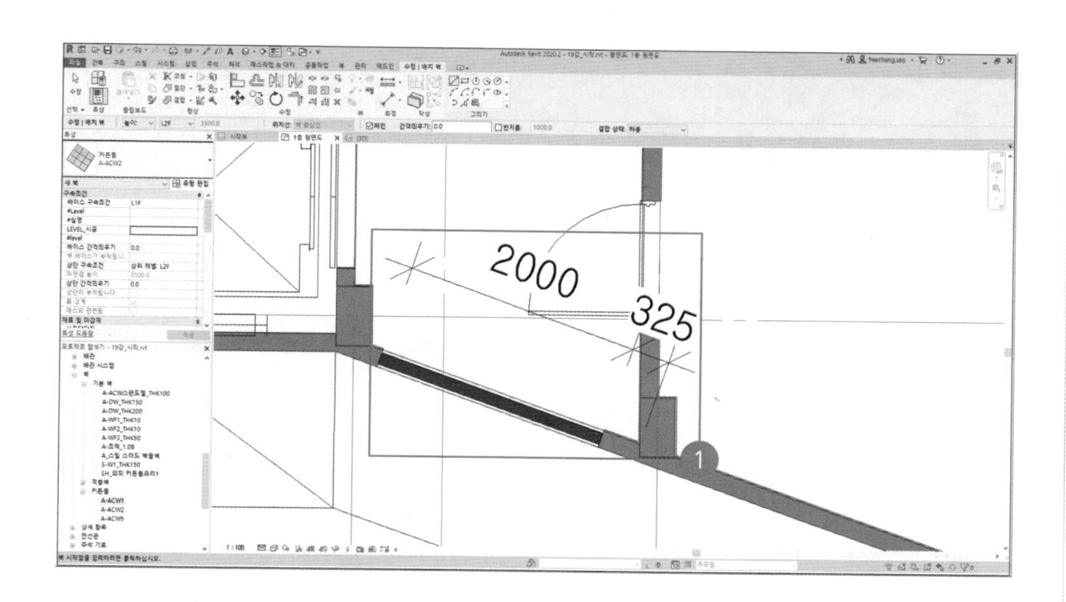

24 [뷰] ➡ [단면도]를 클릭합니다.

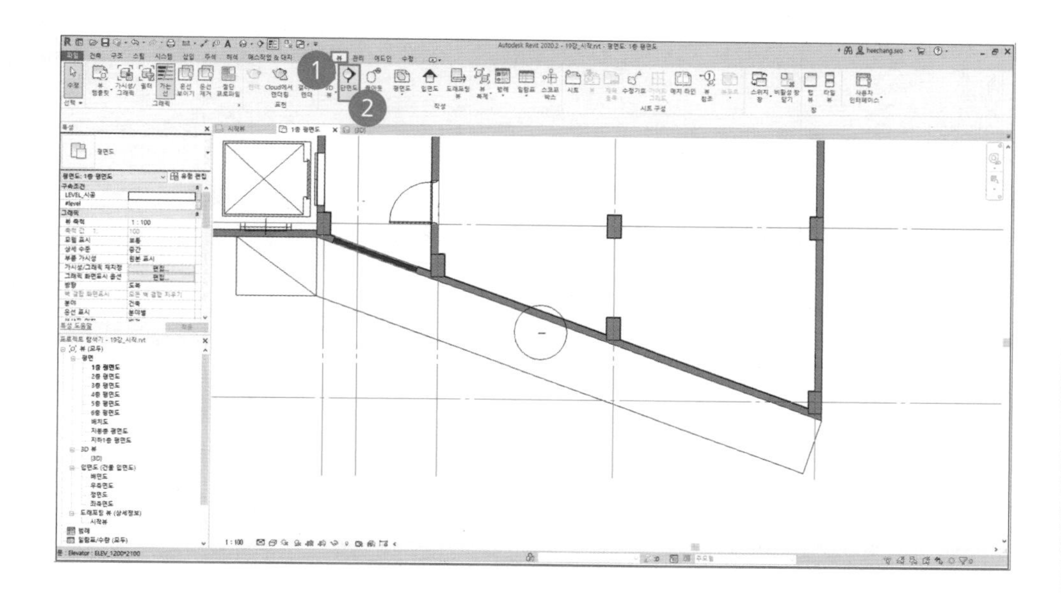

25 아래와 같이 단면도를 생성합니다.

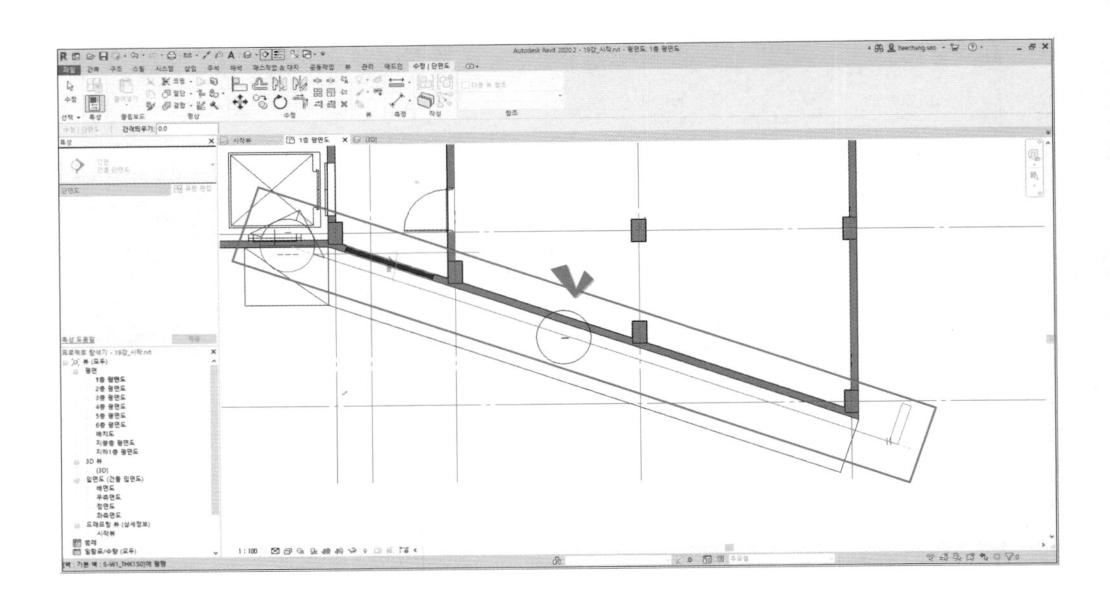

26 생성된 단면도를 우클릭하고 '뷰로 이동'을 클릭합니다.

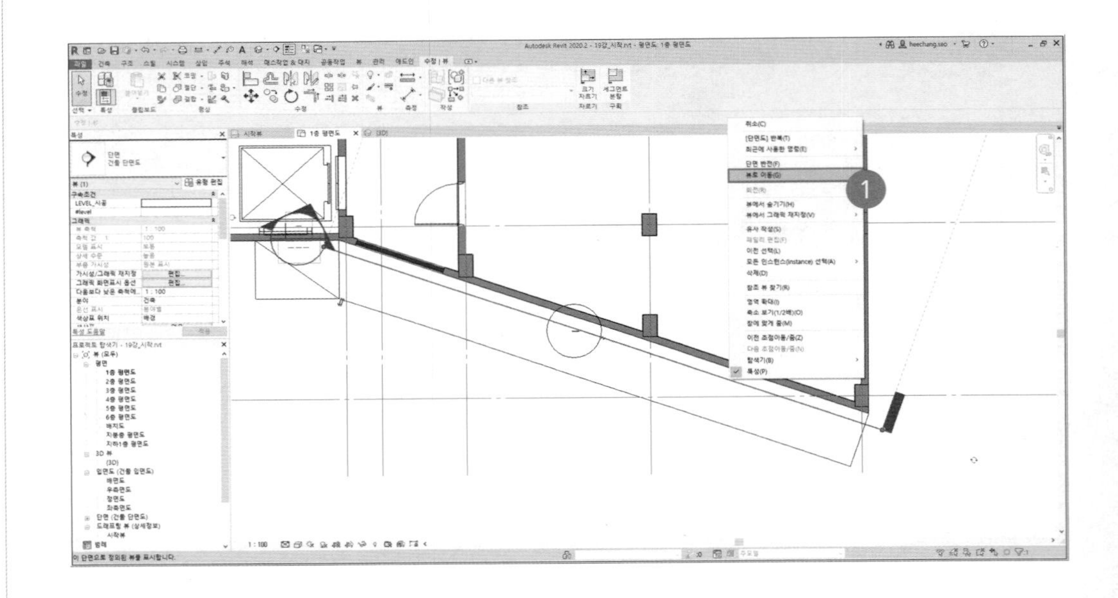

27 '단면도 0' 뷰가 열렸습니다. 용이한 작업을 위해 '비주얼 스타일 : 색상 일치' 로 설정합니다.

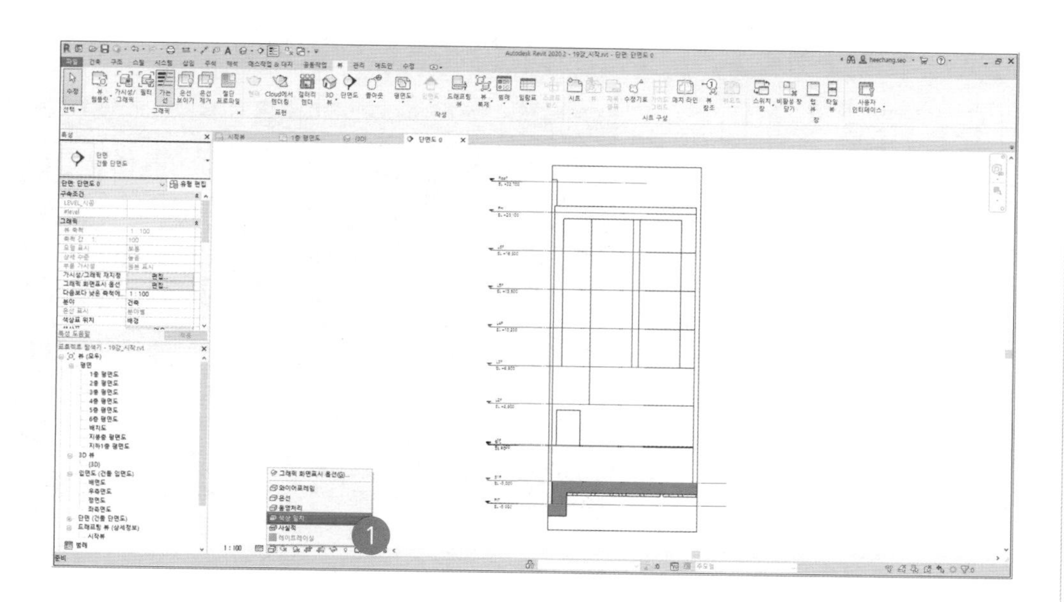

28 생성된 커튼월의 레벨을 설정합니다.
베이스 구속조건 : L1F / 베이스 간격띄우기 : 0
상단 구속조건 : L2F / 상단 간격띄우기 : -900.0

29 [건축] ➡ [커튼 그리드]를 클릭하고 아래와 같이 커튼 그리드를 생성합니다.

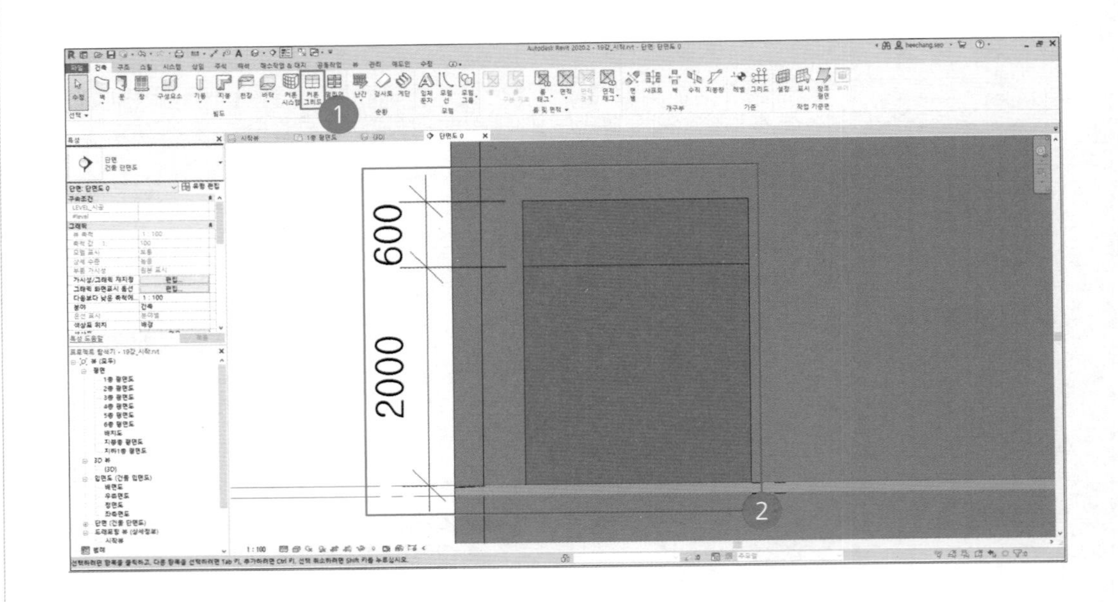

30 [건축] ➡ [멀리언]을 클릭합니다.

31 [모든 그리드 선]을 선택하고 커튼 그리드를 클릭하여 멀리언을 생성합니다.

32 표시된 부분의 커튼월 패널을 선택(Tab기능 활용)하고 고정을 해제합니다. 특성창에서 유형을 '커튼월-점두-이중 : 점두 이중 문' 으로 변경합니다.

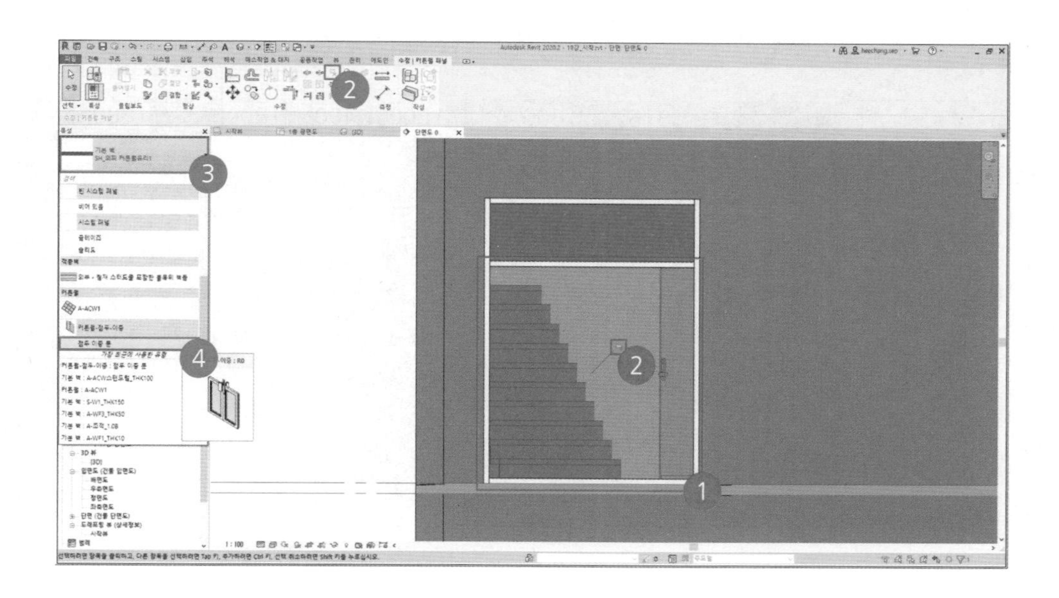

33 커튼월을 작성하였습니다.

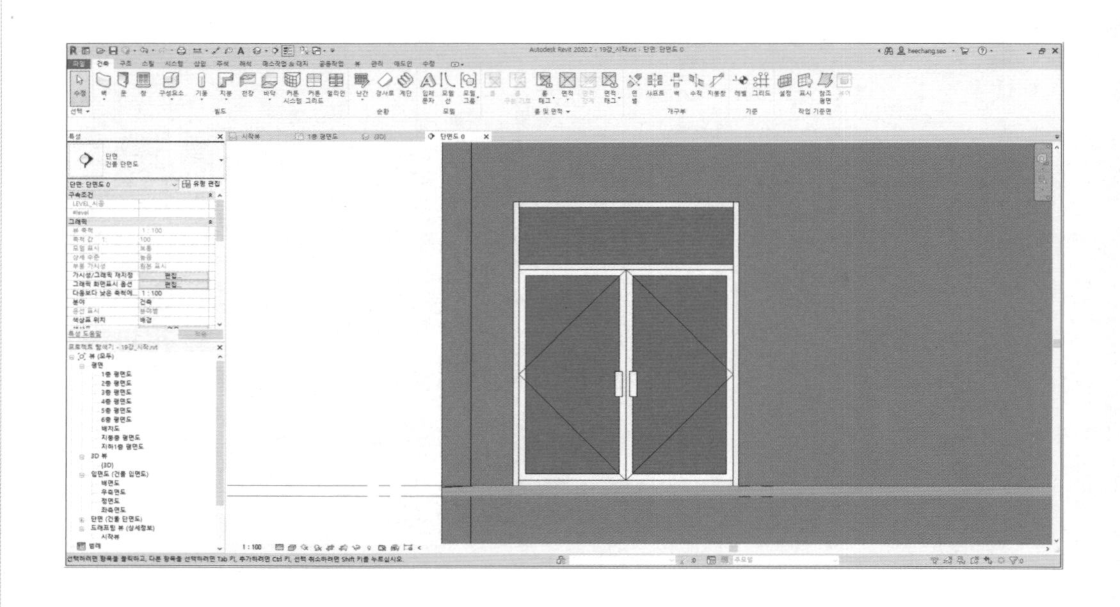

34 아래와 같이 커튼월을 두 개 더 생성합니다.

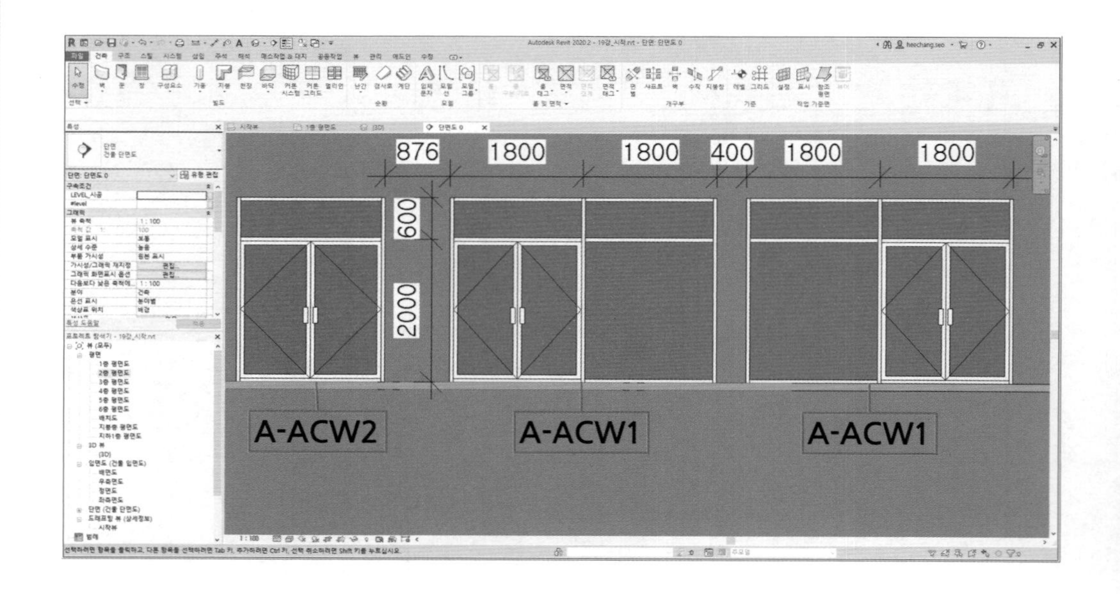

35 [건축] ➡ [벽] ➡ 유형편집 [복제]를 클릭하고 '이름 : A-ACW4'를 입력하고 [확인]을 클릭합니다.

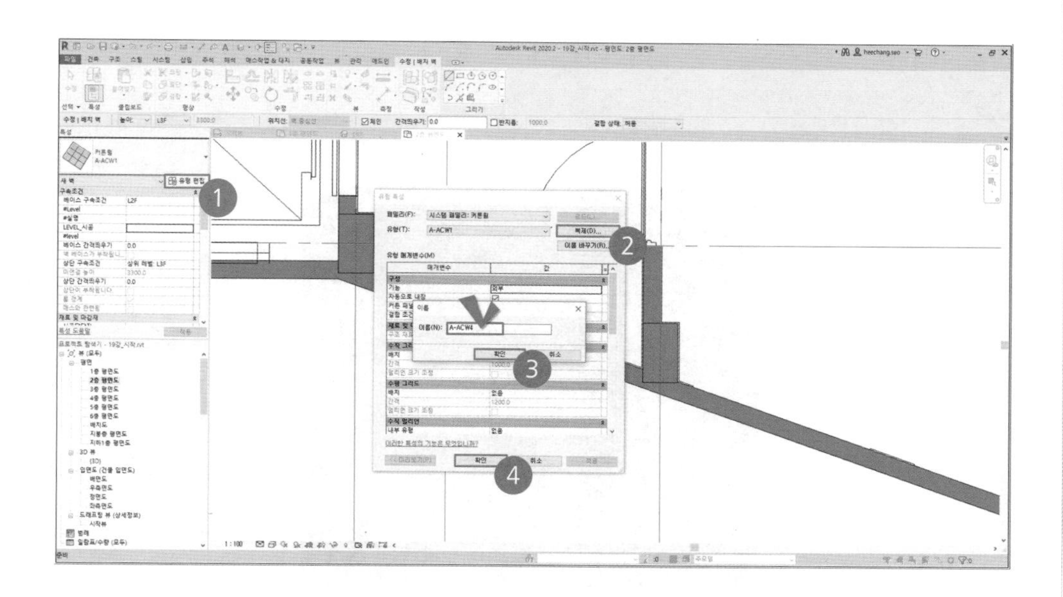

36 '2층 평면도'에서 아래와 같이 커튼월을 생성합니다.

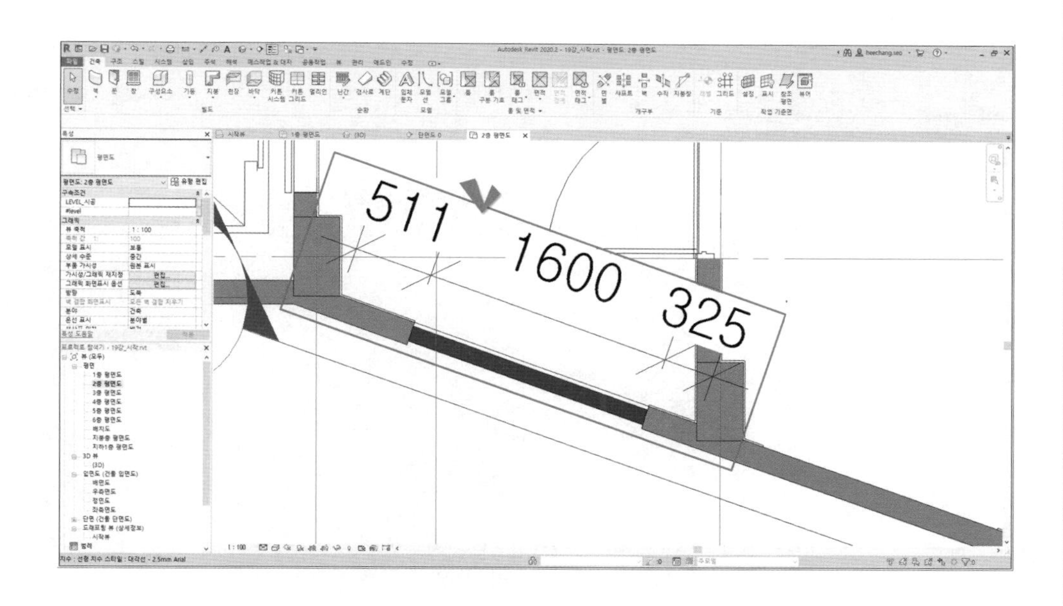

37 생성된 커튼월의 레벨을 설정합니다.

베이스 구속조건 : L2F / 베이스 간격띄우기 : 0.0
상단 구속조건 : PH / 상단 간격띄우기 : -500.0

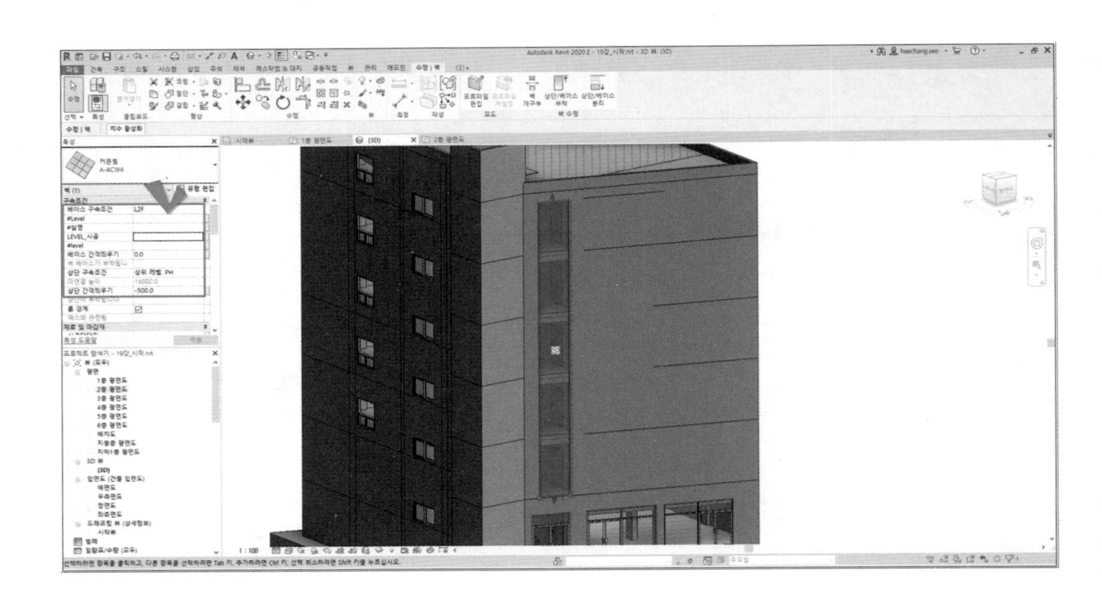

38 [건축] ➡ [커튼 그리드]를 클릭하고 아래와 같이 커튼 그리드를 생성합니다.

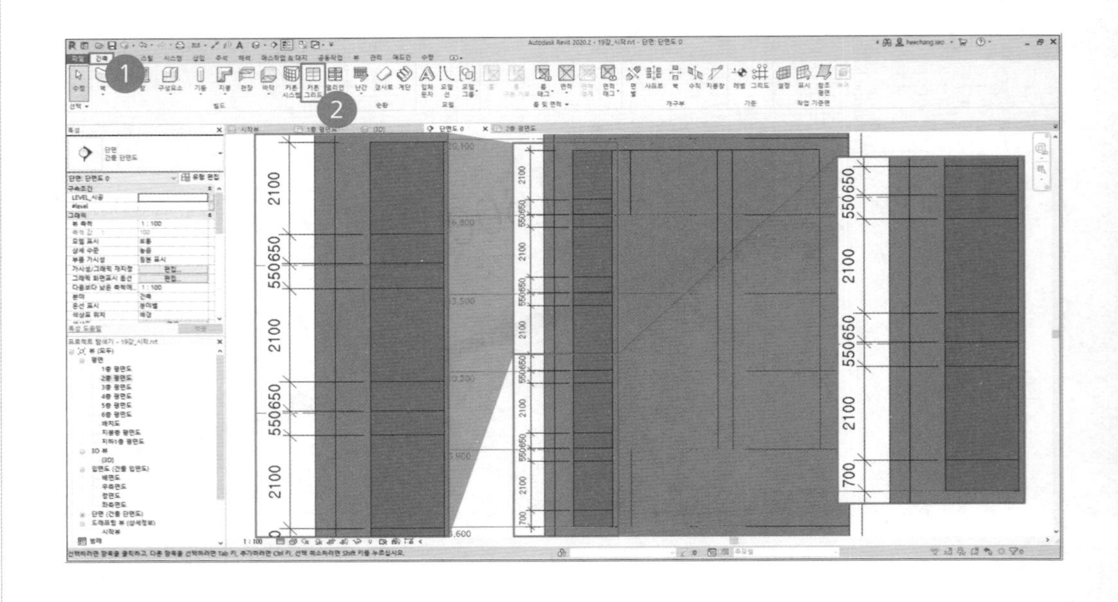

39 [건축] ➡ [멀리언] ➡ [모든 그리드 선]을 클릭하고 커튼 그리드를 클릭하여 멀리언을 생성합니다.

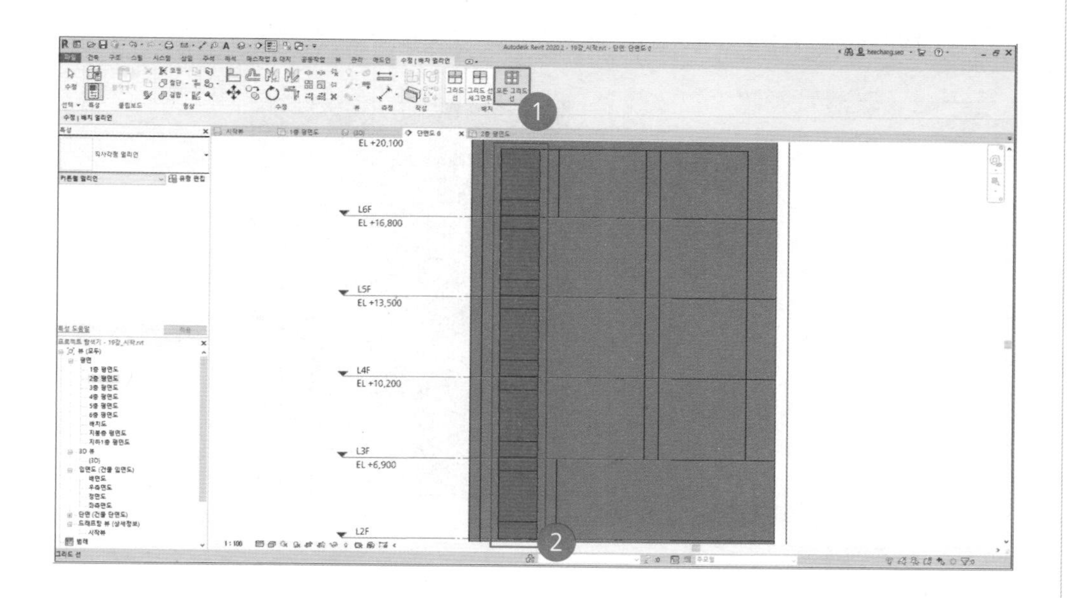

40 표시된 커튼월 패널을 선택하고 고정 해제합니다. [유형 편집]을 클릭하고 유형을 'A-ACW스팬드럴_THK100' 으로 변경하고 [확인]을 클릭합니다.

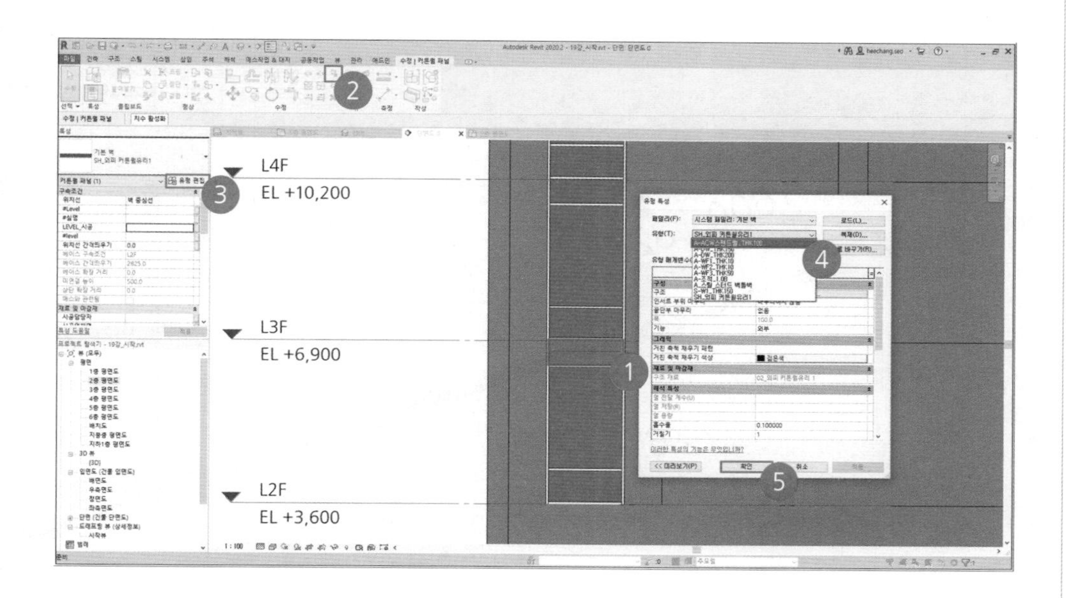

41 같은 방법으로 아래와 같이 패널을 변경합니다.

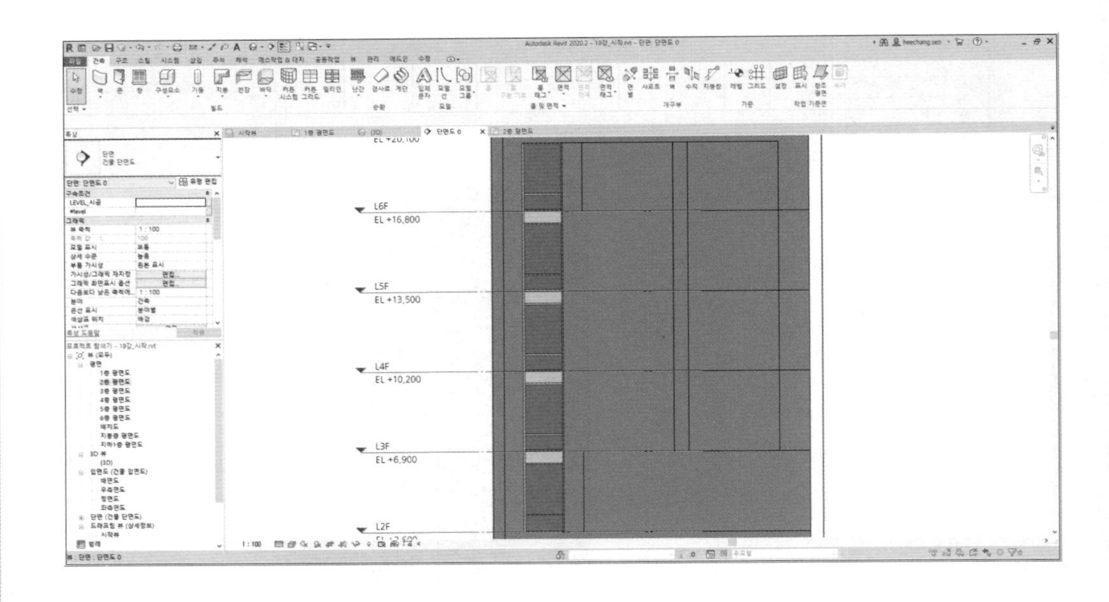

42 '2층 평면도' 에서 아래와 같이 커튼월을 생성합니다.
유형이름 : A-ACW4 (넓이1600×높이16000)
베이스 구속조건 : L2F / 베이스 간격띄우기 : 0.0
상단 구속조건 : PH / 상단 간격띄우기 : -500.0

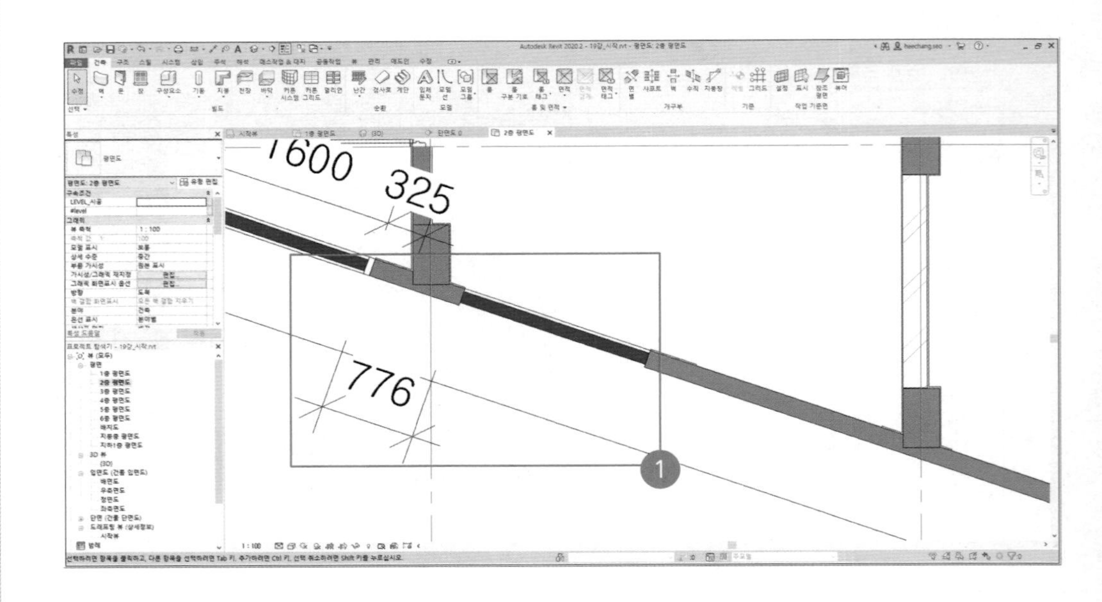

43 커튼 그리드, 멀리언, 커튼월 패널 등을 아래와 같이 생성 및 변경합니다.

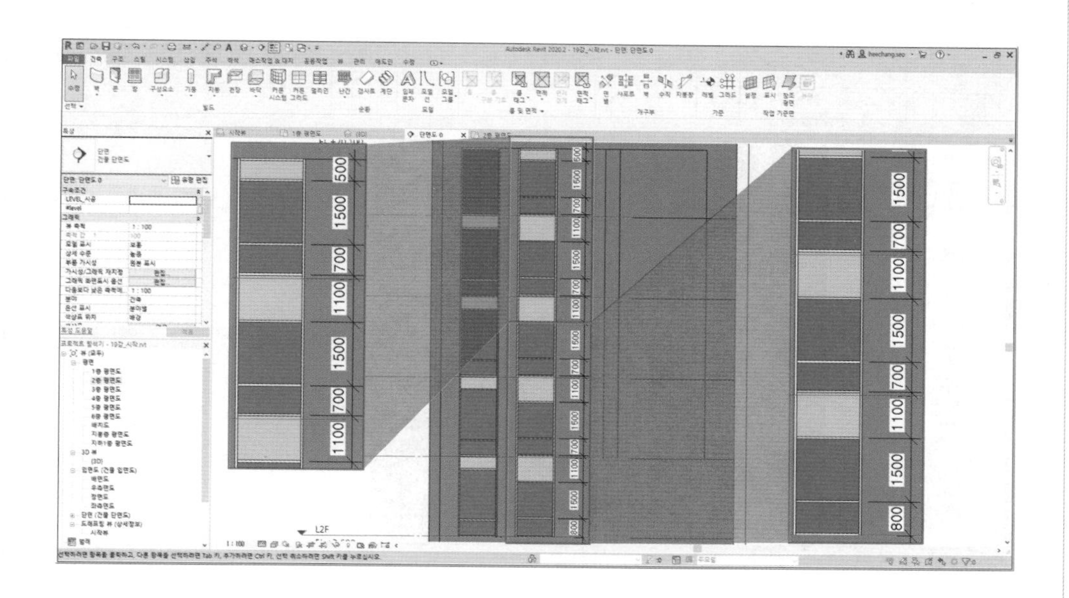

44 생성한 커튼월을 아래와 같이 복사합니다.

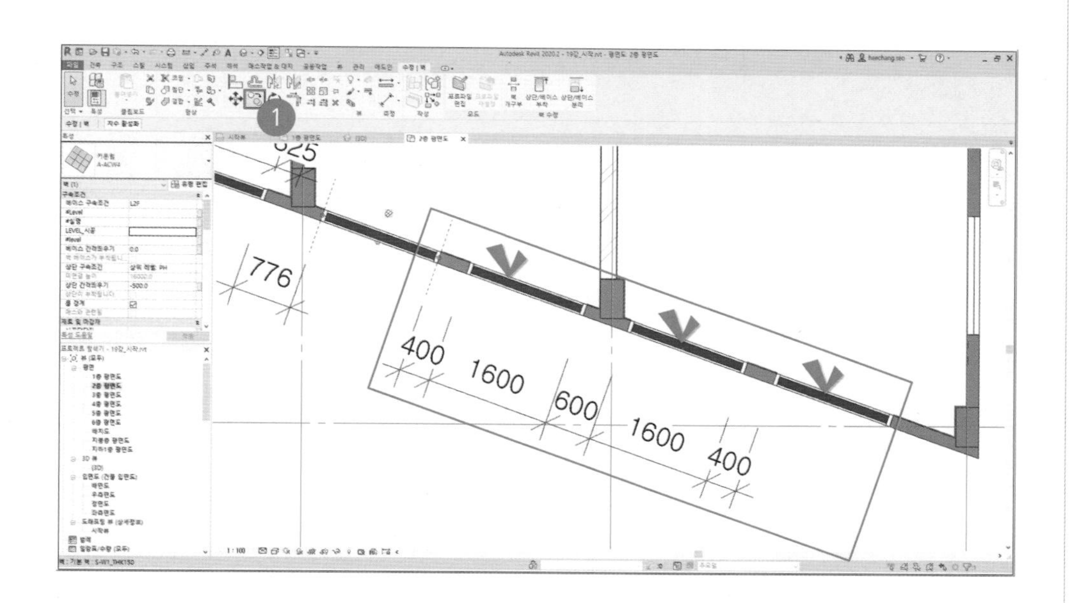

45 생성된 커튼월을 3D뷰에서 확인할 수 있습니다.

chapter 03 외벽 마감 작성

1 '1층 평면도'에서 [건축] ➡ [벽]을 클릭합니다.
특성창에서 'A-WF1_THK10' 유형을 선택합니다.

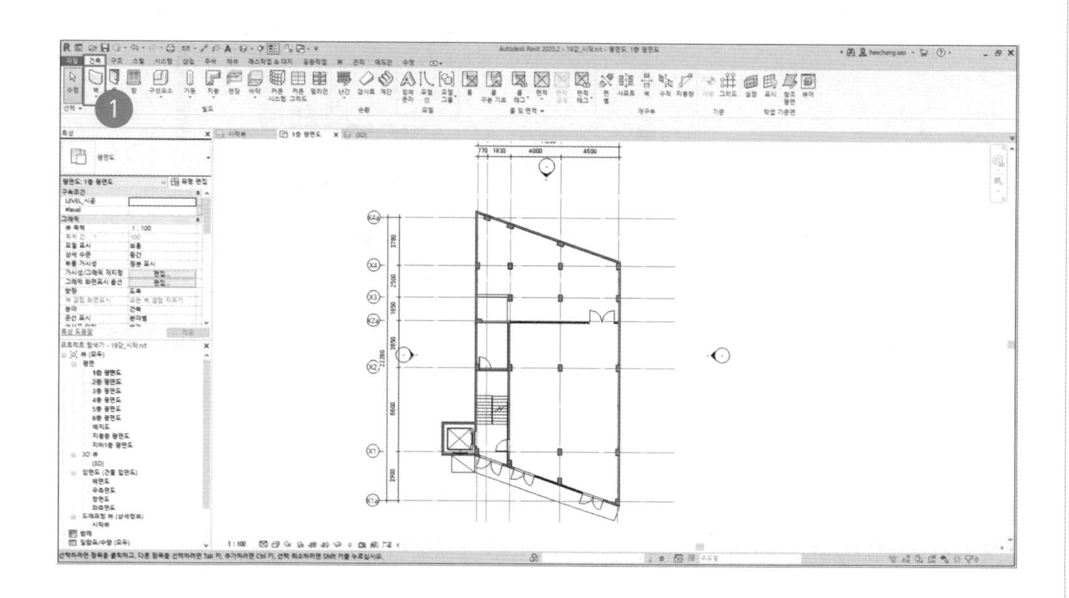

2 [유형 편집] ➡ [복제]를 클릭하고 '이름 : A-WF3_THK50'을 입력한 후 [확인]을 클릭합니다. 그리고 재료 등을 변경하기 위해 [편집]을 클릭합니다.

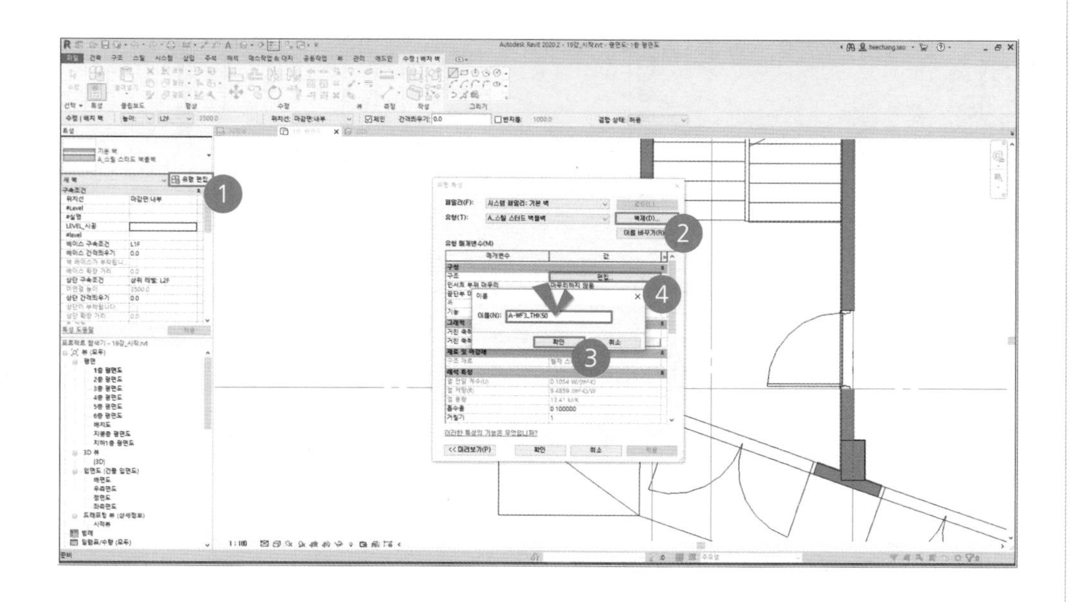

3 재료탐색기를 열어서 재료를 복제하고 'A-WF3' 재료를 생성합니다. 음영 처리의 색상과 패턴을 설정하고 [ID]탭을 클릭합니다.

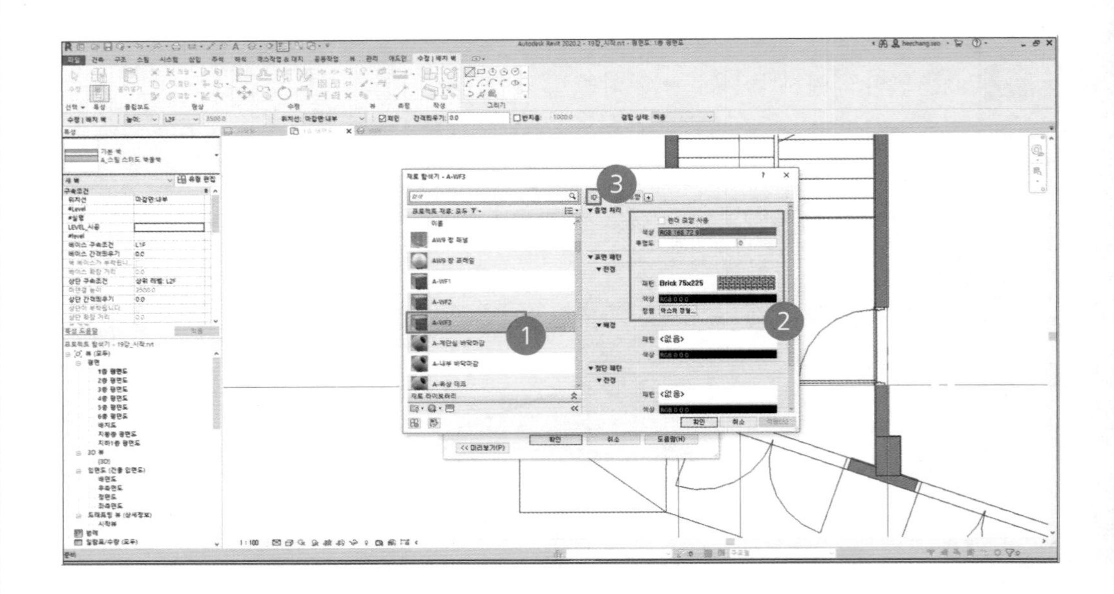

4 '설명 정보' 에 '설명 : 적벽돌' 을 입력하고 [확인]을 클릭합니다.

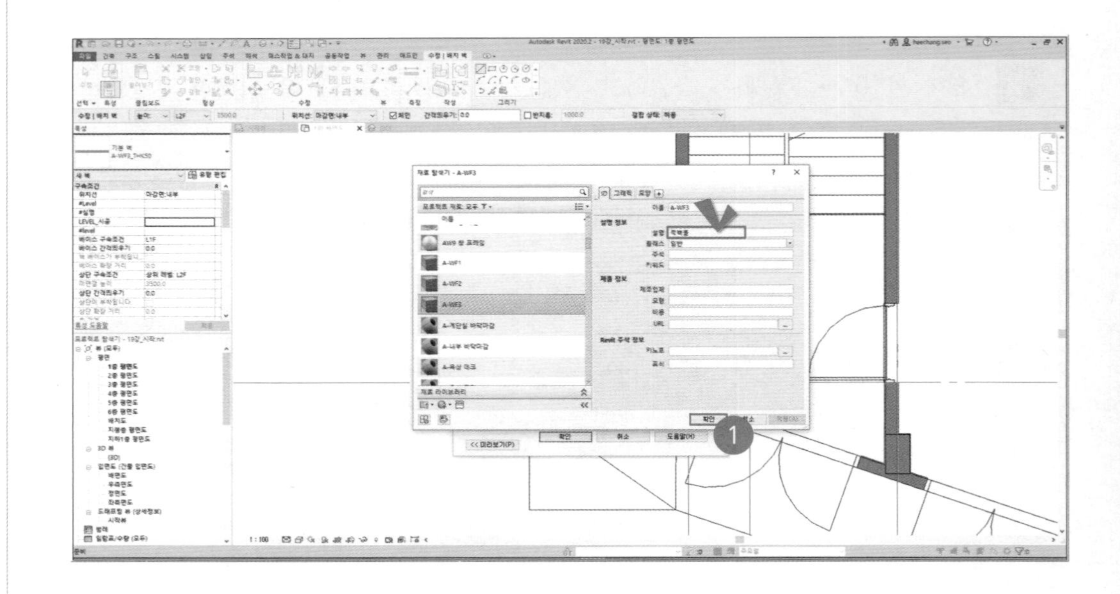

5 기능, 두께 등을 아래와 같이 설정 후 [확인]을 클릭합니다.

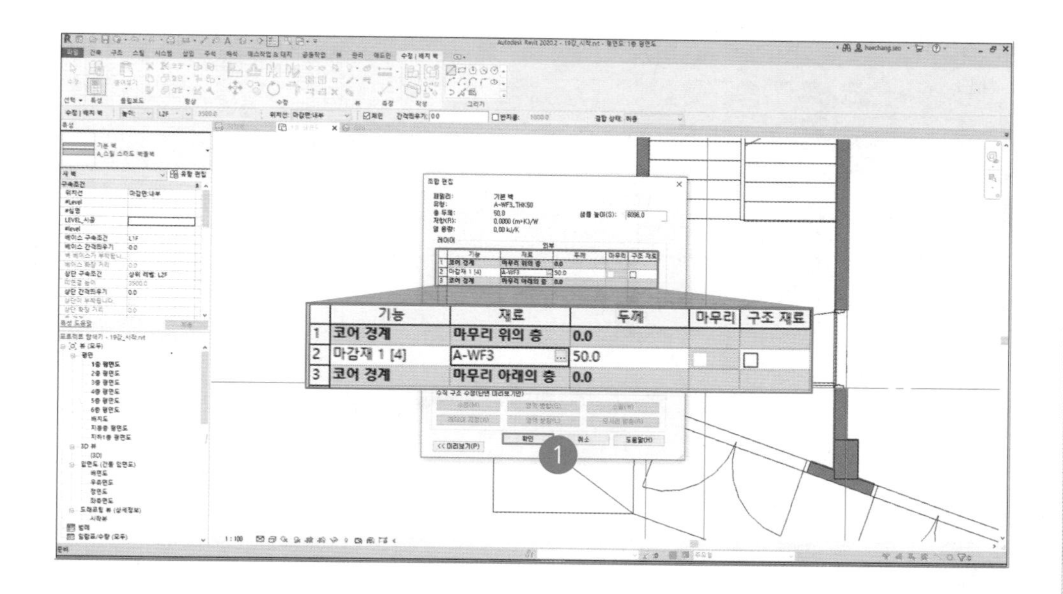

6 구조 벽체의 바깥쪽에 '기본 벽 : A-WF3_THK50'을 배치합니다.
베이스 구속조건 : L1F / 베이스 간격띄우기 : 0.0
상단 구속조건 : L2F / 상단 간격띄우기 : 0.0
설정 후 배치를 완료합니다.

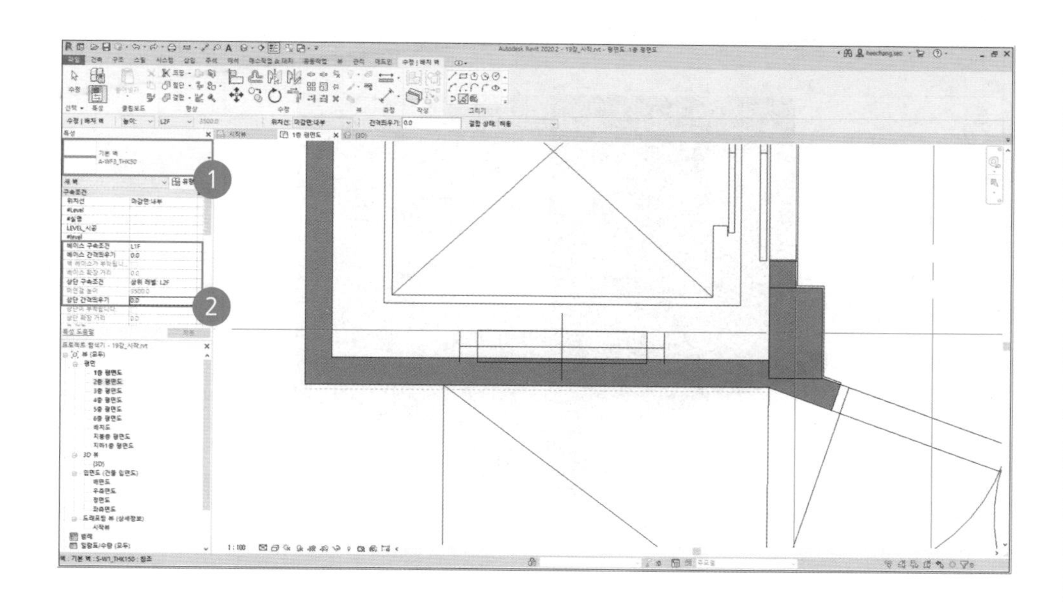

7 [결합]을 사용하여 창이 있는 구조 벽과 구조 벽 바깥에 배치한 외장마감벽체 '기본 벽 : A-WF3_THK50'를 결합합니다.

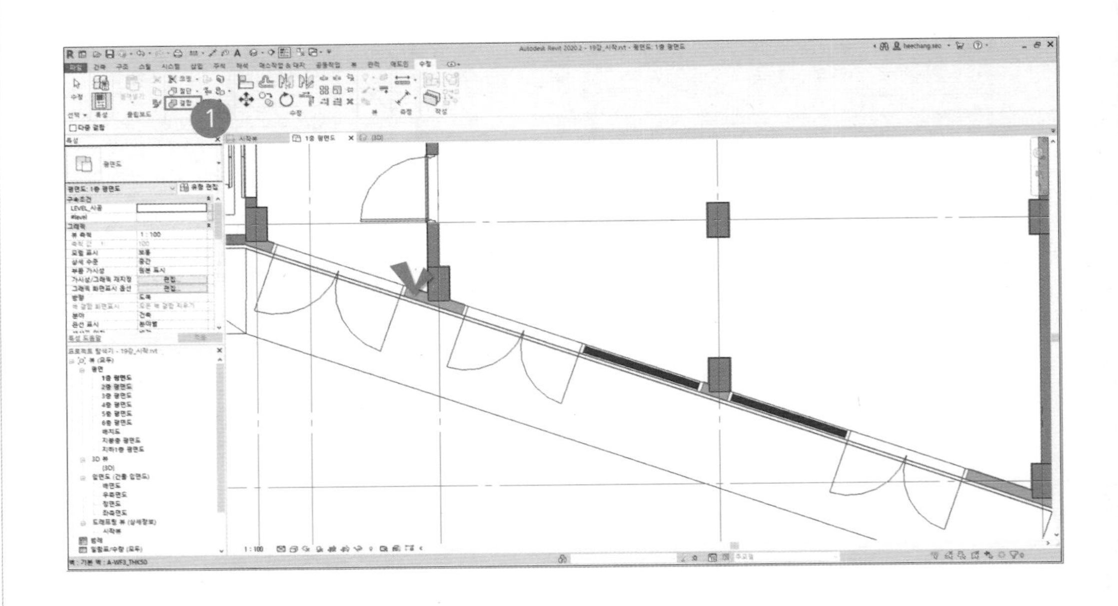

8 1층의 커튼월의 영역만큼 개구부가 생긴 '기본 벽 : A-WF3_THK50'을 확인할 수 있습니다.

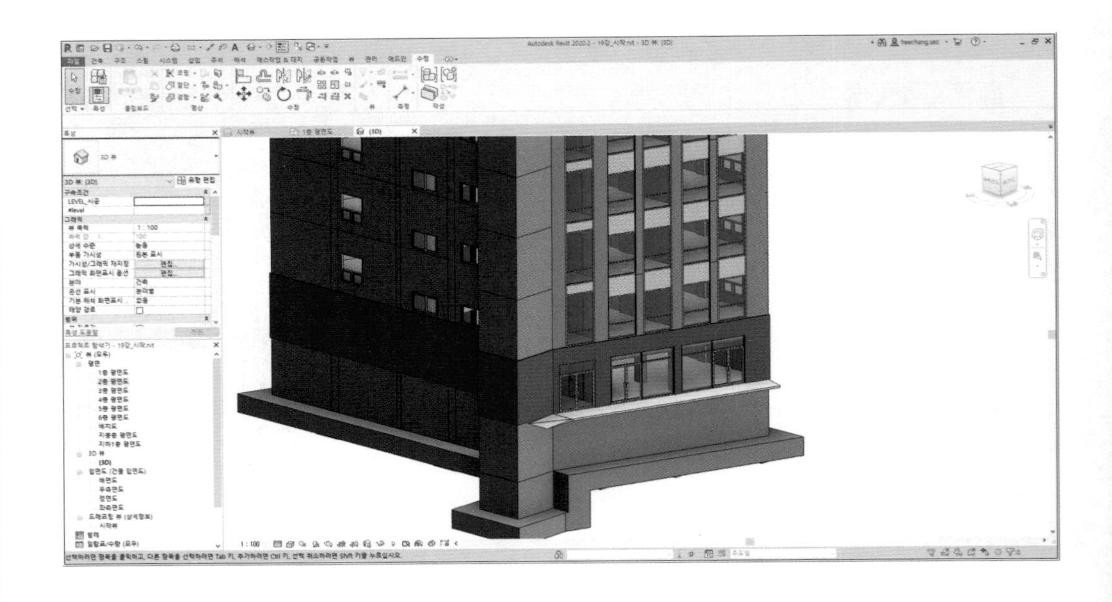

9 1층 외부에 작성된 '기본 벽 : A-WF3_THK50'을 선택하고 [클립보드로 복사] ➡ [붙여넣기] ➡ [선택한 레벨에 정렬]을 클릭합니다.

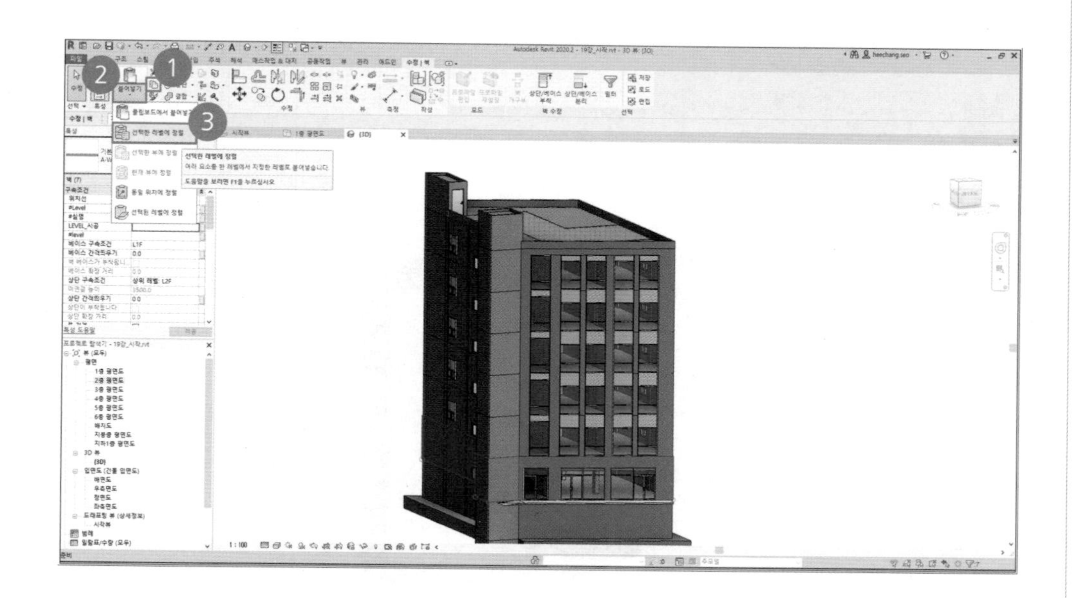

10 'L2F', 'L3F', 'L4F', 'L5F', 'L6F'를 선택하고 [확인]을 클릭합니다.

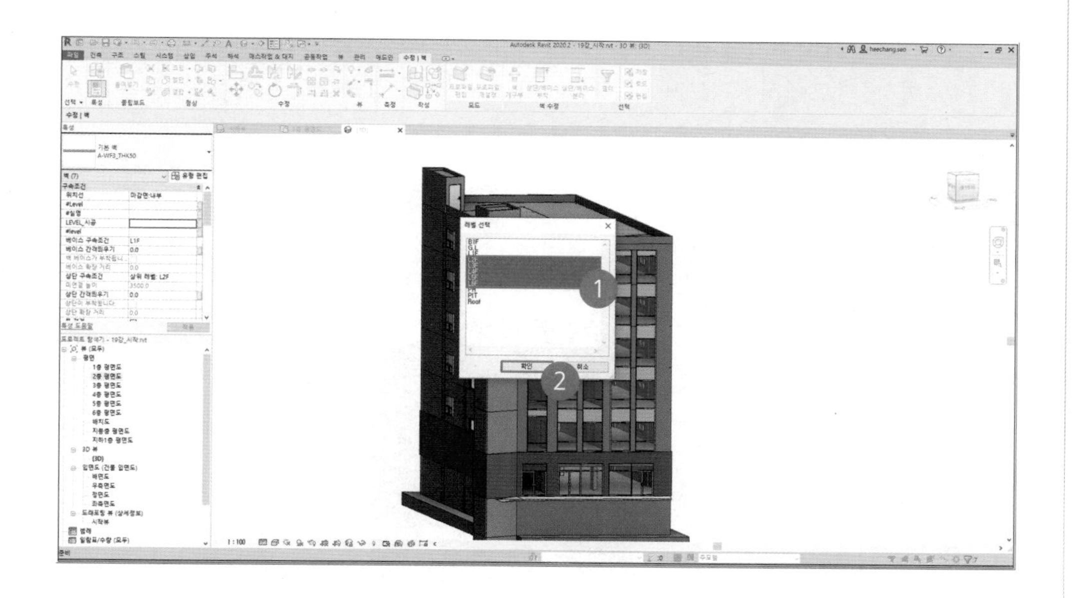

11 복사된 벽이 지상 6층까지 생성되었습니다.

층 사이에 겹치는 부분을 수정하기 위해 '기본 벽 : A-WF3_THK50'을 선택해 우클릭하고 [모든 인스턴스 선택] ➡ [전체 프로젝트에서]를 클릭합니다.

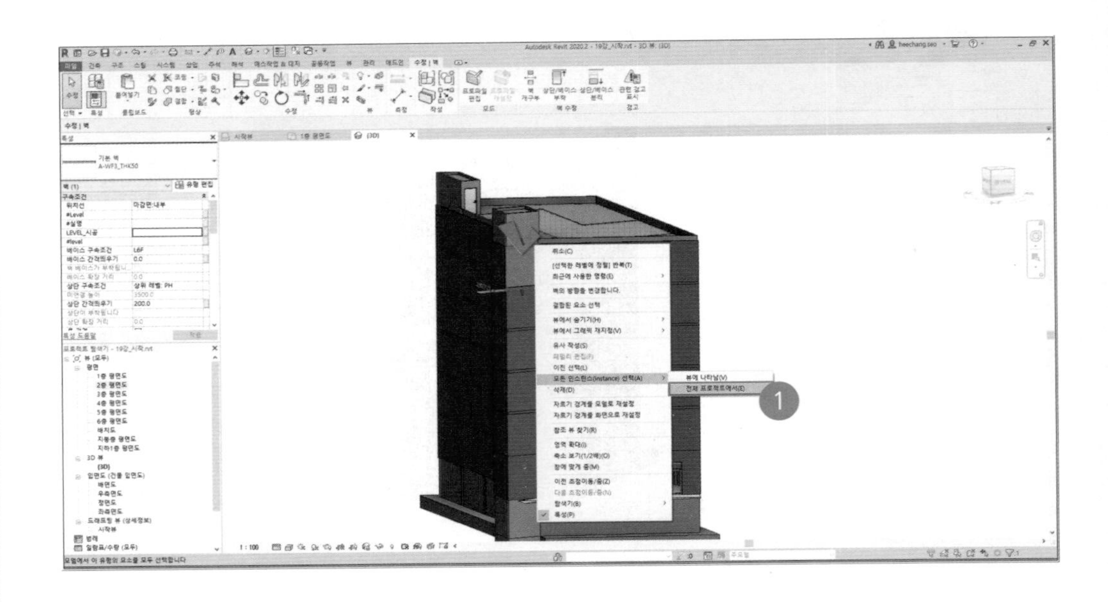

12 전체 프로젝트에 작성된 '기본 벽 : A-WF3_THK50'이 선택되면 특성창에서 베이스 간격띄우기 : 0.0 / 상단 간격띄우기 : 0.0을 입력합니다.

층 별 평면도에서 구조 벽과 '기본 벽 : A-WF3_THK50'을 [결합]합니다.

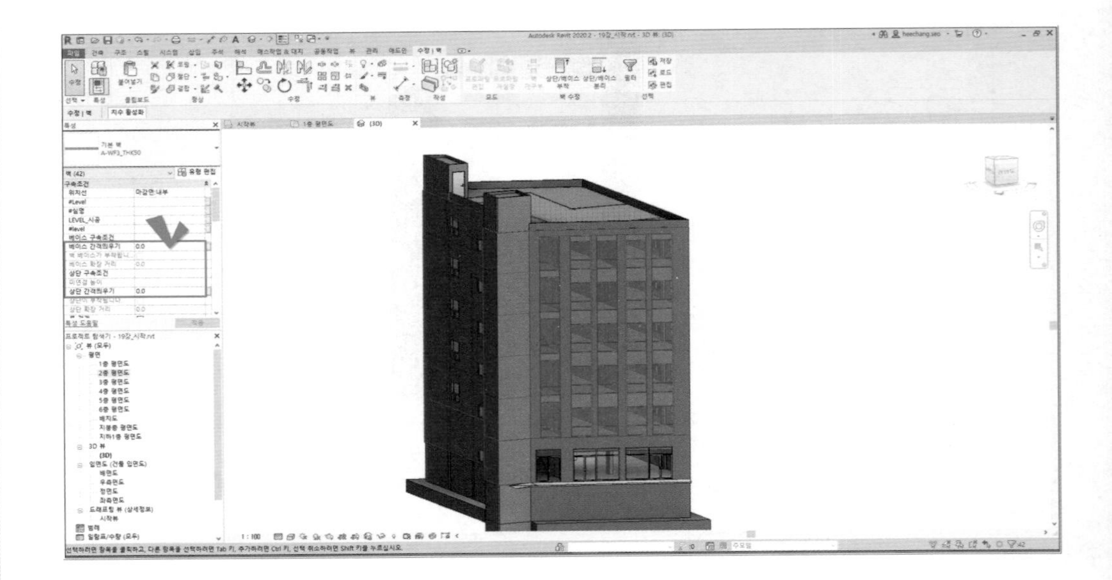

13 '지붕층 평면도'에서 '기본 벽 : A-WF3_THK50'을 1층에 배치했던 것처럼 배치합니다.

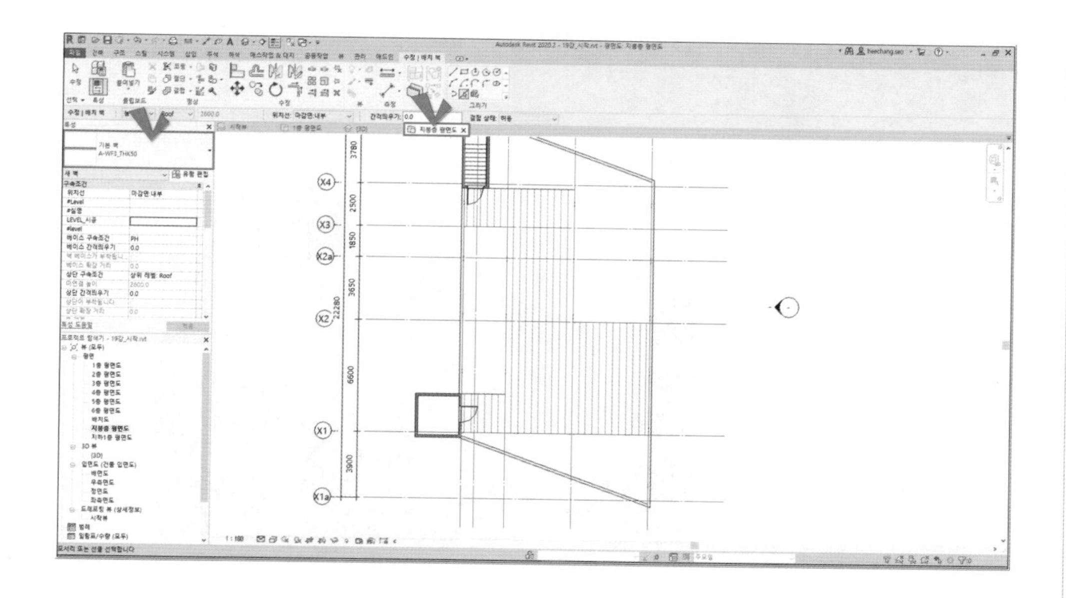

14 [요소 분할]을 사용해서 표시된 부분을 절단합니다.

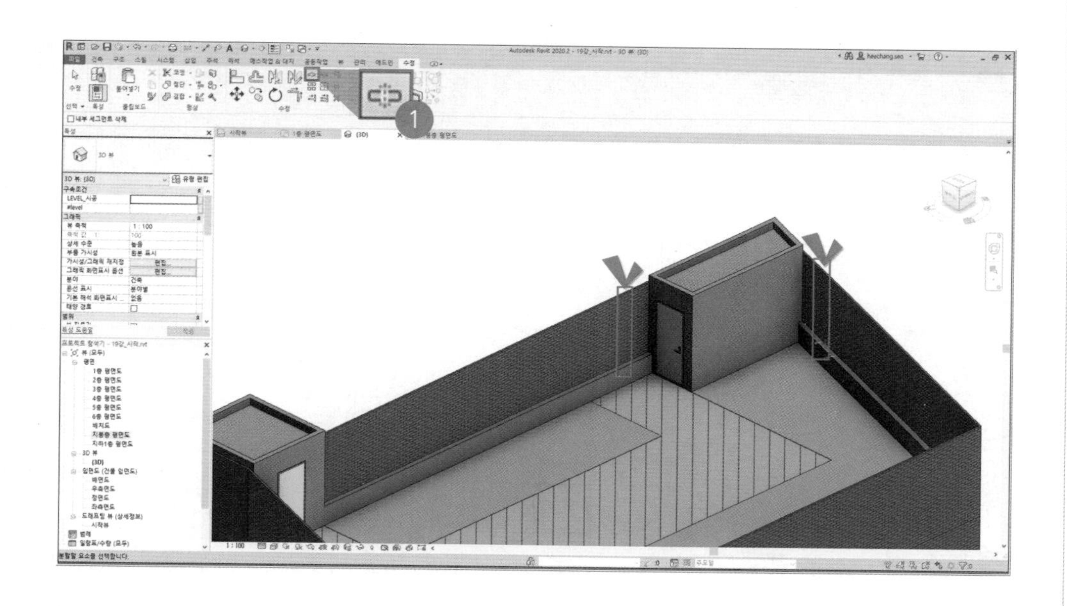

15 파라펫보다 높이 올라와 있는 '기본 벽 : A-WF3_THK50' 을 [정렬]을 사용해서 파라펫과 같은 높이로 조절합니다.

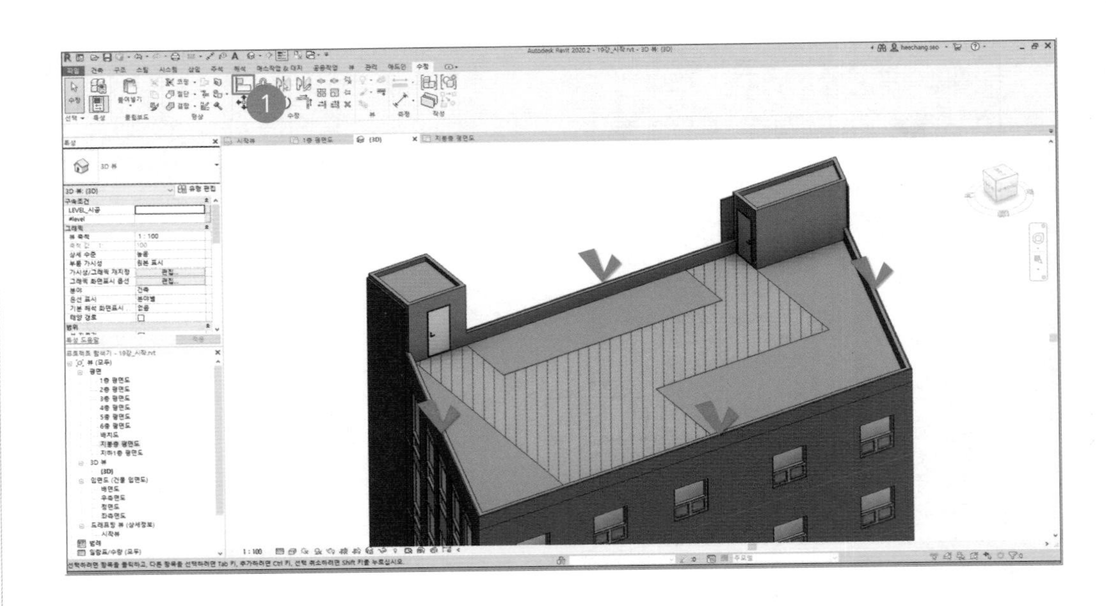

16 표시된 부분에 '기본 벽 : A-WF3_THK50' 을 배치하고 구조벽과 결합합니다.

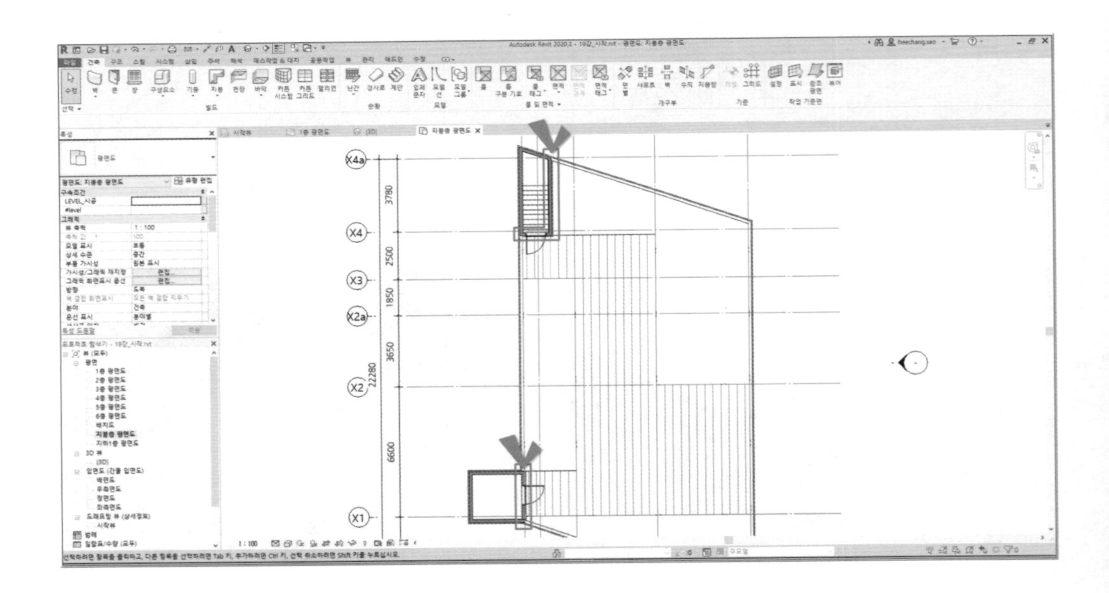

17 '단일 요소 자르기/연장' 을 사용해서 표시된 부분의 벽을 연장합니다.

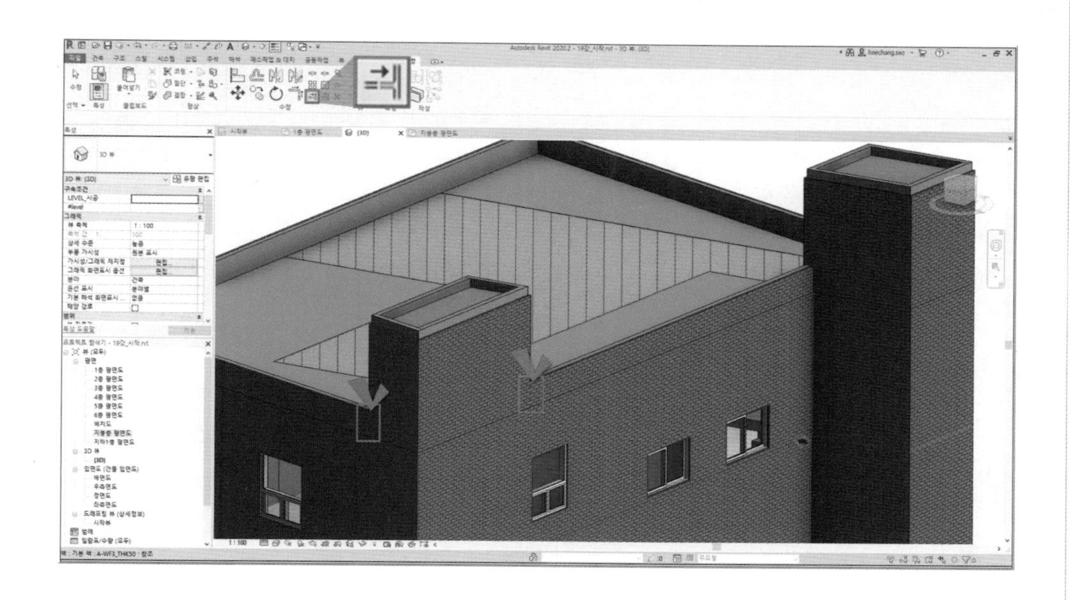

18 표시된 부분의 '기본 벽 : A-WF3_THK50' 의 높이를 파라펫에 맞춰 정렬합니다. 3D 뷰에서 외벽 마감이 완료된 모습을 확인할 수 있습니다.

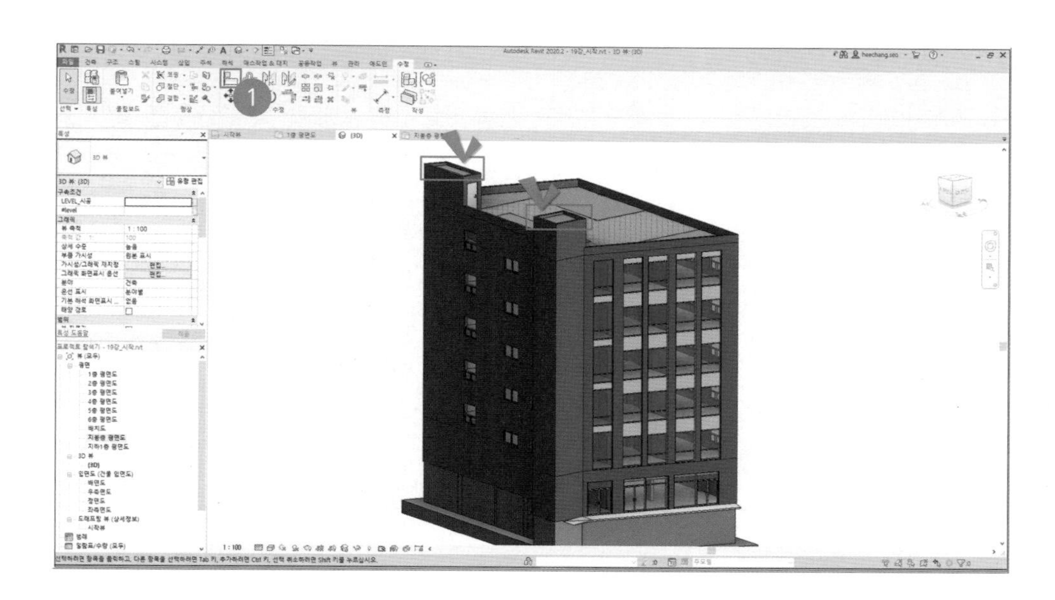

• 한솔아카데미 자료실	www.bestbook.co.kr
• BIMer 온라인커뮤니티	https://blog.naver.com/bimfactory

memo

BIMFACTORY
COMPANY

제 20 편

난간 모델링

난간 작성

Section

20

난간 모델링

난간 작성

20강에서는 난간을 작성하는 방법에 대하여 학습하도록 하겠습니다.
난간 작성을 위해서는 호스트 선택 및 유형 변경이 필요합니다.
이를 위해 옥상부분에 난간을 추가적으로 설치하는 방법을 학습하도록 하겠습니다.

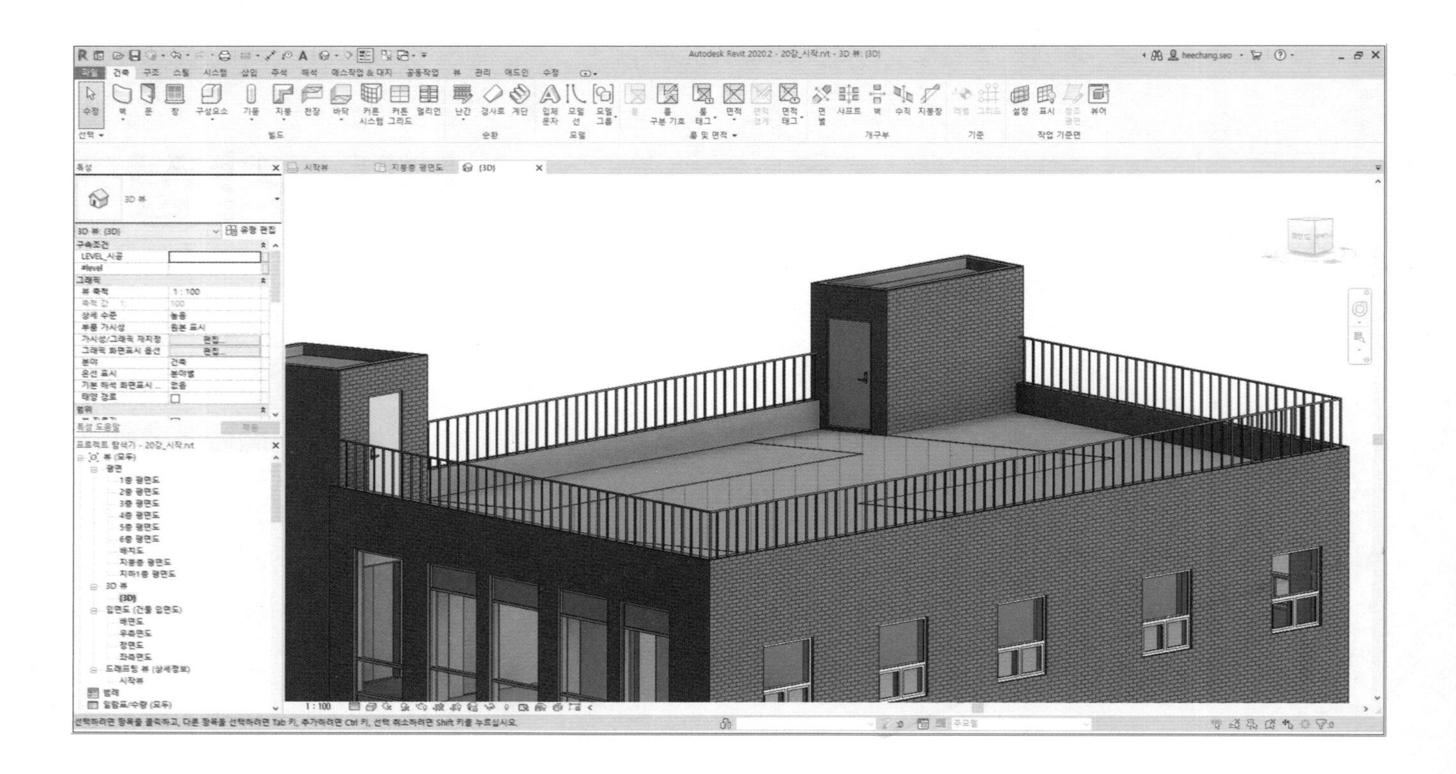

POINT

- 난간 작성하기

chapter 01 난간 작성

1 Revit을 실행합니다.
모델 창 [열기] 클릭 ➡ ₩예제파일₩20강₩20강_시작.rvt를 선택하고 [열기]를 클릭합니다.

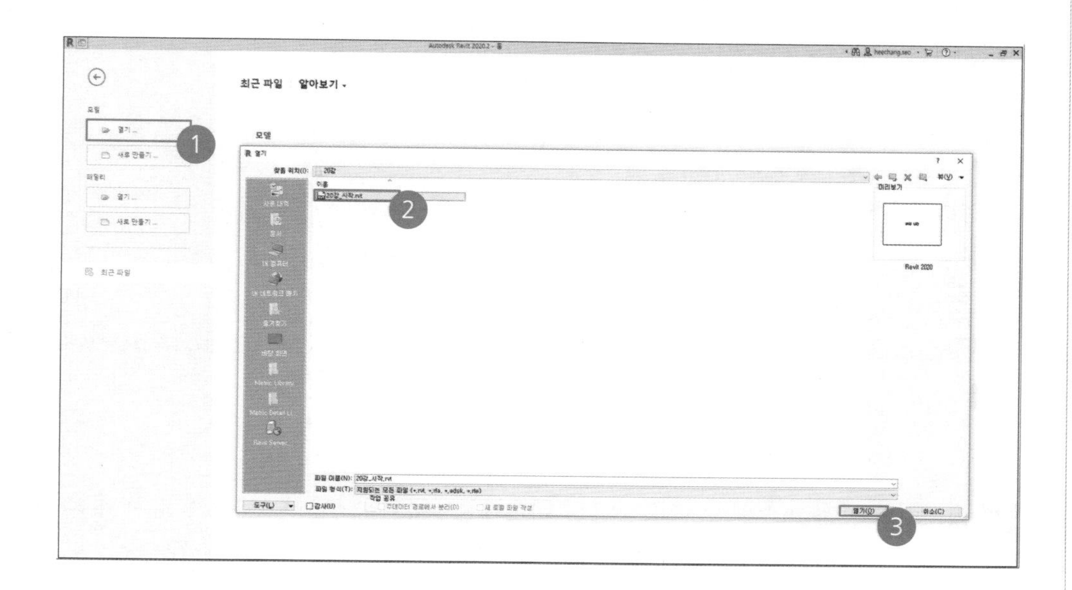

2 [프로젝트 탐색기]에서 "지붕층 평면도"를 더블클릭하여 엽니다. 난간을 작성하기 위해 [건축]탭 ➡ [난간]도구를 클릭합니다.

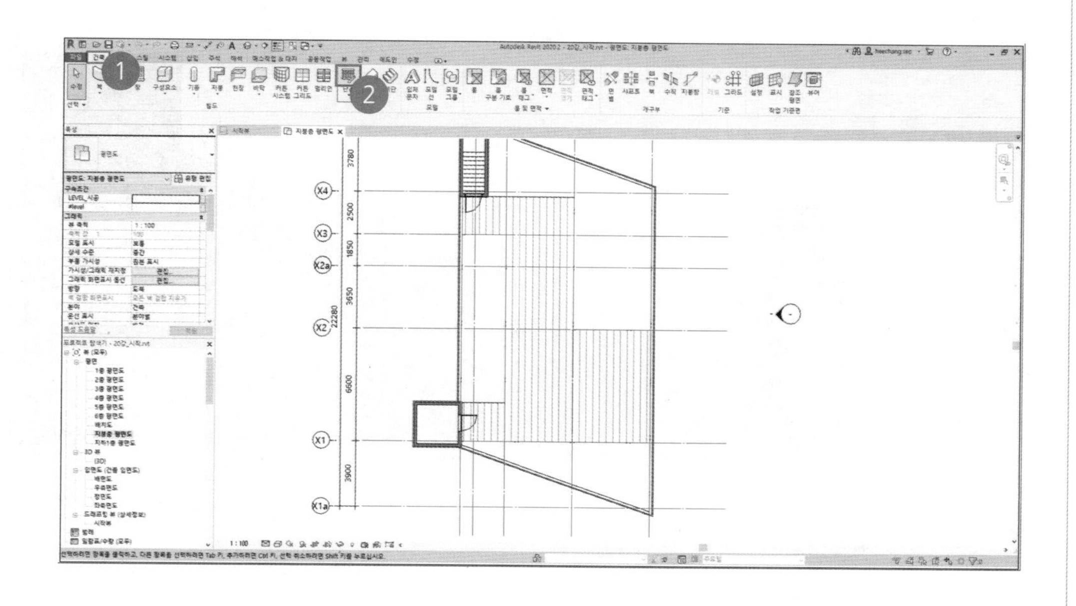

3 [선 선택]을 사용해서 구조벽의 중심선에 스케치하고 [편집 모드 완료]를 클릭합니다.

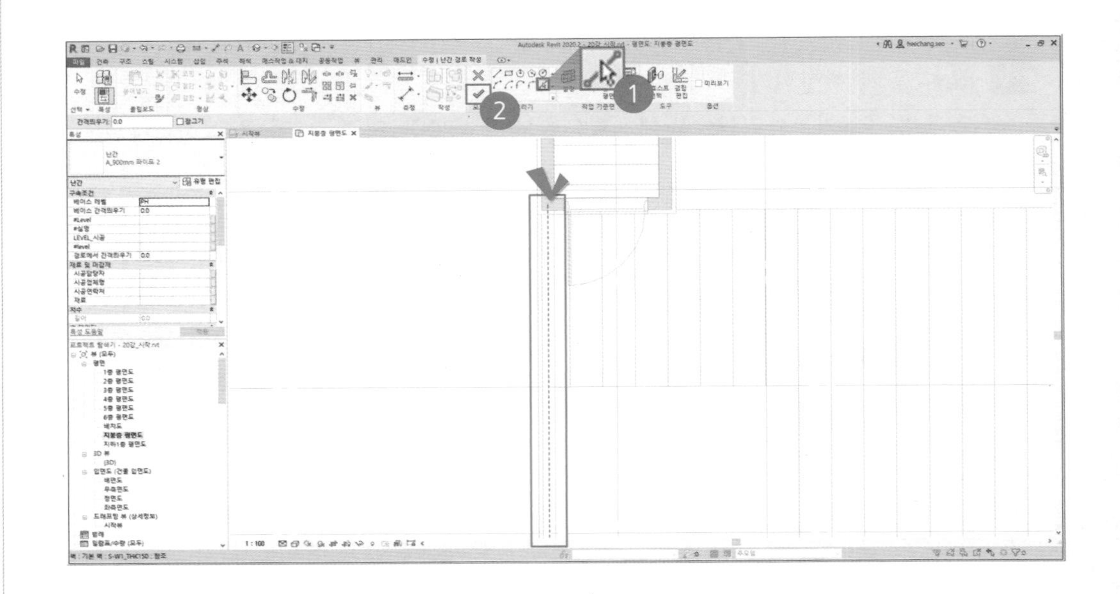

4 3D 뷰에서 확인하면 생성된 난간이 파라펫에 묻혀 있습니다. 난간을 선택한 상태에서 [새 호스트 선택]을 클릭하고 파라펫 벽체를 클릭해서 난간의 호스트를 변경합니다.

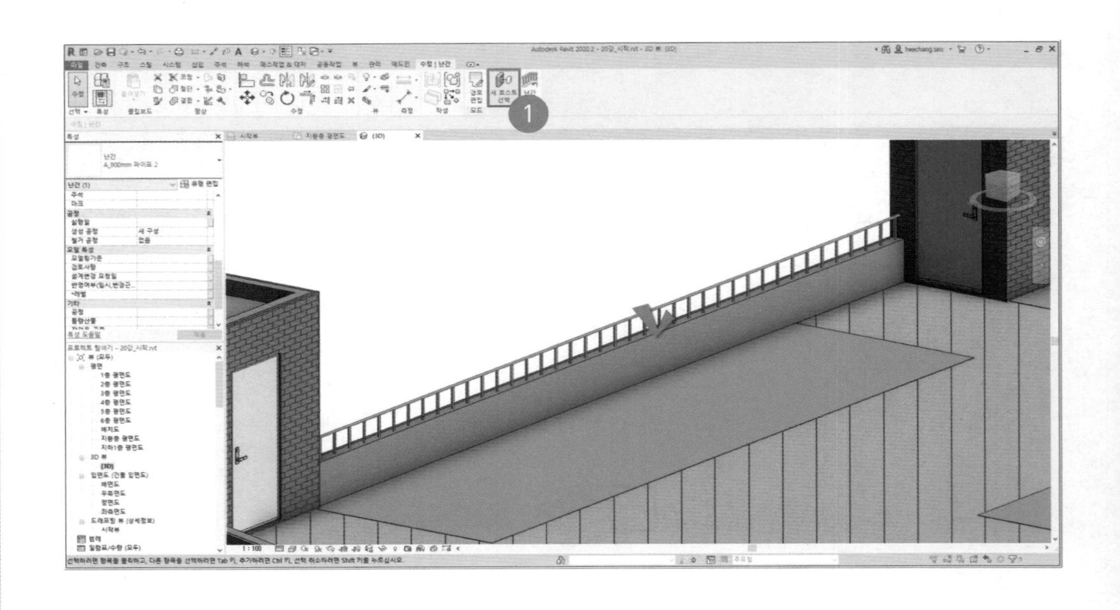

5 난간이 작성되었습니다.

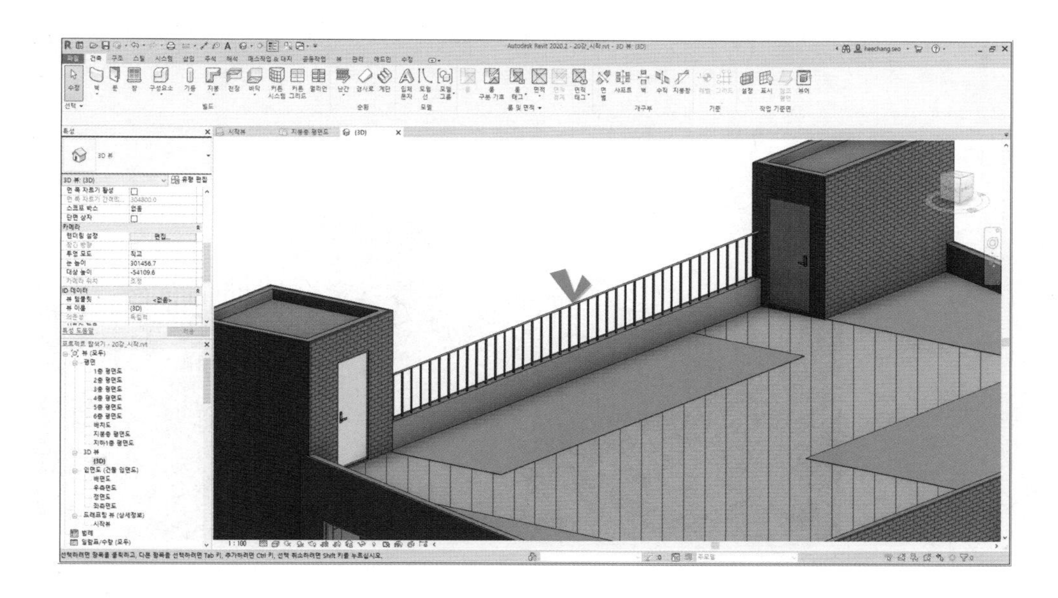

6 [선 선택]을 사용해서 아래와 같이 스케치하고 [편집 모드 완료]를 클릭합니다. 작성된 난간의 호스트를 변경합니다.

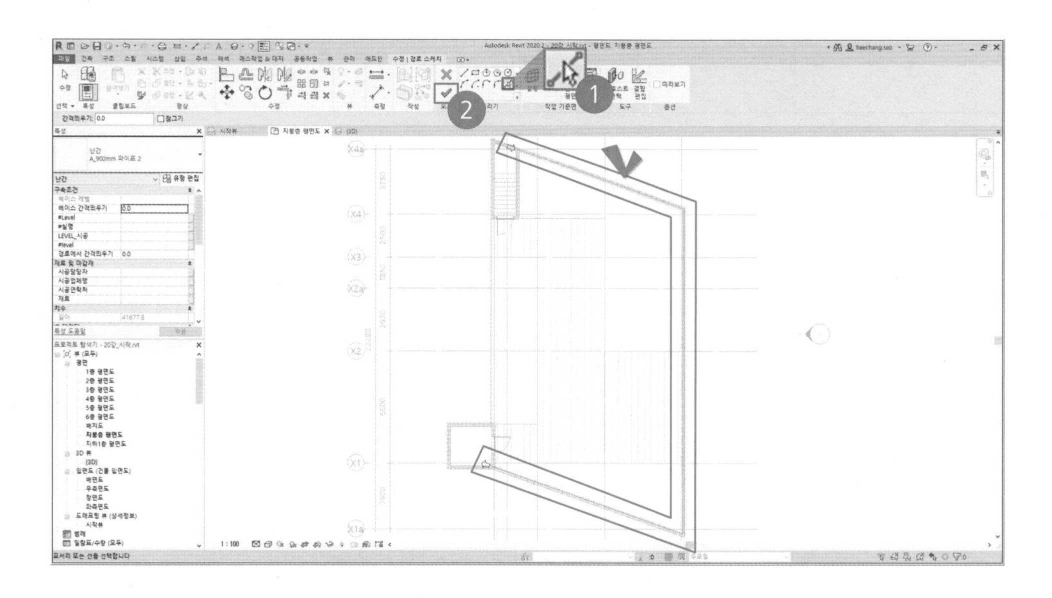

7 난간이 작성되었습니다.

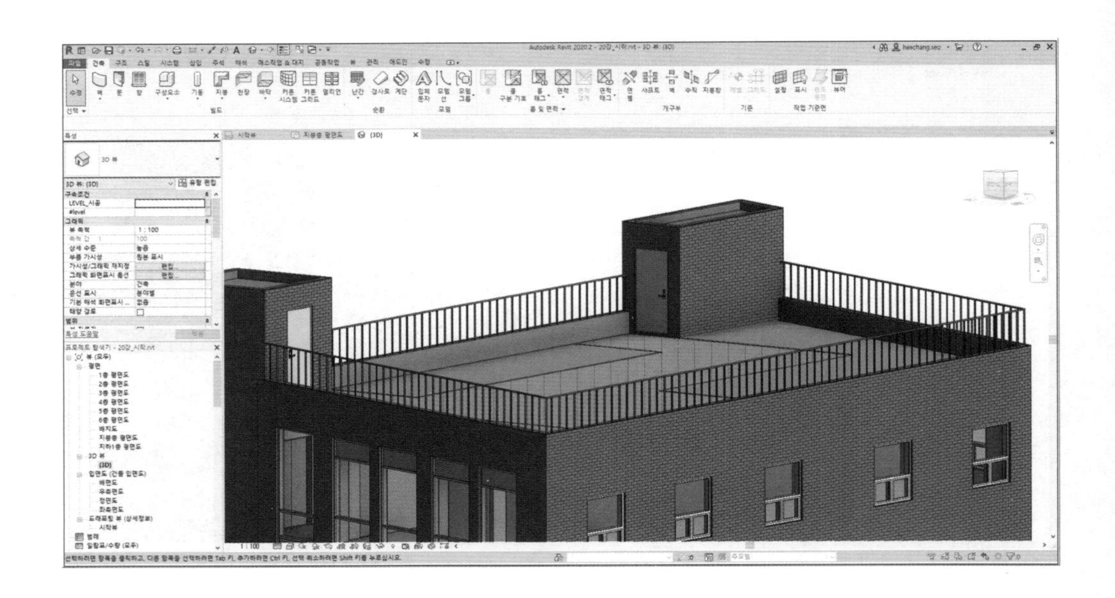

- 한솔아카데미 자료실 www.bestbook.co.kr
- BIMer 온라인커뮤니티 https://blog.naver.com/bimfactory

memo

BIMFACTORY
COMPANY

제 21 편

계획 건축 설계

공간 BIM 데이터

01_ 조달청 기준 유형 및 코드 소개
02_ 룸작성 및 공간 객체 정보 입력
03_ 색상 범례 채우기

Section

21

계획 건축 설계

공간 BIM 데이터

21강에서는 공간 BIM 데이터를 작성하는 방법에 대하여 학습하도록 하겠습니다.
Revit을 사용하여 기본적인 공간데이터 작성과 시설사업 BIM 적용 기본지침서 v2.0에서 공간 BIM 데이터 작성 기준을 이해하고 적용하는 방법을 알아보도록 하겠습니다.

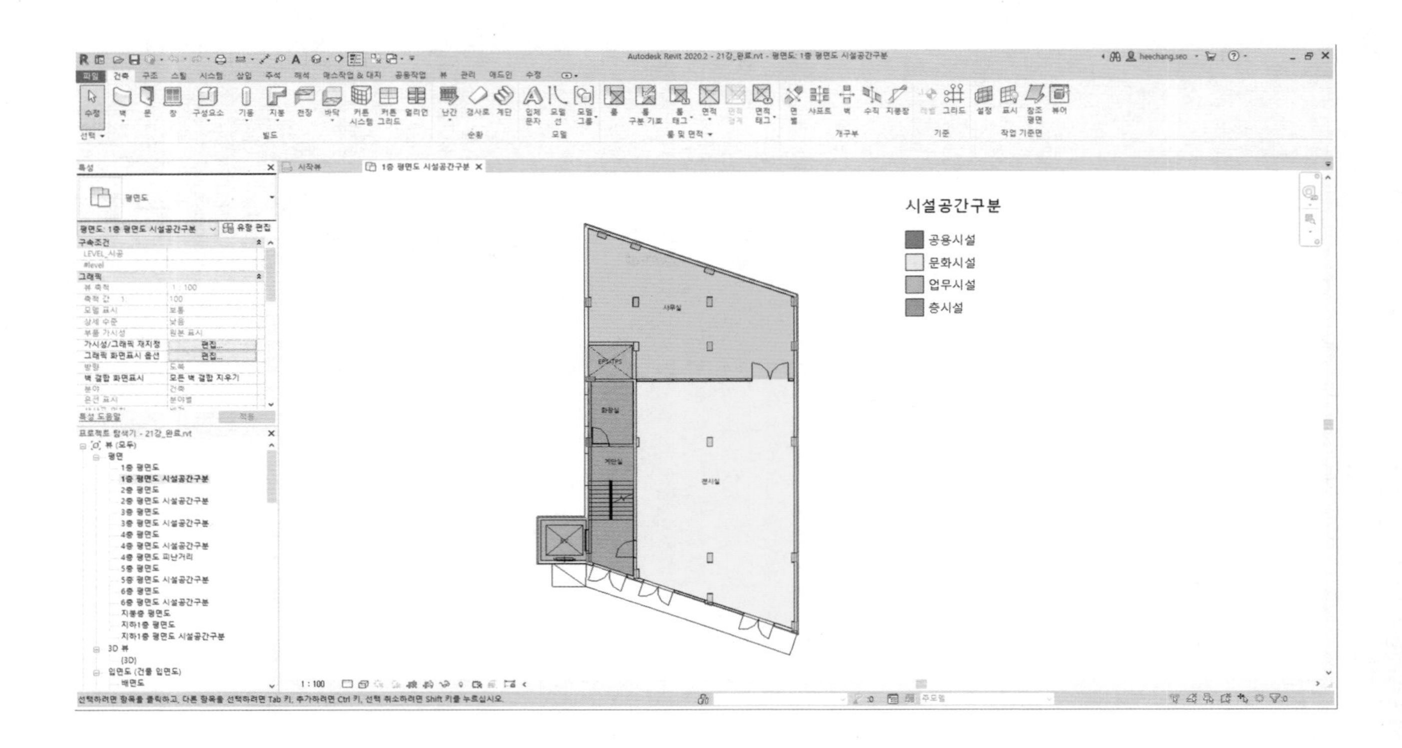

POINT!!

- Revit 의 룸 작성 기능을 이용하여 기본적인 룸 작성하기
- 조달청 공간 BIM 데이터 작성 기준의 이해와 적용
- 프로젝트 매개변수 추가 하기

chapter 01 조달청 기준 유형 및 코드 소개

1 조달청 시설사업 BIM 적용 기본지침서에 따르면, 공간객체 작성의 개요는 다음과 같습니다. 본 강에서는 정보입력 작성 방법을 참고하시기 바랍니다.

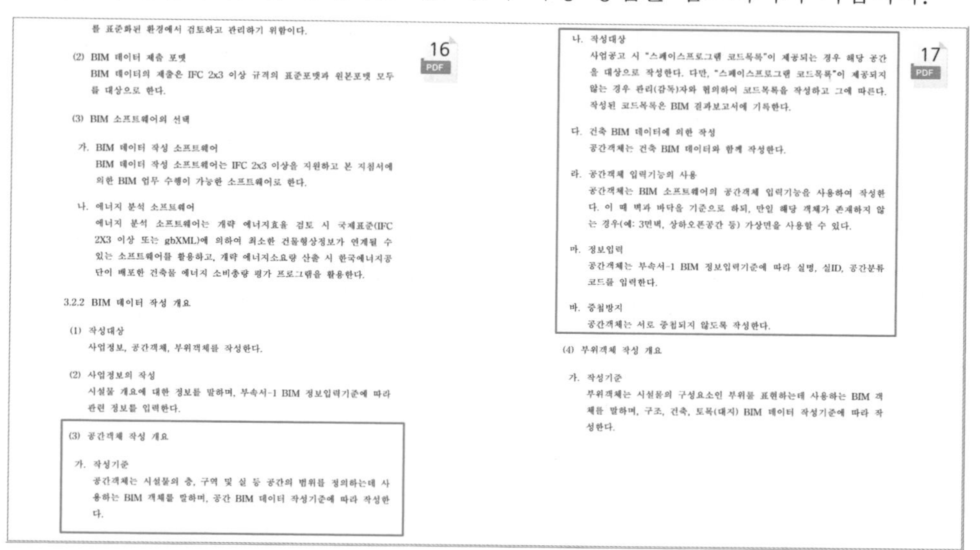

를 표준화된 환경에서 검토하고 관리하기 위함이다.

16 PDF

(2) BIM 데이터 제출 포맷
BIM 데이터의 제출은 IFC 2x3 이상 규격의 표준포맷과 원본포맷 모두를 대상으로 한다.

(3) BIM 소프트웨어의 선택

가. BIM 데이터 작성 소프트웨어
BIM 데이터 작성 소프트웨어는 IFC 2x3 이상을 지원하고 본 지침서에 의한 BIM 업무 수행이 가능한 소프트웨어로 한다.

나. 에너지 분석 소프트웨어
에너지 분석 소프트웨어는 개략 에너지효율 검토 시 국제표준(IFC 2X3 이상 또는 gbXML)에 의하여 최소한 건물형상정보가 연계될 수 있는 소프트웨어를 활용하고, 개략 에너지소요량 산출 시 한국에너지공단이 배포한 건축물 에너지 소비총량 평가 프로그램을 활용한다.

3.2.2 BIM 데이터 작성 개요

(1) 작성대상
사업정보, 공간객체, 부위객체를 작성한다.

(2) 사업정보의 작성
시설물 개요에 대한 정보를 말하며, 부속서-1 BIM 정보입력기준에 따라 관련 정보를 입력한다.

(3) 공간객체 작성 개요

가. 작성기준
공간객체는 시설물의 층, 구역 및 실 등 공간의 범위를 정의하는데 사용하는 BIM 객체를 말하며, 공간 BIM 데이터 작성기준에 따라 작성한다.

17 PDF

나. 작성대상
사업공고 시 "스페이스프로그램 코드목록"이 제공되는 경우 해당 공간을 대상으로 작성한다. 다만, "스페이스프로그램 코드목록"이 제공되지 않는 경우 관리(감독)자와 협의하여 코드목록을 작성하고 그에 따른다. 작성된 코드목록은 BIM 결과보고서에 기록한다.

다. 건축 BIM 데이터에 의한 작성
공간객체는 건축 BIM 데이터와 함께 작성한다.

라. 공간객체 입력기능의 사용
공간객체는 BIM 소프트웨어의 공간객체 입력기능을 사용하여 작성한다. 이 때 벽과 바닥을 기준으로 하되, 만일 해당 객체가 존재하지 않는 경우(예: 3면벽, 상하오픈공간 등) 가상면을 사용할 수 있다.

마. 정보입력
공간객체는 부속서-1 BIM 정보입력기준에 따라 실명, 실ID, 공간분류 코드를 입력한다.

바. 중첩방지
공간객체는 서로 중첩되지 않도록 작성한다.

(4) 부위객체 작성 개요

가. 작성기준
부위객체는 시설물의 구성요소인 부위를 표현하는데 사용하는 BIM 객체를 말하며, 구조, 건축, 토목(대지) BIM 데이터 작성기준에 따라 작성한다.

2 공간 BIM 데이터 작성 기준은 다음과 같으며 경계기준과 작성 방법을 참고하여 공간 객체를 작성 합니다.

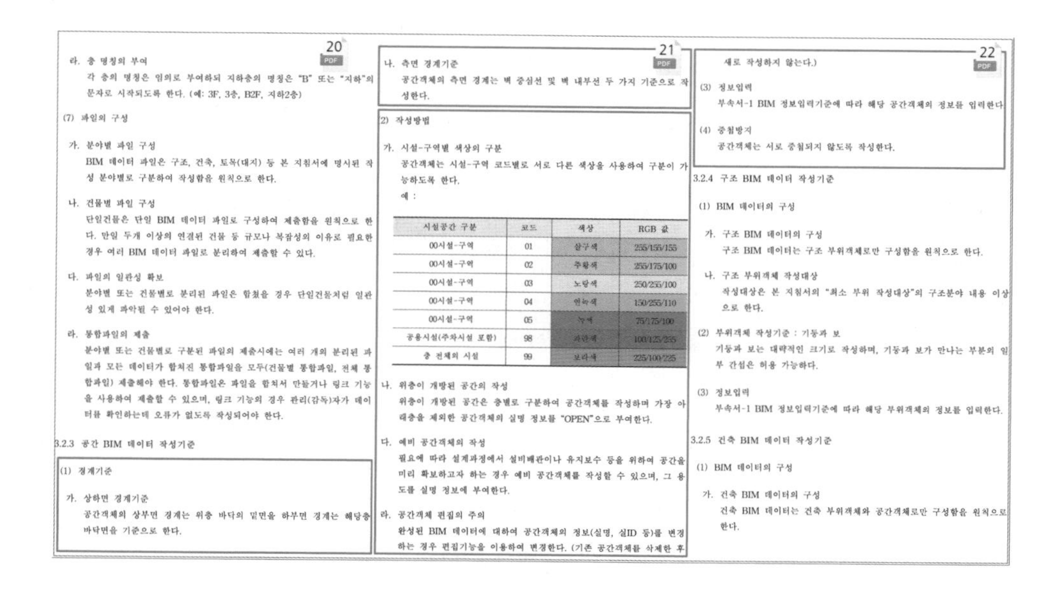

20 PDF

라. 층 명칭의 부여
각 층의 명칭은 임의로 부여하되 지하층의 명칭은 "B" 또는 "지하"의 문자로 시작되도록 한다. (예: 3F, 3층, B2F, 지하2층)

(7) 파일의 구성

가. 분야별 파일 구성
BIM 데이터 파일은 구조, 건축, 토목(대지) 등 본 지침서에 명시된 작성 분야별로 구분하여 작성함을 원칙으로 한다.

나. 건물별 파일 구성
단일건물은 단일 BIM 데이터 파일로 구성하여 제출함을 원칙으로 한다. 만일 두개 이상의 연결된 건물 등 규모나 복잡성의 이유로 필요한 경우 여러 BIM 데이터 파일로 분리하여 제출할 수 있다.

다. 파일의 일관성 확보
분야별 또는 건물별로 분리된 파일은 합쳤을 경우 단일건물처럼 일관성 있게 파악될 수 있어야 한다.

라. 통합파일의 제출
분야별 또는 건물별로 구분된 파일의 제출시에는 여러 개의 분리된 파일과 모든 데이터가 합쳐진 통합파일을 모두(건물별 통합파일, 전체 통합파일) 제출해야 한다. 통합파일은 파일을 합쳐서 만들거나 링크 기능을 사용하여 제출할 수 있으며, 링크 기능의 경우 관리(감독)자가 데이터를 확인하는데 오류가 없도록 작성되어야 한다.

3.2.3 공간 BIM 데이터 작성기준

(1) 경계기준

가. 상하면 경계기준
공간객체의 상부면 경계는 위층 바닥의 밑면을 하부면 경계는 해당층 바닥면을 기준으로 한다.

21 PDF

나. 측면 경계기준
공간객체의 측면 경계는 벽 중심선 및 벽 내부선 두 가지 기준으로 작성한다.

(2) 작성방법

가. 시설-구역별 색상의 구분
공간객체는 시설-구역 코드별로 서로 다른 색상을 사용하여 구분이 가능하도록 한다.
예 :

시설공간 구분	코드	색상	RGB 값
00시설-구역	01	살구색	255/155/155
00시설-구역	02	주황색	255/175/100
00시설-구역	03	노랑색	250/255/100
00시설-구역	04	연녹색	150/255/110
00시설-구역	05	녹색	75/175/100
공용시설(주차시설 포함)	98	파란색	100/125/255
층 전체의 시설	99	보라색	225/100/225

나. 위층이 개방된 공간의 작성
위층이 개방된 공간은 층별로 구분하여 공간객체를 작성하며 가장 아래층을 제외한 공간객체의 실명 정보를 "OPEN"으로 부여한다.

다. 예비 공간객체의 작성
필요에 따라 설계과정에서 설비배관이나 유지보수 등을 위하여 공간을 미리 확보하고자 하는 경우 예비 공간객체를 작성할 수 있으며, 그 용도를 실명 정보에 부여한다.

라. 공간객체 편집의 주의
완성된 BIM 데이터에 대하여 공간객체의 정보(실명, 실ID 등)를 변경하는 경우 편집기능을 이용하여 변경한다. (기존 공간객체를 삭제한 후

22 PDF

새로 작성하지 않는다.)

(3) 정보입력
부속서-1 BIM 정보입력기준에 따라 해당 공간객체의 정보를 입력한다

(4) 중첩방지
공간객체는 서로 중첩되지 않도록 작성한다.

3.2.4 구조 BIM 데이터 작성기준

(1) BIM 데이터의 구성

가. 구조 BIM 데이터의 구성
구조 BIM 데이터는 구조 부위객체로만 구성함을 원칙으로 한다.

나. 구조 부위객체 작성대상
작성대상은 본 지침서의 "최소 부위 작성대상"의 구조분야 내용 이상으로 한다.

(2) 부위객체 작성기준 : 기둥과 보
기둥과 보는 대략적인 크기로 작성하며, 기둥과 보가 만나는 부분의 일부 간섭은 허용 가능하다.

(3) 정보입력
부속서-1 BIM 정보입력기준에 따라 해당 부위객체의 정보를 입력한다.

3.2.5 건축 BIM 데이터 작성기준

(1) BIM 데이터의 구성

가. 건축 BIM 데이터의 구성
건축 BIM 데이터는 건축 부위객체와 공간객체로만 구성함을 원칙으로 한다.

Tip

공간 객체의 정보입력

스페이스프로그램 코드목록

설계관리자 또는 발주자가 요구 하는 공간 계획 이며 계획면적충족 및 특정실의 층 배정, 두 실간의 인접성 벽중심선을 기준으로 외곽을 생성한 공간객체는 제출된 설계안에 대한 면적검토용으로 활용되며, 벽내부선을 기준으로 외곽을 생성한 공간객체는 개산견적에서의 정확한 물량산출에 활용됩니다.

3 공간 객체 정보 입력은 "부속서-1" 3. 공간객체의 정보 입력 방법을 따라 작성합니다. "실명"과 "실ID"는 "스페이스프로그램 코드목록" 에 부여된 정보를 입력합니다. "스페이스프로그램 코드목록"이 제공되지 않을 경우 설계관리자와 합의 후 코드목록을 작성하고 "BIM 업무수행계획서" 및 "BIM 결과보고서"에 명시 합니다.

3. 공간객체의 정보입력

3.1 정보입력

(1) 공간객체의 정보
공간객체의 입력대상 정보는 실명, 실ID, 공간분류코드로 한다.

(2) "실명" 정보입력
"스페이스프로그램 코드목록"에 부여된 실명을 입력한다.

(3) "실ID" 정보입력
"스페이스프로그램 코드목록"에 부여된 실ID를 입력한다.

가. 실ID의 형식 및 구조
실ID는 기본적으로 AA.BBB.CC의 형식으로서 그 구조는 다음과 같으며, 필요한 경우 변형하여 적용할 수 있다.
① AA : 시설-구역코드 (01~89, 공용공간은 98)
건물, 그룹 등의 구분이 필요한 경우 10단위로 구분
② BBB : 실명코드
③ CC : 일련번호 (같은 실명코드를 중복 사용할 경우 일련번호 부여)

예 :

시설명	구역명	실명	실ID	계획면적
본동	사무구역	이사장실	01.001.01	70
		감사실	01.002.01	50
		본부장실	01.003.01	50
		일반사무실	01.004.01	400
	행정구역	행정실	02.001.01	300
		자료창고	02.002.01	100
	...	...		
부속동	집회구역	대강당	11.001.01	1,000
		부속창고	11.002.01	30
	회의구역	대회의실	12.001.01	330
		중회의실-1	12.002.01	100
		중회의실-2	12.002.02	100
		일반회의실-1	12.003.01	100
		일반회의실-2	12.003.02	35
	...	...		

(4) "공간분류코드" 정보입력
본 부속서의 "3.2 공간분류코드 목록"을 따른다.

(5) 위층이 개방된 공간 중 OPEN 공간의 정보입력
위층이 개방된 공간은 가장 아래층을 제외한 공간객체의 실명 정보를 "OPEN"으로, 실ID는 하부층 본래 공간의 실ID를 입력한다.

(6) 예비 공간객체의 정보 부여기준
설비 배관이나 유지보수 등을 위하여 공간을 미리 확보하고자 예비 공간객체를 작성한 경우 그 용도를 실명에 부여한다.

(7) 공고된 "스페이스프로그램 코드목록" 내용변경 금지
공고된 실명, 코드는 용역자가 임의로 변경할 수 없다. 단, 허용범위 내에서 추가는 가능하다.

3.2 공간분류코드 목록

대분류	중분류	소분류	세분류
3. 기능적 구획 공간			
	33. 시설물 공통 내부공간		
		331. 공용공간	
			33101. 계단실
			33102. 다용도실
			33103. 로비
			33104. 발코니
			33105. 복도
			33106. 부속실
			33107. 승강기실
			33108. 승강로
			33109. 승강로비
			33110. 승강장
			33111. 옥상
			33112. 주차구획
			33113. 주차장
			33114. 출입구 및 현관
			33115. 통로
			33116. 파우더룸
			33117. 현관
			33118. 홀
		332. 생활 및 편의 공간	
			33201. 객실
			33202. 거실
			33203. 건조장
			33204. 게스트룸

4 "부속서-1" 3. 공간객체의 정보 입력 중 (4) "공간분류코드" 정보 입력은 부속서의 "3.2 공간분류코드 목록"을 따라 입력합니다. 또한 목록의 세분류에 해당하는 코드를 입력하며 적절한 분류 항목이 존재하지 않거나 의미가 모호한 경우 상위 분류 코드를 입력하거나 관리자와 협의하여 코드 분류를 추가 할 수 있습니다.

3. 공간객체의 정보입력

3.1 정보입력

(1) 공간객체의 정보
공간객체의 입력대상 정보는 실명, 실ID, 공간분류코드로 한다.

(2) "실명" 정보입력
"스페이스프로그램 코드목록"에 부여된 실명을 입력한다.

(3) "실ID" 정보입력
"스페이스프로그램 코드목록"에 부여된 실ID를 입력한다.

가. 실ID의 형식 및 구조
실ID는 기본적으로 AA.BBB.CC의 형식으로서 그 구조는 다음과 같으며, 필요한 경우 변형하여 적용할 수 있다.
① AA : 시설-구역코드 (01~89, 공용공간은 98)
건물, 그룹 등의 구분이 필요한 경우 10단위로 구분
② BBB : 실명코드
③ CC : 일련번호 (같은 실명코드를 중복 사용할 경우 일련번호 부여)

예 :

시설명	구역명	실명	실ID	계획면적
본동	사무구역	이사장실	01.001.01	70
		감사실	01.002.01	50
		본부장실	01.003.01	50
		일반사무실	01.004.01	400
	행정구역	행정실	02.001.01	300
		자료창고	02.002.01	100
	...	...		
부속동	집회구역	대강당	11.001.01	1,000
		부속창고	11.002.01	30
	회의구역	대회의실	12.001.01	330
		중회의실-1	12.002.01	100
		중회의실-2	12.002.02	100
		일반회의실-1	12.003.01	100
		일반회의실-2	12.003.02	35
	...	...		

(4) "공간분류코드" 정보입력
본 부속서의 "3.2 공간분류코드 목록"을 따른다.

(5) 위층이 개방된 공간 중 OPEN 공간의 정보입력
위층이 개방된 공간은 가장 아래층을 제외한 공간객체의 실명 정보를 "OPEN"으로, 실ID는 하부층 본래 공간의 실ID를 입력한다.

(6) 예비 공간객체의 정보 부여기준
설비 배관이나 유지보수 등을 위하여 공간을 미리 확보하고자 예비 공간객체를 작성한 경우 그 용도를 실명에 부여한다.

(7) 공고된 "스페이스프로그램 코드목록" 내용변경 금지
공고된 실명, 코드는 용역자가 임의로 변경할 수 없다. 단, 허용범위 내에서 추가는 가능하다.

3.2 공간분류코드 목록

대분류	중분류	소분류	세분류
3. 기능적 구획 공간			
	33. 시설물 공통 내부공간		
		331. 공용공간	
			33101. 계단실
			33102. 다용도실
			33103. 로비
			33104. 발코니
			33105. 복도
			33106. 부속실
			33107. 승강기실
			33108. 승강로
			33109. 승강로비
			33110. 승강장
			33111. 옥상
			33112. 주차구획
			33113. 주차장
			33114. 출입구 및 현관
			33115. 통로
			33116. 파우더룸
			33117. 현관
			33118. 홀
		332. 생활 및 편의 공간	
			33201. 객실
			33202. 거실
			33203. 건조장
			33204. 게스트룸

5 부속서-1의 3.2 공간분류코드 목록은 아래와 같습니다.
(자세한 사항은 부속서-1 3.2 공간분류코드를 참고)

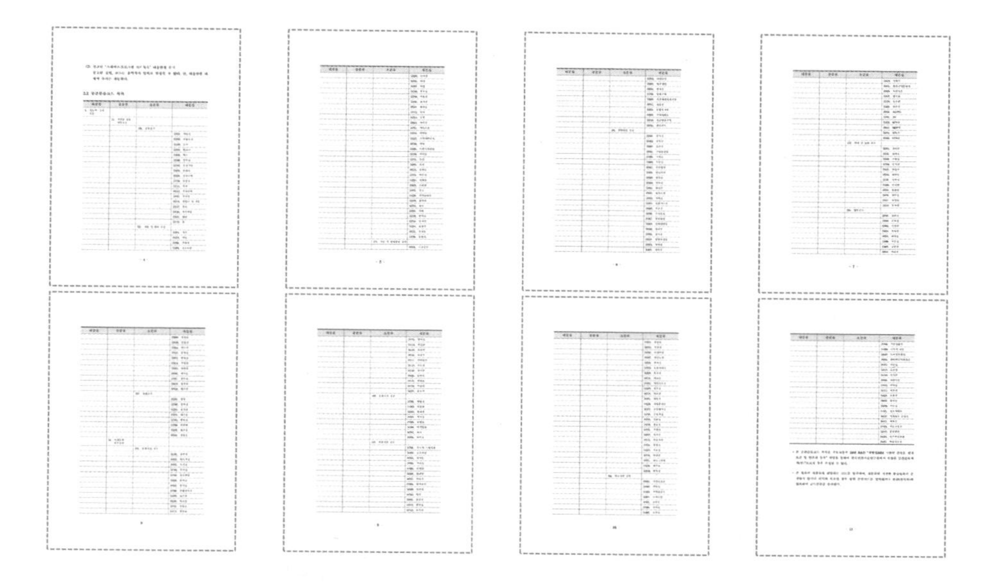

chapter 02 룸작성 및 공간 객체 정보 입력

1 Revit을 실행합니다.
모델 창 [열기] 클릭 ➡ ₩예제파일₩21강₩21강_시작.rvt를 선택하고 [열기]를 클릭합니다.

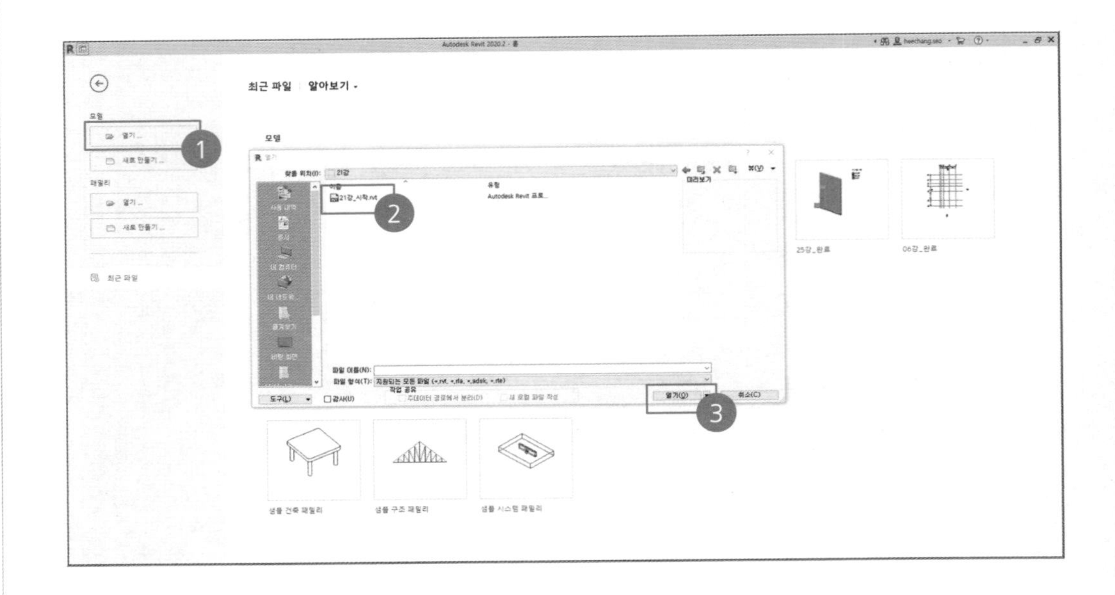

2 룸 작성은 평면도에서 할 수 있습니다.
[프로젝트 탐색기] ➡ [평면] ➡ [1층 평면도]를 클릭하여 평면 뷰를 열도록 하겠습니다.

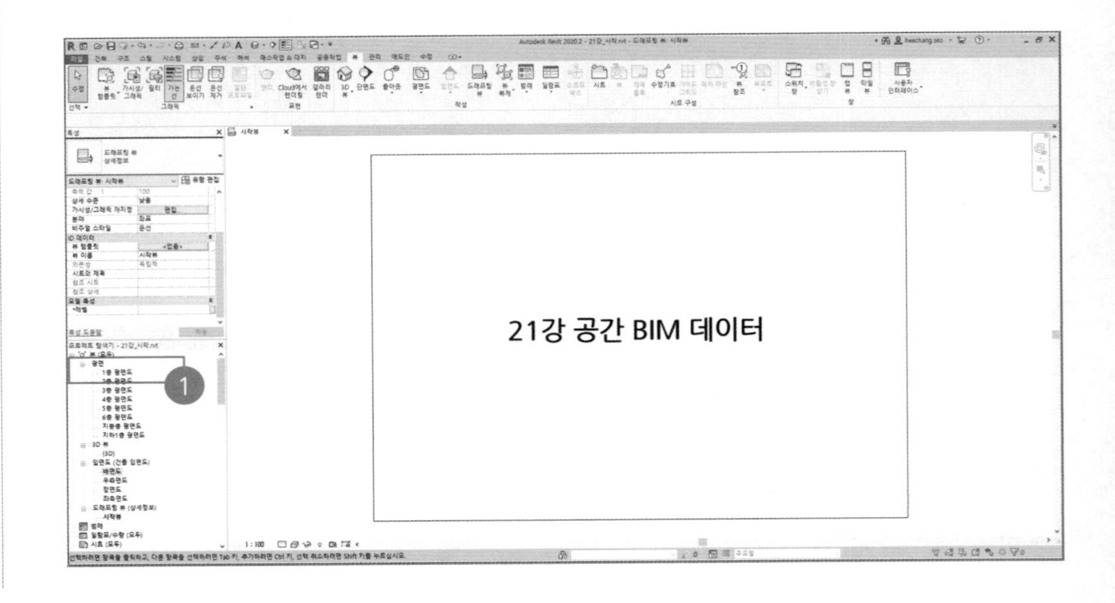

3 1층 평면도가 활성화 되었습니다. 원활한 룸 작성을 위해 평면뷰의 가시성을 조절해 보겠습니다.
[특성]창 ➡ [가시성/그래픽 재지정] 편집 ➡ [모델 카테고리]탭에서 모두를 선택합니다.

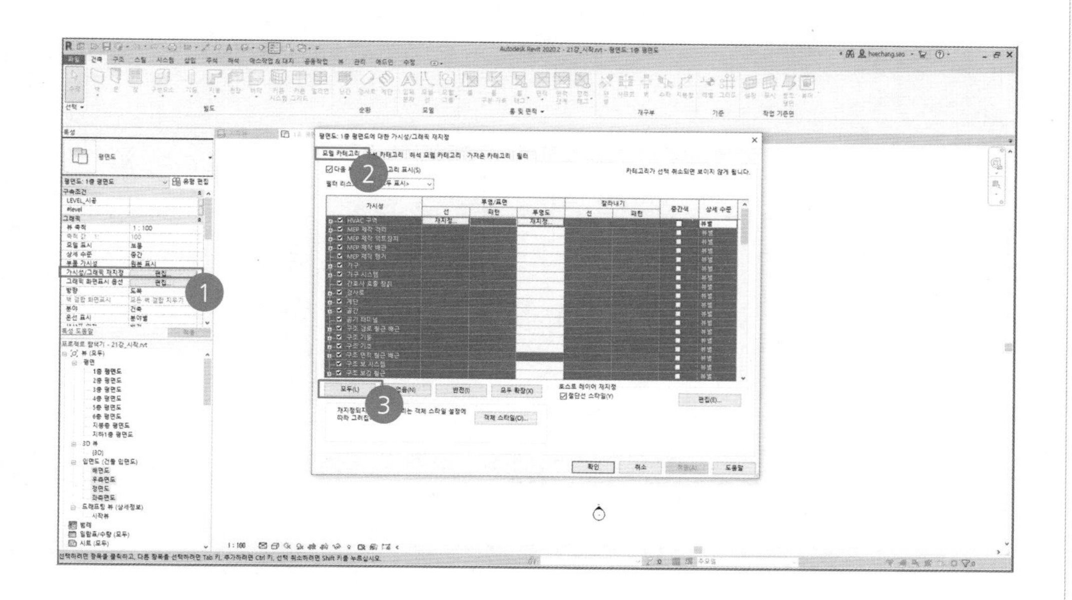

4 투명도를 조절해 보겠습니다. 투명도 재지정을 클릭 후 투명도를 70으로 설정 후 확인을 클릭합니다.

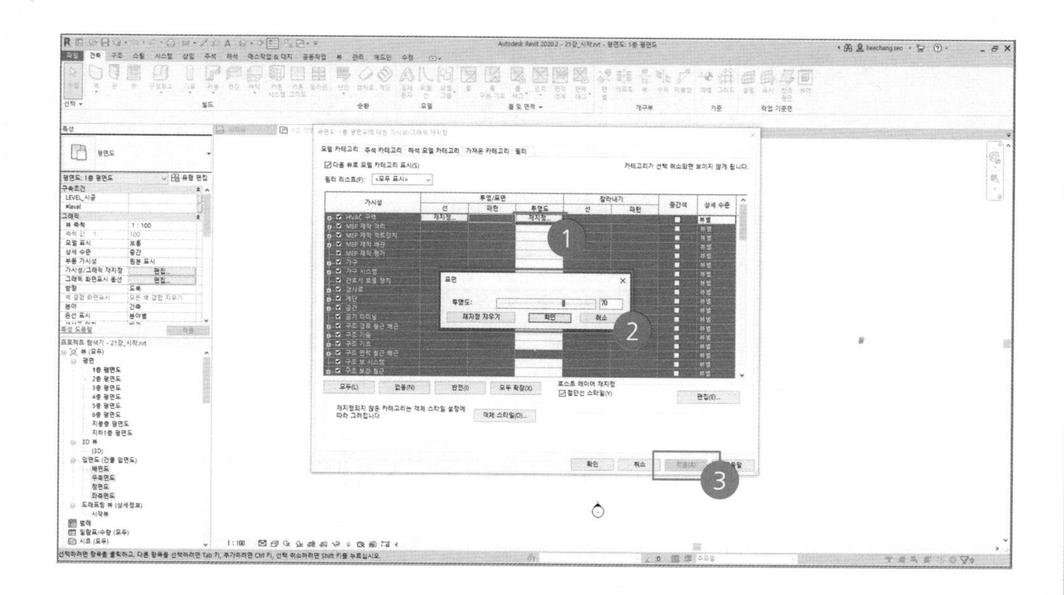

Tip

가시성/그래픽 설정

가시성 조절 이유는 룸 구분기호가 보이지 않기 때문에 투명도를 주어 룸 구분기호를 보이게 하는 것입니다.

Tip

룸경계와 룸 구분기호

벽체 룸경계를 사용하여 자동으로 룸을 생성할 수 있습니다. 단 벽체가 존재해야 하며 벽체가 없는 곳의 공간은 나눌 수 없습니다. 따라서 실무에서는 룸 구분 기호를 사용 합니다.

5 평면도에 투명도가 적용된 걸 확인 할 수 있습니다.
[건축]탭 ➡ [룸 구분기호] 도구를 클릭 합니다.

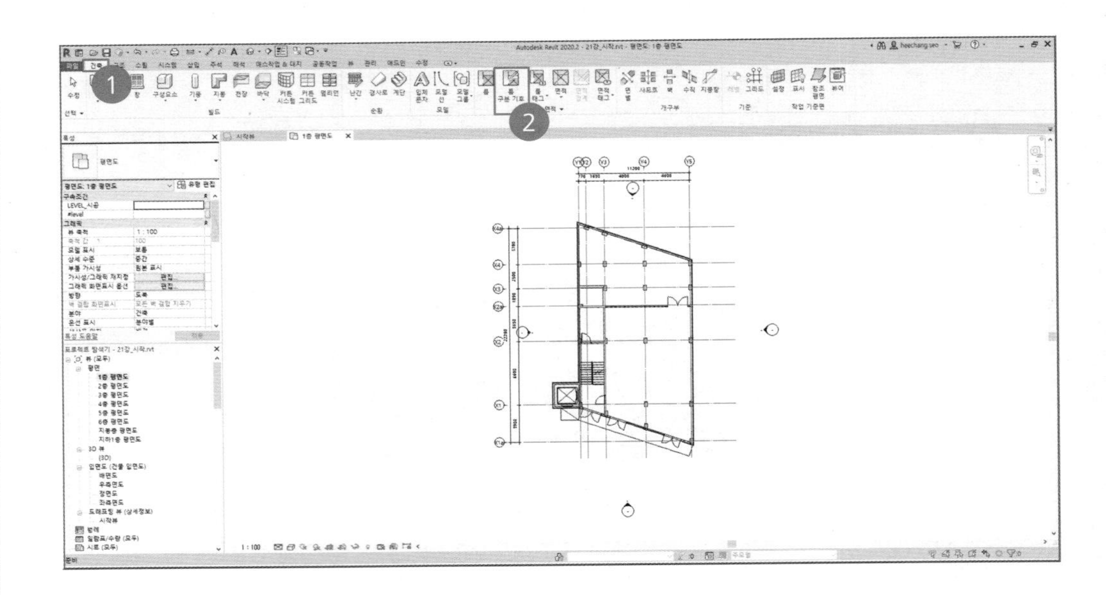

6 그리기 도구를 활용하여 각 벽체 중심으로 룸 구분기호를 작성해줍니다. 벽체에 가져가면 벽체 중심으로 가이드 라인과 스냅이 생성됩니다. 가이드 라인을 따라 룸 구분을 작성합니다.

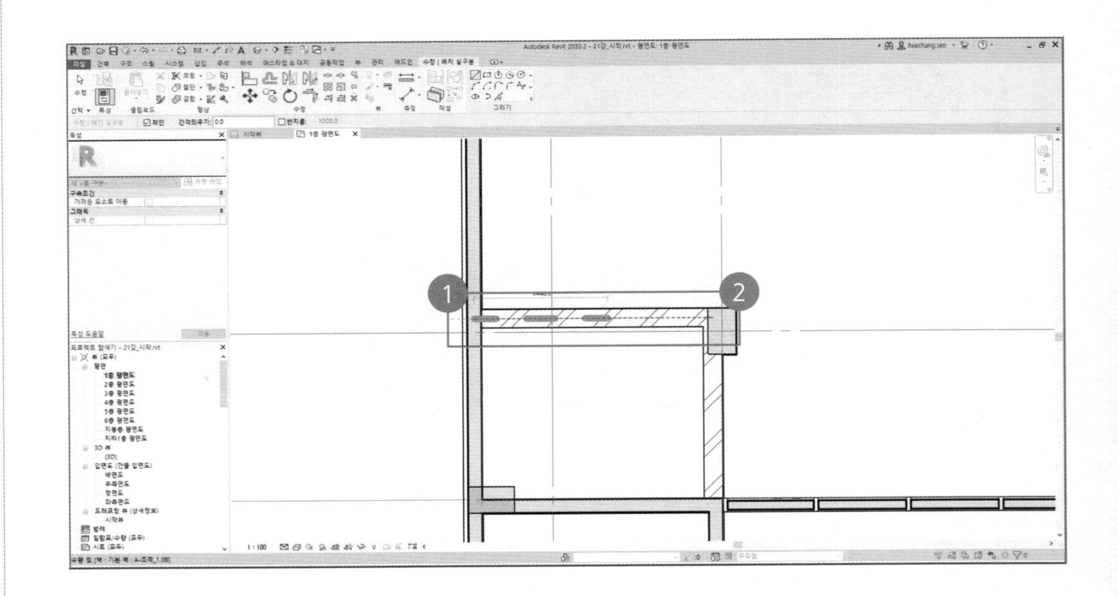

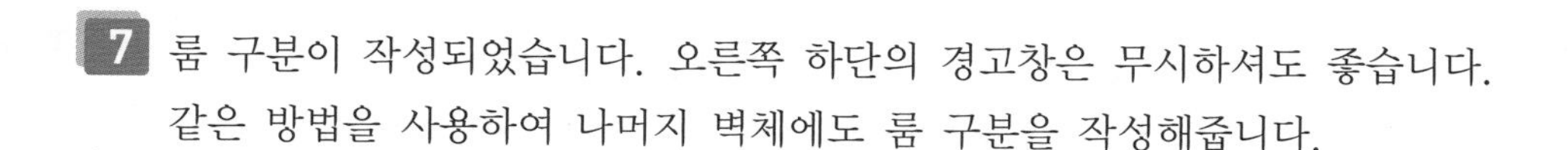

7 룸 구분이 작성되었습니다. 오른쪽 하단의 경고창은 무시하셔도 좋습니다. 같은 방법을 사용하여 나머지 벽체에도 룸 구분을 작성해줍니다.

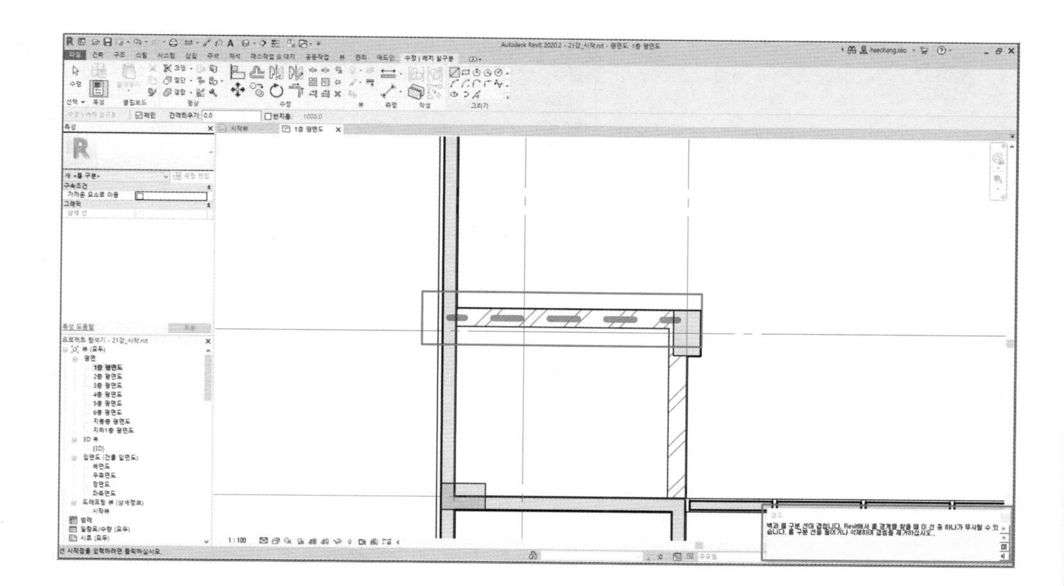

Tip

그리기 도구 - 선 선택

선 선택을 활용하여 단일객체모두 룸 구분기호를 작성할 수 있습니다

8 공간 구획에 따라 나머지 벽체에도 룸 구분을 작성하였습니다.

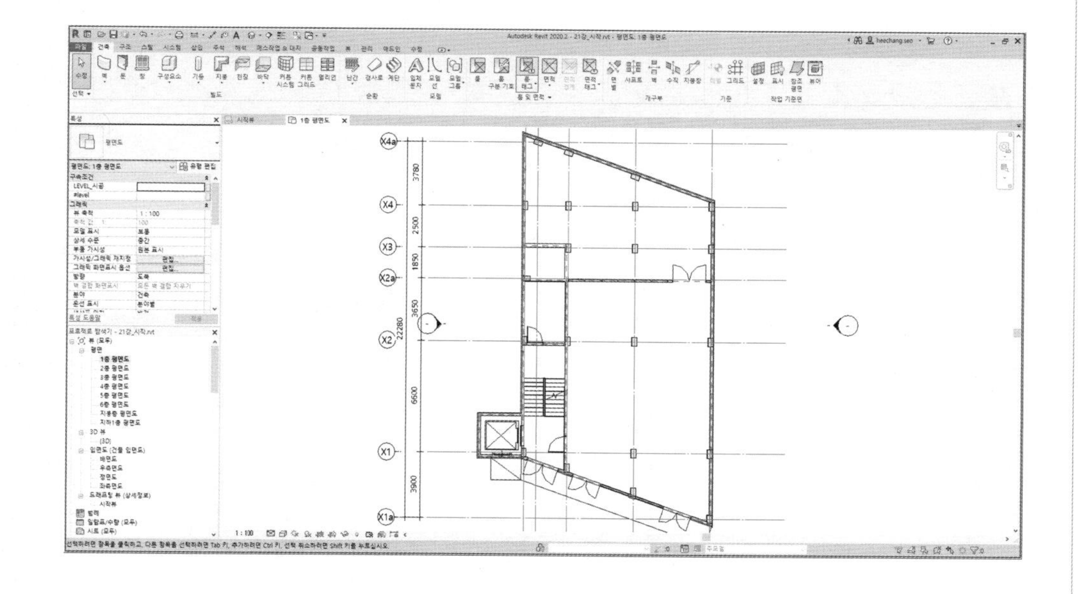

9 룸 구분이 작성된 평면도에 룸을 작성해 보겠습니다.
[건축]탭 ➡ [룸] 도구를 클릭 합니다.

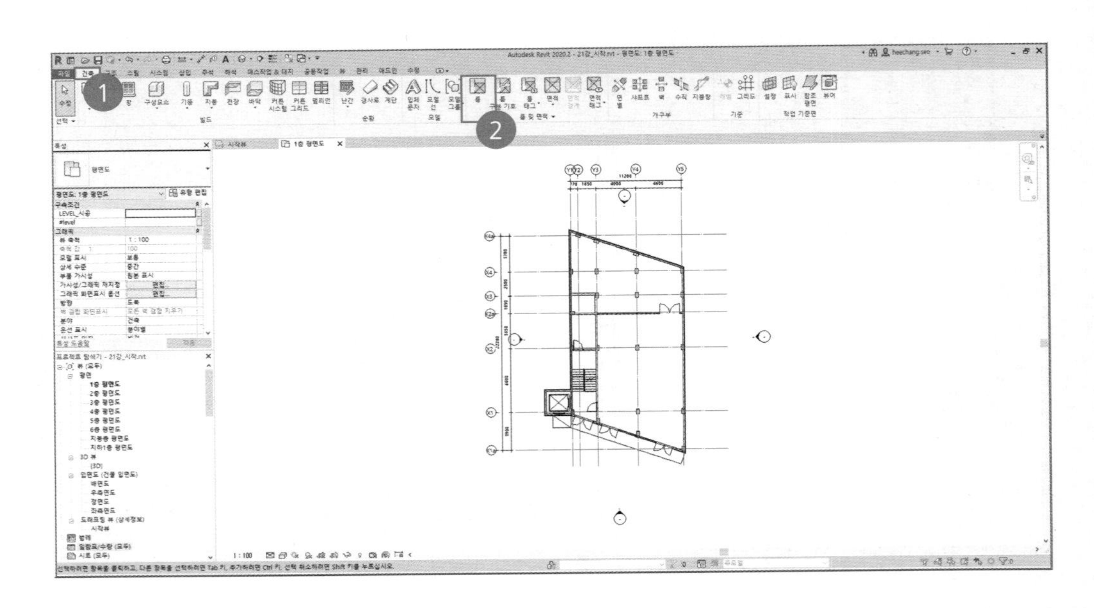

10 룸 구분이 되어 있는 공간에 마우스를 올려 놓으면 룸 작성을 할 수 있습니다. 이때 옵션바의 간격띄우기 값을 각 층의 층고로 변경하여 주고 룸을 작성합니다.

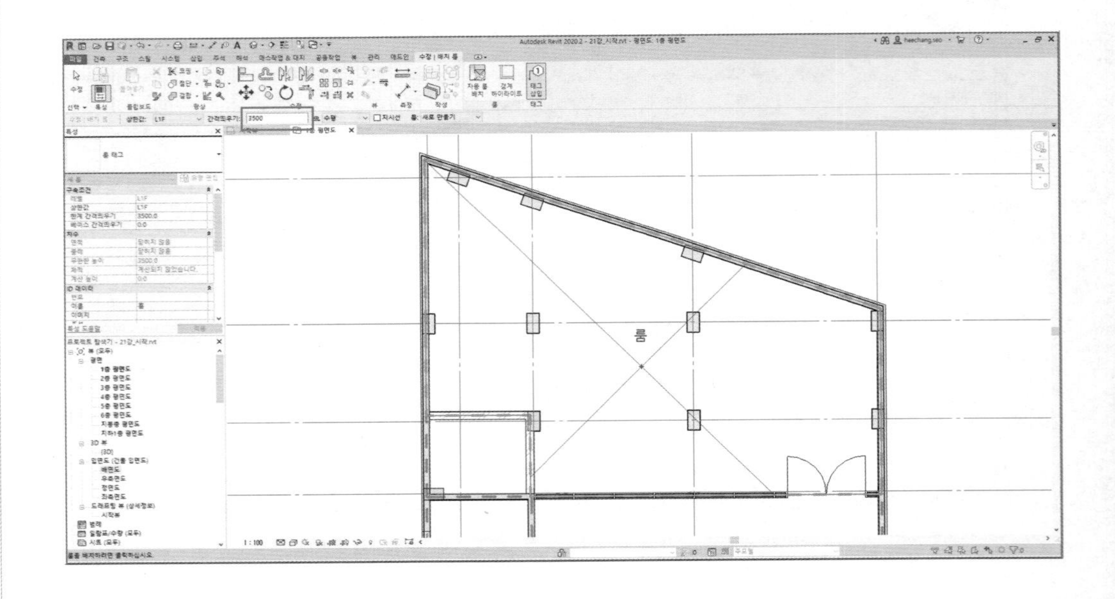

11 룸이 생성되었습니다. 생성된 룸에서 키보드 [Tab]키를 이용하여 경계가 표시 될 때 클릭하여 룸을 선택 할 수 있습니다.

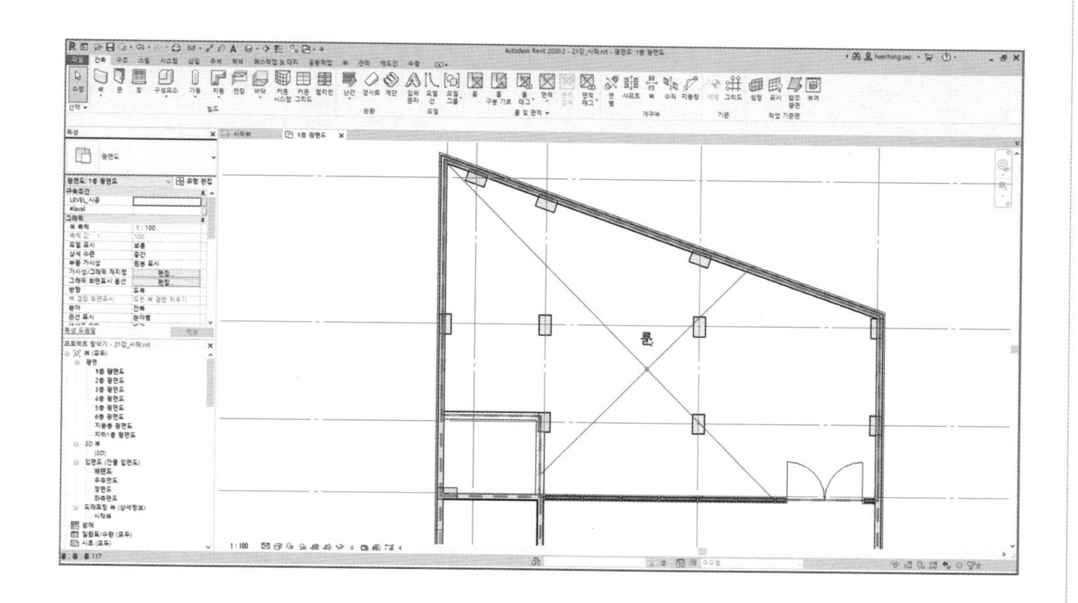

12 선택된 룸은 [특성]창에서 룸에 대한 정보를 확인하고 수정 할 수 있습니다.

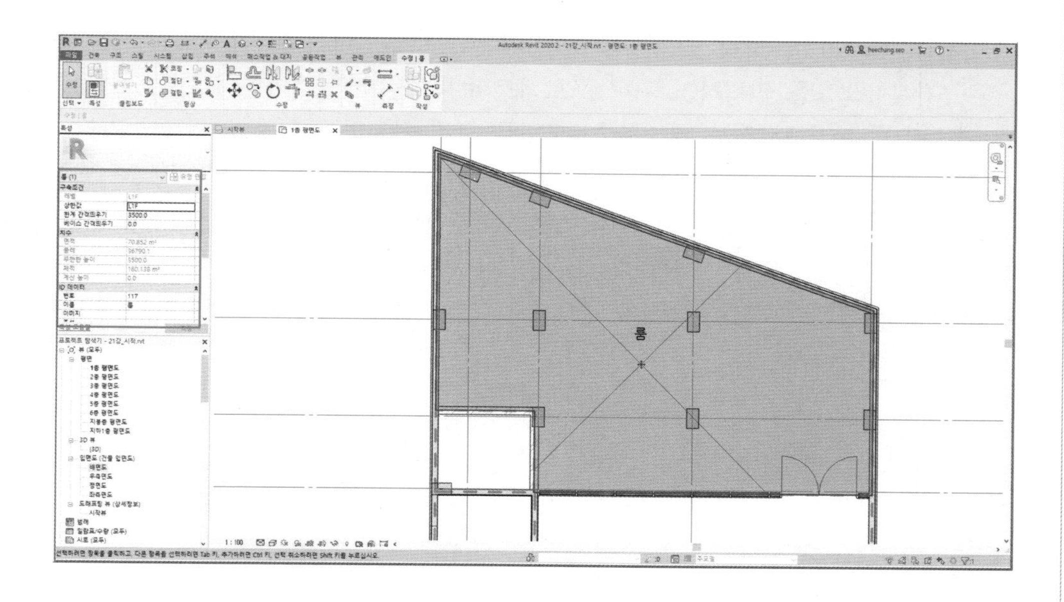

Tip

자동 룸 배치

현재 보이는 평면에 작성된 룸경계를 따라 자동으로 룸이 생성됨.

13 앞에서 설명한 룸작성 방법을 사용하여 1층 평면도에 룸을 생성합니다.

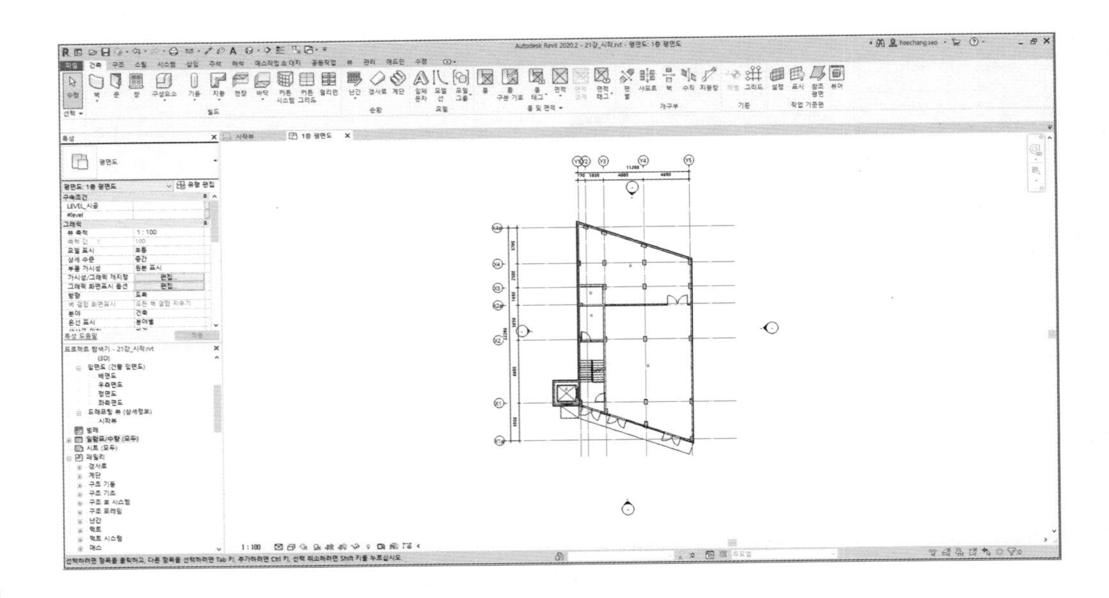

14 생성된 룸에 공간정보를 입력해보겠습니다. 조달청 "시설사업 BIM 적용 기본 지침서 v2.0"에 따라 실명, 실ID, 공간분류코드를 입력하여야 합니다. 실ID와 공간분류코드를 입력하기 위해 프로젝트의 매개변수를 추가합니다.
[관리]탭 ➡ [프로젝트 매개변수] 도구를 클릭 합니다.

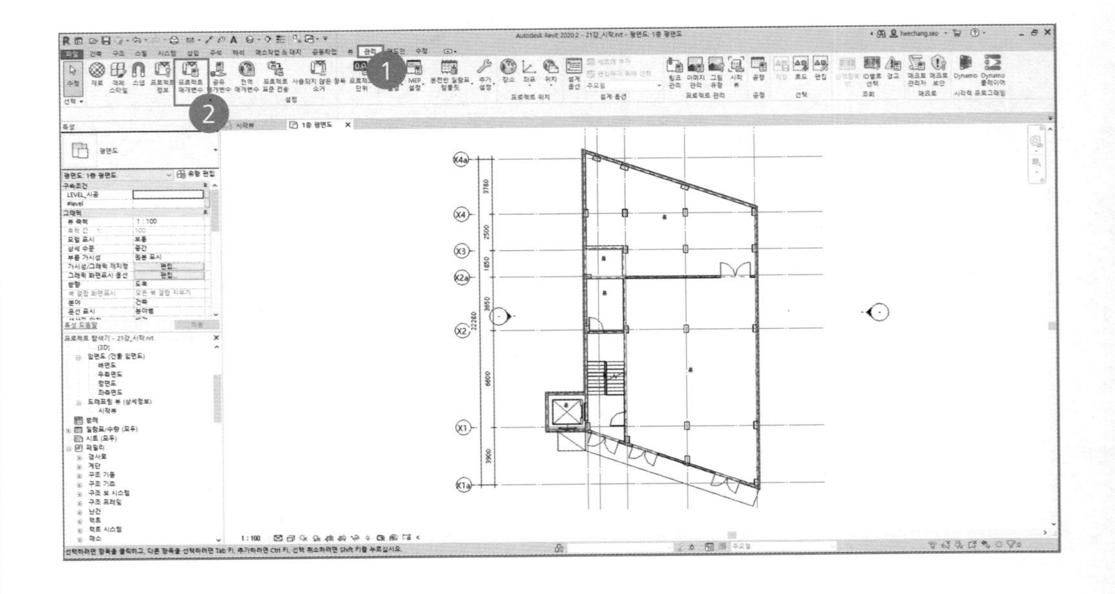

15 프로젝트 매개변수 창에서 추가를 선택합니다.

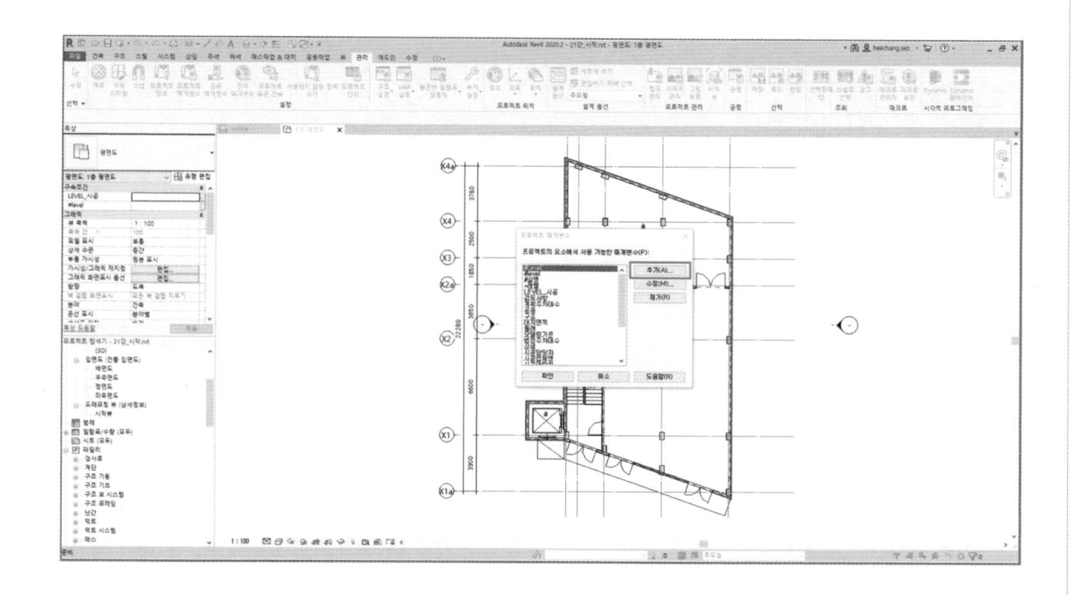

16 매개변수 특성창이 활성화 됩니다.
아래 이미지와 같이 "매개변수 데이터"를 입력하고 카테고리에서 "룸"선택 후 확인을 눌러 줍니다.

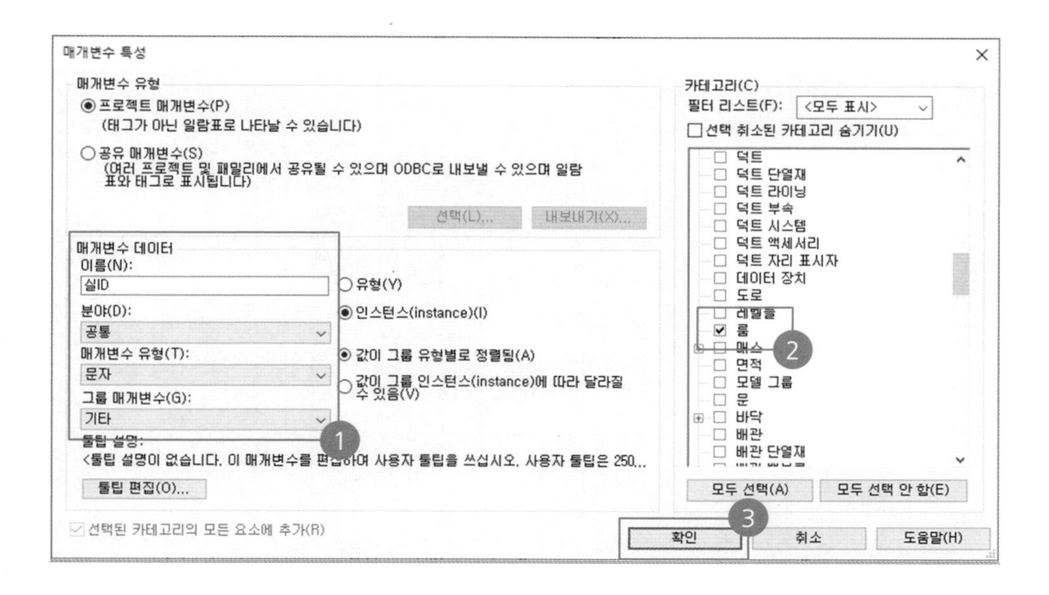

17 매개변수 추가 후 룸 선택후 [특성]창에 앞에서 추가한 실ID가 추가된 것을 확인할 수 있습니다.

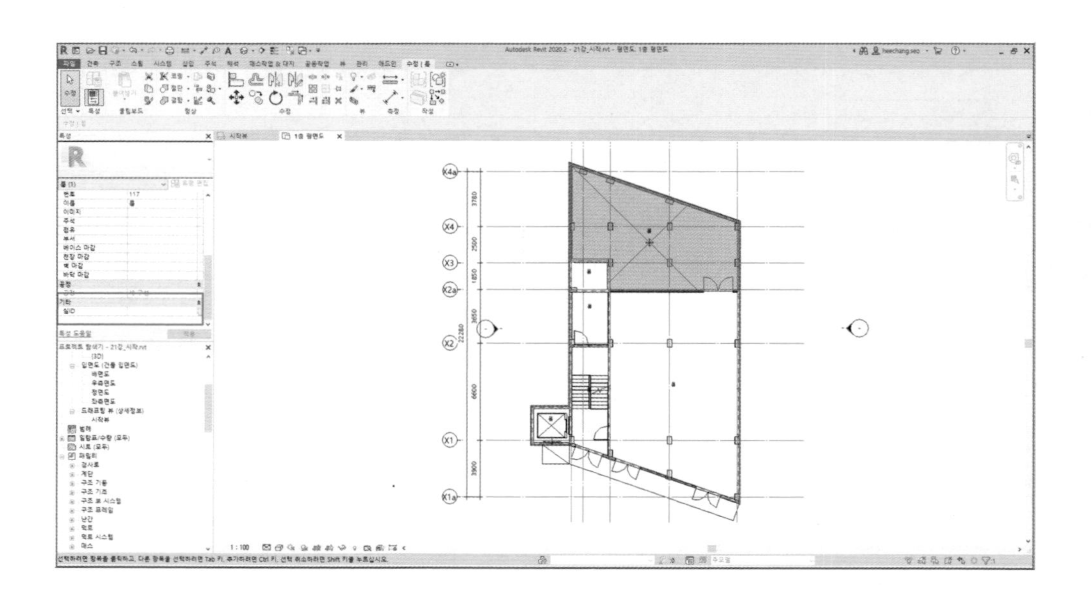

18 앞에서 설명한 방법을 매개변수 추가 방법을 사용하여 "공간분류코드"와 "시설공간구분"도 추가합니다.

Tip

시설공간구분

시설공간구분에 사용 하기 위한 매개변수. 조달청 지침사항은 아니지만 추가해야합니다.

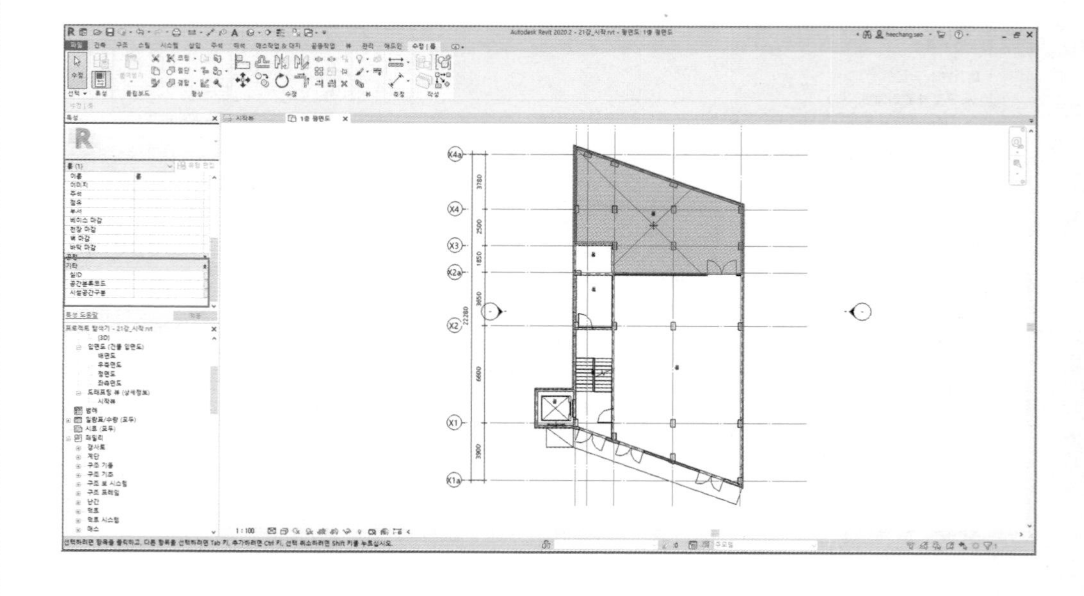

19 작성된 룸에 공간 객체의 정보를 입력해 보겠습니다. 예제 프로젝트에서는 “스페이스프로그램 코드목록”이 제공되지 않아 임의로 코드목록을 작성하였습니다. 예제 프로젝트에서 사용된 “스페이스프로그램 코드목록”은 다음과 같습니다.

층별	시설구분(코드)	실명	면적	비고
1층	문화시설 (03)	전시실	110㎡	
	업무시설 (01)	사무실	70㎡	
	공용시설 (98)	화장실	9㎡	
		계단실	18㎡	
	전체 층 시설 (99)	EV.	6㎡	
		EPS/TPS	4㎡	

층별	시설구분(코드)	실명	면적	비고
4층	복지시설(04)	휴게실	110㎡	
		체력단련실	70㎡	
	공용시설 (98)	화장실	9㎡	
		계단실	18㎡	
	전체 층 시설 (99)	EV.	6㎡	
		EPS/TPS	4㎡	

층별	시설구분(코드)	실명	면적	비고
2층	지원시설 (02)	회의실	59㎡	
		시청각실	90㎡	
	공용시설 (98)	복도	33㎡	
		화장실	9㎡	
		계단실	18㎡	
	전체 층 시설 (99)	EV.	6㎡	
		EPS/TPS	4㎡	

층별	시설구분(코드)	실명	면적	비고
5층	업무시설 (01)	사무실-1	90㎡	
		사무실-2	59㎡	
	공용시설 (98)	복도	33㎡	
		화장실	9㎡	
		계단실	18㎡	
	전체 층 시설 (99)	EV.	6㎡	
		EPS/TPS	4㎡	

층별	시설구분(코드)	실명	면적	비고
3층	지원시설 (02)	물품창고-1	59㎡	
		물품창고-2	90㎡	
	공용시설 (98)	복도	33㎡	
		화장실	9㎡	
		계단실	18㎡	
	전체 층 시설 (99)	EV.	6㎡	
		EPS/TPS	4㎡	

층별	시설구분(코드)	실명	면적	비고
6층	업무시설 (01)	사무실-3	90㎡	
		물품창고-2	50㎡	
	공용시설 (98)	복도	33㎡	
		화장실	9㎡	
		계단실	18㎡	
		계단실-2	9㎡	
	전체 층 시설 (99)	EV.	6㎡	
		EPS/TPS	4㎡	

공간분류코드

조달청 "시설사업 BIM 적용 기본지침서 v2.0" 부속서-2에서 3.2 공간분류코드 목록의 세분류를 참조하여 작성 하며 공간분류코드 목록은 임의 변경 할 수 없습니다.

20 룸을 선택하여 1층 평면도에 "스페이스프로그램 코드목록"에서 부여된 공간정보를 입력합니다.
[특성]창의 ID 데이터에 번호에는 실번호를 이름에는 실명을 입력하여 주고, 새로운 매개변수로 추가했던 기타 부분에는 실ID, 공간분류코드, 시설공간구분을 입력하여 줍니다.

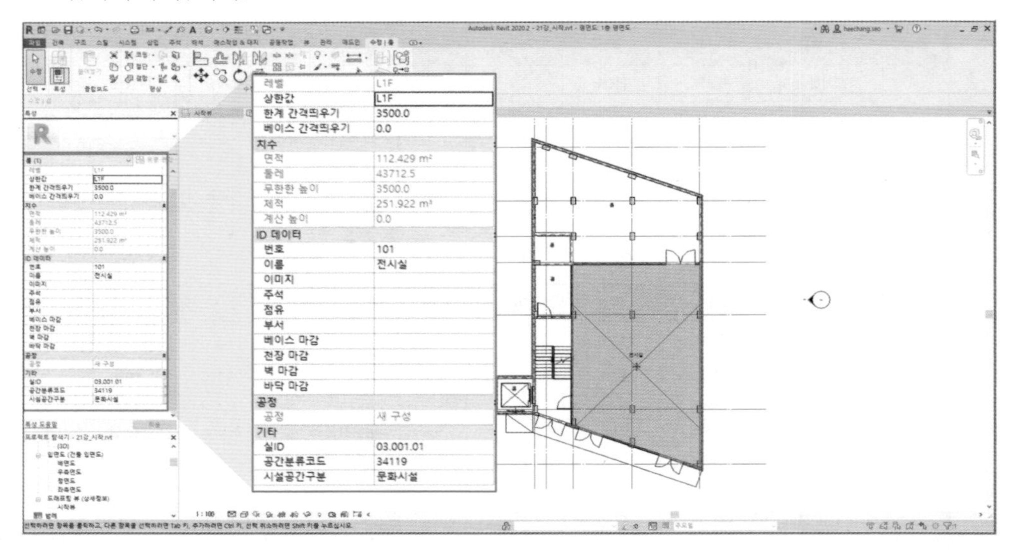

21 공간 정보 입력 후 평면도의 룸이 자동으로 변경된 것을 확인 할 수 있습니다.

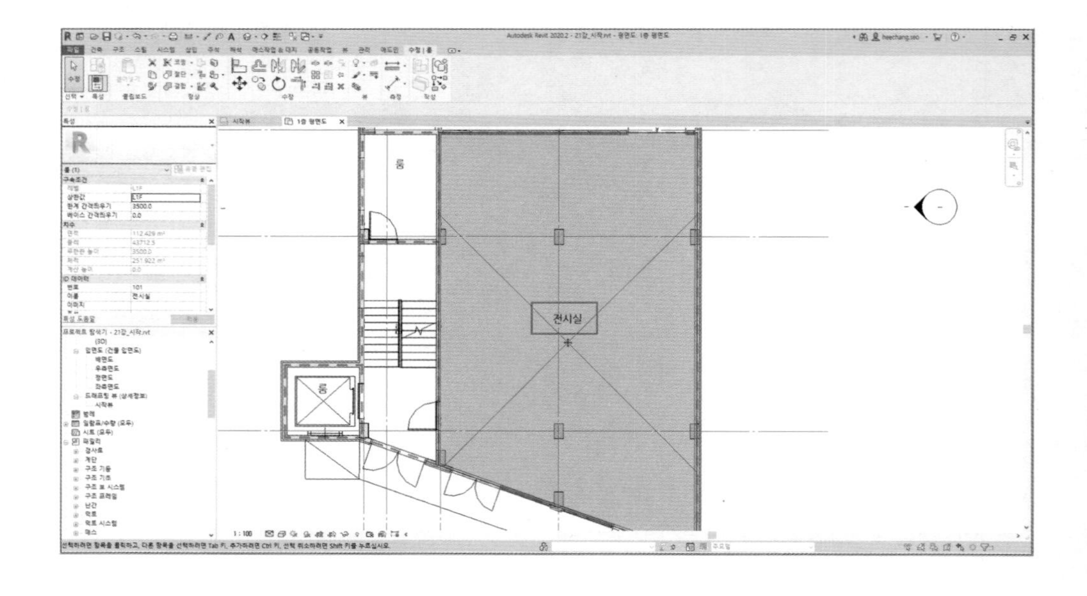

22 앞에서 사용한 룸 작성 방법과 공간객체 입력 방법을 사용하여 모든 층의 공간 정보를 입력해 보도록 하겠습니다.

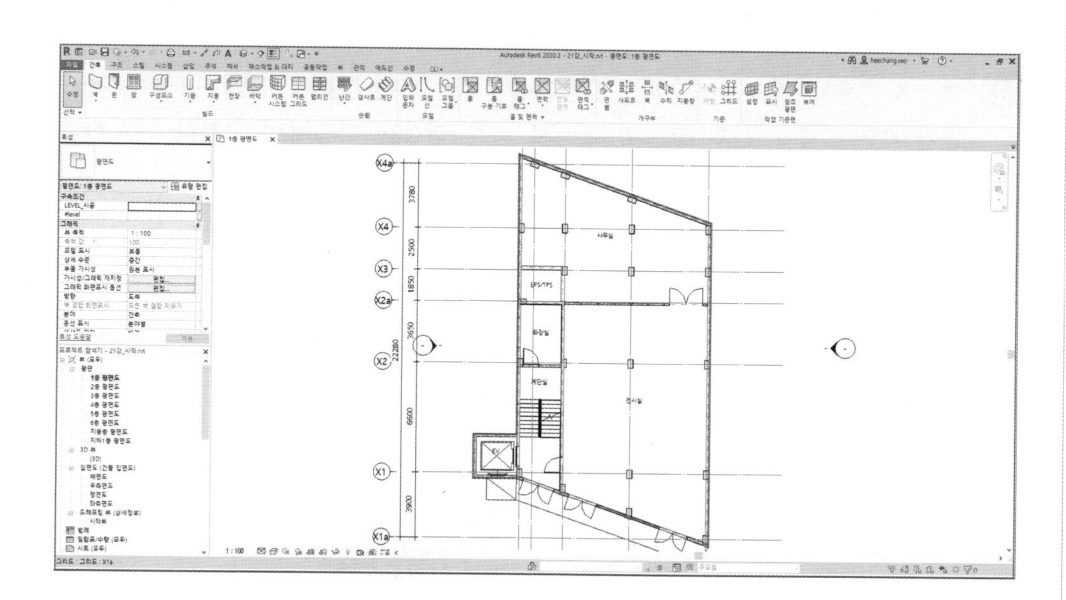

chapter 03 색상 범례 채우기

1 조달청 “시설사업 BIM 적용 기본지침서 v2.0” 공간객체 작성 방법에 따르면 공간객체는 시설-구역 코드별로 서로 다른 색상을 사용하여 구분하여야 한다고 명시되어있습니다

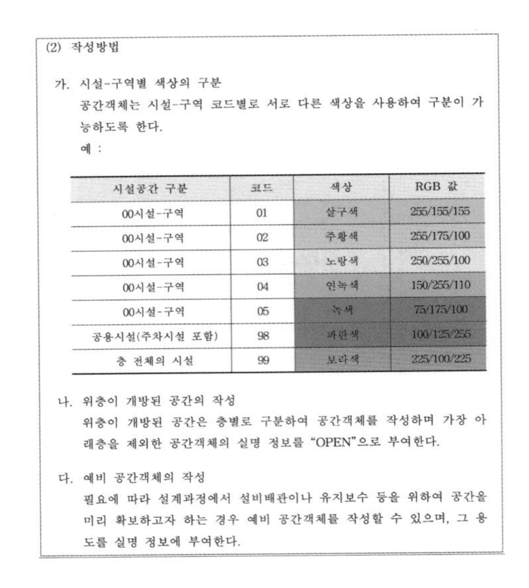

(2) 작성방법

가. 시설-구역별 색상의 구분

공간객체는 시설-구역 코드별로 서로 다른 색상을 사용하여 구분이 가능하도록 한다.

예 :

시설공간 구분	코드	색상	RGB 값
00시설-구역	01	살구색	255/155/155
00시설-구역	02	주황색	255/175/100
00시설-구역	03	노랑색	250/255/100
00시설-구역	04	연녹색	150/255/110
00시설-구역	05	녹색	75/175/100
공용시설(주차시설 포함)	98	파란색	100/125/255
층 전체의 시설	99	보라색	225/100/225

나. 위층이 개방된 공간의 작성

위층이 개방된 공간은 층별로 구분하여 공간객체를 작성하며 가장 아래층을 제외한 공간객체의 실명 정보를 “OPEN”으로 부여한다.

다. 예비 공간객체의 작성

필요에 따라 설계과정에서 설비배관이나 유지보수 등을 위하여 공간을 미리 확보하고자 하는 경우 예비 공간객체를 작성할 수 있으며, 그 용도를 실명 정보에 부여한다.

2 색상범례를 작성하기 위해 1층 평면도를 상세 복제합니다.
프로젝트 탐색기에서 1층 평면도를 우클릭한 후 [뷰 복제]에서 [상세 복제]를 선택합니다.

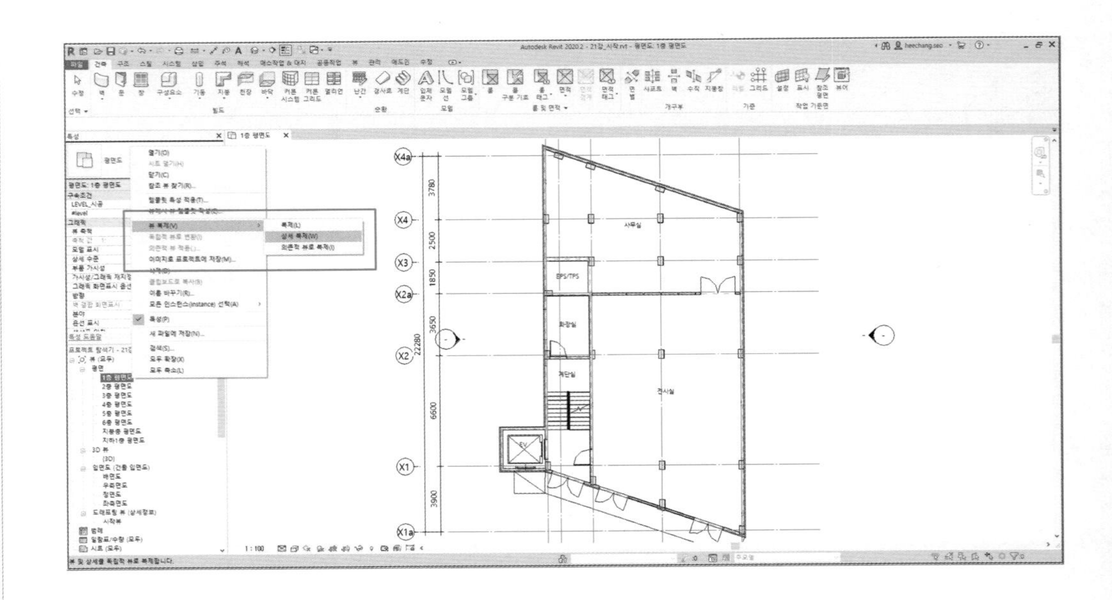

3 복제된 “1층 평면도”를 “1층 평면도 시설공간구분”으로 변경해줍니다.
[주석]탭 ➡ [색상 채우기 범례] 도구를 클릭 합니다.

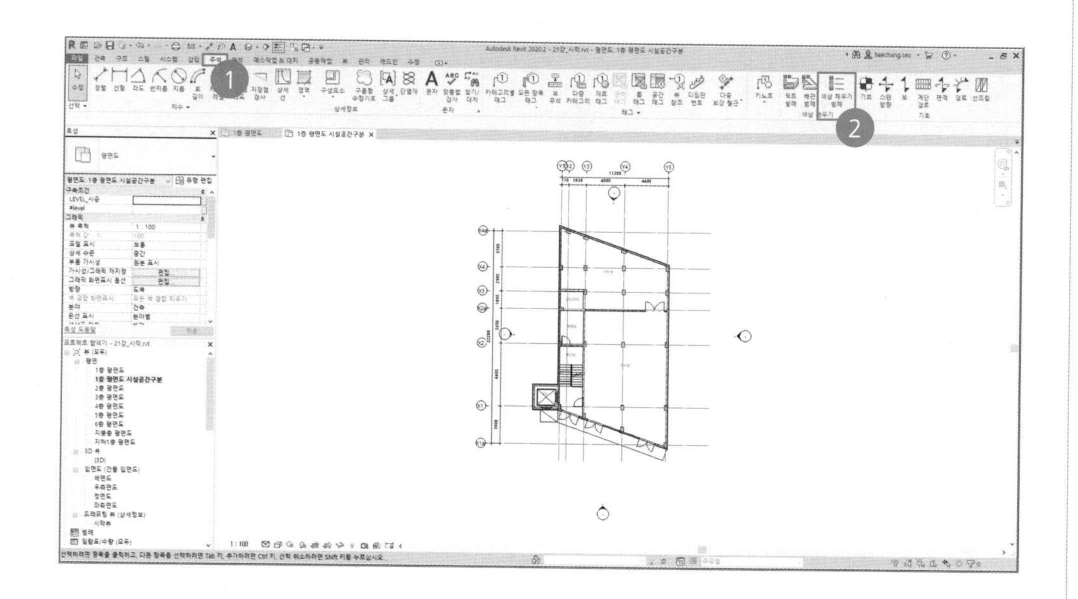

4 “색상 채우기 범례”를 평면도에 드래그 하여 클릭하면 “공간 및 색상표 선택” 팝업창이 나옵니다. 하단 이미지와 같이 공간유형과 색상표를 선택 후 확인 버튼을 클릭합니다.

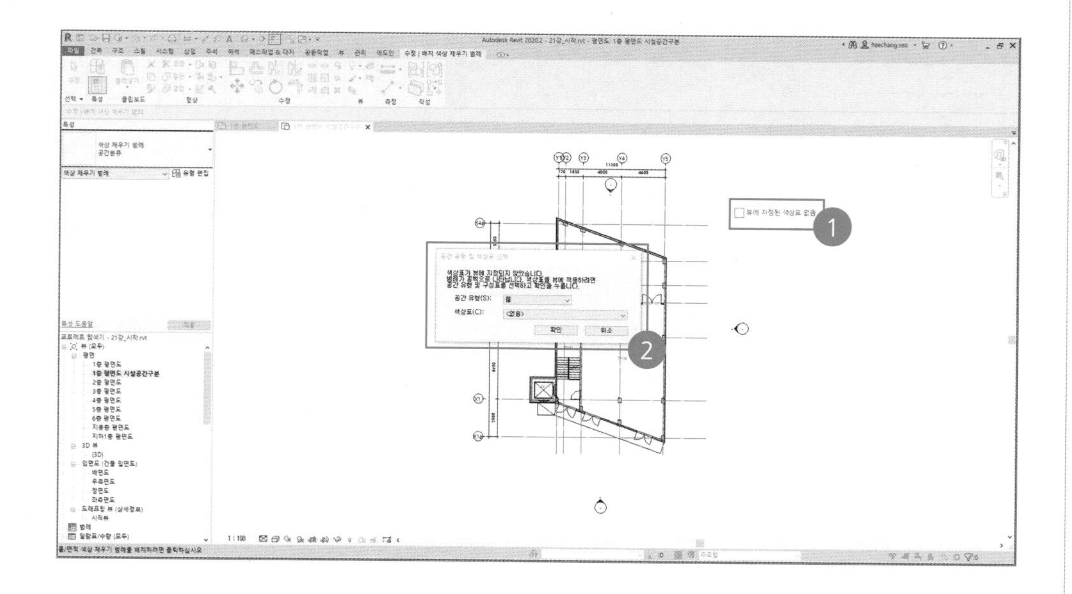

5 뷰에 지정된 색상표 없음 이라는 색상 채우기 범례가 생성 되었습니다. 색상 채우기 범례를 선택하고 상단의 [구성표 편집] 도구를 클릭합니다.

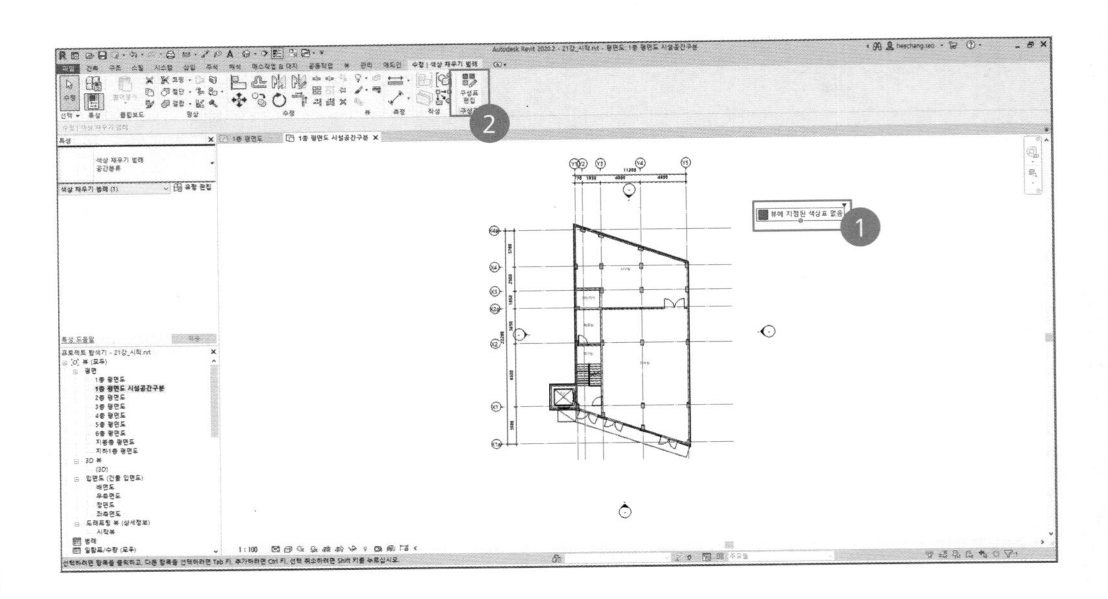

6 색상표 편집창에서 하단 이미지와 같이 카테고리에서 룸 선택 후 구성표1을 클릭 후 복제 버튼을 눌러 새 색상표를 만들어 줍니다.

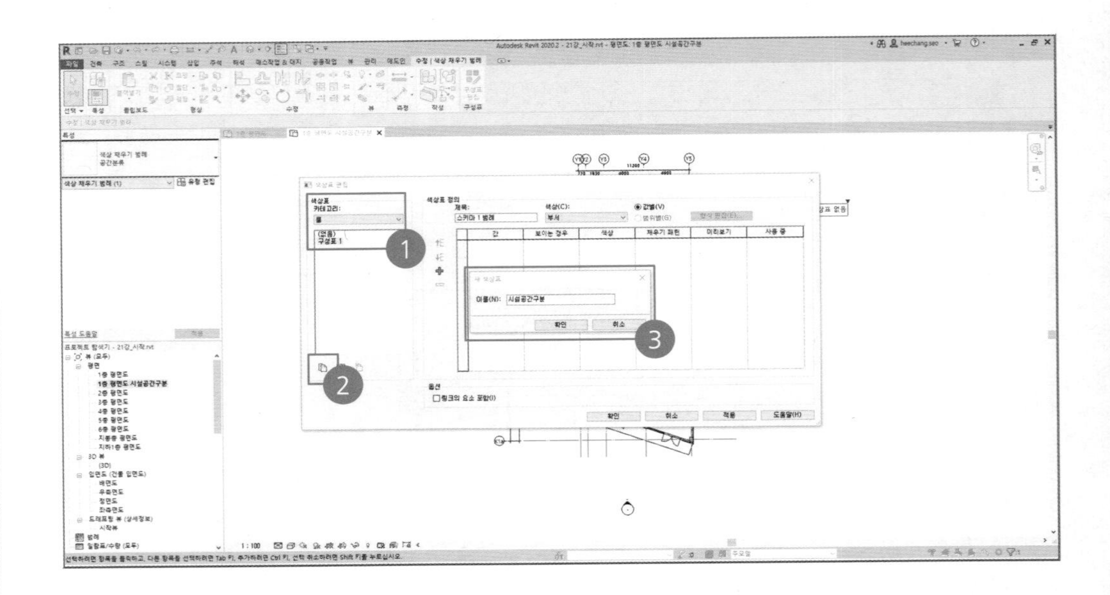

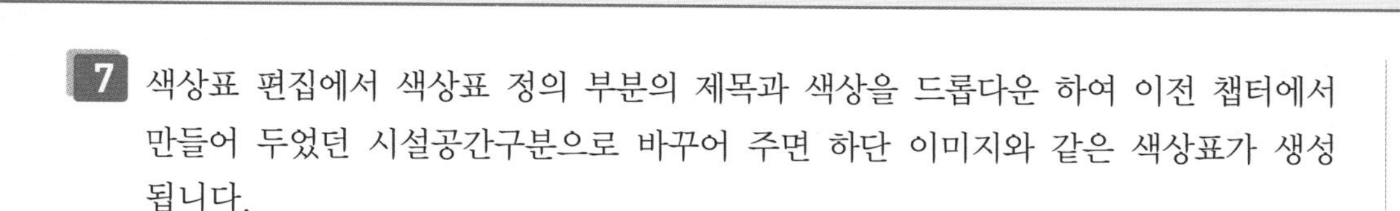

7 색상표 편집에서 색상표 정의 부분의 제목과 색상을 드롭다운 하여 이전 챕터에서 만들어 두었던 시설공간구분으로 바꾸어 주면 하단 이미지와 같은 색상표가 생성됩니다.

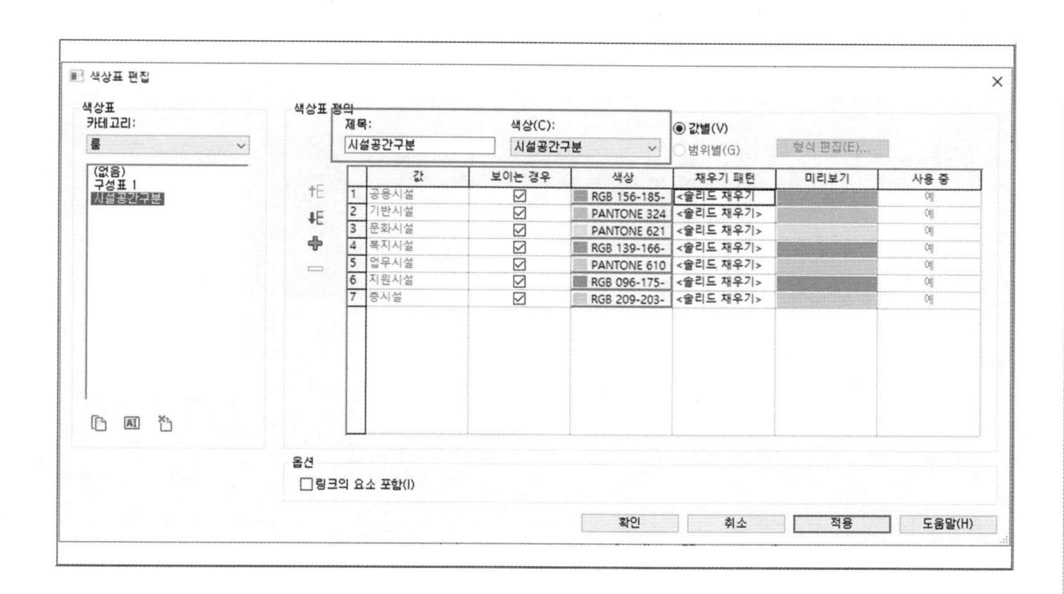

8 색상을 변경하기 위하여 각 시설의 색상을 클릭합니다.

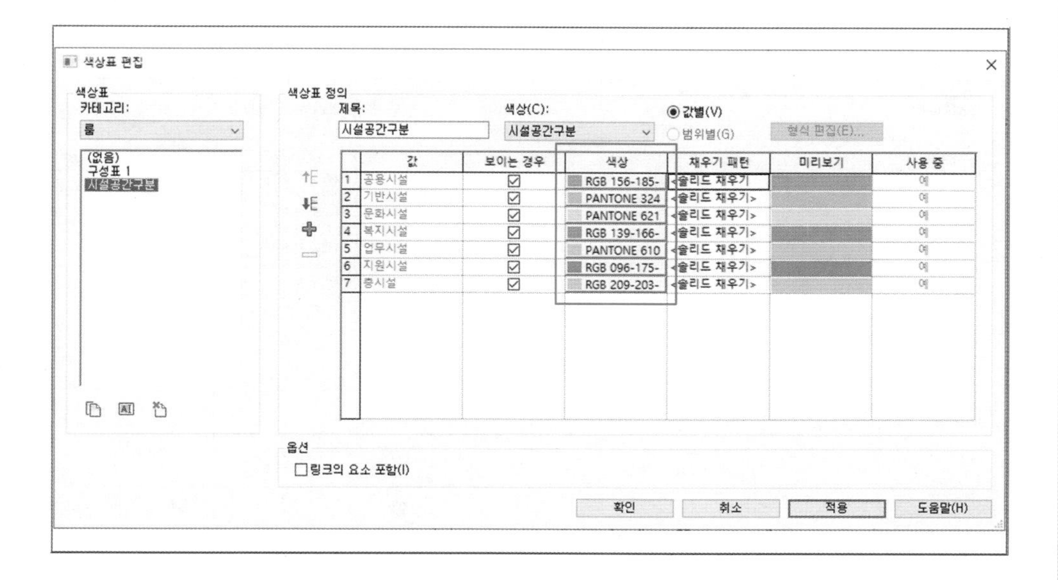

Tip

예제 프로젝트의 색상값

조달청 "시설사업 BIM 적용 기본지침서 v2.0"부속서-2 에서 3.2 공간분류코드 목록의 세분류를 참조하여 작성하며 공간분류코드 목록은 임의 변경 할 수 없습니다.

9 각 시설에 맞는 값으로 RGB 값을 수정합니다. 각 시설의 색상 값은 설계관리자와 협의하에 선정합니다.(수정 가능)

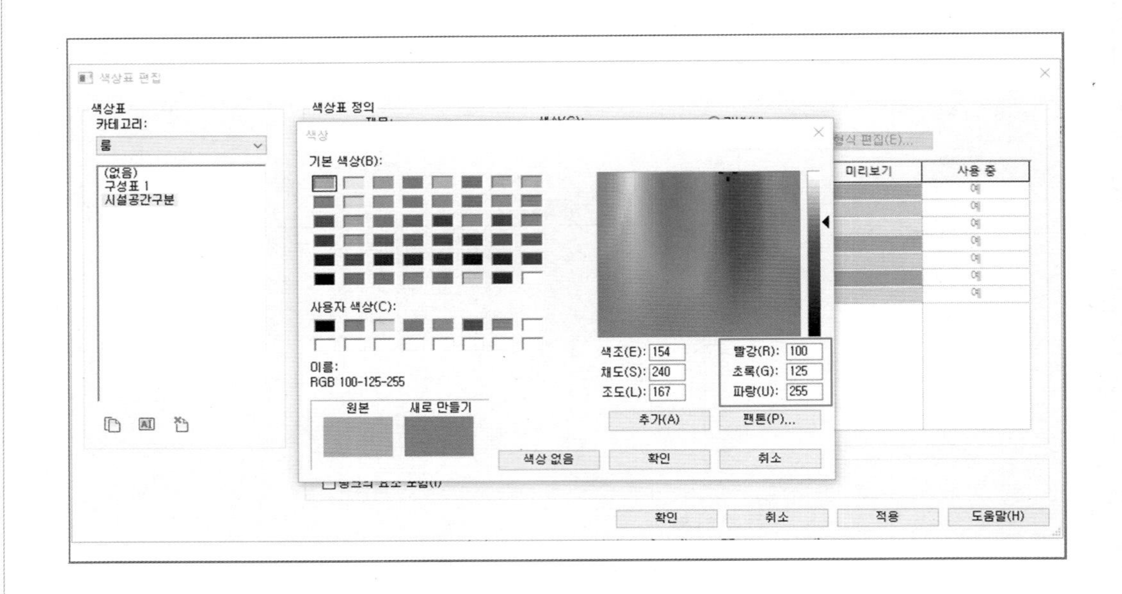

10 색상을 설정하고 적용을 눌러 줍니다.
(본 교제는 "시설사업 BIM 적용 기본지침서 v2.0" 기준 작성)

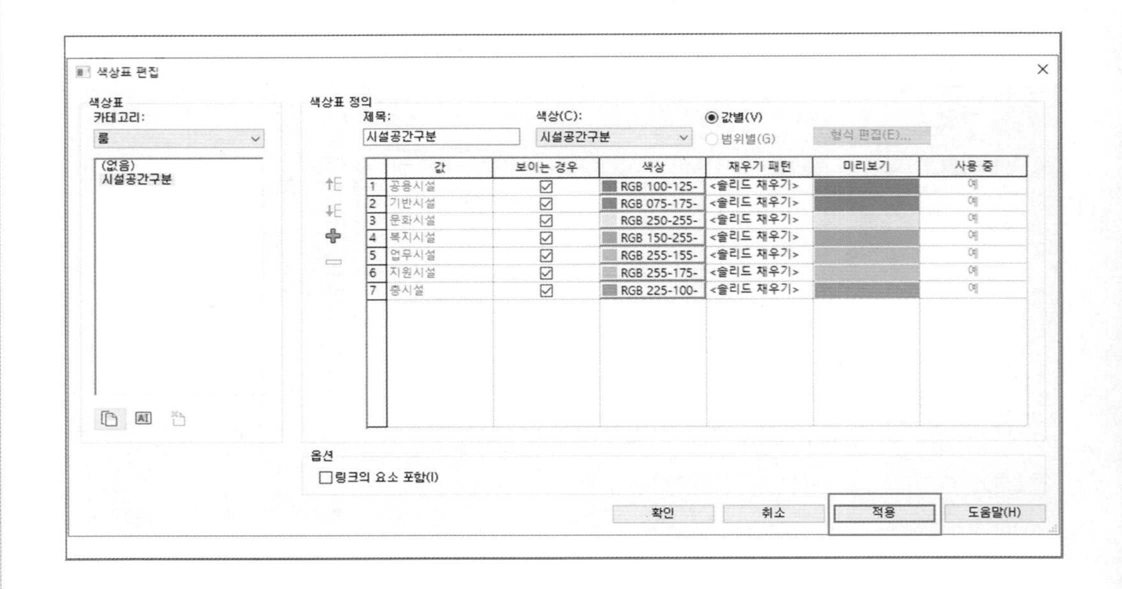

11 색상 채우기 범례를 적용하면 화면에 각 시설공간구분별 색상이 채워집니다.

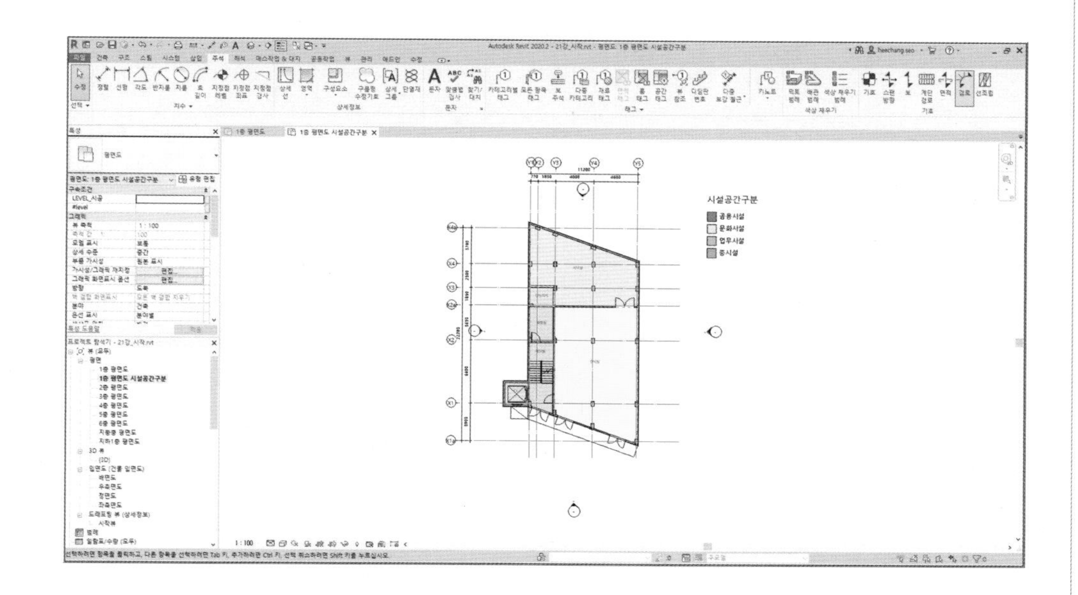

12 앞에서 설명한 색상 채우기 범례 작성방법을 사용하여 모든 층의 시설공간구분을 만들어 보겠습니다.

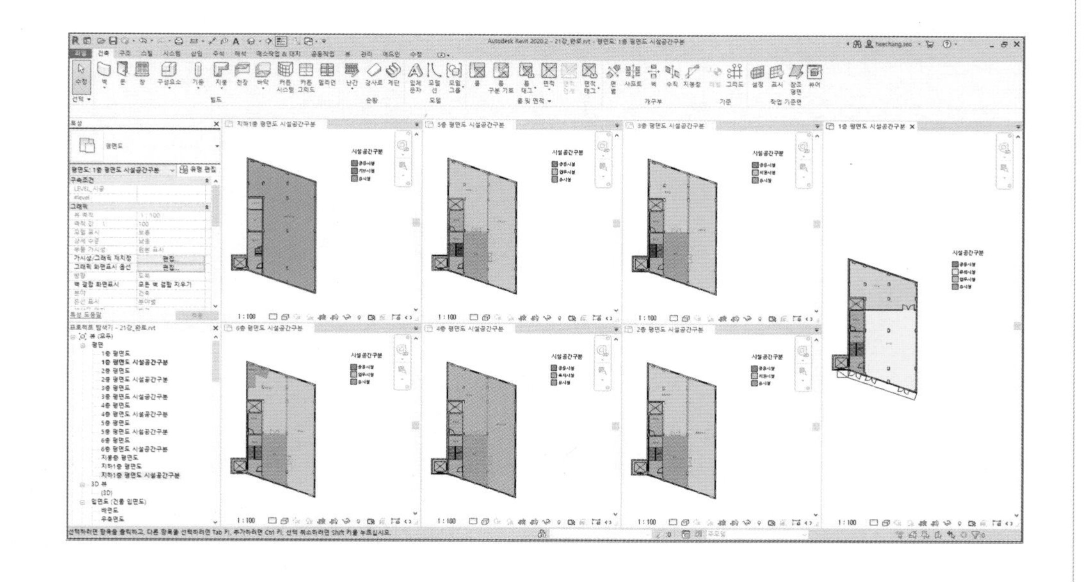

 **Tip**

뷰 템플릿 사용

이미 만들어져있는 뷰 템플릿을 사용하여 시설공간구분 템플릿을 사용하면 그리드 및 입면도를 제거 할 수 있습니다.

• 한솔아카데미 자료실 www.bestbook.co.kr

• BIMer 온라인커뮤니티 https://blog.naver.com/bimfactory

memo

BIMFACTORY
COMPANY

제 22 편

계획 건축 설계

피난거리

01_ 조달청 BIM 품질관리기준 소개
02_ 피난거리 작성
03_ 피난거리 일람표 작성

Section

22

계획 건축 설계

피난거리

22강에서는 BIM품질관리기준에 따라 계획품질 확보를 위한 피난거리를 작성해보겠습니다.
피난거리 작성은 BIM품질관리 중 계획품질 확보를 위한 기본 성과물로써 계획 / 중간 / 실시 모든 단계에서 사용됩니다.

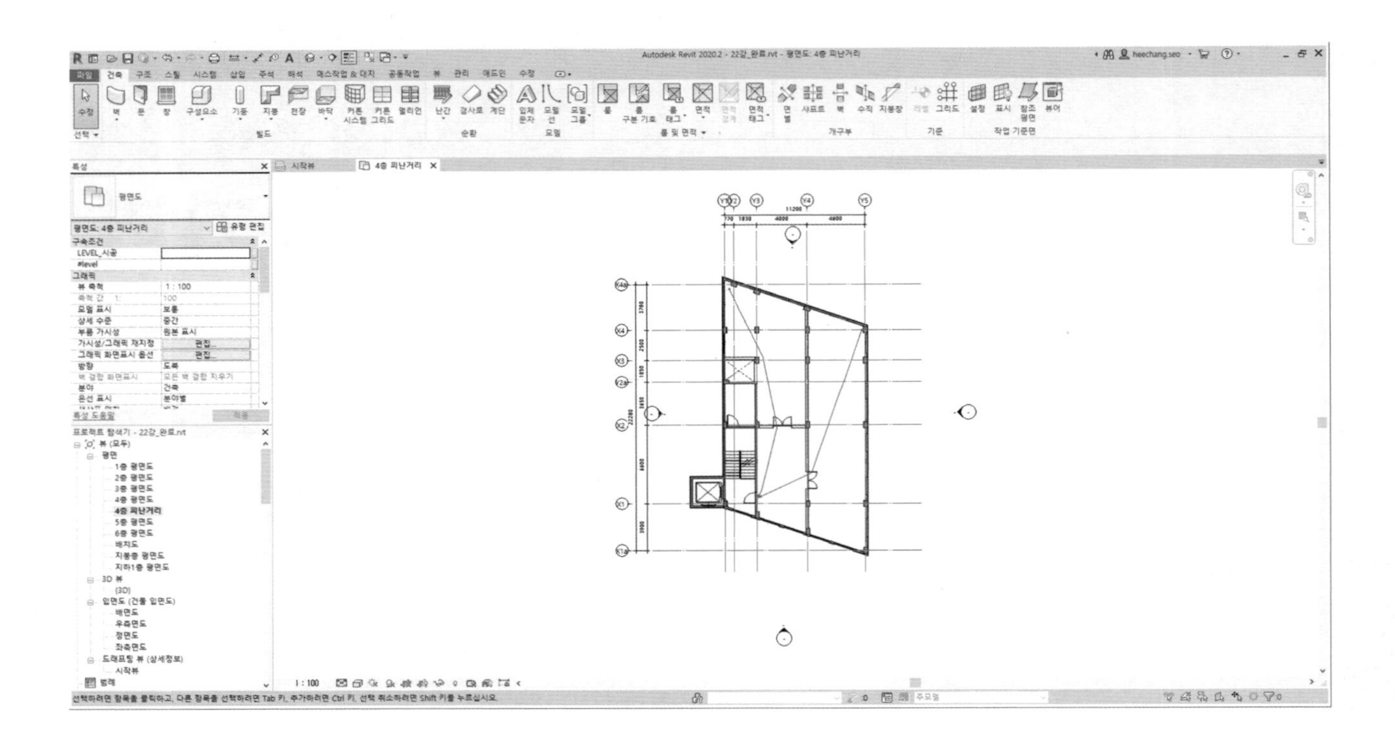

POINT!!

- 피난거리 작성 방법 학습
- 피난거리 작성 방법 응용

chapter 01 조달청 BIM품질관리기준 소개

1 계획설계 BIM 적용지침 중 "BIM품질관리기준" - "계획품질확보" - "피난 및 방재 설계조건 충족" 지침에 따라 피난거리를 BIM 데이터를 활용하여 작성하고 추후 "BIM 결과보고서 피난 및 방재 설계조건의 충족" 부분을 작성합니다.

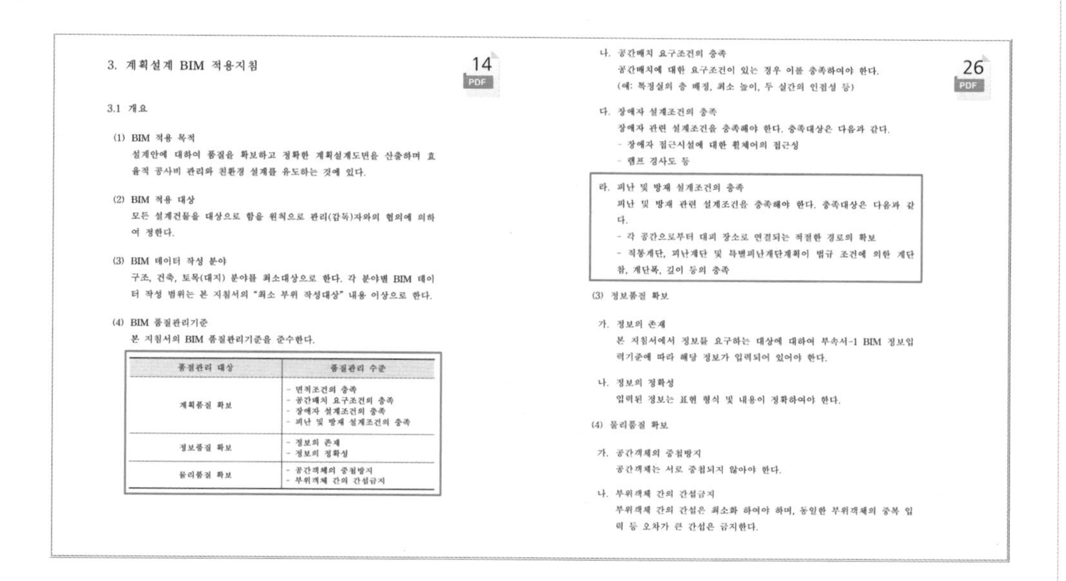

3. 계획설계 BIM 적용지침

14 PDF

3.1 개요

(1) BIM 적용 목적
설계안에 대하여 품질을 확보하고 정확한 계획설계도면을 산출하며 효율적 공사비 관리와 친환경 설계를 유도하는 것에 있다.

(2) BIM 적용 대상
모든 설계건물을 대상으로 함을 원칙으로 관리(감독)자와의 협의에 의하여 정한다.

(3) BIM 데이터 작성 분야
구조, 건축, 토목(대지) 분야를 최소대상으로 한다. 각 분야별 BIM 데이터 작성 범위는 본 지침서의 "최소 부위 작성대상" 내용 이상으로 한다.

(4) BIM 품질관리기준
본 지침서의 BIM 품질관리기준을 준수한다.

품질관리 대상	품질관리 수준
계획품질 확보	- 면적조건의 충족 - 공간배치 요구조건의 충족 - 장애자 설계조건의 충족 - 피난 및 방재 설계조건의 충족
정보품질 확보	- 정보의 존재 - 정보의 정확성
물리품질 확보	- 공간객체의 중첩방지 - 부위객체 간의 간섭금지

26 PDF

나. 공간배치 요구조건의 충족
공간배치에 대한 요구조건이 있는 경우 이를 충족하여야 한다.
(예: 특정실의 층 배정, 최소 높이, 두 실간의 인접성 등)

다. 장애자 설계조건의 충족
장애자 관련 설계조건을 충족해야 한다. 충족대상은 다음과 같다.
- 장애자 접근시설에 대한 휠체어의 접근성
- 램프 경사도 등

라. 피난 및 방재 설계조건의 충족
피난 및 방재 관련 설계조건을 충족해야 한다. 충족대상은 다음과 같다.
- 각 공간으로부터 대피 장소로 연결되는 적절한 경로의 확보
- 직통계단, 피난계단 및 특별피난계단계획이 법규 조건에 의한 계단참, 계단폭, 길이 등의 충족

(3) 정보품질 확보

가. 정보의 존재
본 지침서에서 정보를 요구하는 대상에 대하여 부속서-1 BIM 정보입력기준에 따라 해당 정보가 입력되어 있어야 한다.

나. 정보의 정확성
입력된 정보는 표현 형식 및 내용이 정확하여야 한다.

(4) 물리품질 확보

가. 공간객체의 중첩방지
공간객체는 서로 중첩되지 않아야 한다.

나. 부위객체 간의 간섭금지
부위객체 간의 간섭은 최소화 하여야 하며, 동일한 부위객체의 중복 입력 등 오차가 큰 간섭은 금지한다.

2 "부속서-02 BIM 정보표현수준"에서 "BIL20"을 살펴보면, 계획설계 수준으로 피난관리를 위해 활용된다고 표현되어 있습니다.

Building Information Level	표현수준	용도 예
BIL10	* 지형 및 주변건물 표현 * 면적, 높이, 볼륨, 위치 및 방향 표현 1) 건물단위 건물단위의 매스 2) 층단위 층으로 구분된 매스 3) 블록단위 프로그램별로 분리된 블록매스	<기획단계 수준> * 면적, 볼륨 또는 이와 유사한 추정기법에 따라 개략 공사비 예측에 사용가능 (예를 들어, 바닥면적, 콘도미니엄 유닛, 병원 침실 등) * 프로젝트의 전체기간 스케줄 및 단계화를 위해 모델사용가능
BIL20	* 계획설계 수준에서 필요한 형상의 표현 * 계획에 필요한 부재의 존재표현 * 주요 구조부재의 존재(기둥, 벽, 슬래브, 지붕) * 간략화된 계단 및 슬로프 * 벽은 단일벽으로 표현 * 개구부(창호생략가능) * 커튼월 멀리언 형상표현	<계획설계 수준> * 규모검토 * 개략공사비검토 * 설계조건검토 * 각종개략분석 * 3차원협의 * 임대관리 * 피난관리
BIL30	* 기본설계 수준에서 필요한 모든 부재의 존재표현 * 부재의 수량, 크기, 위치 및 방향의 표현 * 공간 * 모든 구조부재의 규격 * 계단은 정확한 단수포함 * 벽은 이중벽표현 * 개구부표현(창호는 프레임 존재표시)	<중간설계(기본설계) 수준> * 정확한 기본도면 산출 * 인허가도면 산출 * 각종설계 의사결정 * 기본품질검토 * 각종분석 * 3차원협의

chapter 02 피난거리 작성

1 Revit을 실행합니다.
모델 창 [열기] 클릭 ➡ ₩예제파일₩22강₩22강_시작.rvt를 선택하고 [열기]를 클릭합니다.

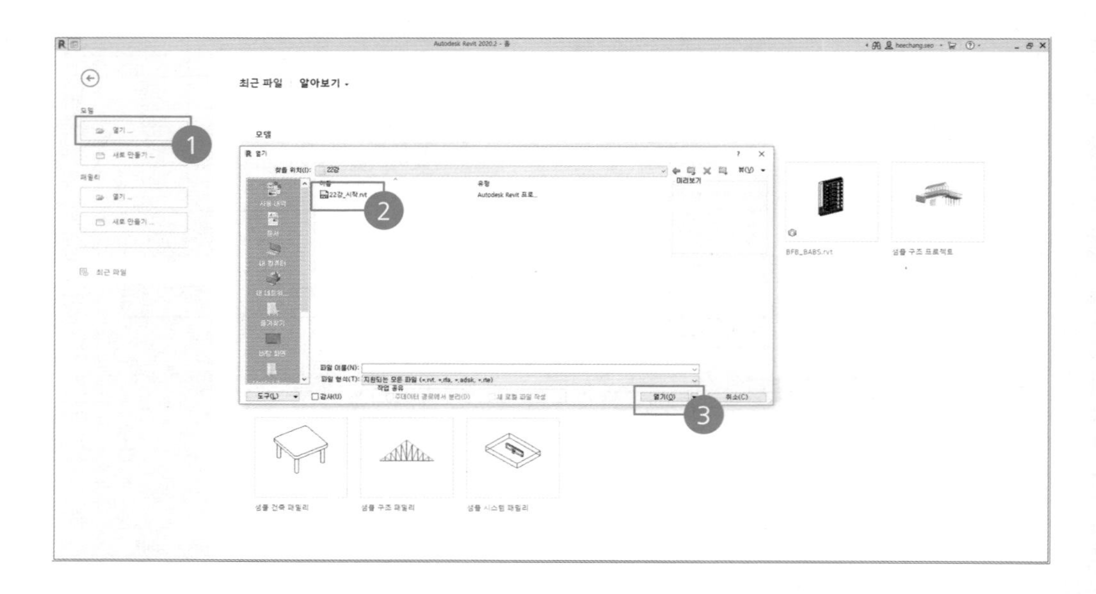

2 프로젝트 탐색기에서 "4층 평면도"를 더블클릭하여 엽니다.
해당 뷰에서 피난거리는 기준층을 기준으로 작성합니다.

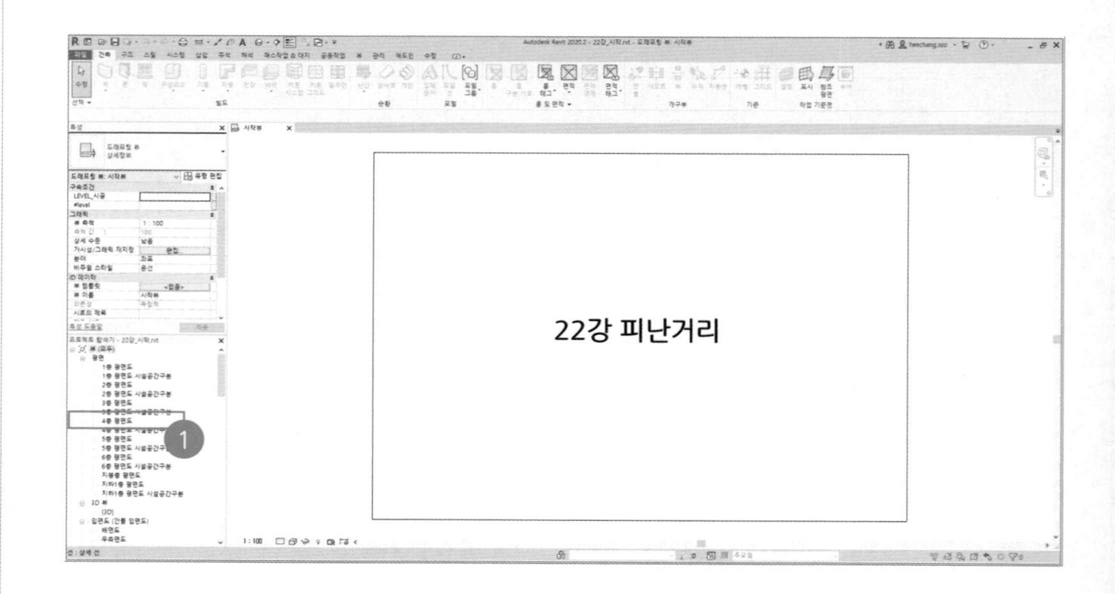

3 4층 평면도가 활성화 되었습니다.
[프로젝트 탐색기] ➡ [4층 평면도] 선택 후 마우스 우클릭 복제를 선택합니다.

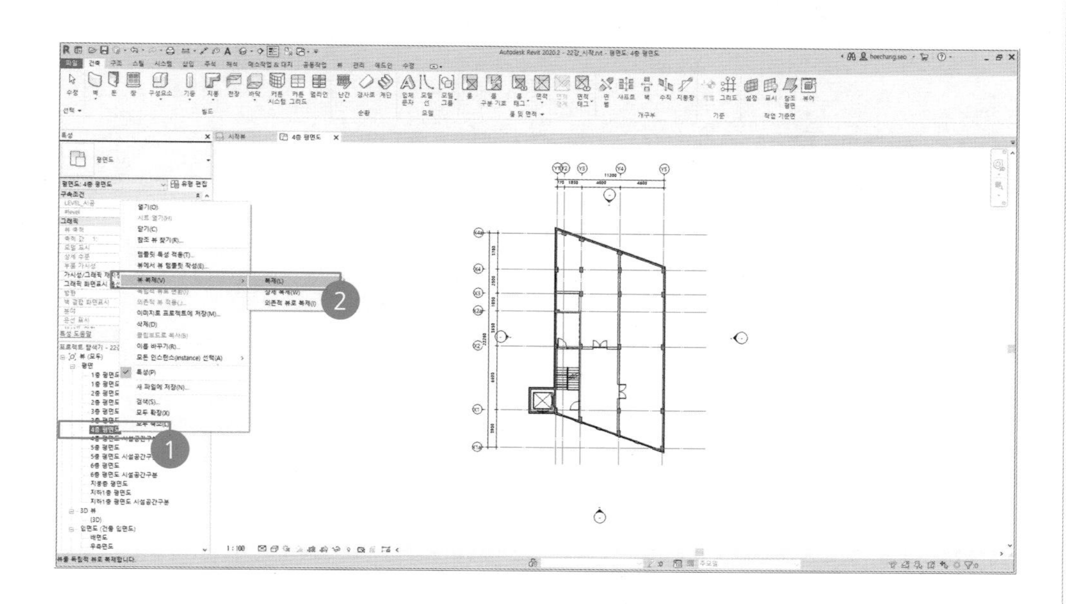

4 [프로젝트 탐색기] ➡ [평면]에 [4층 평면도]가 복제 되었습니다.
복제된 평면도의 이름을 [4층 평면도 피난거리]로 변경해줍니다.

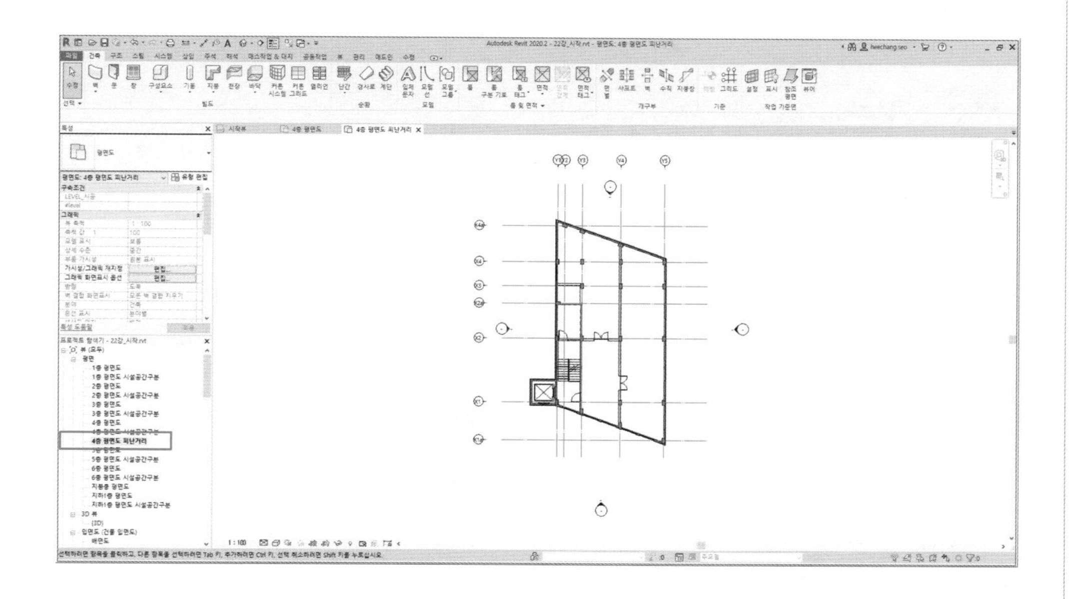

5 피난거리를 작성해보겠습니다. Revit 의 새로운 기능인 [이동경로] 도구를 사용해 피난거리를 작성하겠습니다.
[해석]탭 ➡ [이동경로]도구를 선택 합니다.

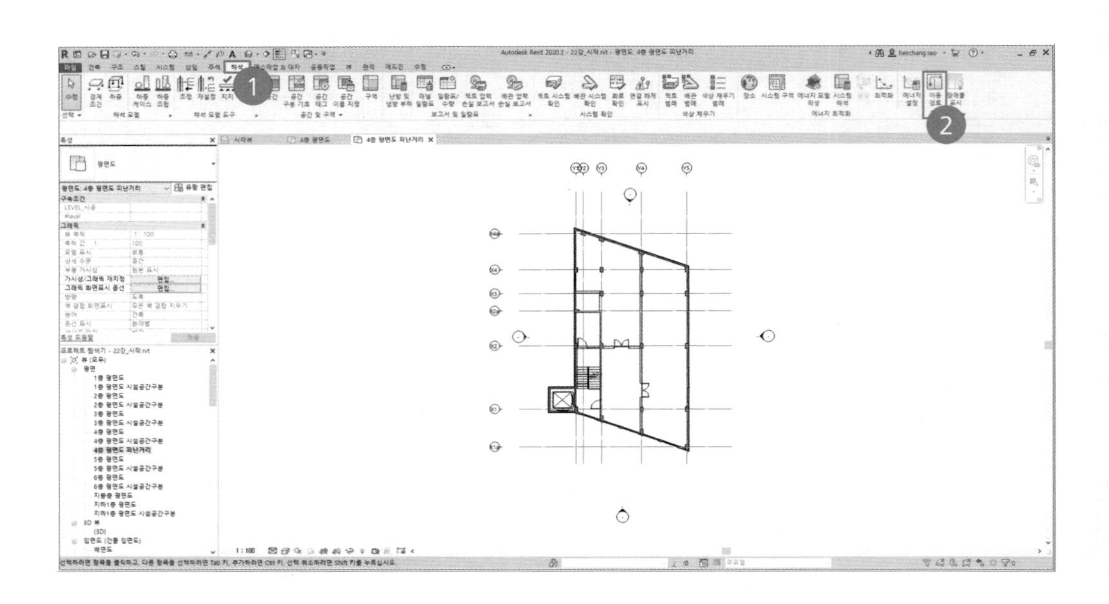

6 [이동경로] 도구가 활성화 되면 가이드라인이 생성됩니다. 가이드 라인을 하단 이미지를 참고하여 실의 끝부터 직통계단까지 선택합니다.

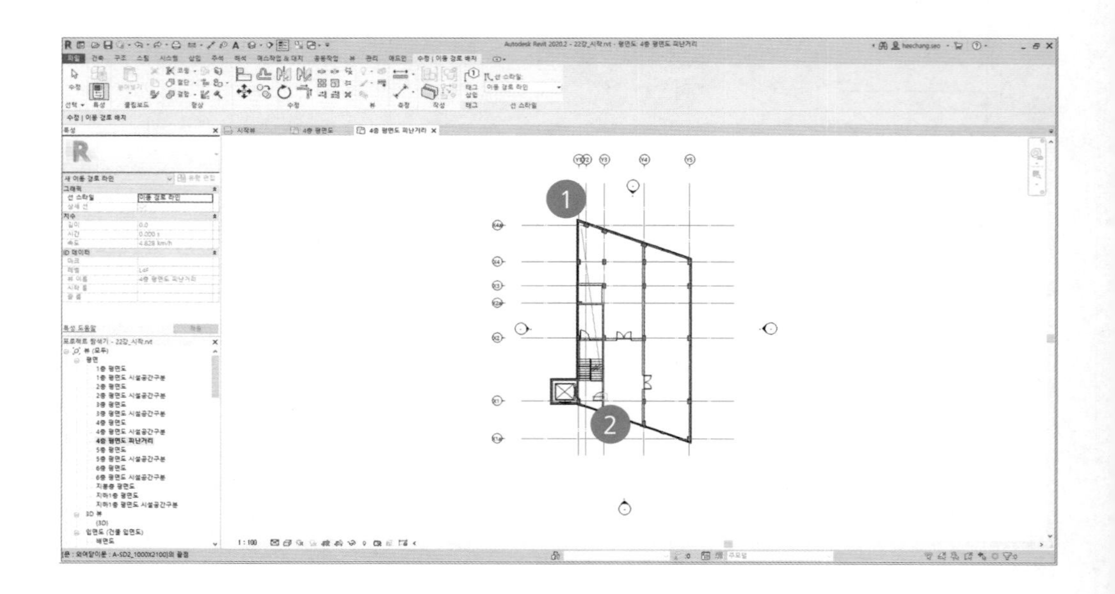

7 피난 거리가 작성된 것을 확인할 수 있습니다. 평면도에 생성된 피난거리를 선택하면 [특성]창에서 피난거리의 정보를 확인 할 수 있습니다.

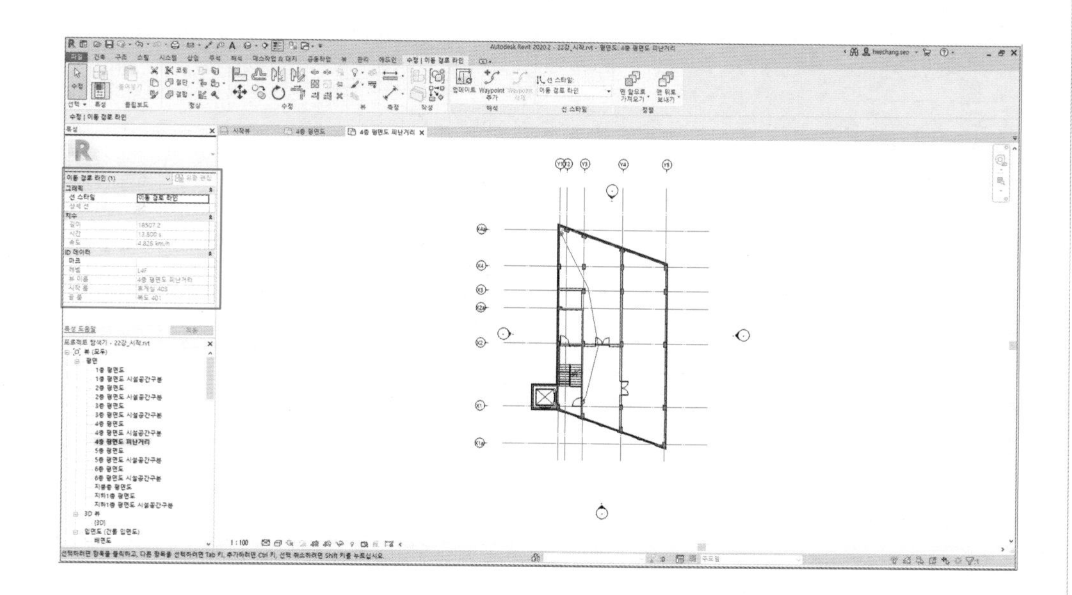

8 앞에서 설명한 이동경로 작성 방법을 사용하여 남은 실의 피난거리도 작성합니다.

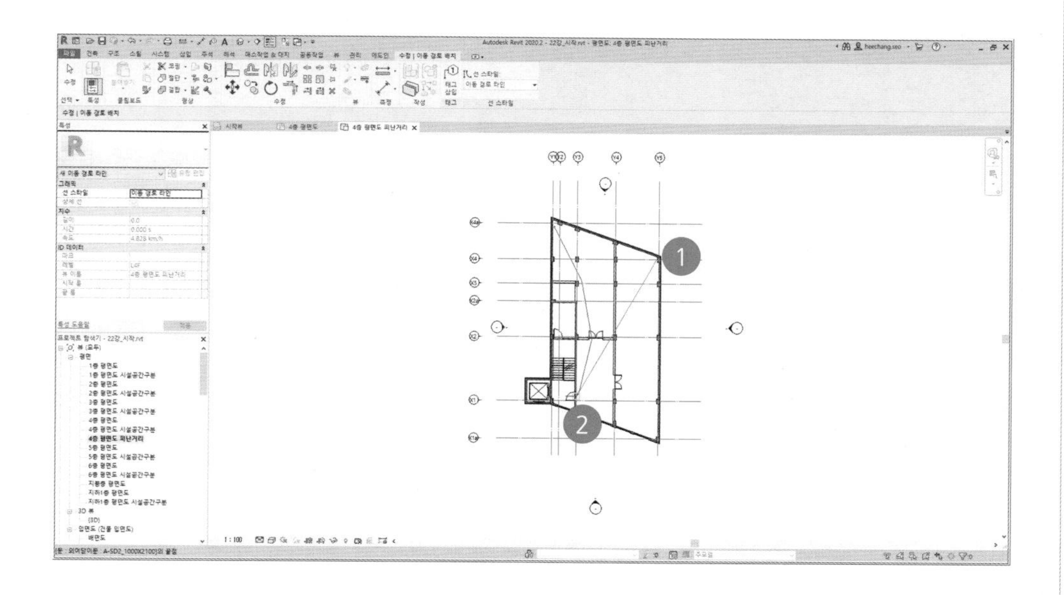

9 각 실의 피난거리가 완성되었습니다.

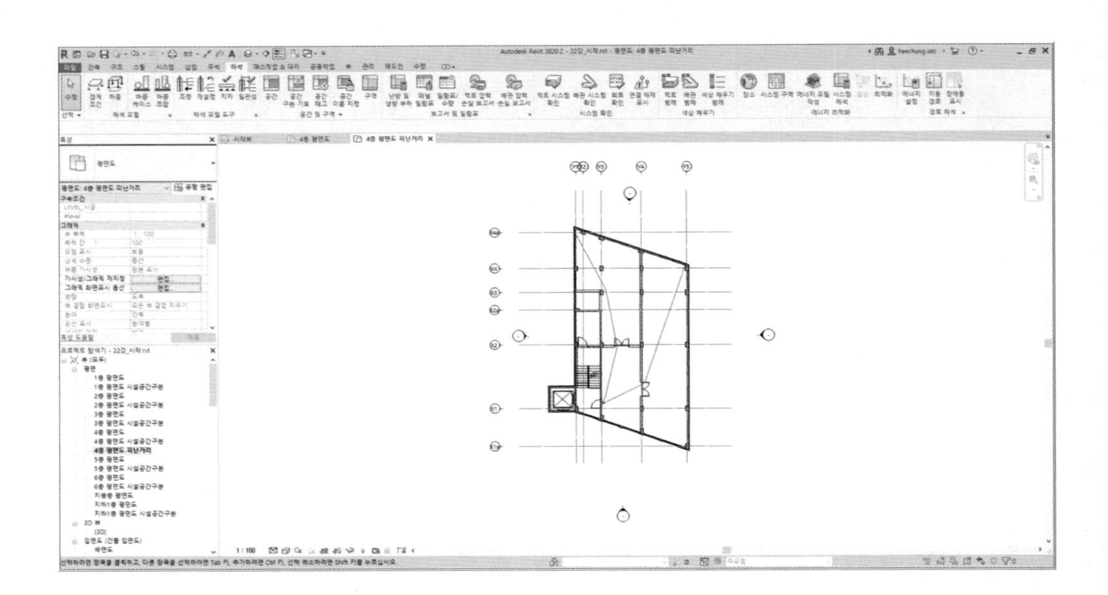

chapter 03 피난거리 일람표 작성

1 "BIM결과보고서"에서 사용할 수 있는 피난거리 일람표를 작성하도록 하겠습니다. [뷰]탭 ➡ [일람표]도구 ➡ [일람표/수량]을 클릭합니다.

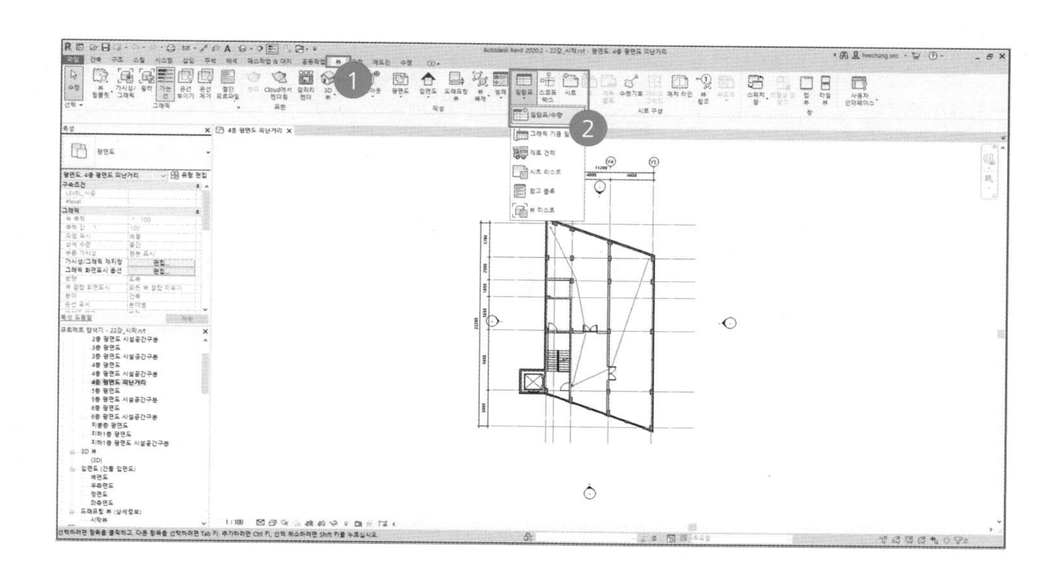

2 새 일람표창이 활성화 되면 카테고리에서 선 - 이동경로라인을 선택하고 일람표 이름을 입력한 후 확인 버튼을 클릭 합니다.

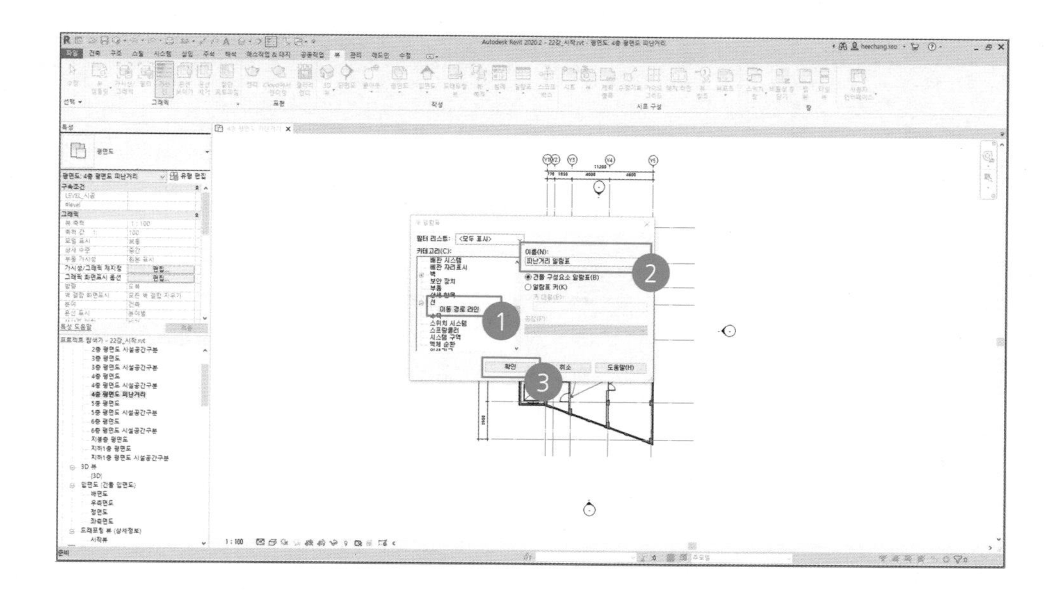

3 일람표 특성창이 활성화 됩니다.
사용 가능한 필드에서 레벨, 시작 룸, 끝 룸, 길이를 매개변수 추가 버튼을 사용하여 일람표 필드에 추가합니다.

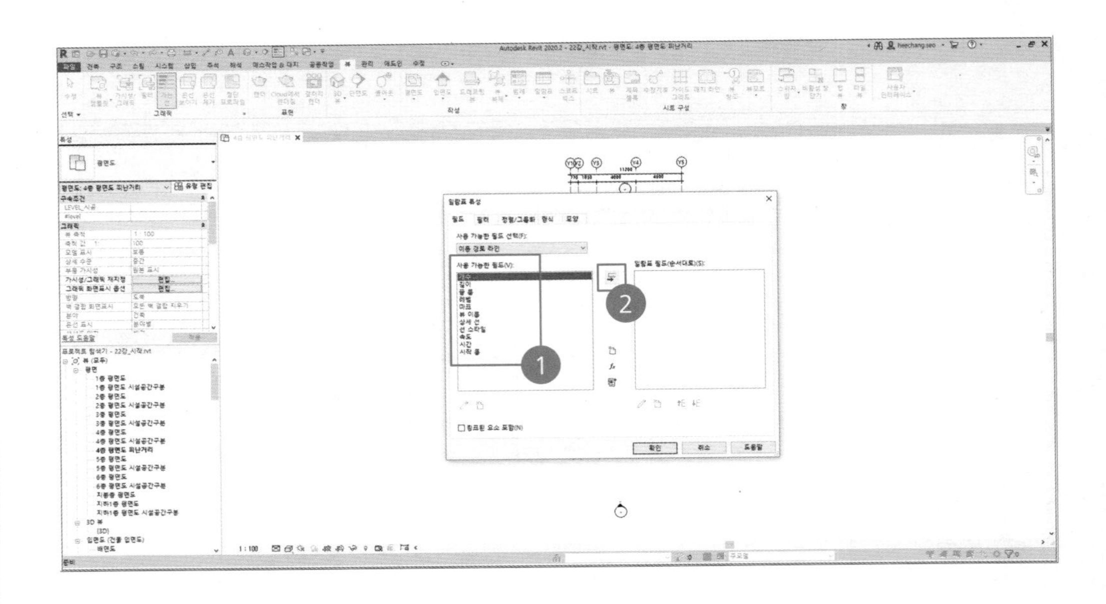

4 일람표 필드에 매개변수가 추가 되었습니다. 매개변수 제거 버튼으로 일람표에서 제외할 수 있으며 하단의 이동 버튼으로 매개변수 순서를 조정할 수 있습니다. 확인 버튼을 선택하여 일람표를 작성합니다.

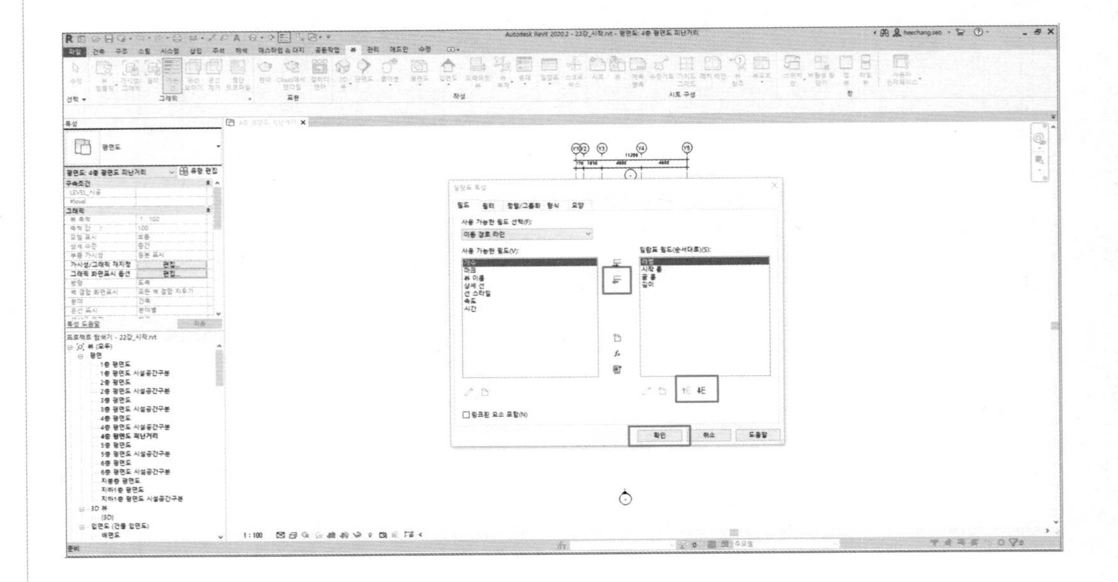

5 피난거리 일람표가 완료 되었습니다. 일람표에서 각 실의 피난거리를 확인 할 수 있습니다.

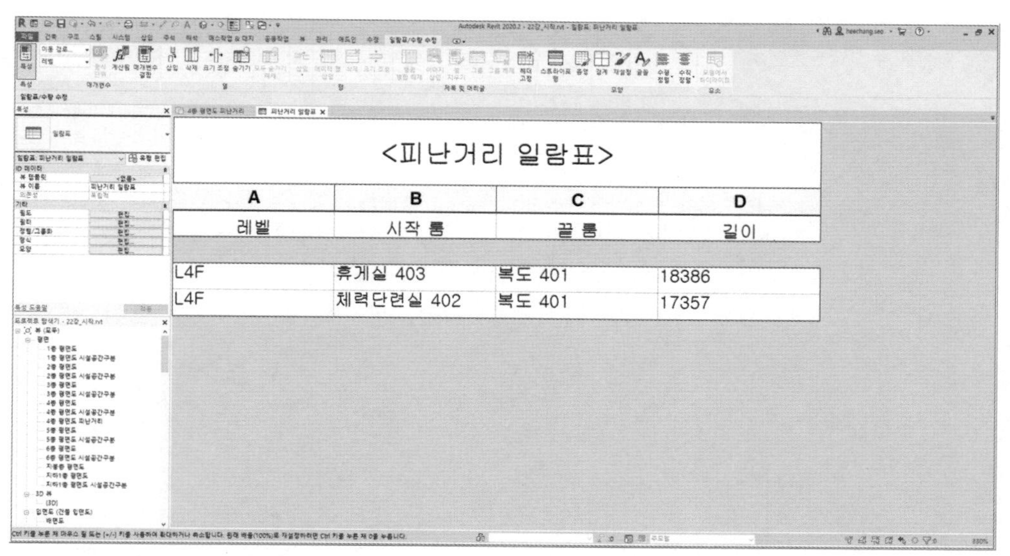

* 시작룸 및 끝룸 미표기 시 Revit2020.2 업데이트를 해야합니다.

- 한솔아카데미 자료실 www.bestbook.co.kr
- BIMer 온라인커뮤니티 https://blog.naver.com/bimfactory

BIMFACTORY
COMPANY

제 23 편

계획 건축 설계

수량 기초데이터 산출

Section

23

계획 건축 설계
수량 기초데이터 산출

23강에서는 수량 기초 데이터를 산출하는 방법에 대하여 학습하도록 하겠습니다.
수량 기초데이터는 작성된 BIM데이터를 Revit 프로그램의 일람표 기능을 활용하여 산출하고 "부속서-5 개산견적을 위한 수량기초테이터 표준템플릿" 에 맞추어 작성해보겠습니다.

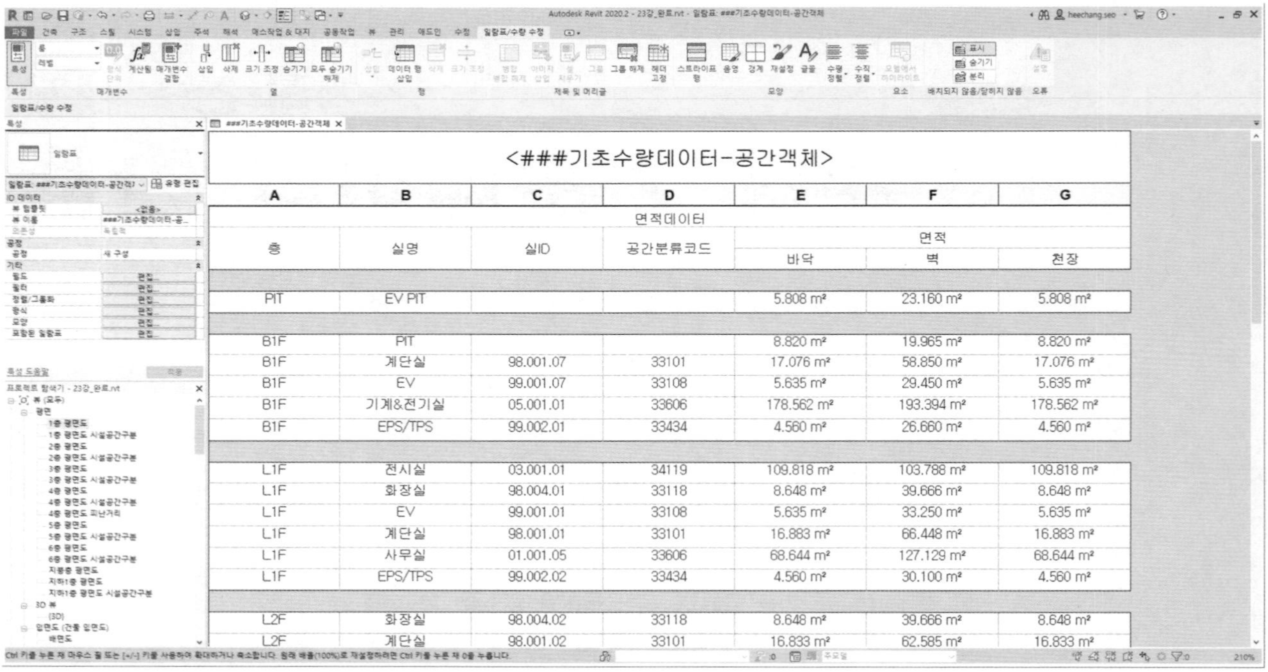

<###기초수량데이터-공간객체>

A	B	C	D	E	F	G
면적데이터						
층	실명	실ID	공간분류코드	면적		
				바닥	벽	천장
PIT	EV PIT			5.808 m²	23.160 m²	5.808 m²
B1F	PIT			8.820 m²	19.965 m²	8.820 m²
B1F	계단실	98.001.07	33101	17.076 m²	58.850 m²	17.076 m²
B1F	EV	99.001.07	33108	5.635 m²	29.450 m²	5.635 m²
B1F	기계&전기실	05.001.01	33606	178.562 m²	193.394 m²	178.562 m²
B1F	EPS/TPS	99.002.01	33434	4.560 m²	26.660 m²	4.560 m²
L1F	전시실	03.001.01	34119	109.818 m²	103.788 m²	109.818 m²
L1F	화장실	98.004.01	33118	8.648 m²	39.666 m²	8.648 m²
L1F	EV	99.001.01	33108	5.635 m²	33.250 m²	5.635 m²
L1F	계단실	98.001.01	33101	16.883 m²	66.448 m²	16.883 m²
L1F	사무실	01.001.05	33606	68.644 m²	127.129 m²	68.644 m²
L1F	EPS/TPS	99.002.02	33434	4.560 m²	30.100 m²	4.560 m²
L2F	화장실	98.004.02	33118	8.648 m²	39.666 m²	8.648 m²
L2F	계단실	98.001.02	33101	16.833 m²	62.585 m²	16.833 m²

POINT!!

- Revit의 일람표 기능을 사용하여 일람표 작성
- "부속서-5 개산견적을 위한 수량 기초데이터 표준템플릿" 이해

chapter 01 조달청 기준 소개

1 조달청 "시설사업 BIM 적용 기본지침서"에 따르면, 수량 기초데이터 산출 내용은 다음과 같습니다. 산출 원칙을 숙지하고 프로그램의 일람표 기능을 이용하여 일람표를 작성하고 "부속서-5 개산견적을 위한 구량 기초데이터 표준 템플릿"을 작성합니다.

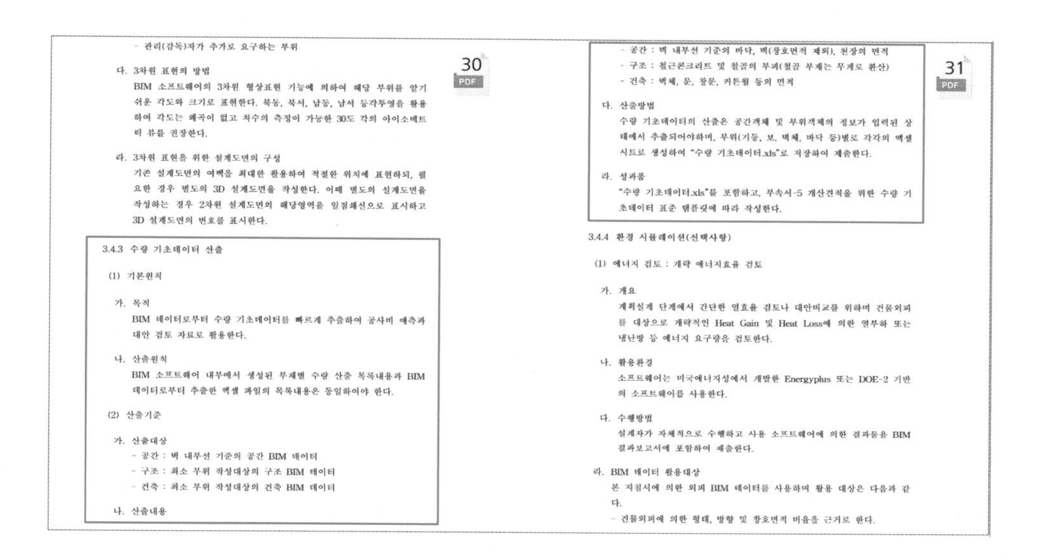

- 관리(감독)자가 추가로 요구하는 부위

다. 3차원 표현의 방법

BIM 소프트웨어의 3차원 형상표현 기능에 의하여 해당 부위를 알기 쉬운 각도와 크기로 표현한다. 북동, 북서, 남동, 남서 등각투영을 활용하여 각도는 왜곡이 없고 치수의 측정이 가능한 30도 각의 아이소메트릭 뷰를 권장한다.

라. 3차원 표현을 위한 설계도면의 구성

기존 설계도면의 여백을 최대한 활용하여 적절한 위치에 표현하되, 필요한 경우 별도의 3D 설계도면을 작성한다. 이때 별도의 설계도면을 작성하는 경우 2차원 설계도면의 해당영역을 일점쇄선으로 표시하고 3D 설계도면의 번호를 표시한다.

3.4.3 수량 기초데이터 산출

(1) 기본원칙

가. 목적

BIM 데이터로부터 수량 기초데이터를 빠르게 추출하여 공사비 예측과 대안 검토 자료로 활용한다.

나. 산출원칙

BIM 소프트웨어 내부에서 생성된 부재별 수량 산출 목록내용과 BIM 데이터로부터 추출한 엑셀 파일의 목록내용은 동일하여야 한다.

(2) 산출기준

가. 산출대상
- 공간 : 벽 내부선 기준의 공간 BIM 데이터
- 구조 : 최소 부위 작성대상의 구조 BIM 데이터
- 건축 : 최소 부위 작성대상의 건축 BIM 데이터

나. 산출내용
- 공간 : 벽 내부선 기준의 바닥, 벽(창호면적 제외), 천장의 면적
- 구조 : 철근콘크리트 및 철골의 부피(철골 부재는 무게로 환산)
- 건축 : 벽체, 문, 창문, 커튼월 등의 면적

다. 산출방법

수량 기초데이터의 산출은 공간객체 및 부위객체의 정보가 입력된 상태에서 추출되어야하며, 부위(기둥, 보, 벽체, 바닥 등)별로 각각의 엑셀 시트로 생성하여 "수량 기초데이터.xls"로 저장하여 제출한다.

라. 성과품

"수량 기초데이터.xls"를 포함하고, 부속서-5 개산견적을 위한 수량 기초데이터 표준 템플릿에 따라 작성한다.

3.4.4 환경 시뮬레이션(선택사항)

(1) 에너지 검토 : 개략 에너지효율 검토

가. 개요

계획설계 단계에서 간단한 열효율 검토나 대안비교를 위하며 건물외피를 대상으로 개략적인 Heat Gain 및 Heat Loss에 의한 열부하 또는 냉난방 등 에너지 요구량을 검토한다.

나. 활용환경

소프트웨어는 미국에너지성에서 개발한 Energyplus 또는 DOE-2 기반의 소프트웨어를 사용한다.

다. 수행방법

설계자가 자체적으로 수행하고 사용 소프트웨어에 의한 결과물을 BIM 결과보고서에 포함하여 제출한다.

라. BIM 데이터 활용대상

본 지침서에 의한 외피 BIM 데이터를 사용하며 활용 대상은 다음과 같다.
- 건물외피에 의한 형태, 방향 및 창호면적 비율을 근거로 한다.

2 "부속서-5 개산견적을 위한 구량 기초데이터 표준 템플릿"에 따르면 계획 설계 단계에서 산출대상은 다음과 같고, 기초 수량데이터는 각 부위별 엑셀 파일로 저장하여 제출하여야 합니다.

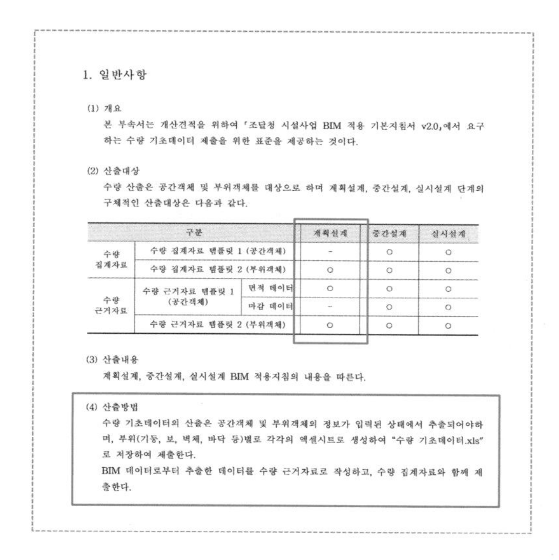

1. 일반사항

(1) 개요

본 부속서는 개산견적을 위하여 「조달청 시설사업 BIM 적용 기본지침서 v2.0」에서 요구하는 수량 기초데이터 제출을 위한 표준을 제공하는 것이다.

(2) 산출대상

수량 산출은 공간객체 및 부위객체를 대상으로 하며 계획설계, 중간설계, 실시설계 단계의 구체적인 산출대상은 다음과 같다.

구분			계획설계	중간설계	실시설계
수량 집계자료	수량 집계자료 템플릿 1 (공간객체)		-	○	○
	수량 집계자료 템플릿 2 (부위객체)		○	○	○
수량 근거자료	수량 근거자료 템플릿 1 (공간객체)	면적 데이터	○	○	○
		마감 데이터	-	○	○
	수량 근거자료 템플릿 2 (부위객체)		○	○	○

(3) 산출내용

계획설계, 중간설계, 실시설계 BIM 적용지침의 내용을 따른다.

(4) 산출방법

수량 기초데이터의 산출은 공간객체 및 부위객체의 정보가 입력된 상태에서 추출되어야하며, 부위(기둥, 보, 벽체, 바닥 등)별로 각각의 엑셀시트로 생성하여 "수량 기초데이터.xls"로 저장하여 제출한다.

BIM 데이터로부터 추출한 데이터를 수량 근거자료로 작성하고, 수량 집계자료와 함께 제출한다.

3 "부속서-5 개산견적을 위한 수량 기초데이터 표준 템플릿"에서 수량 집계자료 템플릿은 다음과 같습니다.

2. 수량 집계자료

2.1 수량 집계자료 템플릿 1 (공간객체)

본 템플릿은 중간설계, 실시설계 단계에 적용한다.

면적의 산출은 벽 내부선 기준의 공간객체를 대상으로 한다.

구분	실내재료마감	면적 합계(m^2)
바닥	화강석물갈기	500
	대리석물갈기	200
	PVC타일	810
	...	...
벽	수성페인트	164
	도기질타일	94
	...	...
천장	흡음천장재	700
	열경화성수지천장판	30
	...	...

2.2 수량 집계자료 템플릿 2 (부위객체)

본 템플릿은 계획설계, 중간설계, 실시설계 단계에 모두 적용한다.

각 항목의 수량은 중복되지 않도록 작성하며, 재료가 결정되지 않았거나 또는 해당 재료가 없는 경우 상위 코드를 입력한다. 예를 들어, F의 수량은 조적공사의 합계가 아니라 재료가 결정되지 않은 수량을 의미한다. 위 사례에서 시멘트벽돌은 650m^2, 재료가 결정되지 않은 벽돌은 1,804m^2임을 의미한다.

조달청 표준공사코드				수량 합계	단위	비고
레벨1	레벨2	레벨3	레벨4			
D				4,735	m^3	철근콘크리트공사
E				0	m^3	철골공사
F				106	m^2	조적공사
	FA			1,804	m^2	벽돌공사
			FA11	650	m^2	시멘트 벽돌
			FA12		m^2	적벽돌
			FA16		m^2	내화벽돌
			FA17		m^2	흙벽돌
			FA18		m^2	점토벽돌
	FB			265	m^2	블럭공사
		FB1			m^2	시멘트블럭
	FC				m^2	ALC공사
		FC1			m^2	ALC 블럭쌓기
		FC2			m^2	ALC 판넬설치
L					m^2	창호및유리공사
	LA			30	m^2	문
		LA1		51	m^2	철제문
		LA2		101	m^2	스텐문
		LA3			m^2	목재문
		LA4			m^2	알루미늄문
		LA5			m^2	특수문
		LA6			m^2	프라스틱문
	LB				m^2	창
		LB1			m^2	철재
		LB2		112	m^2	알루미늄
		LB3			m^2	스텐레스
		LB4			m^2	목재
		LB5			m^2	프라스틱
		LB6			m^2	세라믹스
	LC				m^2	특수창
		LC1		312	m^2	커튼월
			LC11		m^2	평면
			LC12		m^2	곡면
		LC2			m^2	배연창
		LC3			m^2	System창호
		LC4			m^2	천창
		LC5			m^2	방음시창

3. 수량 근거자료

3.1 수량 근거자료 템플릿 1 (공간객체)

본 템플릿의 면적 데이터는 계획설계, 중간설계, 실시설계 단계에 모두 적용하며, 마감 데이터는 중간설계, 실시설계 단계에 적용한다.

면적의 산출은 벽 내부선 기준의 공간객체를 대상으로 한다.

면적 데이터(계획, 중간, 실시설계)							마감 데이터(중간, 실시설계)		
층	실명	실ID	공간분류코드	면적(m^2)			실내재료마감		
				바닥	벽 (창호면적 제외)	천장	바닥	벽	천장
1	대전시실	21.001.01	34119	350	724	350	화강석물갈기	디자인월	흡음천장재
1	소전시실	21.002.01	34119	150	245	150	화강석물갈기	디자인월	흡음천장재
2	사장실	11.001.01	33617	104	291	104	대리석물갈기	화강석물갈기	흡음천장재
2	부사장실	11.002.01	33617	96	189	96	대리석물갈기	화강석물갈기	흡음천장재
2	행정실	12.001.01	33618	150	298	150	PVC타일	수성페인트	수성페인트
2	회의실 A	13.001.01	33619	120	156	120	PVC타일	수성페인트	수성페인트
2	회의실 B	13.001.02	33619	80	108	80	PVC타일	수성페인트	수성페인트
2	남자화장실	13.002.01	33234	15	47	15	자기질타일	도기질타일	열경화성수지천장판
2	여자화장실	13.003.01	33234	15	47	15	자기질타일	도기질타일	열경화성수지천장판
2	업무실	22.001.01	33606	70	114	70	PVC타일	아크릴페인트	수성페인트
3	경영지원실	14.001.01	33606	210	254	210	PVC타일	아크릴페인트	수성페인트
3	전략기획실	14.002.01	33606	180	352	180	PVC타일	아크릴페인트	수성페인트
...	...								

- 4 -

3.2 수량 근거자료 템플릿 2 (부위객체)

본 템플릿은 계획설계, 중간설계, 실시설계 단계에 모두 적용한다.

분야	부위		부재명	층	규격 (mm)	수량 (개)	합계	조달청 표준공사코드
구조	철근콘크리트	기초	PF1	지하1층	1,500×1,500×1,000	4	9.000m^3	D
			PF2	지하1층	3,000×1,500×1,000	6	27.000m^3	D
			...					
		기둥	1C1	지상 1층	500×700	8	19.124m^3	D
			1C2	지상 1층	700×500	2	4.781m^3	D
			2C3	지상 2층	600×600	1	2.459m^3	D
			2C4	지상 2층	600×700	1	2.869m^3	D
			...					
		보	1B1	지상 1층	500×700	6	16.380m^3	D
			1B2	지상 1층	500×700	7	18.923m^3	D
			2B3	지상 2층	400×700	3	6.559m^3	D
			2B4	지상 2층	400×700	6	12.775m^3	D
			...					
		벽체 (내력벽)	1CW1	지상 1층	200		23.307m^3	D
			1CW2	지상 1층	300		12.933m^3	D
			2CW3	지상 2층	200		22.529m^3	D
			2CW4	지상 2층	300		12.496m^3	D
			...					
		...						
	철골	기둥	1SC1	지상 1층			m^3	E
			...					
		보	1SB1	지상 1층			m^3	E
			...					
		...						
건축	벽체 (조적벽)		1W1	지상 1층			m^2	FA11
			...					
	문		AD1	지상 1층			m^2	LA4
			...					
	창문		AW1	지상 1층			m^2	LB2
			...					
	...		...					
...								

chapter 02 공간 객체 수량 기초데이터 산출

1 Revit을 실행합니다.
모델 창 [열기] 클릭 ➡ ₩예제파일₩23강₩23강_시작.rvt를 선택하고 [열기]를 클릭합니다.

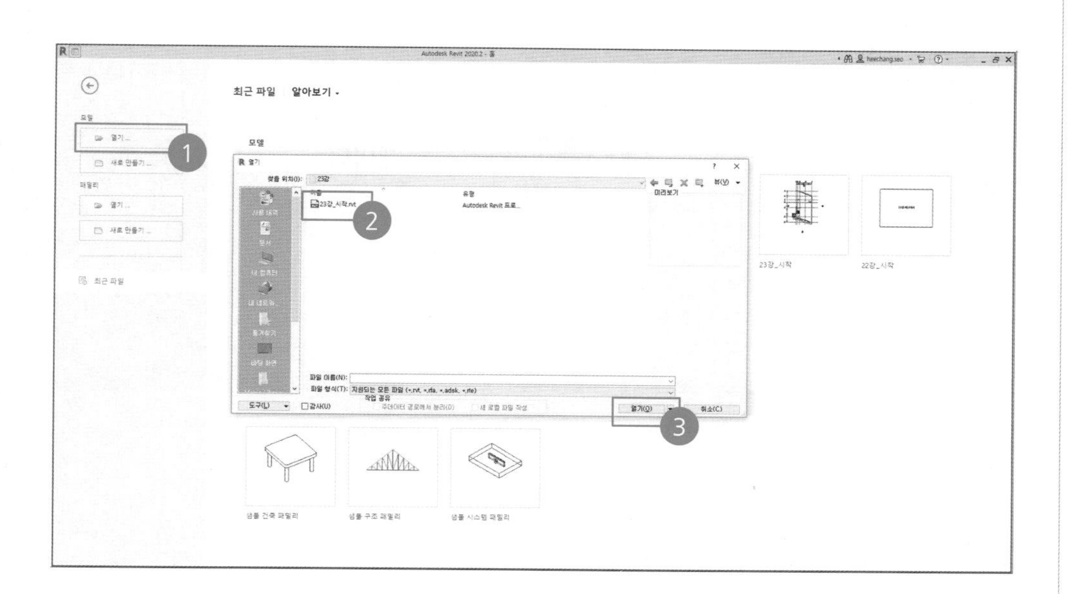

2 공간 수량 기초 데이터를 산출해 보겠습니다.
[뷰]탭 ➡ [일람표]도구 ➡ [일람표/수량]을 클릭합니다.

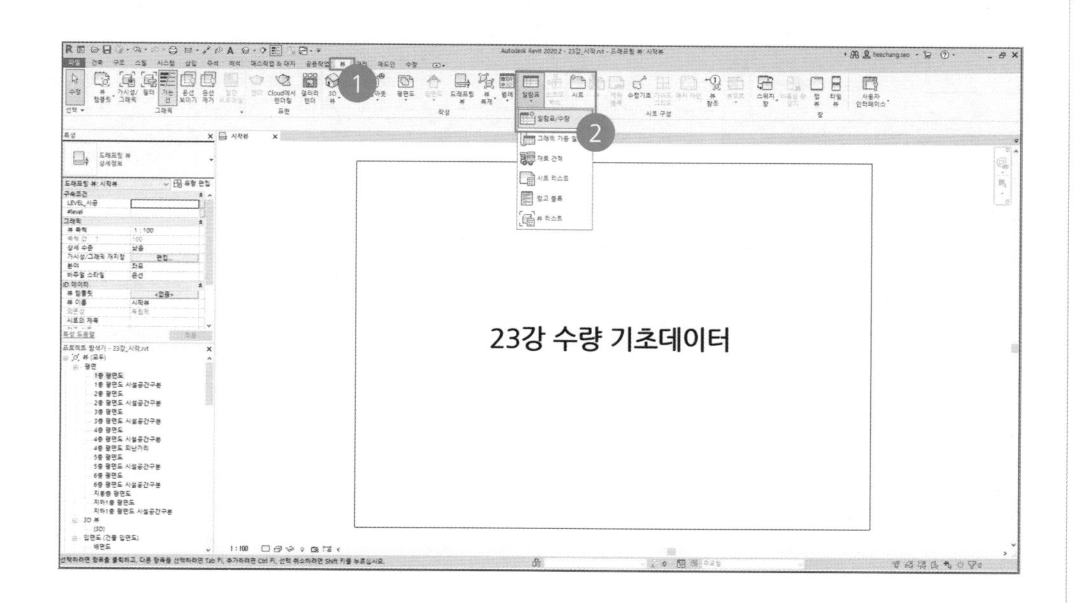

3 새 일람표창이 활성화 됩니다.

카테고리에서 룸을 선택하고 일람표 이름을 입력한 후 확인 버튼을 클릭 합니다.

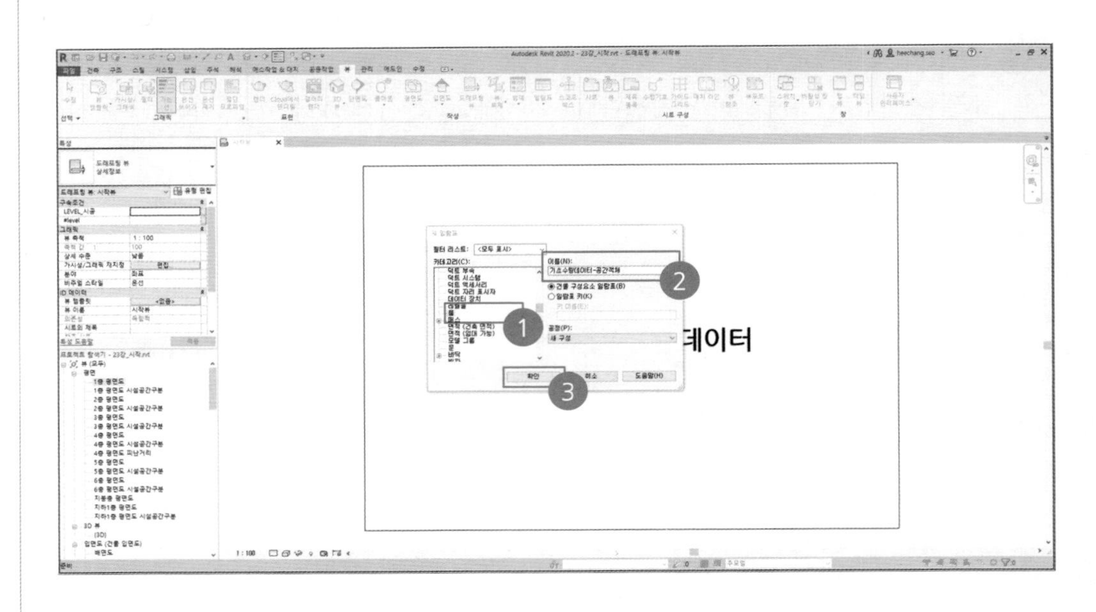

4 일람표 특성창이 활성화 됩니다.

사용 가능한 필드에서 레벨, 이름, 실ID, 공간분류코드, 면적, 둘레, 무한한 높이 등을 하단 이미지와 같이 매개변수 추가 버튼을 사용하여 일람표 필드를 추가 합니다.

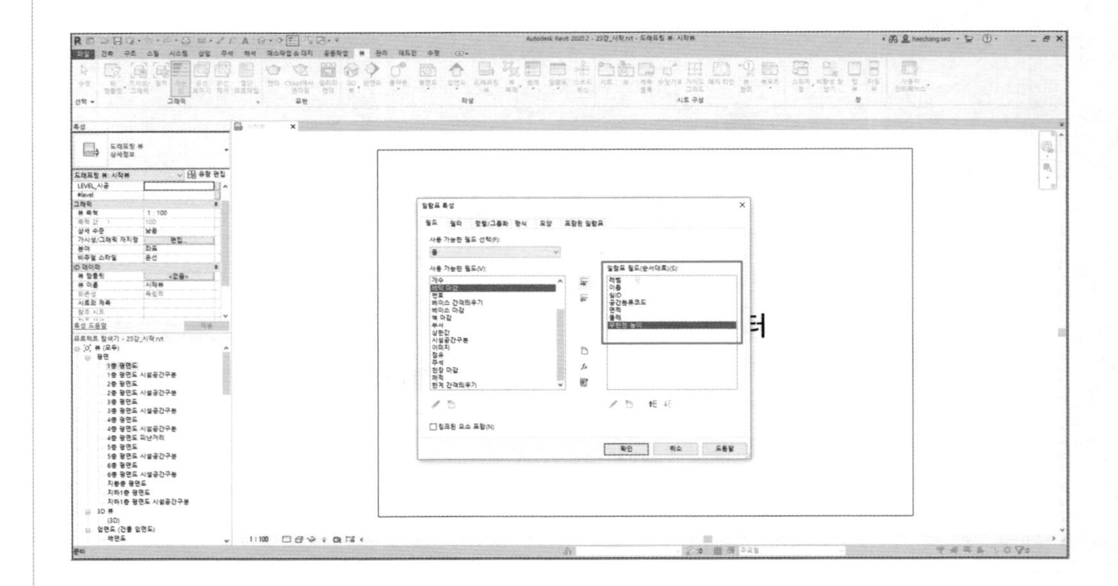

5 "부속서-5 개산견적을 위한 구량 기초데이터 표준 템플릿"에서 수량 근거자료 템플릿1을 보면 면적이 바닥, 벽, 천장으로 분류 되어 있는 것을 확인 할 수 있습니다. 계산된 매개변수 추가 기능을 사용하여 벽과 천장을 만들어 보겠습니다.

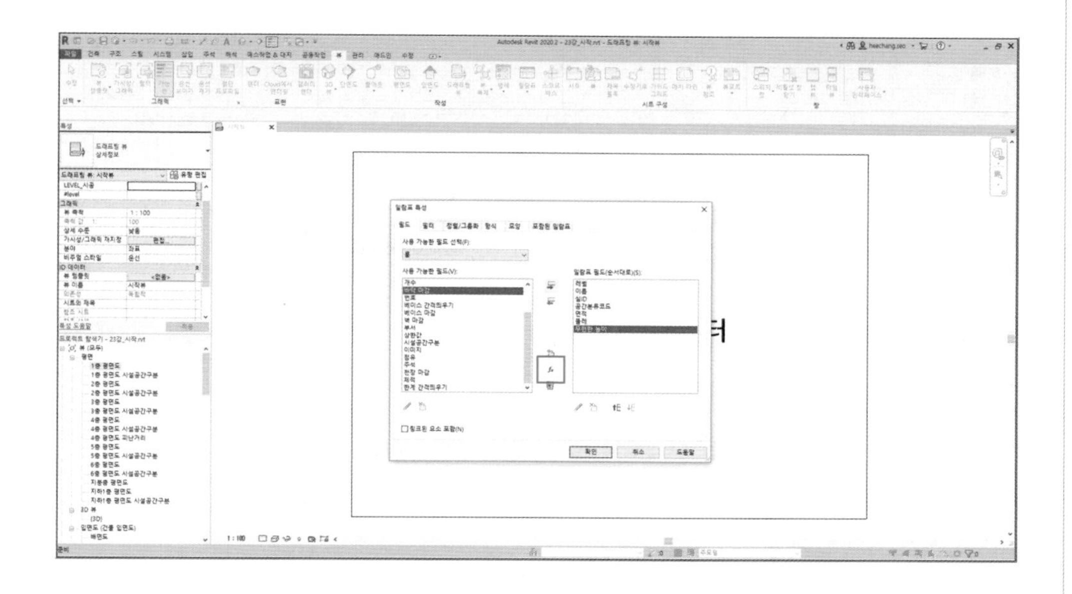

6 천장의 면적을 추가 해보겠습니다. 천장은 면적과 같기 때문에 하단 이미지와 같이 이름, 분야, 유형을 선택하고 수식에서 면적을 선택하고 확인을 클릭합니다.

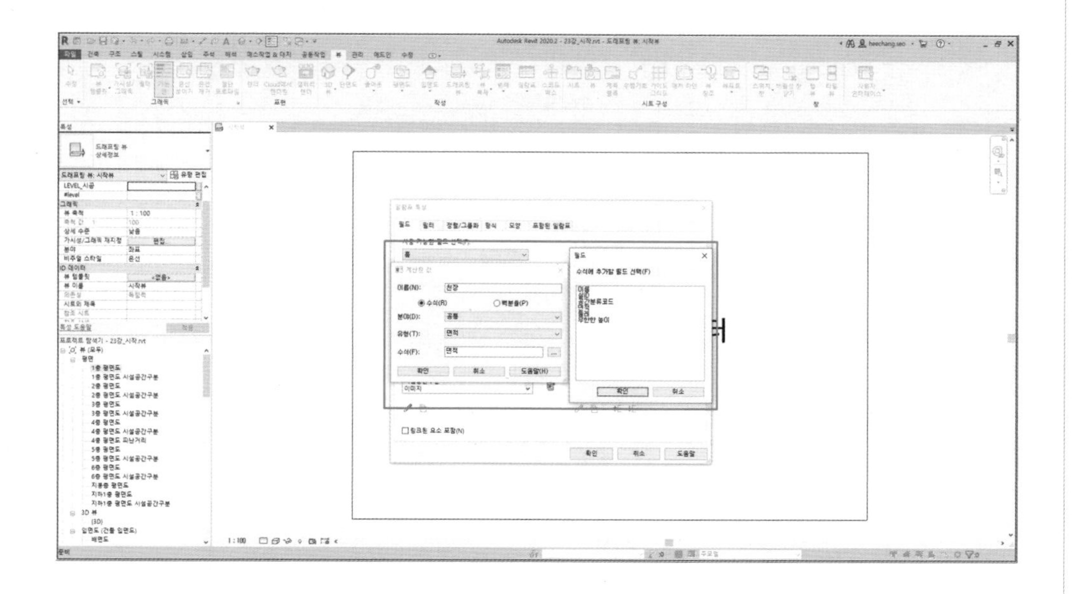

7 일람표 필드에 천장이 추가 된 것을 확인 할 수 있습니다.
벽체 면적을 추가하기 위해 다시 계산된 매개변수 추가를 클릭합니다.

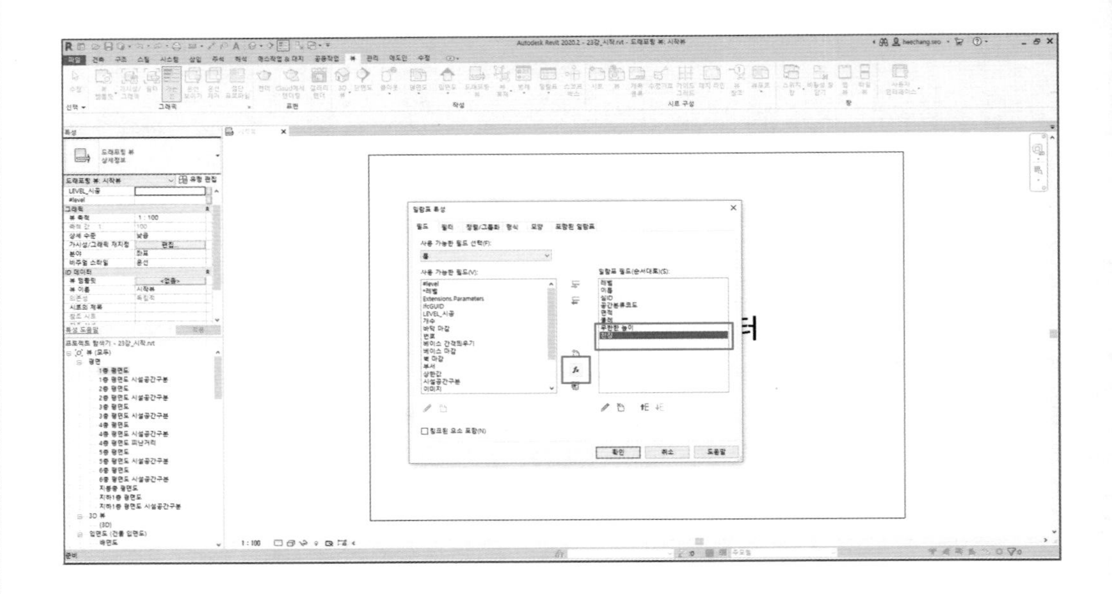

8 벽체 면적은 (둘레×무한한 높이)를 사용하여 계산하여 줍니다.

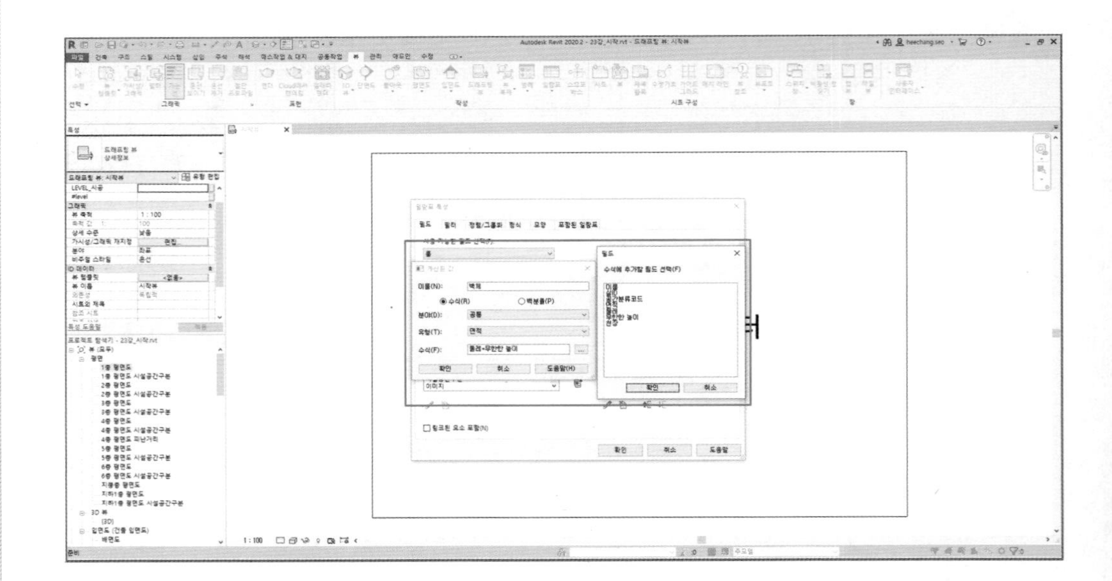

9 벽체 면적이 추가 되었습니다. 매개변수 이동을 사용하여 순서를 정리합니다. 정렬/그룹화를 클릭 합니다.

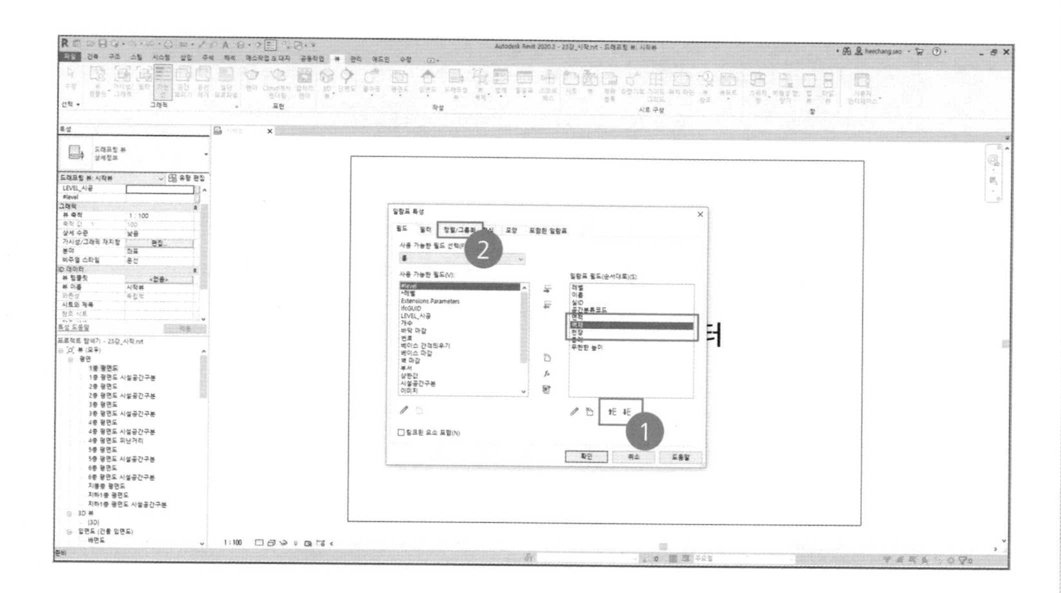

10 정렬 기준을 레벨로 선택하고 형식을 클릭합니다.

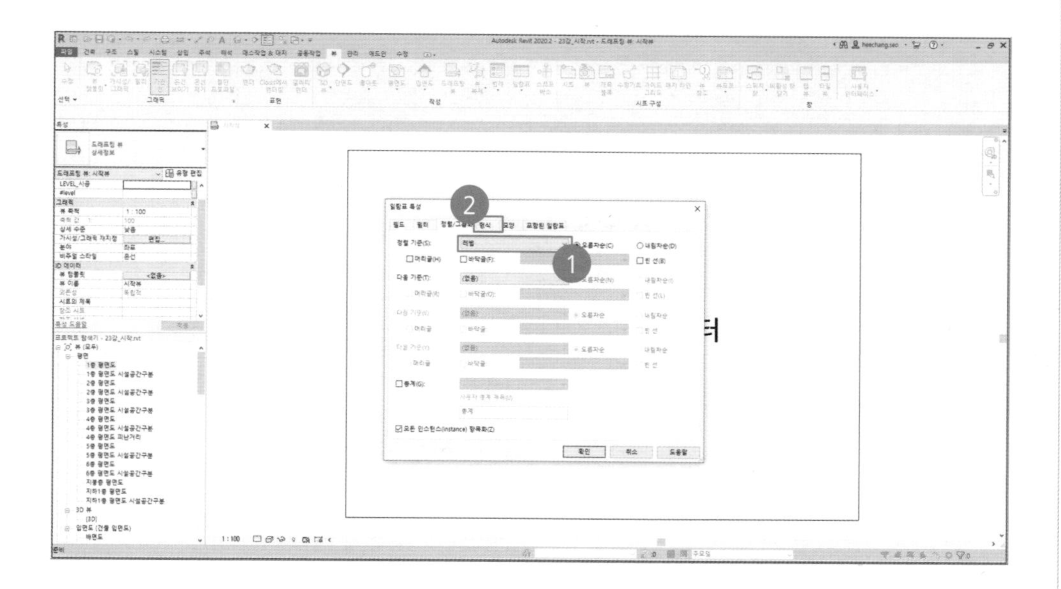

11 형식에서 수량 근거자료 템플릿1 과 상이한 필드의 이름을 변경할 수 있습니다. 레벨, 이름, 면적을 층, 실명, 바닥으로 변경해줍니다.

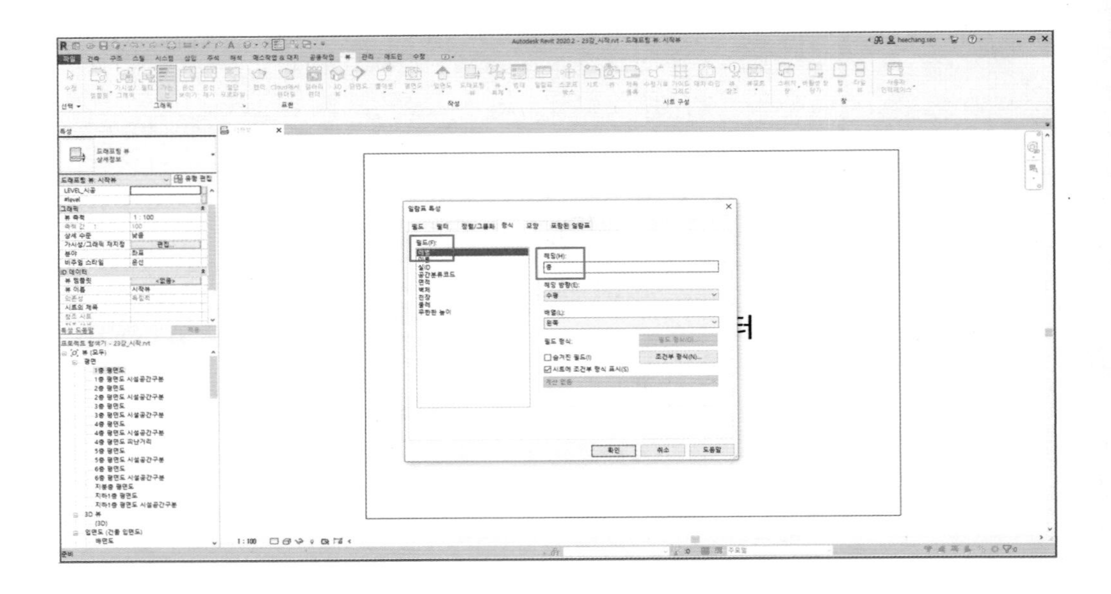

12 바닥, 벽체, 천장에 대하여 필드 형식을 변경 해보겠습니다.

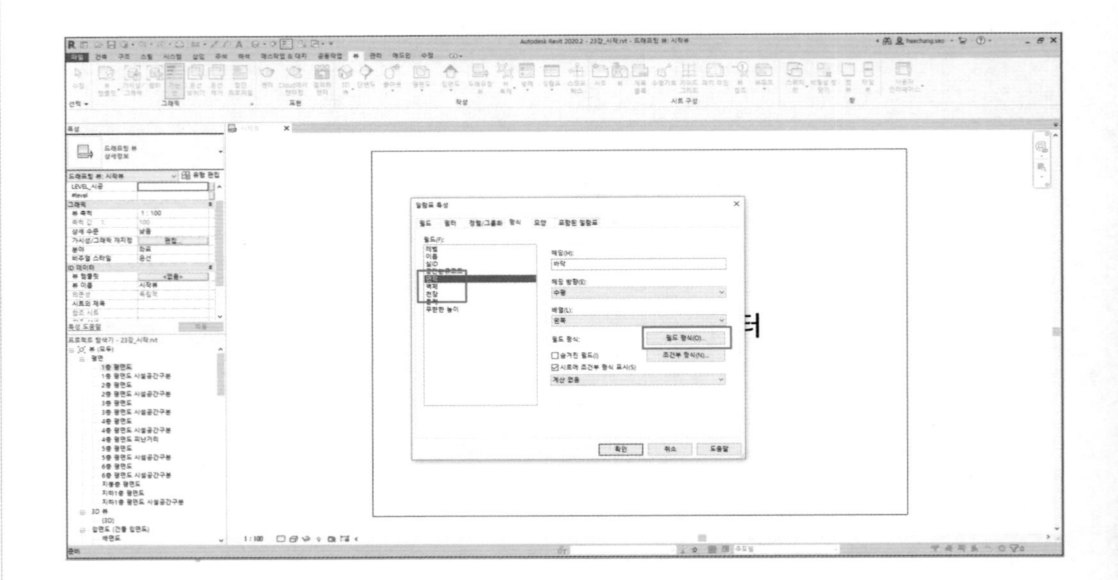

13 형식 창에서 프로젝트 설정 사용을 체크 해제 후 올림에서 소수점 이하 자릿수 : 3로 변경 후 확인을 클릭 합니다
면적에 해당하는 바닥, 벽체, 천장 전부 변경합니다.

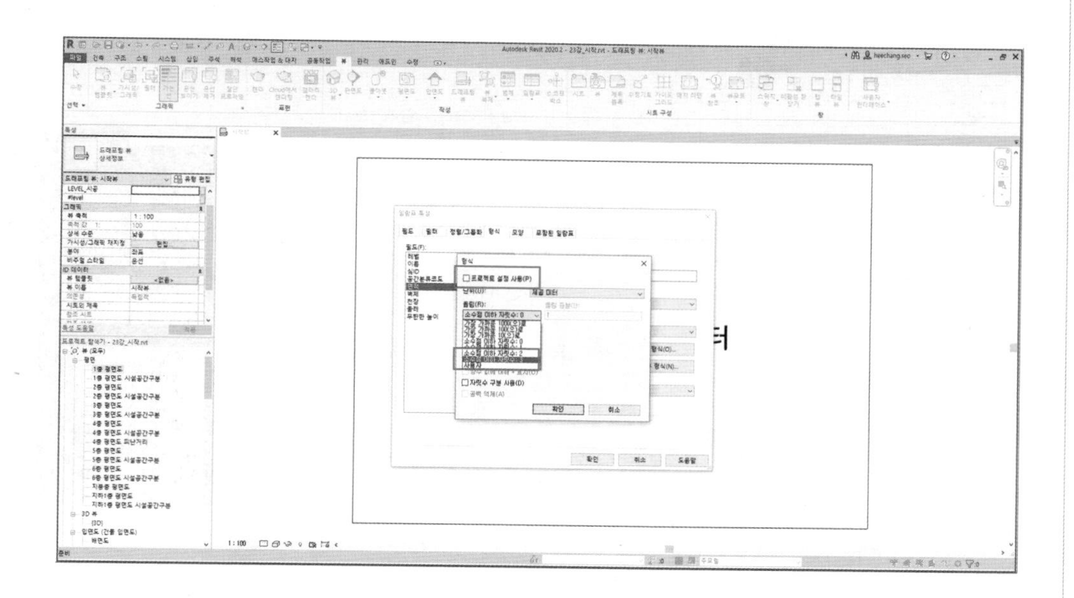

14 기본적인 기초수량데이터가 생성되었습니다.

<기초수량데이터-공간객채>

A	B	C	D	E	F	G	H	I
층	실명	실ID	공간분류코드	바닥	벽체	천장	둘레	무한한 높이
PIT	EV PIT			6.370 m²	24.240 m²	6.370 m²	10100	2400
B1F	PIT			9.750 m²	20.955 m²	9.750 m²	12700	1650
B1F	계단실	98.001.07	33101	18.523 m²	60.158 m²	18.523 m²	19406	3100
B1F	EV	99.001.07	33108	6.370 m²	31.310 m²	6.370 m²	10100	3100
B1F	기계&전기실	05.001.01	33606	183.280 m²	195.231 m²	183.280 m²	62978	3100
B1F	EPS/TPS	99.002.01	33434	5.343 m²	28.830 m²	5.343 m²	9300	3100
L1F	전시실	03.001.01	34119	112.429 m²	104.910 m²	112.429 m²	43712	2400
L1F	화장실	98.004.01	33118	9.750 m²	41.910 m²	9.750 m²	12700	3300
L1F	EV	99.001.01	33108	6.370 m²	34.386 m²	6.370 m²	9824	3500
L1F	계단실	98.001.01	33101	18.523 m²	68.606 m²	18.523 m²	19602	3500
L1F	사무실	01.001.05	33606	70.852 m²	128.766 m²	70.852 m²	36790	3500
L1F	EPS/TPS	99.002.02	33434	5.343 m²	32.550 m²	5.343 m²	9300	3500
L2F	화장실	98.004.02	33118	9.750 m²	41.910 m²	9.750 m²	12700	3300
L2F	계단실	98.001.02	33101	18.523 m²	64.039 m²	18.523 m²	19406	3300
L2F	EV	99.001.02	33108	6.370 m²	33.330 m²	6.370 m²	10100	3300
L2F	물품창고-1	02.002.01	33227	59.561 m²	119.306 m²	59.561 m²	36153	3300
L2F	복도	98.003.01	33105	33.410 m²	59.677 m²	33.410 m²	24866	2400
L2F	물품창고-2	02.003.01	33227	90.310 m²	114.824 m²	90.310 m²	47843	2400
L2F	EPS/TPS	99.002.03	33434	5.343 m²	30.690 m²	5.343 m²	9300	3300
L3F	화장실	98.004.03	33118	9.750 m²	41.910 m²	9.750 m²	12700	3300
L3F	계단실	98.001.03	33101	18.523 m²	64.039 m²	18.523 m²	19406	3300
L3F	EV	99.001.03	33108	6.370 m²	33.330 m²	6.370 m²	10100	3300
L3F	화의실	02.004.01	33619	59.561 m²	119.306 m²	59.561 m²	36153	3300

15 수량 근거자료 템플릿 1에서 불필요한 둘레와 높이값을 숨기기 해줍니다. H열과 I열을 드래그 하여 선택하고 [숨기기] 도구를 클릭합니다.

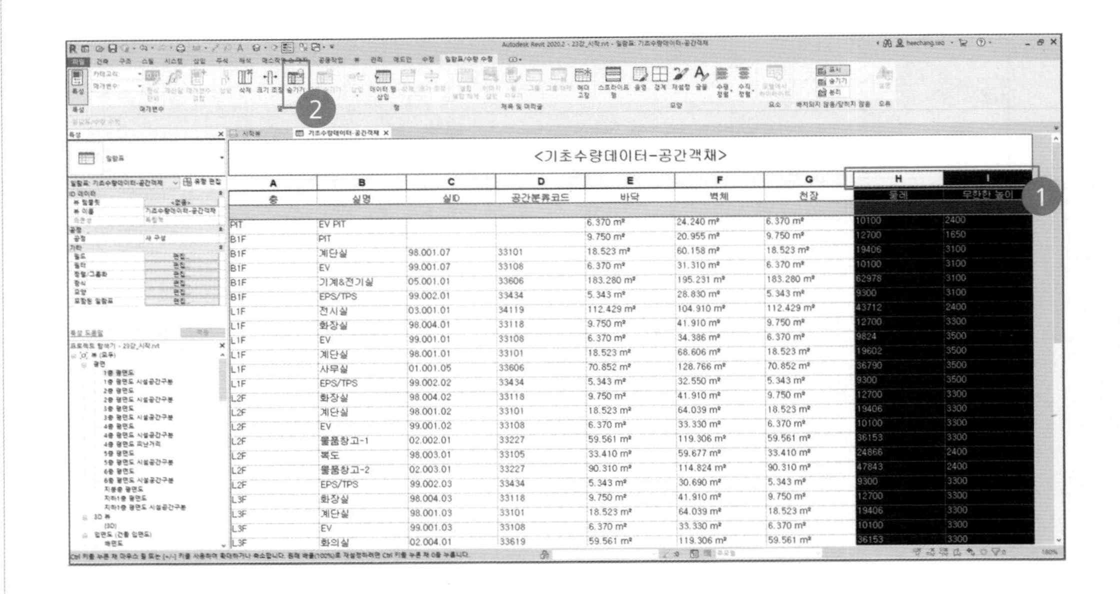

16 바닥, 벽, 천장을 드래그 하여 [그룹]도구를 클릭합니다.

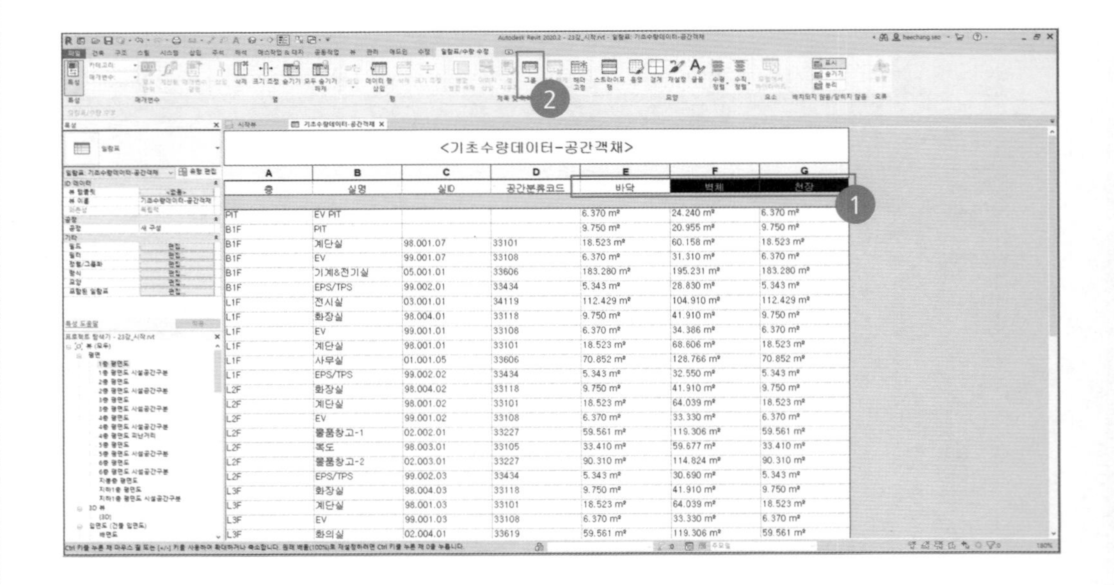

17 [그룹]도구를 이용하여 새로운 셀이 생성 되면 면적을 적어줍니다.
[수평정렬] / [수직정렬]도구를 이용하여 텍스트를 정리합니다.
기초수량데이터-공간객체 일람표가 완성 되었습니다.

<기초수량데이터-공간객체>

A	B	C	D	E	F	G
층	실명	실ID	공간분류코드	면적		
				바닥	벽체	천장
PIT	EV PIT			6.370 m²	24.240 m²	6.370 m²
B1F	PIT			9.750 m²	20.955 m²	9.750 m²
B1F	계단실	98.001.07	33101	18.523 m²	60.158 m²	18.523 m²
B1F	EV	99.001.07	33108	6.370 m²	31.310 m²	6.370 m²
B1F	기계&전기실	05.001.01	33606	183.280 m²	195.231 m²	183.280 m²
B1F	EPS/TPS	99.002.01	33434	5.343 m²	28.830 m²	5.343 m²
L1F	전시실	03.001.01	34119	112.429 m²	104.910 m²	112.429 m²
L1F	화장실	98.004.01	33118	9.750 m²	41.910 m²	9.750 m²
L1F	EV	99.001.01	33108	6.370 m²	34.386 m²	6.370 m²
L1F	계단실	98.001.01	33101	18.523 m²	68.606 m²	18.523 m²
L1F	사무실	01.001.05	33606	70.852 m²	128.766 m²	70.852 m²
L1F	EPS/TPS	99.002.02	33434	5.343 m²	32.550 m²	5.343 m²
L2F	화장실	98.004.02	33118	9.750 m²	41.910 m²	9.750 m²
L2F	계단실	98.001.02	33101	18.523 m²	64.039 m²	18.523 m²
L2F	EV	99.001.02	33108	6.370 m²	33.330 m²	6.370 m²
L2F	물품창고-1	02.002.01	33227	59.561 m²	119.306 m²	59.561 m²
L2F	복도	98.003.01	33105	33.410 m²	59.677 m²	33.410 m²
L2F	물품창고-2	02.003.01	33227	90.310 m²	114.824 m²	90.310 m²
L2F	EPS/TPS	99.002.03	33434	5.343 m²	30.690 m²	5.343 m²
L3F	화장실	98.004.03	33118	9.750 m²	41.910 m²	9.750 m²
L3F	계단실	98.001.03	33101	18.523 m²	64.039 m²	18.523 m²
L3F	EV	99.001.03	33108	6.370 m²	33.330 m²	6.370 m²

18 완성된 일람표를 텍스트 파일로 내보내 보겠습니다.
[파일]탭 ➡ [내보내기] ➡ [보고서] ➡ [일람표]를 클릭합니다.

19 내보내기할 일람표의 이름을 작성하고 저장을 클릭합니다.

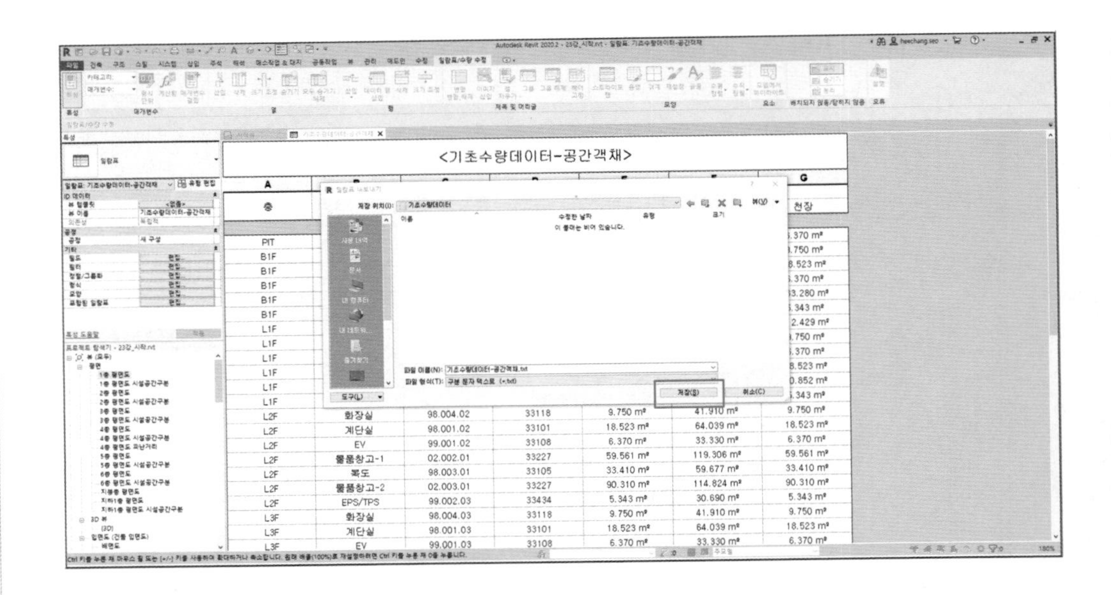

20 일람표 내보내기 설정에서 필드 구분을 탭으로 설정하고 확인을 클릭합니다.

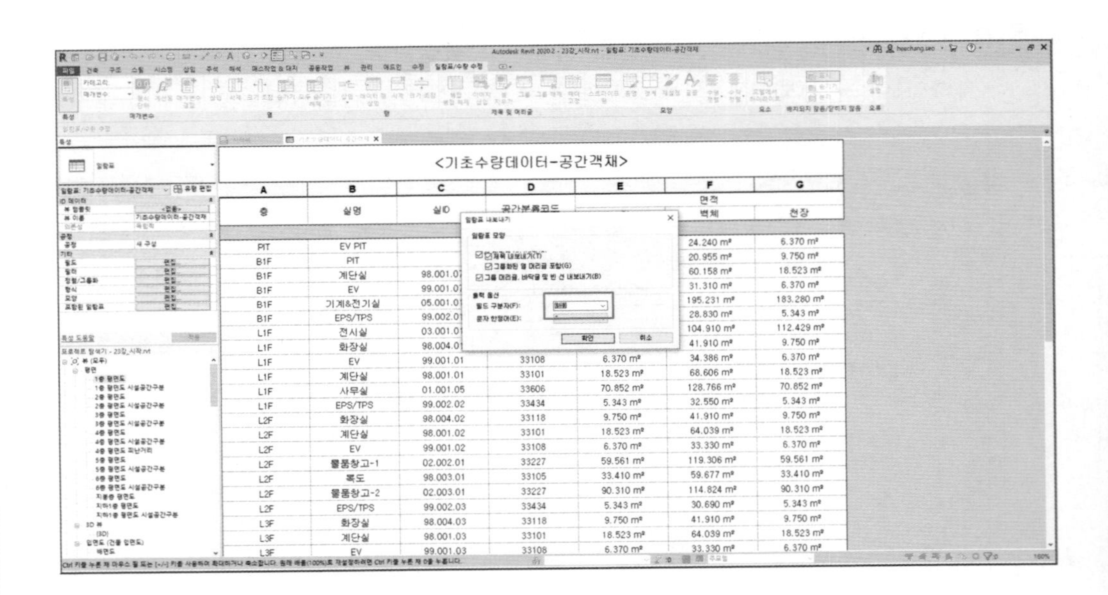

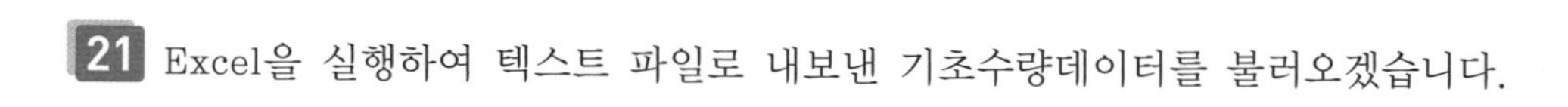

21 Excel을 실행하여 텍스트 파일로 내보낸 기초수량데이터를 불러오겠습니다.

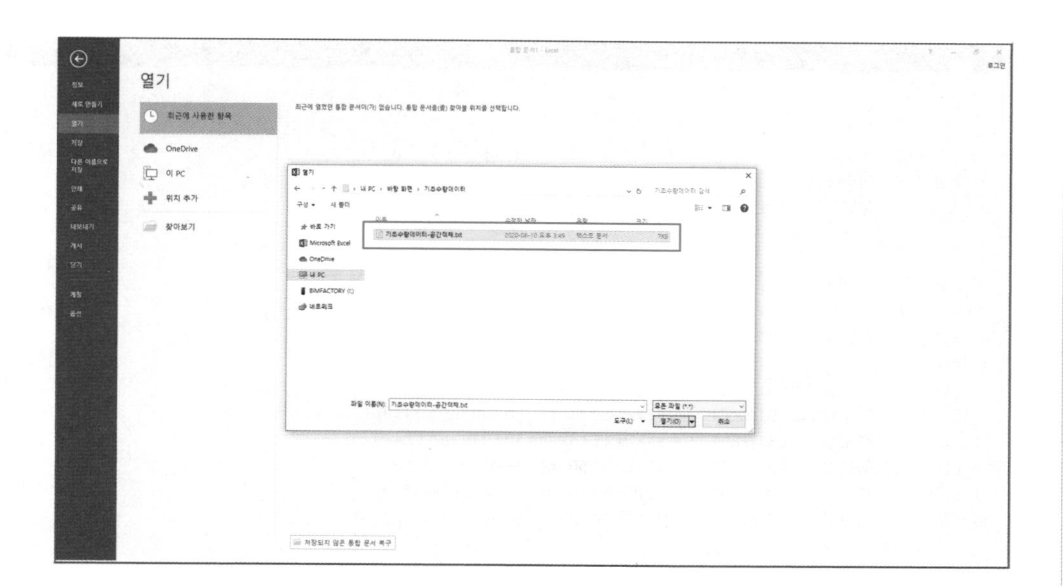

22 텍스트 마법사에서 구분기호를 탭으로 선택하고 마침을 클릭하여 불러옵니다.

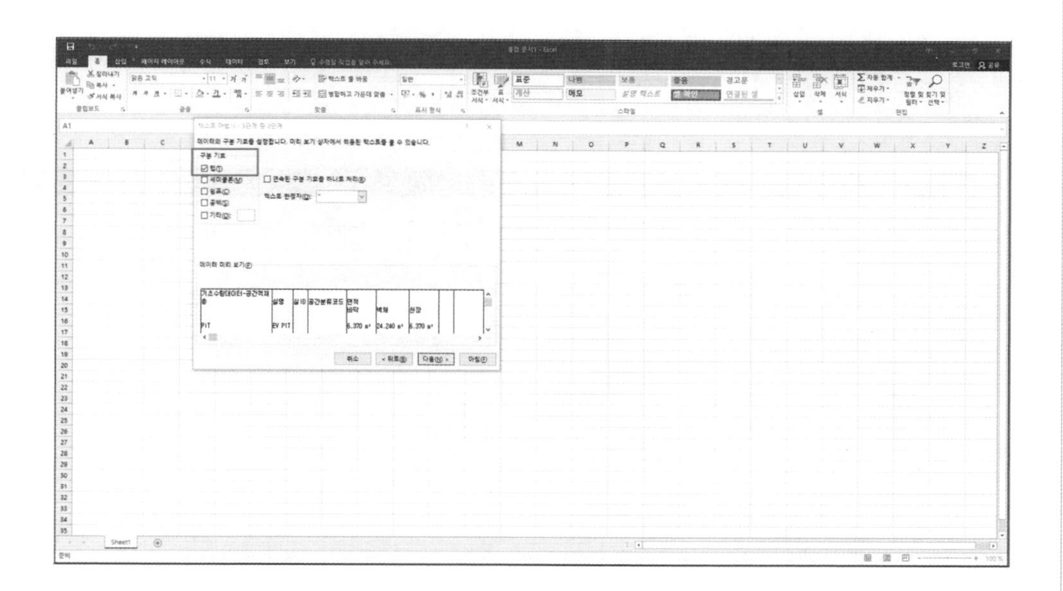

23 불러온 텍스트 파일을 기초수량데이터-공간객체.xlsx 저장합니다.

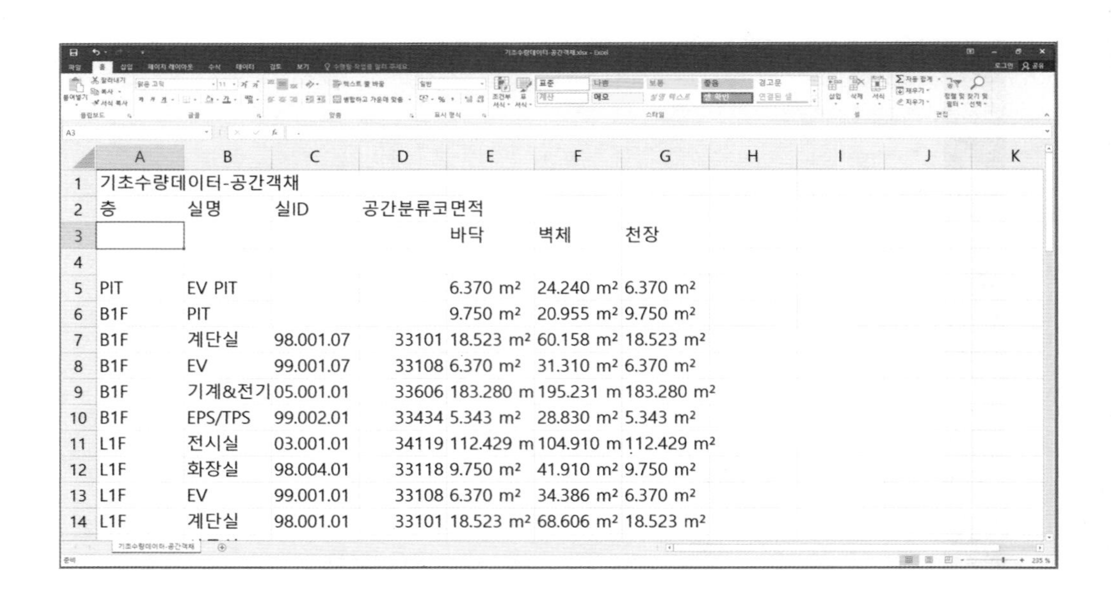

	A	B	C	D	E	F	G
1	기초수량데이터-공간객채						
2	층	실명	실ID	공간분류코면적			
3					바닥	벽체	천장
4							
5	PIT	EV PIT			6.370 m²	24.240 m²	6.370 m²
6	B1F	PIT			9.750 m²	20.955 m²	9.750 m²
7	B1F	계단실	98.001.07	33101	18.523 m²	60.158 m²	18.523 m²
8	B1F	EV	99.001.07	33108	6.370 m²	31.310 m²	6.370 m²
9	B1F	기계&전기	05.001.01	33606	183.280 m	195.231 m	183.280 m²
10	B1F	EPS/TPS	99.002.01	33434	5.343 m²	28.830 m²	5.343 m²
11	L1F	전시실	03.001.01	34119	112.429 m	104.910 m	112.429 m²
12	L1F	화장실	98.004.01	33118	9.750 m²	41.910 m²	9.750 m²
13	L1F	EV	99.001.01	33108	6.370 m²	34.386 m²	6.370 m²
14	L1F	계단실	98.001.01	33101	18.523 m²	68.606 m²	18.523 m²

24 기초수량데이터-공간객체.xlsx의 내용을 BF샘플_수량근거자료 템플릿1에 맞추어 수량 근거자료를 작성 합니다. 이때 추출된 수치값은 임의로 변경하지 않으며, 창호면적을 제외한 벽 면적 산출의 경우 프로그램 내에서 자동으로 산출되지 않으므로 작성자가 계산하여 기입합니다.

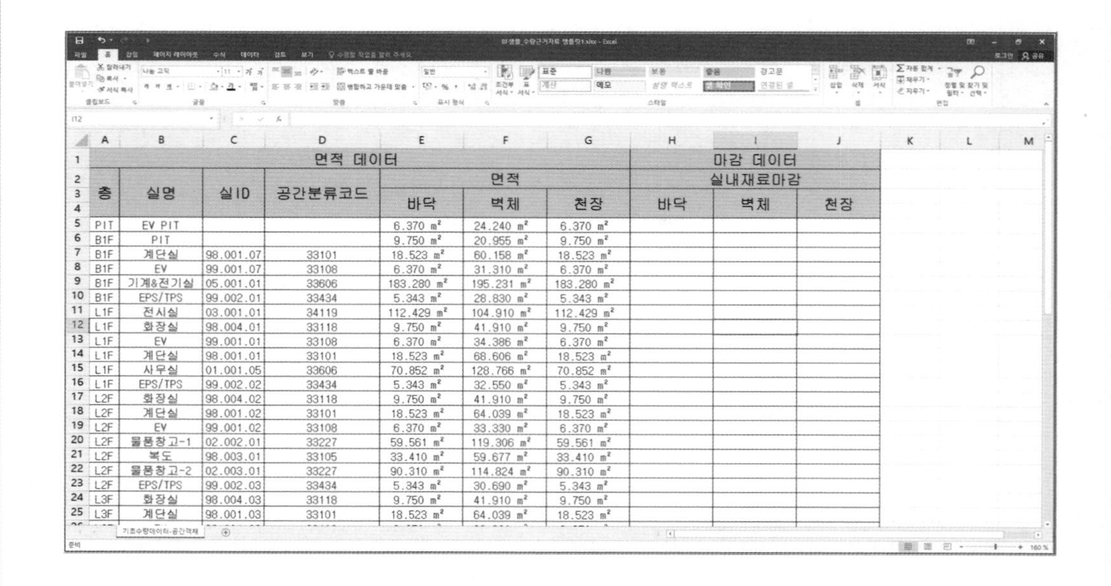

면적 데이터							마감 데이터		
층	실명	실ID	공간분류코드	면적			실내재료마감		
				바닥	벽체	천장	바닥	벽체	천장
PIT	EV PIT			6.370 m²	24.240 m²	6.370 m²			
B1F	PIT			9.750 m²	20.955 m²	9.750 m²			
B1F	계단실	98.001.07	33101	18.523 m²	60.158 m²	18.523 m²			
B1F	EV	99.001.07	33108	6.370 m²	31.310 m²	6.370 m²			
B1F	기계&전기실	05.001.01	33606	183.280 m²	195.231 m²	183.280 m²			
B1F	EPS/TPS	99.002.01	33434	5.343 m²	28.830 m²	5.343 m²			
L1F	전시실	03.001.01	34119	112.429 m²	104.910 m²	112.429 m²			
L1F	화장실	98.004.01	33118	9.750 m²	41.910 m²	9.750 m²			
L1F	EV	99.001.01	33108	6.370 m²	34.386 m²	6.370 m²			
L1F	계단실	98.001.01	33101	18.523 m²	68.606 m²	18.523 m²			
L1F	사무실	01.001.05	33606	70.852 m²	128.766 m²	70.852 m²			
L1F	EPS/TPS	99.002.02	33434	5.343 m²	32.550 m²	5.343 m²			
L2F	화장실	98.004.02	33118	9.750 m²	41.910 m²	9.750 m²			
L2F	계단실	98.001.02	33101	18.523 m²	64.039 m²	18.523 m²			
L2F	EV	99.001.02	33108	6.370 m²	33.330 m²	6.370 m²			
L2F	물품창고-1	02.002.01	33227	59.561 m²	119.306 m²	59.561 m²			
L2F	복도	98.003.01	33105	33.410 m²	59.677 m²	33.410 m²			
L2F	물품창고-2	02.003.01	33227	90.310 m²	114.824 m²	90.310 m²			
L2F	EPS/TPS	99.002.03	33434	5.343 m²	30.690 m²	5.343 m²			
L3F	화장실	98.004.03	33118	9.750 m²	41.910 m²	9.750 m²			
L3F	계단실	98.001.03	33101	18.523 m²	64.039 m²	18.523 m²			

chapter 03 부위 객체 수량 기초데이터 산출

1 부위객체는 기둥, 보, 벽체, 바닥 등 각각의 일람표를 생성합니다. 기둥에 대한 기초수량데이터를 작성해보겠습니다. [뷰]탭 ➡ [일람표]도구 ➡ [일람표/수량]을 클릭합니다. 카테고리에서 구조 기둥을 선택하고 이름을 "기초수량데이터-기둥"으로 입력 후 확인 버튼을 눌러 줍니다.

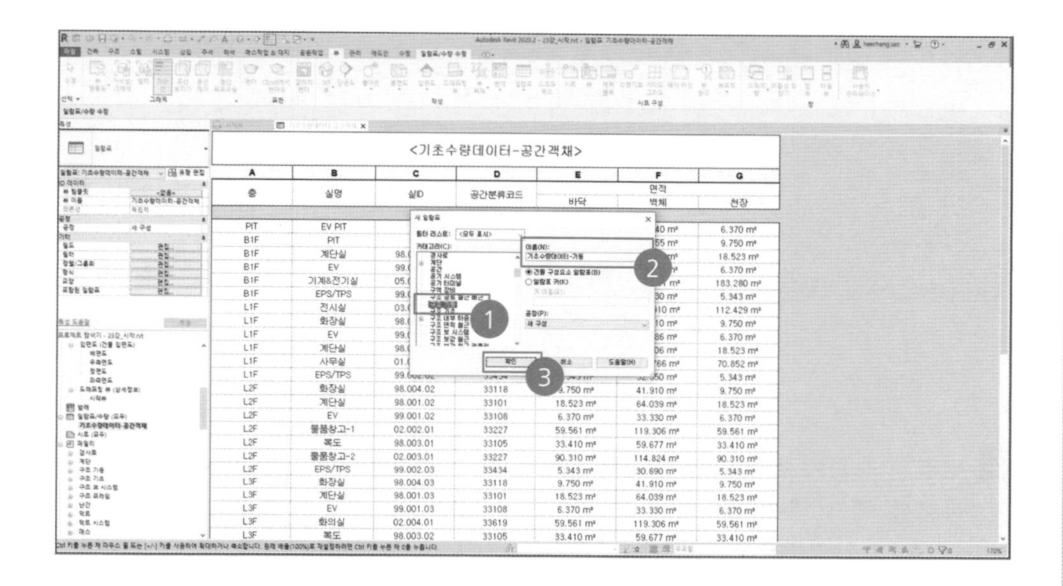

2 사용 가능한 필드에서 유형, 베이스레벨, 개수, 체적, 조달청표준공사코드를 하단 이미지와 같이 매개변수 추가 버튼을 사용하여 일람표 필드에 추가합니다.

3 필터에서 필터 기준을 하단 이미지와 같이 설정하여 줍니다.

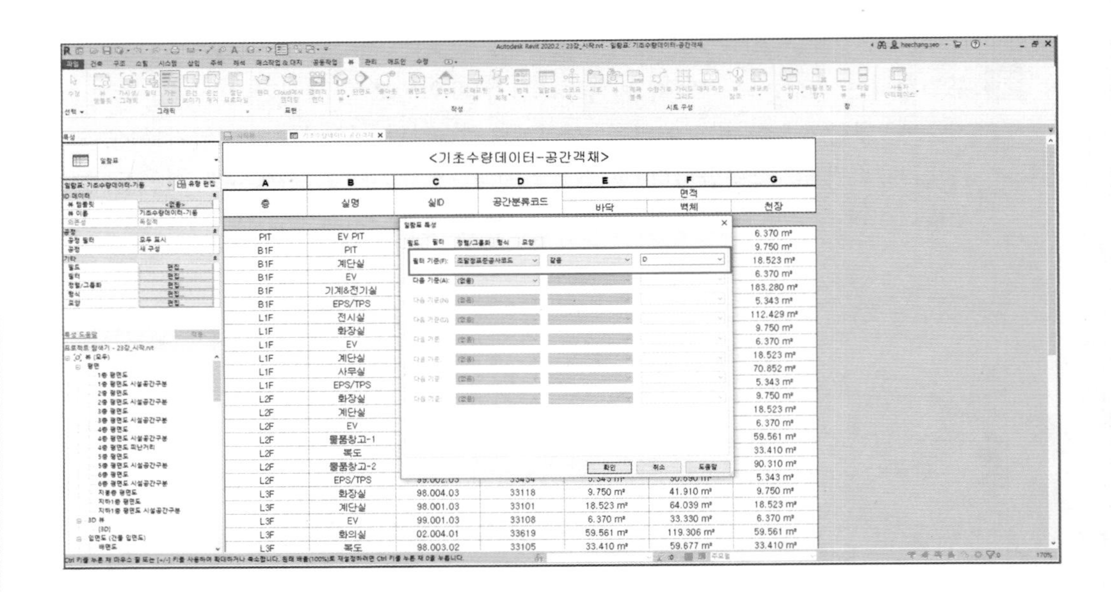

Tip

모든 인스턴스 항목화

일람표의 유형과 패밀리 요약된 일람표를 설정하려면 모든 인스턴스 항목화를 해제 하면 됩니다.

4 정렬/그룹화에서 정렬기준을 베이스 레벨로 설정하고 하단의 모든 인스턴스 항목화를 체크 해제 합니다.

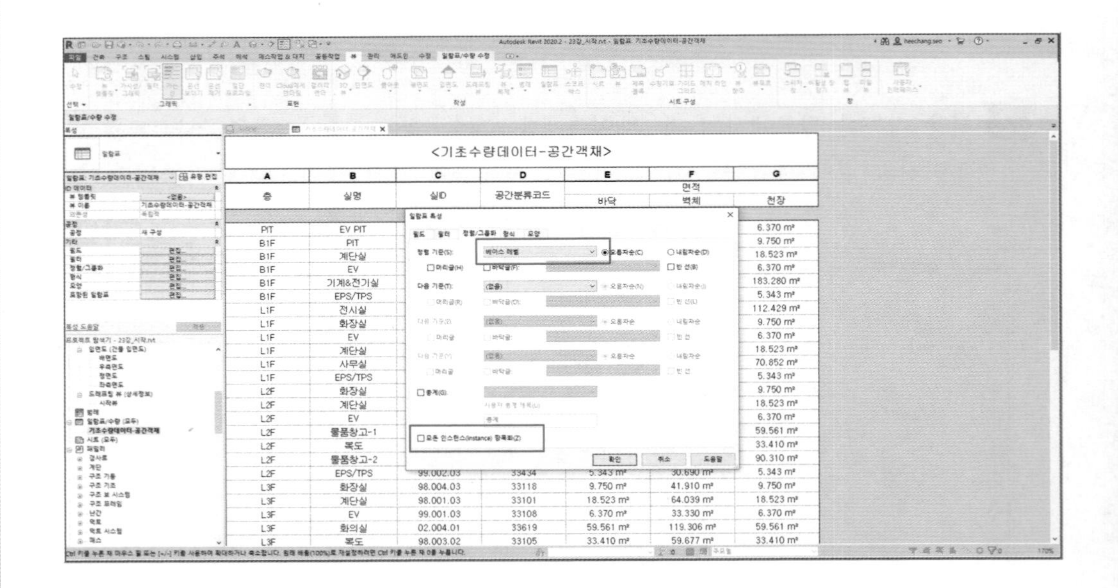

5 형식에서 수량 근거자료 템플릿과 상이한 필드의 이름을 변경할 수 있습니다. 유형, 베이스레벨, 개수, 체적을 부재명, 층, 수량, 합계로 변경합니다.

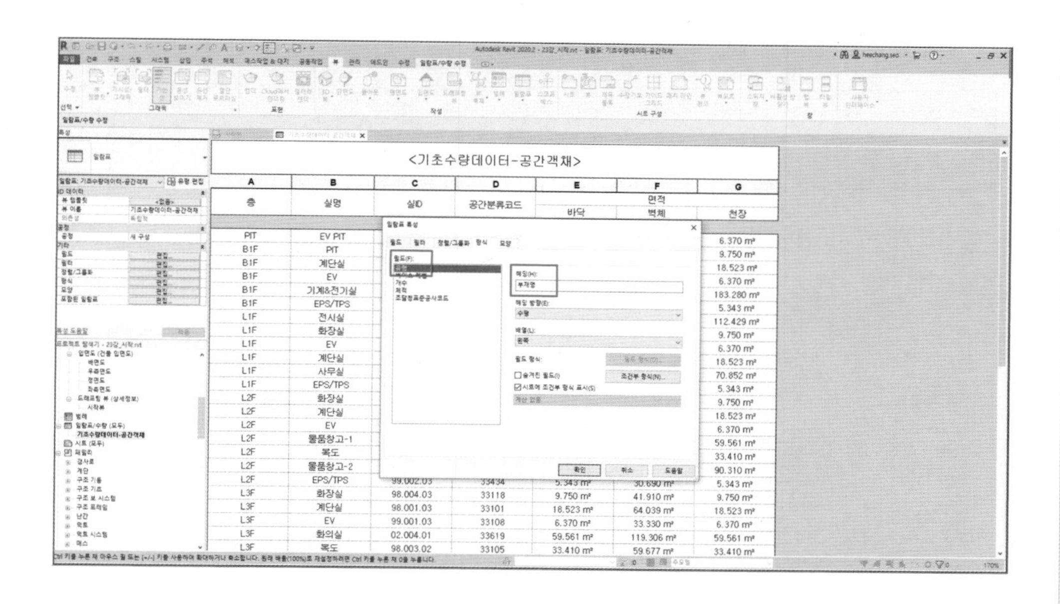

4 체적을 선택하고 하단이미지와 같이 총합계산을 선택해줍니다.

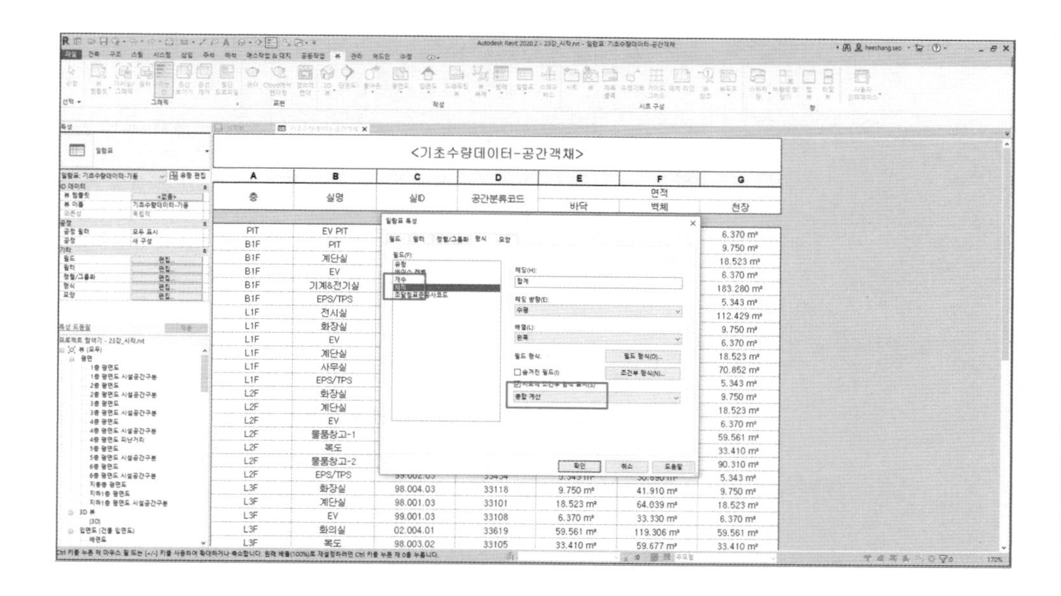

Tip

레벨의 기준

각 부재마다 필드의 레벨조건이 다르기 때문에 구조모델의 레벨을 참고하여 필드에서 추가하여야 한다.

7 기초수량데이터-기둥이 생성되었습니다.
앞에서 설명한 일람표 생성방법 나머지 구조 기초, 보, 벽체, 슬래브(바닥)를 생성해 보겠습니다.

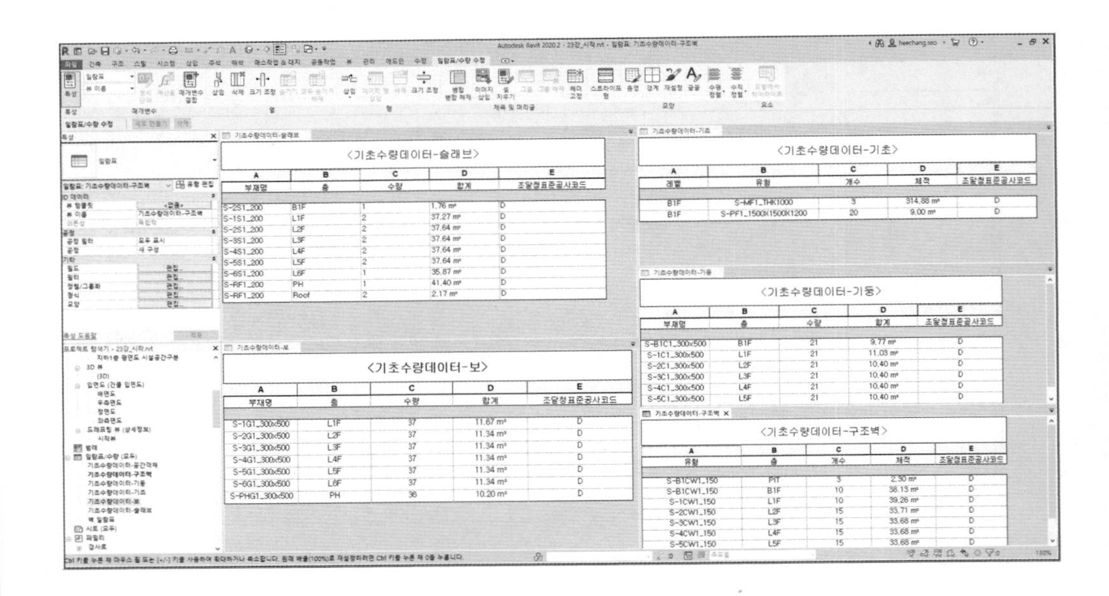

8 기초수량데이터-계단을 생성하겠습니다. 계단은 일람표/수량을 이용하면 체적을 구할 수 없기 때문에 재료 견적을 사용합니다.

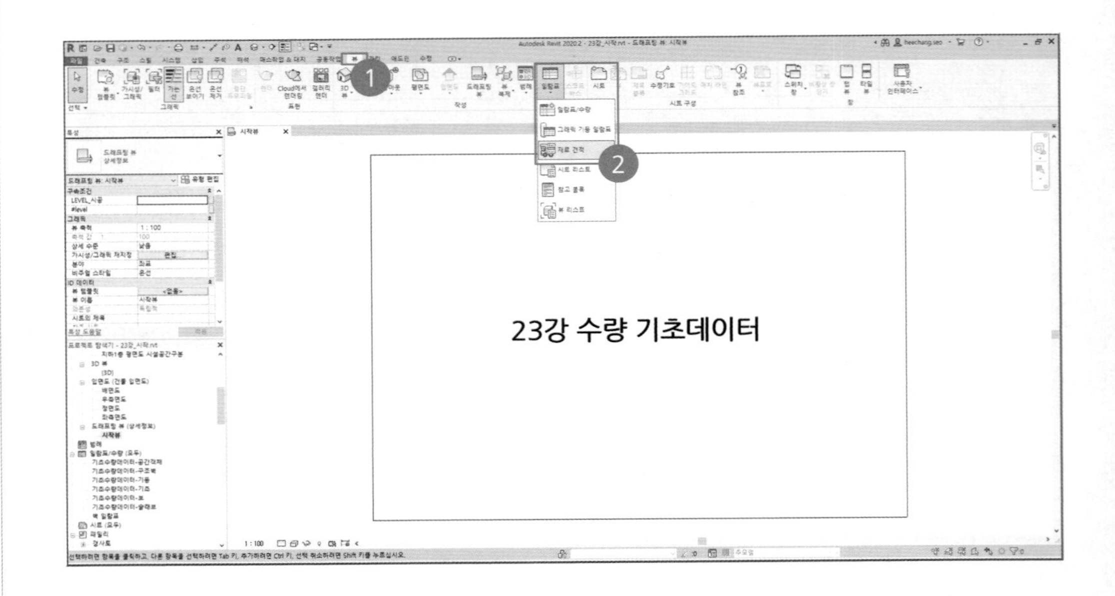

9 앞에서 설명한 일람표 생성 방법을 따라 계단일람표도 생성합니다.

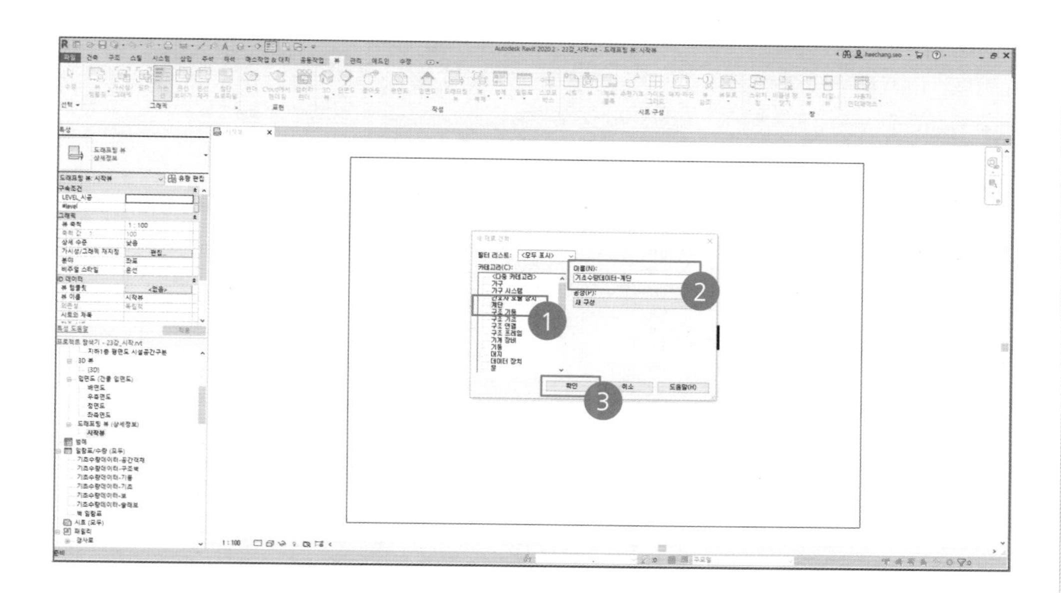

10 사용 가능한 필드에서 일람표에 필요한 필드를 추가하고 재료:체적도 함께 추가합니다. 앞에서 설명한 일람표 생성 방법을 따라 필터, 정렬/그룹화, 형식을 수정하고 일람표를 생성합니다.

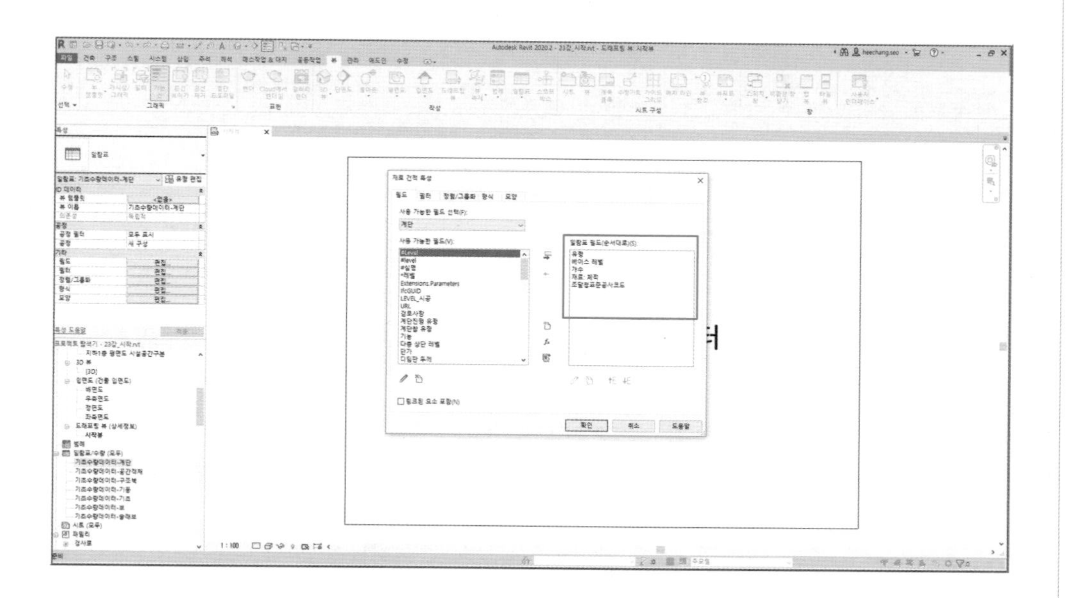

11 재료 견적을 이용하여 계단 일람표를 생성 하였습니다.

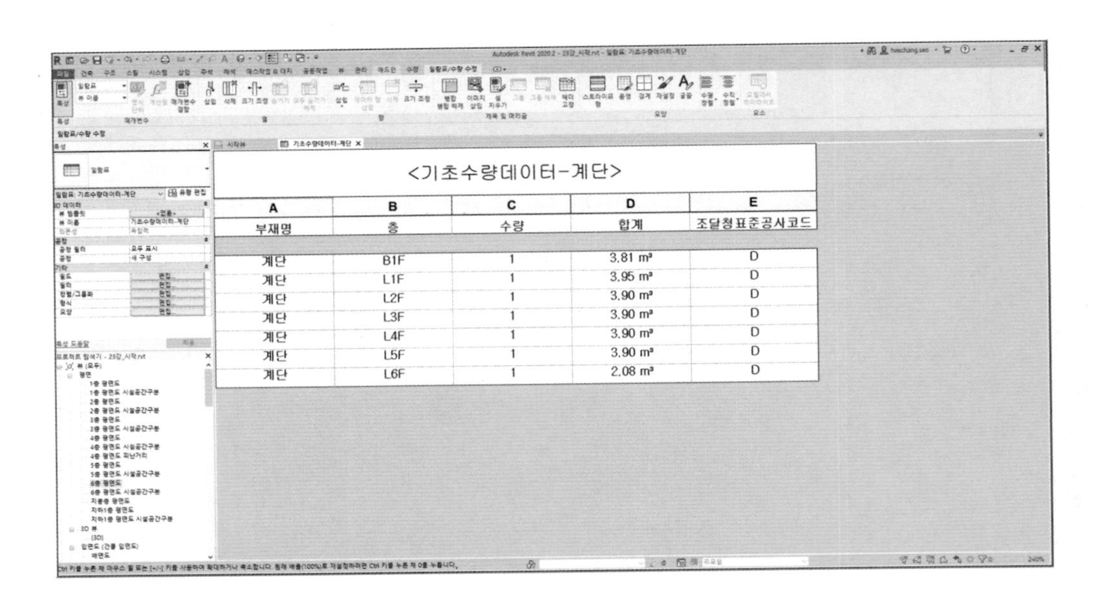

12 문에 대한 기초 수량데이터로 생성해보겠습니다.
일람표 생성 방법에 따라 일람표를 생성하고 사용 가능한 필드에서 유형, 레벨, 폭, 높이, 개수, 조달청표준공사코드를 하단 이미지와 같이 매개변수 추가 버튼을 사용하여 일람표 필드에 추가합니다.

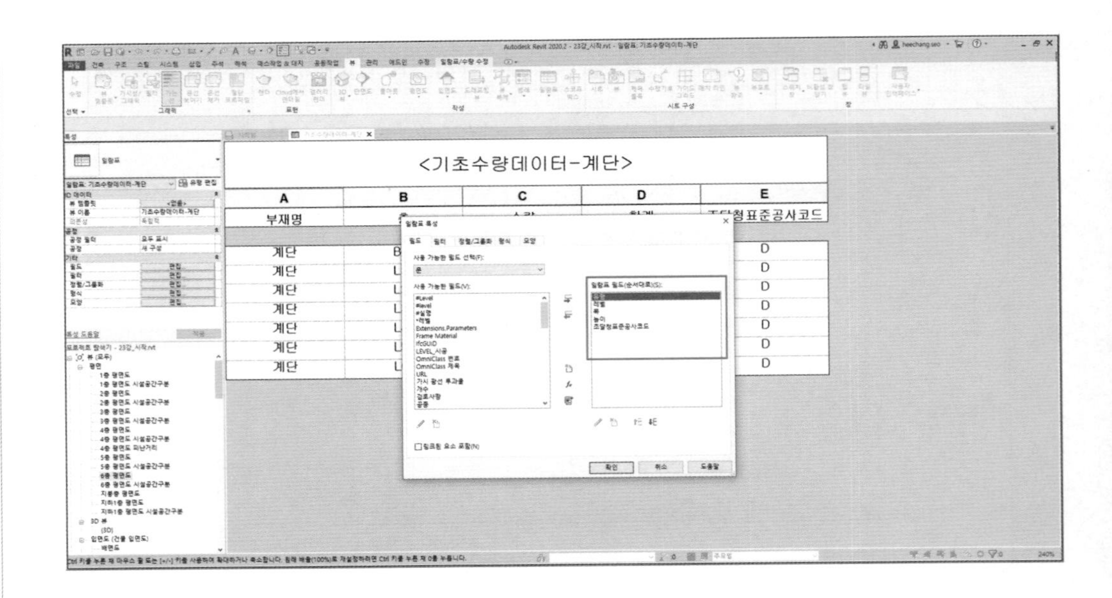

13 문 면적이 일람표에서 자동으로 계산되지 않아 계산된 매개변수 추가 기능을 사용하여 면적을 작성합니다.

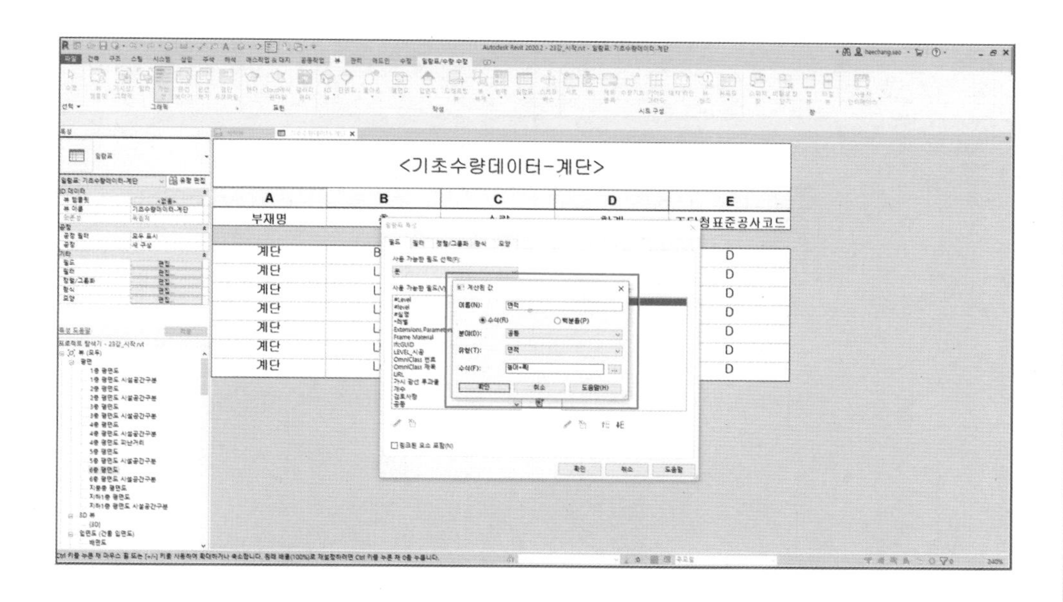

14 앞에서 설명한 일람표 생성 방법을 따라 필터, 정렬/그룹화, 형식을 수정하고 일람표를 생성합니다.

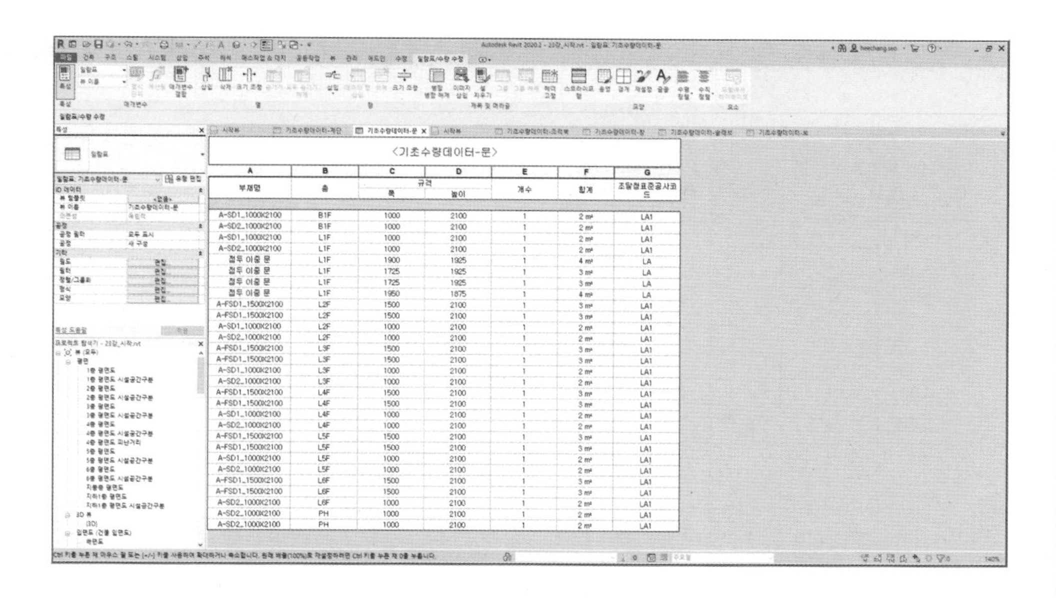

15 일람표 생성방법을 사용하여 나머지 부위객체의 일람표를 생성하고 텍스트 파일로 내보내어 각각 파일을 기초수량데이터.xlsx 저장합니다.

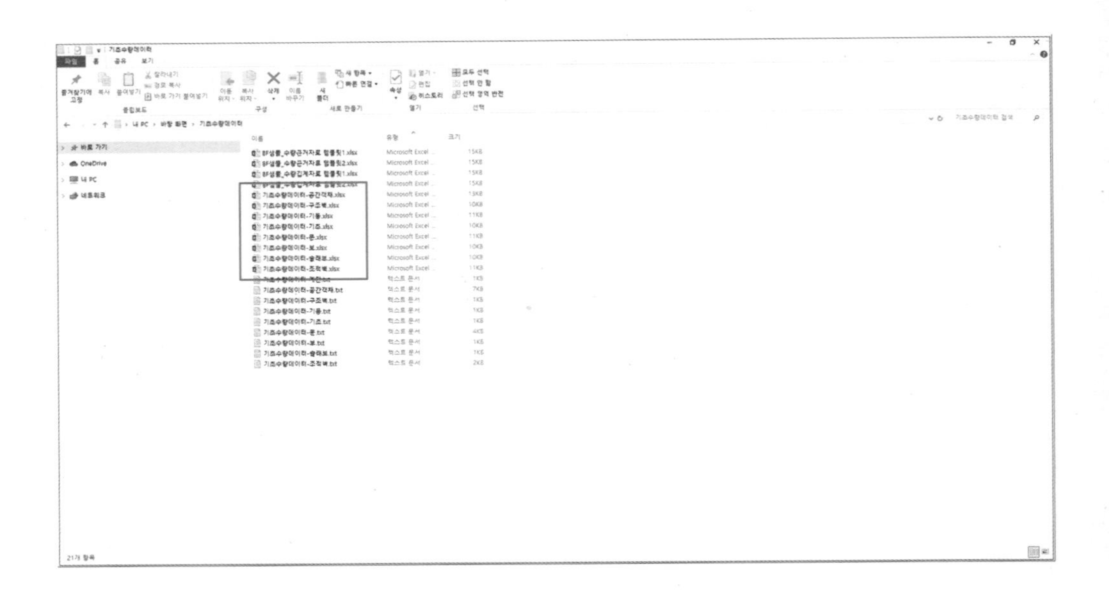

16 부위객체 기초수량산출 데이터를 사용하여 수량 집계자료 템플릿2를 작성 완료 하였습니다.

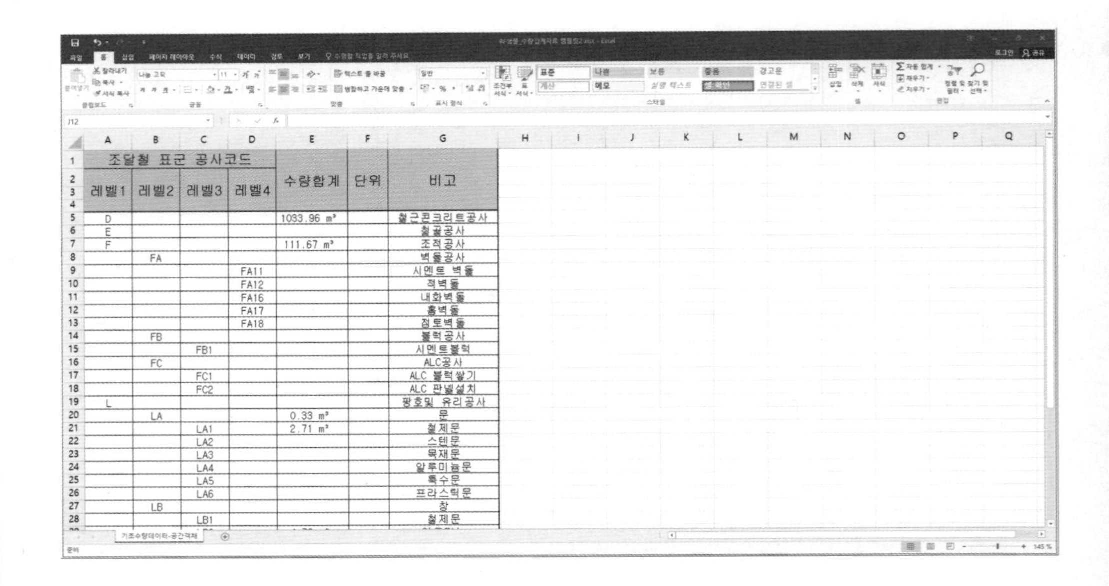

조달청 표준 공사코드				수량합계	단위	비고
레벨1	레벨2	레벨3	레벨4			
D				1033.96 m^3		철근콘크리트공사
E						철골공사
F				111.67 m^3		조적공사
	FA					벽돌공사
			FA11			시멘트 벽돌
			FA12			적벽돌
			FA16			내화벽돌
			FA17			홍벽돌
			FA18			점토벽돌
	FB					블럭공사
		FB1				시멘트블럭
	FC					ALC공사
		FC1				ALC 블럭쌓기
		FC2				ALC 판넬설치
L						창호및 유리공사
	LA			0.33 m^3		문
		LA1		2.71 m^3		철제문
		LA2				스텐문
		LA3				목재문
		LA4				알루미늄문
		LA5				특수문
		LA6				프라스틱문
	LB					창
		LB1				철제문

17 부위객체 기초수량산출 데이터를 사용하여 수량 근거자료 템플릿2를 작성 완료하였습니다.

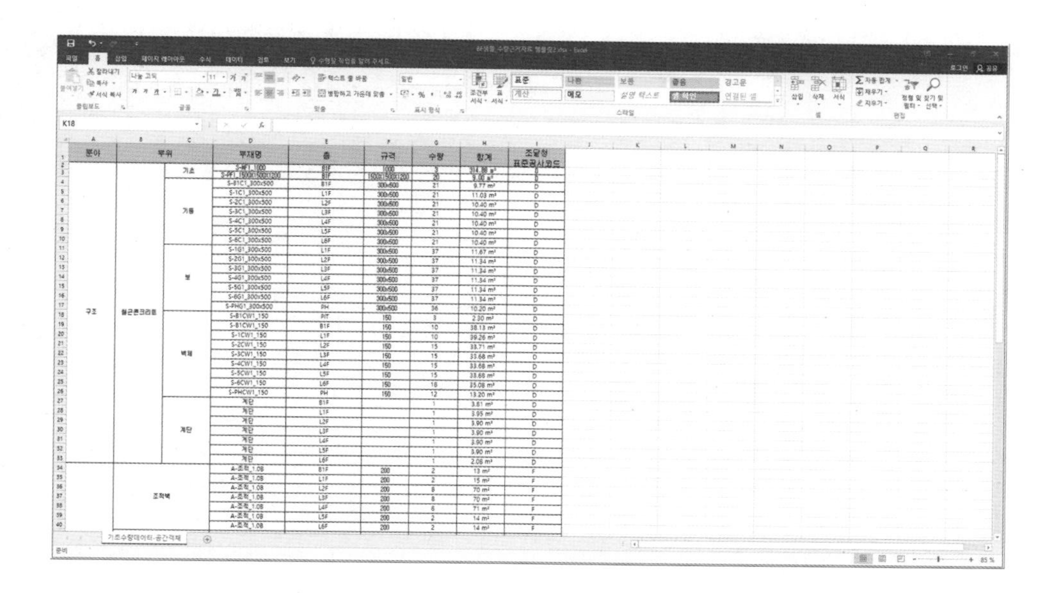

분야	부위		부재명	층	규격	수량	합계	조달청 표준공사코드
구조	철근콘크리트	기초	S-MF1_1000	B1F	1000	3	314.88 m³	D
			S-PF1_1500X1500X1200	B1F	1500X1500X1200	20	9.00 m³	D
		기둥	S-B1C1_300x500	B1F	300x500	21	9.77 m³	D
			S-1C1_300x500	L1F	300x500	21	11.03 m³	D
			S-2C1_300x500	L2F	300x500	21	10.40 m³	D
			S-3C1_300x500	L3F	300x500	21	10.40 m³	D
			S-4C1_300x500	L4F	300x500	21	10.40 m³	D
			S-5C1_300x500	L5F	300x500	21	10.40 m³	D
			S-6C1_300x500	L6F	300x500	21	10.40 m³	D
		보	S-1G1_300x500	L1F	300x500	37	11.67 m³	D
			S-2G1_300x500	L2F	300x500	37	11.34 m³	D
			S-3G1_300x500	L3F	300x500	37	11.34 m³	D
			S-4G1_300x500	L4F	300x500	37	11.34 m³	D
			S-5G1_300x500	L5F	300x500	37	11.34 m³	D
			S-6G1_300x500	L6F	300x500	37	11.34 m³	D
			S-PHG1_300x500	PH	300x500	36	10.20 m³	D
		벽체	S-B1CW1_150	PIT	150	3	2.30 m³	D
			S-B1CW1_150	B1F	150	10	38.13 m³	D
			S-1CW1_150	L1F	150	10	39.26 m³	D
			S-2CW1_150	L2F	150	15	33.71 m³	D
			S-3CW1_150	L3F	150	15	33.68 m³	D
			S-4CW1_150	L4F	150	15	33.68 m³	D
			S-5CW1_150	L5F	150	15	33.68 m³	D
			S-6CW1_150	L6F	150	18	35.08 m³	D
			S-PHCW1_150	PH	150	12	13.20 m³	D
		계단	계단	B1F		1	3.81 m³	D
			계단	L1F		1	3.95 m³	D
			계단	L2F		1	3.90 m³	D
			계단	L3F		1	3.90 m³	D
			계단	L4F		1	3.90 m³	D
			계단	L5F		1	3.90 m³	D
			계단	L6F		1	2.08 m³	D
	조적벽		A-조적_1.0B	B1F	200	2	13 m²	F
			A-조적_1.0B	L1F	200	2	15 m²	F
			A-조적_1.0B	L2F	200	8	70 m²	F
			A-조적_1.0B	L3F	200	8	70 m²	F
			A-조적_1.0B	L4F	200	8	71 m²	F
			A-조적_1.0B	L5F	200	2	14 m²	F
			A-조적_1.0B	L6F	200	2	14 m²	F

- 한솔아카데미 자료실　　www.bestbook.co.kr
- BIMer 온라인커뮤니티　　https://blog.naver.com/bimfactory

BIMFACTORY
COMPANY

제 24 편

계획 건축 설계

BIM 설계도면 산출

Section 24

계획 건축 설계
BIM 설계 도면 산출

24강에서는 BIM 설계도면을 산출하는 방법에 대하여 학습하도록 하겠습니다.
설계도면은 BIM 데이터로 작성한 수준범위 내에서 추출하여 활용해야 합니다. 또한 건물부재요소의 표현이 충분하지 않은 경우 또는 문자, 보조선, 가구, 해치 등 설계도면 완성에 필요한 2D 요소는 BIM 소프트웨어 내에서만 작업 하여 완성해야 합니다.

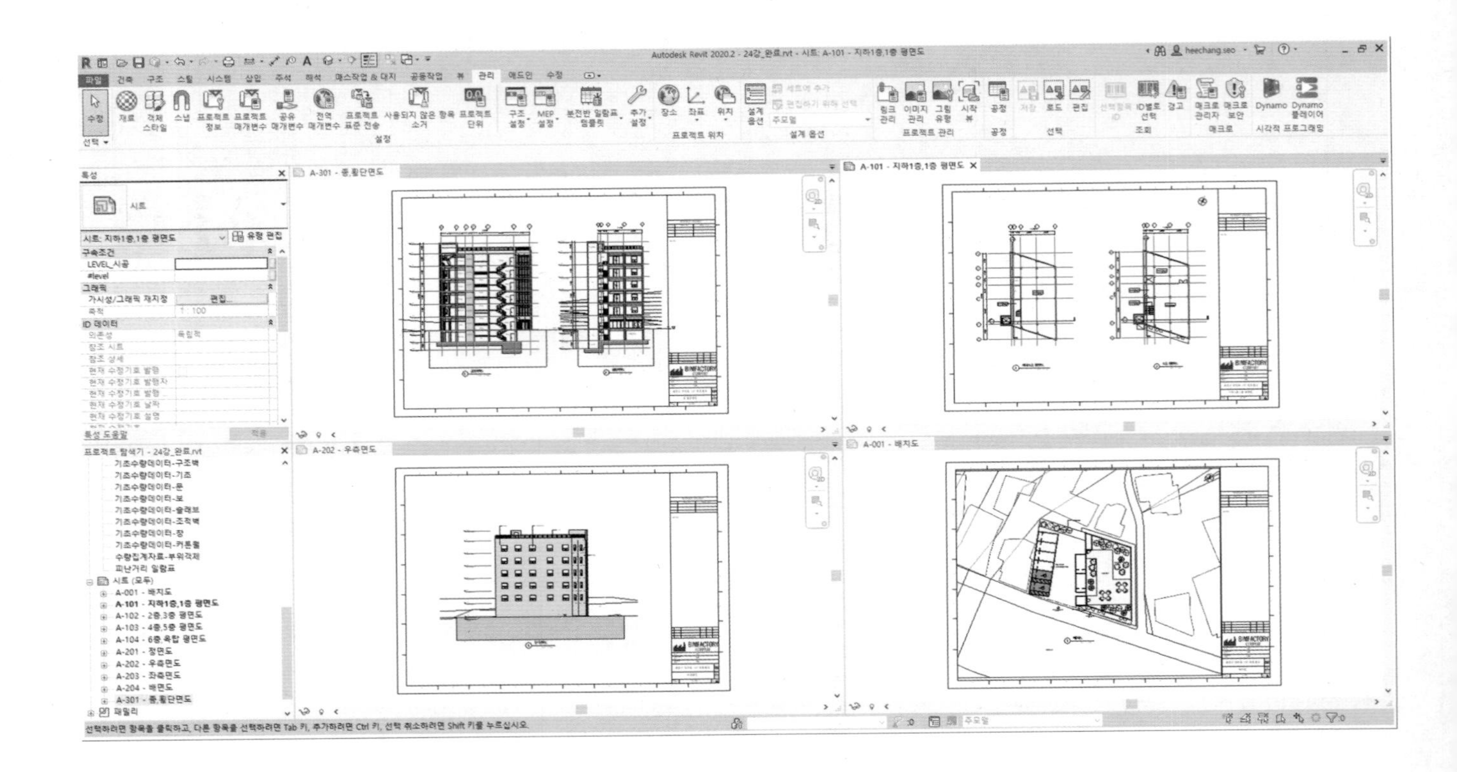

POINT!!

- 객체 스타일의 이해
- 시트 배치 및 작성하기
- BIM 데이터를 활용한 도면화

chapter 01 조달청 기준 소개

1 조달청 "시설사업 BIM 적용 기본지침서 v2.0"에 따르면, BIM 설계도면 산출은 다음과 같습니다. 설계도면 생성의 원칙과 필수 작성대상 도면 3차원 형상의 표현을 참고하여 설계도면을 산출합니다.

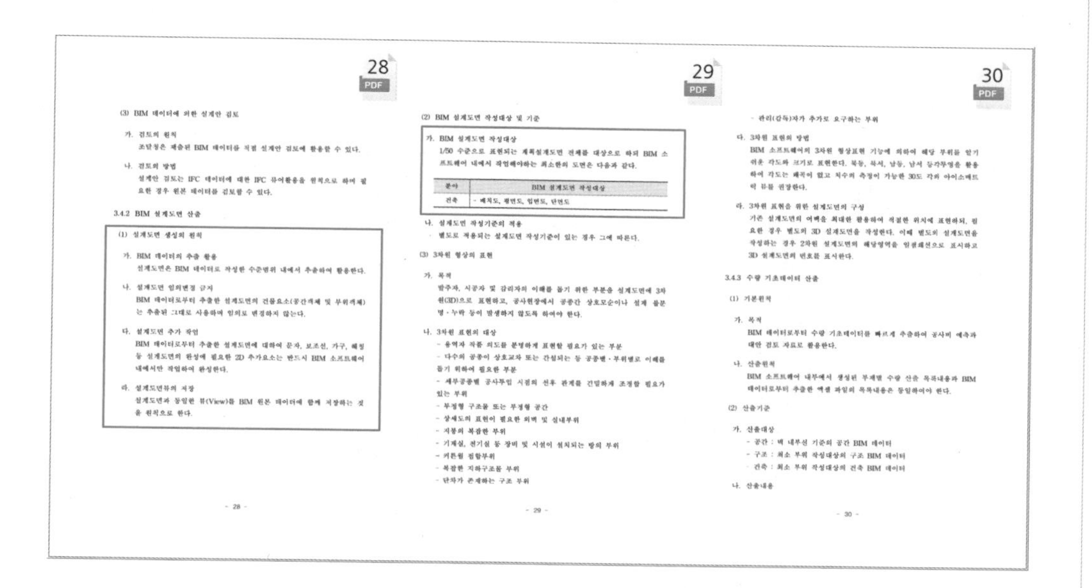

28 PDF

(3) BIM 데이터에 의한 설계안 검토

가. 검토의 원칙
조달청은 제출된 BIM 데이터를 직접 설계안 검토에 활용할 수 있다.

나. 검토의 방법
설계안 검토는 IFC 데이터에 대한 IFC 뷰어활용을 원칙으로 하며 필요한 경우 원본 데이터를 검토할 수 있다.

3.4.2 BIM 설계도면 산출

(1) 설계도면 생성의 원칙

가. BIM 데이터의 추출 활용
설계도면은 BIM 데이터로 작성한 수준범위 내에서 추출하여 활용한다.

나. 설계도면 임의변경 금지
BIM 데이터로부터 추출한 설계도면의 건물요소(공간객체 및 부위객체)는 추출된 그대로 사용하며 임의로 변경하지 않는다.

다. 설계도면 추가 작업
BIM 데이터로부터 추출한 설계도면에 대하여 문자, 보조선, 가구, 해칭 등 설계도면의 완성에 필요한 2D 추가요소는 반드시 BIM 소프트웨어 내에서만 작업하여 완성한다.

라. 설계도면뷰의 저장
설계도면과 동일한 뷰(View)를 BIM 원본 데이터에 함께 저장하는 것을 원칙으로 한다.

- 28 -

29 PDF

(2) BIM 설계도면 작성대상 및 기준

가. BIM 설계도면 작성대상
1/50 수준으로 표현되는 계획설계도면 전체를 대상으로 하되 BIM 소프트웨어 내에서 작업해야하는 최소한의 도면은 다음과 같다.

분야	BIM 설계도면 작성대상
건축	- 배치도, 평면도, 입면도, 단면도

나. 설계도면 작성기준의 적용
별도로 적용되는 설계도면 작성기준이 있는 경우 그에 따른다.

(3) 3차원 형상의 표현

가. 목적
발주자, 시공자 및 감리자의 이해를 돕기 위한 부분을 설계도면에 3차원(3D)으로 표현하고, 공사현장에서 공종간 상호모순이나 설계 불분명·누락 등이 발생하지 않도록 하여야 한다.

나. 3차원 표현의 대상
- 융역자 작품 의도를 분명하게 표현할 필요가 있는 부분
- 다수의 공종이 상호교차 또는 간섭되는 등 공종별·부위별로 이해를 돕기 위하여 필요한 부분
- 세부공종별 공사투입 시점의 선후 관계를 긴밀하게 조정할 필요가 있는 부위
- 부정형 구조물 또는 부정형 공간
- 상세도의 표현이 필요한 외벽 및 실내부위
- 지붕의 복잡한 부위
- 기계실, 전기실 등 장비 및 시설이 설치되는 방의 부위
- 커튼월 접합부위
- 복잡한 지하구조물 부위
- 단차가 존재하는 구조 부위

- 29 -

30 PDF

- 관리(감독)자가 추가로 요구하는 부위

다. 3차원 표현의 방법
BIM 소프트웨어의 3차원 형상표현 기능에 의하여 해당 부위를 알기 쉬운 각도와 크기로 표현한다. 북동, 북서, 남동, 남서 등각투영을 활용하여 각도는 왜곡이 없고 치수의 측정이 가능한 30도 각의 아이소메트릭 뷰를 권장한다.

라. 3차원 표현을 위한 설계도면의 구성
기존 설계도면의 여백을 최대한 활용하여 적절한 위치에 표현하되, 필요한 경우 별도의 3D 설계도면을 작성한다. 이때 별도의 설계도면을 작성하는 경우 2차원 설계도면의 해당영역을 일점쇄선으로 표시하고 3D 설계도면의 번호를 표시한다.

3.4.3 수량 기초데이터 산출

(1) 기본원칙

가. 목적
BIM 데이터로부터 수량 기초데이터를 빠르게 추출하여 공사비 예측과 대안 검토 자료로 활용한다.

나. 산출원칙
BIM 소프트웨어 내부에서 생성된 부재별 수량 산출 목록내용과 BIM 데이터로부터 추출한 엑셀 파일의 목록내용은 동일하여야 한다.

(2) 산출기준

가. 산출대상
- 공간 : 벽 내부선 기준의 공간 BIM 데이터
- 구조 : 최소 부위 작성대상의 구조 BIM 데이터
- 건축 : 최소 부위 작성대상의 건축 BIM 데이터

나. 산출내용

- 30 -

2 "부속서-8 시설사업 BIM 적용 기본지침서 사용자 가이드"의 Ⅱ. BIM 소프트웨어 사용방법 예시 Revit 사용자용을 참고하여 설계 도면을 산출하겠습니다.

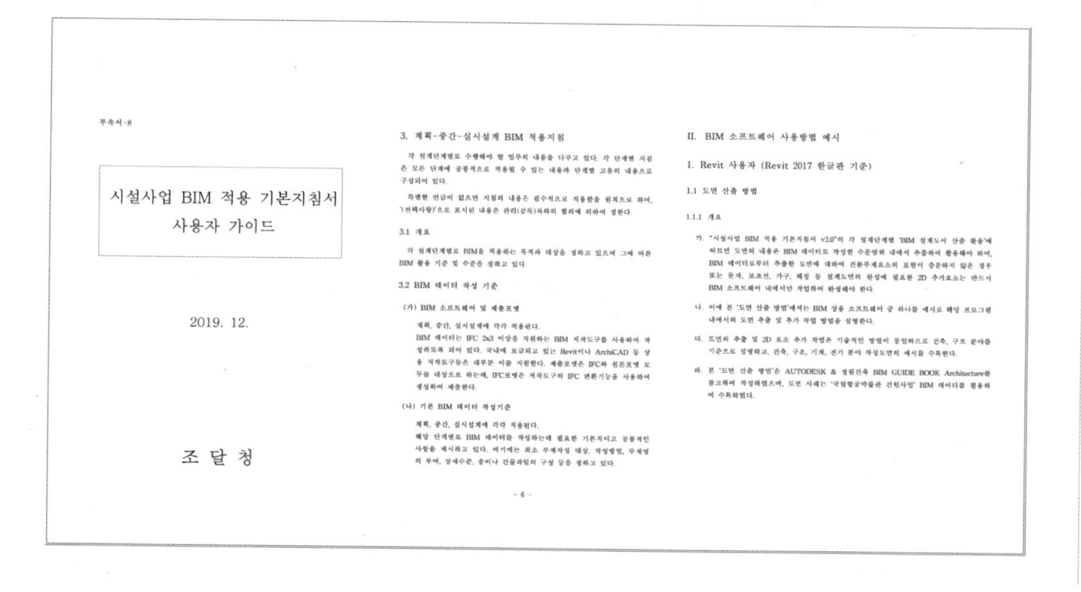

부속서-8

시설사업 BIM 적용 기본지침서
사용자 가이드

2019. 12.

조 달 청

3. 계획-중간-실시설계 BIM 적용지침

각 설계단계별로 수행해야 할 업무의 내용을 다루고 있다. 각 단계별 지침은 모든 단계에 공통적으로 적용될 수 있는 내용과 단계별 고유의 내용으로 구성되어 있다.

특별한 언급이 없으면 지침의 내용은 필수적으로 적용함을 원칙으로 하며, '(선택사항)'으로 표시된 내용은 관리(감독)자와의 협의에 의하여 정한다.

3.1 개요

각 설계단계별로 BIM을 적용하는 목적과 대상을 정하고 있으며 그에 따른 BIM 활용 기준 및 수준을 정하고 있다.

3.2 BIM 데이터 작성 기준

(가) BIM 소프트웨어 및 제출포맷

계획, 중간, 실시설계에 각각 적용된다.
BIM 데이터는 IFC 2x3 이상을 지원하는 BIM 저작도구를 사용하여 작성하도록 되어 있다. 국내에 보급되고 있는 Revit이나 ArchiCAD 등 상용 저작도구들은 대부분 이를 지원한다. 제출포맷은 IFC와 원본포맷 모두를 대상으로 하는데, IFC포맷은 저작도구의 IFC 변환기능을 사용하여 생성하여 제출한다.

(나) 기본 BIM 데이터 작성기준

계획, 중간, 실시설계에 각각 적용된다.
해당 단계별로 BIM 데이터를 작성하는데 필요한 기본적이고 공통적인 사항을 제시하고 있다. 여기에는 최소 부재작성 대상, 작성방법, 부재명의 부여, 상세수준, 층이나 건물파일의 구성 등을 정하고 있다.

- 6 -

II. BIM 소프트웨어 사용방법 예시

1. Revit 사용자 (Revit 2017 한글판 기준)

1.1 도면 산출 방법

1.1.1 개요

가. "시설사업 BIM 적용 기본지침서 v2.0"의 각 설계단계별 'BIM 설계도서 산출 활용'에 따르면 도면의 내용은 BIM 데이터로 작성한 수준범위 내에서 추출하여 활용해야 하며, BIM 데이터로부터 추출한 도면에 대하여 건물부재요소의 표현이 충분하지 않은 경우 또는 문자, 보조선, 가구, 해칭 등 설계도면의 완성에 필요한 2D 추가요소는 반드시 BIM 소프트웨어 내에서만 작업하여 완성해야 한다.

나. 이에 본 '도면 산출 방법'에서는 BIM 상용 소프트웨어 중 하나를 예시로 해당 프로그램 내에서의 도면 추출 및 추가 작업 방법을 설명한다.

다. 도면의 추출 및 2D 요소 추가 작업은 기술적인 방법이 동일하므로 건축, 구조 분야를 기준으로 설명하고, 건축, 구조, 기계, 전기 분야 작성도면의 예시를 수록한다.

라. 본 '도면 산출 방법'은 AUTODESK & 정림건축 BIM GUIDE BOOK Architecture를 참고하여 작성하였으며, 도면 사례는 '국립항공박물관 건립사업' BIM 데이터를 활용하여 수록하였다.

chapter 02

객체 스타일 및 선 두께

1 객체 스타일 및 선 두께에 대해 알아보겠습니다.
Revit을 실행합니다.
모델 창 [열기] 클릭 ➡ ₩예제파일₩24강₩24강_시작.rvt를 선택하고 [열기]를 클릭합니다.

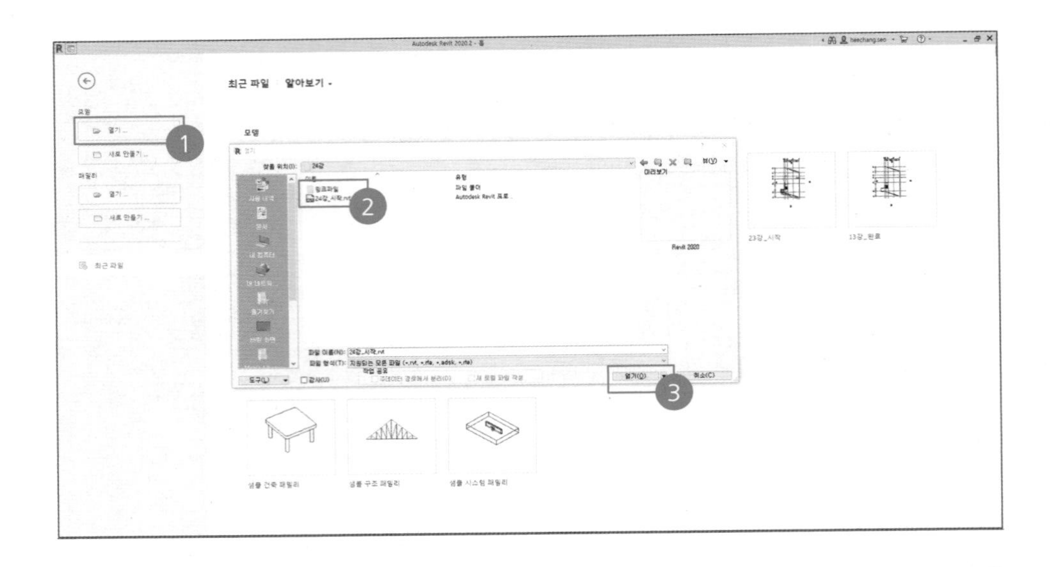

2 객체 스타일을 바꾸고 확인하기 위해 1층 평면도를 열도록 하겠습니다.

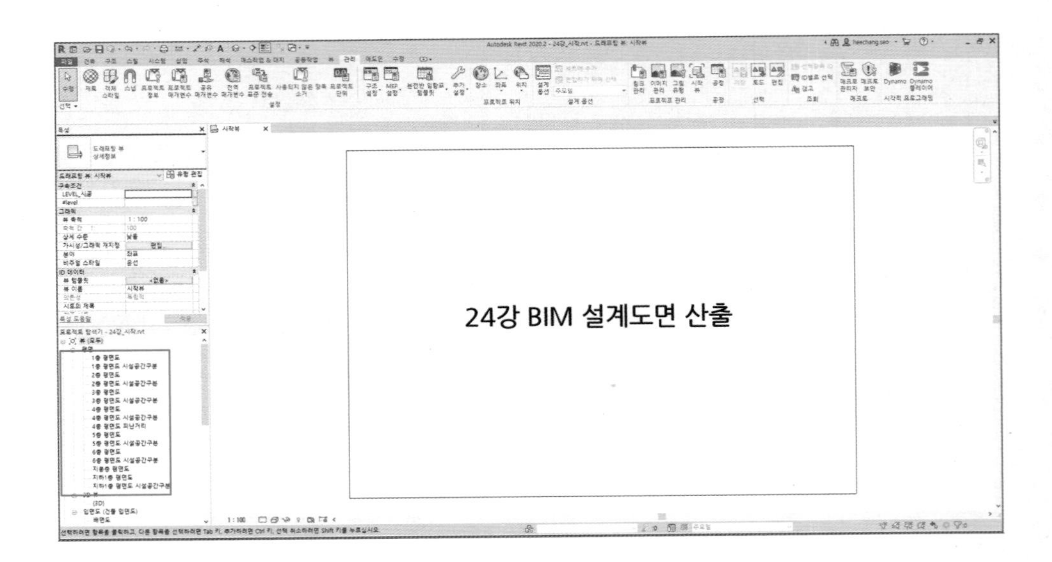

3 객체 스타일이란 BIM 데이터에서 모델 객체, 주석 객체 및 가져온 객체에 대한 선 두께, 패턴 및 재료를 지정 할 수 있는 것을 말합니다.
특정 뷰에 대한 객체 스타일은 그래픽/가시성에서 지정할 수 있습니다.
[관리]탭 ➡ [객체스타일]도구를 선택 합니다.

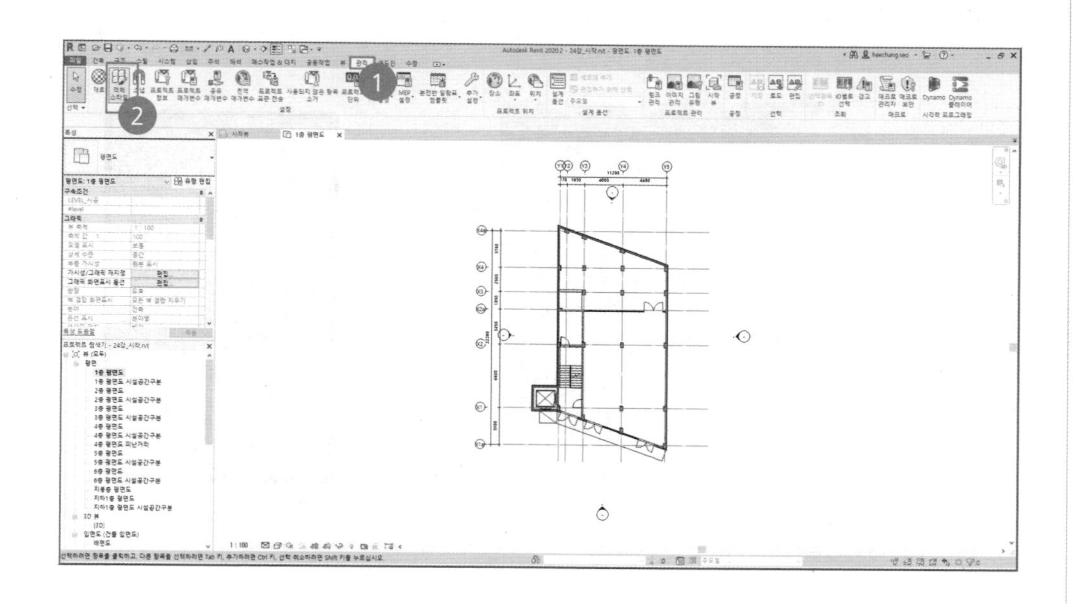

4 객체 스타일창이 활성화 됩니다. 예시로 기둥에 대한 선두께와 색상 패턴을 변경해서 비교해 보겠습니다.
선두께와 색상, 패턴을 변경하고 적용 후 확인을 클릭합니다.

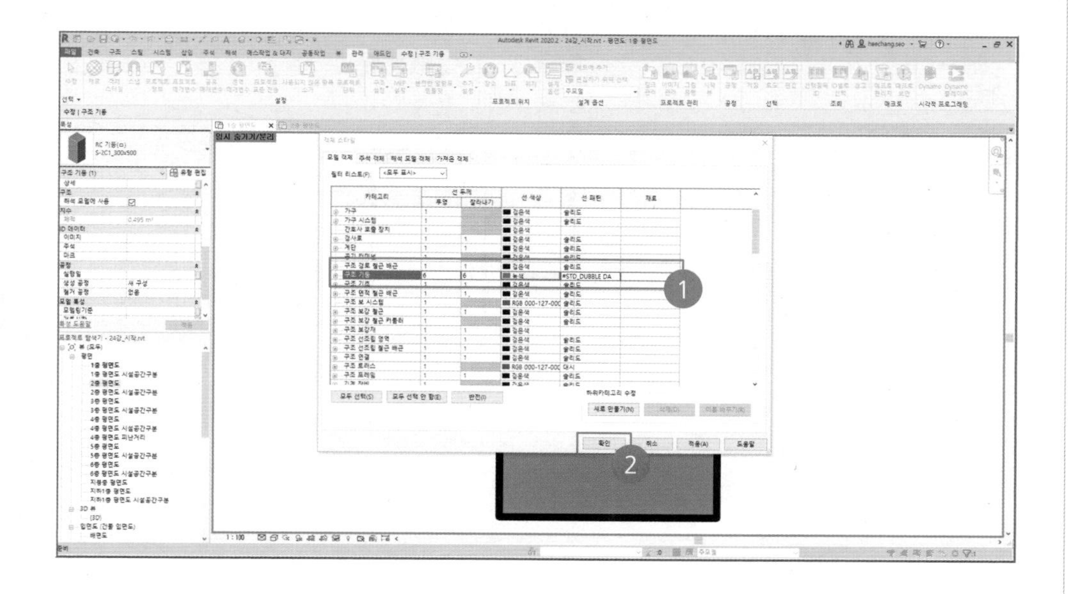

Tip

가는선

화면의 모든 선이 가는 단일 선으로 표기 되어 사용자가 작업을 용이하게 할 수 있습니다.

5 기존 구조기둥에 대한 두께가 변경되었습니다. 기존과 확연하게 변경된 객체 스타일은 확인 할 수 있습니다. 각각 스타일에 맞추어 기존객체에 변화를 줄 수 있습니다.

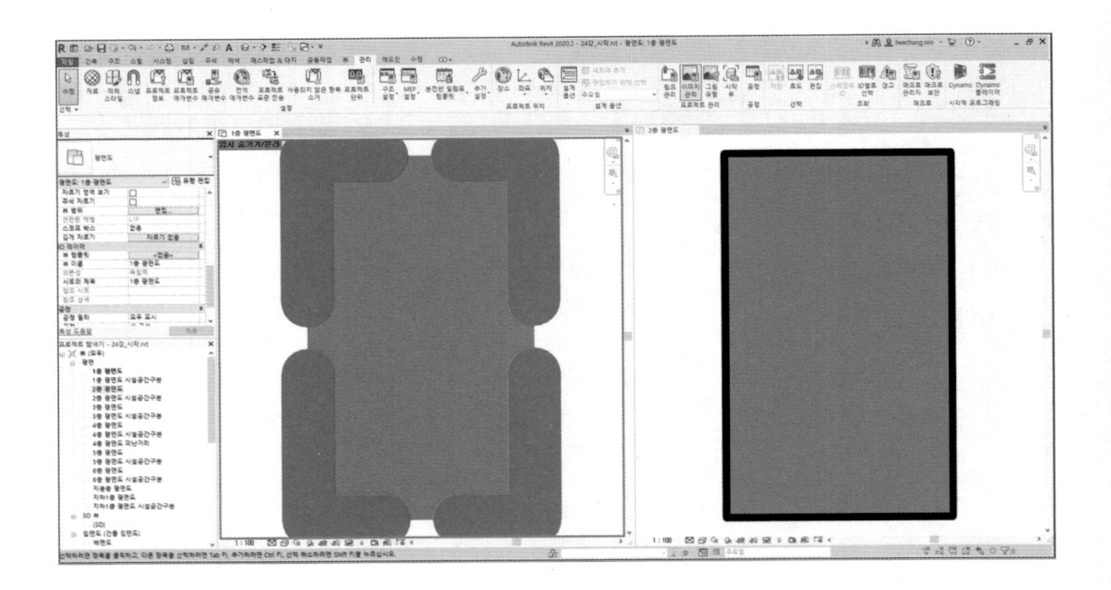

6 다음은 선스타일, 선두께, 선패턴에 대해 알아보겠습니다.
[관리]탭 ➡ [추가설정]도구에서 선스타일, 선두께, 선패턴을 설정할 수 있습니다.

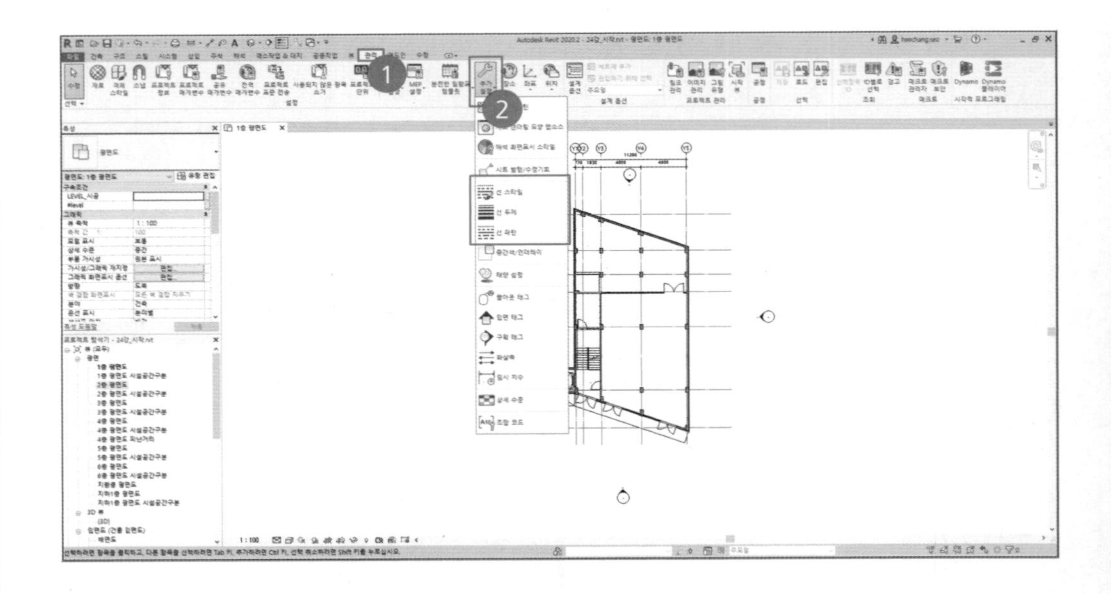

7 선 패턴을 추가해보겠습니다. [추가설정]도구에서 선패턴을 클릭합니다. 선패턴 창이 활성화 되면 새로 만들기를 클릭합니다.

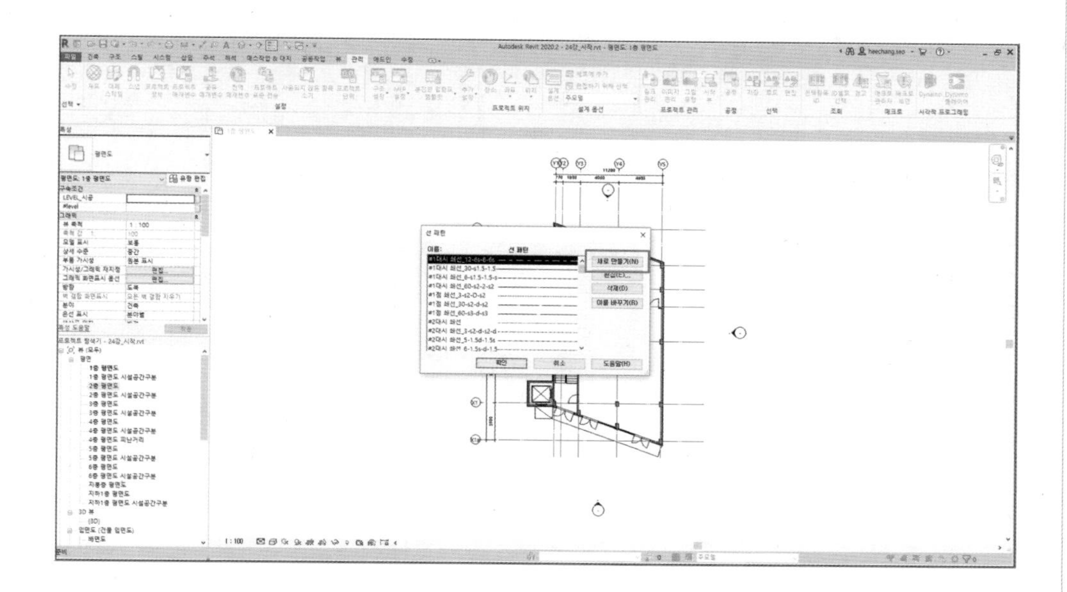

8 새로운 선 패턴을 생성해 보겠습니다. "BIM 설계도서 작성 지침"에 따라 이름과 선 표현 방법을 입력 후 확인을 클릭하여 생성합니다.

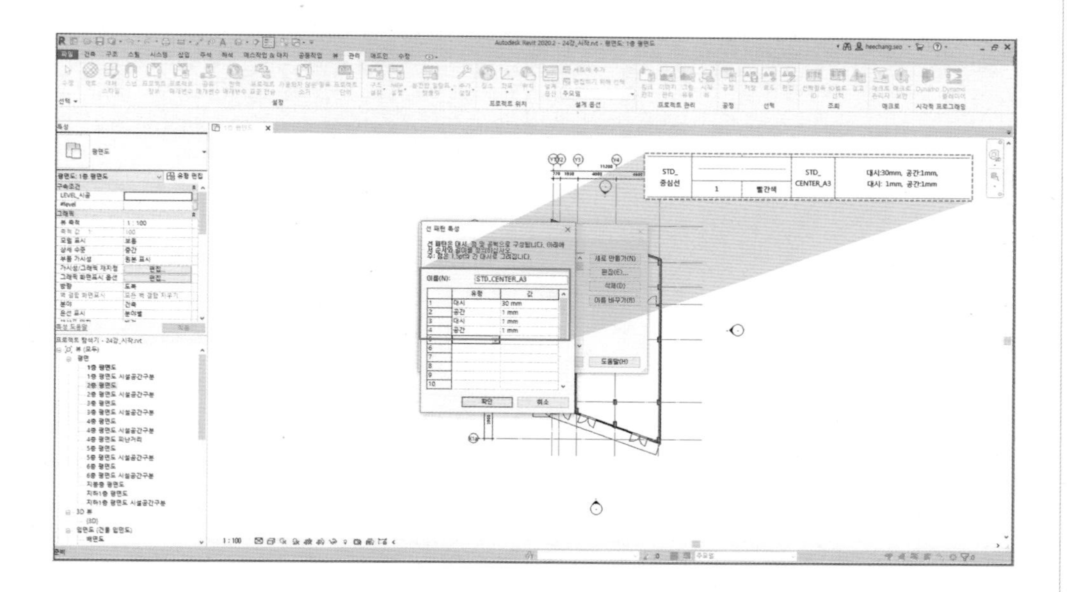

9 새로운 선 패턴이 추가 된 것을 확인 할 수 있습니다. 확인을 클릭하여 선 패턴 창을 종료합니다.

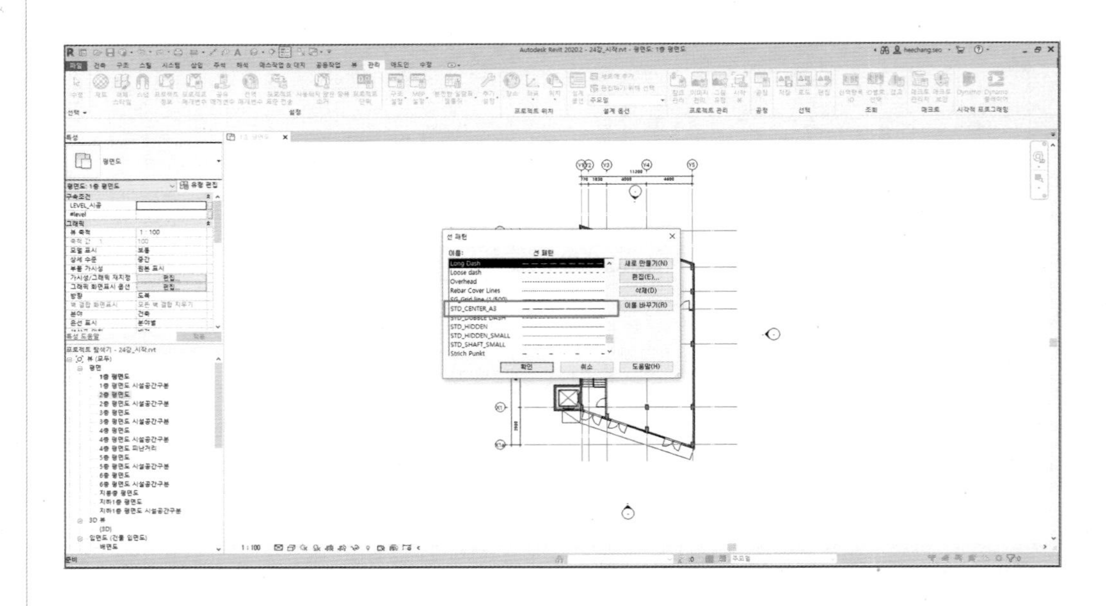

10 추가된 선 패턴을 이용해 상세선을 추가해보겠습니다. [추가설정]도구에서 선 스타일을 클릭합니다. 선 스타일 창이 활성화 되면 새로 만들기를 클릭합니다.

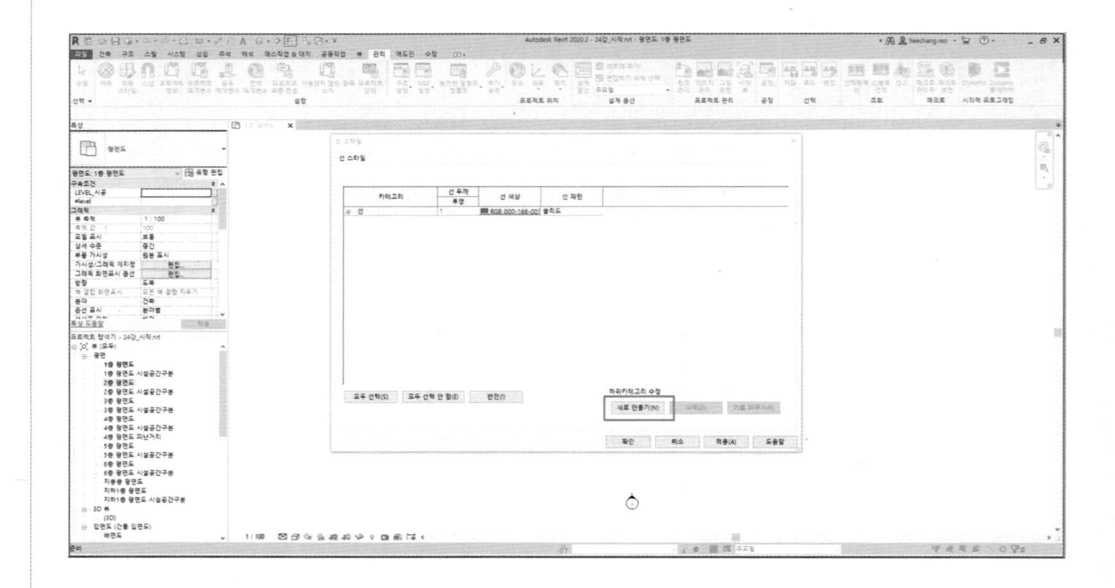

11 새 하위카테고리 창에서 “BIM 설계도서 작성 치침”에 따라 이름을 입력하고 확인을 클릭합니다.

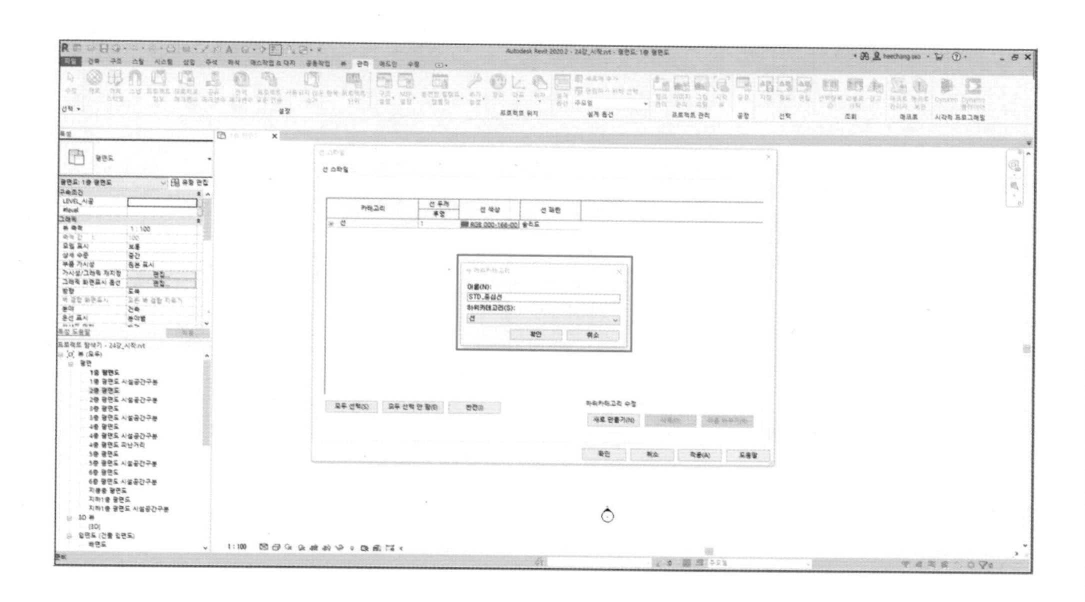

12 새로운 선이 추가 되었습니다. 선 두께 및 선 색상을 선택하고 앞에서 생성했던 선 패턴을 선택하고 확인을 클릭합니다.

13 [주석]탭 ➡ [상세선]도구 클릭합니다.

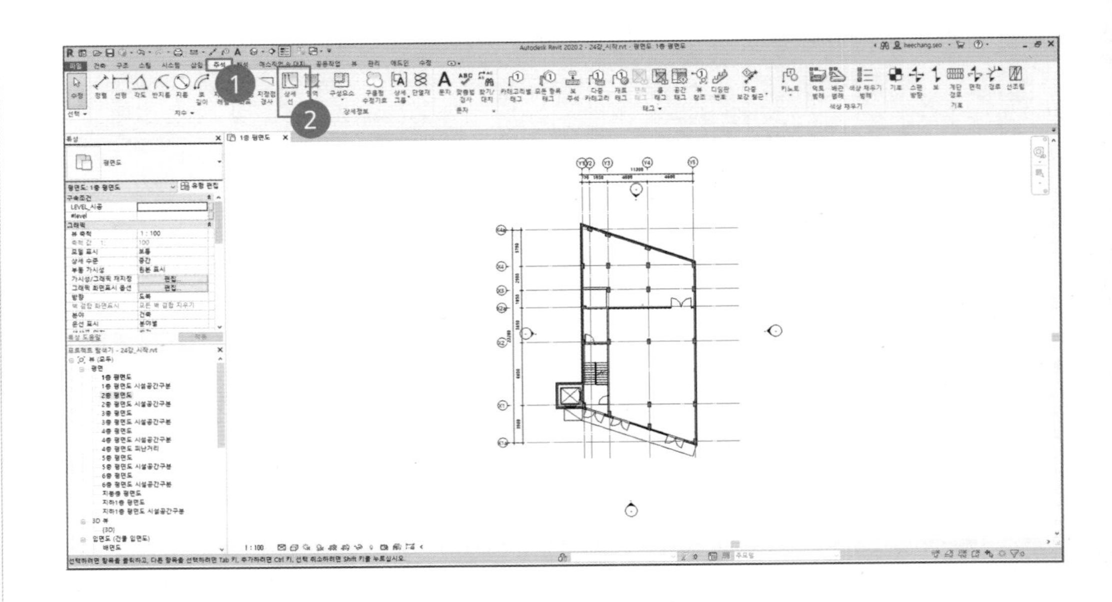

14 선스타일에 앞에서 추가 하였던 선이 추가 된 것을 확인 할 수 있습니다. 이후 도면화에 필요한 선을 생성하여 사용하도록 하겠습니다.

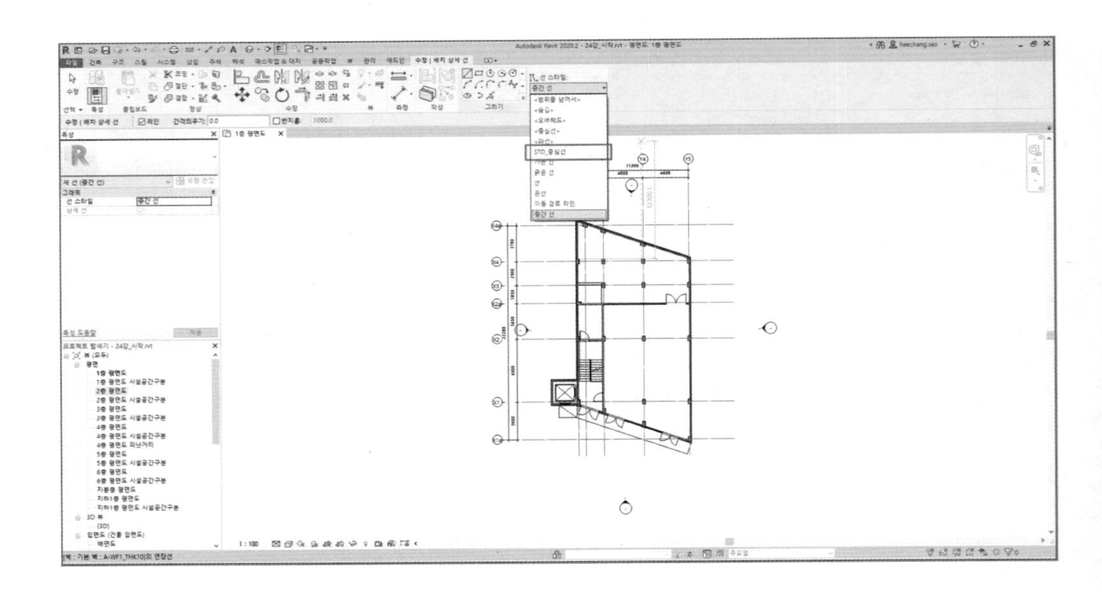

15 선두께 설정에 대해 알아보겠습니다. [추가설정]도구에서 선두께를 클릭합니다. 선두께 창이 활성화 됩니다. 1부터 16까지 선 두께가 생성되어있고 각 스케일에 맞추어 설정 값을 바꿔 줄 수 있습니다.

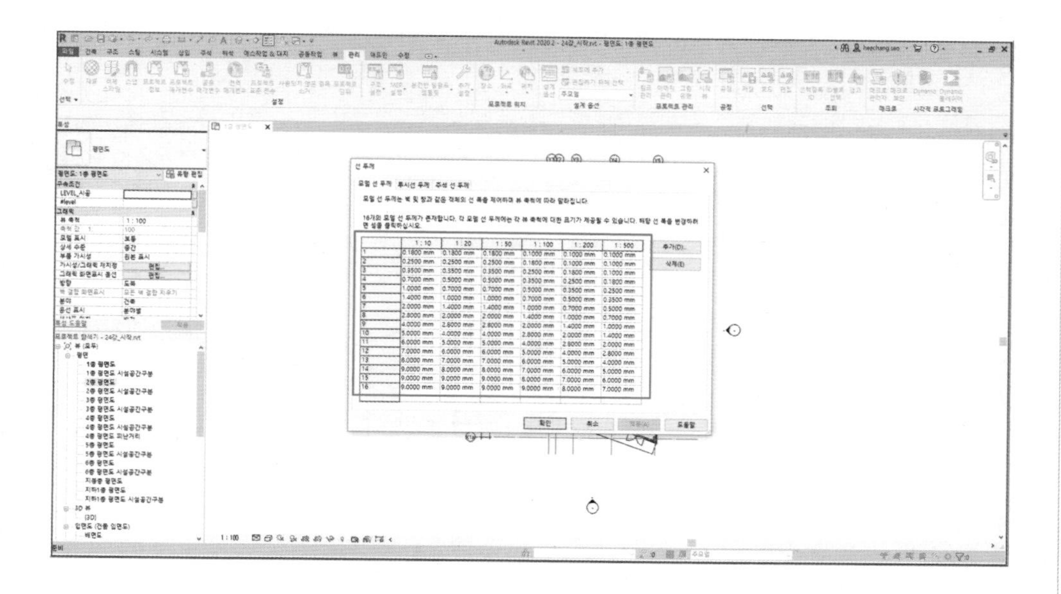

chapter 03 도면 작성

1 배치도를 작성해보겠습니다.
1층 평면도를 상세 복제하여 배치도로 이름을 변경해줍니다.

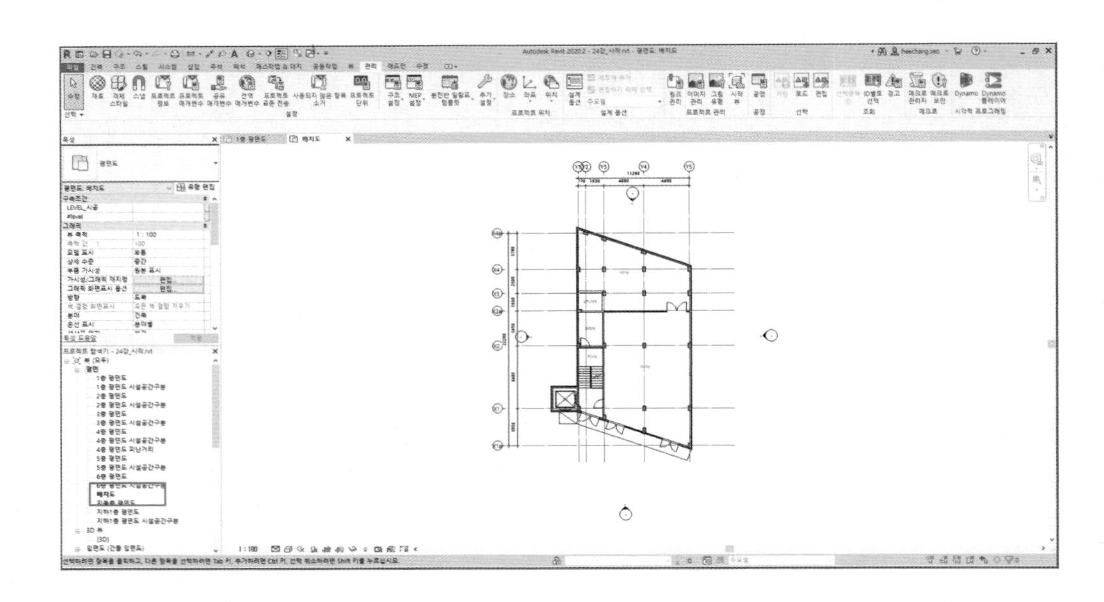

2 배치도에서 뷰 범위를 설정해 줍니다. [특성]탭 ➡ [뷰 범위]를 클릭합니다.
뷰 범위창이 활성화 됩니다.

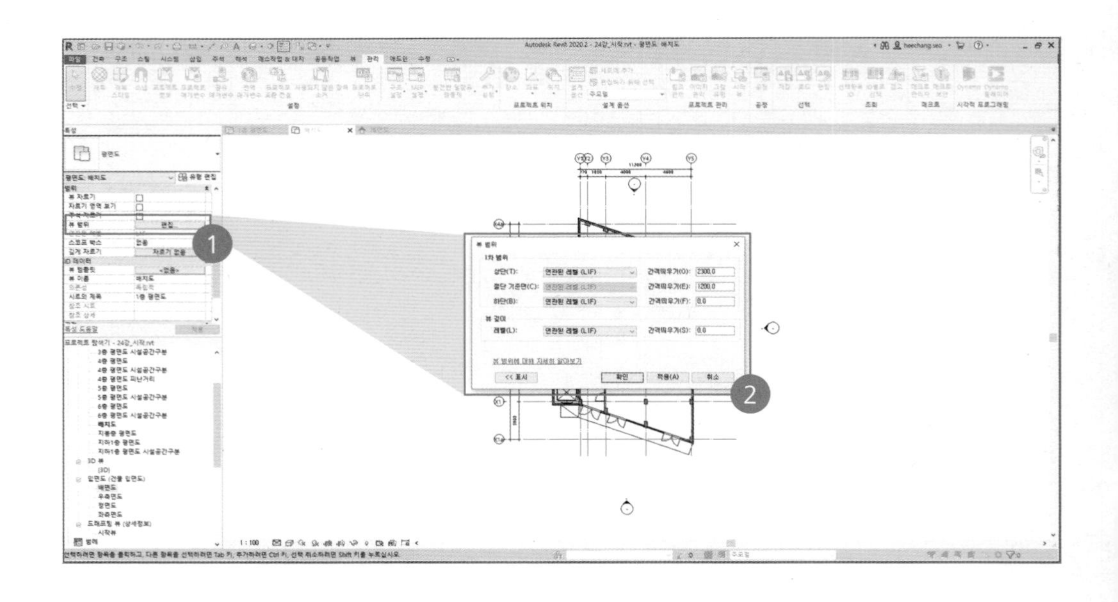

3 배치도의 뷰 범위 설정은 상단과 절단면을 건물보다 높게 올라가게 설정하고, 하단은 대지의 최저점 보다 낮게 설정하여야 합니다.

① 상단 : 뷰 범위의 상부 경계
② 절단 기준면 : 모델이 평면에서 절단 되어 표시되는 높이
③ 하단 : 뷰 범위의 하부 경계
④ 뷰 깊이 : 지정한 레벨에서 뷰의 깊이 지정

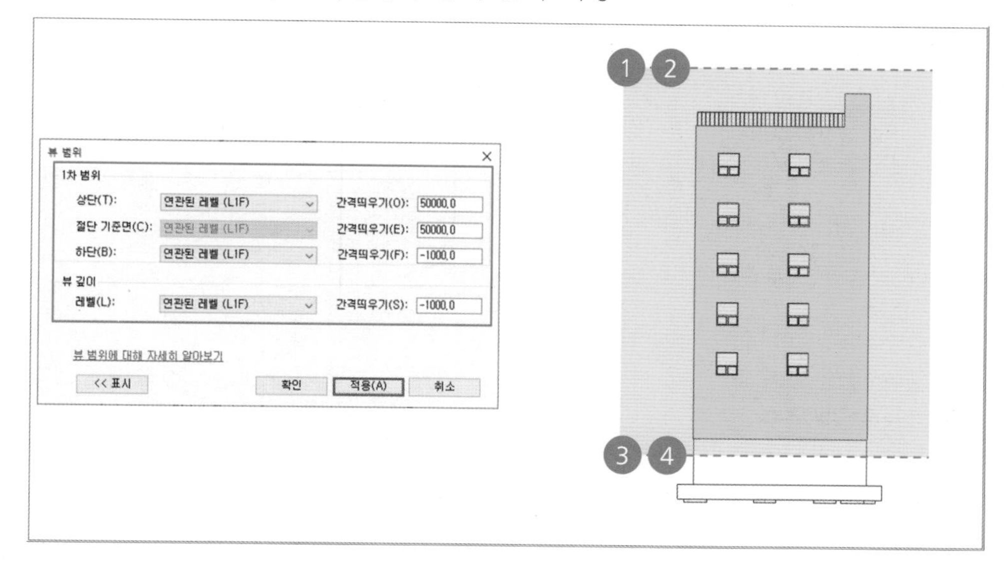

4 뷰 범위를 설정하고 적용하면 하부부터 최상부 지붕층 까지 보이는 것을 확인 할 수 있습니다.

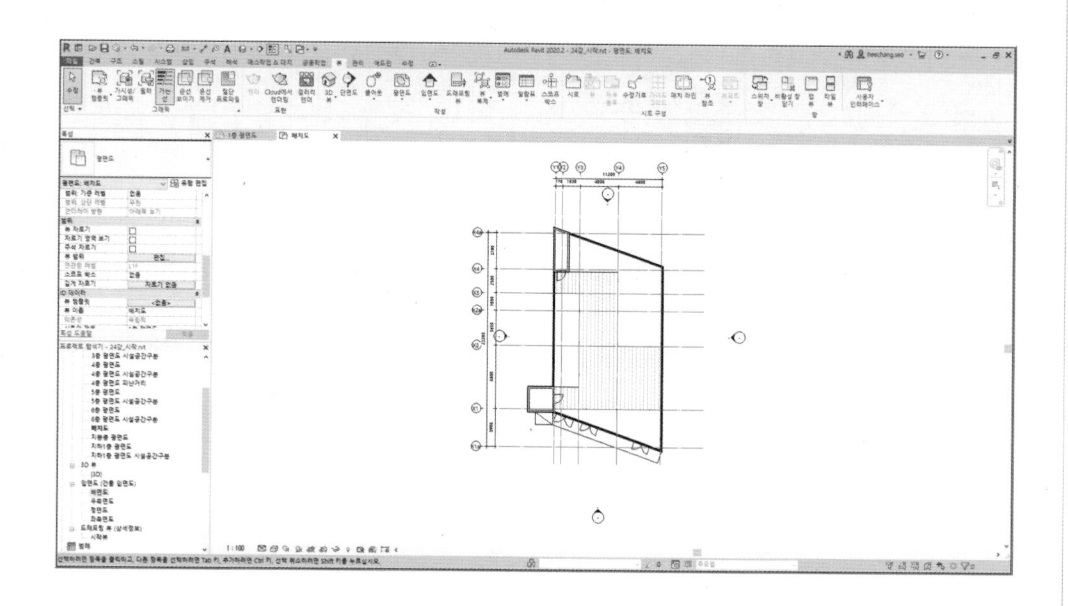

5 배치도 작성을 위해 8강에서 완성한 대지 파일을 링크 시켜 보겠습니다. [삽입]탭 ➡ [Revit 링크]도구 클릭합니다.

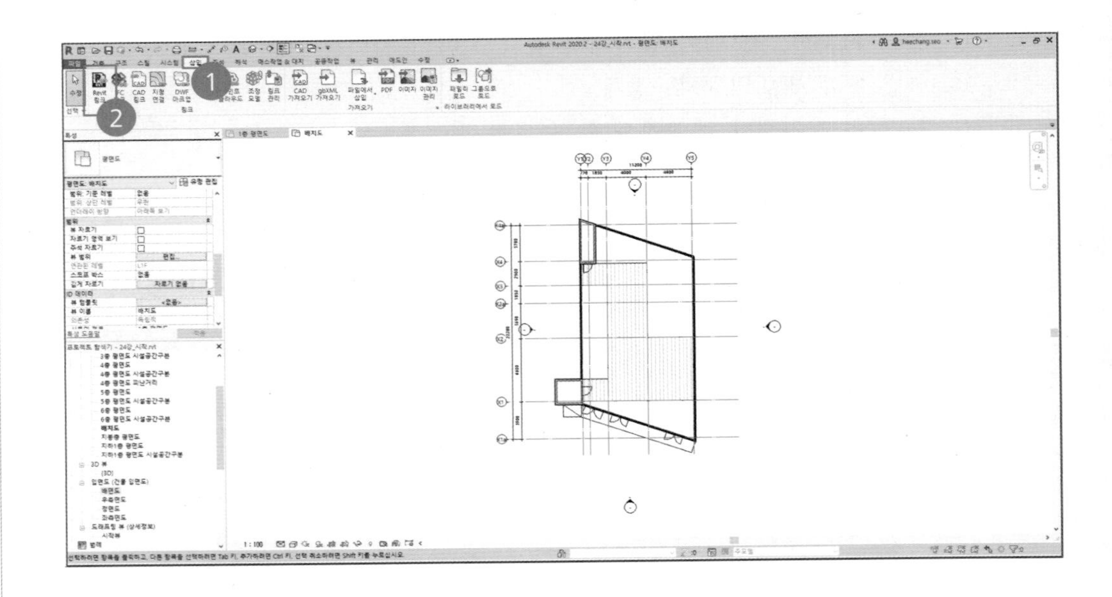

6 예제파일에서 주어진 링크파일 폴더 안에 있는 08강 대지_완료.rvt 파일을 불러옵니다.

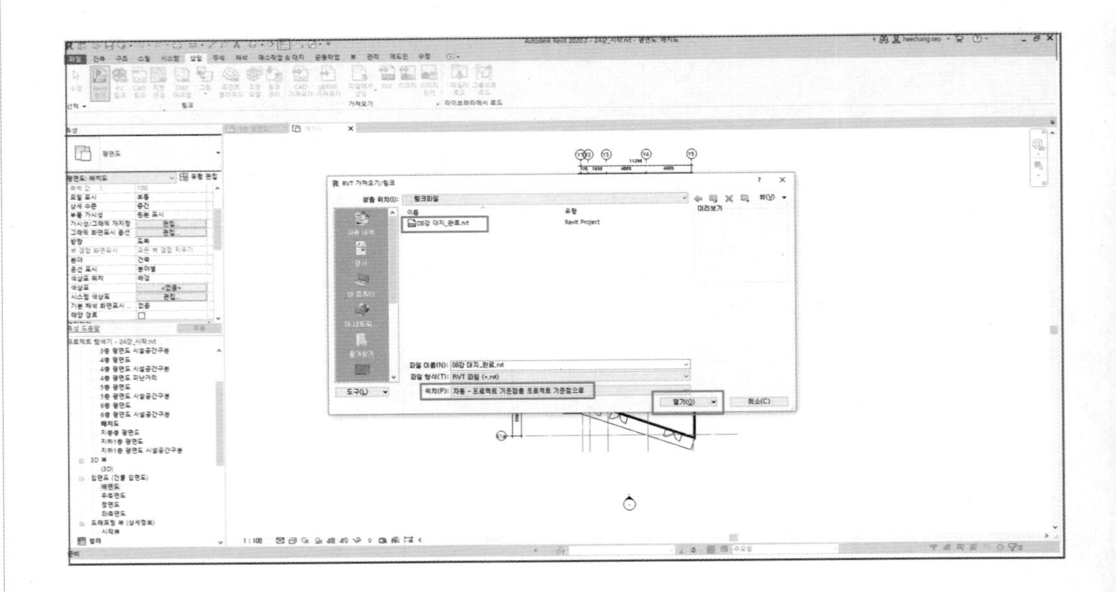

7 대지 파일이 링크 되었습니다. 배치도의 뷰 템플릿을 적용시켜 보겠습니다. 뷰 템플릿은 각 용역사에서 작업된 뷰 템플릿 또는 소프트웨어에서 제공된 기본 템플릿을 적용시켜 설정합니다. [특성]탭 ➡ [뷰 템플릿]를 클릭합니다.

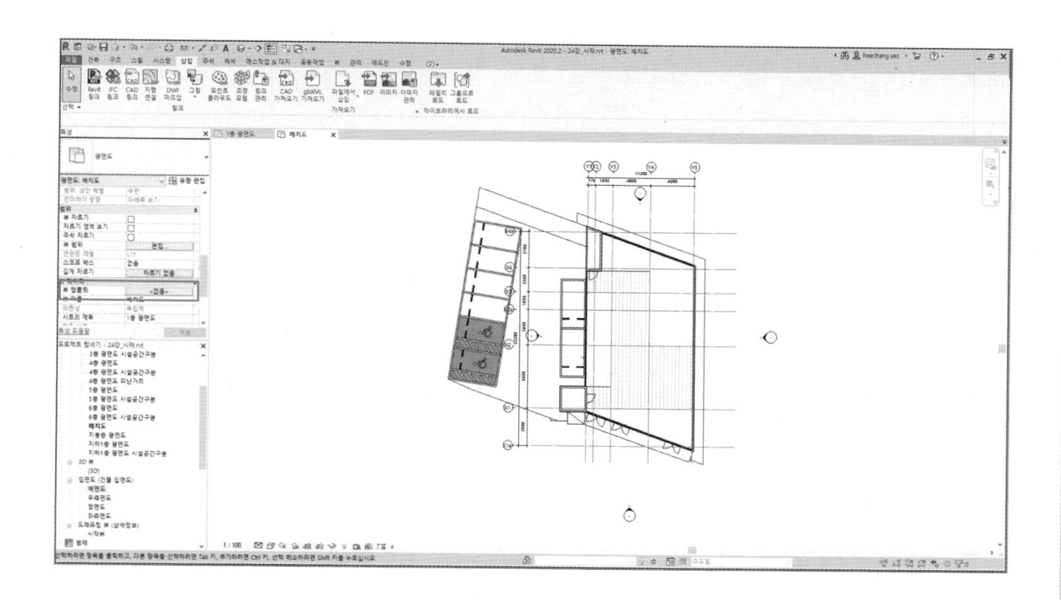

8 뷰 템플릿 지정 창이 활성화 됩니다. 예제 파일에서 제공된 "BF_배치도"를 선택하고 적용 후 확인을 클릭합니다.

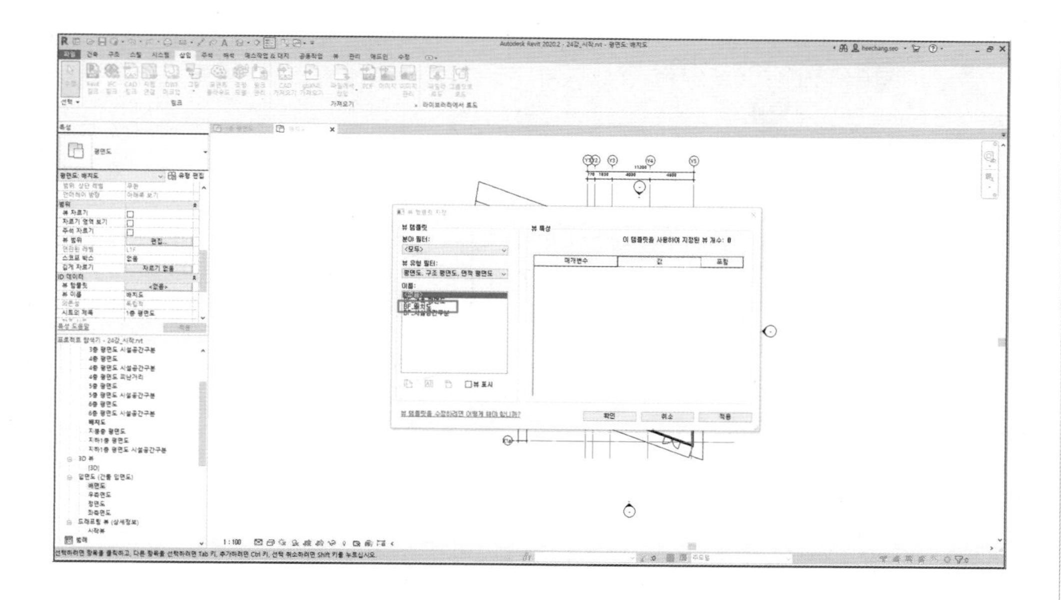

9 배치도 뷰가 템플릿에 따라 변경되었습니다. 대지 파일에서 작성된 지형과 주변 매스가 뷰에 나타나고 그리드, 심볼, 치수 등 불필요한 주석들이 숨기기 되었습니다.

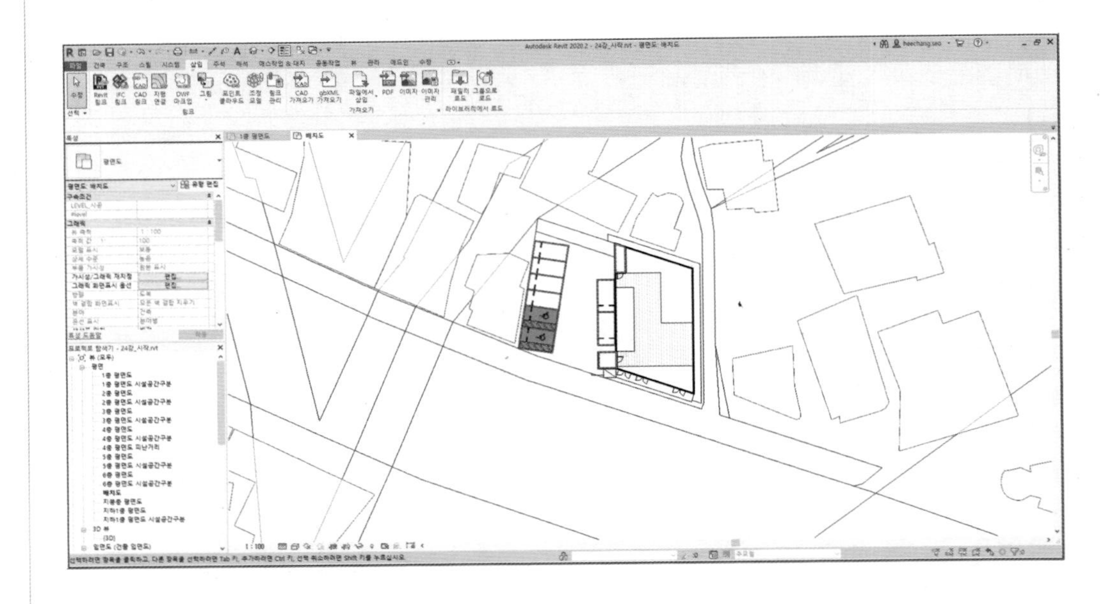

10 조경 패턴을 삽입해 보겠습니다.
[삽입]탭 ➡ [CAD 가져오기]도구 클릭합니다.

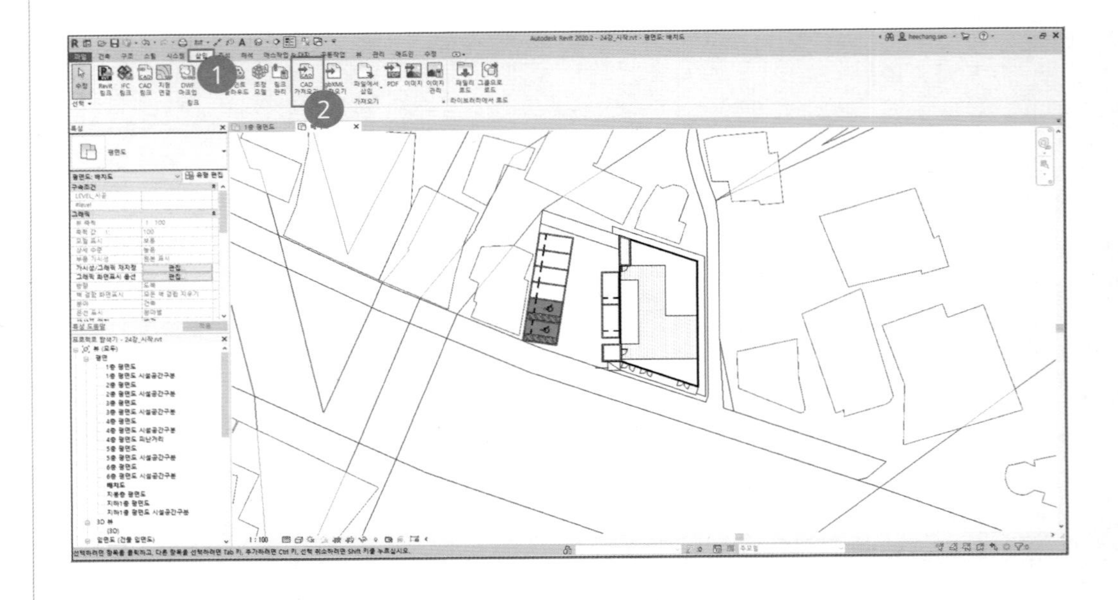

11 현재 뷰만 체크, 위치 "자동-원점 대 내부 원점" 설정 후에 예제파일에서 주어진 링크파일 폴더 안에 있는 조경.dwg 파일을 불러옵니다.

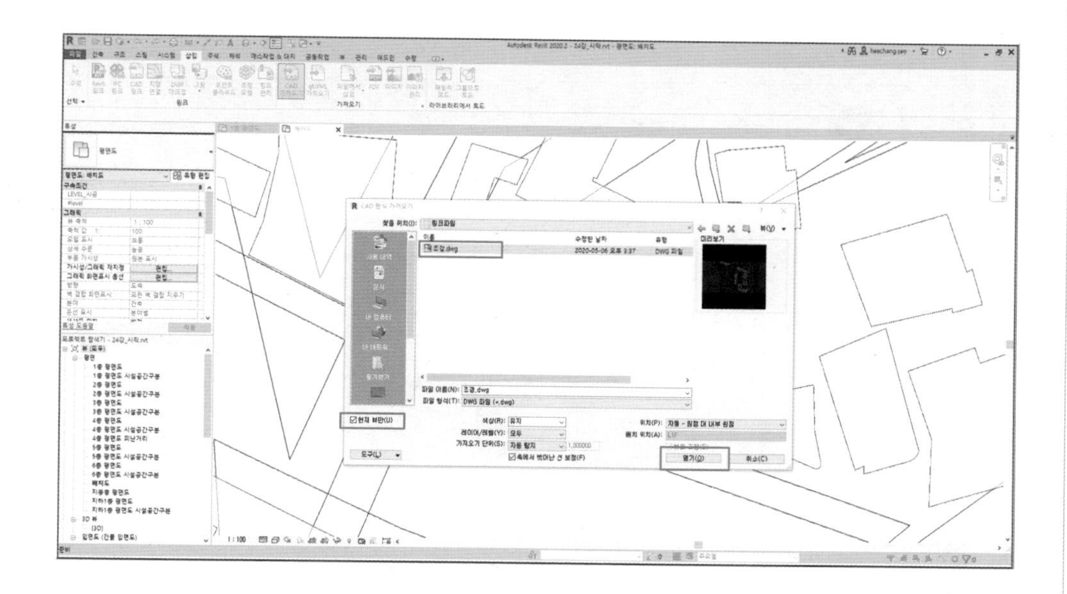

12 조경 패턴을 가져왔습니다. 조경 패턴은 반드시 전경에 놓여 있어야 합니다.

Tip

배경과 전경

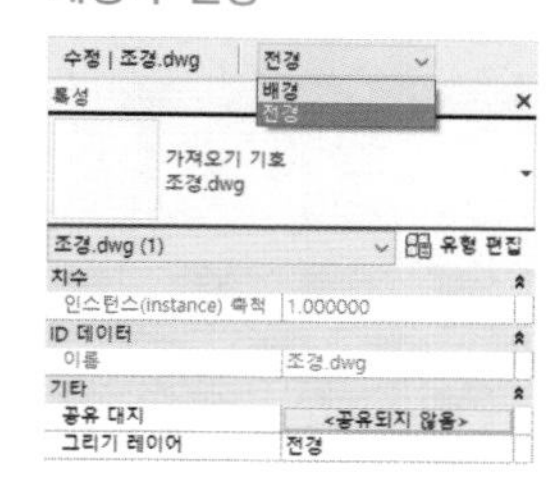

도면을 선택 하면 특성창의 그리기 레이어에 배경과 전경을 선택 할 수 있습니다.
배경 : 해당 뷰의 모든 모델 요소 뒤에 배치됩니다.
전경 : 벽 등의 모델 요소 앞에 있는 것입니다. 하지만 상세 구성요소와 주석보다는 뒤에 있습니다.

13 방위각을 배치해보겠습니다. 방위각을 배치할때는 현재뷰를 진북 방향으로 놓고 배치하여야 합니다.
[삽입]탭 ➡ [패밀리 로드]도구 클릭합니다.

14 예제파일에서 주어진 패밀리 폴더 안에 있는 "BF_방위각.rfa" 파일을 불러옵니다.

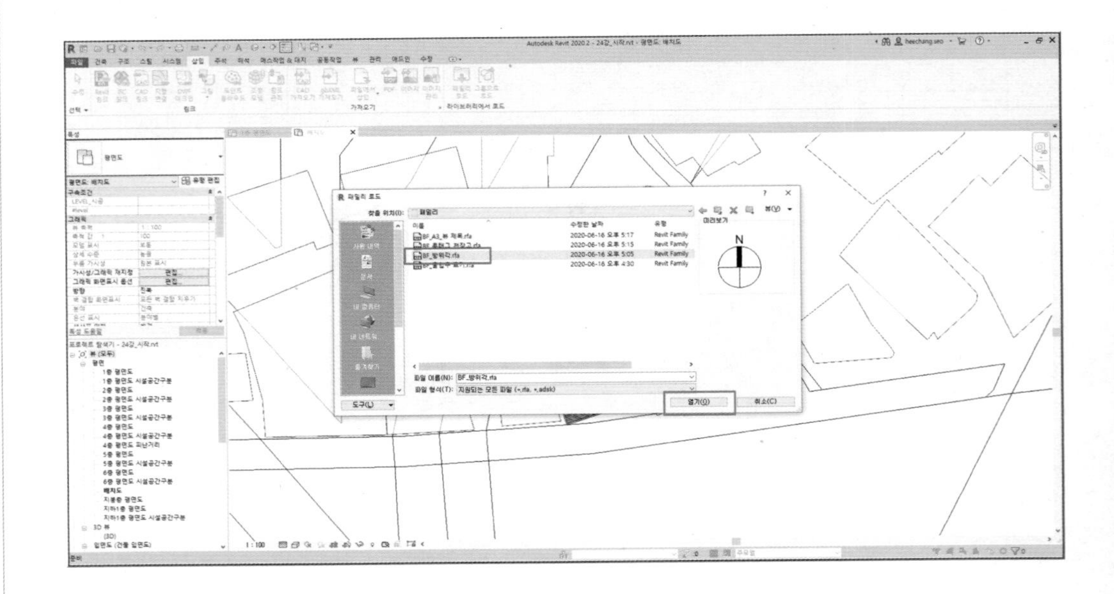

15 [주석]탭 ➡ [기호] 도구에서 로드된 방위각을 배치 할 수 있습니다.

16 [특성]창에서 방위각 패밀리를 확인하고 마우스를 클릭하여 화면에 배치합니다.

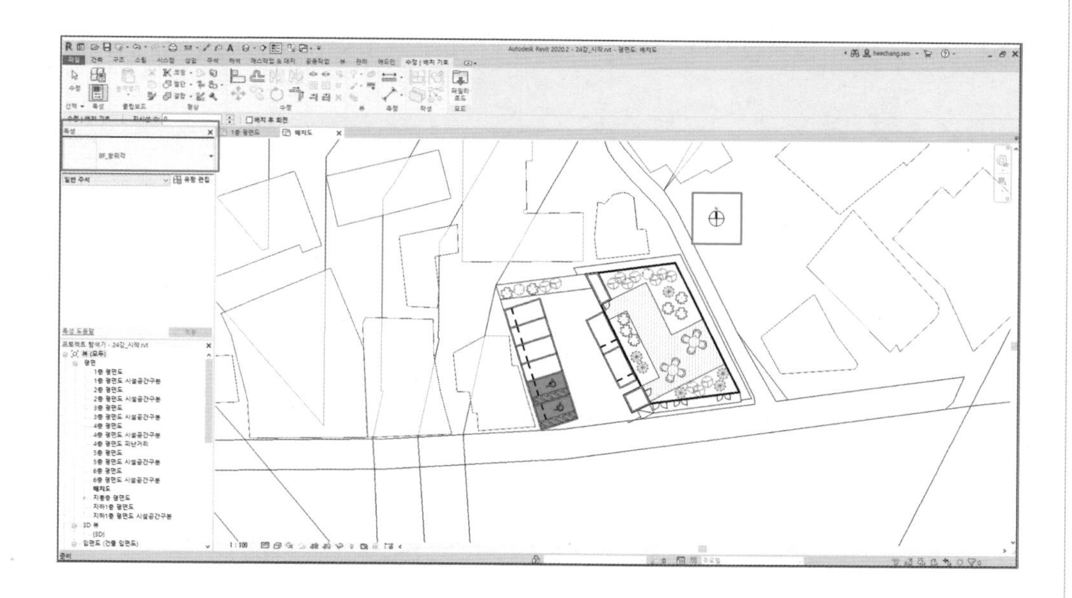

17 방위각 배치가 끝난 배치도 뷰는 다시 도북방향으로 바꿔 줍니다. 출입구 표기를 위해 앞에서 사용한 패밀리 로드 방법을 이용해 “BF_출입구 표기.rfa” 파일을 불러옵니다.

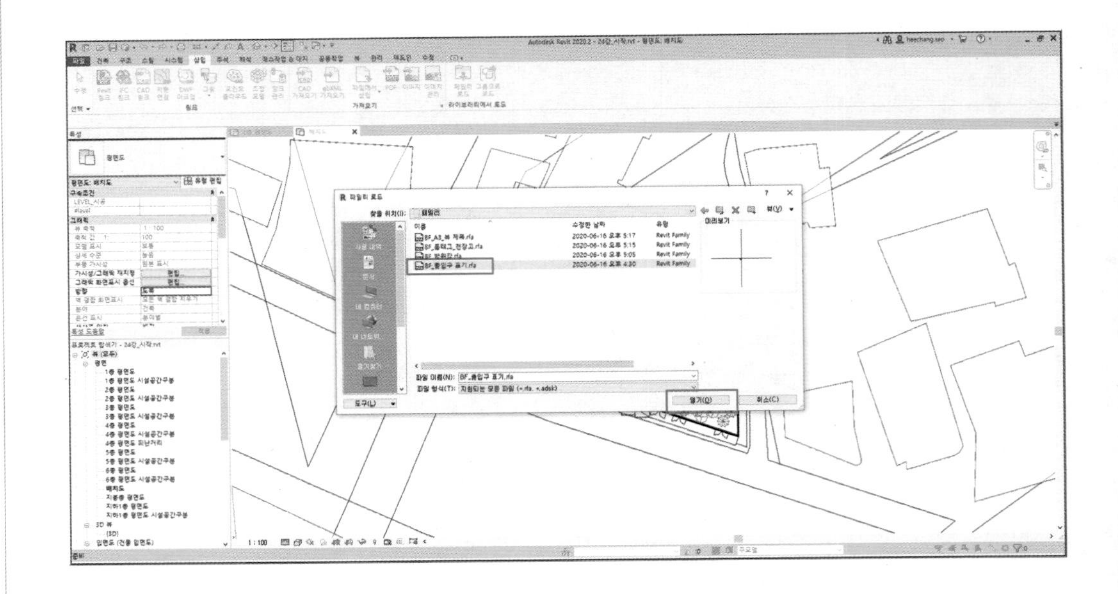

18 방위각 배치 방법을 사용하여 주차출입구 표기와 주출입구 표기를 배치합니다.

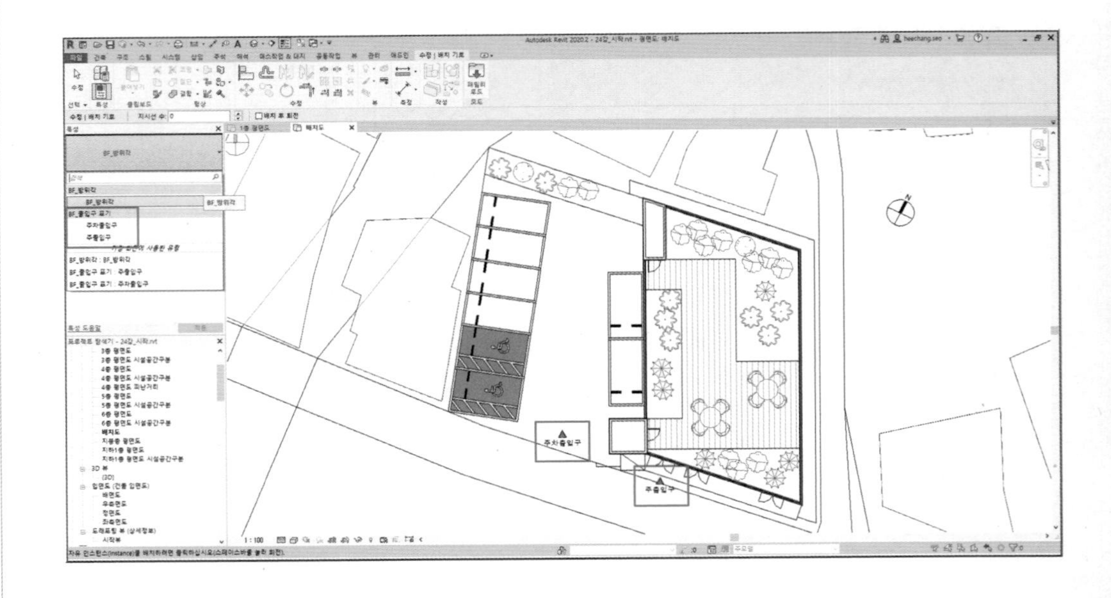

19 도면에 표현되는 시설물 명칭, 외부공간 명칭 등을 [주석]탭 ➡ [문자]도구를 사용하여 작성하겠습니다. 용도별 글자 표기는 "BIM 설계도서 작성 지침"을 따라 작성하겠습니다.

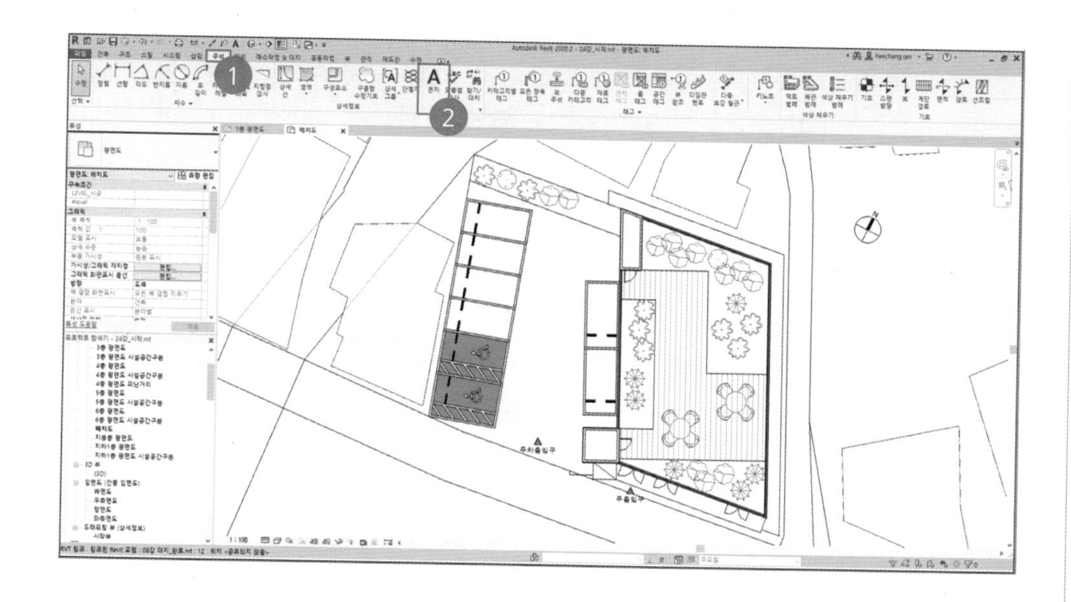

20 특성 창-[유형 편집]을 클릭 ➡ 유형 [복제] 클릭 ➡ 유형이름을 [3mm 나눔고딕]으로 변경해보겠습니다.

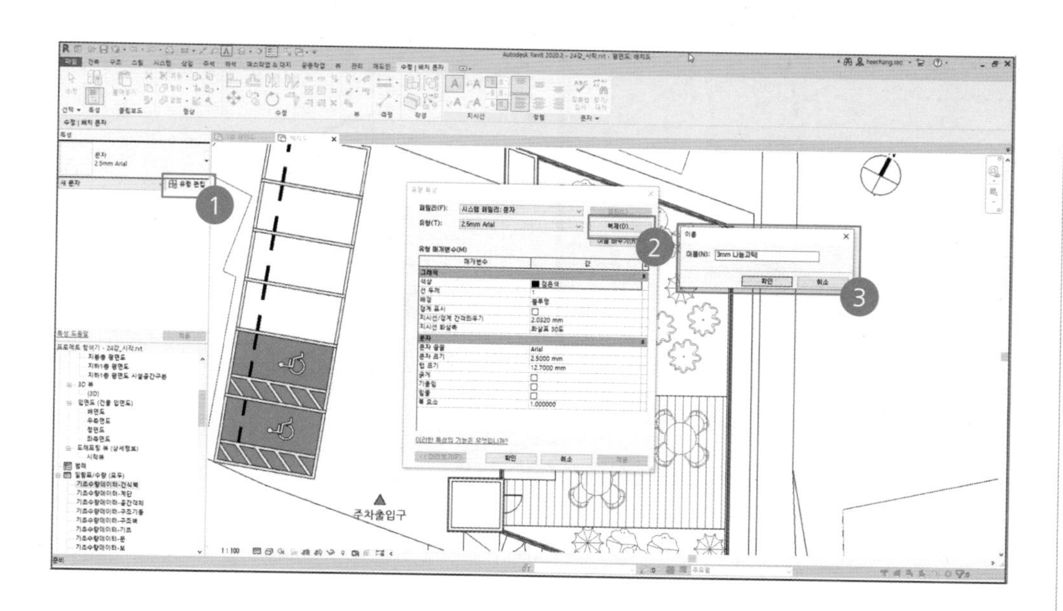

21 유형 매개변수의 문자 창에서 문자 글꼴을 나눔고딕으로 변경합니다. 문자 크기를 3mm로 변경하고 [확인]을 클릭합니다.

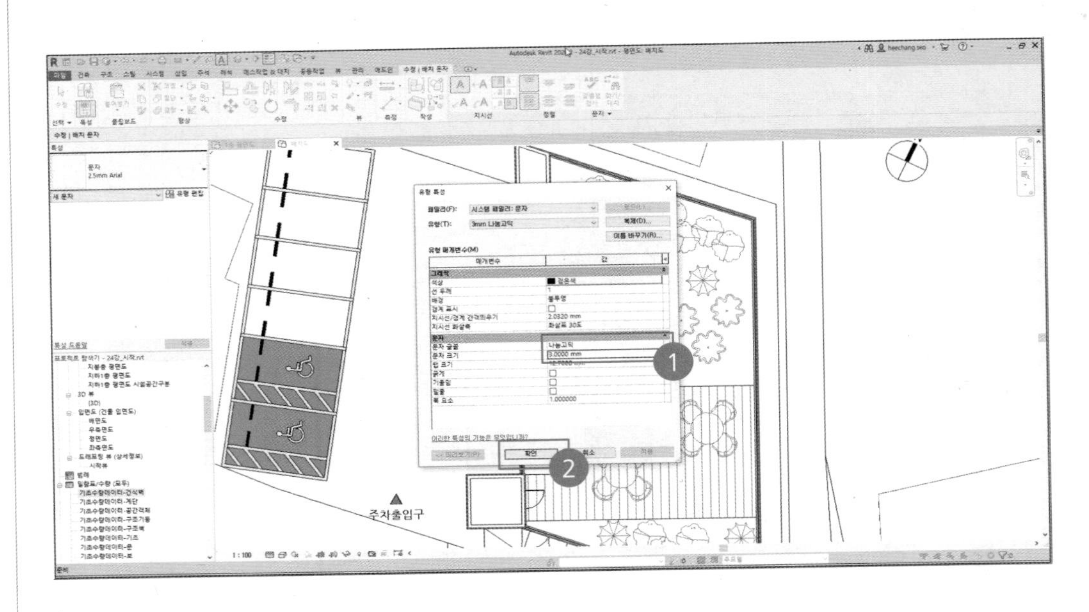

22 명칭이 필요한 외부공간에 문자를 입력하고 닫기 버튼을 클릭합니다.

23 문자를 사용하여 나머지 외부 공간명칭도 작성합니다.

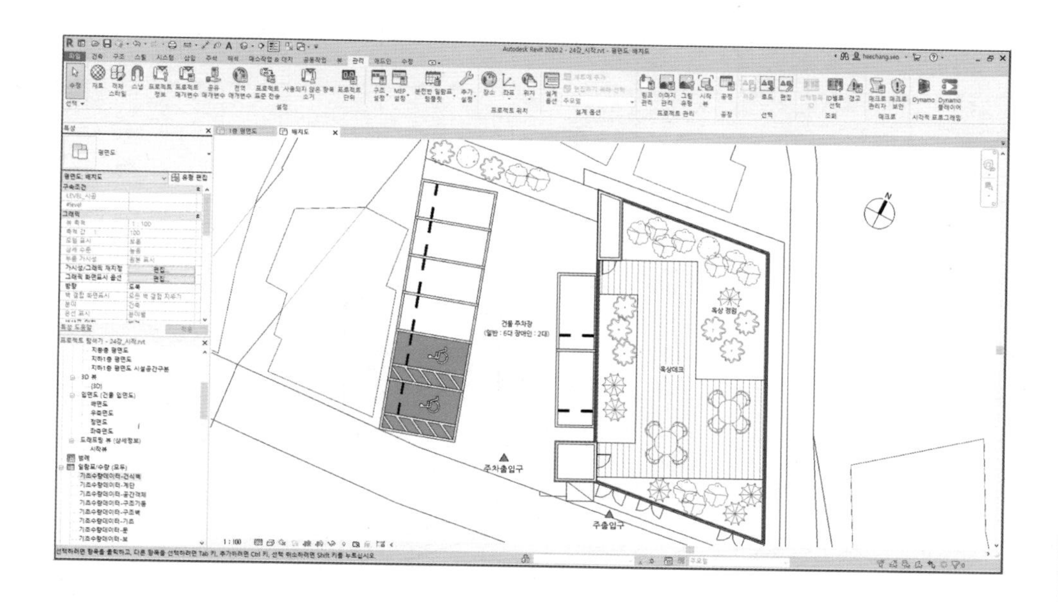

24 대지경계선을 작성해보겠습니다. 앞에서 설명한 상세선 추가 기능을 사용하여 대지경계선을 작성 할 수 있습니다.
[주석]탭 ➡ [상세선]도구 ➡ [선스타일]에서 대지경계선을 선택하고 대지경계 라인을 그려줍니다.

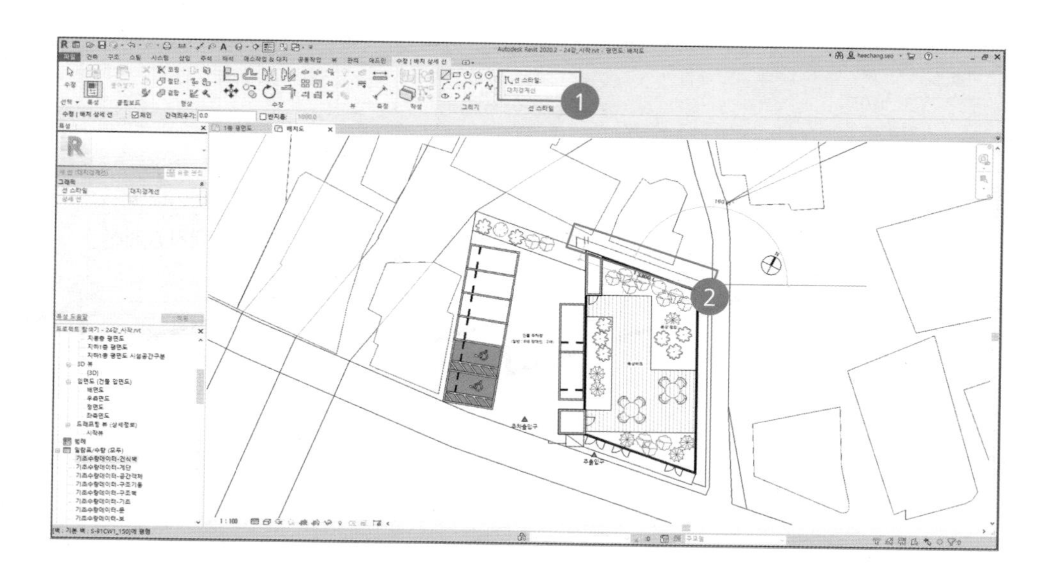

25 전체 대지 경계라인이 생성 되었습니다. 앞에서 사용한 문자 기능을 사용해 대지 경계선 문자를 입력하고 지시선을 클릭합니다.

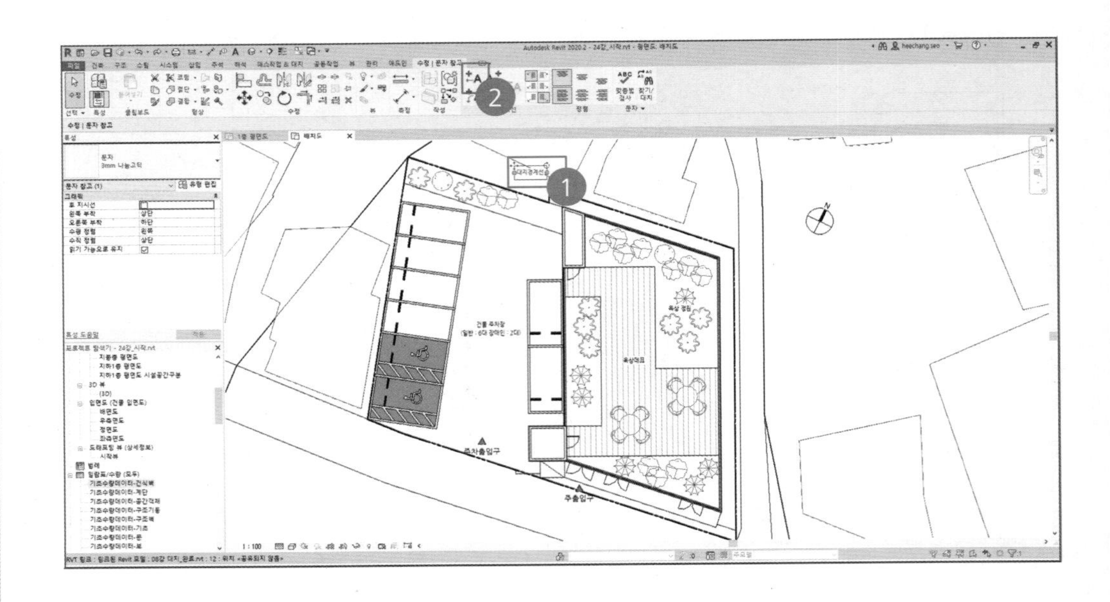

26 지시선이 생성되면 두 개의 점을 드래그 하여 대지경계선에 맞추어 줍니다.

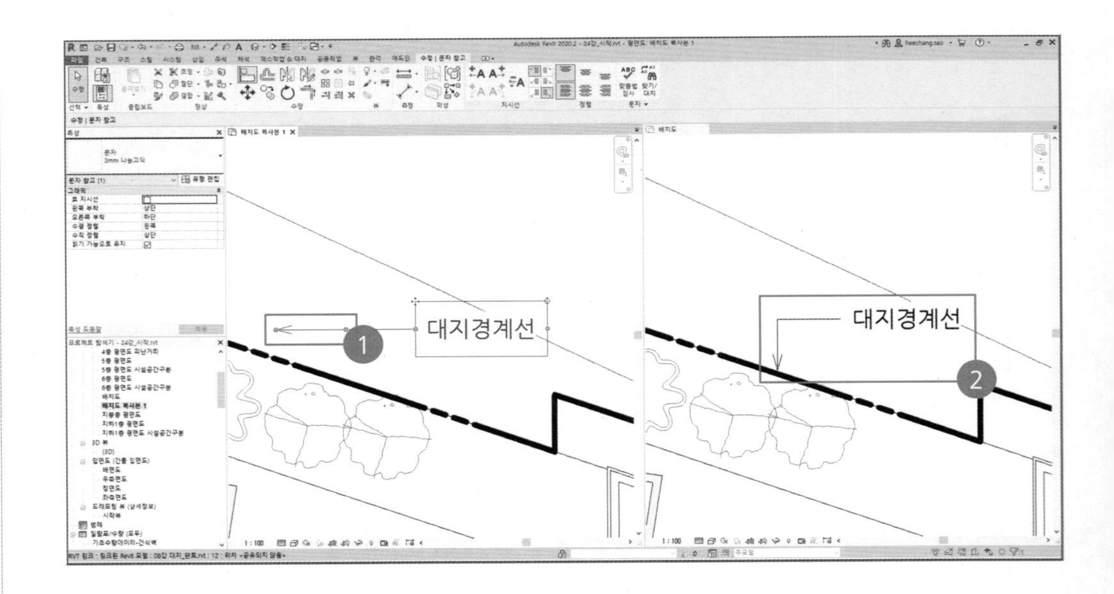

27 앞에서 사용한 기능들을 사용하여 배치도가 완성되었습니다.

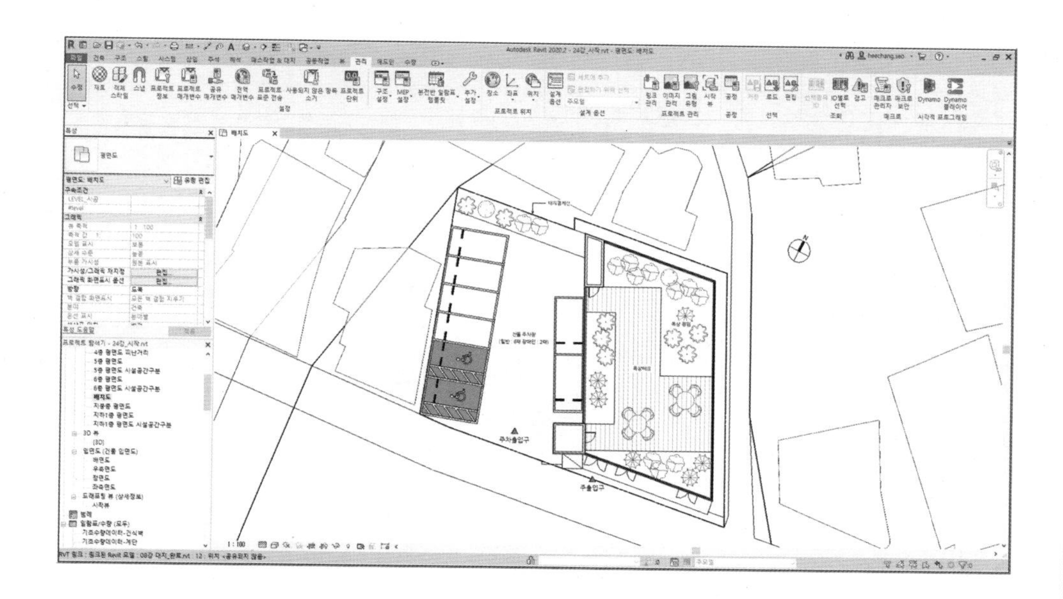

28 평면도를 작성해 보겠습니다. 1층 평면도를 열어보겠습니다.

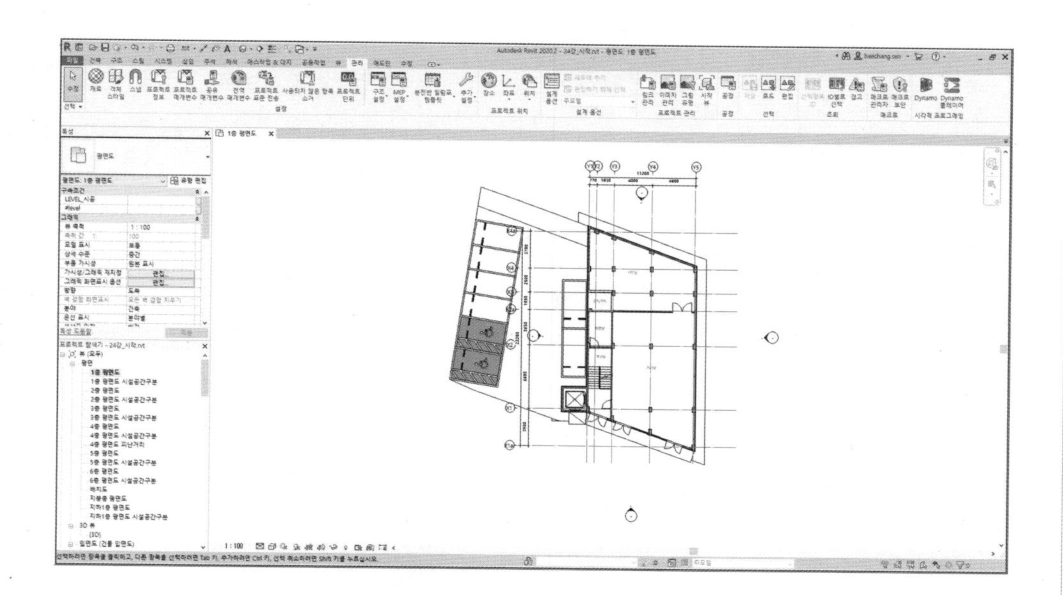

29 링크된 대지 모델을 표시 하지 않기 위해 [특성]창 ➡ [가시성/그래픽 재지정] 클릭합니다.

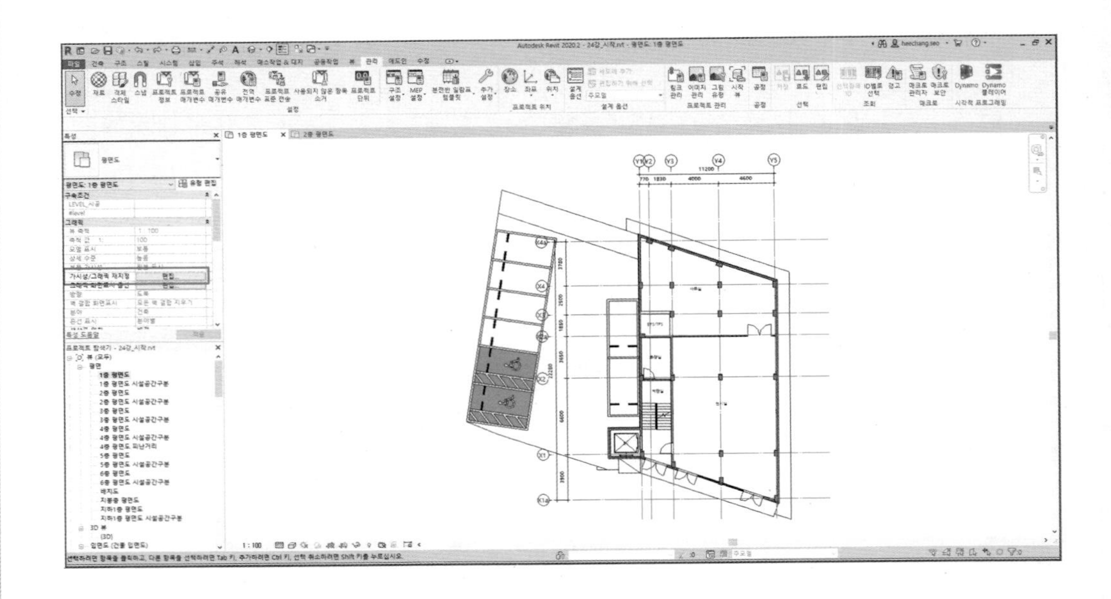

30 [가시성/그래픽 재지정] 창에서 [Revit 링크]탭 '08강 대지_완료.rvt' 체크 해제 후 확인을 클릭합니다.

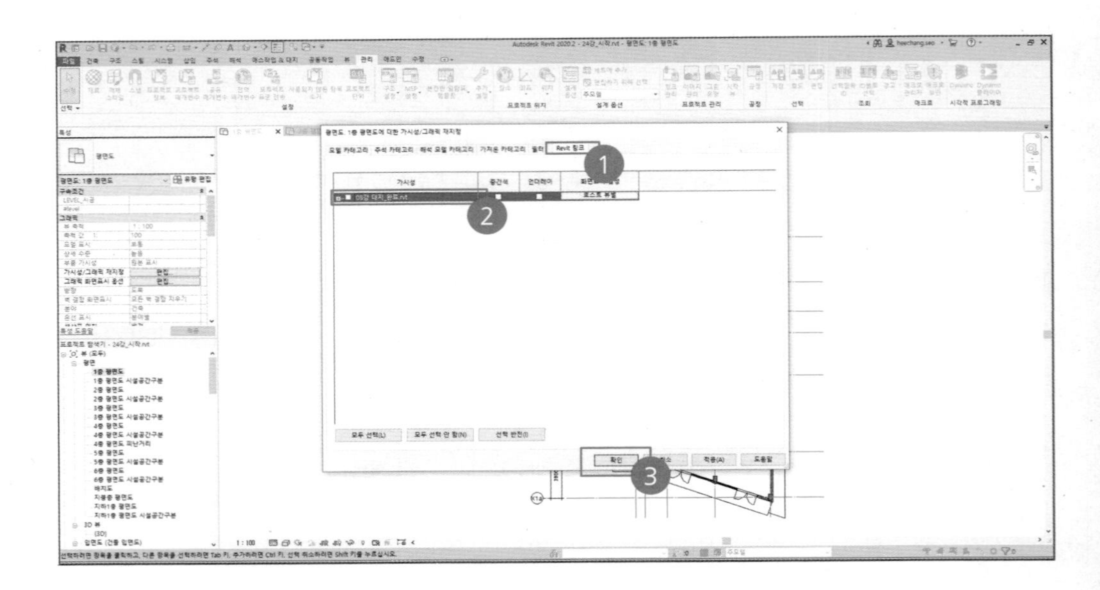

31 평면도에서 뷰 범위를 설정해 줍니다. [특성]탭 ➡ [뷰 범위]를 클릭합니다. 뷰 범위창이 활성화 됩니다.

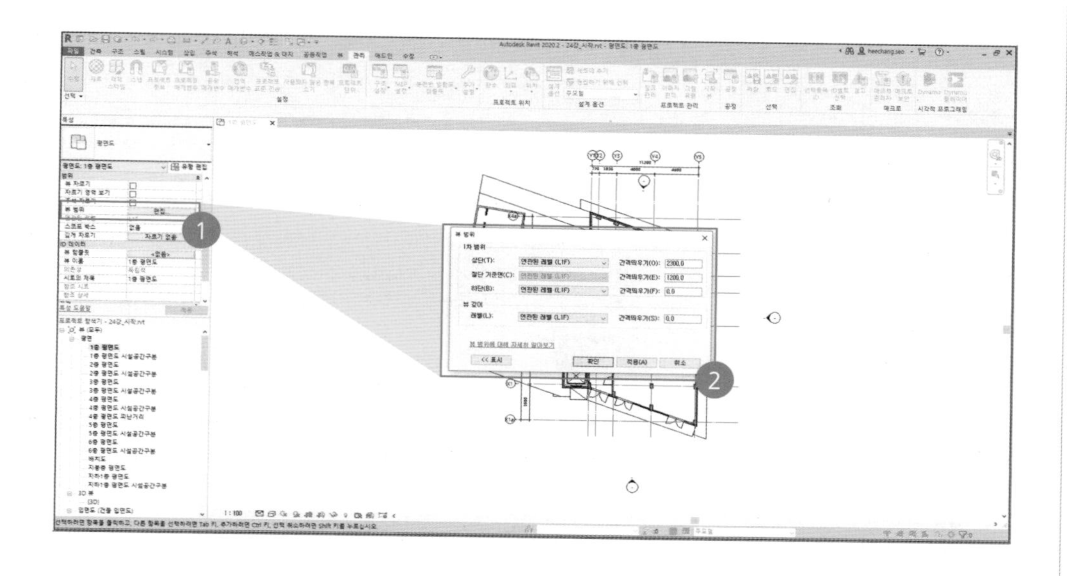

32 평면도의 뷰 범위 설정은 절단면에서 설정해준 높이에서 아래를 내려다 본 상태로 표현되므로 절단면 설정에 유의하여 범위를 조절해야 합니다.

① 상단 : 뷰 범위의 상부 경계
② 절단 기준면 : 모델이 평면에서 절단 되어 표시되는 높이
③ 하단 : 뷰 범위의 하부 경계
④ 뷰 깊이 : 지정한 레벨에서 뷰의 깊이 지정

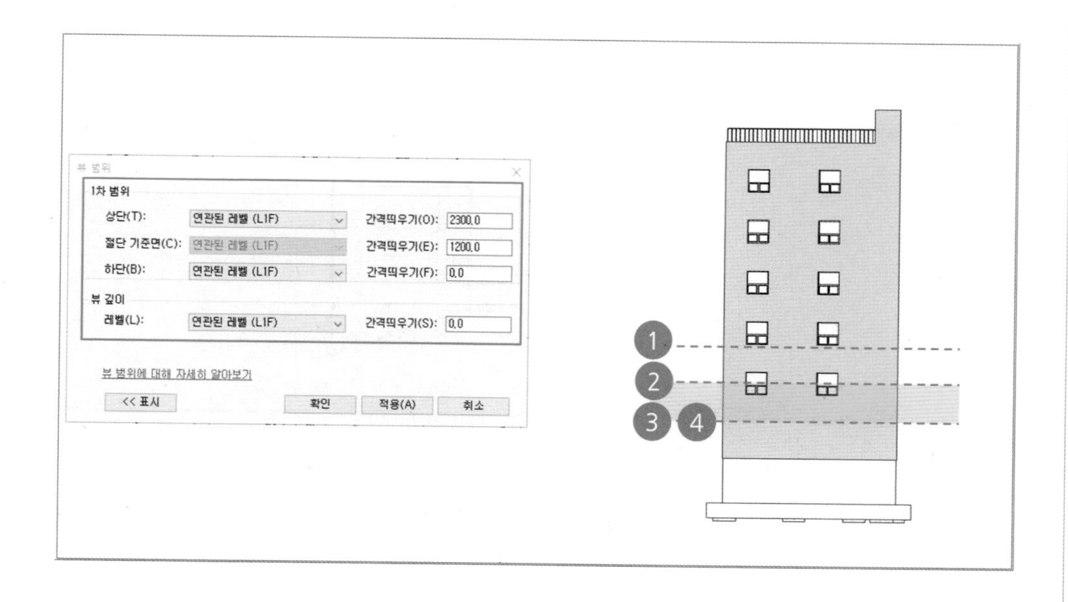

33 평면도의 뷰 템플릿을 적용시켜 보겠습니다.
[특성]탭 ➡ [뷰 템플릿] 클릭 후 "BF_건축 평면도"를 선택 후 확인을 클릭합니다.

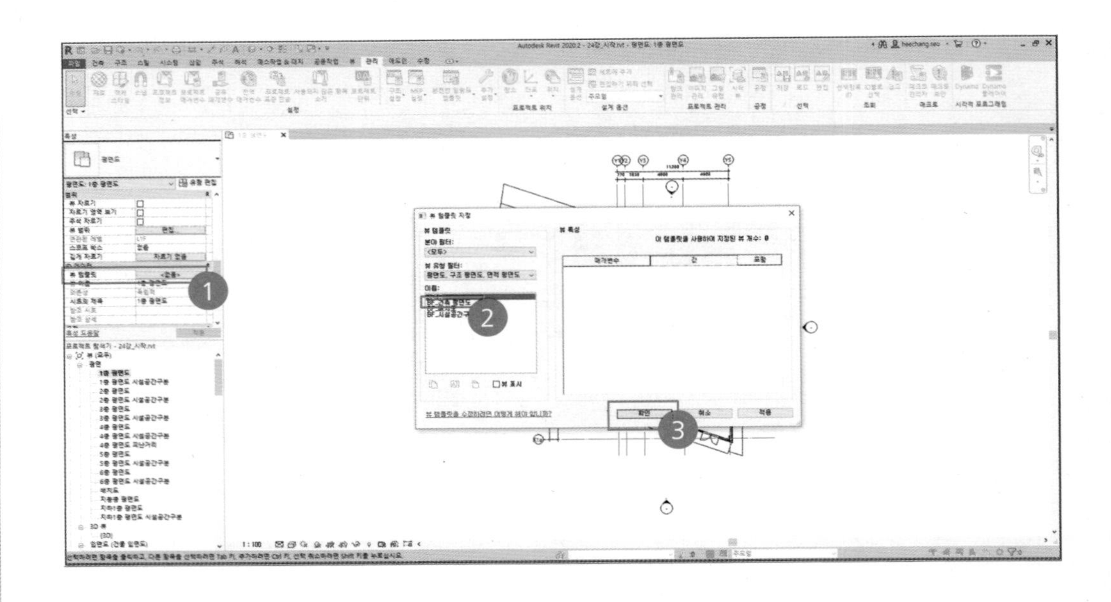

34 평면도가 뷰 템플릿에 따라 변경되었습니다.

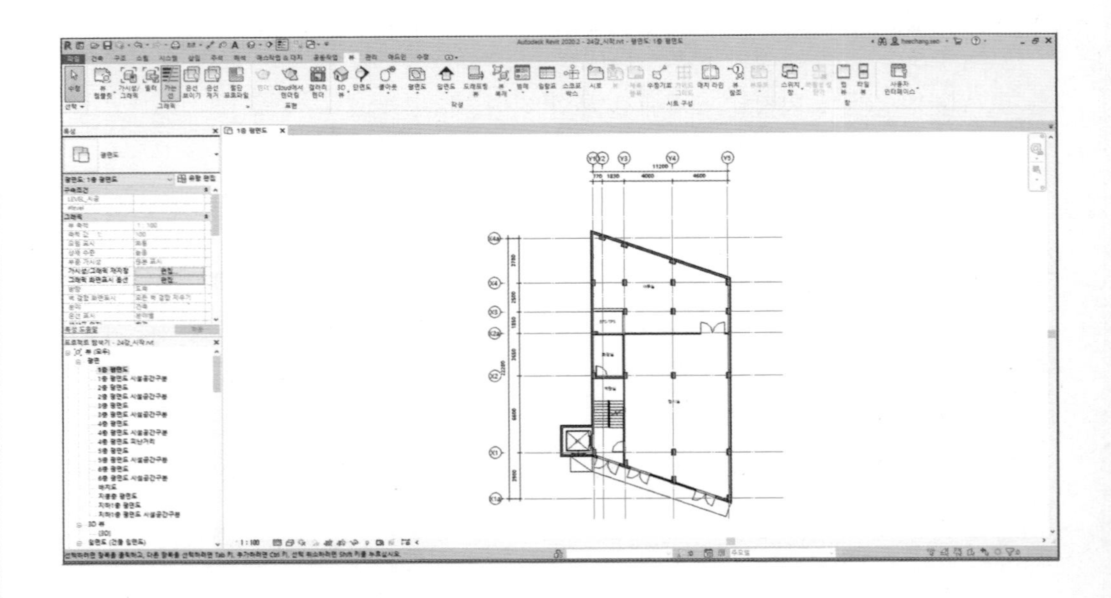

35 실명 표기를 변경해 보겠습니다.
앞에서 사용한 패밀리 로드 방법을 이용해 "BF_룸태그_천장고.rfa" 파일을 불러옵니다.

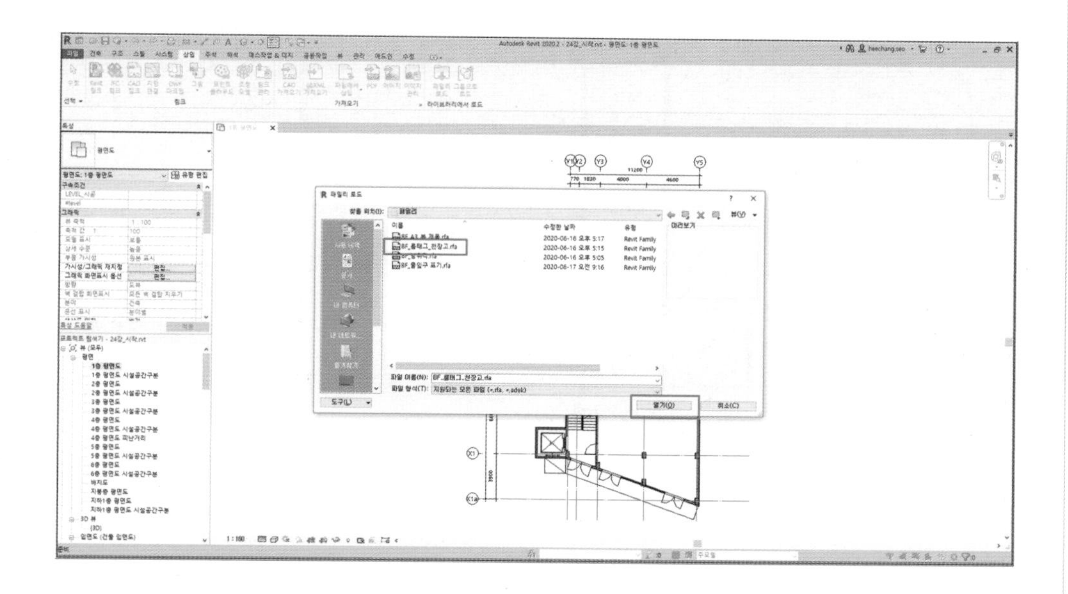

36 새로운 룸태그가 로드 되면 현재 평면도에 생성되어 있는 실명을 클릭하고 [특성]창에서 새로운 BF_룸태크_천장고로 변경해 줍니다.

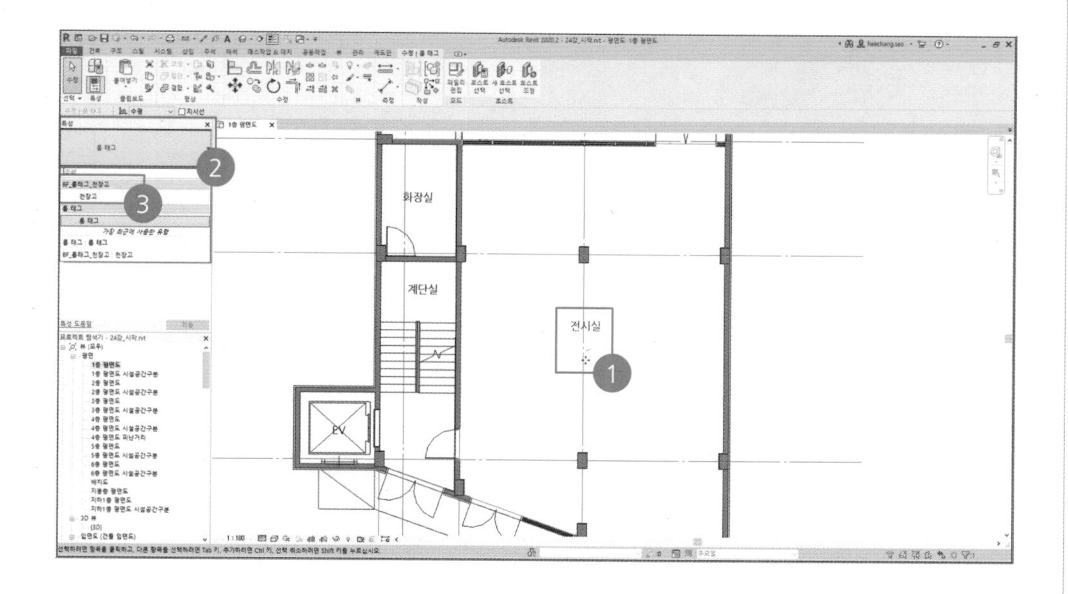

Tip

실명에서 천장고표기

각실의 천장고에 따라 변경되며, 천장고는 공유 매개변수를 사용하여야 합니다. 계획단계에서는 천장고를 계획하지 않아 사선표기로 대체합니다.

37 실명 표기가 변경되었습니다. 같은 방법을 사용하여 실명을 변경해보겠습니다.

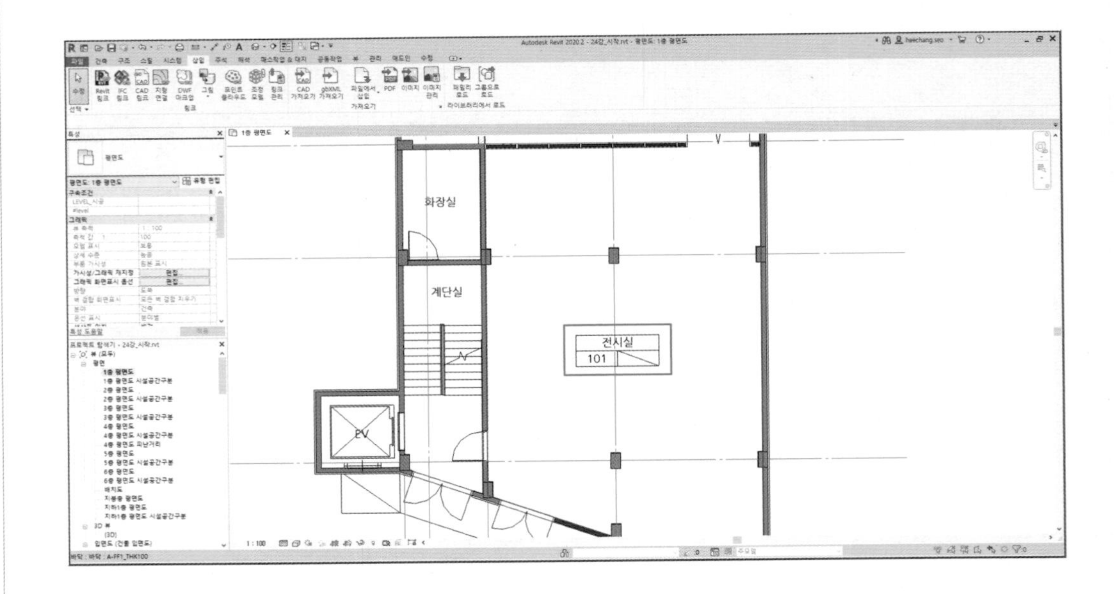

38 평면도의 실명이 변경되었습니다. 실명표기가 잘 안보이는 실을 지시선을 사용하여 위치를 이동시켜보겠습니다.

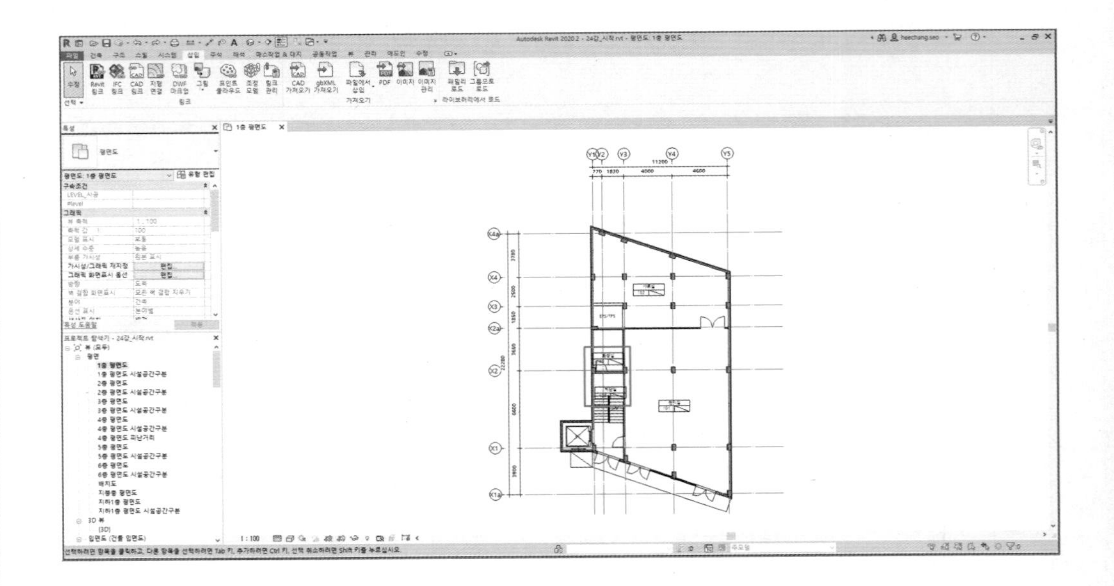

39 실명을 선택하고 [특성]창의 지시선을 체크 합니다.

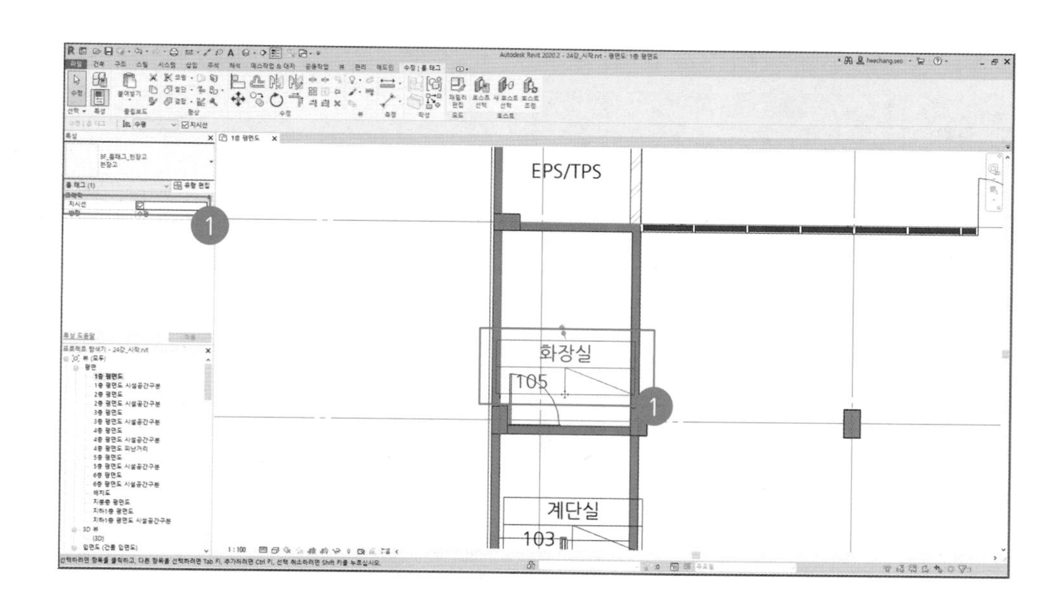

40 실명에서 이동을 클릭하고 이동시켜 줍니다.

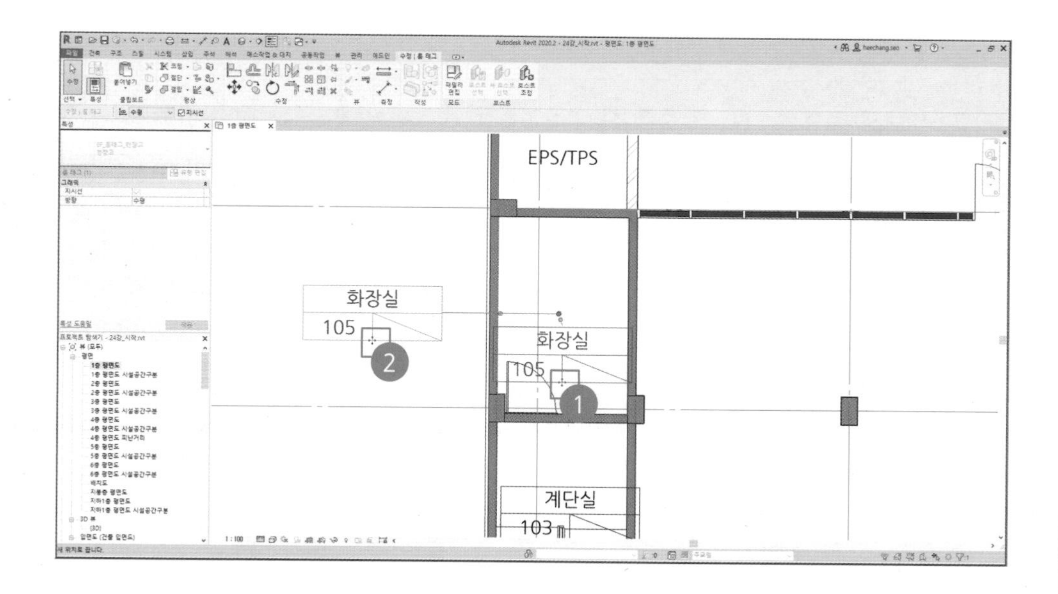

41 실명이 지시선을 사용하여 위치가 이동되었습니다. 위에서 설명한 방법을 사용하여 실명을 완성합니다.

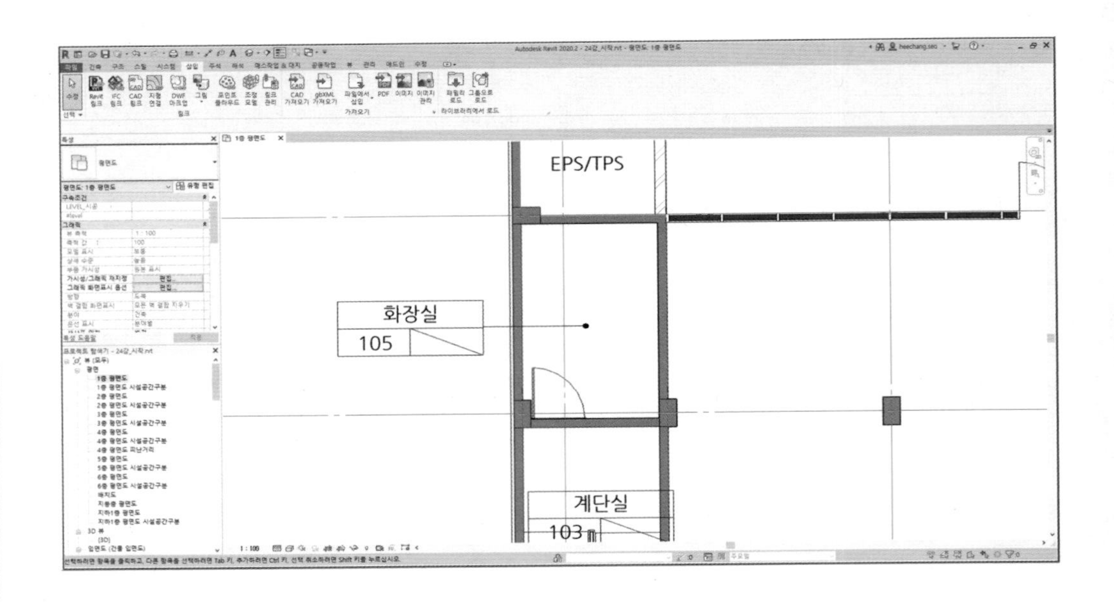

42 상세선 기능을 이용하여 EPS/TPS실의 오픈선을 표기해 줍니다.

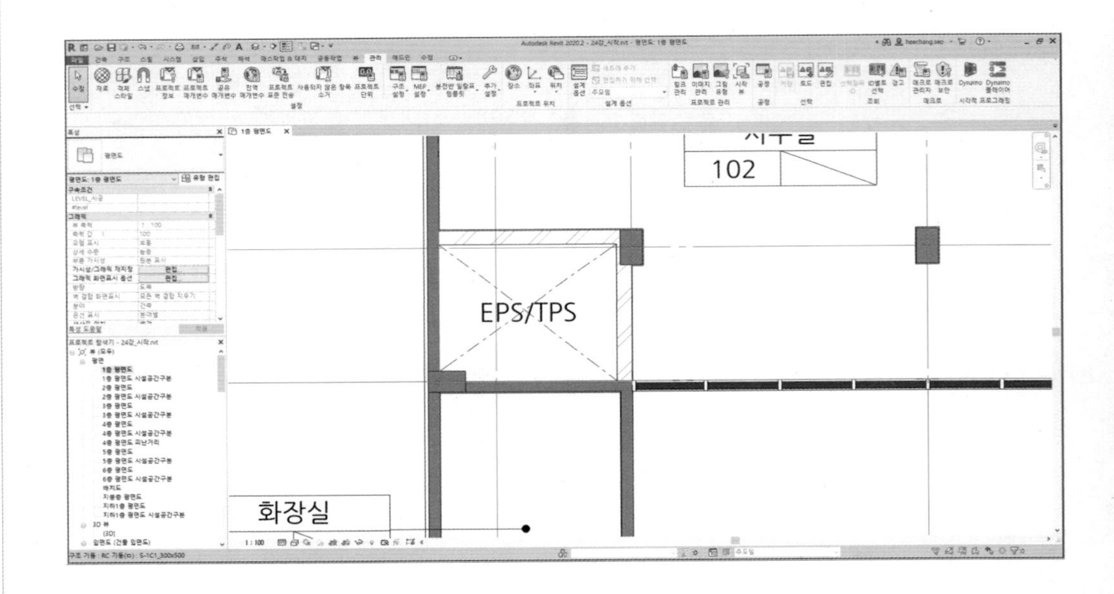

43 계단 경로를 생성해 보겠습니다. [주석]탭 ➡ [계단 경로]를 클릭합니다.

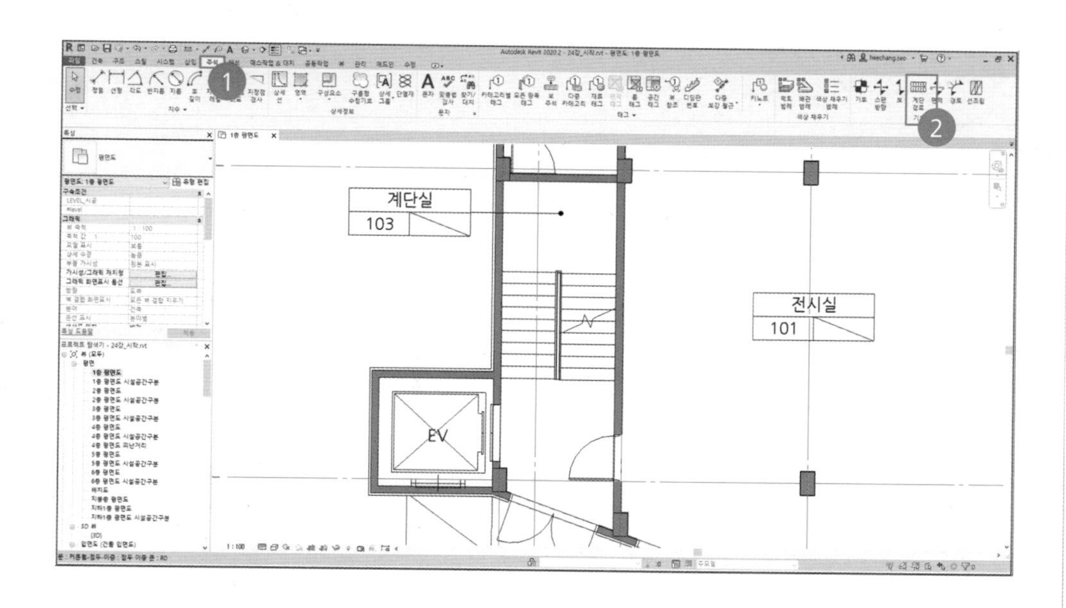

44 계단경로 클릭 후 계단에 마우스를 가져가면 계단이 하이라이트 됩니다. 특성창에서 문자 및 글자의 방향을 변경할 수 있습니다.

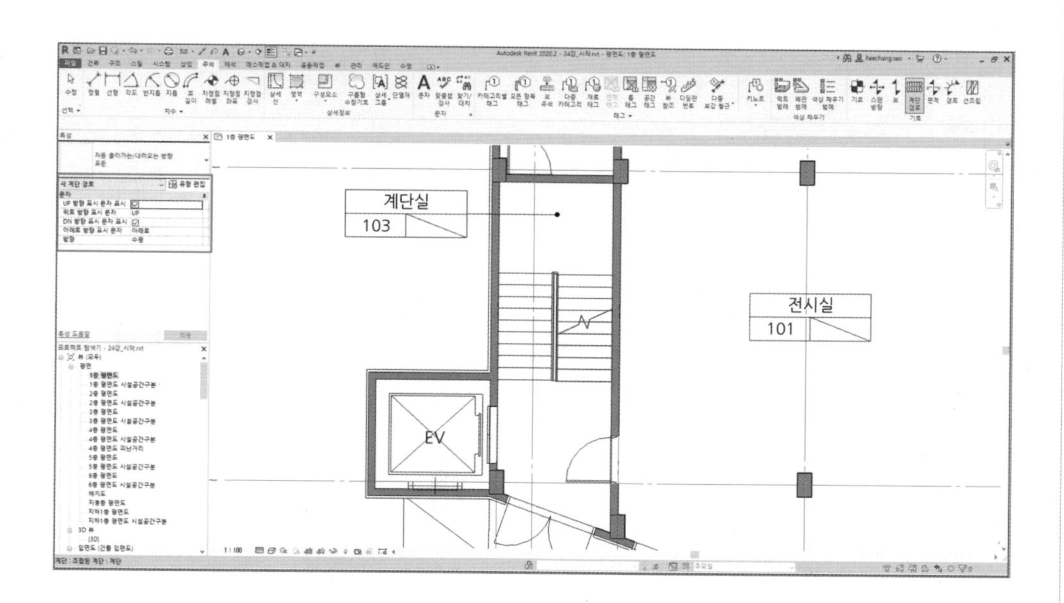

45 계단 경로가 완성 되었습니다.

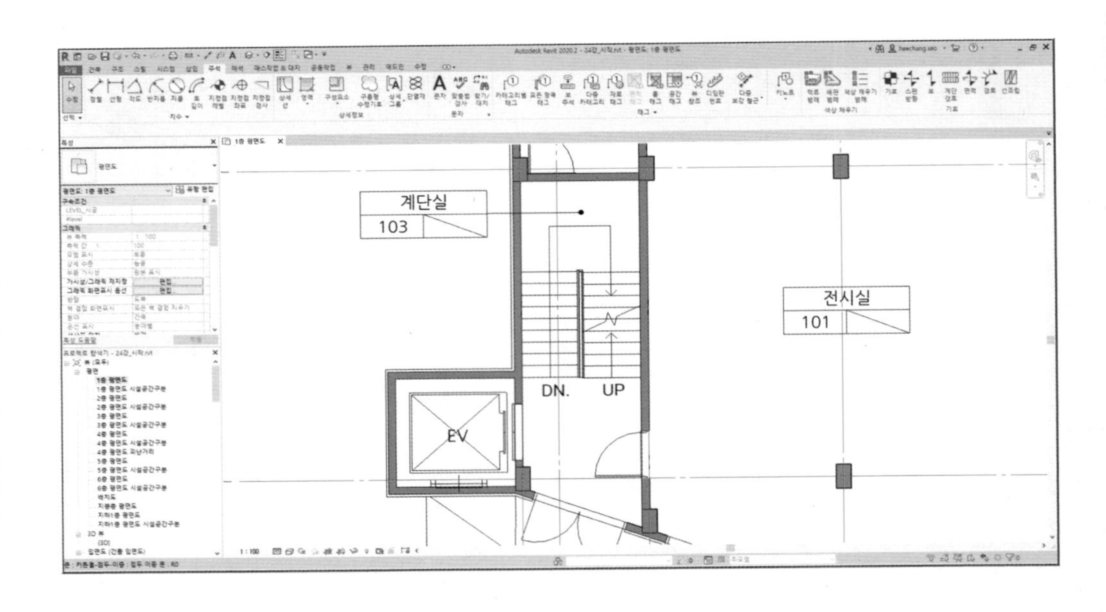

46 앞에서 설명한 평면도 작성 방법을 사용하여 전체 층에 대한 평면도를 완성해 보겠습니다.

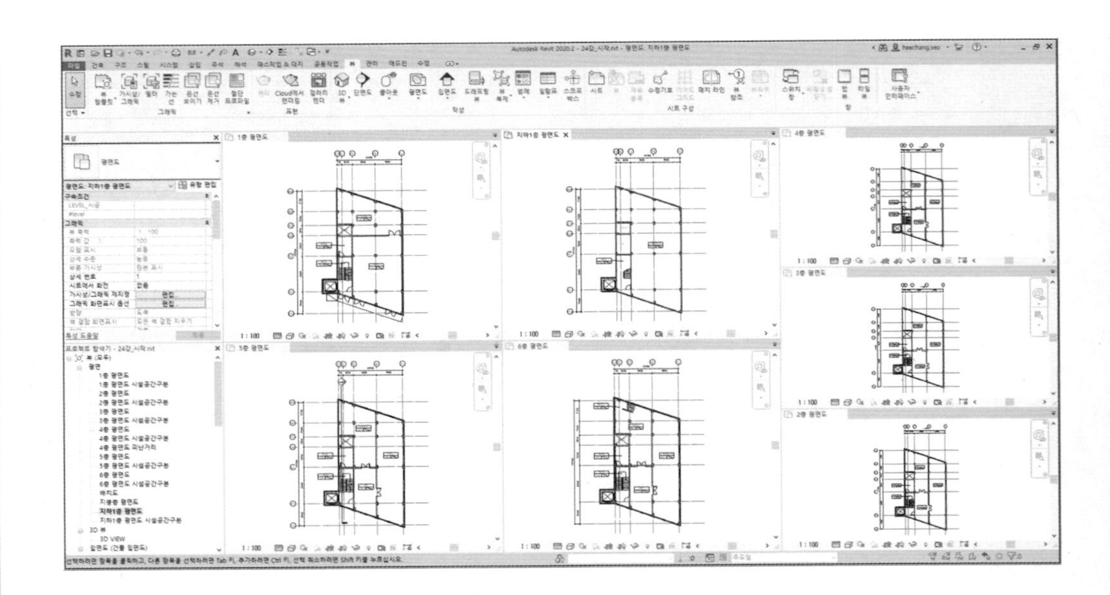

47 입면도를 작성해보겠습니다. [프로젝트 탐색기]에서 정면도를 열어 보겠습니다. 앞에서 설명한 [가시성/그래픽 재지정]에서 링크된 대지 모델을 숨기기 합니다.

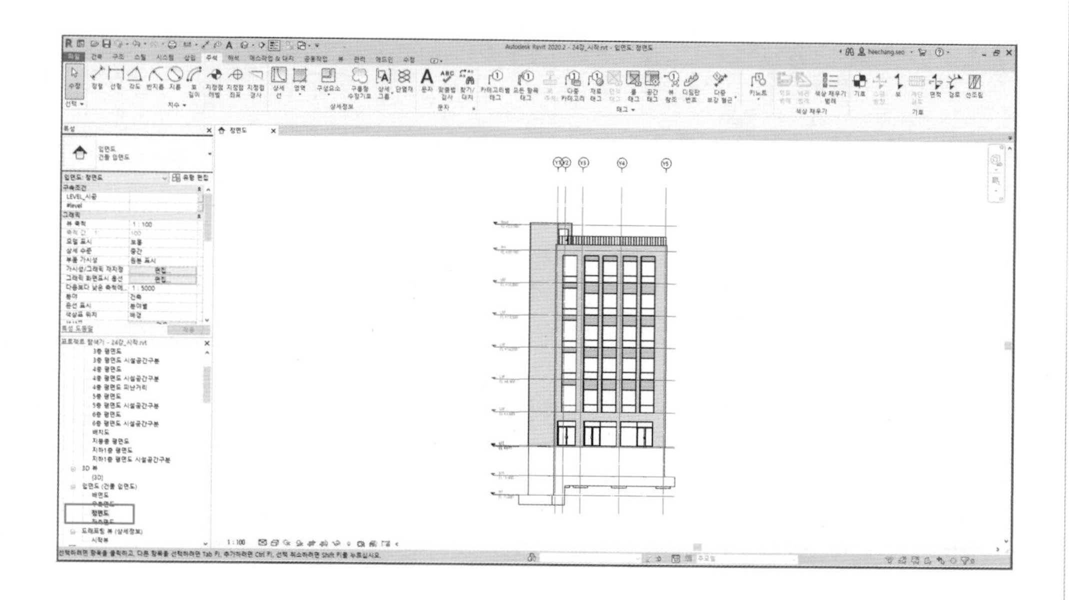

48 입면도의 뷰 템플릿을 적용시켜 보겠습니다.
[특성]탭 ➡ [뷰 템플릿] 클릭 후 "BF_입면도"를 선택 후 확인을 클릭합니다.

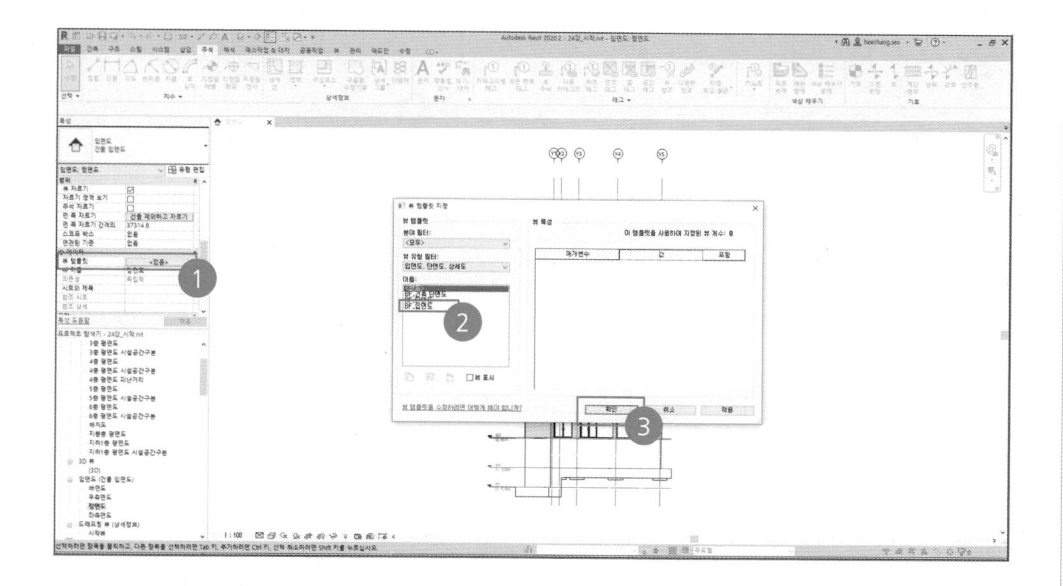

49 입면도 뷰 템플릿이 적용되었습니다. [주석]탭의 [영역]도구를 이용해 G.L 레벨 하부를 채워 넣어 보도록 하겠습니다.

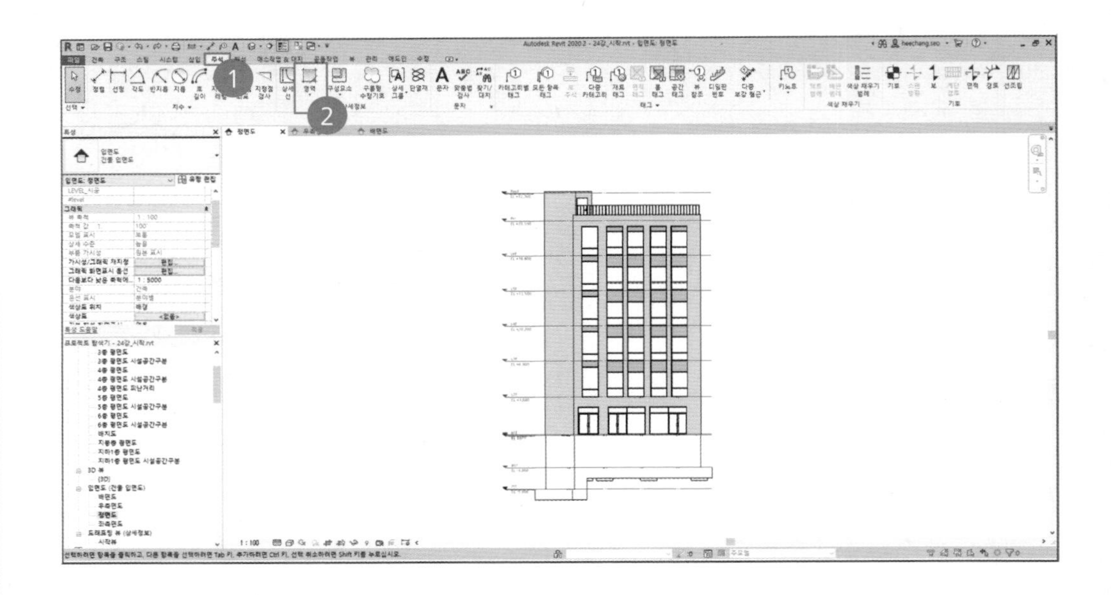

50 채워진 영역을 [그리기]도구를 사용하여 입면도에서 불필요한 객체를 채워 주겠습니다.

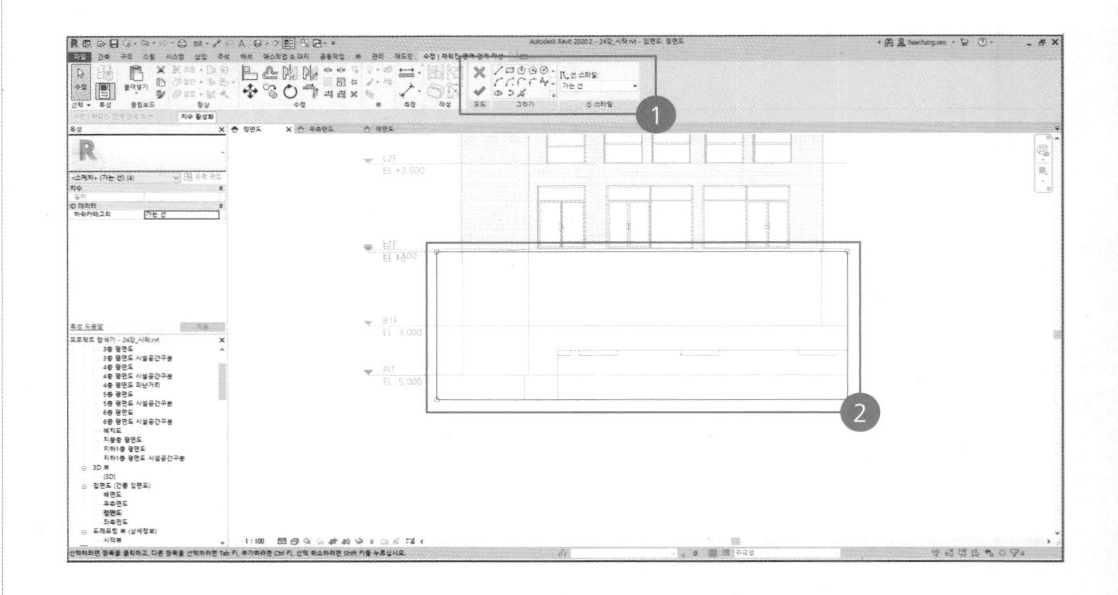

51 채워진 영역이 완료 되었습니다. 채워진 영역에 겹쳐 있는 레벨들을 선택 후 [수정]탭에서 [요소 숨기기]를 클릭하여 레벨을 숨기도록 하겠습니다.

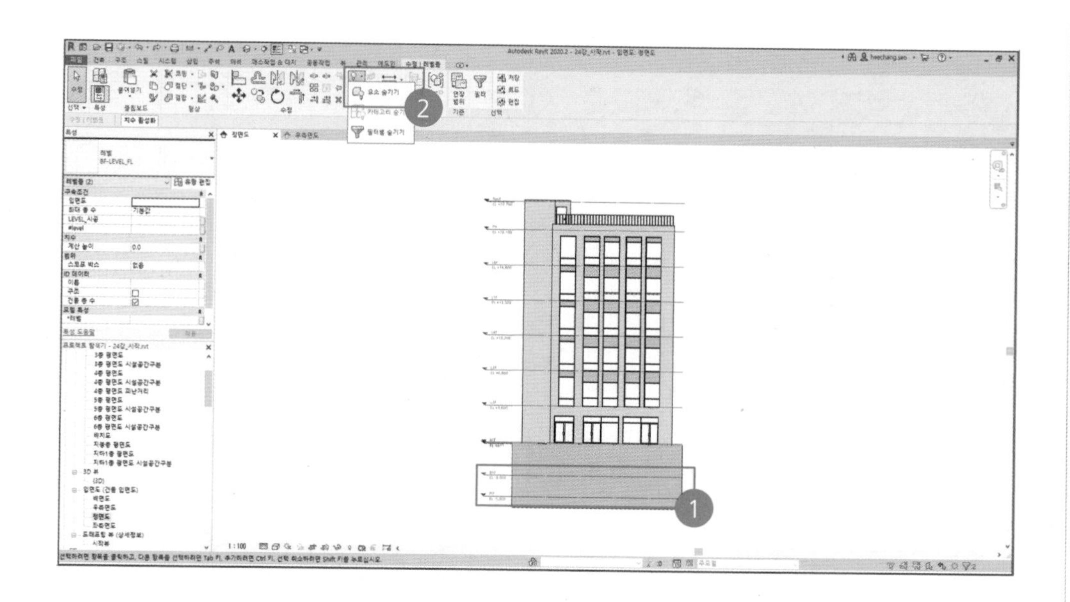

52 레벨의 중심선을 조절 해보겠습니다. 레벨을 선택하면 끝에 나타나는 3D 마크를 클릭하여 2D로 변경합니다.

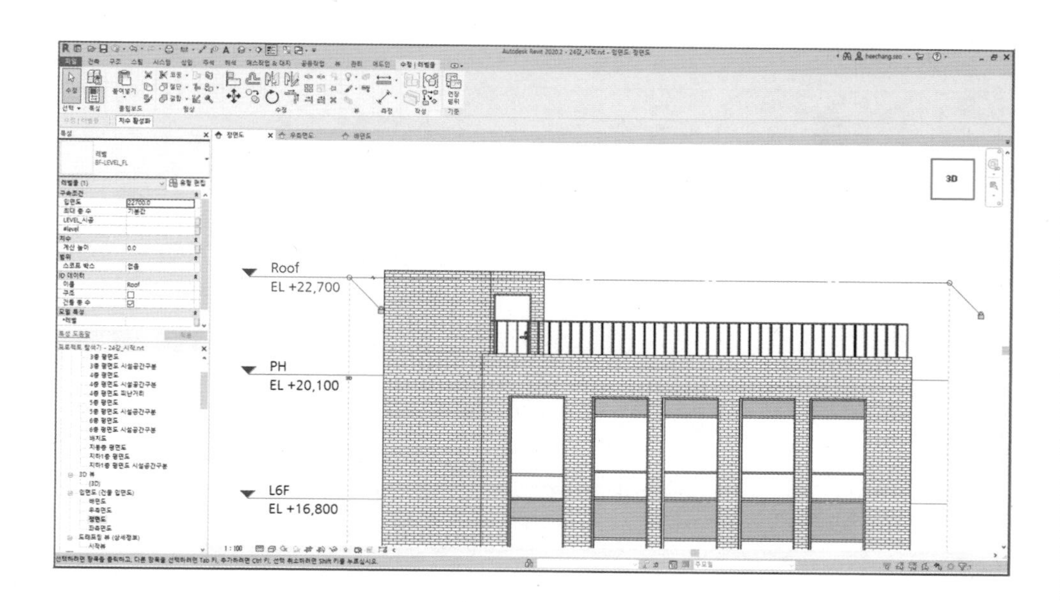

53 2D로 변경한 레벨의 중심선의 끝점을 드래그 하여 길이를 조절합니다.
3D로 레벨 중심선을 조절하게 되면 모든 뷰에 적용되어 현재뷰를 제외한 뷰에 영향을 주고 모델에도 영향이 미칠수도 있습니다.

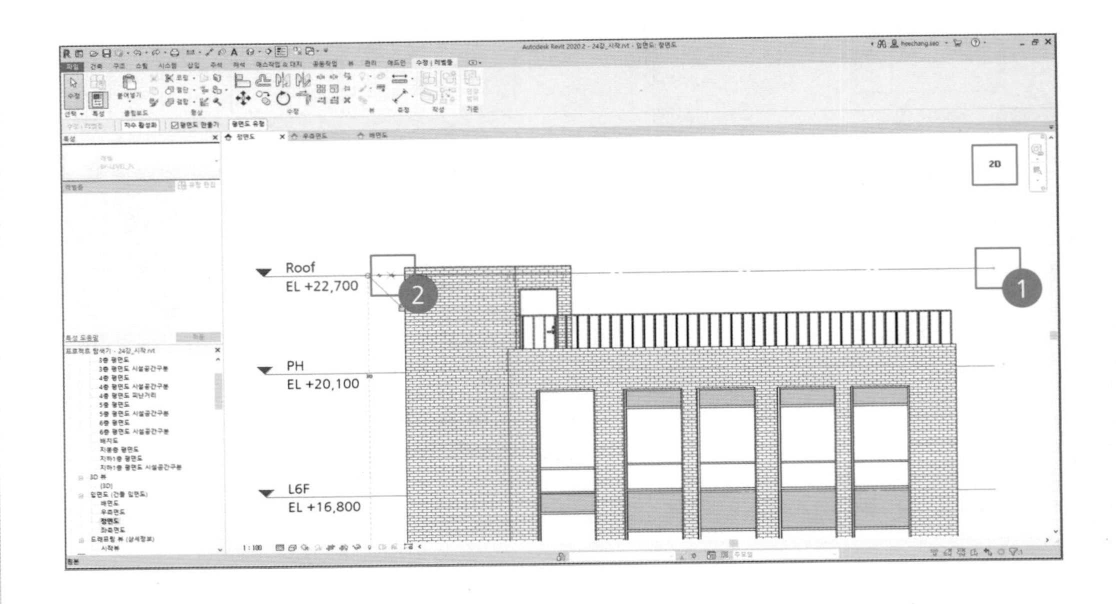

54 앞에서 설명한 레벨 조절 방법을 사용하여 레벨의 중심선 길이를 조절합니다.
재료를 표기해 보겠습니다. [주석]탭 ➡ [재료태그]를 선택합니다.

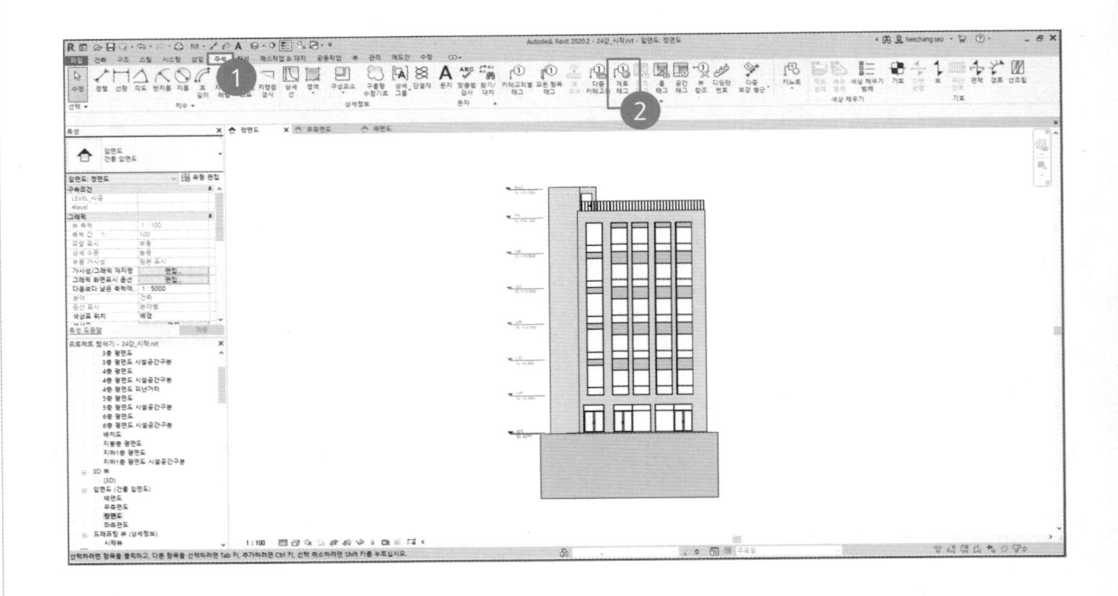

55 재료 태그를 표기하려는 객체 위에 드래그 하여 첫 번째 와 두 번째 부분을 클릭하고 마지막에 문자 위치시킬 부분에 클릭하여 재료태그를 완성합니다.

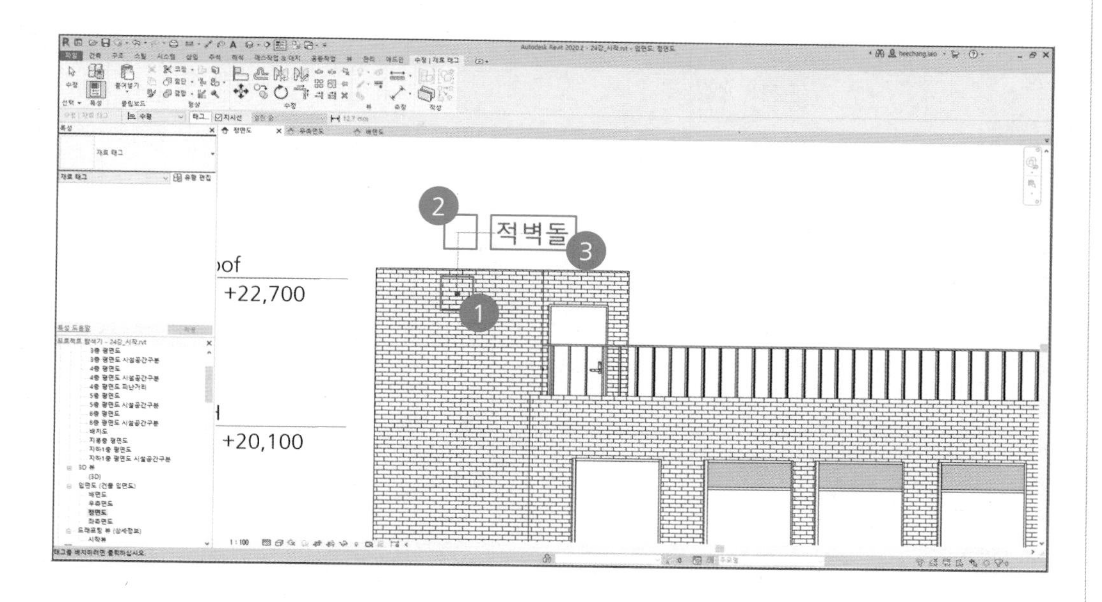

56 앞에서 설명한 채워진 영역표기와 레벨 중심선 조절, 재료표기를 사용하여 모든 입면도를 완성해보겠습니다.

57 단면도를 작성해 보겠습니다. 단면도 작성을 위해 1층 평면도를 열어보겠습니다. [1층 평면도] ➡ [뷰]탭 ➡ [단면도]를 클릭합니다.

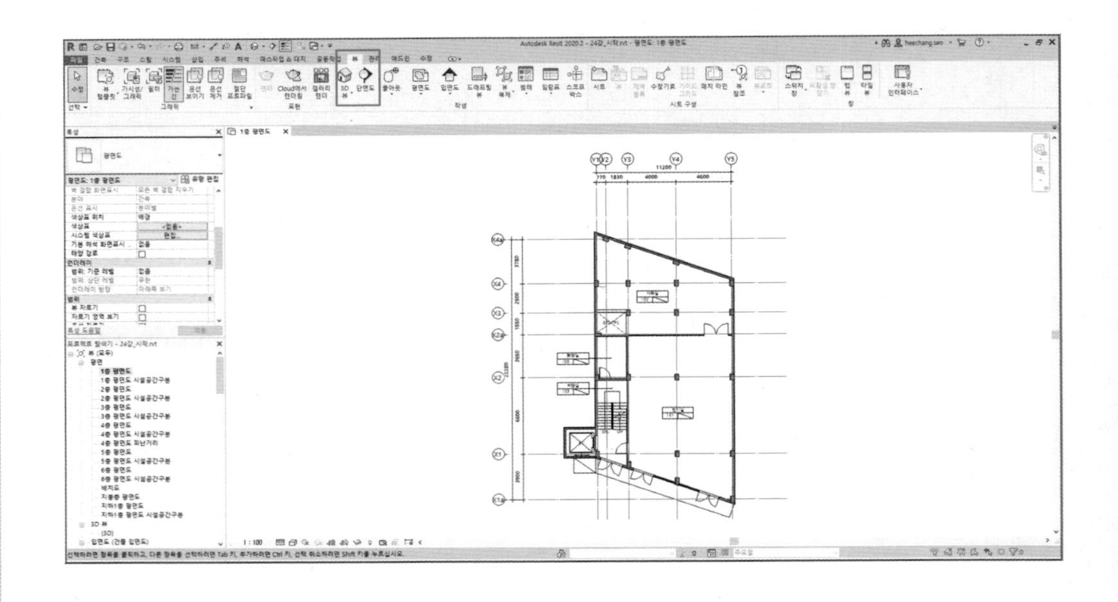

58 단면도를 생성할 위치에서 상단에서 하단으로 단면 심볼을 그려줍니다. 이때 단면에 대한 가이드 라인이 생성됩니다.

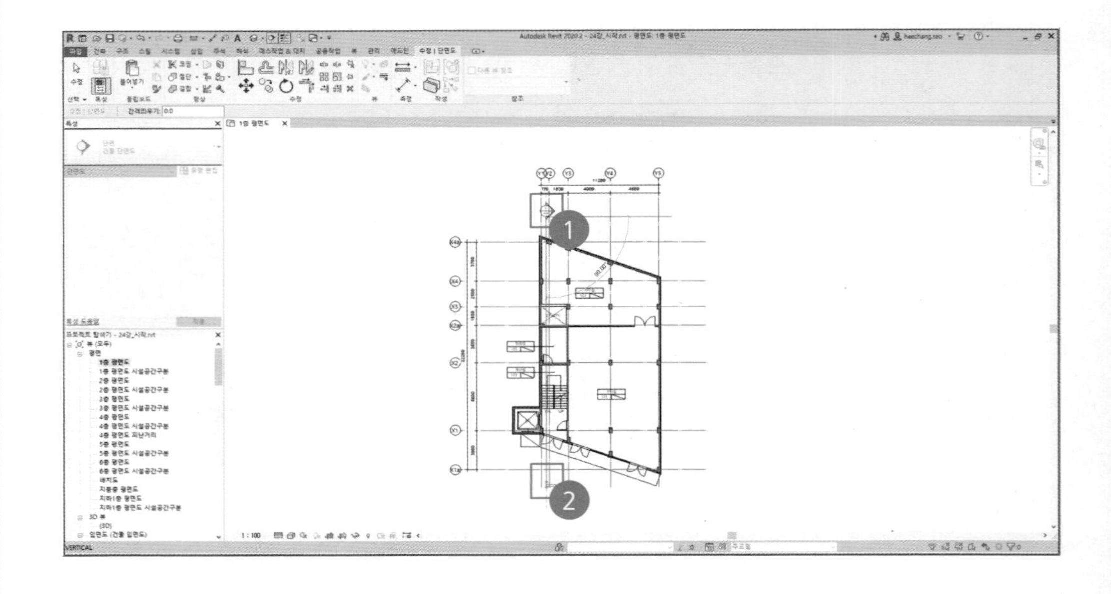

59 단면이 생성되었습니다. 가이드 라인을 조절하여 뷰를 조절할 수 있습니다.

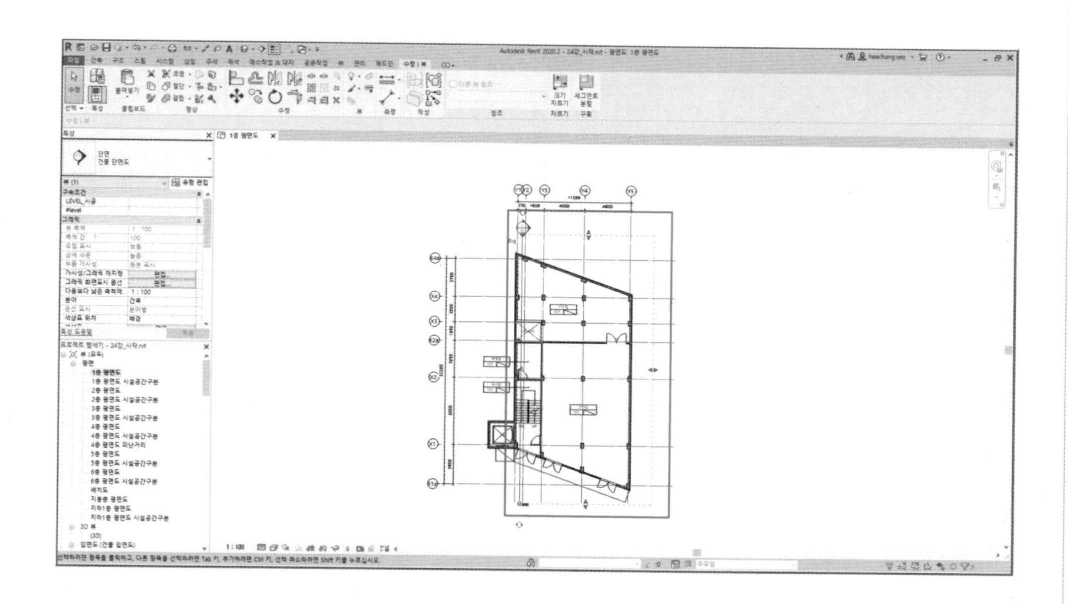

60 생성된 단면도를 [프로젝트 탐색기]에서 확인 할 수 있습니다.
단면도의 이름을 변경하고 단면도를 열어줍니다.

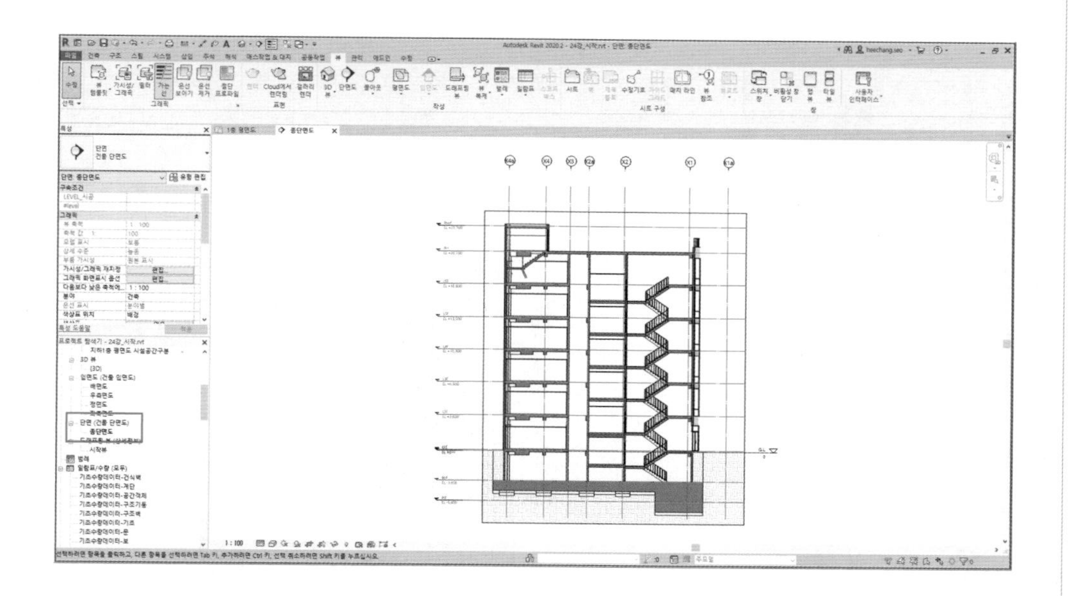

61 단면도의 뷰 템플릿을 적용시켜 보겠습니다.

[특성]탭 ➡ [뷰 템플릿] 클릭 후 "BF_건축 단면도"를 선택 후 확인을 클릭합니다.

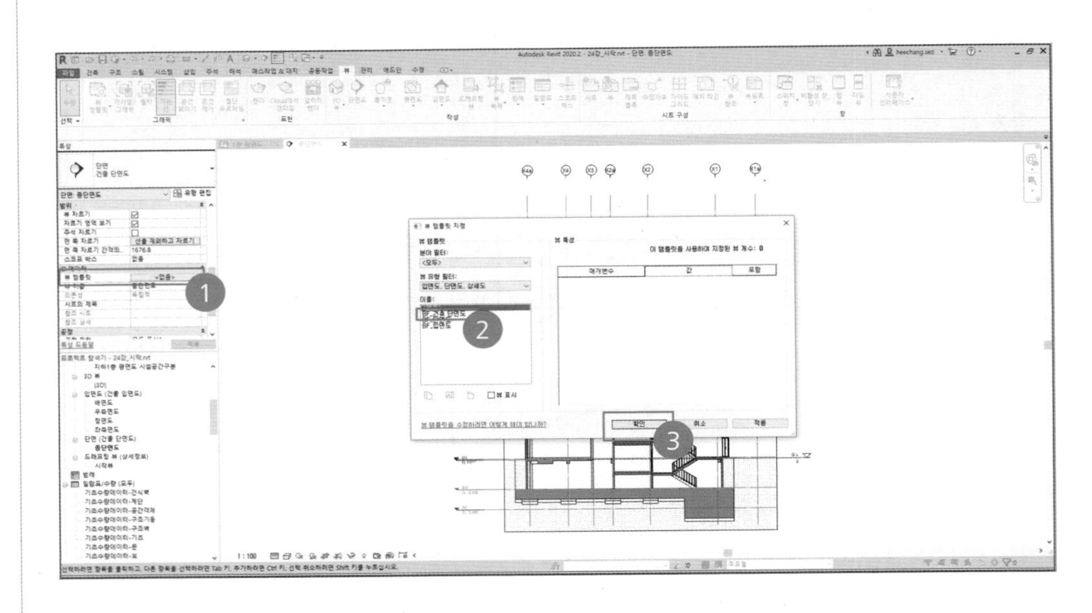

62 단면도에 뷰 템플릿이 적용되었습니다.

[주석]탭 ➡ [정렬]도구를 클릭하여 그리드에 치수를 기입하여 줍니다.

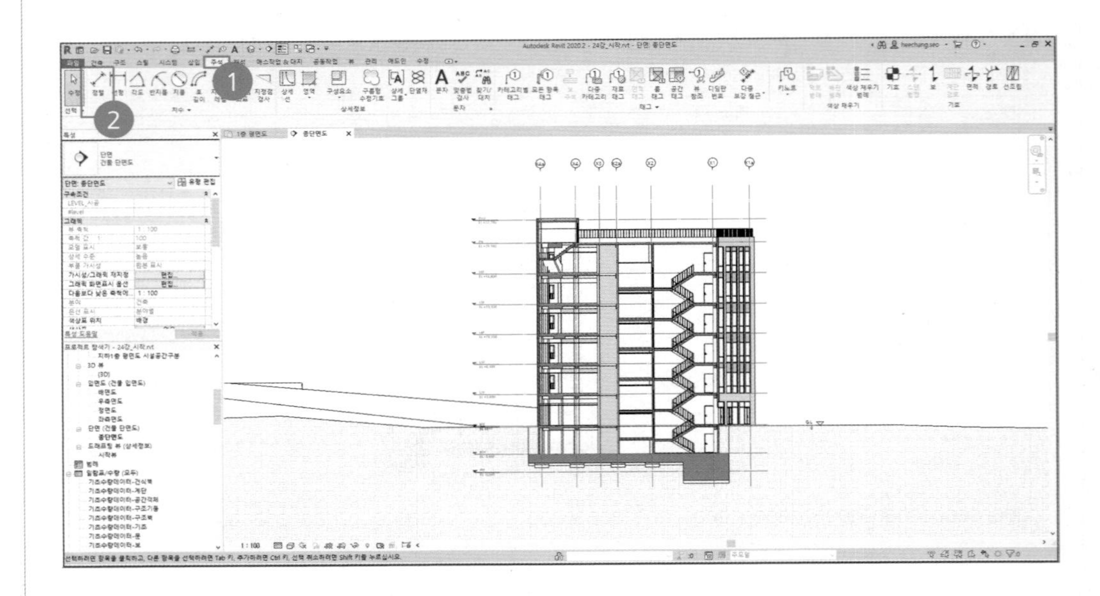

63 단면도에서 각실 별로 룸태그를 사용하여 실명을 표기해줍니다.

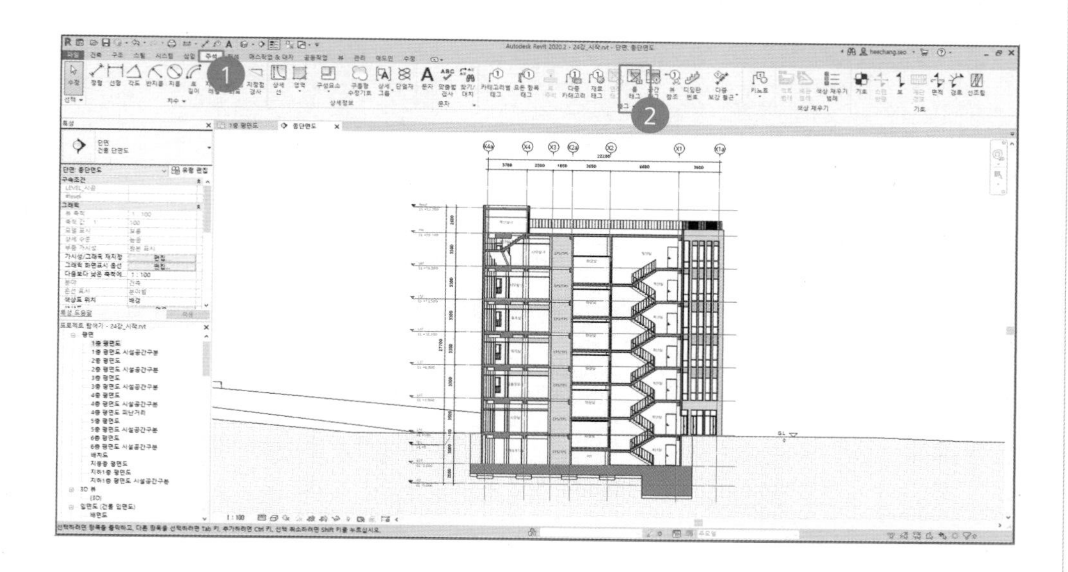

64 단면도에서 지반의 표현은 대지 모델이 작성되 있는 경우 대지 모델을 사용하고 대지 모델이 없는 경우에는 채우기 영역을 이용하여 지반을 표현합니다. [주석]탭 ➡ [영역]도구 ➡ [채워진영역]을 클릭합니다.

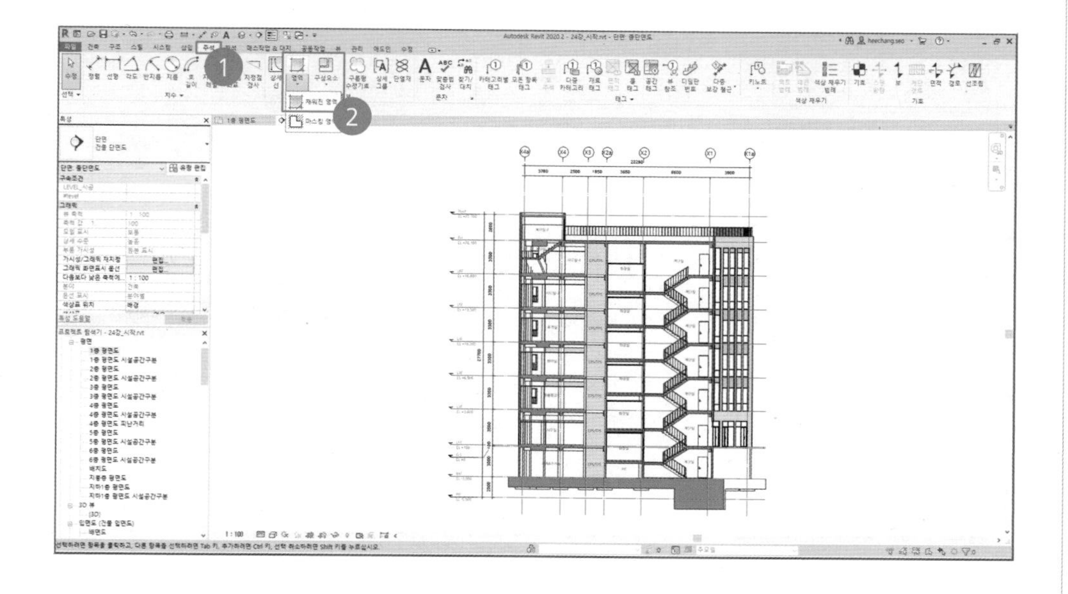

65 특성 창-[유형 편집]을 클릭 ➡ 유형 [복제] 클릭 ➡ 유형이름을 [대지]로 변경 해보겠습니다.

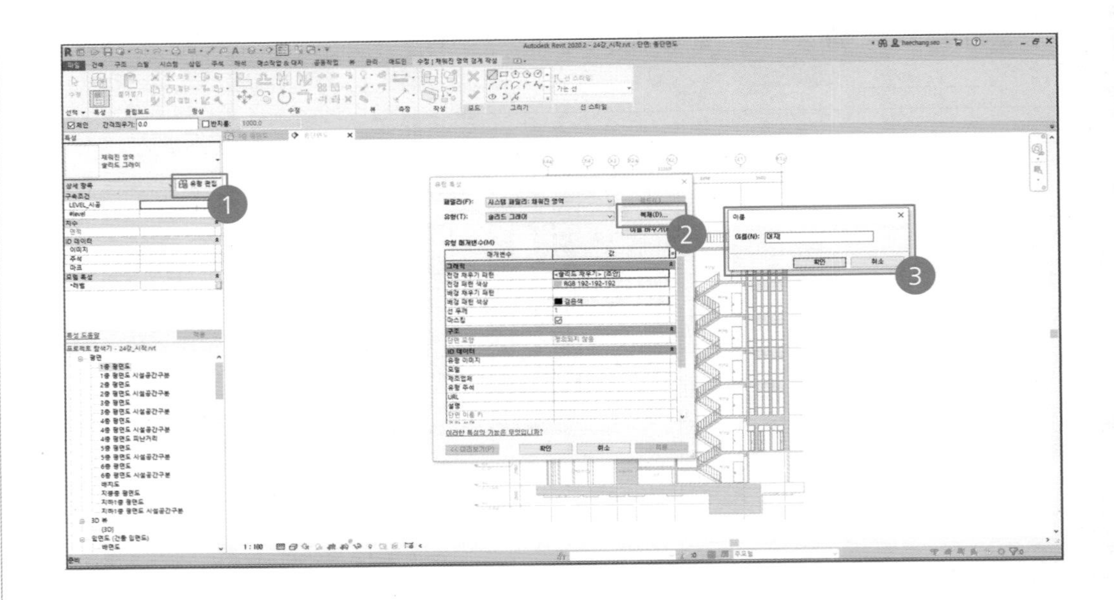

66 [유형 특성]창에서 채우기 패턴을 [흙]으로 변경 후 확인을 눌러 줍니다.

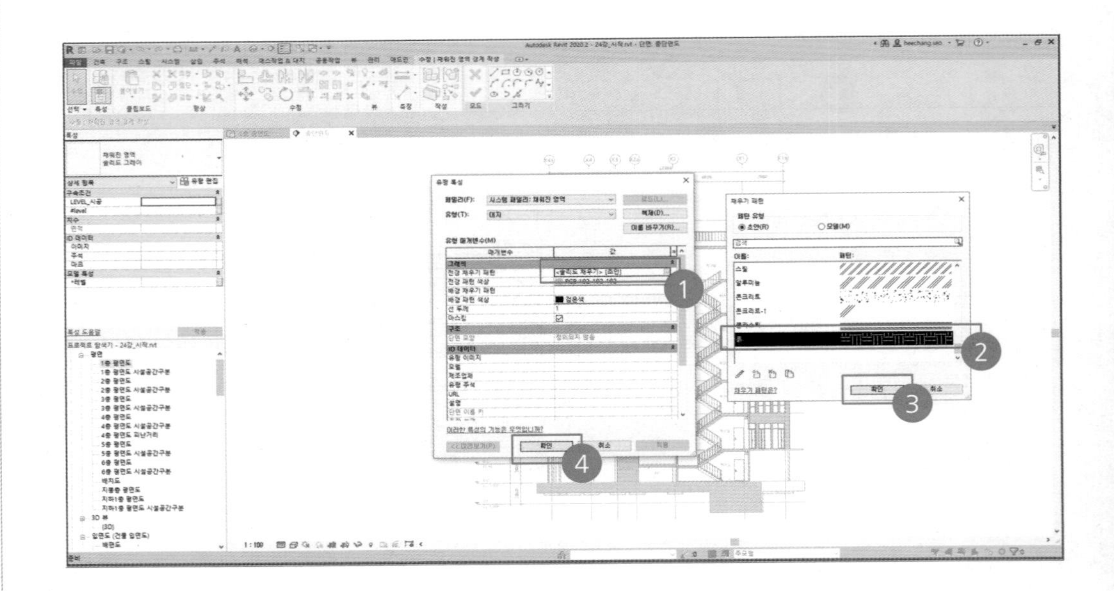

67 새롭게 만든 패턴을 사용하여 절단 부를 제외한 G.L 레벨 하단부를 그리기도구를 사용하여 경계를 작성합니다.

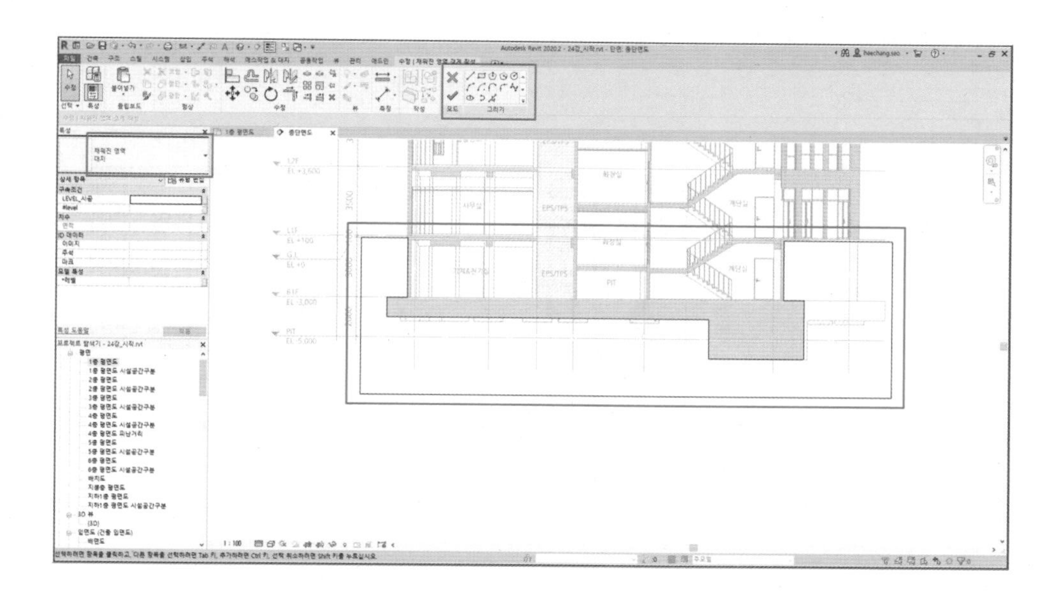

68 단면도에 지반 표현이 완료 되었습니다.

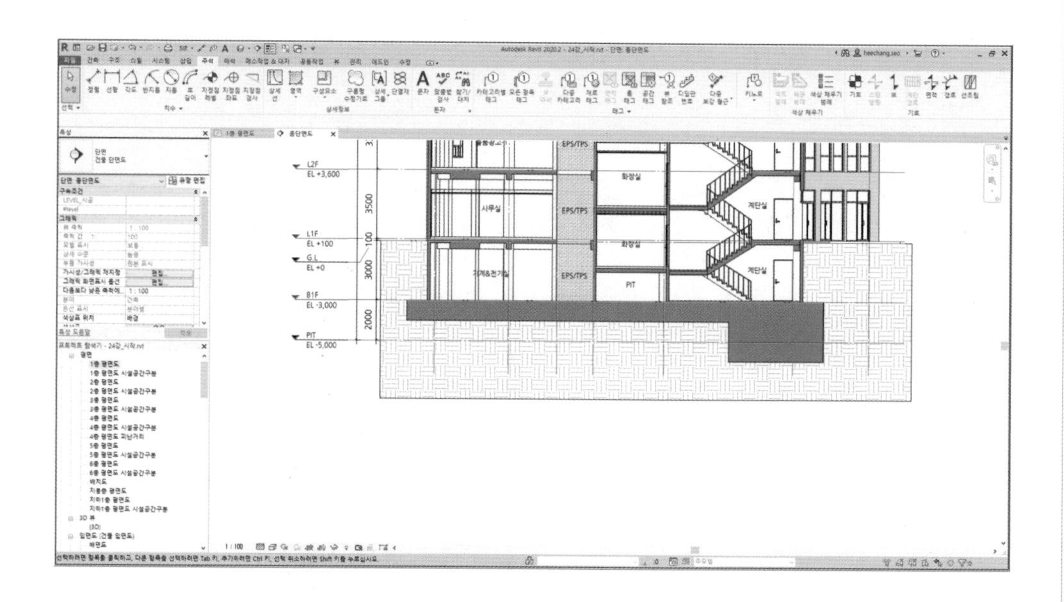

69 앞에서 설명한 단면 생성 방법을 사용하여 종, 횡단면도를 생성 해보겠습니다.

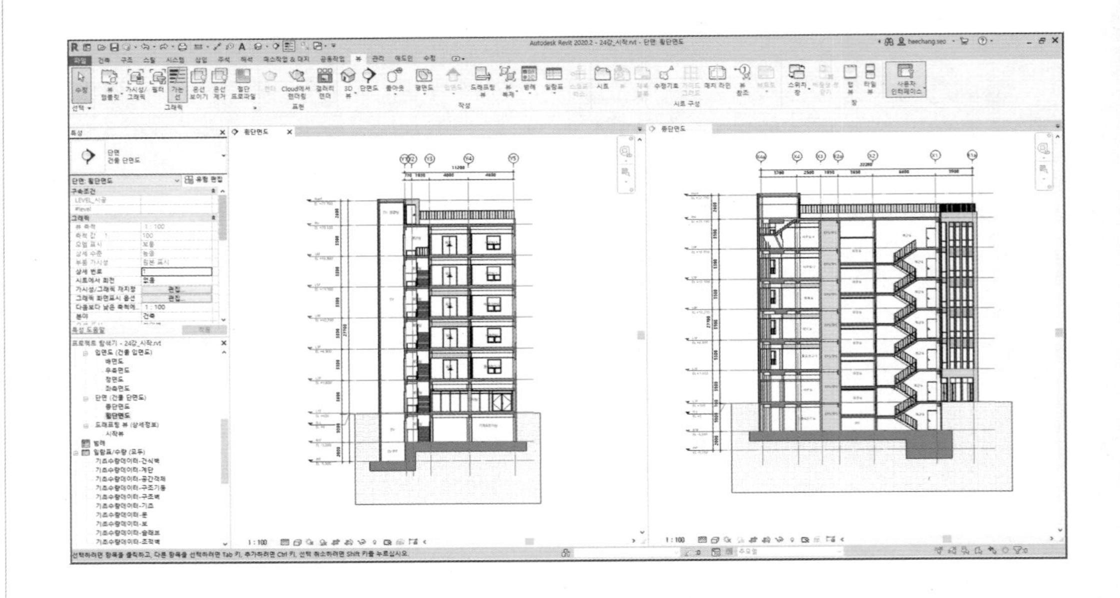

70 3차원 형상표현을 해보겠습니다. 발주자, 시공자 및 감리자의 이해를 돕기 위해 3차원으로 표현합니다. 예제 프로젝트에서는 화장실의 단차가 존재하기 때문에 화장실과 계단실을 3D 형상으로 표현 해보겠습니다.
가장 하단의 계단과 상부의 계단을 선택하고 [수정:계단]탭 ➡ [선택상자]를 클릭합니다.

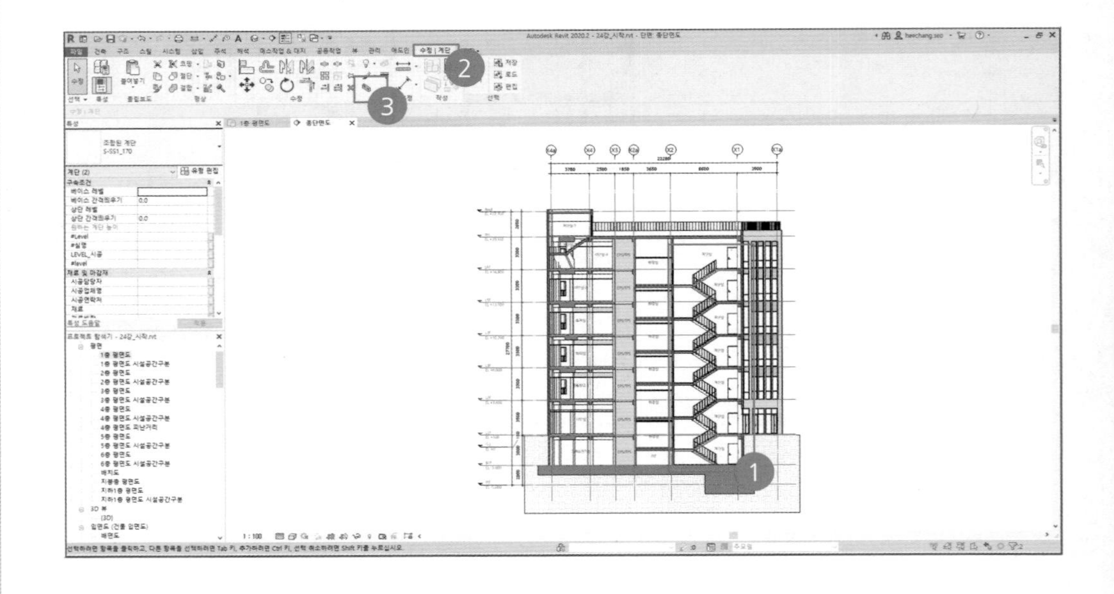

71 3D 뷰가 생성됩니다. 단면 상자를 사용하여 표현하고자 하는 뷰를 조절합니다. 단면 상자의 화살표를 드래그하여 뷰를 조절 할 수 있습니다.

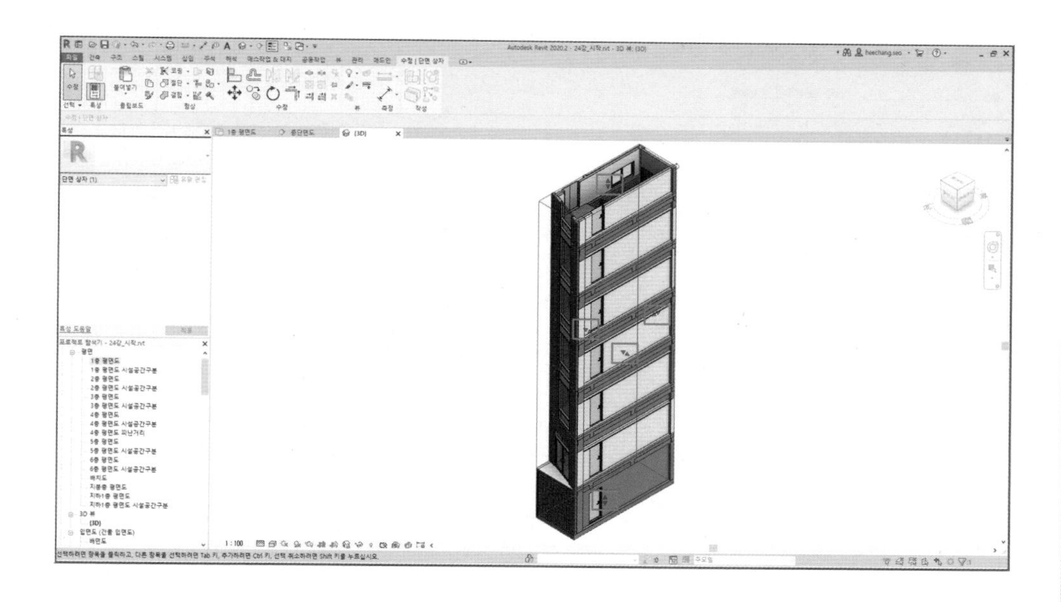

72 뷰 조절이 완료 되면 단면 상자를 오른쪽 클릭하여 숨기기 해줍니다. 하단의 [비주얼 스타일]을 [은선]으로 변경 하겠습니다.

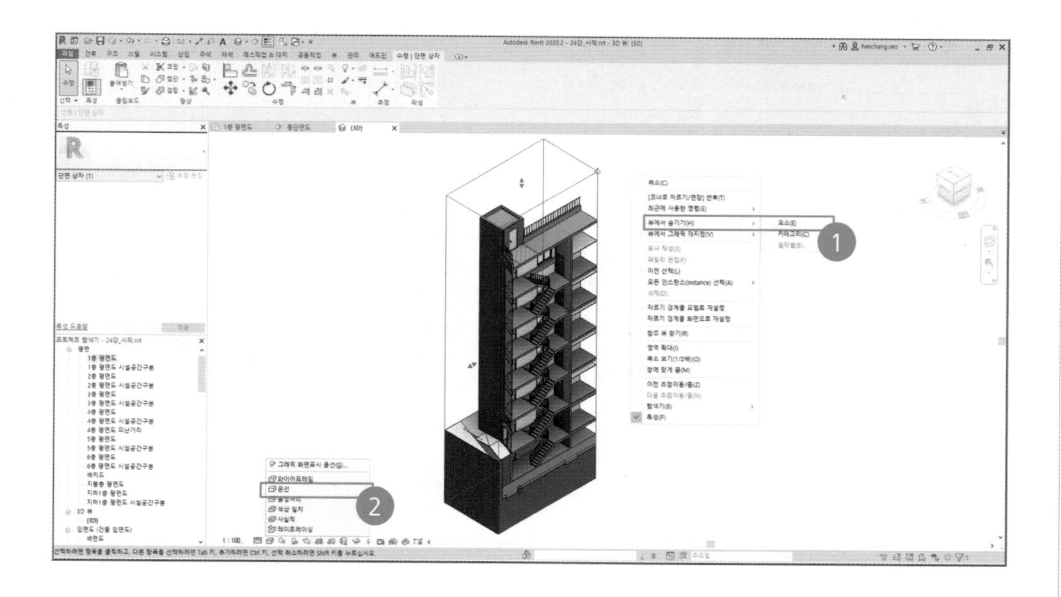

73 하단의 방향 저장 및 뷰 잠금을 클릭하고 3D 뷰의 이름을 설정합니다.

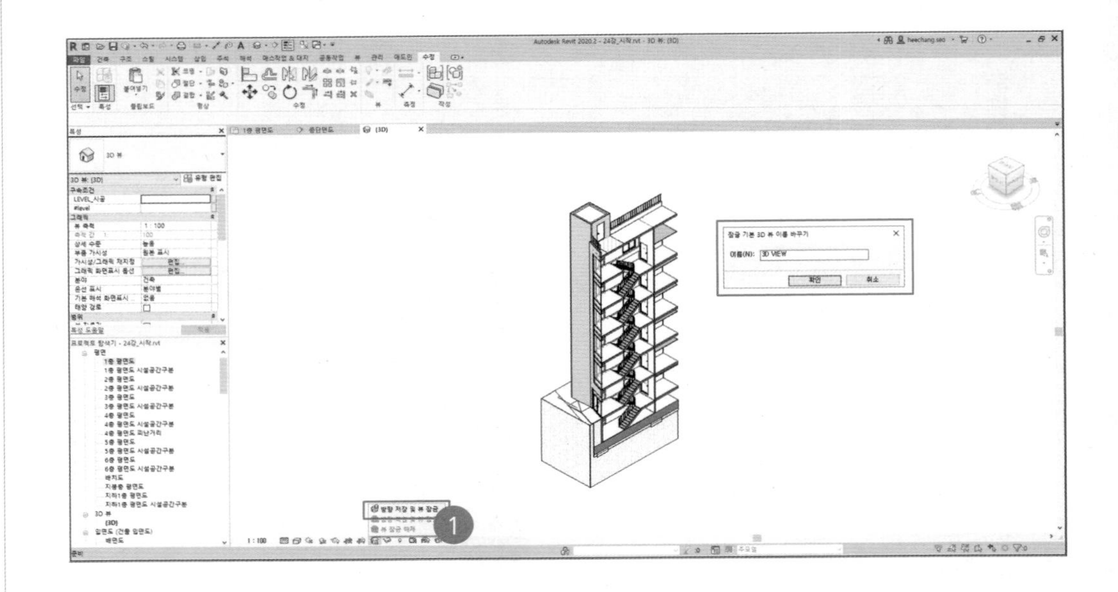

74 [프로젝트 탐색기]에 3D 뷰가 생성된 것을 확인 할 수 있습니다. 3D 뷰에 치수 기입을 위해 작업 기준면을 변경해 줍니다. [건축]탭 ➡ [설정]을 클릭합니다.

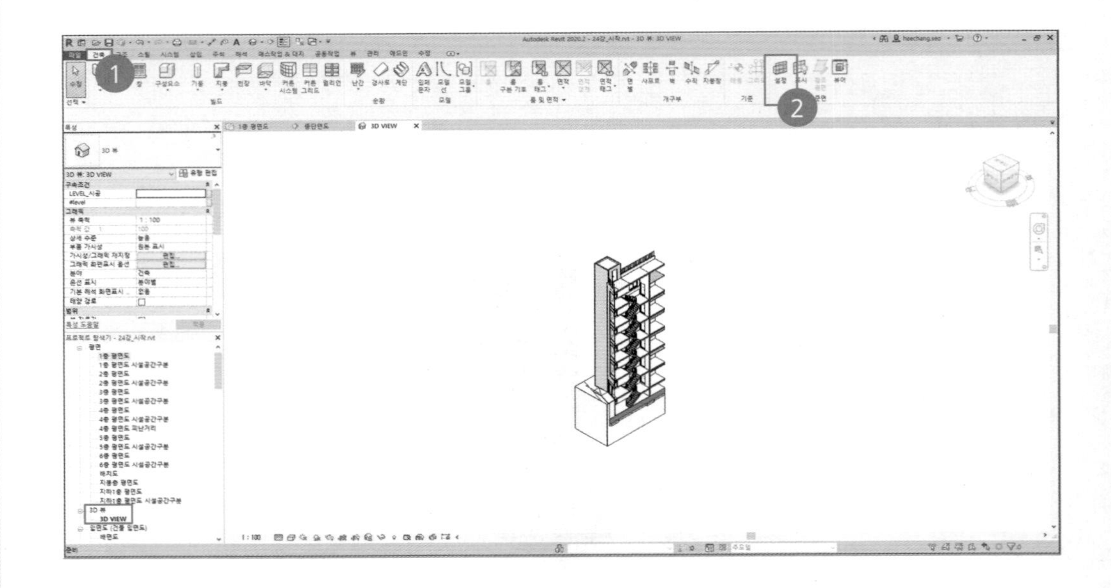

75 기존 작업 기준면에 대한 가이드 라인이 표기됩니다.
새 작업 기준면 지정에서 계단실이 있는 그리드 라인으로 변경해보겠습니다.

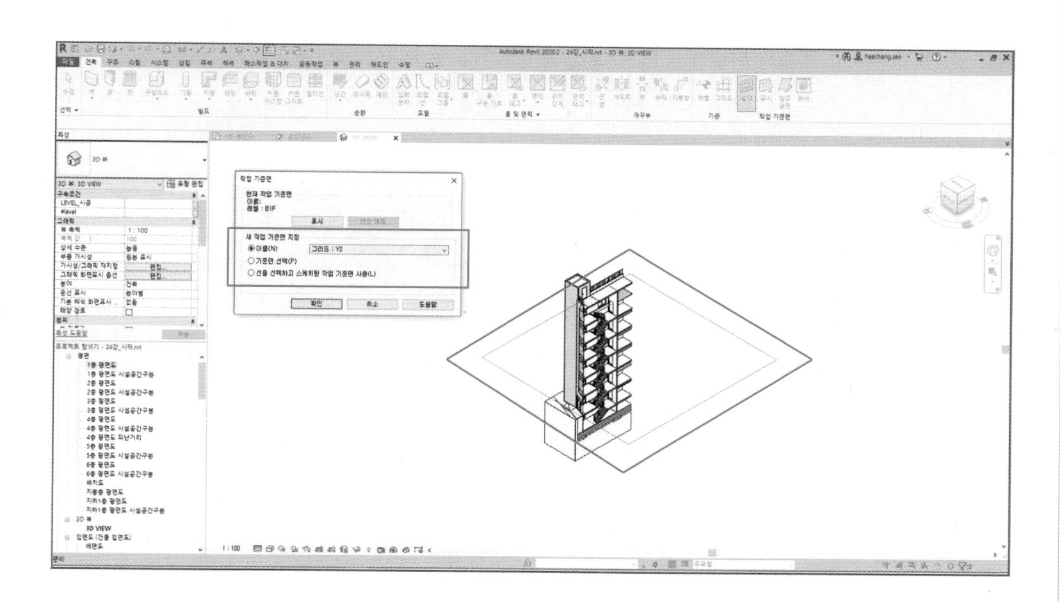

76 변경된 작업 기준면으로 치수를 기입할 수 있습니다. 3D 뷰가 완성되었습니다.

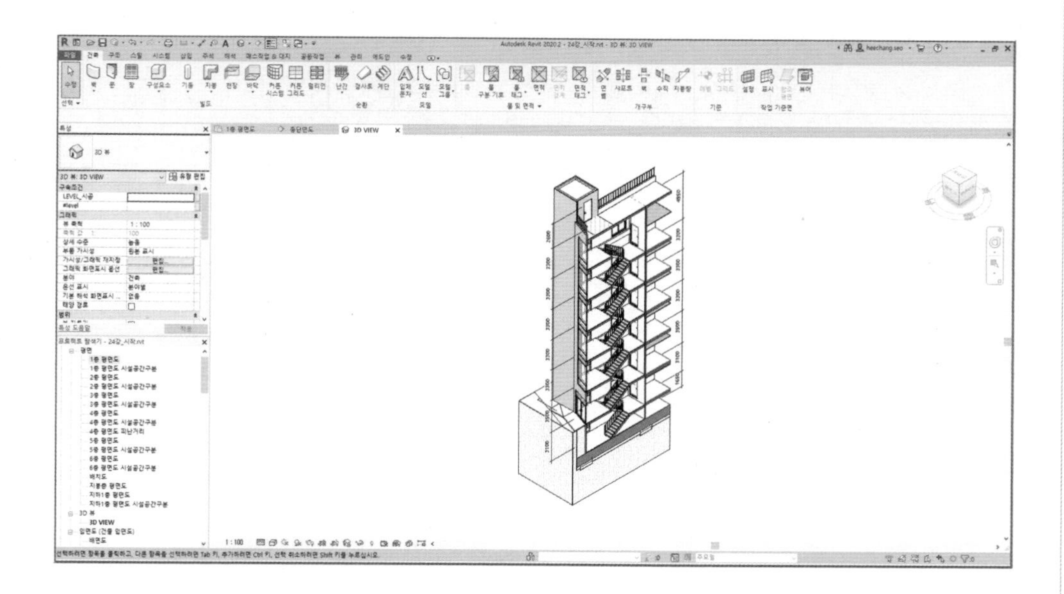

chapter 04 시트 배치

1 완성된 도면들을 시트에 배치해보겠습니다.
[뷰]탭 ➡ [시트]도구를 선택하고 새 시트창에서 로드에서 "BF_시트"를 로드합니다.

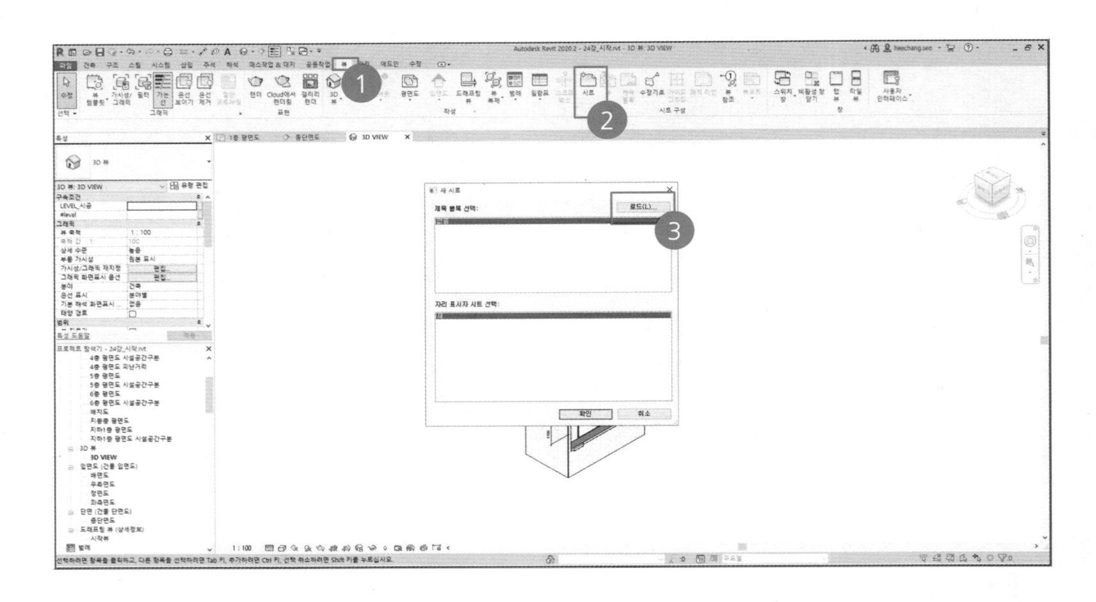

2 시트가 생성 되었습니다.
시트는 여러 선과 문자, 레이블로 구성된 하나의 패밀리입니다.

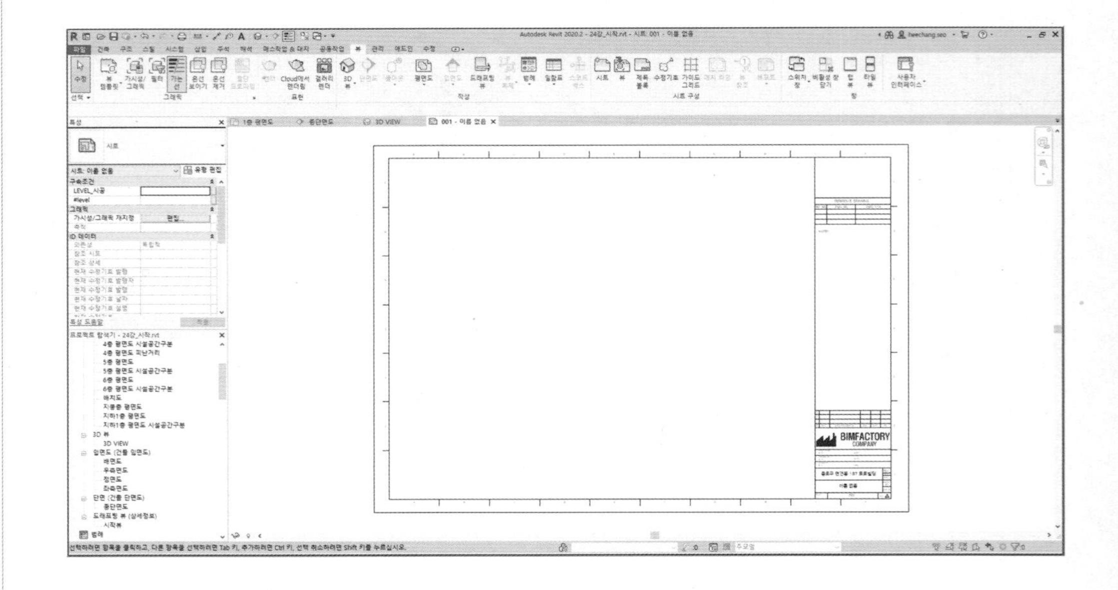

3 기본 정보를 입력 해보겠습니다. 프로젝트 명과 프로젝트 날짜는 프로젝트 정보에 입력한 프로젝트 이름과 날짜가 자동으로 삽입됩니다.

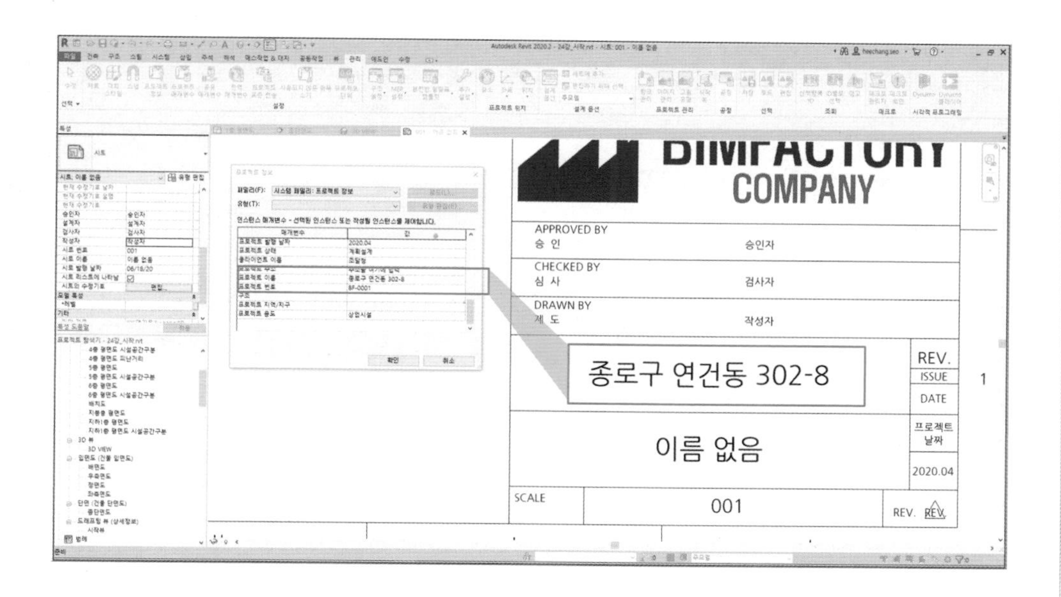

4 시트의 정보는 [특성]창에서 작성합니다. 스케일 정보는 시트에 배치되는 도면의 정보가 입력됩니다.

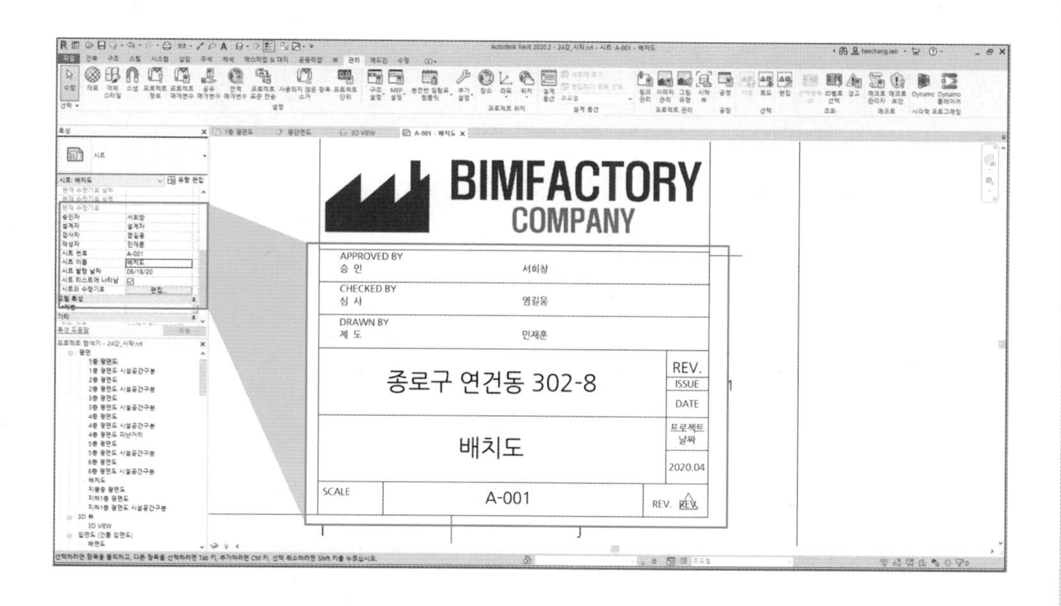

5 시트에 뷰를 배치해 보겠습니다. [뷰]탭 ➡ [뷰]도구를 클릭합니다. 뷰 창에서 배치도를 선택하고 시트에 뷰 추가를 클릭합니다.

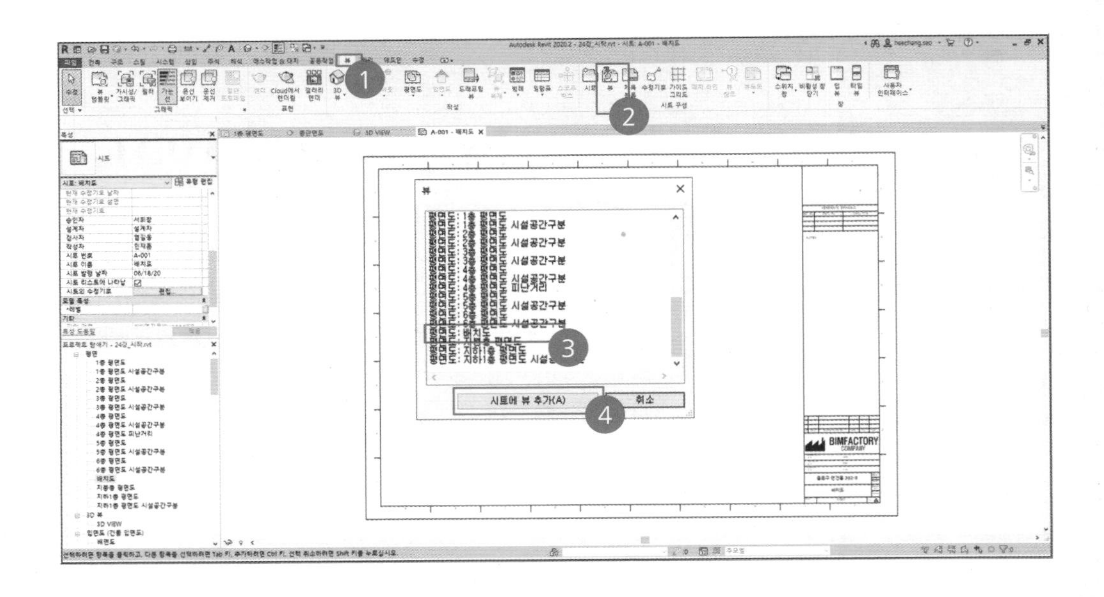

6 적당한 위치에 도면을 시트에 배치합니다. 배치도에서는 대지모델과 함께 보이기 때문에 시트 크기를 초과 합니다.

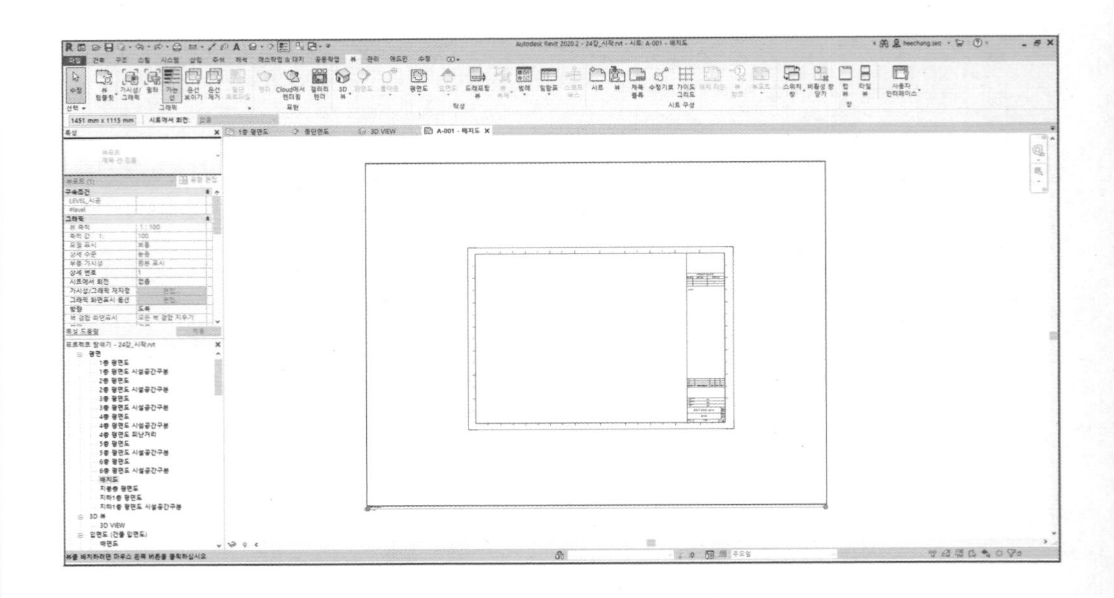

7 배치도가 시트에 배치 되었습니다. 배치도가 선택된 상태에서 [뷰 활성화]도구를 클릭합니다.

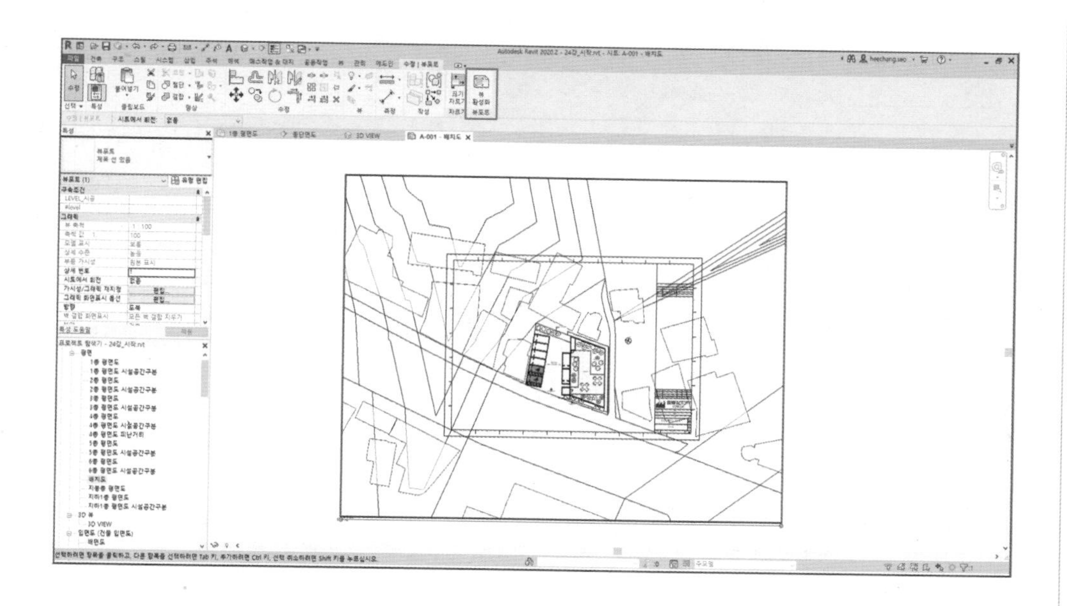

8 배치도 뷰가 활성화 되었습니다. 뷰를 수정 할 수 있습니다. [특성]창의 뷰 자르기, 자르기 영역 보기, 주석 자르기를 체크합니다.

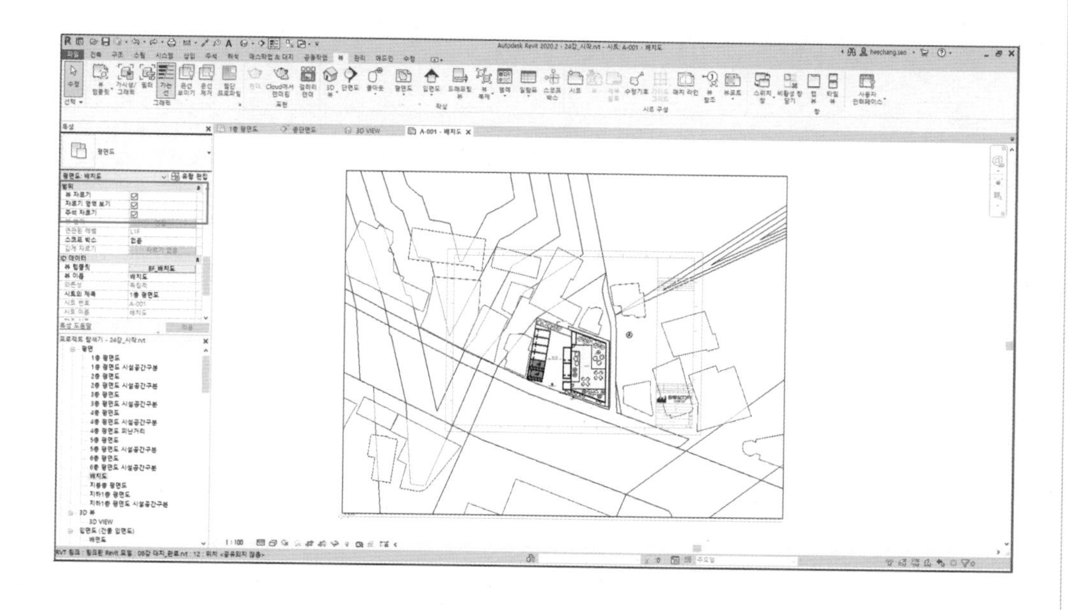

9 뷰를 시트에 맞게 배치합니다.

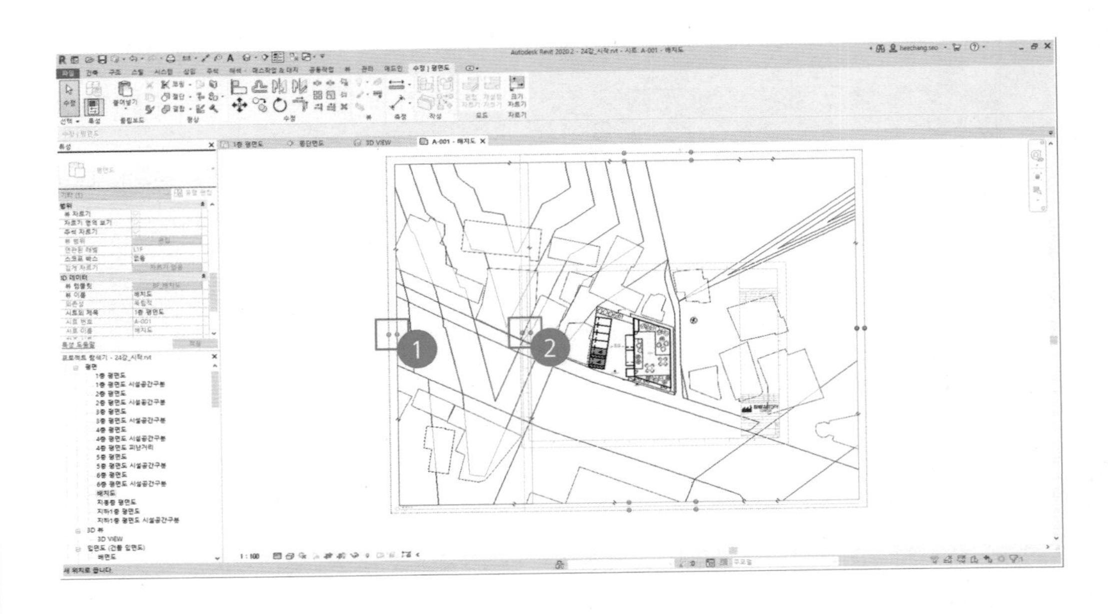

10 배치도가 시트 안에 배치되었습니다.
시트의 빈 공간에서 우클릭하여 뷰 비활성화를 클릭합니다.

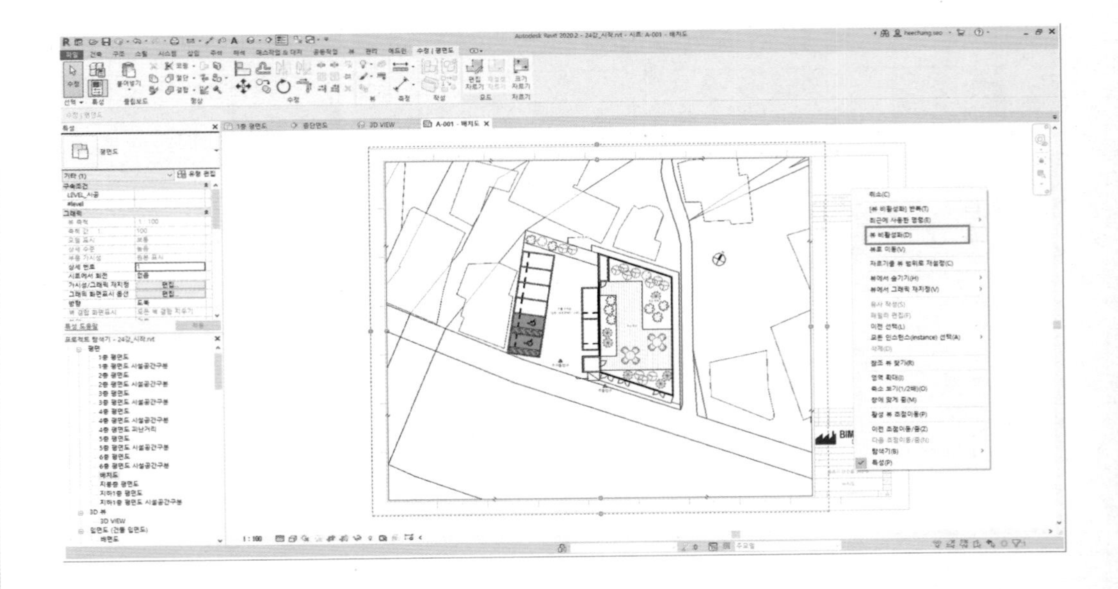

11 배치된 뷰의 뷰포트 제목을 선택 후 드래그 하여 위치를 조절하고 뷰포트 크기를 특성창에서 "BF_뷰제목_L60" 선택하여 변경 합니다.

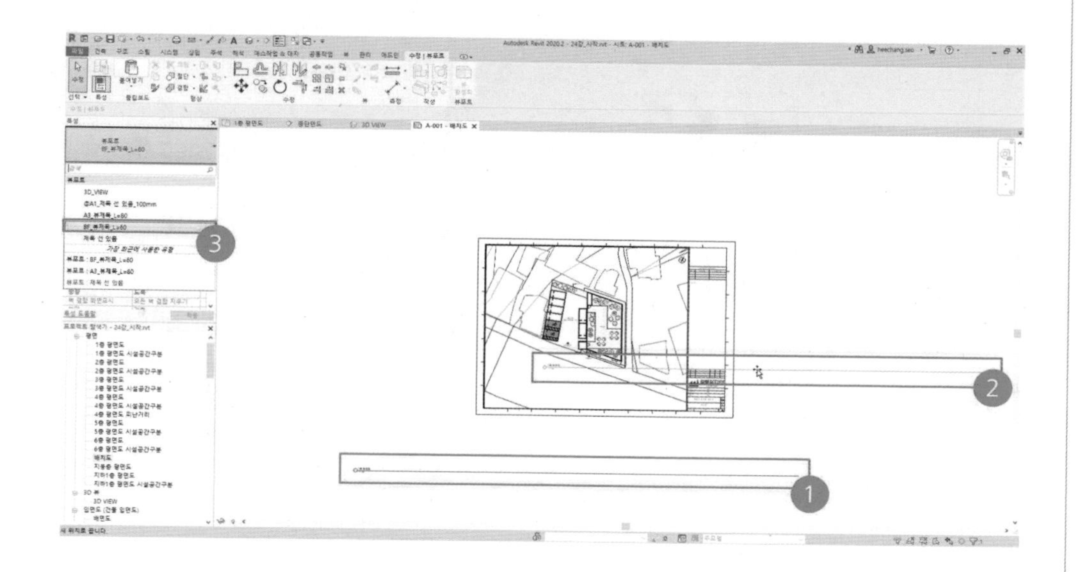

12 뷰포트를 정리하고 도면 배치를 마칩니다.

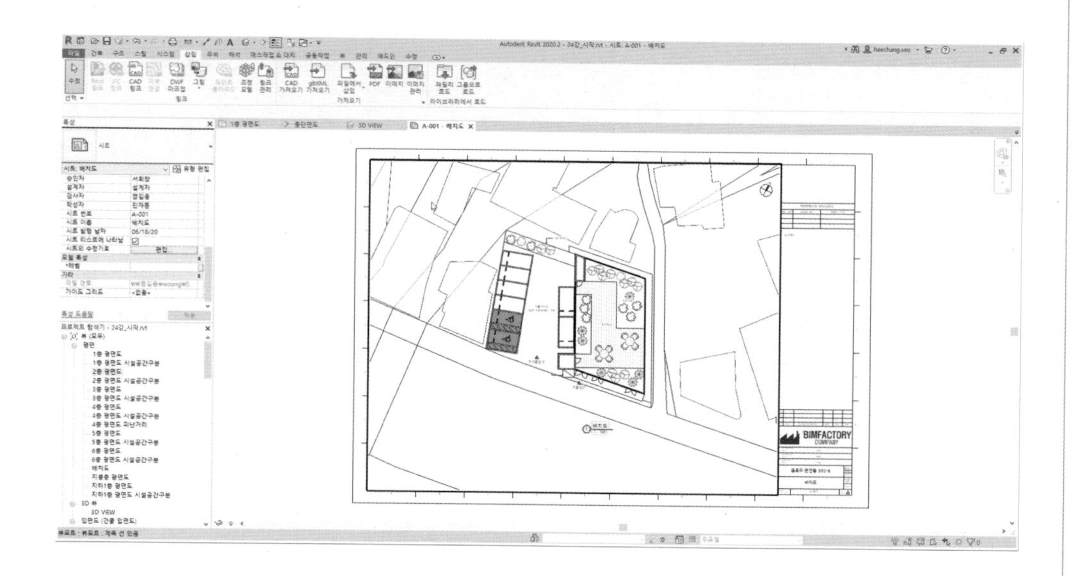

13 앞에서 설명한 시트에 도면 배치 방법을 사용하여 모든 도면을 배치하겠습니다.

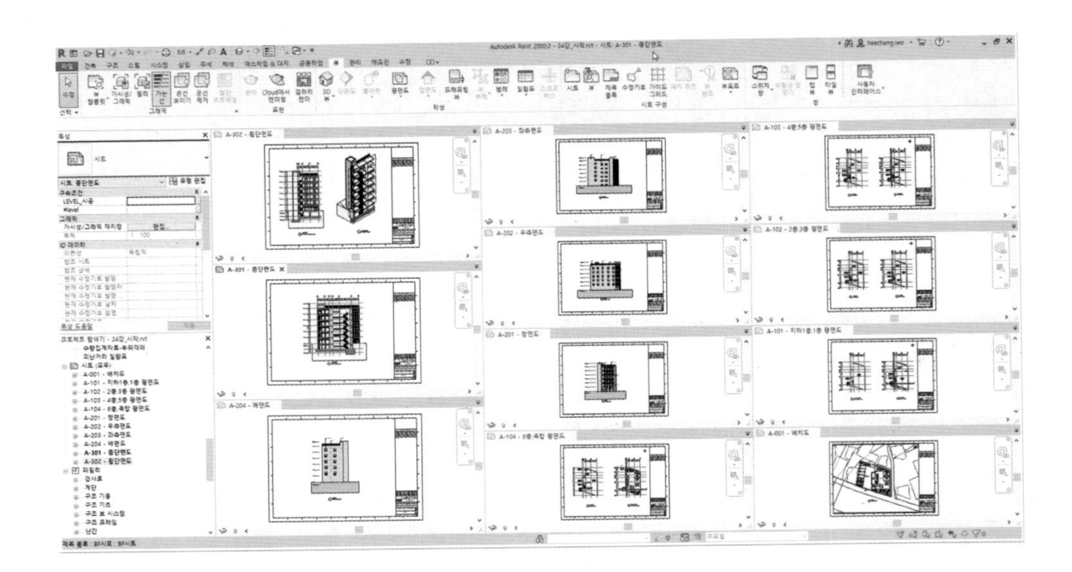

- 한솔아카데미 자료실 www.bestbook.co.kr
- BIMer 온라인커뮤니티 https://blog.naver.com/bimfactory

memo

BIMFACTORY
COMPANY

제 25 편

시각화

시각화

Section

25

시각화

시각화

25강에서는 카메라, 보행시선 등의 기능을 사용하여 BIM결과보고서의 'BIM 활용 결과' 에 사용될 이미지, 동영상, 태양 경로 등을 작성하는 방법에 대하여 학습하겠습니다.
카메라 및 보행시선 성과물은 작업자에 따라 품질이 상이할 수 있기 때문에 반복학습을 통해 활용 능력을 키우시기를 바랍니다.

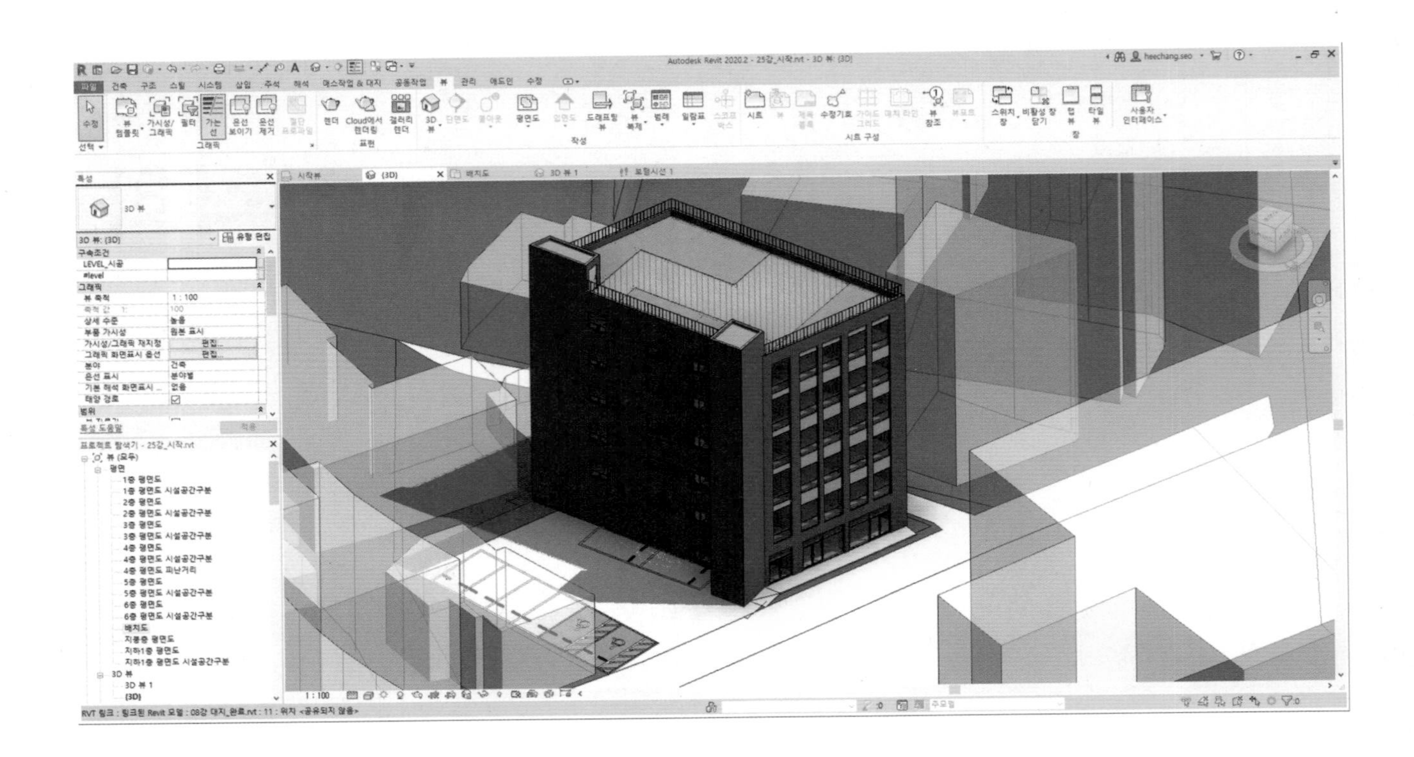

POINT

- 이미지 작성하기
- 동영상 작성하기
- 태양 경로, 그림자를 켜고 일조 분석하기

chapter 01

이미지 작성

1 Revit을 실행합니다.
모델 창 [열기] 클릭 ➡ ₩예제파일₩25강₩25강_시작.rvt를 선택하고 [열기]를 클릭합니다.

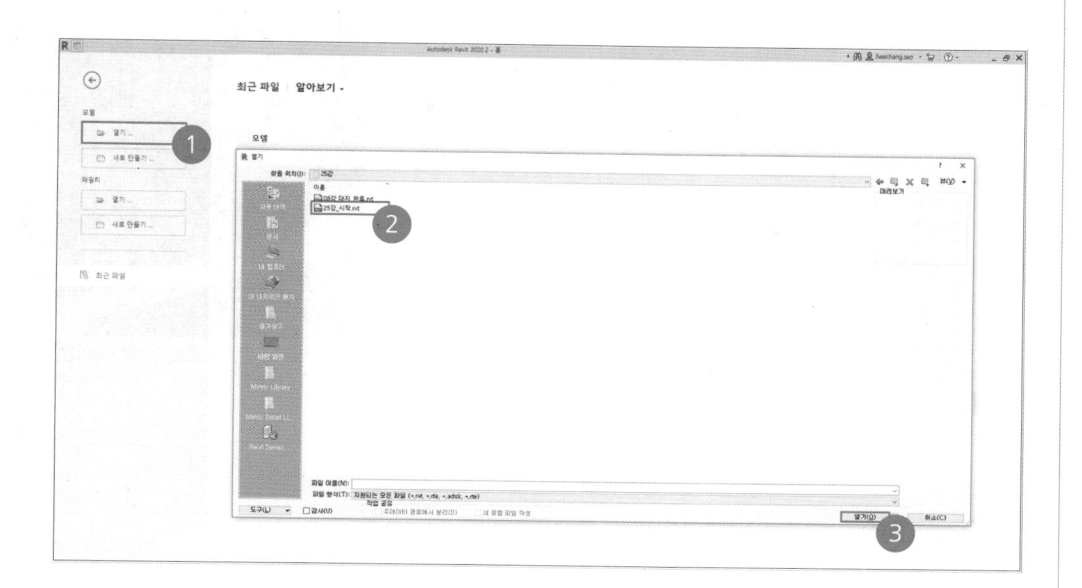

Tip

템플릿 설정

옵션 → 파일위치에서 기본 템플릿 파일을 변경하면, 사용자가 원하는 설정값이 저장되어 있는 기본 템플릿을 활용하여 프로젝트를 시작할 수 있습니다.

2 3D뷰를 열고 [삽입] ➡ [Revit링크]를 클릭합니다. '08강 대지_완료.rvt' 를 선택합니다. '위치 : 자동 - 프로젝트 기준점을 프로젝트 기준점으로' 를 선택하고 [열기]를 클릭합니다.

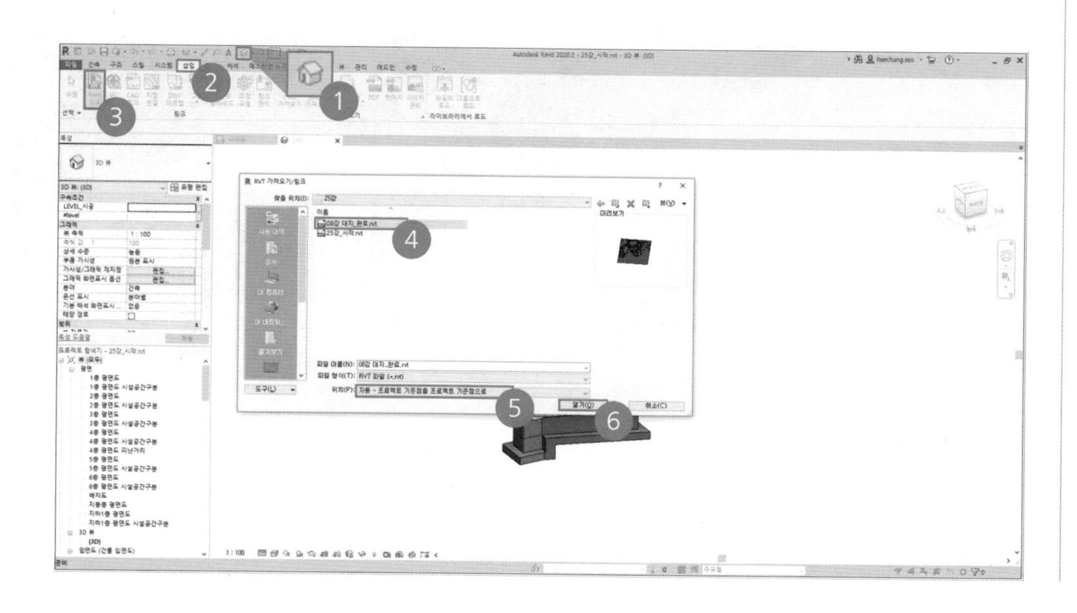

3 [뷰] ➡ [가시성/그래픽]을 클릭하고 모델 카테고리에서 '매스' 체크하고 [확인]을 클릭합니다.

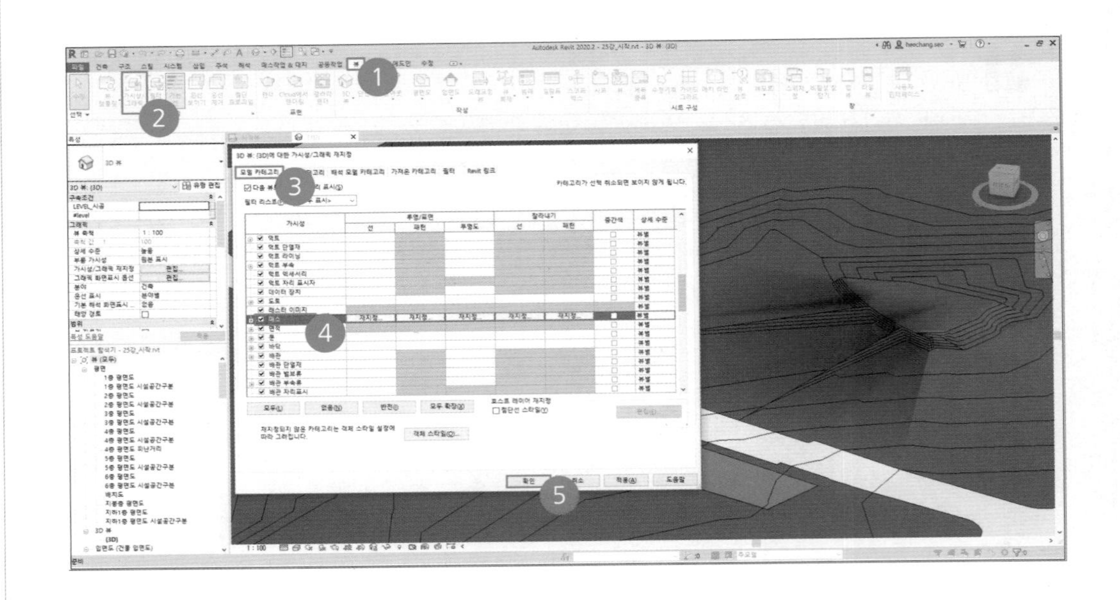

4 불필요한 매스를 삭제합니다.

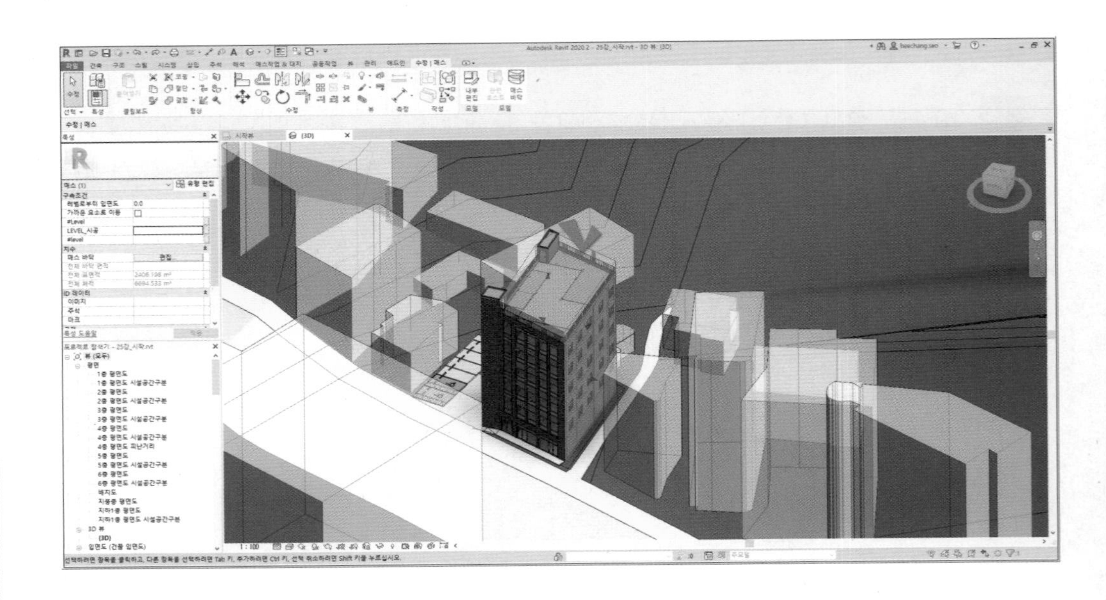

5 '배치도' 에서 [뷰] ➡ [3D 뷰] ➡ [카메라]를 클릭합니다.

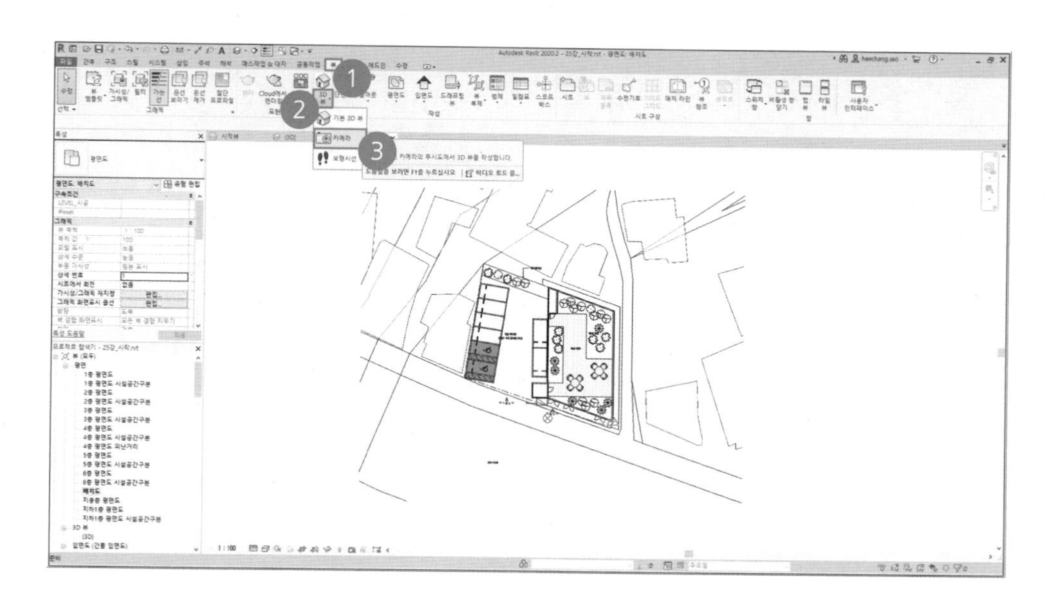

6 먼저 카메라의 위치를 클릭하고, 초점방향을 클릭합니다.

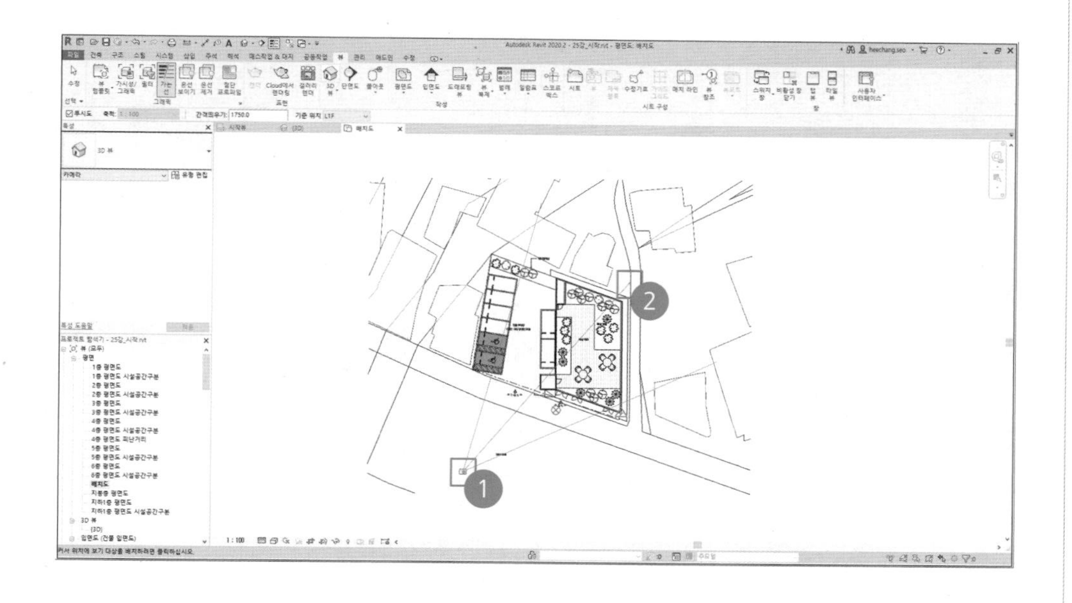

7 표시된 부분의 점을 드래그하여 뷰를 조절합니다.

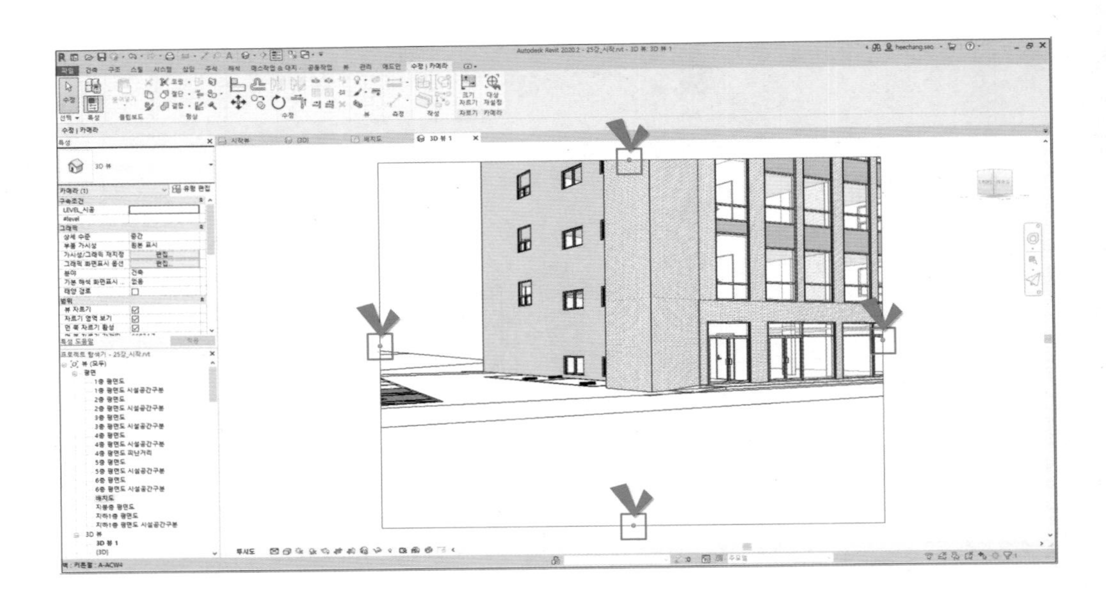

8 뷰를 조절하였습니다.

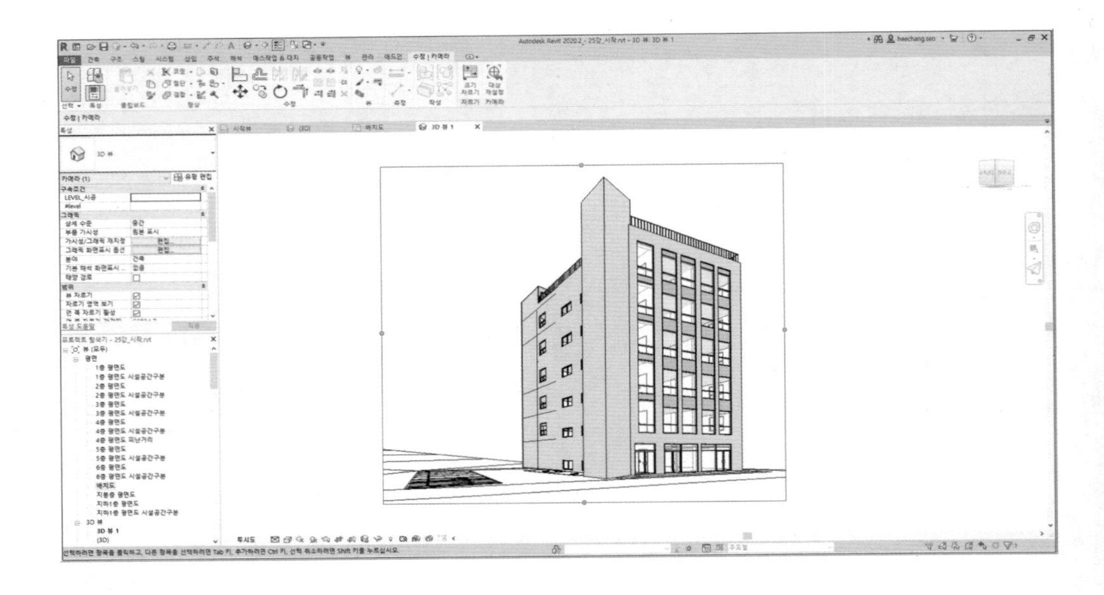

9 [뷰] ➡ [가시성/그래픽]을 클릭하고 모델 카테고리에서 '매스' 체크하고 [확인]을 클릭합니다.

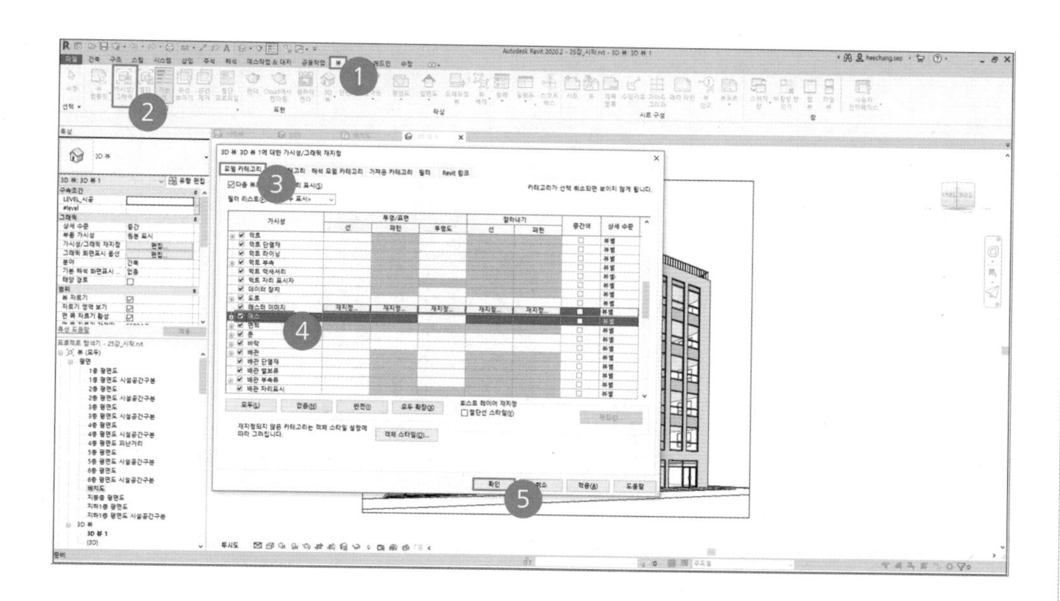

10 비주얼 스타일을 '색상 일치'로 설정합니다.

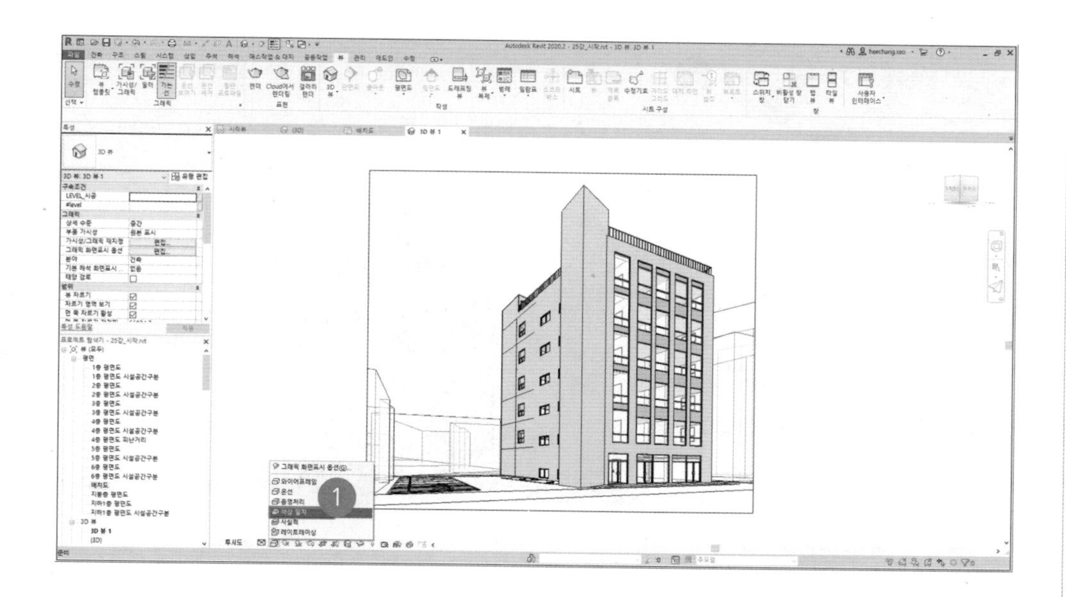

11 카메라 뷰를 작성했습니다.

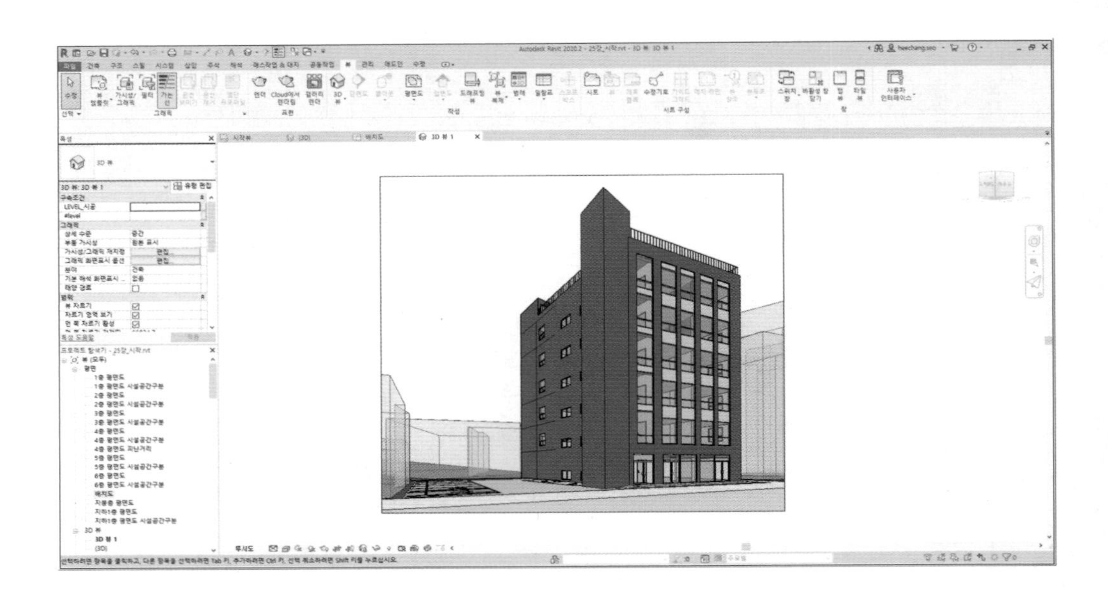

12 [뷰] ➡ [렌더]를 클릭하여 뷰를 렌더링 할 수 있습니다. 품질, 조명 등을 설정하고 [렌더]를 클릭합니다.

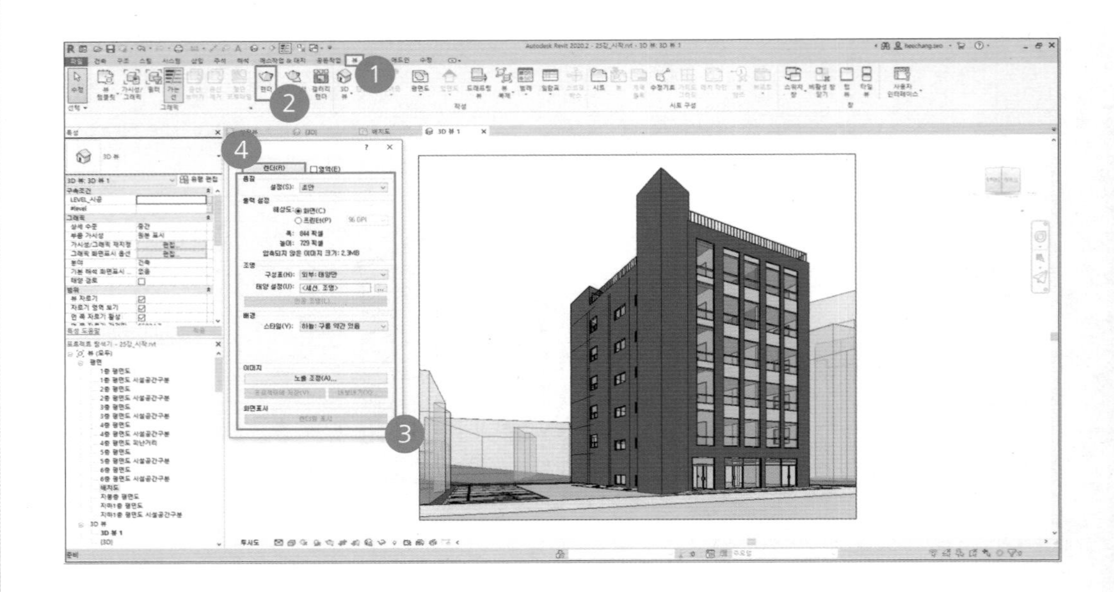

13 렌더링 진행률창이 생성되면서 렌더링이 시작됩니다. 렌더링 시 다른 그래픽 작업을 진행할 경우 소요시간이 늘어날 수 있습니다.

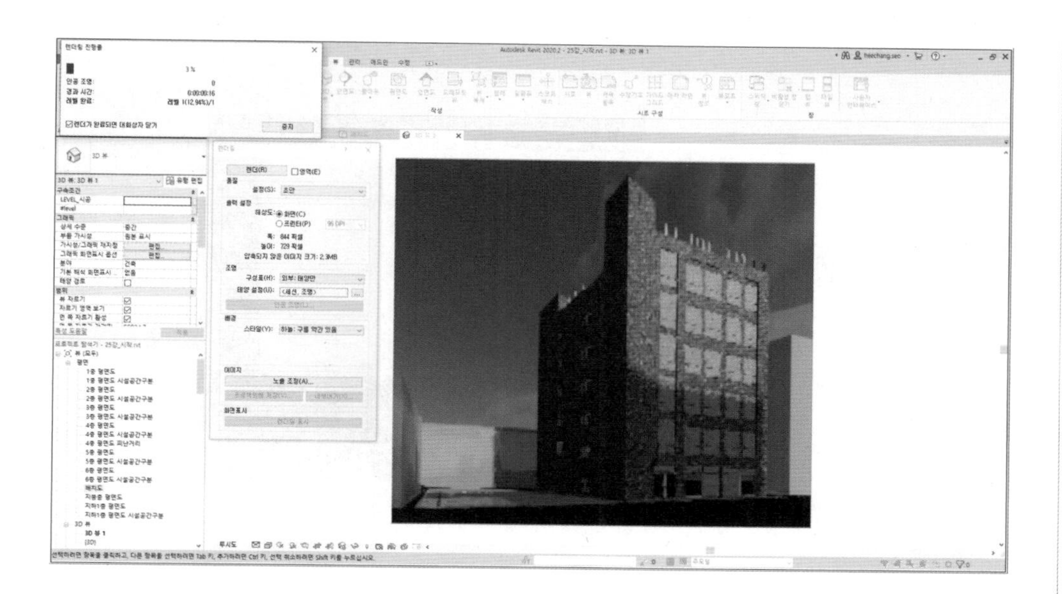

14 렌더링이 완료되면 [내보내기]를 클릭하여 이미지를 저장할 수 있습니다.

15 저장 위치를 설정하고 [저장]을 클릭합니다.

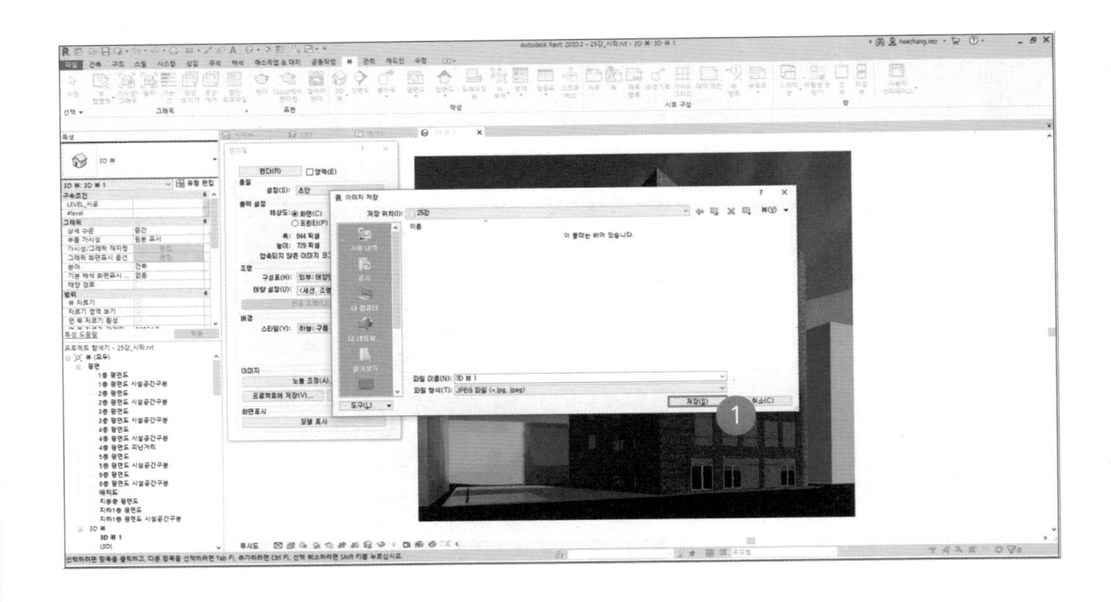

16 설정한 저장경로에 저장된 이미지를 확인할 수 있습니다.

17 렌더링을 하지 않고 [내보내기]를 사용하여 이미지를 저장할 수도 있습니다. [파일] ➡ [내보내기] ➡ [이미지 및 동영상] ➡ [이미지]를 클릭합니다. 저장 위치, 이미지 크기 및 형식 등을 설정한 후 [확인]을 클릭합니다.

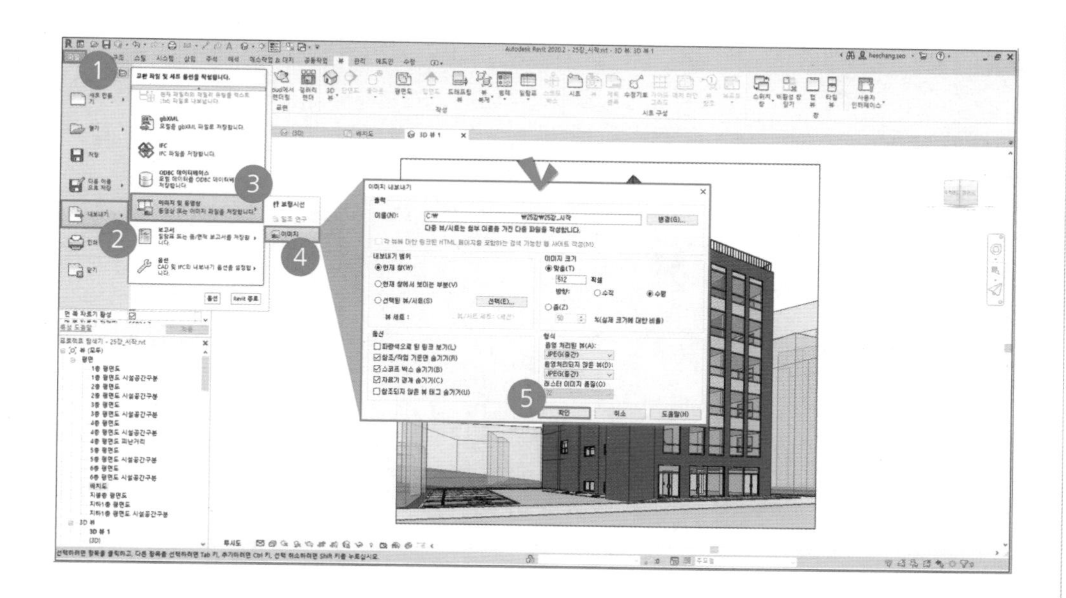

18 설정한 저장경로에 저장된 이미지를 확인할 수 있습니다.

chapter 02 동영상 작성

1 '배치도' 에서 [뷰] ➡ [3D 뷰] ➡ [보행시선]을 클릭합니다.

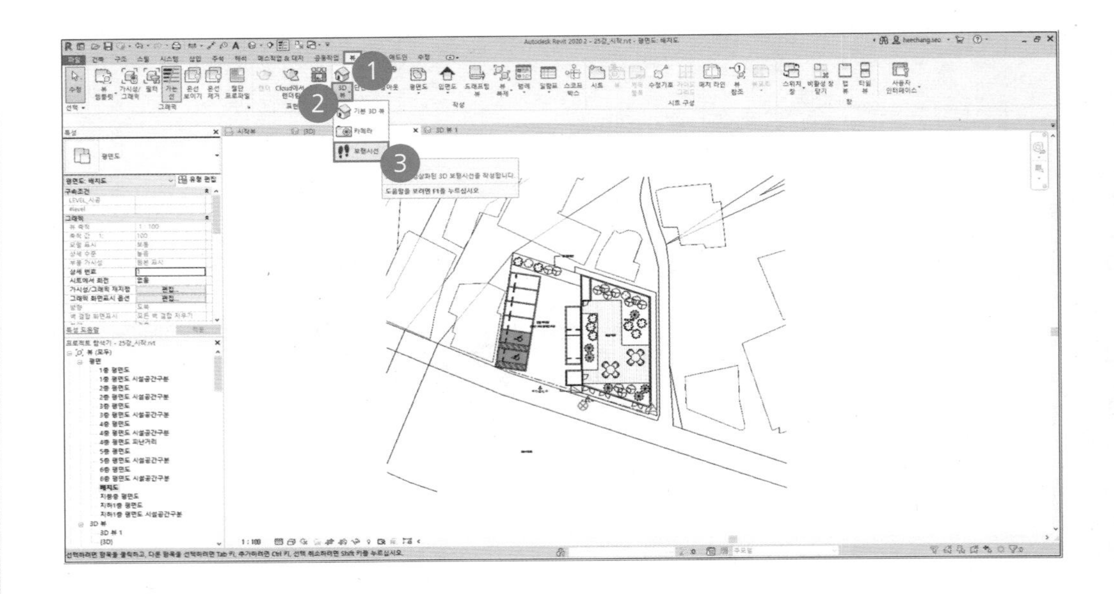

2 원하는 경로를 따라 클릭하며 보행시선의 경로를 작성하고 [보행시선 완료]를 클릭합니다. (본 교제에서는 아래에 표시된 부분을 클릭하여 작성했습니다.)

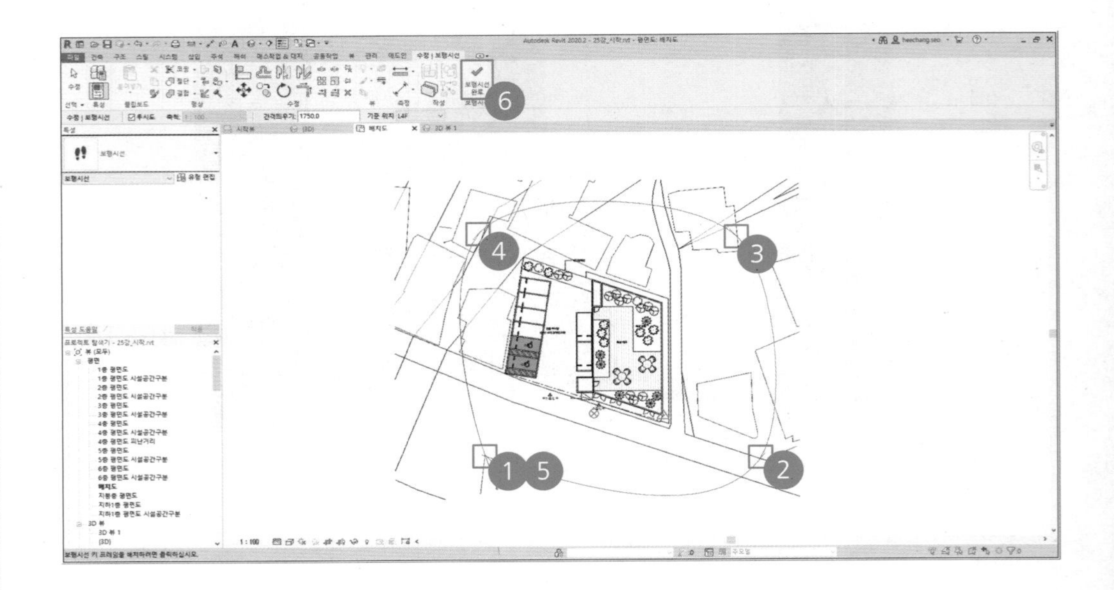

3 보행시선 경로를 선택하고 [보행시선 편집]을 클릭합니다.

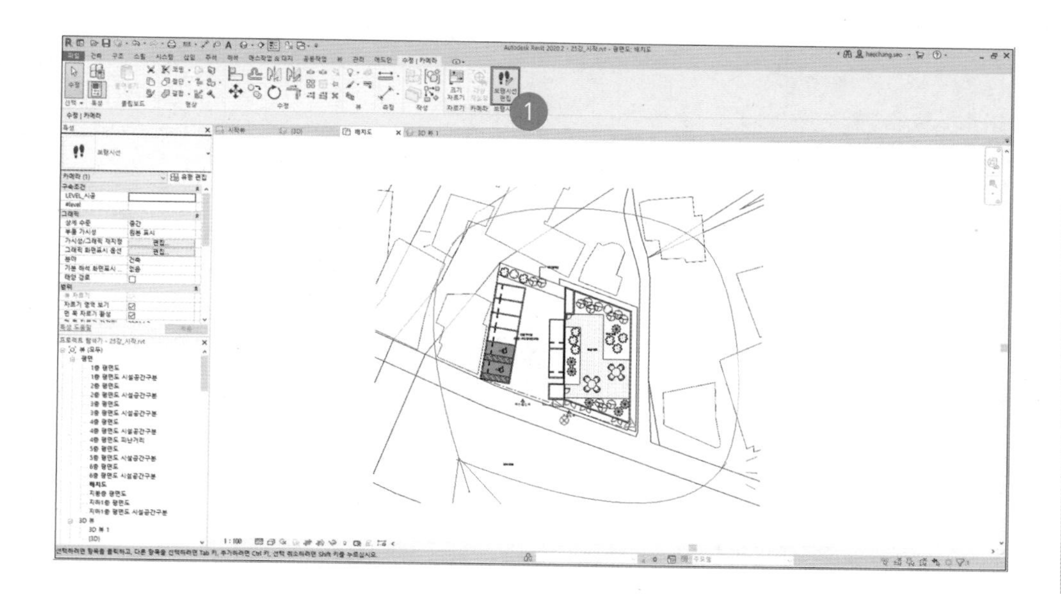

4 평면뷰에 표시된 카메라의 초점위치를 건물쪽으로 돌려줍니다.

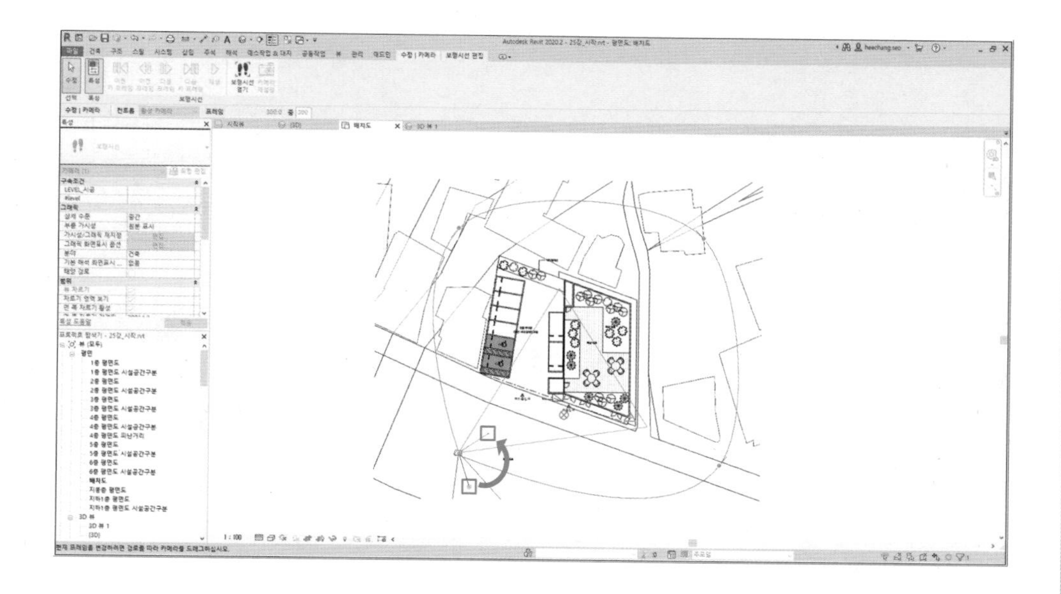

5 [이전 키 프레임]을 클릭합니다.

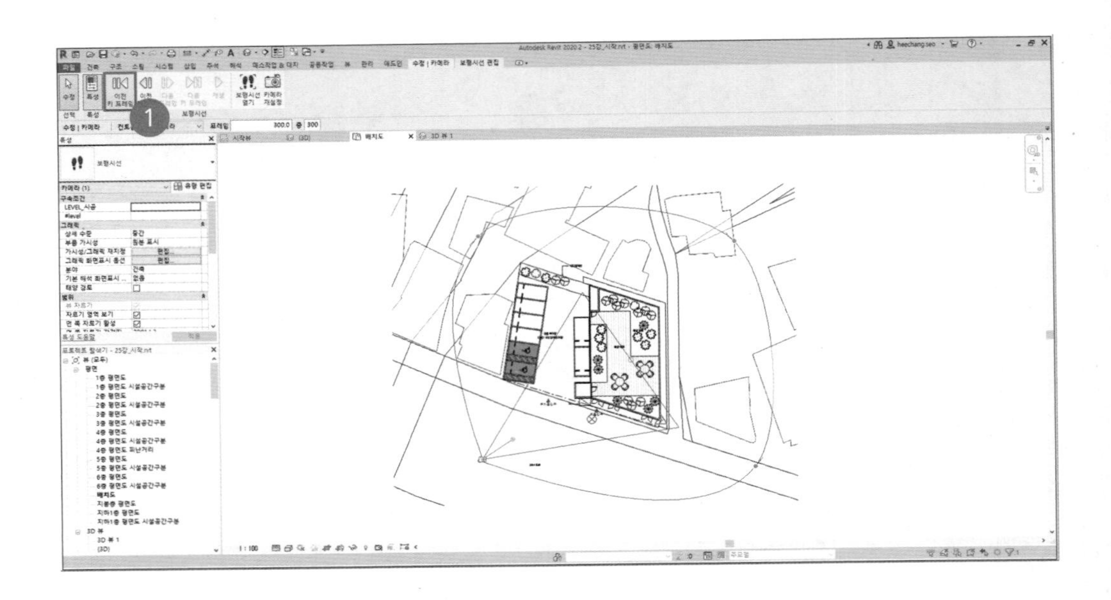

6 해당 키 프레임의 초점도 건물 방향으로 돌려주고, [이전 키 프레임]을 클릭하고 초점 방향을 돌리는 것을 [이전 키 프레임] 아이콘이 비활성화 될 때 까지 반복합니다.

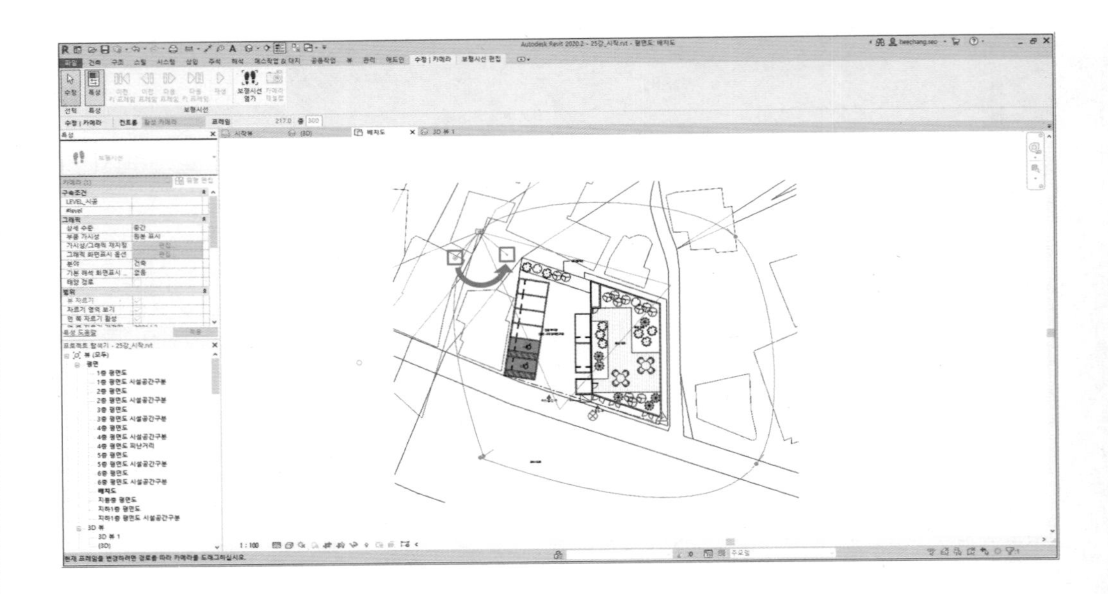

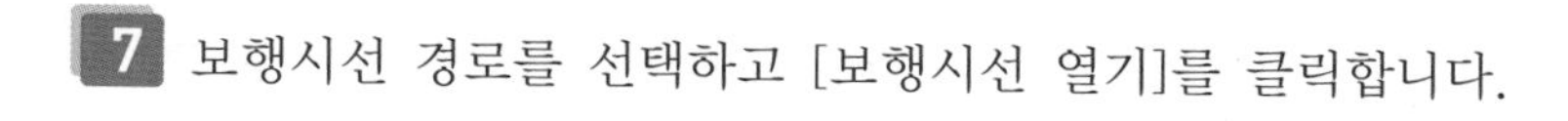

7 보행시선 경로를 선택하고 [보행시선 열기]를 클릭합니다.

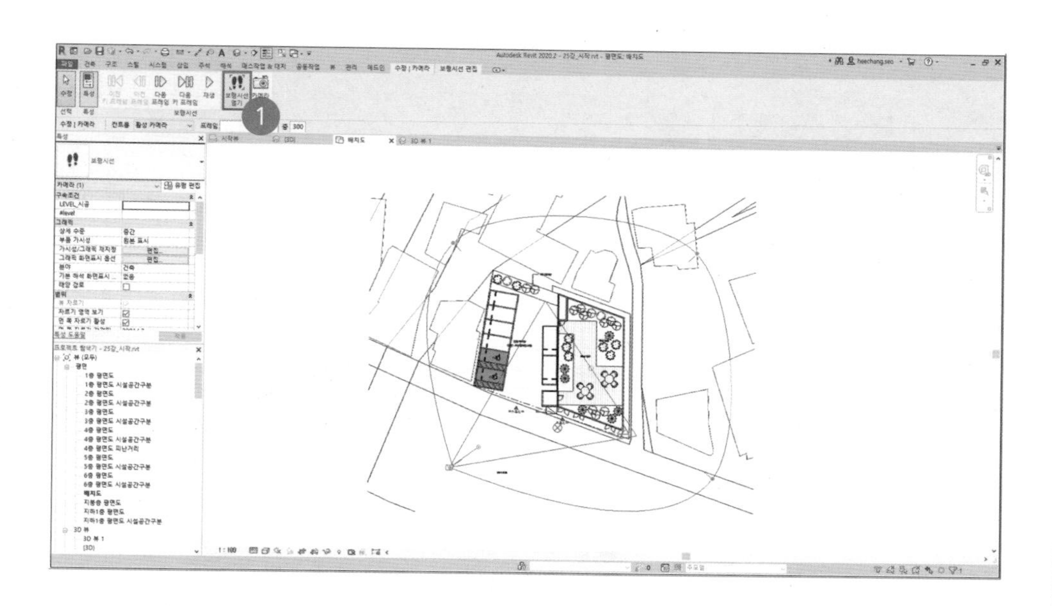

8 '보행시선 1' 뷰가 열리면 비주얼 스타일을 '색상 일치'로 변경하고, 특성창에서 '먼 쪽 자르기 활성'을 체크 해제합니다. 건물을 전체적으로 볼 수 있도록 뷰의 테두리를 조절합니다.

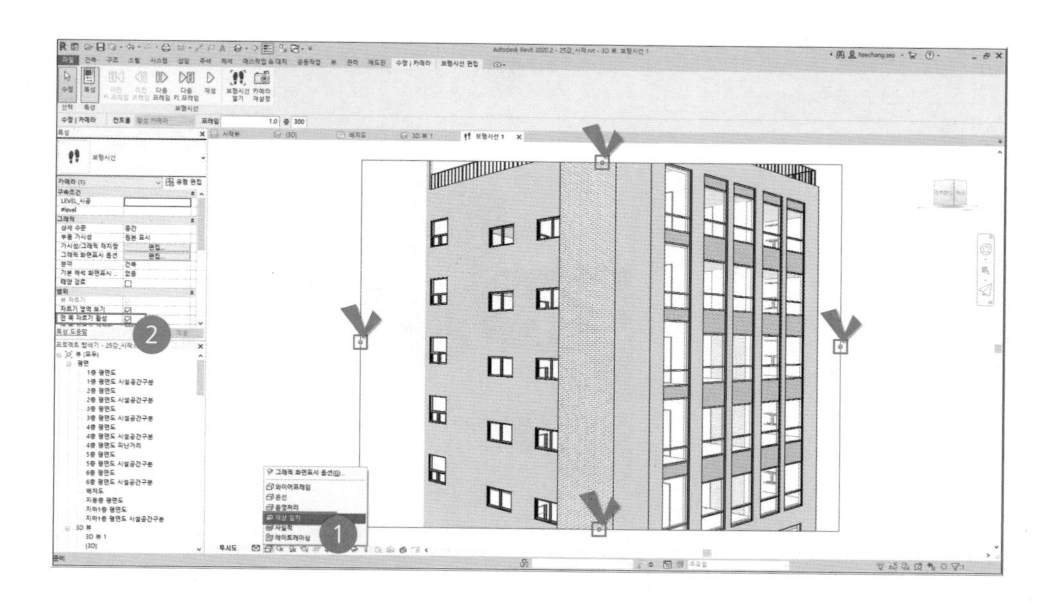

9 [뷰] ➡ [가시성/그래픽]을 클릭합니다. '모델 카테고리'에서 '매스'에 체크하고 [확인]을 클릭합니다.

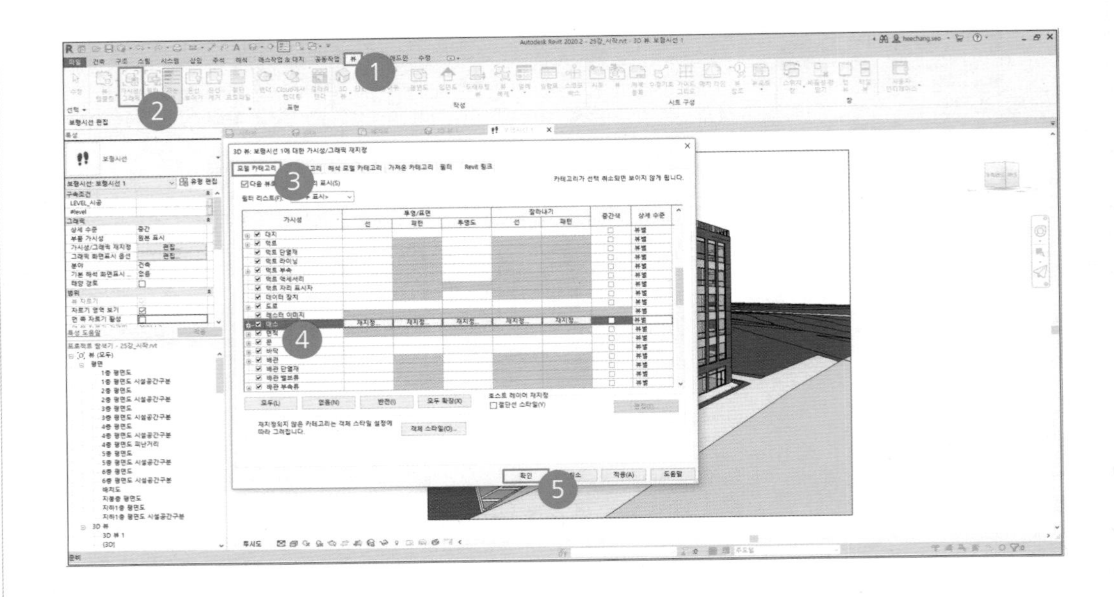

10 뷰의 테두리를 선택하고 [보행시선 편집]을 클릭합니다.

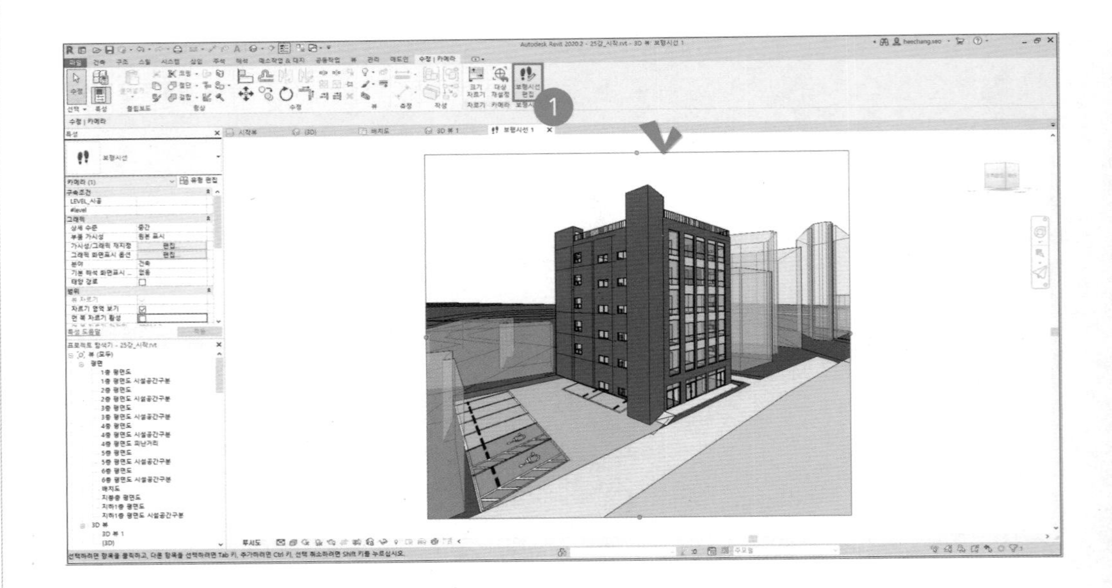

11 [재생]을 클릭하면 작성된 보행시선의 경로에 따라 이동하는 영상을 확인할 수 있습니다.

12 보행시선의 프레임을 조절하기 위해 표시된 [300]을 클릭합니다. '총 프레임 : 1350' 을 입력하고 [확인]을 클릭합니다.

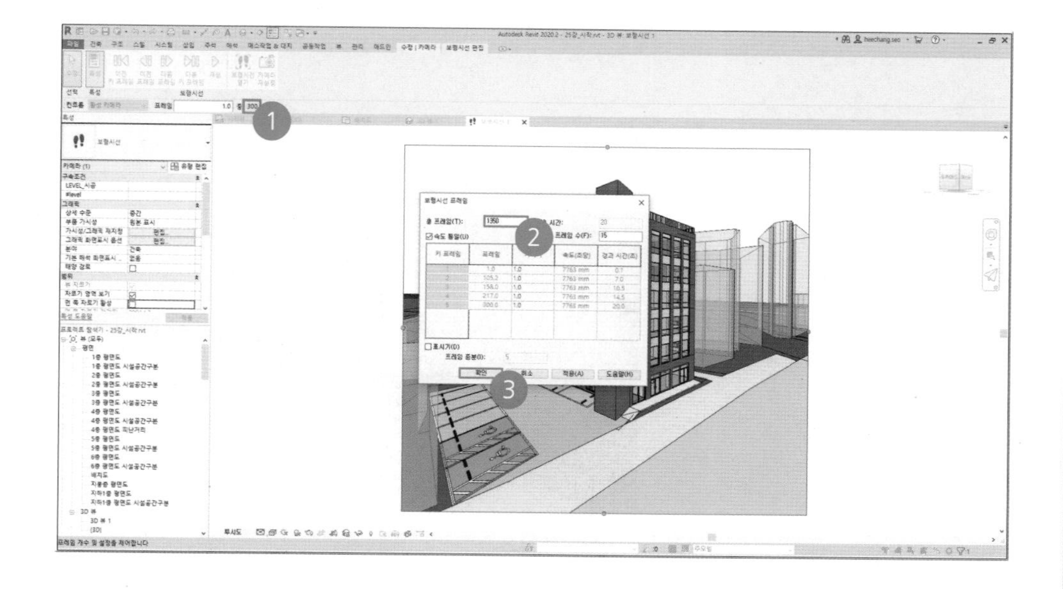

13 작성된 보행시선을 동영상으로 내보내기 위해서 [파일] ➡ [내보내기] ➡ [이미지 및 동영상] ➡ [보행시선]을 클릭합니다.

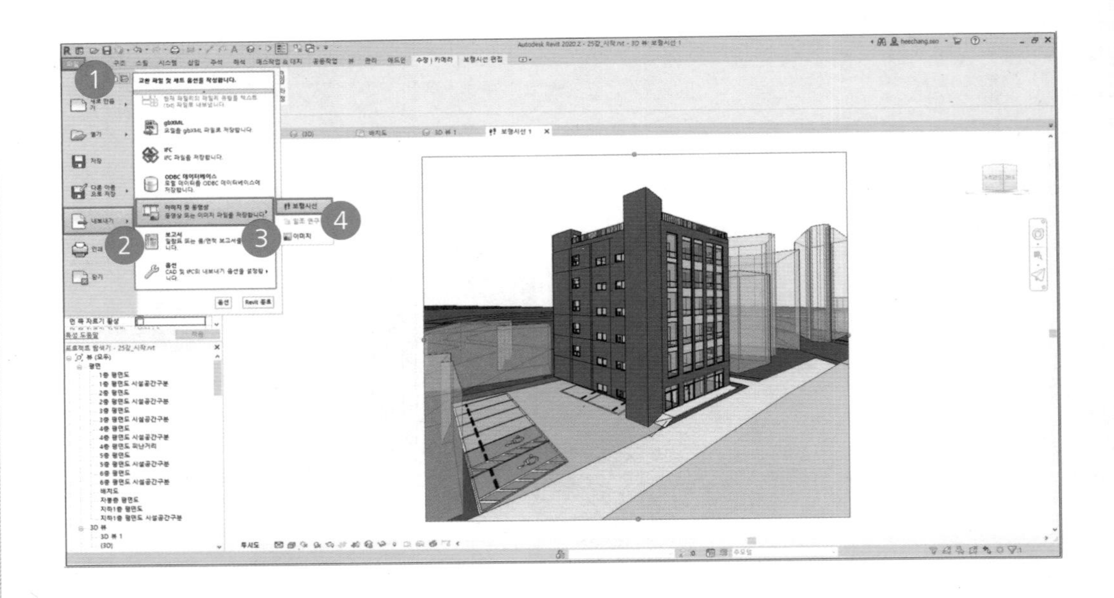

14 표시된 부분의 설정을 확인하고, [확인]을 클릭합니다. 본 교제에서는 '모든 프레임', '초당 프레임 수 : 15', '비주얼 스타일 : 색상 일치', '치수 : 3000, 2671' 로 설정하였습니다.

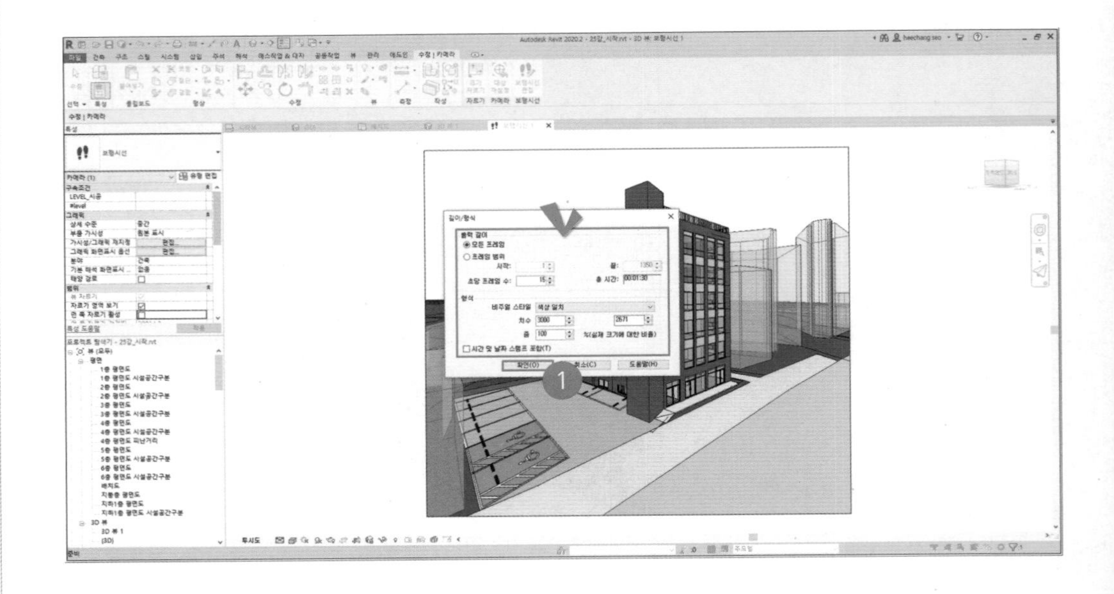

15 저장경로, 파일 이름을 설정하고 [저장]을 클릭합니다.

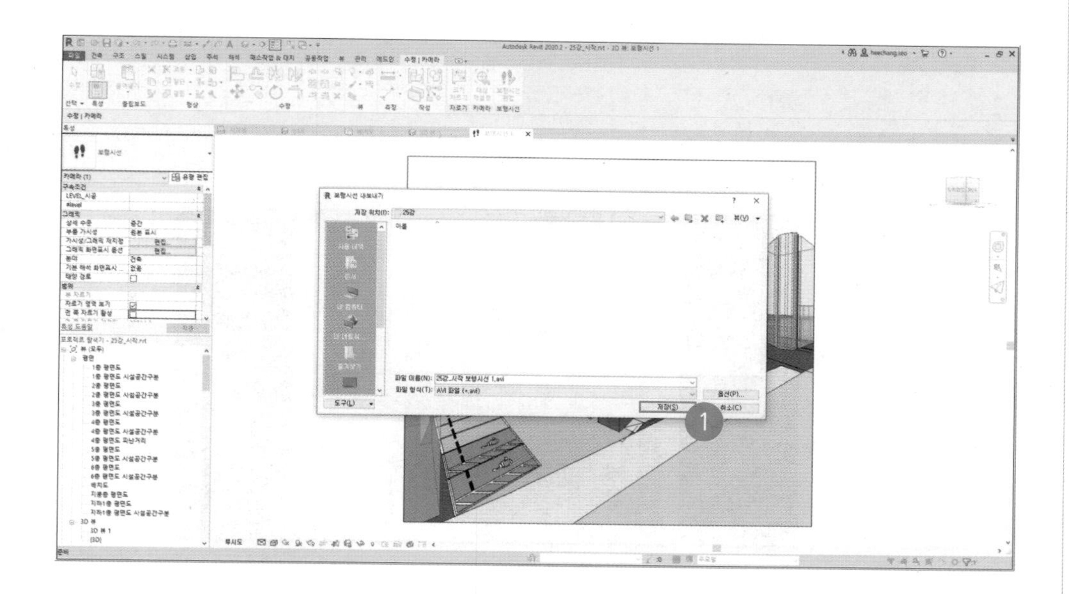

16 '압축 프로그램 : Microsoft Video 1' 을 선택하고 [확인]을 클릭합니다.

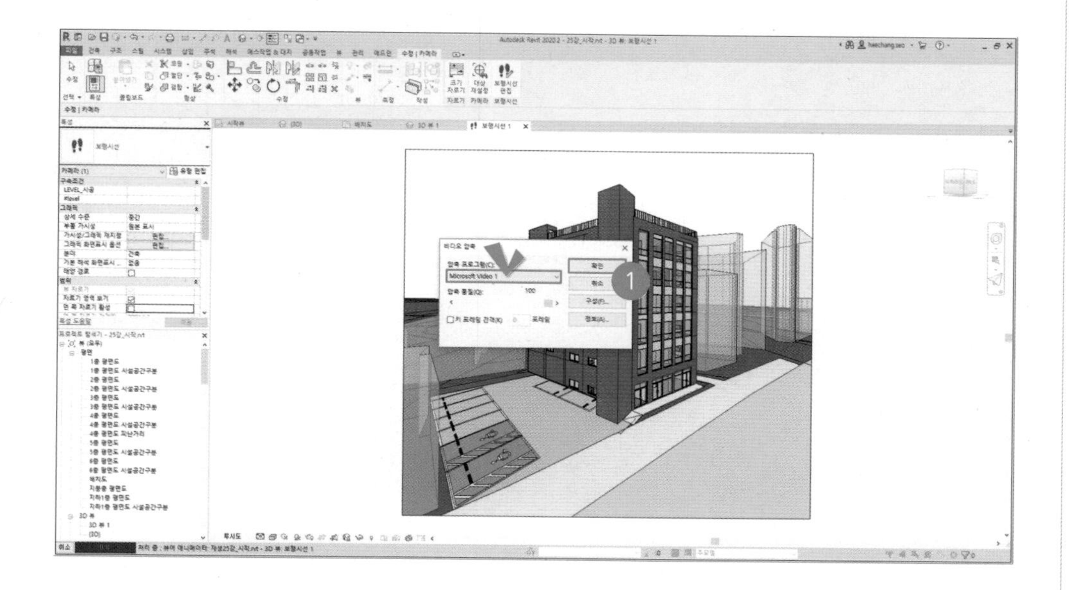

17 내보내기가 완료되면 지정했던 경로에 생성된 보행시선 동영상을 확인할 수 있습니다.

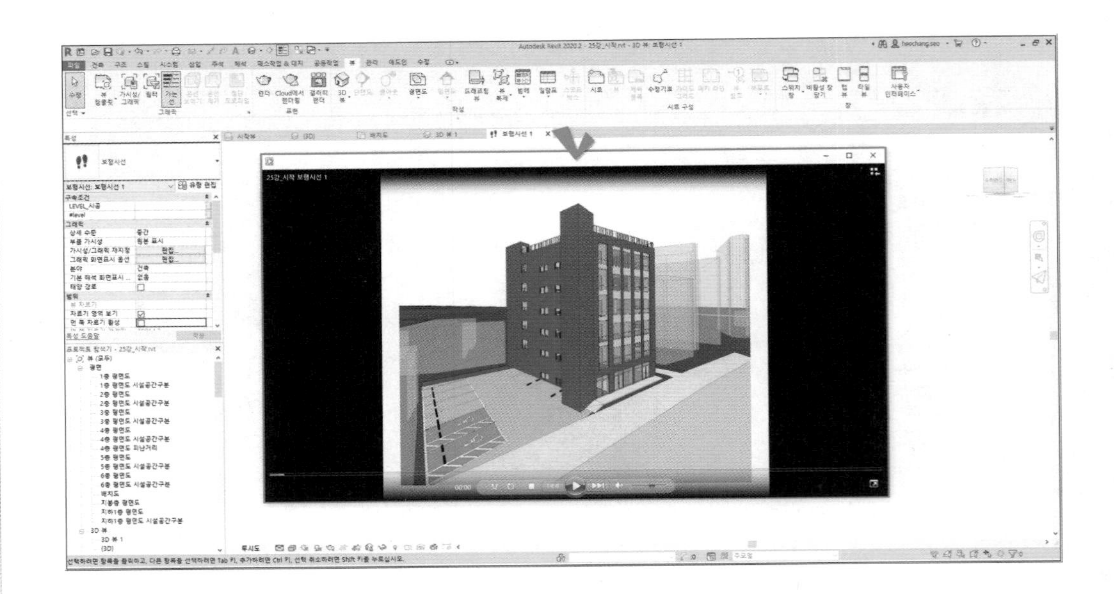

chapter 03 일조 분석

1 '3D 뷰' 에서 [태양 경로 켜기]를 선택합니다.

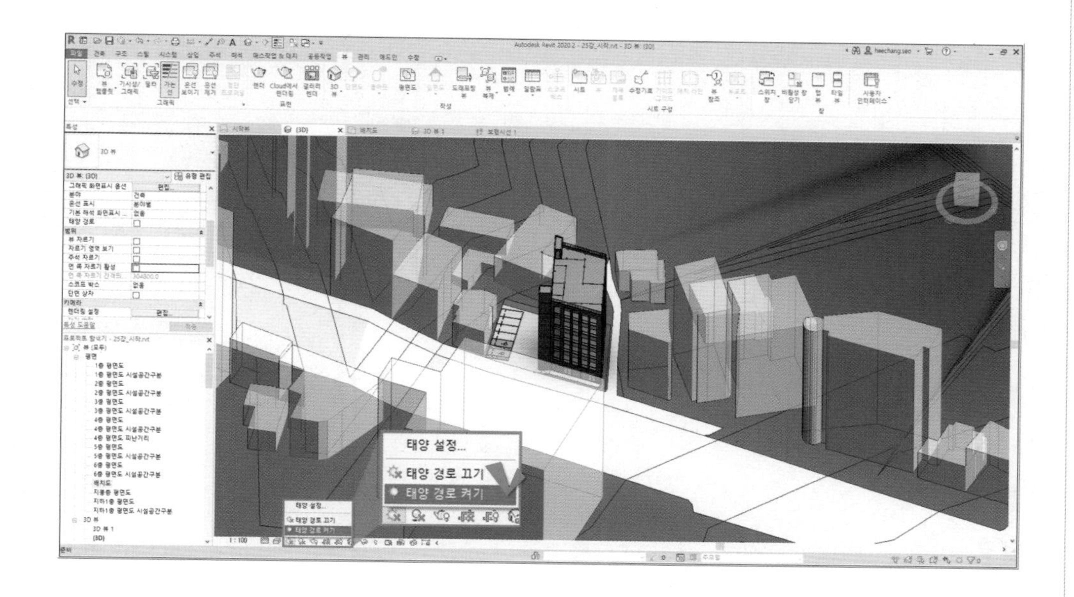

2 '지정된 프로젝트 위치, 날짜 및 시간을 대신 사용합니다.' 를 선택합니다.

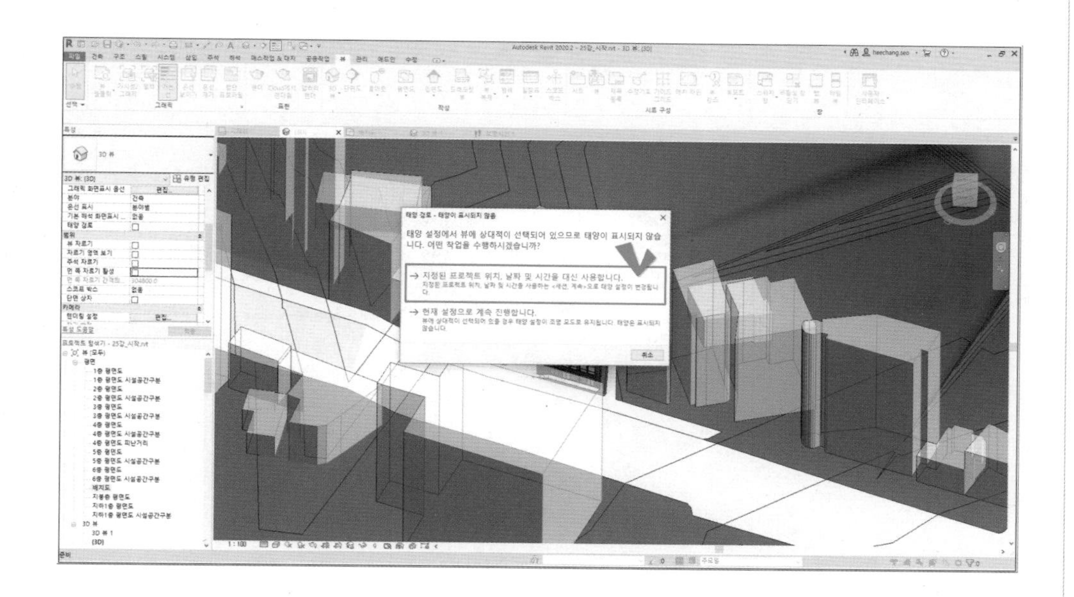

3 태양 경로가 나타나면 특성창에서 '태양 경로 크기 : 100' 으로 설정합니다.

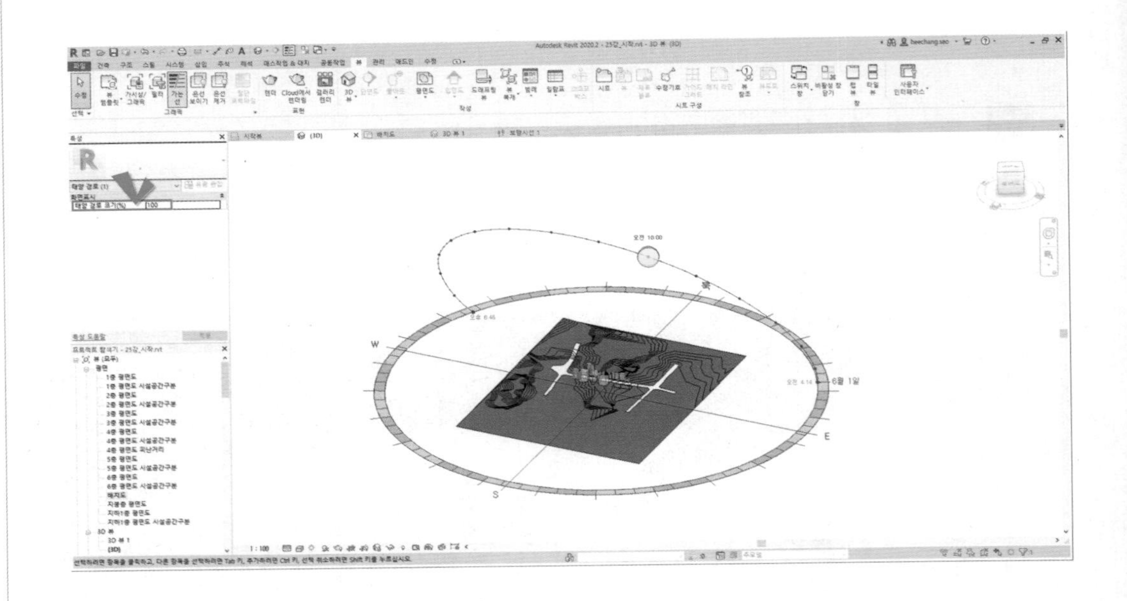

4 표시된 부분의 '태양 설정' 을 클릭하면 위치, 날짜 등 태양과 관련된 설정을 할 수 있습니다.

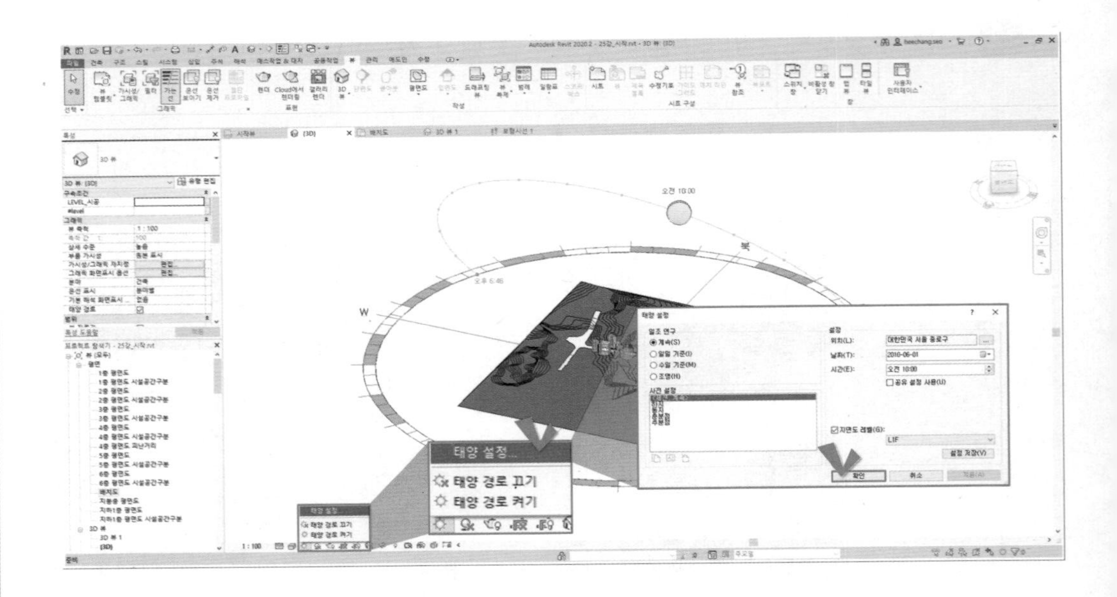

5 '3D 뷰' 에 표시된 태양을 드래그하여 태양의 위치를 조절할 수 있습니다.

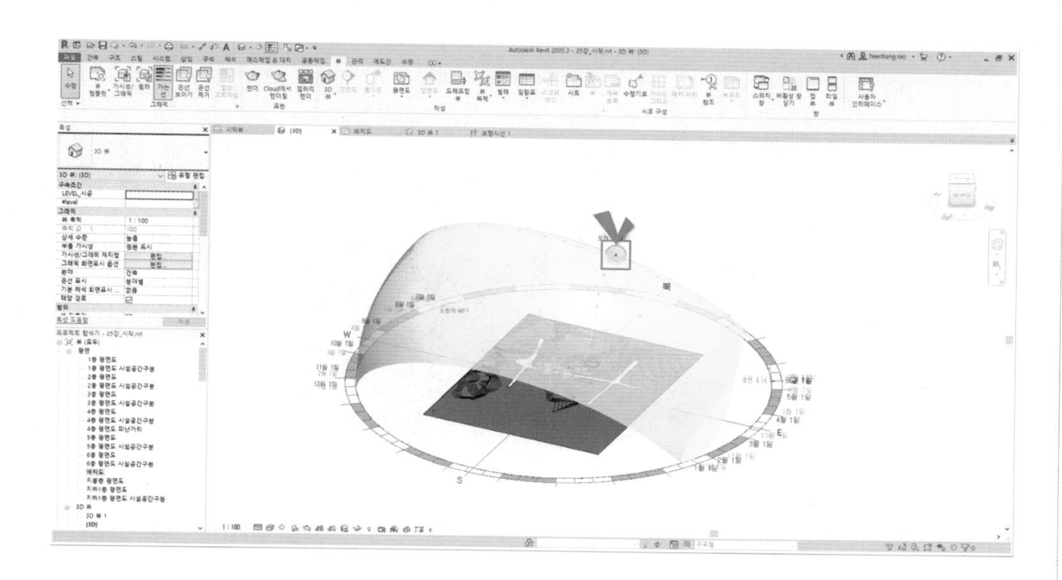

6 표시된 부분을 클릭하여 그림자를 켜고 끌 수 있습니다.

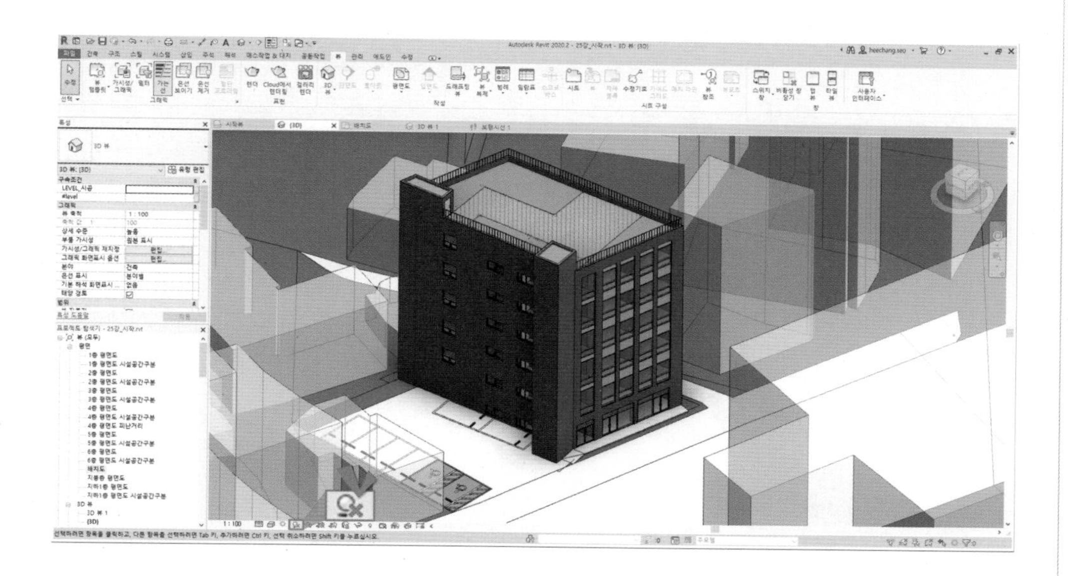

7 설정된 태양에 따라 생성된 그림자를 확인할 수 있습니다.

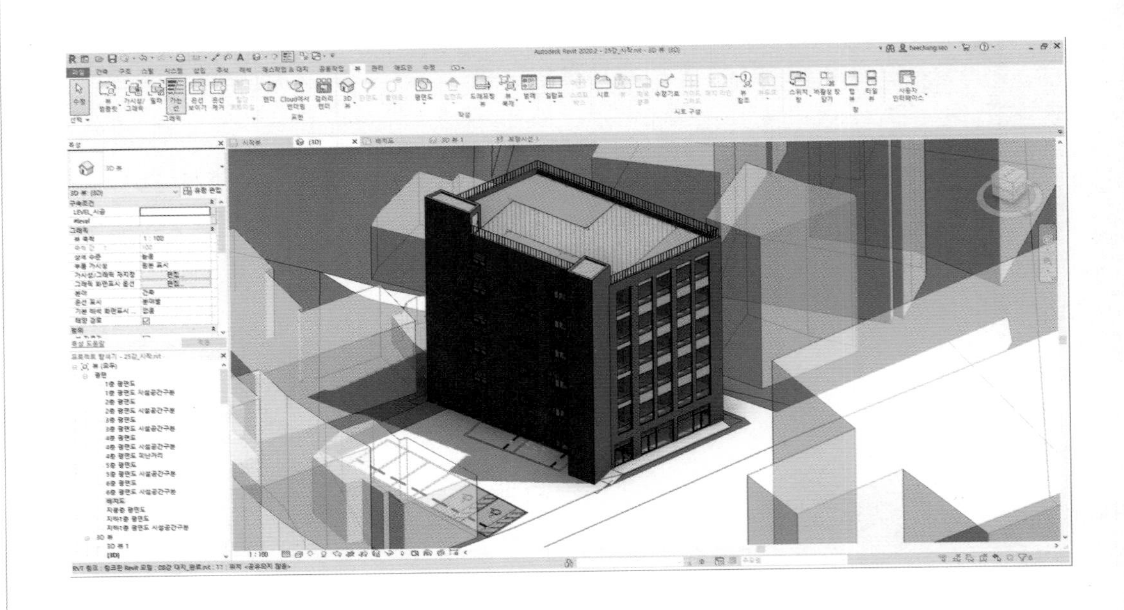

- 한솔아카데미 자료실 www.bestbook.co.kr
- BIMer 온라인커뮤니티 https://blog.naver.com/bimfactory

memo

BIMFACTORY
COMPANY

제 26 편

Revit
결과 보고서

Revit 결과 보고서

26강에서는 시설사업 BIM 적용 기본지침서 V2.0의 부속서-4 BIM 결과보고서 표준 템플릿에 따라 사업 개요, 적용기준, 결과 분석, 수행 환경, 데이터 작성 결과, 활용 결과, 데이터 활용방안, 성과품, 및 책임과 권리 등을 작성하는 방법에 대해 학습하도록 하겠습니다. 다만. 지침서에서는 작성사례를 설명하고 있기 때문에 실제 BIM 프로젝트 수행 시 현장 상황을 고려하여 세부항목 및 내용을 작성해야 합니다.

종로구 연건동 187 신축사업
(계획설계)

BIM 결과보고서

2020. 00. 00

1. BIM 사업개요

1.1 사업개요

-본 사업의 개요 및 BIM 적용 설계단계는 다음과 같다

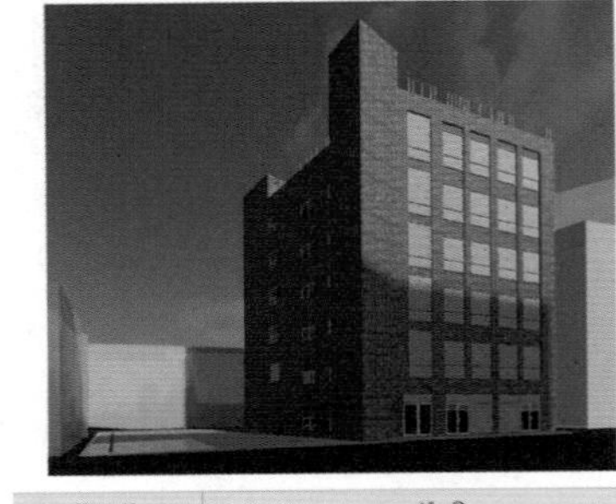

구 분	내 용
사 업 명	종로구 연건동 187 신축공사
BIM 적용 설계단계	계획설계
사업규모	연면적 : 33,924.71㎡ 지상6층/지하1층
수행기간	2020.05.01 ~ 2020.08.27
용역 수행사	비아이엠 팩토리
용역 협력사	B I M : 비아이엠 팩토리

1

BIM 결과보고서 목차

POINT

- BIM 적용 기본지침서 V2.0의 "부속서-4 BIM 결과보고서 표준 템플릿" 활용하기
- 계획단계 BIM 결과보고서 만들기
- 최종 성과물 만들기

chapter 01 BIM 사업개요

1 BIM 결과보고서 메인 페이지는 프로젝트 이름과 설계 단계 및 제출 날짜를 기입하고 계획설계 단계의 결과보고서 목차를 작성 합니다.

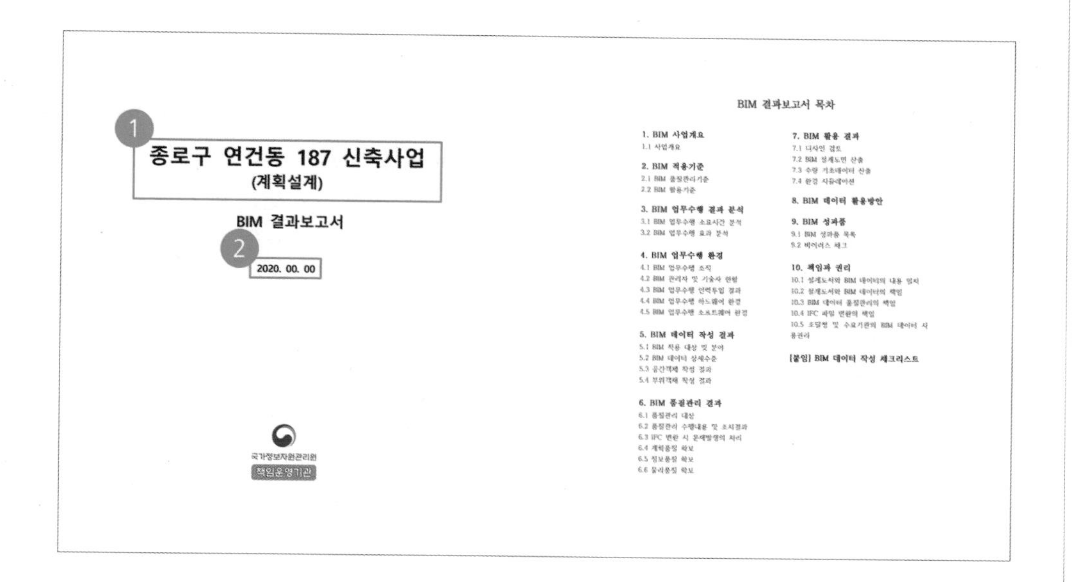

BIM 결과보고서 목차

2 사업 개요에서는 프로젝트를 대표하는 조감도를 넣어주고 사업명, 적용단계, 사업규모, 수행기간, 용역 수행사, 및 용역 협력사를 작성합니다.

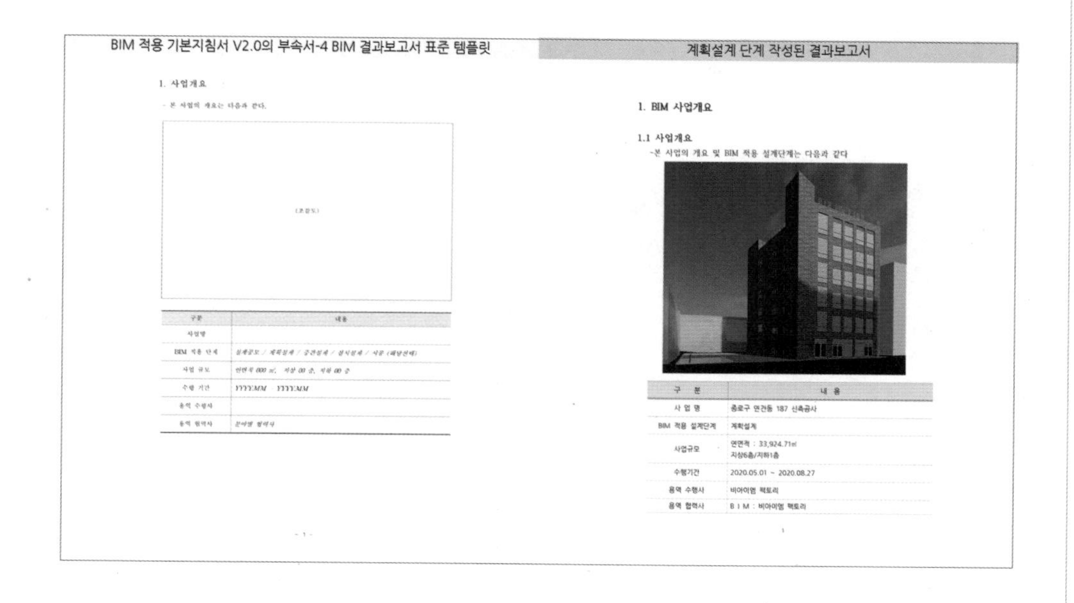

BIM 적용 기본지침서 V2.0의 부속서-4 BIM 결과보고서 표준 템플릿

1. 사업개요

- 본 사업의 개요는 다음과 같다.

(조감도)

구분	내용
사업명	
BIM 적용 단계	설계공모 / 계획설계 / 중간설계 / 실시설계 / 시공 (해당선택)
사업 규모	연면적 000 ㎡, 지상 00 층, 지하 00 층
수행 기간	YYYY.MM ~ YYYY.MM
용역 수행사	
용역 협력사	분야별 협력사

- 1 -

계획설계 단계 작성된 결과보고서

1. BIM 사업개요

1.1 사업개요

-본 사업의 개요 및 BIM 적용 설계단계는 다음과 같다

구 분	내 용
사 업 명	종로구 연건동 187 신축공사
BIM 적용 설계단계	계획설계
사업규모	연면적 : 33,924.71㎡ 지상6층/지하1층
수행기간	2020.05.01 ~ 2020.08.27
용역 수행사	비아이엠 팩토리
용역 협력사	B I M : 비아이엠 팩토리

1

Tip

프로젝트 개요와 프로젝트 정보

패밀리(F): 시스템 패밀리: 프로젝트 정보

유형(T):

인스턴스 매개변수 - 선택된 인스턴스 또는 작성될 인스턴스를 제어합니다.

매개변수	값
[illegible]	BIMFACTRY
[illegible]	BIMFACTRY
[illegible]	BIMFACTRY
프로젝트 발행 날짜	2020.04
프로젝트 상태	계획설계
클라이언트 이름	조달청
프로젝트 이름	종로구 연건동 187 프로젝트
프로젝트 번호	BF-0001
프로젝트 용도	상업시설

확인 취소

프로젝트 개요와 프로젝트 정보는 동일한 정보를 작성해야 합니다.

chapter 02 BIM 적용기준

1 BIM 적용기준에서는 계획설계 단계의 품질관리 기준 및 활용기준에 대해서 작성을 합니다.

품질 관리기준 : 계획품질, 정보품질, 물리품질 등

활용기준 : 디자인검토, 도면 산출, 기초데이터 산출, 환경 시뮬레이션 등

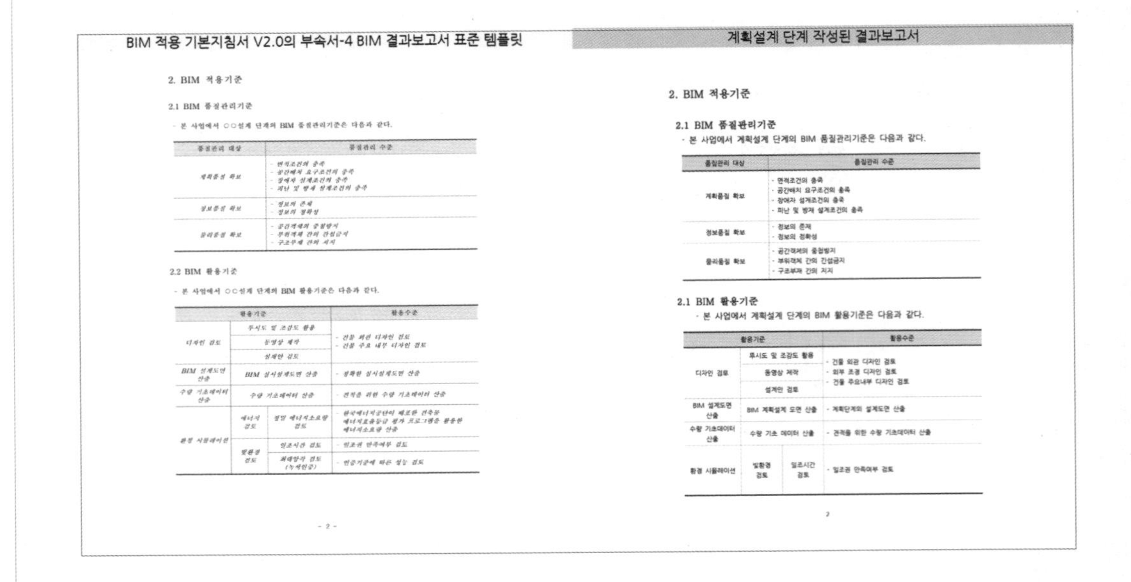

BIM 적용 기본지침서 V2.0의 부속서-4 BIM 결과보고서 표준 템플릿

2. BIM 적용기준

2.1 BIM 품질관리기준

- 본 사업에서 ○○설계 단계의 BIM 품질관리기준은 다음과 같다.

품질관리 대상	품질관리 수준
계획품질 확보	- 면적조건의 충족 - 공간배치 요구조건의 충족 - 장애자 설계조건의 충족 - 피난 및 방재 설계조건의 충족
정보품질 확보	- 정보의 존재 - 정보의 정확성
물리품질 확보	- 공간객체의 중첩방지 - 부위객체 간의 간섭금지 - 구조부재 간의 지지

2.2 BIM 활용기준

- 본 사업에서 ○○설계 단계의 BIM 활용기준은 다음과 같다.

활용기준			활용수준
디자인 검토	투시도 및 조감도 활용		- 건물 외관 디자인 검토 - 건물 주요 내부 디자인 검토
	동영상 제작		
	설계안 검토		
BIM 설계도면 산출	BIM 실시설계도면 산출		- 정확한 실시설계도면 산출
수량 기초데이터 산출	수량 기초데이터 산출		- 견적을 위한 수량 기초데이터 산출
환경 시뮬레이션	에너지 검토	정밀 에너지소요량 검토	- 한국에너지공단이 배포한 건축물 에너지효율등급 평가 프로그램을 활용한 에너지소요량 산출
	빛환경 검토	일조시간 검토	- 일조권 만족여부 검토
		최대향각 검토 (녹색인증)	- 인증기준에 따른 성능 검토

- 2 -

계획설계 단계 작성된 결과보고서

2. BIM 적용기준

2.1 BIM 품질관리기준

- 본 사업에서 계획설계 단계의 BIM 품질관리기준은 다음과 같다.

품질관리 대상	품질관리 수준
계획품질 확보	- 면적조건의 충족 - 공간배치 요구조건의 충족 - 장애자 설계조건의 충족 - 피난 및 방재 설계조건의 충족
정보품질 확보	- 정보의 존재 - 정보의 정확성
물리품질 확보	- 공간객체의 중첩방지 - 부위객체 간의 간섭금지 - 구조부재 간의 지지

2.1 BIM 활용기준

- 본 사업에서 계획설계 단계의 BIM 활용기준은 다음과 같다.

활용기준			활용수준
디자인 검토	투시도 및 조감도 활용		- 건물 외관 디자인 검토 - 외부 조경 디자인 검토 - 건물 주요내부 디자인 검토
	동영상 제작		
	설계안 검토		
BIM 설계도면 산출	BIM 계획설계 도면 산출		- 계획단계의 설계도면 산출
수량 기초데이터 산출	수량 기초 데이터 산출		- 견적을 위한 수량 기초데이터 산출
환경 시뮬레이션	빛환경 검토	일조시간 검토	- 일조권 만족여부 검토

2

chapter 03 BIM 업무수행 결과 분석

1 BIM 업무수행결과 분석 작성을 위해 분류(세분류), 수행건수 및 소요시간 비율을 작성합니다.

BIM 적용 기본지침서 V2.0의 부속서-4 BIM 결과보고서 표준 템플릿

3. BIM 업무수행 결과 분석

3.1 BIM 업무수행 소요시간 분석

- 본 사업에서 BIM 업무수행 소요시간은 다음과 같다.

분류	세분류	수행건수 등	소요시간 비율
모델링	공간 BIM 모델링		
	구조 BIM 모델링		
	건축 BIM 모델링		
	기계 BIM 모델링		
	전기 BIM 모델링		
	토목 BIM 모델링		
	조경 BIM 모델링		
	...		
BIM 품질관리	계획품질 확보		
	정보품질 확보		
	물리품질 확보		
	...		
BIM 활용	투시도 및 조감도 활용		
	동영상 제작		
	설계도면 산출		
	수량 기초데이터 산출		
	에너지 검토 : 계약 에너지효율 검토		
	빛환경 검토 : 일조시간 검토		
	...		
보고서 작성	BIM 업무수행계획서 작성		
	BIM 결과보고서 작성		
	...		
...	...		

- 3 -

계획설계 단계 작성된 결과보고서

3. BIM 업무수행 결과 분석

3.1 BIM 업무수행 소요시간 분석

- 본 사업에서 BIM 업무수행 소요시간은 다음과 같다.

분류	세분류	수행건수 등	소요시간 비율
모델링 작성	분야별 모델링 작성	2개 분야	39%
	시설사업 BIM 적용 기본지침서 분석	1건	
품질관리업무	공간설계 품질확보	6개 시설	5%
	설계(디자인) 검토	47 건	
	간섭검토	30 건	
BIM수량 기초데이터 산출	수량 기초데이터 산출대상 부재	19개 부재	2%
	수량 기초데이터의 활용	9 건	
실시설계도면 산출	계획설계 도면 생성	건축 : 11장	45%
	3차원 대상의 표현	1 건	
BIM 에너지 효율 검토	일조 시간 검토	1 건	3%
BIM 성과품 작성	BIM 업무수행계획서 및 결과보고서 작성	2 건	6%
	IFC 파일 작성	4 건	
	이미지 및 동영상 작성	3 건	

3

2 BIM 업무수행 효과 분석 페이지는 실제 BIM 프로젝트를 수행하면서 취득한 의사 결정 지원, 설계도면 산출 및 설계 오류 확인 등에 대한 세부적인 내용을 작성합니다.

BIM 적용 기본지침서 V2.0의 부속서-4 BIM 결과보고서 표준 템플릿

3.2 BIM 업무수행 효과 분석

- 본 사업에서 BIM 업무수행 효과는 다음과 같다.

분류	세분류	소계(건수)	합계(건수)
의사결정 지원	계획품질 검토		
	디자인 검토		
	수량 검토		
	에너지 검토 : 에너지효율 검토		
	빛환경 검토 : 일조시간 검토		
	...		
설계도면 산출	계획설계도면 산출		
	중간설계도면 산출		
	실시설계도면 산출		
	...		
설계오류 확인	부재 간섭		
	구조부재 간의 지지 미흡		
	상이		
	누락		
	불분명		
	미흡		
	...		

- 4 -

계획설계 단계 작성된 결과보고서

3.2 BIM 업무수행 효과 분석

- 본 사업에서 BIM 업무수행 효과는 다음과 같다.

분류	세분류	소계(건수)	합계(건수)
의사 결정 지원	계획품질 검토	2 건	18 건
	디자인 검토	3 건	
	수량 검토	12 건	
	빛환경 검토 : 일조시간 검토	1 건	
설계도면 산출	계획설계도면 산출	11 건	11 건
설계오류 확인	부재 간섭	2 건	11 건
	구조부재 간의지지 미흡	2 건	
	상이	4 건	
	누락	3 건	

4

chapter 04 BIM 업무수행 환경

1 BIM 업무수행 조직도를 작성하여 각각의 업무영역을 작성하고 그에 해당되는 관리자 및 기술자 현황을 기입합니다.

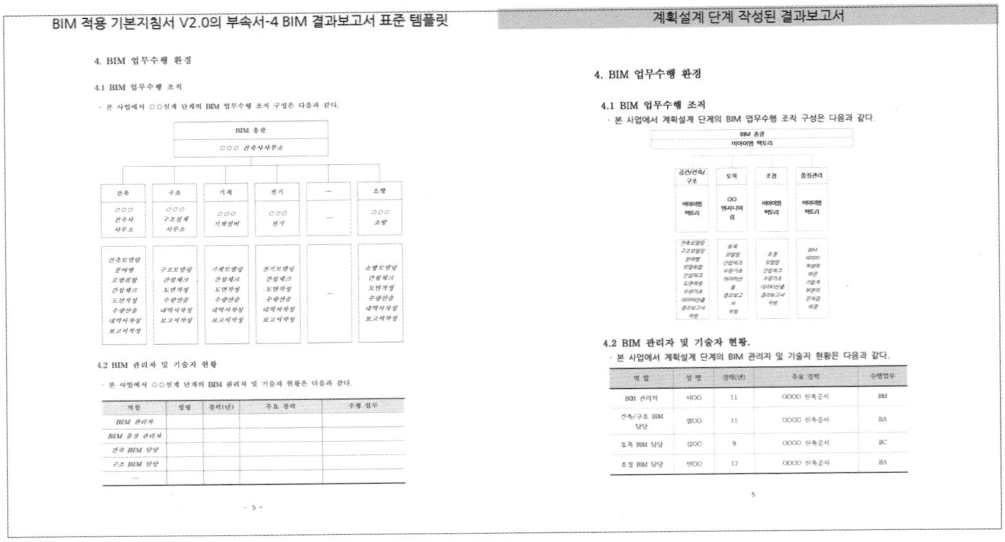

BIM 적용 기본지침서 V2.0의 부속서-4 BIM 결과보고서 표준 템플릿

4. BIM 업무수행 환경

4.1 BIM 업무수행 조직

- 본 사업에서 ○○설계 단계의 BIM 업무수행 조직 구성은 다음과 같다.

BIM 총괄
○○○ 건축사사무소

건축	구조	기계	전기	…	소방
○○○ 건축사 사무소	○○○ 구조설계 사무소	○○○ 기계설비	○○○ 전기	…	○○○ 소방
건축모델링 분야별 모델취합 간섭체크 도면작성 수량산출 내역서작성 보고서작성	구조모델링 간섭체크 도면작성 수량산출 내역서작성 보고서작성	기계모델링 간섭체크 도면작성 수량산출 내역서작성 보고서작성	전기모델링 간섭체크 도면작성 수량산출 내역서작성 보고서작성	…	소방모델링 간섭체크 도면작성 수량산출 내역서작성 보고서작성

4.2 BIM 관리자 및 기술자 현황

- 본 사업에서 ○○설계 단계의 BIM 관리자 및 기술자 현황은 다음과 같다.

역할	성명	경력(년)	주요 경력	수행 업무
BIM 관리자				
BIM 품질 관리자				
건축 BIM 담당				
구조 BIM 담당				
…				

- 5 -

계획설계 단계 작성된 결과보고서

4. BIM 업무수행 환경

4.1 BIM 업무수행 조직

- 본 사업에서 계획설계 단계의 BIM 업무수행 조직 구성은 다음과 같다.

BIM 총괄
비아이엠 팩토리

공간/건축/구조	토목	조경	품질관리
비아이엠 팩토리	OO 엔지니어링	비아이엠 팩토리	비아이엠 팩토리
건축모델링 구조모델링 분야별 모델취합 간섭체크 도면작성 수량기초 데이터산출 결과보고서 작성	토목 모델링 간섭체크 수량기초 데이터산출 결과보고서 작성	조경 모델링 간섭체크 수량기초 데이터산출 결과보고서 작성	BIM 데이터 작성에 따른 기술적 부분의 문제점 해결

4.2 BIM 관리자 및 기술자 현황.

- 본 사업에서 계획설계 단계의 BIM 관리자 및 기술자 현황은 다음과 같다.

역 할	성 명	경력(년)	주요 경력	수행업무
BIM 관리자	서OO	11	OOOO 신축공사	BM
건축/구조 BIM 담당	염OO	11	OOOO 신축공사	BA
토목 BIM 담당	김OO	9	OOOO 신축공사	BC
조경 BIM 담당	허OO	17	OOOO 신축공사	BA

5

2 계획설계 단계의 BIM 업무 담당자와 소속, 인력등급, 투입시간을 기입하여 본 프로젝트에 투입된 인력 정보를 작성합니다.

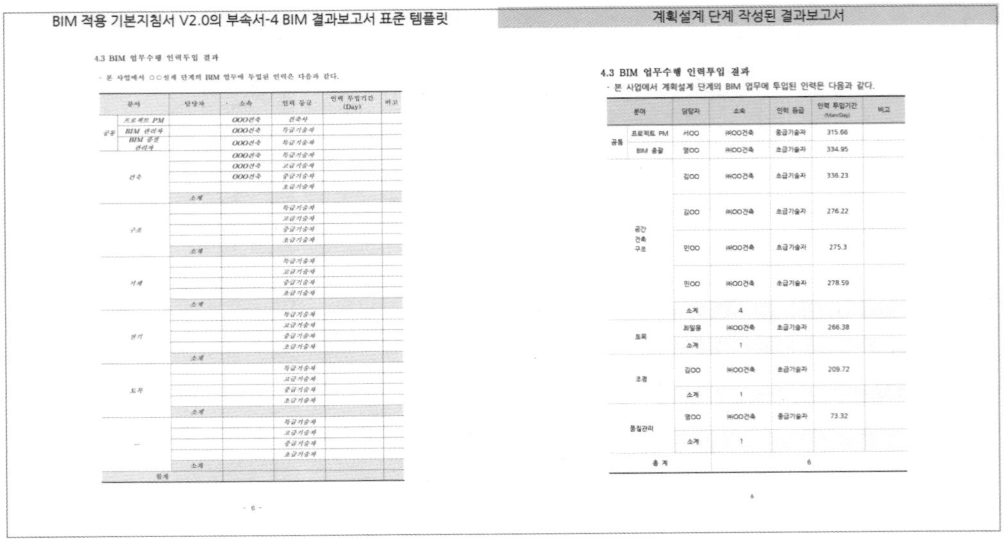

BIM 적용 기본지침서 V2.0의 부속서-4 BIM 결과보고서 표준 템플릿

4.3 BIM 업무수행 인력투입 결과

- 본 사업에서 ○○설계 단계의 BIM 업무에 투입된 인력은 다음과 같다.

분야		담당자	소속	인력 등급	인력 투입기간 (Day)	비고
공동	프로젝트 PM		OOO건축	건축사		
	BIM 관리자		OOO건축	특급기술자		
	BIM 품질 관리자		OOO건축	특급기술자		
건축			OOO건축	특급기술자		
			OOO건축	고급기술자		
			OOO건축	중급기술자		
				초급기술자		
		소계				
구조				특급기술자		
				고급기술자		
				중급기술자		
				초급기술자		
		소계				
기계				특급기술자		
				고급기술자		
				중급기술자		
				초급기술자		
		소계				
전기				특급기술자		
				고급기술자		
				중급기술자		
				초급기술자		
		소계				
토목				특급기술자		
				고급기술자		
				중급기술자		
				초급기술자		
		소계				
…				특급기술자		
				고급기술자		
				중급기술자		
				초급기술자		
		소계				
합계						

- 6 -

계획설계 단계 작성된 결과보고서

4.3 BIM 업무수행 인력투입 결과

- 본 사업에서 계획설계 단계의 BIM 업무에 투입된 인력은 다음과 같다.

분야		담당자	소속	인력 등급	인력 투입기간 (Man/Day)	비고
공통	프로젝트 PM	서OO	㈜OO건축	중급기술자	315.66	
	BIM 총괄	염OO	㈜OO건축	초급기술자	334.95	
공간 건축 구조		김OO	㈜OO건축	초급기술자	336.23	
		김OO	㈜OO건축	초급기술자	276.22	
		민OO	㈜OO건축	초급기술자	275.3	
		민OO	㈜OO건축	초급기술자	278.59	
		소계	4			
토목		최일용	㈜OO건축	초급기술자	266.38	
		소계	1			
조경		김OO	㈜OO건축	초급기술자	209.72	
		소계	1			
품질관리		염OO	㈜OO건축	중급기술자	73.32	
		소계	1			
총 계			6			

6

3 해당 프로젝트 수행하면서 실제 활용된 하드웨어 및 소프트웨어 정보를 입력합니다.

BIM 적용 기본지침서 V2.0의 부속서-4 BIM 결과보고서 표준 템플릿

4.4 BIM 업무수행 하드웨어 환경

- 본 사업에서 ○○설계 단계의 BIM 업무수행 하드웨어 환경은 다음과 같다.

수행 업무	CPU	RAM	그래픽카드	하드디스크	…
모델링					
파일서버					
…					

4.5 BIM 업무수행 소프트웨어 환경

- 본 사업에서 ○○설계 단계의 BIM 업무수행 소프트웨어 환경은 다음과 같다.

수행 업무	소프트웨어 및 버전
전체 모델링	<소프트웨어명> <버전명>
건축/구조 모델링	<소프트웨어명> <버전명>
…	
에너지효율 검토	<소프트웨어명> <버전명>
…	
BIM 품질관리(원본)	<소프트웨어명> <버전명>
BIM 품질관리(IFC)	<소프트웨어명> <버전명>
…	
바이러스 체크	<소프트웨어명> <버전명>

계획설계 단계 작성된 결과보고서

4.4 BIM 수행 하드웨어 환경

- 본 사업에서 계획설계 단계의 BIM 업무수행 하드웨어 환경은 다음과 같다.

용도	CPU	그래픽카드	RAM	하드디스크	비고
BIM 데이터 구축	i7-6700	nvidia GTX 1060 6GB	32GB	250GB SSD 1TB HDD	
파일서버	i7-6700	nvidia GT 710 1GB	8GB	2TB HDD	

4.5 BIM 수행 소프트웨어 환경

- 본 사업에서 계획설계 단계의 BIM 수행 소프트웨어 환경은 다음과 같다.

수행 업무	소프트웨어 버전
공간 모델링	Revit 2020.2
건축 모델링	Revit 2020.2
구조 모델링	Revit 2020.2
토목 모델링	Revit 2020.2
조경 모델링	Revit 2020.2
간섭검토	Revit 2020.2 Navisworks Manage 2017
동영상 및 렌더링	Revit 2020.2
IFC 파일 검토	Solibri Model Viewer
에너지 시뮬레이션	Revit 2020.2

chapter 05 BIM 데이터 작성 결과

Tip

계획 설계 BIM 데이터 상세 수준

BIL 20

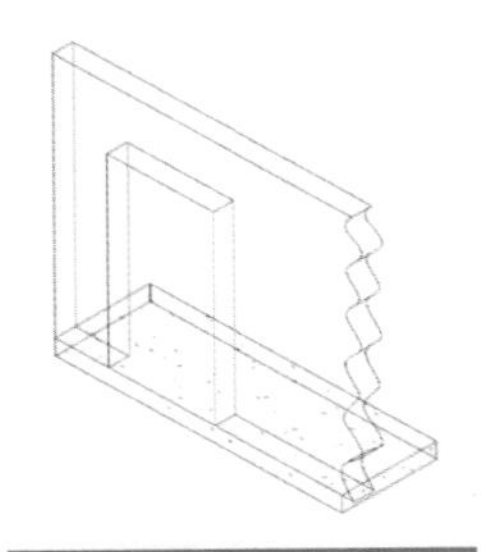

•주요 구조부재
•단일벽

1 계획설계 단계에 맞춰 BIM 적용 대상 및 분야를 그리고 상세수준을 작성합니다.

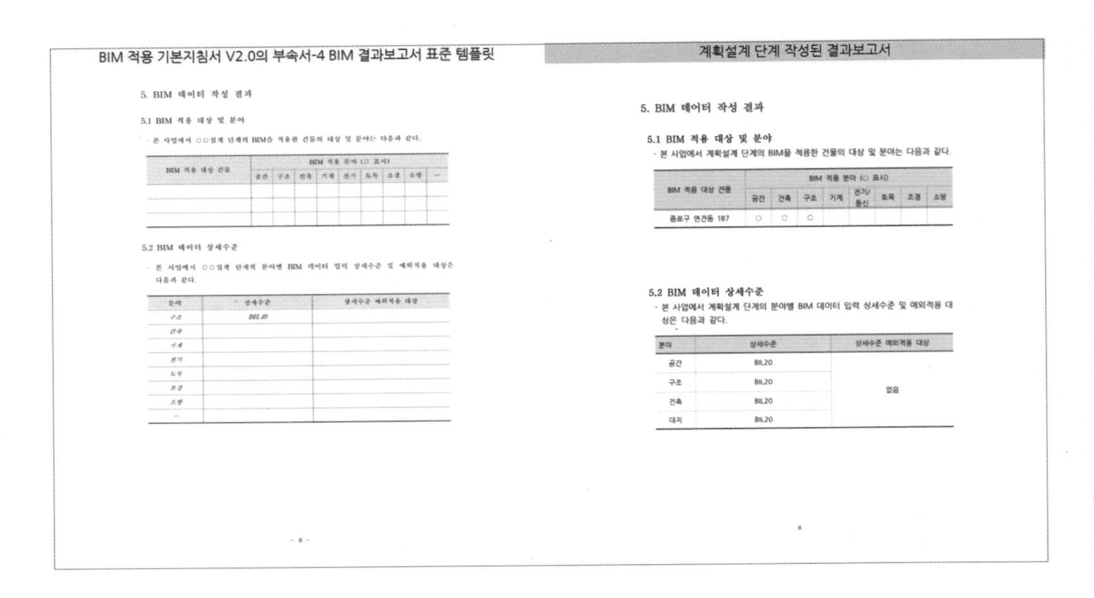

BIM 적용 기본지침서 V2.0의 부속서-4 BIM 결과보고서 표준 템플릿

5. BIM 데이터 작성 결과

5.1 BIM 적용 대상 및 분야

- 본 사업에서 ○○설계 단계의 BIM을 적용한 건물의 대상 및 분야는 다음과 같다.

BIM 적용 대상 건물	BIM 적용 분야 (○ 표시)								
	공간	구조	건축	기계	전기	토목	조경	소방	…

5.2 BIM 데이터 상세수준

- 본 사업에서 ○○설계 단계의 분야별 BIM 데이터 입력 상세수준 및 예외적용 대상은 다음과 같다.

분야	상세수준	상세수준 예외적용 대상
구조	BIL40	
건축		
기계		
전기		
토목		
조경		
소방		
—		

계획설계 단계 작성된 결과보고서

5. BIM 데이터 작성 결과

5.1 BIM 적용 대상 및 분야

- 본 사업에서 계획설계 단계의 BIM을 적용한 건물의 대상 및 분야는 다음과 같다.

BIM 적용 대상 건물	BIM 적용 분야 (○ 표시)							
	공간	건축	구조	기계	전기/통신	토목	조경	소방
종로구 연건동 187	○	○	○					

5.2 BIM 데이터 상세수준

- 본 사업에서 계획설계 단계의 분야별 BIM 데이터 입력 상세수준 및 예외적용 대상은 다음과 같다.

분야	상세수준	상세수준 예외적용 대상
공간	BIL20	없음
구조	BIL20	
건축	BIL20	
대지	BIL20	

8

Tip

21강 공간객체 참고

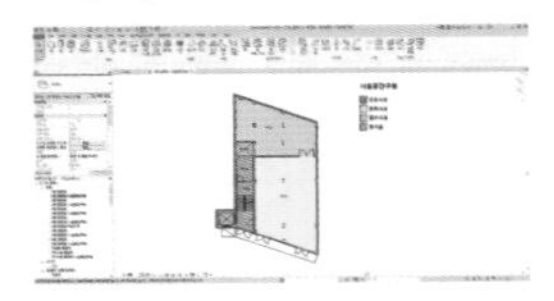

21강 내용을 참고 하여 공간 객체 작성 할 수 있습니다.

2 공간객체 작성은 시설명, 구역명, 실명, 코드, 색상, RGB값, 실ID, 공간분류코드 일람표를(21강) 참고 하여 작성합니다.

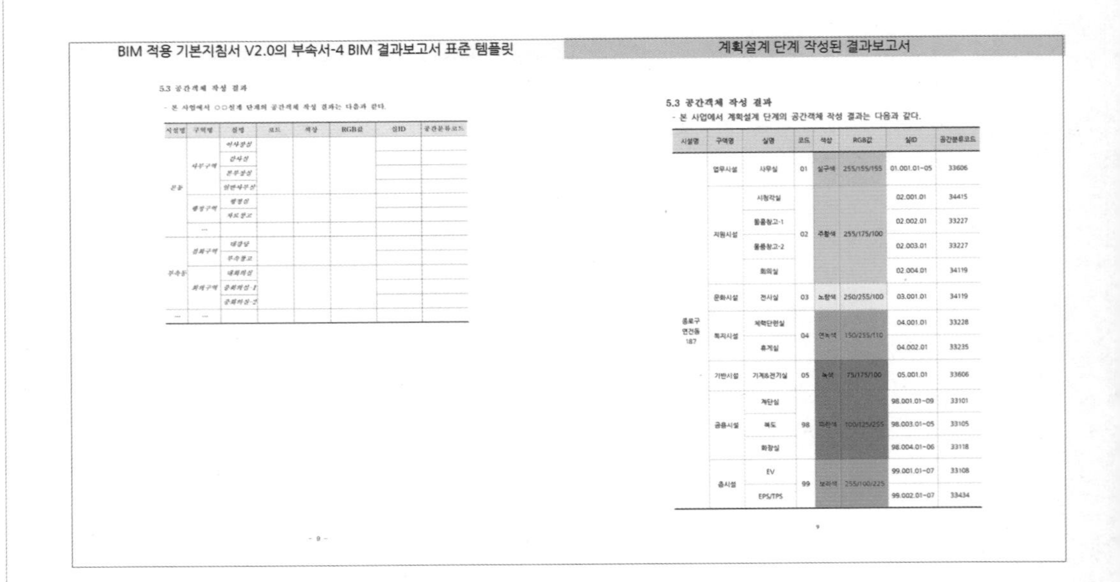

BIM 적용 기본지침서 V2.0의 부속서-4 BIM 결과보고서 표준 템플릿

5.3 공간객체 작성 결과

- 본 사업에서 ○○설계 단계의 공간객체 작성 결과는 다음과 같다.

시설명	구역명	실명	코드	색상	RGB값	실ID	공간분류코드
본동	사무구역	이사장실					
		감사실					
		본부장실					
		일반사무실					
	행정구역	행정실					
		자료창고					
	…						
부속동	집회구역	대강당					
		부속창고					
	회의구역	대회의실					
		중회의실-1					
		중회의실-2					
…	…						

계획설계 단계 작성된 결과보고서

5.3 공간객체 작성 결과

- 본 사업에서 계획설계 단계의 공간객체 작성 결과는 다음과 같다.

시설명	구역명	실명	코드	색상	RGB값	실ID	공간분류코드
종로구 연건동 187	업무시설	사무실	01	살구색	255/155/155	01.001.01~05	33606
	지원시설	시청각실	02	주황색	255/175/100	02.001.01	34415
		물품창고-1				02.002.01	33227
		물품창고-2				02.003.01	33227
		회의실				02.004.01	34119
	문화시설	전시실	03	노랑색	250/255/100	03.001.01	34119
	복지시설	체력단련실	04	연녹색	150/255/110	04.001.01	33228
		휴게실				04.002.01	33235
	기반시설	기계&전기실	05	녹색	75/175/100	05.001.01	33606
	공용시설	계단실	98	파란색	100/125/255	98.001.01~09	33101
		복도				98.003.01~05	33105
		화장실				98.004.01~06	33118
	층시설	EV	99	보라색	255/100/225	99.001.01~07	33108
		EPS/TPS				99.002.01~07	33434

9

3 부위 작성대상은 계획 단계에서 수행한 구조, 건축, 토목 등에 대한 부재별 정보를 입력 하고 범용객체는 사용하지 않았다면 기입할 필요가 없습니다.

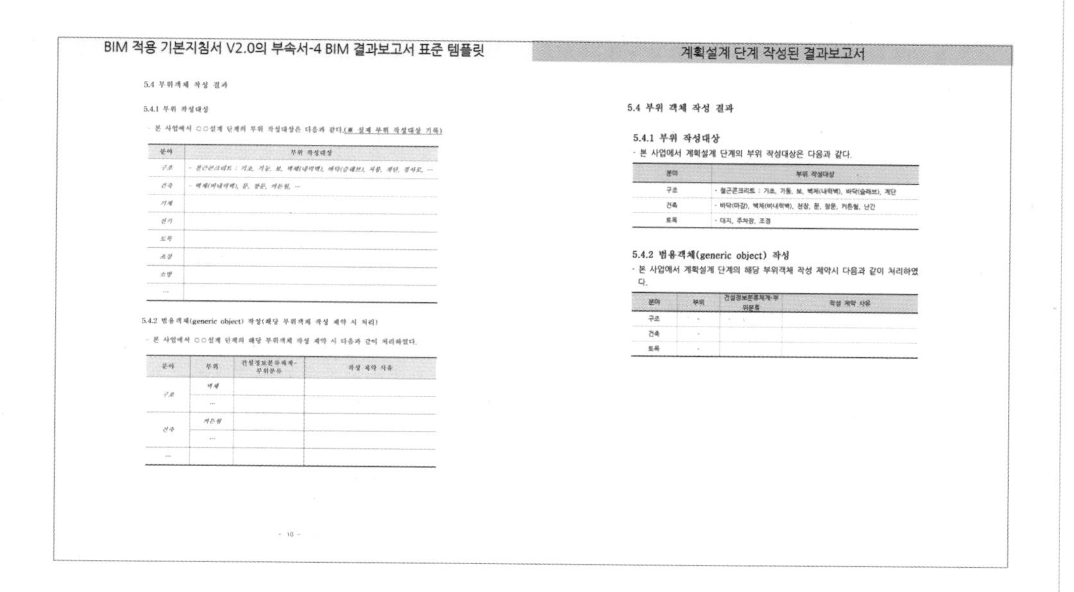

BIM 적용 기본지침서 V2.0의 부속서-4 BIM 결과보고서 표준 템플릿

계획설계 단계 작성된 결과보고서

5.4 부위 객체 작성 결과

5.4.1 부위 작성대상

- 본 사업에서 계획설계 단계의 부위 작성대상은 다음과 같다.

분야	부위 작성대상
구조	· 철근콘크리트 : 기초, 기둥, 보, 벽체(내력벽), 바닥(슬래브), 계단
건축	· 바닥(마감), 벽체(비내력벽), 천장, 문, 창문, 커튼월, 난간
토목	· 대지, 주차장, 조경

5.4.2 범용객체(generic object) 작성

- 본 사업에서 계획설계 단계의 해당 부위객체 작성 제약시 다음과 같이 처리하였다.

분야	부위	건설정보분류체계-부위분류	작성 제약 사유
구조	-		
건축	-		
토목	-		

Tip

범용객체(generic object)

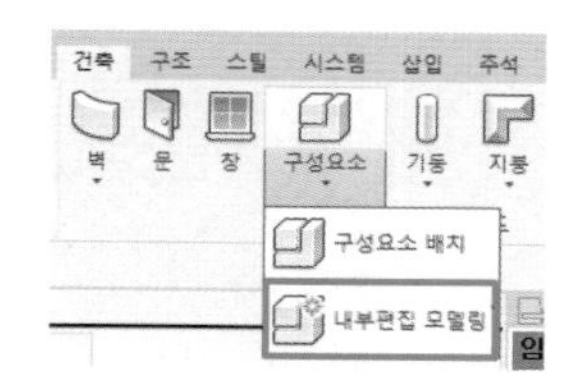

범용객체는 내부편집 모델링에서 작성되는 객체를 말합니다.

4 구조, 건축, 토목에서 작성 되었던 부재명과 대표적으로 쓰이는 라이브러리명을 작성합니다.

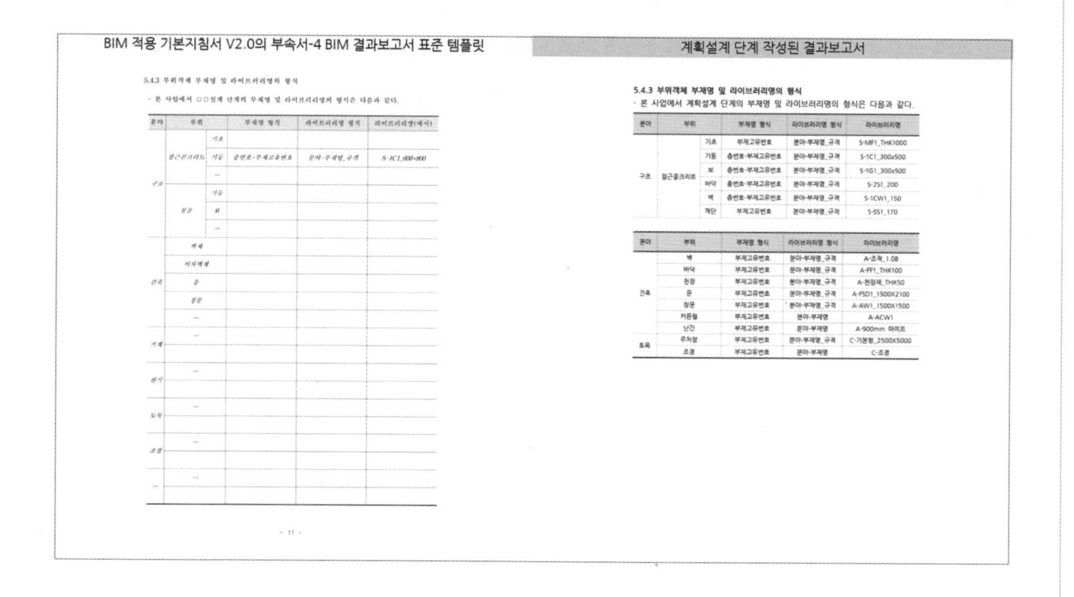

BIM 적용 기본지침서 V2.0의 부속서-4 BIM 결과보고서 표준 템플릿

계획설계 단계 작성된 결과보고서

5.4.3 부위객체 부재명 및 라이브러리명의 형식

- 본 사업에서 계획설계 단계의 부재명 및 라이브러리명의 형식은 다음과 같다.

분야	부위		부재명 형식	라이브러리명 형식	라이브러리명
구조	철근콘크리트	기초	부재고유번호	분야-부재명_규격	S-MF1_THK1000
		기둥	층번호-부재고유번호	분야-부재명_규격	S-1C1_300x500
		보	층번호-부재고유번호	분야-부재명_규격	S-1G1_300x500
		바닥	층번호-부재고유번호	분야-부재명_규격	S-2S1_200
		벽	층번호-부재고유번호	분야-부재명_규격	S-1CW1_150
		계단	부재고유번호	분야-부재명_규격	S-SS1_170

분야	부위	부재명 형식	라이브러리명 형식	라이브러리명
건축	벽	부재고유번호	분야-부재명_규격	A-조적_1.0B
	바닥	부재고유번호	분야-부재명_규격	A-FF1_THK100
	천장	부재고유번호	분야-부재명_규격	A-천장재_THK50
	문	부재고유번호	분야-부재명_규격	A-FSD1_1500X2100
	창문	부재고유번호	분야-부재명_규격	A-AW1_1500X1500
	커튼월	부재고유번호	분야-부재명	A-ACW1
	난간	부재고유번호	분야-부재명	A-900mm 파이프
토목	주차장	부재고유번호	분야-부재명_규격	C-기본형_2500X5000
	조경	부재고유번호	분야-부재명	C-조경

Tip

부속서-1 참고

4. 부위객체의 정보입력

4.1 부위객체별 라이브러리명

부속서-1 내용을 확인하여 모델을 작성 후 일람표 만들기(23강) 참고하여 작성합니다.

Tip

23강 수량기초데이터 산출

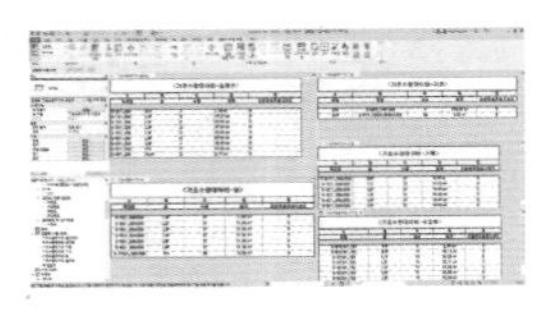

23강 내용을 참고 하여 부위별객체별 정보를 작성 할 수 있습니다.

5 세부적인 부위객체별 정보를 구조, 건축, 토목 분야로 나누어서 부위, 부재명, 라이브러리명, 및 조달청 표준공사코드 기준으로 입력 합니다.

BIM 적용 기본지침서 V2.0의 부속서-4 BIM 결과보고서 표준 템플릿

5.4.4 부위객체별 정보입력 결과

- 본 사업에서 ○○설계 단계의 부위객체별 정보입력 결과는 다음과 같다.

분야	부위		부재명	라이브러리명	조달청 표준공사코드	협력유출 (선택사항)
구조	철근콘크리트	기초	PF1	S-PF1_1500×1500×500	D	
			MF1	S-MF1_2000×2000×900	D	
		기둥	IC1	S-IC1_600×800	D	
		...				
	철골	기둥				
		보				
		...				
건축	벽체					
	이차벽체					
	문					
	창문					
	...					
기계	...					
전기	...					
토목	...					
조경	...					
...	...					

\- 12 -

계획설계 단계 작성된 결과보고서

5.4.4 부위객체별 정보입력 결과

- 본 사업에서 계획설계 단계의 부위객체별 정보입력 결과는 다음과 같다.

분야	부위		부재명	라이브러리명	조달청 표준공사코드
구조	철근콘크리트	기초	F1	S-F1_1500X1500X1200	D
			MF1	S-MF1_THK1000	D
		기둥	C1	S-B1~6C1_300x500	D
		보	G1	S-1~PHG1_300x500	D
		바닥	S1	S-1~6S1_200	D
			RF1	S-RF1_200	D
		벽	CW1	S-B1~PHCW1_150	D
		계단	SS1	S-SS1_170	D
			SS2	S-SS2_170	D
건축	벽		조적	A-조적_1.0B	F
	바닥		FF1	A-FF1_THK100	
			FF2	A-FF2_THK100	
			FF3	A-FF3_THK100	
			FF4	A-FF4_THK100	
			FF5	A-FF5_THK100	
	천장		천장재	A-천장재_THK50	
	문		SD1	A-SD1_1000X2100	LA1
			SD2	A-SD1_1000X2100	LA1
			FSD1	A-FSD1_1500X2100	LA1

분야	부위	부재명	라이브러리명	조달청 표준공사코드
건축	창문	AW1	A-AW1_1500X1500	LB2
		AW2	A-AW2_1800X1000	LB2
	커튼월	ACW1	A-ACW1	LC1
		ACW2	A-ACW2	LC1
		ACW4	A-ACW4	LC1
		ACW5	A-ACW5	LC1
	난간	난간	A-900mm 파이프	
토목	주차장	기본형	C-기본형_2500X5000	
		장애인전용	C-장애인전용_3300X5000	
	조경	조경	C-조경	

chapter 06 BIM 품질관리 결과

1 품질관리 대상 기입과 관련하여 프로젝트의 물리(허용오차), 논리(공간충족), 및 데이터(객체속성) 품질관리 항목을 작성합니다.

BIM 적용 기본지침서 V2.0의 부속서-4 BIM 결과보고서 표준 템플릿

6. BIM 품질관리 결과

6.1 품질관리 대상

- 본 사업에서 ○○설계 단계의 BIM 품질관리 대상은 다음과 같다.

대상	품질관리 항목
계획품질	면적조건의 충족 - 실별단위의 면적 허용오차 : ±2% - 각 구역단위별 실면적의 합 허용오차 : ±2% - ...
	공간에서 요구조건의 충족 - 강당은 독자적인 출입구 설치를 계획 - ...
	장애자 설계조건의 충족 - 장애자 접근시설에 대한 휠체어의 접근성 충족 - 램프 경사도 충족
	피난 및 방재 설계조건의 충족 - 각 공간으로부터 대피장소로 연결되는 적절한 경로의 확보 - 직통계단, 피난계단 및 특별피난계단 계획이 법규조건에 의한 계단참, 계단폭, 높이 등의 충족
	...
정보품질	공간객체에 실명, 실ID, 공간분류코드 입력
	부위객체에 라이브러리명, 부재명, 조달청표준공사코드, 일람표 입력
	...
물리품질	공간객체 간의 중첩 허용오차 : 0mm
	구조 부위객체와 설비 부위객체 간의 간섭충돌 허용오차 : 0mm 건축 부위객체와 설비 부위객체 간의 간섭충돌 허용오차 : 10mm ... 기타 부위객체 간의 간섭충돌 허용오차 : 10mm ...
	구조부재 간의 처짐 검토
	...
기타	조달청 설계 요구조건 1
	조달청 설계 요구조건 2
	조달청 설계 요구조건 3…

- 13 -

계획설계 단계 작성된 결과보고서

6. BIM 품질관리 결과

6.1 품질관리 대상

- 본 사업에서 계획설계 단계의 BIM 품질관리 대상은 다음과 같다.

구분	품질관리 항목
물리정보품질	모델의 형상요건 충족성(간섭충돌 등)
	건축구조 부재와 간섭충돌의 허용오차는 0mm로 한다
논리정보품질	모델의 논리요건 충족성(주요 설계조건 등)
	공간모델의 데이터가 스페이스 프로그램에 의한 면적기준에 부합하는가?
데이터 품질	모델의 데이터요건 충족성(객체사용, 속성부여 등)
	건물 부위객체는 BIM 소프트웨어의 해당 객체 작성기능을 사용하였다.

2 날짜별로 품질에 대한 수행내용 및 조치결과를 기입하며, IFC 변환 시 문제발생에 대한 처리결과도 작성합니다.

BIM 적용 기본지침서 V2.0의 부속서-4 BIM 결과보고서 표준 템플릿

6.2 품질관리 수행내용 및 조치결과

- 본 사업에서 ○○설계 단계의 BIM 품질관리 수행내용 및 조치결과는 다음과 같다.

날짜	방법	대상	내용
00.00.00	수동	정보품질	(수행내용) 구조, 건축 BIM 데이터를 대상으로 정보의 정확성 검토 1차 수행 : 정보 오류 0000건 발생
			(조치결과)
00.00.00	자동	물리품질(간섭규칙)	(수행내용) 구조, 건축 BIM 데이터를 대상으로 ○○소프트웨어를 사용하여 간섭규칙 검토 1차 수행 : 간섭여유 0000개 발생(벽체 0000건, 창호 0000건, 단순접합 0000건)
			(조치결과)
00.00.00	...		(수행내용)
			(조치결과)
00.00.00	...		(수행내용)
			(조치결과)

6.3 IFC 변환 시 문제발생의 처리

- 본 사업에서 ○○설계 단계의 IFC 변환 시 발생한 문제점 및 처리결과는 다음과 같다.

구분	처리결과
부재 누락	원본파일 작성 시 부재 유형을 잘못 선택하여 발생 → 부재 유형을 재선택하여 해결
...	

- 14 -

계획설계 단계 작성된 결과보고서

6.2 품질관리 수행내용 및 조치결과

- 본 사업에서 계획설계 단계의 BIM 품질관리 수행내용 및 조치결과는 다음과 같다.

날짜	방법	대상	내용
00.00.00	수동	물리품질	건축 구조 모델을 대상으로 간섭체크 수행

6.3 IFC 변환 시 문제발생의 처리

- 본 사업에서 계획설계 단계의 BIM 품질관리 수행내용 및 조치결과는 다음과 같다.

구분	처리결과
부재 누락	원본파일 작성 시 부재 유형을 잘못선택하여 발생 · 부재 유형을 재선택하여 해결

13

Tip

23강 수량기초데이터 산출

23강 내용을 참고 하여 면적 정보를 작성 할 수 있습니다.

3 계획면적과 BIM 추출된 면적을 기입하여 오차범위에 대한 결과를 작성합니다.

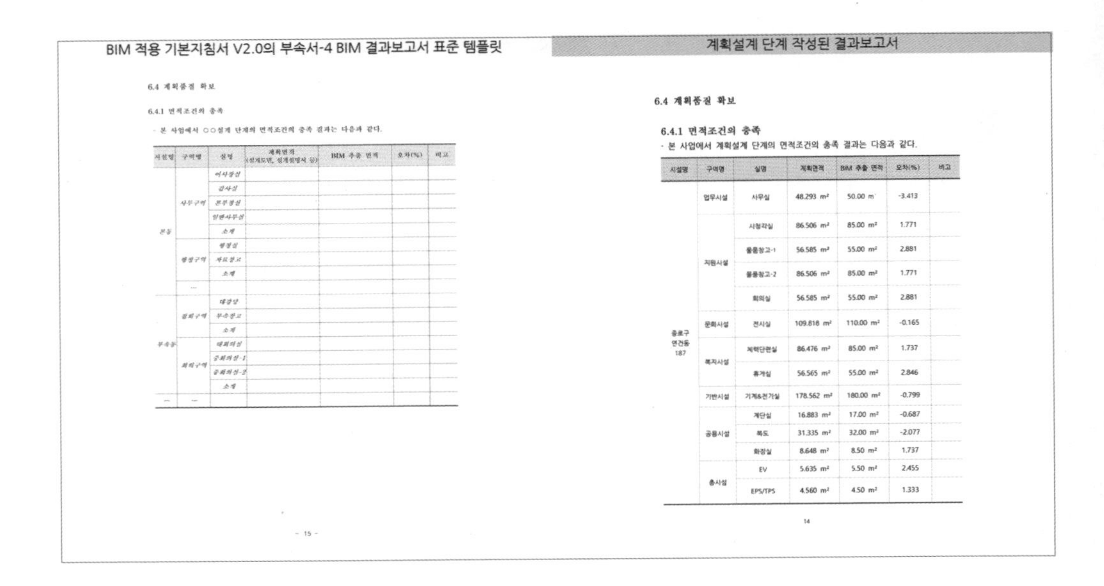

BIM 적용 기본지침서 V2.0의 부속서-4 BIM 결과보고서 표준 템플릿

6.4 계획품질 확보

6.4.1 면적조건의 충족

- 본 사업에서 ○○설계 단계의 면적조건의 충족 결과는 다음과 같다.

시설명	구역명	실명	계획면적 (설계도면, 설계설명서 등)	BIM 추출 면적	오차(%)	비고
본동	사무구역	이사장실				
		감사실				
		본부장실				
		일반사무실				
		소계				
	행정구역	행정실				
		자료창고				
		소계				
	...					
부속동	접객구역	대강당				
		부속창고				
		소계				
	회의구역	대회의실				
		중회의실-1				
		중회의실-2				
		소계				
...	...					

- 15 -

계획설계 단계 작성된 결과보고서

6.4 계획품질 확보

6.4.1 면적조건의 충족

- 본 사업에서 계획설계 단계의 면적조건의 충족 결과는 다음과 같다.

시설명	구역명	실명	계획면적	BIM 추출 면적	오차(%)	비고
종로구 연건동 187	업무시설	사무실	48.293 m²	50.00 m²	-3.413	
	지원시설	시청각실	86.506 m²	85.00 m²	1.771	
		물품창고-1	56.585 m²	55.00 m²	2.881	
		물품창고-2	86.506 m²	85.00 m²	1.771	
		회의실	56.585 m²	55.00 m²	2.881	
	문화시설	전시실	109.818 m²	110.00 m²	-0.165	
	복지시설	체력단련실	86.476 m²	85.00 m²	1.737	
		휴게실	56.565 m²	55.00 m²	2.846	
	기반시설	기계&전기실	178.562 m²	180.00 m²	-0.799	
	공용시설	계단실	16.883 m²	17.00 m²	-0.687	
		복도	31.335 m²	32.00 m²	-2.077	
		화장실	8.648 m²	8.50 m²	1.737	
	총시설	EV	5.635 m²	5.50 m²	2.455	
		EPS/TPS	4.560 m²	4.50 m²	1.333	

14

4 공간 배치 요구조건의 충족 결과를 날짜, 이슈코드, 이슈분류, 위치/부위, 3D 이미지, 공간배치 요구조건, 수행결과 및 비고 등으로 나누어 작성합니다.

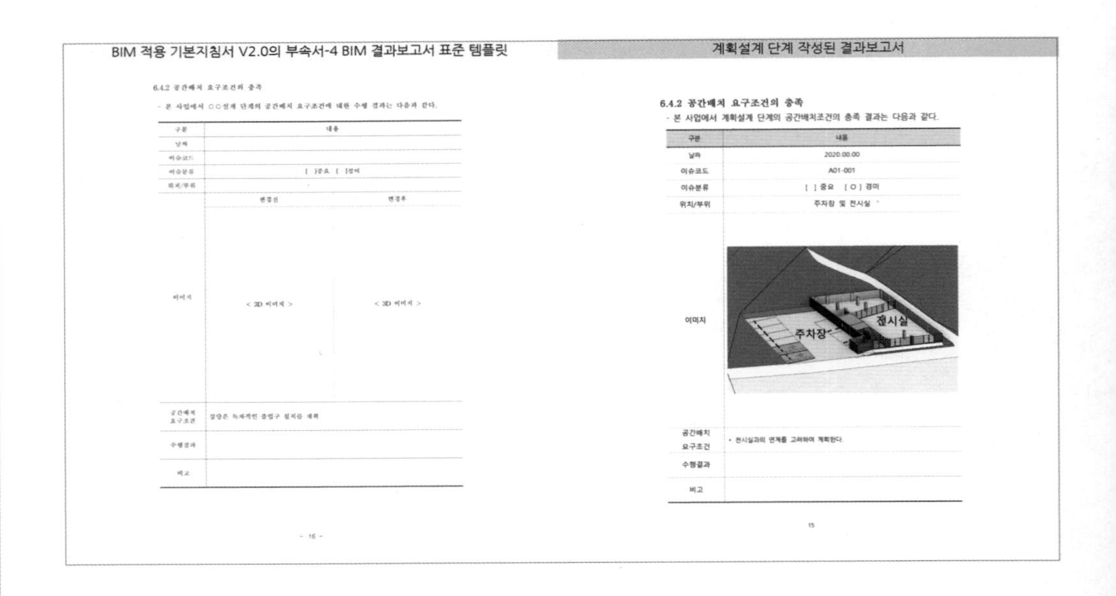

BIM 적용 기본지침서 V2.0의 부속서-4 BIM 결과보고서 표준 템플릿

6.4.2 공간배치 요구조건의 충족

- 본 사업에서 ○○설계 단계의 공간배치 요구조건에 대한 수행 결과는 다음과 같다.

구분	내용	
날짜		
이슈코드		
이슈분류	[ ]중요 [ ]경미	
위치/부위		
이미지	변경전	변경후
	< 3D 이미지 >	< 3D 이미지 >
공간배치 요구조건	강당은 독자적인 출입구 설치를 계획	
수행결과		
비고		

- 16 -

계획설계 단계 작성된 결과보고서

6.4.2 공간배치 요구조건의 충족

- 본 사업에서 계획설계 단계의 공간배치조건의 충족 결과는 다음과 같다.

구분	내용
날짜	2020.00.00
이슈코드	A01-001
이슈분류	[ ] 중요 [O] 경미
위치/부위	주차장 및 전시실
이미지	
공간배치 요구조건	• 전시실과의 연계를 고려하여 계획한다.
수행결과	
비고	

15

5 법률 시행규칙에 따른 장애자 설계조건에 대한 충족 결과를 기입합니다.

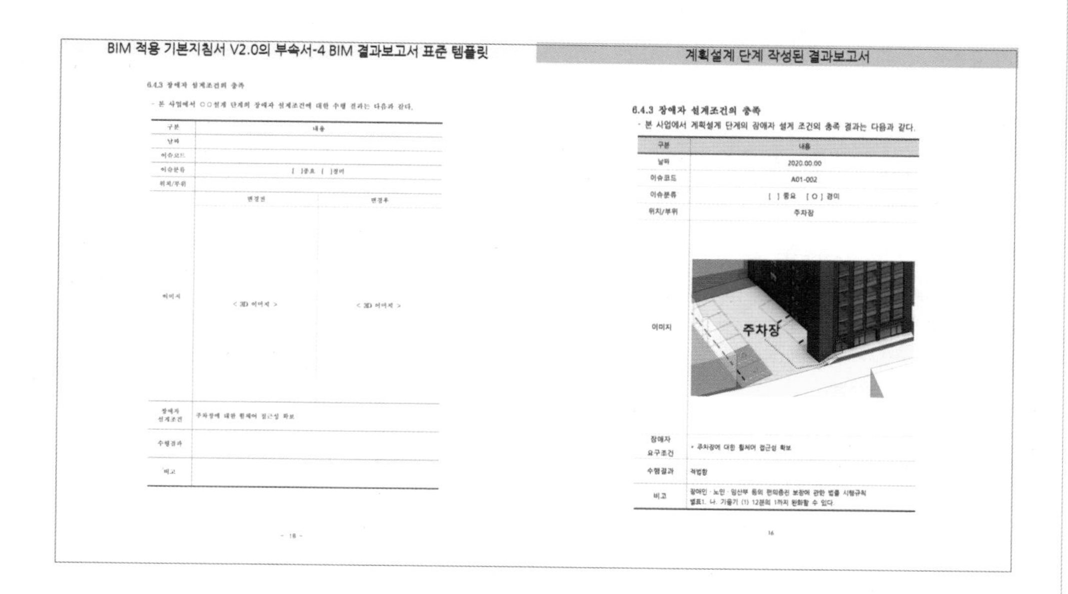

BIM 적용 기본지침서 V2.0의 부속서-4 BIM 결과보고서 표준 템플릿

6.4.3 장애자 설계조건의 충족

- 본 사업에서 ○○설계 단계의 장애자 설계조건에 대한 수행 결과는 다음과 같다.

구분	내용	
날짜		
이슈코드		
이슈분류	[ ]중요 [ ]경미	
위치/부위		
이미지	변경전	변경후
	< 3D 이미지 >	< 3D 이미지 >
장애자 설계조건	주차장에 대한 휠체어 접근성 확보	
수행결과		
비고		

- 18 -

계획설계 단계 작성된 결과보고서

6.4.3 장애자 설계조건의 충족

- 본 사업에서 계획설계 단계의 장애자 설계 조건의 충족 결과는 다음과 같다.

구분	내용
날짜	2020.00.00
이슈코드	A01-002
이슈분류	[ ] 중요 [O] 경미
위치/부위	주차장
이미지	주차장
장애자 요구조건	• 주차장에 대한 휠체어 접근성 확보
수행결과	적법함
비고	장애인 · 노인 · 임산부 등의 편의증진 보장에 관한 법률 시행규칙 별표1. 나. 기울기 (1) 12분의 1까지 완화할 수 있다.

16

6 피난 및 방재 설계조건에 대한 충족 결과를 작성합니다.

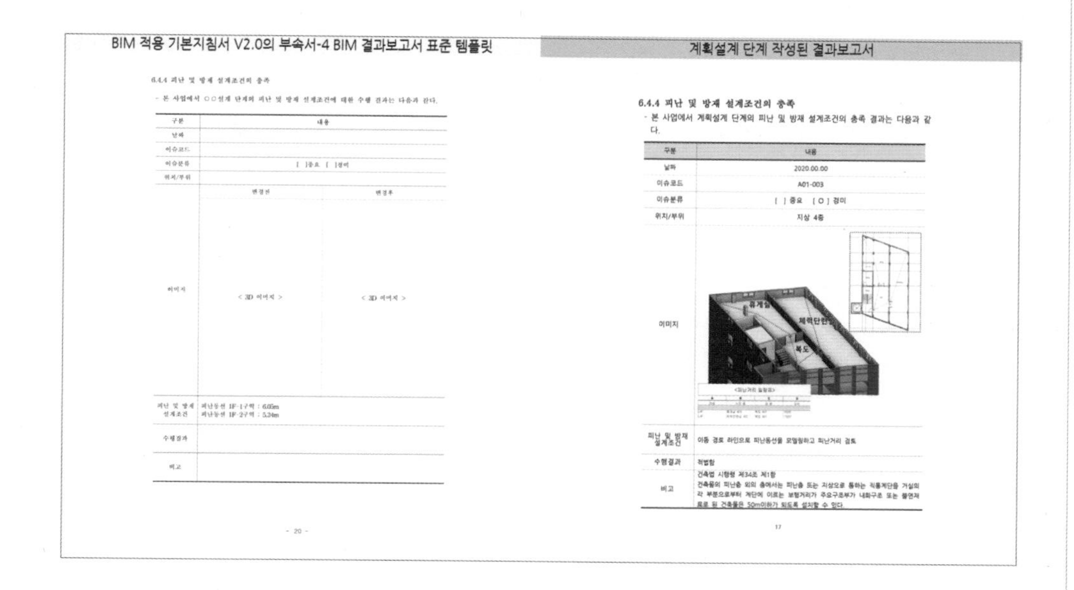

BIM 적용 기본지침서 V2.0의 부속서-4 BIM 결과보고서 표준 템플릿

6.4.4 피난 및 방재 설계조건의 충족

- 본 사업에서 ○○설계 단계의 피난 및 방재 설계조건에 대한 수행 결과는 다음과 같다.

구분	내용	
날짜		
이슈코드		
이슈분류	[ ]중요 [ ]경미	
위치/부위		
이미지	변경전	변경후
	< 3D 이미지 >	< 3D 이미지 >
피난 및 방재 설계조건	피난동선 1F-1구역 : 6.05m 피난동선 1F-2구역 : 5.24m	
수행결과		
비고		

- 20 -

계획설계 단계 작성된 결과보고서

6.4.4 피난 및 방재 설계조건의 충족

- 본 사업에서 계획설계 단계의 피난 및 방재 설계조건의 충족 결과는 다음과 같다.

구분	내용
날짜	2020.00.00
이슈코드	A01-003
이슈분류	[ ] 중요 [O] 경미
위치/부위	지상 4층
이미지	휴게실 체력단련실 복도
피난 및 방재 설계조건	이동 경로 라인으로 피난동선을 모델링하고 피난거리 검토
수행결과	적법함
비고	건축법 시행령 제34조 제1항 건축물의 피난층 외의 층에서는 피난층 또는 지상으로 통하는 직통계단을 거실의 각 부분으로부터 계단에 이르는 보행거리가 주요구조부가 내화구조 또는 불연재료로 된 건축물은 50m이하가 되도록 설치할 수 있다.

17

Tip

22강 피난거리

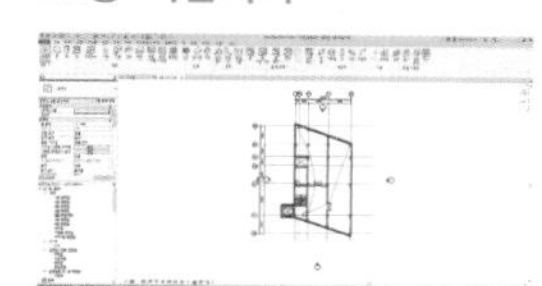

22강 내용을 참고 하여 피난거리 정보를 작성 할 수 있습니다.

Tip

23강 수량기초데이터 산출

- 일람표/수량 (모두)
  - 기조수량데이터-건식벽
  - 기조수량데이터-계단
  - 기조수량데이터-공간객체
  - 기조수량데이터-공간객체 증감률
  - 기조수량데이터-구조기둥
  - 기조수량데이터-구조벽
  - 기조수량데이터-기초
  - 기조수량데이터-문
  - 기조수량데이터-보
  - 기조수량데이터-슬래브
  - 기조수량데이터-조적벽
  - 기조수량데이터-창
  - 기조수량데이터-커튼월
  - 수량집계자료-부위객체
  - 피난거리 일람표

23강 내용을 참고 하여 일람표 정보를 확인하여 작성할 수 있습니다.

7 정보품질 확보에서는 각 분야 별로 나누어진 정보입력대상들에 BIM 정보 위치를 (23강 참고) 작성합니다.

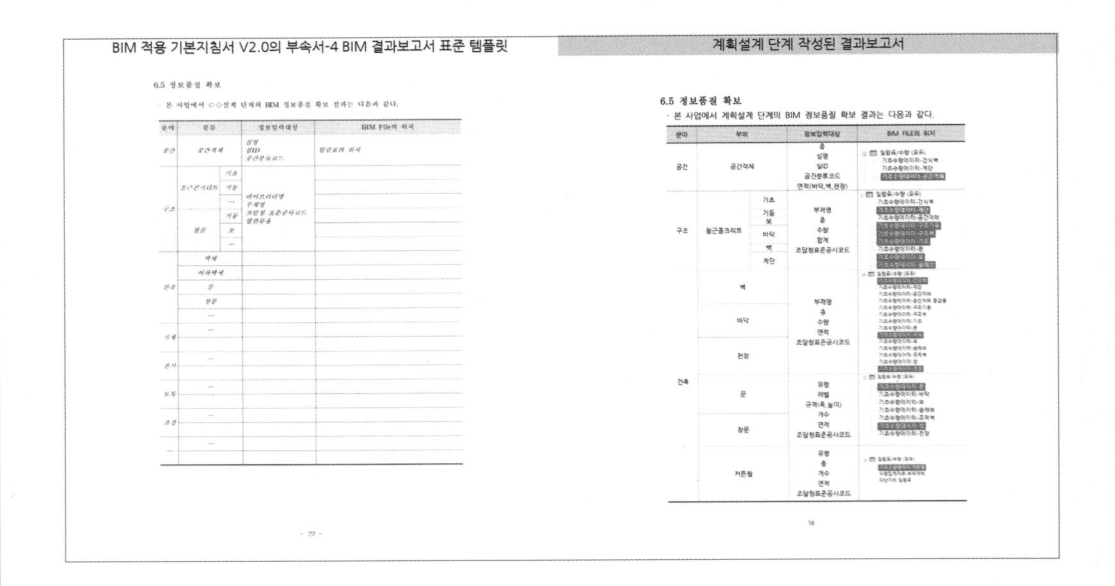

BIM 적용 기본지침서 V2.0의 부속서-4 BIM 결과보고서 표준 템플릿

6.5 정보품질 확보

- 본 사업에서 ○○설계 단계의 BIM 정보품질 확보 결과는 다음과 같다.

분야	분류		정보입력대상	BIM File의 위치
공간	공간객체		실명 실ID 공간분류코드	일람표의 위치
구조	철근콘크리트	기초	라이브러리명 부재명 조달청 표준공사코드 물량산출	
		기둥		
		...		
	철골	기둥		
		보		
		...		
건축	벽체			
	이차벽체			
	문			
	창문			
	...			
기계	...			
전기	...			
토목	...			
조경	...			
...	...			

- 22 -

계획설계 단계 작성된 결과보고서

6.5 정보품질 확보

- 본 사업에서 계획설계 단계의 BIM 정보품질 확보 결과는 다음과 같다.

분야	부위		정보입력대상	BIM FILE의 위치
공간	공간객체		층 실명 실ID 공간분류코드 면적(바닥,벽,천장)	일람표/수량 (모두) 기초수량데이터-건식벽 기초수량데이터-계단 기초수량데이터-공간객체
구조	철근콘크리트	기초	부재명 층 수량 합계 조달청표준공사코드	일람표/수량 (모두) 기초수량데이터-건식벽 기초수량데이터-계단 기초수량데이터-공간객체 기초수량데이터-구조기둥 기초수량데이터-구조벽 기초수량데이터-기초 기초수량데이터-문 기초수량데이터-보 기초수량데이터-슬래브
		기둥		
		보		
		바닥		
		벽		
		계단		
건축	벽		부재명 층 수량 면적 조달청표준공사코드	일람표/수량 (모두) 기초수량데이터-건식벽 기초수량데이터-계단 기초수량데이터-공간객체 기초수량데이터-공간객체 증감률 기초수량데이터-구조기둥 기초수량데이터-구조벽 기초수량데이터-기초 기초수량데이터-문 기초수량데이터-바닥 기초수량데이터-보 기초수량데이터-슬래브 기초수량데이터-조적벽 기초수량데이터-창 기초수량데이터-천장
	바닥			
	천장			
	문		유형 레벨 규격(폭,높이) 개수 면적 조달청표준공사코드	일람표/수량 (모두) 기초수량데이터-문 기초수량데이터-바닥 기초수량데이터-보 기초수량데이터-슬래브 기초수량데이터-조적벽 기초수량데이터-창 기초수량데이터-천장
	창문			
	커튼월		유형 층 개수 면적 조달청표준공사코드	일람표/수량 (모두) 기초수량데이터-커튼월 수량집계자료-부위객체 피난거리 일람표

18

Tip

21강 공간객체

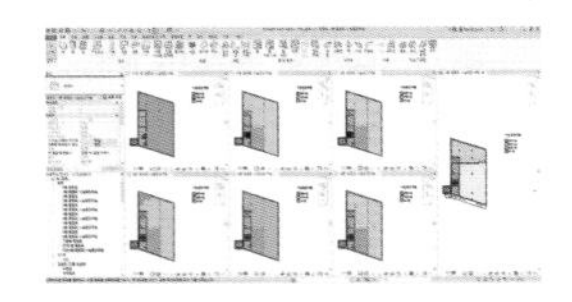

21강 내용을 참고 하여 공간객체 작성 할 수 있습니다.

8 계획 설계단계에서 계획된 공간객체 중첩에 대한 이슈사항 및 처리결과를 작성합니다.

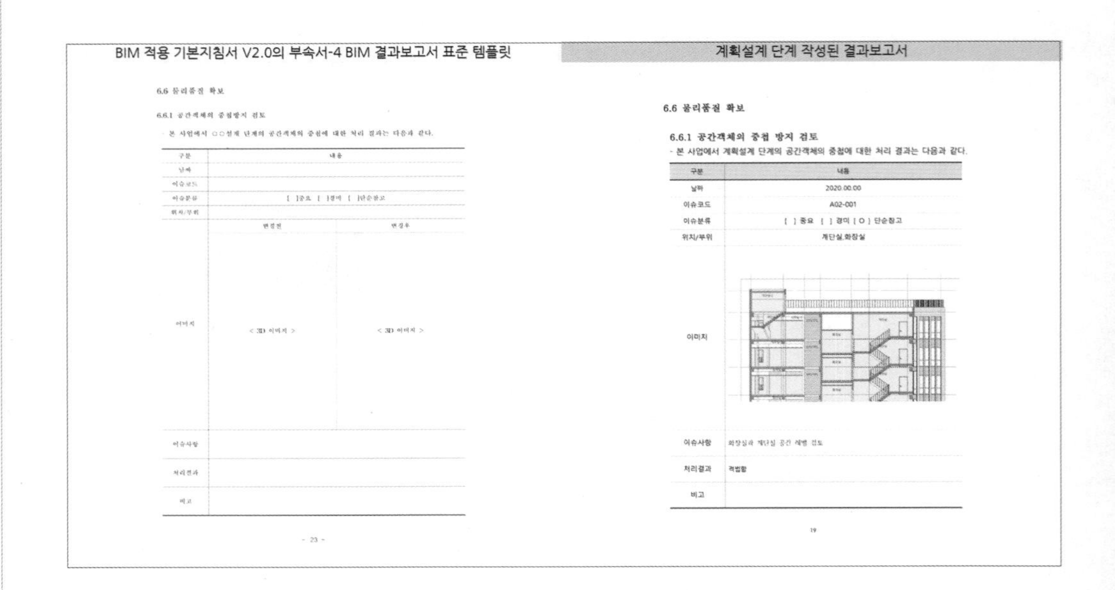

BIM 적용 기본지침서 V2.0의 부속서-4 BIM 결과보고서 표준 템플릿

6.6 물리품질 확보

6.6.1 공간객체의 중첩방지 검토

- 본 사업에서 ○○설계 단계의 공간객체의 중첩에 대한 처리 결과는 다음과 같다.

구분	내용	
날짜		
이슈코드		
이슈분류	[ ]중요 [ ]경미 [ ]단순참고	
위치/부위		
이미지	변경전	변경후
	< 3D 이미지 >	< 3D 이미지 >
이슈사항		
처리결과		
비고		

- 23 -

계획설계 단계 작성된 결과보고서

6.6 물리품질 확보

6.6.1 공간객체의 중첩 방지 검토

- 본 사업에서 계획설계 단계의 공간객체의 중첩에 대한 처리 결과는 다음과 같다.

구분	내용
날짜	2020.00.00
이슈코드	A02-001
이슈분류	[ ] 중요 [ ] 경미 [O] 단순참고
위치/부위	계단실,화장실
이미지	
이슈사항	화장실과 계단실 공간 레벨 검토
처리결과	적법함
비고	

19

9 부위별 객체의 간섭검토에 대한 변경 전·후 이슈 및 수행결과를 작성합니다.

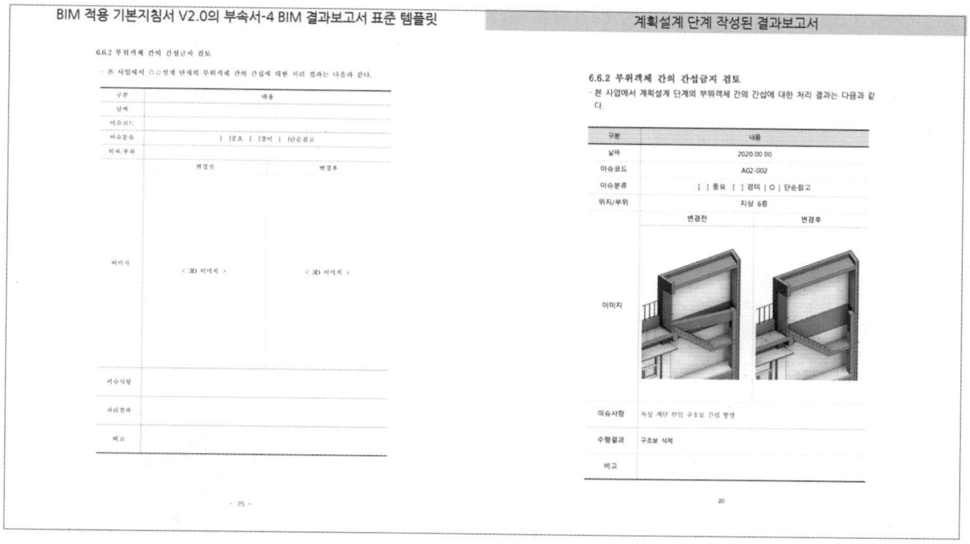

BIM 적용 기본지침서 V2.0의 부속서-4 BIM 결과보고서 표준 템플릿

계획설계 단계 작성된 결과보고서

6.6.2 부위객체 간의 간섭금지 검토

- 본 사업에서 계획설계 단계의 부위객체 간의 간섭에 대한 처리 결과는 다음과 같다.

구분	내용	
날짜	2020.00.00	
이슈코드	A02-002	
이슈분류	[ ] 중요 [ ] 경미 [O] 단순참고	
위치/부위	지상 6층	
이미지	변경전	변경후
이슈사항	옥상 계단 진입 구조보 간섭 발생	
수행결과	구조보 삭제	
비고		

20

10 구조부재 간 이슈 사항과 수행결과를 변경 전·후 3D 이미지를 포함 하여 작업하여 작성합니다.

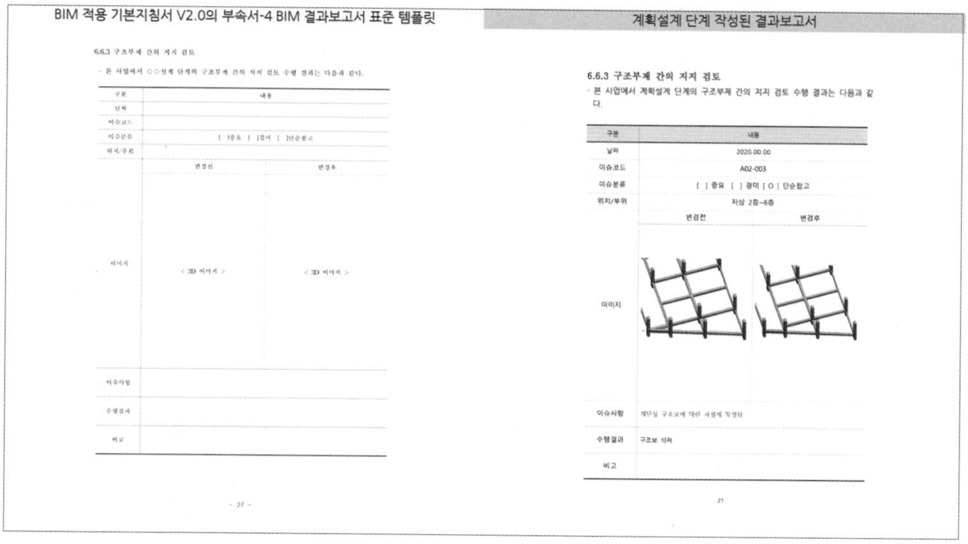

BIM 적용 기본지침서 V2.0의 부속서-4 BIM 결과보고서 표준 템플릿

계획설계 단계 작성된 결과보고서

6.6.3 구조부재 간의 지지 검토

- 본 사업에서 계획설계 단계의 구조부재 간의 지지 검토 수행 결과는 다음과 같다.

구분	내용	
날짜	2020.00.00	
이슈코드	A02-003	
이슈분류	[ ] 중요 [ ] 경미 [O] 단순참고	
위치/부위	지상 2층~6층	
이미지	변경전	변경후
이슈사항	계단실 구조보에 대한 과설계 작성됨	
수행결과	구조보 삭제	
비고		

21

chapter 07 BIM 활용 결과, BIM 데이터 활용방안, BIM 성과품, 책임과 권리

1 BIM 활용결과 첫 번째 디자인 검토에서는 투시도 및 조감도 활용하여 외벽 커튼월 검토 및 디자인 대안 검토를 작성합니다.(프로젝트별 상이함)

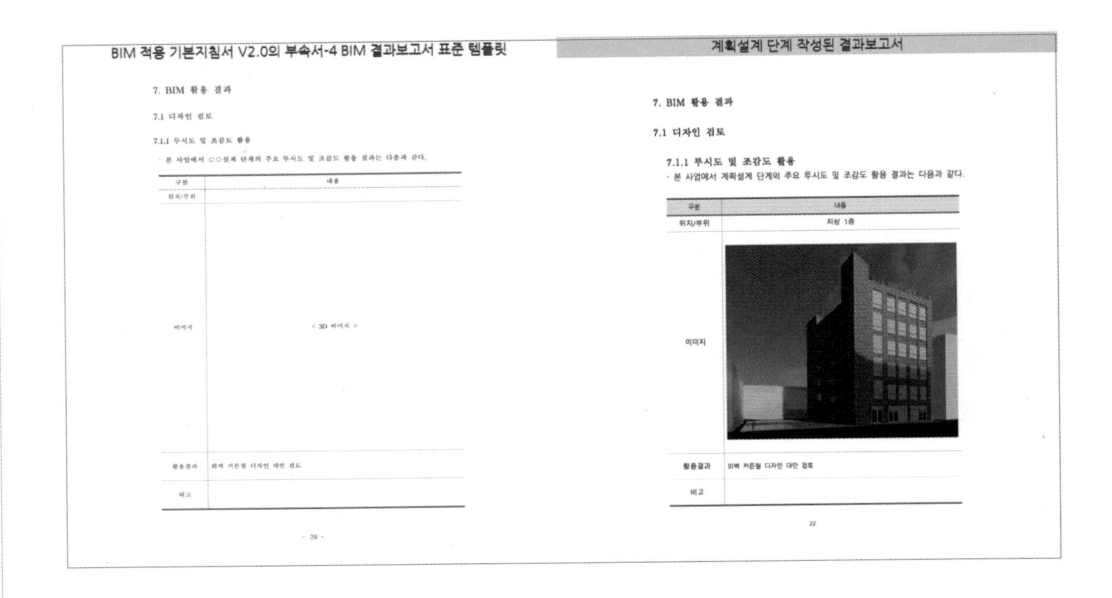

BIM 적용 기본지침서 V2.0의 부속서-4 BIM 결과보고서 표준 템플릿

7. BIM 활용 결과

7.1 디자인 검토

7.1.1 투시도 및 조감도 활용

- 본 사업에서 ○○설계 단계의 주요 투시도 및 조감도 활용 결과는 다음과 같다.

구분	내용
위치/부위	
이미지	< 3D 이미지 >
활용결과	외벽 커튼월 디자인 대안 검토
비고	

- 29 -

계획설계 단계 작성된 결과보고서

7. BIM 활용 결과

7.1 디자인 검토

7.1.1 투시도 및 조감도 활용

- 본 사업에서 계획설계 단계의 주요 투시도 및 조감도 활용 결과는 다음과 같다.

구분	내용
위치/부위	지상 1층
이미지	
활용결과	외벽 커튼월 디자인 대안 검토
비고	

22

2 투시도 및 조감도 활용에서는 프로그램 내에서 작성되는 보행시선기능을 통해 이미지 및 동영상을 작성합니다.

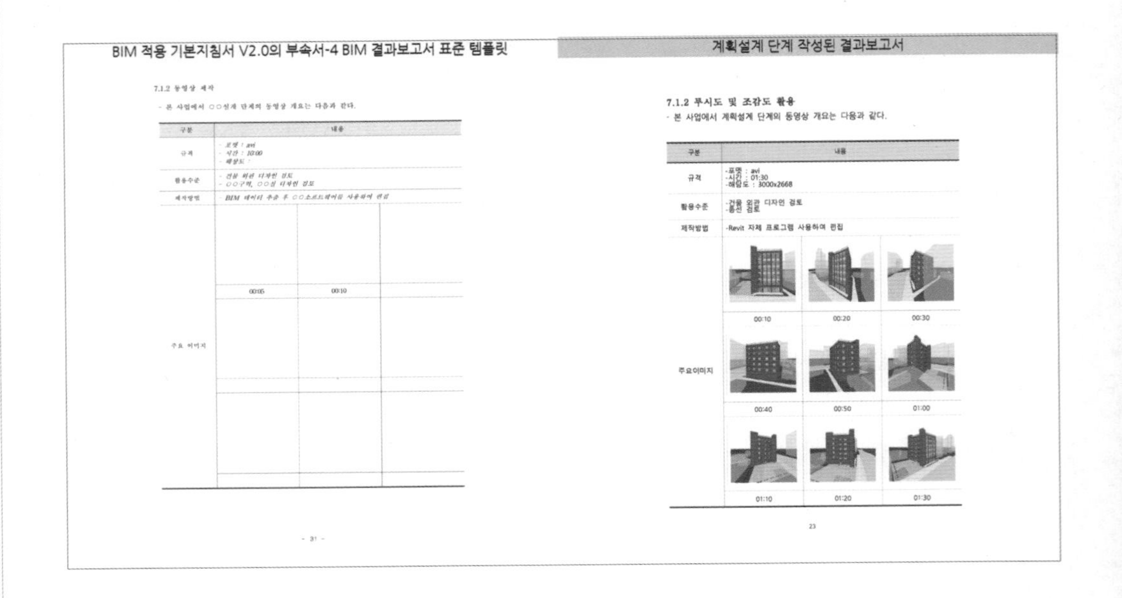

BIM 적용 기본지침서 V2.0의 부속서-4 BIM 결과보고서 표준 템플릿

7.1.2 동영상 제작

- 본 사업에서 ○○설계 단계의 동영상 개요는 다음과 같다.

구분	내용		
규격	- 포맷 : avi - 시간 : 10:00 - 해상도 :		
활용수준	- 건물 외관 디자인 검토 - ○○구역, ○○실 디자인 검토		
제작방법	- BIM 데이터 추출 후 ○○소프트웨어를 사용하여 편집		
주요 이미지			
	00:05	00:10	

- 31 -

계획설계 단계 작성된 결과보고서

7.1.2 투시도 및 조감도 활용

- 본 사업에서 계획설계 단계의 동영상 개요는 다음과 같다.

구분	내용		
규격	-포맷 : avi -시간 : 01:30 -해상도 : 3000x2668		
활용수준	-건물 외관 디자인 검토 -동선 검토		
제작방법	-Revit 자체 프로그램 사용하여 편집		
주요이미지			
	00:10	00:20	00:30
	00:40	00:50	01:00
	01:10	01:20	01:30

23

Tip

25강 시각화

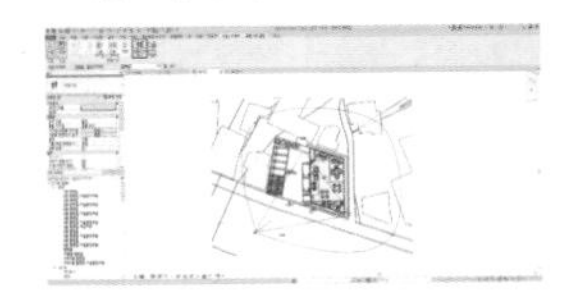

25강 내용을 참고하여 시각화 -보행시선을 통해 작성 할 수 있습니다.

3 계획설계 단계에서 BIM으로 작성된 설계도면 대상 및 설계 도면 목록표를 작성합니다.

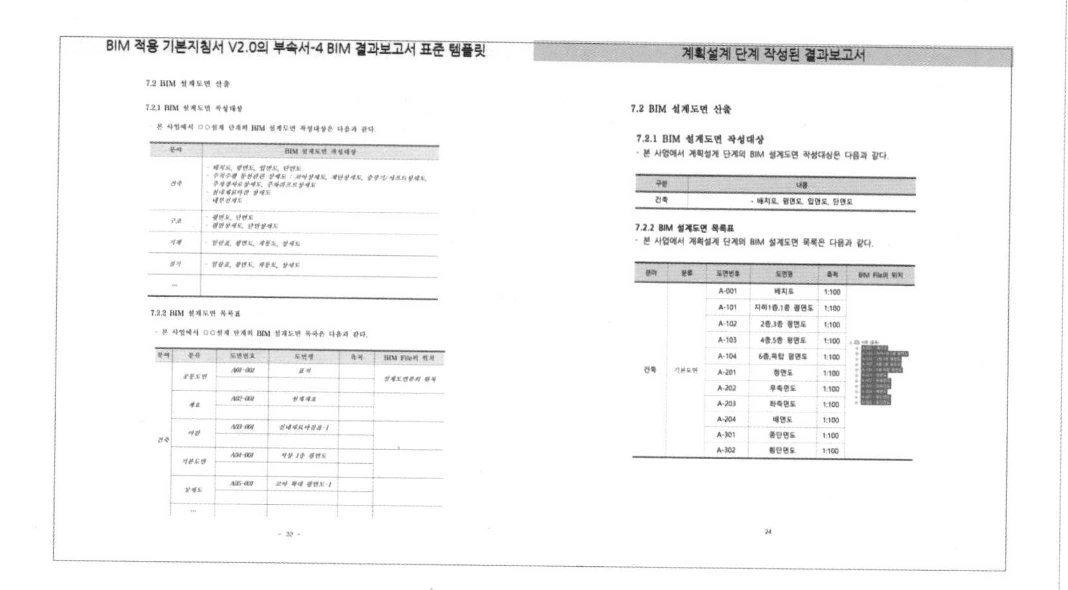

BIM 적용 기본지침서 V2.0의 부속서-4 BIM 결과보고서 표준 템플릿

7.2 BIM 설계도면 산출

7.2.1 BIM 설계도면 작성대상

- 본 사업에서 ○○설계 단계의 BIM 설계도면 작성대상은 다음과 같다.

분야	BIM 설계도면 작성대상
건축	- 배치도, 평면도, 입면도, 단면도 - 주차수행 동선관련 상세도 : 코어상세도, 계단상세도, 승강기/샤프트상세도, 주차경사로상세도, 주차리프트상세도 - 실내재료마감 상세도 - 내부전개도
구조	- 평면도, 단면도 - 평면상세도, 단면상세도
기계	- 일람표, 평면도, 계통도, 상세도
전기	- 일람표, 평면도, 계통도, 상세도
…	

7.2.2 BIM 설계도면 목록표

- 본 사업에서 ○○설계 단계의 BIM 설계도면 목록은 다음과 같다.

분야	분류	도면번호	도면명	축척	BIM File의 위치
건축	공통도면	A01-001	표지		설계도면폴더 위치
	개요	A02-001	설계개요		
	마감	A03-001	실내재료마감표-1		
	기본도면	A04-001	지상 1층 평면도		
	상세도	A05-001	코어 확대 평면도-1		
	…				

- 32 -

계획설계 단계 작성된 결과보고서

7.2 BIM 설계도면 산출

7.2.1 BIM 설계도면 작성대상

- 본 사업에서 계획설계 단계의 BIM 설계도면 작성대상은 다음과 같다.

구분	내용
건축	- 배치도, 평면도, 입면도, 단면도

7.2.2 BIM 설계도면 목록표

- 본 사업에서 계획설계 단계의 BIM 설계도면 목록은 다음과 같다.

분야	분류	도면번호	도면명	축척	BIM File의 위치
건축	기본도면	A-001	배치도	1:100	
		A-101	지하1층,1층 평면도	1:100	
		A-102	2층,3층 평면도	1:100	
		A-103	4층,5층 평면도	1:100	
		A-104	6층,옥탑 평면도	1:100	
		A-201	정면도	1:100	
		A-202	우측면도	1:100	
		A-203	좌측면도	1:100	
		A-204	배면도	1:100	
		A-301	종단면도	1:100	
		A-302	횡단면도	1:100	

24

Tip

24강 BIM 설계도면 산출

24강 내용을 참고 하여 BIM 설계도면 산출을 통해 작성 할 수 있습니다.

4 "23강 수량 기초데이터 산출" 챕터를 토대로 분야, 부위, 조달청표준코드, 및 산출내용 항목을 작성합니다.

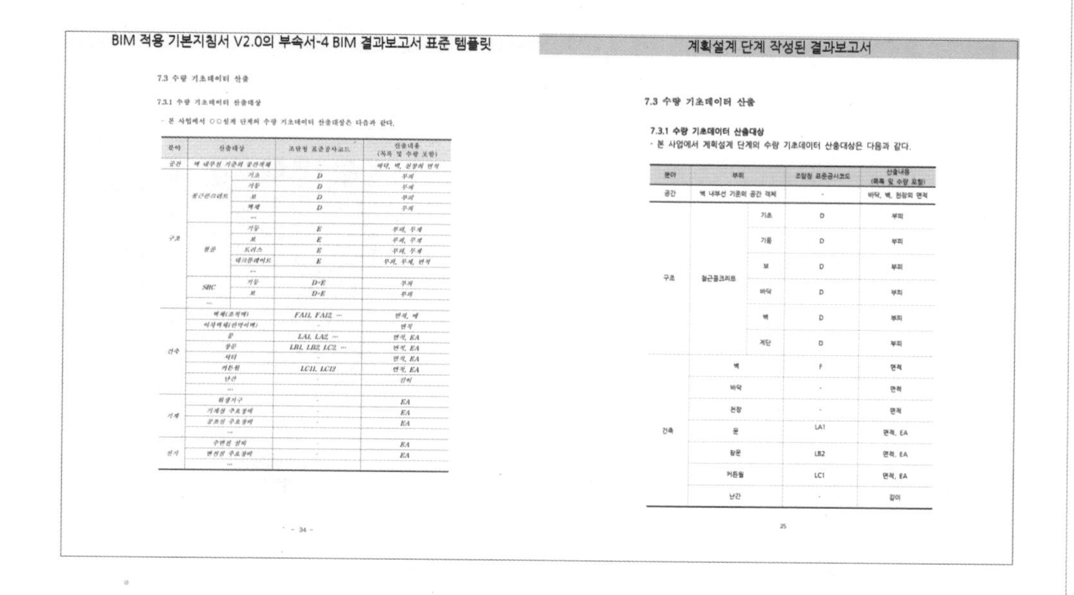

BIM 적용 기본지침서 V2.0의 부속서-4 BIM 결과보고서 표준 템플릿

7.3 수량 기초데이터 산출

7.3.1 수량 기초데이터 산출대상

- 본 사업에서 ○○설계 단계의 수량 기초데이터 산출대상은 다음과 같다.

분야	산출대상		조달청 표준공사코드	산출내용 (목록 및 수량 포함)
공간	벽 내부선 기준의 공간객체		-	바닥, 벽, 천장의 면적
구조	철근콘크리트	기초	D	부피
		기둥	D	부피
		보	D	부피
		벽체	D	부피
		…		
	철골	기둥	E	부피, 무게
		보	E	부피, 무게
		트러스	E	부피, 무게
		데크플레이트	E	부피, 무게, 면적
		…		
	SRC	기둥	D+E	부피
		보	D+E	부피
	…			
건축	벽체(조적벽)		FAI1, FAI2, …	면적, 벽
	이동벽체(칸막이벽)		-	면적
	문		LA1, LA2, …	면적, EA
	창문		LB1, LB2, LC2, …	면적, EA
	셔터		-	면적, EA
	커튼월		LC11, LC12	면적, EA
	난간		-	길이
	…			
기계	위생기구		-	EA
	기계실 주요장비		-	EA
	공조실 주요장비		-	EA
	…			
전기	수변전 설비		-	EA
	발전실 주요장비		-	EA
	…			

- 34 -

계획설계 단계 작성된 결과보고서

7.3 수량 기초데이터 산출

7.3.1 수량 기초데이터 산출대상

- 본 사업에서 계획설계 단계의 수량 기초데이터 산출대상은 다음과 같다.

분야	부위		조달청 표준공사코드	산출내용 (목록 및 수량 포함)
공간	벽 내부선 기준의 공간 객체		-	바닥, 벽, 천장의 면적
구조	철근콘크리트	기초	D	부피
		기둥	D	부피
		보	D	부피
		바닥	D	부피
		벽	D	부피
		계단	D	부피
건축	벽		F	면적
	바닥		-	면적
	천장		-	면적
	문		LA1	면적, EA
	창문		LB2	면적, EA
	커튼월		LC1	면적, EA
	난간		-	길이

25

Tip

23강 수량기초데이터 산출

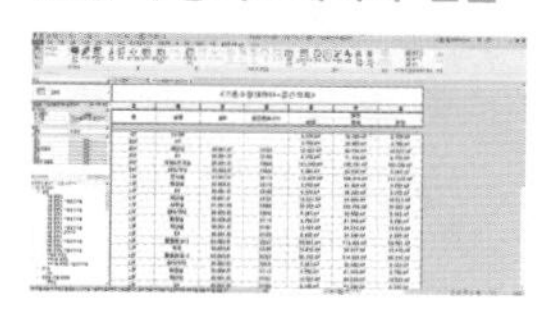

23강 내용을 참고 하여 면적 정보를 작성 할 수 있습니다.

5 본프로젝트에서 계획설계 단계의 수량기초 데이터 산출 결과를 작성합니다. (내역서와 BIM 추출 수량 비교 포함)

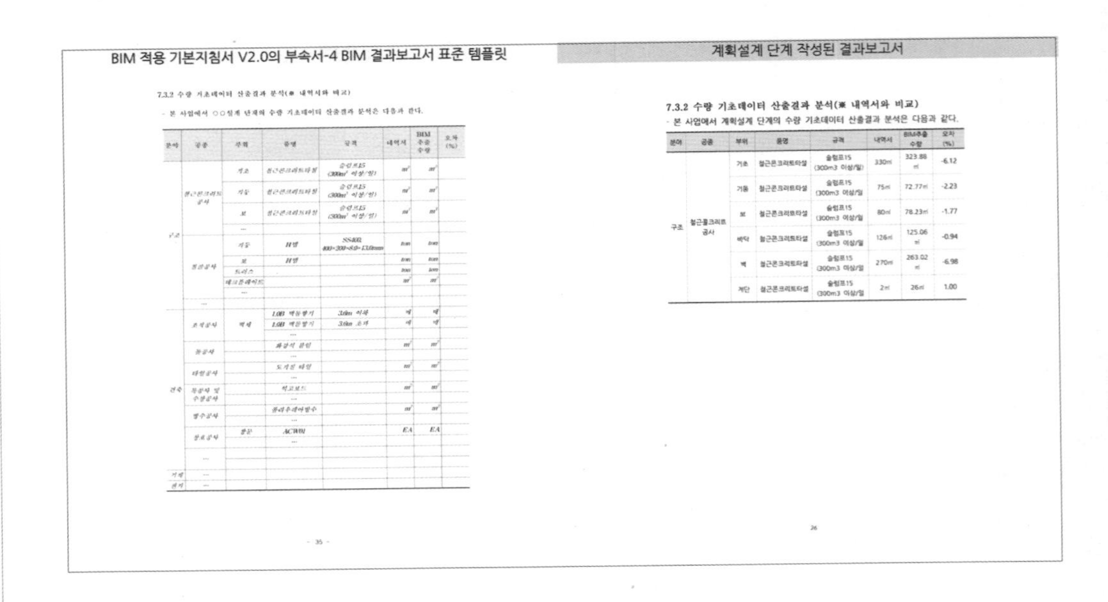

BIM 적용 기본지침서 V2.0의 부속서-4 BIM 결과보고서 표준 템플릿

7.3.2 수량 기초데이터 산출결과 분석(※ 내역서와 비교)

계획설계 단계 작성된 결과보고서

7.3.2 수량 기초데이터 산출결과 분석(※ 내역서와 비교)

- 본 사업에서 계획설계 단계의 수량 기초데이터 산출결과 분석은 다음과 같다.

분야	공종	부위	품명	규격	내역서	BIM추출 수량	오차 (%)
구조	철근콘크리트 공사	기초	철근콘크리트타설	슬럼프15 (300m3 이상/일)	330㎥	323.88㎥	-6.12
		기둥	철근콘크리트타설	슬럼프15 (300m3 이상/일	75㎥	72.77㎥	-2.23
		보	철근콘크리트타설	슬럼프15 (300m3 이상/일	80㎥	78.23㎥	-1.77
		바닥	철근콘크리트타설	슬럼프15 (300m3 이상/일	126㎥	125.06㎥	-0.94
		벽	철근콘크리트타설	슬럼프15 (300m3 이상/일	270㎥	263.02㎥	-6.98
		계단	철근콘크리트타설	슬럼프15 (300m3 이상/일	2㎥	26㎥	1.00

Tip

시설사업 BIM 적용기본 지침서 V2.0

BIM적용 기본지침서 기준 환경 시뮬레이션은 선택사항입니다.

6 환경 시뮬레이션은 선택사항이므로 해당 프로젝트에 따라 검토된 시뮬레이션을 작성합니다. 또한 BIM데이터 활용방안은 계획단계까지 계약되어 있으면 이후 방안에 활용 계획이 없음으로 작성합니다.

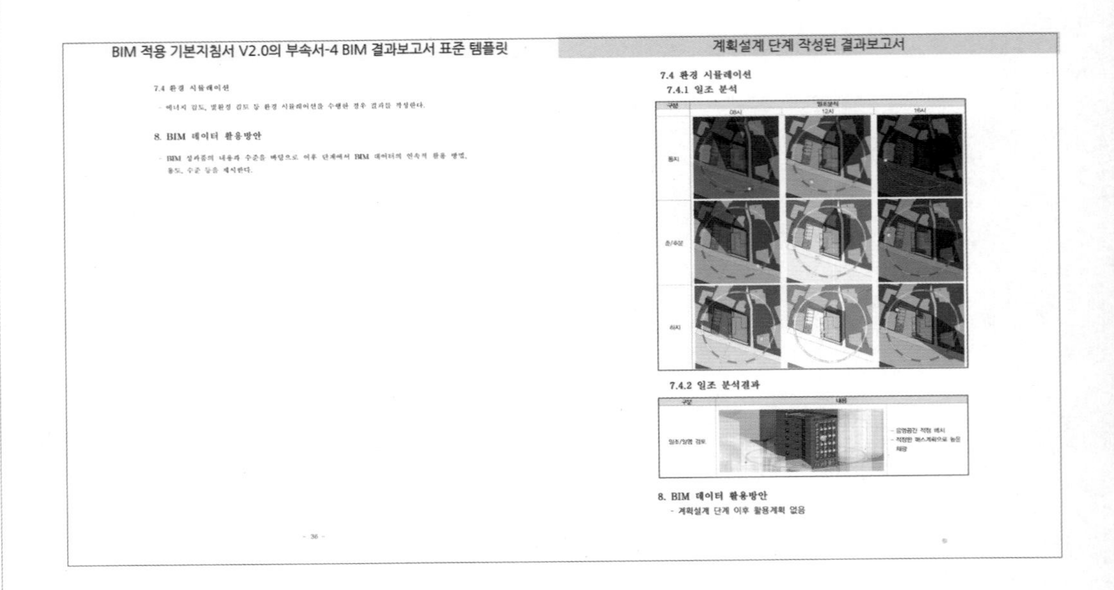

BIM 적용 기본지침서 V2.0의 부속서-4 BIM 결과보고서 표준 템플릿

7.4 환경 시뮬레이션

8. BIM 데이터 활용방안

계획설계 단계 작성된 결과보고서

7.4 환경 시뮬레이션

7.4.1 일조 분석

7.4.2 일조 분석결과

구분	내용
일조/일영 검토	- 음영공간 적정 배치 - 적정한 매스계획으로 높은

8. BIM 데이터 활용방안

- 계획설계 단계 이후 활용계획 없음

7 BIM 성과품은 목록을 작성하고 관리하며 성과품 목록은 시설사업 BIM 적용기본 지침서 V2.0 기준으로 작성합니다.

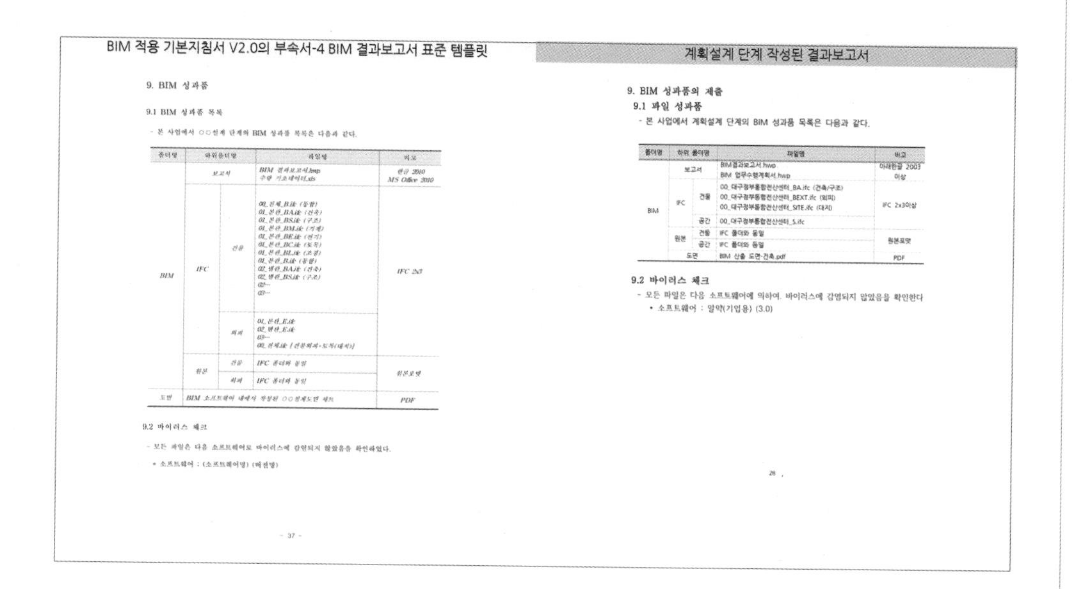

BIM 적용 기본지침서 V2.0의 부속서-4 BIM 결과보고서 표준 템플릿

9. BIM 성과품

9.1 BIM 성과품 목록

- 본 사업에서 ○○설계 단계의 BIM 성과품 목록은 다음과 같다.

폴더명	하위폴더명		파일명	비고
BIM	보고서		BIM 결과보고서.hwp 수량 기초데이터.xls	한글 2010 MS Office 2010
	IFC	건물	00_전체_B.ifc (통합) 01_본관_BA.ifc (건축) 01_본관_BS.ifc (구조) 01_본관_BM.ifc (기계) 01_본관_BE.ifc (전기) 01_본관_BC.ifc (토목) 01_본관_BL.ifc (조경) 01_본관_B.ifc (통합) 02_별관_BA.ifc (건축) 02_별관_BS.ifc (구조) 02-… 03-…	IFC 2x3
		외피	01_본관_E.ifc 02_별관_E.ifc 03-… 00_전체.ifc (건물외피+토목(대지))	
	원본	건물	IFC 폴더와 동일	원본포맷
		외피	IFC 폴더와 동일	
도면	BIM 소프트웨어 내에서 작성된 ○○설계도면 세트			PDF

9.2 바이러스 체크

- 모든 파일은 다음 소프트웨어로 바이러스에 감염되지 않았음을 확인하였다.
  - 소프트웨어 : (소프트웨어명) (버전명)

- 37 -

계획설계 단계 작성된 결과보고서

9. BIM 성과품의 제출

9.1 파일 성과품

- 본 사업에서 계획설계 단계의 BIM 성과품 목록은 다음과 같다.

폴더명	하위 폴더명		파일명	비고
BIM	보고서		BIM결과보고서.hwp BIM 업무수행계획서.hwp	아래한글 2003 이상
	IFC	건물	00_대구정부통합전산센터_BA.ifc (건축/구조) 00_대구정부통합전산센터_BEXT.ifc (외피) 00_대구정부통합전산센터_SITE.ifc (대지)	IFC 2x3이상
		공간	00_대구정부통합전산센터_S.ifc	
	원본	건물	IFC 폴더와 동일	원본포맷
		공간	IFC 폴더와 동일	
	도면		BIM 산출 도면-건축.pdf	PDF

9.2 바이러스 체크

- 모든 파일은 다음 소프트웨어에 의하여, 바이러스에 감염되지 않았음을 확인한다
  - 소프트웨어 : 알약(기업용) (3.0)

8 책임과 권리는 지침서 기준으로 작성되며 해당 설계사에 맞게 작성합니다.

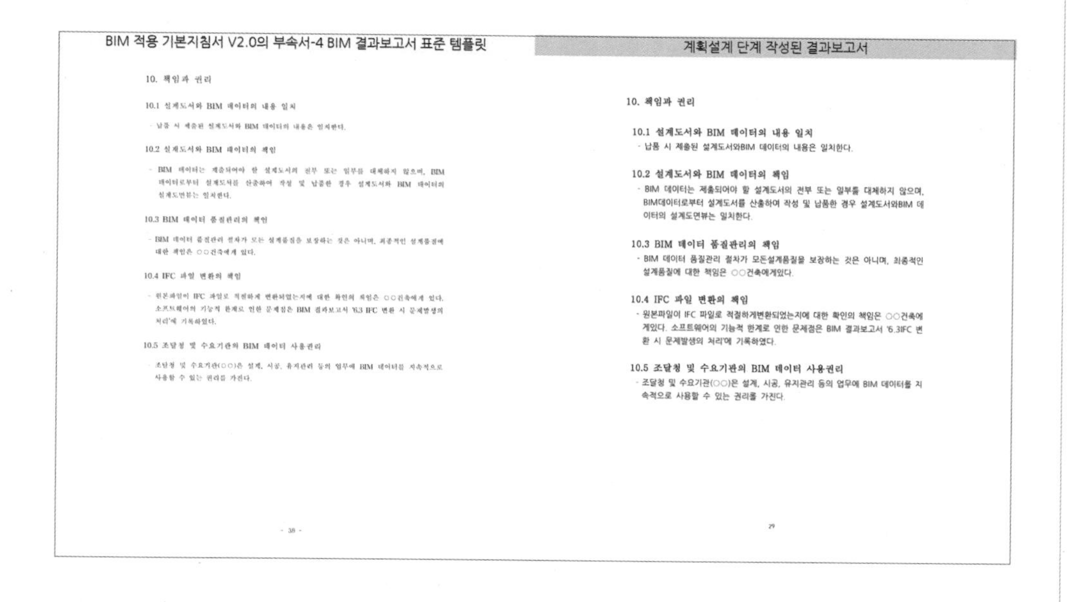

BIM 적용 기본지침서 V2.0의 부속서-4 BIM 결과보고서 표준 템플릿

10. 책임과 권리

10.1 설계도서와 BIM 데이터의 내용 일치

- 납품 시 제출된 설계도서와 BIM 데이터의 내용은 일치한다.

10.2 설계도서와 BIM 데이터의 책임

- BIM 데이터는 제출되어야 할 설계도서의 전부 또는 일부를 대체하지 않으며, BIM 데이터로부터 설계도서를 산출하여 작성 및 납품한 경우 설계도서와 BIM 데이터의 설계도면뷰는 일치한다.

10.3 BIM 데이터 품질관리의 책임

- BIM 데이터 품질관리 절차가 모든 설계품질을 보장하는 것은 아니며, 최종적인 설계품질에 대한 책임은 ○○건축에게 있다.

10.4 IFC 파일 변환의 책임

- 원본파일이 IFC 파일로 적절하게 변환되었는지에 대한 확인의 책임은 ○○건축에게 있다. 소프트웨어의 기능적 한계로 인한 문제점은 BIM 결과보고서 '6.3 IFC 변환 시 문제발생의 처리'에 기록하였다.

10.5 조달청 및 수요기관의 BIM 데이터 사용권리

- 조달청 및 수요기관(○○)은 설계, 시공, 유지관리 등의 업무에 BIM 데이터를 지속적으로 사용할 수 있는 권리를 가진다.

- 38 -

계획설계 단계 작성된 결과보고서

10. 책임과 권리

10.1 설계도서와 BIM 데이터의 내용 일치

- 납품 시 제출된 설계도서와BIM 데이터의 내용은 일치한다.

10.2 설계도서와 BIM 데이터의 책임

- BIM 데이터는 제출되어야 할 설계도서의 전부 또는 일부를 대체하지 않으며, BIM데이터로부터 설계도서를 산출하여 작성 및 납품한 경우 설계도서와BIM 데이터의 설계도면뷰는 일치한다.

10.3 BIM 데이터 품질관리의 책임

- BIM 데이터 품질관리 절차가 모든설계품질을 보장하는 것은 아니며, 최종적인 설계품질에 대한 책임은 ○○건축에게있다.

10.4 IFC 파일 변환의 책임

- 원본파일이 IFC 파일로 적절하게변환되었는지에 대한 확인의 책임은 ○○건축에게있다. 소프트웨어의 기능적 한계로 인한 문제점은 BIM 결과보고서 '6.3IFC 변환 시 문제발생의 처리'에 기록하였다.

10.5 조달청 및 수요기관의 BIM 데이터 사용권리

- 조달청 및 수요기관(○○)은 설계, 시공, 유지관리 등의 업무에 BIM 데이터를 지속적으로 사용할 수 있는 권리를 가진다.

Tip

IFC 내보내기

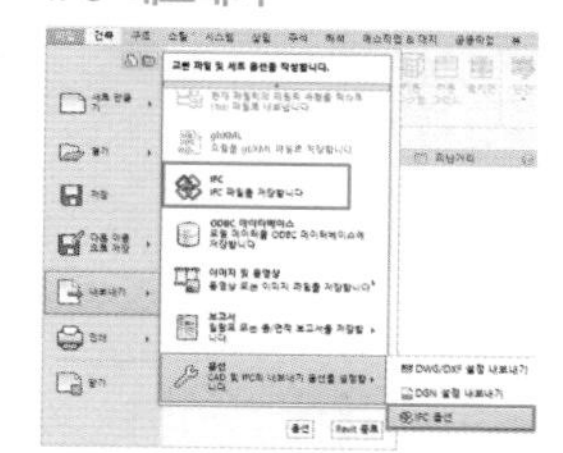

IFC 옵션 : 객체별로 내보낼 수 있는 옵션 설정

IFC : 옵션에 따라서 IFC 2x3 이상 내보낼수 있다

Tip

IFC 뷰어

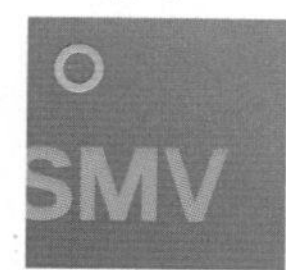

Solibri Model Viewer로 IFC 파일을 열어 볼 수 있습니다.

9 데이터 작성 체크리스트를 참고하여 준수여부를 체크 합니다.

BIM 적용 기본지침서 V2.0의 부속서-4 BIM 결과보고서 표준 템플릿

[붙임] BIM 데이터 작성 체크리스트

구분	내용	준수여부 (O,X)
공통사항	BIM 데이터 작성 시 모든 객체는 건물의 부위단위로 구분하여 작성하였다.	
	입력대상의 건물 부위객체는 BIM 소프트웨어의 해당 객체 작성기능을 사용하였다.	
	BIM 데이터의 단위는 mm를 기준으로 하였다.	
	BIM 데이터의 치수는 사실과 다르게 임의로 조정된 바 없다.	
	모든 건물 부위객체는 층 단위로 작성되었다. 단, 다음의 경우는 예외를 적용하였다. : 내용	
	BIM 데이터에서의 층의 명칭은 다음과 같이 사용하였다. : 내용	
	모든 창호는 벽에 속하도록 입력하였다.	
	시설물 개요에 대한 "사업정보"를 입력하였다.	
	모든 공간객체에 조달청이 정한 "실명", "실ID", "공간분류코드" 정보를 입력하였다.	
	모든 부위객체에 조달청이 정한 "라이브러리명"을 부여하였다.	
	건축 및 구조 부위객체에 조달청이 정한 "부재명", "조달청 표준공사코드" 정보를 입력하였다.	
	데크플레이트는 바닥(슬래브) 객체로 입력하였다.(데크플레이트 존재 시)	
환경 시뮬레이션 (선택사항)	건물의 내부와 외부에 공기가 통하는 뚫린 공간이 없도록 모델링되었다.	
	부위객체의 종류 중 바닥, 벽체, 지붕, 기둥, 문, 창문, 커튼월 7종에 대하여 외기에 면한 부위객체는 반드시 정보를 부여(IsExternal 값이 True가 되도록)하였다.	
	부위객체의 종류 중 벽체, 지붕, 문, 창문, 커튼월 5종에 대하여 외기에 면한 부위객체는 반드시 "열관류율" 정보를 부여하였다.	

- 39 -

계획설계 단계 작성된 결과보고서

- BIM 데이터의 작성시 조달청의 지침에 따라 다음사항을 준수하였다.

구분	분야	준수여부 (○,×)
공통사항	BIM데이터 작성 시 모든 객체는 건물의 부위단위로 구분하여 작성하였다.	○
	입력대상의 건물 부위객체는 BIM 소프트웨어의 해당 객체의 작성기능을 사용하였다.	○
	BIM데이터의 단위는 mm를 기준으로 하였다.	○
	BIM데이터의 치수는 사실과 다르게 임의로 조정된 바 없다.	○
	모든 건물부위객체는 층 단위로 작성되었다. 단, 다음의 경우는 예외를 적용하였다. : 외벽 커튼월, 외부루버	○ (△)
	BIM데이터에서의 층의 명칭은 다음과 같이 사용하였다 : 지하1층 평면도, 지상1층 평면도, 지상2층 평면도, 지상3층 평면도 ,지상4층 평면도, 지상5층 평면도, 지상6층 평면도, 지붕층 평면도	○
	모든 창호는 벽에 속하도록 입력하였다 (일부 복잡한 외벽에 속한 창호는 범용객체로 작성함)	○
	시설물 개요에 대한 "사업정보"를 입력하였다.	○
	모든공간객체에 조달청이 정한 "실명", "실ID", "공간분류코드"정보를 입력하였다.	○
	모든부위객체에 조달청이 정한 "라이브러리명"을 부여하였다.	○
	건축 및 구조 부위객체에 조달청이 정한 "부재명", "조달청 표준공사코드"정보를 입력하였다.	○
환경 시뮬레이션 (선택사항)	건물의 내부와외부에 공기가 통하는 뚫린공간이 없도록 모델링되었다.	○
	부위객체의 종류 중 바닥, 벽체, 지붕, 기둥, 문, 창문, 커튼월 7종에 대하여 외기에 면한 부위객체는 반드시 정보를 부여(IsExternal값이 True가 되도록)하였다.	○
	부위객체의 종류 중 벽체, 지붕, 문, 창문, 커튼월 5종에 대하여 외기에 면한 부위객체는 반드시 "열관류율"정보를 부여하였다.	○

30

- 한솔아카데미 자료실 www.bestbook.co.kr
- BIMer 온라인커뮤니티 https://blog.naver.com/bimfactory

memo

BIMFACTORY
COMPANY

제 27 편

Revit Tip

Section

27

Revit Tip

27강에서는 본문에서 다루지 못한 내용 중 실무에서 변경이 필요한 주석이나 패밀리 만들기 등을 소개하도록 하겠습니다. 실무에서 쓰일 수 있는 Tip 학습을 통해 BIM 실무자로서의 역량을 향상시키기 바랍니다.

POINT

- 주석 만들기
- 기존 패밀리 활용 하여 새로운 패밀리 구축하기

chapter 01 그리드 주석 만들기

1 회사 또는 프로젝트 마다 그리드 주석 모양이 다릅니다 이를 활용 하기 위해 기본 패밀리를 이용해 새로운 그리드를 만들어 보겠습니다.
Revit을 실행합니다.
패밀리 [열기] ➡ [주석] ➡ [그리드 헤드 - 원.rfa] 선택하여 열기를 클릭 합니다.

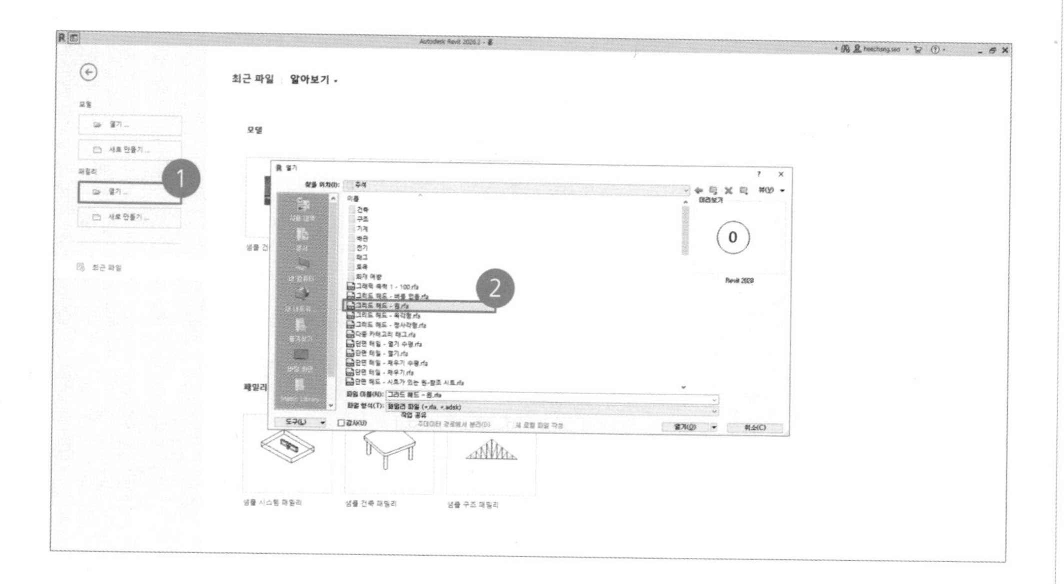

2 다음과 같이 Revit의 작업 인터페이스가 열립니다. 가시성/그래픽을 재지정 하기 위해 단축키[VV] ➡ [주석카테고리] ➡ [참조평면 체크] ➡ [치수 체크] ➡ [확인]을 클릭 합니다.

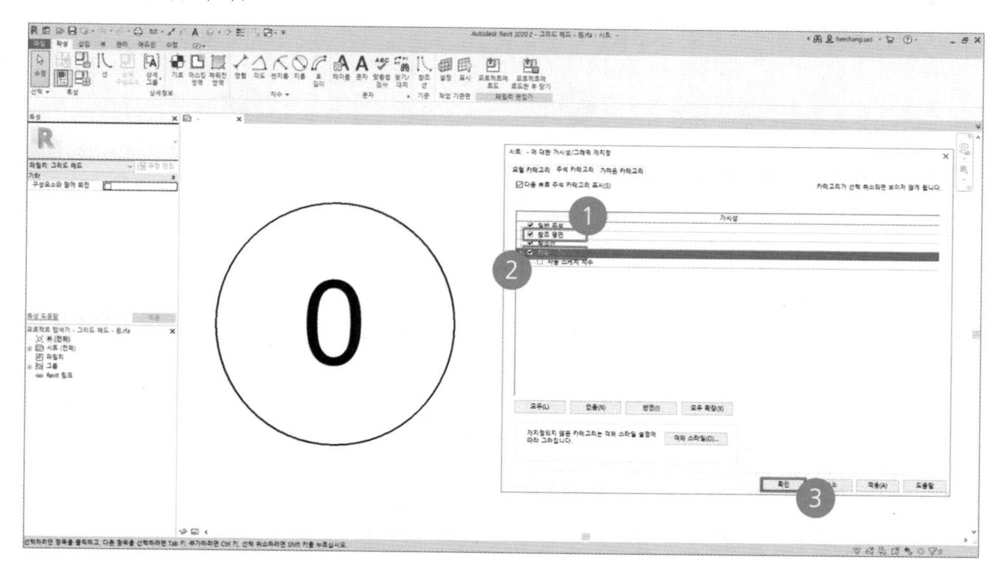

3 작업 화면에 참조평면과 치수가 활성화 되며 작성 탭에 참조선을 선택하고 선을 추가 하겠습니다.

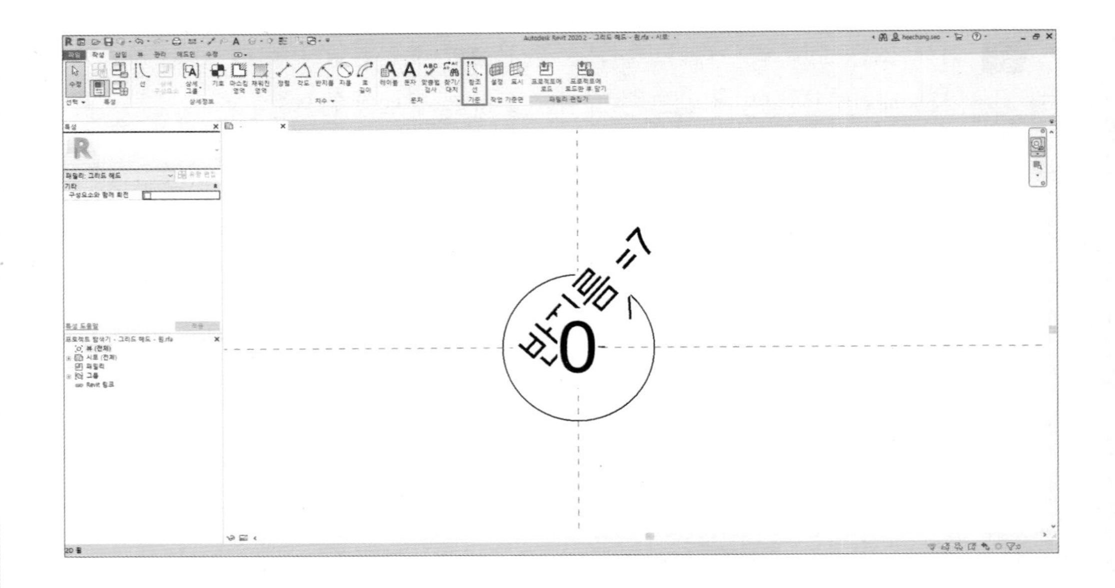

4 작성탭에서 [참조선] ➡ [그리기 선 선택] 작업 화면 상단에 그림과 같이 선을 그려 주고 Esc키를 두 번 눌러 줍니다.

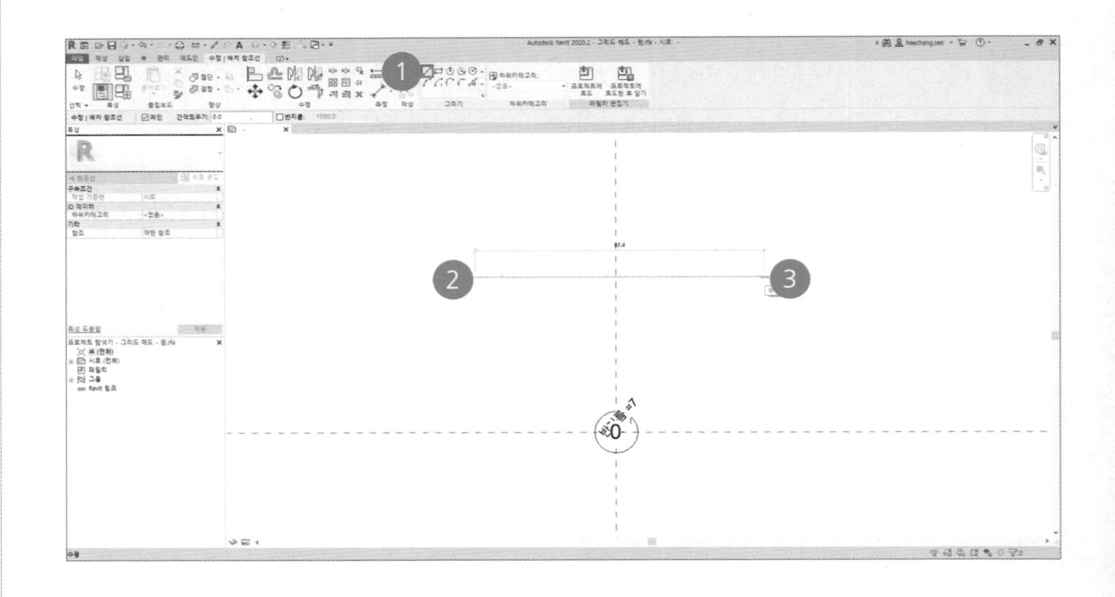

5 작업화면과 같이 드래그로 그리드 헤드, 선, 치수를 선택을 합니다.

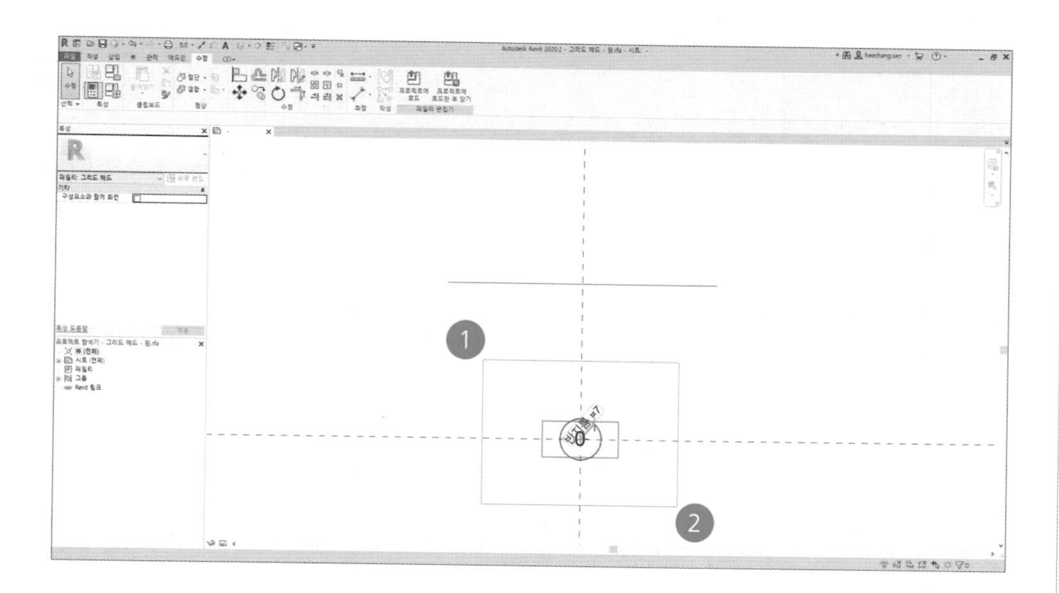

6 선택 후 단축키[MV] 후 원형 가운데를 클릭 합니다.

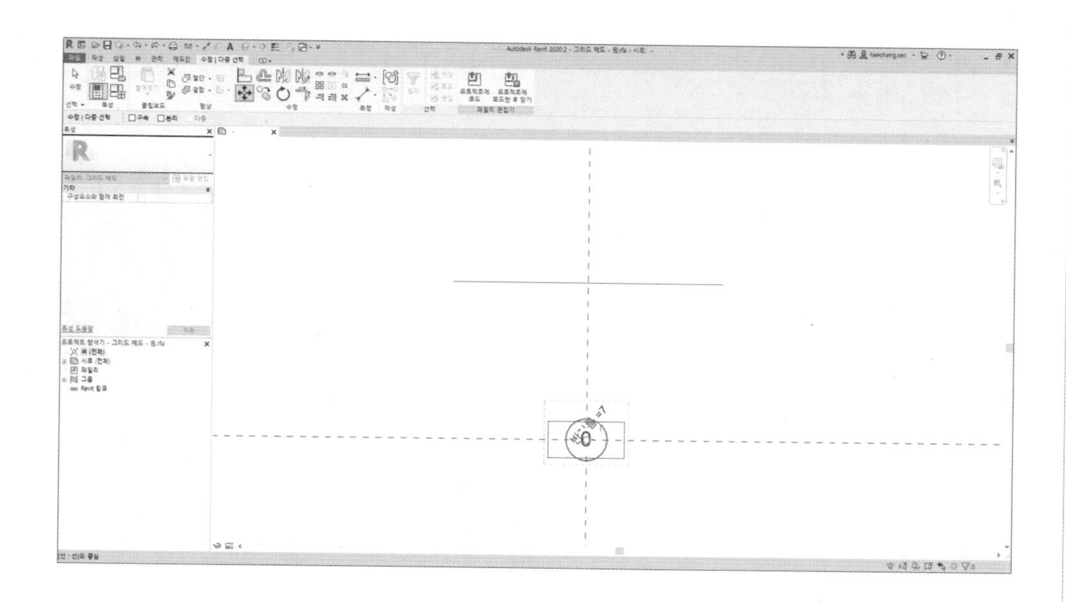

7 가운데 선택한 객체를 미리 그려 놓은 참조선과 중심선이 교차 되는 부분에 이동합니다.

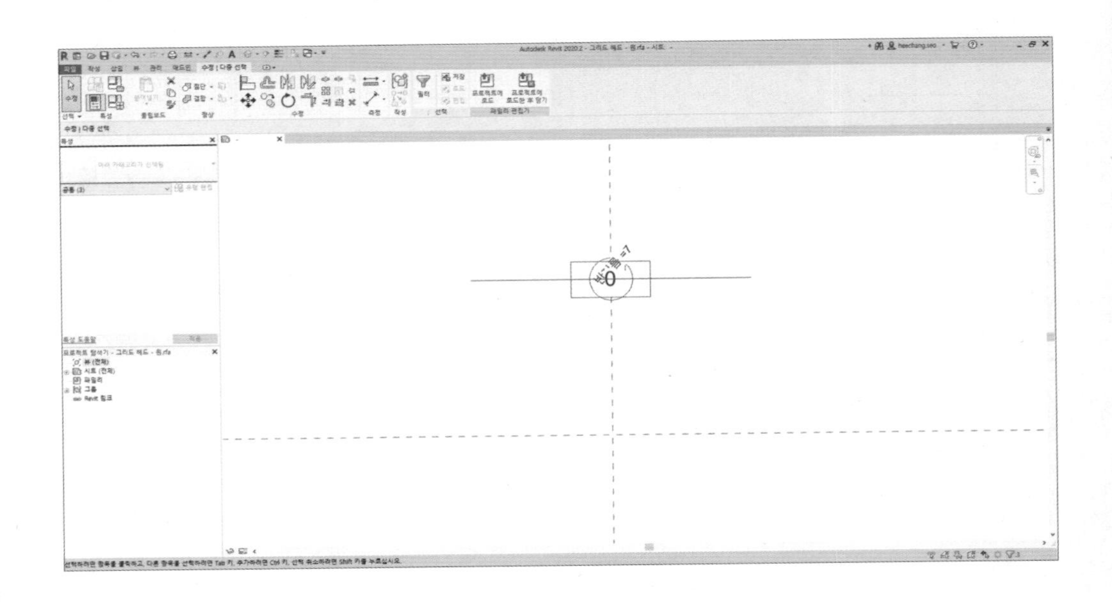

8 문자 크기를 변경 하겠습니다. [0]레이블 선택 [유형 특성] ➡ 유형 특성창에서 [복제] ➡ [나눔고딕 3mm] ➡ [확인] ➡ [문자 글꼴-나눔고딕] ➡ [문자 크기 -3mm] ➡ [확인]

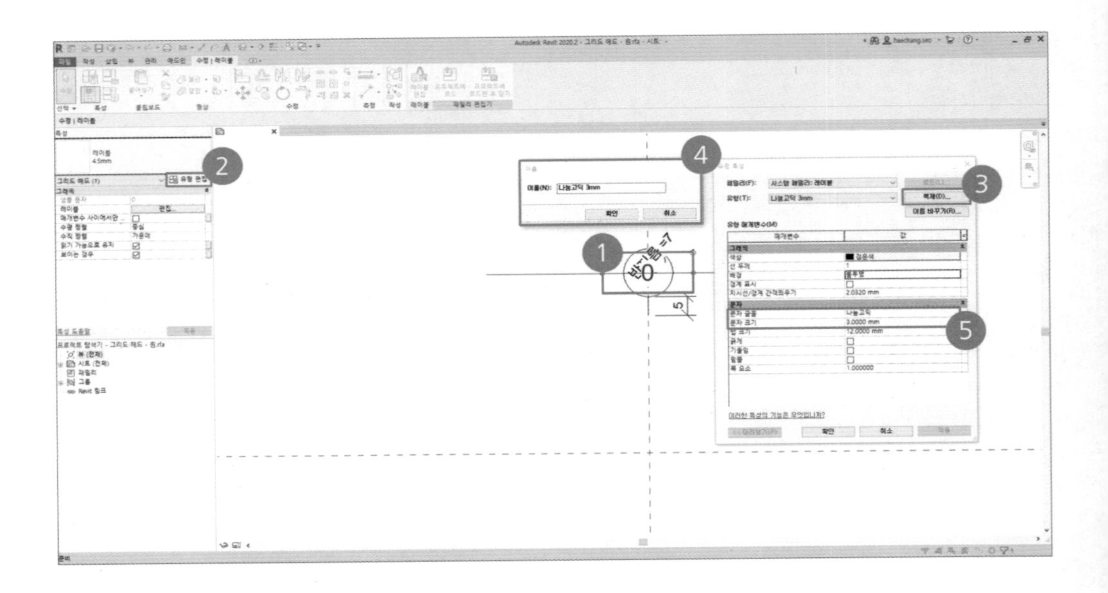

9 그리드 원형 하단에 선을 추가 하겠습니다. 작성탭 선을 클릭 합니다.

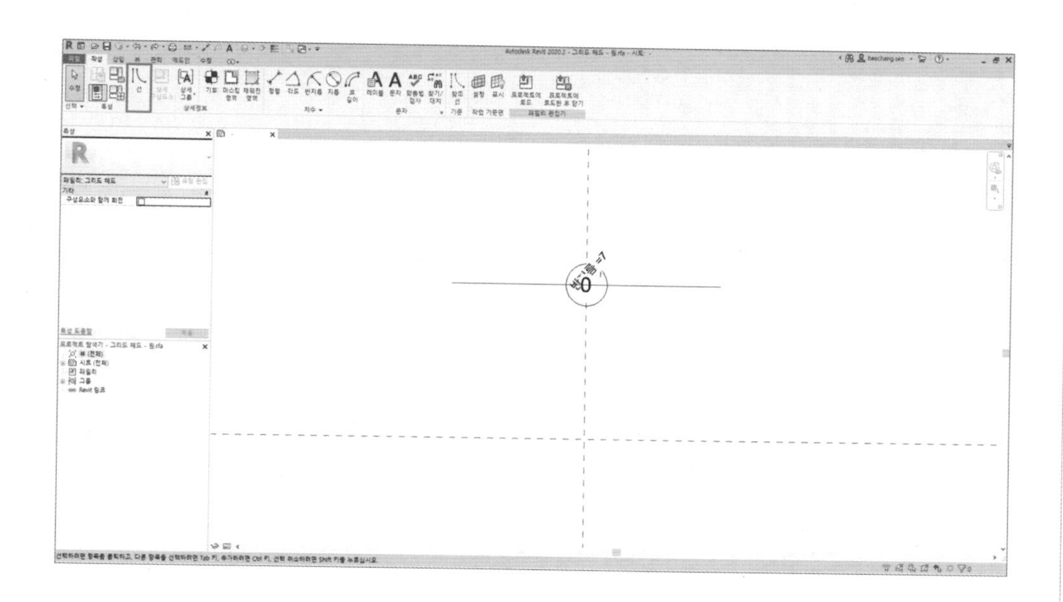

10 선을 아래 그림과 같이 그리드 원형 하부에서 치수 "5"로 그려줍니다. [작성] ➡ [정렬] 선택하여 고정치수로 만들겠습니다.

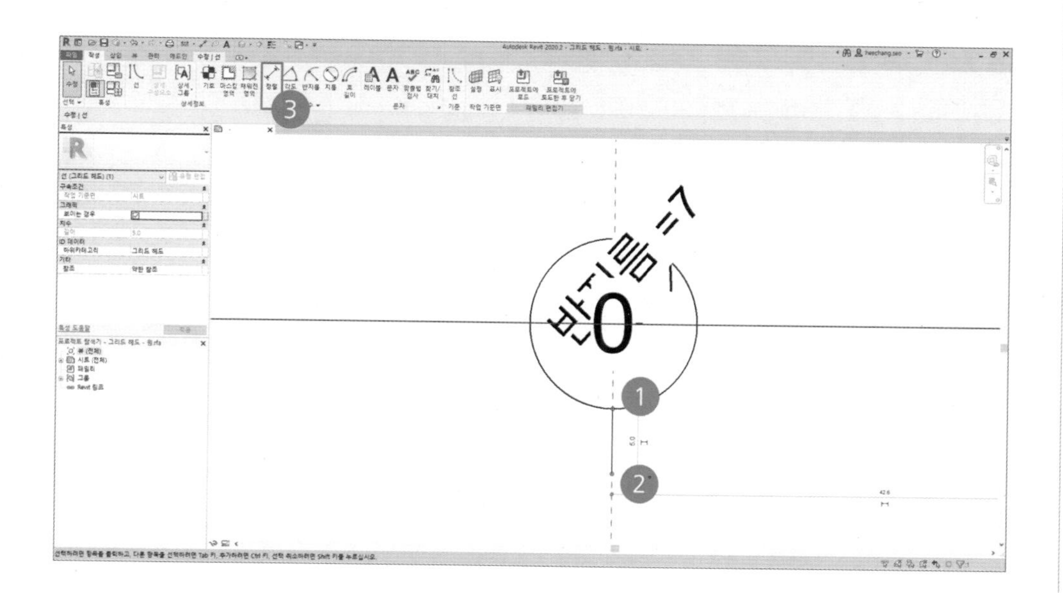

11 아래 그림과 같이 순서에 맞게 치수를 정렬합니다.

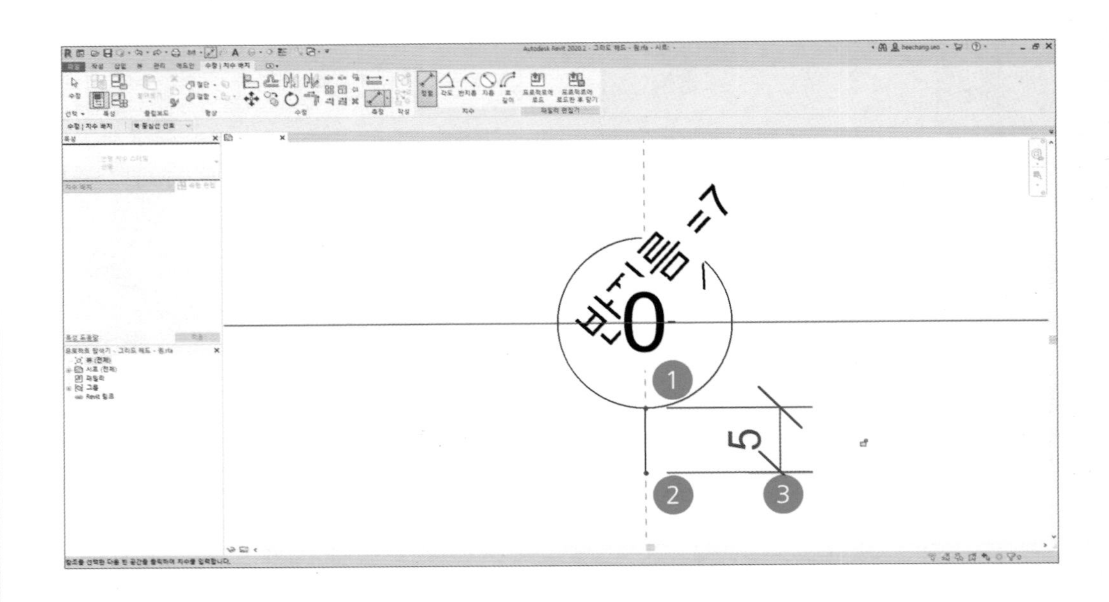

12 드래그를 이용해 그리드 헤드, 선, 치수 선택 합니다.

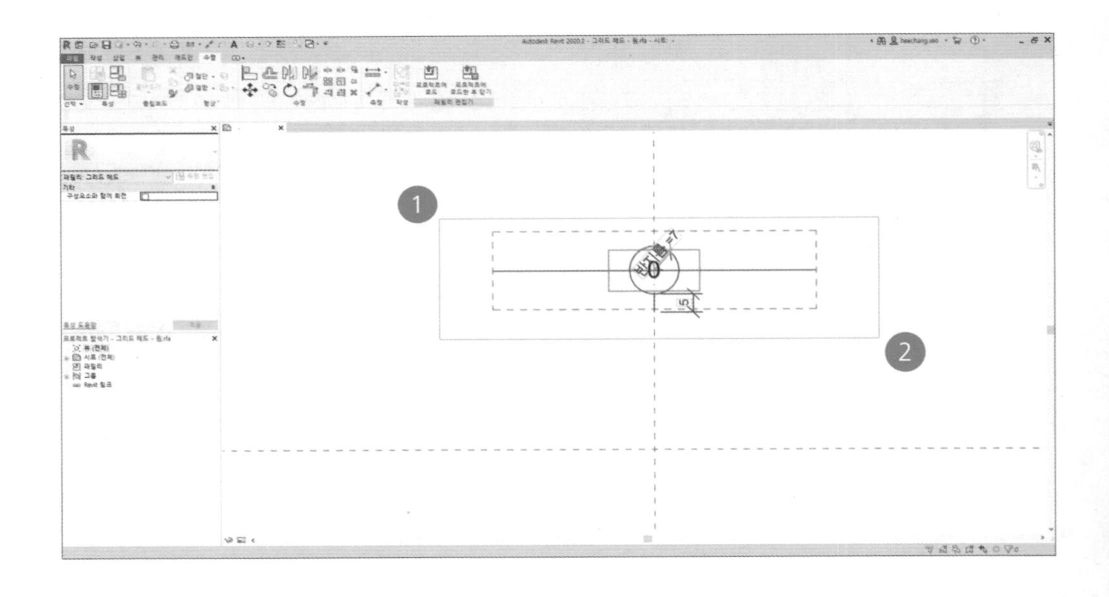

13 전체 선택 후 [그룹작성] ➡ [이름 "그리드 버블"] ➡ [확인]하여 그룹을 만들어 줍니다.

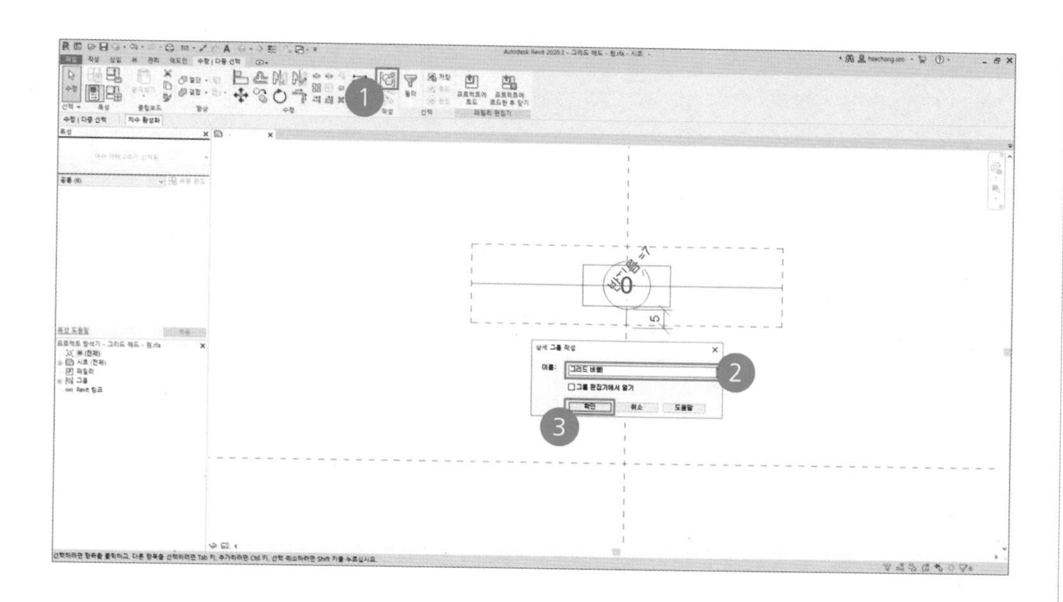

14 정렬 통해 그리드 원형 참조선을 선택 중심 참조선을 클릭하여 치수선을 만들어 줍니다.

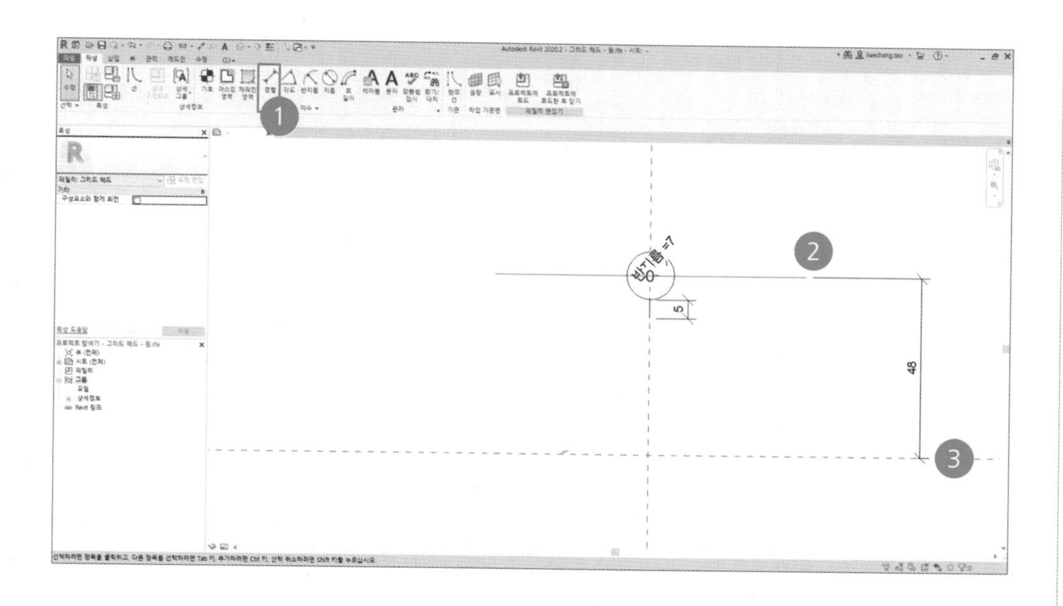

15 해당 정렬 치수에 매개변수를 추가 해줍니다. 치수 선택 후 상단 [레이블 작성] ➡ [이름-간격띄우기, 유형, 그룹 매개변수-치수] ➡ [확인] 합니다,
*간격띄우기 정렬은 중심선과 그리드 헤드의 간격을 설정을 위한 것입니다.

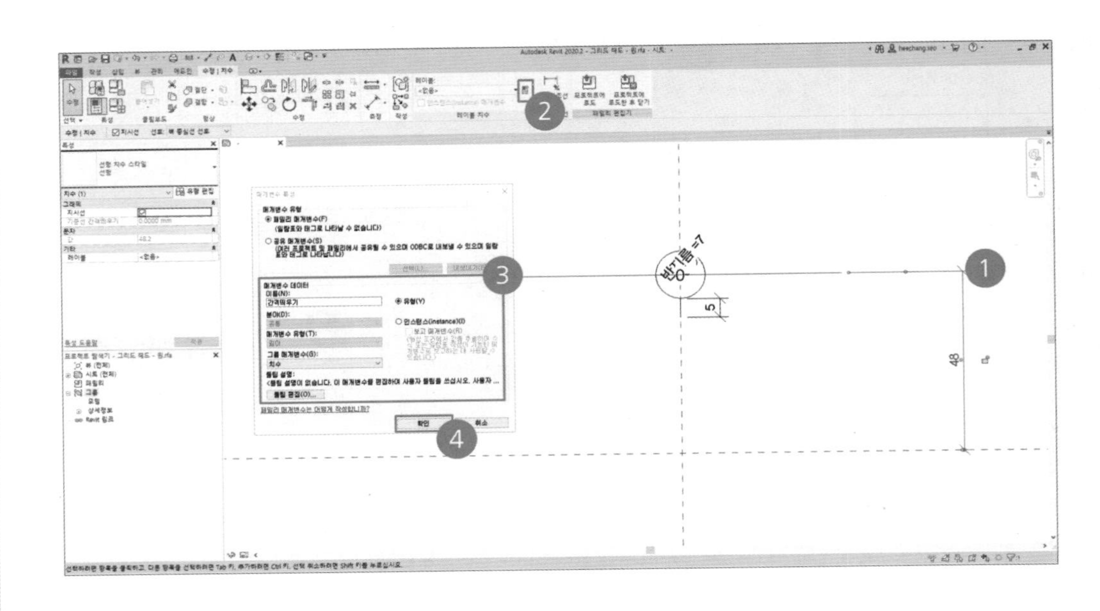

16 왼쪽 상단 [패밀리 유형] ➡ [간격띄우기 50] ➡ [확인] 하여 그룹과 간격띄우기 변동이 있는지 확인합니다.

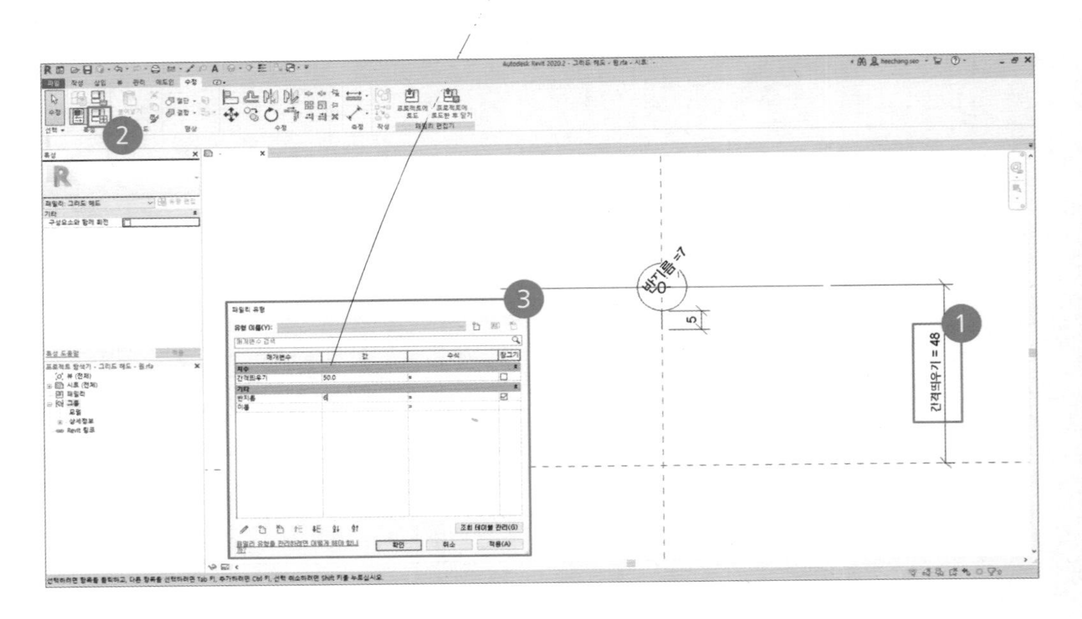

17 매개 변수에 따라 그룹이 변경되었습니다.

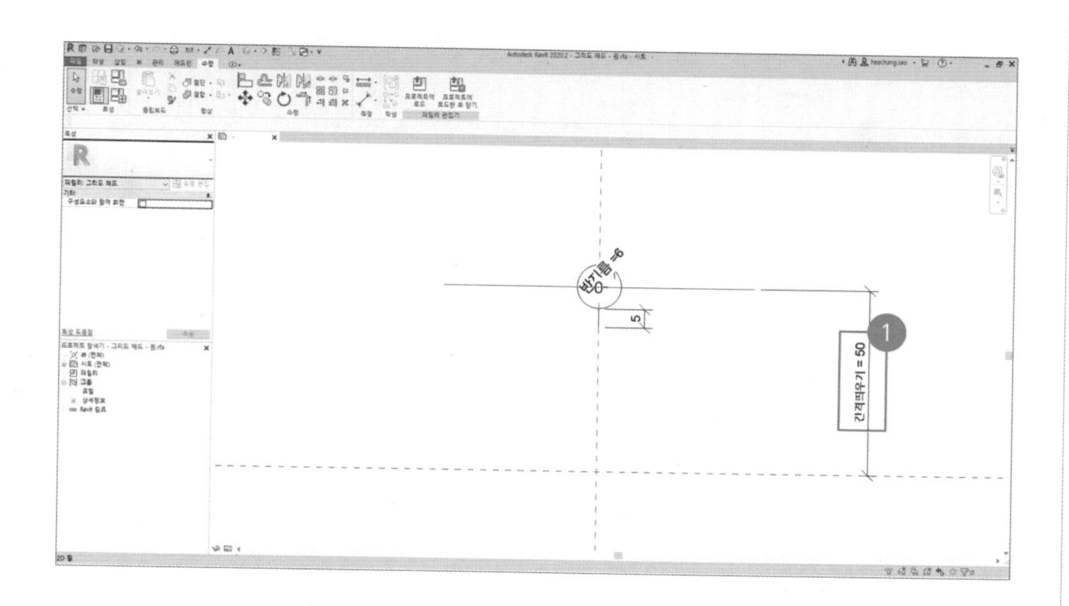

18 성공적인 패밀리 작성이 되었다면 다른 이름으로 저장 하겠습니다, 파일이름 "@그리드헤드원형.rfa" 저장합니다.

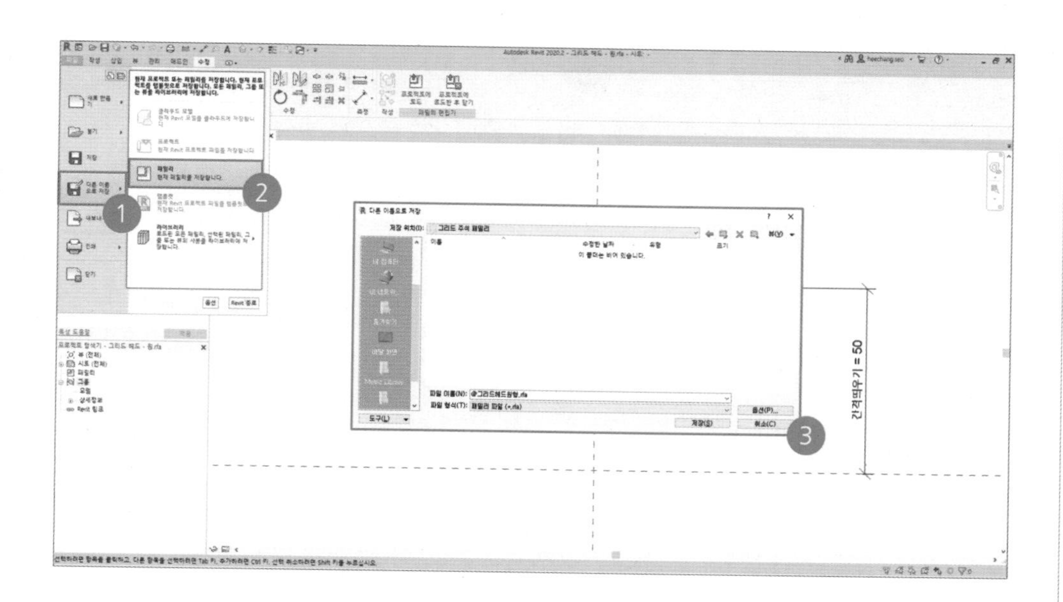

19 "3강_템플릿.rte" 열어 템플릿을 구축 해보겠습니다.

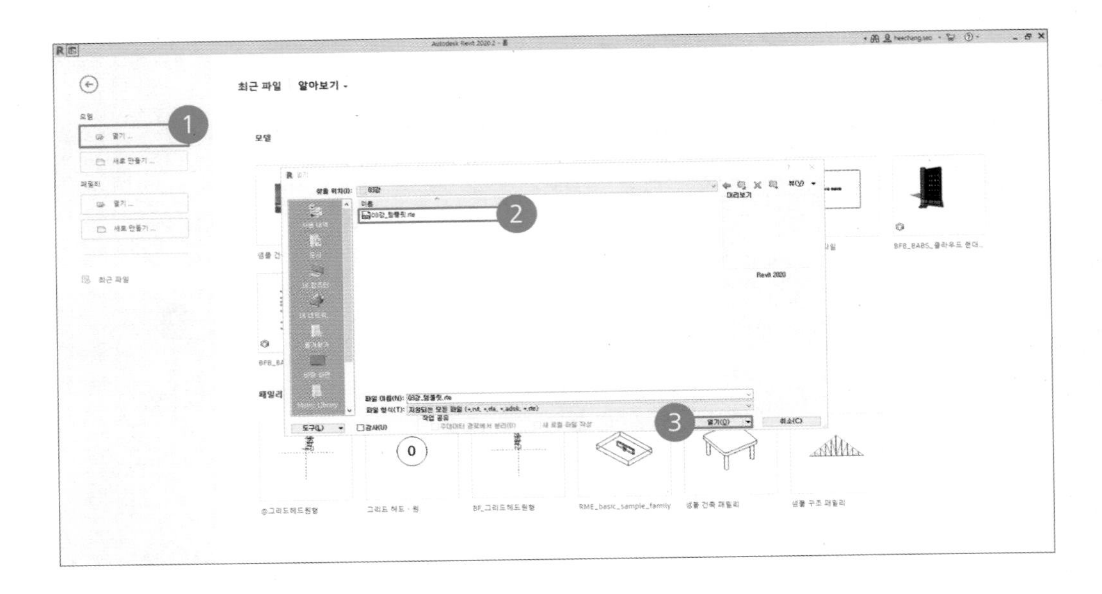

20 1층 평면도 활성 후 상단탭에 [삽입] ➡ [패밀리 로드] 합니다.

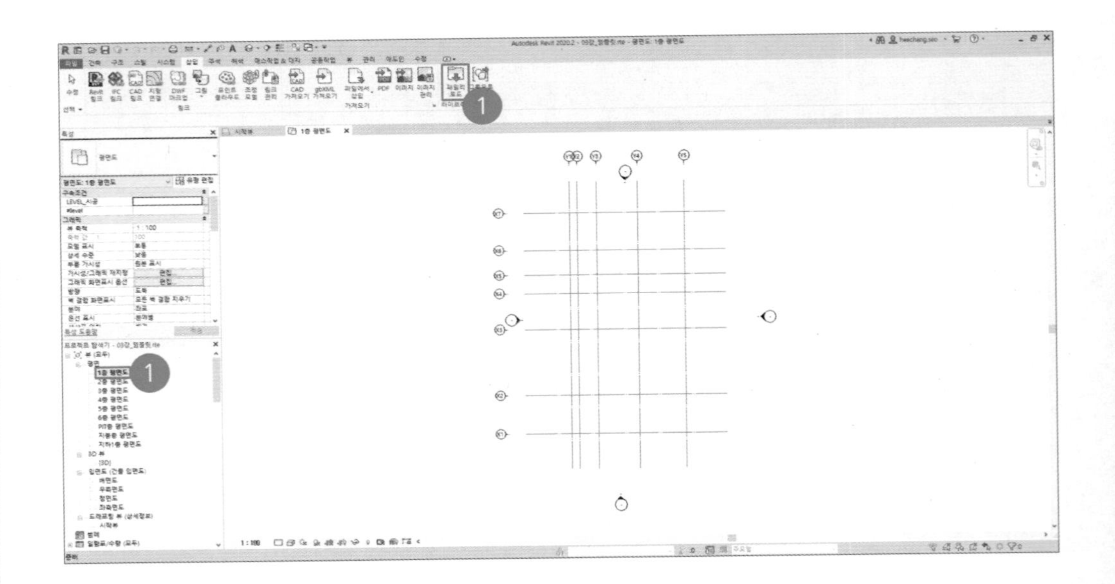

21 저장한 "@그리드헤드원형.rfa"선택 후 열기를 합니다.

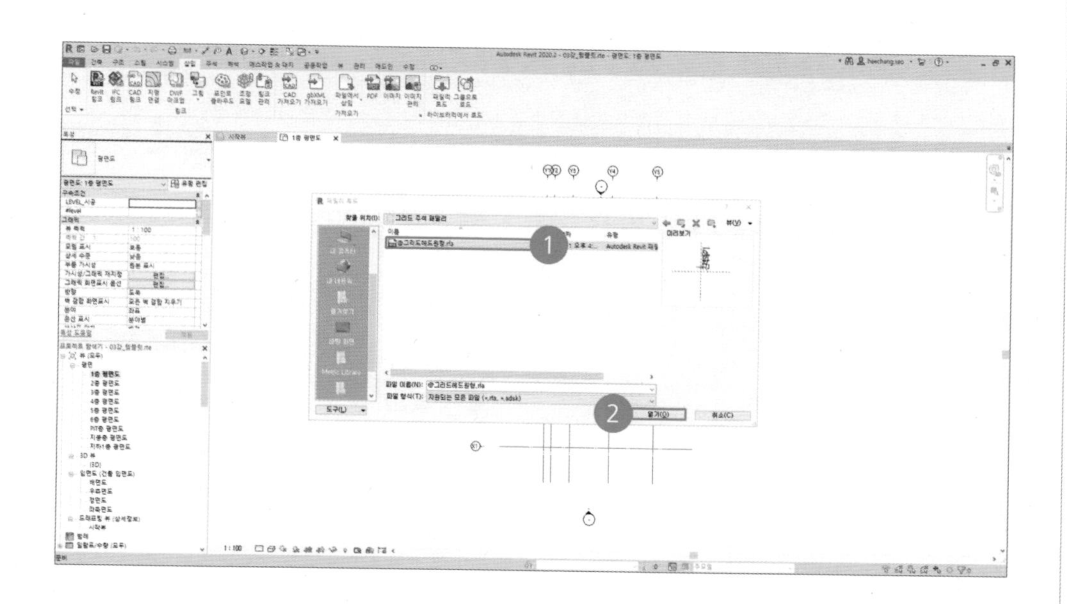

22 패밀리를 불러왔습니다. 이제 다른 유형으로 만들어 보겠습니다. [그리드 선택] ➡ [유형 편집]

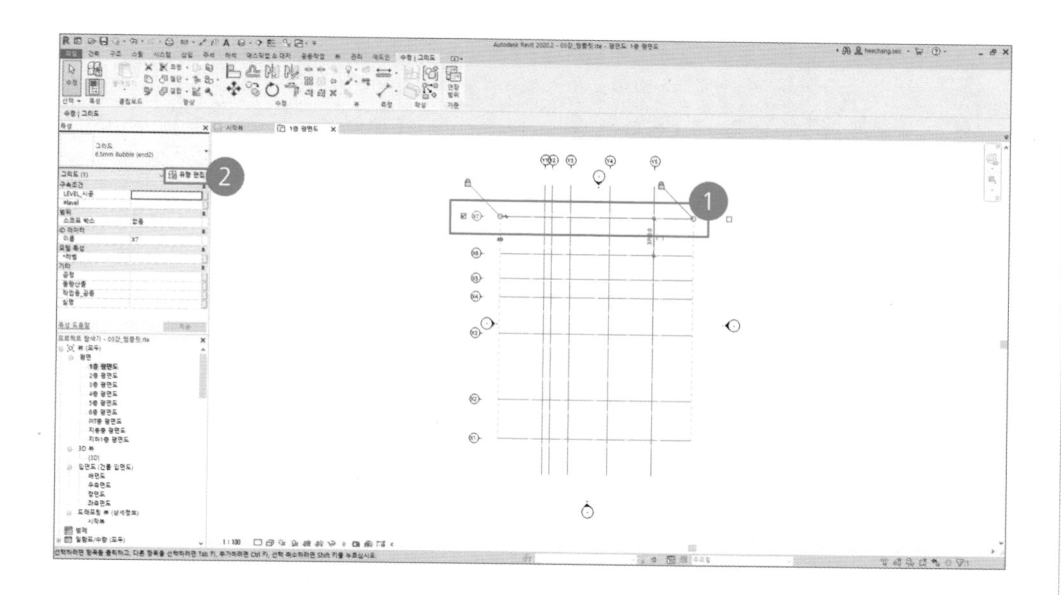

23 새로운 유형을 만들겠습니다. [복제] ➡ [이름 “나눔고딕3mmBubble”] ➡ [확인] ➡ [기호 “@그리드헤드원형”] ➡ [확인] 새로운 유형이 구축 되었습니다.
*@그리드헤드원형 패밀리는 기호 매개변수로 들어 가게 됩니다.

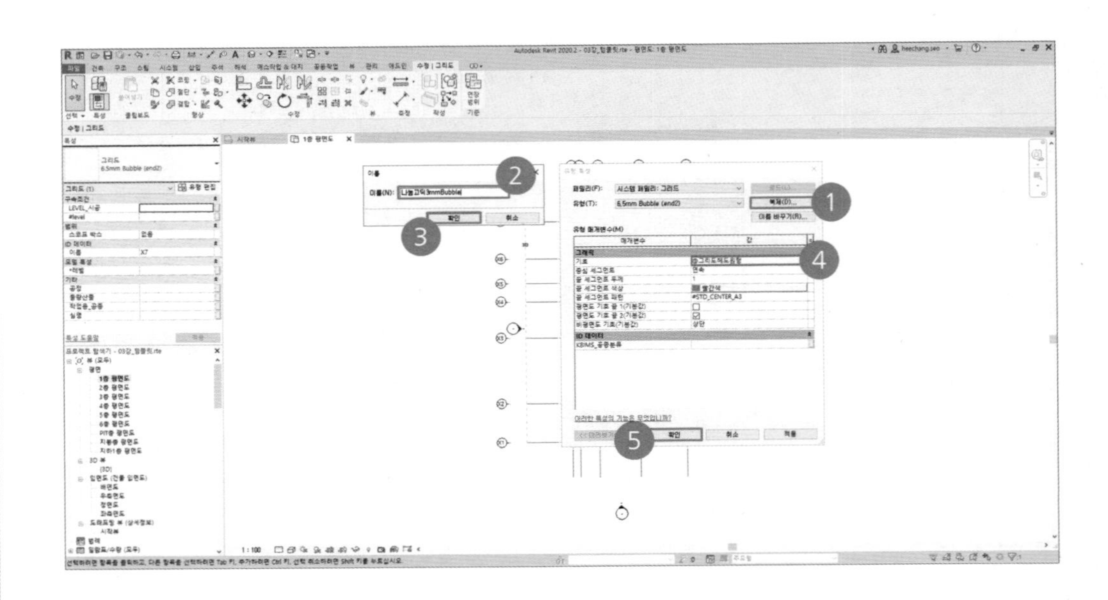

24 아래와 그림과 같이 새로운 그리드 버블이 구축 되었습니다.

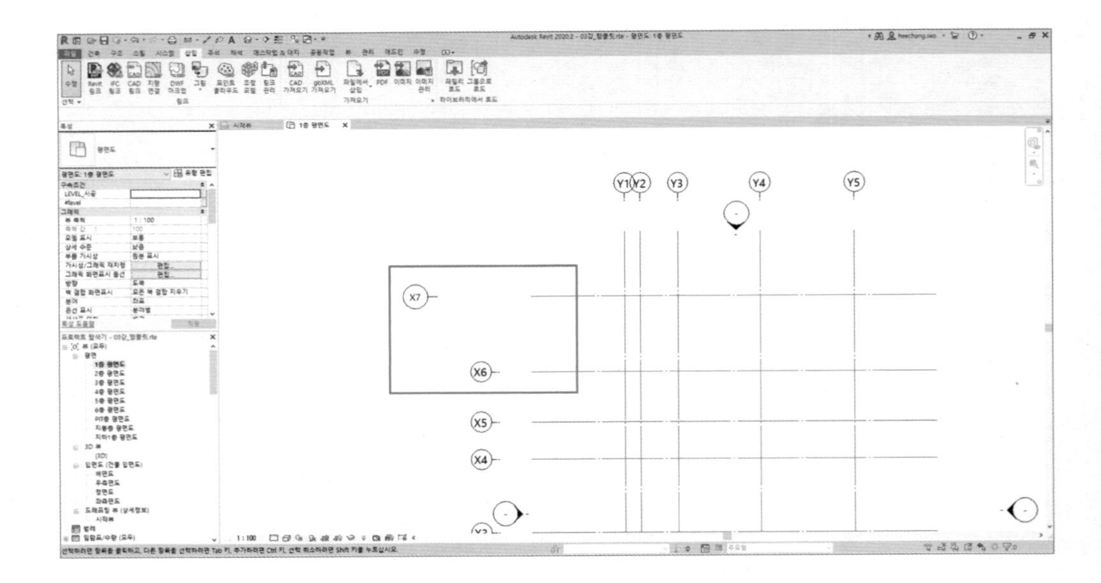

25 작업 화면에서 전체를 선택 후 필터에서 그리드를 제외한 나머지 부분을 체크 해제 합니다.

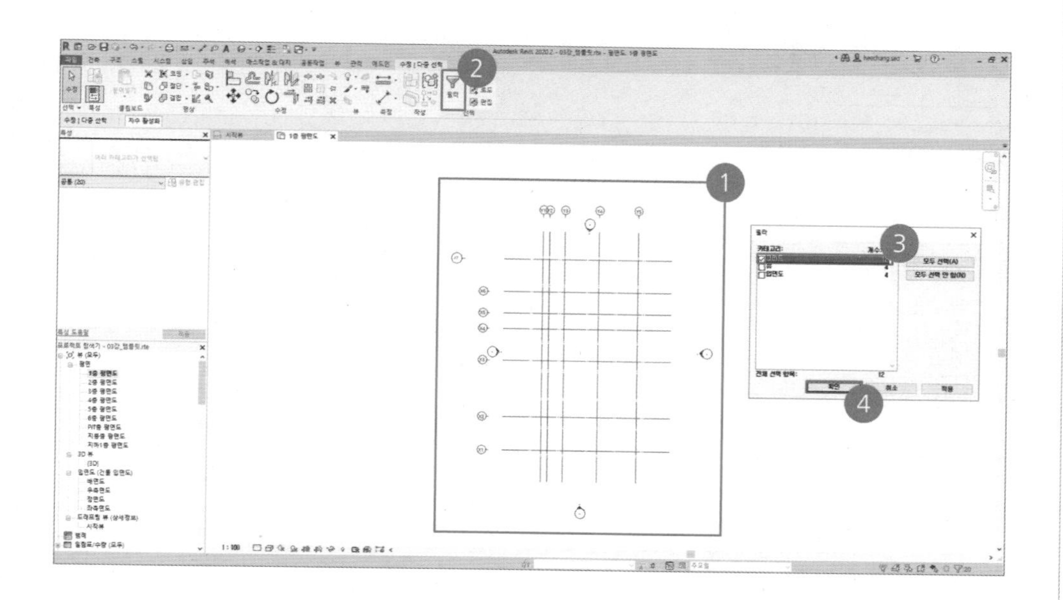

26 그리드만 선택 후에 왼쪽 유형에서 "나눔고딕3mmBubble" 선택하여 그리드 전부를 변경 합니다.

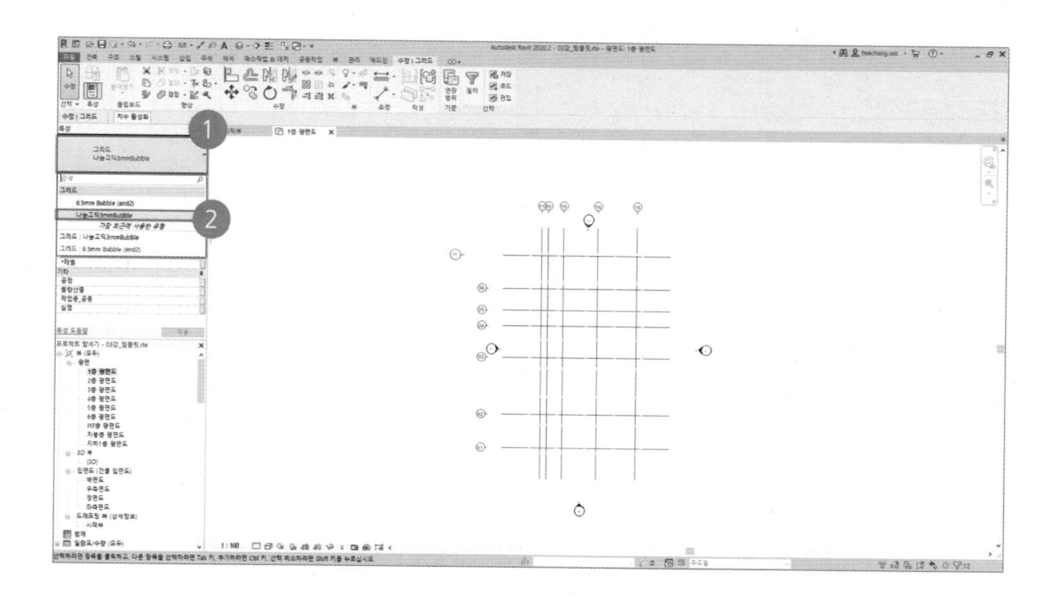

27 전체 그리드가 "나눔고딕3mmBubble" 변경 완료 되었습니다.

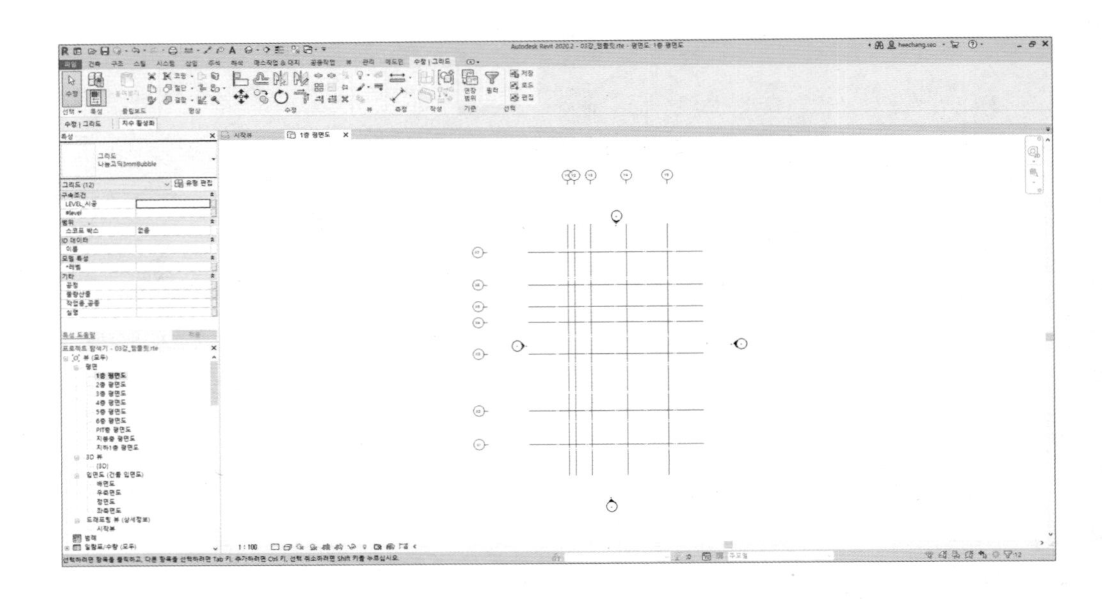

28 버블과 중심선 간격을 수정 해보겠습니다. 프로젝트 탐색기에서 [Ctrl+F] ➡ [찾기-@그리드헤드원형]

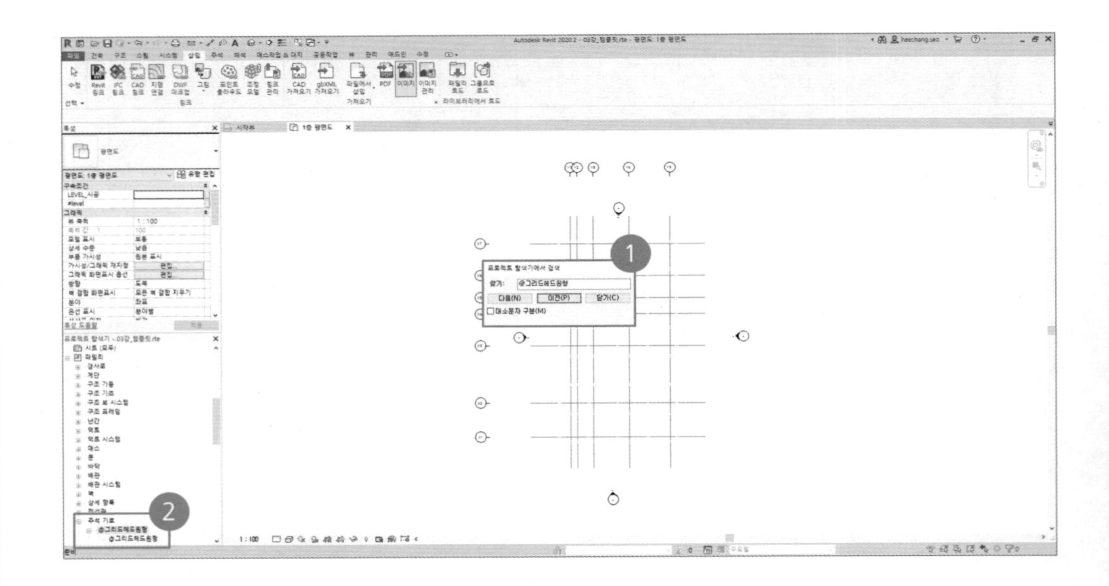

29 프로젝트 탐색기에서 @그리드헤드원형 하위항목 [“@그리드헤드원형”마우스 오른쪽 클릭] ➡ [유형 특성] ➡ [간격띄우기 50] 변경 합니다.

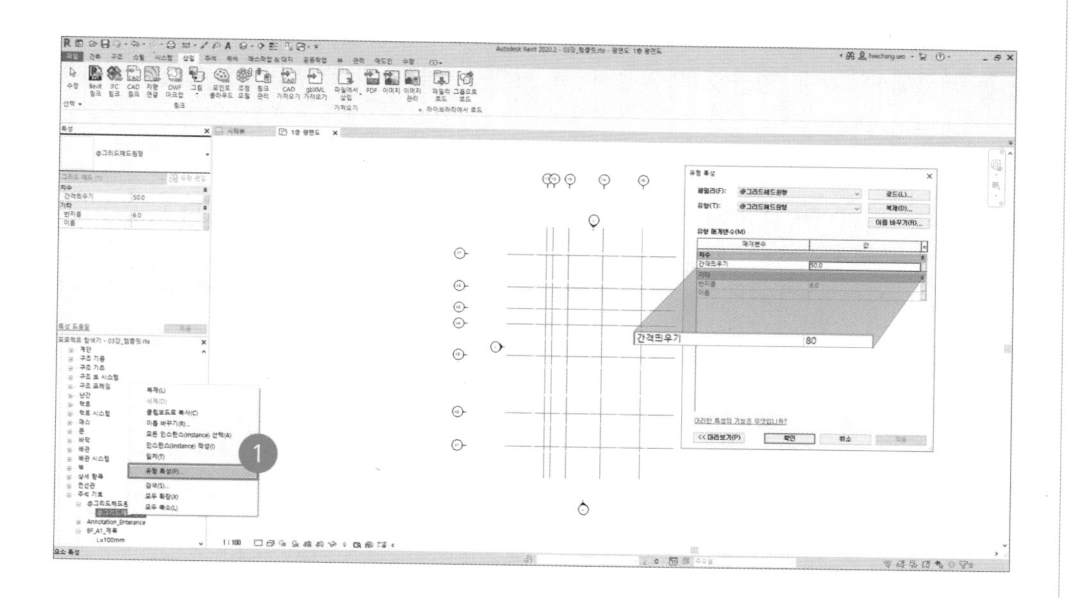

30 아래의 그림처럼 그리드가 변경 되었습니다. 이제는 여러 가지 그리드 버블을 구축 하여 상황에 맞게 템플릿을 구축 할 수 있습니다.

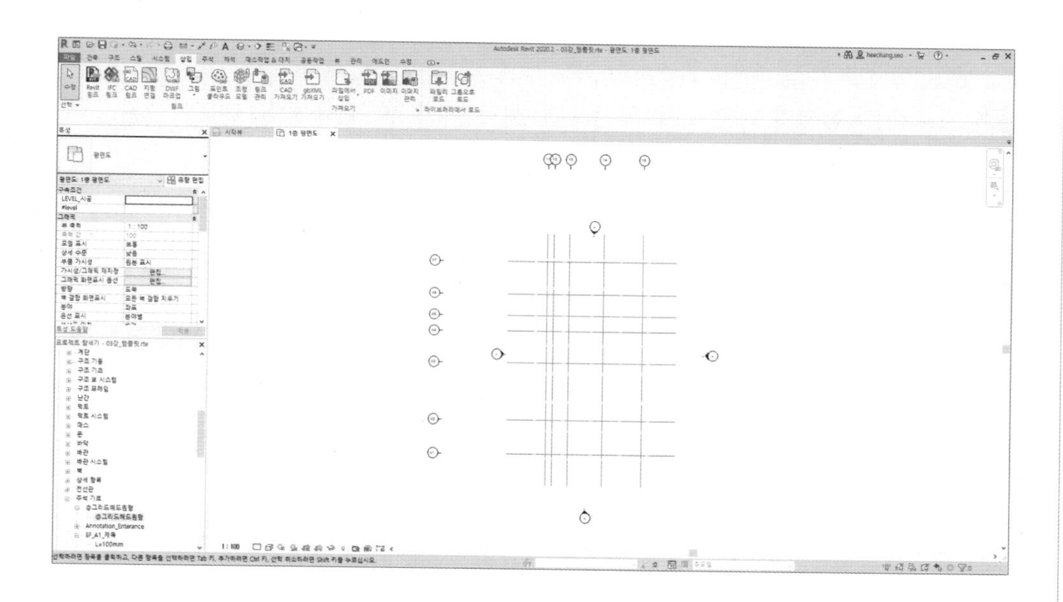

chapter 02 레벨 주석 변경

1 제공되는 03강 템플릿 파일을 이용 레벨 주석을 변경하여 템플릿을 구축 해보겠습니다.
Revit을 실행합니다.
모델 [열기] ➡ [03강] ➡ [03강_템플릿.rte] 선택하여 열기 합니다.

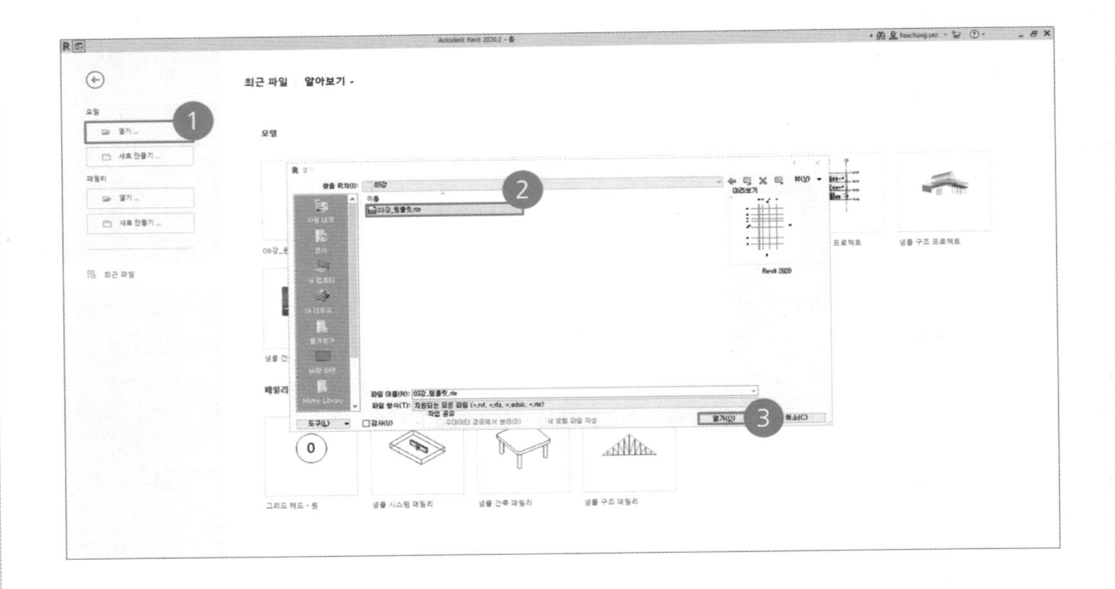

2 프로젝트 탐색기 배면도를 열어보면 해당 레벨 주석이 보입니다 아래와 그림과 같이 레벨 주석을 변경 해보겠습니다.

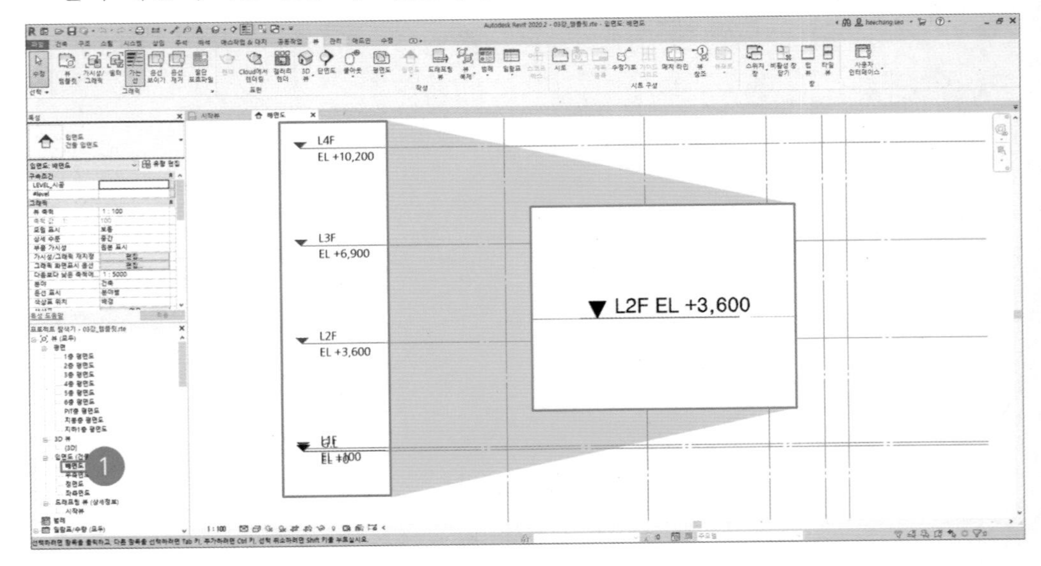

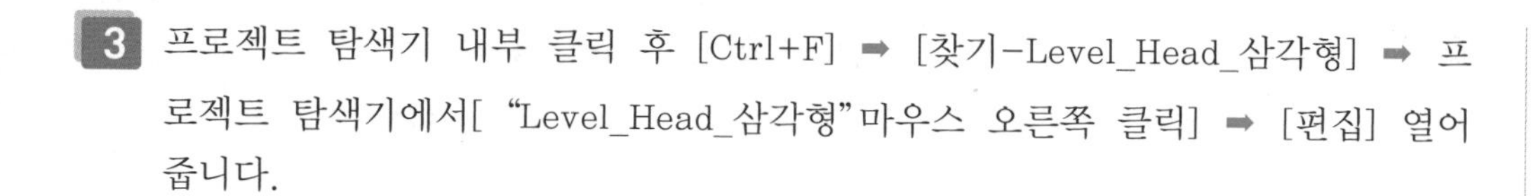

3 프로젝트 탐색기 내부 클릭 후 [Ctrl+F] ➡ [찾기-Level_Head_삼각형] ➡ 프로젝트 탐색기에서["Level_Head_삼각형"마우스 오른쪽 클릭] ➡ [편집] 열어줍니다.

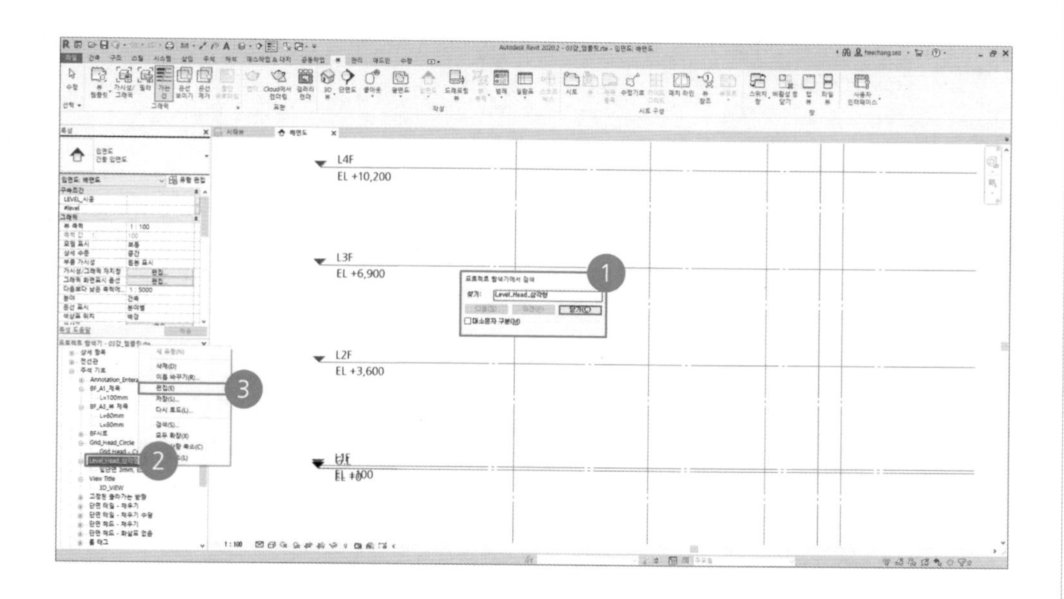

4 "Level_Head_삼각형" 주석 패밀리가 열린 화면입니다.

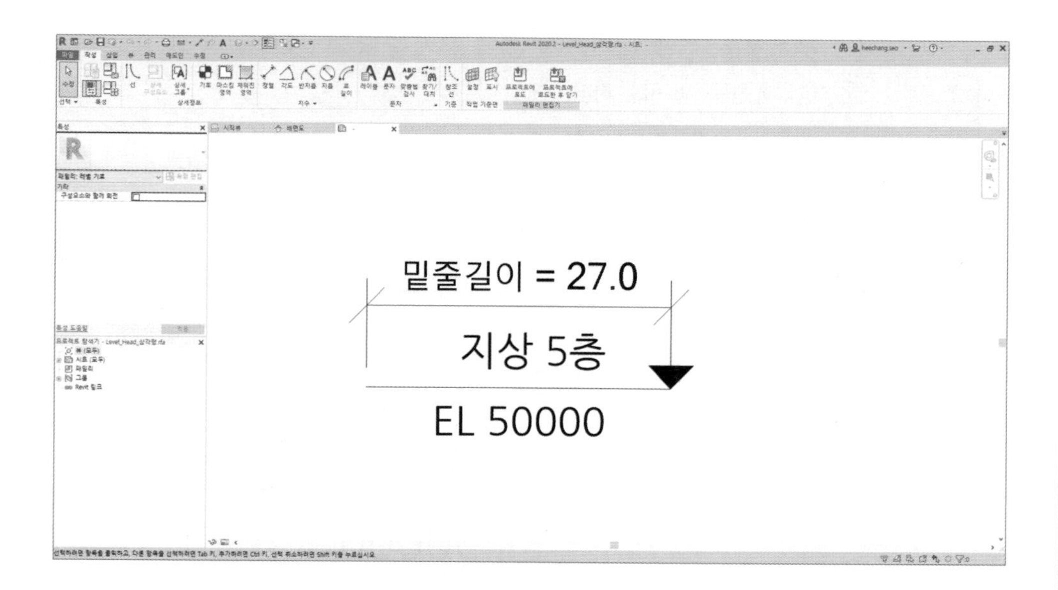

5 기존과 다른 유형의 패밀리를 만들기 위해서 다른 이름으로 저장합니다.
[파일] ➡ [다른 이름으로 저장] ➡ [패밀리] ➡ [파일 이름 "@Level_Head_삼각형_층_레벨"] 저장합니다.

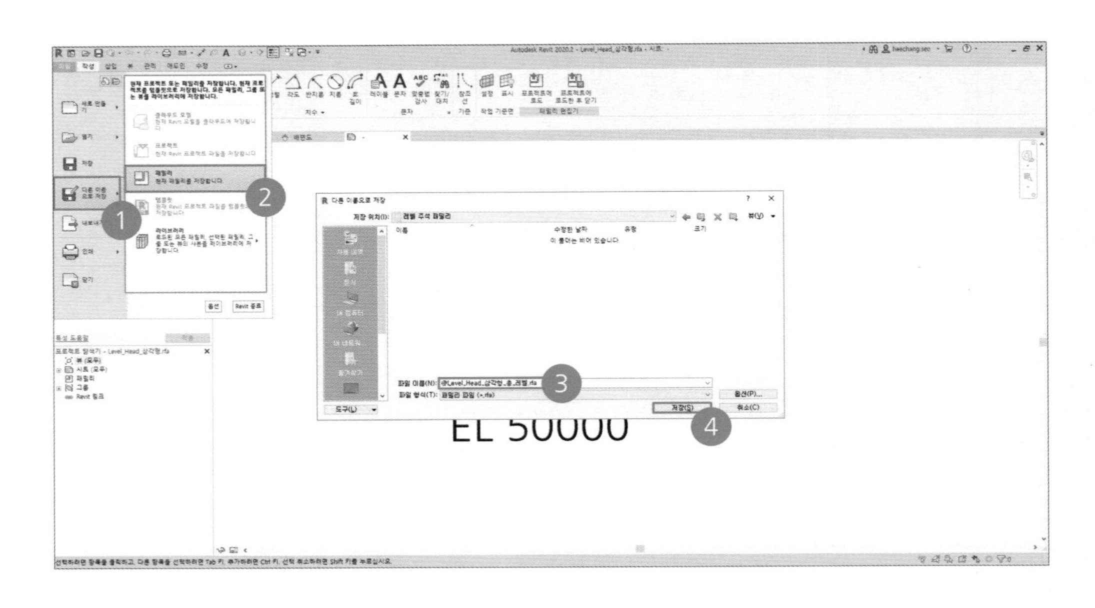

6 "EL 50000" 선택 [특성] ➡ [레이블 "편집"] 열면 카테고리 매개변수의 입면도를 클릭 하면 접두어 "EL" 샘플 값 "50000" 설정 되어 있습니다.
* 접두어 : 문자열을 추가 매개변수 값에 문자를 추가합니다.
* 샘플 값 : 매개변수 표시문자의 예입니다.

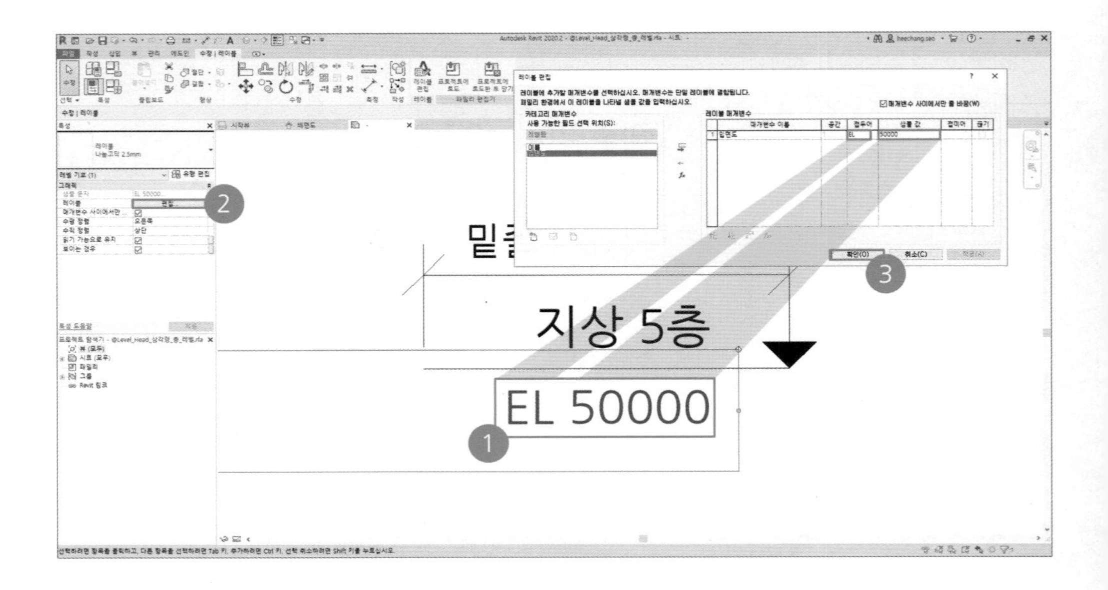

7 “EL 50000” 선택 하여 삭제 해줍니다.

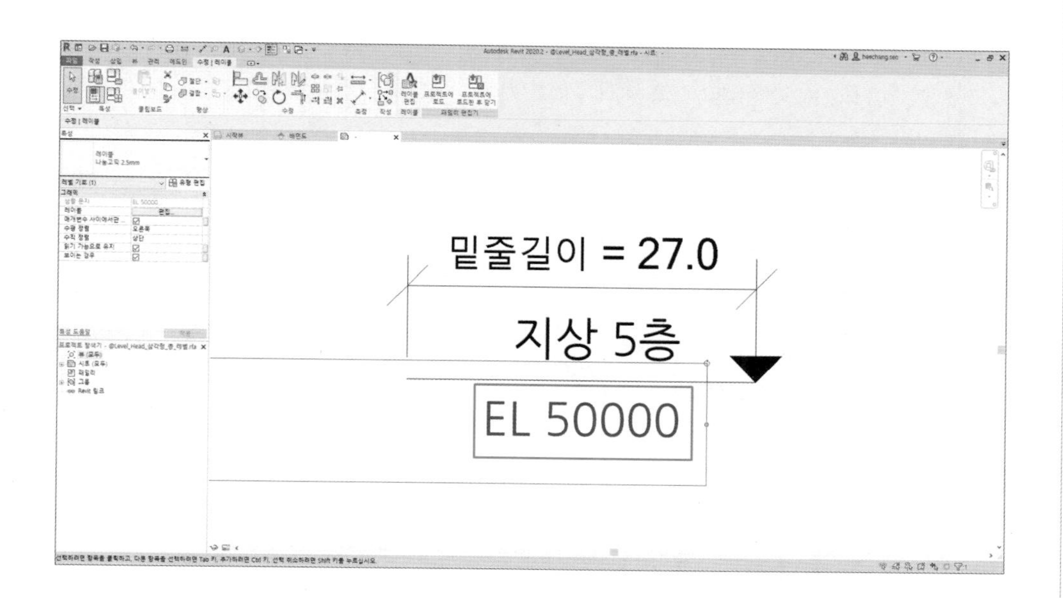

8 “지상 5층” 선택 [특성] ➡ [레이블 “편집”] 열면 카테고리 매개변수에 이름를 클릭 하면 샘플 값 “지상 5층” 설정 되어 있습니다.

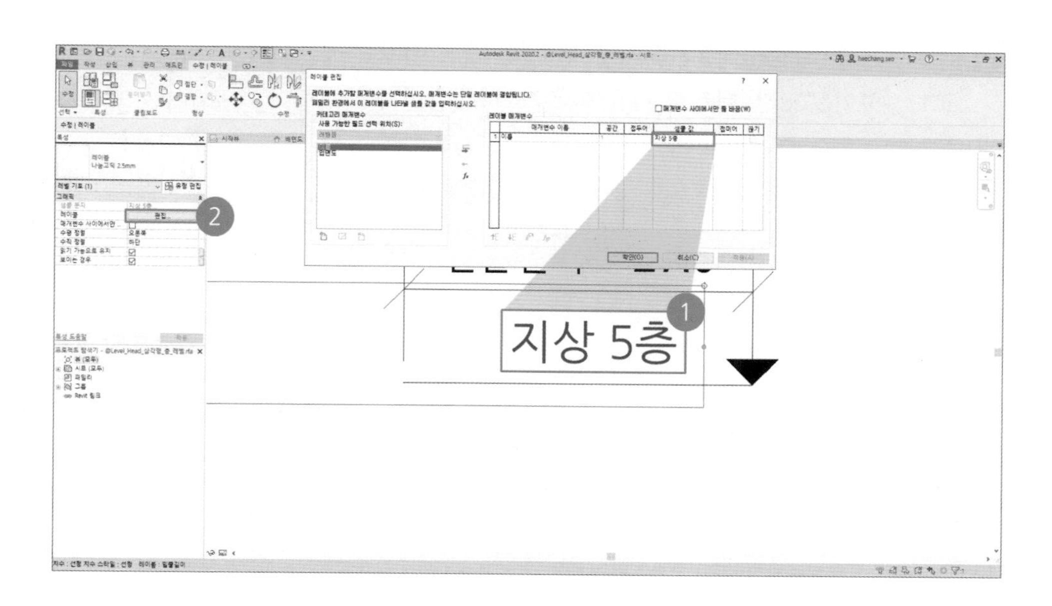

9 변경할 레벨 주석과 같이 변경 하겠습니다 카테고리 매개변수 [입면도] ➡ [추가] ➡ [접두어 "EL+ "] ➡ [샘플 값 "입면도"] ➡ [매개변수 단위 형식 편집] ➡ [프로젝트 설정 사용 "체크 해제", 단위 "밀리미터", 소수점 이하 자릿수 "0", 단위기호 "없음", 자릿수 구분 사용 "체크"] 확인 합니다.

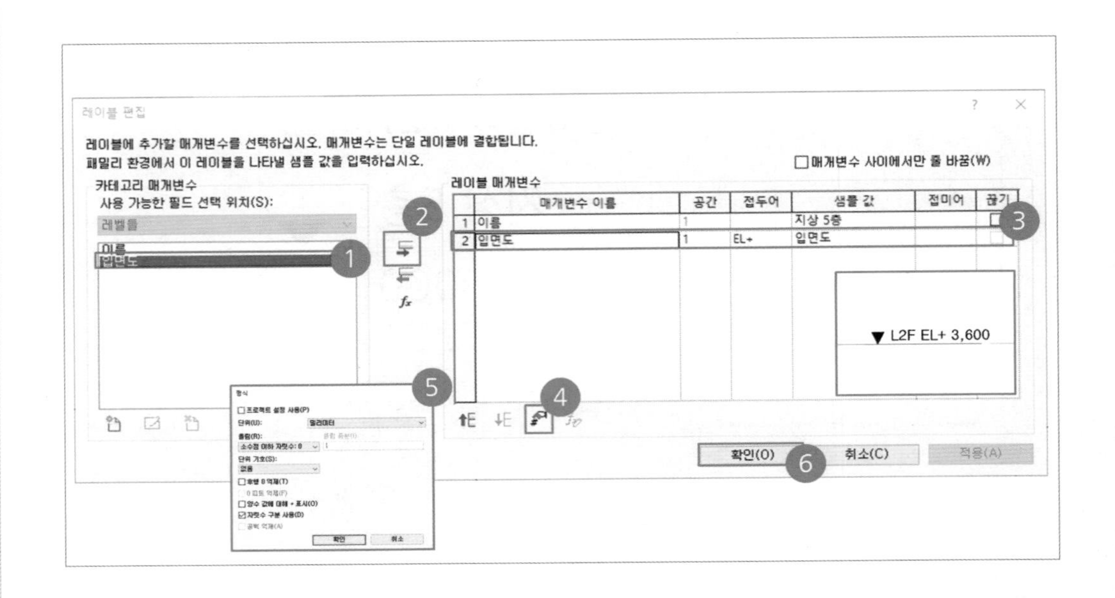

10 프로젝트 화면에 "지상5층 EL+ 입면도" 생성 되었습니다. 탭[수정] ➡ [프로젝트 로드] 하여 "03강_템플릿.rte"에 로드 하겠습니다.

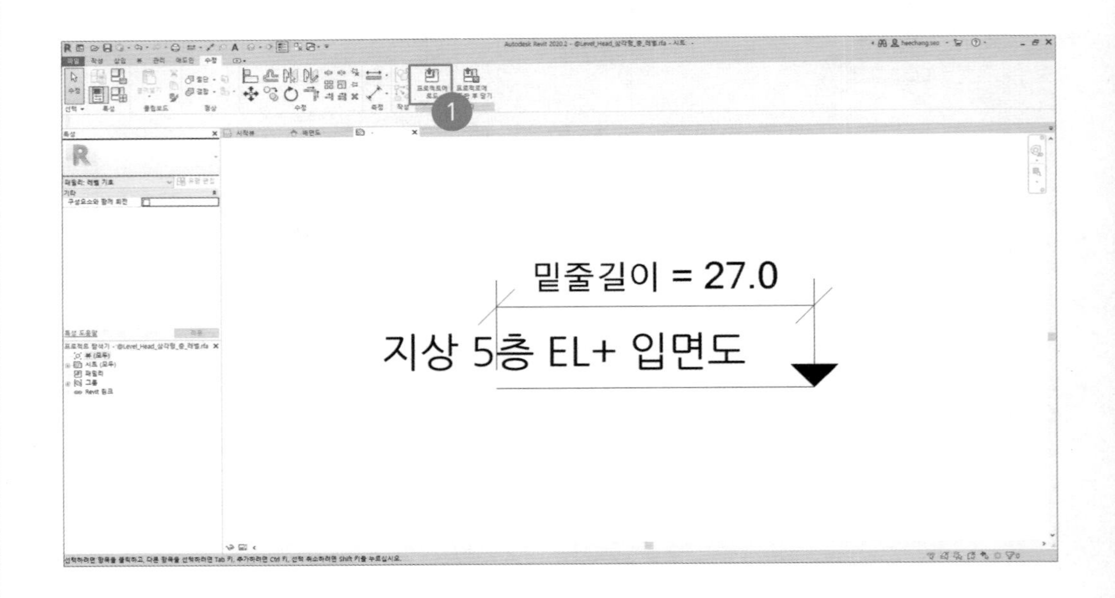

11 패밀리를 불러왔습니다, 이제 다른 유형으로 만들어 보겠습니다, [레벨 선택] ➡ [유형 편집] ➡ [복제] ➡ [이름-BF-LEVEL_FL_EL] ➡ [확인] ➡ [기호 "@Level_Head_삼각형_층_레벨"] ➡ [확인] 새로운 유형이 구축 되었습니다.

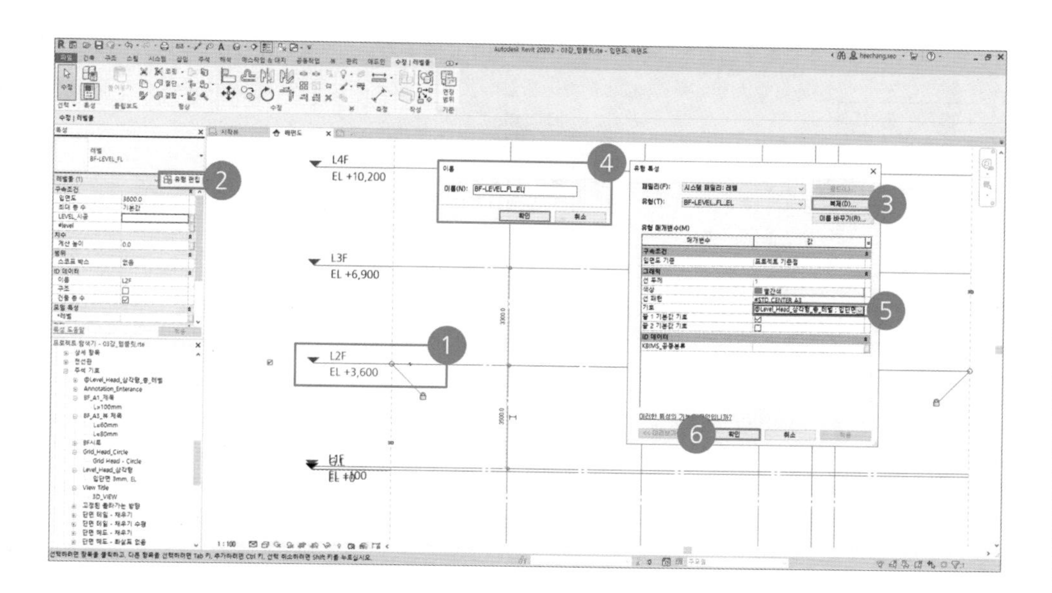

12 아래와 그림과 같이 새로운 유형이 변경 되었습니다.

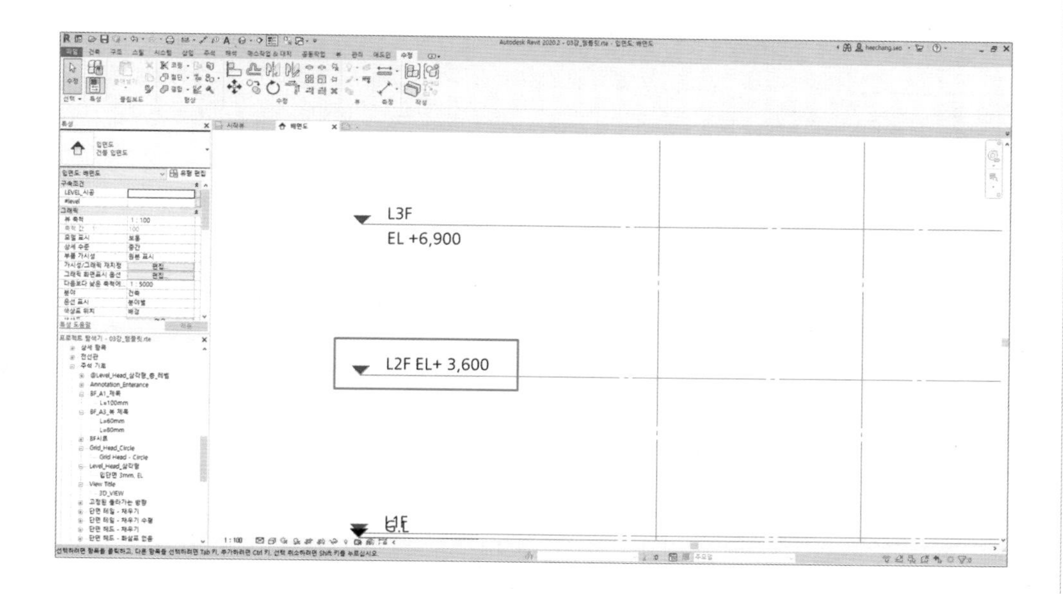

13 작업 화면에서 변경한 레벨을 제외한 레벨을 전부 선택 후 특성에서 유형을 "BF-LEVEL_FL_EL" 선택하여 변경 합니다.

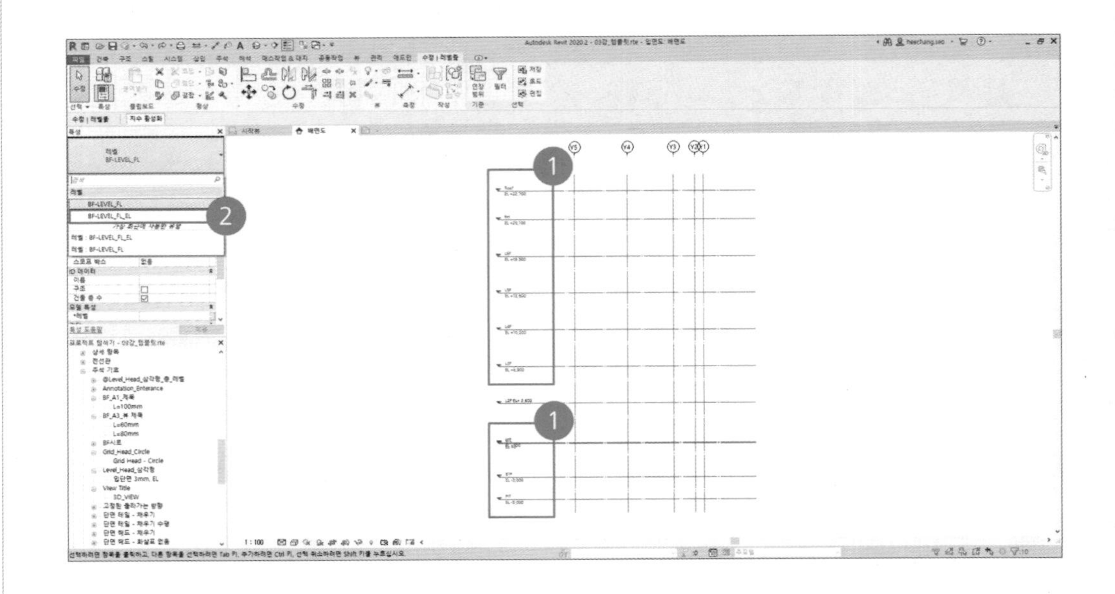

14 아래와 화면과 같이 레벨이 전부 변경 된 것을 확인 할 수 있습니다.

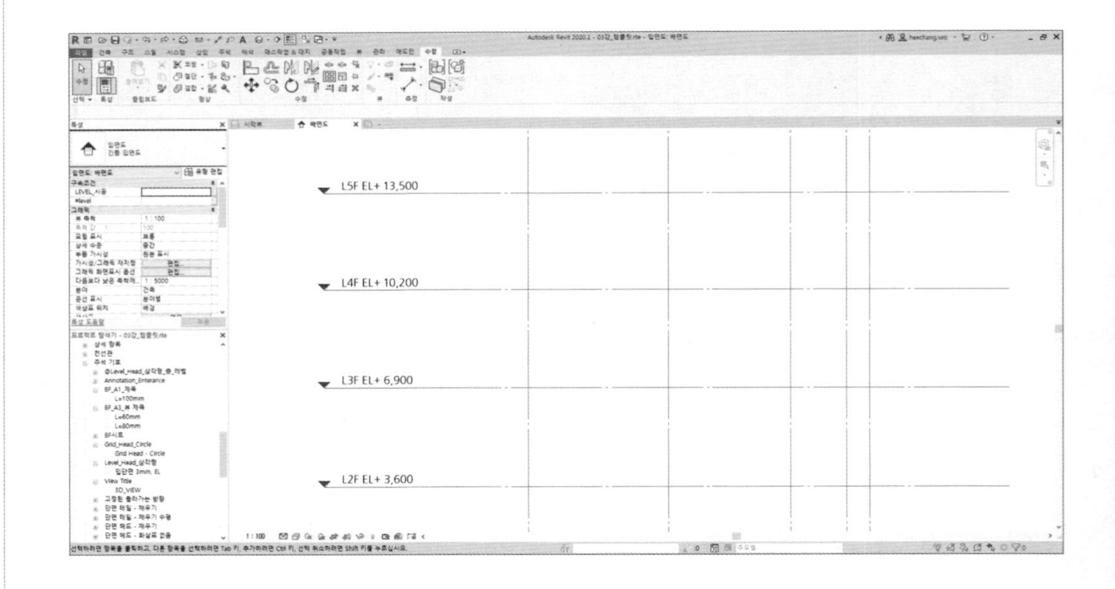

chapter 03 패밀리 유형 생성

1 제공되는 03강 템플릿 파일을 이용해 보 패밀리 유형을 생성 하여 템플릿을 구축 해보겠습니다.
Revit을 실행합니다.
모델 [열기] ➡ [03강] ➡ [03강_템플릿.rte] 선택하여 열기 합니다.

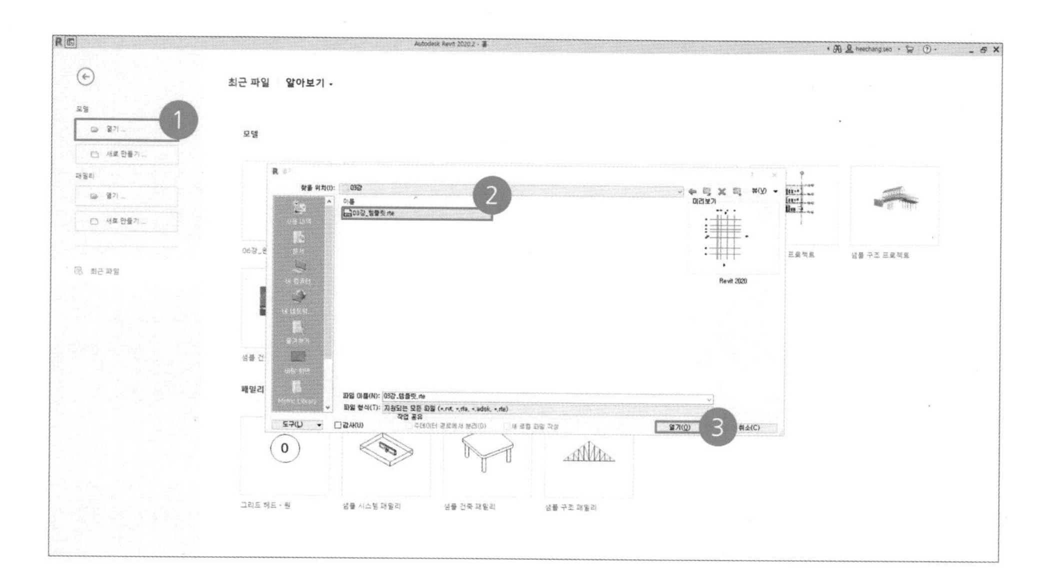

2 보 유형을 추가 하기 위하여 프로젝트 탐색기에서[패밀리] ➡ [구조 프레임] ➡ ["RC 보(일반보)" 마우스 오른쪽 클릭] ➡ [편집] 열어줍니다.

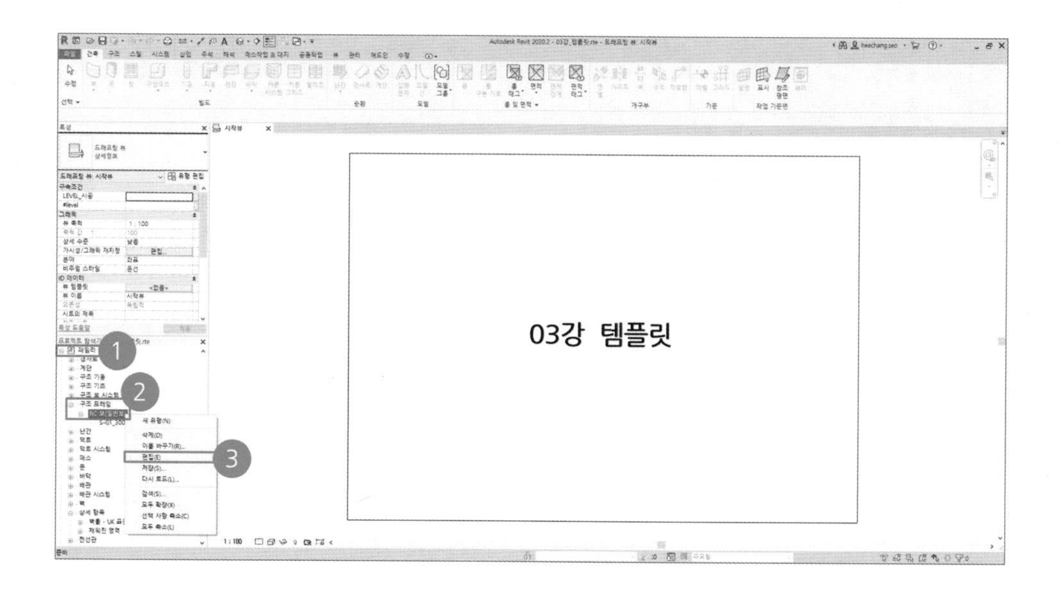

3 RC 보(일반보) 패밀리가 열렸습니다. 유형추가를 하려면 일단 오른쪽 상단 패밀리 유형에서 복사 하여 유형을 추가 할 수 있지만 프로젝트가 시작되면 많은 유형을 추가 하기는 어렵습니다.

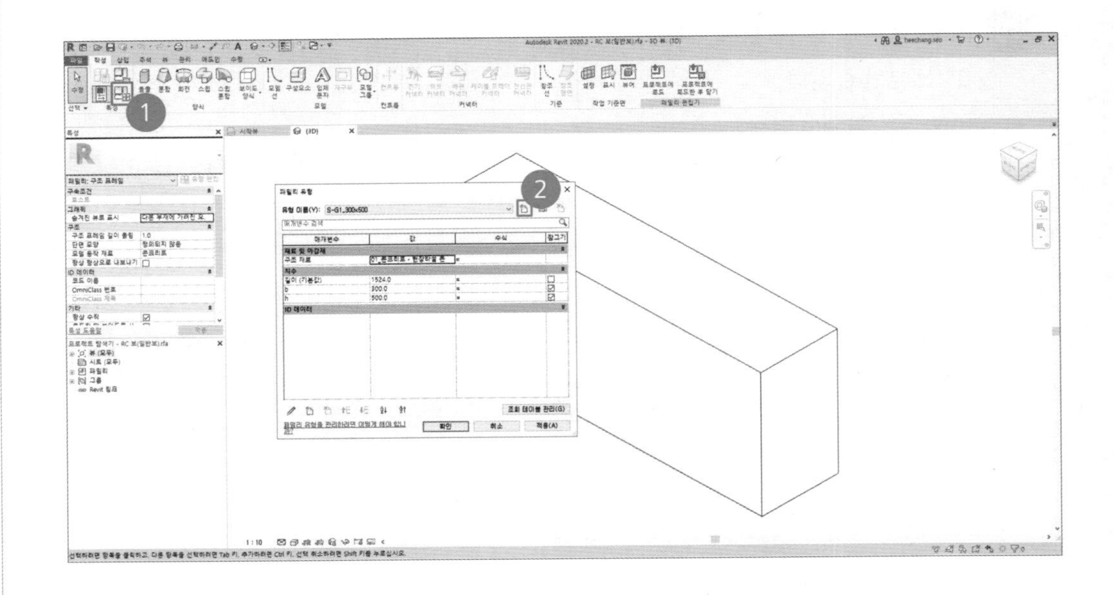

4 한꺼번에 많은 유형을 구축할 필요가 있습니다. 엑셀을 사용하여 적용하는 방법을 소개 하겠습니다.
[파일] ➡ [내보내기] ➡ [패밀리 유형] ➡ [파일 이름 "RC 보(일반보).txt] ➡ [저장] 합니다.

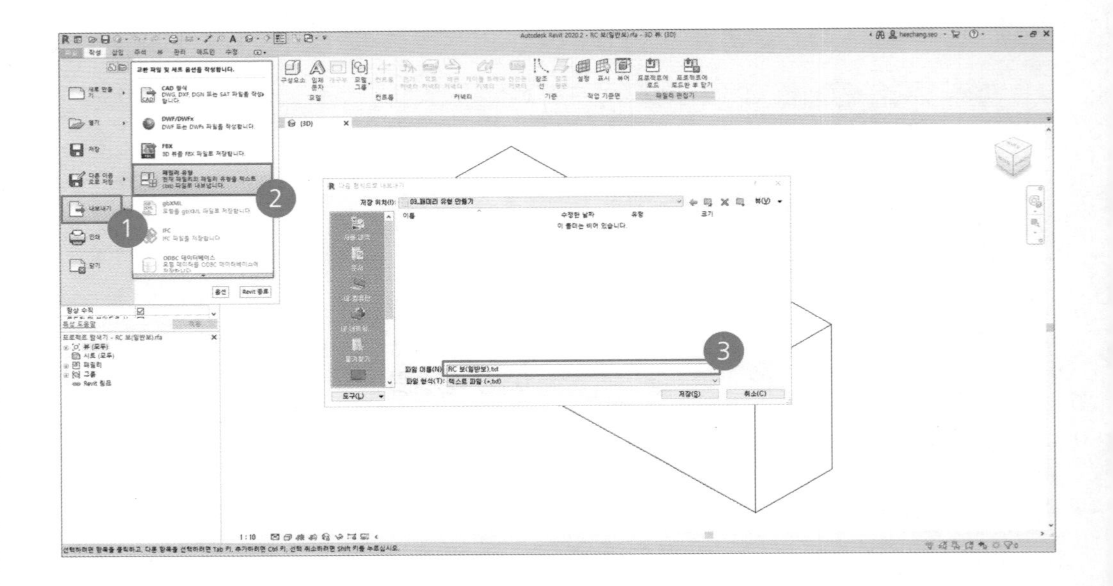

5 엑셀에서 [열기] ➡ [찾아보기] ➡ [모든 파일(*.*)] ➡ [RC 보(일반보).txt] ➡ [열기] 합니다.

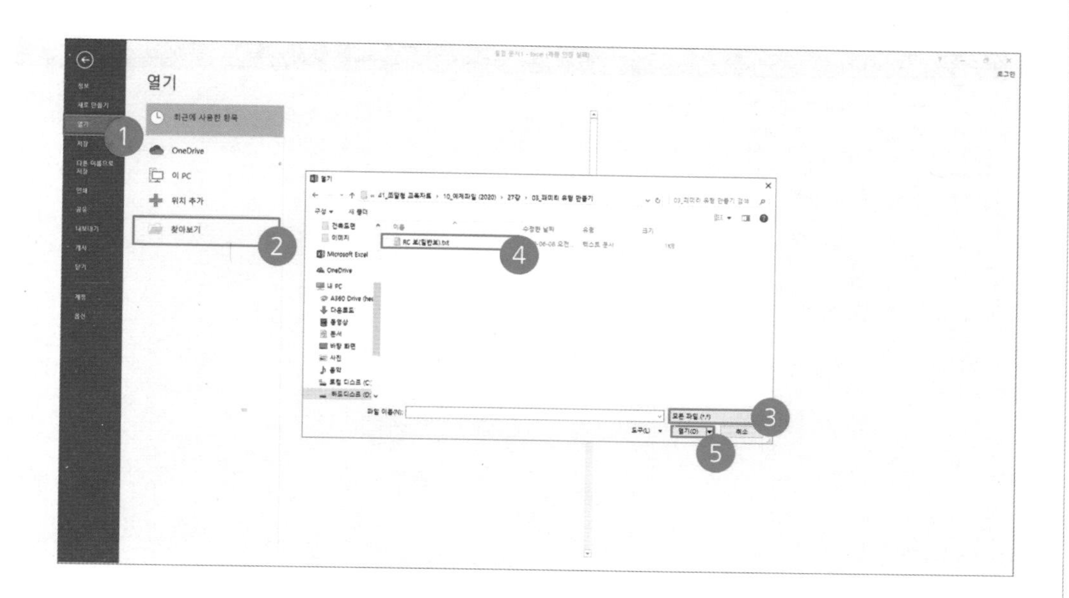

6 "텍스트 마법사-3단계 중 1단계"가 화면에 나오게 됩니다. 원본 데이터 형식 "구분 기호로 분리됨" 체크 후 다음을 클릭합니다.

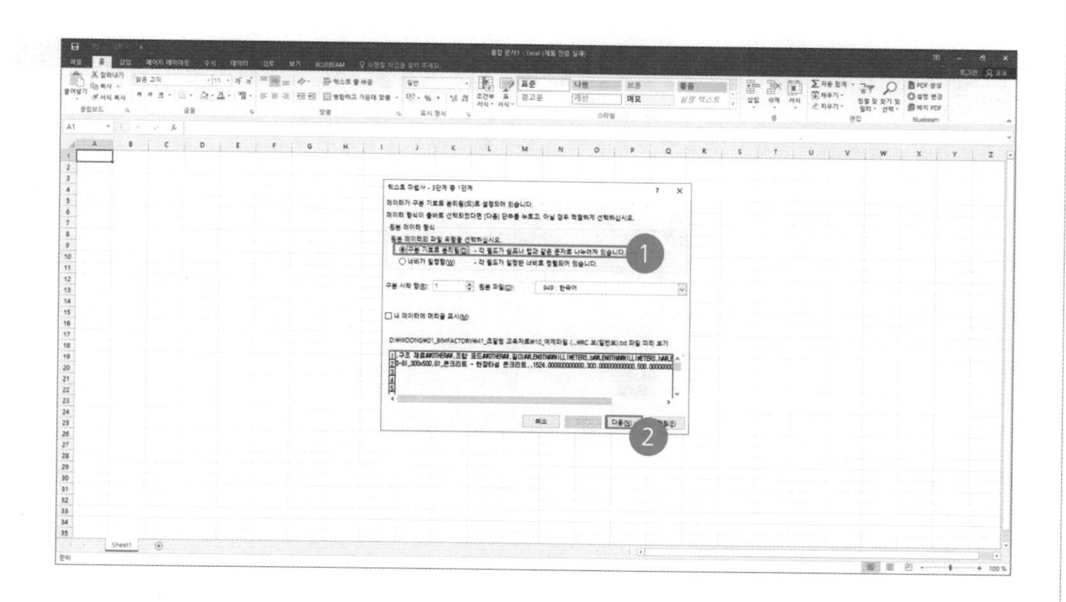

7 "텍스트 마법사-3단계 중 2단계"가 화면에 나오게 됩니다. 구분 기호 "쉼표" 체크 후 다음을 클릭합니다.

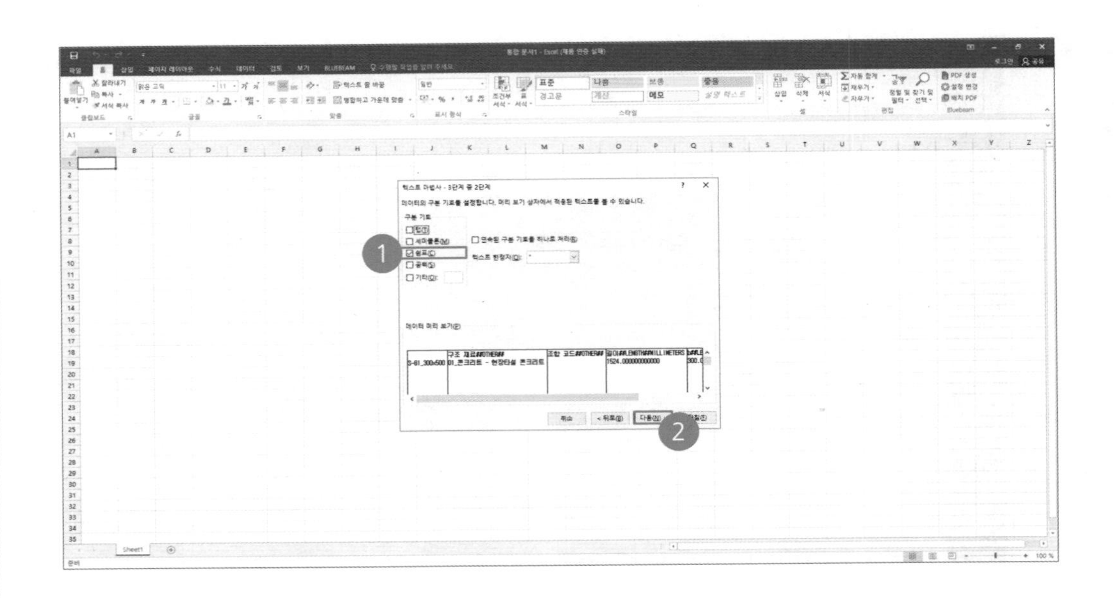

8 "텍스트 마법사-3단계 중 3단계"가 화면에 나오게 됩니다. 열 데이터 서식 "일반"체크 후 마침을 클릭합니다.

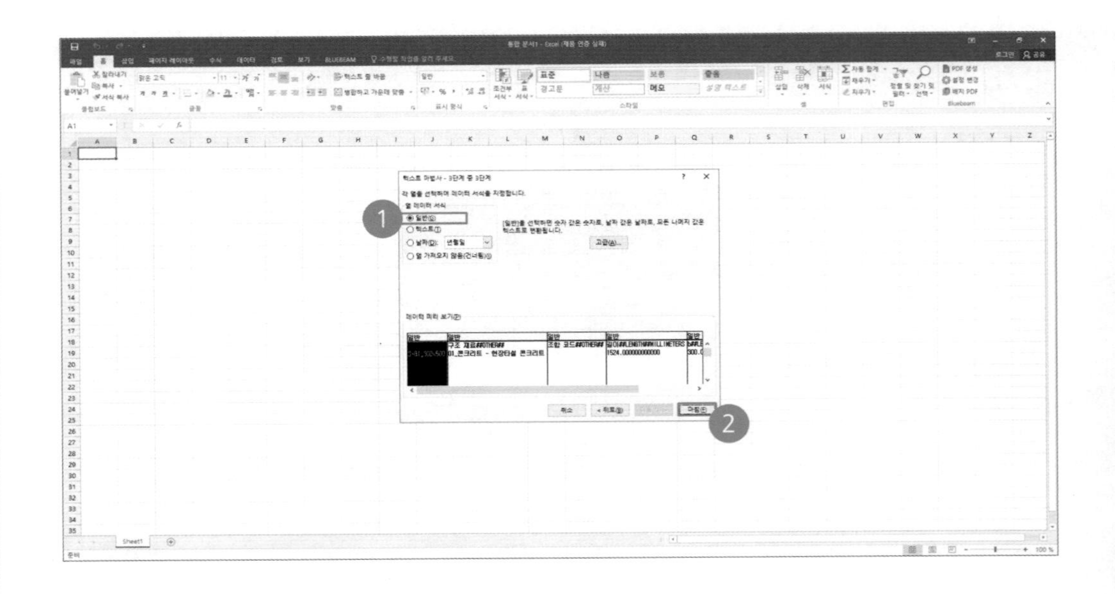

9 화면과 같이 패밀리 매개변수가 나옵니다.

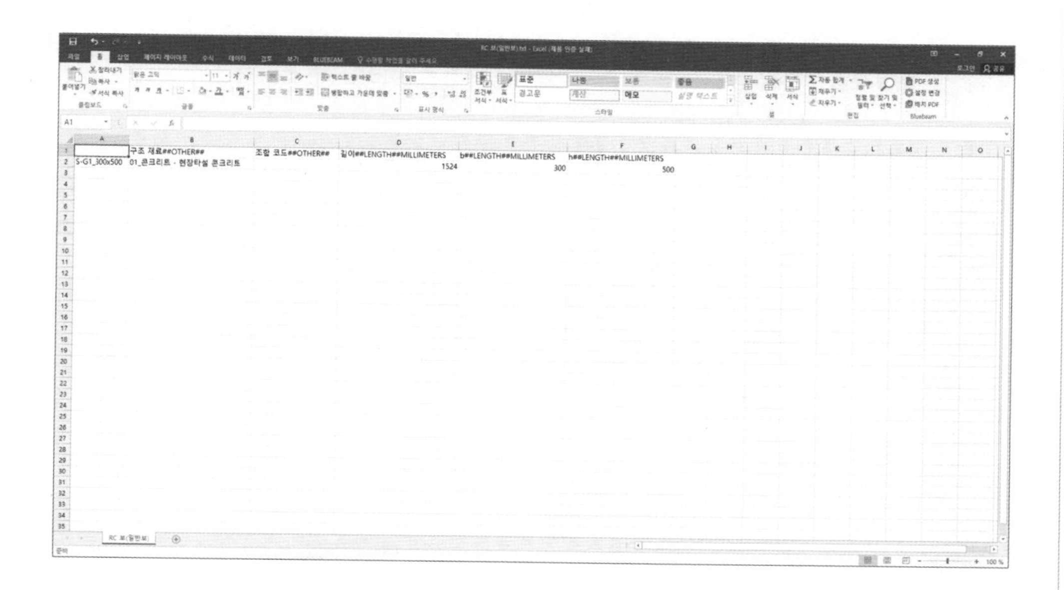

	구조 재료##OTHER##	조합 코드##OTHER##	길이##LENGTH##MILLIMETERS	b##LENGTH##MILLIMETERS	h##LENGTH##MILLIMETERS
S-G1_300x500	01_콘크리트 - 현장타설 콘크리트		1524	300	500

10 일람표에 맞춰 유형을 작성하고 아래 그림과 같이 길이, b, h 작성합니다.

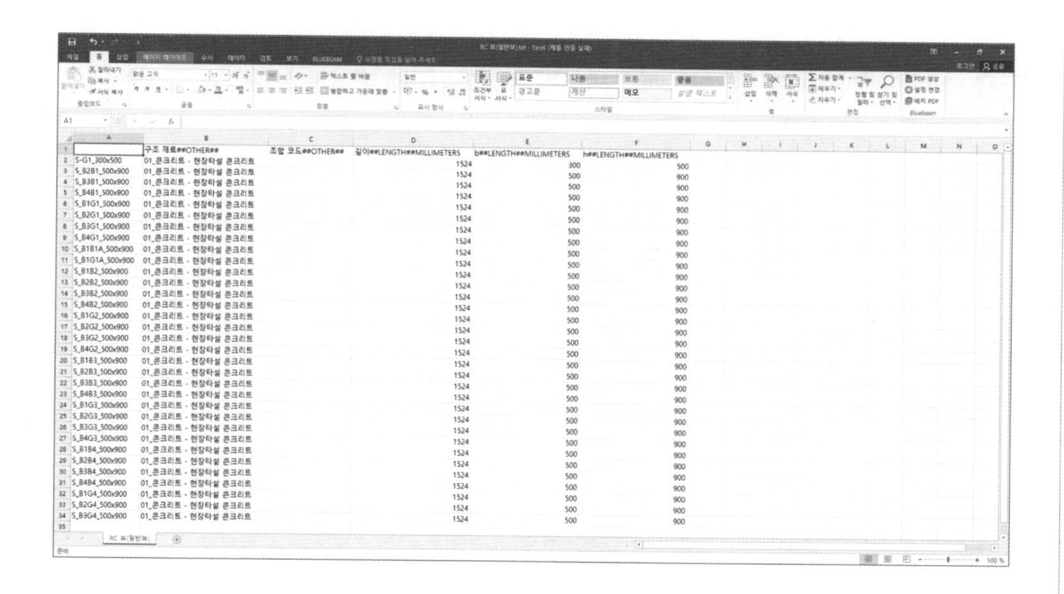

	구조 재료##OTHER##	조합 코드##OTHER##	길이##LENGTH##MILLIMETERS	b##LENGTH##MILLIMETERS	h##LENGTH##MILLIMETERS
S-G1_300x500	01_콘크리트 - 현장타설 콘크리트		1524	300	500
S_B2B1_500x900	01_콘크리트 - 현장타설 콘크리트		1524	500	900
S_B3B1_500x900	01_콘크리트 - 현장타설 콘크리트		1524	500	900
S_B4B1_500x900	01_콘크리트 - 현장타설 콘크리트		1524	500	900
S_B1G1_500x900	01_콘크리트 - 현장타설 콘크리트		1524	500	900
S_B2G1_500x900	01_콘크리트 - 현장타설 콘크리트		1524	500	900
S_B3G1_500x900	01_콘크리트 - 현장타설 콘크리트		1524	500	900
S_B4G1_500x900	01_콘크리트 - 현장타설 콘크리트		1524	500	900
S_B1B1A_500x900	01_콘크리트 - 현장타설 콘크리트		1524	500	900
S_B1G1A_500x900	01_콘크리트 - 현장타설 콘크리트		1524	500	900
S_B1B2_500x900	01_콘크리트 - 현장타설 콘크리트		1524	500	900
S_B2B2_500x900	01_콘크리트 - 현장타설 콘크리트		1524	500	900
S_B3B2_500x900	01_콘크리트 - 현장타설 콘크리트		1524	500	900
S_B4B2_500x900	01_콘크리트 - 현장타설 콘크리트		1524	500	900
S_B1G2_500x900	01_콘크리트 - 현장타설 콘크리트		1524	500	900
S_B2G2_500x900	01_콘크리트 - 현장타설 콘크리트		1524	500	900
S_B3G2_500x900	01_콘크리트 - 현장타설 콘크리트		1524	500	900
S_B4G2_500x900	01_콘크리트 - 현장타설 콘크리트		1524	500	900
S_B1B3_500x900	01_콘크리트 - 현장타설 콘크리트		1524	500	900
S_B2B3_500x900	01_콘크리트 - 현장타설 콘크리트		1524	500	900
S_B3B3_500x900	01_콘크리트 - 현장타설 콘크리트		1524	500	900
S_B4B3_500x900	01_콘크리트 - 현장타설 콘크리트		1524	500	900
S_B1G3_500x900	01_콘크리트 - 현장타설 콘크리트		1524	500	900
S_B2G3_500x900	01_콘크리트 - 현장타설 콘크리트		1524	500	900
S_B3G3_500x900	01_콘크리트 - 현장타설 콘크리트		1524	500	900
S_B4G3_500x900	01_콘크리트 - 현장타설 콘크리트		1524	500	900
S_B1B4_500x900	01_콘크리트 - 현장타설 콘크리트		1524	500	900
S_B2B4_500x900	01_콘크리트 - 현장타설 콘크리트		1524	500	900
S_B3B4_500x900	01_콘크리트 - 현장타설 콘크리트		1524	500	900
S_B4B4_500x900	01_콘크리트 - 현장타설 콘크리트		1524	500	900
S_B1G4_500x900	01_콘크리트 - 현장타설 콘크리트		1524	500	900
S_B2G4_500x900	01_콘크리트 - 현장타설 콘크리트		1524	500	900
S_B3G4_500x900	01_콘크리트 - 현장타설 콘크리트		1524	500	900

11 유형 작성 완료 후 [다른 이름 저장] ➡ [찾아보기] ➡ [파일 형식 "CSV"선택 저장] ➡ [경고창 "확인"] ➡ [엑셀파일을 종료]
파일이 저장된 폴더의 확장명 보이기 설정을 한 후, 저장된 파일의.csv확장자를 .txt확장자로 변경합니다.

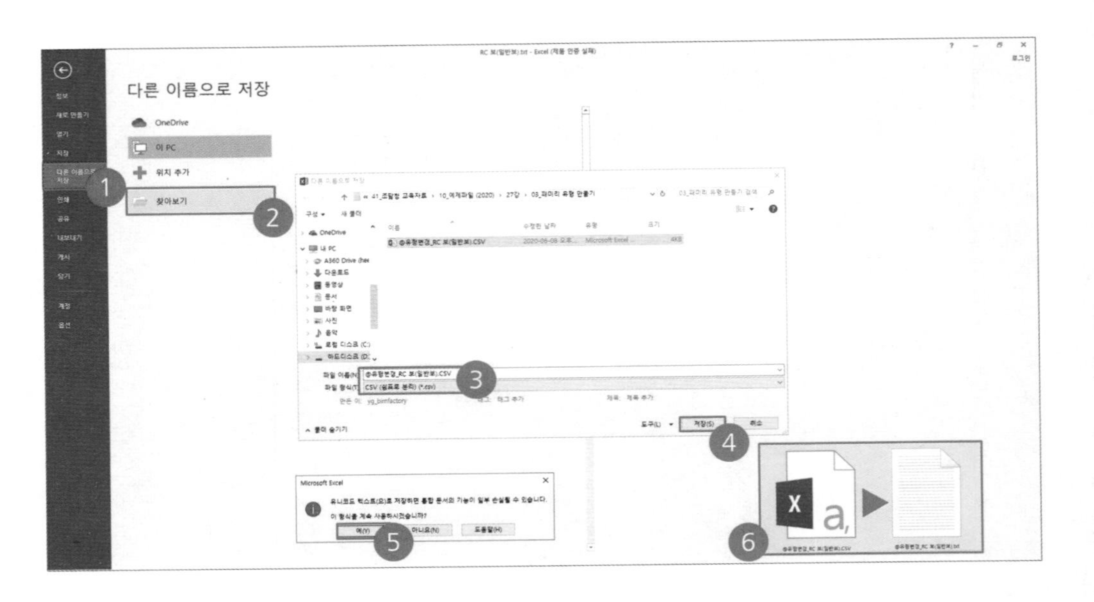

12 레빗으로 돌아와 [삽입] ➡ [패밀리 유형 가져오기] ➡ [저장된 .txt파일] ➡ [열기] 를 클릭한다.

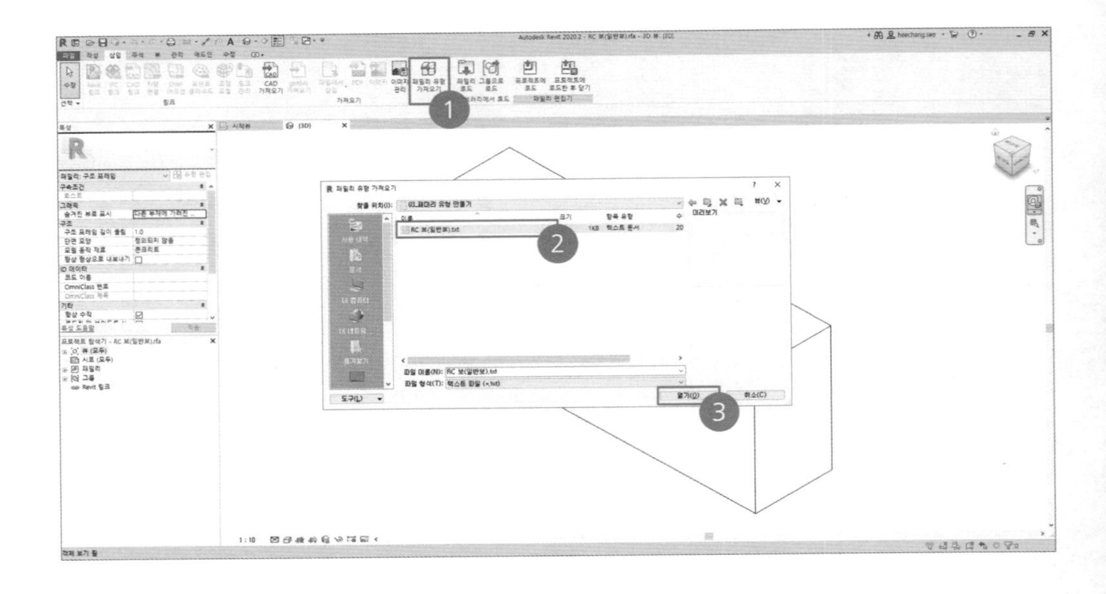

13 패밀리 유형 가져오기 작업에 따라 로드 합니다.

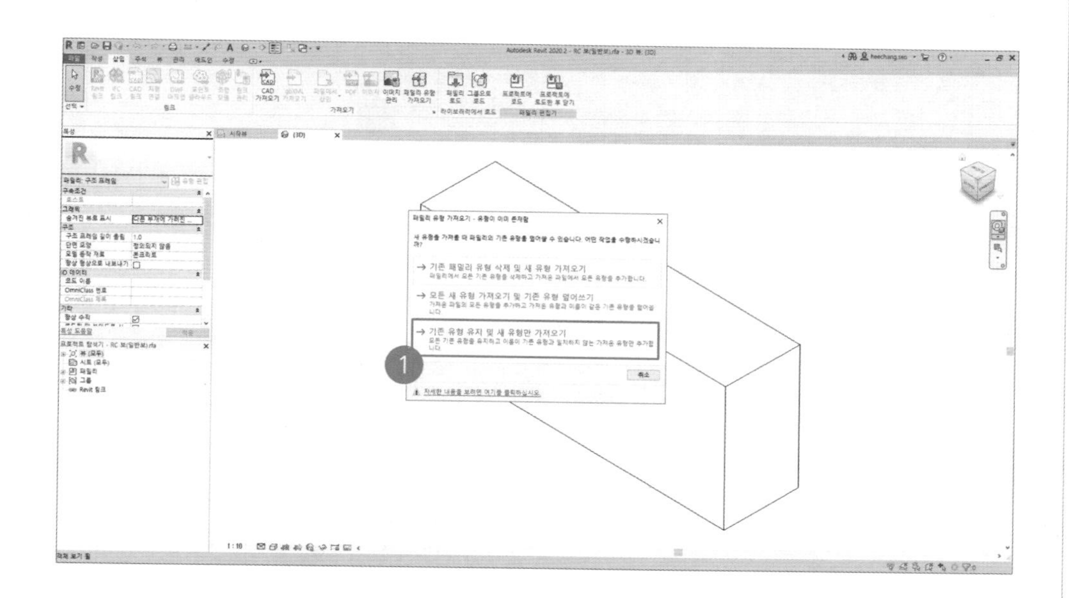

14 [작성] ➡ [패밀리 유형] ➡ [유형 이름] 클릭하여 로드된 유형이 들어 왔는지 확인합니다.

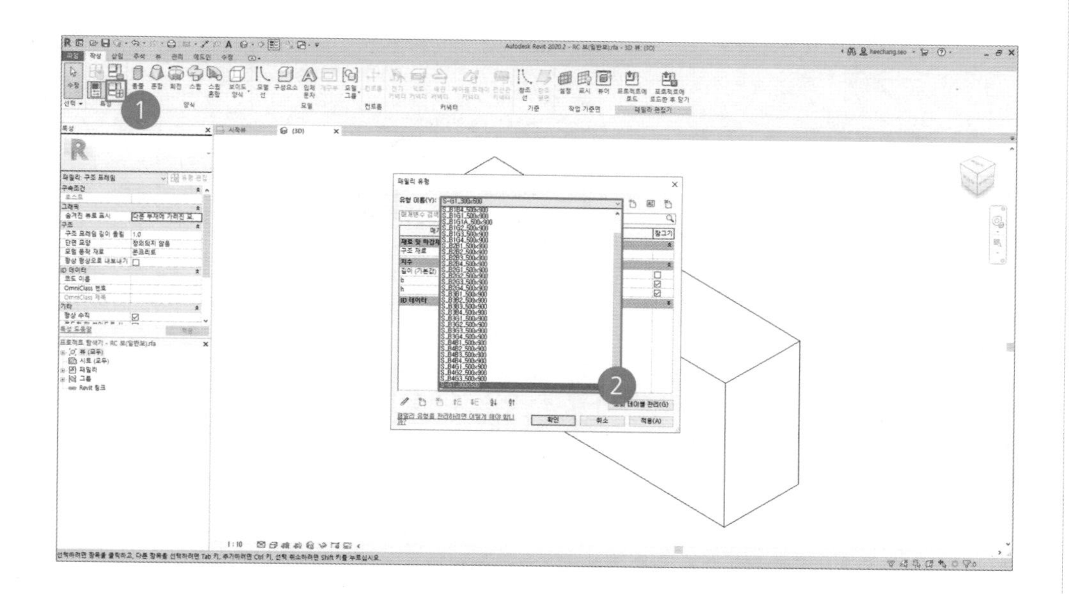

15 "03강_템플릿.rte" 템플릿에 로드 하겠습니다.

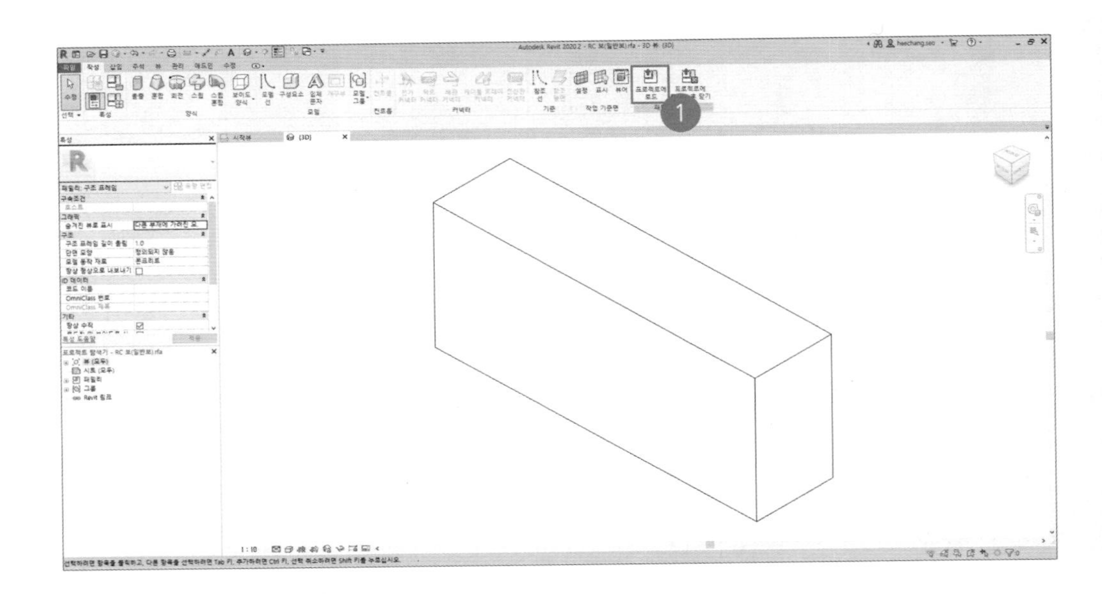

16 기존 버전 덮어쓰기를 하여 로드를 마무리 합니다.

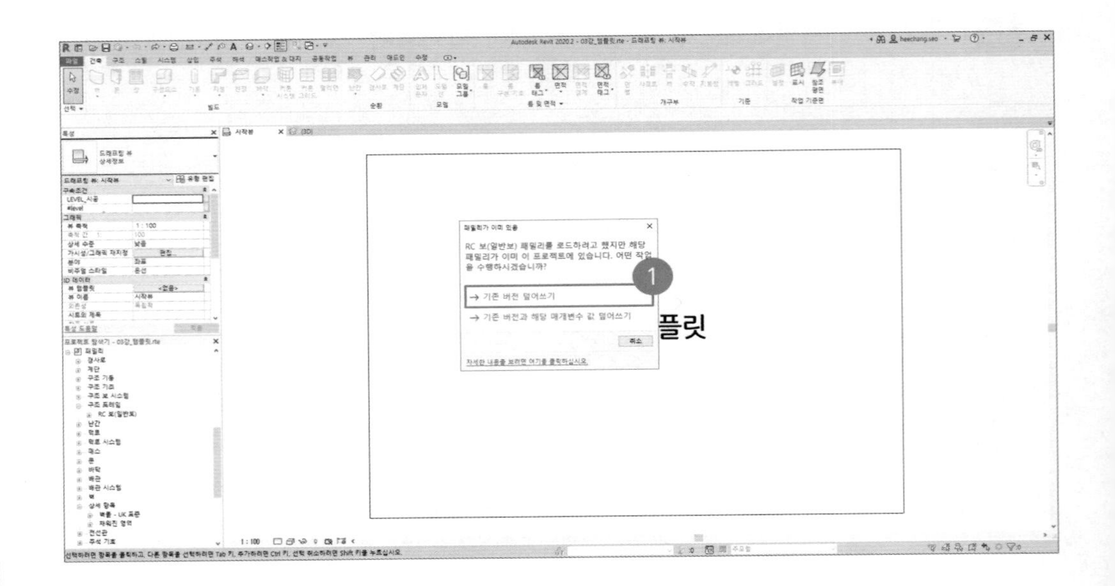

17 보 유형을 확인 하기 위하여 프로젝트 탐색기에서[패밀리] ➡ [구조 프레임] ➡ [RC 보(일반보)] 추가한 유형들을 확인 합니다.

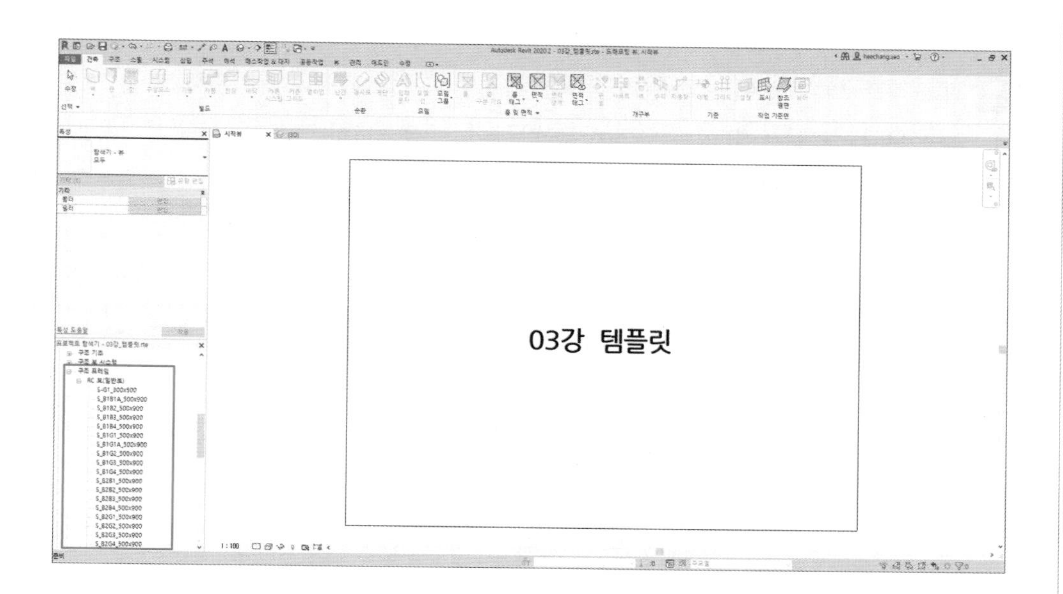

chapter 04 창 패밀리 만들기

Tip

유형 추가 활용

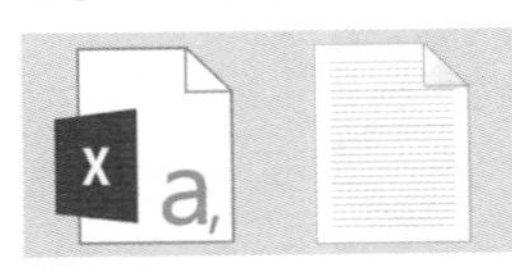

창호 일람표를 참고하여 미리 리스트를 만들고 유형을 불러오면 프로젝트 구축 시간을 단축 할 수 있습니다.

1 프로젝트 마다 쓰이는 패밀리들이 많습니다. 이를 활용 하기 위해 기본 패밀리를 이용해 일람표에 있는 고정창을 만들어 보겠습니다.
Revit을 실행합니다.
패밀리 [새로 만들기] ➡ [미터법 창.rfa] 선택하여 열기 합니다.

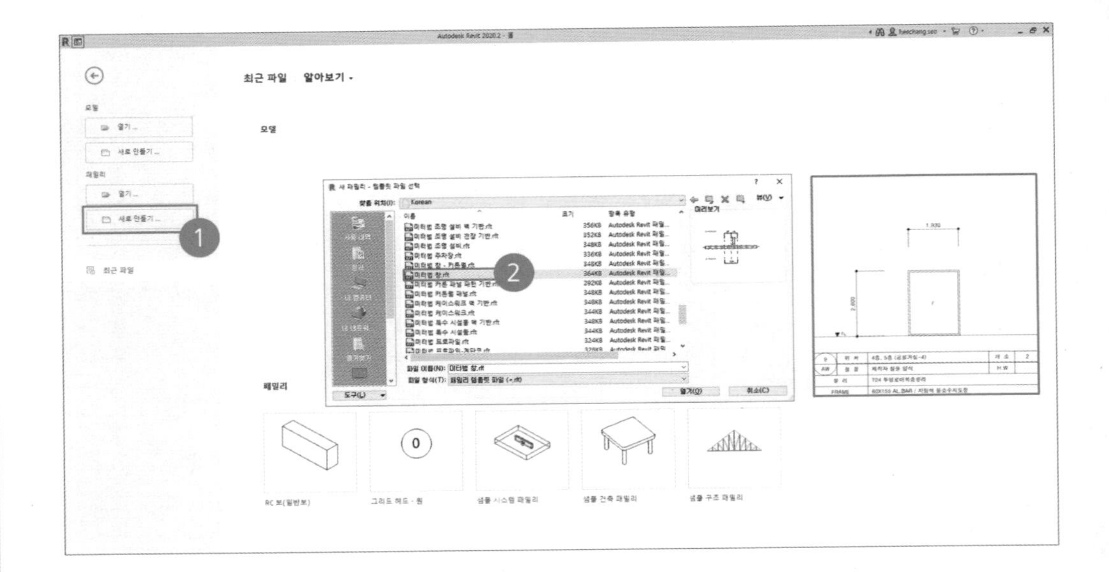

2 아래와 같은 화면이 나오게 되면 작성 탭에서 참조선을 이용해 창틀 중심선을 만들겠습니다.

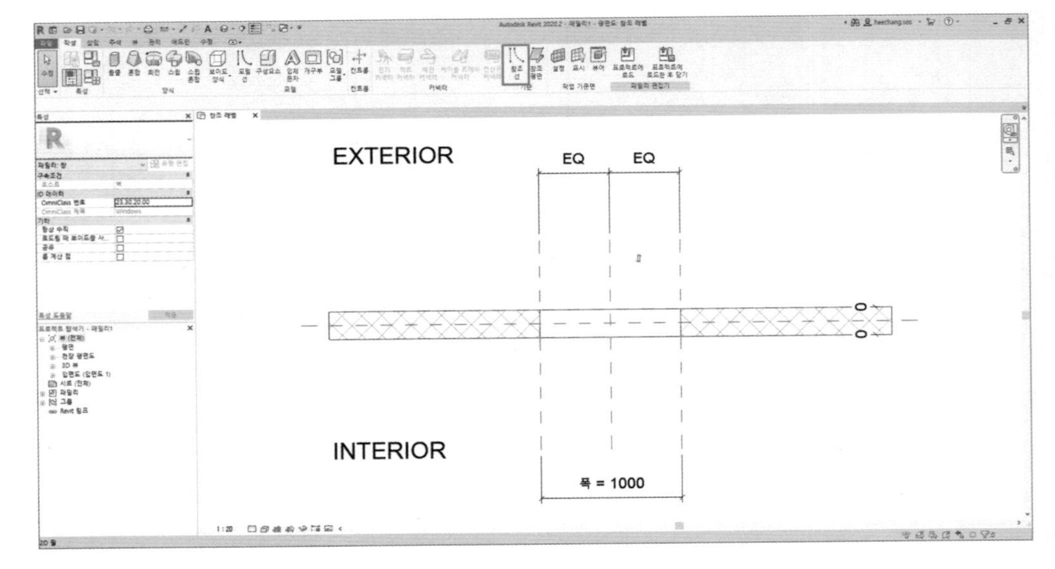

3 참조선 클릭후 화면과 같은 EXTERIOR 위치 순서에 맞게 그려 줍니다.

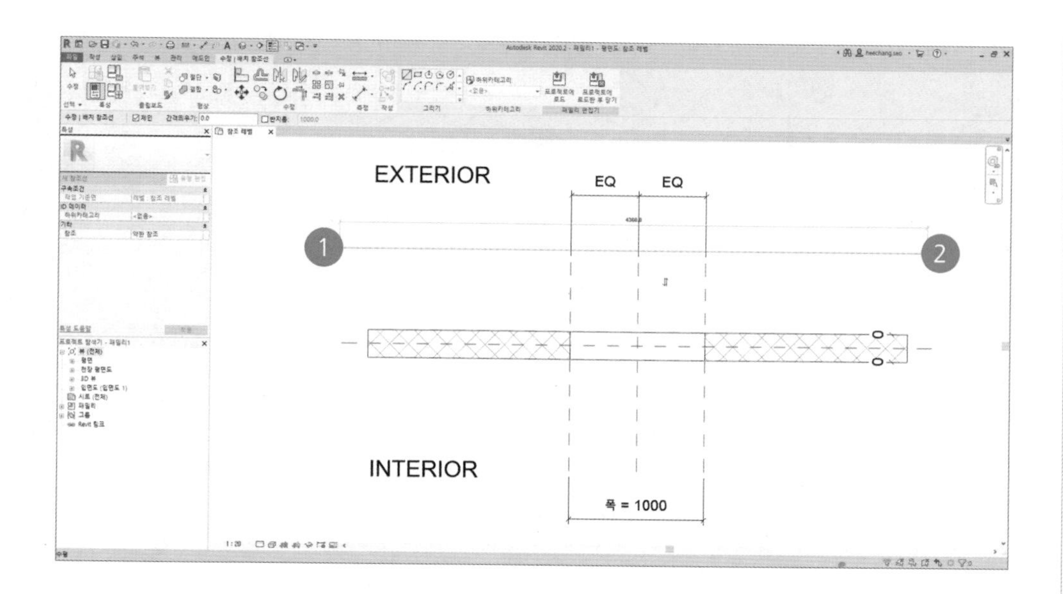

4 주석탭 정렬 단축키(DI) 활용하여 벽체 중심선과 참조선을 클릭하여 치수를 그려 줍니다.

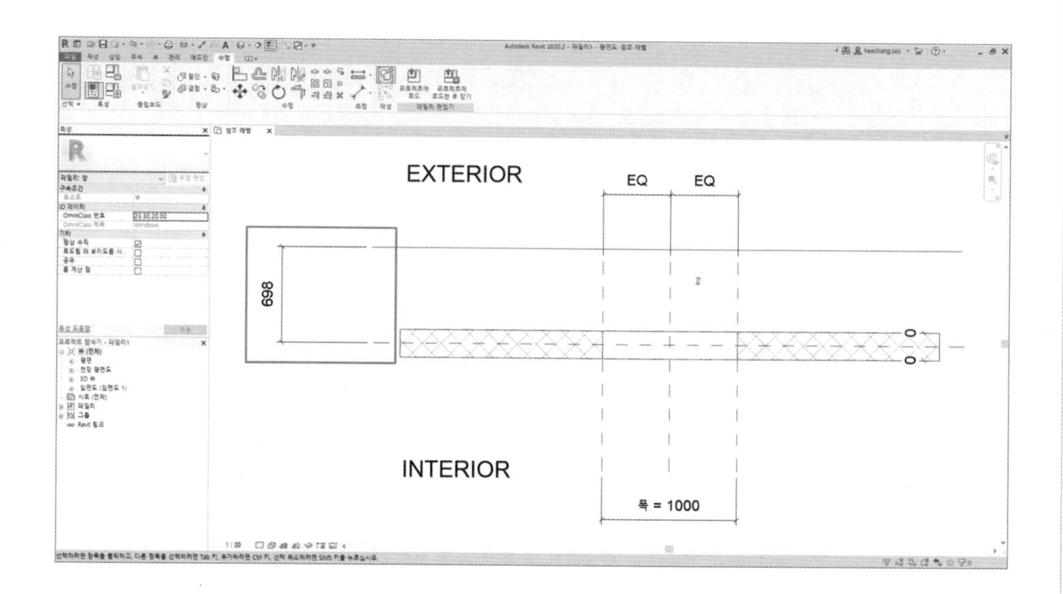

5 창틀에 대한 매개변수를 작성 하겠습니다 [정렬 선택] ➡ [매개변수 작성] ➡ [이름 “OFFSET”] ➡ [인스턴스] ➡ [확인]을 클릭합니다.

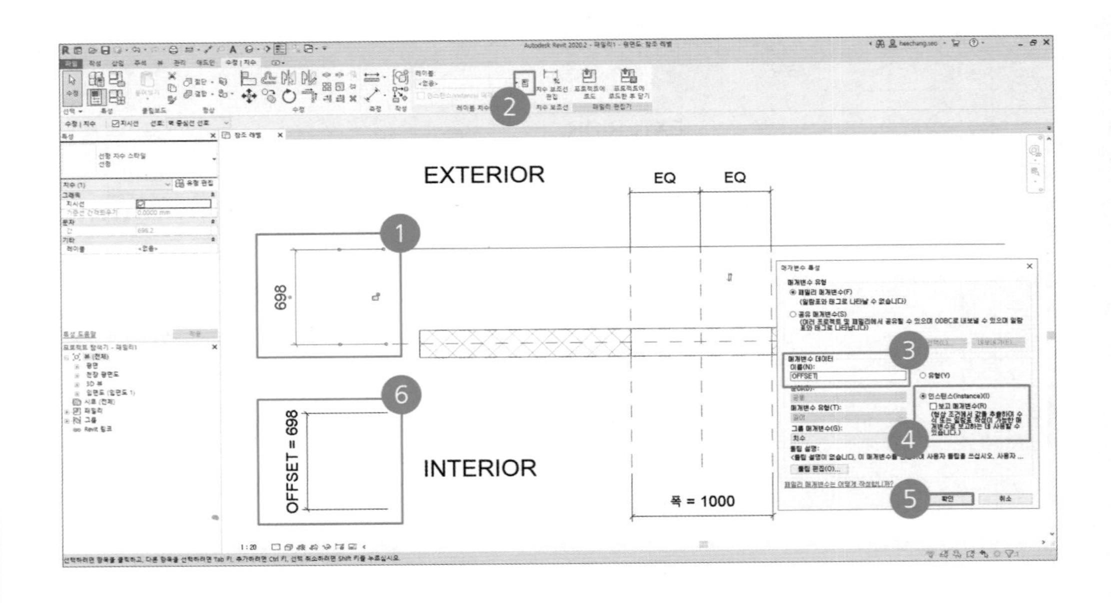

6 매개변수 작성 상태를 확인 하겠습니다. 탭[수정] ➡ [패밀리 유형] ➡ [OFFSET “600”] ➡ [확인]을 클릭합니다.

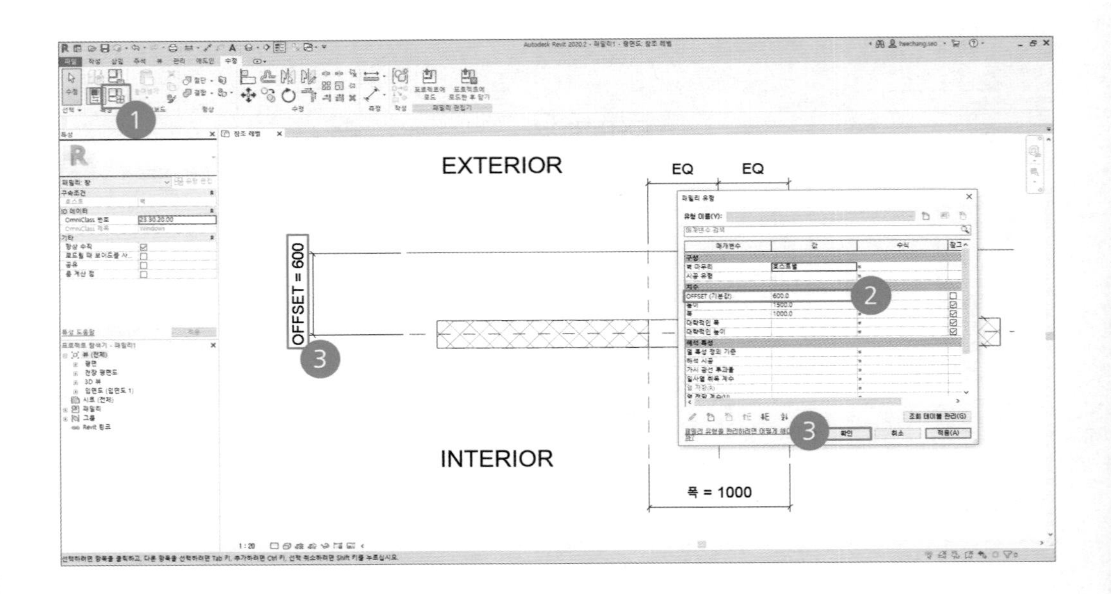

7 참조선을 이용하여 창틀 두께를 만들겠습니다 중심선 아래위 쪽으로 참조선을 만들고 정렬 통해 치수를 입력 후 EQ를 활성화 시켜줍니다.

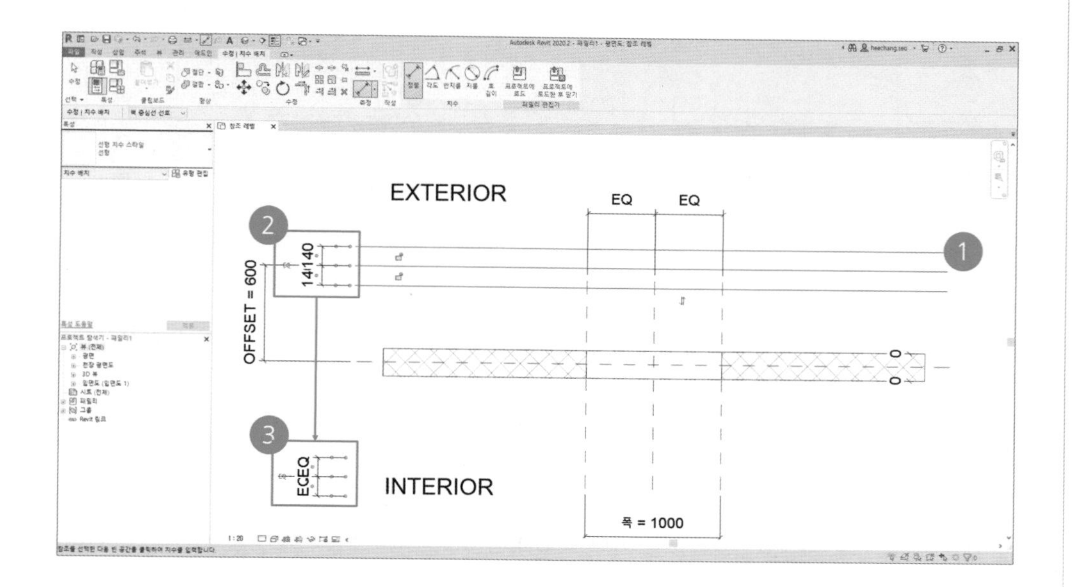

Tip
EQ 활용

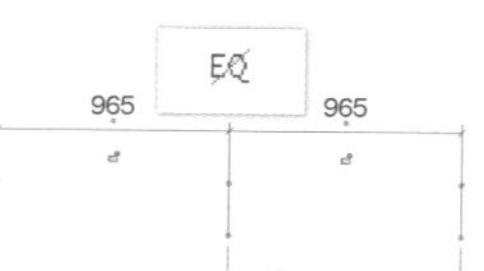

EQ 기호는 치수에 대한 참조에 적용되는 동등 구속조건 요소를 나타냅니다.

8 정렬 단축키(DI) 활용하여 창틀두께 치수를 만들어 주고 "창틀_D" 매개변수 제작을 해줍니다.

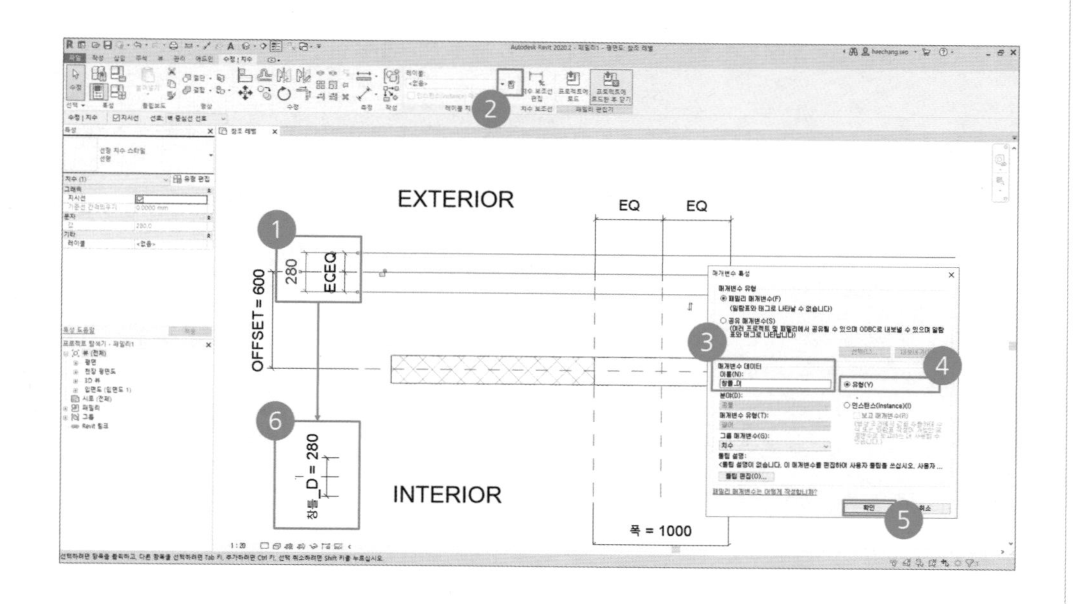

Tip

작성 중에 형상의 스케치를 구속하려면

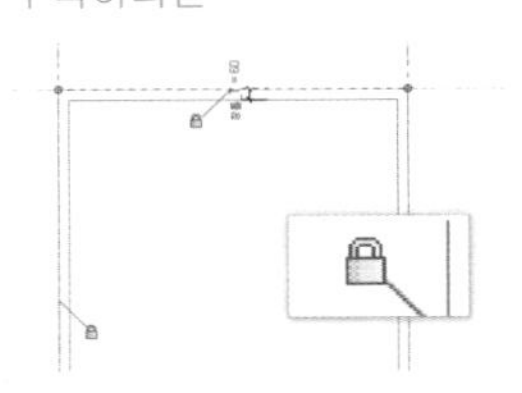

정렬 도구를 선택하고 특정 참조 평면과 스케치 선을 선택하여 구속조건을 설정합니다.
잠금 기호가 표시되면 클릭하여 구속조건을 잠급니다.

9 창틀 모델을 작성 하겠습니다 프로젝트 탐색기에서 실내를 클릭 작성탭에서 [돌출] ➡ [그리기 "직사각형"] 아래 그림과 같이 해당 참조선에 형상 스케치를 구속 합니다.

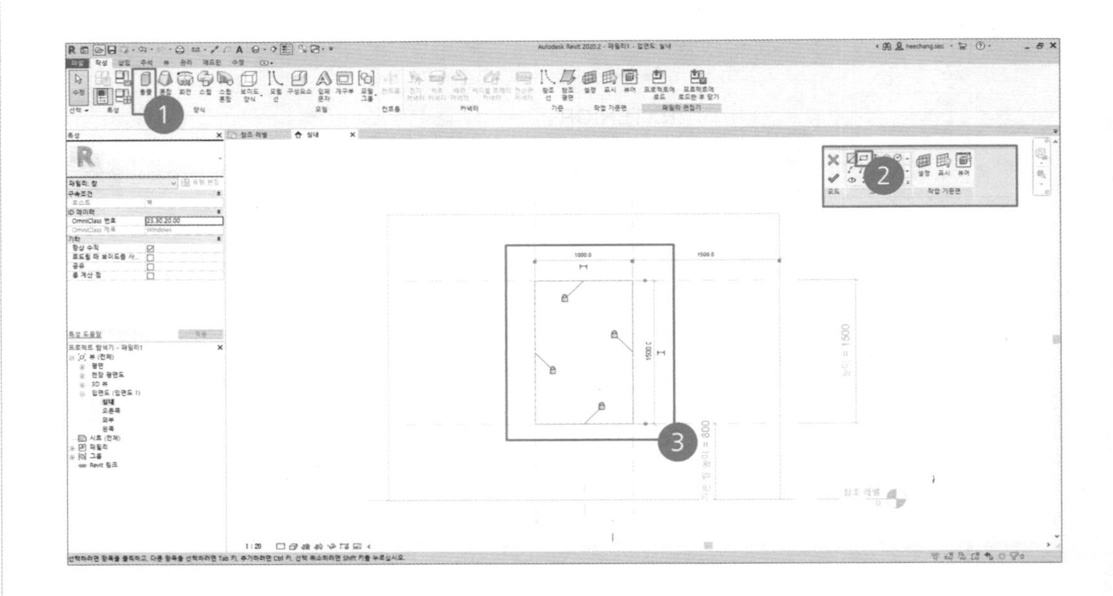

10 창틀 두께에 맞게 그리기 "직사각형" 이용해 안쪽 두께 선을 만들고 외부와 내부 선에 정렬을 통해 "창틀_T" 매개변수를 만들어 줍니다.

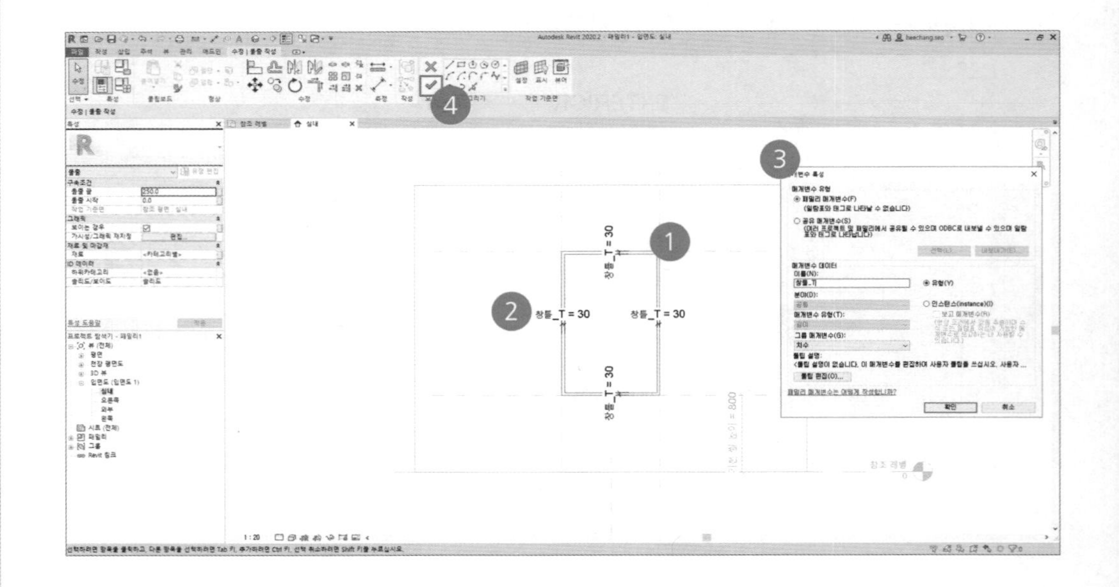

11 프로젝트 탐색기에 참조 평면을 클릭 창틀 객체를 보면 모델링이 해당 참조선 위치에 정렬되어 있지 않습니다.

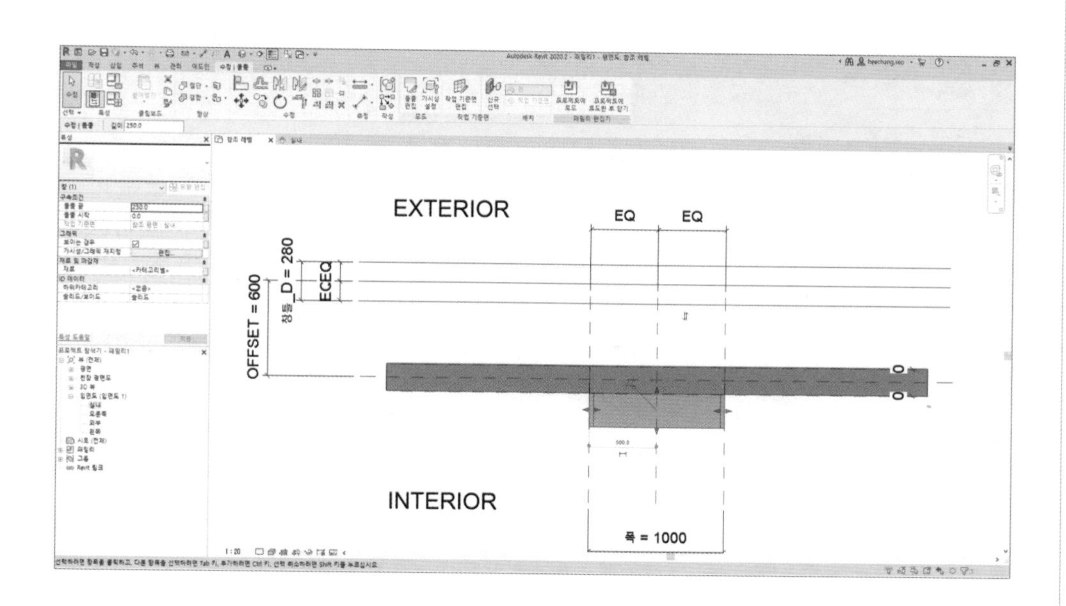

12 창틀 모델을 클릭 후 상부 핸들을 클릭 참조선 위쪽 선에 드래그 후 잠금 표시를 해줍니다.

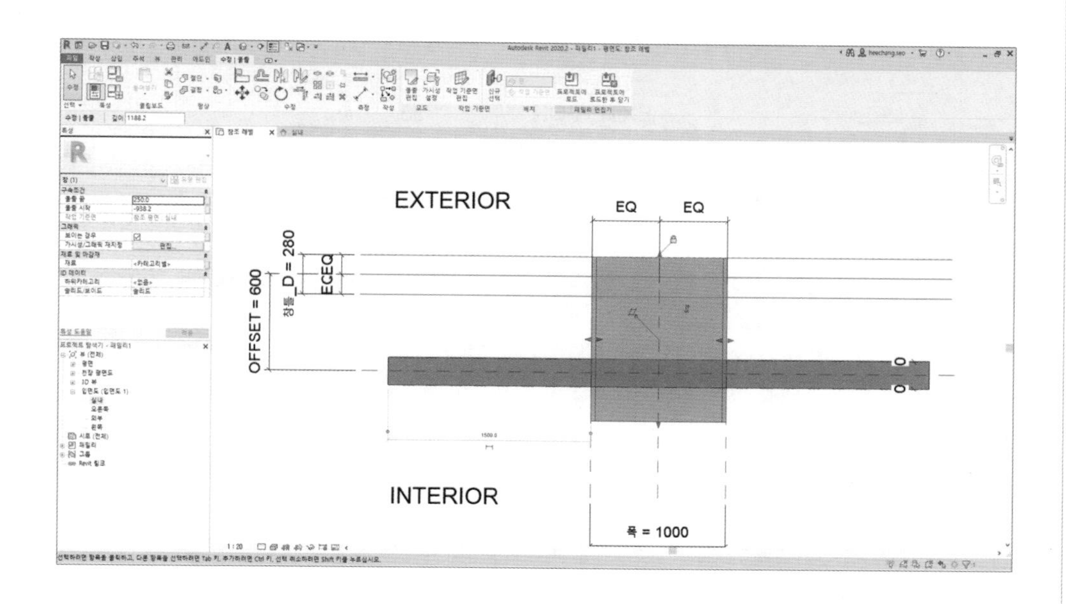

13 창틀 아래쪽도 위와 같이 이동하여 잠금으로 해줍니다.

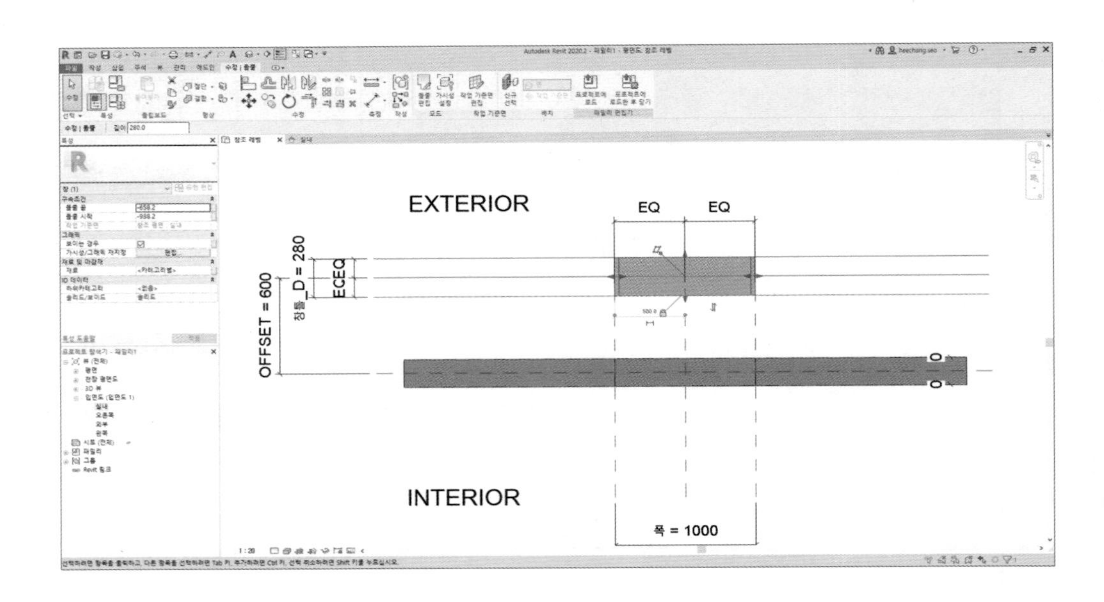

14 창틀 모델을 선택 후 아래그림과 같이 "창틀 재료" 매개변수를 입력합니다.

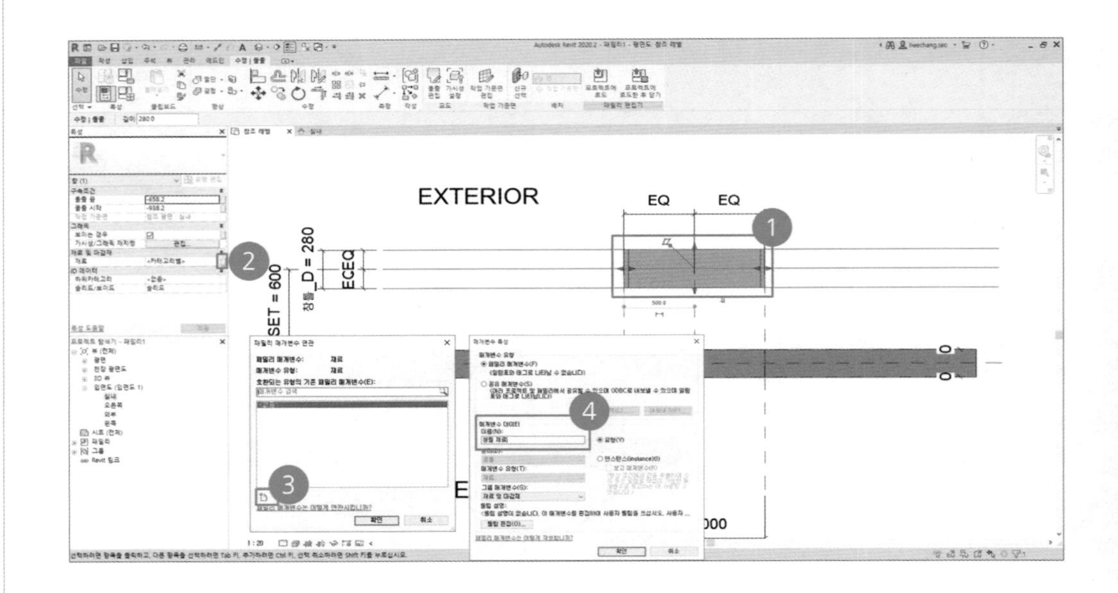

15 참조선을 이용 유리두께에 대한 선을 만들고 정렬을 이용하여 매개변수를 추가합니다.

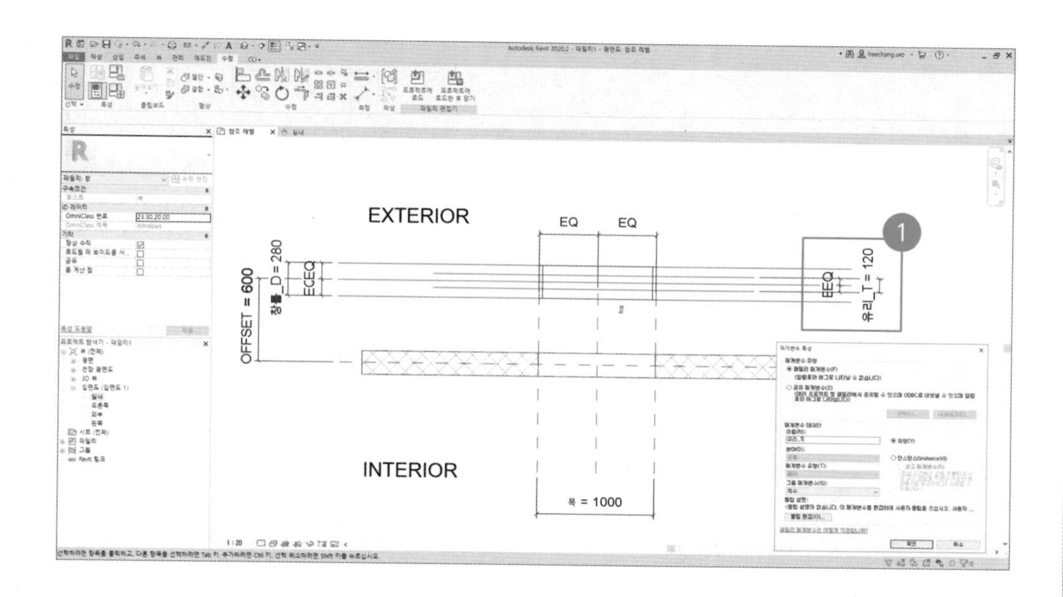

16 유리 모델을 작성 하겠습니다. 프로젝트 탐색기에서 실내를 클릭, 작성탭에서 [돌출] ➡ [그리기 "직사각형"] 아래 그림과 같이 해당 창틀 안쪽선 참조선에 형상 스케치를 구속 합니다.

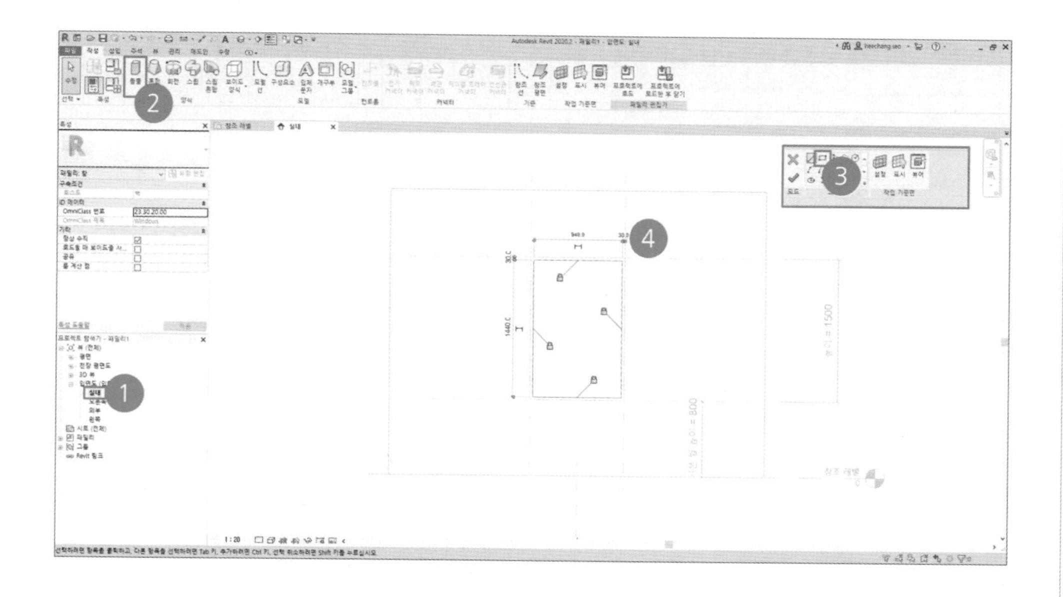

17 프로젝트 탐색기에 참조 평면을 클릭, 유리 객체를 보면 모델링이 해당 참조선 위치에 정렬되어 있지 않습니다.

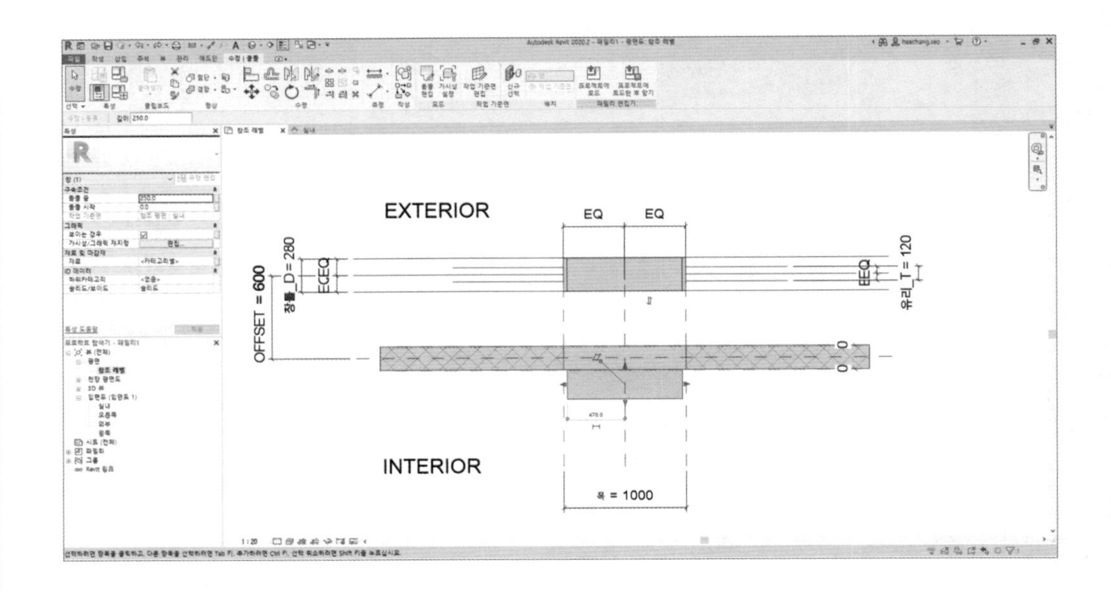

18 창틀과 마찬가로 유리 모델을 핸들을 이용해서 참조선에 맞게 정렬한 후 잠금 해줍니다.

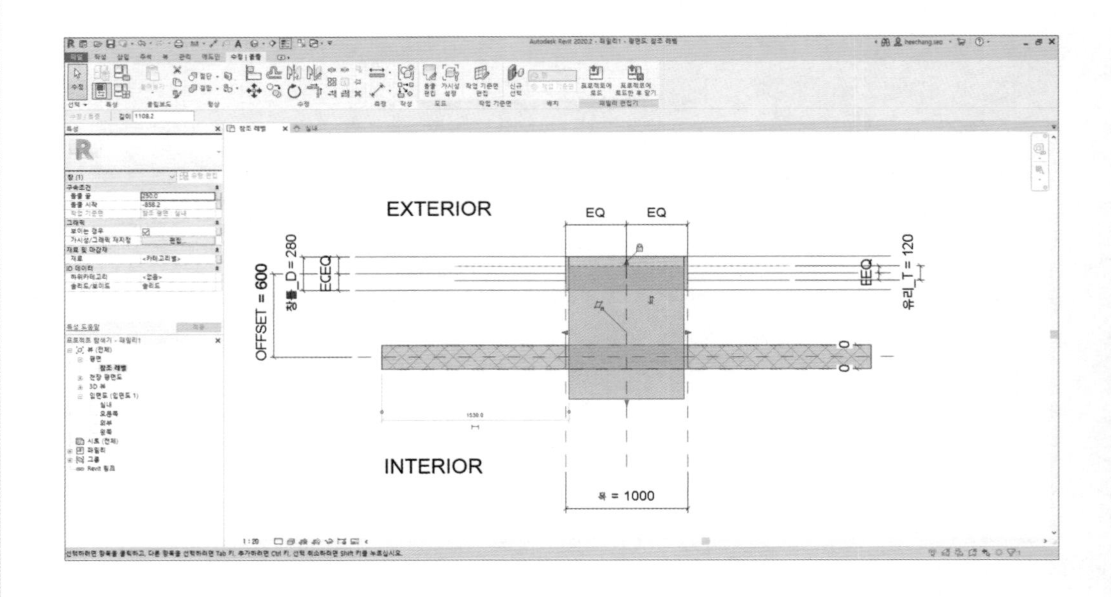

19 유리 모델 나머지도 정렬하여 잠금 하여 구속 시켜줍니다.

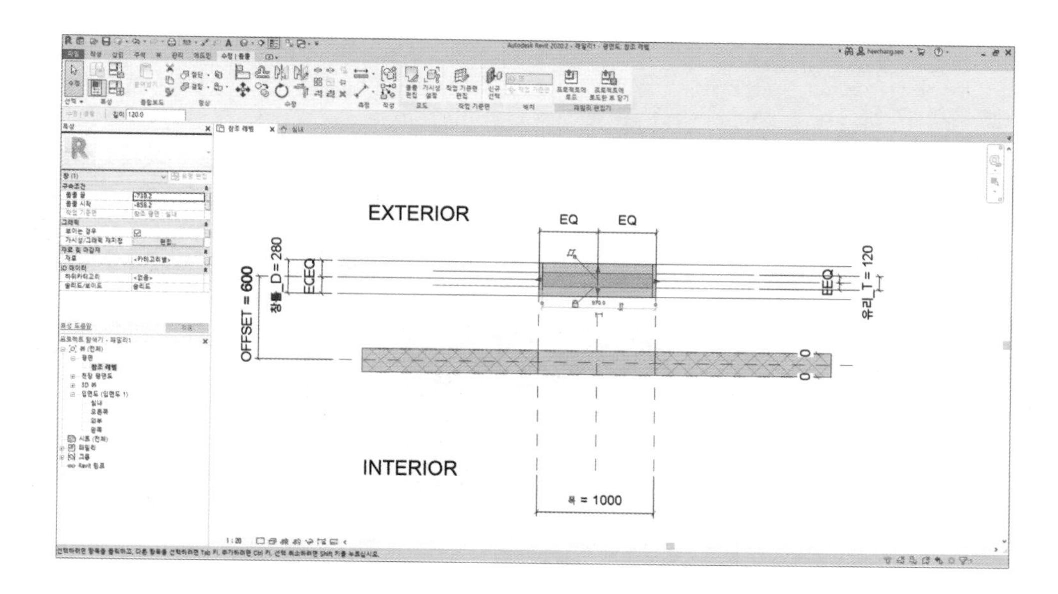

20 유리 모델을 선택 후 재료 매개변수를 입력합니다.

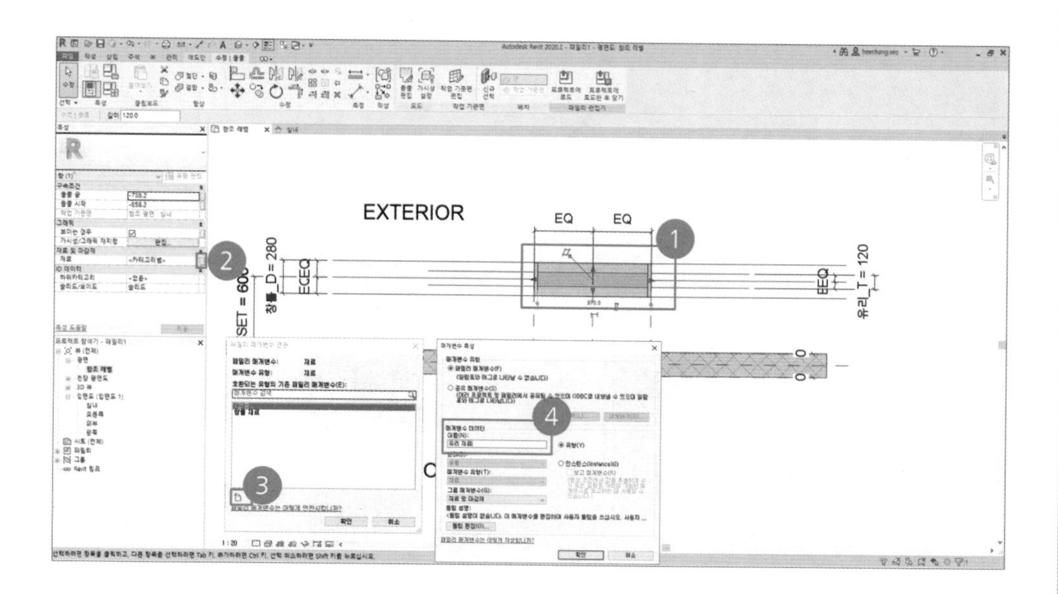

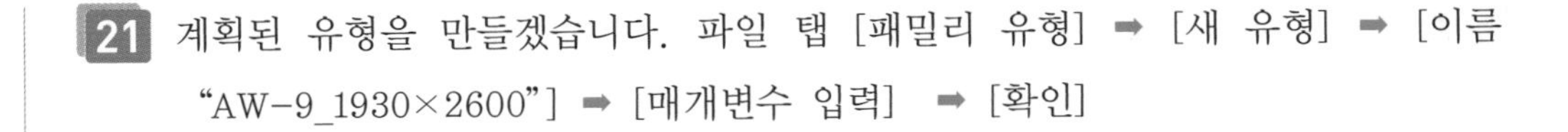

21 계획된 유형을 만들겠습니다. 파일 탭 [패밀리 유형] ➡ [새 유형] ➡ [이름 “AW-9_1930×2600”] ➡ [매개변수 입력] ➡ [확인]

Tip

재료 변경은 지형 참조

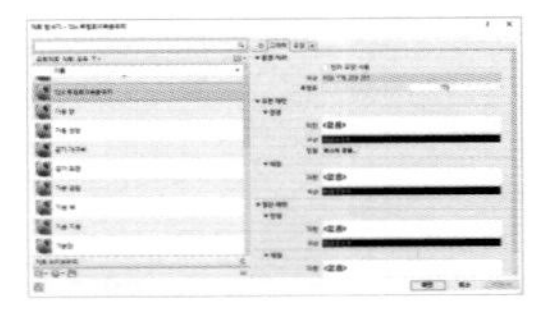

재료 변경 및 구축은 4강 지형편 참조 하시면 됩니다.

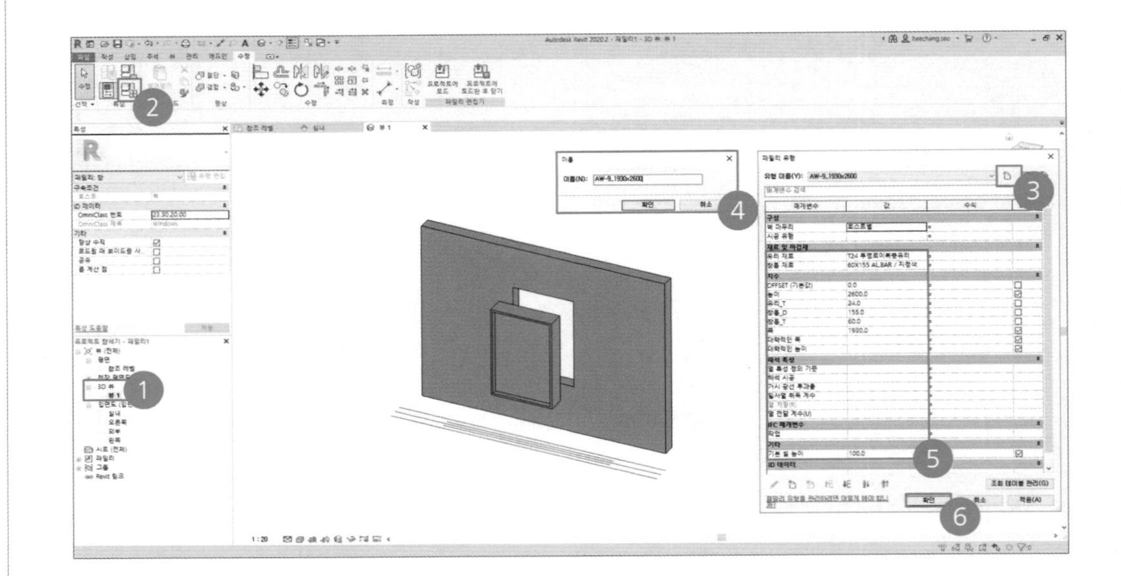

Tip

모델 오류

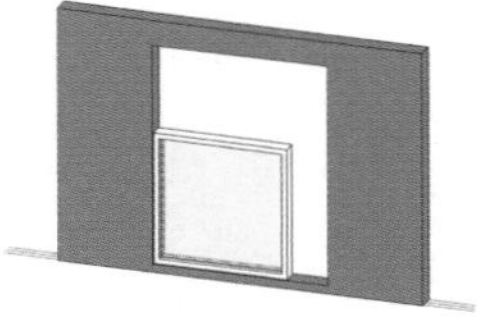

창틀 형상을 참조선에 맞게 구속 했는지 다시 한번 확인이 필요 합니다.

22 해당 모델이 변경 되었습니다.

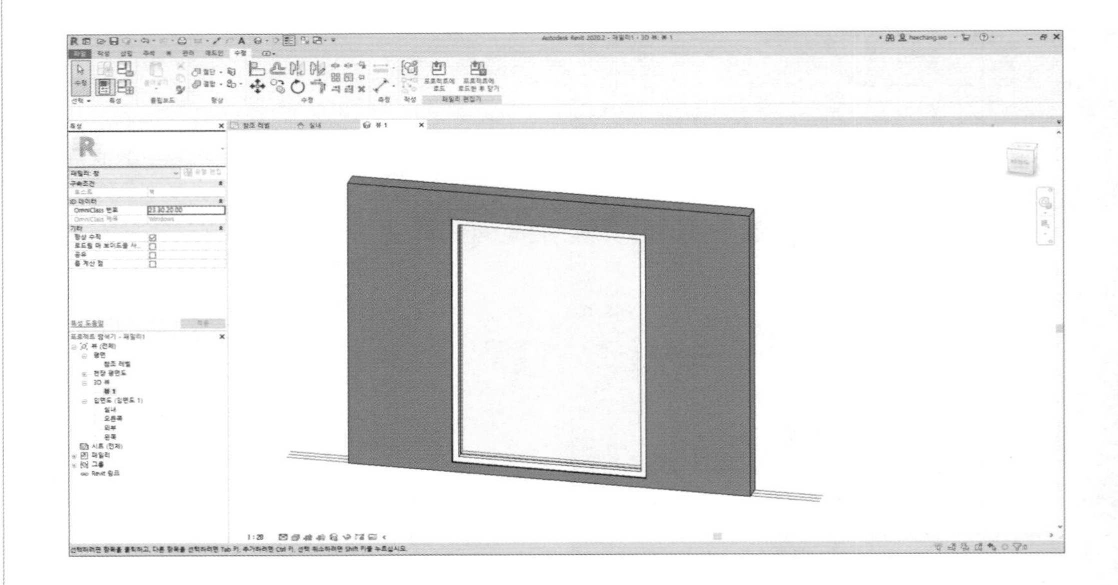

23 기존과 다른 유형의 패밀리를 만들기 위해서 다른 이름으로 저장합니다.
[파일] ➡ [다른 이름으로 저장] ➡ [파일 이름 "@AL_고정창"] 저장합니다.

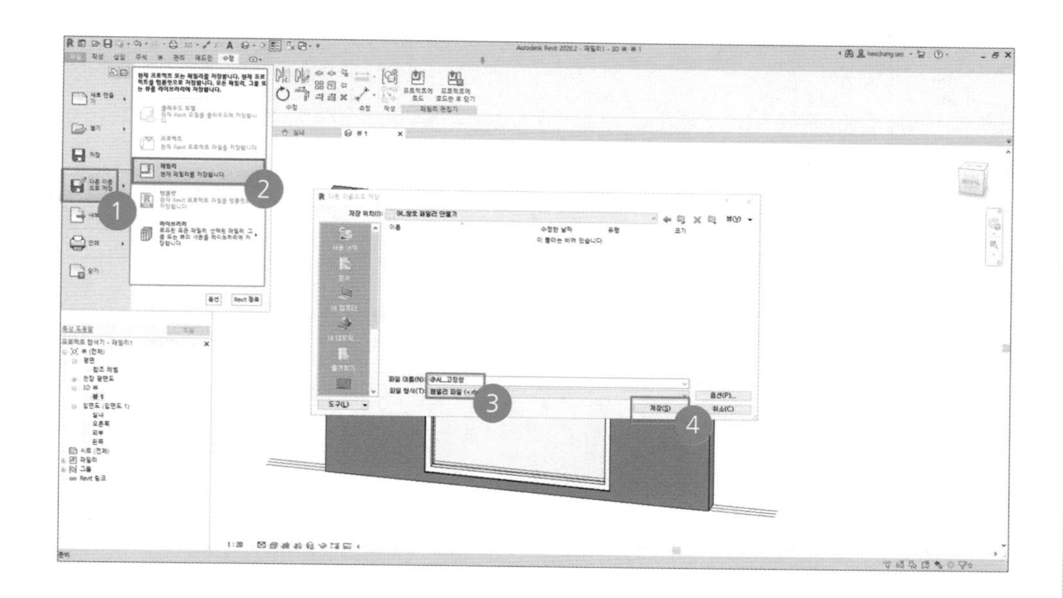

• 한솔아카데미 자료실 www.bestbook.co.kr
• BIMer 온라인커뮤니티 https://blog.naver.com/bimfactory

memo

memo

memo

BIM 건축계획설계 실무지침서

제1판 제1쇄 인쇄 • 2021년 3월 20일
제1판 제1쇄 발행 • 2021년 3월 30일

이 책을 함께 만든 사람들

발행처 • (주)한솔아카데미
지은이 • BIMFACTORY
(서희창, 염길웅, 민재훈, 김대길, 김수정)
발행인 • 이종권
주소 • 서울시 서초구 마방로10길 25 A동 20층 2002호
대표전화 • 02)575-6144
팩스 • 02)529-1130
등록 • 1998년 2월 19일(제16-1608호)
홈페이지 • www.inup.co.kr /www.bestbook.co.kr

책임편집 • 안주현, 문수진, 한민정
표지디자인 • 강수정

ISBN • 979-11-6654-038-7
정가 • 35,000원